Anthology of 20th Century French Theater

Anthology of 20th Century French Theater

INTRODUCTION BY JACQUES GUICHARNAUD,
Ancien élève de l'École Normale Supérieure,
Agrégé de Lettres,
Professor at Yale University.

Paris Book Center Inc.
Paris - New York

© *Paris Book Center*, 1967.
© *Gallimard*, 1912 (P. CLAUDEL, L'Annonce faite à Marie); 1924 (J. ROMAINS, Knock); 1947 (J.-P. SARTRE, Huis-clos); 1954 (E. IONESCO, Les Chaises); 1952 (A. SALACROU, Sens interdit).
© *La Table Ronde*, 1946 (J. ANOUILH, Antigone).
© *Les Éditions de Minuit*, 1952 (S. BECKETT, En attendant Godot).
© *Grasset*, 1932 (J. GIRAUDOUX, Judith).
© *Albin Michel*, 1921 (H.-R. LENORMAND, Les Ratés).
© *Stock*, 1927 (J. COCTEAU, Orphée).
© *Éditions Sic*, 1918 (G. APOLLINAIRE, Les Mamelles de Tirésias).
Copyright *L'Arbalète*, Marc Barbezat, Décines (Isère). *Tous droits de traduction, reproduction et d'adaptation réservés*, 1947 (J. GENET, Les Bonnes).

CONTENTS

Acknowledgement 7

Introduction by Jacques Guicharnaud 9

Guillaume Apollinaire - Les Mamelles de Tirésias 35
Introduction and notes by Bettina Knapp

Jules Romains - Knock 81
Introduction and notes by Alba della Fazia

Henri-René Lenormand - Les Ratés 139
Introduction and notes by Ann Hyman

Paul Claudel - L'Annonce faite à Marie 213
Introduction and notes by Michèle Jones

Jean Cocteau - Orphée 325
Introduction and notes by Michèle Jones

Jean Giraudoux - Judith 373
Introduction and notes by Michèle Jones

Jean Anouilh - Antigone 453
Introduction and notes by Alba della Fazia

Jean-Paul Sartre - Huis-clos 503
Introduction and notes by Jean-Pierre Coursedon

Jean Genet - Les Bonnes 551
Introduction and notes by Bettina Knapp

Eugène Ionesco - Les Chaises 595
Introduction and notes by Bettina Knapp

Armand Salacrou - Sens interdit 647
Introduction and notes by Kenneth Faye and Alba della Fazia

Samuel Beckett - En attendant Godot 695
Introduction and notes by Alba della Fazia

ACKNOWLEDGEMENT

Inspired by the constant growing needs, on the college level, for the study of 20th century theater and ever mindful of the difficulties encountered in obtaining suitable texts adopted for a syllabus, we arrived at the conclusion that the publishing of a volume, such as this one, could contribute towards this requirement for the proper study of this important subject.

The problem of choosing the most studied and desired dramatists and their respective works presented an almost insurmountable task that was finally overcome; first by conducting a relentless inquiry among those highly qualified professors all over the United States, seeking their valued aid and advice on this subject which they teach, and secondly by those eminent colleagues in France who helped obtain for us the American publishing rights of those plays included in this volume.

It is not of course the intention of the publisher to convey the impression that this volume constitutes the final word on 20th century French theater, it is rather, and should be considered an introduction and a step to further learning and an inspiration to explore and inquire more profoundly into the various ideas and philosophies that helped create and develop French theater in this country. With this aim in view, it was decided to consult several highly qualified people to write introductions to the various plays, thereby obtaining different insights which eventually and hopefully will lead to further enlightenment.

It is realized that many of the ideas expressed in these introductions will not always coincide with those of the professor using this volume. It is exactly these differences of thought that can be used in classroom discussions to help create original thinking.

The publisher is greatly indebted to all those professors of French who have knowingly and unknowingly helped us create this volume. We are especially grateful to Professors Frances Anders of Queens College, Thomas Bishop of New York University, Gaston Gilles of City College, Rosette Lamont of Queens College, Henri Peyre of Yale University; and of course to all the writers and editors here and in France, including Alba della Fazia, Bettina Knapp, Jean-Pierre Coursodon, Kenneth Fay, Michele Jones, Ann Hyman and Arnold Rosin.

The Publisher.

INTRODUCTION

Sommes-nous injustes, aujourd'hui, en disant que le théâtre français, dans le dernier tiers du XIXe siècle, filait un mauvais coton? Sommes-nous aveuglés par l'intense propagande des intellectuels et des partisans de l'avant-garde, qui ont commencé à faire du bruit entre 1880 et 1890 et ont continué jusqu'à ce jour, au point de mépriser à la légère des œuvres objectivement valables? Une étude soigneuse de la production dramatique de la fin du siècle dernier permet de répondre à ces questions.

Il faut le reconnaître, l'époque n'a pas manqué de bons fabricants de pièces, de littérateurs qui possédaient admirablement leur langue et qui connaissaient la science de l'agencement des scènes. On savait alors écrire une pièce : dialogue solide, exposition, nœud, dénouement. On savait faire rire, comme on savait faire pleurer. Mais une efficacité artisanale ou industrielle, est-ce tout ce qu'on est en droit d'exiger d'un dramaturge? La destination réelle du théâtre est-elle simplement de faire rire ou de faire pleurer à coup sûr? Un produit qui fonctionne bien parce qu'il est fondé sur des recettes éprouvées, est-il une œuvre d'art?

Les contemporains ont répondu pour nous. Tandis qu'un public avide de plaisirs emplissait les salles, les représentants éminents de l'époque en étaient venus à rejeter non seulement les pièces existantes, mais même, dans certains cas, l'idée de théâtre elle-même – nous dirions aujourd'hui le théâtre comme *medium*. Le pape du positivisme français, Auguste Comte, avait décidé que le théâtre n'avait plus de sens dans la société moderne. Un grand écrivain imaginatif, de tempérament fondamentalement dramatique, Barbey d'Aurevilly, avait dénoncé le théâtre comme genre nécessairement inférieur. Plus ouvert et plus perspicace, Mallarmé (qui devait saluer l'avènement du roi Ubu en 1896) se contentait de stigmatiser la dégénérescence de cet art, et rêvait d'un impossible Théâtre-Messe... Et nous passons sous silence les tables rondes et débats organisés autour du problème : le théâtre est-il un art?

Aujourd'hui, le recul historique colore de poésie certains vaudevilles – comédies bâties de façon presque mathématique, tantôt sur d'honnêtes petits problèmes de famille, tantôt sur le thème antique de l'adultère –, miroirs farcesques d'une société désuète. L'abus des malentendus et des quiproquos, les courtes répliques spontanées et automatiques, les apartés faussement innocents, mille petits procédés systématiquement appliqués font de ces pièces, à nos yeux, ou bien des exemples de théâtre pur, ou bien des signes précurseurs de certaines fantaisies absurdistes. On rejoue aujourd'hui les vaudevilles de Labiche et de ses successeurs ; le schématisme voulu de ces pièces, si on le compare à la pesanteur et aux nuances psychologiques d'œuvres contemporaines plus ambitieuses, leur donne une espèce d'universalité théâtrale, encore accrue par des détails comme les costumes de l'époque, qui, grossis et caricaturaux, situent finalement l'action dans la mascarade poétique ou dans la fantaisie d'un passé mythique. Les gros traits, la machinerie précise et les situations élémentaires du *Voyage de Monsieur Perrichon* (Labiche et Martin, 1860) par exemple, sont plus proches de nous que l'anecdote complexe d'émancipation sociale discutée dans *Les Idées de Madame Aubray* (Alexandre Dumas fils, 1867) ou les cent petits détails conventionnels de la satire des prétentions bourgeoises du *Monde où l'on s'ennuie* (Édouard Pailleron, 1881). Après Labiche, il y aura, à cheval sur les deux siècles, Georges Feydeau, dont la rigueur et le rythme élèvent à un théâtralisme de génie des aventures amoureuses qui, traitées par d'autres avec pathétique ou avec des approfondissements psychologiques, sombrent maintenant dans le ridicule. En quelques mots, d'une vaste production dramatique fondée sur des conventions (et essentiellement sur la convention de la « pièce bien faite »), seuls surnagent vraiment les auteurs qui, conscients des conventions, les ont exagérées, poussées à l'extrême, pour les tourner en dérision.

Mais enfin la contrepartie burlesque d'un mauvais théâtre ne suffit pas à la gloire dramatique d'une époque. Certains contemporains, lassés de satires superficielles ou de pièces sans imagination fondées sur des problèmes passagers et bâties en série, ont été saisis d'une exigence d'originalité, de modernisme, de profondeur, de vérité. D'une part, à la fausse logique de la pièce bien faite, les uns ont voulu substituer une représentation de la vie telle qu'elle s'observe dans l'expérience réelle : Henri Becque, par exemple, avec *Les Corbeaux* (1882), remplace le mécanisme conventionnel d'une dramaturgie figée par celui de la vraie société de son temps. Et tant pis si l'optimisme conformiste qui était de rigueur dans la comédie de mœurs fait place à l'anéantissement moral et matériel d'une famille livrée à la cupidité des gens d'affaires. D'autre part, à la bassesse complaisante des anecdotes bourgeoises, au rapetissement confortable des grands personnages dans les pièces historiques non romantiques dont Scribe avait depuis longtemps lancé la mode, d'autres rêvent d'opposer un retour à la poésie, à la fantaisie, à l'exaltation — comique ou tragique — qui avaient fait les beaux (mais brefs) jours du théâtre romantique dans la première moitié du siècle. Hostiles à la fois à la médiocrité de forme et de fond du théâtre conventionnel et à la noirceur du nouveau théâtre réaliste, ceux-ci trouveront leur champion dans Edmond Rostand, dont la virtuosité de versificateur et l'enthousiasme pour les grands sentiments triomphent en 1897 dans *Cyrano de Bergerac*. Le succès gigantesque de cette pièce (dont les qualités sont éclatantes, mais qui est loin d'être un chef-d'œuvre) montre que le vœu de renouvellement du théâtre existait non seulement chez quelques intellectuels impatients, mais dans l'âme même d'un immense public.

Toutefois, pour qu'une réforme véritable du théâtre se produisît, il ne suffisait pas de l'avidité du public et de la bonne volonté de quelques auteurs. C'était à la base qu'il fallait reprendre tout le problème — c'est-à-dire au niveau de la scène elle-même. Au cours d'une seconde réforme du théâtre, en 1913, Jacques Copeau demandera qu'on commence par lui donner « un tréteau nu ». Ces départs absolus sont nécessaires chaque fois que les découvertes du passé sont devenues habitudes et conventions non pensées. Notre propos n'est pas de faire ici une histoire détaillée de la mise en scène ; mais il convient de souligner vigoureusement que si le XXe siècle a produit en France comme ailleurs un ensemble d'œuvres dramatiques plus qu'honorables, cela tient en grande partie à la ré-invention, pour ainsi dire *ex nihilo,* de l'art de la représentation (jeu des acteurs, décor, éclairages, fonction du metteur en scène, etc.) opérée, en France comme ailleurs, par des hommes de théâtre dont les noms sont aussi prestigieux que ceux des écrivains à qui ils ont redonné le goût d'écrire sérieusement pour la scène : Henry Irving, Stanislavsky, Gordon Craig, par exemple pour l'étranger ; Antoine, Lugné-Poe, puis Jacques Copeau, Georges Pitoëff, Louis Jouvet, Charles Dullin, Gaston Baty, plus près de nous, Jean-Louis Barrault, Jean Vilar, en France, pour ne citer que les plus grands. En 1887, André Antoine fonde le « Théâtre Libre », pour réagir contre les conventions et le commercialisme, au nom de la Vérité telle que la concevaient réalistes et naturalistes. En 1891, Paul Fort fonde le « Théâtre d'Art », repris par Aurélien Lugné-Poe en 1893 sous le nom de « Théâtre de l'Œuvre », pour sauver le théâtre à la fois des conventions et du naturalisme, au nom de la nouvelle poésie (le symbolisme), de la Beauté, de l'Idée, du Mystère, etc. Certes, ces pionniers sont radicalement opposés sur le plan de la doctrine : pour les uns, le théâtre doit être représentation absolument fidèle de la vie telle que nous la percevons quotidiennement ; pour les autres, le théâtre doit, par des moyens poétiques, par un refus absolu du réalisme, suggérer ou révéler des vérités cachées. Mais ce désaccord ne doit pas faire oublier les ambitions communes : redonner au théâtre sa dignité d'art, créer des œuvres unifiées où, à la suite d'écrivains qui prennent leur métier au sérieux, acteurs, techniciens et metteur en scène se mettent au service d'un texte et de ses significations. En 1913, il faudra que Jacques Copeau reprenne ce combat, contre le commercialisme envahissant, au nom d'un réalisme poétique, théorie synthétique et purifiée qui fait de lui « le père » de la mise en scène moderne. En 1928, deux élèves de Copeau, Louis Jouvet et Charles Dullin, se joignent à deux autres metteurs en scène ambitieux — plus ou moins expressionnistes, ceux-ci —, Gaston Baty et Georges Pitoëff, pour fonder le « Cartel des Quatre », qui a assuré, au sein des divertissements parisiens, la permanence d'un théâtre de haute qualité.

Comme nous l'avons signalé, dès la fin du XIXe siècle, des mouvements analogues se produisaient dans toute l'Europe. Des échanges eurent lieu, des influences jouèrent. Pour le renouvellement du théâtre français, il convient de ne pas négliger la découverte par les gens de théâtre de nouveaux styles de mise en scène et de nouvelles pièces : d'un côté, c'est par exemple la surprise provoquée par les décors et costumes des Ballets russes de Diaghilev, en 1909; de l'autre, c'est l'admission sur la scène française, entre autres, des pièces d'Ibsen, de Strindberg et, finalement, de Pirandello.

Reste à parler des pièces françaises elles-mêmes. L'agitation des intellectuels et des gens de théâtre, la création progressive d'un public désireux de nouveauté et de bonne littérature dramatique ont permis le développement de multiples tendances et de plusieurs dizaines d'auteurs qui méritent d'être retenus et dont la plupart continuent à être joués. Il est vrai que la France n'a pas produit un grand théâtre naturaliste comparable à celui d'autres pays. A part l'amertume discrète de Jules Renard, la férocité d'Octave Mirbeau, une ou deux comédies rosses de Courteline, on ne trouve guère d'œuvres qui tiennent encore aujourd'hui, en tout cas rien de comparable à l'œuvre d'Hauptmann, d'Ibsen ou de Shaw. C'est du côté de la poésie — seulement suggestive ou délibérément flamboyante —, du côté d'un certain mystère ou d'un certain irréalisme que se situe le meilleur du théâtre français du XXe siècle.

Dans les pages qui suivent, nous avons tenté de grouper les œuvres les plus marquantes, non sous des « ismes » trop souvent trompeurs, mais selon des visions générales du drame humain. Comme toutes les catégories inventées par l'histoire littéraire, ces groupements sont nécessairement artificiels. Ils ont le défaut aussi d'obliger à mettre à part certaines œuvres intéressantes : celle de Jean-Victor Pellerin (*Têtes de rechange,* 1926) et son expressionnisme allégorique; celle d'André Obey (*Le Viol de Lucrèce, Noé,* 1931) et sa valeur d'« exercice de dramaturgie »; celle de Fernand Crommelynck (*Le Cocu magnifique,* 1921) à mi-chemin entre le Boulevard et la farce flamande, outrée, vigoureuse et finalement tragique; celle enfin de Georges Neveux (*Juliette ou la Clé des Songes,* 1930; *Le Voyage de Thésée,* 1943) fondée sur les rêves, les mystères de la personnalité, proche de certaines avant-gardes, mais en évitant prudemment les excès expérimentaux. En gros, néanmoins, il semble juste de dire qu'après un *théâtre du désarroi,* qui a dominé les années 20, un *théâtre de l'éternité* a triomphé pendant les années 30 et a été prolongé depuis la deuxième guerre mondiale par la redécouverte de Paul Claudel; que cette deuxième guerre a fait approfondir un *théâtre des hommes entre eux,* qui certes avait toujours existé, en particulier dans les genres du boulevard[1], mais qu'a couronné pendant les années 40 et 50 le théâtre dit existentialiste; qu'enfin, sans discontinuer depuis 1896, il a existé une *avant-garde,* tantôt réservée à quelques initiés, tantôt adoptée par un large public, et reconnue par beaucoup, à la fois dans ses œuvres anciennes (celles de Jarry, d'Apollinaire, etc.) et dans ses œuvres récentes (celles de Beckett, d'Adamov, d'Ionesco, de Genet, etc.) comme le véritable théâtre de notre temps.

Un théâtre du désarroi

Comprenons bien, d'abord, que les tendances incluses dans nos diverses catégories sont, historiquement, concomitantes. Mais, pendant telle ou telle décennie, une certaine atmosphère dramatique domine la scène : aujourd'hui, c'est ce que l'on appelait autrefois l'avant-garde; entre 1940 et 1950, c'était une certaine philosophie de l'homme aux prises avec lui-même et avec les autres hommes; entre 1930 et 1940, c'était la poésie des dieux, de l'éternité, du surnaturel; entre 1920 et 1930, c'était une inquiétude généralisée, dont nous allons donner quelques dimensions. Mais il ne s'agit là que de dominantes, et ces différents théâtres se recoupent, se recouvrent, se prolongent l'un dans l'autre, s'expliquent même parfois l'un par l'autre.

---

1. - On appelle aujourd'hui « théâtre du boulevard » la production dramatique qui n'a pas d'autre ambition que de divertir un public non intellectuel, sans l'obliger à trop penser et sans le surprendre par des innovations dramaturgiques. Ces produits courants sont le plus souvent joués dans les théâtres situés sur les Grands Boulevards de Paris.

Les auteurs éminents de l'immédiat après-guerre (à partir de 1918) sont marqués à la fois par le symbolisme et par le naturalisme. Nous ne parlons pas ici des surréalistes, ni des autres écrivains de l'avant-garde, mais des auteurs qui se sont établis comme les chefs du théâtre de ce temps-là. Parmi eux, on trouve trois orientations différentes : la difficulté de communiquer, le vœu éperdu d'évasion, l'angoisse devant les découvertes de la nouvelle psychologie (en ce temps-là, le freudisme).

Nommons d'abord Jean-Jacques Bernard : ses pièces sont des « tranches de vie » naturalistes, mais le drame n'y est pas la représentation d'un déterminisme psycho-sociologique. C'est un théâtre d'êtres humbles qui, par pudeur ou par incapacité, ne se livrent pas, n'expriment pas leurs sentiments profonds, et du coup ratent l'aventure définitive qui aurait fait leur bonheur ou donné un sens à leur vie. Ce théâtre de l'inexprimé a été ridiculisé sous le nom d'« école du silence ». En fait, c'est d'un drame peut-être mince qu'il s'agit, mais où la surface réaliste est réduite à une pellicule si fragile qu'elle n'est rien de plus que l'obstacle transparent à travers lequel le spectateur est invité à pénétrer dans un thème symboliste (celui de Maeterlinck, par exemple) : l'indicible profondeur du secret des âmes. Avec *Martine* (1922), puis avec *L'Invitation au voyage* (1924), Bernard a donné les meilleurs exemples de cette tragédie intime de l'âme incomprise et meurtrie à cause de l'impuissance du langage à révéler la complexité et la délicatesse de ses aspirations.

L'évasion ! C'est le sujet favori d'innombrables romanciers de ces années-là, dégoûtés par la faillite évidente de l'Occident qui s'était pour ainsi dire suicidé dans la première guerre mondiale, dont l'absurdité a dépassé, comme si c'était possible, l'absurdité fondamentale de la guerre en général. Oublions les dadaïstes et certains surréalistes qui, fort logiquement, avaient décidé d'achever métaphoriquement et culturellement ce moribond responsable de son agonie. Moins subversifs, d'autres auteurs rêvaient d'autres mondes, — mais non dans une perspective utopiste et optimiste : ils cherchaient l'illusion exotique. Les années 20 ont été une grande époque de la drogue, des voyages en Extrême-Orient, du dépaysement à tout prix, avec la claire conscience d'un échec inévitable ou d'un néant final. Simon Gantillon, dans sa pièce la plus importante, *Maya* (1924), présente une prostituée marseillaise avec tous les détails d'un naturalisme suranné, mais dans un décor expressionniste, et la transforme au cours de sa pièce : chaque client est un voyageur, un rêveur, un nostalgique qui cherche en elle une image féminine lointaine, et la prostituée peu à peu s'irréalise, devient la femme exotique et idéale, finalement disparaît de la scène pour s'identifier avec la *mâyâ*, le principe éternel de l'illusion dans le Vedânta brahmaniste. Cette pièce a été un des plus grands succès des années 20 (et a été jouée dans de nombreux pays occidentaux). Tous les exotismes s'y mêlent : celui des quartiers réservés, celui des marins, celui des pays nordiques, celui des bars où l'on boit du gin, celui des joueurs de banjo, celui des mystères orientaux... Quand on a vu (ou lu) *Maya,* on a absorbé le cocktail de la plupart des thèmes du roman, de la poésie et du théâtre d'évasion de cette décennie-là.

Entre le réalisme poétique des humbles et les rêveries d'évasion, se situe l'œuvre de Charles Vildrac dont les pièces reposent sur de minces intrigues quotidiennes, mais sont toujours marquées par une nostalgie frustrée. *Le Paquebot Tenacity* (1920), petit drame intime au titre ironique, place dans un bistrot de port l'aventure de quelques jeunes gens avides d'échapper à la grisaille de la vie européenne d'après-guerre, mais incapables de rester fidèles à leurs projets, à leurs amitiés, à leurs amours, incapables aussi de dire définitivement et clairement ce qu'ils veulent, parce que, peut-être, ils ne savent pas, en fin de compte, ce qu'ils veulent.

Mais ce ne sont pas seulement l'exotisme et le voyage géographique, attirants et décevants à la fois, qui ont dominé le théâtre des années 20. La découverte du freudisme fournissait une autre évasion : la plongée dans le subconscient, ou au moins dans les régions jusque-là « taboues » des instincts inavoués. Une fois de plus, oublions ici l'avant-garde, et tenons-nous-en au théâtre des grandes scènes. Dans ce domaine, un seul nom s'impose : c'est celui d'Henri-René Lenormand. Des dialogues fort réalistes, des mises en scènes expressionnistes (en particulier celles de Georges Pitoëff), des aventures au départ fort banales, proches des anecdotes naturalistes, une technique presque cinématographique qui, de tableau en tableau, conduit l'action vers la révélation du marécage inavoué des âmes, vers la destruction de soi et d'autrui, vers la révélation parfois tragique du désaccord total entre les hautes exigences de la conscience raisonnable et l'obscur mécanisme du subconscient dans le même individu, ont fait de Lenormand, avant l'avènement de Giraudoux sur la scène française, le dramaturge le plus estimé de la première moitié du siècle. Outre *Les Ratés* (1919) qui figurent dans ce volume, l'œuvre de Lenormand est faite de pièces qui partent d'un bon pas — qui serait l'aimable trot des dames de boulevard si le décor ne suggérait déjà qu'il faut s'attendre à autre chose —, puis qui sont détournées vers l'exploration intérieure (complétée d'ailleurs expressionnistiquement par des voyages exotiques) pour aboutir à des révélations insupportables sur les forces profondes qui nous font agir (*Le Simoun,* 1920 ; *Le Mangeur de rêves,* 1922).

Ainsi, après la première guerre mondiale, non seulement une avant-garde explosive, dadaïste ou surréaliste, trahissait le désarroi de l'Occident, mais aussi un théâtre plus sage, plus acceptable par le grand public, fournissait l'image de l'homme à la recherche d'autre chose que la condition à laquelle le limitaient les normes sociales et psychologiques établies avant la guerre. Néo-romantisme? peut-être. En tout cas, désir de saisir les nuages baudelairiens, que ce soient les vrais nuages d'un lointain pays, ou les nuages métaphoriques d'un impossible amour, ou encore les brumes délétères de cette partie de l'âme sur laquelle l'Occident a toujours cherché à jeter un voile. Au terme des différents voyages, on trouve l'illusion ou la mort. Aujourd'hui, nous parlerions d'angoisse existentielle, de découverte de l'absurde. Pour le moment, contentons-nous de rester dans les termes des années 20, et de caractériser ce théâtre par la notion du tragique de l'évasion, par le désarroi dramatique de consciences prisonnières qui ne parviennent à briser les barreaux de leur cellule (quand elles y parviennent) que pour rencontrer la déception ou l'horreur.

Cette détresse continuera à être scéniquement féconde, mais, en gros, pendant les années 30 et 40, elle va être en partie éclipsée par des interprétations plus ambitieuses du malheur des hommes : symboliquement, les dieux de Giraudoux vont remplacer les complexes de Lenormand.

Un Théâtre de l'éternité

A la suite du symbolisme — mouvement protéiforme —, s'est développé dans la première moitié du siècle tout un théâtre dans lequel le drame véritable se situe au point de rencontre entre l'homme et un ordre supérieur mais également réel. Les choses, les êtres, les anecdotes sont apparemment transitoires; mais derrière la richesse passagère de l'existence temporelle se profile un mystère qui, lui, est de l'ordre de l'éternité. Le drame, c'est le conflit entre la conscience individuelle ou collective, son pouvoir d'agir, l'évidence ou l'illusion de sa liberté, la valeur que cette conscience attache à la précarité même de son existence et de ses actes, et l'intrusion permanent d'une transcendance, adorable ou détestable, tantôt maîtresse du cours des événements, tantôt porteuse des ultimes significations. Un tel drame peut, bien entendu, être présenté sous une forme réaliste : des personnages parlent du mystère dont ils ressentent les effets, analysent ces effets en eux, décrivent leur propre déchirement, mais le mystère lui-même n'est pas concrètement représenté. C'est le cas, par exemple, des pièces de François Mauriac, dont le sujet est le mystère du Mal et de la Grâce. Plus intéressantes, parce que plus riches et plus originales dans le fond comme dans la forme, sont les œuvres où les symboles imposent au spectateur la réalité objective de cette transcendance.

Si l'on accepte la doctrine chrétienne, cette transcendance a un nom : c'est Dieu, avec son Histoire, sa Providence et sa Justice. Et il faut bien dire que cette doctrine fournit d'elle-même tout un arsenal de figures, de signes et d'évidences sensibles qui ne demandent qu'à être représentés sur un théâtre. Quoi de plus simplement dramatique, de plus simplement théâtral, de plus évocateur, pour l'imagination, que la présence simultanée d'un personnage reconnaissable comme être humain semblable à nous et de son ange gardien ? Pour être naïf, ce procédé élémentaire n'en est pas moins le plus efficace pour faire saisir d'un seul coup le rapport dramatique de l'homme et du divin. Claudel n'a pas hésité à l'employer avec une franchise quasi médiévale dans quelques épisodes de son grand drame épique *Le Soulier de Satin* (joué en 1943) pour bien montrer que la crise de conscience de la femme adultère n'est pas simplement un débat intérieur moral et psychologique, mais un corps à corps avec Dieu. C'est en conférant aux réalités mystiques toutes les dimensions des réalités perçues dans la vie quotidienne que le théâtre religieux (et par ce terme, il faut entendre Paul Claudel, qui a fait oublier les tentatives symbolistes qui l'ont précédé, et qui écrase son contemporain Henri Ghéon) à la fois marque un retour aux grands spectacles du Moyen Age et aux drames espagnols et un usage neuf de la poésie de théâtre. La respiration symbolique (*animus-anima*) qui rythme le langage, le vocabulaire sacré mêlé inextricablement au parler courant, l'irréalisme systématique de la mise en scène, les gestes quotidiens présentés comme un rituel, le surnaturel naïvement incarné, tout cela, c'est de la poésie, mais de la poésie qui a un sens définitif : chaque geste humain et chaque individu sont uniques et transitoires dans le temps de ce monde, mais ils ont une signification éternelle et ineffaçable, car ils reproduisent de jour en jour, d'année en année, de siècle en siècle, le mystère chrétien. *L'Annonce faite à Marie* (jouée en 1912), qui figure dans ce volume, fournit un exemple éclatant de cette explication dramatique du monde : les destins des personnages y ont bien tout leur poids terrestre (amour, jalousie, trahison, meurtre), mais aussi, d'une part, « tout sert » dans cette aventure pour le salut ou la damnation de leur âme éternelle, et d'autre part, l'anecdote tout entière est indissolublement liée, par une analogie mystique, à la naissance du Christ et à sa résurrection. La pièce est en fin de compte une représentation du mystère éternel de la Naissance et de la Re-Naissance : Noël, un enfant ressuscité, la France qui revit.

On le sent bien : il ne suffit pas de dire que l'homme est soumis à des décrets éternels – cela, c'est le métier des philosophes ou des théologiens –, il faut le montrer. Les découvertes scéniques de la fin du XIXe siècle, ainsi que le droit accordé aux poètes de libérer leur imagination et de l'utiliser comme moyen de connaissance et de création ou de re-création, au-delà de la perception courante et de la science positive, ont permis toute une floraison d'œuvres où l'homme et son destin se rencontrent dans la pleine lumière des images objectives. En dehors du théâtre religieux, un des procédés les plus caractéristiques, dans la première moitié du siècle, a été l'usage renouvelé des mythes antiques (bibliques, mais surtout gréco-latins) ainsi que de quelques légendes à valeur mythique. Depuis certains symbolistes et l'« école romane », Prométhée, Iphigénie, Œdipe, Thésée, s'étaient mis à revivre sur la scène française, tantôt dans des reconstitutions d'archéologues, tantôt dans des drames tout imprégnés de la poésie fin de siècle. Mais c'est avec Jean Cocteau et Jean Giraudoux que les mythes, réinterprétés dans leur fond comme dans leur forme, ont vraiment servi de base à un théâtre neuf.

Pourquoi servir au public du XXe siècle ces plats de « mythes réchauffés » – pour reprendre l'expression de quelques critiques malintentionnés ? Ce n'est certes pas pour satisfaire son goût d'érudition ou pour le faire rêver sur des civilisations disparues. L'intention profonde des auteurs de ce siècle a été de montrer la permanence des significations des mythes et, du même coup, de faire sentir que, dans la structure de ses problèmes fondamentaux, le monde d'aujourd'hui, si l'on sait en déchiffrer les apparences et les particularités, est soumis aux mêmes lois éternelles, à la même grandeur, à la même horreur, que le monde des héros légendaires. Pour être plus précis, dans la France de la IIIe République, Antigone, Orphée, Jocaste ou les guerriers homériques sont réincarnés dans telle jeune fille obstinée, telle femme un peu mûre qui fréquente les salons parisiens, tel poète maltraité, ou dans les hommes politiques qui, à peine sortis de la première guerre mondiale, préparent ou cherchent à éviter la seconde.

Ce pont entre de lointaines aventures exemplaires et le présent ne peut bien évidemment être établi que par l'irréalisme scénique ; sinon, ou bien on aboutit à une reconstitution sans signification immédiate pour la vie du spectateur, ou bien on se contente de réduire le mythe à une anecdote explicable en termes réalistes modernes, c'est-à-dire psycho-sociologiques. C'est par la juxtaposition ou le mélange fantastique de notions antiques (fatalité, présence réelle des dieux), d'anachronismes de détail, et d'une esthétique moderne que nos auteurs sont parvenus à présenter les situations de leur temps comme de simples moments d'un ordre éternel.

Ordre éternel, c'est-à-dire éternelle tragédie : l'homme se définit par rapport au cosmos, dans la révolte ou dans la victimisation. Giraudoux, souvent désinvolte, trouve ce cosmos extra-humain tantôt charmant, tantôt féroce, tantôt tout simplement bête. Il lui arrive de l'obliger à se retirer des affaires humaines (*Intermezzo,* 1933), plus souvent il lui accorde une victoire sur les hommes — mais c'est une victoire équivoque et sévèrement jugée (*Judith,* 1931). En outre, Giraudoux est souvent ambigu : si le dialogue fait une distinction nette entre les hommes et les dieux, si l'on voit sur scène de vrais fantômes, de vrais anges, de vraies divinités, il n'en reste pas moins qu'à la réflexion un doute plane sur l'équivalent, dans la réalité quotidienne, de ces incarnations théâtrales. Les dieux de Giraudoux ne sont peut-être que cette part de l'homme qui cherche à l'empêcher d'être tout simplement homme, pour le meilleur et, plus généralement, pour le pire. N'a-t-il pas fait définir le destin, par Cassandre dans *La Guerre de Troie n'aura pas lieu* (1935), comme la rencontre « de deux bêtises, celle des hommes et celle des éléments »? Quoi qu'il en soit, l'usage des mythes et des légendes a permis à Giraudoux d'éblouir ses spectateurs par de multiples et poétiques images d'une force éternelle et universelle par rapport à laquelle se définit la condition humaine, que ce soit à Bellac en 1935 ou à Argos dans les temps préhistoriques. Chez Cocteau, le mythe sert aussi à montrer l'homme en proie à ce qui le dépasse, mais dans des termes plus fantastiques et plus terrifiants. A la place du débat intellectuel entre les hommes et les dieux, débat dont Giraudoux était l'organisateur lucide, on trouve chez Cocteau le vertige de la magie, la terreur permanente des pièges sournois, une confusion spontanée entre les images traditionnelles fournies par les mythes de base et d'autres tout à fait insolites, personnelles, sorties tout armées de « la nuit du poète ». Le monde des hommes est en quelque sorte envoûté ; derrière chaque objet quotidien se dissimule une force mauvaise (les miroirs dans *Orphée* — 1926 — sont les portes de la mort) à laquelle on finit par succomber. La chance est le masque de la malchance, ou encore un détour pervers que fait la fatalité pour mieux écraser les hommes (*La Machine infernale,* 1934). Il y a bien l'Ange Heurtebise — mais ce n'est qu'après sa mort atroce qu'Orphée le reconnaît. Même dans ses pièces d'allure réaliste ou boulevardière (*Les Parents terribles,* 1938 ; *La Machine à écrire,* 1941 ; *La Voix humaine,* 1930, etc.), Cocteau, par les éclairages de la scène, les allusions contenues dans le dialogue, l'artificialité même de son langage, donne toujours l'impression que ses personnages sont guettés par quelque divinité mauvaise, que l'action est dirigée d'ailleurs, de l'au-delà, que les objets les plus anodins sont chargés de pouvoirs magiques, qu'enfin l'aventure bourgeoise la plus banale est marquée au sceau de la tragédie.

Le théâtre de la première moitié du siècle est ainsi riche en pièces qui illustrent le dépassement de l'homme par un univers mystérieux. Peu importe ici la solution apportée au conflit par les différents auteurs : victoire, défaite ou intégration de l'homme. Ce qui nous frappe, c'est l'essence même du conflit fondamental, qui est moins situé dans les déchirements passionnels de l'individu ou dans les rapports de l'individu et de telle ou telle société, que dans la tension entre l'homme *hic* et *nunc* et un univers éternel et transcendant. A cet égard, Armand Salacrou est bien un dramaturge de son temps, car toute son œuvre est imprégnée du malaise des hommes devant l'éternité qui précède leur passage sur la terre et l'éternité qui le suit, ainsi que devant la grande machinerie des galaxies. Point de mythologie ici, point d'incarnations fantastiques ou chrétiennes du surnaturel, car, si certains personnages de Salacrou sont hantés par l'idée de Dieu, ce Dieu se cache si bien qu'on en reste simplement à l'idée. La transcendance ici, c'est celle du temps et de la Nature physique. Temps et Nature sont sans doute objets de science, mais — et c'est là que Salacrou échappe au naturalisme — cette science ne rend pas compte de la signification ultime que peut avoir une vie d'homme, point infiniment petit dans « l'infiniment grand » du temps et de l'espace (*L'Inconnue d'Arras,* 1935). Et c'est bien ce genre de vocabulaire pascalien qui peut servir de commentaire au drame de Salacrou : semblable à « l'homme dans Dieu » du penseur janséniste, Salacrou est frappé par l'incompréhensibilité de la situation de l'homme dans l'univers. On a affaire avec lui à un théâtre où l'émotion naît de la disproportion entre la souffrance des hommes et son insignifiance en fonction de l'éternité. Comme on le voit, Salacrou, auteur majeur des années 30-50, est aussi un précurseur : la contradiction fondamentale et insoluble qu'il met en lumière peut d'une part être source d'angoisse existentialiste, d'autre part être considérée comme un signe avant-coureur des conceptions plus récentes de l'« absurde ». Et, de fait, il arrive chez Salacrou que le sens de la non-justification de la condition humaine dans le temps et dans l'espace permette au dramaturge de jongler librement avec ces dimensions et même d'inventer un ordre nouveau, tout aussi injustifié que l'ordre réel, mais un peu plus satisfaisant pour les hommes : tel est le cas dans *Sens Interdit* (1952).

INTRODUCTION 21

Un théâtre des hommes entre eux

Avec Salacrou, nous sommes ramenés à l'homme comme seule force consciente : si l'homme souffre sous la grande valse éternelle des étoiles, les étoiles, elles, n'en souffrent pas, pourrait-on dire en parodiant Pascal.
L'homme en proie à lui-même et à ses semblables, inutile de préciser que malgré les poètes, les Claudel, les Giraudoux ou les Cocteau, la scène française ne l'a pas oublié. Le boulevard, qui englobe la majeure partie de la production française, n'a pas cessé de monter de soi-disant « comédies », plus ou moins drôles, plus ou moins sentimentales, plus ou moins à idées, plus ou moins « dramatiques », où n'entrent ni dieux ni diables et où le déchirement des personnages vient de leurs amourettes ou de leurs grandes passions, de leurs petits problèmes quotidiens ou de certaines questions de morale courante. L'éventail de ce genre s'étend des bons mots de Sacha Guitry à la cruauté forcenée de Stève Passeur, de la solidité bourgeoise d'Henry Bernstein à la fantaisie de Claude-André Puget. S'il fallait choisir dans cette surabondante et le plus souvent médiocre littérature du boulevard, notre préférence serait double : elle irait d'une part à un auteur, Marcel Achard, d'autre part à un sous-genre, la comédie satirique.
Marcel Achard est peut-être le meilleur représentant d'un théâtre qui se veut avant tout divertissant, sans pour autant sombrer dans la vulgarité. Derrière cette œuvre se profile la science de la pièce bien faite : les personnages y agissent et réagissent toujours selon les normes d'une psychologie cohérente, si mince soit-elle, les surprises et rebondissements y sont toujours expliqués, parfois même l'imprévu y est paradoxalement (c'est là la logique de la pièce bien faite) prévisible, la fantaisie s'y manifeste comme une brume charmante qui émeut une seconde, mais ne détruit jamais la structure d'un univers de bon sens et d'observation réaliste. Mais cette poésie de surface, dans sa discrétion et son absence de prétention, se trouve en accord avec les humbles anecdotes que racontent les pièces. Parti des clowns du cirque (*Voulez-vous jouer avec moâ?* 1924), peut-être inspiré par certains aspects du masque de Charlie Chaplin, Achard est parfois parvenu à poétiser notre vaudeville ou notre comédie de boulevard en lui donnant pour héros quelque doux rêveur ou quelque aventurier tendre, dont le romantisme, la naïveté ou le cynisme révélateur d'une exquise nostalgie ajoutent des demi-teintes authentiquement dramatiques à de conventionnelles histoires de « petites femmes », d'épouses infidèles, d'amants bourgeois ou bohèmes (*Jean de la lune,* 1929 ; *Domino,* 1931 ; *Pétrus,* 1933). A force de cocasserie, de

tendresse, d'indulgence, et aussi grâce à l'usage habile et réconfortant des « ficelles » du théâtre conventionnel, Achard trouve le moyen de divertir, sans l'inquiéter et sans faire appel à sa vulgarité, un public bourgeois qui peut dormir en toute bonne conscience après la représentation. Achard est un peu, pour ce public, ce qu'étaient en d'autres siècles les poètes galants qui écrivaient des divertissements de bon goût pour princesses fatiguées. Ceci dit, à force d'indulgence, Achard en est néanmoins arrivé à composer des pièces assez avilissantes (*Patate,* 1959, son plus grand succès depuis la dernière guerre) qui ne sont à l'honneur ni de leur auteur ni du public qui les applaudit, et sur lesquelles, au nom de la réelle délicatesse d'autres œuvres, il vaut mieux jeter un voile.

Notre second choix, avons-nous dit, dans l'immense production dramatique plus ou moins boulevardière, serait celui d'un sous-genre : la comédie satirique. Toute comédie est miroir de son temps, mais la comédie satirique est un miroir conscient et, de plus, sous-entend un jugement, c'est-à-dire des valeurs en conflit avec les réalités représentées. La satire enrichit ou approfondit le drame : elle situe en effet le centre du conflit fondamental en dehors de l'anecdote racontée sur scène, car le sens de la pièce vient de la tension entre cette anecdote et autre chose, un certain Bien, un certain idéal moral ou social, qui d'ailleurs n'a pas besoin d'être précisé, mais par rapport auquel cette anecdote devient automatiquement un pôle dramatique. La comédie devient satirique quand l'auteur trouve le moyen de faire du spectateur le juge supérieur des actions représentées, en montrant à ce spectateur des comportements contraires à ses normes réelles ou imaginaires. En outre, la satire est forte et particulièrement valable quand elle déchire le spectateur lui-même. On le sait, en France, depuis Molière : la grande comédie satirique consiste non à se moquer des autres mondes, mais à aller chercher dans la vie quotidienne du public ce que lui-même fait ou accepte, et à l'éclairer sur scène de telle façon que la contradiction entre la norme et le réel apparaisse en pleine lumière.

Le théâtre français du XXe siècle est riche en pièces où, sur le plan individuel ou collectif, se trouve comiquement dénoncée la contradiction entre ce que l'on ne doit pas faire et ce que l'on fait quand même, ce dont on connaît le caractère parfaitement futile et illusoire et dont on est quand même dupe. Et nous ne parlons en ce moment que de pièces plus ou moins rattachées au théâtre traditionnel, au naturalisme, à la convention. Car, enfin, la comédie satirique n'est pas la moindre dimension de l'œuvre d'Anouilh, du théâtre dit existentialiste, des pièces de Salacrou ci-dessus mentionnées, et de certaines œuvres de « l'absurde » – mais ce n'est pas la plus importante. Immédiatement satiriques, c'est-à-dire sans métaphysique et sans nouveautés théâtralistes, viennent à l'esprit certaines pièces d'Édouard Bourdet (*Vient de paraître,* 1927; *Les Temps difficiles,* 1934), et surtout celles de Marcel Pagnol, connu pour sa fresque marseillaise de *Marius, Fanny, César* (1928-1931), mais dont le talent dénonciateur éclate dans *Les Marchands de Gloire* (1924) et dans le célèbre *Topaze* (1928).

Dans la présente anthologie, pour représenter ce genre éternel, on a choisi *Knock* (1923), de Jules Romains. Romains a trouvé le moyen, comme Molière mais toutes proportions gardées, d'éviter un des écueils de la satire : historiquement, celle-ci meurt avec l'objet passager (mode, mœurs aberrantes, organisation d'un groupe social) de sa critique. C'est qu'au-delà des railleries sur un phénomène spécifique, Jules Romains sait, en partie grâce à l'irréalisme de la mise en scène, faire allusion à la raison profonde de ce phénomène : l'infinie capacité des hommes de tromper, d'être trompés, de se masquer, de croire au masque, et même de s'identifier avec leur propre masque. Du coup, dans *Knock,* ce n'est plus l'état de la médecine dans la campagne française de 1923 qui est satirisé, mais la médecine (ou les médecins) de tous les temps, et finalement le jeu d'illusions sur lequel se défont et se bâtissent les sociétés. Avec Jules Romains (outre *Knock, Monsieur Le Trouhadec* – 1923 – et *Donogoo* – 1930 – méritent d'être signalés à cet égard, ainsi que son adaptation – 1928 –, en compagnie de Stephan Zweig, du *Volpone* de Ben Johnson), la satire est non seulement prétexte à comédie, mais porte ouverte sur l'essence même du théâtre.

Le théâtralisme conscient et même systématique de Jean Anouilh nous permet de nous éloigner encore plus du simple « boulevard », grâce à une œuvre qui le conserve, on pourrait même dire : qui le met en conserve, pour le considérer avec recul, l'adapter, en changer la saveur par toutes sortes de sauces nouvelles, en fin de compte pour le transfigurer. Comme n'importe quel auteur de boulevard, Anouilh met l'accent sur les petites histoires, les faits divers, les ennuis de famille, les adultères, les rapports entre maîtres et domestiques, la politique telle qu'elle est vue de jour en jour par les abonnés du *Figaro* ou par les fidèles lecteurs de *France-Soir.* Si l'on considère sa philosophie générale, elle est confortablement colorée par les lieux communs sur lesquels dissertent de vieux académiciens déçus dans les salons parisiens. Ceci dit, on s'aperçoit qu'on pourrait en dire autant de beaucoup de nos auteurs qui « pensent » : il suffirait de changer le nom des journaux. Anouilh schématise terriblement, et selon une certaine idéologie – mais ni plus ni moins que d'autres. Or, chez lui comme chez certains des autres, cette schématisation est finalement féconde. Elle permet la création d'une métaphore scénique au-delà de la philosophie et des idéologies, qui est valable comme représentation du choix de l'homme en face de l'homme et qui, avant ou après les prises de position dans la réalité quotidienne, emporte l'adhésion théâtrale du public. Sur la scène d'Anouilh, tout le monde joue. Tantôt, c'est un jeu plus ou moins frivole mené par des personnages « fin-de-siècle »; d'autre fois, c'est l'Histoire elle-même qui est constituée en activité théâtrale — et dans ce cas on songe à Pirandello, car tel ou tel grand personnage est présenté comme étant à la fois l'être réel lancé dans son aventure unique et une espèce d'acteur tenu à maintenir son rôle jusqu'au bout : Jeanne d'Arc dans *L'Alouette* (1953), Thomas dans *Becket* (1959), Napoléon dans *La Foire d'Empoigne* (1959). L'homme aux prises avec l'homme, c'est, chez Anouilh, l'homme aux prises avec son rôle d'homme. Et partant de ce principe, mille questions sont posées de pièce en pièce : dans quelle mesure le rôle est-il consciemment assumé? Pour quelles raisons? Quelle est son efficacité pour le bonheur des hommes en général ou de l'individu en particulier? Quel droit avons-nous de dire qu'un personnage masqué est plus ou moins authentique qu'un personnage nu? Qui va contre le grain de la véritable humanité, le personnage qui choisit d'incarner jusqu'à la mort une pureté enfantine peut-être illusoire, ou celui qui décide que le seul masque valable est le masque barbouillé par le sang et la boue des compromis grâce auxquels d'autres êtres pourront savourer pendant de brefs instants la saveur de l'air marin ou l'extase innocente d'un premier amour? La pièce qui figure dans ce recueil, *Antigone* (1942), est sujette à maint commentaire, mais elle prend sa place dans l'œuvre d'Anouilh par son théâtralisme fondamental, par l'opposition, non seulement de caractères au sens habituel du mot, mais de rôles présentés comme rôles par le Prologue lui-même. Il est vrai que cette pièce est fondée sur un mythe, que l'auteur semble s'y souvenir souvent de Giraudoux (son maître) et de Cocteau : mais c'est un mythe sans dieux, sans surnaturel, où les protagonistes vivent une action exemplaire non pas parce que quelque fatalité cosmique pèse sur eux, mais parce qu'ils ont décidé sur le plan humain d'être fidèles à certaines valeurs contradictoires, mais également humaines; le mythe, ici, ne sert pas à signifier un cosmos éternel, mais figure un répertoire (dans d'autres pièces d'Anouilh, la notion devient celle d'un simple vestiaire où l'on choisit son costume, — voir *Pauvre Bitos,* 1956) qui fournit aux individus le rôle qui convient à leur nature ou à leur idéal.

Choisir lucidement un rôle et le jouer intégralement (*absurdement*, dit Thomas dans *Becket*), voilà ce qui, aux yeux d'Anouilh, constitue l'héroïsme humain. Anouilh fait l'éloge de tel ou tel rôle ou le condamne, selon l'univers de chaque pièce et surtout selon son évolution personnelle. Nuances et revirements, politiques ou moraux, font de son œuvre une perpétuelle surprise. Mais enfin, on peut en dégager trois constantes : indépendamment de tout jugement moral, une admiration de dramaturge pour les êtres « jusqu'au-boutistes » (un peu comme Corneille aimait les criminels glorieux ou Molière les fous); un vœu éperdu de bonheur (et non de pureté, comme l'ont cru trop de critiques hâtifs, car, chez Anouilh, dès que la pureté devient une négation des petites joies concrètes qui viennent de la chaleur d'autrui, des objets doux à toucher, d'une Nature généreuse en couleurs et parfums, de l'argent même, cette pureté est représentée comme une inhumaine abstraction, ou tout simplement ridiculisée, — voir Julien dans *Colombe,* 1951); et surtout, une vision en fin de compte totalement théâtrale de la vie.

Bien qu'Anouilh soit parfois proche d'eux dans sa méditation sur le rapport entre l'homme et son action dans le monde, les auteurs dits « existentialistes » ont toujours considéré son œuvre avec la plus grande méfiance. Disons que, par rapport aux existentialistes, Anouilh occupe un peu la place que les surréalistes assignaient à Cocteau. C'est que si Anouilh excuse ou même glorifie la notion de « rôle », les existentialistes, tout en reconnaissant et en utilisant cette notion, la stigmatisent sous le nom d'inauthenticité. Ce qui pour Anouilh est souvent une solution est pour eux une mystification, une démission de la liberté ou un artifice de la mauvaise foi. Cette divergence explique en partie les débats qui ont entouré l'*Antigone* de Jean Anouilh. Toutefois, il y a de grandes ressemblances, philosophiquement, entre le point de départ d'Anouilh et celui des auteurs rattachés à l'existentialisme : le théâtre est une mise en question des valeurs humaines, une méditation sur les rapports entre ce que le monde — et nommément la société — exige et fait de nous, et le sens de nos fonctions, une discussion métaphorique sur deux obligations morales, également valables mais souvent contradictoires, celle d'authenticité et celle d'efficacité dans le monde.

Quand on parle de théâtre « existentialiste », on limite et on élargit à la fois le sens du terme. On le limite, dans la mesure où l'on passe sous silence des drames écrits par des philosophes existentialistes chrétiens (Gabriel Marcel, par exemple). On l'élargit, parce qu'on inclut dans ce genre l'œuvre d'Albert Camus, qui a répété plusieurs fois qu'il n'était pas existentialiste. Néanmoins, historiquement, comme une sorte de réponse au grand théâtre du divin et du surnaturel que représentaient Claudel, Giraudoux et Cocteau, un certain nombre d'auteurs se sont imposés sur les scènes nobles de Paris par des pièces qui renvoyaient l'homme à l'homme, le mettaient en face d'une responsabilité sans excuse, et le présentaient comme le créateur libre des valeurs et des significations dont il est par ailleurs le premier à se plaindre. Cet ensemble dramatique (qui n'est pas gigantesque : il tiendrait en un seul gros volume de la Pléiade) est avant tout une tentative de désacralisation de la transcendance : ce n'est pas un hasard si la première pièce de cette école (oublions les signes avant-coureurs donnés par Salacrou), c'est *Les Mouches* de Jean-Paul Sartre, en 1943, pièce qui est l'envers de l'*Électre* (1937) de Giraudoux, et qui se veut telle, puisque le titre et l'incarnation scénique des Erinnyes ont pour source immédiate une image verbale de la pièce de Giraudoux.

En utilisant le mythe dans *Les Mouches,* Sartre, en fait, a démystifié le mythe. Il y a montré les dieux pour se débarrasser d'eux. On n'a sans doute jamais assez insisté sur le fait que cette pièce est, sur un certain plan, un « burlesque » du théâtre mythologique de l'avant-guerre. Mais ce burlesque ne ramène pas l'homme à de simples dimensions psycho-sociologiques : c'est avant tout une manière de dire que le problème de la transcendance est réel, mais qu'une tradition chrétienne et humaniste l'a jusqu'ici mal posé.

Les pièces de Sartre, celles d'Albert Camus, et la pièce de Simone de Beauvoir tournent toutes autour d'actes commis ou de décisions à prendre — ce qui est bien entendu la base du théâtre traditionnel —, dont la source et le sens final dépendent en fait de l'entière liberté des hommes, — ce qui est beaucoup moins traditionnel. L'homme est libre et manifeste sa liberté par l'action; mais outre le problème des conséquences pratiques et morales de toute action commise, se pose la question de l'ultime signification, dans un monde sans Dieu où tout jugement vient de l'homme et de l'homme seulement. C'est à ce niveau que s'opère le dépassement qui donne à ce genre de théâtre sa portée philosophique. C'est après avoir agi que les hommes se trouvent libérés ou prisonniers. Agir, c'est en quelque sorte faire un saut dans le noir, c'est créer une situation complexe où l'acte en soi est devenu une espèce d'objet irrémédiable, et où en même temps, sur le plan des valeurs et des significations, il appartient à l'homme soit d'accepter de devenir « chose » en compagnie de cet acte, soit d'en faire un tremplin pour l'affirmation de sa liberté. *Les Mouches* de Sartre, ou *L'État de siège* (1948) de Camus sont à cet égard des pièces ouvertes, où par des actions exemplaires les hommes vivent une révolte authentique au terme de laquelle individus et collectivités assument, conjointement, la direction de leur destin. D'autres pièces, moins optimistes et aussi moins « démonstratives », du coup peut-être plus dramatiques, sont des portraits des mille difficultés, des mille pièges pourrait-on dire, que rencontre la liberté à la recherche d'elle-même à travers l'action. Dans *Huis-clos* (1944), par exemple, grâce à la métaphore de la vie après la mort, Sartre oppose le caractère irrémédiable des actes commis, le vœu des consciences individuelles de donner un sens authentique à leurs actes, la nécessité d'une garantie extérieure pour que ce sens ne soit pas une simple abstraction, et la résistance de ces témoins extérieurs (« les autres ») qui, dans leur liberté, imposent une inauthenticité.

Authenticité, inauthenticité, liberté, signification... Il y a certes un danger à rendre compte de ce théâtre en usant du vocabulaire philosophique que les auteurs eux-mêmes emploient dans leurs essais théoriques : on perd de vue la valeur humaine, immédiate et théâtrale de ce genre d'œuvres. Dans l'ensemble, elles offrent le spectacle d'une lutte difficile où des êtres exigeants sont déchirés entre le sens de leur responsabilité (envers eux-mêmes et envers les autres) et une réalité (parfois absurde, parfois machiavélique) qui tend toujours à leur voler la libre disposition d'eux-mêmes. Sartre a comparé ce genre de pièces avec celles de Corneille : de fait, les « existentialistes », comme Corneille, mettent en scène des héros qui, puisqu'ils sont hommes, sont *de droit* les maîtres de l'univers, mais doivent lutter sans relâche pour que ce droit devienne un fait, — et comme dans la tragédie cornélienne, le suicide est parfois le dernier recours qui affirme cette maîtrise.

Il y a plus : ce théâtre ne se veut pas seulement portrait de l'homme à la recherche de sa véritable définition, il se veut aussi efficace. C'est là un des aspects de la notion d'« engagement ». Camus et Sartre, l'un comme l'autre, se montrent sans indulgence pour les faiblesses humaines. Les personnages qui échouent, même s'ils sont pathétiques, sont traités sans tendresse ; à chaque instant, gestes et mots sont soulignés par les auteurs comme signes de la mauvaise foi, de l'abandon et même de la trahison. Le but ? Maintenir la conscience du spectateur en alerte, non seulement durant la représentation, mais aussi après, dans sa vie quotidienne. Être libre, c'est se considérer à chaque instant comme responsable — d'une responsabilité qui ne conduit pas à l'exquise torture du remords, mais à l'action libératrice et créatrice.

Sans doute né de la dernière guerre, en réaction contre une apathie catastrophique et contre un sens stérile de culpabilité imposé de l'extérieur pour des raisons politiques, le drame existentialiste n'est pas le seul exemple d'un théâtre qui cherche à réveiller, à fouetter, à redresser les hommes trop complaisants. Au moment même où Sartre et Camus écrivaient leurs premières pièces, Henry de Montherlant commençait à faire jouer ses grands drames à la fois arrogants et désespérés (*La Reine morte,* 1942; *Le Maître de Santiago,* 1948). Mais tandis que le théâtre existentialiste fait appel à tous les hommes, leur crie à tous qu'ils sont fondamentalement libres et qu'ils n'ont de sens que s'ils cessent d'être des choses et tentent la tragique aventure de la liberté, Montherlant élève au-dessus d'une humanité condamnée à la médiocrité et à la bassesse une aristocratie de grandes figures privilégiées par le sort, qu'il représente dans la solitude splendide de leur orgueil et de leur mépris. Œuvre terriblement ambiguë, que celle de Montherlant : ces personnages princiers et exigeants sont sans aucun doute une image de la grandeur de l'homme, et, comparés aux petits personnages du boulevard, ils créent chez le spectateur une exaltation qui peut être salutaire, tout en donnant à la scène elle-même une dignité spectaculaire; mais cette race de seigneurs de la haute morale et de la gloire personnelle est aussi l'image d'une « élite », de droit divin destinée à dominer les autres hommes — et cela évoque des souvenirs ou des parallèles fort inquiétants; en outre, quand on regarde de près les pièces de Montherlant, on s'aperçoit que ses grands héros ont des motifs fort douteux (ils agissent parce qu'ils ont peur de trouver en eux-mêmes la bassesse qu'ils stigmatisent chez les autres, par exemple), que finalement ils se dissolvent dans l'aveu de leur propre faiblesse ou dans le néant. On pourrait presque dire que, sans le vouloir, le théâtre de Montherlant montre qu'on ne peut pas fonder la grandeur de certains hommes sur le mépris des autres sans finalement en venir à mépriser et rabaisser *tous* les hommes.

Mais enfin, à première vue, par la noblesse du langage et les hautes exigences de ses héros, Montherlant a donné, au début des années 40, un certain panache apparent à la scène française. Toutefois, ce que la détresse de la défaite et de l'occupation aura provoqué de plus important pour notre théâtre est un double phénomène : d'une part, la redécouverte du grand lyrisme claudélien; d'autre part, l'introduction d'un héroïsme véritable dans le théâtre des hommes entre eux, sous la forme du drame existentialiste.

D'une avant-garde à l'autre

Notre but n'est pas ici de définir avec précision ce que c'est qu'une « avant-garde ». Le terme est vague, d'autant plus que, depuis quelques années, les pièces dites d'avant-garde deviennent avec la plus grande rapidité des chefs-d'œuvre reconnus, mais le terme est commode. Il nous permet de grouper un certain nombre de pièces, fort disparates, qui, par leur technique ou leur contenu, ont paru, au moins pendant quelque temps, rompre radicalement avec les habitudes non seulement du grand public, mais du public éclairé. Il s'agit là d'un ferment, source de petits ou de grands scandales, dont l'efficacité universelle est plus ou moins lente à se faire sentir.

Au début, il y a eu *Ubu Roi,* d'Alfred Jarry. Maintenant, cette pièce figure au répertoire du Théâtre National Populaire, mais en 1896, si des esprits perspicaces comme Mallarmé en ont immédiatement reconnu l'importance, elle choqua le petit public du Théâtre de l'Œuvre, fut massacrée, sombra dans l'incompréhension. C'est qu'elle représente la première explosion de liberté totale sur la scène : Jarry y impose son monstre, le Père Ubu, masque à l'apparence grotesque, animé à la fois par des appétits gigantesques et la plus grande lâcheté, dans un monde où les objets sont détournés de leur fonction, et où les aventures, en partie parodies des histoires shakespeariennes, semblent sorties de l'imagination délirante d'un collégien féroce et nihiliste.

La liberté du poète au théâtre, c'est un des caractères principaux de l'avant-garde. C'est sous ce signe que se place Guillaume Apollinaire dans le prologue des *Mamelles de Tirésias* (1917), – et, à sa suite, les surréalistes (Georges Ribemont-Dessaignes, Roger Vitrac), le jeune Cocteau (*Les Mariés de la Tour Eiffel,* 1921), Claudel dans ses farces et aussi dans *Le Soulier de Satin,* Picasso lui-même dans *Le Désir attrapé par la queue* (1944), enfin, plus près de nous, les auteurs dits « de l'absurde ». C'est en effet un des privilèges que s'arrogent Ionesco ou Adamov d'incarner scéniquement leur univers personnel, au mépris de toutes les continuités, de toutes les cohérences ou de toutes les vraisemblances que d'ordinaire on attend d'une pièce et, à vrai dire, de la vie elle-même.

Mais cette liberté, pour gratuite qu'elle soit, n'est pas seulement une manifestation d'impatience esthétique : elle conduit à des révélations. C'est-à-dire qu'en brisant toutes les formes admises et en projetant leur fantasmagorie intérieure, les auteurs d'avant-garde imposent à l'imagination du spectateur la représentation de réalités par ailleurs inexprimables.

Derrière une telle ambition se profilent souvent à la fois Freud et Jung. L'acte créateur produit des objets d'art qui sont l'incarnation de forces individuelles et collectives. Tandis que Lenormand en quelque sorte explique la nouvelle psychologie et reste à l'extérieur du subconscient qui est son sujet, l'avant-garde (du moins l'avant-garde surréaliste et une partie des absurdistes) évite le détour stérilisant par l'intellect et établit un rapport direct avec l'inconscient. D'où le choc que ces pièces ont pu produire : les forces refoulées ne sont pas rendues inoffensives par un discours logique, elles sont soudain librement présentes devant un spectateur désarmé.

Pendant les années 30, tandis que Cocteau et Giraudoux dominaient la scène parisienne avec des pièces poétiques et souvent inquiétantes, certes, mais claires pour l'intelligence, un poète apparenté au surréalisme se faisait le théoricien des pouvoirs possibles d'un théâtre des forces obscures : Antonin Artaud. Dans une série d'essais plus tard réunis sous le titre *Le Théâtre et son double* (1938), il imaginait des œuvres révolutionnaires qui renieraient complètement les traditions occidentales et chercheraient, par la combinaison savante des bruits (musique, cris, rythmes d'un langage qui ne serait plus organisé en discours logique), des mouvements scéniques, des actions surprenantes ou horribles, à bouleverser l'être le plus profond des spectateurs, à réveiller ce que nous appelons l'inhumain au-delà de ce que nous appelons l'humain (et qui n'est que le résidu infime, limité par la néfaste raison occidentale, d'une immense réalité à la fois naturelle et surnaturelle). Selon Artaud, le théâtre serait ainsi comparable à la peste : comme elle, épidémiquement, il purgerait les hommes de l'horreur et des grands crimes en réalisant cette horreur et ces crimes. En fait, compte tenu de ses images et de ses comparaisons forcenées, provocatrices ou incohérentes, Artaud rejoint d'une certaine façon la notion aristotélicienne d'un théâtre de catharsis.

Son influence a été peu sensible avant la guerre. Sur sa propre scène, appelée « Théâtre Alfred Jarry », la seule pièce moderne valable qu'il ait montée a été une œuvre de son ami Roger Vitrac : *Victor ou les enfants au pouvoir* (1928), pièce qu'ont remise à l'honneur aujourd'hui à la fois Jean Anouilh et les théoriciens de l'absurde. Sa seule œuvre dramatique achevée, *Les Cenci* (1935), malgré des innovations de bruitage et de mise en scène, ne dépasse guère le niveau d'un mauvais drame romantique frénétique. Tout cela restait de l'ordre d'une expérience peu réussie, tandis qu'au même moment, pour couvrir ces bruits d'avant-garde, s'élevait la voix magistrale de Giraudoux, affirmant la primauté du beau langage nuancé sur la scène française et rejetant toute idée d'un théâtre-choc.

Certains ont pu dire que le vœu d'Artaud s'était finalement réalisé dans la peste nazie, grand spectacle qui commence avec les congrès hypnotiques de Nüremberg et trouve son apothéose dans les camps d'extermination. C'est évidemment le contraire de ce qu'Artaud désirait : la métaphore scénique de la peste avait pour but de sauver l'homme de la vraie peste. Mais ce n'est pas un hasard si les horreurs réelles révélées par la dernière guerre ont donné une importance de tout premier plan aux théories d'Artaud. L'homme, désormais mis par l'Histoire au courant de ses monstres, peut difficilement s'estimer totalement représenté sur scène s'il l'est sans eux.

Toute une nouvelle avant-garde s'est développée qui, sans être fille d'Artaud, n'en est pas moins teintée par lui. Albert Camus, dans *L'État de siège,* se montre sans doute trop intellectuel pour entrer dans l'avant-garde ; il a toutefois utilisé la métaphore artaudienne de la peste comme centre de sa pièce (et d'une manière beaucoup plus fantastique que dans son roman *La Peste*) et, sans abandonner le langage-discours, a tenté une expérience de théâtre total, moins radicale que celles dont rêvait Artaud, mais proche des théories de ce dernier, et avec l'aide d'un metteur en scène profondément influencé par lui, Jean-Louis Barrault. Mais surtout, des poètes ou des absurdistes, comme Jacques Audiberti, Arthur Adamov et à certains égards Jean Genet, chacun à sa manière, ont essayé de provoquer chez le spectateur le bouleversement essentiel qui était pour Artaud la mission du théâtre.

Une fois admise l'atmosphère ou la couleur artaudienne, si l'on voulait caractériser brièvement l'avant-garde d'aujourd'hui, on serait bien embarrassé. On préfère, à juste titre, parler de « nouveau théâtre », signaler qu'il se distingue du « vieux théâtre » par une plus grande liberté scénique, davantage de représentations concrètes des fantasmes personnels ou collectifs, davantage d'irréalisme, et un rejet, pas toujours constant, de la logique rationnelle. Ensuite, on passe à l'étude individuelle de chaque dramaturge.

Il y a certes la notion d'absurde. C'est une notion philosophique qui a précédé de loin le nouveau théâtre : elle est manifeste dans toute littérature qui exprime une surprise de l'homme devant son désaccord avec l'univers dans lequel il est jeté. Sans remonter jusqu'à certains Pères de l'Église, ni jusqu'à Pascal, ni même jusqu'aux romantiques, on la trouve au milieu du siècle à la fois dans l'intérêt des intellectuels français pour l'œuvre de Kafka et dans les essais et romans d'Albert Camus. D'un autre côté, Martin Esslin, dans *The Theatre of the Absurd* (Doubleday, 1961), a dressé le portrait historique et géographique de son incarnation scénique au XXe siècle, tandis que d'autres érudits ont montré comment elle rôde au fond des tragédies des Temps modernes (voir par exemple Jan Kott, *Shakespeare, our contemporary,* Doubleday, 1964). L'originalité du nouveau théâtre a consisté à incarner cette notion sur scène objectivement, sans détours. Et cela, en faisant appel à toutes sortes de procédés qui existaient déjà — images surréalistes ou symboles expressionnistes qui signifiaient, par leur incohérence ou leur mécanisme inhumain, la présence cachée d'un ordre réel, mais qui, maintenant, ne signifient rien de plus que l'incohérence ou le mécanisme injustifié.

Ainsi, le nouveau théâtre a repris le clown de la farce, du « vaudeville » anglo-saxon ou du cirque continental, non plus comme image dégradée et réconfortante d'un certain grotesque et d'une certaine futilité auxquels nous serions en réalité supérieurs, mais comme miroir total de la condition humaine : Samuel Beckett. Ainsi aussi le nouveau théâtre a repris les créations automatiques, les incarnations de névroses, les rêves réalisés chers aux surréalistes, non plus pour révéler les secrets d'une magie perdue, effrayante et porteuse des vraies significations, — mais pour renvoyer le spectateur au cauchemar injustifié de sa vie réelle : Eugène Ionesco, ou Arthur Adamov dans ses premières pièces. Enfin, si le nouveau théâtre a repris les obscurités symbolistes, les jeux de miroir chers à Mallarmé et les transferts d'identité chers à Pirandello, c'est non pour atteindre quelque Absolu ou pour poser des questions d'ordre psychologique, — mais pour irréaliser toute réalité : Jean Genet.

On le voit, ce nouveau théâtre (et la notion d'avant-garde perd ici son sens, puisque les auteurs ci-dessus nommés représentent tout simplement le théâtre établi aujourd'hui) profite officiellement de toutes les audaces du passé récent, mais donne une signification neuve à ces audaces : au-delà de la convention et de la logique, il y a la liberté, mais l'usage conscient et extrême de cette liberté débouche dans l'évidence du néant. Nihilisme, que la conclusion de ce nouveau théâtre? Sur un certain plan, oui, si on cherche dans l'œuvre d'art un réconfort pratique, une leçon pour les petits ou grands problèmes de la vie. Mais d'un autre côté, non, — ou du moins la discussion est déplacée –, parce que l'existence même de l'œuvre est de toute façon une affirmation absolue. Pour ne prendre qu'un exemple, *Les Chaises* d'Ionesco (1952) sont à bien des égards une douloureuse et grotesque lamentation sur l'absence de communication et la vanité des messages : il n'empêche qu'Ionesco a diablement bien réussi à créer une métaphore convaincante par laquelle il « communique » positivement l'absence de communication...

« Beaucoup de bruit pour rien », disait Shakespeare. Chez Shakespeare le bruit est une fanfare glorieuse et géniale qui fait oublier une terreur cosmique dont on se demande souvent si elle n'est pas tout simplement la terreur de l'absurde et du néant. Avec une autre Histoire, d'autres moyens, et bien sûr des talents d'un tout autre ordre, les auteurs du nouveau théâtre sont des poètes qui chantent ce néant, mais qui aussi, par leur musique peut-être imparfaite, trouvent le moyen paradoxalement, de le combler, dans le rire, le lyrisme ou l'invective, et ainsi, de nous rendre supérieurs à lui.

C'est à ce point que cette anthologie s'arrête. Mais l'Histoire et la Littérature, elles, continuent. Déjà, le « nouveau théâtre » commence à être dépassé sur les bords, d'un côté par une espèce de néo-réalisme, de l'autre par une inspiration plus ou moins brechtienne. Néanmoins, Beckett, Genet et Ionesco triomphent sur les scènes nationales françaises, et dans le monde. Nous pouvons donc nous en tenir là.

A vrai dire, ce qui compte en dernier ressort, c'est moins l'effort de situer les œuvres dans des courants, que le plongeon que l'on fait en les prenant individuellement. Chaque écrivain vaut par sa différence, pour parler comme Gide; plus encore : chaque pièce est unique. Une fois posés les quelques jalons historiques qui la préparent, elle ne révèle pour nous, ici et maintenant, toute sa richesse, que si elle est saisie de l'intérieur, car toute œuvre d'art valable est en elle-même un petit univers complet, qui se suffit à lui-même.

Jacques Guicharnaud.

GUILLAUME APOLLINAIRE

Les Mamelles de Tirésias

drame surréaliste
en deux actes et un prologue

INTRODUCTION

I

Guillaume Albert Wladimir Alexandre Apollinaire Kostrowitzky—the poet Guillaume Apollinaire—is certainly less well known as a dramatist than as a poet, novelist and art critic. Despite his short and difficult life (1880-1917), he wrote prolifically, and in fact new manuscripts are continually being discovered shedding additional light on his life and works. Due to the many activities in which he participated, and the great quantity and diverse qualities of his writings, this introduction could hardly attempt more than a few brief commentaries on the most significant aspects of his life as well as his works.

Born in Rome (August 26, 1880), the illegitimate son of Angelica de Kostrowitzky, a Polish adventuress of noble birth, and Francesco Flugi d'Aspermont, an officer in the Bourbon army, Apollinaire's formative years were spent in Monaco, Cannes and Nice, until 1899 when his mother moved to Paris. At an early age he developed an interest in literature, and particularly admired Balzac, Tolstoi and Zola, and the symbolist poets-Baudelaire, Verlaine, Rimbaud and Mallarmé.

In May, 1901, Apollinaire was introduced to the Viscountess de Milhau who asked him to give French lessons to her daughter Gabrielle. He later joined the Milhau family in Germany and was much impressed by the countryside. It was then that he fell deeply in love with Annie Playden, the English governess, who had been engaged for Gabrielle de Milhau, the Viscountess's daughter. Annie became a symbol of purity and a subject of courtly love which inspired him to write many poems, including *Élégie:*

> Le ciel et les oiseaux venaient se reposer
> Sur deux cyprès que le vent tiède enlaçait presque
> Comme un couple d'amants à leur dernier baiser
> La maison près du Rhin était si romanesque[1]

Later, in London, he tried to win Annie's hand, only to be refused, but his disapointment inspired him to renewed creativity.

Back in Paris, Apollinaire took a job in a bank, but his interests remained in writing. He submitted his poetry to *La Plume,* and joined literary gatherings sponsored by this journal, where he met Alfred Jarry, Eugène Montfort, and André Salmon. Then in 1907, he was introduced to the young and talented painter, Marie Laurencin. His liaison with her and his encounter with Picasso and the poet Max Jacob attracted him to the art world. Thereafter, he became interested in theatre and painting, and was one of the first critics to take Cubism seriously. He championed Braque, Matisse, Vlaminck and Derain long before art critics realized their worth.

---

1. - Éditions de la Pléiade, p. 530.

In 1909 *La Chanson du Mal-Aimé* appeared in *Le Mercure de France.* Several Paris. newspapers accepted Apollinaire's articles and in the following year *l'Hérésiarque & Cie* was published. Finally, in 1913, he offered *Alcools,* a collection of his best poems written since 1898.

In the first World War he served both in the artillery and the infantry. Eight days after the decree according him French nationality appeared in the *Journal Officiel,* a shell splinter pierced his steel helmet and entered his skull in the region of the right temple. Trepanned, he survived to be promoted temporary acting lieutenant on July 28, 1918; but he was not fully recovered when he succombed in Paris to influenza, and died on November 9.

II

Apollinaire was not only one of the most important poets and art critics in the early years of the twentieth century, but also the immediate predecessor of Dada and Surrealism in the descent from Baudelaire to Laforgue. In his verse he sought new words and expressions to reflect the influence of the automobile, the airplane, the cinema and of the war. The research of a conscious innovator is further revealed in his experiment in form, his surpising images and omission of punctuation; for example in his poems, *Le Bestiaire* ou *Cortège d'Orphée,* Apollinaire turns to old, popular, allegorical treatises on beasts, both real and imaginary, which were widely read during the Middle Ages. In these quatrains he expresses sadness and joy, hope and humor together with a bit of irony and a dash of wit. And in one of these entitled *le Poulpe* he writes:

> *Jetant son encre vers le ciel,*
> *Suçant le sang de ce qu'il aime*
> *Et le trouvant délicieux.*
> *Ce monstre inhumain, c'est moi-même*[2].

Apollinaire helped André Billy, René Dalize, André Salmon and André Tudesq found *Les Soirées de Paris* (1912), a journal to express and defend their ideas. The first number included Apollinaire's article on modern painting and also two poems, one of which was the famous *Le Pont Mirabeau*:

> *Sous le pont Mirabeau coule la Seine*
> *Et nos amours*
> *Faut-il qu'il m'en souvienne*
> *La joie venait toujours après la peine*
> *Vienne la nuit sonne l'heure*
> *Les jours s'en vont je demeure*[3]

2. - *Idem,* p. 22.
3. - *Idem,* p. 45.

Bolder than ever, Apollinaire attempted to apply the pictorial arts to poetry. In *Lundi Rue Christine,* which was published in *Les Soirées de Paris* in December, 1913, he describes the visitor's impression of the animated room: the picturesque disorder, the people and gestures, the words and interrupted sentences and the disparate colors:

> . . . .
> *Des piles de soucoupes des fleurs en calendrier*
> *Pim pam pim*
> *Je dois fiche près de 300 francs à ma probloque*
> *Je préférerais me couper le parfaitement que de les lui donner*[4]

In his last important collection, *Calligrammes* (1918) which was inspired by the war, he made use of the fantastic, humorous typography, one that arranged words in the form of a watch, rain, or even the Eiffel Tower. With this typography, he wanted to suggest *visually* the object or theme of the poem. It is merely another example of his rejection of the world of logic and order in search of adventure and new fields in the subconscious and the unexplored. For example, in *La Victoire* his dream world rises like a sweeping wave, then disappears into the mist only to be born anew:

> *Un coq chante je rêve et les feuillards agitent*
> *Leurs feuilles qui ressemblent à de pauvres marins*
> *Ailés et tournoyants comme Icare le faux*
> *Des aveugles gesticulent comme des fourmis*
> *Se miraient sous la pluie aux reflets du trottoir*[5]

In *La Jolie Rousse,* the most famous poem in this volume, Apollinaire praised his newly discovered serenity and joy with Jacqueline Kolb:

> . . . .
> *Voici que vient l'été la saison violente*
> *Et ma jeunesse est morte ainsi que le printemps*
> *O Soleil c'est le temps de la Raison ardente*
>   *Et j'attends*
> *Pour la suivre toujours la forme noble et douce*
> *Qu'elle prend afin que je l'aime seulement*
> *Elle vient et m'attire ainsi qu'un fer l'aimant*
> *Elle a l'aspect charmant*
> *D'une adorable rousse*[6]

---

4. - *Idem,* p. 180.
5. - *Idem,* p. 309.
6. - *Idem,* p. 313.

III

Apollinaire's contribution to the theatre consists of three plays: *Les Mamelles de Tirésias, Couleur du Temps* and *Casanova*. The latter two are hardly worth mentioning; *Couleur du Temps,* in three acts and in verse, concerning the theme of war and peace was treated symbolically and philosophically; was classical in spirit but was hardly creative. *Casanova* (1918), a « Comédie Parodique, » was written as a libretto for a comic opera and included an incident in the life of the celebrated Italian adventurer. The play merely demonstrates the virtuosity of the author.

It is *Les Mamelles de Tirésias,* then, that marked Apollinaire as a dramatist. Except for the prologue and the last scene of the second act, which were written in 1916, the play was composed in 1903, just eight years after Jarry's *Ubu Roi* (1896), to which *Les Mamelles* bears some resemblance from a technical point of view. First performed to a packed house on June 24, 1917 at the Conservatoire Renée Maubel in Montmartre, the actors, including Marcel Herrand (the husband) and the poet Max Jacob, who led the chorus, were all amateurs; Louise Marion, as Thérèse, was the exception. The unusual scenery and striking costumes were designed by Serge Férat, and the strange, discordant music was composed by Germaine Albert-Birot and performed by Niny Guyard on the piano.

The reaction of the critics was varied; some condemned it as vulgar and in bad taste, while other claimed it was merely a piece of « crude symbolism. » Certain Cubist painters denigrated the play thinking it was a direct attack on them, which surprised Apollinaire who had always been their champion. Still other critics, however, enjoyed the play's dynamic qualities, its brio, its humor, and like Paul Souday, admired Apollinaire for his bold attack on naturalist theatre.

In his preface, Apollinaire himself defines the play: « I have called it a drama, meaning an action, to make clear what distinguishes it from those comedies of manners, dramatic comedies, light comedies, which for over half a century have provided the stage with works many of which are excellent but of the second rank and simply called plays. »[7]

Moreover, the play is subtitled « Surrealist Drama in Two Acts and a Prologue. » Apollinaire's invention of the adjective « surrealist »[8] should not be interpreted in the same spirit as the definition given by André Breton in his *First Surrealist Manifesto of 1924*. For Apollinaire, the word « surrealist » had no specific artistic or

---

7. - *Idem,* p. 865.

8. - The second early use of Apollinaire's neologism occurred in a similarly theatrical context, one month before the premiere of *Les Mamelles de Tirésias*. In a program note to the ballet *Parade* (music by Erik Satie, set by Picasso, scenario by Jean Cocteau), Apollinaire wrote prophetically: « From this new alliance—until now costume and scenery on the one hand, choreography on the other, have been linked only artificially— there has resulted in *Parade* a kind of *sur-réalisme* which I see as the point of departure... » (*Chroniques d'Art, 1902-1918*).

literary credo. It was a rejection of symbolism, of photographic « realism » and the type of vulgar idealism enjoyed by Victor Hugo and a host of his followers who discovered « truth » in local color, atmosphere and *trompe-l'œil*.

Apollinaire wanted to infuse a new spirit into his plays, « a joy, a voluptuousness and virtue » in place of the wartime pessimism which clouded over France. He called for a modern, simple, dynamic « theater in the round » with two stages, « one in the center, the other arranged like a circle: « something like an outer stage which would enclose the spectators. The actors had to be selected from humanity... from the entire world. » In short, Apollinaire wanted everything on the stage to become part of the action, the actors as well as the objects: everything had to take part in the drama unfolding before the eyes of the spectators. Thus there would be a fusion of sounds, gestures, colors, music, dancing, acrobatics, poetry, painting, action, decor— all resulting in the unity of the aural world and the visual one.

Apollinaire chose as the theme the « realistic » problem of female emancipation and its relation to population decline—a theme which utterly delighted the poet. But, it was also an important problem to the French because of the millions who had died in the war, the theme of repopulation was emphasized by the press and official propaganda, and finally the government began to grant ten-day furloughs so that the soldiers could fulfill another sort of obligation.

The scene of *Les Mamelles de Tirésias* is set in Zanzibar which is occasionally identified with Paris, but « zanzibar » is also the name of a game popular in Apollinaire's time, which was played with two or three dice and a dice box. At the very outset, the author, a lover of contrasts, of the strange and the bizarre, deliberately creates confusion between the country of Zanzibar and the game of the same name. He may have wanted to imply that life on the stage and life as it really is should not be dissociated and that both should be regarded as a kind of sporting affair in which one either wins or loses.

The scenery accentuates the game—like atmosphere of the drama. Written in delightful verse, it was Jarry who recommended to Apollinaire that the entire « people of Zanzibar » be represented by a single character, yet he was not even allowed to speak; instead the « people of Zanzibar » becomes, oddly enough, the very one on whom sound effects are concentrated. We discover him seated on a bench in front of pots, pans, an accordian, a drum, a revolver, bag pipes, a rattle, broken dishes and other noirsemakers. Thus—Jarry's influence—the « people of Zanzibar » becomes part of the stage action rather than merely background noises. This imaginative, fanciful, game-like atmosphere readily leads the audience into Apollinaire's surrealist world.

Henceforth anything can—and does—happen. Thérèse, the chief female character, *a startling, if not nightmarish, sight,* makes a sweeping entrance. She has a blue face and her dress is painted with an assortment of fruits and monkeys. The audience now has no choice but to follow almost uncritically whatever the author has wished—or simply to leave. Having indicated that Thérèse's face was to be painted blue, Apollinaire may have wanted to satirize Picasso and his Blue Period (1901-1903) during which, as the name suggests, the predominating color was blue.

Thérèse represents the modern woman par excellence. Her chief aim in life is to win independence from her husband whom she feels has kept her virtually in a state of slavery. She embraces the feminist cause which advocates political, social and educational equality for all women. Thérèse wants to be exactly like a man and practice every male profession: soldier, artist, lawyer, senator, doctor, philosopher, mathematician. She even goes to the point of rejecting her femininity, when she opens her blouse and two toy balloons fly out, one red and the other blue. A third one certainly would have been white to symbolize the French flag and thus to accentuate the play's social and political implications. These two balloons are fastened by a string which Thérèse manipulates in a very comic and provocative way. Once the desired effect has been achieved, the balloons explode. She then glances at the audience, makes a face, and throws other balloons at them. This kind of action produces physical contact which is precisely what Apollinaire wanted to achieve in the theater, namely, spectator-actor participation.

Other unusual effects occur. Thérèse begins to grow a beard and moustache. While admiring the transformation her husband walks in. He is always referred to as « The Husband. » He has no personal life, reality or identity; he is a function rather than a person. The Husband has brought his wife a bouquet of flowers, but as they symbolize enslavement and subserviance to the opposite sex, Thérèse wants nothing to do with it and promptly throws this token of love at the audience, again establishing spectator-actor participation. Still another change occurs when The Husband loses his Belgian accent.

In a last-minute bid to reject her femininity Thérèse changes her name to Tirésias. In choosing this, Apollinaire may have had in mind Tirésias, the blind prophet of Thebes, who, to compensate for his physical handicap, was given the power to divine the future. In fact, he is supposed to have prophesied the major events that occurred in Greek mythology. Like Tirésias, Thérèse can see into the future. This is further developed at the close of the play when the author introduced The Fortune Teller. In Thérèse, the audience see the trend of the future—the emancipation of women who, in their attempts to free themselves, lose not only their femininity but also their place in society.

Apollinaire's means of creating laughter remind us of famous medieval farces, like Maître Pathelin, or of Molière's celebrated comedy, *Le Médecin malgré lui*. In Scene III, from a window, Thérèse throws at her husband, in turn, a chamber pot, a basin and a urinal. In Scene IV she catches hold of him, removes his trousers and the rest of his clothes, then dresses the husband with her skirt, ties him up, gets into his trousers, cuts her hair and places a top hat on her head. This scene lasts until the first revolver shot. Today such action would neither disturb nor shock the public, but 1917 was an entirely different story.

To make the audience laugh and also to alter stage reality, Apollinaire uses puns such as « *pari* » (bet) and « *Paris* » (the capital of France), thus implying again the element of chance in the whole situation. In addition he makes use of mistaken identities. Catching sight of The Husband now wearing Thérèse's dress, The Policeman mistakes her for a beautiful girl and tries to win her affection. The situation offers the poet an occasion to indulge in such off-color puns as « *merdecin* » and « *mère des seins* » as well as « *merdecine* » and « *mère des cygnes* ».

In a truly Cubist manner and in accordance with Apollinaire's theories on theatrical unity, The Kiosk comes to life and moves across the stage. The Husband takes a megaphone and announces to all « people of Zanzibar » that since women have refused to become mothers, the men must do so. He makes an ardent plea for the necessity of children who will create the wealth, the future and the grandeur of the country. On hearing these words, The Kiosk, now a protagonist, begins to address The Megaphone and, like a Greek chorus, announces the event of *miracle births*.

In Act II, Scene I, these miracle births occur. Alone and unaided by women, The Husband has brought 40,049 children into the world in a single day. The stage is filled with cradles. Like Rabelais, Apollinaire makes use of exaggeration as still another means of producing laughter.

Above the din of screaming children, The Husband's voice cries out in joy; this cacaphonic effect cannot fail to impress the audience. The Husband then praises modern music as « wonderful, » and almost as much as the decor of the new painters who flourish at Zanzibar far from barbarians... » He adds: « We may have to lead them (the children) by the stick, but it would be better not to hurry things. I am going to buy them bicycles and all these virtuosi will give outdoor concerts. » In Scene II, he explains to a journalist that one of his children is a millionaire, another a successful novelist named Joseph whose book *What Luck!* has sold 600,000 copies, while his daughter, divorced from the potato king, receives 100,000 dollars alimony, and yet another daughter is a poet whose verse brings her annually what a poet earns in 50,000 years. In Scene III, The Husband summarizes the situation by declaring it to be « as simple as a periscope. The more children I will have, the richer I will be and the better I will be able to eat. »

One of the cradles is empty. Again in a Cubist manner, Apollinaire has placed alongside it an odd assortment of objects. Like the ancient alchemists who wanted to transmute base metals into gold, The Husband will now transform the large pot of glue, the bottle of ink, the huge penholder and the pair of scissors into... a human being. The divine act will now occur on the stage. Using his mouth and hands, The Husband begins to rip sheets of newspaper, then he stamps on them and places them in the empty cradle. He takes the glue which will be transformed into blood and pours it into the cradle. The huge penholder becomes the spinal column, the glue the brain, the scissors the tongue. The scene ends with a roar of thunder.

At the opening of Scene IV, we discover The Son who has risen from the cradle to become an adult journalist and at once begins to relate the latest world events to his father, mentioning Picasso « who paints a table that moves like this cradle. »

In Scene VI, The Husband is joined by The Policeman, who tells him there are too many mouths to feed and not enough food. However, this situation can be remedied by rationing. When the Policeman asks where these ration cards can be obtained, The Husband replies « At the Fortune Teller's. » When she appears in Scene VII we discover another phenomenon: her brain is lighted by electricity. She compliments The Husband on his numerous children and assures him of a prosperous future. As for The Policeman, who had refused to procreate, his fate will be a wretched one. Insulted, he attempts to arrest her in the name of Zanzibar. « Lay your hands on a woman, what a shame, » she says, then claws and strangles him. Ridding herself of her tawdy clothes, the Fortune Teller reveals herself to be no other than Thérèse who is now willing to return and assume her twin role as wife and mother. The Policeman comes to life again and as the curtain finally comes down, Thérèse throws a handful of balloons at the spectators.

Despite all of the theatrical devices employed to produce laughter and arouse shock and indignation on the part of the spectator—the inversion of sexual functions, puns, slapstick routines, etc.—*Les Mamelles* remains on a cerebral rather than sensual level. Written in the form of a disjointed dream, as a cubistic experiment, the play is no longer performed today. Nevertheless, the Prologue is still a valuable testimony of a new « ars dramatica, » and has influenced much of the serious work which has been done in the « modern novel, painting, music, poetry, and drama. » In addition, whereas Apollinaire's experiment failed, those of his successors, like Jean Cocteau, Roger Vitrac, and Victor Pellerin continued his theatrical revolution, and in this sense, Apollinaire remains a permanent part of our present avant-garde theatre.

WORKS BY APOLLINAIRE

1898-1913. ALCOOLS, *entitled* RHÉNANES.
1904. L'ENCHANTEUR POURRISSANT.
1910. L'HÉRÉSIARQUE ET CIE.
1911. LE BESTIAIRE OU CORTÈGE D'ORPHÉE.
1913-1916. CALLIGRAMMES.
1916. LE POÈTE ASSASSINÉ.
1917. LES MAMELLES DE TIRÉSIAS, *published in 1958.*
      COULEUR DU TEMPS.
      CASANOVA.

CRITICAL WORKS

ADEMA Marcel: Guillaume Apollinaire, le mal-aimé, *Paris, Plon, 1952.*
BILLY André: Apollinaire vivant, *Paris, Édit. de la Sirène, 1923.*
GROOSVOGEL David, I.: The Self-Conscious Stage in Modern French Drama, *New York, Columbia University Press, 1958.*
PIA Pascal: Apollinaire par lui-même, *Paris, Seuil, 1954.*
ROUVEYRE André: Apollinaire, *Paris, Gallimard, 1945.*
TAUPIN René and ZUKOFSKY Louis: Le Style Apollinaire, *Paris, Les Presses Modernes, 1934.*

PRÉFACE

Sans réclamer d'indulgence, je fais remarquer que ceci est une œuvre de jeunesse, car sauf le Prologue et la dernière scène du deuxième acte qui sont de 1916, cet ouvrage a été fait en 1903, c'est-à-dire quatorze ans avant qu'on ne le représentât.

Je l'ai appelé drame qui signifie action pour établir ce qui le sépare de ces comédies de mœurs, comédies dramatiques, comédies légères qui depuis plus d'un demi-siècle fournissent à la scène des œuvres dont beaucoup sont excellentes, mais de second ordre et que l'on appelle tout simplement des pièces.

Pour caractériser mon drame je me suis servi d'un néologisme qu'on me pardonnera car cela m'arrive rarement et j'ai forgé l'adjectif surréaliste qui ne signifie pas du tout symbolique comme l'a supposé M. Victor Basch, dans son feuilleton dramatique, mais définit assez bien une tendance de l'art qui si elle n'est pas plus nouvelle que tout ce qui se trouve sous le soleil n'a du moins jamais servi à formuler aucun credo, aucune affirmation artistique et littéraire.

L'idéalisme vulgaire des dramaturges qui ont succédé à Victor Hugo a cherché la vraisemblance dans une couleur locale de convention qui fait pendant au naturalisme en trompe-l'œil des pièces de mœurs dont on trouverait l'origine bien avant Scribe, dans la comédie larmoyante de Nivelle de la Chaussée.

Et pour tenter, sinon une rénovation du théâtre, du moins un effort personnel, j'ai pensé qu'il fallait revenir à la nature même, mais sans l'imiter à la manière des photographes.

Quand l'homme a voulu imiter la marche, il a créé la roue qui ne ressemble pas à une jambe. Il a fait ainsi du surréalisme sans le savoir.

Au demeurant, il m'est impossible de décider si ce drame est sérieux ou non. Il a comme but d'intéresser et d'amuser. C'est le but de toute œuvre théâtrale. Il a également pour but de mettre en relief une question vitale pour ceux qui entendent la langue dans laquelle il est écrit : le problème de la repopulation.

J'aurais pu faire sur ce sujet qui n'a jamais été traité une pièce selon le ton sarcastico-mélodramatique qu'ont mis à la mode les faiseurs de « pièces à thèse ».

J'ai préféré un ton moins sombre, car je ne pense pas que le théâtre doive désespérer qui que ce soit.

J'aurais pu aussi écrire un drame d'idées et flatter le goût du public actuel qui aime à se donner l'illusion de penser.

J'ai mieux aimé donner un libre cours à cette fantaisie qui est ma façon d'interpréter la nature, fantaisie, qui selon les jours, se manifeste avec plus ou moins de mélancolie, de satire et de lyrisme, mais toujours, et autant qu'il m'est possible, avec un bon sens où il y a parfois assez de nouveauté pour qu'il puisse choquer et indigner, mais qui apparaîtra aux gens de bonne foi.

Le sujet est si émouvant à mon avis, qu'il permet même que l'on donne au mot drame son sens le plus tragique ; mais il tient aux Français que, s'ils se remettent à faire des enfants, l'ouvrage puisse être appelé, désormais, une farce. Rien ne saurait me causer une joie aussi patriotique. N'en doutez pas, la réputation dont jouirait justement, si on savait son nom, l'auteur de la Farce de Maistre Pierre Pathelin m'empêche de dormir.

On a dit que je m'étais servi des moyens dont on use dans les revues : je ne vois pas bien à quel moment. Ce reproche toutefois n'a rien qui puisse me gêner, car l'art populaire est un fonds excellent et je m'honorerais d'y avoir puisé si toutes mes scène ne s'enchaînaient naturellement selon la fable que j'ai imaginée et où la situation principale : un homme qui fait des enfants, est neuve au théâtre et dans les lettres en général, mais ne doit pas plus choquer que certaines inventions impossibles des romanciers dont la vogue est fondée sur le merveilleux dit scientifique.

Pour le surplus, il n'y a aucun symbole dans ma pièce qui est fort claire, mais on est libre d'y voir tous les symboles que l'on voudra et d'y démêler mille sens comme dans les oracles sibyllins.

M. Victor Basch qui n'a pas compris, ou n'a pas voulu comprendre, qu'il s'agissait de la repopulation, tient à ce que mon ouvrage soit symbolique; libre à lui. Mais il ajoute : « que la première condition d'un drame symbolique, c'est que le rapport entre le symbole qui est toujours un signe et la chose signifiée soit immédiatement discernable ».

Pas toujours cependant et il y a des œuvres remarquables dont le symbolisme justement prête à de nombreuses interprétations qui parfois se contrarient.

J'ai écrit mon drame surréaliste avant tout pour les Français comme Aristophane composait ses comédies pour les Athéniens.

Je leur ai signalé le grave danger reconnu de tous qu'il y a pour une nation qui veut être prospère et puissante à ne pas faire d'enfants, et pour y remédier je leur ai indiqué qu'il suffisait d'en faire.

M. Deffoux, écrivain spirituel, mais qui m'a l'air d'être un malthusien attardé, fait je ne sais quel rapprochement saugrenu entre le caoutchouc* dont sont faits les ballons et les balles qui figurent les mamelles (c'est peut-être là que M. Basch voit un

---

* Pour me laver de tout reproche touchant l'usage des mamelles en caoutchouc, voici un extrait des journaux prouvant que ces organes étaient de la plus stricte légalité.

« Interdiction de la vente des tétines autres que celles en caoutchouc pur, vulcanisé à chaud. — A la date du 28 février dernier, a été promulguée au *Journal Officiel* la loi du 26 février 1917, modifiant l'article 1er de la loi du 6 avril 1910, qui ne visait que l'interdiction des biberons à tube.

« Le nouvel article 1er de cette loi est désormais ainsi conçu :
« Sont interdites la vente, la mise en vente, l'exposition et l'importation :
« 1º Des biberons à tube ;
« 2º Des tétines et des sucettes fabriquées avec d'autres produits que le caoutchouc pur, vulcanisés par un autre procédé que la vulcanisation à chaud, et ne portant point, avec la marque du fabricant ou du commerçant, l'indication spéciale : « caoutchouc pur ».

Sont donc seules autorisées les tétines et sucettes fabriquées avec du caoutchouc pur et vulcanisé à chaud.

symbole) et certains vêtements recommandés par le néo-malthusianisme. Pour parler franc, ils n'ont rien à faire dans la question, car il n'y a pas de pays où l'on s'en serve moins qu'en France, tandis qu'à Berlin, par exemple, il ne se passe pas de jour qu'il ne manque de vous en tomber sur la tête pendant qu'on se promène dans les rues, tant les Allemands, race encore prolifique, en font un grand usage.

Les autres causes auxquelles avec la limitation des grossesses par moyens hygiéniques on attribue la dépopulation, l'alcoolisme par exemple, existent partout ailleurs et dans des proportions bien plus vastes qu'en France.

Dans un livre récent sur l'alcool, M. Yves Guyot ne remarquait-il pas que si dans les statistiques de l'alcoolisme, la France venait au premier rang, l'Italie, pays notoirement sobre, venait au second rang ! Cela permet de mesurer la foi que l'on peut accorder aux statistiques ; elles sont menteuses et bien fol est qui s'y fie. D'autre part n'est-il pas remarquable que les provinces où l'on fait en France le plus d'enfants soient justement celles qui viennent au premier rang dans les statistiques de l'alcoolisme !

La faute est plus grave, le vice est plus profond, car la vérité est celle-ci : on ne fait plus d'enfants en France parce qu'on n'y fait pas assez l'amour. Tout est là.

Mais je ne m'étendrai pas davantage sur ce sujet. Il faudrait un livre tout entier et changer les mœurs. C'est aux gouvernants à agir, à faciliter les mariages, à encourager avant tout l'amour fécond, les autres points importants comme celui du travail des enfants seront ensuite facilement résolus pour le bien et l'honneur du pays.

Pour en revenir à l'art théâtral, on trouvera dans le prologue de cet ouvrage les traits essentiels de la dramaturgie que je propose.

J'ajoute qu'à mon gré cet art sera moderne, simple, rapide avec les raccourcis ou les grossissements qui s'imposent si l'on veut frapper le spectateur. Le sujet sera assez général pour que l'ouvrage dramatique dont il formera le fond puisse avoir une influence sur les esprits et sur les mœurs dans le sens du devoir et de l'honneur.

Selon le cas, le tragique l'emportera sur le comique ou inversement. Mais je ne pense pas que désormais l'on puisse supporter, sans impatience, une œuvre théâtrale où ces éléments ne s'opposeraient pas, car il y a une telle énergie dans l'humanité d'aujourd'hui et dans les jeunes lettres contemporaines, que le plus grand malheur apparaît aussitôt comme ayant sa raison d'être, comme pouvant être regardé non seulement sous l'angle d'une ironie bienveillante qui permet de rire, mais encore sous l'angle d'un optimisme véritable qui console aussitôt et laisse grandir l'espérance.

Au demeurant, le théâtre n'est pas plus la vie qu'il interprète que la roue n'est une jambe. Par conséquent, il est légitime, à mon sens, de porter au théâtre des esthétiques nouvelles et frappantes qui accentuent le caractère scénique des personnages et augmentent la pompe de la mise en scène, sans modifier toutefois le pathétique ou le comique des situations qui doivent se suffire à elles-mêmes.

Pour terminer, j'ajoute que, dégageant des velléités littéraires contemporaines une certaine tendance qui est la mienne, je ne prétends nullement fonder une école, mais avant tout protester contre ce théâtre en trompe-l'œil qui forme le plus clair de l'art théâtral d'aujourd'hui. Ce trompe-l'œil qui convient, sans doute, au cinéma, est, je crois, ce qu'il y a de plus contraire à l'art dramatique.

J'ajoute, qu'à mon avis, le vers qui seul convient au théâtre, est un vers souple, fondé sur le rythme, le sujet, le souffle et pouvant s'adapter à toutes les nécessités théâtrales. Le dramaturge ne dédaignera pas la musique de la rime, qui ne doit pas être une sujétion dont l'auteur et l'auditeur se fatiguent vite désormais, mais peut ajouter quelque beauté au pathétique, au comique, dans les chœurs, dans certaines répliques, à la fin de certaines tirades, ou pour clore dignement un acte.

Les ressources de cet art dramatique ne sont-elles pas infinies? Il ouvre carrière à l'imagination du dramaturge, qui rejetant tous les liens qui avaient paru nécessaires ou parfois renouant avec une tradition négligée, ne juge pas utile de renier les plus grands d'entre ses devanciers. Il leur rend ici l'hommage que l'on doit à ceux qui ont élevé l'humanité au-dessus des pauvres apparences dont, livrée à elle-même, si elle n'avait pas eu les génies qui la dépassent et la dirigent, elle devrait se contenter. Mais eux, font paraître à ses yeux des mondes nouveaux qui élargissant les horizons, multipliant sans cesse sa vision, lui fournissent la joie et l'honneur de procéder sans cesse aux découvertes les plus surprenantes.

A LOUISE MARION

Louise Marion vous fûtes admirable
Gonflant d'esprit tout neuf vos multiples tétons

La féconde raison a jailli de ma fable
Plus de femme stérile et non plus d'avortons
Votre voix a changé l'avenir de la France
Et les ventres partout tressaillent d'espérance

A MARCEL HERRAND

Vous fûtes le mari sublime ingénieux
Qui faisant des enfants nous suscite des dieux
Mieux armés plus unis plus savants plus dociles
Plus forts et plus hardis que nous n'avons été
La Victoire sourit à leurs destins habiles
Et célébrant dans l'ordre et la prospérité
Votre civique sens votre fécondité
Ils seront tous un jour l'orgueil de la Cité

A YETA DAESSLE

Étiez-vous bien à Zanzibar Monsieur Lacouf
Qui mourûtes et remourûtes sans dire ouf

Kiosque remuant qui portiez les nouvelles
Vous étiez un cerveau pour toutes les cervelles
Des pauvres spectateurs qui ne le savaient pas
Qu'il leur faut des enfants ou marcher au trépas

Vous fûtes par deux fois la presse qui féconde
Le bon sens en Europe ainsi qu'au Nouveau Monde
Déjà l'écho répète à l'envi vos échos

Merci chère Daesslé
           Les petits moricauds
Qui pullulaient au 2ᵉ acte de mon drame
Grâce à vous deviendront de bons petits Français
Blancs et roses ainsi que vous êtes madame
           Ce sera là notre succès

A JULIETTE NORVILLE

Voici le temps Madame où parlent les gens d'armes
J'en suis et c'est pourquoi suscitant les alarmes
J'ai parlé
        Vous étiez sur votre beau cheval
Vous représentiez l'ordre et par mont et par val
Nous faisions que revînt dans la race française
Le goût d'être nombreuse afin de vivre à l'aise
Ainsi que les enfants du mari de Thérèse

A HOWARD

Vous étiez tout le peuple et gardiez le silence

Peuple de Zanzibar ou plutôt de la France
Il faut laisser le goût et garder la raison
Il faut voyager loin en aimant sa maison
Il faut chérir l'audace et chercher l'aventure
Il faut toujours penser à la France future
N'espérez nul repos risquez tout votre avoir
Apprenez du nouveau car il faut tout savoir
Lorsque crie un prophète il faut que l'alliez voir
Et faites des enfants c'est le but de mon conte
L'enfant est la richesse et la seule qui compte

Les mamelles de Tirésias

ont été représentées pour la première fois le 24 juin 1917
avec la distribution suivante :

Le directeur	Edmond Vallée
Thérèse-Tirésias et la cartomancienne	Louise Marion
Le mari	Marcel Herrand (Jean Thillois)
Le gendarme	Juliette Norville
Le journaliste parisien	Yéta Daesslé
Le fils	—
Le kiosque	—
Lacouf	—
Presto	Edmond Vallée
Le peuple de Zanzibar	Howard
Une dame	Georgette Dubuet
Les chœurs	Niny Guyard, Maurice Lévy, Max Jacob, Paul Morisse, etc.

A Zanzibar, de nos jours.

A la première représentation, les décors et les costumes étaient de M. Serge Férat, Mlle Niny Guyard était au piano, la partition d'orchestre n'ayant pu être exécutée à cause de la rareté des musiciens en temps de guerre.

PROLOGUE

Devant le rideau baissé, le Directeur de la Troupe, en habit, une canne de tranchée à la main, sort du trou du souffleur.

SCÈNE UNIQUE

LE DIRECTEUR DE LA TROUPE

Me voici donc revenu parmi vous
J'ai retrouvé ma troupe ardente
J'ai trouvé aussi une scène
Mais j'ai retrouvé avec douleur
L'art théâtral sans grandeur sans vertu [A]
Qui tuait les longs soirs d'avant la guerre
Art calomniateur et délétère [1]
Qui montrait le péché non le rédempteur

Puis le temps est venu le temps des hommes
J'ai fait la guerre ainsi que tous les hommes

C'était au temps où j'étais dans l'artillerie
Je commandais au front du nord ma batterie
Un soir que dans le ciel le regard des étoiles
Palpitait comme le regard des nouveau-nés
Mille fusées issues de la tranchée adverse
Réveillèrent soudain les canons ennemis

Je m'en souviens comme si cela s'était passé hier

J'entendais les départs mais non les arrivées
Lorsque de l'observatoire d'artillerie
Le trompette vint à cheval nous annoncer
Que le maréchal des logis qui pointait
Là-bas sur les lueurs des canons ennemis
L'alidade de triangle de visée faisait savoir
Que la portée de ces canons était si grande
Que l'on n'entendait plus aucun éclatement
Et tous mes canonniers attentifs à leurs postes
Annoncèrent que les étoiles s'éteignaient une à une
Puis l'on entendit de grands cris parmi toute l'armée

A. - Why does Apollinaire consider contemporary theatre « sans grandeur sans vertu? »

1. - Pernicious.

ILS ÉTEIGNENT LES ÉTOILES A COUPS DE CANON

Les étoiles mouraient dans ce beau ciel d'automne
Comme la mémoire s'éteint dans le cerveau
De ces pauvres vieillards qui tentent de se souvenir
Nous étions là mourant de la mort des étoiles
Et sur le front ténébreux aux livides lueurs
Nous ne savions plus que dire avec désespoir

ILS ONT MÊME ASSASSINÉ LES CONSTELLATIONS

Mais une grande voix venue d'un mégaphone
Dont le pavillon sortait
De je ne sais quel unanime poste de commandement
La voix du capitaine inconnu qui nous sauve toujours cria

IL EST GRAND TEMPS DE RALLUMER LES ÉTOILES [B]

Et ce ne fut qu'un cri sur le grand front français

AU COLLIMATEUR A VOLONTÉ [2]

Les servants se hâtèrent
Les pointeurs pointèrent
Les tireurs tirèrent
Et les astres sublimes se rallumèrent l'un après l'autre
Nos obus enflammaient leur ardeur éternelle
L'artillerie ennemie se taisait éblouie
Par le scintillement de toutes les étoiles

Voilà voilà l'histoire de toutes les étoiles

Et depuis ce soir-là j'allume aussi l'un après l'autre
Tous les astres intérieurs que l'on avait éteints

Me voici donc revenu parmi vous

Ma troupe ne vous impatientez pas

Public attendez sans impatience

Je vous apporte une pièce dont le but est de réformer les mœurs [C]
Il s'agit des enfants dans la famille
C'est un sujet domestique
Et c'est pourquoi il est traité sur un ton familier

2. - Fire at will.
B. - What do « les étoiles » symbolize?

C. - What does « réformer les mœurs » imply as to the author's intentions?

Les acteurs ne prendront pas de ton sinistre
Ils feront appel tout simplement à votre bon sens
Et se préoccuperont avant tout de vous amuser
Afin que bien disposés vous mettiez à profit
Tous les enseignements contenus dans la pièce
Et que le sol partout s'étoile de regards de nouveau-nés
Plus nombreux encore que les scintillements d'étoiles

Écoutez ô Français la leçon de la guerre
Et faites des enfants vous qui n'en faisiez guère

On tente ici d'infuser un esprit nouveau au théâtre [D]
Une joie une volupté une vertu
Pour remplacer ce pessimisme vieux de plus d'un siècle
Ce qui est bien ancien pour une chose si ennuyeuse
La pièce a été faite pour une scène ancienne
Car on ne nous aurait pas construit de théâtre nouveau
Un théâtre rond à deux scènes
Une au centre l'autre formant comme un anneau
Autour des spectateurs et qui permettra
Le grand déploiement de notre art moderne
Mariant souvent sans lien apparent comme dans la vie
Les sons les gestes les couleurs les cris les bruits
La musique la danse l'acrobatie la poésie la peinture
Les chœurs les actions et les décors multiples [E]

Vous trouverez ici des actions
Qui s'ajoutent au drame principal et l'ornent
Les changements de ton du pathétique au burlesque
Et l'usage raisonnable des invraisemblances
Ainsi que des acteurs collectifs ou non
Qui ne sont pas forcément extraits de l'humanité
Mais de l'univers entier
Car le théâtre ne doit pas être un art en trompe-l'œil [3]

Il est juste que le dramaturge se serve
De tous les mirages qu'il a à sa disposition
Comme faisait Morgane sur le Mont Gibel [4]
Il est juste qu'il fasse parler les foules les objets inanimés [4]
S'il lui plaît
Et qu'il ne tienne pas plus compte du temps
Que de l'espace

D. - What does Apollinaire mean by « infusing a new spirit in the theater? »
E. - What influences are evident in Apollinaire's theatrical credo?
3. - « Trompe-l'œil » is a term used by artists and decorators to designate a surface painted or designed so cleverly as to create an illusion of pure reality.
4. - Apollinaire is probably referring to Morgan le Fay, the fairy sister of King Arthur in the Arthurian legends and one of the principal characters in Celtic legends.

Son univers est sa pièce
A l'intérieur de laquelle il est le dieu créateur
Qui dispose à son gré
Les sons les gestes les démarches les masses les couleurs
Non pas dans le seul but
De photographier ce que l'on appelle une tranche de vie
Mais pour faire surgir la vie même dans toute sa vérité
Car la pièce doit être un univers complet
Avec son créateur
C'est-à-dire la nature même
Et non pas seulement
La représentation d'un petit morceau
De ce qui nous entoure ou de ce qui s'est jadis passé [5]

Pardonnez-moi mes amis ma troupe

Pardonnez-moi cher Public
De vous avoir parlé un peu longuement
Il y a si longtemps que je m'étais retrouvé parmi vous

Mais il y a encore là-bas un brasier
Où l'on abat des étoiles toutes fumantes
Et ceux qui les rallument vous demandent
De vous hausser jusqu'à ces flammes sublimes
Et de flamber aussi

O public
Soyez la torche inextinguible du feu nouveau

---

[5]. - Apollinaire's grievances against naturalist theater.

ACTE PREMIER

La place du marché de Zanzibar, le matin. Le décor représente des maisons, une échappée sur le port et aussi ce qui peut évoquer aux Français l'idée du jeu de Zanzibar. Un mégaphone en forme de cornet à dés[6] *et orné de dés est sur le devant de la scène. Du côté cour, entrée d'une maison; du côté jardin, un kiosque de journaux avec une nombreuse marchandise étalée et sa marchande figurée dont le bras peut s'animer; il est encore orné d'une glace sur le côté qui donne sur la scène. Au fond, le personnage collectif et muet, qui représente le peuple de Zanzibar, est présent dès le lever du rideau. Il est assis sur un banc. Une table est à sa droite et il a sous la main les instruments qui lui serviront à mener tel bruit au moment opportun : revolver, musette, grosse caisse, accordéon, tambour, tonnerre, grelots, castagnettes, trompette d'enfant, vaisselle cassée. Tous les bruits indiqués comme devant être produits au moyen d'un instrument sont menés par le peuple de Zanzibar et tout ce qui est indiqué comme devant être dit au mégaphone doit être crié au public.*

SCÈNE PREMIÈRE

Le peuple de Zanzibar, Thérèse

Thérèse. — *Visage bleu, longue robe bleue*[7] *ornée de singes et de fruits peints. Elle entre dès que le rideau est levé, mais dès que le rideau commence à se lever, elle cherche à dominer le tumulte de l'orchestre.*

Non Monsieur mon mari
Vous ne me ferez pas faire ce que vous voulez

(Chuintement.)

Je suis féministe et je ne reconnais pas l'autorité de l'homme

(Chuintement.)

Du reste je veux agir à ma guise
Il y a assez longtemps que les hommes font ce qui leur plaît
Après tout je veux aussi aller me battre contre les ennemis
J'ai envie d'être soldat une deux une deux
Je veux faire la guerre — *Tonnerre* — et non pas faire des enfants
Non Monsieur mon mari vous ne me commanderez plus

(Elle se courbe trois fois, derrière au public.)

Au mégaphone
Ce n'est pas parce que vous m'avez fait la cour dans le Connecticut
Que je dois vous faire la cuisine à Zanzibar[8]

---

6. - The megaphone in the form of a « cornet à dés » may refer to Max Jacob's poems of the same name.
7. - The emphasis on the color blue probably satirizes Picasso's Blue Period.

8. - Note Apollinaire's contrast of the state of Connecticut, which certainly he had never visited, and « cuisine à Zanzibar. »

VOIX DU MARI.   *(Accent belge.)*
Donnez-moi du lard je te dis donnez-moi du lard
                                                                             (Vaisselle cassée.)
THÉRÈSE. — Vous l'entendez il ne pense qu'à l'amour
                                                      (Elle a une crise de nerfs.)
Mais tu ne te doutes pas imbécile
                                                                                       (Éternuement.)
Qu'après avoir été soldat je veux être artiste
                                                                                      (Éternuement.)
Parfaitement parfaitement
                                                                                      (Éternuement.)
Je veux être aussi député avocat sénateur
                                                                     (Deux éternuements.)
Ministre président de la chose publique
                                                                                  (Éternuement.)
Et je veux médecin physique ou bien psychique
Diafoirer à mon gré l'Europe et l'Amérique
Faire des enfants faire la cuisine non c'est trop
                                                                                 (Elle caquette.)
Je veux être mathématicienne philosophe chimiste
Groom dans les restaurants petit télégraphiste
Et je veux s'il me plaît entretenir à l'an
Cette vieille danseuse qui a tant de talent
        (Éternuement, caquetage; après quoi, elle imite le bruit du chemin de fer.)
VOIX DU MARI.   *(Accent belge.)*
Donnez-moi du lard je te dis donnez-moi du lard
THÉRÈSE. — Vous l'entendez il ne pense qu'à l'amour
                                                             (Petit air de musette.)
Mange-toi les pieds à la Sainte-Menehould [9]
                                                                 (Grosse caisse.)
Mais il me semble que la barbe me pousse
Ma poitrine se détache
     (Elle pousse un grand cri et entrouvre sa blouse dont il en sort ses mamelles, l'une rouge, l'autre bleue, et, comme elle les lâche, elles s'envolent, ballons d'enfant, mais restent retenues par les fils [F].)
Envolez-vous oiseaux de ma faiblesse
    Et caetera
Comme c'est joli les appas féminins
C'est mignon tout plein
On en mangerait
                                                 (Elle tire le fil des ballons et les fait danser.)
Mais trêve de bêtises
Ne nous livrons pas à l'aéronautique

---

9. - « Les pieds à la Sainte-Menehould » is a recipe for cooking pigs' feet.
F. - What is the audience's reaction to the balloons, one red and the other blue, which emerge from Thérèse's blouse?

Il y a toujours quelque avantage à pratiquer la vertu
Le vice est après tout une chose dangereuse
C'est pourquoi il vaut mieux sacrifier une beauté
Qui peut être une occasion de péché
Débarrassons-nous de nos mamelles
> (*Elle allume un briquet et les fait exploser, puis elle fait une belle grimace avec double pied de nez aux spectateurs et leur jette des balles qu'elle a dans son corsage.*)

Qu'est-ce à dire
Non seulement ma barbe pousse mais ma moustache aussi
> (*Elle caresse sa barbe et retrousse sa moustache qui ont brusquement poussé.*)

Eh diable
J'air l'air d'un champ de blé qui attend la moissonneuse mécanique

Au mégaphone.

Je me sens viril en diable
Je suis un étalon[10]
De la tête aux talons
Me voilà taureau

Sans mégaphone.

Me ferai-je torero
Mais n'étalons
Pas mon avenir au grand jour héros
Cache tes armes
Et toi mari moins viril que moi
Fais tout le vacarme
Que tu voudras
> (*Tout en caquetant, elle va se mirer dans la glace placée sur le kiosque à journaux.*)

SCÈNE DEUXIÈME

Le peuple de Zanzibar, Thérèse, le mari

LE MARI. — *Entre avec un gros bouquet de fleurs, voit qu'elle ne le regarde pas et jette les fleurs dans la salle. A partir d'ici, le mari perd l'accent belge.*
Je veux du lard je te dis

THÉRÈSE. — Mange tes pieds à la Sainte-Menehould

LE MARI. — *Pendant qu'il parle, Thérèse hausse le ton de ses caquetages. Il s'approche comme pour la gifler, puis en riant.*

---

10. - Stallion.

Ah mais ce n'est pas Thérèse ma femme
                                     (Un temps, puis sévèrement. Au mégaphone.) [G]
Quel malotru[11] a mis ses vêtements
                                     (Il va l'examiner et revient. Au mégaphone.)
Aucun doute c'est un assassin et il l'a tuée
Sans mégaphone.
Thérèse ma petite Thérèse où es-tu
        (Il réfléchit la tête dans les mains, puis campé, les poings sur les hanches.)
Mais toi vil personnage qui t'es déguisé en Thérèse je te tuerai
                                               (Ils se battent, elle a raison de lui.)

THÉRÈSE. — Tu as raison je ne suis plus ta femme
LE MARI. — Par exemple
THÉRÈSE. — Et cependant c'est moi qui suis Thérèse
LE MARI. — Par exemple
THÉRÈSE. — Mais Thérèse qui n'est plus femme
LE MARI. — C'est trop fort
THÉRÈSE. — Et comme je suis devenu un beau gars
LE MARI. — Détail que j'ignorais
THÉRÈSE. — Je porterai désormais un nom d'homme
Tirésias
LE MARI *(les mains jointes)*. — Adiousias
                                                                    (Elle sort.)

SCÈNE TROISIÈME

LE PEUPLE DE ZANZIBAR, LE MARI

VOIX DE TIRÉSIAS. — Je déménage
LE MARI. — Adiousias
    (Elle jette successivement par la fenêtre un pot de chambre, un bassin et un urinal. Le mari ramasse le pot de chambre.)
Le piano
Il ramasse l'urinal.
Le violon
Il ramasse le bassin. [H]
L'assiette au beurre la situation devient grave

G. - What is the function of the Megaphone and what impression does it create?
11. - Rascal.

H. - What are the similarities between Scene 3 and the well-known 15th-century farces?

LES MAMELLES DE TIRÉSIAS

SCÈNE QUATRIÈME

Les mêmes, Tirésias, Lacouf, Presto

(Tirésias revient avec des vêtements, une corde, des objets hétéroclites. Elle jette tout, se précipite sur le mari. Sur la dernière réplique du mari, Presto[1] *et Lacouf, armés de brownings*[12] *en carton, sont sortis gravement de dessous la scène et s'avancent dans la salle, cependant que Tirésias, maîtrisant son mari, lui ôte son pantalon, se déshabille, lui passe sa jupe, le ligote, se pantalonne, se coupe les cheveux et met un chapeau haut de forme. Ce jeu de scène dure jusqu'au premier coup de revolver.)*

PRESTO. — Avec vous vieux Lacouf j'ai perdu au zanzi[13]
Tout ce que j'ai voulu

LACOUF. — Monsieur Presto je n'ai rien gagné
Et d'abord Zanzibar n'est pas en question vous êtes à Paris [J]

PRESTO. — A Zanzibar

LACOUF. — A Paris

PRESTO. — C'en est trop
Après dix ans d'amitié
Et tout le mal que je n'ai cessé de dire sur votre compte

LACOUF. — Tant pis vous ai-je demandé de la réclame vous êtes à Paris

PRESTO. — A Zanzibar la preuve c'est que j'ai tout perdu

LACOUF. — Monsieur Presto il faut nous battre

PRESTO. — Il le faut
(Ils montent gravement sur la scène et se rangent au fond l'un vis-à-vis de l'autre.)

LACOUF. — A armes égales

PRESTO. — A volonté
Tous les coups sont dans la nature
(Ils se visent. Le peuple de Zanzibar tire deux coups de revolver et ils tombent.) [K]

TIRÉSIAS *(qui est prêt, tressaille au bruit et s'écrie).*
Ah chère liberté te voilà enfin conquise
Mais d'abord achetons un journal
Pour savoir ce qui vient de se passer
(Elle achète un journal et le lit; pendant ce temps le peuple de Zanzibar place une pancarte de chaque côté de la scène.)

I. - What functions do Presto and Lacouf fulfill in this drama?
12. - The word « brownings » refers to the Browning automatic rifle invented by John M. Browning. (Apollinaire actually means a revolver.)
13. - « Zanzi » is the abbreviation for the game of zanzibar.
J. - What is the difference between Zanzibar and Paris as revealed in this scene?
K. - What is the significance of Presto's and Lacouf's deaths?

PANCARTE POUR PRESTO

COMME IL PERDAIT AU ZANZIBAR
MONSIEUR PRESTO A PERDU SON PARI
PUISQUE NOUS SOMMES À PARIS

PANCARTE POUR LACOUF

MONSIEUR LACOUF N'A RIEN GAGNÉ
PUISQUE LA SCÈNE SE PASSE À ZANZIBAR
AUTANT QUE LA SEINE PASSE À PARIS

(Dès que le peuple de Zanzibar est revenu à son poste, Presto et Lacouf se redressent, le peuple de Zanzibar tire un coup de revolver et les duellistes retombent. Tirésias étonné jette le journal.)

Au mégaphone.

Maintenant à moi l'univers
A moi les femmes à moi l'administration
Je vais me faire conseiller municipal
Mais j'entends du bruit
Il vaut peut-être mieux s'en aller
   (Elle sort en caquetant tandis que le mari imite le bruit de la locomotive en marche.)

SCÈNE CINQUIÈME

LE PEUPLE DE ZANZIBAR, LE MARI, LE GENDARME

LE GENDARME. — *Tandis que le peuple de Zanzibar joue de l'accordéon, le gendarme à cheval caracole*[14], *tire un mort dans la coulisse de façon que ses pieds seuls restent visibles, fait le tour de la scène, agit de même avec l'autre mort, fait une seconde fois le tour de la scène et apercevant le mari ficelé sur le devant de la scène.*
Ça sent le crime ici

LE MARI. — Ah! puisque enfin voici un agent de l'autorité
Zanzibarienne
Je vais l'interpeller
Eh Monsieur si c'est une affaire que vous me cherchez
Ayez donc l'obligeance de prendre
Mon livret militaire dans ma poche gauche

LE GENDARME *(au mégaphone).*
La belle fille

14. - Caper.

Sans mégaphone
Dites ma belle enfant
Qui donc vous a traitée si méchamment
LE MARI *(à part)*. — Il me prend pour une demoiselle
Au gendarme.
Si c'est un mariage que vous me cherchez
(*Le gendarme met la main sur son cœur.*)
Commencez donc par me détacher
  (*Le gendarme le délie en le chatouillant, ils rient et le gendarme répète toujours
    Quelle belle fille.*)

SCÈNE SIXIÈME

LES MÊMES, PRESTO, LACOUF

(*Dès que le gendarme commence à détacher le mari, Presto et Lacouf reviennent à l'endroit où ils sont tombés précédemment.*)

PRESTO. — Je commence à en avoir assez d'être mort
Dire qu'il y a des gens
Qui trouvent qu'il est plus honorable d'être mort que vif

LACOUF. — Vous voyez bien que vous n'étiez pas à Zanzibar

PRESTO. — C'est pourtant là que l'on voudrait vivre
Mais ça me dégoûte de nous être battus en duel
Décidément on regarde la mort
D'un œil trop complaisant

LACOUF. — Que voulez-vous on a trop bonne opinion
De l'humanité et de ses restes
Est-ce que les selles des bijoutiers
Contiennent des perles et des diamants

PRESTO. — On a vu des choses plus extraordinaires

LACOUF. — Bref Monsieur Presto
Les paris ne nous réussissent pas
Mais vous voyez bien que vous étiez à Paris

PRESTO. — A Zanzibar

LACOUF. — En joue

PRESTO. — Feu
  (*Le peuple de Zanzibar tire un coup de revolver et ils tombent. Le gendarme a fini
    de délier le mari.*)

LE GENDARME. — Je vous arrête
      (*Presto et Lacouf se sauvent du côté opposé d'où ils sont revenus. Accordéon.*)

SCÈNE SEPTIÈME

Le peuple de Zanzibar, le gendarme, le mari *habillé en femme*

Le gendarme. — Les duellistes du paysage
Ne m'empêcheront pas de dire que je vous trouve
Agréable au toucher comme une balle en caoutchouc

Le mari. — Atchou

(Vaisselle cassée.)

Le gendarme. — Un rhume c'est exquis

Le mari. — Atchi

(Tambour. Le mari relève sa jupe qui le gêne.)

Le gendarme. — Femme légère

(Il cligne de l'œil.)

Qu'importe puisque c'est une belle fille

Le mari *(à part)*. — Ma foi il a raison
Puisque ma femme est homme
Il est juste que je sois femme

(Au gendarme, pudiquement.)

Je suis une honnête femme-monsieur
Ma femme est un homme-madame
Elle a emporté le piano le violon l'assiette au beurre
Elle est soldat ministre merdecin [15]

Le gendarme. — Mère des seins

Le mari. — Ils ont fait explosion mais elle est plutôt merdecine

Le gendarme. — Elle est mère des cygnes
Ah! combien chantent qui vont périr
Écoutez

(Musette, air triste.)

Le mari. — Il s'agit après tout de l'art de guérir les hommes
La musique s'en chargera
Aussi bien que toute autre panacée

Le gendarme. — Ça va bien pas de rouspétance [16]

Le mari. — Je me refuse à continuer la conversation

Au mégaphone
Où est ma femme

Voix de femmes *(dans les coulisses)*. — Vive Tirésias
Plus d'enfants plus d'enfants

---

15. - « Merdecin » is a pun on « médecin » and « merde. »

16. - « To rouspeter » means « to complain » and the word « rouspetance » « complaint. »

LES MAMELLES DE TIRÉSIAS 65

    (Tonnerre et grosse caisse. Le mari fait une grimace aux spectateurs et met à son oreille une main en cornet acoustique, tandis que le gendarme, tirant une pipe de sa poche, la lui offre. Grelots.)

LE GENDARME. — Eh! fumez la pipe bergère
Moi je vous jouerai du pipeau

LE MARI. — Et cependant la Boulangère
Tous les sept ans changeait de peau

LE GENDARME. — Tous les sept ans elle exagère
    (Le peuple de Zanzibar accroche une pancarte contenant cette ritournelle qui reste là.)

    EH! FUMEZ LA PIPE BERGÈRE
     MOI JE VOUS JOUERAI DU PIPEAU
     ET CEPENDANT LA BOULANGÈRE
     TOUS LES 7 ANS CHANGEAIT DE PEAU
     TOUS LES 7 ANS ELLE EXAGÈRE

LE GENDARME. — Mademoiselle ou Madame je suis amoureux fou
De vous
Et je veux devenir votre époux

LE MARI. — Atchou
Mais ne voyez-vous pas que je ne suis qu'un homme

LE GENDARME. — Nonobstant quoi je pourrais vous épouser
Par procuration

LE MARI. — Sottises
Vous feriez mieux de faire des enfants

LE GENDARME. — Ah! par exemple

VOIX D'HOMMES *(dans les coulisses)*. — Vive Tirésias
Vive le général Tirésias
Vive le député Tirésias
                               (L'accordéon joue une marche militaire.)

VOIX DE FEMMES *(dans les coulisses)*. — Plus d'enfants Plus d'enfants

SCÈNE HUITIÈME

LES MÊMES, LE KIOSQUE

(Le kiosque où s'anime le bras de la marchande se déplace lentement vers l'autre bout de la scène.)

LE MARI. — Fameux représentant de toute autorité
Vous l'entendez c'est dit je crois avec clarté
La femme à Zanzibar veut des droits politiques
Et renonce soudain aux amours prolifiques
Vous l'entendez crier Plus d'enfants Plus d'enfants

Pour peupler Zanzibar il suffit d'éléphants
De singes de serpents de moustiques d'autruches
Et stériles comme est l'habitante des ruches
Qui du moins fait la cire et butine le miel
La femme n'est qu'un neutre à la face du ciel
Et moi je vous le dis cher Monsieur le gendarme

Au mégaphone
Zanzibar a besoin d'enfants *sans mégaphone* donnez l'alarme
Criez au carrefour et sur le boulevard
Qu'il faut refaire des enfants à Zanzibar
La femme n'en fait plus Tant pis Que l'homme en fasse
Mais oui parfaitement je vous regarde en face
Et j'en ferai moi

LE GENDARME ET LE KIOSQUE. — Vous

LE KIOSQUE *(au mégaphone que lui tend le mari).* — Elle sort un bobard
Bien digne qu'on l'entende ailleurs qu'à Zanzibar
Vous qui pleurez voyant la pièce
Souhaitez les enfants vainqueurs
Voyez l'impondérable ardeur
Naître du changement de sexe

LE MARI. — Revenez dès ce soir voir comment la nature
Me donnera sans femme une progéniture

LE GENDARME. — Je reviendrai ce soir voir comment la nature
Vous donnera sans femme une progéniture
Ne faites pas qu'en vain je croque le marmot[17]
Je reviens dès ce soir et je vous prends au mot

LE KIOSQUE. — Comme est ignare le gendarme
Qui gouverne le Zanzibar
Le music-hall et le grand bar
N'ont-ils pas pour lui plus de charmes
Que repeupler le Zanzibar

SCÈNE NEUVIÈME

LES MÊMES, PRESTO

PRESTO *(chatouillant le mari).* — Comment faut-il que tu les nommes
Elles sont tout ce que nous sommes
Et cependant ne sont pas hommes

LE GENDARME. — Je reviendrai ce soir voir comment la nature
Vous donnera sans femme une progéniture

17. - Brat.

LE MARI. — Revenez donc ce soir voir comment la nature
Me donnera sans femme une progéniture

TOUS *(en chœur).*
(Ils dansent, le mari et le gendarme accouplés, Presto et le kiosque accouplés et changeant parfois de compagnons. Le peuple de Zanzibar danse seul en jouant de l'accordéon.)

Eh ! fumez la pipe Bergère
Moi je vous jouerai du pipeau
Et cependant la Boulangère
Tous les sept ans changeait de peau
Tous les sept ans elle exagère

Rideau

ACTE II

Au même endroit, le même jour, au moment du coucher du soleil. Le même décor orné de nombreux berceaux où sont les nouveau-nés. Un berceau est vide auprès d'une bouteille d'encre énorme, d'un pot à colle gigantesque, d'un porte-plume démesuré et d'une paire de ciseaux de bonne taille.

(Chœurs)

SCÈNE PREMIÈRE

Le peuple de Zanzibar, le mari

Le mari. — *Il tient un enfant dans chaque bras. Cris continus d'enfants sur la scène, dans les coulisses et dans la salle pendant toute la scène* ad libitum. *On indique seulement quand et où ils redoublent.*
Ah! c'est fou les joies de la paternité
40 049 enfants en un seul jour
Mon bonheur est complet
Silence silence

(Cris d'enfants au fond de la scène.)

Le bonheur en famille
Pas de femme sur les bras

(Il laisse tomber les enfants.)

Silence

(Cris d'enfants sur le côté gauche de la salle.)

C'est épatant la musique moderne
Presque aussi épatant que les décors des nouveaux peintres
Qui florissent loin des Barbares
A Zanzibar
Pas besoin d'aller aux ballets russes ni au Vieux-Colombier[18]
Silence silence

(Cris d'enfants sur le côté droit de la salle.)
(Grelots.)

Il faudrait peut-être les mener à la baguette
Mais il vaut mieux ne pas brusquer les choses
Je vais leur acheter des bicyclettes

---

18. - Apollinaire is referring both to the Ballet Russe of Monte Carlo and to the Théâtre du Vieux-Colombier, a famous Left Bank Theater, founded by Jacques Copeau, where many avant-garde plays were performed.

Et tous ces virtuoses
Iront faire
Des concerts
En plein air

(Peu à peu, les enfants se taisent, il applaudit.)

Bravo bravo bravo

(On frappe.)

Entrez

SCÈNE DEUXIÈME

Les mêmes, le journaliste parisien

LE JOURNALISTE. — *Sa figure est nue, il n'a que la bouche. Il entre en dansant.*

(Accordéon.)

Hands up
Bonjour Monsieur le mari
Je suis correspondant d'un journal de Paris

LE MARI. — De Paris
Soyez le bienvenu

LE JOURNALISTE *(fait le tour de la scène en dansant).* — Les journaux de Paris *au mégaphone* ville de l'Amérique

Sans mégaphone

Hourra

(Un coup de revolver, le journaliste déploie le drapeau américain.)

Ont annoncé que vous avez trouvé
Le moyen pour les hommes
De faire des enfants

(Le journaliste replie le drapeau et s'en fait une ceinture.)

LE MARI. — Cela est vrai

LE JOURNALISTE. — Et comment ça

LE MARI. — La volonté Monsieur elle nous mène à tout

LE JOURNALISTE. — Sont-ils nègres ou comme tout le monde

LE MARI. — Tout cela dépend du point de vue où l'on se place

(Castagnettes.)

LE JOURNALISTE. — Vous êtes riche sans doute

(Il fait un tour de danse.)

LE MARI. — Point du tout

LE JOURNALISTE. — Comment les élèverez-vous?

LE MARI. — Après les avoir nourris au biberon
J'espère que ce sont eux qui me nourriront

LE JOURNALISTE. — En somme vous êtes quelque chose comme une fille-père
Ne serait-ce pas chez vous instinct paternel maternisé

LE MARI. — Non c'est cher Monsieur tout à fait intéressé
L'enfant est la richesse des ménages
Bien plus que la monnaie et tous les héritages

(Le journaliste note.)

Voyez ce tout petit qui dort sans son berceau
(L'enfant crie. Le journaliste va le voir sur la pointe des pieds.)
Il se prénomme Arthur et m'a déjà gagné
Un million comme accapareur de lait caillé

(Trompette d'enfant.)

LE JOURNALISTE. — Avancé pour son âge

LE MARI. — Celui-là Joseph *l'enfant crie* est romancier
(Le journaliste va voir Joseph.)
Son dernier roman s'est vendu à 600 000 exemplaires
Permettez que je vous en offre un
   (Descend un grand livre-pancarte à plusieurs feuillets sur lesquels on lit au premier feuillet :)

QUELLE CHANCE![L]

ROMAN

Lisez-le à votre aise
   (Le journaliste se couche, le mari tourne les autres feuillets sur lesquels on lit à raison d'un mot par feuillet :)

UNE DAME QUI S'APPELAIT CAMBRON

LE JOURNALISTE *(se relève et au mégaphone).* — Une dame qui s'appelait Cambron[19]
(Il rit au mégaphone sur les quatre voyelles : a, é, i, o.)

LE MARI. — Il y a cependant là une manière polie de s'exprimer

LE JOURNALISTE *(sans mégaphone).* — Ah! ah! ah! ah!

LE MARI. — Une certaine précocité

LE JOURNALISTE. — Eh! eh!

LE MARI. — Qui ne court point les rues

LE JOURNALISTE. — Hands up[M]

L. - Explain the humor in the title of Arthur's novel.

19. - Apollinaire, who has already used the word « merde, » introduces a woman named Cambron with deliberate reference to the French general who, when called upon to surrender, merely replied « merde, » an anecdote familiar to every Frenchman.

M. - Why does Apollinaire introduce such English expressions as « Hands up? »

Le mari. — Enfin tel qu'il est
Le roman m'a rapporté
Près de 200 000 francs
Plus un prix littéraire
Composé de 20 caisses de dynamite

Le journaliste *(se retire à reculons)*. — Au revoir

Le mari. — N'ayez pas peur elles sont dans mon coffre-fort à la banque

Le journaliste. — All right
Vous n'avez pas de fille

Le mari. — Si fait celle-ci divorcée

(Elle crie. Le journaliste va la voir.)

Du roi des pommes de terre
En reçoit une rente de 100 000 dollars
Et celle-ci *(elle crie)* plus artiste que quiconque à Zanzibar

(Le journaliste s'exerce à boxer.)

Récite de beaux vers par les mornes soirées
Ses feux et ses cachets lui rapportent chaque an
Ce qu'un poète gagne en cinquante mille ans

Le journaliste. — Je vous félicite my dear
Mais vous avez de la poussière
Sur votre cache-poussière
(Le mari sourit comme pour remercier le journaliste qui tient le grain de poussière à la main.)
Puisque vous êtes si riche prêtez-moi cent sous

Le mari. — Remettez la poussière

(Tous les enfants crient. Le mari chasse le journaliste à coups de pied. Celui-ci sort en dansant.)

SCÈNE TROISIÈME

Le peuple de Zanzibar, Le mari

Le mari. — Eh oui c'est simple comme un périscope
Plus j'aurai d'enfants
Plus je serai riche et mieux je pourrai me nourrir
Nous disons que la morue produit assez d'œufs en un jour
Pour qu'éclos ils suffisent à nourrir de brandade et d'aïoli
Le monde entier pendant une année entière
N'est-ce pas que c'est épatant d'avoir une nombreuse famille
Quels sont donc ces économistes imbéciles
Qui nous ont fait croire que l'enfant
C'était la pauvreté

Tandis que c'est tout le contraire
Est-ce qu'on a jamais entendu parler de morue morte dans la misère
Aussi vais-je continuer à faire des enfants
Faisons d'abord un journaliste
Comme ça je saurai tout
Je devinerai le surplus
Et j'inventerai le reste
    (Il se met à déchirer avec la bouche et les mains des journaux, il trépigne. Son jeu doit être très rapide.)
Il faut qu'il soit apte à toutes les besognes
Et puisse écrire pour tous les partis
    (Il met les journaux déchirés dans le berceau vide.)

Quel beau journaliste ce sera
Reportage articles de fond
Et caetera
Il lui faut un sang puisé dans l'encrier
    (Il prend la bouteille d'encre et la verse dans le berceau.)
Il lui faut une épine dorsale
    (Il met un énorme porte-plume dans le berceau.)
De la cervelle pour ne pas penser
    (Il verse le pot à colle dans le berceau.)
Une langue pour mieux baver
    (Il met les ciseaux dans le berceau.)
Il faut encore qu'il connaisse le chant
Allons chantez
    (Tonnerre.)

SCÈNE QUATRIÈME

LES MÊMES, LE FILS

(Le mari répète : « Une, deux ! » jusqu'à la fin du monologue du fils. Cette scène se passe très rapidement.)

LE FILS *(se dressant dans le berceau).* — Mon cher papa si vous voulez savoir enfin
Tout ce qu'ont fait les aigrefins[20]
Faut me donner un petit peu d'argent de poche
L'arbre d'imprimerie étend feuilles et feuilles
Qui vous claquent au vent comme des étendards
Les journaux ont poussé faut bien que tu les cueilles
Fais-en de la salade à nourrir tes moutards

---

20. - Swindler, crook.

Si vous me donnez cinq cents francs
Je ne dis rien de vos affaires
Sinon je dis tout je suis franc
Et je compromets père sœurs et frères
J'écrirai que vous avez épousé
Une femme triplement enceinte
Je vous compromettrai je dirai
Que vous avez volé tué donné sonné barbé

LE MARI. — Bravo voilà un maître chanteur

(Le fils sort du berceau.)

LE FILS. — Mes chers parents en un seul homme
Si vous voulez savoir ce qui s'est passé hier soir
Voici
Un grand incendie a détruit les chutes du Niagara

LE MARI. — Tant pis

LE FILS. — Le beau constructeur Alcindor
Masqué comme les fantassins
Jusqu'à minuit joua du cor
Pour un parterre d'assassins
Et je suis sûr qu'il sonne encore

LE MARI. — Pourvu que ce ne soit pas dans cette salle

LE FILS. — Mais la Princesse de Bergame
Épouse demain une dame
Simple rencontre de métro

(Castagnettes.)

LE MARI. — Que m'importe est-ce que je connais ces gens-là
Je veux de bonnes informations qui me parlent de mes amis

LE FILS *(il fait remuer un berceau)*. — On apprend de Montrouge [N]
Que Monsieur Picasso
Fait un tableau qui bouge [21]
Ainsi que ce berceau

LE MARI. — Et vive le pinceau
De l'ami Picasso
O mon fils
A une autre fois je connais maintenant
Suffisamment
La journée d'hier

LE FILS. — Je m'en vais afin d'imaginer celle de demain

LE MARI. — Bon voyage

(Exit le fils.)

N. - Where is Montrouge located?

21. - In « fait un tableau qui bouge, » Apollinaire is referring to the Cubists.

SCÈNE CINQUIÈME

LE PEUPLE DE ZANZIBAR, LE MARI

LE MARI. — Celui-ci n'est pas réussi
J'ai envie de le déshériter

(A ce moment arrivent des radios-pancartes.)

OTTAWA

INCENDIE ÉTABLISSEMENTS J.C.B. stop 20 000 POÈMES EN PROSE CONSUMÉS stop PRÉSIDENT ENVOIE CONDOLÉANCES

ROME

H.NR.M.T.SS. DIRECTEUR VILLA MÉDICIS[22] ACHÈVE PORTRAIT SS

AVIGNON

GRAND ARTISTE G..RG.S. BRAQUE VIENT INVENTER PROCÉDÉ CULTURE INTENSIVE DES PINCEAUX

VANCOUVER RETARDE DANS LA TRANSMISSION CHIENS MONSIEUR LÉAUT..D EN GRÈVE

LE MARI. — Assez assez
Quelle fichue idée j'ai eue de me fier à la Presse
Je vais être dérangé
Toute la sainte journée
Il faut que ça cesse

Au mégaphone

Allô allô Mademoiselle
Je ne suis plus abonné au téléphone
Je me désabonne

Sans mégaphone

Je change de programme pas de bouches inutiles
Économisons économisons
Avant tout je vais faire un enfant tailleur
Je pourrai bien vêtu aller en promenade
Et n'étant pas trop mal de ma personne
Plaire à mainte jolie personne

---

22. - The Villa Medicis in Rome is occupied by French painters, sculptors and architects who have won the Prix de Rome.

SCÈNE SIXIÈME

Les mêmes, le gendarme

LE GENDARME. — Il paraît que vous en faites de belles
Vous avez tenu parole
40 050 enfants en un jour
Vous secouez le pot-de-fleurs [O]

LE MARI. — Je m'enrichis

LE GENDARME. — Mais la population Zanzibarienne
Affamée par ce surcroît de bouches à nourrir
Est en passe de mourir de faim

LE MARI. — Donnez-lui des cartes ça remplace tout

LE GENDARME. — Où se les procure-t-on?

LE MARI. — Chez la Cartomancienne

LE GENDARME. — Extra-lucide

LE MARI. — Parbleu puisqu'il s'agit de prévoyance

SCÈNE SEPTIÈME

Les mêmes, la cartomancienne

LA CARTOMANCIENNE. — *Elle arrive du fond de la salle. Son crâne est éclairé électriquement.*
Chastes citoyens de Zanzibar me voici

LE MARI. — Encore quelqu'un
Je n'y suis pour personne

LA CARTOMANCIENNE. — J'ai pensé que vous ne seriez pas fâchés
De savoir la bonne aventure

LE GENDARME. — Vous n'ignorez pas Madame
Que vous exercez un métier illicite
C'est étonnant ce que font les gens
Pour ne point travailler

LE MARI *(au gendarme)*. — Pas de scandale chez moi

LA CARTOMANCIENNE *(à un spectateur)*. — Vous Monsieur prochainement
Vous accoucherez de trois jumeaux

O. - What does The Policeman mean when he tells The Husband that he has « secouez le pot-de-fleurs? »

LE MARI. — Déjà la concurrence

UNE DAME *(spectatrice dans la salle)*. — Madame la Cartomancienne
Je crois bien qu'il me trompe

> *(Vaisselle cassée.)*

LA CARTOMANCIENNE. — Conservez-le dans la marmite norvégienne

> *(Elle monte sur la scène, cris d'enfants, accordéon.)*

Tiens une couveuse artificielle [23]

LE MARI. — Seriez-vous le coiffeur coupez-moi les cheveux

LA CARTOMANCIENNE. — Les demoiselles de New York
Ne cueillent que les mirabelles
Ne mangent que du jambon d'York
C'est là ce qui les rend si belles

LE MARI. — Ma foi les dames de Paris
Sont bien plus belles que les autres
Si les chats aiment les souris
Mesdames nous aimons les vôtres

LA CARTOMANCIENNE. — C'est-à-dire vos sourires

TOUS *(en chœur)*. — Et puis chantez matin et soir
Grattez-vous si ça vous démange
Aimez le blanc ou bien le noir
C'est bien plus drôle quand ça change
Suffit de s'en apercevoir
Suffit de s'en apercevoir

LA CARTOMANCIENNE. — Chastes citoyens de Zanzibar
Qui ne faites plus d'enfants
Sachez que la fortune et la gloire
Les forêts d'ananas les troupeaux d'éléphants
Appartiennent de droit
Dans un proche avenir
A ceux qui pour les prendre auront fait des enfants

> *(Tous les enfants se mettent à crier sur la scène et dans la salle. La cartomancienne fait les cartes qui tombent du plafond. Puis les enfants se taisent.)*

Vous qui êtes si fécond

LE MARI et LE GENDARME. — Fécond fécond

LA CARTOMANCIENNE *(au mari)*. — Vous deviendrez 10 fois milliardaire

> *(Le mari tombe assis par terre.)*

LA CARTOMANCIENNE *(au gendarme)*. — Vous qui ne faites pas d'enfants
Vous mourrez dans la plus affreuse des débines

LE GENDARME. — Vous m'insultez
Au nom de Zanzibar je vous arrête

---

23. - An incubator for infants.

LA CARTOMANCIENNE. — Toucher une femme quelle honte
(Elle le griffe et l'étrangle. Le mari lui tend une pipe.)

LE MARI. — Eh ! fumez la pipe Bergère
Moi je vous jouerai du pipeau
Et cependant la Boulangère
Tous les sept ans changeait de peau

LA CARTOMANCIENNE. — Tous les sept ans elle exagère

LE MARI. — En attendant je vais vous livrer au commissaire
Assassine

THÉRÈSE *(se débarrassant de ses oripeaux de cartomancienne).*
Mon cher mari ne me reconnais-tu pas

(Le gendarme ressuscite.)

THÉRÈSE. — Tirésias se trouve officiellement
A la tête de l'Armée à la Chambre A l'Hôtel de Ville
Mais sois tranquille
Je ramène dans une voiture de déménagement
Le piano le violon l'assiette au beurre
Ainsi que trois dames influentes dont je suis devenu l'amant

LE GENDARME. — Merci d'avoir pensé à moi

LE MARI. — Mon général mon député
Je me trompe Thérèse
Te voilà plate comme une punaise

THÉRÈSE. — Qu'importe viens cueillir la fraise
Avec la fleur du bananier
Chassons à la Zanzibaraise
Les éléphants et viens régner
Sur le grand cœur de ta Thérèse

LE MARI. — Thérèse

THÉRÈSE. — Qu'importe le trône ou la tombe
Il faut s'aimer ou je succombe
Avant que ce rideau ne tombe

LE MARI. — Chère Thérèse il ne faut plus
Que tu sois plate comme une punaise
(Il prend dans la maison un bouquet de ballons et un panier de balles.)
En voici tout un stock

THÉRÈSE. — Nous nous en sommes passés l'un et l'autre
Continuons

LE MARI. — C'est vrai ne compliquons pas les choses
Allons plutôt tremper la soupe.

THÉRÈSE. — *Elle lâche les ballons et lance les balles aux spectateurs.*
Envolez-vous oiseaux de ma faiblesse
Allez nourrir tous les enfants
De la repopulation

TOUS *(en chœur).*

(Le peuple de Zanzibar danse en secouant des grelots.)

Et puis chantez matin et soir
Grattez-vous si ça vous démange
Aimez le blanc ou bien le noir
C'est bien plus drôle quand ça change
Suffit de s'en apercevoir

Rideau.

JULES ROMAINS

Knock
ou
le triomphe de la médecine

INTRODUCTION

On August 3, 1952, in tribute to a man respected and admired throughout the world, the people of Saint-Julien inaugurated « l'avenue Jules-Romains de l'Académie française. » The recipient of this and of many other honors, Jules Romains, is the prolific mind behind a vast amount of work that covers virtually every field of endeavor. An excellent novelist, poet, essayist, short story writer and playwright, Romains has enjoyed international acclaim as one of the best writers of his generation. His works reflect many different situations in the world before, between, during and after the two world wars. Of all of Romains' theories, the one that has seen the most success is that of « Unanimisme, » a doctrine that has developed and matured with the author himself, and which has brought him his greatest fame.

The son of Marie Richier and Henri Farigoule, Jules Romains was born Louis-Henri-Jean Farigoule on August 26, 1885 in the village of Saint-Julien-Chapteuil (Haute-Loire). When their son was three, the Farigoules moved to Paris where Monsieur Farigoule resumed his teaching career and where, in the following year, Romains began his education by enrolling in his father's class; he was an exceptional student and learned quickly. By the time he entered the Lycée Condorcet at the age of ten, Romains had already written a play in verse; soon afterwards he completed a love novel and an historical drama, all written during the summer vacations he spent with his grandmother in Saint-Julien.

The religious training that Romains received during his youth left a deep and lasting influence on his work, and affected his attitude towards the world in which he lived. Biblical readings introduced new levels of consciousness to Romains; questions of morality caused many inner conflicts and for the first time, he was forced to examine his conscience seriously and carefully. During this period, his academic education continued in the Grand Lycée, where he developed a great love for literature and acquired a fine literary background. At fifteen he began to study philosophy, and received his bachelor of arts degree in 1902.

Romains was not spared the fears and loneliness of youth, but much of his frustration was relieved by the profound friendship that grew between him and two boys with whom he schooled, André Cuisenier and Léon Debille (who was to become Georges Chennevière). Together the boys would study the places and people of Paris, each day gaining a greater awareness of their milieu.

A sense of spiritual continuity struck Romains suddenly one evening in October of 1903, while he and Chennevière were walking along the Rue d'Amsterdam. He suddenly became aware of the communion that existed between all persons and things everywhere; everything was interrelated, everything was one. From that moment on Romains no longer saw a person as an individual, but as a member of a group, a part of the whole; the souls and consciences of men became the soul and conscience of man. Romains labeled this collectivism « unanimisme, » and presently set out to reunite all of humanity, to create a universal unanimity; everything he was ever to write was an attempt to help this new degree of consciousness to express itself.

Romains named and defined this movement publicly in *La Vie unanime,* a group of poems written in 1904 and published four years later. Each poem was the result of a specific circumstance or emotion, a sudden realization or revelation. In this same year, Romains met Georges Duhamel, Charles Vildrac, and René Arcos, the men responsible for the founding of « l'Abbaye. » Although he declined the invitation to join them in this undertaking, Romains soon became an active participant. Now a member of this closely knit world of poets, he had a fine start for a career that was to extend far beyond the realm of verse.

In 1905 Romains had his first encounter with love, but not yet ready for marriage, he fled to Pithiviers to serve in the military. He became sick; finally, disgusted and bored, he spent his time in the infirmary writing *Le Bourg régénéré,* a novel from which were created the future additions to *La Vie unanime.*

After this year of military service that proved to be such a wretched experience for Romains, he returned to Paris and entered l'Ecole Normale Supéricure, already having fulfilled his admission requirements at the Sorbonne. Choosing to study the natural sciences, he received certificates in botany, physiology, and histology, and in 1908, received a bachelor of sciences degree. He spent the next year earning the philosophy aggregation that allowed him to begin teaching in secondary schools in the autumn of 1909. Romains was to continue teaching for ten years, during which time he wrote many poems, stories, essays and novels. His *Manuel de déification,* published in 1910, explained the metaphysics of « unanimisme » and laid further foundations for the systematic doctrine that is the underlying theme of all of his literary endeavors.

In 1912 Romains succombed to the pressures of the fiancée he had left seven years previously, and exchanged his freedom for marriage. While traveling through Europe with his new wife, Romains was upset by the apparent lack of solidarity among the people in the countries he visited. During the war it pained him to see a Europe that was totally disunited, and in his poetic work *Europe,* he expressed this anguish. A pacifist, he felt that this « armed conflict in a homogeneous civilization » could and should have been avoided. Since the work criticized war and pleaded for its termination, accusations of defeatism were feared, and only one hundred copied were published.

After the war, Romains resumed his scientific research, retaining an avid interest in the subjects he has studied. In 1920, he published *La Vision extra-rétinienne et le sens paroptique,* a treatise expounding upon a theory of vision that he had developed. The treatise was not well received; some regarded it curiously, others reservedly, and some made their vehement objections very clear. It is believed by many that Romains' desire to retaliate against these fierce bombardments was in part responsible for his choosing the medical profession as the one to be mocked in *Knock.*

The Vieux Colombier became a marked influence on the theater of Romains. Unsatisfied with the « théâtre du boulevard, » Copeau was determined to create a theater of intellect and innovation and to furnish this theater with a troupe of actors, each trained in a specific discipline. Romains spent two years with Copeau, contemplating theories, and discussing the nature of comedy. Copeau's theatre saw the première of Romains' *Cromedeyre-le-vieil,* written between 1911-18. The production was both a success and a failure; some considered it a masterpiece, others a waste of time.

In 1923 two of Romains most famous plays were produced; *Monsieur Le Trouhadec saisi par la débauche* (1920), although approved by Copeau, was staged at the Comédie des Champs-Elysées with Louis Jouvet as metteur-en-scène and in the starring role. The play was successful and Romains was enchanted with the production, the actors, and especially with Jouvet, for whom he wrote *Knock ou Le Triomphe de la médecine* (1920). When Jouvet appeared in *Knock*, his success was overwhelming. Not only was the play received enthusiastically, but it reminded all who saw it of the great comedies of Molière. Besides this triumph bringing Romains considerable financial rewards, he received a great deal of favorable publicity which firmly established his reputation as a playwright.

In the years which followed, from 1924-1932, Romains continued to write prodigiously in all fields—poetry, the novel, and the theater (see bibliography). His greatest work, *Les Hommes de bonne volonté,* a unanimist « roman-fleuve, » began to be published in 1932; this epic of European civilization from 1908-1933 contained twenty seven volumes and continued to be published until 1946.

Romains' marriage ended in divorce in 1934, and two years later, he married Lise Dreyfus.

Political pressures weighed heavily again; the dangers of an aggressive Germany caused a divided France, and Romains expressed a plea for unanimism in speeches, essays, and novels. He urged the people to combat Nazism by uniting and infusing the Republic with new spirit and vitality. In America in 1940, Romains and some of his associates founded a movement called « France forever, » which appealed obviously for a free France.

During the war Romains lived in Mexico but traveled throughout the Western hemisphere, speaking and writing, criticizing the free world for rendering the League of Nations virtually impotent. He returned to Paris in 1945, left again for Mexico, and returned once again to Paris to re-establish permanent residency in 1946. In November of this year, Romains was elected to the Académie française. In the following year *L'An mil* (1942) was produced, and, although this was his last play, he continued to write poetry and prose with great success.

Like all of Romains' works, his plays deal largely and at times exclusively with the unanimist movement. In both the serious plays and the comic, it is this collectivism with which the author is concerned. The preface to *L'Armée dans la ville* (1909) makes clear his intentions; his dramas will center around neither the individual nor the couple, but around the group, as does essentially all social life; he will strive for a realistic presentation of « unanimisme »; it is the soul of the group that will dominate his theater.

In this first serious play, Romains dramatizes the collectivity by presenting a town that is being stifled by enemy occupation. To rid the town of this plague, the women plan to kill the soldiers after getting them drunk at a feast to which they have been invited. Although the wife of the *Maire* has fallen in love with the General, her allegiance to the town proves to be the stronger motivation, and when she must, she forces her irresolute husband to shoot him. Though there are indications that the soldiers have somehow regained a superior force, the outcome of the play is unimportant. It is the study of these two groups, the town and the soldiers, their reciprocal actions in time of stress, that is of interest to the author.

Cromedeyre-le-vieil (1911-18), his second play, uses poetry to present the ideal. The central action here is the personification of Cromedeyre, a village that has evolved into the ideal unanimist community. The village lives and acts as a unity; in all respects it is one. For several years Cromedeyre has been in the process of returning to its ancient traditions, and of developing an independent religion; their god is actually the soul of Cromedeyre itself, the collective soul of this community, Contrasted with Cromedeyre are the surrounding villages, which Romains shows to be inferior to this modern, unanimist society.

One of these villages, Lausonne, is the scene of the play's secondary action. Cromedeyre, having a principally male population, re-enacts the actions of its ancestors by attacking and raping the young women of Lausonne. Emmanuel, the strong individual leader within the group, heads the invasion and leads Cromedeyre to victory in the ensuing battle. Once the women arrive at Cromedeyre, however, they become entranced by the spiritual unity of the village and refuse to leave. This ideal community is what Romains hopes to be the average community of the future, a community in which the sense of fraternity will enable the inhabitants to perceive their unity.

The relationship of the individual leader to this type of society is treated in *Le Dictateur* (1925). Here Emmanuel has become Denis, a more realistic hero placed in a modern world setting. Denis and his barbarous friend Féréol have shared the leadership of a successful revolutionary movement against a dictator. To activate his program of reforms, Denis accepts the position offered him by the king. Féréol, refusing to compromise and failing to persuade Denis to reconsider his stand, initiates a strike. As Denis gains awareness of his responsibilities as a leader, he is drawn increasingly further away from the idea of revolution and from his friend Féréol, who continues to thwart Denis' obsession with « l'ordre » by instigating a series of strikes.

When questioned by the government as to how he plans to counter these strikes, Denis insists that he will resign unless given absolute authority; he is made dictator. Féréol, sincere in his efforts and still refusing to compromise with Denis, openly defies him and is arrested. In the end Denis must crush the enemy who was at one time his dearest friend; he is left alone to oppose a revolution that he himself had once championed. Although there were suspicions and accusations at the time the play was written, it is unlikely that Romains is alluding to any specific political figure;

it is a general social phenomenon with which he is dealing. Denis is the unanimist hero; he is *dictateur,* without having conciously desired it and as such must disregard personal convictions and maintain allegiance to the citizens, to the group that he is bound to protect and serve.

Whereas *Le Dictateur* presents a society being well served, *Jean Le Maufranc* (1926) depicts a society being tyrannized by the State. Young citizen Jean is opposed to public acknowledgement of a government that hypocritically preaches freedom but that in reality tramples upon individual liberties. Taking his grievances to the « Ligue internationale pour la protection de l'homme moderne » in the hope of receiving protection, Jean is horrified to discover that the « Ligue » actually « protects » individuals from obtaining their freedom. Jean's rebellion against such State organizations does little to alleviate his suffering. Eventually, ashamed of his behavior, he goes to confession and is advised to seek further religious guidance. However, he knows that this religion offers no consolation, and, as the play ends, Jean cries out explosively for a concept of God that is suited to modern man.

In *Musse ou l'École de l'hypocrisie* (1929), this fight against the State is continued in a stronger, more acrid manner. More important than the individual rebellion of Musse is the realization that all of humanity is in danger of losing its liberty to societies such as the « Ligue. » Musse, also disheartened, realizes much sooner than did Le Maufranc the futility of a hypocritical rebellion, but where Le Maufranc did little more than complain, Musse actively urges the people to resist oppression, to rebel against tyranny, to abandon pretense and hypocrisy and to unite in a « vie unanime. »

Romains treats a specific social problem in *Boën ou La Possession des biens* (1928), the effects of materialism on modern man. He deprecates a society that has become too materialistic through his portrayal of Boën, a man who has become so wealthy that he gives away large sums of money to ease his conscience. Previously indifferent to material things, Boën is gradually consumed by his love of money; but he is alone in his passion, for his secretary, Sabine, has just returned from Russia where her experiences with unanimist fraternity have showed her the unimportance of poverty. Boën's staff, who are also unimpressed with his riches, leave him alone to possess the wealth that has begun to possess him. The didactic criticism of capitalism is, of course, apparent and needs no further commentary.

An impressionable public is once again exploited in *L'An mil* (1942), Romains' last contribution to the theater. The play investigates the reactions of a society who is told that the world will end at the beginning of the new year, in this case the year 1000. Before the news is made public, Carcaille, a canon and shrewd businessman, learns of it from Guillaume, giving him sufficient time in which to consider any financially advantageous possibilities that the situation might offer. As soon as the announcement is made, and panic has spread through the village. Carcaille and his fellow clergymen institute their plan to purchasse the villagers' property at an amazingly low price. When the year 1000 arrives and the villagers regain their tranquility, new contasts for the land are demanded. Carcaille, however, motivated by avarice, the desire to build a church, and the thought of « putting one over on the world, » still ends up with a large profit.

The mercenary rogue is also the subject of the one act plays, *Démétrios* (1926) and *Le Déjeuner marocain* (1929).

In *Le Déjeuner marocain* (1929), a cynical commentary on marriage, it is Mercus who is interested in making a fortune, and who does so by using his vivid imagination. Assisting the Tastignacs in selling their daughter Liane to a rich Arab, Mercus explains to the Arab that the customs of the girl's home town Libourne (customs which he himself has invented), demand that the suitor provide the parents of the betrothed with an appreciable dowry. Liane goes along with this colossal bluff and the Arab is soon overcome by what he believes to be the splendor of Libourne; Mercus and the Tastignacs depart, with a lot of money and hardly any feelings of guilt.

An examination of Romains's later plays reveals a marked revision of his theory of « unanimisme, » a revision that can be traced to the First World War when he discovered another aspect of collectivism. Having considered his movement an ideal for every individual, he later realized that collectivities could be easy targets for any demagogue who wanted to dupe an ignorant and gullible society. This observation was best expressed in his comedies, in which he treats a foolish public with its annoying institutions, in a satirical rather than cynical manner; Romains understood people's credulity and accepted it with cheerful acquiescence. Three of these plays, *Donogoo* (1919-30), *Monsieur Le Trouhadec saisi par la débauche* (1920), and *Le Mariage de Le Trouhadec* (1924) form a trilogy called « un cycle Le Trouhadec. »

Donogoo, based on the original scenario *Donogoo-Tonka,* is the first of these plays that replaces the unanimism created by bluff for the pure unanimism of Romains' earlier works. The ideal unanimist hero has become Lamendin, the clever promoter interested in abusing groups rather than in reviving their collective souls. Eager to make a fortune, he and Le Trouhadec, a geography professor, create the town of Donoggo-Tonka. Supposedly situated somewhere in Brazil, this fictitious gold mining town becomes a reality through Lamendin's masterful publicity. As news of the town circulates, groups of people throughout the world are united in a common cause to locate and prosper from this non-existent gold town. Mass excursions ensue, and eventually, after abandoning their search for the mythical Donogoo, two of the groups that have previously united decide to settle where they are; sardonically they name their settlement Donogoo. The population and activity of the settlement increase rapidly, and before long Donogoo is in actuality a prosperous town.

The character of Le Trouhadec emerges more vividly in *Monsieur Le Trouhadec saisi par la débauche*. The aging professor has fallen in love with Rolande, an actress whom he has followed to the gambling tables of Monte Carlo. He is enjoying a streak of luck when he accidentally becomes involved in a robbery; the misunderstanding is quickly cleared up thanks to a certain Bénin, who is a continuation of the Lamendin personality. Le Trouhadec, despite all the indications that are before him, never realizes that Bénin is responsible for his gambling fortune, and becomes absorbed in delusions of self-importance. Like Donogoo, he has become transformed from a diffident, unpretentious schoolteacher into an overly self-confident, pedantic fool—a victim of his own gullibility.

In the last play of this trilogy, *Le Mariage de Le Trouhadec,* the obviously incompetent and indifferent geography professor, now a member of France's highest social stratum, has finally become the totally self-absorbed man.   He is no longer interested in Rolande; and Bénin, responsible for his success all along, is in his opinion a man far inferior to himself. When asked to assume leadership of the « Parti des honnêtes gens, » (Romains' satire of modern political groups), Le Trouhadec eagerly accepts. That he has had no part in its success, that he is the epitome of everything he criticizes, and that his inaugural speech has no signifiance—means nothing to him. His ludicrousness reaches its zenith in the last act when the floor under his feet is ordered to be raised fifty centimeters while the « Comité des honnêtes gens » huddles about him.

The best of Romains' comedies, and the height of his satiric verve and incisive humor is evidently *Knock* (1920). Superficially a satire on medical quackery, this play demontrates again the implications of the unanimist doctrine as well as the author's technical abilities. Knock is a doctor, who could have been a politician, an industrialist, or anything else, for he represents the systematic mystificator, the master exploiter and bluffer. The entire townsfolk of Saint Maurice, once indifferent to medicine and to one another, becomes completely transformed into a collectivity whose soul is medicine through Knock's cunning techniques. From Act I until the curtain falls, the audience is under the spell of a charlatan who leads the important people of the community and then his patients into blind submission and helplessness. In classical style, each scene follows rigorously from the preceeding one, as Knock explores relentlessly the weaknesses of a humanity trapped by its own credulity and delusions of self-importance.

In Act I, Knock accepts enthusiastically the challenge of developing a lucrative concern from an obviously worthless pratice. However, it is clearly more than money that is attracting him; Knock has constantly tested his self-confidence and intellectual capacities in situations where he can achieve power, and this is undoubtedly his strongest motivation in coming to Saint Maurice:

> L'arachide s'appelle aussi cacahuète. Oh! madame, je n'ai jamais été marchand au panier. J'avais créé un office central où les revendeurs venaient s'approvisionner. Je serais millionnaire si j'avais continué cela dix ans. Mais c'était très fastidieux. D'ailleurs, presque tous les métiers sécrètent l'ennui à la longue, comme je m'en suis rendu compte par moi-même. Il n'y a de vrai, décidément, que la médecine, peut-être aussi la politique, la finance et le sacerdoce que je n'ai pas encore essayés.

The romantic, naïve nature of Doctor Parpalaid is no match for Knock's and the former doctor of Saint Maurice, convinced that Knock is an unstable character, cedes the practice. Knock invites the Parpalaids to return in three months to witness the success of his « methods. »

In Act II these « methods, » within varying degrees, are applied to each member of the community; first the *Tambour* is flattered and asked to announce that every Monday morning there would be a free consultation from nine thirty until eleven thirty; Knock then discusses with the schoolteacher a series of lectures on the dangers of disease which he intends to deliver to a town asleep « dans une sécurité trompeuse dont les réveille trop tard le coup de foudre de la maladie. » Mosquet, the pharmacist, is assured by Knock's philosophy that the healthy populace will soon become an ailing one demanding prescriptions:

« Tomber malade, » vieille notion qui ne tient plus devant les données de la science actuelle. La santé n'est qu'un mot, qu'il n'y aurait aucun inconvénient à rayer de notre vocabulaire. Pour ma part, je ne connais que des gens plus ou moins atteints de maladies plus ou moins nombreuses à évolution plus ou moins rapide. Naturellement, si vous allez leur dire qu'ils se portent bien, ils ne demandent qu'à vous croire. Mais vous les trompez. Votre seule excuse, c'est que vous ayez déjà trop de malades à soigner pour en prendre de nouveaux.

No time is wasted in procuring patients. For *La Dame en noir,* Knock ascribes her ailment to a fall from a ladder early in life; he even describes the height, position of the ladder, and the manner in which she fell. The absurd cause of her ailment is no less absurd than the prescribed treatment: a week in bed without food, fresh air, or visitors; if her gaiety returns, then her troubles are hardly serious, but if she feels generally weak, and dizzy, treatment will be necessary. The implacable demonstration of a gullible humanity through absurd argumentation is visible with almost every person Knock encounters.

Knock never loses his self-confidence. He is put to the supreme test when two snippy, giggling boys come into the waiting room, and ease the somber atmosphere that pervaded. Realizing that their mischievousness could be detrimental to his practice, Knock examines one of the boys in the most orthodox fashion, and skillfully questions him about the death of his father. The boy is quickly frightened, and Knock has no difficulty in assuring him that he is dying of acute alcoholism; the other boy is too petrified to be examined, and they both flee, leaving the waiting room once again « silencieuse comme un enterrement. » Knock has triumphed; the town is in his hands.

By the third act, three months later, Saint Maurice has become transformed into a collectivity conscious only of medicine and the god, Knock. L'hôtel de la Clef, the town's only hotel, has been converted into a sanitarium with not an empty room to be found, for people have come from miles around to be treated by the now wealthy and famous Knock. Parpalaid is astonished by the transformation of the town's people, and by the sacrosanctity with which Knock is regarded. He is further astounded by Knock's « consultation and treatment statistics »: Whereas Parpalaid had five or ten consultations a week, and no regular house calls, Knock has over one hundred and fifty consultations, and almost two hundred and fifty home patients. Nevertheless, these statistics have left him unsatisfied, for the town has 2,853 homes, 1,502 of these having a gross income of over 12,000 francs. This reference to income is explained to Parpalaid:

> ... J'ai quatre échelons de traitements. Le plus modeste, pour les revenus de douze à vingt mille, ne comporte qu'une visite par semaine, et cinquante francs environ de frais pharmaceutiques par mois. Au sommet, le traitement de luxe, pour revenus supérieurs à cinquante mille francs, entraîne un minimum de quatre visites par semaine, et de trois cents francs par mois de frais divers : rayons X, radium, massages électriques, analyses, médication courante, etc...

This system has worked well for Knock; to keep track of its effectiveness, he has a map of the township on which he marks his medical *conquests,* every red dot representing a regular patient. Needless to say, there are very few areas that are not crowded with red dots.

With all this energy and imagination expended, it is not only the town which has been transformed; Knock himself has undergone considerable change from the conniving cynic of Act I. Medicine, once perhaps a means to an end, has become an end in itself, like a new religion for him. It has absorbed him to the point where he believes that he is, in fact, a « missionary » spreading the gospel of medicine. In a sense, he is caught in his own trap, engulfed in feelings of grandeur like Le Trouhadec, but unlike him, Knock is neither stupid nor credulous. Too intellectual to be fooled, he is always aware of his role as molder and creator of a unanimism, and of his role as omniscient and omnipotent apostle of Saint Maurice. He is aware too that this is still a role, however absorbed in it he is, for it is highly probable that when the challenge of Saint Maurice no longer exists, he will move on to other places, other adventures.

> ... La première fois que je me suis planté ici, au lendemain de mon arrivée, je n'étais pas trop fier; je sentais que ma présence ne pesait pas lourd. Ce vaste terroir se passait insolemment de moi et de mes pareils. Mais, maintenant, j'ai autant d'aise à me trouver ici qu'à son clavier l'organiste des grandes orgues. Dans deux cent cinquante de ces maisons... il y a deux cent cinquante chambres où quelqu'un confesse la médecine, deux cent cinquante lits où un corps étendu témoigne que la vie a un sens, et grâce à moi un sens médical... Le canton fait place à une sorte de firmament dont je suis le créateur continuel...

In the spirit of Voltaire's short stories, Romains also asserts his comic bent both in his observations of people, and in the outlandish and grotesque intrigues he creates. Like Voltaire, he has the ability to isolate the principal traits of human beings in a few words, but unfortunately, all too often, his characters remain dry and intellectual, without tenderness or sensitivity. Underneath the dialogue which abounds in aphorisms, formulas, paraboles, and the extravagant figures like Le Trouhadec, Knock, etc., Romains' theater contains some implied code of morality, (most often the various applications of the doctrine of unanimism); the subject of his plays then is usually the collective or, or a particular problem reflecting an aspect of our times; and the hero is the superior person who can create a unanimist atmosphere, direct it, and transform it according to his desires.

ROMAINS PLAYS

1909. L'Armée dans la ville. *Paris, Mercure de France, 1911.* First performed March 4, 1911, Théâtre de l'Odéon, Paris.
1911-18. Cromedeyre-le-Vieil. *Paris, Nouvelle Revue Française, 1920.* First performed May 26, 1920, Théâtre du Vieux-Colombier, Paris.
1919-30. Donogoo. *Paris, La Petite Illustration, no. 514, 1931.* First performed October 25, 1930, Théâtre Pigalle, Paris.
1920. Monsieur Le Trouhadec saisi par la débauche. *Paris, Nouvelle Revue Française, 1921.* First performed May 14, 1923, Comédie des Champs-Élysées, Paris.
1920. Knock ou Le Triomphe de la médecine. *Paris, Hébertot, 1924.* First performed December 15, 1923, Comédie des Champs-Élysées, Paris.
1923. Amédée et les messieurs en rang. *Paris, Nouvelle Revue Française, 1926.* First performed December 14, 1923, Comédie des Champs-Élysées, Paris.
1924. Le Mariage de Le Trouhadec. *Paris, Gallimard, 1925.* First performed January 31, 1925, Comédie des Champs-Élysées, Paris.
1924. La Scintillante. *Paris, Gallimard, 1925.* First performed October 7, 1924, Comédie des Champs-Élysées, Paris.
1925. Le Dictateur. *Paris, Gallimard, 1926.* First performed October 5, 1926, Comédie des Champs-Élysées, Paris.
1926. Démétrios. *Paris, Gallimard, 1926.* First performed October 9, 1926, Comédie des Champs-Élysées, Paris.
1926. Jean Le Maufranc. *Paris, La Petite Illustration, no. 177, 1927.* First performed December 1, 1926, Théâtre des Arts, Paris.
1928. Volpone (en coll. avec Stefan Zweig). *Paris, Nouvelle Revue Française, 1929.* First performed November 23, 1928, Théâtre de l'Atelier, Paris.
1928. Boën ou La Possession des biens. *Paris, Gallimard, 1935.* First performed December 4, 1930, Théâtre de l'Odéon, Paris.
1929. Musse ou L'École de l'hypocrisie. *Paris, Nouvelle Revue Française, 1929.* First performed November 21, 1930, Théâtre de l'Atelier, Paris.
1929. Le Déjeuner marocain. *Paris, Gallimard, 1930.* First performed February 9, 1929, Théâtre Saint-Georges, Paris.
1931. Le Roi masqué. *Paris, Les Œuvres Libres, no. 130, 1932.* First performed December 19, 1931, Théâtre Pigalle, Paris.
1939. Grâce encore pour la terre. *New York, Éd. de la Maison française, 1941.* Never performed in France. Dates of performances in America unavailable.
1942. L'An mil. *Paris, Éd. de l'Odéon, 1947.* First performed March 5, 1947, Théâtre Sarah Bernhardt, Paris.

CRITICAL WORKS

BLANCHART Paul: Théâtre, *Paris, Édition du Pavois, 1945, 52-88.*
CUISENIER André: Jules Romains et l'Unanimisme, *Paris, Flammarion, 1935.* L'Art de Jules Romains, *Paris, Flammarion, 1948.*
FOWLIE Wallace: The Spirit of France, *London, Sheed & Ward, 1944.*
KEMP Robert: La Vie du Théâtre, *Paris, Éditions Albin Michel, 1956.*
LALOU René: Histoire de la Littérature française contemporaine, *Paris, Crès, 1922.*
BERRY Madeleine: Jules Romains, sa vie, son œuvre, *Paris, Édition du Conquistador, 1953.*
NORRISH Peter J.: Drama of the Group, a Study of Unanimism in the Plays of Jules Romains, *Cambridge, University Press, 1958.*
PALMER John: Studies in the Contemporary Theatre, *London, 1927.*

Knock

a été représenté pour la première fois à Paris, à la Comédie des Champs-Élysées, le 15 décembre 1923, sous la direction de Jacques Hébertot, avec la mise en scène et les décors de Louis Jouvet. Les rôles étaient tenus par MM^{mes} Coutant-Lambert, Irma Perrot, Iza Reyner, Mag. Bérubet, J. Tisserand ; et par MM. Louis Jouvet, A. Héraut, Evséeff, Gaultier, Ben Danou, Salis, Mamy, Saint-Isles.

KNOCK.
LE DOCTEUR PARPALAID.
MOUSQUET.
BERNARD.
LE TAMBOUR DE VILLE.
PREMIER GARS.
DEUXIÈME GARS.
SCIPION.
JEAN.
MADAME PARPALAID.
MADAME RÉMY.
LA DAME EN NOIR.
LA DAME EN VIOLET.
LA BONNE.
VOIX DE MARIETTE, à la cantonade.

ACTE I

L'action se passe à l'intérieur ou autour d'une automobile très ancienne, type 1900-1902. Carrosserie énorme (double phaéton arrangé sur le tard en simili-torpédo, grâce à des tôles rapportées). Cuivres volumineux. Petit capot en forme de chaufferette.
Pendant une partie de l'acte, l'auto se déplace.
On part des abords d'une petite gare pour s'élever ensuite le long d'une route de montagne.

SCÈNE UNIQUE

KNOCK, LE DOCTEUR PARPALAID, MADAME PARPALAID, JEAN

LE DOCTEUR PARPALAID. — Tous vos bagages sont là, mon cher confrère ?

KNOCK. — Tous, docteur Parpalaid.

LE DOCTEUR. — Jean les casera près de lui. Nous tiendrons très bien tous les trois à l'arrière de la voiture. La carrosserie est si spacieuse, les strapontins si confortables ! Ah ! ce n'est pas la construction étriquée[1] de maintenant !

KNOCK, *à Jean, au moment où il place la caisse*. — Je vous recommande cette caisse. J'y ai logé quelques appareils, qui sont fragiles.

(Jean commence à empiler les bagages de Knock.)

MADAME PARPALAID. — Voilà une torpédo[2] que je regretterais longtemps si nous faisions la sottise de la vendre.

(Knock regarde le véhicule avec surprise.)

LE DOCTEUR. — Car c'est en somme une torpédo, avec les avantages de l'ancien double-phaéton.

KNOCK. — Oui, oui.

(Toute la banquette d'avant disparaît sous l'amas.)

LE DOCTEUR. — Voyez comme vos valises se logent facilement ! Jean ne sera pas gêné du tout. Il est même dommage que vous n'en ayez pas plus. Vous vous seriez mieux rendu compte des commodités de ma voiture.

KNOCK. — Saint-Maurice est loin ?

LE DOCTEUR. — Onze kilomètres. Notez que cette distance du chemin de fer est excellente pour la fidélité de la clientèle. Les malades ne vous jouent pas le tour d'aller consulter au chef-lieu.

KNOCK. — Il n'y a donc pas de diligence ?

LE DOCTEUR. — Une guimbarde[3] si lamentable qu'elle donne envie de faire le chemin à pied.

MADAME PARPALAID. — Ici l'on ne peut guère se passer d'automobile.

LE DOCTEUR. — Surtout dans la profession.

(Knock reste courtois et impassible.)

---

1. - Scanty.
2. - Roadster.
3. - Old coach, bus.

JEAN, *au docteur.* — Je mets en marche ?

LE DOCTEUR. — Oui, commencez à mettre en marche, mon ami.
(Jean entreprend toute une série de manœuvres : ouverture du capot[4]*, dévissage des bougies, injection d'essence, etc.)*

MADAME PARPALAID, *à Knock.* — Sur le parcours, le paysage est délicieux. Zénaïde Fleuriot l'a décrit dans un de ses plus beaux romans, dont j'ai oublié le titre. *(Elle monte en voiture. A son mari.)* Tu prends le strapontin, n'est-ce pas ? Le docteur Knock se placera près de moi pour bien jouir de la vue...

(Knock s'assied à la gauche de Mme Parpalaid.)

LE DOCTEUR. — La carrosserie est assez vaste pour que trois personnes se sentent à l'aise sur la banquette d'arrière. Mais il faut pouvoir s'étaler lorsqu'on contemple un panorama. *(Il s'approche de Jean.)* Tout va bien ? L'injection d'essence est terminée ? Dans les deux cylindres ? Avez-vous pensé à essuyer un peu les bougies ? C'eût été prudent après une étape de onze kilomètres. Enveloppez bien le carburateur. Un vieux foulard vaudrait mieux que ce chiffon. *(Pendant qu'il revient vers l'arrière.)* Parfait ! parfait ! *(Il monte en voiture.)* Je m'assois — pardon, cher confrère — je m'assois sur ce large strapontin, qui est plutôt un fauteuil pliant.

MADAME PARPALAID. — La route ne cesse de s'élever jusqu'à Saint-Maurice. A pied, avec tous ces bagages, le trajet serait terrible. En auto, c'est un enchantement.

LE DOCTEUR. — Jadis, mon cher confrère, il m'arrivait de taquiner la muse. J'avais composé un sonnet, de quatorze vers, sur les magnificences naturelles qui vont s'offrir à nous. Du diable si je me le rappelle encore.

« Profondeurs des vallons, retraites pastorales... »

(Jean tourne désespérément la manivelle.)

MADAME PARPALAID. — Albert, depuis quelques années, tu t'obstines à dire « Profondeurs ». C'est « Abîmes des vallons » qu'il y avait dans les premiers temps.

LE DOCTEUR. — Juste ! Juste ! *(On entend une explosion.)* Écoutez, mon cher confrère, comme le moteur part bien. A peine quelques tours de manivelle[5] pour appeler les gaz, et tenez... une explosion... une autre... voilà ! voilà !... Nous marchons [A].

(Jean s'installe. Le véhicule s'ébranle. Le paysage peu à peu se déroule.)

LE DOCTEUR, *après quelques instants de silence.* — Croyez-m'en, mon cher successeur ! *(Il donne une tape à Knock.)* Car vous êtes dès cet instant mon successeur ! Vous avez fait une bonne affaire. Oui, dès cet instant ma clientèle est à vous. Si même, le long de la route, quelque patient, me reconnaissant au passage, malgré la vitesse, réclame l'assistance de mon art, je m'efface en déclarant. « Vous vous trompez, monsieur. Voici le médecin du pays. » *(Il désigne Knock.)* Et je ne ressors de mon trou *(pétarades du moteur)* que si vous m'invitez formellement à une consultation contradictoire. *(Pétarades.)* Mais vous avez eu de la chance de tomber sur un homme qui voulait s'offrir un coup de tête.

MADAME PARPALAID. — Mon mari s'était juré de finir sa carrière dans une grande ville.

LE DOCTEUR. — Lancer mon chant du cygne sur un vaste théâtre ! Vanité un peu ridicule, n'est-ce pas ? Je rêvais de Paris, je me contenterai de Lyon.

---

4. - Hood.
5. - Crank.

A. - Discuss the naïveté of Doctor Parpalaid from these opening dialogues.

MADAME PARPALAID. — Au lieu d'achever tranquillement de faire fortune ici !
(Knock, tour à tour, les observe, médite, donne un coup d'œil au paysage.)

LE DOCTEUR. — Ne vous moquez pas trop de moi, mon cher confrère. C'est grâce à cette toquade[6] que vous avez ma clientèle pour un morceau de pain.

KNOCK. — Vous trouvez ?

LE DOCTEUR. — C'est l'évidence même !

KNOCK. — En tout cas, je n'ai guère marchandé.

LE DOCTEUR. — Certes, et votre rondeur[7] m'a plu. J'ai beaucoup aimé aussi votre façon de traiter par correspondance et de ne venir sur place qu'avec le marché en poche. Cela m'a semblé chevaleresque, ou même américain. Mais je puis bien vous féliciter de l'aubaine[8] : car c'en est une. Une clientèle égale, sans à-coups...

MADAME PARPALAID. — Pas de concurrent.

LE DOCTEUR. — Un pharmacien qui ne sort jamais de son rôle.

MADAME PARPALAID. — Aucune occasion de dépense.

LE DOCTEUR. — Pas une seule distraction coûteuse.

MADAME PARPALAID. — Dans six mois, vous aurez économisé le double de ce que vous devez à mon mari.

LE DOCTEUR. — Et je vous accorde quatre échéances trimestrielles[9] pour vous libérer ! Ah ! sans les rhumatismes de ma femme, je crois que j'aurais fini par vous dire non.

KNOCK. — Mme Parpalaid est rhumatisante ?

MADAME PARPALAID. — Hélas !

LE DOCTEUR. — Le climat, quoique très salubre en général, ne lui valait rien en particulier.

KNOCK. — Y a-t-il beaucoup de rhumatisants dans le pays ?

LE DOCTEUR. — Dites, mon cher confrère, qu'il n'y a que des rhumatisants.

KNOCK. — Voilà qui me semble d'un grand intérêt.

LE DOCTEUR. — Oui, pour qui voudrait étudier le rhumatisme.

KNOCK, *doucement*. — Je pensais à la clientèle.

LE DOCTEUR. — Ah ! pour ça non. Les gens d'ici n'auraient pas plus l'idée d'aller chez le médecin pour un rhumatisme, que vous n'iriez chez le curé pour faire pleuvoir.

KNOCK. — Mais... c'est fâcheux.

MADAME PARPALAID. — Regardez, docteur, comme le point de vue est ravissant. On se croirait en Suisse.

JEAN, *à l'oreille du docteur Parpalaid*. — Monsieur, monsieur. Il a quelque chose qui ne marche pas. Il faut que je démonte le tuyau d'essence.

LE DOCTEUR, *à Jean*. — Bien, bien !... *(Aux autres.)* Précisément, je voulais vous proposer un petit arrêt ici.

---

6. - Whim.
7. - Straightforwardness.
8. - Windfall.
9. - Quarterly installments.

MADAME PARPALAID. — Pourquoi?

LE DOCTEUR, *lui faisant des regards expressifs.* — Le panorama... hum!... n'en vaut-il pas la peine?

MADAME PARPALAID. — Mais, si tu veux t'arrêter, c'est encore plus joli un peu plus haut.
(*La voiture stoppe. Mme Parpalaid comprend.*)

LE DOCTEUR. — Eh bien! nous nous arrêterons aussi un peu plus haut. Nous nous arrêterons deux fois, trois fois, quatre fois, si le cœur nous en dit. Dieu merci, nous ne sommes pas des chauffards[10]. *(A Knock.)* Observez, mon cher confrère, avec quelle douceur cette voiture vient de stopper. Et comme là-dessus vous restez constamment maître de votre vitesse. Point capital dans un pays montagneux. *(Pendant qu'ils descendent.)* Vous vous convertirez à la traction mécanique, mon cher confrère, et plus tôt que vous ne pensez. Mais gardez-vous de la camelote actuelle. Les aciers, les aciers, je vous le demande, montrez-nous vos aciers.

KNOCK. — S'il n'y a rien à faire du côté des rhumatismes, on doit se rattraper avec les pneumonies et pleurésies?

LE DOCTEUR, *à Jean.* — Profitez donc de notre halte pour purger un peu le tuyau d'essence. *(A Knock.)* Vous me parliez, mon cher confrère, des pneumonies et pleurésies? Elles sont rares. Le climat est rude, vous le savez. Tous les nouveau-nés chétifs meurent dans les six premiers mois, sans que le médecin ait à intervenir, bien entendu. Ceux qui survivent sont des gaillards durs à cuire. Toutefois, nous avons des apoplectiques et des cardiaques. Ils ne s'en doutent pas une seconde et meurent foudroyés[11] vers la cinquantaine.

KNOCK. — Ce n'est pas en soignant les morts subites que vous avez pu faire fortune?

LE DOCTEUR. — Évidemment. *(Il cherche.)* Il nous reste... d'abord la grippe. Pas la grippe banale, qui ne les inquiète en aucune façon, et qu'ils accueillent même avec faveur parce qu'ils prétendent qu'elle fait sortir les humeurs viciées. Non, je pense aux grandes épidémies mondiales de grippe.

KNOCK. — Mais ça, dites donc, c'est comme le vin de la comète. S'il faut que j'attende la prochaine épidémie mondiale!...

LE DOCTEUR. — Moi qui vous parle, j'en ai vu deux : celle de 89-90 et celle de 1918.

MADAME PARPALAID. — En 1918, nous avons eu ici une très grosse mortalité, plus, relativement, que dans les grandes villes. *(A son mari.)* N'est-ce pas? Tu avais comparé les chiffres.

LE DOCTEUR. — Avec notre pourcentage nous laissions derrière nous quatre-vingt-trois départements.

KNOCK. — Ils s'étaient fait soigner?

LE DOCTEUR. — Oui, surtout vers la fin.

MADAME PARPALAID. — Et nous avons eu de très belles rentrées à la Saint-Michel.
(*Jean se couche sous la voiture.*)

KNOCK. — Plaît-il?

MADAME PARPALAID. — Ici, les clients vous payent à la Saint-Michel[12].

10. - Road hogs.
11. - Suddenly.
12. - September 29th.

KNOCK. — Mais... quel est le sens de cette expression? Est-ce un équivalent des calendes grecques, ou de la Saint-Glinglin?

LE DOCTEUR, *de temps en temps il surveille du coin de l'œil le travail du chauffeur.* — Qu'allez-vous penser, mon cher confrère? La Saint-Michel est une des dates les plus connues du calendrier. Elle correspond à la fin septembre.

KNOCK, *changeant de ton.* — Et nous sommes au début d'octobre. Ouais! Vous, au moins, vous avez su choisir votre moment pour vendre. *(Il fait quelques pas, réfléchit.)* Mais, voyons! si quelqu'un vient vous trouver pour une simple consultation, il vous paye bien séance tenante?

LE DOCTEUR. — Non, à la Saint-Michel!... C'est l'usage.

KNOCK. — Mais s'il ne vient que pour une consultation seule et unique! Si vous ne le revoyez plus de toute l'année?

LE DOCTEUR. — A la Saint-Michel.

MADAME PARPALAID. — A la Saint-Michel. *(Knock les regarde. Silence.)*

MADAME PARPALAID. — D'ailleurs, les gens viennent presque toujours pour une seule consultation.

KNOCK. — Hein?

MADAME PARPALAID. — Mais oui. *(Le docteur Parpalaid prend des airs distraits.)*

KNOCK. — Alors, qu'est-ce que vous faites des clients réguliers?

MADAME PARPALAID. — Quels clients réguliers?

KNOCK. — Eh bien! ceux qu'on visite plusieurs fois par semaine, ou plusieurs fois par mois?

MADAME PARPALAID, *à son mari.* — Tu entends ce que dit le docteur? Des clients comme en a le boulanger ou le boucher? Le docteur est comme tous les débutants. Il se fait des illusions.

LE DOCTEUR, *mettant la main sur le bras de Knock.* — Croyez-moi, mon cher confrère. Vous avez ici le meilleur type de clientèle : celle qui vous laisse indépendant.

KNOCK. — Indépendant? Vous en avez de bonnes!

LE DOCTEUR. — Je m'explique! Je veux dire que vous n'êtes pas à la merci de quelques clients, susceptibles de guérir d'un jour à l'autre, et dont la perte fait chavirer[13] votre budget. Dépendant de tous, vous ne dépendez de personne. Voilà.

KNOCK. — En d'autres termes, j'aurais dû apporter une provision d'asticots et une canne à pêche. Mais peut-être trouve-t-on ça là-haut? *(Il fait quelques pas, médite, s'approche de la guimbarde, la considère, puis se retournant à demi.)* La situation commence à devenir limpide. Mon cher confrère, vous m'avez cédé — pour quelques billets de mille, que je vous dois encore — une clientèle de tous points assimilable à cette voiture *(il la tapote affectueusement)* dont on peut dire qu'à dix-neuf francs elle ne serait pas chère, mais qu'à vingt-cinq elle est au-dessus de son prix. *(Il la regarde en amateur.)* Tenez! Comme j'aime à faire les choses largement, je vous en donne trente.

LE DOCTEUR. — Trente francs? De ma torpédo? Je ne la lâcherais pas pour six mille.

13. - Upset.

KNOCK, *l'air navré.* — Je m'y attendais! *(Il contemple de nouveau la guimbarde.)* Je ne pourrai donc pas acheter cette voiture.

LE DOCTEUR. — Si, au moins, vous me faisiez une offre sérieuse!

KNOCK. — C'est dommage. Je pensais la transformer en bahut breton. *(Il revient.)* Quant à votre clientèle, j'y renoncerais avec la même absence d'amertume s'il en était temps encore.

LE DOCTEUR. — Laissez-moi vous dire, mon cher confrère, que vous êtes victime... d'une fausse impression.

KNOCK. — Moi, je croirais volontiers que c'est plutôt de vous que je suis victime. Enfin, je n'ai pas coutume de geindre, et quand je suis roulé[14], je ne m'en prends qu'à moi.

MADAME PARPALAID. — Roulé! Proteste, mon ami. Proteste.

LE DOCTEUR. — Je voudrais surtout détromper le docteur Knock.

KNOCK. — Pour vos échéances, elles ont le tort d'être trimestrielles, dans un climat où le client est annuel. Il faudra corriger ça. De toute façon, ne vous tourmentez pas à mon propos. Je déteste avoir des dettes. Mais c'est en somme beaucoup moins douloureux qu'un lumbago, par exemple, ou qu'un simple furoncle[15] à la fesse.

MADAME PARPALAID. — Comment! Vous ne voulez pas nous payer? aux dates convenues?

KNOCK. — Je brûle de vous payer, madame, mais je n'ai aucune autorité sur l'almanach, et il est au-dessus de mes forces de faire changer de place la Saint-Glinglin.

MADAME PARPALAID. — La Saint-Michel!

KNOCK. — La Saint-Michel.

LE DOCTEUR. — Mais vous avez bien des réserves?

KNOCK. — Aucune. Je vis de mon travail. Ou plutôt, j'ai hâte d'en vivre. Et je déplore d'autant plus le caractère mythique de la clientèle que vous me vendez, que je comptais lui appliquer des méthodes entièrement neuves. *(Après un temps de réflexion et comme à part lui.)* Il est vrai que le problème ne fait que changer d'aspect.

LE DOCTEUR. — En ce cas, mon cher confrère, vous seriez deux fois coupable de vous abandonner à un découragement prématuré, qui n'est que la rançon de votre inexpérience. Certes, la médecine est un riche terroir. Mais les moissons n'y lèvent pas toutes seules. Vos rêves de jeunesse vous ont un peu leurré[16].

KNOCK. — Votre propos, mon cher confrère, fourmille d'inexactitudes. D'abord, j'ai quarante ans. Mes rêves, si j'en ai, ne sont pas des rêves de jeunesse.

LE DOCTEUR. — Soit. Mais vous n'avez jamais exercé.

KNOCK. — Autre erreur.

LE DOCTEUR. — Comment? Ne m'avez-vous pas dit que vous veniez de passer votre thèse l'été dernier?

KNOCK. — Oui, trente-deux pages in-octavo : *Sur les prétendus états de santé*, avec cette épigraphe, que j'ai attribuée à Claude Bernard[B] « Les gens bien portants sont des malades qui s'ignorent[C]. »

---

14. - I have been taken.
15. - Boil.
16. - Mislead.

B. - Who was Claude Bernard?
C. - What does this imply about Knock's future as a doctor?

LE DOCTEUR. — Nous sommes d'accord, mon cher confrère.

KNOCK. — Sur le fond de ma théorie?

LE DOCTEUR. — Non, sur le fait que vous êtes un débutant.

KNOCK. — Pardon! Mes études sont, en effet, toutes récentes. Mais mon début dans la pratique de la médecine date de vingt ans.

LE DOCTEUR. — Quoi! Vous étiez officier de santé? Depuis le temps qu'il n'en reste plus!

KNOCK. — Non, j'étais bachelier.

MADAME PARPALAID. — Il n'y a jamais eu de bacheliers de santé.

KNOCK. — Bachelier ès lettres, madame.

LE DOCTEUR. — Vous avez donc pratiqué sans titres et clandestinement?

KNOCK. — A la face du monde, au contraire, et non pas dans un trou de province, mais sur un espace d'environ sept mille kilomètres.

LE DOCTEUR. — Je ne vous comprends pas.

KNOCK. — C'est pourtant simple. Il y a une vingtaine d'années, ayant dû renoncer à l'étude des langues romanes, j'étais vendeur au « Dames de France » de Marseille, rayon des cravates. Je perds mon emploi. En me promenant sur le port, je vois annoncé qu'un vapeur de 1 700 tonnes à destination des Indes demande un médecin, le grade de docteur n'étant pas exigé. Qu'auriez-vous fait à ma place?

LE DOCTEUR. — Mais... rien, sans doute.

KNOCK. — Oui, vous, vous n'aviez pas la vocation. Moi, je me suis présenté. Comme j'ai horreur des situations fausses, j'ai déclaré en entrant : « Messieurs, je pourrais vous dire que je suis docteur, mais je ne suis pas docteur. Et je vous avouerai même quelque chose de plus grave : je ne sais pas encore quel sera le sujet de ma thèse. » Ils me répondent qu'ils ne tiennent pas au titre de docteur, et qu'ils se fichent complètement de mon sujet de thèse. Je réplique aussitôt : « Bien que n'étant pas docteur, je désire, pour des raisons de prestige et de discipline, qu'on m'appelle docteur à bord. » Ils me disent que c'est tout naturel. Mais je n'en continue pas moins à leur expliquer pendant un quart d'heure les raisons qui me font vaincre mes scrupules et réclamer cette appellation de docteur à laquelle, en conscience, je n'ai pas droit. Si bien qu'il nous est resté à peine trois minutes pour régler la question des honoraires.

LE DOCTEUR. — Mais vous n'aviez réellement aucune connaissance?

KNOCK. — Entendons-nous! Depuis mon enfance, j'ai toujours lu avec passion les annonces médicales et pharmaceutiques des journaux, ainsi que les prospectus intitulés « mode d'emploi » que je trouvais enroulés autour des boîtes de pilules et des flacons de sirop qu'achetaient mes parents. Dès l'âge de neuf ans, je savais par cœur des tirades entières sur l'exonération imparfaite du constipé. Et encore aujourd'hui, je puis vous réciter une lettre admirable, adressée en 1897 par la veuve P..., de Bourges à la Tisane américaine des Shakers. Voulez-vous?

LE DOCTEUR. — Merci, je vous crois.

KNOCK. — Ces textes m'ont rendu familier de bonne heure avec le style[D] de la profession. Mais surtout ils m'ont laissé transparaître le véritable esprit et la véritable destination

---

[D]. - What does Knock mean by « style, » « esprit » and « sentiment » in referring to medecine?

de la médecine, que l'enseignement des Facultés dissimule sous le fatras scientifique. Je puis dire qu'à douze ans j'avais déjà un sentiment médical correct. Ma méthode actuelle en est sortie.

LE DOCTEUR. — Vous avez une méthode? Je serais curieux de la connaître.

KNOCK. — Je ne fais pas de propagande. D'ailleurs, il n'y a que les résultats qui comptent. Aujourd'hui, de votre propre aveu, vous me livrez une clientèle nulle.

LE DOCTEUR. — Nulle... pardon! pardon!

KNOCK. — Revenez voir dans un an ce que j'en aurai fait. La preuve sera péremptoire. En m'obligeant à partir de zéro, vous accroissez l'intérêt de l'expérience.

JEAN. — Monsieur, monsieur... *(Le docteur Parpalaid va vers lui.)* Je crois que je ferais bien de démonter aussi le carburateur.

LE DOCTEUR. — Faites, faites. *(Il revient.)* Comme notre conversation se prolonge, j'ai dit à ce garçon d'effectuer son nettoyage mensuel de carburateur.

MADAME PARPALAID. — Mais, quand vous avez été sur votre bateau, comment vous en êtes-vous tiré?

KNOCK. — Les deux dernières nuits avant de m'embarquer, je les ai passées à réfléchir. Mes six mois de pratique à bord m'ont servi à vérifier mes conceptions. C'est un peu la façon dont on procède dans les hôpitaux.

MADAME PARPALAID. — Vous aviez beaucoup de gens à soigner?

KNOCK. — L'équipage et sept passagers, de condition très modeste. Trente-cinq personnes en tout.

MADAME PARPALAID. — C'est un chiffre.

LE DOCTEUR. — Et vous avez eu des morts?

KNOCK. — Aucune. C'était d'ailleurs contraire à mes principes. Je suis partisan de la diminution de la mortalité.

LE DOCTEUR. — Comme nous tous.

KNOCK. — Vous aussi? Tiens! Je n'aurais pas cru. Bref, j'estime que, malgré toutes les tentations contraires, nous devons travailler à la conservation du malade.

MADAME PARPALAID. — Il y a du vrai dans ce que dit le docteur.

LE DOCTEUR. — Et des malades, vous en avez eu beaucoup?

KNOCK. — Trente-cinq.

LE DOCTEUR. — Tout le monde alors?

KNOCK. — Oui, tout le monde.

MADAME PARPALAID. — Mais comment le bateau a-t-il pu marcher?

KNOCK. — Un petit roulement [17] à établir.

(Silence.)

LE DOCTEUR. — Dites donc, maintenant, vous êtes bien réellement docteur?... Parce qu'ici

---

17. - Rotation.

le titre est exigé, et vous nous causeriez de gros ennuis... Si vous n'étiez pas réellement docteur, il vaudrait mieux nous le confier tout de suite...

KNOCK. — Je suis bien réellement et bien doctoralement docteur. Quand j'ai vu mes méthodes confirmées par l'expérience, je n'ai eu qu'une hâte, c'est de les appliquer sur la terre ferme, et en grand. Je n'ignorais pas que le doctorat est une formalité indispensable.

MADAME PARPALAID. — Mais vous nous disiez que vos études étaient toutes récentes?

KNOCK. — Je n'ai pas pu les commencer dès ce moment-là. Pour vivre, j'ai dû m'occuper quelque temps du commerce des arachides[18].

MADAME PARPALAID. — Qu'est-ce que c'est?

KNOCK. — L'arachide s'appelle aussi cacahuète. *(Mme Parpalaid fait un mouvement.)* Oh! madame, je n'ai jamais été marchand au panier. J'avais créé un office central où les revendeurs venaient s'approvisionner. Je serais millionnaire si j'avais continué cela dix ans. Mais c'était très fastidieux. D'ailleurs, presque tous les métiers secrètent l'ennui à la longue, comme je m'en suis rendu compte par moi-même. Il n'y a de vrai, décidément, que la médecine, peut-être aussi la politique, la finance et le sacerdoce que je n'ai pas encore essayés.

MADAME PARPALAID. — Et vous pensez appliquer vos méthodes ici?

KNOCK. — Si je ne le pensais pas, madame, je prendrais mes jambes à mon cou, et vous ne me rattraperiez jamais. Évidemment je préférerais une grande ville.

MADAME PARPALAID, *à son mari*. — Toi qui vas à Lyon, ne pourrais-tu pas demander au docteur quelques renseignements sur sa méthode? Cela n'engage à rien.

LE DOCTEUR. — Mais le docteur Knock ne semble pas tenir à la divulguer.

KNOCK, *au docteur Parpalaid, après un temps de réflexion*. — Pour vous être agréable, je puis vous proposer l'arrangement suivant : au lieu de vous payer, Dieu sait quand, en espèces, je vous paye en nature : c'est-à-dire que je vous prends huit jours avec moi, et vous initie à mes procédés.

LE DOCTEUR, *piqué*. — Vous plaisantez, mon cher confrère. C'est peut-être vous qui m'écrirez dans huit jours pour me demander conseil.

KNOCK. — Je n'attendrai pas jusque-là. Je compte bien obtenir de vous aujourd'hui même plusieurs indications très utiles.

LE DOCTEUR. — Disposez de moi, mon cher confrère.

KNOCK. — Est-ce qu'il y a un tambour de ville, là-haut?

LE DOCTEUR. — Vous voulez dire un homme qui joue du tambour et qui fait des annonces au public?

KNOCK. — Parfaitement.

LE DOCTEUR. — Il y a un tambour de ville. La municipalité le charge de certains avis. Les seuls particuliers qui recourent à lui sont les gens qui ont perdu leur porte-monnaie, ou encore quelque marchand forain qui solde un déballage de faïence et de porcelaine.

KNOCK. — Bon. Saint-Maurice a combien d'habitants?

LE DOCTEUR. — Trois mille cinq cents dans l'agglomération, je crois, et près de six mille dans la commune.

---

18. - Peanuts.

Knock. — Et l'ensemble du canton?

Le docteur. — Le double, au moins.

Knock. — La population est pauvre?

Madame Parpalaid. — Très à l'aise, au contraire, et même riche. Il y a de grosses fermes. Beaucoup de gens vivent de leurs rentes ou du revenu de leurs domaines.

Le docteur. — Terriblement avares, d'ailleurs.

Knock. — Il y a de l'industrie?

Le docteur. — Fort peu.

Knock. — Du commerce?

Madame Parpalaid. — Ce ne sont pas les boutiques qui manquent.

Knock. — Les commerçants sont-ils très absorbés par leurs affaires?

Le docteur. — Ma foi non! Pour la plupart, ce n'est qu'un supplément de revenus, et surtout une façon d'utiliser les loisirs.

Madame Parpalaid. — D'ailleurs, pendant que la femme garde la boutique, le mari se promène.

Le docteur. — Ou réciproquement.

Madame Parpalaid. — Tu avoueras que c'est plutôt le mari. D'abord, les femmes ne sauraient guère où aller. Tandis que pour les hommes il y a la chasse, la pêche, les parties de quilles; en hiver le café.

Knock. — Les femmes sont-elles très pieuses? *(Le docteur Parpalaid se met à rire.)* La question a pour moi son importance [E].

Madame Parpalaid. — Beaucoup vont à la messe.

Knock. — Mais Dieu tient-il une place considérable dans leurs pensées quotidiennes?

Madame Parpalaid. — Quelle idée!

Knock. — Parfait! *(Il réfléchit.)* Il n'y a pas de grands vices?

Le docteur. — Que voulez-vous dire?

Knock. — Opium, cocaïne, messes noires, sodomie, convictions politiques?

Le docteur. — Vous mélangez des choses si différentes! Je n'ai jamais entendu parler d'opium ni de messes noires. Quant à la politique, on s'y intéresse comme partout.

Knock. — Oui, mais en connaissez-vous qui feraient rôtir la plante des pieds de leurs père et mère en faveur du scrutin de liste ou de l'impôt sur le revenu?

Le docteur. — Dieu merci, ils n'en sont pas là!

Knock. — Et l'adultère?

Le docteur. — Quoi donc?

Knock. — A-t-il pris là-haut un développement exceptionnel? Est-il l'objet d'une activité intense?

Le docteur. — Vos questions sont extraordinaires! Il doit y avoir, comme ailleurs, des maris trompés, mais sans excès.

E. - What importance does this question have?

MADAME PARPALAID. — D'abord, c'est très difficile. Les gens vous surveillent tellement...

KNOCK. — Bon. Vous ne voyez rien d'autre à me signaler? Par exemple dans l'ordre des sectes, des superstitions, des sociétés secrètes?

MADAME PARPALAID. — A un moment, plusieurs de ces dames ont fait du spiritisme.

KNOCK. — Ah! ah!

MADAME PARPALAID. — L'on se réunissait chez la notairesse, et l'on faisait parler le guéridon[19].

KNOCK. — Mauvais, mauvais. Détestable.

MADAME PARPALAID. — Mais je crois qu'elles ont cessé.

KNOCK. — Ah? Tant mieux! Et pas de sorcier, non plus, pas de thaumaturge? Quelque vieux berger sentant le bouc qui guérit par l'imposition des mains?
 (De temps en temps, l'on voit Jean tourner la manivelle jusqu'à perdre haleine, puis s'éponger le front.)

LE DOCTEUR. — Autrefois, peut-être, mais plus maintenant.

KNOCK, *il paraît agité, se frotte les paumes, et, tout en marchant.* — En somme l'âge médical peut commencer. *(Il s'approche de la voiture.)* Mon cher confrère, serait-il inhumain de demander à ce véhicule un nouvel effort? J'ai une hâte incroyable d'être à Saint-Maurice.

MADAME PARPALAID. — Cela vous vient bien brusquement!

KNOCK. — Je vous en prie, arrivons là-haut.

LE DOCTEUR. — Qu'est-ce donc, de si puissant, qui vous y attire?

KNOCK, *il fait quelques allées et venues en silence, puis.* — Mon cher confrère, j'ai le sentiment que vous avez gâché là-haut une situation magnifique, et, pour parler votre style, fait laborieusement pousser des chardons[20] là où voulait croître un verger plantureux. C'est couvert d'or que vous en deviez repartir, les fesses calées sur un matelas d'obligations; vous, madame, avec trois rangs de perles au cou, tous deux à l'intérieur d'une étincelante limousine (*il montre la guimbarde*) et non point sur ce monument des premiers efforts du génie moderne.

MADAME PARPALAID. — Vous plaisantez, docteur?

KNOCK. — La plaisanterie serait cruelle, madame.

MADAME PARPALAID. — Mais alors, c'est affreux! Tu entends, Albert?

LE DOCTEUR. — J'entends que le docteur Knock est un chimérique et, de plus un cyclothymique[21]. Il est le jouet d'impressions extrêmes. Tantôt le poste ne valait pas deux sous. Maintenant, c'est un Pactole.
 (Il hausse les épaules.)

MADAME PARPALAID. — Toi aussi, tu es trop sûr de toi. Ne t'ai-je pas souvent dit qu'à Saint-Maurice, en sachant s'y prendre, on pouvait mieux faire que végéter?

LE DOCTEUR. — Bon, bon, bon! Je reviendrai dans trois mois, pour la première échéance. Nous verrons où en est le docteur Knock.

---

19. - Coffee table.
20. - Weeds.
21. - Manic-depressive.

KNOCK. — C'est cela. Revenez dans trois mois. Nous aurons le temps de causer. Mais je vous en supplie, partons tout de suite.

LE DOCTEUR, *à Jean, timidement.* — Vous êtes prêt?

JEAN, *à mi-voix.* — Oh! moi, je serais bien prêt. Mais cette fois-ci, je ne crois pas que nous arriverons tout seuls à la mettre en marche.

LE DOCTEUR, *même jeu.* — Comment cela?

JEAN, *hochant la tête.* — Il faudrait des hommes plus forts.

LE DOCTEUR. — Et si on essayait de la pousser?

JEAN, *sans conviction.* — Peut-être.

LE DOCTEUR. — Mais oui. Il y a vingt mètres en plaine. Je prendrai le volant. Vous pousserez.

JEAN. — Oui.

LE DOCTEUR. — Et ensuite vous tâcherez de sauter sur le marchepied[22] au bon moment, n'est-ce pas? *(Le docteur revient vers les autres.)* Donc, en voiture, mon cher confrère, en voiture. C'est moi qui vais conduire. Jean, qui est un hercule, veut s'amuser à nous mettre en marche sans le secours de la manivelle, par une espèce de démarrage qu'on pourrait appeler automatique... bien que l'énergie électrique y soit remplacée par celle des muscles, qui est un peu de même nature, il est vrai. *(Jean s'arc-boute contre la caisse de la voiture.)*

Rideau

---

22. - Running board.

ACTE II

Dans l'ancien domicile de Parpalaid.
L'installation provisoire de Knock. Table, sièges, armoire-bibliothèque, chaise-longue. Tableau noir, lavabo. Quelques figures anatomiques et histologiques au mur.

SCÈNE I

KNOCK, LE TAMBOUR DE VILLE

KNOCK, *assis, regarde la pièce et écrit*. — C'est vous, le tambour de ville?

LE TAMBOUR, *debout*. — Oui, monsieur.

KNOCK. — Appelez-moi docteur. Répondez-moi « oui, docteur », ou « non, docteur ».

LE TAMBOUR DE VILLE. — Oui, docteur.

KNOCK. — Et quand vous avez l'occasion de parler de moi au-dehors, ne manquez jamais de vous exprimer ainsi : « Le docteur a dit », le « docteur a fait »... J'y attache de l'importance. Quand vous parliez entre vous du docteur Parpalaid, de quels termes vous serviez-vous?

LE TAMBOUR DE VILLE. — Nous disions : « C'est un brave homme, mais il n'est pas bien fort. »

KNOCK. — Ce n'est pas ce que je vous demande. Disiez-vous « le docteur »?

LE TAMBOUR DE VILLE. — Non. « M. Parpalaid », ou « le médecin », ou encore « Ravachol ».

KNOCK. — Pourquoi « Ravachol »?

LE TAMBOUR DE VILLE. — C'est un surnom qu'il avait. Mais je n'ai jamais su pourquoi.

KNOCK. — Et vous ne le jugiez pas très fort?

LE TAMBOUR DE VILLE. — Oh! pour moi, il était bien assez fort. Pour d'autres, il paraît que non.

KNOCK. — Tiens!

LE TAMBOUR DE VILLE. — Quand on allait le voir, il ne trouvait pas.

KNOCK. — Qu'est-ce qu'il ne trouvait pas?

LE TAMBOUR DE VILLE. — Ce que vous aviez. Neuf fois sur dix, il vous renvoyait en vous disant : « Ce n'est rien du tout. Vous serez sur pied demain, mon ami. »

KNOCK. — Vraiment!

LE TAMBOUR DE VILLE. — Ou bien, il vous écoutait à peine, en faisant « oui, oui », « oui, oui ». Et il se dépêchait de parler d'autre chose, pendant une heure, par exemple de son automobile.

KNOCK. — Comme si l'on venait pour ça!

LE TAMBOUR DE VILLE. — Et puis il vous indiquait des remèdes de quatre sous; quelquefois une simple tisane. Vous pensez bien que les gens qui payent huit francs pour une consultation n'aiment pas trop qu'on leur indique un remède de quatre sous. Et le plus bête n'a pas besoin du médecin pour boire une camomille [23].

KNOCK. — Ce que vous m'apprenez me fait réellement de la peine. Mais je vous ai appelé pour un renseignement. Quel prix demandiez-vous au docteur Parpalaid quand il vous chargeait d'une annonce?

LE TAMBOUR, *avec amertume*. — Il ne me chargeait jamais d'une annonce.

KNOCK. — Oh! Qu'est-ce que vous me dites? Depuis trente ans qu'il était là?

LE TAMBOUR DE VILLE. — Pas une seule annonce en trente ans, je vous jure.

KNOCK, *se relevant, un papier à la main*. — Vous devez avoir oublié. Je ne puis pas vous croire. Bref, quels sont vos tarifs?

LE TAMBOUR DE VILLE. — Trois francs le petit tour et cinq francs le grand tour. Ça vous paraît peut-être cher. Mais il y a du travail. D'ailleurs, je conseille à monsieur...

KNOCK. — « Au docteur ».

LE TAMBOUR DE VILLE. — Je conseille au docteur, s'il n'en est pas à deux francs près, de prendre le grand tour, qui est beaucoup plus avantageux.

KNOCK. — Quelle différence y a-t-il?

LE TAMBOUR DE VILLE. — Avec le petit tour, je m'arrête cinq fois : devant la Mairie, devant la Poste, devant l'Hôtel de la Clef, au Carrefour des Voleurs, et au coin de la Halle. Avec le grand tour, je m'arrête onze fois, c'est à savoir...

KNOCK. — Bien, je prends le grand tour. Vous êtes disponible, ce matin?

LE TAMBOUR DE VILLE. — Tout de suite si vous voulez...

KNOCK. — Voici donc le texte de l'annonce.

(Il lui remet le papier.)

LE TAMBOUR *regarde le texte*. — Je suis habitué aux écritures. Mais je préfère que vous me le lisiez une première fois.

KNOCK, *lentement. Le tambour écoute d'une oreille professionnelle*. — « Le docteur Knock, successeur du docteur Parpalaid, présente ses compliments à la population de la ville et du canton de Saint-Maurice, et a l'honneur de lui faire connaître que, dans un esprit philanthropique, et pour enrayer [24] le progrès inquiétant des maladies de toutes sortes qui envahissent depuis quelques années nos régions si salubres autrefois... »

LE TAMBOUR DE VILLE. — Ça, c'est rudement vrai!

KNOCK. — « ... il donnera tous les lundis matin, de neuf heures trente à onze heures trente, une consultation entièrement gratuite, réservée aux habitants du canton. Pour les personnes étrangères au canton, la consultation restera au prix ordinaire de huit francs. »

LE TAMBOUR, *recevant le papier avec respect*. — Eh bien! C'est une belle idée! Une idée qui sera appréciée! Une idée de bienfaiteur! *(Changeant de ton.)* Mais vous savez que nous sommes lundi. Si je fais l'annonce ce matin, il va vous en arriver dans cinq minutes.

KNOCK. — Si vite que cela, vous croyez?

---

23. - Camomile tea.
24. - To stop, to check.

LE TAMBOUR DE VILLE. — Et puis, vous n'aviez peut-être pas pensé que le lundi est jour de marché? La moitié du canton est là. Mon annonce va tomber dans tout ce monde. Vous ne saurez plus où donner de la tête.

KNOCK. — Je tâcherai de me débrouiller.

LE TAMBOUR DE VILLE. — Il y a encore ceci : que c'est le jour du marché que vous aviez le plus de chances d'avoir des clients. M. Parpalaid n'en voyait guère que ce jour-là. *(Familièrement.)* Si vous les recevez gratis...

KNOCK. — Vous comprenez, mon ami, ce que je veux, avant tout, c'est que les gens se soignent. Si je voulais gagner de l'argent, c'est à Paris que je m'installerais, ou à New York.

LE TAMBOUR DE VILLE. — Ah! vous avez mis le doigt dessus. On ne se soigne pas assez. On ne veut pas s'écouter, et on se mène trop durement. Quand le mal vous tient, on se force. Autant vaudrait-il être des animaux.

KNOCK. — Je remarque que vous raisonnez avec une grande justesse, mon ami.

LE TAMBOUR, *se gonflant*. — Oh! sûr que je raisonne, moi. Je n'ai pas l'instruction que je devrais. Mais il y en a de plus instruits qui ne m'en remontreraient pas. M. le maire, pour ne pas le nommer, en sait quelque chose. Si je vous racontais qu'un jour, monsieur...

KNOCK. — « Docteur ».

LE TAMBOUR, *avec ivresse*. — Docteur!... qu'un jour, M. le préfet, en personne, se trouvait à la mairie dans la grande salle des mariages, et même que vous pourriez demander attestation du fait à des notabilités présentes, à M. le premier adjoint, pour ne pas le nommer, ou à M. Michalon, et qu'alors...

KNOCK. — Et qu'alors M. le préfet a vu tout de suite à qui il avait affaire, et que le tambour de ville était un tambour qui raisonnait mieux que d'autres qui n'étaient pas tambours mais qui se prenaient pour quelque chose de bien plus fort qu'un tambour. Et qui est-ce qui n'a plus su quoi dire? C'est M. le maire.

LE TAMBOUR, *extasié*. — C'est l'exacte vérité! Il n'y a pas un mot à changer! On jurerait que vous étiez là, caché dans un petit coin.

KNOCK. — Je n'y étais pas, mon ami.

LE TAMBOUR DE VILLE. — Alors, c'est quelqu'un qui vous l'a raconté, et quelqu'un de bien placé? *(Knock fait un geste de réserve diplomatique.)* Vous ne m'ôterez pas de la tête que vous en avez causé récemment avec M. le préfet.

(Knock se contente de sourire.)

KNOCK, *se levant*. — Donc, je compte sur vous, mon ami. Et rondement, n'est-ce pas?

LE TAMBOUR, *après plusieurs hésitations*. — Je ne pourrai pas venir tout à l'heure, ou j'arriverai trop tard. Est-ce que ça serait un effet de votre bonté de me donner ma consultation maintenant?

KNOCK. — Heu... Oui. Mais dépêchons-nous. J'ai rendez-vous avec M. Bernard, l'instituteur, et avec M. le pharmacien Mousquet. Il faut que je les reçoive avant que les gens n'arrivent. De quoi souffrez-vous?

LE TAMBOUR DE VILLE. — Attendez que je réfléchisse! *(Il rit.)* Voilà, quand j'ai dîné, il y a des fois que je sens une espèce de démangeaison [25] ici. *(Il montre le haut de son épigastre.)* Ça me chatouille, ou plutôt, ça me grattouille [26].

25. - Itch. 26. - Scratch.

KNOCK, *d'un air de profonde concentration.* — Attention. Ne confondons pas. Est-ce que ça vous chatouille, ou est-ce que ça vous grattouille?

LE TAMBOUR DE VILLE. — Ça me grattouille. *(Il médite.)* Mais ça me chatouille bien un peu aussi.

KNOCK. — Désignez-moi exactement l'endroit.

LE TAMBOUR DE VILLE. — Par ici.

KNOCK. — Par ici... où cela, par ici?

LE TAMBOUR DE VILLE. — Là. Ou peut-être là... Entre les deux.

KNOCK. — Juste entre les deux?... Est-ce que ça ne serait pas plutôt un rien à gauche, là, où je mets mon doigt?

LE TAMBOUR DE VILLE. — Il me semble bien.

KNOCK. — Ça vous fait mal quand j'enfonce mon doigt?

LE TAMBOUR DE VILLE. — Oui, on dirait que ça me fait mal.

KNOCK. — Ah! ah! *(Il médite d'un air sombre.)* Est-ce que ça ne vous grattouille pas davantage quand vous avez mangé de la tête de veau à la vinaigrette?

LE TAMBOUR DE VILLE. — Je n'en mange jamais. Mais il me semble que si j'en mangeais, effectivement, ça me grattouillerait plus.

KNOCK. — Ah! ah! très important. Ah! ah! quel âge avez-vous?

LE TAMBOUR DE VILLE. — Cinquante et un, dans mes cinquante-deux.

KNOCK. — Plus près de cinquante-deux ou de cinquante et un?

LE TAMBOUR, *il se trouble peu à peu.* — Plus près de cinquante-deux. Je les aurai fin novembre.

KNOCK, *lui mettant la main sur l'épaule.* — Mon ami, faites votre travail aujourd'hui comme d'habitude. Ce soir, couchez-vous de bonne heure. Demain matin, gardez le lit. Je passerai vous voir. Pour vous, mes visites seront gratuites. Mais ne le dites pas. C'est une faveur.

LE TAMBOUR, *avec anxiété.* — Vous êtes trop bon, docteur. Mais c'est donc grave, ce que j'ai?

KNOCK. — Ce n'est peut-être pas encore très grave. Il était temps de vous soigner. Vous fumez?

LE TAMBOUR, *tirant son mouchoir.* — Non, je chique [27].

KNOCK. — Défense absolue de chiquer. Vous aimez le vin?

LE TAMBOUR DE VILLE. — J'en bois raisonnablement.

KNOCK. — Plus une goutte de vin. Vous êtes marié?

LE TAMBOUR DE VILLE. — Oui, docteur.

(Le Tambour s'essuie le front.)

KNOCK. — Sagesse totale de ce côté-là, hein?

LE TAMBOUR DE VILLE. — Je puis manger?

KNOCK. — Aujourd'hui, comme vous travaillez, prenez un peu de potage. Demain, nous en viendrons à des restrictions plus sérieuses. Pour l'instant, tenez-vous-en à ce que je vous ai dit.

---

27. - Chew tobacco.

LE TAMBOUR *s'essuie à nouveau.* — Vous ne croyez pas qu'il vaudrait mieux que je me couche tout de suite? Je ne me sens réellement pas à mon aise.

KNOCK, *ouvrant la porte.* — Gardez-vous-en bien! Dans votre cas, il est mauvais d'aller se mettre au lit entre le lever et le coucher du soleil. Faites vos annonces comme si de rien n'était, et attendez tranquillement jusqu'à ce soir[F].

(Le Tambour sort. Knock le reconduit.)

SCÈNE II

KNOCK, L'INSTITUTEUR BERNARD

KNOCK. — Bonjour, monsieur Bernard. Je ne vous ai pas trop dérangé en vous priant de venir à cette heure-ci?

BERNARD. — Non, non, docteur. J'ai une minute. Mon adjoint surveille la récréation.

KNOCK. — J'étais impatient de m'entretenir avec vous. Nous avons tant de choses à faire ensemble, et de si urgentes. Ce n'est pas moi qui laisserai s'interrompre la collaboration si précieuse que vous accordiez à mon prédécesseur.

BERNARD. — La collaboration?

KNOCK. — Remarquez que je ne suis pas homme à imposer mes idées, ni à faire table rase de ce qu'on a édifié avant moi. Au début, c'est vous qui serez mon guide.

BERNARD. — Je ne vois pas bien...

KNOCK. — Ne touchons à rien pour le moment. Nous améliorerons par la suite s'il y a lieu.

(Knock s'assoit.)

BERNARD. — Mais...

KNOCK. — Qu'il s'agisse de la propagande, ou des causeries populaires, ou de nos petites réunions à nous, vos procédés seront les miens, vos heures seront les miennes.

BERNARD. — C'est que, docteur, je crains de ne pas bien saisir à quoi vous faites allusion.

KNOCK. — Je veux dire tout simplement que je désire maintenir intacte la liaison avec vous, même pendant ma période d'installation.

BERNARD. — Il doit y avoir quelque chose qui m'échappe...

KNOCK. — Voyons! Vous étiez bien en relations constantes avec le docteur Parpalaid?

BERNARD. — Je le rencontrais de temps en temps à l'estaminet de l'Hôtel de la Clef. Il nous arrivait de faire un billard.

KNOCK. — Ce n'est pas de ces relations-là que je veux parler.

BERNARD. — Nous n'en avions pas d'autres.

KNOCK. — Mais... mais... comment vous étiez-vous réparti l'enseignement populaire de l'hygiène, l'œuvre de propagande dans les familles... que sais-je, moi! Les mille besognes que le médecin et l'instituteur ne peuvent faire que d'accord?

F. - At what point in this scene does Knock begin to illustrate his method?

BERNARD. — Nous ne nous étions rien réparti du tout.

KNOCK. — Quoi ! Vous aviez préféré agir chacun isolément ?

BERNARD. — C'est bien plus simple. Nous n'y avons jamais pensé ni l'un ni l'autre. C'est la première fois qu'il est question d'une chose pareille à Saint-Maurice [28].

KNOCK, *avec tous les signes d'une surprise navrée.* — Ah !... Si je ne l'entendais pas de votre bouche, je vous assure que je n'en croirais rien.

(Un silence.)

BERNARD. — Je suis désolé de vous causer cette déception, mais ce n'est pas moi qui pouvais prendre une initiative de ce genre-là, vous l'admettrez, même si j'en avais eu l'idée, et même si le travail de l'école me laissait plus de loisir.

KNOCK. — Évidemment ! Vous attendiez un appel qui n'est pas venu.

BERNARD. — Chaque fois qu'on m'a demandé un service, j'ai tâché de le rendre.

KNOCK. — Je le sais, monsieur Bernard, je le sais. *(Silence.)* Voilà donc une malheureuse population qui est entièrement abandonnée à elle-même au point de vue hygiénique et prophylactique !

BERNARD. — Dame !

KNOCK. — Je parie qu'ils boivent de l'eau sans penser aux milliards de bactéries qu'ils avalent à chaque gorgée.

BERNARD. — Oh ! certainement.

KNOCK. — Savent-ils même ce que c'est qu'un microbe ?

BERNARD. — J'en doute fort ! Quelques-uns connaissent le mot, mais ils doivent se figurer qu'il s'agit d'une espèce de mouche.

KNOCK, *il se lève.* — C'est effrayant. Écoutez, cher monsieur Bernard, nous ne pouvons pas, à nous deux, réparer en huit jours des années de... disons d'insouciance. Mais il faut faire quelque chose.

BERNARD. — Je ne m'y refuse pas. Je crains seulement de ne pas vous être d'un grand secours.

KNOCK. — Monsieur Bernard, quelqu'un qui est bien renseigné sur vous, m'a révélé que vous aviez un grave défaut : la modestie. Vous êtes le seul à ignorer que vous possédez ici une autorité morale et une influence personnelle peu communes. Je vous demande pardon d'avoir à vous le dire. Rien de sérieux ici ne se fera sans vous [29].

BERNARD. — Vous exagérez, docteur.

KNOCK. — C'est entendu ! Je puis soigner sans vous mes malades. Mais la maladie, qui est-ce qui m'aidera à la combattre, à la débusquer [30] ? Qui est-ce qui instruira ces pauvres gens sur les périls de chaque seconde qui assiègent leur organisme ? Qui leur apprendra qu'on ne doit pas attendre d'être mort pour appeler le médecin ?

BERNARD. — Ils sont très négligents. Je n'en disconviens pas.

KNOCK, *s'animant de plus en plus.* — Commençons par le commencement. J'ai ici la matière de plusieurs causeries de vulgarisation, des notes très complètes, de bons clichés, et une

---

28. - Observe how Knock carefully prepares a unanimist atmosphere in each scene.

29. - Observe how Knock appeals to each one if his « collaborators, » the Tambour, Bernard, etc., his facility in appealing to their vanity.

30. - Expose.

KNOCK

lanterne. Vous arrangerez tout cela comme vous savez le faire. Tenez, pour débuter, une petite conférence, toute écrite, ma foi, et très agréable, sur la fièvre typhoïde, les formes insoupçonnées qu'elle prend, ses véhicules innombrables : eau, pain, lait, coquillages, légumes, salades, poussières, haleine, etc., les semaines et les mois durant lesquels elle couve sans se trahir, les accidents mortels qu'elle déchaîne soudain, les complications redoutables qu'elle charrie à sa suite; le tout agrémenté de jolies vues : bacilles formidablement grossis, détails d'excréments typhiques, ganglions infectés, perforations d'intestin, et pas en noir, en couleurs, des roses, des marrons, des jaunes et des blancs verdâtres que vous imaginez. *(Il se rassied.)*

BERNARD, *le cœur chaviré.* — C'est que... je suis très impressionnable[31]... Si je me plonge là-dedans, je n'en dormirai plus.

KNOCK. — Voilà justement ce qu'il faut. Je veux dire : voilà l'effet de saisissement que nous devons porter jusqu'aux entrailles de l'auditoire. Vous, monsieur Bernard, vous vous y habituerez. Qu'ils n'en dorment plus ! *(Penché sur lui.)* Car leur tort, c'est de dormir, dans une sécurité trompeuse dont les réveille trop tard le coup de foudre de la maladie.

BERNARD, *tout frissonnant, la main sur le bureau, regard détourné.* — Je n'ai pas déjà une santé si solide. Mes parents ont eu beaucoup de peine à m'élever. Je sais bien que, sur vos clichés, tous ces microbes ne sont qu'en reproduction. Mais, enfin...

KNOCK, *comme s'il n'avait rien entendu.* — Pour ceux que notre première conférence aurait laissés froids, j'en tiens une autre, dont le titre n'a l'air de rien : « Les porteurs de germes. » Il y est démontré, clair comme le jour, à l'aide de cas observés, qu'on peut se promener avec une figure ronde, une langue rose, un excellent appétit, et receler dans tous les replis de son corps des trillions de bacilles de la dernière virulence capables d'infecter un département. *(Il se lève.)* Fort de la théorie et de l'expérience, j'ai le droit de soupçonner le premier venu d'être un porteur de germes. Vous, par exemple, absolument rien ne me prouve que vous n'en êtes pas un.

BERNARD *se lève.* — Moi ! docteur...

KNOCK. — Je serais curieux de connaître quelqu'un qui, au sortir de cette deuxième petite causerie, se sentirait d'humeur à batifoler[32].

BERNARD. — Vous pensez que moi, docteur, je suis un porteur de germes ?

KNOCK. — Pas vous spécialement. J'ai pris un exemple. Mais j'entends la voix de M. Mousquet. A bientôt, cher monsieur Bernard, et merci de votre adhésion[33], dont je ne doutais pas.

SCÈNE III

KNOCK, LE PHARMACIEN MOUSQUET

KNOCK. — Asseyez-vous, cher monsieur Mousquet. Hier, j'ai eu à peine le temps de jeter un coup d'œil sur l'intérieur de votre pharmacie. Mais il n'en faut pas davantage pour constater l'excellence de votre installation, l'ordre méticuleux qui y règne et le modernisme du moindre détail.

---

31. - Notice how Bernard's attitude has changed since the beginning of his conversation with Knock.
32. - To play.
33. - Support.

MOUSQUET, *tenue très simple, presque négligée.* — Docteur, vous êtes trop indulgent !

KNOCK. — C'est une chose qui me tient au cœur. Pour moi, le médecin qui ne peut pas s'appuyer sur un pharmacien de premier ordre est un général qui va à la bataille sans artillerie.

MOUSQUET. — Je suis heureux de voir que vous appréciez l'importance de la profession.

KNOCK. — Et moi de dire qu'une organisation comme la vôtre trouve certainement sa récompense, et que vous vous faites bien dans l'année un minimum de vingt-cinq mille.

MOUSQUET. — De bénéfices? Ah! mon Dieu! Si je m'en faisais seulement la moitié !

KNOCK. — Cher monsieur Mousquet, vous avez en face de vous non point un agent du fisc, mais un ami, et j'ose dire un collègue.

MOUSQUET. — Docteur, je ne vous fais pas l'injure de me méfier de vous. Je vous ai malheureusement dit la vérité. *(Une pause.)* J'ai toutes les peines du monde à dépasser les dix mille.

KNOCK. — Savez-vous bien que c'est scandaleux! *(Mousquet hausse tristement les épaules.)* Dans ma pensée, le chiffre de vingt-cinq mille était un minimum... Vous n'avez pourtant pas de concurrent ?

MOUSQUET. — Aucun, à près de cinq lieues à la ronde.

KNOCK. — Alors quoi? des ennemis?

MOUSQUET. — Je ne m'en connais pas.

KNOCK, *baissant la voix.* — Jadis, vous n'auriez pas eu d'histoire fâcheuse... une distraction... cinquante grammes de laudanum en place d'huile de ricin[34]?... C'est si vite fait.

MOUSQUET. — Pas le plus minime incident, je vous prie de le croire, en vingt années d'exercice.

KNOCK. — Alors... alors... je répugne à former d'autres hypothèses... Mon prédécesseur... aurait-il été au-dessous de sa tâche ?

MOUSQUET. — C'est une affaire de point de vue.

KNOCK. — Encore une fois, cher monsieur Mousquet, nous sommes strictement entre nous.

MOUSQUET. — Le docteur Parpalaid est un excellent homme. Nous avions les meilleures relations privées.

KNOCK. — Mais on ne ferait pas un gros volume avec le recueil de ses ordonnances?

MOUSQUET. — Vous l'avez dit.

KNOCK. — Quand je rapproche tout ce que je sais de lui maintenant, j'en arrive à me demander s'il croyait en la médecine.

MOUSQUET. — Dans les débuts, je faisais loyalement mon possible. Dès que les gens se plaignaient à moi et que cela me paraissait un peu grave, je les lui envoyais. Bonsoir! Je ne les voyais plus revenir.

KNOCK. — Ce que vous me dites m'affecte plus que je ne voudrais. Nous avons, cher monsieur Mousquet, deux des plus beaux métiers qu'on connaisse. N'est-ce pas une honte que de les faire peu à peu déchoir du haut degré de prospérité et de puissance où nos devanciers les avaient mis? Le mot de sabotage me vient aux lèvres.

MOUSQUET. — Oui, certes. Toute question d'argent à part, il y a conscience à se laisser

---

34. - Castor oil.

KNOCK

glisser ainsi au-dessous du ferblantier et de l'épicier. Je vous assure, docteur, que ma femme serait bien empêchée de se payer les chapeaux et les bas de soie que la femme du ferblantier[35] arbore semaine et dimanche.

KNOCK. — Taisez-vous, cher ami, vous me faites mal. C'est comme si j'entendais dire que la femme d'un président de chambre en est réduite à laver le linge de sa boulangère pour avoir du pain.

MOUSQUET. — Si madame Mousquet était là, vos paroles lui iraient à l'âme.

KNOCK. — Dans un canton comme celui-ci nous devrions, vous et moi, ne pas pouvoir suffire à la besogne.

MOUSQUET. — C'est juste.

KNOCK. — Je pose en principe que tous les habitants du canton sont ipso facto nos clients désignés.

MOUSQUET. — Tous, c'est beaucoup demander.

KNOCK. — Je dis tous.

MOUSQUET. — Il est vrai qu'à un moment ou l'autre de sa vie, chacun peut devenir notre client par occasion.

KNOCK. — Par occasion? Point du tout. Client régulier, client fidèle.

MOUSQUET. — Encore faut-il qu'il tombe malade !

KNOCK. — « Tomber malade », vieille notion qui ne tient plus devant les données de la science actuelle. La santé n'est qu'un mot, qu'il n'y aurait aucun inconvénient à rayer de notre vocabulaire. Pour ma part, je ne connais que des gens plus ou moins atteints de maladies plus ou moins nombreuses à évolution plus ou moins rapide. Naturellement si vous allez leur dire qu'ils se portent bien, ils ne demandent qu'à vous croire. Mais vous les trompez. Votre seule excuse, c'est que vous ayez déjà trop de malades à soigner pour en prendre de nouveaux.

MOUSQUET. — En tout cas, c'est une très belle théorie.

KNOCK. — Théorie profondément moderne, monsieur Mousquet, réfléchissez-y, et toute proche parente de l'admirable idée de la nation armée, qui fait la force de nos États[G].

MOUSQUET. — Vous êtes un penseur, vous, docteur Knock, et les matérialistes auront beau soutenir le contraire, la pensée mène le monde.

KNOCK, *il se lève*. — Écoutez-moi. *(Tous deux sont debout. Knock saisit les mains de Mousquet.)* Je suis peut-être présomptueux. D'amères désillusions me sont peut-être réservées. Mais si, dans un an, jour pour jour, vous n'avez pas gagné les vingt-cinq mille francs nets qui vous sont dus, si madame Mousquet n'a pas les robes, les chapeaux et les bas que sa condition exige, je vous autorise à venir me faire une scène ici, et je tendrai les deux joues pour que vous m'y déposiez chacun un soufflet.

MOUSQUET. — Cher docteur, je serais un ingrat, si je ne vous remerciais pas avec effusion, et un misérable si je ne vous aidais pas de tout mon pouvoir.

KNOCK. — Bien, bien. Comptez sur moi comme je compte sur vous.

---

35. - Tinman.

G. - Explain Knock's theory of medicine in relation to this analogy of a nation in arms.

SCÈNE IV

Knock, la dame en noir

Elle a quarante-cinq ans et respire l'avarice paysanne et la constipation.

Knock. — Ah! voici les consultants. *(A la cantonade.)* Une douzaine, déjà? Prévenez les nouveaux arrivants qu'après onze heures et demie je ne puis plus recevoir personne, au moins en consultation gratuite. C'est vous qui êtes la première, madame? *(Il fait entrer la dame en noir et referme la porte.)* Vous êtes bien du canton?

La dame en noir. — Je suis de la commune.

Knock. — De Saint-Maurice même?

La dame. — J'habite la grande ferme qui est sur la route de Luchère.

Knock. — Elle vous appartient[36]?

La dame. — Oui, à mon mari et à moi.

Knock. — Si vous l'exploitez vous-même, vous devez avoir beaucoup de travail?

La dame. — Pensez, monsieur! dix-huit vaches, deux bœufs, deux taureaux, la jument et le poulain, six chèvres, une bonne douzaine de cochons, sans compter la basse-cour.

Knock. — Diable! Vous n'avez pas de domestiques?

La dame. — Dame, si. Trois valets, une servante, et les journaliers dans la belle saison.

Knock. — Je vous plains. Il ne doit guère vous rester de temps pour vous soigner?

La dame. — Oh! non.

Knock. — Et pourtant vous souffrez.

La dame. — Ce n'est pas le mot. J'ai plutôt de la fatigue.

Knock. — Oui, vous appelez ça de la fatigue. *(Il s'approche d'elle.)* Tirez la langue. Vous ne devez pas avoir beaucoup d'appétit.

La dame. — Non.

Knock. — Vous êtes constipée?

La dame. — Oui, assez.

Knock, *il l'ausculte.* — Baissez la tête. Respirez. Toussez. Vous n'êtes jamais tombée d'une échelle, étant petite?

La dame. — Je ne me souviens pas.

Knock, *il lui palpe et lui percute le dos, lui presse brusquement les reins.* — Vous n'avez jamais mal ici le soir en vous couchant? Une espèce de courbature[37]?

La dame. — Oui, des fois.

Knock, *il continue de l'ausculter.* — Essayez de vous rappeler. Ça devait être une grande échelle.

---

36. - Knock's questions are hardly subtle. Notice how many statistics on Saint-Maurice he has already acquired.

37. - Lameness.

LA DAME. — Ça se peut bien.

KNOCK, *très affirmatif.* — C'était une échelle d'environ trois mètres cinquante, posée contre un mur[38]. Vous êtes tombée à la renverse. C'est la fesse gauche, heureusement, qui a porté.

LA DAME. — Ah oui !

KNOCK. — Vous aviez déjà consulté le docteur Parpalaid ?

LA DAME. — Non, jamais.

KNOCK. — Pourquoi ?

LA DAME. — Il ne donnait pas de consultations gratuites.

(Un silence.)

KNOCK *la fait asseoir.* — Vous vous rendez compte de votre état ?

LA DAME. — Non.

KNOCK, *il s'assied en face d'elle.* — Tant mieux. Vous avez envie de guérir, ou vous n'avez pas envie ?

LA DAME. — J'ai envie.

KNOCK. — J'aime mieux vous prévenir tout de suite que ce sera très long et très coûteux.

LA DAME. — Ah ! mon Dieu ! Et pourquoi ça ?

KNOCK. — Parce qu'on ne guérit pas en cinq minutes un mal qu'on traîne depuis quarante ans.

LA DAME. — Depuis quarante ans ?

KNOCK. — Oui, depuis que vous êtes tombée de votre échelle.

LA DAME. — Et combien que ça me coûterait ?

KNOCK. — Qu'est-ce que valent les veaux, actuellement ?

LA DAME. — Ça dépend des marchés et de la grosseur. Mais on ne peut guère en avoir de propres à moins de quatre ou cinq cents francs.

KNOCK. — Et les cochons gras ?

LA DAME. — Il y en a qui font plus de mille.

KNOCK. — Eh bien ! ça vous coûtera à peu près deux cochons et deux veaux.

LA DAME. — Ah ! là ! là ! Près de trois mille francs ? C'est une désolation, Jésus Marie !

KNOCK. — Si vous aimez mieux faire un pèlerinage, je ne vous en empêche pas.

LA DAME. — Oh ! un pèlerinage, ça revient cher aussi et ça ne réussit pas souvent. *(Un silence.)* Mais qu'est-ce que je peux donc avoir de si terrible que ça ?

KNOCK, *avec une grande courtoisie.* — Je vais vous l'expliquer en une minute au tableau noir. *(Il va au tableau et commence un croquis.)* Voici votre moelle épinière[39], en coupe, très schématiquement, n'est-ce pas ? Vous reconnaissez ici votre faisceau de Türck et ici votre colonne de Clarke. Vous me suivez ? Eh bien ! quand vous êtes tombée de l'échelle, votre Türck et votre Clarke ont glissé en sens inverse *(il trace des flèches de direction)* de quelques dixièmes de millimètres. Vous me direz que c'est très peu. Évidemment. Mais c'est très mal placé. Et puis vous avez ici un tiraillement continu qui s'exerce sur les multipolaires.

(Il s'essuie les doigts.)

---

38. - Romains' satire of psychoanalysis.   39. - Spinal column.

LA DAME. — Mon Dieu! Mon Dieu!

KNOCK. — Remarquez que vous ne mourrez pas du jour au lendemain. Vous pouvez attendre.

LA DAME. — Oh! là! là! J'ai bien eu du malheur de tomber de cette échelle!

KNOCK. — Je me demande même s'il ne vaut pas mieux laisser les choses comme elles sont. L'argent est si dur à gagner. Tandis que les années de vieillesse, on en a toujours bien assez. Pour le plaisir qu'elles donnent!

LA DAME. — Et en faisant ça plus... grossièrement, vous ne pourriez pas me guérir à moins cher?... à condition que ce soit bien fait tout de même.

KNOCK. — Ce que je puis vous proposer, c'est de vous mettre en observation. Ça ne vous coûtera presque rien. Au bout de quelques jours vous vous rendrez compte par vous-même de la tournure que prendra le mal, et vous vous déciderez.

LA DAME. — Oui, c'est ça.

KNOCK. — Bien. Vous allez rentrer chez vous. Vous êtes venue en voiture?

LA DAME. — Non, à pied.

KNOCK, *tandis qu'il rédige l'ordonnance, assis à sa table.* — Il faudra tâcher de trouver une voiture. Vous vous coucherez en arrivant. Une chambre où vous serez seule, autant que possible. Faites fermer les volets et les rideaux pour que la lumière ne vous gêne pas. Défendez qu'on vous parle. Aucune alimentation solide pendant une semaine. Un verre d'eau de Vichy toutes les deux heures, et, à la rigueur, une moitié de biscuit, matin et soir, trempée dans un doigt de lait. Mais j'aimerais autant que vous vous passiez de biscuit. Vous ne direz pas que je vous ordonne des remèdes coûteux! A la fin de la semaine, nous verrons comment vous vous sentez. Si vous êtes gaillarde, si vos forces et votre gaieté sont revenues, c'est que le mal est moins sérieux qu'on ne pouvait croire, et je serai le premier à vous rassurer. Si, au contraire, vous éprouvez une faiblesse générale, des lourdeurs de tête, et une certaine paresse à vous lever, l'hésitation ne sera plus permise, et nous commencerons le traitement. C'est convenu?

LA DAME, *soupirant*. — Comme vous voudrez[40].

KNOCK, *désignant l'ordonnance*. — Je rappelle mes prescriptions sur ce bout de papier. Et j'irai vous voir bientôt. *(Il lui remet l'ordonnance et la reconduit. A la cantonade.)* Mariette, aidez madame à descendre l'escalier et à trouver une voiture.

(*On aperçoit quelques visages de consultants que la sortie de la dame en noir frappe de crainte et de respect.*)

SCÈNE V

KNOCK, LA DAME EN VIOLET

Elle a soixante ans; toutes les pièces de son costume sont de la même nuance de violet; elle s'appuie assez royalement sur une sorte d'alpenstock.

LA DAME EN VIOLET, *avec emphase*. — Vous devez bien être étonné, docteur, de me voir ici.

KNOCK. — Un peu étonné, madame.

---

40. - The woman's miserliness has made her oblivious to Knock's subterfuge.

LA DAME. – Qu'une dame Pons, née demoiselle Lempoumas, vienne à une consultation gratuite, c'est en effet assez extraordinaire.

KNOCK. – C'est surtout flatteur pour moi.

LA DAME. – Vous vous dites peut-être que c'est là un des jolis résultats du gâchis actuel et que, tandis qu'une quantité de malotrus[41] et de marchands de cochons roulent carrosse et sablent le champagne avec des actrices, une demoiselle Lempoumas, dont la famille remonte sans interruption jusqu'au XIIIe siècle et a possédé jadis la moitié du pays, et qui a des alliances avec toute la noblesse et la haute bourgeoisie du département, en est réduite à faire la queue, avec les pauvres et pauvresses de Saint-Maurice? Avouez, docteur, qu'on a vu mieux.

KNOCK *la fait asseoir.* – Hélas! oui, madame.

LA DAME. – Je ne vous dirai pas que mes revenus soient restés ce qu'ils étaient autrefois, ni que j'aie conservé la maisonnée de six domestiques et l'écurie de quatre chevaux qui étaient de règle dans la famille jusqu'à la mort de mon oncle. J'ai même dû vendre, l'an dernier, un domaine de cent soixante hectares, la Michouille, qui me venait de ma grand-mère maternelle. Ce nom de la Michouille a des origines gréco-latines, à ce que prétend M. le curé. Il dériverait de *mycodium* et voudrait dire : haine du champignon, pour cette raison qu'on n'aurait jamais trouvé un seul champignon dans ce domaine, comme si le sol en avait horreur. Il est vrai qu'avec les impôts et les réparations, il ne me rapportait plus qu'une somme ridicule, d'autant que, depuis la mort de mon mari, les fermiers abusaient volontiers de la situation et sollicitaient à tout bout de champ des réductions ou des délais. J'en avais assez, assez, assez! Ne croyez-vous pas, docteur, que, tout compte fait, j'ai eu raison de me débarrasser de ce domaine [H]?

KNOCK, *qui n'a cessé d'être parfaitement attentif.* – Je le crois, madame, surtout si vous aimez les champignons, et, si, d'autre part, vous avez bien placé votre argent.

LA DAME. – Aïe! Vous avez touché le vif de la plaie! Je me demande jour et nuit si je l'ai bien placé, et j'en doute, j'en doute terriblement. J'ai suivi les conseils de ce gros bêta de notaire, au demeurant le meilleur des hommes. Mais je le crois moins lucide que le guéridon de sa chère femme, qui, comme vous le savez, servit quelque temps de truchement aux esprits. En particulier, j'ai acheté un tas d'actions de charbonnages. Docteur, que pensez-vous des charbonnages?

KNOCK. – Ce sont, en général, d'excellentes valeurs, un peu spéculatives peut-être, sujettes à des hausses inconsidérées suivies de baisses inexplicables.

LA DAME. – Ah! mon Dieu! Vous me donnez la chair de poule[42]. J'ai l'impression de les avoir achetées en pleine hausse. Et j'en ai pour plus de cinquante mille francs. D'ailleurs, c'est une folie de mettre une somme pareille dans les charbonnages, quand on n'a pas une grosse fortune.

KNOCK. – Il me semble, en effet, qu'un tel placement ne devrait jamais représenter plus du dixième de l'avoir total.

LA DAME. – Ah? Pas plus du dixième? Mais s'il ne représente pas plus du dixième, ce n'est pas une folie proprement dite?

41. - Coarse, vulgar person.
42. - Goose pimples.
H. - What are the various traits of character which Romains is mocking in this portrait of the aristocracy?

KNOCK. — Nullement.

LA DAME. — Vous me rassurez, docteur. J'en avais besoin. Vous ne sauriez croire quels tourments me donne la gestion de mes quatre sous. Je me dis parfois qu'il me faudrait d'autres soucis pour chasser celui-là. Docteur, la nature humaine est une pauvre chose. Il est écrit que nous ne pouvons déloger un tourment qu'à condition d'en installer un autre à la place. Mais au moins trouve-t-on quelque répit à en changer. Je voudrais ne plus penser toute la journée à mes locataires, à mes fermiers et à mes titres. Je ne puis pourtant pas, à mon âge, courir les aventures amoureuses — ah! ah! ah! — ni entreprendre un voyage autour du monde. Mais vous attendez, sans doute, que je vous explique pourquoi j'ai fait queue à votre consultation gratuite?

KNOCK. — Quelle que soit votre raison, madame, elle est certainement excellente.

LA DAME. — Voilà! J'ai voulu donner l'exemple. Je trouve que vous avez eu là, docteur, une belle et noble inspiration. Mais, je connais mes gens. J'ai pensé : « Ils n'en ont pas l'habitude, ils n'iront pas. Et ce monsieur en sera pour sa générosité. » Et je me suis dit : « S'ils voient qu'une dame Pons, demoiselle Lempoumas, n'hésite pas à inaugurer les consultations gratuites, ils n'auront plus honte de s'y montrer. » Car mes moindres gestes sont observés et commentés. C'est bien naturel.

KNOCK. — Votre démarche est très louable, madame. Je vous en remercie.

LA DAME *se lève, faisant mine de se retirer.* — Je suis enchantée, docteur, d'avoir fait votre connaissance. Je reste chez moi toutes les après-midi. Il vient quelques personnes. Nous faisons salon autour d'une vieille théière Louis XV que j'ai héritée de mon aïeule. Il y aura toujours une tasse de côté pour vous. *(Knock s'incline. Elle avance encore vers la porte.)* Vous savez que je suis réellement très, très tourmentée avec mes locataires et mes titres. Je passe des nuits sans dormir. C'est horriblement fatigant. Vous ne connaîtriez pas, docteur, un secret pour faire dormir?

KNOCK. — Il y a longtemps que vous souffrez d'insomnie?

LA DAME. — Très, très longtemps.

KNOCK. — Vous en aviez parlé au docteur Parpalaid?

LA DAME. — Oui, plusieurs fois.

KNOCK. — Que vous a-t-il dit?

LA DAME. — De lire chaque soir trois pages du Code civil[1]. C'était une plaisanterie. Le docteur n'a jamais pris la chose au sérieux.

KNOCK. — Peut-être a-t-il eu tort. Car il y a des cas d'insomnie dont la signification est d'une exceptionnelle gravité.

LA DAME. — Vraiment?

KNOCK. — L'insomnie peut être due à un trouble essentiel de la circulation intracérébrale, particulièrement à une altération des vaisseaux dite « en tuyau de pipe ». Vous avez peut-être, madame, les artères du cerveau en tuyau de pipe[43].

LA DAME. — Ciel! En tuyau de pipe! L'usage du tabac, docteur, y serait-il pour quelque chose? Je prise un peu.

---

1. - Why do you think Parpalaid advised her to read the *Code civil*?

43. - Fuel pipe.

KNOCK. — C'est un point qu'il faudrait examiner. L'insomnie peut encore provenir d'une attaque profonde et continue de la substance grise par la névroglie.

LA DAME. — Ce doit être affreux. Expliquez-moi cela, docteur.

KNOCK, *très posément*. — Représentez-vous un crabe, ou un poulpe [44], ou une gigantesque araignée en train de vous grignoter, de vous suçoter et de vous déchiqueter doucement la cervelle.

LA DAME. — Oh! *(Elle s'effondre dans un fauteuil.)* Il y a de quoi s'évanouir d'horreur. Voilà certainement ce que je dois avoir. Je le sens bien. Je vous en prie, docteur, tuez-moi tout de suite. Une piqûre, une piqûre! Ou plutôt ne m'abandonnez pas. Je me sens glisser au dernier degré de l'épouvante. *(Un silence.)* Ce doit être absolument incurable? et mortel [45]?

KNOCK. — Non.

LA DAME. — Il y a un espoir de guérison?

KNOCK. — Oui, à la longue.

LA DAME. — Ne me trompez pas, docteur. Je veux savoir la vérité.

KNOCK. — Tout dépend de la régularité et de la durée du traitement.

LA DAME. — Mais de quoi peut-on guérir? De la chose en tuyau de pipe, ou de l'araignée? Car je sens bien que, dans mon cas, c'est plutôt l'araignée.

KNOCK. — On peut guérir de l'un et de l'autre. Je n'oserais peut-être pas donner cet espoir à un malade ordinaire, qui n'aurait ni le temps ni les moyens de se soigner, suivant les méthodes les plus modernes. Avec vous, c'est différent.

LA DAME *se lève*. — Oh! je serai une malade très docile, docteur, soumise comme un petit chien. Je passerai partout où il le faudra, surtout si ce n'est pas trop douloureux.

KNOCK. — Aucunement douloureux, puisque c'est à la radioactivité que l'on fait appel [J]. La seule difficulté, c'est d'avoir la patience de poursuivre bien sagement la cure pendant deux ou trois années, et aussi d'avoir sous la main un médecin qui s'astreigne à une surveillance incessante du processus de guérison, à un calcul minutieux des doses radioactives — et à des visites presque quotidiennes.

LA DAME. — Oh! moi, je ne manquerai pas de patience. Mais c'est vous, docteur, qui n'allez pas vouloir vous occuper de moi autant qu'il faudrait.

KNOCK. — Vouloir, vouloir! Je ne demanderais pas mieux. Il s'agit de pouvoir. Vous demeurez loin?

LA DAME. — Mais non, à deux pas. La maison qui est en face du poids public.

KNOCK. — J'essayerai de faire un bond tous les matins jusque chez vous. Sauf le dimanche. Et le lundi à cause de ma consultation.

LA DAME. — Mais ce ne sera pas trop d'intervalle, deux jours d'affilée? Je resterai pour ainsi dire sans soins du samedi au mardi?

KNOCK. — Je vous laisserai des instructions détaillées. Et puis, quand je trouverai une minute, je passerai le dimanche matin ou le lundi après-midi.

---

44. - Squid.
45. - Notice how Knock takes advantage of her hysteria.

J. - Why has he chosen radioactivity as the treatment?

La Dame. — Ah! tant mieux! tant mieux! *(Elle se relève.)* Et qu'est-ce qu'il faut que je fasse tout de suite?

Knock. — Rentrez chez vous. Gardez la chambre. J'irai vous voir demain matin et je vous examinerai plus à fond.

La Dame. — Je n'ai pas de médicaments à prendre aujourd'hui?

Knock, *debout*. — Heu... si. *(Il bâcle une ordonnance.)* Passez chez M. Mousquet et priez-le d'exécuter aussitôt cette première petite ordonnance.

SCÈNE VI

Knock, les deux gars de village

Knock, *à la cantonade*. — Mais, Mariette, qu'est-ce que c'est que tout ce monde? *(Il regarde sa montre.)* Vous avez bien annoncé que la consultation gratuite cessait à onze heures et demie?

La voix de Mariette. — Je l'ai dit. Mais ils veulent rester.

Knock. — Quelle est la première personne? *(Deux gars s'avancent. Ils se retiennent de rire, se poussent le coude, clignent de l'œil, pouffent soudain. Derrière eux, la foule s'amuse de leur manège et devient assez bruyante. Knock feint de ne rien remarquer.)* Lequel de vous deux?

Le premier gars, *regard de côté, dissimulation de rire et légère crainte*. — Hi! hi! hi! Tous les deux. Hi! hi! hi!

Knock. — Vous n'allez pas passer ensemble?

Le premier. — Si! si! hi! hi! Si! si! *(Rires à la cantonade.)*

Knock. — Je ne puis pas vous recevoir tous les deux à la fois. Choisissez. D'abord, il me semble que je ne vous ai pas vus tantôt. Il y a des gens avant vous.

Le premier. — Ils nous ont cédé leur tour. Demandez-leur. Hi! hi! *(Rires et gloussements.)*

Le second, *enhardi*. — Nous deux, on va toujours ensemble. On fait la paire. Hi! hi! hi! *(Rires à la cantonade.)*

Knock, *il se mord la lèvre et du ton le plus froid*. — Entrez. *(Il referme la porte. Au premier gars.)* Déshabillez-vous. *(Au second, lui désignant une chaise.)* Vous, asseyez-vous-là.
(Ils échangent encore des signes, et gloussent, mais en se forçant un peu.)

Le premier, *il n'a plus que son pantalon et sa chemise*. — Faut-il que je me mette tout nu?

Knock. — Enlevez encore votre chemise. *(Le gars apparaît en gilet de flanelle.)* Ça suffit. *(Knock s'approche, tourne autour de l'homme, palpe, percute, ausculte, tire sur la peau, retourne les paupières, retrousse les lèvres. Puis il va prendre un laryngoscope à réflecteur, s'en casque lentement, en projette soudain la lueur aveuglante sur le visage du gars, au fond de son arrière-gorge, sur ses yeux. Quand l'autre est maté, il lui désigne la chaise longue.)* Étendez-vous là-dessus. Allons, Ramenez les genoux. *(Il palpe le ventre, applique çà et là le stéthoscope.)* Allongez le bras. *(Il examine le pouls. Il prend la pression artérielle.)* Bien. Rhabillez-vous. *(Silence. L'homme se rhabille.)* Vous avez encore votre père?

LE PREMIER. – Non, il est mort.

KNOCK. – De mort subite?

LE PREMIER. – Oui.

KNOCK. – C'est ça. Il ne devait pas être vieux?

LE PREMIER. – Non, quarante-neuf ans.

KNOCK. – Si vieux que ça! *(Long silence. Les deux gars n'ont pas la moindre envie de rire. Puis Knock va fouiller dans un coin de la pièce contre un meuble, et rapporte de grands cartons illustrés qui représentent les principaux organes chez l'alcoolique avancé, et chez l'homme normal. Au premier gars, avec courtoisie.)* Je vais vous montrer dans quel état sont vos principaux organes. Voilà les reins d'un homme ordinaire. Voici les vôtres. *(Avec des pauses.)* Voici votre foie. Voici votre cœur. Mais chez vous, le cœur est déjà plus abîmé qu'on ne l'a représenté là-dessus.

(Puis Knock va tranquillement remettre les tableaux à leur place.)

LE PREMIER, *très timidement*. – Il faudrait peut-être que je cesse de boire?

KNOCK. – Vous ferez comme vous voudrez.

(Un silence.)

LE PREMIER. – Est-ce qu'il y a des remèdes à prendre?

KNOCK. – Ce n'est guère la peine. *(Au second.)* A vous, maintenant.

LE PREMIER. – Si vous voulez, monsieur le docteur, je reviendrai à une consultation payante?

KNOCK. – C'est tout à fait inutile.

LE SECOND, *très piteux*. – Je n'ai rien, moi, monsieur le docteur.

KNOCK. – Qu'est-ce que vous en savez?

LE SECOND, *il recule en tremblant*. – Je me porte bien, monsieur le docteur.

KNOCK. – Alors, pourquoi êtes-vous venu?

LE SECOND, *même jeu*. – Pour accompagner mon camarade.

KNOCK. – Il n'était pas assez grand pour venir tout seul? Allons! déshabillez-vous.

LE SECOND, *il va vers la porte*. – Non, non, monsieur le docteur, pas aujourd'hui. Je reviendrai, monsieur le docteur [K].

(Silence. Knock ouvre la porte. On entend le brouhaha[46] des gens qui rient d'avance. Knock laisse passer les deux gars qui sortent avec des mines diversement hagardes et terrifiées, et traversent la foule soudain silencieuse comme à un enterrement [L].)

K. - How has Knock's attitude changed in this consultation? In what way is it similar to the others?

46. - Uproar, din.

L. - How has the subtitle of the play begun to justify itself?

ACTE III

La grande salle de l'hôtel de la Clef. On y doit sentir l'hôtel de chef-lieu de canton en train de tourner au Médical-Hôtel. Les calendriers de liquoristes y subsistent. Mais les nickels, les ripolins[47] *et les linges blancs de l'asepsie moderne y apparaissent.*

SCÈNE I
Madame Rémy, Scipion

Madame Rémy. — Scipion, la voiture est arrivée?

Scipion. — Oui, madame.

Madame Rémy. — On disait que la route était coupée par la neige.

Scipion. — Peuh! Quinze minutes de retard.

Madame Rémy. — A qui sont ces bagages?

Scipion. — A une dame de Livron, qui vient consulter.

Madame Rémy. — Mais nous ne l'attendions que pour ce soir.

Scipion. — Erreur. La dame de ce soir vient de Saint-Marcellin.

Madame Rémy. — Et cette valise?

Scipion. — A Ravachol.

Madame Rémy. — Comment! M. Parpalaid est ici?

Scipion. — A cinquante mètres derrière moi.

Madame Rémy. — Qu'est-ce qu'il vient faire? Pas reprendre sa place, bien sûr?

Scipion. — Consulter, probable.

Madame Rémy. — Mais il n'y a que le 9 et le 14 de disponibles. Je garde le 9 pour la dame de Saint-Marcellin. Je mets la dame de Livron au 14. Pourquoi n'avez-vous pas dit à Ravachol qu'il ne restait rien?

Scipion. — Il restait le 14. Je n'avais pas d'instructions pour choisir entre la dame de Livron et Ravachol.

Madame Rémy. — Je suis très ennuyée.

Scipion. — Vous tâcherez de vous débrouiller. Moi, il faut que je m'occupe de mes malades.

Madame Rémy. — Pas du tout, Scipion. Attendez M. Parpalaid et expliquez-lui qu'il n'y a plus de chambres. Je ne puis pas lui dire ça moi-même.

Scipion. — Désolé, patronne. J'ai juste le temps de passer ma blouse. Le docteur Knock sera là dans quelques instants. J'ai à recueillir les urines du 5 et du 8, les crachats du 2, la température du 1, du 3, du 4, du 12, du 17, du 18, et le reste. Je n'ai pas envie de me faire engueuler!

Madame Rémy. — Vous ne montez même pas les bagages de cette dame?

Scipion. — Et la bonne? Elle enfile des perles?
(Scipion quitte la scène. Madame Rémy, en voyant apparaître Parpalaid, fait de même.)

---

47. - Enamel ware.

SCÈNE II

Parpalaid, seul, puis la bonne

Le docteur Parpalaid. — Hum!... Il n'y a personne?... Madame Rémy!... Scipion!... C'est curieux... Voilà toujours ma valise. Scipion!...

La bonne, *en tenue d'infirmière*. — Monsieur? Vous demandez?

Le docteur. — Je voudrais bien voir la patronne.

La bonne. — Pourquoi, monsieur?

Le docteur. — Pour qu'elle m'indique ma chambre.

La bonne. — Je ne sais pas, moi. Vous êtes un des malades annoncés?

Le docteur. — Je ne suis pas un malade, mademoiselle, je suis un médecin.

La bonne. — Ah! vous venez assister le docteur? Le fait est qu'il en aurait besoin.

Le docteur. — Mais, mademoiselle, vous ne me connaissez pas?

La bonne. — Non, pas du tout.

Le docteur. — Le docteur Parpalaid... Il y a trois mois encore, j'étais médecin de Saint-Maurice... Sans doute n'êtes-vous pas du pays?

La bonne. — Si, si. Mais je ne savais pas qu'il y avait eu un médecin ici avant le docteur Knock. *(Silence.)* Vous m'excuserez, monsieur. La patronne va sûrement venir. Il faut que je termine la stérilisation de mes taies d'oreiller.

Le docteur. — Cet hôtel a pris une physionomie singulière.

SCÈNE III

Parpalaid, puis Madame Rémy

Madame Rémy, *glissant un œil*. — Il est encore là! *(Elle se décide.)* Bonjour, monsieur Parpalaid. Vous ne venez pas pour loger, au moins?

Le docteur. — Mais si... Comment allez-vous, madame Rémy?

Madame Rémy. — Nous voilà bien! Je n'ai plus de chambres.

Le docteur. — C'est donc jour de foire, aujourd'hui?

Madame Rémy. — Non, jour ordinaire.

Le docteur. — Et toutes vos chambres sont occupées, un jour ordinaire? Qu'est-ce que c'est que tout ce monde-là?

Madame Rémy. — Des malades.

Le docteur. — Des malades?

Madame Rémy. — Oui, des gens qui suivent un traitement.

Le docteur. — Et pourquoi logent-ils chez vous?

Madame Rémy. — Parce qu'il n'y a pas d'autre hôtel à Saint-Maurice. D'ailleurs, ils ne sont pas si à plaindre que cela, chez nous, en attendant notre nouvelle installation. Ils reçoivent tous les soins sur place. Et toutes les règles de l'hygiène moderne sont observées.

Le docteur. — Mais d'où sortent-ils?

Madame Rémy. — Les malades? Depuis quelque temps, il en vient d'un peu partout. Au début, c'étaient des gens de passage.

Le docteur. — Je ne comprends pas.

Madame Rémy. — Oui, des voyageurs qui se trouvaient à Saint-Maurice pour leurs affaires. Ils entendaient parler du docteur Knock, dans le pays, et à tout hasard ils allaient le consulter. Évidemment, sans bien se rendre compte de leur état, ils avaient le pressentiment de quelque chose. Mais si leur bonne chance ne les avait pas conduits à Saint-Maurice, plus d'un serait mort à l'heure qu'il est.

Le docteur. — Et pourquoi seraient-ils morts?

Madame Rémy. — Comme ils ne se doutaient de rien, ils auraient continué à boire, à manger, à faire cent autres imprudences.

Le docteur. — Et tous ces gens-là sont restés ici?

Madame Rémy. — Oui, en revenant de chez le docteur Knock, ils se dépêchaient de se mettre au lit, et ils commençaient à suivre le traitement. Aujourd'hui, ce n'est déjà plus pareil. Les personnes que nous recevons ont entrepris le voyage exprès. L'ennui, c'est que nous manquons de place. Nous allons faire construire.

Le docteur. — C'est extraordinaire.

Madame Rémy, *après réflexion*. — En effet, cela doit vous sembler extraordinaire à vous. S'il fallait que vous meniez la vie du docteur Knock, je crois que vous crieriez grâce.

Le docteur. — Hé! quelle vie mène-t-il donc?

Madame Rémy. — Une vie de forçat. Dès qu'il est levé, c'est pour courir à ses visites. A dix heures, il passe à l'hôtel. Vous le verrez dans cinq minutes. Puis les consultations chez lui. Et les visites, de nouveau, jusqu'au bout du canton. Je sais bien qu'il a son automobile, une belle voiture neuve qu'il conduit à fond de train. Mais je suis sûre qu'il lui arrive plus d'une fois de déjeuner d'un sandwich.

Le docteur. — C'est exactement mon cas à Lyon.

Madame Rémy. — Ah?... Ici pourtant, vous aviez su vous faire une petite vie tranquille. *(Gaillarde.)* Vous vous rappelez vos parties de billard dans l'estaminet[48]?

Le docteur. — Il faut croire que de mon temps les gens se portaient mieux.

Madame Rémy. — Ne dites pas cela, monsieur Parpalaid. Les gens n'avaient pas l'idée de se soigner, c'est tout différent. Il y en a qui s'imaginent que dans nos campagnes nous sommes encore des sauvages, que nous n'avons aucun souci de notre personne, que nous attendons que notre heure soit venue de crever comme les animaux, et que les remèdes, les régimes, les appareils et tous les progrès, c'est pour les grandes villes. Erreur, monsieur Parpalaid. Nous nous apprécions autant que quiconque; et bien qu'on n'aime pas à gaspiller son argent on n'hésite pas à se payer le nécessaire. Vous, monsieur Parpalaid, vous en êtes au paysan d'autrefois, qui coupait les sous en quatre, et qui aurait mieux aimé perdre un œil et une jambe que d'acheter trois francs de médicaments. Les choses ont changé, Dieu merci.

---

48. - Tavern, bar.

LE DOCTEUR. — Enfin, si les gens en ont assez d'être bien portants, et s'ils veulent s'offrir le luxe d'être malades, ils auraient tort de se gêner. C'est d'ailleurs tout bénéfice pour le médecin.

MADAME RÉMY, *très animée*. — En tout cas, personne ne vous laissera dire que le docteur Knock est intéressé. C'est lui qui a créé les consultations gratuites, que nous n'avions jamais connues ici. Pour les visites, il fait payer les personnes qui en ont les moyens – avouez qu'autrement ce serait malheureux ! – mais il n'accepte rien des indigents. On le voit traverser tout le canton, dépenser dix francs d'essence et s'arrêter avec sa belle voiture devant la cahute[49] d'une pauvre vieille qui n'a même pas un fromage de chèvre à lui donner. Et il ne faut pas insinuer non plus qu'il découvre des maladies aux gens qui n'en ont pas. Moi, la première, je me suis peut-être fait examiner dix fois depuis qu'il vient quotidiennement à l'hôtel. Chaque fois il s'y est prêté avec la même patience, m'auscultant des pieds à la tête, avec tous ses instruments, et y perdant un bon quart d'heure. Il m'a toujours dit que je n'avais rien, que je ne devais pas me tourmenter, que je n'avais qu'à bien manger et à bien boire. Et pas question de lui faire accepter un centime. La même chose pour M. Bernard, l'instituteur, qui s'était mis dans la tête qu'il était porteur de germes et qui n'en vivait plus[M]. Pour le rassurer, le docteur Knock a été jusqu'à lui analyser trois fois ses excréments. D'ailleurs, voici M. Mousquet qui vient faire une prise de sang au 15 avec le docteur. Vous pourrez causer ensemble (*Après un temps de réflexion.*) Et puis, donnez-moi tout de même votre valise. Je vais essayer de vous trouver un coin.

SCÈNE IV

PARPALAID, MOUSQUET

MOUSQUET, *dont la tenue est devenue fashionable*. — Le docteur n'est pas encore là ? Ah ? le docteur Parpalaid ! Un revenant, ma foi. Il y a si longtemps que vous nous avez quittés.

LE DOCTEUR. — Si longtemps ? Mais non, trois mois.

MOUSQUET. — C'est vrai ! Trois mois ! Cela me semble prodigieux. *(Protecteur.)* Et vous êtes content à Lyon ?

LE DOCTEUR. — Très content.

MOUSQUET. — Ah ! tant mieux, tant mieux. Vous aviez peut-être là-bas une clientèle toute faite ?

LE DOCTEUR. — Heu... Je l'ai déjà accrue d'un tiers... La santé de madame Mousquet est bonne ?

MOUSQUET. — Bien meilleure.

LE DOCTEUR. — Aurait-elle été souffrante ?

MOUSQUET. — Vous ne vous rappelez pas, ces migraines dont elle se plaignait souvent ? D'ailleurs vous n'y aviez pas attaché d'importance. Le docteur Knock a diagnostiqué aussitôt une insuffisance des sécrétions ovariennes, et prescrit un traitement opothérapique qui a fait merveille.

LE DOCTEUR. — Ah ! Elle ne souffre plus ?

---

49. - Hut.
M. - Why do you think Knock has not tried to convince Mme Rémy and Bernard that they might be ill?

MOUSQUET. — De ses anciennes migraines, plus du tout. Les lourdeurs de tête qu'il lui arrive encore d'éprouver proviennent uniquement du surmenage et n'ont rien que de naturel. Car nous sommes terriblement surmenés. Je vais prendre un élève. Vous n'avez personne de sérieux à me recommander?

LE DOCTEUR. — Non, mais j'y penserai.

MOUSQUET. — Ah! ce n'est plus la petite existence calme d'autrefois. Si je vous disais que, même en me couchant à onze heures et demie du soir, je n'ai pas toujours terminé l'exécution de mes ordonnances?

LE DOCTEUR. — Bref, le Pérou.

MOUSQUET. — Oh! il est certain que j'ai quintuplé mon chiffre d'affaires, et je suis loin de le déplorer. Mais il y a d'autres satisfactions que celle-là. Moi, mon cher docteur Parpalaid, j'aime mon métier, et j'aime à me sentir utile. Je trouve plus de plaisir à tirer le collier qu'à ronger mon frein. Simple question de tempérament. Mais voici le docteur.

SCÈNE V

LES MÊMES, KNOCK

KNOCK. — Messieurs. Bonjour, docteur Parpalaid. Je pensais à vous. Vous avez fait bon voyage?
LE DOCTEUR. — Excellent.
KNOCK. — Vous êtes venu avec votre auto?
LE DOCTEUR. — Non. Par le train.
KNOCK. — Ah bon! Il s'agit de l'échéance, n'est-ce pas?
LE DOCTEUR. — C'est-à-dire que je profiterai de l'occasion...
MOUSQUET. — Je vous laisse, messieurs. *(A Knock.)* Je monte au 15.

SCÈNE VI

LES MÊMES, *moins* MOUSQUET

LE DOCTEUR. — Vous ne m'accusez plus maintenant de vous avoir « roulé »?
KNOCK. — L'intention y était bien, mon cher confrère.
LE DOCTEUR. — Vous ne nierez pas que je vous ai cédé le poste, et le poste valait quelque chose.
KNOCK. — Oh! vous auriez pu rester. Nous nous serions à peine gênés l'un l'autre. M. Mousquet vous a parlé de nos premiers résultats?
LE DOCTEUR. — On m'en a parlé.
KNOCK, *fouillant dans son portefeuille.* — A titre tout à fait confidentiel, je puis vous communiquer quelques-uns de mes graphiques. Vous les rattacherez sans peine à notre conversation d'il y a trois mois. Les consultations d'abord. Cette courbe exprime les chiffres hebdomadaires. Nous partons de votre chiffre à vous, que j'ignorais, mais que j'ai fixé approximativement à 5.

LE DOCTEUR. — Cinq consultations par semaine? Dites le double hardiment, mon cher confrère.

KNOCK. — Soit. Voici mes chiffres à moi. Bien entendu, je ne compte pas les consultations gratuites du lundi. Mi-octobre : 37. Fin octobre : 90. Fin novembre : 128. Fin décembre : je n'ai pas encore fait le relevé, mais nous dépassons 150. D'ailleurs, faute de temps, je dois désormais sacrifier la courbe des consultations à celle des traitements. Par elle-même la consultation ne m'intéresse qu'à demi : c'est un art un peu rudimentaire, une sorte de pêche au filet. Mais le traitement, c'est de la pisciculture.

LE DOCTEUR. — Pardonnez-moi, mon cher confrère : vos chiffres sont rigoureusement exacts?

KNOCK. — Rigoureusement.

LE DOCTEUR. — En une semaine, il a pu se trouver, dans le canton de Saint-Maurice, cent cinquante personnes qui se soient dérangées de chez elles pour venir faire queue, en payant, à la porte du médecin? On ne les y a pas amenées de forces, ni par une contrainte quelconque?

KNOCK. — Il n'y a fallu ni les gendarmes, ni la troupe.

LE DOCTEUR. — C'est inexplicable.

KNOCK. — Passons à la courbe des traitements. Début d'octobre, c'est la situation que vous me laissiez; malades en traitement régulier à domicile : 0, n'est-ce pas? (*Parpalaid esquisse une protestation molle.*) Fin octobre : 32. Fin novembre : 121. Fin décembre... notre chiffre se tiendra entre 245 et 250.

LE DOCTEUR. — J'ai l'impression que vous abusez de ma crédulité.

KNOCK. — Moi, je ne trouve pas cela énorme. N'oubliez pas que le canton comprend 2 853 foyers, et là-dessus 1 502 revenus réels qui dépassent 12 000 francs.

LE DOCTEUR. — Quelle est cette histoire de revenus?

KNOCK, *il se dirige vers le lavabo*. — Vous ne pouvez tout de même pas imposer la charge d'un malade en permanence à une famille dont le revenu n'atteint pas 12 000 francs. Ce serait abusif. Et pour les autres non plus, l'on ne saurait prévoir un régime uniforme. J'ai 4 échelons de traitements. Le plus modeste, pour les revenus de 12 à 20 000, ne comporte qu'une visite par semaine, et 50 francs environ de frais pharmaceutiques par mois. Au sommet, le traitement de luxe, pour revenus supérieurs à 50 000 francs, entraîne un minimum de 4 visites par semaine, et de 300 francs par mois de frais divers : rayons X, radium, massages électriques, analyses, médication courante, etc.

LE DOCTEUR. — Mais comment connaissez-vous les revenus de vos clients?

KNOCK, *il commence un lavage de mains minutieux*. — Pas par les agents du fisc, croyez-le. Et tant mieux pour moi. Alors que je dénombre 1 502 revenus supérieurs à 12 000 francs, le contrôleur de l'impôt en compte 17. Le plus gros revenu de sa liste est de 20 000. Le plus gros de la mienne, de 120 000. Nous ne concordons jamais. Il faut réfléchir que lui travaille pour l'État.

LE DOCTEUR. — Vos informations à vous, d'où viennent-elles?

KNOCK, *souriant*. — De bien des sources. C'est un très gros travail. Presque tout mon mois d'octobre y a passé. Et je revise constamment. Regardez ceci : c'est joli, n'est-ce pas?

LE DOCTEUR. — On dirait une carte du canton. Mais que signifient tous ces points rouges?

KNOCK. — C'est la carte de la pénétration médicale. Chaque point rouge indique l'emplacement d'un malade régulier. Il y a un mois vous auriez vu ici une énorme tache grise : la tache de Chabrières.

LE DOCTEUR. — Plaît-il?

KNOCK. — Oui, du nom du hameau qui en formait le centre. Mon effort des dernières semaines a porté principalement là-dessus. Aujourd'hui, la tache n'a pas disparu, mais elle est morcelée. N'est-ce pas? On la remarque à peine.

(Silence.)

LE DOCTEUR. — Même si je voulais vous cacher mon ahurissement[50], mon cher confrère, je n'y parviendrais pas. Je ne puis guère douter de vos résultats : ils me sont confirmés de plusieurs côtés. Vous êtes un homme étonnant. D'autres que moi se retiendraient peut-être de vous le dire : ils le penseraient. Ou alors, ils ne seraient pas des médecins. Mais me permettez-vous de me poser une question tout haut?

KNOCK. — Je vous en prie.

LE DOCTEUR. — Si je possédais votre méthode... si je l'avais bien en main comme vous... s'il ne me restait qu'à la pratiquer...

KNOCK. — Oui.

LE DOCTEUR. — Est-ce que je n'éprouverais pas un scrupule? *(Silence.)* Répondez-moi.

KNOCK. — Mais c'est à vous de répondre, il me semble.

LE DOCTEUR. — Remarquez que je ne tranche rien. Je soulève un point excessivement délicat.

(Silence.)

KNOCK. — Je voudrais vous comprendre mieux.

LE DOCTEUR. — Vous allez dire que je donne dans le rigorisme, que je coupe les cheveux en quatre. Mais, est-ce que, dans votre méthode, l'intérêt du malade n'est pas un peu subordonné à l'intérêt du médecin?

KNOCK. — Docteur Parpalaid, vous oubliez qu'il y a un intérêt supérieur à ces deux-là.

LE DOCTEUR. — Lequel?

KNOCK. — Celui de la médecine. C'est le seul dont je me préoccupe[N].

(Silence. Parpalaid médite.)

LE DOCTEUR. — Oui, oui, oui.

(A partir de ce moment et jusqu'à la fin de la pièce, l'éclairage de la scène prend peu à peu les caractères de la lumière Médicale, qui, comme on le sait, est plus riche en rayons verts et violets que la simple Lumière Terrestre...)

KNOCK. — Vous me donnez un canton peuplé de quelques milliers d'individus neutres, indéterminés. Mon rôle, c'est de les déterminer, de les amener à l'existence médicale. Je les mets au lit, et je regarde ce qui va pouvoir en sortir : un tuberculeux, un névropathe, un artérioscléreux, ce qu'on voudra, mais quelqu'un, bon Dieu! quelqu'un! Rien ne m'agace comme cet être ni chair ni poisson que vous appelez un homme bien portant[O].

---

50. - Astonishment.
N. - To what extent does Knock serve the interests of medicine?
O. - What traits of character does this speech suggest?

LE DOCTEUR. — Vous ne pouvez cependant pas mettre tout un canton au lit !

KNOCK, *tandis qu'il s'essuie les mains.* — Cela se discuterait. Car j'ai connu, moi, cinq personnes de la même famille, malades toutes à la fois, au lit toutes à la fois, et qui se débrouillaient fort bien. Votre objection me fait penser à ces fameux économistes qui prétendaient qu'une grande guerre moderne ne pourrait pas durer plus de six semaines. La vérité, c'est que nous manquons tous d'audace, que personne, pas même moi, n'osera aller jusqu'au bout et mettre toute une population au lit, pour voir, pour voir ! Mais soit ! Je vous accorderai qu'il faut des gens bien portants, ne serait-ce que pour soigner les autres, ou former, à l'arrière des malades en activité, une espèce de réserve. Ce que je n'aime pas, c'est que la santé prenne des airs de provocation, car alors vous avouerez que c'est excessif. Nous fermons les yeux sur un certain nombre de cas, nous laissons à un certain nombre de gens leur masque de prospérité. Mais s'ils viennent ensuite se pavaner devant nous et nous faire la nique, je me fâche. C'est arrivé ici pour M. Raffalens.

LE DOCTEUR. — Ah ! le colosse ? Celui qui se vante de porter sa belle-mère à bras tendu ?

KNOCK. — Oui. Il m'a défié près de trois mois... Mais ça y est.

LE DOCTEUR. — Quoi ?

KNOCK. — Il est au lit. Ses vantardises commençaient à affaiblir l'esprit médical de la population.

LE DOCTEUR. — Il subsiste pourtant une sérieuse difficulté.

KNOCK. — Laquelle ?

LE DOCTEUR. — Vous ne pensez qu'à la médecine [51]... Mais le reste ? Ne craignez-vous pas qu'en généralisant l'application de vos méthodes, on n'amène un certain ralentissement des autres activités sociales dont plusieurs sont, malgré tout, intéressantes ?

KNOCK. — Ça ne me regarde pas. Moi, je fais de la médecine.

LE DOCTEUR. — Il est vrai que lorsqu'il construit sa ligne de chemin de fer, l'ingénieur ne se demande pas ce qu'en pense le médecin de campagne.

KNOCK. — Parbleu ! *(Il remonte vers le fond de la scène et s'approche d'une fenêtre.)* Regardez un peu ici, docteur Parpalaid. Vous connaissez la vue qu'on a de cette fenêtre. Entre deux parties de billards, jadis, vous n'avez pu manquer d'y prendre garde. Tout là-bas, le mont Aligre marque les bornes du canton. Les villages de Mesclat et de Trébures s'aperçoivent à gauche ; et si, de ce côté, les maisons de Saint-Maurice ne faisaient pas une espèce de renflement, c'est tous les hameaux de la vallée que nous aurions en enfilade. Mais vous n'avez dû saisir là que ces beautés naturelles, dont vous êtes friand. C'est un paysage rude, à peine humain, que vous contempliez. Aujourd'hui, je vous le donne tout imprégné de médecine, animé et parcouru par le feu souterrain de notre art. La première fois que je me suis planté ici, au lendemain de mon arrivée, je n'étais pas trop fier ; je sentais que ma présence ne pesait pas lourd. Ce vaste terroir se passait insolemment de moi et de mes pareils. Mais maintenant, j'ai autant d'aise à me trouver ici qu'à son clavier l'organiste des grandes orgues. Dans deux cent cinquante de ces maisons — il s'en faut que nous les voyions toutes à cause de l'éloignement et des feuillages — il y a deux cent cinquante chambres où quelqu'un confesse la méde-

---

51. - Knock has become thoroughly immersed in his role as doctor, and in medecine itself.

cine, deux cent cinquante lits où un corps étendu témoigne que la vie a un sens, et grâce à moi un sens médical. La nuit, c'est encore plus beau, car il y a les lumières. Et presque toutes les lumières sont à moi. Les non-malades dorment dans les ténèbres. Ils sont supprimés. Mais les malades ont gardé leur veilleuse ou leur lampe. Tout ce qui reste en marge de la médecine, la nuit m'en débarrasse, m'en dérobe l'agacement et le défi. Le canton fait place à une sorte de firmament dont je suis le créateur continuel. Et je ne vous parle pas des cloches. Songez que, pour tout ce monde, leur premier office est de rappeler mes prescriptions; qu'elles sont la voix de mes ordonnances. Songez que, dans quelques instants, il va sonner dix heures, que pour tous mes malades, dix heures, c'est la deuxième prise de température rectale, et que, dans quelques instants, deux cent cinquante thermomètres vont pénétrer à la fois...

Le docteur, *lui saisissant le bras avec émotion.* — Mon cher confrère, j'ai quelque chose à vous proposer.

Knock. — Quoi?

Le docteur. — Un homme comme vous n'est pas à sa place dans un chef-lieu de canton. Il vous faut une grande ville.

Knock. — Je l'aurai, tôt ou tard.

Le docteur. — Attention! Vous êtes juste à l'apogée de vos forces. Dans quelques années, elles déclineront déjà. Croyez-en mon expérience.

Knock. — Alors?

Le docteur. — Alors, vous ne devriez pas attendre.

Knock. — Vous avez une situation à m'indiquer?

Le docteur. — La mienne. Je vous la donne. Je ne puis pas mieux vous prouver mon admiration.

Knock. — Oui... Et vous, qu'est-ce que vous deviendrez?

Le docteur. — Moi? Je me contenterais de nouveau de Saint-Maurice.

Knock. — Oui.

Le docteur. — Et je vais plus loin. Les quelques milliers de francs que vous me devez, je vous en fais cadeau.

Knock. — Oui... Au fond, vous n'êtes pas si bête qu'on veut bien le dire.

Le docteur. — Comment cela?

Knock. — Vous produisez peu, mais vous savez acheter et vendre. Ce sont les qualités du commerçant.

Le docteur. — Je vous assure que...

Knock. — Vous êtes même, en l'espèce, assez bon psychologue. Vous devinez que je ne tiens plus à l'argent dès l'instant que j'en gagne beaucoup; et que la pénétration médicale d'un ou deux quartiers de Lyon m'aurait vite fait oublier mes graphiques de Saint-Maurice. Oh! je n'ai pas l'intention de vieillir ici. Mais de là à me jeter sur la première occasion venue[52]!

---

52. - Observe the restlessness which is part of Knock's character, his desire for new conquests and challenges.

SCÈNE VII

Les mêmes, Mousquet

Mousquet traverse discrètement la salle pour gagner la rue. Knock l'arrête.

KNOCK. — Approchez-vous, cher ami. Savez-vous ce que me propose le docteur Parpalaid?... Un échange de postes. J'irais le remplacer à Lyon. Il reviendrait ici.
MOUSQUET. — C'est une plaisanterie.
KNOCK. — Pas du tout. Une offre très sérieuse.
MOUSQUET. — Les bras m'en tombent... Mais, naturellement, vous refusez?
LE DOCTEUR. — Pourquoi le docteur Knock refuserait-il?
MOUSQUET, *à Parpalaid*. — Parce que, quand en échange d'un hammerless[53] de deux mille francs on leur offre un pistolet à air comprimé « euréka », les gens qui ne sont pas fous ont l'habitude de refuser. Vous pourriez aussi proposer au docteur un troc d'automobiles.
LE DOCTEUR. — Je vous prie de croire que je possède à Lyon une clientèle de premier ordre. J'ai succédé au docteur Merlu, qui avait une grosse réputation.
MOUSQUET. — Oui, mais il y a trois mois de ça. En trois mois, on fait du chemin. Et encore plus à la descente qu'à la montée. *(A Knock.)* D'abord, mon cher docteur, la population de Saint-Maurice n'acceptera jamais.
LE DOCTEUR. — Qu'a-t-elle à voir là-dedans? Nous ne lui demanderons pas son avis.
MOUSQUET. — Elle vous le donnera. Je ne vous dis pas qu'elle fera des barricades. Ce n'est pas la mode du pays et nous manquons de pavés. Mais elle pourrait vous remettre sur la route de Lyon. *(Il aperçoit madame Rémy.)* D'ailleurs, vous allez en juger.

(Entre madame Rémy, portant des assiettes.)

SCÈNE VIII

Les mêmes, Madame Rémy

MOUSQUET. — Madame Rémy, apprenez une bonne nouvelle. Le docteur Knock nous quitte, et le docteur Parpalaid revient.
(Elle lâche sa pile d'assiettes, mais les rattrape à temps, et les tient appliquées sur sa poitrine, en rosace.)
MADAME RÉMY. — Ah! mais non! Ah! mais non! Moi je vous dis que ça ne se fera pas. *(A Knock.)* Ou alors il faudra qu'ils vous enlèvent de nuit en aéroplane, parce que j'avertirai les gens et on ne vous laissera pas partir. On crèvera plutôt les pneus de votre voiture. Quant à vous, monsieur Parpalaid, si c'est pour ça que vous êtes venu, j'ai le regret de vous dire que je ne dispose plus d'une seule chambre, et quoique nous soyons le 4 janvier, vous serez dans l'obligation de coucher dehors.

(Elle va mettre ses assiettes sur une table.)
LE DOCTEUR, *très ému*. — Bien, bien! L'attitude de ces gens envers un homme qui leur a

---

53. - Shotgun.

consacré vingt-cinq ans de sa vie est un scandale. Puisqu'il n'y a plus de place à Saint-Maurice que pour le charlatanisme, je préfère gagner honnêtement mon pain à Lyon — honnêtement, et d'ailleurs largement. Si j'ai songé un instant à reprendre mon ancien poste, c'était, je l'avoue, à cause de la santé de ma femme, qui ne s'habitue pas à l'air de la grande ville. Docteur Knock, nous règlerons nos affaires le plus tôt possible. Je repars ce soir.

KNOCK. — Vous ne nous ferez pas cet affront, mon cher confrère. Madame Rémy, dans la surprise d'une nouvelle d'ailleurs inexacte, et dans la crainte où elle était de laisser tomber ses assiettes, n'a pu garder le contrôle de son langage. Ses paroles ont trahi sa pensée. Vous voyez : maintenant que sa vaisselle est en sécurité, Madame Rémy a retrouvé sa bienveillance naturelle, et ses yeux n'expriment plus que la gratitude que partage toute la population de Saint-Maurice pour vos vingt-cinq années d'apostolat silencieux.

MADAME RÉMY. — Sûrement, M. Parpalaid a toujours été un très brave homme. Et il tenait sa place aussi bien qu'un autre tant que nous pouvions nous passer de médecin. Ce n'était ennuyeux que lorsqu'il y avait épidémie. Car vous ne me direz pas qu'un vrai médecin aurait laissé mourir tout ce monde au temps de la grippe espagnole.

LE DOCTEUR. — Un vrai médecin ! Quelles choses il faut s'entendre dire ! Alors, vous croyez, madame Rémy, qu'un « vrai médecin » peut combattre une épidémie mondiale ? A peu près comme le garde-champêtre peut combattre un tremblement de terre. Attendez la prochaine, et vous verrez si le docteur Knock s'en tire mieux que moi.

MADAME RÉMY. — Le docteur Knock... écoutez, monsieur Parpalaid. Je ne discuterai pas d'automobile avec vous, parce que je n'y entends rien. Mais je commence à savoir ce que c'est qu'un malade. Eh bien, je puis vous dire que dans une population où tous les gens chétifs sont déjà au lit, on l'attend de pied ferme, votre épidémie mondiale. Ce qu'il y a de terrible, comme l'expliquait l'autre jour encore M. Bernard, à la conférence, c'est un coup de tonnerre dans un ciel bleu.

MOUSQUET. — Mon cher docteur, je ne vous conseille pas de soulever ici des controverses de cet ordre. L'esprit pharmaco-médical court les rues. Les notions abondent. Et le premier venu vous tiendra tête.

KNOCK. — Ne nous égarons pas dans des querelles d'école. Madame Rémy et le docteur Parpalaid peuvent différer de conceptions, et garder néanmoins les rapports les plus courtois. *(A madame Rémy.)* Vous avez bien une chambre pour le docteur ?

MADAME RÉMY. — Je n'en ai pas. Vous savez bien que nous arrivons à peine à loger les malades. Si un malade se présentait, je réussirais peut-être à le caser, en faisant l'impossible parce que c'est mon devoir.

KNOCK. — Mais si je vous disais que le docteur n'est pas en état de repartir dès cette après-midi, et que, médicalement parlant, un repos d'une journée au moins lui est nécessaire ?

MADAME RÉMY. — Ah ! ce serait autre chose... Mais... M. Parpalaid n'est pas venu consulter ?

KNOCK. — Serait-il venu consulter que la discrétion professionnelle m'empêcherait peut-être de le déclarer publiquement.

LE DOCTEUR. — Qu'allez-vous chercher là ? Je repars ce soir et voilà tout.

KNOCK, *le regardant.* — Mon cher confrère, je vous parle très sérieusement. Un repos de vingt-quatre heures vous est indispensable. Je déconseille le départ aujourd'hui, et au besoin je m'y oppose.

MADAME RÉMY. — Bien, bien docteur. Je ne savais pas. M. Parpalaid aura un lit, vous pouvez être tranquille. Faudra-t-il prendre sa température ?

KNOCK. — Nous recauserons de cela tout à l'heure.

(Madame Rémy se retire.)

MOUSQUET. — Je vous laisse un instant, messieurs. *(A Knock.)* J'ai cassé une aiguille, et je vais en prendre une autre à la pharmacie.

(Il sort.)

SCÈNE IX
KNOCK, PARPALAID

LE DOCTEUR. — Dites donc, c'est une plaisanterie? *(Petit silence.)* Je vous remercie, de toute façon. Ça ne m'amusait pas de recommencer ce soir même huit heures de voyage. *(Petit silence.)* Je n'ai plus vingt ans et je m'en aperçois. *(Silence.)* C'est admirable, comme vous gardez votre sérieux. Tantôt, vous avez eu un air pour me dire ça... *(Il se lève.)* J'avais beau savoir que c'était une plaisanterie et connaître les ficelles du métier... oui, un air et un œil... comme si vous m'aviez scruté jusqu'au fond des organes... Ah! c'est très fort.

KNOCK. — Que voulez-vous! Cela se fait un peu malgré moi. Dès que je suis en présence de quelqu'un, je ne puis pas empêcher qu'un diagnostic s'ébauche en moi... même si c'est parfaitement inutile, et hors de propos. *(Confidentiel.)* A ce point que, depuis quelque temps, j'évite de me regarder dans la glace.

LE DOCTEUR. — Mais... un diagnostic... que voulez-vous dire? un diagnostic de fantaisie, ou bien?...

KNOCK. — Comment, de fantaisie? Je vous dis que malgré moi quand je rencontre un visage, mon regard se jette, sans même que j'y pense, sur un tas de petits signes imperceptibles... la peau, la sclérotique, les pupilles, les capillaires, l'allure du souffle, le poil... que sais-je encore, et mon appareil à construire des diagnostics fonctionne tout seul. Il faudra que je me surveille, car cela devient idiot.

LE DOCTEUR. — Mais c'est que... permettez... J'insiste d'une manière un peu ridicule, mais j'ai mes raisons... Quand vous m'avez dit que j'avais besoin d'une journée de repos, était-ce par simple jeu, ou bien?... Encore une fois, si j'insiste, c'est que cela répond à certaines préoccupations que je puis avoir. Je ne suis pas sans avoir observé sur moi-même telle ou telle chose, depuis quelque temps... et ne fût-ce qu'au point de vue purement théorique, j'aurais été très curieux de savoir si mes propres observations coïncident avec l'espèce de diagnostic involontaire dont vous parlez[P].

KNOCK. — Mon cher confrère, laissons cela pour l'instant. *(Sonnerie de cloches.)* Dix heures sonnent. Il faut que je fasse ma tournée. Nous déjeunerons ensemble, si vous voulez bien me donner cette marque d'amitié. Pour ce qui est de votre état de santé, et des décisions qu'il comporte peut-être, c'est dans mon cabinet, cet après-midi que nous en parlerons plus à loisir.

(Knock s'éloigne. Dix heures achèvent de sonner. Parpalaid médite, affaissé sur une chaise. Scipion, la bonne, madame Rémy paraissent, porteurs d'instruments rituels, et défilent, au sein de la lumière Médicale.)

Rideau

P. - Why does Parpalaid finally succumb to Knock's power?

HENRI-RENÉ LENORMAND

Les Ratés

Pièce en quatorze tableaux

A Marie Kalff

INTRODUCTION

I

A prominent critic, Gabriel Marcel, stated that Henri-René Lenormand (1882-1951) was « indisputably the man who contributed most to the French theater between the two world wars. » While this is probably an exaggerated assertion, Lenormand's works did indeed serve to enrich both the mediocre theater of the Boulevard and the avant-garde of his times; with perhaps the exception of Gantillon (*Maya*) and a few others, he stands alone as the « apostle of expressionism » in French theater.

As a playwright and eminent critic, he gained the esteem and friendship of many writers of his generation, notably Jean Giraudoux, Romain Rolland, Théodore Dreiser, Joseph Conrad, Marcel Pagnol and Jean Anouilh. Despite his present oblivion, his faithful interpreters—the Pitoëffs, Gaston Baty, Marguerite Jamois, Firmin Gémier and Marie Kalff—created such dynamic human characters as to have made Lenormand one of the public's favorite playwrights between 1919 and 1935; moreover, his popularity extended beyond the Parisian stage to Greece, Spain, Switzerland, Italy, Germany, Russia and the United States.[1] Although his plays are still read today, they are seldom performed except by university groups in such countries as Italy, Argentina and the United States.

An extremely versatile and fecund writer, Lenormand's originality is evident in the poetical ans psychological content of his plays and in their staging. He was among the first dramatists to analyze the subconscious drives which motivate human behavior. This partially accounts for the stress in his theater upon man's moral decadence, vices and undisciplined erotic behavior. It should be noted that Lenormand did not actually discover Freud's writings until 1916-1917, although he was already familiar with Charcot's hypnotic techniques, Schopenhauer's study of the subconscious and various psychoanalytic doctrines that were being discussed. Those plays which he wrote prior to 1917 dealing with subconscious motivations—*L'Esprit souterrain, Les Possédés, Le Réveil de l'instinct* and *Poussière*—must be attributed to influence other than Freud and to Lenormand's own personality. By temperament, the playwright was inclined toward perpetual self-analysis, almost obsessively so, so that his entire dramatic production might be considered his way of analyzing himself; he realized that « the destructive impulses which the artist represses in real life can be realized in the theater, « that he could » exorcice his demons by depicting them » on stage. Since Lenormand arrived at many of his notions inde-

---

1. - His reputation was established in America with performances by the Theatre Guild of *Les Ratés* in New York, on November 19, 1923, and by the Neighborhood Playhouse in 1924 of *Le Temps est un Songe*. *Le Lâche* was presented by the Country Playhouse in Westport, Conn. on July 15, 1935.

pendently of Freud, he could claim that Freud exerted no great influence upon him; however, two recurring ideas were borrowed from Freud, namely, the importance of dreams in revealing unconscious motivations and of childhood experiences in the mental and sexual formation of the adult. It is clear that Lenormand wanted to give a unique dramatic expression to these ideas without being a scientist or illustrator of psychoanalytic doctrines and methods. On the contrary, in several plays he demonstrates that the character's tragic end is due to the failure of introspection and analysis in general.

Lenormand was primarily concerned with the spiritual chaos and pervasive anxiety that characterized modern life after World War I, and with the effects of social and scientific upheavals on man's psychic stability. From his persistent preoccupation with the theme of artist who has a mission to perform, it is evident that he wanted the theater to serve some useful purpose and not as a mere diversion for the public; however, since Lenormand's theater to a large extent reflects his personal passions, suppressed desires and ambivalent feelings, it is impossible for us to overlook the intensely autobiographical nature of his plays. Certain influences and events in his life must be understood before his works can be placed in their proper perspective.

Aside from the Étoile section of Paris where he was born, the dramatist's recollections of childhood center around the « bocage normand, » where he and his parents visited members of the family and close friends. Normandy became forever associated with the « spleen provincial, » somber, austere faces, fog, bleak landscapes, and dark, quiet waters that veiled mystery and death. Lenormand's taste for macabre places was not restricted to Normandy; apart from London and Holland, such tropical, exotic locales as Java, India, Polynesian islands and equatorial French Africa shared in depicting physical calamity, moral disintegration and catastrophy.

Born into an artistic and intellectual family, the son of the romantic composer René Lenormand, music occupies an important role in the playwright's life as well as in his works. He was often inspired to write, for example, as consequence of the reveries that absorbed him while he improvised on the piano. Lenormand also inherited many of his father's predilections, including his love of Oriental melodies and faraway lands. The magic spell over him cast by his father, his beloved family doctor and the science fiction of Jules Verne explains a good deal of the exoticism permeating his own works. René Lenormand's revolutionary spirit was also transmitted to his son, who, in turn, projected this as an admirable trait in the musicians of his plays (cf. Crouzols (*Les Ratés*), Adrar (*Les Possédés*) and Sarterre (*Une vie secrète*). Since René Lenormand's music was outside of traditional European harmonic standards, he was frequently misunderstood and isolated from the other musicians of his age; his efforts to create new harmonies were often unappreciated just as his son's plays generally failed to impress the writers he most desperately wanted to reach—Claudel, Gide and members of the N.R.F.; nevertheless, both father and son developed their own tastes and artistic penchants and would not cater to public demands.

Alternating between success and failure in the early 1900's, when he made his dramatic debut[2] Lenormand's career sometimes paralleled his father's; but the playwright lacked the composer's temperament. Lenormand could accept neither his limitations as an artist nor rejection from the literary world. Although he could regard with admiration his father's ability to isolate himself from other musicians, he found it impossible to follow in his footsteps; and, in the years of artistic obscurity, he had to struggle to overcome his natural tendency toward resignation, depression and disenchantment.

Throughout Lenormand's theatre there are moody, timid, nervous and higly introspective characters—a general portrait of the adult Lenormand; yet the dramatist averred that, despite his preference for solitude, he was not a melancholy child. He attributes his « neurotic predisposition » to his overprotective parents, particularly his mother, who treated him like a « delicate » child. Until the age of ten, his education was conducted privately at home so that he had scarcely any contact with other children.

All of Lenormand's love and admiration were directed toward his father to the point of preventing any warm contact with his mother. As an adolescent, he reacted less passively to his mother's overprotective ways. Frequently unkind to her, he deliberately rejected her love; at times, however, he was filled with remorse for having hurt her. The maternal drama, complicated by conflict between the desire to love and the fear of being dominated, formed one of Lenormand's central attitudes, as a person and as a writer. His mother's conservatism and restraint also account, in part, for his rebellious attitude with respect to the disciplines society imposed upon him; but even more important, Lenormand undoubtedly projected his relationship with her into his feelings toward women. It was fortunate for him that he married Marie Kalff, a kind, patient, understanding woman who devoted herself completely to her husband's career. In spite of her husband's promiscuity which he claimed was essential to his artistic inspiration, she never left him; and Lenormand always returned to her, unlike most of his male protagonist who tortured and abandoned the ones they love. The self-sacrificing, loving women in his theater, however, are generally victims of male rejection, and are usually driven to suicide: Vera (*Une Vie secrète*), Florence (*Les Trois Chambres*), Berthe (*L'Amour magicien*), Laure (*L'Homme et ses Fantômes*) and the Princess (*Asie*). His plays, replete with emotional recollections of his mother, sometimes express the author's guilty conscience toward her, and sometimes his desire to atone for a past of filial ingratitudes; in any case, the autobiographical allusions are more « spiritual » than factual.

---

2. - Lenormand also wrote several collections of short stories at this time, including *Les Paysages d'âge* and le *Jardin sur la glace*; his first play, *Le Cachet rouge,* an adaptation of Vigny's short story was performed in 1900. From 1900-1919, Lenormand wrote nine plays, none of which he considered worthy of being included in his *Complete Works*; three of them, however, were very successful and caught the attention of the critical public; *Les Possédés* (1909), *L'Esprit souterrain* (1912) and *Poussière* (1914).

With regard to L'Homme, for example (*L'Homme et ses Fantômes*) who is a modern Don Juan seducing one woman after another in an insatiable quest to find out what is motivating his thirst for physical love, Lenormand suggest at one point that it was perhaps L'Homme's failure to love his mother that drove him from woman to woman. Lenormand makes it clear, however, that L'Homme is not a realistic portrait of himself: « Oui, c'est moi dans mes rêves d'écrivain; ce n'est pas moi dans ma vie d'homme. » L'Homme is the poetic image of the man he had not dared, or had not been able to become.

After the period of instruction at home, Lenormand attented the Lycée Janson de Sailly in Paris, where he excelled in history, English, Latin and Greek; eventually, he received a *licence de lettres* in English literature from the Sorbonne. His personality, however, was unsuited to academic life, and it was apparent to him from his youth that his destiny lay in writing.

In his readings at the Sorbonne, he was captivated by Nietzsche, Poe, Maeterlinck, the Elizabethan theater, and finally Tolstoi and Dostoevski—with Nietzsche and Dostoevski exerting the most lasting influence upon him. By temperament, Lenormand felt an affinity with both of these men, just as he later felt for Strindberg. To Nietzsche may be traced his ideas concerning the ethics of the superman, the master-slave relationship, the virtue of force and the firm exclusion of Christian morality,[3] and the necessity of evil for creativity.[4] Poe, Baudelaire and Dostoevski opened the doors for his exploration into the « Underground Man. »[5] In a sense, Lenormand was merely part of that generation (Gide, Proust, Mann) for whom it was stylish to study the Underground Man; nevertheless, the pattern for many of the dramatist's future heroes and heroines was formed by Ondinov, the protagonist in Lenormand's adaptation of *L'Esprit souterrain*. Elle (*Les Ratés*), Sarterre (*Une Vie secrète*), Rougé (*A l'Ombre du mal*), Monique (*Mixture*), and the Princess (*Asie*)—a cast of *The Humiliated and the Offended*—are all underground persons, who are prone to suffering and to confessing their crimes before anyone who will listen to them, beging to be pardoned or despised. Dostoevski's universe, with the powerfully hallucinating figures of *Crime and Punishment*, left an indelible imprint on Lenormand's memory. Upon his visit to Russia in 1935, he enjoyed reliving Sonia's strolls along the Neva and the adventures of Raskolnikov.[6]

Around 1917, Lenormand saw performances of *The Dance of Death* and *the Spook*

---

3. - Lenormand affirmed repeatedly that he was intellectually antireligious. His works, however, reveal a preoccupation with theological questions, occult and mystic practices, a quest for some Absolute and a nostalgic longing for faith.

4. - Nietzsche also contributed to Lenormand's ideas on colonialism, the dangers of miscegenation, and climatic influences on people; Cf. *Le Simoun, Terre de Satan, Asie,* and *A l'Ombre du mal.*

5. - John Gassner (*Theatre of Our Times,* pp. 35-36) defines the Underground Man as a « metaphor for the hidden, unconscious or semi-conscious personality »…the « dark underside » of man which pushes him towards chaos and destruction.

6. - *Les Confessions dramatiques,* v. 2, p. 355.

Sonata, after which Strindberg left an important mark on especially the technical aspects of his theater. Impressed by Strindberg's expressionism, Lenormand attempted to abandon the naturalism of his earlier plays, or at least to fuse the two concepts; subsequently, the following innovations are visible in his greatest plays (*Le Temps est un songe, Les Ratés, Le Simoun* and *Le Mangeur de rêves*): 1) the use of free association, telepathy, « déjà vu » and other psychic phenomena, and 2) in order to present the multiple facets of a split personality, Lenormand replaces the classical division into acts with the short scene containing a fragmentary event (cf. *Les Ratés,* Scenes 11-14).

For Lenormand, the theater was an end in itself. A perfectionist, he worried inordinately over the foreign interpretations of his plays. Opening nights in London, New York, Barcelona, Geneva, Rome, Athens, Berlin and Moscow found the author in the audience whenever it was possible for him to be present. In these travels as well as in his pleasure trips to Africa, Russia, America and the Pacific, he regarded himself as a « tourist of the human soul, » searching for a key to some of life's enigmas in these new cultures. Conscious of being highly impressionable, however, he doubted the accuracy of his immediate observations; for example, during his first visit to the United States in 1934, when his attention was focussed on solely the commercial aspects of our civilization—Broadway, night clubs, strip teases, etc.— he exclaimed contempt and disgust for American life. Later in 1950, he gave a course on contemporary theater at Mills College in California during which time he revised many of his previous opinions of our country.

In the years of the twenties and thirties, Lenormand was affiliated with several organizations and movements that were dedicated to the restoration of superior a esthetic values for the theater. As a member of the Syndicat des Auteurs, he helped to establish a blacklist served to censure (at least morally) those plays that did not meet the required standards of this collectivity of writers. The blacklist was eventually abandoned, but Lenormand continued to attack « bourgeois » theater in his articles for newspapers and magazines. He demanded a « censure de la qualité » by the State, similar to the controls he had seen in Russia. Somewhat paradoxically however, Lenormand insisted simultaneously on the absolute freedom of the writer, on his complete independence from social and political pressures. While he was apt to contradict himself on many subjects, Lenormand remained adamant in his position on artistic expression; in one form or another, the theme of freedom dominates the spirit of his *Confessions dramatiques*: « Nous nous vantions de préserver et de développer librement notre tempérament d'écrivain. »

Lenormand tried to preserve a dual personality, distinguishing Lenormand the person from Lenormand the artist—the clash continuously reflected in the paradoxical ideas in his theatre. As a person, he was timid, and suffered from feelings of inferiority and from a need to please his friends and associates. As an artist, however, by refusing to accept the dramatic principles of any person or school, he created a profound body of plays that dealt quite imaginatively with a large number of interesting subjects.

II

The forces of nature which are beyond human control (such as climatic variations, water and mountains) contribute significantly to the psychological make-up of Lenormand's characters. In two plays, *Le Simoun* and *A l'Ombre du mal,* Africa, with her unbearable heat, sand storms and winds, forms the mental processes of the expatriated Europeans who settle there. It is Africa which has made Laurency (*Le Simoun*) into a degenerate and coward, and Préfailles and Rougé (*A l'Ombre du mal*) into ruthless sadists. Critics have accused Lenormand of pouring all of his energy into the portrayal of psychopaths, thieves, savages and only the forces which drive men to moral debasement. A closer analysis, however, will reveal that these degenerate characters possess a certain « joie de vivre » which has become perverted or destroyed by uncontrollable outside influence. Nico (*Le Temps est un songe*) lived happily and intensely in Java, under the hot sun, near the sea, the tropical flowers, etc.; Utrecht, on the other hand, with her dark, stagnant waters, incessant rains and fog, annihilates his will to think positively. A sensitive person, indeed hypersensitive to climatic changes, his present negative surroundings color his ideas to the point of causing his complete emotional collapse; finally, he commits suicide in the very mysterious waters he detested. Lenormand takes pains to emphasize that life is quite precious to his characters, and that they are sensitive but normal people surrounded by hostile forces which direct their lives. Lui (*Les Ratés*) recognizes that his disillusionment was all the greater because he loved life and expected so much from it: « Quant à la vie...c'est peut-être parce que vous l'aimez tant qu'elle s'amuse à vous démolir à petits coups » (Scene 14).

In spite of the somewhat melodramatic atmospheres of vice, murder, suicide and incest, and the previously effects of climate, etc., which might momentarily sidetrack us from the author's intentions, the essential object in most of the plays is the analysis of modern man—his sense of alienation, rootlessness and depersonalization.

« All of my plays tend toward the elucidation of the mystery of the inner life, toward solving the enigma that man presents to himself. » The inner life, of course, refers to the forces of the subconscious—the suppressed desires, obscure fears, evil instincts and ambivalent feelings which motivate man's actions. Lenormand acknowledges that he himself was obsessed with uncovering the hidden motives in people, especially in women; in his liaison with Rose Vallerest, gaining her intimate confidences was a prerequisite for his physical desire for her—a trait in many of his characters (Luc, Sarterre, L'Homme). Rose's psychological torments, largely the result of her former lover's infidelity, caused her to become involved with psychoanalytic practices which fascinated Lenormand; later, he transposed his reactions to her experiences in *Le Mangeur de rêves*. The principal person in the play, Luc de Bronte, is a professional analyst; he was not, however, intended to be a portrait of either the author or of any Freudian analyst. Self-centered and introspective, he is akin to the majority of the playwright's characters who are driven to understand themselves. As an analyst, Luc is probably more « sick » than the people he tried to cure. He falls in love with his patient, Jeannine Felse, who is in a state of ennui and depression, filled with remorse, and feelings of forbidden love. Using her dreams and childhood experiences to uncover the source of her torments, Luc tortures Jeannine with his relentless curiosity—much like Lenormand pursued Rose. Jeannine makes Luc aware that it is neither love nor a medical interest prompting him to cure her, but rather his « affreuse passion de connaître, la curiosité froide et brillante comme un couteau bien aiguisé » (Scene 7).

Although they search for self-knowledge, the characters remain faced with perturbing passions which they can neither understand nor control. A kind of personal fatality hangs over them reminding us of Oedipus or of Hugo's Hernani. Luc, Nico, Lui, Elle, Laurency and L'Homme all float around aimlessly in a perpetual state of anxiety and indecisiveness, trying to find a raison d'être for existence. « Quel but? » asks Lui. « On n'atteint rien... On n'arrive nulle part. » The familiar metaphysical problems of Time and man's Destiny begin to perplex them; their quest for self-knowledge inevitably leads to their nostalgic longing to find some absolute Truth which will impose some meaning and order on their undirected lives. They refuse, however, to accept traditional philosophies, and strive to unearth their own ideas on which to base their lives. « Mon mal, » says Nico, « c'est de ne pas vouloir, de ne pas pouvoir être dupe » (Scene 3); and Elle: « J'ai toujours peur d'être ma propre dupe. » Their perpetual fear of living according to illusory values in an illusory world is the underlying theme of *Le Temps est un songe, Les Ratés, Le Mangeur de rêves* and *L'Homme et ses fantômes*; « Nous ne pouvons jamais rien connaître de ce que voient nos yeux, de ce qu'entendent nos oreilles, de ce qui traverse nos cerveaux, » says Nico. We are prisoners of Time and Space in a world of appearances. « The past, present and future exist simultaneously, » ... there is only an « immense present, » ... « in eternity, we are at the same time about to be born, living and dead » (Scene 5). As the dramas unfold and all of their vital questions remain unanswered, the only solution to their metaphysical anguish becomes death; Nico drowns himself; Lui shoots his wife and himself; and L'Homme dies uttering his final word, « savoir.... »

There is almost no mention of God or of Christian redemption in any of the plays; but, it is evident that the characters cannot accept or adjust to a totally atheistic world. In a fairly consistent fashion, Lenormand presents a deterministic universe which paradoxically clashes with his indications of the possibility of an « after life ». For Nico, Lui and L'Homme, while death brings them delivrance from their uncertainties, they also fervently hope that it will ultimately provide them with the Ideal or Truth for which they yearn. Nico says: « To die is to awaken, to know; it is perhaps to reach that point in eternity where time is no longer an illusion... that frontier where everything coexists. » Even the final scene of

Les Ratés, usually considered the most pessimistic and morbid in Lenormand's theater, expresses the hope of another life. After Lui shoots his wife, he contemplates her motionless body without any feelings of remorse. All of his thoughts center around the Infinite: « Et l'infini, que nous avons cherché dans la misère, dans la boue... t'est-il enfin révélé?.... Es-tu seulement sur une rive où autre chose commence?... au premier jour d'une autre vie? »

Lenormand's last play and one which he considered a key work, *La Maison des remparts,* contains his only suggestion that God and Christian salvation might be a solution to man's struggle for meaning and for some moral standards in this disordered universe. The play depict a decadent moddle-class Normandy family—the Malfilâtres René (the father), André his son, André's wife and their two children. The plot involves the rivalry between father and son for Julie, a prostitute in the local brothel, La Maison des remparts. In the bordello's atmosphere of defeat, sadness and moral degeneracy, two of the prostitutes, Julie and Lolita, retain their sensitivity, imagination and desire for a better life. Julie and André fall in love and plan to run away from their unhappy lives, when the father discovers their intentions; in a rage of jealousy, René kills Julie. He is brought to trial, but acquitted for lack of concrete evidence against him. The judge, however, implies that some higher justice will ultimately punish him: « J'y crois encore. Je l'attends encore. Sans cela, je ne pourrais plus faire mon métier. » Lolita too speaks of Divine Justice. At the end of the play, touched by God's grace which she tries to transmit to André, she declares her belief in an all-forgiving God who will give everyone, including prostitutes, the same love and redemption that is given to angels: « Quelqu'un qui ramassera toutes les crapules de la terre et qui leur donnera le même amour qu'il donne à ses anges.... »

Wether Lenormand would have continued to develop more dogmatic affirmations of Christian beliefs is, of course, impossible to determine; in any case, his characters never stopped searching for some sort of purification or raison d'être. At times, Lenormand implied that they might find purity from their suffering and vices (cf. *Les Ratés*). For some of his artistic characters, however, he implies that their Art has revealed to them permanent truths that were found in daily life. Lui formulates this higher ideal in the opening scene of *Les Ratés*: « C'est la réalité qui décourage... la répétition des échecs... Mais cette réalité-là ne doit pas exister pour l'artiste. Il doit en posséder une autre, qui dépende de lui seul, à laquelle personne ne puisse toucher... Il faut qu'il y ait, en tout artiste, une région silencieuse où la lutte ne soit plus qu'avec lui-même... » Art fails to provide Lui and Elle with that Ideal because they are inherently bent toward self-doubt, anxiety and self-delusion. Lenormand, however, never lost faith that Art would provide him with a raison d'être and that the artist would be the « torch bearer for humanity » lighting the way out of mankind's spiritual chaos.

The problem of the moral obligations of the artist pervades Lenormand's works At first (*Les Possédés*) the author advocated that the artist leads an independent life and fulfills himself even though the price of self-realization exacts his wilful destruction of other people. The idea that destruction must precede creation offers his artistic characters an opportunity to indulge themselves and experiment with various vices. Later, Lenormand demonstrated that the artist cannot be completely isolated from his feelings as a social being. Sarterre (*Une Vie secrète*) attempts to eliminate his human feelings and serve only his instincts so that he can continue to revolutionize music with melodies inspired by the savagery of the jungle, the primordial elements of nature, etc. His self-indulgence destroys the mental stability of one girl, Vera, and she finally shoots herself, unable to regain her equilibrium. The shock of her death, however, fills Sarterre with pity and remorse which awaken in him new sources of inspiration; henceforth, his music will express human feelings. The moral lesson implied, of course, is that depravity and nature alone are insufficient for creativity.

While Sarterre could not rid himself of his conscience, Lenormand was entirely sympathetic with his revolt; in general, he favored social and moral rebellions by the artist for the progress of mankind. In *Le Lâche,* he examines the artist's responsibility toward society during the first world war; however, the fact that Jacques is an artist is incidental to the theme of the play. By feigning respiratory illness, Jacques has managed to avoid the draft and pursue a strictly individualistic code behavior. Declaring his horror of war and love of life, he brushes aside notions of honor and duty: « Je ne sais pas si l'homme doit être bon, raisonnable, s'abstenir du meurtre, aimer ses frères... mais je sais qu'il doit vivre... Je ne sais même rien d'autre. » Although Lenormand himself abhorred war and did not feel particularly nationalistic, the play was not meant to advocate pacifism or any political doctrine. As the title indicates, it was intended to be a study in fear, in the gradual breakdown of Jacques' sanity under the mental tortures produced by fear. If there is any moral thesis to extract from the play, it is that no human being can remain completely asocial in his attitudes, even if his code of ethics seems more humane than the rest of the world's. Jacques is forced to conclude: « J'ai agi raisonnablement; je suis resté à l'écart de la folie commune... et cette folie se venge. La sagesse était de se laisser couler vers le monstrueux et l'injustifiable... Quand on résiste, on tombe dans quelque chose de pire. » Society requires a certain conformity or homogeneity of thoughts and actions. A pure individualist cannot survive (cf. Anouilh's *Antigone* for comparaison).

III

In 1910-1911 Lenormand and his wife toured the provinces for the performance of Henri Bataille's *La Vierge folle*. On this journey, Lenormand observed the habits, activities and miserable conditions in which the itinerant actors lived and performed. From this experience came the realistic details in *Les Ratés*: the dilapitated hotel rooms, the cold train stations, the stop at the church and the interminable arguments between the Ingénu and the manager; the genesis of some of the characters salient traits were also inspired by the author's contact with this tenth rate troupe, particularly Larnaudy's gluttony and Saint-Gallet's faltering memory. Montredon bears some resemblance to Lugné-Poe and Crouzols to René Lenormand. Lui and Elle, in their tendency toward reverie, mutual tenderness, love and pity, are dramatizations of the author and his wife; but there the resemblance ceases. Lui's jealousy, resignation and revolt, and Elle's infidelities and appetite for misery were all uncharacteristic of Lenormand and Marie.

The author's principal aim in the fourteen scenes of *Les Ratés* is to reveal the moods, antithetical feelings and tensions between Lui and Elle with the purpose of forcing the spectator to concentrate upon the artistic and moral failure of this couple. The effects of external circumstances are almost completely eliminated from contributing to the motivations of the characters; therefore, the poverty and social pressures that Lui and Elle are subjected to are of secondary importance to the inherent deficiencies in their personalities which cause their failures.

The secondary characters reinforce the atmosphere of mediocrity which surrounds Lui and Elle; with the exceptions of Montredon and Crouzols who show some character development, they are all static figures whom we are to regard as types or universal symbols of failure. The impersonal, dehumanized reference to them as Le Soldat, Le Viveur, and even Lui and Elle who surely make us feel that they are real people, emphasizes the possibility that they represent an idea and are not meant to be strictly studies of integrated personalities. Lenormand, however, is above all a dramatist. Despite the repeated moral implications in this play as well as in others which indicate that he was concerned with principles and ideas as well as with people, he should in no way be considered an objective or strait-laced, didactic writer. Like all of the previous themes mentioned, the notion of failure is here linked to Lenormand's own life; it is evident from the numerous person throughout all of the plays who fail to achieve their goals or satisfy their desires that the fear of failure haunted the author himself. As stated above, however, the process of literary creation served as a catharsis for Lenormand by permitting him to place his worst fears before him, and thereby to « purge » himself through his characters. Nico, L'Homme, Lui, Jacques and Sarterre are all exaggerated images of the repressed fears and impulses that constantly haunted the dramatist.

On a technical level, failure in most of the characters is illustrated through the use of sharp contrasts in rapidly moving scenes. The best examples of this device are in the portrayals of Montredon and Crouzols. From an intransigeant musician who believes in himself, in his future success and refuses to cut a single measure of his music to cater to the director's tastes (Scene 1), Crouzols degenerates into a pianist playing popular tunes in a cheap café (Scene 8); he has compromised his personal hopes, his music and every artistic ideal he formerly cherished. Between scenes one and two, a period of two years, Montredon declines from the director of a small avant-garde theater to a glib, tough manager of a mediocre stock company.

Using a combination of realistic and expressionistic techniques to unfold the inner thoughts and feelings of Lui and Elle, Lenormand does not procede to analyze his characters in the systematic fashion that was characteristic of the psychological drams of his time. In certain scenes, external reality is entirely abolished, as, for example, in scene II in which Lui's jealousy is finally revealed in a sudden dream-like outburst under the stimulus of alcohol. Other scenes contain brief conversations between the two as they engage in self-analysis and reverie. The action is naturally minimal; the factor of time, however, through the characters' frequent allusions to it and the author's stage comments allows the play to retain a tight structure. From the first scene in which the seeds of their future destruction are planted, the spectator is aware of the time which drags Lui and Elle into despair and degeneracy; thereafter, an inexorable Fate seems to guide their destinies to an inevitable dénouement.

In Scene One, Lui and Elle, author and actress, are in love, devoted to one another and are seeking happiness and success in their art. Two years pass; Lui has written nothing and grows more and more tortured by self-doubt and the possibility of creative sterility. Elle, having failed to become a successful actress, agrees to perform for a stock company providing her husband accompany her on this six-month tour. To prevent his wife from becoming discouraged by the amorality of her fellow companions, the lonely nights in strange towns and train stations, Lui abandons his own ambitions and follows his wife; he knows, however, in advance that they will not be able to subsist for very long on her meager income. In the remaining twelve scenes in which they are subjected to poverty, hypocrisy, and recurrent self-doubts and sense of failure, they gradually forsake first their artistic and then their moral ideals. Trapped finally in a mutual cycle of degradation from which there appears to be no recovery, Lui finds death the only logical solution to their wretched existences.

The central issue of *Les Ratés,* already discussed in *Une Vie secrète,* is the idea that evil is a requisite for the happiness and love between Lui and Elle and to Crouzols' musical inspiration. It is Elle's intention to prove that their love and not their art would provide them with a raison d'être, but that this love must be deepened and strenghtened through unhappiness, degradation, humiliation and suffering. At first, the experiment proves satisfactory, and they find that their mutual infidelities have actually brought them closer together: « Une porte s'ouvre au plus bas de la douleur, et voilà qu'il entre une lumière, une tendresse qu'on ne connaissait pas. » Lui concludes reluctantly that perhaps there is « no human happiness that is not built upon the back of some loathsomefaced beast. » Before long, however, they must pay the price for their prolonged descent into moral depravity. Lui discovers that the constant violation of their consciences has completely destroyed their lives, and that their newly found love is another illusion. When he further realizes that they have wasted precious years and have irrevocably failed as artists and as human beings, he turns to alcohol for comfort. Only Elle retains the illusion that their love remained intact and was never soiled. In her predisposition toward unhappiness and misery, she provokes comparison with Anouilh's Thérèse (*La Sauvage*) who could not be happy as long as there was some lost dog somewhere in the world; similarly, Elle says: « Je ne sais pas si une femme peut aimer un être heureux. Celle qui n'a jamais eu un peu pitié de celui qu'elle aime n'a probablement pas connu l'amour » (Scene 3). Lui, on the other hand, more aware of the tribulations awaiting them should he give up teaching, has at least two opportunities to prevent the tragedy by refusing to accompany his wife. He recognizes his wife's attraction to and desire for misery, but is not strong enough to separate from her. « That secret force which draws Elle toward sadness, » ultimately traps Lui and destroys his previous ideals.

The moral implications by the author with regard to the couple is clear—that good can emerge from the violation of human instincts is an illusion. With respect to the question of inspiration in Crouzols, however, Lenormand treats the problem of evil in a less conclusive manner. Formerly an idealist, recurrent failures drive the musician to « commit every crime against his art; » « I struck my art in the face, I dragged it through the mire.... And it rewarded me royally, » says Crouzols. « Treason, hatred and degeneracy liberated a source of beauty in me » (Scene 8). Crouzols seems to demonstrate that « all strength, all possession, all sense of completeness originate in evil desires, » and that this is the price the artist must pay for greatness, beauty and love. *Les Ratés* most explicitly illustrated the conflict between Lenormand the person and Lenormand the artist; in the final analysis the reader cannot draw any definite conclusions about the author's ideas concerning evil. When he is repelled by evil (as a person), a moral lesson can be deduced as in *A l'Ombre du mal, L'Homme et ses fantômes, Le Mangeur de rêves, Une Vie secrète* and *Les Ratés*; however, when as an artist he is fascinated by the devil's activities, he sometimes allows the good people to die or to be unjustly treated as in *Terre de Satan, Le Simoun* and *Les Trois Chambres*. The author's originality on the subject is, of course, partially due to his ability to dramatically transpose into art those paradoxes which are inherent in his own personality.

Lenormand's goal was to enlarge the domain of psychological drama by replacing the totally aware Cartesian hero with shadowy, fragmentary figures from contemporary society who illustrate man's conscience and reason in the process of desintegration. Inspired from the author's own experiences, his characters pursue phantoms, dreams and their instincts; they are, however, valuable studies of Lenormand's contemporaries— their anxieties, hopes, struggles and fears. At times, Lenormand agreed that the humanity he portrays emerges « more dejected than exalted, more impoverished than enriched, more hesitant than reassured. » « My theater, » he states, « is above all a testimony of the painful days in which we are living. » The spectator of today may very well dismiss much of the cynicism, morbidity and general state of uneasiness that is elicited from him during the performance of a Lenormand play; he may also tend to dismiss many of the characters as « psychological cases » and unworthy of being regarded as tragic figures. It is, nevertheless, undeniable that these tortured beings contain with them the elements of the tragic personalities of our present age. While the Greeks exteriorized the evil forces that destroyed their heroes (Oedipus), a modern dramatist finds the evil demons beneath the threshold of human awareness. The form of tragedy has changed, but not the content; for both the Greek and modern writer, the hero is led to his doom unaware of the fates which pursued him. Finally, after the curtain falls on *Les Ratés,* it is the poetry perhaps that remains with us—the spellbinding quality of certain dreamy—like scenes which will enable us to revive the tragic atmosphere in Lenormand's theater.

WORKS BY LENORMAND

(dates are of performances)

1900. Le Cachet rouge.
1905. La Grande Mort.
1905. Au Désert.
1908. Le Réveil de l'instinct.
1909. Les Possédés.
1910. Terres chaudes.
1912. L'Esprit souterrain.
1914. Poussière.
1919. Le Temps est un songe.
1920. Les Ratés.
1920. Le Simoun.
1922. Le Mangeur de rêves.
1922. La Dent rouge.
1924. L'Homme et ses fantômes.
1924. A L'Ombre du mal.
1925. Le Lâche.
1926. L'Amour magicien.
1927. Mixture.
1928. L'Innocente.
1929. Une Vie secrète.
1931. Les Trois Chambres.
1931. Asie.
1932. Sortilèges.
1934. Crépuscule du théâtre.
1937. La Folle du Ciel.
1937. Pacifique.
1938. Arden de Feversham.
      La Maison des Remparts.   (*Never performed.*)
      Terre de Satan.

CRITICAL WORKS

BLANCHART Paul: Le Théâtre de H.-R. Lenormand, *Masques, 1948.*
DANIEL-ROPS Henri: Sur le Théâtre de H.-R. Lenormand, *Édition des Cahiers Libres, 1926.*
RADINE Serge. Anouilh, Lenormand, Salacrou : trois dramaturges à la recherche de leur vérité, *Trois Collines, 1951.*
PALMER John: Studies in the Contemporary Theatre, *Martin Secker, 1927.*
SURER Paul: Le Théâtre français contemporain, *Société d'Édition et d'Enseignement supérieur, 1964.*
LENORMAND Henri-René: Les Confessions d'un auteur dramatique, *Éditions Albin Michel, 1949.*

Les Ratés

ont été représentés pour la première fois le 22 mai 1920 au théâtre des Arts, avec la distribution suivante :

Lui	MM. Georges Pitoëff
Montredon, acteur, puis régisseur de la tournée	Carpentier
Le musicien	Dullin
Larnaudy, acteur de province	Arvel
Saint-Gallet, acteur de province	Birel
Le viveur	Fichel
Elle	Mmes Marie Kalff
La duègne	Maylianes
L'ingénue	L. Pitoëff
L'habilleuse	Sylvère

Le deuxième fantôme, un garçon d'hôtel, un acteur, un garçon de café, le président du Tribunal, sa fille, le conservateur du Musée, sa femme, le pharmacien, un caporal, un soldat, la tenancière du buffet, une bossue, un nègre, le commissaire de police.

La scène se passe en France, vers 1910.

PREMIER TABLEAU

Un local triste servant de salle de répétitions. Une rangée de chaises le long des murs. A droite, un piano. A gauche, une table où des manuscrits et des rôles sont éparpillés. Au milieu, des chaises figurent une mise en scène.

Au lever du rideau, Montredon est assis derrière la table. Lui, est à son côté, Elle, au fond. Tous trois sont silencieux, crispés[1] *par l'attente.*

(Lui tire sa montre.)

MONTREDON. – Quelle heure ?

LUI. – Quatre heures moins dix.

MONTREDON. – Mon cher auteur, les éminents artistes chargés d'interpréter votre belle œuvre au Nouveau Théâtre Artistique s'étant donné le mot pour nous poser un lapin[2], je propose de lever la répétition.

(Lui ne répond pas, se lève et arpente nerveusement la pièce. Montredon continue :)

Je propose de lever la répétition, non sans faire peser un blâme énergique sur vos interprètes absents.

LUI, *s'arrêtant*. – Écoutez, Montredon, ça ne peut pas continuer ! Voilà deux mois que vous avez mis ma pièce à l'étude... Vos acteurs n'ont pas encore répété ensemble... et vous voulez passer lundi prochain !

MONTREDON. – Je passe lundi prochain !

LUI, *nerveux*. – Je ne laisserai pas abîmer mon drame par des interprètes de fortune[3] !

MONTREDON, *soupirant*. – Ah, si seulement ils voulaient venir répéter, les interprètes de fortune !

LUI. – Vous conviendrez vous-même qu'on ne peut pas jouer une pièce sans l'avoir répétée !

MONTREDON. – En principe, non... En réalité, si[4] !

LUI. – Eh bien, pour une fois, je m'en tiens au principe.

MONTREDON. – Ne vous frappez donc pas. On travaillera les trois derniers jours et votre pièce sera jouée... ni mieux, ni plus mal que toutes celles que je monte.

LUI. – Par qui sera-t-elle jouée ? Car enfin, depuis que je viens aux répétitions, à part vous et Juliette, qui arrive tous les jours à midi et demi, la malheureuse, je n'ai pas vu d'acteurs !... J'ai vu défiler un tas d'individus pleins de prétentions qui ont ânonné[5] leurs rôles, une fois, deux fois, et puis n'ont plus reparu. Qu'est-ce qu'ils ont ? Pourquoi ne reviennent-ils pas ? Est-ce la pièce qui leur déplaît ? Sont-ce les rôles qui ne leur conviennent pas ?... Est-ce le côté symbolique de l'œuvre qui les effraie ?... Je ne sais plus, moi ! Je ne sais plus !

MONTREDON, *rassurant*. – Non, ce n'est pas le côté symbolique.

LUI. – Alors quoi,... Les seuls qui aient gardé leurs rôles sont des petits jeunes gens qui disent faux à vous faire rougir... Et même ceux-là ne viennent pas ! Pourquoi ?

---

1. - With contorted faces.
2. - Have arranged to fail to turn up.
3. - Lenormand worried constantly over the interpretations of his plays. Scene I portrays Lui as an artist with integrity.
4. - Many traits in Montredon were based on Lenormand's relationship with Lugné-Poe.
5. - Blundered through.

MONTREDON, *philosophe*. — C'est bien simple : jusqu'à trois heures, ils font du cinéma... et à partir de trois heures, ils n'osent plus venir, parce qu'ils savent qu'ils seront engueulés.

LUI. — Mettez la répétition plus tard.

MONTREDON. — On ne me prête le local que jusqu'à quatre heures et demie.

LUI. — Louez-en un autre.

MONTREDON. — Avec quoi, mon bon ami? Vous me donnez huit cents francs, pour monter votre pièce.

LUI, *la gorge serrée*. — Huit cents francs... huit cents francs... Ça représente deux ans d'économies sur des leçons de français au rabais[6]. Nous ne pourrons pas recommencer la petite fête de si tôt !

MONTREDON. — Je le sais bien. Et vous savez, vous que ça me fait mal au cœur d'avoir dû vous demander de l'argent. *(Frappant sur le manuscrit.)* Il est très bien, votre ours, et si j'avais seulement deux mille francs à moi, vous verriez comme ça marcherait !

ELLE. — J'ai demandé cinq cents francs à mon oncle... il m'a envoyée promener.

LUI. — Et si vous lui lisiez la pièce ?

ELLE. — Oh, alors, il se fâcherait tout à fait !... Un inceste[7], vous comprenez !

LUI, *décisif*. — Il faudrait trouver de bons acteurs qui ne se fassent pas payer. En leur faisant miroiter la chose... Une pièce de jeune... une belle création... ça devrait les intéresser.

MONTREDON. — Ça devrait... mais ils s'en foutent !

LUI. — Alors, que faire ?

MONTREDON. — Harceler les crabes[8] de dix-huit ans que nous avons. Je les ferai travailler jour et nuit...

LUI. — Et mon drame sera tout de même par terre ! Eh bien, non.

MONTREDON, *à Elle*. — Croyez-vous qu'il est jeune ? *(A Lui.)* Mais puisque je le joue, votre drame ! Puisque Juliette le joue ! Qu'est-ce que vous craignez ?

LUI. — Pardon. Il n'y a pas que deux rôles. Il y en a neuf. Et certaines scènes sont très difficiles à régler. Celle des deux fantômes, par exemple.

MONTREDON, *entre ses dents*. — Coupez-la donc. Je vous l'ai déjà demandé.

LUI, *furieux*. — Non, non et non ! Je ne laisserai pas mutiler mon œuvre parce que vous ne pouvez pas la monter intégralement ! Si vous revenez là-dessus, finissons-en. Je la retire. Rendez-moi le manuscrit !

MONTREDON, *calme*. — Est-il méchant !

LUI. — Je me suis bien trompé sur votre compte, Montredon. Je vous croyais un artiste, un sincère... Et je vous trouve d'une indifférence ! D'une mollesse ! Ah ! vous n'avez pas le feu sacré, vous !

---

6. - At a reduced price.
7. - The theme of incest dominates *le Réveil de l'Instinct* and *le Simoun*.
8. - The lousy fellows (slang).

LES RATÉS

MONTREDON, *avec amertume*. – Je l'ai eu, mon garçon ! Mais c'est une maladie qui ne dure pas longtemps. On en claque... ou elle passe. Nous verrons, dans dix ans, si elle vous tient encore [A] !

LUI. – Excusez-moi, je suis dans un état de nervosité...

MONTREDON, *indulgent*. – Mais oui... Mais oui...
    (Le Deuxième Fantôme passe timidement la tête au fond. Seize ans, l'air naïf, louchant légèrement.)

ELLE. – Voici le Deuxième Fantôme !

MONTREDON, *s'amusant à le terrifier*. – Ah, c'est toi espèce de navet ?... Tu as encore du toupet [9], de t'amener à ces heures-ci... La répétition est terminée, mon cher sociétaire ! Et si tu crois que c'est en adoptant des mœurs pareilles que tu apprendras ton métier, permets-moi de te dire que tu te goures [10] étrangement !

LE DEUXIÈME FANTÔME, *étranglant de timidité*. – Monsieur Montredon...

MONTREDON. – Regardez-moi ça... Ça se tient comme une asperge malade, ça a une voix de roquet [11] et ça veut jouer les fantômes ! Mais tu ne ferais pas peur à un nourrisson !

LE DEUXIÈME FANTÔME. – Monsieur Montredon...

MONTREDON. – Eh bien quoi ? Parle donc !... Donne de la voix !... Articule !

LE DEUXIÈME FANTÔME. – Monsieur Montredon... Il se passe des choses graves... J'ai vu le Premier Fantôme.

MONTREDON. – Et puis après ?... Où est-il encore, celui-là ?

LE DEUXIÈME FANTÔME. – Il est au café, monsieur Montredon.

MONTREDON. – Ah, il est au café ? Eh bien, tu peux lui dire de ma part que c'est un veau !

LE DEUXIÈME FANTÔME, *sortant un rôle de sa poche*. – Monsieur Montredon... il a rendu son rôle !

MONTREDON. – A qui l'a-t-il rendu ?

LE DEUXIÈME FANTÔME. – A moi, monsieur Montredon... Parce qu'il n'a pas osé vous le rendre, à vous. Il trouve que ce n'est pas assez important pour lui. Il dit qu'il a joué des rôles de pièce [12] à Mostaganem... Alors, il ne marche plus pour un fantôme. Voilà.

MONTREDON, *s'amusant*. – Ah ? Mais je ne savais pas que ce monsieur avait tenu les premiers emplois à Mostaganem... Voilà qui change tout !... Évidemment, j'ai eu tort de lui offrir un fantôme... Que faire ?... D'abord, va tout de suite lui dire qu'il n'est pas un veau !

LUI. – Il n'y a pas de quoi rire, Montredon. Encore un qui plaque [13] ! C'est tout simplement effrayant !

MONTREDON. – Et puis, dis-lui que l'auteur est effrayé...

LE DEUXIÈME FANTÔME, *s'enhardissant*. – Monsieur Montredon...

MONTREDON. – Quoi ?

LE DEUXIÈME FANTÔME. – Puisqu'il a rendu son rôle, donnez-le-moi !

LUI, *protestant*. – Ah non, non, c'est impossible.

A. - Contrast the artistic personalities of Lui and Montredon in this scene.
9. - You have the nerve to.
10. - You are making a big mistake.
11. - A mongrel.
12. - Leading.
13. - Gives up.

Montredon. — Qu'est-ce que tu veux, mon petit, l'auteur te voit en Deuxième Fantôme; il ne te voit pas en Premier. Il n'y a rien à faire.

Le deuxième fantôme, *à Lui*. — Je vous promets de travailler, monsieur ! Vous me donnerez vos indications ; je ferai tout ce que vous me demanderez... J'ai un camarade qui jouerait le Deuxième Fantôme à ma place.

Montredon. — Comment est-il, ton camarade ?

Le deuxième fantôme. — Un peu gros pour un fantôme, mais il a un creux superbe.

Montredon, *à Lui*. — En somme, comment le voyez-vous, votre Deuxième Fantôme ? Gros ou mince ?

Lui. — Je vous assure que je n'ai pas envie de plaisanter !

Montredon, *rêvant*. — Moi, je l'ai toujours vu obèse, les cheveux plats, et des bajoues. *(Au Deuxième Fantôme.)* Amène ton camarade, mon garçon.

Le deuxième fantôme. — Alors, monsieur Montredon, vous me donnez le Premier Fantôme ?

Montredon. — Nous t'essaierons, mon petit.

Le deuxième fantôme. — Merci bien, monsieur Montredon.

Lui, *très contrarié*. — Il y a une impression d'épouvante à produire : monsieur ne la produira jamais.

Montredon. — Travaille. Tâche de produire ce que demande monsieur.

Le deuxième fantôme. — Oui, monsieur Montredon.

Montredon. — Demain, une heure et demie, avec ton copain.

Le deuxième fantôme. — Sans faute, monsieur Montredon. *(Il sort.)*

Lui. — Montredon, ne lui laissez pas jouer le Premier Fantôme, il sera ridicule.

Montredon. — Il a beaucoup de qualités, ce garçon. Je l'engueule pour le faire travailler, mais je vous assure qu'il sera très bien.

Lui. — Il ne sera jamais ef-fra-yant !

Montredon. — Il manque peut-être un peu de moyens. Mais le masque y est. Il a un œil gauche terrifiant, cet enfant-là. Vous n'avez pas remarqué ? *(Elle rit.)*

Lui, *ouvrant les bras*. — Ah, si vous riez, vous aussi !...
                    (Le Musicien entre, un rouleau sous le bras, misérable et suffisant.)

Montredon. — Tiens, voilà l'orchestre !

Lui. — Comment allez-vous, mon cher Crouzols ? Eh bien, est-ce terminé, cette musique de scène ?

Le musicien, *enchanté de lui-même*. — Oui, je vous l'apporte... A dire la vérité, le public ne comprendra pas deux mesures à ma partition.

Montredon. — Pourquoi donc ?

Le musicien. — C'est très synthétique, vous comprenez... Excessivement synthétique.

Montredon, *avec des grimaces inquiètes*. — Jouez-nous donc un peu le cortège du *un*. Nous verrons si ça concorde avec mes jeux de scène.

Le musicien, *négligemment, se mettant au piano.* — Oh, je ne me suis pas occupé des jeux de scène. J'ai suivi, vous comprenez... J'ai suivi ma pensée [14].

Montredon. — Diable !
  (Le Musicien commence à jouer une succession d'accords prétentieusement dissonants.)

Montredon, *croyant, ou faisant semblant de croire qu'il prélude.* — Commencez, voulez-vous ? Je suis un peu pressé.

Le musicien, *se retournant, furieux, sans cesser de jouer.* — Mais c'est commencé !

Montredon. — Oh, pardon !
  (Il fait signe à Lui et à Elle. Tous trois se concertent à voix basse. Le Musicien joue toujours. Heurts et dissonances de plus en plus désagréables.)

Montredon, *qui a tiré sa montre.* — Halte !

Le musicien, *s'arrêtant.* — Comment, halte ?

Montredon. — Deux minutes : le cortège est passé.

Le musicien. — Mais je n'ai pas fini !

Montredon. — Ça m'est égal ; les chevaliers sont sortis. Les amants restent seuls.

Le musicien, *fermant le piano avec un mépris négligent.* — Vous savez, si la musique vous déplaît, ne vous gênez pas pour le dire.

Lui, *vivement.* — Pas du tout, Crouzols ! Pas du tout ! C'est une question de durée, simplement.

Le musicien. — Oh, je ne ferai pas de coupures !

Montredon. — D'abord, moi je l'ai toujours dit : à cet endroit-là, je voudrais un roulement de tambour, et voilà tout. Quant à votre musique, ma foi, écoutez : je la trouve... je la trouve...

Le musicien. — Vous la trouvez ?

Montredon. — Un peu trop synthétique. Voilà... Et je ne suis pas le seul de mon avis. L'auteur aussi la trouve trop synthétique. Et même Juliette...
  (Elle se détourne pour rire.)

Le musicien. — Vous vous foutez de moi, n'est-ce pas ?

Lui. — Mais non, Crouzols ! Montredon n'y connaît rien !

Montredon. — C'est possible, mais l'auteur s'y connaît, lui... Et il l'a dit : « C'est de la musique trop synthétique. » N'est-ce pas, Juliette, qu'il l'a dit ?

Lui. — Il n'y a pas un mot de vrai, c'est une plaisanterie !

Le musicien, *qui a repris sa partition.* — Dix mesures de moi et les cochons sont lâchés... Comme c'est curieux !... D'ailleurs, c'est ce qu'il faut. C'est pour cela que j'écris.

Lui. — Je suis désolé. C'est un malentendu.

Montredon, *bas.* — Non, non, tout va bien.

Le musicien. — Vous croyez me faire une muflerie [15] et, sans le savoir, vous acquiescez à l'originalité absolue de mes conceptions !

Lui. — Ne vous fâchez pas, Crouzols !

---

14. - Crouzols in this scene was inspired largely by René Lenormand.

15. - You think you are knocking me.

LE MUSICIEN. — Moi, fâché? Comme vous me connaissez mal! Je suis ravi.

LUI. — Alors, continuez à jouer.

LE MUSICIEN. — Inutile. Ma partition est de plus en plus agressive.

LUI. — Qu'est-ce que ça fait? J'aime beaucoup ce que vous écrivez, moi.

LE MUSICIEN. — Ah, non, mon cher. Ne vous faites pas plus malin que vous n'êtes. A l'heure actuelle, il y a deux hommes en état de me comprendre... et ils ne sont pas ici...

MONTREDON. — Oh, les veinards[16]!

LE MUSICIEN, *imperturbable*. — L'un est à Pétersbourg et l'autre, à Munich.

LUI, *rouvrant le piano*. — Voyons, Crouzols, ne vous en allez pas! Nous finirons par nous entendre...

LE MUSICIEN. — Non. Monsieur me demandera des coupures et je suis décidé à ne pas changer une note. Ce n'est pas ma faute, si j'ai le respect de mon art. Vous, vous faites des concessions, vous truquez, vous flattez le public; à votre aise. Moi, j'aimerais mieux claquer que de sacrifier une mesure... L'avenir dira qui de nous a raison.

MONTREDON, *soupirant*. — L'avenir l'avenir... en voilà un qui ne cause pas facilement!

LE MUSICIEN, *à Lui*. — Je sais qu'il aura sur moi son mot à dire!... Je suis inconnu... Je vis dans une misère profonde... Et j'ai cependant la foi la plus absolue en moi-même. Vous, vous êtes déjà empoisonné par le doute. Vous comprenez que nous ne pouvons pas nous entendre. Bonjour. *(Il sort.)*

LUI, *à Montredon*. — Et nous voilà, grâce à vous, sans musique de scène! C'est gai!

MONTREDON. — Mais remerciez-moi donc. Mieux valent une casserole et une grosse caisse que les insanités de cet imbécile.

ELLE. — Il a raison. La musique de Crouzols est impossible.

LUI. — C'est toujours de la musique!... Et il nous faut de la musique. Et puis, sommes-nous sûrs de ce qu'il vaut? Il aura peut-être un jour le génie qu'il se croit.

ELLE. — Lui? C'est le raté le plus définitif que j'aie jamais rencontré [B].

LUI. — Nous ne savons pas.

ELLE. — Mais si; tout le monde le sait.

LUI. — Tout le monde peut se tromper. Regardez les derniers quatuors de Beethoven: pendant quarante ans...

MONTREDON, *se levant*. — Mes enfants, la conversation devenant esthétique, musicale et dubitative, je décampe.

LUI. — Alors, demain, une heure et demie?

MONTREDON, *parlant à des acteurs imaginaires*. — Une heure et demie, tout le monde! Répétition des mouvements de foule, avec costumes et accessoires! *(A Lui.)* Je monte à Belleville, pour tâcher de vous trouver un prince Aledebert.

LUI, *effrayé*. — Comment? Un prince Aldebert? Mais nous en avons un. Le grand garçon qui est venu hier!

---

16. - The lucky devils.
B. - What does Elle's judgement of Crouzols suggest about Elle herself?

MONTREDON. — Il a plaqué.

LUI, *furieux*. — Celui-là aussi? Mais pourquoi? Enfin, pourquoi?

MONTREDON, *pénétré*. — A cause de sa mère.

LUI. — Qu'est-ce qu'elle a, sa mère?

MONTREDON, *lui tendant un pneumatique*. — Lisez.

LUI, *lisant*. — « Cher Montredon, ne m'en veuillez pas trop, s'il m'est impossible de créer le *Prince Aldebert*. Après avoir relu la pièce, je m'aperçois que ma mère, qui est à cheval sur les principes, ne me pardonnerait jamais d'incarner un vieillard amoureux de sa propre fille. »
C'est terrible! On ne peut pas prendre n'importe qui, pour jouer le Prince Aldebert! Il faut un physique!

MONTREDON, *alléchant*. — J'ai quelqu'un en vue.

LUI. — Il aura treize ans, votre Prince Aldebert! Il faut un vrai vieux; autrement, sa scène est par terre!

MONTREDON. — Mon cher, celui que je vais voir vous étonnera : Abdul-Hamid!

LUI, *soudain enchanté*. — Ah, ce serait parfait.

MONTREDON, *restrictif*. — Pourvu qu'il soit libre!... Allons, à demain. A demain, Juliette.

ELLE. — Au revoir, Montredon.

(*Montredon sort vivement.*)

ELLE. — Mon pauvre ami!

LUI. — Cette lutte est épuisante, voyez-vous. On n'a pas de prise sur un homme comme Montredon. Rien ne sert de se fâcher, avec lui.

ELLE. — D'autant plus qu'au fond, il est sérieux : il se donne du mal. C'est quand même un artiste.

LUI. — Peuh! Croyez-vous?

ELLE. — J'en suis sûre.

LUI. — Je le trouve bien entamé.

ELLE. — Que voulez-vous? Quinze ans de batailles inutiles!... On perd son courage. Nous-mêmes, dans quelques années...

LUI, *d'un ton un peu forcé*. — Eh bien, non! Je crois que je ne perdrai jamais le mien... C'est la réalité qui décourage... La répétition des échecs... La gifle continuelle des faits... Mais cette réalité-là ne doit pas exister pour l'artiste. Il doit en posséder une autre, qui dépende de lui seul, à laquelle personne ne puisse toucher[17]. Vous comprenez?

ELLE. — Oui. Ce serait beau... Ce serait fort.

LUI, *s'écoutant parler*. — Il faut qu'il y ait, en tout artiste, une région silencieuse où la lutte ne soit plus qu'avec lui-même, où il n'entende plus briser les vagues du succès et de

---

17. - Lui suggests that the artist's imagination reveals more permanent truths than the realities of everyday life.

l'insuccès. Qu'importe que je sois inconnu et misérable, si je suis roi dans le pays de mes rêves, où tout est grand, où tout est parfait[C]?

ELLE. – Ça réchauffe de vous entendre parler ainsi. Vous doutez si souvent de vous-même !

LUI. – C'est fini. Je ne veux pas me laisser empoisonner par le doute, comme dit Crouzols. Je ne veux plus m'interroger continuellement sur la valeur de ce que j'écris. C'est trop vain ! Je ne veux plus que créer... Je veux, sur l'océan de la sottise humaine, lancer de grands vaisseaux d'idéal, aux voiles éclatantes ! Si j'ai la force de les bâtir, je vous jure qu'ils vogueront !... Il est impossible qu'ils ne finissent pas... *(Il s'arrête brusquement et rit.)*

ELLE. – Qu'alliez-vous dire ? Pourquoi riez-vous ?

LUI. – Je ris, parce que je parle comme Crouzols ! Lui aussi se figure...

ELLE, *vivement*. – Pas de ces comparaisons, je vous prie ! Vous avez le droit, le devoir de croire en vous ! Ah, que ça doit être bon d'avoir un peu de confiance en soi-même !

LUI. – Mais vous n'avez pas le droit d'en manquer non plus !

ELLE. – Quand il me vient un accès d'enthousiasme, quand je me crois capable de grandes choses, j'ai toujours peur d'être ma propre dupe[18].

LUI. – Il ne faut pas, Juliette. Voyons, quand nous sommes ici tous les deux et que vous répétez votre rôle pour moi, pour moi seul, est-ce que je ne pleure pas.

ELLE. – Oh, cela ne prouve rien ?

LUI. – Pourquoi ?

ELLE, *timidement*. – Quand je suis seule, chez moi, le soir, et que je relis vos vers, je pleure aussi... Cela ne prouve pas qu'ils soient beaux.

LUI, *réfléchissant*. – Vous voulez dire... que cela prouve autre chose n'est-ce pas ?

ELLE, *bas*. – Oui.

LUI, *même jeu*. – Une chose... dont je suis plus heureux que de tout le reste... vous le savez.
                                (Il lui prend lentement la main et la serre avec tendresse.)

ELLE. – Moi aussi... moi aussi...

LUI. – Une chose... qui suffit...

Rideau

C. - What ideals does Lui share with such 19th century poets as Hugo, Vigny and Baudelaire?

18. - The fear of self-delusion is characteristic of many of Lenormand's characters. See Introduction.

DEUXIÈME TABLEAU

Une chambre, boulevard du Montparnasse. Le lit est masqué par un paravent. Une table encombrée de paperasses et de livres. Après-midi d'automne.
Lui, est assis devant la table. Il n'écrit pas. Il pense, la tête entre ses mains.
Elle, passe la tête à droite.

LUI. — Tu peux entrer.

ELLE, *entrant*. — Je n'osais pas te déranger.

LUI. — Oh, je ne travaille pas.

ELLE. — Faudra-t-il offrir quelque chose à Montredon, tout à l'heure ?

LUI. — Non. C'est une visite d'affaires. Il ne vient pas en ami... D'ailleurs, c'est un drôle d'ami ; voilà deux ans qu'on ne l'a vu [19].

ELLE. — Il doit avoir une existence très pénible. Obligé d'abandonner son théâtre et de courir la province...

LUI. — Je me demande ce qu'il va te proposer.

ELLE. — Quelque tournée. Ce sera médiocre, évidemment. Tant pis, j'accepterai quand même.

LUI. — Non, pourquoi ?

ELLE. — Parce que, mon chéri, voilà six mois que je n'ai ouvert la bouche à Paris. Les directeurs ne veulent pas de moi ; c'est assez clair. D'ailleurs, entre nous, ils ont raison ! Je me vois, depuis quelque temps.

LUI. — Tu ne te vois pas du tout. Tu t'imagines, parce que tu as fait un four [20] dans une pièce ridicule, que tout est perdu. C'est enfantin.

ELLE. — Ah, on ne me l'a pas envoyé dire, que je n'avais aucun talent, que j'étais monotone, figée, que j'alourdissais le texte, etc...

LUI. — Tu passes ton temps à remâcher tes mauvaises critiques !... Tout le monde en a eu, de mauvaises critiques. Ce n'est pas une raison pour se décourager.

ELLE. — Ne reviens pas là-dessus, je t'en prie. Je sais à quoi m'en tenir. Ton travail marche-t-il, aujourd'hui ?

LUI, *évasif*. — Non, pas très fort.

ELLE. — Qu'est-ce qui ne va pas ?

LUI. — Oh, ce serait trop long à t'expliquer.

ELLE. — Évidemment : voilà deux ans que tu n'as été joué. Il faudrait que tu puisses te rendre compte de ce que tu écris...

LUI, *haussant les épaules*. — Il faudrait ça... et le reste !

ELLE. — Tu me fais des reproches parce que je me décourage... et toi-même, un instant après...

---

19. - Notice the precise indications of time.   20. - You were a flop (theatrical).

Lui. — C'est tout à fait différent. Tu as subi un échec fortuit, complètement indépendant de ta personnalité... Tandis que moi, je me rends très bien compte de la pente que je descends. J'ai eu du talent, oui, pendant une ou deux années. Et puis, c'est passé... Je me suis refroidi, décoloré, sans raison... Ce que j'écris maintenant n'a plus de chaleur, plus de vie... Je fais de la littérature, comme tout le monde [21].

Elle. — Tu es dans une mauvaise phase, voilà tout... tu es fatigué... Tu travailles trop...

Lui, *ricanant*. — Je n'ai pas écrit dix pages, ce mois-ci!

Elle. — Ah! si tu n'étais pas obligé de donner ces affreuses leçons [22] pour vivre, je suis sûre que...

Lui, *arpentant la pièce*. — Laisse donc! Quatre heures de leçons par jour, ce n'est pas là ce qui entrave mon *génie*. Non, va, ce dessèchement de la pensée n'a pas de causes extérieures à moi-même... D'ailleurs, je ne le prends pas au tragique... Au contraire, il y a des moments où je suis presque soulagé de ne pas être un grand artiste, un de ces créateurs, emmurés dans leur art comme dans un tombeau, pour qui rien n'existe, en dehors de leur sacro-sainte fonction d'assembler des mots, toujours des mots, sans répit, jusqu'à ce qu'ils tombent en pourriture! Oui, je me sens plus libre et plus profond que cette race-là... Je peux vivre davantage... J'aime mieux être un homme, tout simplement. Dans la vie, il y a tout de même autre chose que l'art [D].

Elle. — Pour toi, je ne sais pas.

Lui. — Pour moi comme pour tout le monde. L'art ne peut combler que les grands, ceux qui se perdent en lui, totalement. Mais les autres hommes désirent plus loin que lui. Moi-même, je sens que j'aspire à quelque chose de plus vaste!

Elle, *le regardant*. — Je ne sais pas encore ce que tu dois demander à la vie.

Lui, *s'arrêtant*. — Moi non plus.

Elle. — Cela m'inquiète, souvent.

Lui, *absorbé*. — Je sais pourtant bien nettement que l'énigme est posée. Il y a un mot, une vérité, qui nous échappe, qu'il faut trouver [E]... On ne peut pas vivre en paix, tant qu'on n'a pas trouvé.

Elle. — Quel mot, mon chéri? Quelle vérité?

Lui, *les yeux à terre*. — Est-ce que je sais, moi? Voilà des années que je cherche... Quand j'avais dix-huit ans, il me semblait que tel pays, telle ville me donnerait une réponse... C'était stupide [23]!... Enfin!... Je rognais sur mes salaires pour voyager... Je partais... Naturellement, rien ne m'était révélé que des formes, des couleurs... et je revenais, encore plus désirant, encore plus tourmenté qu'avant... *(Il fait quelques pas.)* Il y eut des moments où j'en vins à croire qu'il n'y a rien à chercher, rien à trouver au delà de notre inquiétude [24].

Elle. — Non; ce serait trop affreux!

---

21. - Creative sterility haunted Lenormand himself.

22. - A reminder of Lenormand's father.

D. - How have self-doubt and artistic failure influenced Lui's ideals? Do you think he is sincere here, or simply expressing his disillusionment?

E. - What does Lui's quest for an absolute truth or for a solution to the riddles life poses suggest about his future actions?

23. - Lenormand too did not discover new ideals in his travels.

24. - Lenormand considered a restless and anxious state beneficial for creativity.

LUI. — Assurément. Faire les mêmes gestes, dire les mêmes mots, comme des machines, un jour après l'autre, sans jamais savoir pourquoi !... Si l'homme ne pouvait tirer autre chose de la vie...

ELLE, *bas et vite*. — Il y a autre chose. Il est impossible qu'il n'y ait pas quelque chose. *(Réfléchissant.)* Mais ce n'est peut-être pas une vérité, une explication que l'esprit peut comprendre.

LUI. — Que veux-tu que ce soit?

ELLE. — Peut-être... une manière de sentir... une façon d'aimer...

LUI. — L'amour ne peut pas donner la réponse dont j'ai besoin...

ELLE. — Il me semble, à moi, que si tu m'aimais davantage... tu te tourmenterais moins.

LUI, *surpris*. — Est-ce que je ne t'aime pas?

ELLE. — Tu n'as pas beaucoup de cœur, mon chéri. Tu es un cérébral...

LUI. — Il me semble que je t'aime bien.

ELLE, *souriant*. — Oui, comme tu peux aimer.

LUI. — D'ailleurs... ça n'a aucun rapport.

ELLE. — Ne dis pas cela. Quand on est pris, roulé dans une grande passion, on ne pense plus à s'interroger, à s'inquiéter sans cesse! Il n'y a plus d'énigmes, plus de questions. Tout ce fatras est balayé [F] !

LUI. — Oui, mais après?

ELLE. — Comment, après?

LUI. — L'inquiétude revient forcément... le doute... les questions... Tout le fatras, comme tu dis. *(On sonne.)*

ELLE. — Ah, voici Montredon.

LUI. — Je vais lui ouvrir.

(Il sort à droite et introduit aussitôt un Montredon alourdi et vieilli.)

MONTREDON. — Bonsoir, mes enfants !

ELLE. — Bonsoir, Montredon ; comment allez-vous?

MONTREDON, *avec une amertume souriante, s'asseyant*. — Mais brillamment, comme vous voyez... J'organise maintenant les tournées de Fontenelle... Je suis son régisseur [25] général... Haute responsabilité et nobles résultats artistiques !

LUI. — Quel malheur que vous n'ayez pas conservé votre théâtre !

ELLE. — Cela nous a beaucoup attristés de le voir disparaître.

MONTREDON. — Que voulez-vous, c'était un théâtre d'art !

LUI. — Comment se fait-il qu'on ne vous ait pas soutenu? Vous aviez cependant des commanditaires [26]...

MONTREDON. — Oui, mais je n'avais plus de commandite... Alors, les commanditaires m'ont mis en faillite.

LUI. — Vos auteurs n'auraient pas dû vous lâcher.

F. - Contrast Elle's goals in life with those of her husband.

25. - Manager.
26. - Backers.

MONTREDON. – Oh, ils ne voulaient pas me lâcher : ils voulaient me fourrer en prison !

LUI. – Oh, mais sous quel prétexte ?

MONTREDON. – Peuh ! Des histoires de sous ! Des vieux traités ! Des paperasses. En réalité, ces gens-là ne m'ont jamais pardonné les services que je leur ai rendus. Car enfin, je les ai montés, leurs ours !... *(se reprenant)* la plupart de leurs ours !... Et ceux que je n'ai pas montés... ah, c'est encore un service que je leur rendais !

ELLE, *sans conviction*. – Quelle ingratitude !

LUI, *poli*. – C'est écœurant !

MONTREDON. – Voilà... Je suis dégoûté, mes enfants. L'humanité me donne mal au cœur. Vous savez, n'est-ce pas, quel homme je suis en affaires, net et délicat... Alors, naturellement, j'ai été étranglé comme la plus vile des canailles... Huissiers, protêts, saisies à domicile, arrêts sur les appointements, j'ai tout avalé, tout ! *(Il sort à demi des assignations de ses poches.)* Tenez... J'ai encore du papier bleu plein mes poches !... *(Il rit brusquement avec amertume et frappe sur l'épaule de Lui.)* Et vous, mon cher maître, vous en faites toujours, du grand art ?

LUI. – Je travaille.

MONTREDON, *avec une gaieté grinçante*. – Eh bien, moi, j'ai piqué une tête dans l'ordure !... On n'y est pas si mal que ça, dans l'ordure... Et ça ne sent pas si mauvais qu'on le dit... Juliette, je vous invite à faire une pleine boue avec moi ! Allons, un peu de courage !

ELLE. – De quoi s'agit-il ?

MONTREDON. – La grande tournée d'hiver de Fontenelle... Six mois... Quatre pièces... Cent soixante-quinze villes... Tenez, voici l'itinéraire. *(Il sort par mégarde une assignation de sa poche.)* Toujours les papiers bleus ! *(Il sort un autre papier.)* Le voilà...

ELLE, *examinant l'itinéraire*. – Six mois de voyage... C'est une bien grande fatigue !

LUI. – Je la connais : elle sera si dégoûtée de la tournée qu'elle plaquera au bout d'un mois.

MONTREDON, *sortant un engagement de sa poche*. – Coût : deux mille balles... Elle ne plaquera pas... Accompagnez-la. Ça lui donnera du courage.

LUI. – Il faudrait abandonner mes leçons. Nous n'avons pas d'autre moyen d'existence.

MONTREDON, *pince-sans-rire*. – Avec les appointements que Fontenelle lui donne, vous vivrez comme des rois, toutes les deux.

ELLE. – Combien donne-t-il ?

MONTREDON, *même jeu*. – Vingt francs par représentation. Voyage payé, seconde classe...

ELLE. – Quelle misère !...

MONTREDON. – Tout de même, Juliette, vous auriez tort de refuser. Voulez-vous me dire où vous avez joué, depuis deux ans ?

ELLE. – J'ai joué... sur des scènes d'avant-garde...

MONTREDON. – Ça ne compte pas, ma pauvre amie. Je le sais : j'en dirigeais une.

ELLE. – J'ai renoncé à me faire un nom.

LUI, *ricanant*. – Nous avons renoncé à la gloire !

MONTREDON. — Et moi donc !... Mais nous parlons métier. Vous vous rouillez[27]. Tandis qu'en jouant chaque jour devant un public différent...

ELLE, *soupirant.* — Toujours les mêmes pièces !

LUI, *qui étudie l'itinéraire.* — Et quelles pièces !

MONTREDON. — Essayez donc de servir de l'Ibsen aux gens d'Elbeuf ou d'Issoudun !... Il n'y a rien à foutre, mon pauvre vieux !

LUI. — Je le sais... je le sais...

(Un silence.)

MONTREDON, *ironique de nouveau.* — Allons, Juliette... Signez-moi « ce pacte d'infamie », comme on dit dans le répertoire de Fontenelle. *(Il lui tend l'engagement.)*

ELLE. — Laissez-le-moi. Je vais réfléchir.

MONTREDON, *à Lui.* — Tâchez de la décider, hein ?

ELLE. — Qui sont les autres acteurs ?

MONTREDON. — Des gens pleins de talent. Vous n'en doutez pas, j'espère !... Il y a Saint-Gallet, qui a joué chez moi, dans le temps.

ELLE. — L'éternel curé ? Oui, je le connais.

MONTREDON. — Il y a une petite ingénue... un peu noiraude et mal embouchée... Mais enfin ! Elle plaira dans le Midi... Ah, puis, nous avons Larnaudy.

ELLE. — Connais pas.

MONTREDON. — Vous ne connaissez pas Larnaudy ?... Mais c'est la gloire des provinces ! *(Avisant un livre sur la table.)* Je vois que vous avez l'Almanach des Artistes... Sa gueule et sa biographie sont dedans. Vous allez me dire si ce n'est pas un lapin ! *(Il feuillette le volume.)* Larnaudy... Voilà. *(Ils regardent la photographie. Montredon lit :)*

« Officier d'académie depuis 1889, ce comédien bien connu s'est fait applaudir sur la plupart des théâtres de France et même des colonies. Appartint successivement aux scènes municipales de Rouen, de Narbonne, de Caen, de Roubaix, de Limoges et de Montluçon, où il fut réengagé jusqu'à six années de suite, sur les instances du public. Sa belle prestance, son élégance naturelle et l'ampleur de sa diction en font l'interprète rêvé du répertoire héroïque. A joué plus de quinze cents fois *Les Trois Mousquetaires,* avec un succès toujours croissant. Sa brillante carrière et ses dons éclatants le désignent tout spécialement pour prendre la direction d'un grand théâtre à Paris, ce qui ne saurait tarder, si l'on en croit les bruits qui courent. »

Hein ?... Quand je vous disais que c'était un lapin !

ELLE. — Il n'y a pas de quoi rire, Montredon. C'est à pleurer !

MONTREDON, *feuilletant le volume.* — Tenez, la grosse fille en péplum, là, c'est la mère Gueuroz, qui est aussi de la tournée.

ELLE. — Comment ? Elle joue encore, la pauvre femme ?

LUI. — Je la croyais morte depuis dix ans.

MONTREDON. — Elle est à l'apogée de son talent. Vous allez voir. *(Lisant.)*

« Cette noble tragédienne débuta au Trocadéro, dans un acte de Phèdre, aux côtés de Mme Sarah Bernhardt. Elle y remporta un si gros succès qu'il fut aussitôt question de son

---

27. - You are getting rusty.

engagement à la Comédie-Française. Que se passa-t-il alors? Nous ne saurions l'expliquer. Toujours est-il que son caractère élevé ne lui permit pas de se plier à des bassesses et que son mérite ne suffit pas à lui ouvrir ce théâtre. Elle peut s'en consoler, car il n'est pas une scène de province où elle n'ait empoigné son public. « Il faut l'avoir vue dans *Horace*, écrit » M. Lapomme, dans le *Petit Écho du Cantal*. Ses imprécations de Camille resteront le modèle » du genre. On est saisi de crainte à son aspect. On tremble, on pleure, on frémit et pour un » peu, l'on rugirait avec elle. On se demande, en vérité, ce qu'attendent les directeurs pari- » siens pour s'attacher une artiste de cette envergure. » Rassurons l'éminent critique : il est, de nouveau, et plus sérieusement que jamais, question d'engager Mme Gueuroz à la Comédie-Française. C'est là, et là seulement qu'elle trouvera une place digne de son grand talent et de son excellent cœur. » Pauvre bougresse !

LUI. — C'est effrayant !

ELLE. — Cela me ferait mourir de honte, de lire des choses pareilles sur moi-même.

MONTREDON. — Moi, ça me fait rigoler.

LUI, *désignant le volume*. — Vous êtes donc là-dedans, vous aussi ?

MONTREDON, *le feuilletant*. — Certainement, pourquoi pas? *(Lisant.)*
« Montredon. Le célèbre fondateur et directeur du Nouveau Théâtre Artistique débuta de manière éclatante, aux Bouffes-du-Nord. Une vocation irrésistible, une ténacité inébranlable, telles furent les premières armes avec lesquelles il s'élança à la conquête de la gloire... » *(Il s'arrête et ferme le volume.)* Tiens, c'est rigolo... Aujourd'hui, ça ne me fait pas rigoler.

Rideau

TROISIÈME TABLEAU

Une chambre d'hôtel. Onze heures du matin.

LUI, *crayonnant des chiffres.* — Le reste de ton mois, vingt-cinq... plus trente et un que j'ai sur moi, cinquante-six... Et nous sommes le 27.

ELLE. — Je ne peux pas redemander d'avances avant le 15 du mois prochain.

LUI. — Nous ne pouvons pas vivre dix-huit jours avec cinquante-six francs. Ce n'est même pas assez pour payer les chambres.

ELLE. — Saint-Gallet nous racontait que l'an dernier, pendant la tournée Baret, il couchait dans les théâtres... Il donnait des billets de faveur aux accessoiristes et on lui mettait un matelas dans sa loge. Il n'avait aucuns frais d'hôtel.

LUI. — Et tu crois que je te laisserai dormir dans ces boîtes puantes, sur un matelas? Je ne supporterai pas que tes camarades se moquent de toi, t'humilient.

ELLE. — Mais, mon chéri, puisque nous n'avons pas d'argent.

LUI. — J'en trouverai... J'essayerai d'en trouver. Dans huit jours, nous passerons à Bar-le-Duc, n'est-ce pas?

ELLE. — Oui.

LUI. — Je ne t'ai jamais parlé de Raymond?

ELLE. — Non.

LUI. — C'est un ancien camarade à moi. Il habite Bar-le-Duc... J'irai le voir... S'il ne peut pas nous aider, ma foi, je ne sais ce que nous deviendrons.

ELLE. — Ne te tourmente pas, mon chéri.

LUI. — Tu es d'une légèreté!... Moi aussi, d'ailleurs... Il était pourtant facile de prévoir que nous en viendrions là.

ELLE. — Mais nous l'avions prévu.

LUI. — Oui. Voilà le plus absurde. Nous savions que si je t'accompagnais, au bout de deux mois nous serions à bout de ressources : et tu l'as quand même exigé.

ELLE. — Je ne pouvais pas faire ce métier-là toute seule.

LUI. — Tu te l'imagines. Mais il y a autre chose que tu ne dis pas, dont tu ne te rends peut-être pas compte...

ELLE. — Quoi donc?

LUI. — Notre situation actuelle, non seulement tu la prévoyais, mais tu l'attendais, tu la désirais presque.

ELLE. — Je ne la prends pas au tragique... Je ne redoute pas beaucoup la misère.

LUI. — Parce que tu ne la connais pas... C'est curieux, quand on observe une plante, on la voit naïvement tendue vers le plus haut du ciel... Elle veut le plus d'air et de lumière possible... Tout ce qui vit s'élance vers la joie... Toi, je ne sais quel obscur instinct t'en éloigne...

On dirait que tu as peur d'elle et qu'une force secrète t'incline vers la tristesse... Tu aspires à souffrir... Tu espères sourdement le malheur [28].

ELLE. — Mais toi-même, n'espères-tu rien? N'attends-tu rien?

LUI. — Pas la souffrance, voyons! Ce serait trop stupide.

ELLE, *réfléchissant*. — Qui sait ce que peut la souffrance [29]?

LUI, *souriant*. — Les problèmes de ce genre perdent toute espèce d'intérêt, devant le fait qu'on a cinquante-six francs pour vivre quinze jours!

ELLE, *continuant sa pensée*. — Il y a peut-être un bonheur qui naît de la souffrance...

LUI. — Et qu'importe que nous soyons heureux ou malheureux! Tu crois toujours que la réalité est dans les sentiments... Elle est dans les faits, rien que dans les faits. Et le fait, c'est que nous avons... *(Il crayonne.)* Pas tout à fait quatre francs par jour, alors qu'il nous en faudrait au moins vingt. En dehors de ce chiffre, il n'existe rien pour nous!

ELLE. — Si, mon chéri... Je sens qu'il existe autre chose... quelque chose qui échappe à cette réalité-là, qui l'écrase, qui se moque d'elle.

LUI, *souriant*. — Je voudrais bien savoir ce que c'est.

ELLE, *bas, s'évertuant à raccommoder un gant noir*. — C'est en nous... tout au fond... petit... né depuis peu... Cela n'a pas encore de nom... Cela ne serait peut-être pas né sans notre misère... Quant j'étais enfant, il y avait une chanson qui m'apaisait toujours, je ne sais pourquoi; elle n'avait pas grand sens. Eh bien, ce dont je parle est comme elle... Cela chante tout à coup... et l'heure la plus triste, la plus décolorée s'éclaire. Peut-être que tu ne me comprends pas?

LUI, *grave*. — Si, je crois te comprendre.

ELLE. — Tu ne l'as jamais entendue, notre chanson à nous [30]? Elle n'a pas grand sens, non plus... Seule, une femme peut sans doute l'entendre... Toi, tu as peur de la misère, tu l'envisages, tu la détailles... Et bientôt, dans les préoccupations, dans les privations, tu cesseras de m'aimer...

LUI, *ému*. — Juliette!

ELLE. — Tandis que moi... C'est singulier le peu qu'on sait de son propre cœur... Je croyais t'aimer, autrefois.

LUI. — Tu ne m'aimais pas?

ELLE. — Je ne sais pas si une femme peut aimer un être heureux. Celle qui n'a jamais eu un peu pitié de celui qu'elle aime n'a probablement pas connu l'amour.

LUI. — C'est cela qu'elle dit, ta chanson?

ELLE. — Voilà pourquoi tu ne pouvais pas l'entendre. Le jour où je te ferai pitié, tu ne m'aimeras plus.

LUI, *doucement*. — Mais non, mais non.

---

28. - Elle is more pessimistic and weaker than Lui; she is in some ways a catalyst to Lui's descent into misery.

29. - The theme of suffering as a means of reaching purification or happiness is introduced by Elle.

30. - Music acquires a symbolic value throughout Lenormand's theater, observe the ringing of the bells in scenes 13 and 14.

ELLE, *retenant ses larmes*. — Si. Quand je suis laide, flétrie par l'insomnie, tu m'aimes déjà moins. Il y a longtemps que je l'ai remarqué... Quand nous serons dans la vraie misère, quand je n'aurai plus qu'une seule robe, et qu'elle sera tout usée, quand je n'aurai plus un parfum, plus une dentelle, tu me regarderas avec cette curiosité froide que je te connais et tu regretteras la femme que j'étais.

LUI. — Ce n'est pas vrai... Tu te trompes absolument... Et la preuve, c'est qu'il y a parfois en toi de petites choses misérables, ou maladroites, qui m'émeuvent... qui m'émeuvent bêtement, à pleurer... *(Il prend le gant qu'elle venait de poser sur la table.)* Ainsi, tes gants troués que tu n'arrives pas à raccommoder.

ELLE, *l'embrassant*. — Mon amour, mon bien-aimé.

Rideau

QUATRIÈME TABLEAU

Une chambre d'hôtel au plafond bas. Cinq heures de l'après-midi. Un garçon d'hôtel entre, portant une valise et un sac.
Elle et Lui, le suivent.

Lui. — Celle-ci est à combien?

Le Garçon. — Trois francs.

Lui. — Vous n'avez rien à l'étage supérieur?

Le Garçon. — Vous y êtes.

Lui. — Bien. Posez la valise.

Le Garçon. — Le dîner est à sept heures.

Lui. — Merci.

Le Garçon. — Je commande deux dîners, n'est-ce pas?

Lui, *gêné*. — Nous ne prendrons pas le dîner.

Le Garçon. — Vous pouvez manger à la carte.

Elle. — Nous avons dîné.

Le Garçon. — Ah!

Lui. — J'ai mangé en chemin de fer... Et madame... madame ne prend rien avant de jouer.

Le Garçon. — Je vais vous dire... Si vous ne consommez pas, le patron augmentera le prix de la chambre.

Elle. — Comment cela?

Le Garçon, *montrant une pancarte*. — Tenez, les clients sont prévenus.

Lui. — De combien est l'augmentation?

Le Garçon. — Cinquante centimes par personne.

Lui, *lisant la pancarte*. — Tant pis... Nous avons dîné.

Le Garçon. — Faudra-t-il vous réveiller, demain?

Lui. — Oui, à six heures précises.

Le Garçon. — Entendu. *(Il sort.)*

Lui. — Tu as encore un petit pain de ce matin?

Elle. — Oui, mon chéri; j'ai du pain, du chocolat et des pastilles de menthe.

Lui. — Mange, tu dois avoir faim.

Elle. — Pas du tout. C'est curieux, n'est-ce pas?... Toi, tu vas descendre et te commander un plat chaud.

Lui. — Jamais de la vie.

Elle. — Tu me l'avais promis.

Lui. — Mais je n'ai pas faim, non plus.

ELLE. – Prends au moins du potage

LUI. – Je te dis que je n'ai pas faim. D'ailleurs, il faut que j'essaye de trouver Raymond. *(On frappe.)* Entrez !

ELLE. – Tiens ! Larnaudy !

LARNAUDY, *entrant. C'est un acteur de province, quinquagénaire, qui porte encore beau et s'écoute parler.*
Bonsoir, mes enfants... Figurez-vous que Saumadieu a sa crise ; il vient de tomber dans l'escalier.

ELLE. – Pauvre homme ! *(Elle va pour sortir.)*

LARNAUDY. – Inutile d'y aller. Il y a déjà un médecin... D'ailleurs, rien à faire qu'à le laisser se débattre. C'est la troisième fois que je le vois tomber en deux ans ; ça me connaît.

ELLE. – Il ne pourra pas jouer, ce soir ?

LARNAUDY, *avec une satisfaction cachée.* – Impossible ! C'est moi qui prends le rôle ! Oh ça ne me gêne pas. Je le sais. Je les sais tous. Je n'ai besoin que d'un petit raccord avec vous.

ELLE. – Quand vous voudrez.

LARNAUDY. – Tout de suite, si je ne vous dérange pas.

ELLE. – Allons-y.

LARNAUDY, *à Lui, sortant la brochure de sa poche.* – Vous nous suivrez. *(Disposant la table et deux chaises.)* Pauvre Saumadieu. Était-il mauvais, là-dedans !... Pas de son emploi... C'est un rôle pour moi... Je l'ai joué, il y a trois ans, au Caire... Après le spectacle, son Altesse le Khédive me fit appeler et me dit : « Mon cher artiste, permettez-moi de vous exprimer... »

LUI, *interrompant.* – Où prenez-vous ?

LARNAUDY. – Acte II, scène IV.

LUI. – Commencez, je vous en prie... Je suis un peu pressé. J'ai à sortir.

LARNAUDY. – Voilà, voilà. *(A Elle.)* Vous êtes en scène. Le capitaine vous dit : *Tu étais fille de soldat et sœur aussi de trois soldats. Je dis trois encore, dont deux sont vivants. Eh bien, tu n'as plus ni père, ni frères. (A Lui.)* Vous y êtes ?

LUI, *lisant mécaniquement les répliques.* – *Et toi, plus de sœur. – Si, encore une, l'infirmière, elle me suffit. – Trêve de paroles, mettons-nous à table. – Pas encore. – Tu attends un convive ? – Non, un justicier !*

LARNAUDY. – *Elle passe... et j'entre. (Il s'avance et récite d'un ton conventionnel, faisant un sort à chaque mot.) Approche !... Il ne sera pas dit que le général Marquis de la Rocheflambée, bien qu'affaibli par l'âge et mis à la retraite, sanctionne par son silence...* (A Lui.) Qu'est-ce que je sanctionne ?

LUI, *soufflant.* – *Un acte déshonorant !*

LARNAUDY. – *... Un acte déshonorant. Cette union, ce serait horrible et pire que tout. On ne livre pas sa fille à l'ennemi héréditaire, quand on porte encore dans son cœur l'uniforme et l'épée.*

ELLE. – *Mon père...*

LARNAUDY, *entre ses dents.* – Deux fois.

ELLE. – *Mon père !...*

LARNAUDY. — *Regarde-moi bien en face, tes yeux dans les miens.*

ELLE. — *Ils y sont, mon père!*

LARNAUDY. — *Ta conscience, mets la main dessus.*

ELLE. — *Elle y est.*

LARNAUDY. — *Dis-moi, maintenant, si ce fatal amour n'a jamais révolté ton cœur. (Entre ses dents.)* Et tu passes.

ELLE, *passant.* — *Mon père, les yeux dans les vôtres et la main sur la conscience...*

LARNAUDY, *entre ses dents.* — Va à ta réplique.

ELLE. — *... qui seul triompherait des frontières.*

LARNAUDY. — *Enfin, je reconnais mon sang! Assieds-toi et partageons ce repas familial. (A Lui.)* Vous n'auriez pas quelque chose à mettre sur la table?

ELLE, *à Lui.* — Prends les provisions dans le sac, mon chéri.

LARNAUDY. — C'est gênant de régler un dîner sans accessoires.

LUI, *a pris dans le sac un petit pain et quelques croquettes de chocolat qu'il dépose sur la table.* — Voilà!

LARNAUDY. — *Merci. Laisse-moi te servir, ma fille. (Il rompt le petit pain, s'en adjuge la moitié, ainsi que plusieurs croquettes. Il fait le geste de la servir, mais ne lui donne rien. Bas.)* Et nous mangeons. *(Elle fait semblant de manger; il dévore le pain et le chocolat.)*

ELLE. — *Ce gibier est exquis.*

LARNAUDY, *mangeant.* — *Il provient des bois séculaires de la Rocheflambée... Il est français, comme tout ici... Et ce vieux domaine, ces richesses, âprement disputées à la rapacité de la branche cadette, tu voulais les abandonner à un maître étranger?... Quelle criminelle folie!*

ELLE. — *Mon père, j'essayerai d'étouffer en moi tout autre amour que celui de la patrie. J'essayerai de changer d'entrailles.*

LARNAUDY. — *A la bonne heure! C'est ainsi que mon sang doit parler. Encore une aile, ma* Gertrude?

LUI. — Ce n'est pas dans le texte.

LARNAUDY. — Je le sais bien... c'est pour meubler... *(Il fait semblant de la servir, s'adjuge l'autre moitié du pain, le reste du chocolat et mange avec avidité. Elle fait le geste de couper sa viande et de manger.)* Et maintenant, tranquillise-moi tout à fait : promets-moi que si la guerre éclatait, tu suivrais l'exemple de ta sœur, tu partirais comme cantinière.

LUI, *soufflant.* — Infirmière.

LARNAUDY. — *... partirais comme infirmière.*

ELLE. — *Je promets.*

LARNAUDY, *à Lui, entre ses dents.* — Vous ferez le canon... *Dieu merci, la guerre est encore loin!...*

LUI, *lisant avec indifférence.* — Boum! Boum! Boum! Boum!...

LARNAUDY, *se levant.* — *La voilà!*

ELLE, *même jeu.* — *Quoi?*

LARNAUDY. — *Ces coups de canon... Elle est déclarée!...*

Elle. — *Je pars. Je cours où mon devoir m'appelle.*

Larnaudy, *l'enlaçant, la bouche pleine.* — *Mon enfant! Mon héroïne! La seconde!*

Elle. — *Et vous, qu'allez-vous faire?*

Larnaudy, *grandiose, finissant le chocolat.* — *Moi, je reste où l'honneur m'attend; je m'enferme dans ce manoir et j'aiguise ma vieille épée. Si les bandits veulent forcer ma retraite, ils ne passeront, je te le jure, que sur mon cadavre!*

Elle. — *Ah! mon père, que vous êtes affreux!*

Larnaudy, *vexé.* — Pas si vite! Il y a un effet! Laisse-les applaudir, que diable! Reprenons!... *sur mon cadavre!* (Il suppute de la main la durée des applaudissements, puis lui fait signe de continuer.)

Elle. — *Ah! mon père, que vous êtes affreux! Vous venger! Si j'étais homme!*

Larnaudy. — *Les lâches ne me tiennent pas encore! Je leur montrerai que le Marquis de la Rocheflambée est un vieux chevreuil...*

Lui, *soufflant.* — Un vieux cerf.

Larnaudy. — *... est un vieux cerf, qui traqué, poursuivi, cerné, sait encore tenir les abois*[G]*!*

Rideau

[G]. - Of what importance is this fourth scene?
How is Larnaudy another portrait of a failure?

CINQUIÈME TABLEAU

Une loge d'artiste dans un théâtre de province. Elle, est assise devant une table, à droite, retouchant son maquillage. Glace fêlée; cuvette en zinc. Au fond, sa malle, portant les étiquettes de la tournée. L'habilleuse, une très vieille femme en caraco, y cherche des effets. Quelqu'un passe dans les couloirs en agitant une sonnette et en criant confusément : « Dans dix minutes... Dans dix minutes. »

ELLE. — Combien?

L'HABILLEUSE. — Dix minutes... Et ils n'aiment pas attendre, à Bar-le-Duc!

ELLE. — Vous ne trouvez pas le manteau? C'est dans le premier compartiment.

L'HABILLEUSE, *sortant un manteau*. — C'est ce chiffon-là?

ELLE. — Oui, merci.

L'HABILLEUSE, *l'examinant* — Il n'est guère propre.

ELLE, *troublée*. — Voilà trois mois que la tournée dure.

L'HABILLEUSE. — Ce n'est pas de la soie... ni même du satin... c'est de la faille. Et il est tout raccommodé...

ELLE. — C'est exprès. Au premier acte, je joue le rôle d'une jeune fille pauvre.

L'HABILLEUSE. — Mauvais rôle, mon enfant... Ils sont capables de l'emboîter, ce manteau-là.

ELLE, *inquiète*. — Vous croyez?

L'HABILLEUSE. — C'est une ville cossue, Bar-le-Duc. Ils aiment les artistes cossus[31]. Et ils ne vous passent rien... C'est des connaisseurs!... Les jours de débuts, ils viennent au théâtre avec des sifflets doubles.

ELLE. — Mais je joue le rôle d'une jeune fille pauvre. Je ne peux pas m'habiller en grande dame.

L'HABILLEUSE. — Pourquoi pas? A Bar-le-Duc, on aime les belles frusques! Savez-vous pourquoi la dernière tournée n'a pas fait d'argent? Parce que c'étaient tous des rôles d'ouvriers. Ici, on ne se dérange pas pour voir des ouvriers... Et pourquoi donc qu'on se dérangerait? Il y en a plein les usines, des ouvriers! A votre place, moi, je me serais acheté un autre manteau pour la représentation de ce soir.

ELLE. — C'était impossible.

L'HABILLEUSE, *l'observant*. — Ah! Si vous n'étiez pas si fière, j'aurais bien une proposition à vous faire.

ELLE. — Une proposition?

L'HABILLEUSE. — Eh oui... A Bar-le-Duc, on est cossu et on aime le théâtre, voilà!... Il y a plus d'un connaisseur qui ne demanderait pas mieux que d'aider une belle mignonne comme vous.

ELLE. — Ah?

---

31. - Well-to-do.

L'HABILLEUSE. — Ils sont cossus, vous savez, les messieurs de Bar-le-Duc ! Pour eux, cinq louis, c'est comme cinq sous pour vous et moi. *(Près d'Elle.)* Il y en a un à qui vous plaisez... Il me l'a dit tout à l'heure... Si vous vouliez le voir un moment, avant d'entrer en scène, vous pourriez peut-être vous entendre ?

(Elle s'accoude, la tête dans ses mains. Lui entre. Il porte un pardessus d'été, très usagé.)

LUI. — Bonsoir, ma chérie. *(Baiser dans les cheveux.)*

ELLE. — Eh bien, as-tu trouvé ton ami ?

LUI, *accablé*. — Non... Il n'habite plus la ville.

ELLE. — C'est terrible.

LUI. — On croit qu'il est à Paris.

ELLE. — Qu'allons-nous faire ? *(Geste d'impuissance. Il s'assied.)* Comme tu as l'air fatigué !

LUI. — Je le suis.

(Un temps.)

L'HABILLEUSE. — Et vous ne devez pas avoir chaud, avec une pelure pareille !

ELLE. — Ne reste pas au théâtre ce soir, mon chéri.

LUI. — Tu ne veux pas que j'aille dans la salle ?

ELLE. — Non.

LUI. — Pourquoi ? C'est la première fois que...

ELLE. — Je sens que je ne serai pas bonne, ce soir [H].

LUI. — Je peux t'attendre ici.

ELLE. — Retourne plutôt à l'hôtel. Repose-toi. Je rentrerai seule. *(L'habilleuse sort furtivement.)*

LUI. — Comme tu voudras.

(Il se lève et va pour sortir.)

ELLE. — Tu ne m'embrasses pas ? *(Il l'embrasse ; elle s'accroche à lui dans un sanglot ;)*

LUI. — Allons, ne pleure pas... Il est impossible que nous ne trouvions pas d'argent. Il faudra bien que tout s'arrange.

ELLE, *pleurant*. — Elle m'a dit... l'habilleuse... elle m'a dit que mon manteau était trop vieux pour la scène...

LUI. — Elle disait cela pour te tourmenter. Ne la crois donc pas.

ELLE. — Mais toi... Tu n'as même pas de pardessus... Je suis sûre que tu as froid, là-dedans... Et tu dis que tout s'arrangera... Comment veux-tu ?

LUI. — Je vais réfléchir, chercher... Ne sois pas triste... *(Il sort. L'habilleuse rentre.)*

L'HABILLEUSE. — Alors, nous avons pleuré ? Voilà tout votre maquillage qui coule... Comment voulez-vous être gaie, tout à l'heure, dans votre rôle, ma mignonne ?

ELLE, *s'essuyant les yeux*. — Ce n'est pas un rôle gai.

H. - Why does she lie to him?

L'HABILLEUSE, *joviale*. – Il faut être gaie tout de même!... Il faut jouer gaiement ici, surtout les rôles tristes... Ils ont payé pour rigoler, ils veulent rigoler!... Quand c'est une tragédie, ils le savent, mais ils rigolent tout de même, pour ne pas regretter leur argent[1]. *(Elle sourit.)* A la bonne heure, nous voilà consolée. *(Bas.)* Dites donc, ma mignonne, ce monsieur est là... Faut-il le faire entrer? *(Elle a un frémissement d'inquiétude.)* Ah! Je connais une petite femme qui ne serait pas embarrassée demain pour se payer un manteau de soie, si elle le voulait!... Ni pour offrir un bon pardessus bien chaud à son petit mari! Allons, est-ce dit? Voulez-vous le voir?

ELLE. – Qu'il entre.

(L'habilleuse va ouvrir. Elle se lève et s'adosse à la table à maquillage, très gênée, les yeux baissés.)

L'HABILLEUSE, *à la porte, s'effaçant*. – Entrez, monsieur Taurubour.

Rideau

1. - Is this audience typical only of provincial people? How does Lenormand attack the public's tastes throughout the play?

SIXIÈME TABLEAU

La chambre du IVe tableau. Trois heures du matin. Elle, est étendue sur un canapé, à moitié déshabillée, les cheveux dénoués. Elle, pleure. Lui, est debout à ses côtés. Il est en bras de chemise sous son pardessus.

LUI. — Allons, tu as assez pleuré... Si tu continues, tu ne pourras pas t'endormir... Le train part à sept heures; il ne te reste plus que trois heures de sommeil. Couche-toi... *(Elle sanglote.)* Sois raisonnable. Quand tu te rendrais malade, quand tu te donnerais la migraine pour deux jours, est-ce que cela changerait quoi que ce soit? Va, que tu pleures ou que tu dormes, rien de ce qui s'est passé ne pourra jamais être effacé. *(Elle sanglote plus fort.)* Non, non; ce n'est pas ce que je voulais dire... Je n'ai pas voulu te chagriner... J'ai dit ça bêtement, pour dire quelque chose!... Voyons, Juliette, puisque je t'ai pardonné, pourquoi ce désespoir?

ELLE. — Je ne veux pas que tu me pardonnes!

LUI. — Qu'est-ce que tu voudrais?... Que je t'injurie? Que je te batte?... Ma pauvre fille...

ELLE. — Au moins, promets-moi que tu ne me pardonnes pas parce que je te suis devenue indifférente!

LUI. — Comme si tu pouvais m'être devenue indifférente en cinq minutes, pour quelques mots prononcés!... D'abord, rien n'arrive comme on se l'imagine.

ELLE. — C'est vrai. Rien n'arrive comme on se l'imagine.

LUI. — Je devrais te haïr... me mépriser... C'est tout autre chose... Je ne crois cependant pas être si différent des autres hommes... Ni beaucoup plus lâche, ni beaucoup plus insensible... Et je n'éprouve aucun des sentiments classés, catalogués... Je me demande si la honte, la jalousie, la colère existent vraiment... Ce ne sont peut-être que des mots... Y a-t-il vraiment des hommes qui aient connu la honte?... Et ces hommes-là valent-ils mieux que moi?

ELLE. — Dis-moi que tu m'aimes toujours... Tout le reste m'est égal.

LUI. — Je t'aime toujours, ma Liette.

ELLE. — Je ne veux pas que tu m'aimes par pitié.

LUI. — Je t'aime.

ELLE. — Je veux savoir si, quand tu m'approches, quand tu me touches, il n'y a pas quelque chose en toi qui se révolte, qui a mal... *(Il lui caresse la joue en silence.)* Il me semble, à moi, que nous ne pourrons plus jamais nous embrasser.

LUI. — Je ne sais pas ce que c'est qu'être dignes l'un de l'autre, comme disent les gens, mais si l'un de nous deux est indigne de l'autre, c'est sans doute moi.

ELLE. — Toi?

LUI. — Je n'aurais pas dû te céder. J'aurais dû rester à Paris.

ELLE. — Tu ne pouvais pas me laisser seule.

LUI. — Il va pourtant falloir le faire.

ELLE, *tressaillant*. — Tu veux me quitter?

LUI. — Nous ne serons à l'abri de la misère que quand j'aurai retrouvé des leçons, tu le sais bien [32].

ELLE. — Ne me laisse pas! Ne me laisse pas! Encore trois mois de cette horrible tournée! Trois mois d'hiver, toute seule, avec la troupe... Le froid... les sales hôtels... Je ne pourrais pas le supporter, je tomberais malade!

LUI. — Comme tu es illogique, ma Liette! Tout à l'heure, tu pleurais, tu te désespérais, comme si nos deux vies étaient souillées, perdues à jamais... Et maintenant, tu parles des hôtels, du froid, comme si rien ne s'était passé.

ELLE. — C'est toi qui es illogique... Tout à l'heure, tu prétendais n'éprouver ni honte, ni jalousie, et maintenant, je sens bien que tu veux t'éloigner de moi parce que tu souffres et que tu me méprises.

LUI, *gravement*. — Non, ma Liette, jamais tu ne m'as été plus chère que maintenant... Il y a, dans l'espèce de candeur courageuse avec laquelle tu t'es livrée à cet imbécile, une noblesse, une simplicité désespérée qui m'émeut infiniment... Mais si je te semblais prêt à accepter le renouvellement d'un tel sacrifice, est-ce que je ne te deviendrais pas odieux?

ELLE, *avec volubilité*. — Pourquoi veux-tu que nous retombions dans la même détresse? Ces cent francs nous ont sauvés! Réfléchis... Dans une semaine, je touche des avances. Il nous restera encore au moins... oh! au moins cinquante francs! C'est plus qu'il ne faut pour atteindre la fin du mois... et alors...

LUI. — Tes chiffres ne me convainquent pas, ma pauvre chérie!

ELLE. — Nous ferons des économies... Il y a des dépenses qu'on peut éviter... Je nettoierai mes gants moi-même et nous ne donnerons plus de pourboires dans les hôtels.

LUI. — Ne me tente pas... Ce serait tellement plus fort, de nous séparer pour trois mois [33]...

ELLE. — Je ne suis pas forte... Je n'ai jamais dit que j'étais forte... Je ne veux pas que tu t'en ailles, mon chéri... *(Elle s'accroche à ses épaules.)* Et tu ne t'en iras pas, quand tu sauras toute la vérité... Écoute, ce que j'ai fait ce soir, c'est à cause de toi, de toi seul, que je l'ai fait!... Sans toi, j'aurais accepté la misère... Ce n'est pas si terrible... Une camarade vous prête cinq francs... Une autre vous paye à dîner... et on vivote... Mais, c'est la pensée que je ne pourrais plus bien te soigner, comme autrefois, que tu vivrais mal, que tu serais associé à cette espèce de mendicité, que mes camarades te le feraient sentir, qu'ils se moqueraient de toi... Voilà ce que je n'ai pas pu supporter... Tu me trouves stupide, ou folle, je le vois bien... Mais c'est ainsi... J'aime mieux me vendre que de te voir humilié.

LUI, *à genoux devant Elle*. — Liette! Ma Liette!

ELLE. — Promets-moi que tu ne me quitteras pas!

LUI, *l'enlaçant avec passion*. — Non, je ne te quitte pas, ma chérie... Je t'aime, je reste avec toi!... Et tant pis pour ce que l'avenir nous réserve!

ELLE, *souriant*. — C'est bien. Je suis contente.

LUI. — Il faut dormir, maintenant, mon amour. On parle... on parle... et regarde, il fait presque jour...

ELLE. — Je n'ai pas sommeil.

---

32. - Lui recognizes his weaknesses and blames himself for their misfortunes.

33. - Lui's failure to separate from her will accelerates the tragic but inevitable denouement.

LUI. — Nous avons sept heures de chemin de fer, aujourd'hui.

ELLE. — Je dormirai dans le train

LUI. — Tu sais bien que tu n'y dors jamais... Sois raisonnable... Couche-toi... *(Elle rit.)* Pourquoi ris-tu?

ELLE. — Je t'assure qu'il me serait impossible de dormir.

LUI. — Pourquoi?

ELLE, *même jeu*. — Parce que j'ai trop faim !

LUI. — Tu as faim?

ELLE. — Dame ! Nous n'avons pas mangé depuis hier matin !

LUI. — C'est vrai... Comment faire? Inutile de sonner, à cette heure...

ELLE. — Habillons-nous... Et dès qu'il fera jour, nous irons dans une boulangerie.

LUI. — Tu as raison.

ELLE. — Les petits pains seront tout chauds [J].

Rideau

[J]. - What other realistic details are emphasized in other scenes?

SEPTIÈME TABLEAU

Dans une cathédrale gothique, au déclin d'une après-midi d'hiver. Au fond et très haut, une verrière aux tons éteints. Un rayon sulfureux la traverse et tombe, comme au fond d'un puits, sur la scène où trois chaises sont échelonnées.
L'ingénue et la duègne paraissent à droite.

L'INGÉNUE, *les larmes aux yeux. C'est une petite femme brune et exubérante.* — Non, il n'avait pas le droit de me traiter comme ça !... Un régisseur ne dit pas à une artiste qui répète : « Va-t'en. » Je ne troublais pas la répétition, je demandais ma réplique à Larnaudy.
(Elles s'arrêtent.)

LA DUÈGNE, *une vieille cabotine*[34], *déteinte, usée et maternelle.* — Ne te frappe pas, ma biche. Des couleuvres[35], tu sais, à part la souffleuse[36], personne n'en avale autant que moi... Est-ce que je me frappe ? Quand on m'ennuie, je pense à mon chien, qui m'attend dans son petit panier... Fais comme moi. Pense à autre chose... Tiens, regarde la verrière... C'est du vrai vieux, ça, ma fille !

L'INGÉNUE. — Je m'en fous, de ta verrière !... Il faut que je fasse attraper Montredon par l'administrateur ! Ce n'est pas difficile, tu sais ! Je l'ai déjà fait engueuler, une fois que j'étais dans mon tort. Alors, cette fois-ci que j'ai raison, tu penses s'il y coupera !... Il n'a pas le droit de me dire : « Va-t'en ! »

LA DUÈGNE, *l'emmenant.* — Il t'a dit : « Va-t'en » ?

L'INGÉNUE. — Oui, « va-t'en ». Et je n'avais même pas troublé la répétition !... Je demandais ma réplique à Larnaudy.

LA DUÈGNE. — Eh bien, sais-tu ce qu'il m'a dit l'autre jour, à moi, une veuve ? une femme qui a cinquante ans d'âge ?
(Elles disparaissent à gauche. A droite paraissent Montredon et un acteur. Ils marchent avec insouciance.)

L'ACTEUR. — Elle chiâle toujours ?

MONTREDON. — Une autre fois, je la mettrai à l'amende[37]. Je l'ai renvoyée pour ne pas être obligé de lui coller dix sous !

L'ACTEUR. — Qu'est-ce qu'elle a fait ?

MONTREDON. — Mon vieux, elle montre ses nichons[38] en scène !
(Ils disparaissent à gauche. Larnaudy et Saint-Gallet paraissent à droite. Larnaudy compte ses pas.)

LARNAUDY. — Quarante-sept... quarante-huit... quarante-neuf... cinquante... *(Il s'arrête devant la verrière.)* Cinquante mètres ! Hein, quel orchestre ! Et comme je fous du populo plein les bas-côtés, plein la tribune, j'arrive à cinq mille places, au bas mot !

---

34. - Third-rate actress.
35. - Affronts, snubs.
36. - Prompter.

37. - I'll fine her.
38 - Breasts.

SAINT-GALLET, *un individu chétif, râpé, aux allures vaguement sacerdotales.* — C'est possible, mon vieux, mais personne n'y viendrait, à tes spectacles... C'est religieux, ce patelin-là[39]!... Le théâtre à l'église, ça les révolterait !

LARNAUDY. — Je ne fais pas de théâtre. Je monte des mystères, comme au moyen âge. Je leur en colle un tous les dimanches, après la grand-messe. Je fais payer quatre sous la chaise ! Tu ne vas pas me dire qu'ils ne viendront pas !

SAINT-GALLET, *regardant la verrière.* — Ça me gênerait, de vendre ma salade[40] ici.

LARNAUDY. — Toi, Saint-Gallet, à force de jouer les curés, tu finis par te croire du bâtiment. Tu exagères.

SAINT-GALLET. — Jamais tu n'obtiendras l'autorisation.

LARNAUDY. — Je vais aller voir l'archevêque aujourd'hui même. Je lui dirai : « Monseigneur, voilà... Je ne vous demande ni publicité, ni participation aux frais. Je vous apporte le spectacle tout monté et je vous offre la moitié des recettes... » Il marchera !

SAINT-GALLET. — Mais non, mon vieux !... Un évêque, ça ne raisonne pas comme nous autres... Et puis, il faudrait de l'argent.

LARNAUDY, *serein.* — De l'argent, non. Il faut cinquante mille francs.

SAINT-GALLET. — Où les prendras-tu ?

LARNAUDY. — Oh ! Ce n'est pas là ce qui m'embarasse, va. Une fois l'affaire sur pied[41], on trouve toujours l'argent.

SAINT-GALLET. — Et ton idée de théâtre en plein air, tu ne t'en occupes plus ?

LARNAUDY. — Pas pour le moment... D'ailleurs, dans le cas où celle-ci échouerait, j'en ai une autre qui est peut-être encore plus belle. Là, il n'y a qu'à vouloir. L'affaire sera debout en deux jours. Allons au café, je vais t'expliquer cela. *(Regardant la verrière.)* Il est bien, leur vitrail... Un peu sombre... Si on me donne le local, je foutrai une projection[42] rouge par derrière... Hein, ça en aura une gueule[43] ? *(Ils passent.)*

SAINT-GALLET. — Oui, rouge... ou verte !...

LARNAUDY. — Mais non, mon vieux, le vert... *(Ils disparaissent à gauche.)*
   (Elle et Lui paraissent à droite. Ils sont appuyés au bras l'un de l'autre. Ils s'avancent lentement en chuchotant.)

ELLE. — Tu crois qu'ils sont partis ?

LUI. — Oui. Ce sont eux qui sortent là-bas.

ELLE, *avisant la verrière.* — Oh, regarde la belle verrière !

LUI. — Oui. Elle est bien moins obscure que les vitraux du chœur.

ELLE. — Il y a un rayon qui la traverse;

LUI. — Comme on est pâle, là-dessous...

ELLE. — Asseyons-nous un moment.
   (Ils s'assoient chaise contre chaise. Ils se tiennent la main. Un silence.)

---

39. - This little place.
40. - To perform.
41. - Under way.
42. - A red spotlight,
43. - That would look fine, wouldn't it?

A quoi penses-tu, mon chéri?

LUI, *tourmenté*. — C'est singulier... Il faut que je te dise, que je t'avoue quelque chose... Oh, ce n'est pas important, mais je sens tout à coup que je ne pourrais pas te le cacher plus longtemps... Avant-hier soir, à Bordeaux, pendant la représentation, j'ai suivi une femme et j'ai été avec elle.

ELLE, *surprise*. — Tu as fait cela?

LUI. — Oui... Et je ne la désirais pas... Je ne la voyais même pas. C'est elle qui m'a jeté un regard, en me dépassant dans la rue... Alors, une force inconnue, une espèce de bizarre nécessité m'a accroché à cette jupe... C'était une fille comme il y en a des milliers... Je ne crois pas qu'elle fût jolie... Je ne me souviens que d'une chair blanche, très froide, et de bras solides qui pendaient, inertes, comme privés de vie.

ELLE. — Pourquoi as-tu fait cela?

LUI. — J'y ai souvent repensé, pendant ces deux jours... sans pouvoir le comprendre.

ELLE. — Et maintenant, tu l'as compris?

LUI. — Je n'en suis pas sûr... En tout cas, ce n'est pas beau, tu sais...

ELLE. — Appuie ta tête contre moi... Je pose mes mains sur tes yeux... Je ferme les miens... Je ne te vois plus...

LUI, *bas, comme avec honte, cherchant ses mots*. — Eh bien, c'était peut-être de l'orgueil... un dernier sursaut d'orgueil imbécile... Me prouver que je n'étais pas un être humilié, accablé... Quelque chose, en moi, qui voulait retrouver de la dignité, de l'honneur perdu... Comme si j'avais perdu de l'honneur! Et comme si d'aller avec une fille eût pu m'en rendre!... *(Un silence.)* Non, c'est trop absurde! Ce n'était pas cela! Ce devait être plutôt un de ces mouvements de vengeance irraisonnés, qui font qu'une femme se donne au premier venu, quand elle sait que son mari la trahit.

ELLE. — Tu voulais te venger de moi, mon chéri?

LUI. — Non, je ne voulais pas!... Mais qui peut savoir ce que veulent en nous nos sales instincts?... *(Un temps.)* Et puis, ce n'était pas cela seulement. C'était aussi... un obscur désir de m'abaisser, de me souiller, pour être plus près de toi...

ELLE. — Près de moi?

LUI, *tout bas*. — Pour être avec toi... Me salir comme tu t'es salie. *(Un silence.)*

ELLE, *même jeu*. — Depuis le jour... depuis ce jour, là-bas, à Bar-le-Duc... il me semble que nous nous aimons autrement...

LUI. — Oui... autrement [44].

(Un silence.)

ELLE. — Il fait tout à fait nuit, mon chéri.

LUI. — Rentrons.

(Ils passent.)

Rideau

---

44. - Both of them conclude on a note of hope, namely, that their mutual sexual debasement will strengthen their love.

HUITIÈME TABLEAU

Un beuglant de province. Deux heures du matin. Le spectacle est terminé. Les lumières sont éteintes, sauf un bec de gaz, à droite. Au fond, un piano et une petite estrade. A gauche, dans un coin, un garçon de café dort, affalé sur une table.
Lui et le Musicien sont attablés à droite.

LUI. — Je ne vous ai reconnu qu'après la dernière chanson, quand vous avez quitté le piano.

LE MUSICIEN. — Qu'avez-vous pensé?

LUI, *gêné.* — Mais...

LE MUSICIEN. — Oh, ne craignez pas de me blesser...

LUI. — J'ai été stupéfait, je l'avoue... Vous retrouver, vous, Crouzols, dans ce trou de province... et tenant le piano d'un beuglant... Mais ce n'est sans doute qu'une crise passagère [K]?

LE MUSICIEN. — Non. C'est définitif... Je n'ai aucun espoir d'améliorer ma situation.

LUI. — Vous n'êtes pas le seul à qui la vie ait été mauvaise.

LE MUSICIEN. — Que faites-vous ici?

LUI. — Ma femme joue dans la tournée théâtrale. Elle m'a donné rendez-vous dans ce café, après le spectacle.

LE MUSICIEN, *le regardant.* — Je ne peux pas dire que la vie m'ait été mauvaise.

LUI. — Cependant...

LE MUSICIEN, *vivement.* — Le beuglant, les vêtements râpés, cela n'existe pas... Qui vous dit qu'elle ne m'ait pas comblé [L]?... Vous ne me croyez pas?

LUI. — Je vous comprends mal.

LE MUSICIEN. — Vous attendez votre femme ici?

LUI, *consultant sa montre.* — Oui... je m'étonne même... L'heure est déjà passée...

LE MUSICIEN, *allumant une cigarette.* — Nous l'attendrons ensemble.

LUI. — Très volontiers.

LE MUSICIEN. — Vous savez, n'est-ce pas, comment il arrive qu'un homme dégringole d'échelon en échelon, rigoureusement, sans pouvoir remonter jamais?... C'est assez banal... Je vous épargne les détails. Ce qu'il faut que vous sachiez, c'est qu'avant d'échouer ici, j'ai commis tous les crimes contre mon art... J'ai été aux gages d'un éditeur qui, pour des raisons commerciales, m'obligeait à souiller, à ridiculiser dans son journal les œuvres des grands maîtres. J'ai bavé sur tout ce qui m'était cher... Je me suis vendu, prostitué cyniquement. Ah, mon employeur en a eu pour son argent!... Aucune injure n'était assez basse, aucune manœuvre assez fourbe pour déprécier ce que, dans le fond de mon cœur, je vénérais [45]!

LUI. — Était-ce une nécessité pour vous d'accepter cette besogne-là?

K. - Does Crouzols' failure justify Juliette's remarks about the musicien in Scene I?

L. - What is the difference between Lui and Crouzols in their attitude towards life?

45. - Lenormand's father however never catered to public tastes.

Le MUSICIEN. — J'aurais peut-être pu me tirer d'affaire autrement... Mais voilà... J'avais pris goût à mon métier de salisseur!... Dans l'écroulement total de mes espoirs personnels, j'éprouvais une espèce de joie à cracher sur mes maîtres! Oui, je me saoulais de négations et d'insultes!... Je me vengeais, comprenez-vous?... Je me vengeais de mon malheur et de mon impuissance!

LUI. — Je ne vous blâme pas... Je vous comprends.

LE MUSICIEN. — En fin de compte, que croyez-vous qu'il soit advenu de mes ignominies? J'en ai été récompensé!... J'ai souffleté mon art, je l'ai traîné dans l'ordure!... Et il m'a royalement gratifié! C'est assez drôle, n'est-ce pas?

LUI. — Que voulez-vous dire?

LE MUSICIEN. — Jugez-moi présomptueux, aveugle, peu m'importe : je vous donnerai des preuves de ce que j'avance. Je veux dire qu'au milieu de mes saletés, je suis devenu un véritable artiste... J'étais un raté, du temps où nous nous connaissions. Eh bien, j'ai trouvé dans l'avilissement cette espèce de grâce qui m'avait été refusée dans la pureté de ma vie, dans l'amour de mon art[46]... La trahison, la haine et la déchéance ont libéré en moi une source de beauté!... Elle coule mystérieusement, mais à pleins bords!... Ce que j'écris est si neuf, si étrange, que j'en ai peur... Dites, comprenez-vous qu'un rat de beuglant qui accompagne six heures par jour des chansonnettes à des putains puisse être un créateur? Comprenez-vous ça?

LUI, *très ému*. — Oui... je crois le comprendre.

LE MUSICIEN. — Pourquoi la plus pure ivresse que l'homme puisse connaître, pourquoi la joie et le salut m'arrivent-ils à présent?

LUI. — A cause de vos fautes, Crouzols. Il ne suffit pas d'aimer pour rendre sa passion vivante et féconde!... Peut-être faut-il encore souiller ce qu'on aime... Il est possible que la grandeur, la beauté, l'amour soient à ce prix!... Et nous, nous qui aspirons, qui désirons dans des tourments intolérables, ah! nous ne pourrons sans doute jamais rien posséder qu'à ce prix!

LE MUSICIEN. — Mais qui vous a soufflé cette réponse?

LUI. — Voilà des semaines qu'elle me travaille.

LE MUSICIEN. — La question était donc posée, en vous aussi?

LUI. — Peut-être.

LE MUSICIEN. — C'est de votre art qu'il s'agit?

LUI. — Non, pas de mon art.

LE MUSICIEN. — Alors?

LUI, *se levant*. — Pourquoi voulez-vous que je sois personnellement en cause?... On pense... on réfléchit... Il suffit de regarder la vie pour s'apercevoir que le bien, la pureté de l'âme sont devenus aussi vides que des outres crevées... et que toute force, toute possession, toute plénitude viennent du mal[47].

---

46. - The theme of destruction preceeding creation is better demonstrated by Sarterre *(Une Vie Secrète).* See Introduction.

47. - Lenormand often emphasizes the creative power of evil; Lui and Elle are, however, too weak and disenchanted with their lot to profit from their vices; Crouzols may be deluding himself.

LE MUSICIEN, *même jeu*. — Allons chez moi. Je veux que vous entendiez ce que j'écris.
LUI. — Allons !
LE MUSICIEN. — Et votre femme ?... Si elle ne vous trouve pas ici ?
LUI, *se détournant*. — Je pense qu'elle ne viendra plus, maintenant.
LE MUSICIEN. — Quelle heure est-il ?
LUI, *consultant sa montre*. — Trois heures moins le quart.
LE MUSICIEN. — En tout cas, le théâtre est fini depuis longtemps.
LUI, *oppressé*. — Oui... Elle sera rentrée... à l'hôtel.
LE MUSICIEN. — Venez !

(Ils sortent.)

Rideau

NEUVIÈME TABLEAU

Une chambre d'hôtel, le soir. Elle et Lui, sont enlacés sur un canapé. Une lampe éclaire faiblement.

ELLE. — Mon chéri...

LUI. — Ma Liette... je ne t'ai jamais aimée comme à présent!

ELLE. — Moi non plus, mon amour!

LUI. — Je n'ai jamais connu pareil bonheur. Et toi? Vois-tu dans ta jeunesse, dans le brouillard d'or de ta première enfance, un seul moment qui passe en douceur et en plénitude celui-ci?

ELLE. — Non... Cette longue existence qu'il a fallu traîner jusqu'ici... Elle me paraît tout à coup étrangère... Je ne la comprends plus... Je ne désire plus rien... Sentir tes bras autour de moi... et rien d'autre... Je ne veux rien d'autre.

LUI. — Il me semble que nous avons atteint notre limite... Une frontière au-delà de laquelle il n'y a rien. S'il fallait mourir demain, je dirais oui, sans un regret.

ELLE. — Moi aussi : j'accepte que tout finisse.

LUI. — Comme nous nous aimions mal, autrefois! Toujours des méfiances, des inquiétudes, et même aux heures les meilleures, cet aiguillon vers l'inconnu, cette angoisse désirante...

ELLE. — Tandis que maintenant, il y a entre nous deux comme de l'eau... une eau sans fond, qui respire perpétuellement...

LUI. — Quelque chose s'est apaisé en nous. Ah, me suis-je assez tourmenté! Ai-je assez cherché le mot, la vérité vers lesquels je me croyais poussé!

ELLE. — C'était bien plus simple!

LUI. — Il n'y avait pas de mot, pas de vérité, mais seulement cette façon de nous aimer qui est la nôtre[48]... Cette pitié de nos lèvres pour nos lèvres... nos deux âmes attachées par la misère, comme le gibier encore vivant qu'on porte au marché... Moi, je crois que tu avais tout deviné, tout pressenti dès le premier jour!

ELLE. — Mais non, mon chéri... Je ne savais rien... Je me trouvais même déraisonnable de partir en tournée et de risquer la misère. Qui pouvait deviner qu'elle nous ferait si riches!... C'est presque incompréhensible, ce qui nous est arrivé... Tout trahit, tout manque; on est enfermé dans son désespoir comme dans une cave... et soudain, quelque chose vous saisit, vous emmène doucement... Une porte s'ouvre, au plus bas de la douleur, et voilà qu'il entre une lumière, une tendresse qu'on ne connaissait pas... On est tranquille... on ne s'inquiète plus... Il n'y a plus rien de terrible... On est arrivé... Comme c'est étrange!

LUI. — Il y a une chose que je ne t'ai jamais dite... Je n'en suis sûr que depuis peu.

ELLE. — Qu'est-ce donc, mon chéri?

LUI. — C'est qu'il ne suffit pas d'être malheureux pour voir briller la lueur dont tu parles.

---

48. - Lui deludes himself for a while into believing that love will bring him the joy and peace he sought in his art.

ELLE. — Et que faut-il encore?

LUI. — Être coupable.

ELLE, *réfléchissant*. — Mais... je ne me sens pas coupable.

LUI. — Ma pauvre Liette!

ELLE. — D'ailleurs... ça n'a aucun rapport...

LUI. — Si... Il y a, dans la vie, certains sommets qui sont entourés comme d'un lac d'eau trouble et fangeuse [49]. On ne peut pas les atteindre sans avoir d'abord traversé le lac.

ELLE, *gênée*. — Tu crois vraiment que notre manière de vivre...

LUI. — Je ne crois pas : je sais.

ELLE. — Voilà que tu vas encore te tourmenter avec cette idée.

LUI. — Je ne me tourmente pas. Je m'analyse [50].

ELLE. — Moi qui croyais que tu m'aimais assez pour ne plus penser!

LUI. — Il faut pourtant se connaître. Ah, le fond de l'âme est un joli marécage! Il y vit des monstres... plutôt fétides!

ELLE. — Ça m'est égal. Ça ne m'intéresse pas.

LUI. — Il n'y a pas un bonheur humain qui ne soit bâti sur le dos d'une bête au visage répugnant.

ELLE. — On dirait que tu prends plaisir à te calomnier, à t'abaisser.

LUI. — Bah! qui donc aurait surmonté toute espèce de souffrance et d'orgueil, sinon une crapule comme moi!

ELLE. — Tu dis cela, mais tu pleures!

Rideau

---

49. - Notice the reference to muddy waters here and elsewhere. Introduction for the role of water in *Le Temps est un Songe*.

50. - Constant self-analysis is characteristic of most of Lenormand's male characters: Luc de Bronte, l'Homme, Nico, Sarterre and Rougé. See Introduction.

DIXIÈME TABLEAU

Le foyer du public, dans un petit théâtre de province, pendant un entr'acte. A droite, un comptoir-buffet derrière lequel trône une opulente tenancière[51]. Deux petites tables de fer et quatre chaises l'encadrent. Les spectateurs défilent, par couples. Ils tournent solennellement, en rond, de gauche à droite, comme un manège de pantins. Les couples sont ainsi composés : le président du tribunal, un grand vieillard pontifiant, au verbe autoritaire, à la démarche automatique; sa fille, une créature pointue habillée de taffetas noir. Le conservateur du musée, front bossué, des cheveux fous, à moitié aveugle, gestes désordonnés; sa femme, hydropique, marchant avec difficulté, monstrueusement serrée dans une éclatante toilette de satin pourpre. Le pharmacien, allures débraillées[52] et le viveur, chauve, mais pourvu de fortes moustaches horizontales qu'il caresse continuellement; les manières d'un maquignon. Une jeune fille bossue, en robe à pois, seule. Enfin, un caporal et un soldat, l'air accablé.

LE PRÉSIDENT DU TRIBUNAL, *passant, au bras de sa fille*. — Jusqu'ici, l'impression est favorable... La pièce n'est pas malsaine... Les personnages s'expriment avec élégance et leurs sentiments sont irréprochables... Le petit couplet de ce vieux marquis a vraiment du panache...

LE SOLDAT, *passant*. — Malheureux d'avoir sorti vingt ronds et de pas même rigoler.

LE CAPORAL. — Je t'avais prévenu. Comment veux-tu rigoler, dans une pièce où il n'y a que six personnages?... C'est pas possible.

LE BIBLIOTHÉCAIRE, *passant, au bras de sa femme*. — Nous sommes gâtés, voilà ce que c'est ! Quand on a vu, comme nous, du Wagner à l'Opéra. *(Il prononce Ouagnère.)* Et Sarah Bernhardt dans la *Dame aux Camélias! (Mimique d'admiration désordonnée.)*

SA FEMME. — Je n'ai pas vu cela, moi.

LE BIBLIOTHÉCAIRE, *se fâchant*. — Voyons, Valentine! Tu ne te rappelles pas la *Dame aux Camélias*?

SA FEMME. — Est-ce celle qui va sur l'échafaud?

LE VIVEUR, *passant, au bras du pharmacien*. — Vous avez remarqué la poule[53] qui joue la fille du Marquis?

LE PHARMACIEN. — Je vous crois! Je l'ai même vue de près. Elle est venue à la pharmacie cet après-midi.

LE VIVEUR. — Tiens! Tiens! Quel genre de médicament vous a-t-elle acheté?

LE PRÉSIDENT DU TRIBUNAL, *passant*. — J'entends bien... J'entends bien... Tu préfères le drame en vers... Mon Dieu, c'est un goût qui, en soi-même, n'a rien de répréhensible... Seulement, il ne faut pas abuser des vers... Le clair de lune, la poésie, le vague à l'âme, c'est malsain !

LE SOLDAT, *passant*. — Mon vieux, ces typesses qui jouent la comédie, c'est comme les femmes d'officiers... Tu pourrais leur allonger cent sous, et encore cent sous, et encore cent sous, et encore cent sous... elles se laisseront jamais toucher par un caporal.

LE CAPORAL. — Savoir... savoir... Il y a une petite brune...

---

51. - Barmaid.
52. - Coarse manners.
53. - Tart (Popular).

LA FEMME *du bibliothécaire, passant.* — Alors, le traître, c'est le fils du vieux marquis?

LE BIBLIOTHÉCAIRE, *toujours fâché.* — Mais non, c'est son gendre.

SA FEMME. — Pourtant, la demoiselle est sa nièce?

LE BIBLIOTHÉCAIRE. — Mais non, c'est sa fille! Ah, ma pauvre Valentine, ce n'est pas la peine de venir au théâtre, si tu ne comprends même pas les éléments essentiels...

LE VIVEUR, *passant.* — Finalement, elle m'a donné rendez-vous ici.

LE PHARMACIEN. — Après le spectacle?

LE VIVEUR. — Non, tout à l'heure, pendant le troisième acte. Elle n'en est pas. *(On entend la sonnette de l'entr'acte. Tous cessent de tourner.)*

LE PRÉSIDENT. — L'action va continuer. Regagnons nos fauteuils[M]. *(Il sort au fond avec sa fille.)*

LE SOLDAT. — On va peut-être rigoler, à cet acte-ci.

(Il sort avec le caporal.)

LE BIBLIOTHÉCAIRE, *même jeu.* — Tâche de comprendre, hein?

LE VIVEUR, *se détachant.* — Je vous laisse.

LE PHARMACIEN, *sortant.* — Bonne chance!

(Pendant que le public achève de sortir, le viveur s'approche du buffet.)

LA TENANCIÈRE. — Qu'est-ce que je verse à monsieur? Un petit Calvados?

LE VIVEUR. — Non, du doux, j'attends une poule.

LA TENANCIÈRE. — Sirop d'orgeat?

LE VIVEUR. — C'est ça... Et deux verres.

(La tenancière verse le sirop et dispose les verres sur une table. Elle paraît à gauche. Elle porte son costume de scène, une robe de soie grise, sur laquelle elle a jeté un manteau. Une écharpe sur les cheveux. Son maquillage doit produire l'impression d'un maquillage de théâtre, vu à la ville.)

LE VIVEUR, *allant à Elle.* — Ça, c'est gentil!

ELLE. — Vous trouvez?

LE VIVEUR. — J'avais une peur que vous ne veniez pas! Asseyez-vous. *(Ils s'assoient.)* Vous êtes toute rouge, pauvre petite caille!

ELLE. — C'est que je ne suis pas démaquillée!

LE VIVEUR. — Comme ça doit être malsain, ce maquillage!

ELLE. — Malsain?

LE VIVEUR. — Pour l'épiderme. Il y a des hommes à qui ça déplairait. *(Égrillard.)* Moi, c'est tout le contraire... Oui, tout le contraire! *(Elle baisse les yeux.)* Buvez un peu. C'est du sirop. *(Elle boit.)* Savez-vous ce que j'ai pensé, quand nous nous sommes croisés devant le théâtre?

M. - How is the portrait of human failure emphasized in this scene?

Le viveur. — Je me suis dit : « Cristi, la jolie fille ! » Et vous, qu'est-ce que vous avez pensé ?

Elle. — Je me suis dit : « Tiens, voilà le marchand de billets ! »

Le viveur, *inquiet*. — Marchand de billets,

Elle. — Je suis très myope.

Le viveur. — Au moins, je ne vous déplais pas ?

Elle. — Mais pas du tout.

Le viveur. — Ces Parisiennes ! On ne sait jamais ce qu'elles pensent. Ah ! Je les connais, les mâtines !

Elle. — Ah oui ?

Le viveur, *transporté*. — Ah ! Paris ! Paris ! Les théâtres ! Les cafés ! L'Hôtel de Ville ! Monumental, l'Hôtel de Ville !... Et la Porte Maillot ! Et la Madeleine !

Elle, *énigmatique*. — Et la Bastille !

Le viveur. — Et Saint-Germain-des-Prés !

Elle, *même jeu*. — Et Montmartre !

Le viveur, *éperdu*. — Montmartre ! Quel paradis !... J'y allais tous les soirs !... J'y ai connu des tas d'artistes, dans les brasseries !... Ah ! ils ne s'embêtent pas, les gaillards ! Bon Dieu ! Quelle vie ! Ici, voyez-vous, le terrible, c'est qu'un homme intelligent ne peut pas trouver l'emploi de ses facultés !... On finit par se dire : « Mais à quoi bon l'intelligence ? » Il ne m'arrive pas une fois par an de rencontrer une femme avec qui je puisse échanger des idées ! Vous l'êtes, vous, intelligente !

Elle. — Vous croyez ?

Le viveur. — Ça se voit tout de suite. Et puis, vous êtes triste... J'adore ça !

Elle. — Tant mieux.

Le viveur, *l'enlaçant*. — J'ai toujours rêvé d'être aimé par une femme triste... Vous avez des épaules épatantes !... J'ai horreur des poitrines trop hautes ! *(Il la caresse. Elle ferme les yeux, douloureusement.)* Alors, c'est convenu ? Cette nuit, chez moi, après le théâtre ? *(Elle fait signe que oui.)* Et vous savez, ma mignonne, vous ne le regretterez pas. Oh, je ne m'en fais pas accroire. Je sais bien que je n'ai pas toujours été aimé pour moi-même... Mais enfin, de tous les fils de famille de la localité, je suis le moins décati[54], le plus généreux... et je suis surtout celui qui connaît le mieux la femme !

(Pendant qu'il parle, Lui est entré à gauche, a fait quelques pas indécis, a traversé la pièce et est sorti au fond. Elle tressaille.)

Qui est cet individu ?

Elle. — C'est quelqu'un... quelqu'un de la troupe... *(Elle se retourne et s'aperçoit que Lui les observe, se dissimulant. Au viveur :)* Il faut que je rentre dans ma loge.

Le viveur, *lui tenant les mains*. — Déjà ?

Elle. — Oui, tout de suite.

Le viveur, *la retenant*. — Vous avez le temps... L'acte vient de commencer.

---

54. - Worn out (played out).

ELLE. — Je dois changer de costume.

LE VIVEUR, *même jeu.* — Rien qu'une minute encore, ma chérie ! J'ai tant de choses à vous dire !

ELLE, *d'un ton très naturel.* — Avez-vous peur des coups de revolver ?

LE VIVEUR, *ahuri.* — Hein ?

ELLE. — Je vous demande si vous avez peur des coups de revolver.

LE VIVEUR. — Quoi ? Quel revolver ?

ELLE. — Si vous ne me lâchez pas, il est possible que l'homme qui est là tire des coups de revolver.

  (Le viveur la lâche brusquement avec un Ha ! de saisissement. Puis, il se reprend et éclate de rire. Elle traverse vivement et sort à gauche.)

LE VIVEUR, *la suit en riant.* — Ah ! Sacrée petite blagueuse ! Elles sont épatantes, ces Parisiennes ! Seulement, tu sais, avec moi, ça ne prendra pas !... Je connais la femme, moi !... Je connais la femme !...

  (Il sort à gauche, riant et parlant toujours. Lui descend lentement du fond, la démarche incertaine. Il tourne autour de la table où elle était. Il s'assied sur la chaise qu'elle avait et joue machinalement avec sa cuiller.)

LA TENANCIÈRE. — Qu'est-ce que je verse à monsieur ? Un petit Calvados ?

Rideau

ONZIÈME TABLEAU

Une chambre d'hôtel. Obscurité complète. Elle, est couchée. On entend un bruit de clef à la porte.

ELLE, *se retournant.* — C'est toi, mon chéri? *(Il entre, portant un bougeoir. Lueur vacillante.)* Impossible de fermer l'œil! J'ai entendu sonner minuit et demi, une heure moins le quart, une heure. Je n'en peux plus de fatigue. *(Il s'arrête au milieu de la chambre, son bougeoir à la main et la regarde, l'air hébété.)* J'avais peur, toute seule... Cette vieille bâtisse est pleine de bruits... Sans doute le vent de la mer dans les greniers... Et puis, il y a des souris... *(Elle touche la cloison.)* Le papier est collé sur toile... On les entend courir tout près, là-derrière... Je suis contente que tu sois rentré. *(Brusquement, il laisse tomber le bougeoir qui s'éteint. Il reste immobile.)* Qu'est-ce que tu as, mon chéri? Attends, j'ai des allumettes. *(Elle se lève.)* Où est le bougeoir? Tu ne l'as pas ramassé? *(On entend qu'elle heurte du pied le bougeoir. Elle le ramasse, l'allume et le pose sur la table.)* Mais qu'est-ce que tu as? Pourquoi ne dis-tu rien? *(Il a un rire gêné. Elle s'approche de Lui.)* D'où viens-tu si tard? *(Tout à coup, Elle comprend qu'il a bu. Avec compassion :)* Ah! tu sens encore l'eau-de-vie, mon chéri!

LUI, *ivre.* — Pas l'eau-de-vie... whisky soda! Whisky soda... J'étais au bar américain... Ce sont des Anglais qui me l'ont offert... Ils m'ont raconté leurs vies... Voilà... voilà des vies!... En Russie, au Japon, aux Indes, toujours en route! Et ils en font, de l'argent!

ELLE. — Assieds-toi. Je vais te déshabiller.

(Elle le conduit à une chaise où il se laisse tomber en bavardant.)

LUI. — Il faisait bon, dans ce bar... Les chaises, les tables, tout est en bambou... et il y a deux mulâtres qui servent... Avec les histoires de ces Anglais, je me croyais aux colonies... ou sur un paquebot... Tu sais... le paquebot des Indes, qu'on a vu tantôt? J'ai froid, ici.

ELLE. — J'ai demandé au garçon de faire du feu... Il a refusé. Il a dit que la cheminée ne tirait pas, que la chambre serait pleine de fumée... Ce n'est peut être pas vrai...

(Elle lui prend son chapeau, dénoue sa cravate, enlève son col. Elle s'agenouille devant lui et commence à délacer ses bottines. Peu à peu, les larmes la gagnent. Elle appuie sa tête sur ses genoux et pleure.)

Tu avais donc tant de chagrin... tant de chagrin que ça [N]?

Rideau

[N]. - What does Lui's alcoholism indicate about his acceptance of his wife's present situation, his love for her, etc.?

DOUZIÈME TABLEAU

Une salle d'attente dans une gare, la nuit. A droite et à gauche, banquettes noires. Au milieu, une table. Un bec de gaz invisible éclaire vaguement, d'en haut. Sur la banquette de droite, on distingue une forme assoupie, l'ingénue. Sur celle de gauche, la duègne somnole, ayant à ses côtés le panier de son chien. Saint-Gallet est accoudé[55] à la table, face au public. Il bâille. Des valises, des cartons sont épars.

LARNAUDY, *entre par le 1er plan gauche, de mauvaise humeur.* — Le buffet est fermé!

SAINT-GALLET, *bâillant.* — A quelle heure ouvre-t-il?

LARNAUDY. — A six heures.

SAINT-GALLET. — Et le train part?

LARDAUDY. — A cinquante-huit. Pas moyen de bouffer[56].
(Il s'assied à gauche, grommelant.)

SAINT-GALLET, *bâillant.* — Je m'en moque, j'ai des sandwiches. *(Il prononce « sandouiches ».)*

LARNAUDY. — Eh bien, mange-les, mais n'en parle pas.

SAINT-GALLET. — Je n'ai pas faim.

LARNAUDY. — Alors, offre-m'en.

SAINT-GALLET. — Non, mon vieux, je me connais; j'aurai faim dès qu'on roulera.

LA DUÈGNE, *se penchant au-dessus du panier.* — Ça y est, vous l'avez réveillée! *(Parlant à sa chienne.)* Oui, ma fille, oui... Ils nous ont réveillée, les vilains hommes... Nous qui dormions si bien!... Est-ce pas, ma fille... qu'on dormait bien dans cette petite gagare?... Na, on va se rendormir. Dodo, mon petit chienchien, dodo...

LARNAUDY. — Vous feriez mieux de lui donner un peu de chocolat.

LA DUÈGNE. — Pourquoi, du chocolat?

LARNAUDY, *vague.* — Du chocolat...

MONTREDON, *entrant à gauche.* — Le buffet est fermé!

LARNAUDY. — Nous le savions, monsieur.

L'INGÉNUE, *saute brusquement sur ses pieds.* — C'est la dernière fois qu'on me fait partir à ces heures-là! C'est trop stupide, à la fin, d'éreinter[57] les artistes pour rien, pour le plaisir! On sort de scène à minuit! Le temps d'emballer ses robes, il est une heure. On rentre à l'hôtel à la demie. Il est deux heures quand on a bouclé sa valise et tu nous fais partir à cinq! Pas moyen de se pagnoter[58]... Il faut pioncer dans une salle d'attente! Et on ne peut même pas, avec ces salauds qui vont et viennent tout le temps! Ah! non, j'en ai assez! Si ça continue, je lâche la tournée.

MONTREDON, *se moquant d'elle.* — Mademoiselle a des doléances? Eh bien, que mademoiselle les exprime à l'administrateur. Moi, je fais exécuter l'horaire.

---

55. - With his elbows on the table.
56. - Eat (colloquial).
57. - To exhaust.
58. - To get to bed.

L'INGÉNUE. — Tu nous fais prendre des trains impossibles, exprès pour nous embêter. Il y en avait un autre, à dix heures du matin. Pourquoi ne l'a-t-on pas pris ?

MONTREDON. — Parce qu'il n'arrive à Roubaix qu'à sept heures du soir.

L'INGÉNUE. — Pour jouer à neuf, c'est assez tôt, il me semble !

MONTREDON. — Mademoiselle oublie que j'ai ma répétition de décors.

L'INGÉNUE. — Je m'en fous, de ta répétition de décors !

MONTREDON. — Mademoiselle préfère recevoir un plafond sur la gueule au milieu de la représentation ?

L'INGÉNUE. — Je préfère ne pas crever ! Ah, oui, je vais me plaindre à l'administrateur. Et dès ce soir encore, tu peux y compter !

MONTREDON. — Bon. Moi, je lui dirai que mademoiselle est arrivée, hier, au théâtre avec une heure de retard et qu'elle a raté son entrée.

L'INGÉNUE. — Je m'étais endormie.

MONTREDON. — Avec qui ?

L'INGÉNUE. — Ah ! toujours pas avec toi, espèce de cochon !

LARNAUDY. — Mange, ma petite fille... Ça te calmera les nerfs... Mange un peu de chocolat.

L'INGÉNUE, *pleurant d'entêtement*. — Je n'ai pas faim... j'ai sommeil ! Ça devrait être défendu par la loi, de priver une femme de sommeil !

LA DUÈGNE. — Elle a raison !... Depuis trois jours, on dort en chemin de fer, dans les gares... Ça ne peut pas continuer... Ma chienne est surmenée.

MONTREDON, *levant les bras*. — Ah ! si le cabot commence à fatiguer !

LA DUÈGNE. — Cette petite bête a besoin de repos, aussi bien qu'un grand corps comme vous, monsieur Montredon ! Et davantage, peut-être !

LARNAUDY, *avec conviction*. — Moi, je peux me passer de sommeil, mais à une condition, c'est de manger solidement[59].

SAINT-GALLET, *lamentable, la tête dans ses mains*. — L'embêtant, c'est que ma mémoire fout le camp... Encore trois semaines de cette vie-là et je ne réponds plus de moi.

MONTREDON. — Ce sera gai ! Tu restes déjà en carafe[60] six fois par représentation.

SAINT-GALLET. — Non, mon vieux, je ne reste pas en carafe ; j'embrouille[61] mes rôles, c'est différent. Quand on joue depuis vingt ans, et toujours des curés, il vous revient du vieux texte. Ça ne s'appelle pas rester en carafe.

MONTREDON. — Le résultat est le même.

ELLE, *entre par la gauche, portant un carton à chapeaux, suivie de Lui, enveloppé d'un cache-nez, une valise à la main.*
Vous savez que le buffet est fermé ?

LARNAUDY, *se levant brusquement*. — Pas possible !

---

59. - Lenormand emphasizes Larnaudy's gourmandism throughout the play.

60. - You get stuck in your speeches.
61. - I mix up my parts.

MONTREDON, *la main sur le cœur*. — Vous m'en donnez, un choc !

ELLE, *s'asseyant*. — Je n'en peux plus, Montredon !... Je ne sais pas si je pourrai jouer ce soir.

LUI. — Elle n'a pas fermé l'œil depuis deux jours, c'est terrible ! *(Il tousse.)*

ELLE. — Voyez au moins si on peut avoir un peu de lait chaud, du café, n'importe quoi.

MONTREDON. — Puisque le buffet est fermé !

ELLE. — Tâchez de le faire ouvrir !

MONTREDON. — Bon, je veux bien essayer. *(Il sort à gauche.)*

LARNAUDY, *à Lui*. — Et cette laryngite, mon cher maître ?

LUI, *toussant*. — Ça ne va pas fort !

LARNAUDY. — Je connais un remède que Guitry m'a indiqué. Nous voyagions en Russie, quand un soir, à Moscou, le Grand-Duc Constantin, qui m'honorait de son amitié...

SAINT-GALLET. — Ah ! non, mon vieux, pas l'histoire du Grand-Duc ! Je t'en prie !

LARNAUDY. — Mais monsieur ne la connaît pas... *(Montredon rentre à gauche.)*

ELLE. — Eh bien ?

MONTREDON. — Rien à faire pour le moment. Mais on aura largement le temps de bouffer tout à l'heure.

LARNAUDY. — Comment cela ?

MONTREDON. — Le train a une heure vingt de retard. *(Murmures de désapprobation.)* Quoi ? Vous n'êtes pas contents ? Vous vouliez dormir, dormez !

L'INGÉNUE. — Crotte ! Crotte ! Crotte !

MONTREDON. — Qu'est-ce qu'il lui prend à celle-là ?

L'INGÉNUE, *furieuse*. — Il me prend que je ne reste pas ici pendant deux heures encore... Je rentre à l'hôtel et je me fous au pieu !... Si je rate le train, tant pis, vous prendrez le suivant. C'est trop fort !... Nous pouvions passer la moitié de la nuit dans nos draps et Monsieur nous fait poireauter [62] des heures ici !... Tu ne pouvais pas le savoir, qu'il avait du retard, ce train ? *(Elle sort.)*

LA DUÈGNE, *inquiète*. — Il faudrait lui donner son billet...

MONTREDON, *qui en a vu bien d'autres*. — Vous frappez pas, madame Gueuroz ! Elle sera là dans un quart d'heure... Elle est allée finir le garçon d'étage.

Rideau

---

62. - Makes us hang around.

TREIZIÈME TABLEAU

Une chambre d'hôtel, en Flandre. Elle, est couchée. Lui, est assis dans un grand fauteuil, près d'une table où sont posés une bouteille et un verre. On entend un carillon.

ELLE, *énervée.* — Quel ennui d'être à côté du beffroi ! Ce carillon, tous les quarts d'heure, c'est insupportable !

LUI, *la tête penchée en arrière, rêvassant.* — Non... c'est joli... c'est caressant... c'est comme une idée qui cherche à vous séduire... c'est l'idée de Dieu qui vous dit : « Je suis là, au-dessus de vous, attendant... Tâchez donc de venir jusqu'à moi... » Évidemment, il faudrait. Ce serait la paix... l'acceptation...

ELLE. — Ne t'endors pas là, mon chéri... Viens te coucher.

LUI, *la regardant.* — Pas la peine... Je ne dormirais pas.

ELLE. — Pourquoi ?

LUI. — Je sens que je ne dormirais pas. *(Elle soupire profondément et se lève.)*

ELLE. — Il faut tout de même essayer... Il est deux heures et demie...

LUI. — Inutile.

ELLE. — Nous partons à huit heures.

LUI. — Recouche-toi. Ne t'occupe pas de moi.

ELLE, *passant un peignoir.* — Ça ne peut pas continuer.

LUI. — Quoi ?

ELLE. — Tu ne peux pas continuer à te tourmenter ainsi.

LUI. — Je n'y peux rien[63].

ELLE. — Autrefois... tu ne souffrais pas... Et maintenant que tu n'as plus de raisons de souffrir... c'est maintenant que tu souffres.

LUI. — C'est ainsi.

ELLE. — N'avais-tu pas tout accepté ?

LUI. — Alors toi, tu as tout surmonté ?...

ELLE. — Je ne me laisse pas, comme toi, dévorer par le passé.

LUI. — Les femmes ne peuvent regarder ni huit jours en avant, ni huit jours en arrière.

ELLE. — Toi, tu ne vis que de souvenirs... Et quels souvenirs ! Les plus tristes, les plus honteux ! C'est comme une eau noire où tu te plonges sans cesse. Impossible que tu ne deviennes pas malade ou fou... Aie la volonté d'oublier.

LUI. — Il n'y a qu'un moyen d'oublier... et c'est malheureusement un moyen imparfait... Dès que je suis dégrisé... tout revit... tout recommence...

---

63. - Lui has no desire to continue living. Elle continues to misunderstand him.

ELLE. — Quand je te sens aussi profondément malheureux... je m'en veux presque de ne pas souffrir autant que toi.

LUI. — C'est tout à fait maladif de se ronger ainsi, je le sais bien... Mais il ne suffit pas de voir son mal pour le guérir... *(Il se lève.)* Allons, tu as raison, il faut faire semblant de dormir. *(Il enlève son veston.)* On gèle, ici. Ça sent la suie froide, le moisi. C'est un vrai bouge !

ELLE. — Et Larnaudy qui nous recommandait cet hôtel !

LUI. — Les cabots y sont descendus ?

ELLE. — Presque tous. Je me demande pourquoi. Tu as vu les gens qui étaient au café ? Quelles vilaines figures ! Ce nègre qui faisait la cour à la demoiselle du comptoir... Il doit avoir la chambre voisine... J'ai entendu parler dans une langue étrangère... Ce n'était ni du Flamand, ni de l'Allemand, ni de l'Anglais... Ce n'était pas une langue européenne. *(Elle frissonne.)* Quel froid ! Couche-toi donc.

LUI, *comme malgré lui.* — Il devait faire meilleur à Bourges, dans ta chambre de l'hôtel Jacques-Cœur.

ELLE, *le regardant.* — Pourquoi devait-il faire meilleur ?

LUI. — Ce n'est qu'une supposition... Je n'y suis pas entré.

ELLE. — Encore ?

LUI. — Dis-moi donc comment les choses se sont passées, avec ce jeune homme que tu as rencontré à la brasserie.

ELLE. — Tu me l'as déjà demandé dix fois !

LUI. — Je me suis aperçu que tes explications ne concordaient pas.

ELLE. — Quelle idée !

LUI. — Tu m'as dit qu'il était entré malgré toi.

ELLE. — C'est la vérité.

LUI. — Ta porte n'était donc pas fermée au verrou ?

ELLE. — Non.

LUI. — Pourquoi ? Puisque tu ne voulais pas le laisser entrer ?

ELLE. — Je ne sais pas... Je ne me rappelle pas...

LUI. — Tu étais décidée à le recevoir. Premier mensonge !

ELLE. — Mais non... je...

LUI. — Ensuite ?

ELLE, *avec lassitude.* — Je t'ai tout dit !... Tu sais tout... Sauf pourtant l'incroyable platitude et le vide et l'ennui d'une pareille aventure. Cela, tu ne peux pas l'imaginer !

LUI. — Il y en a peut-être eu d'autres, moins ennuyeuses et que tu ne m'as pas avouées.

ELLE. — D'autres ? Mais je ne t'ai jamais menti... Et tu sais bien que depuis un mois...

LUI. — Qui me prouve que tu n'as pas continué ? Par habitude ? Par vice ? Par indifférence ?

ELLE. — Tu es complètement fou !

Lui. — Je n'ai aucun moyen de savoir si parmi les gens qui traînent chaque soir dans ta loge... si parmi tes camarades de la tournée...

Elle. — Tais-toi. C'est trop absurde.

Lui. — Logiquement, il est nécessaire que je me pose la question.

Elle. — Je me moque de ta logique !

Lui. — Elle n'en vaut pas moins.

Elle. — Et voilà... voilà ce qui te sert à détruire ta vie ! *(Un silence.)*

Lui. — J'ai parfois l'impression que nous nous survivons... que nos véritables vies sont terminées depuis longtemps.

Elle. — Oui, j'ai souvent pensé la même chose.

Lui. — Combien de temps estimes-tu que nous ayons été heureux ?

Elle. — Deux, trois semaines... je ne sais pas...

Lui. — C'est bien cela... Nous n'aurions pas dû continuer à vivre au-delà.

Elle. — Si tu l'avais voulu, je n'aurais pas eu peur de mourir.

Lui. — Et maintenant ? Tu aurais peur ?

Elle. — Peut-être pas... Les gens parlent toujours de leur vie comme d'une pièce d'étoffe, immense, terne... et qu'il faut dérouler, dérouler pendant près d'un siècle... Pour nous, cette lenteur, ce gris seraient insupportables.

Lui. — Le jour où tu voudrais, ce ne serait pas difficile. J'ai un revolver... Mais je pense à tous les idiots qui diront que nous avons manqué nos vies ! Et l'irritant, c'est qu'ils auront raison ! Nous avons manqué la vie !

Elle. — Laquelle ?

Lui. — Celle qui est faite pour les gens qui aiment un peu, qui mentent un peu, qui souffrent un peu... La vie... Nous n'avons même pas connu ça ! Ah ! si du moins j'avais la certitude que notre vie, à nous, celle qu'il était dans notre nature de vivre, nous l'avons pleinement vécue !

Elle. — Mon chéri... Songe à ces quelques semaines... *(Il ricane.)* Ne ris pas... Ne doute pas... Ah ! qu'il y ait au moins derrière nous une chose sainte et forte que nous n'avons pas détruite !

Lui. — Ma pauvre Liette !... Alors, tu y crois donc si fermement, à ce fameux bonheur ?

Elle. — Sans doute ! Et toi aussi, tu y croyais ! Tu disais qu'il nous était donné à cause de nos fautes !

Lui. — Tu te rappelles Crouzols, le musicien, que j'ai retrouvé dans un beuglant ?... Il croyait, lui aussi, que ses saletés lui avaient valu l'inspiration, le génie !

Elle. — Eh bien ?

Lui. — Il m'a emmené chez lui et m'a joué ce qu'il écrivait : des raclures de musique russe... de lamentables réminiscences ! Je n'ai pas eu le courage de le détromper.

Elle. — Nous ne nous sommes pas trompés.

Lui. — Orgueil ! Orgueil ! Fumées de cervelles malades !... On ne veut pas que la fange où l'on roule soit de la fange ordinaire ! On demande qu'elle sente bon ! On veut y être heureux ! On crie partout qu'on l'est ! Et il faut absolument le croire, pour ne pas défaillir d'écœurement. Ah ! duperie imbécile !

ELLE, *avec force*. — Non! Notre amour n'était pas une duperie. N'as-tu pas honte de le renier ainsi? Quelle affreuse manie de tout suspecter! Je sais, moi, je sais que nous nous sommes aimés!

LUI, *comme à lui-même*. — Trois semaines!

ELLE, *tendrement*. — Il ne faut pas se tourmenter, mon chéri. Il ne faut rien regretter. On ne peut pas manquer sa vie.

(Un carillon sonne.)

LUI, *ricanant*. — Et l'autre, là-haut, qui vous tend ses pièges!... Ah, si seulement on pouvait s'y laisser prendre!

ELLE. — Tu m'avais promis d'essayer de dormir.

LUI. — Buvons, plutôt.

ELLE. — Tu as assez bu, ce soir.

LUI. — Suis-je ivre?

ELLE. — Non, Dieu merci.

LUI. — Alors, je n'ai pas assez bu... *(Il se verse à boire.)* Et toi, tu n'en veux pas?

ELLE. — Non.

(Il boit.)

LUI. — Il y a un poème chinois qui dit :
> La vie est noire, la mort est noire;
> Un singe sautille sur les tombes.
> Je bois... je bois... tant que je peux boire!

(Il ricane.)

Il n'y a vraiment rien de mieux à faire! *(Il boit de nouveau.)* Tu me regardes comme si je te répugnais.

ELLE. — Non, mon chéri, au contraire... Ça me fait du bien d'avoir quelque chose de mauvais à te pardonner.

(Il vide son verre, le remplit de nouveau et boit. Elle pleure.)

LUI. — Pourquoi pleures-tu?

ELLE. — Je ne sais pas.

LUI. — Tu pleures tout le temps, ces jours-ci... Il n'y a pourtant pas de quoi. *(D'une voix forte.)* Est-ce que je pleure, moi? *(Il boit.)* Il y a quelque chose de brillant qui s'enroule et se déroule constamment dans ma tête... On dirait un fil d'acier... C'est tout à fait agréable.

ELLE. — Ne bois plus, mon petit!

LUI. — Pourquoi donc? Je me sens déjà plus gai. *(Il boit.)* C'est curieux comme ça vous éclaircit les idées! Tu as raison : les gens qui se tourmentent sur leur destinée, le but de leur vie et autres balivernes sont des idiots! De funèbres idiots! *(Il boit.)* Quel but? Quelle destinée? Ça n'existe pas! On n'atteint rien... On n'arrive nulle part! Il n'y a pas d'endroit découvert où l'on puisse se maintenir et respirer... On ne peut rien posséder en paix, pas même la fange... On ne peut pas s'arrêter. Il faut rouler, rouler... Comme dans ta tournée... changer de trains, de gares, de théâtres... On a un fer rouge dans les reins, qui vous pousse de seconde en seconde... Le temps ne veut pas que nous possédions même une minute!

(Il boit.) Un but? Mais qui l'aurait placé là? L'univers se fout de nous! La terre tourne, et elle ne connaît pas les hommes! Personne ne sait que nous sommes là! *(Il boit.)* Alors, à quoi bon vouloir devenir quelque chose? Qu'est-ce que ça peut me faire d'être honoré, ou de vivre dans les crachats? D'être un génie ou un gâteux? Puisque tout homme est condamné à la même imbécilité? Pourrir sans avoir rien compris, sans avoir rien achevé, aussi seul et inutile qu'une charogne dans les sables[O]...

(Il remplit son verre.)

ELLE. — Assez! assez!

LUI. — Pourquoi? Si ça me plaît de rouler par terre? Si ça me plaît d'en crever? Je bois... je bois tant que je peux boire!

(Il boit longuement; très ivre.) Fini de me faire de la bile! A présent, je me fiche de tout! même de tes saletés!... Tu peux coucher avec qui tu voudras... Le portier de l'hôtel, si ça t'amuse. Tu entends?... Le portier de l'hôtel... Je m'en fous totalement.

(Il boit.)

ELLE. — Calme-toi, mon chéri!

LUI, *complètement ivre, la regardant avec méchanceté.* — Je ne t'interdis qu'une chose : c'est de te moquer de moi avec tes amants! Ça, je ne le supporterai pas!

ELLE, *interdite.* — Moi?... j'ai ...

LUI, *avec éclat.* — Tu l'as fait!

ELLE. — Ne crie pas, mon chéri. Ne te mets pas en colère!

LUI. — Oui... Oui... Tu fais semblant de croire que je ne sais pas ce que je dis... Ça ne prend pas... Je suis saoul, mais j'ai ma tête... Tu m'as tourné en ridicule!

ELLE, *suppliante.* — Mon petit!

LUI. — Et je vais te dire avec qui : c'était avec le sous-lieutenant de Falaise!

ELLE, *interdite.* — De Falaise?

LUI. — Je vous ai entendus. Vous vous êtes moqués de mon cache-nez, à la sortie du théâtre.

ELLE. — Je ne sais même plus de qui tu veux parler.

LUI, *criant.* — Admirable! Elle lui a fait du genou dans l'omnibus, elle l'a eu dans son lit et elle l'a oublié! Les femmes de maison non plus ne reconnaissent pas leurs clients. Elles en voient trop!

ELLE. — Tais-toi. Tu n'es plus dans ton bon sens.

LUI. — Ça ne m'empêchera pas de te corriger, sale fille! Et comme tu le mérites!

(Il la brutalise.)

ELLE. — Tu me frappes? Moi? Moi?

LUI, *la frappant.* — Et après? Qui es-tu donc, Hein?... Qui sommes-nous?...

ELLE, *gémissant.* — Tu me fais mal!

LUI, *la frappant.* — Tant mieux! Et gare aux coups de pieds, si tu cries!

O. - Analyse Lui's speech, perhaps the most fatalistic and depressing in Lenormand's entire dramatic production.

ELLE, *à terre, sanglotant et criant.* — Ah! tu me fais mal! Tu me fais mal!
> (*On entend, venant de la pièce voisine, une voix furieuse qui gronde dans une langue incompréhensible, aux intonations bizarres. Il s'arrête. Elle se relève. Ils écoutent. Après un silence, elle éclate d'un rire hystérique.*)

LUI. — Qu'est-ce que tu as?

ELLE, *riant sans pouvoir se maîtriser.* — Le nègre! C'est le nègre!

LUI, *marchant sur Elle, menaçant.* — Ne ris pas comme ça... Tu entends?... Ne ris pas comme ça...

(Elle rit toujours.)

Rideau

QUATORZIÈME TABLEAU

La même chambre, aux premières lueurs du matin. Le lit est en désordre. Lui, est assis à terre, adossé à la cloison, à l'autre extrémité de la chambre. Le carillon sonne. On entend frapper des coups précipités.

La voix de Montredon. — Êtes-vous là, Juliette? Il est sept heures et demie! Nous partons. *(Un silence. Une autre voix prononce quelques paroles auxquelles Montredon répond.)* Vous êtes sûr qu'ils ne sont pas sortis?... Ni l'un ni l'autre? *(Il frappe.)* Réveillez-vous, sacrebleu, vous allez manquer le train!

(Lui, qui regardait intensément à terre, devant lui, fait un mouvement. On s'aperçoit alors qu'il tenait un revolver à la main. Il le met dans sa poche. On entend passer dans l'escalier quelqu'un qui fredonne.)

Une voix. — Qu'est-ce que c'est?

Montredon. — Juliette ne répond pas.

La voix, *gouailleuse, parodiant une tirade du répertoire.* —

>Déjà, l'aurore aux doigts de rose
>Entr'ouvre les portes du ciel
>Et toi, près d'un époux morose,
>Tu perds de cette heure le miel.
>Réveille-toi, charmante Aline!
>Viens humer l'odeur de mon parc
>Et dis si ta bouche câline
>Préfère aux baisers...

Montredon. — Tais-toi donc! *(Il frappe plus fort.)* Êtes-vous là?

(A quelqu'un, dans l'escalier.)

Avez-vous un passe-partout?

Une voix. — Vous voulez ouvrir?

Une autre voix. — Pourquoi ne répondent-ils pas?

Montredon. — On va le savoir.

Une voix. — C'est une blague.

(Bruit de serrure. Montredon entre avec Larnaudy. Lui reste immobile.)

Montredon, *sans voir Lui.* — Comment? Personne?

Larnaudy, *tirant un rideau et ouvrant la fenêtre.* — Attends, je vais donner du jour. *(Apercevant Lui.)* Tiens!

Montredon. — Qu'est-ce que vous faites là, vous?

Saint-Gallet, *qui est entré derrière eux.* — Parbleu, il est saoul!

Larnaudy. — Ce n'est pas la première fois. Ah, jeune homme! Quel avenir vous vous préparez! Et pas à vous seulement! Mais aussi à votre charmante compagne!... Où est-elle donc, sa charmante compagne?

MONTREDON. — Où est Juliette?
(L'ingénue et la Duègne, qui descendaient l'escalier, sont entrées. Celle-ci porte le panier de son chien. Derrière elles, se glisse le nègre de la chambre voisine. Il s'immobilise dans la contemplation extasiée de l'ingénue.)

LA DUÈGNE. — Juliette n'est pas là?

LARNAUDY, *se penchant vers Lui*. — Hé!... On vous demande où est votre femme, mon cher maître.

LUI. — Je suis seul.

MONTREDON. — Comment... Elle est déjà sortie?... Mais la porte était fermée à clef... Et vous ne semblez guère en état de l'avoir fermée vous-même.
(Le nègre, s'enhardissant, s'est approché de l'Ingénue. Il lui caresse le bras.)

LE NÈGRE. — Jolie mad'meselle! Jolie! Jolie!

L'INGÉNUE, *qui le remarque pour la première fois, avec un petit cri de surprise*. — Ah!... D'où sort-il, celui-là?... Qu'est-ce qu'il lui prend?
(Elle le repousse contre le lit, où il se laisse tomber assis. Mais il se redresse aussitôt avec un cri dépouvante, traverse la chambre et s'adosse, tout tremblant, près de l'entrée, désignant le lit avec des gémissements enfantins. Tumulte. Montredon et Larnaudy se précipitent vers le lit, arrachent les couvertures et découvrent le corps de Juliette. Elle est à demi nue. Un filet de sang coule de la poitrine. Le nègre sort, affolé.)

SAINT-GALLET. — Ah! mon Dieu!

MONTREDON. — Elle est évanouie!

LARNAUDY. — Mais non. Tu vois qu'il y a du sang!

L'INGÉNUE, *criant*. — Ah! ah! à l'assassin! à l'assassin!

MONTREDON, *se retournant*. — Toi, tu vas te taire, ou sortir d'ici!

SAINT-GALLET. — Elle n'est peut-être pas...

MONTREDON. — La tête... Soulevez-lui la tête.

LARNAUDY. — L'oreiller, là...

MONTREDON. — Il faut la redresser.

SAINT-GALLET. — Non... comme ceci... là...
(Ils la redressent. Montredon prend une des mains du cadavre et, sans rien dire, la place dans la main de Saint-Gallet.)

SAINT-GALLET. — Oui... Tout est fini.

MONTREDON. — Et depuis longtemps.

LARNAUDY, *d'un ton pénétré, un peu trop à la hauteur de la situation*. — Vos chapeaux, messieurs.
(Les trois hommes se découvrent.)

LA DUÈGNE, *pleurant*. — Ma pauvre Juliette!

LUI, *toujours immobile*. — Sortez d'ici, racaille.
(Les hommes se retournent.)

MONTREDON, *désignant le cadavre*. — C'est vous, n'est-ce pas?

LUI. — Qui voulez-vous que ce soit?

SAINT-GALLET. — Vous entendez. Il avoue !

LARNAUDY. — Lequel d'entre nous, messieurs, ira chercher la police ?

SAINT-GALLET. — J'y vais. *(Il sort précipitamment.)*

LUI. — Laissez-moi seul avec elle.

LARNAUDY, *du ton dont il démasque les traîtres, dans le répertoire*. — Jamais ! Nous gardons les issues !

LUI. — Imbéciles !

LARNAUDY, *bas à Montredon*. — Il n'a même pas l'air de comprendre... Ah ! l'alcool ! *(Il va à Lui.)* Regardez, misérable ivrogne ! Votre compagne ! Notre camarade bien-aimée, pleine de jeunesse, de talent, de beauté. Regardez-la !

LA DUÈGNE, *pleurant*. — Ma pauvre Juliette !

(L'Ingénue pleure. Montredon s'essuie les yeux. Lui reste impassible.)

LUI. — Je ne sais qui a dit : « On finit toujours par tuer la chose qu'on aime. » Oui... Ou bien, c'est elle qui vous tue. L'un ou l'autre arrive fatalement. Ce n'est qu'une question de temps.

MONTREDON. — Qu'est-ce qu'il dit ?

(Larnaudy se touche le front.)

LUI, *tranquillement, comme discutant avec lui-même*. — Montredon aimait son art, autrefois. Mais il lui a proprement tordu le cou... Oui... Larnaudy, lui, c'est la gloire qu'il aimait... Mais il y a longtemps que la gloire l'a étranglé... étouffé sous des pannes... C'est une mort étrange, quand on y pense... Jusqu'à cette pauvre Mme Gueuroz, qui a eu, dans sa jeunesse, l'amour de la tragédie... Mais oui... Et la tragédie s'est vengée. Quant à la vie, ah, malheureuses poupées, c'est peut-être parce que vous l'aimez tant qu'elle s'amuse à vous démolir à petits coups... de surmenage en surmenage... de saison en saison... de tournée en tournée... Votre amour vous tue, ou vous tuez votre amour... On ne peut pas sortir de là.

LARNAUDY. — Inutile de simuler la folie. Cette comédie ne vous sauvera pas.

LUI. — Écartez-vous... Je ne la vois plus... Laissez-moi lui dire adieu. *(Il se traîne jusqu'au lit.)*

LA DUÈGNE, *pleurant*. — Ma pauvre Juliette !

LUI, *luttant contre les larmes*. — Adieu... chérie... Je ne veux pas pleurer sur toi... Je ne veux pas penser que tes épaules sont froides... et tes petites mains déjà raidies... Je ne veux pas te demander pardon... Je sais que tu ne me reproches rien... J'étais ivre... je n'avais pas ma raison... J'ignore ce qui a soulevé mon bras... Et voilà... J'ai pourtant accompli une action sage... Nous ne souffrirons plus, ma chérie... Nous ne vieillirons pas comme ceux-ci... Dans la fatigue et le besoin... jusqu'à soixante ans... jusqu'à l'hôpital... Je t'ai donné la mort... Je ne sais pas ce qu'elle est... Ah, elle ne peut pas être plus terrible que cette vie...

MONTREDON, *bas*. — Il est révoltant.

LUI, *après l'avoir longuement contemplée, étreint par une émotion puissante*. — Chérie... Tu m'as tellement aimé... il y a encore tant d'amour dans tes yeux... je me demande... Voilà qu'un nouveau doute m'assaille... et plus formidable que tous ceux d'autrefois... Tes yeux ont l'air de savoir... de comprendre quelque chose... Si l'espoir n'était pas aussi absurde que je l'ai toujours cru ?... S'il était possible que tout ne fût pas encore fini ?... Revois-tu nos souffrances ? Les comprends-tu ? Et l'infini, que nous avons cherché dans la misère, dans la boue... t'est-il enfin révélé?... *(Un silence anxieux.)* Ou bien n'as-tu plus de souvenirs?... plus de conscience?... Es-tu seulement sur une rive où autre chose commence?... au premier jour d'une autre vie [64]?

MONTREDON. — Écartons-le. Finissons-en.

LARNAUDY. — Vous ne pouvez pas rester ici.

LUI. — Je sais... je sais...

LARNAUDY. — Votre attitude est indécente.

MONTREDON. — Relevez-vous et taisez-vous.

LARNAUDY, *avec une indignation mesurée.* — Si vous avez le cœur trop endurci pour répandre des larmes sur la dépouille de celle qui... *(Il hésite)* sur celle... enfin, si vous ne pouvez pas pleurer, respectez du moins le dernier sommeil de celle... pour qui... *(Il s'embrouille et feint que l'émotion lui ait coupé la voix.)*

LUI, *accroupi au pied du lit.* — Il n'y a pas de souffleur, à cet acte-ci, mon pauvre Larnaudy... pas de brochure, pas de texte... On ne sait plus du tout où l'on va.

LARNAUDY. — Assez de blasphèmes! Taisez-vous.

(On entend un bruit de pas et de voix dans l'escalier.)

MONTREDON. — Voici la police!

LARNAUDY, *retrouvant tout son prestige.* — Va leur dire que l'assassin est entre mes mains! *(Montredon sort. La Duègne et l'Ingénue reculent. A Lui :)* Préparez-vous à les suivre.

LUI. — Je suis prêt.

LARNAUDY. — Allons, debout!

LUI, *fouillant dans sa poche.* — Inutile.

LA VOIX DE MONTREDON, *dans l'escalier.* — Par ici, messieurs!

LARNAUDY. — Vous voulez vous faire traîner? Vous n'irez pas en prison comme un homme?

LUI. — En prison? *(Il sort l'arme de sa poche et l'appuie contre sa poitrine. Il regarde devant lui avec une expression d'avide curiosité.)* Peut-être pas...

LARNAUDY, *se précipitant, avec un cri emprunté au répertoire.* — Que faites-vous, malheureux?
(Mais il a tiré. Il s'abat, la tête en avant. Aussitôt, par la fenêtre ouverte, arrive, puissante, éclatante, la musique du carillon.)

LARNAUDY, *au Commissaire de police qui paraît à la porte, suivi de Saint-Gallet et de Montredon.* — Monsieur le Commissaire... C'est l'assassin qui vient de se faire justice!

LE COMMISSAIRE, *se penchant sur Lui.* — Vous ne l'aviez donc pas désarmé?

LARNAUDY, *interloqué.* — Mais monsieur... Je n'avais pas cru devoir...

MONTREDON. — Ce n'est pas un grand malheur, vous savez!

SAINT-GALLET. — C'était un triste individu!

L'INGÉNUE. — Un sale maquereau, on peut bien le dire; monsieur le Commissaire! J'avais prévenu Juliette que ça finirait mal. Si elle m'avait écoutée...

(Saint-Gallet la fait taire d'un geste.)

---

64. - Lui's final thoughts contemplate the possibility of another world, a better life than the one he and Juliette had together.

LE COMMISSAIRE, *se relevant*. — Il est mort.

MONTREDON, *bas, à Larnaudy, se dirigeant vers le fond*. — On prend le train de midi. *(Même jeu, à Saint-Gallet.)* Le train de midi. *(A l'Ingénue qui est sur le seuil.)* Va donc apprendre, toi; tu la doubles, ce soir!

(Il va pour sortir, mais le Commissaire, qui a tiré son carnet et un crayon, le rappelle.)

LE COMMISSAIRE. — Non... que personne ne sorte... Les témoignages, d'abord.

(Les hommes se regardent, ennuyés.)

LA DUÈGNE, *sanglotant*. — Et on ne lui a même pas fermé les yeux!

(Elle dépose le panier de son chien, va au lit et ferme les yeux de Juliette. Le Commissaire, qui se disposait à écrire, abaisse son carnet et la regarde faire avec une déférence conventionnelle.)

LE COMMISSAIRE. — Qui de vous est entré le premier ici?

LARNAUDY. — Moi, monsieur le Commissaire.

LE COMMISSAIRE. — Votre nom?

LARNAUDY. — Larnaudy; par un y.

LE COMMISSAIRE, *écrivant*. — Profession?

LARNAUDY. — Artiste dramatique.

LE COMMISSAIRE, *écrivant*. — Age?

LARNAUDY. — Trente-neuf ans.

LE COMMISSAIRE, *le regarde, puis continue*. — Eh bien, dites-moi ce que vous avez vu.

LARNAUDY, *s'écoutant parler*. — Voici... Je venais de quitter ma chambre. Je descendais l'escalier pour me rendre à la gare, quand, en passant devant la porte de ma camarade...

(Le Commissaire écrit. La toile baisse pendant que Larnaudy pérore.)

Rideau

PAUL CLAUDEL
L'Annonce faite à Marie

INTRODUCTION

I

When the curtain rises on *L'Annonce faite à Marie,* the audience's attention is drawn to a large double door with an impressive assortment of bars and locks. It is beyond this barn door that Pierre de Craon, builder of cathedrals, will find his way to the sacred city of Rheims; Violaine has been entrusted with the keys that will permit the rusty bolts to be drawn.

The symbolism of the door, concretely expressed through set design in *L'Annonce faite à Marie,* reappears throughout Claudel's works and is explicitly referred to in his essay « Ecce sto ad ostium et pulso, » written in Japan in 1922:

> Enfin nous sommes tout seuls par une nuit de tempête dans notre maison solitaire et désolée, et tout à coup l'on frappe ! Ce n'est point la porte ordinaire, c'est à cette vieille porte que l'on croyait condamnée pour toujours. Mais il n'y a pas à s'y tromper, on frappe, on a frappé ! [1]

Who is knocking? He of whom it is written: « Behold, the bridegroom! Come out to meet him. » (Mat. 25:6.) It is the call of God shut out from our hard and impervious souls. And we won't let Him in. It would be such a bother to get up and open that old rusty door. And anyway we have lost the key. It is so cozy inside! « Spirit of God do not enter: I hate draughts. »

But God persists in knocking, pushing and beating,[2] and there will come a time when we cannot oppose Him any more.

When the door opens in the prologue of our play, both Pierre de Craon and Violaine are on the road to salvation. They have heard and responded to the call, and, as will be shown later, they hold the keys to each other's souls.

II

In the land of the Gothic parishes of Laon, Soissons and Rheims, Claudel was born in August 1868. Rheims, where the kings of France had been consecrated ever since the time of Clovis, looms in the background of *L'Annonce faite à Marie,* a work replete with memories of the poet's native province. The magnetic power of a distant cathedral, which tears Pierre de Craon away from Combernon, is also to be felt in Claudel's poetic reconstructions of his childhood:

---

1. - PAUL CLAUDEL, *Positions et Propositions II,* Gallimard, 1934, p. 186.
2. - The three meanings of the Latin verb « pulsare. »

> Il y a l'horizon du Nord qui est le commencement de cette plaine qui s'en va indéfiniment jusqu'à la mer, couverte alternativement de labours et de moissons et que peuplent cent villages aux beaux noms, Saponay, Cramaille, le Grand-Royoz, Arcy-Sainte-Restitue, sans parler, plus loin, du côté de Soissons, de Violaine et de Cœuvre. De ce côté m'appelaient les grandes cathédrales invisibles, Laon, Reims, Soissons.[3]

After his family moved to Paris in 1882, the fourteen-year old Claudel found himself suffocating at the lycée Louis-le-Grand, where he painstakingly prepared for the baccalauréat. Throughout his adolescence, he was to experience a profound disgust for the prevalent philosophies of his time—materialism, positivism, determinism, etc. The excruciating search for spiritual truth, in what he experienced as a stifling intellectual environment,[4] brought him to the brink of a nervous breakdown:

> Je vivais d'ailleurs dans l'immoralité et peu à peu je tombais dans un état de désespoir.[5]

Compare the words of Pierre de Craon:

> Il est dur d'être un lépreux et de porter avec soi la plaie infâme et de savoir que l'on ne guérira pas et que rien n'y fait.
> Mais que chaque jour elle gagne et pénètre, et d'être seul et de supporter son propre poison, et de se sentir tout vivant corrompre!

But two almost simultaneous experiences were to assist in curing this leprosy of the soul shared by Claudel and Pierre de Craon.

In June 1886, Claudel discovered Rimbaud.[6] This crucial encounter of two solitary and asphyxiated souls was to revolutionize Claudel's conception of poetry:

> Pour la première fois, ces livres ouvraient une fissure dans mon bagne matérialiste et me donnaient l'impression vivante et presque physique du surnaturel.[7]

Through Rimbaud, he began to understand the reciprocal link between the liberation of language and that of the spirit, which ultimately led to a new poetical form: the *verset*.[8]

---

3. - PAUL CLAUDEL, « Mon pays » (1937), *Contacts et circonstances,* Gallimard, 1946, p. 22.

4. - Referring to contemporary authors—Taine, Renan—he writes: « ... Ils sont morts, et leur nom, même après leur mort, est un poison et une pourriture. » *Magnificat, Œuvre poétique,* Bibliothèque de la Pléiade, 1962, p. 261.

5. - *Contacts et Circonstances, op. cit.,* p. 9.

6. - Rimbaud (1854-1891) : French poet who had a great influence on the Symbolists. He wrote *Les Illuminations* and *Une Saison en Enfer* between 1873 and 1875.

7. - JACQUES RIVIÈRE et PAUL CLAUDEL : *Correspondance,* Plon, 1926, pp. 142-143.

8. - See p. 221.

Poetry in itself failed to cure his despair completely, but six months later, Claudel was to find a spiritual salvation at Notre-Dame de Paris. On Christmas Day 1886, the still « unhappy child » attented Mass for lack of anything better to do. It was while listening to the *Magnificat* that the event which was to dominate his entire life took place:[9]

> Et c'est alors que se produisit l'événement qui domine toute ma vie. En un instant, mon cœur fut touché et je crus. Je crus, d'une telle force d'adhésion, d'un tel soulèvement de tout mon être, d'une conviction si puissante, d'une certitude ne laissant place à aucune espèce de doute, que, depuis, tous les livres, tous les raisonnements, tous les hasards d'une vie agitée n'ont pu ébranler ma foi, ni, à vrai dire, la toucher.

The poet adds that the revelation which struck him most forcibly at the time was that of the « innocence, » the « eternal childhood » of God. The importance assigned to Christmas Day in *L'Annonce faite à Marie* is undoubtedly related to the circumstances of Claudel's dramatic conversion. It is indeed on Christmas eve that Violaine's miracle takes place, while Charles VII is being consecrated in the cathedral of Rheims.[10]

Despite his new-found faith and certitude, Claudel's agony did not cease. Unable to reconcile his old self with the new demands, he felt imposed upon him, he expressed his anxiety throughout his early poetry. The struggle lasted four years. In 1900, hoping to silence his doubts forever, Claudel took a drastic step. He decided to join the Benedictine monks, but soon discovered that he was not made for a contemplative life.

A few weeks later, during an ocean voyage to China, Claudel fell in love.

In order to understand the profound impact that a love affair had on our poet, we must remember that, only a few weeks earlier, he had contemplated retiring to a monastery. How was he to reconcile the demands of the flesh with those of the spirit, his fiery love for a woman with his passionate search for God? *Partage de Midi* was the first literary expression of that personal experience which can be viewed as the touchstone of Claudel's dramatic works as a whole. A new concept of woman is reached by the end of the play, as Ysé becomes the means through which her lover, Mesa, understands the concept of divine joy and reaches fulfillment.

Four years after his illumination at Notre-Dame, following his brilliant graduation from l'École des Sciences politiques in 1890. Claudel had embarked on a political career. We find him as consul in China, the United States, Czechoslovakia and Germany.

He was appointed ambassador to Japan in 1921, to the United States from 1928 to 1933, and finally to Belgium, his last post before retirement in 1936. Claudel died in 1955, at the age of 86.

---

9. - PAUL CLAUDEL, « Ma conversion, » *Contacts et Circonstances, op. cit.*, p. 10-13.

10. - Actually, Claudel takes great liberties with history, since the consecration of Charles VII occurred in the month of July.

Ever since that fateful encounter on the boat, he had succeeded in integrating the primarily emotional experience of his conversion into a long and meaningful life. The pattern of his search for meaning follows that of his characters. Our poet first experienced that « leprosy of the soul » which affects Pierre de Craon at the beginning of *L'Annonce faite à Marie*. Claudel's new-found faith did not bring him peace, as he felt torn between the demands of the flesh and those of the spirit. Pierre de Craon, obsessed by his desire for Violaine, goes through a similar crisis;

> Et déjà mon âme et mon corps se divisent comme le vin mêlé à la grappe meurtrie !

At the end of a long period of spiritual and physical suffering, a new understanding is finally reached. The « door » which prevented joy from flooding in bursts open, and Claudel's characters like Claudel himself are reconciled to their divided selves:

> Il faut céder enfin ! ô porte, il faut admettre l'hôte ; cœur frémissant, il faut subir le maître, quelqu'un qui soit en moi plus moi-même que moi.[11]

Like Claudel, Pierre de Craon experiences a joy which pervades his whole being:

> Certes j'ai toujours pensé que c'était une bonne chose que la joie. Mais maintenant j'ai tout !

III

« Toute l'œuvre dramatique et lyrique de Claudel est un acheminement vers Dieu, »[12] that is towards divine joy. While Claudel's poetry celebrates the final victory, his theater unfolds the drama of the painful journey towards that which Yeats called « the tragic joy. » And as the forces of light triumph over those of darkness, the stage of his dramas progressively expands, finally to encompass the whole cosmos, with its historical, political, geographical as well as human contexts. In *Le Soulier de satin*, for instance, the stage directions specify that « the scene of drama is the world. »

Again the symbolism of the door and its two directions—inward imprisoning the soul, outward opening on the spirit of God—can serve to illustrate the movement of Claudel's dramas in general and of any specific play in particular, as will subsequently be seen in our analysis of *L'Annonce faite à Marie*. Why this refusal to answer the call ? Why this insistance on locking the door ? In an essay entitled

---

11. - *Vers d'exil, op. cit.*, p. 18.
12. - GEORGES DUHAMEL, *Paul Claudel*.

« Du Mal et de la Liberté, » Claudel detects the root of all evil in man's willful separation from God, that is in self-love:

> En quoi a consisté le péché originel?
> Il a consisté dans un acte qui constituait la première « hérésie » ou séparation, c'est-à-dire une préférence de nous-mêmes à Dieu.[13]

Man clings to the self as the oyster does to the rock. And the consequence of self-love, that which Claudel calls « le péché mortel, » are isolation and death.

Thus the protagonist of Claudel's first drama, *Tête d'Or* (1889), is imbued with the spirit of conquest which Nietzsche called « la volonté de puissance. » Spurred on by such ambitions and dreams of power, he finally crumbles at the foot of a symbolic cross, somewhere at the top of Mount Caucasus. In *La Ville* (1883), the Babel-like city of men's ambitions and deeds is likewise destroyed. In *La Jeune Fille Violaine,* the first version of *L'Annonce faite à Marie* (written between 1890 and 1900), the choice is between the spirit of possession and that of sacrifice. In the three plays quoted above, the conflicts are relatively simple. Man had to decide between God and his own egocentric purpose in life, and by making the wrong choice brings havoc upon himself.

In *Partage de Midi* (1906), following the excruciating personal experience described above, Claudel expounds upon the drama of human love; the ambivalent figure of woman was to haunt all of his subsequent plays. Is the love of man for woman another aspect of the fundamental heresy—namely « la préférence de nous-mêmes à Dieu »? Is woman the stumbling-block towards salvation? The law is a law of love. Are there two different kinds of love, one of the flesh and one of the spirit? And, if there is only one, how can human love conflict with divine love only to be resolved in it?

The answer is given at the end of the play, with the transfiguration of carnal love into a new reality, beyond the realm of the spirit, beyond that of the flesh, and yet partaking of both:

> Mais maintenant je vois tout et je suis vue toute, et il n'y a qu'amour en nous,
> Nets et nus, faisant l'un de l'autre vie, dans une interpénétration Inexprimable, dans la volupté de la différence conjugale, l'homme et la femme comme deux animaux spirituels.[14]

Salvation, meaning and joy must therefore spring out of a new understanding of human love purged from any possessive or clinging elements. Thus is achieved the synthesis between divine love and carnal love, the union of man and woman touched by grace.

---

13. - PAUL CLAUDEL, « Du Mal et de la Liberté, » *Positions et Propositions,* II, p. 93.
14. - PAUL CLAUDEL, *Partage de Midi, Théâtre I,* Pléiade, p. 1061.

How does such a view of love and woman fit in with Catholicism? In a letter to *Le Figaro,* written in 1914, Claudel writes:

> La théorie catholique, en effet, est que l'homme est destiné naturellement au bonheur et qu'aucun des efforts qu'il fait pour atteindre ce but n'est mauvais par lui-même. Il n'y a mal que parce que le péché originel est venu gauchir et vicier notre nature, et qu'entre les biens qui nous sont proposés nous ne savons pas choisir le seul qui soit suprême et donne leur sens à tous les autres.[15]

At the basis of Catholicism, as understood by Claudel, there is a fundamental belief in the goodness of man, in his power to love. When he is ready for the grace of God, when he chooses to give rather than to possess, his life is flooded with meaning. Such is the message of *L'Annonce faite à Marie* in its final form of 1912. In his later plays, Claudel conducts his characters through pain, sacrifice, suffering and anxiety to this final revelation of the oneness of love and divine harmony. The context becomes larger and larger until, at the end of *Le Soulier de satin,* a universal order is restored and all souls are liberated:

« Délivrance aux âmes captives ! »

The conditions for such a deliverance are hard indeed when looked upon from a worldly perspective. In *Partage de Midi,* the mystical marriage of Ysé and Mesa occurs beyond death. And the hero of *Le Soulier de satin*, Don Rodrigue, is humiliated, stripped bare and separated from his love at the end of the play. Similarly, it is only after Violaine's death that a new order begins in Combernon, that Church and State are reunited in the larger historical context, and that the sign of God's covenant, the rainbow, appears in the sky to symbolize the reunification of Heaven and Earth. Ultimately, however, *L'Annonce faite à Marie,* and Claudel's dramatic works in general, illustrate the physical-spiritual cycle of death and rebirth, with Christian as well as universal significance. The reality which Claudel's dramas progressively unfold and which joyfully bursts out in his lyrical works is palpable and all-embracing.

The task of the Catholic poet, as conceived by Claudel, is to give meaning to the world, to make it intelligible:

> Le Monde est une immense matière qui attend le poète pour en dégager le sens et pour le transformer en action de grâce.[16]

Poetry is therefore one with faith; it is the immediate and direct expression of faith. Thanks to the poet's voice, we are in tune with the melody of this world.

---

15. - PAUL CLAUDEL, « Théâtre et Religion, » *Positions et Propositions,* I, p. 250.
16. - *Art poétique,* Œuvre poétique, *op. cit.*

Through a flourish of metaphors spanning heaven and earth, Claudel's undulating rhythms lead us from the mournful tones of a *De Profundis* to the jubilant chords of a *Magnificat*. Such rhythms are free from the conventional demands of prosody, which Claudel rejected soon after his encounter with Rimbaud. They partake instead of the element of water which the poet associated with the idea of divine grace and freedom:

> Et l'eau même, et l'élément même, je joue, je resplendis!
> Je partage la liberté de la mer omniprésente.[17]

This free and ample poetical form—the « verset »—is thus the transcription of the movement of the sea—« la dilatation de la houle. » This cosmic rhythm is manifested in the very process of breathing:

> O mon fils! lorsque j'étais un poète entre les hommes,
> J'inventais ce vers qui n'avait ni rime ni mètre,
> Et je le définissais dans le secret de mon cœur
> cette fonction double et réciproque
> Par laquelle l'homme absorbe la vie, et restitue dans
> l'acte suprême de l'expiration
> Une parole intelligible.[18]

The poet is the repository of the cosmic rhythm which in turn dictates the form through which he is to give enlightment to the world. Such a concept is not far from Victor Hugo's claim of being the « echo sonore » of his century. In Claudel, however, it is closely associated with a new understanding of poetical form and with a deeply Catholic view of the universe.

IV

L'Annonce faite à Marie in its final form is a semi-liturgical play. Its message, however, is far from being the product of an ascetic philosophy, and Violaine's sacrifice must not be considered as an end in itself. In fact, Claudel himself came to this new understanding of his play after having rewritten it three times, over a period of fifty-six-years—introducing new characters, altering the context, and reworking the arrangement of the scenes. *L'Annonce faite à Marie* was one of his favorite works, and one which matured with him throughout the years. Pierre de Craon worked as relentlessly on the plans of his cathedral as Claudel did on his plays. Written twelve years after the traumatic experience which inspired *Partage de Midi*, *L'Annonce faite à Marie* testifies to such an « épanouissement dans la connaissance, » as it introduces all the themes of Claudel's maturity.

17. - CLAUDEL, *Cinq Grandes Odes*, II, *Œuvre poétique*, p. 236.
18. - CLAUDEL, *La Ville, Théâtre*, I, p. 428.

In the first version of the play, entitled *La Jeune Fille Violaine* and published in 1892, Violaine's sacrifice is so cruel and unjust that it merely appears like a gratuitous and masochistic act. The only motive which prompts her to renounce Jacques is her sister's jealousy. It is only in 1899, in the second version of the play, that a mysterious bond is created between Violaine and Pierre de Craon: the architect to be has brought « la parole irréparable » to Jacques' fiancée:

> Petite sœur, ne parle pas de Craon.
> La chose qu'il y a entre nous
> Tu ne peux la connaître.

« This thing between them » is consecrated, in *L'Annonce faite à Marie,* through the kiss in the barn, and Violaine's renunciation to earthly joys takes on a deeper meaning.

Meanwhile, following the general movement of Claudel's dramatic works, the context of the play becomes larger and larger. In *La Jeune Fille Violaine,* the drama unfolds within a restricted framework. Violaine's miracle occurs sometime in December and has an aura of legend about it. In *L'Annonce faite à Marie,* the consecration of Charles VII at Rheims takes place on the same Christmas eve as Violaine's miracle; the resurrection of Mara's dead child coincides with the anniversary of the birth of the Savior and the liberation of fifteenth century France. Moreover, at the end of the play, we learn that the Great Schism has ended and that the Church is reunited. The message of the play must thus ultimately be understood on political, ecclesiastical as well as human levels.

In order to give such broad significance to his play, Claudel had to add another dimension to his characters. Pierre de Craon—who appeared in the second version of *La Jeune Fille Violaine* as a builder of bridges—becomes a maker of cathedrals. Anne Vercors takes on a symbolic significance, as his return from Palestine at the end of the play coincides with a general awakening to divine joy and the return to order. The name of Violaine's sister changes from « Bibiane » (first version of *La Jeune Fille Violaine*) to « Mara, » and the hardening of her name parallels a new understanding of her role: she becomes the element of violence which Claudel saw in the Gospel sentence: « Ever since John the Baptist's time, the Kingdom of Heaven has opened to force. » (Matthew 11: 12.)

Further changes were effected in the stage version published in 1948. For instance, a basic decor was used throughout the play, and the fourth act was entirely rewritten. Claudel's revisions were intended to clarify characterization, to emphasize the liturgical meaning of the drama and to subject its very structure to the requirements of the stage. In the process, much of the contrapuntal symbolism of the fourth act was lost. Claudel curbed his lyrical outbursts, thus somewhat desiccating the religious message of the play. We shall therefore follow the 1912 edition of the fourth act, and later discuss the 1948 variant in a few appended notes.

V

> « And the angel said to them: « Be not afraid; for behold, I bring you good news of a great joy which will come to all the people. » (Luke 2: 10.)

The chimes of the Angelus in the prologue and epilogue of our play recall the good news brought to Mary by the angel Gabriel. The meaning of the title becomes self-evident. Within its liturgical framework, and with the rebirth of a dead child as its center of gravity, the play progresses towards the fulfillment of the angel's promise. Violaine's saintliness, Pierre de Craon's leprosy and Mara's cruelty, with the additional factors of Anne's departure and Jacque's insensitivity, provide the interacting forces required to bring this « great joy to all the people » —a joy which both includes and transcends suffering:

> La paix, pour qui la connaît, la joie
> Et la douleur y entrent pour des parts égales.

The prologue introduces Violaine, a young peasant girl engaged to Jacques Hury, and Pierre de Craon, an architect of churches. The latter is in love with her, but she has refused him. Pierre has contracted « la lèpre même dont il est parlé au livre de Moïse. » As the Angelus is heard, Violaine gives Pierre her engagement ring, as a contribution to the cathedral that the architect is going to build. Moreover, moved by a charitable impulse, she kisses him on the mouth, just as her sister Mara enters the barn.

The gift of the ring and the kiss mark the beginning of the drama. In the dimly lit barn with a church candle (cierge) significantly providing the only source of light an indissoluble bond is created between Violaine and Pierre de Craon. Her gift serving as the « crumb of gold » upon which Pierre will build his cathedral, gives the architect renewed confidence in the sanctity of his task. And whereas faith will eventually cure Pierre from leprosy, Violaine, by kissing him, catches the disease. Rejected by her family, she will experience the divine joy of sacrifice. Violaine and Pierre de Craon bestow the seed of grace upon each other, as their kiss is consecrated by the Angelus chimes.

The setting of the prologue gives concrete expression to the fundamental theme of the play. The encounter between Violaine and Pierre occurs at night, within a large and somber barn, behind a massive double door. A stifling atmosphere is thus created. Both Pierre de Craon and Violaine are actually walled in, in spite of their illusory freedom. Pierre has contracted a leprosy of the soul as well as one of the body: he is chained to his love for Violaine and has lost faith in his work:

> PIERRE DE CRAON. — C'est vous qui m'avez fait ce mal par votre beauté, car avant de vous voir j'étais pur et joyeux.
> Le cœur à mon seul travail et l'idée sous l'ordre d'un autre,

> Et maintenant que c'est moi qui commande à mon tour et de qui l'on prend le dessin
> Voici que vous vous tournez vers moi avec ce sourire plein de poison !
> VIOLAINE. — Le poison n'était pas en moi, Pierre !
> PIERRE DE CRAON. — Je le hais, il était en moi, et il y est toujours, et cette chair malade n'a pas guéri l'âme atteinte !

Young Violaine cannot envision a greater happiness than being Jacques' wife:

> Je suis libre, je n'ai à m'inquiéter de rien, c'est un autre qui me mène, le pauvre homme, et qui sait tout ce qu'il y a à faire.

As the barn door opens, both characters awaken to a wider idea of love and freedom and share in a foretaste of universal harmony:

> Comme toute la création est avec Dieu dans un mystère profond.

On the double door are painted primitive pictures of Saint Peter and Saint Paul, one holding keys and the other a sword. Claudel has repeatedly elaborated on such symbolism:

> There is deep mystery and an infinite source of tragedy in the fact that we are the condition of eternal salvation one for the other, that we alone carry within ourselves the key to the soul of such and such of our brothers, who can be saved only by us, and at our own expense.[19]

Whereas Violaine possesses the key that is to open the locked door to Pierre de Craon and the Kingdom of Heaven to all characters involved, her sister holds the sword. As was pointed out before, she testifies to the need for violence in the Christian scheme of redemption.

When the first act opens, Mara has made up her mind to marry Jacques and have Violaine expelled from the house. Her brutal conduct coincides with the symbolic departure of Anne Vercors, the patriarch of the family, to the Holy Land. In the second act, Violaine is forsaken by all, and wrongly accused of being Pierre de Craon's mistress. Mara denounces her, Jacques repudiates her, and her mother remains silent. She leaves for the leper's cave where she will depend on charity for her food. But she is already happy: though she lost a father, a sister and a fiancé, she found the bridegroom:

> Mon père est parti, il est vrai, mais il m'a laissé l'époux le plus tendre, l'ami qui jamais ne m'abandonnera. Ce n'est donc point le moment de pleurer, mais de se réjouir. Ah, chère mère, que la vie est belle et que je suis heureuse !

---

19. - Quoted by JACQUES GUICHARNAUD, *Modern French Theater from Giraudoux to Beckett,* Yale University Press, 1961, p. 77.

Mara's cruel behavior has already served an important purpose in the play, that of revealing the sanctity of Violaine. In the third act, the relationship between the two sisters takes on a new dimension, making *L'Annonce faite à Marie* into a human and supernatural drama at the same time.

Mara has taken Jacques away from Violaine. But the child born out of this sinful marriage has died. At the beginning of the fourth act, on Christmas eve, Mara carrying her dead baby in her arms is looking for Violaine, at the very moment of midnight mass and while Charles VII is being consecrated in the cathedral of Rheims. The child is brought back to life by Violaine, following Mara's violent and almost brutal ultimatum to God:

> Tu mens! il n'est pas mort! Ah! fillasse, ah! cœur de brebis! ah, si j'avais accès comme toi à ton Dieu,
> Il ne m'arracherait pas mes petits si facilement!

The resuscitated child belongs to both sisters: it has Mara's blood and Violaine's blue eyes. Life ultimately springs out of leprosy as the cycle of death and rebirth is about to be completed. The miracle may thus be viewed as the meeting point of the interacting forces at work in the drama. Mara's violence, Violaine's innocence and Pierre's leprosy were requisites in the divine scheme of redemption:

> Et la face du Père apparaît sur la terre renaissante et consolée.

While Anne Vercors is on his way back from pilgrimage, Violaine, through her sister's treachery, is crushed under a load of sand and is brought home dying by Pierre de Craon. When the patriarch reaches Combernon, Violaine is about to be buried. The final scenes of the play take place in the garden on a late summer afternoon just before sunset. It should be recalled that the prologue, on the contrary, was set at the end of the night, in the early hours of dawn. A cycle is about to be completed as peace descends upon Combernon.

Both Mara and Jacques, however, remain brokenhearted. Violaine's sacrifice, now fully understood, forces them to face a long and lonely life together. Jacques realizes that there is no more happiness for him, and Mara has no strength left:

> et je reste comme une femme veuve et sans enfants.

But she has lost her bitterness, and, when she finally bursts into tears, nothing is left of the jealous, hardhearted and sour Mara whom nobody loved.

In the last pages of the play, Mara remains silent while Anne Vercors and Pierre de Craon celebrate, through flashing imagery, the beauty of nature and the everlasting grace of God. Jacques occasionally interrupts the harmonious flow of the recitatives with some anguished remarks, but he too eventually contributes his note to the final chords of the *Gloria*:

> L'Ange de Dieu nous avertit de la paix et l'enfant tressaille dans le sein de sa mère.

Claudel's lyricism reaches its peak at the end of our play, as it fuses heaven and earth, God and history, nature and liturgy, into a flaming sheaf of comparisons and metaphors. We shall limit ourselves to a few examples which cannot by themselves do justice to the poet's inexhaustible vision.

Pierre's cathedral testifies to the union of stone, metal and light, symbolizing the consecration of man's efforts through divine grace:

>De cette miette d'or j'ai fait une gerbe embrasée.

and again:

>Avez-vous vu ma petite église de l'Épine qui est comme un brasier ardent et un buisson de roses épanouies ?

The image of the burning stone is carried even further and is extended by that of water:

>Certes j'ai bien pensé que c'était une bonne chose que la joie.
>Mais maintenant j'ai tout !
>..........
>.......... Comme l'eau
>Me soulève ! L'action de grâce descelle la pierre de mon cœur !

In one of his five *Odes,* Claudel had discovered the universal dynamism of the « lien liquide » which reunites the world, man and God:

>.... L'eau
>Odore l'eau, et moi je suis plus qu'elle-même liquide !
>Comme elle dissout la terre et la pierre cimentée
>J'ai partout des intelligences !
>L'eau qui a fait la terre et la délie, l'esprit qui a fait la porte ouvre la serrure.[20]

The door which barred Pierre de Craon from God in the beginning of our play finally bursts open. The symbolism of liberation eventually leads from the stone to the mystical element of water. No wonder that, as the day draws to its close in Combernon, a gigantic rainbow should appear in the sky. For is it not through the rainbow, binding heaven to earth, that God expressed his covenant to Noah:

>I set my bow in the cloud, and it shall be a sign of the covenant between me and the earth. When I bring clouds over the earth and the bow is seen in the clouds, I will remember my covenant which is between me and you and every creature of all flesh; and the waters shall never again become a flood to destroy all flesh.[21]

---

20. - *Cinq Grandes Odes,* II, *op. cit.*
21. - Genesis 9: 13-15.

As the rainbow reminds Combernon's inhabitants of God's everlasting grace, children's laughter and songs are heard. Anne Vercors reports the happy news of the day: the Great Schism has ended, the Catholic church is reunited and a festive year is about to begin:

> ....cette année jubilaire que le Pape nouveau accorde,
> Extinction des dettes, libération des prisonniers, suspension de la guerre, fermeture des prétoires, restitution de toute propriété.

The Pope is in Rome and the king is on his throne. The new order which begins at Combernon thus coincides with the restoration of peace and harmony in the lacerated France of the fifteenth century.

VI

In his preface to Claudel's theater, Jacques Madaule does not hesitate to compare the works of Homer, Virgil, Dante, to those of Claudel in a world-wide historical context.[22]

Like his illustrious predecessors, Claudel is seen as « the poet who sings of a world in which a cycle of history has come to an end and a new order is about to surge. »[23] Such « rapprochements » are overpowering indeed, and only the future will tell whether or not they are justified. It is the conviction of this writer, however, that Claudel's message, be it deeply rooted in Catholicism and meant for a Catholic audience, transcends any religious boundary. *L'Annonce faite à Marie,* which encompasses most of Claudel's basic themes—although the context of the play is more limited than *Le Soulier de satin,* for instance—ultimately testifies to the physical-spiritual cycle of death and rebirth. It is the timeless drama of man temporarily divorced from his self and painstakingly reaching for love, joy and freedom:

> Je suis au monde, j'exerce de toutes parts ma connaissance.
> Je connais toutes choses et toutes choses se connaissent en moi.
> J'apporte à toute chose sa délivrance.
> Par moi
> Aucune chose ne reste plus seule mais je l'associe à une autre dans mon cœur.[24]

---

22. - Cf. *Théâtre,* I, *op. cit.,* pp. XXIII ff.
23. - JACQUES GUICHARNAUD, *op. cit.,* p. 70.
24. - *Cinq Grandes Odes, op. cit.,* p. 238.

WORKS BY CLAUDEL

1889.	Tête d'Or.
1890.	La Ville.
1892.	La Jeune Fille Violaine.
1893-94.	L'Échange.
1896.	Le Repos du septième jour.
1905.	Partage de midi.
1908-09.	L'Otage.
1910-11.	L'Annonce faite à Marie, *adaption of* La Jeune Fille Violaine.
1913.	Protée.
1914.	Le Pain dur.
1915.	La Nuit de Noël de 1914.
1916.	Le Père humilié.
1917.	L'Ours et la Lune.
1917.	L'Homme et son Désir.
1919-24.	Le Soulier de Satin.
1922.	La Femme et son Ombre.
1927.	Le Livre de Christophe Colomb.

CRITICAL WORKS

BENOIST-MECHIN G. G. and BLAIZOT G.: Bibliographie des œuvres de Paul Claudel, *Blaizot et Fils, 1931.*
DUHAMEL Georges: Paul Claudel, le philosophe, le poète, l'écrivain, le dramaturge, *Mercure de France, 1924.*
GUICHARNAUD Jacques: Modern French Theatre, *Yale University Press, 1961.*
LALOU René: « Paul Claudel, » *Revue de Paris, July 15, 1936, vol. 4.*
LESORT Paul-André: Paul Claudel par lui-même, *Éditions du Seuil, 1963.*
MADAULE Jacques: Le Drame de Paul Claudel, *Desclée de Brouwer, 1936.*
MURRY John M.: « The Works of Paul Claudel, » *Quarterly Review, New York, 1917, vol. 227.*
PEYRE Henri: Hommes et œuvres du XXe siècle, *Corréa, 1938.*
PRÉVOST Jacques: « Les Éléments du drame chez Paul Claudel, » *La Nouvelle Revue Française, May 1, 1929.*
RIVIÈRE Jacques: Études, *Gallimard, 1925.*
SARGENT D.: « The Dramatic Art of Paul Claudel, » *Month, London, 1934, vol. 164.*

L'Annonce faite à Marie

a été représentée pour la première fois par les soins de L'Œuvre,
à Paris, à la salle Malakoff, le 24 décembre 1912, avec la distribution suivante :

Anne Vercors..	MM.	Lugné-Poe
Pierre de Craon...		Magnat
Jacques Hury..		Karl
La mère	Mmes	Franconi
Violaine...		Lara
Mara		Frappa
Comparses : l'apprenti...	MM.	Corney
Le maire		Dhurtal
Un ouvrier...		Jouvey
Une femme..	Mlles	Maes
Une femme..		Jackson

PROLOGUE

La grange de Combernon. C'est un vaste édifice aux piliers carrés, avec des charpentes en ogives qui viennent s'y appuyer. Tout est vide, sauf le fond de l'aile de droite qui est encore rempli de paille, brins de paille par terre, le sol de terre battue. Au fond grande porte à deux battants ménagée dans le mur épais, avec un appareil compliqué de barres et de serrures. Sur les vantaux sont peintes les images barbares de saint Pierre et de saint Paul, l'un tenant les clefs, l'autre le glaive^A. *Un gros cierge de cire jaune fixé au pilier sur une patte de fer les éclaire.*

Tout le drame se passe à la fin d'un Moyen Age de convention, tel que les poètes du Moyen Age pouvaient se figurer l'antiquité.

Fin de la nuit et premières heures de la matinée.

Entre sur un gros cheval un homme vêtu d'un manteau noir avec une valise en croupe, PIERRE DE CRAON. *Son ombre gigantesque et mouvante se dessine derrière lui sur le mur, le sol et les piliers.*

VIOLAINE *tout à coup sort au-devant de lui de derrière un pilier. Elle est grande et mince, les pieds nus, vêtue d'une robe de grosse laine, la tête coiffée d'un linge à la fois paysan et monastique.*

VIOLAINE, *levant en riant vers le chevalier ses deux mains avec les index croisés.* — Halte, seigneur cavalier! Pied à terre!

PIERRE DE CRAON. — Violaine!

(Il descend de cheval.)

VIOLAINE. — Tout beau, maître Pierre! Est-ce ainsi qu'on décampe¹ de la maison comme un voleur sans saluer honnêtement les dames?

PIERRE DE CRAON. — Violaine, retirez-vous. Il fait nuit pleine encore et nous sommes seuls ici tous les deux.
Et vous savez que je ne suis pas un homme tellement sûr.

VIOLAINE. — Je n'ai pas peur de vous, maçon! N'est pas un mauvais homme qui veut!
On ne vient pas à bout de moi comme on veut!
Pauvre Pierre! Vous n'avez même pas réussi à me tuer.
Avec votre mauvais couteau! Rien qu'une petite coupure au bras dont personne ne s'est aperçu.

PIERRE DE CRAON. — Violaine, il faut me pardonner.

VIOLAINE. — C'est pour cela que je suis ici.

PIERRE DE CRAON. — Vous êtes la première femme que j'aie touchée. Le diable m'a saisi tout d'un coup, qui profite de l'occasion.

VIOLAINE. — Mais vous m'avez trouvée plus forte que lui!

PIERRE DE CRAON. — Violaine, je suis ici plus dangereux qu'alors.

A. - Study the setting in detail; what is the significance of the figures of Saint Peter and Saint Paul painted on the door?
1. - To run away.

VIOLAINE. — Allons-nous donc nous battre de nouveau?

PIERRE DE CRAON. — Ma seule présence par elle-même est funeste.

(Silence.)

VIOLAINE. — Je ne vous entends pas.

PIERRE DE CRAON. — N'avais-je pas assez de pierres à assembler et de bois à joindre et de métaux à réduire?
Mon œuvre à moi, pour que tout d'un coup,
Je porte la main sur l'œuvre d'un autre et convoite une âme vivante avec impiété?

VIOLAINE. — Dans la maison de mon père et de votre hôte! Seigneur! qu'aurait-on dit si on l'avait su? Mais je vous ai bien caché.
Et chacun comme auparavant vous prend pour un homme sincère et irréprochable.

PIERRE DE CRAON. — Dieu juge le cœur sous l'apparence.

VIOLAINE. — Ceci restera donc à nous trois.

PIERRE DE CRAON. — Violaine!

VIOLAINE. — Maître Pierre?

PIERRE DE CRAON. — Mettez-vous là près de ce cierge que je vous regarde bien.
(Elle se place en souriant sous le cierge. Il la regarde longuement.)

VIOLAINE. — Vous m'avez bien regardée?

PIERRE DE CRAON. — Qui êtes-vous, jeune fille, et quelle est donc cette part que Dieu en vous s'est réservée,
Pour que la main qui vous touche avec désir et la chair même soit ainsi.
Flétrie, comme si elle avait approché le mystère de sa résidence?

VIOLAINE. — Que vous est-il donc arrivé depuis un an?

PIERRE DE CRAON. — Le lendemain même de ce jour que vous savez...

VIOLAINE. — Eh bien?

PIERRE DE CRAON. — ...J'ai reconnu à mon flanc le mal affreux.

VIOLAINE. — Le mal, dites-vous? Quel mal?

PIERRE DE CRAON. — La lèpre même dont il est parlé au livre de Moïse [2].

VIOLAINE. — Qu'est-ce que la lèpre?

PIERRE DE CRAON. — Ne vous a-t-on jamais parlé de cette femme autrefois qui vivait seule dans les roches du Géyn
Toute voilée du haut en bas et qui avait une cliquette [3] à la main?

VIOLAINE. — C'est ce mal-là, maître Pierre?

PIERRE DE CRAON. — Il est de nature telle
Que celui qui l'a conçu dans toute sa malice
Doit être mis à part aussitôt,
Car il n'est homme vivant si peu gâté que la lèpre ne puisse y prendre.

---

2. - Leviticus, chapter 13.
3. - A castanet: two pieces of wood which were rattled to warn the people that a leper was passing by.

L'ANNONCE FAITE A MARIE 233

VIOLAINE. — Comment donc restez-vous parmi nous en liberté ?

PIERRE DE CRAON. — L'Évêque me l'a dispensé, et vous voyez que je suis rare et peu fréquent,
Sauf à mes ouvriers pour les ordres à donner, et mon mal est encore couvert et masqué.
Et qui sans moi mènerait à leurs noces ces naissantes églises dont Dieu m'a remis la charge ?

VIOLAINE. — C'est pourquoi l'on ne vous a point vu cette fois à Combernon ?

PIERRE DE CRAON. — Je ne pouvais m'exempter de revenir ici,
Car mon office est d'ouvrir le flanc de Monsanvierge [4]
Et de fendre la paroi à chaque fois qu'un vol nouveau de colombes y veut entrer de l'Arche haute dont les guichets ne sont que vers le ciel seul ouverts [5] !
Et cette fois nous amenions à l'autel une illustre hostie, un solennel encensoir,
La Reine elle-même, mère du Roi, montant en sa personne,
Pour son fils défait de son royaume.
Et maintenant je m'en retourne à Rheims [6] [B].

VIOLAINE. — Faiseur de portes, laissez-moi vous ouvrir celle-ci.

PIERRE DE CRAON. — N'y avait-il à la ferme personne autre pour me rendre ce service ?

VIOLAINE. — La servante aime à dormir et m'a remis les clefs sans peine.

PIERRE DE CRAON. — N'avez-vous pas crainte et horreur du lépreux ?

VIOLAINE. — Dieu est là qui me sait garder.

PIERRE DE CRAON. — Donnez-moi donc la clef.

VIOLAINE. — Laissez-moi faire ! Vous ne connaissez pas la manière de ces vieilles portes.
Eh bien ! me prenez-vous pour une belle demoiselle
Dont les doigts effilés ne connaissent rien de plus rude que l'éperon du nouveau chevalier, léger comme un os d'oiseau, pour lui en armer le talon ? Vous allez voir !

(Elle ouvre les deux serrures qui grincent et tire les verrous.)

PIERRE DE CRAON. — Cette ferraille est fort rouillée.

VIOLAINE. — On ne passe plus par cette porte. Mais le chemin par là est plus court.

(Elle approche la barre avec effort.)

J'ai ouvert la porte !

PIERRE DE CRAON. — Qui tiendrait contre un tel assaillant ?
Quelle poussière ! le vieux vantail dans toute sa hauteur craque et s'ébranle.
Les épeires [7] noires fuient, les vieux nids croulent,
Et tout enfin s'ouvre par le milieu.

(La porte s'ouvre. On voit par la baie la campagne couverte de prairies et de moissons dans la nuit.)

VIOLAINE. — Cette petite pluie a fait du bien à tout le monde [C].

PIERRE DE CRAON. — La poussière du chemin sera couchée.

---

4. - The name of the Church.
5. - « And to slit the wall of the high ark every time a new flight of doves wants to enter it—like the Arch of the Covenant whose openings let in only the light of the sky. »
6. - The Cathedral of Rheims in Champagne where Charles VII was to be crowned in 1429.
B. - Why did Claudel choose this specific historical context?
7. - Black spiders.
C. - Notice the season in which the action occurs; why is this detail important?

VIOLAINE, *à voix basse, affectueusement.* — Paix sur vous, Pierre !
(Silence. Et tout soudain, sonore et clair et très haut dans le ciel, le premier coup de l'Angélus[8]*. PIERRE ôte son chapeau et tous deux font le signe de la croix.)*

VIOLAINE, *les mains jointes et la figure vers le ciel, d'une voix admirable, limpide et pénétrante.* — Regina Caeli, laetare, alleluia[9] !

(Second coup.)

PIERRE DE CRAON, *à voix sourde.* — Quia quem meruisti portere, alleluia !

(Troisième coup.)

VIOLAINE. — Resurrexit sicut dixit, alleluia !

(Pause.)

PIERRE DE CRAON. — Ora pro nobis Deum.

VIOLAINE. — Gaude et laetare, Virgo Maria, alleluia !

PIERRE DE CRAON. — Quia resurrexit dominus vere, alleluia.

(Volée de l'Angélus.)

PIERRE DE CRAON, *très bas.* — Oremus. Deus qui per resurrectionem Fili tui Domini Nostri Jesu Christi mundus laetificare dignatus es, praesta, quaesumus, ut per ejus Genitricem Virginem Mariam perpetuae capiamus gaudia vitae. Per eumdem Dominum Nostrum Jesum Christum qui tecum vivit et regnat in unitate Spiritus Sancti Deus per omnia saecula saeculorum[10].

VIOLAINE. — Amen.

(Tous deux se signent.)

PIERRE DE CRAON. — Comme l'Angélus sonne de bonne heure !

VIOLAINE. — On dit là-haut Matines en pleine nuit comme chez les Chartreux[11].

PIERRE DE CRAON. — Je serai ce soir à Rheims.

VIOLAINE. — Vous savez bien le chemin ? Cette haie-ci d'abord.
Et puis cette maison basse dans le bosquet de sureaux[12] sous lequel vous verrez cinq ou six ruches.
Et cent pas plus loin vous joignez la route Royale.

(Pause.)

PIERRE DE CRAON. — *Pax tibi.*
Comme toute la création est avec Dieu dans un mystère profond !
Ce qui était caché redevient visible avec Lui et je sens sur mon visage un souffle d'une fraîcheur de rose.
Loue ton Dieu, terre bénite, dans les larmes et l'obscurité !
Le fruit est pour l'homme, mais la fleur est pour Dieu et la bonne odeur de tout ce qui naît.

---

8. - The church bells ring three series of three strokes. There is the Angelus of the morning, and night.

9. - « Reine du ciel, réjouissez-vous, alleluia ! »
« Puisque vous avez mérité de porter, alleluia ! »
« Il est ressuscité comme il l'a dit, alleluia ! »
« Priez Dieu pour nous, »
« Réjouissez-vous, o Vierge Marie, alleluia ! »
« Car le Seigneur est véritablement ressuscité, [alleluia ! »

10. - Prions, O Dieu qui avez daigné réjouir le monde par la résurrection de votre Fils, Notre Seigneur Jésus-Christ, nous vous supplions que, par sa mère, la Vierge Marie, nous obtenions les joies de la vie éternelle :
« Par le même Jésus-Christ, Notre Seigneur, qui vit auprès de vous et règne dans l'unité avec le Saint Esprit, dans tous les siècles des siècles. »

11. - Monastic order Founded by Saint Bruno.

12. - Elder trees.

Ainsi de la sainte âme cachée l'odeur comme de la feuille de menthe a décelé sa vertu.
Violaine qui m'avez ouvert la porte, adieu ! je ne retournerai plus vers vous.
O jeune arbre de la science du Bien et du Mal, voici que je commence à me séparer parce que j'ai porté la main sur vous.
Et déjà mon âme et mon corps se divisent, comme le vin dans la cuve mêlé à la grappe meurtrie !
Qu'importe ? je n'avais pas besoin de femme. Je n'ai point possédé de femme corruptible [D].
L'homme qui a préféré Dieu dans son cœur, quand il meurt, il voit cet Ange qui le gardait.
Le temps viendra bientôt qu'une autre porte se dissolve.
Quand celui qui a plu à peu de gens en cette vie s'endort, ayant fini de travailler, entre les bras de l'Oiseau éternel [E];
Quand déjà au travers des murs diaphanes de tous côtés apparaît le sombre Paradis.
Et que les encensoirs de la nuit se mêlent à l'odeur de la mèche infecte qui s'éteint !

VIOLAINE. — Pierre de Craon, je sais que vous n'attendez pas de moi des « Pauvre homme ! » et de faux soupirs, et des « Pauvre Pierre ».
Car à celui qui souffre, les consolations d'un consolateur joyeux ne sont pas de grand prix, et son mal n'est pas pour nous ce qu'il est pour lui.
Souffrez avec Notre-Seigneur.
Mais sachez que votre action mauvaise est effacée
En tant qu'il est de moi, et je suis en paix avec vous,
Et que je ne vous méprise et abhorre point parce que vous êtes atteint et malade,
Mais je vous traiterai comme un homme sain et Pierre de Craon, notre vieil ami, que je révère, aime et crains.
Je vous le dis. C'est vrai.

PIERRE DE CRAON. — Merci, Violaine.

VIOLAINE. — Et maintenant j'ai à vous demander quelque chose.

PIERRE DE CRAON. — Parlez.

VIOLAINE. — Quelle est cette belle histoire que mon père nous a racontée ? Quelle est cette « justice » que vous construisez à Rheims et qui sera plus belle que Saint-Rémy [13] et Notre-Dame ?

PIERRE DE CRAON. — C'est l'église que les métiers [14] de Rheims m'ont donnée à construire sur l'emplacement de l'ancien Parc-aux-Ouilles,
Là où l'ancien Marc-de-l'Évêque a été brûlé cet antan.
Premièrement pour remercier Dieu de sept étés grasses dans la détresse de tout le Royaume,
Les grains et le fruit à force, la laine bon marché et belle,
Les draps et le parchemin bien vendus aux marchands de Paris et d'Allemagne.
Secondement pour les libertés acquises, les privilèges conférés par le Roi Notre Sire,
L'ancien mandat contre nous des évêques Félix II et Abondant de Cramail,
Rescindé par le Pape,
Le tout à force d'épée claire et des écus champenois.
Car telle est la république chrétienne, non point de crainte servile,
Mais que chacun ait son droit, selon qu'il est bon à l'établir, en diversité merveilleuse,
Afin que la charité soit remplie.

D. - Define Claudel's conception of woman within the framework of Catholicism.
E. - Study the metaphors and comparisons drawn from nature.
13. - An old church in Rheims.
14. - Craft guilds.

VIOLAINE. — Mais de quel Roi[15] parlez-vous et de quel Pape? Car il y en a deux et l'on ne sait qui est le bon.

PIERRE DE CRAON. — Le bon est celui qui nous a fait du bien.

VIOLAINE. — Vous ne parlez pas comme il faut.

PIERRE DE CRAON. — Pardonnez-moi. Je ne suis qu'un ignorant.

VIOLAINE. — Et d'où vient ce nom qui est donné à la nouvelle paroisse?

PIERRE DE CRAON. — N'avez-vous jamais entendu parler de sainte Justice qui fut martyrisée du temps de l'Empereur Julien[16] dans un champ d'anis?
(Ces graines que l'on met dans notre pain d'épices à la foire de Pâques.)
Essayant de détourner les eaux d'une source souterraine pour nos fondations,
Nous avons retrouvé son tombeau avec ce titre sur une dalle cassée en deux : JUSTITIA ANCILLA DOMINI IN PACE[17].
Le frêle petit crâne était fracassé comme une noix, c'était une enfant de huit ans,
Et quelques dents de lait tiennent encore à la mâchoire.
De quoi tout Rheims est dans l'admiration, et maints signes et miracles suivent le corps
Que nous avons placé en chapelle, attendant le terme de l'œuvre.
Mais nous avons laissé les petites dents comme une semence sous le grand bloc de base.

VIOLAINE. — Quelle belle histoire! Et le père nous disait aussi que toutes les dames de Rheims donnent leurs bijoux pour la construction de la Justice?

PIERRE DE CRAON. — Nous en avons un grand tas et beaucoup de Juifs autour comme mouches.
(VIOLAINE tient les yeux baissés, tournant avec hésitation un gros anneau d'or qu'elle porte au quatrième doigt.)

PIERRE DE CRAON. — Quel est cet anneau, Violaine?

VIOLAINE. — Un anneau que Jacques m'a donné.

(Silence.)

PIERRE DE CRAON. — Je vous félicite.

(Elle lui tend l'anneau.)

VIOLAINE. — Ce n'est pas décidé encore. Mon père n'a rien dit.
Eh bien! c'est ce que je voulais vous dire.
Prenez mon bel anneau qui est tout ce que j'ai et Jacques me l'a donné en secret[F].

PIERRE DE CRAON. — Mais je ne le veux pas !

VIOLAINE. — Prenez-le vite, car je n'aurai plus la force de m'en détacher.

(Il prend l'anneau.)

PIERRE DE CRAON. — Que dira votre fiancé?

VIOLAINE. — Ce n'est pas mon fiancé encore tout à fait.

---

15. - At one time during the Hundred Years' War, the English occupied all that part of France north of the Loire, and the King of England claimed to be King of France. From 1378 to 1429 the Catholic Church was divided by the « Great Schism. » There were two popes at the same time, one in Avignon and the other in Rome.

16. - Roman Emperor (331-363) brought up as a Christian, who tried to re-establish the pagan cult.

17. - Justice, Servant of the Lord in peace.

F. - Of what importance is the ring in the play?

L'anneau en moins ne change pas le cœur. Il me connaît. Il m'en donnera un autre en argent. Celui-ci était trop beau pour moi.

PIERRE DE CRAON, *l'examinant*. — Il est d'or végétal, comme on savait les faire jadis avec un alliage de miel.

Il est facile comme la cire et rien ne peut le rompre.

VIOLAINE. — Jacques l'a trouvé dans la terre en labourant, dans un endroit où l'on ramasse parfois de vieilles épées toutes vertes et de jolis morceaux de verre.

J'avais crainte à porter cette chose païenne qui appartient aux morts.

PIERRE DE CRAON. — J'accepte cet or pur.

VIOLAINE. — Et baisez pour moi ma sœur Justice.

PIERRE DE CRAON, *la regardant soudain et comme frappé d'une idée*. — Est-ce tout ce que vous avez à me donner pour elle ? Un peu d'or retiré de votre doigt ?

VIOLAINE. — Cela ne suffit-il pas à payer une petite pierre ?

PIERRE DE CRAON. — Mais Justice est une grande pierre elle-même.

VIOLAINE, *riant*. — Je ne suis pas de la même carrière.

PIERRE DE CRAON. — Celle qu'il faut à la base n'est point celle qu'il faut pour le faîte.

VIOLAINE. — Une pierre, si j'en suis une, que ce soit cette pierre active qui moud le grain accouplée à la meule jumelle.

PIERRE DE CRAON. — Et Justitia aussi n'était qu'une humble petite fille près de sa mère,
Jusqu'à l'instant que Dieu l'appela à la confession.

VIOLAINE. — Mais personne ne me veut aucun mal ! Faut-il que j'aille prêcher l'Évangile chez les Sarrasins[18] ?

PIERRE DE CRAON. — Ce n'est point à la pierre de choisir sa place, mais au Maître de l'œuvre qui l'a choisie.

VIOLAINE. — Loué donc soit Dieu qui m'a donné la mienne tout de suite et je n'ai plus à la chercher. Et je ne lui en demande point d'autre.

Je suis Violaine, j'ai dix-huit ans, mon père s'appelle Anne Vercors, ma mère s'appelle Élisabeth,

Ma sœur s'appelle Mara, mon fiancé s'appelle Jacques. Voilà, c'est fini, il n'y a plus rien à savoir.

Tout est parfaitement clair, tout est réglé d'avance et je suis très contente.

Je suis libre, je n'ai à m'inquiéter de rien, c'est un autre qui me mène, le pauvre homme, et qui sait tout ce qu'il y a à faire !

Semeur de clochers, venez à Combernon ! Nous vous donnerons de la pierre et du bois, mais vous n'aurez pas la fille de la maison !

Et d'ailleurs, n'est-ce pas ici déjà maison de Dieu, terre de Dieu, service de Dieu ?

Est-ce que notre charge n'est pas du seul Monsanvierge que nous avons à nourrir et garder, fournissant le pain, le vin et la cire,

Relevant de cette seule aire d'anges à demi déployés[19] ?

---

18. - The Moslems of Europe and Africa in the Middle Ages.

19. - « Being subject to this eyrie of angels with half-spread wings. »

Ainsi comme les hauts Seigneurs ont leur colombier, nous avons le nôtre aussi, reconnaissable au loin.

PIERRE DE CRAON. — Jadis passant dans la forêt de Fismes j'ai entendu deux beaux chênes qui parlaient entre eux,
Louant Dieu qui les avait faits inébranlables à la place où ils étaient nés.
Maintenant, à la proue d'une drome, l'un fait la guerre aux Turcs sur la mer Océane [20],
L'autre, coupé par mes soins, au travers de la Tour de Laon [21],
Soutient Jehanne la bonne cloche dont la voix s'entend à dix lieues.
Jeune fille, dans mon métier, on n'a pas les yeux dans sa poche. Je reconnais la bonne pierre sous les genévriers et le bon bois comme un maître pivert :
Tout de même les hommes et les femmes.

VIOLAINE. — Mais pas les jeunes filles, maître Pierre ! Ça, c'est trop fin pour vous.
Et d'abord il n'y a rien à connaître du tout.

PIERRE DE CRAON, *à demi-voix*. — Vous l'aimez bien, Violaine ?

VIOLAINE, *les yeux baissés*. — C'est un grand mystère entre nous deux.

PIERRE DE CRAON. — Bénie sois-tu dans ton chaste cœur !
La sainteté n'est pas d'aller se faire lapider chez les Turcs ou de baiser un lépreux sur la bouche,
Mais de faire le commandement de Dieu aussitôt Qu'il soit
De rester à notre place, ou de monter plus haut.

VIOLAINE. — Ah ! que ce monde est beau et que je suis heureuse !

PIERRE DE CRAON, *à demi-voix*. — Ah ! que ce monde est beau et que je suis malheureux !

VIOLAINE, *levant le doigt vers le ciel*. — Homme de la ville, écoutez !

(Pause.)

Entendez-vous tout là-haut cette petite âme qui chante ?

PIERRE DE CRAON. — C'est l'alouette !

VIOLAINE. — C'est l'alouette, *alleluia !* L'alouette de la terre chrétienne, *alleluia, alleluia !*
L'entendez-vous qui crie quatre fois de suite hi ! hi ! hi ! hi ! plus haut, plus haute !
La voyez-vous, les ailes étendues, la petite croix [22] véhémente, comme les séraphins qui ne sont qu'ailes sans aucuns pieds et une voix perçante devant le trône de Dieu ?

PIERRE DE CRAON. — Je l'entends.
Et c'est ainsi qu'une fois je l'ai entendue à l'aurore, le jour que nous avons dédié ma fille, Notre-Dame de la Couture [23],
Et il lui brillait un peu d'or, à la pointe extrême de cette grande chose que j'avais faite, comme une étoile neuve !

VIOLAINE. — Pierre de Craon, si vous aviez fait de moi à votre volonté.
Est-ce que vous en seriez plus joyeux, maintenant, ou est-ce que j'en serais plus belle ?

PIERRE DE CRAON. — Non, Violaine.

VIOLAINE. — Et est-ce que je serais encore cette même Violaine que vous aimiez ?

20. - Atlantic Ocean.
21. - City in the department of the Aisne, with a famous cathedral and the ruins of a monastery.
22. - This cross is formed by the wings and the body of the lark.
23. - A church.

PIERRE DE CRAON. — Non pas elle, mais une autre.

VIOLAINE. — Et lequel vaut mieux, Pierre? Que je vous partage ma joie, ou que je partage votre douleur?

PIERRE DE CRAON. — Chante au plus haut du ciel, alouette de France!

VIOLAINE. — Pardonnez-moi parce que je suis trop heureuse! parce que celui que j'aime M'aime, et je suis sûre de lui, et je sais qu'il m'aime, et tout est égal entre nous!
Et parce que Dieu m'a faite pour être heureuse et non point pour le mal et aucune peine.

PIERRE DE CRAON. — Va au ciel d'un seul trait!
Quant à moi, pour monter un peu, il me faut tout l'ouvrage d'une cathédrale et ses profondes fondations.

VIOLAINE. — Et dites-moi que vous pardonnez à Jacques parce qu'il va m'épouser.

PIERRE DE CRAON. — Non, je ne lui pardonne pas [G].

VIOLAINE. — La haine ne vous fait pas de bien, Pierre, et elle me fait du chagrin.

PIERRE DE CRAON. — C'est vous qui me faites parler. Pourquoi me forcer à montrer l'affreuse plaie qu'on ne voit pas?
Laissez-moi partir et ne m'en demandez pas davantage. Nous ne nous reverrons plus.
Tout de même j'emporte son anneau!

VIOLAINE. — Laissez votre haine à la place et je vous la rendrai quand vous en aurez besoin.

PIERRE DE CRAON. — Mais aussi, Violaine, je suis bien malheureux!
Il est dur d'être un lépreux et de porter avec soi la plaie infâme et de savoir que l'on ne guérira pas et que rien n'y fait,
Mais que chaque jour elle gagne et pénètre, et d'être seul et de supporter son propre poison, et de se sentir tout vivant corrompre!
Et non point, la mort, seulement une fois et dix fois la savourer, mais sans en rien perdre jusqu'au bout l'affreuse alchimie de la tombe!
C'est vous qui m'avez fait ce mal par votre beauté, car avant de vous voir j'étais pur et joyeux,
Le cœur à mon seul travail et idée sous l'ordre d'un autre.
Et maintenant que c'est moi qui commande à mon tour et de qui l'on prend le dessin,
Voici que vous vous tournez vers moi avec ce sourire plein de poison!

VIOLAINE. — Le poison n'était pas en moi, Pierre!

PIERRE DE CRAON. — Je le hais, il était en moi, et il y est toujours et cette chair malade n'a pas guéri l'âme atteinte!
O petite âme, est-ce qu'il était possible que je vous visse sans que je vous aimasse?

VIOLAINE. — Et certes vous avez montré que vous m'aimiez!

PIERRE DE CRAON. — Est-ce ma faute si le fruit tient à la branche?
Et quel est celui qui aime qui ne veut avoir tout de ce qu'il aime?

VIOLAINE. — Et c'est pourquoi vous avez essayé de me détruire?

PIERRE DE CRAON. — L'homme outragé aussi a ses ténèbres comme la femme.

G. - The love experienced by Pierre de Craon is of a very possessive nature and contains the germs of its own destruction. Elaborate upon this point.

VIOLAINE. — En quoi vous ai-je manqué ?

PIERRE DE CRAON. — O image de la Beauté éternelle, tu n'es pas à moi !

VIOLAINE. — Je ne suis pas une image ! Ce n'est pas une manière de dire les choses !

PIERRE DE CRAON. — Un autre prend en vous ce qui était à moi.

VIOLAINE. — Il reste l'image.

PIERRE DE CRAON. — Un autre me prend Violaine et me laisse cette chair atteinte et esprit dévoré !

VIOLAINE. — Soyez un homme, Pierre ! Soyez digne de la flamme qui vous consume !
Et s'il faut être dévoré que ce soit sur un candélabre d'or comme le Cierge Pascal en plein chœur pour la gloire de toute l'Église !

PIERRE DE CRAON. — Tant de faîtes sublimes ! Ne verrai-je jamais celui de ma petite maison dans les arbres ?
Tant de clochers dont l'ombre en tournant écrit l'heure sur toute une ville ! Ne ferai-je jamais le dessin d'un four et de la chambre des enfants ?

VIOLAINE. — Il ne fallait pas que je prisse pour moi seule ce qui est à tous.

PIERRE DE CRAON. — Quand sera la noce, Violaine ?

VIOLAINE. — A la Saint-Michel[24], je suppose, lorsque la moisson est finie.

PIERRE DE CRAON. — Ce jour-là, quand les cloches de Monsanvierge se seront tues, prêtez l'oreille et vous m'entendrez bien loin de Rheims répondre.

VIOLAINE. — Qui prend soin de vous là-bas ?

PIERRE DE CRAON. — J'ai toujours vécu comme un ouvrier ; une botte de paille me suffit entre deux pierres, un habit de cuir, un peu de lard sur du pain.

VIOLAINE. — Pauvre Pierre !

PIERRE DE CRAON. — Ce n'est pas de cela qu'il faut me plaindre ; nous sommes à part.
Je ne vis pas de plain-pied avec les autres hommes, toujours sous terre avec les fondations ou dans le ciel avec le clocher.

VIOLAINE. — Eh bien ! Nous n'aurions pas fait ménage ensemble ! Je ne puis monter au grenier sans que la tête me tourne.

PIERRE DE CRAON. — Cette église seule sera ma femme qui va être tirée de mon côté comme une Ève de pierre, dans le sommeil de la douleur.
Puissé-je bientôt sous moi sentir s'élever mon vaste ouvrage, poser la main sur cette chose indestructible que j'ai faite et qui tient ensemble dans toutes ses parties, cette œuvre bien fermée que j'ai construite de pierre forte afin que le principe y commence, mon œuvre que Dieu habite !
Je ne descendrai plus ! C'est moi qu'à cent pieds au-dessous, sur le pavé quadrillé, un paquet de jeunes filles enlacées désigne d'un doigt aigu !

VIOLAINE. — Il faut descendre. Qui sait si je n'aurai pas besoin de vous un jour ?

PIERRE DE CRAON. — Adieu, Violaine, mon âme, je ne vous verrai plus !

VIOLAINE. — Qui sait si vous ne me verrez plus ?

24. - Michaelmas Day; September 29.

PIERRE DE CRAON. — Adieu, Violaine !
Que de choses j'ai faites déjà ! Quelles choses il me reste à faire et suscitation de demeures !
De l'ombre avec Dieu.
Non point les heures de l'Office dans un livre, mais les vraies, avec une cathédrale dont le soleil successif fait de toutes les parties lumière et ombre !
J'emporte votre anneau.
Et de ce petit cercle je vais faire une semence d'or !
« Dieu a fait séjourner le déluge » comme il est dit au psaume du baptême [25],
Et moi entre les parois de la Justice je contiendrai l'or du matin !
La lumière profane change mais non point celle que je décanterai sous ces voûtes,
Pareille à celle de l'âme humaine pour que l'hostie réside au milieu,
L'âme de Violaine, mon enfant, en qui mon cœur se complaît.
Il y a des églises qui sont comme des gouffres, et d'autres qui sont comme des fournaises,
Et d'autres si juste combinées, et de tel art tendues, qu'il semble que tout sonne sous l'ongle.
Mais celle que je vais faire sera sous sa propre ombre comme celle de l'or condensé et comme une pyxide [26] pleine de manne !

VIOLAINE. — O maître Pierre, le beau vitrail que vous avez donné aux moines de Chinchy.

PIERRE DE CRAON. — Le verre n'est pas de mon art, bien que j'y entende quelque chose.
Mais avant le verre, l'architecte, par la disposition qu'il sait,
Construit l'appareil de pierre comme un filtre dans les eaux de la Lumière de Dieu,
Et donne à tout l'édifice son orient comme à une perle.
(MARA VERCORS est entrée et les observe sans qu'ils la voient.)
— Et maintenant, adieu ! Le soleil est levé, je devrais déjà être loin.

VIOLAINE. — Adieu, Pierre !

PIERRE DE CRAON. — Adieu, Violaine !

VIOLAINE. — Pauvre Pierre !

(Elle le regarde, les yeux pleins de larmes, hésite et lui tend la main. Il la saisit et pendant qu'il la tient dans les siennes, elle se penche et le baise sur le visage [H].

MARA *fait un geste de surprise et sort.*

PIERRE DE CRAON *et* VIOLAINE *sortent, chacun de leur côté.)*

---

25. - Psalm: 29: 10.
26. - Vessel in which the Host is kept.

H. - How do you interpret Violaine's kiss to Pierre?

ACTE PREMIER

SCÈNE PREMIÈRE

La cuisine de Combernon, vaste pièce avec une grande cheminée à hotte armoriée, une longue table au milieu et tous les ustensiles, comme dans un tableau de Breughel[27] LA MÈRE, devant la cheminée, s'efforce de ranimer les braises. ANNE VERCORS, debout, la considère. C'est un homme grand et vigoureux de soixante ans, avec une grande barbe blonde qui est mêlée de beaucoup de blanc.

LA MÈRE, *sans se retourner.* — Pourquoi me regardes-tu ainsi?

ANNE VERCORS, *il pense.* — La fin, déjà! C'est comme un livre d'images quand on va tourner la dernière.

« Après la nuit, la femme ayant ranimé le feu domestique... », et l'histoire humble et touchante finit.

C'est comme si je n'étais plus, déjà, ici. Devant mes yeux, la voilà déjà comme si c'était en souvenir.

(*Tout haut.*)

O femme! voici depuis que nous nous sommes épousés
Avec l'anneau[28] qui a la forme de Oui, un mois,
Un mois dont chaque jour est une année.
Et longtemps tu m'es demeurée vaine
Comme un arbre qui ne produit que de l'ombre.
Et un jour nous nous sommes
Considérés dans le milieu de notre vie,
Élisabeth! et j'ai vu les premières rides sur ton front et autour de tes yeux.
Et, comme le jour de notre mariage,
Nous nous sommes étreints et pris, non plus dans l'allégresse,
Mais dans la tendresse et dans la compassion et la pitié de notre foi mutuelle.
Et voici entre nous l'enfant et l'honnêteté
De ce doux narcisse, Violaine.
Et puis, la seconde nous naît
Mara la noire. Une autre fille et ce n'était pas un garçon.

(*Pause.*)

Allons, maintenant, dis ce que tu as à dire, car je sais quand c'est
Que tu te mets à parler sans vous regarder, disant quelque chose et rien. Voyons!

LA MÈRE. — Tu sais bien que l'on ne peut rien te dire. Mais tu n'es jamais là, mais il faut que je t'attrape pour te remettre un bouton[I].
Mais tu ne nous écoutes pas, mais comme un chien de garde tu guettes,
Attentif aux bruits de la porte.
Mais les hommes ne comprennent rien.

---

27. - Flemish painter (1530-1600).
28. - The wedding ring which looks like an « o. »

I. - This scene is full of realistic details. Point out other examples.

ANNE VERCORS. — Voici que les petites filles sont grandes.

LA MÈRE. — Elles? Non.

ANNE VERCORS. — A qui allons-nous marier ça?

LA MÈRE. — Les marier, Anne, dis-tu? Nous avons le temps d'y penser.

ANNE VERCORS. — O fausseté de femme! Dis! Quand penses-tu une chose
Que tu ne nous dises d'abord le contraire, malignité! Je te connais.

LA MÈRE. — Je ne dirai plus rien.

ANNE VERCORS. — Jacques Hury.

LA MÈRE. — Eh bien?

ANNE VERCORS. — Voilà. Je lui donnerai Violaine.
Et il sera à la place du garçon que je n'ai pas eu. C'est un homme droit et courageux.
Je le connais depuis qu'il est un petit gars et que sa mère nous l'a donné. C'est moi qui lui ai tout appris,
Les graines, les bêtes, les gens, les armes, les outils, les voisins, les supérieurs, la coutume
— Dieu —
Le temps qu'il fait, l'habitude de ce terroir antique,
La manière de réfléchir avant que de parler.
Je l'ai vu devenir homme pendant qu'il me regardait, et la barbe lui pousser autour de sa bonne figure,
Comme voilà qu'elle est maintenant, toute droite et par pinceaux comme des épis d'orge[29].
Et il n'était point de ceux qui contredisent, mais qui réfléchissent, comme une terre qui accepte toutes les graines.
Et ce qui est faux, ne prenant aucunes racines, cela meurt;
Et ainsi pour ce qui est vrai on ne peut dire qu'il y croit, mais cela croît en lui, ayant trouvé nourriture.

LA MÈRE. — Que sais-tu s'ils s'aiment?

ANNE VERCORS. — Violaine
Fera ce que je lui aurai dit.
Et pour lui, je sais qu'il l'aime et tu le sais aussi.
Cependant le sot n'ose rien me dire. Mais je la lui donnerai s'il veut. Cela sera ainsi.

LA MÈRE. — Oui.
Sans doute que cela va bien ainsi.

ANNE VERCORS. — N'as-tu rien de plus à dire?

LA MÈRE. — Quoi donc?

ANNE VERCORS. — Eh bien! je m'en vais le chercher.

LA MÈRE. — Comment, le chercher? Anne!

ANNE VERCORS. — Je veux que tout soit réglé incontinent. Je te dirai tout à l'heure pourquoi.

LA MÈRE. — Qu'as-tu à me dire? — Anne écoute-moi un peu... Je crains...

ANNE VERCORS. — Eh bien?

---

29. - In tufts like ears of barley.

LA MÈRE. — Mara
Couchait dans ma chambre cet hiver, pendant que tu étais malade, et nous causions le soir dans nos lits.
Bien sûr que c'est un brave garçon et je l'aime comme mon enfant, presque.
Il n'a pas de bien, c'est vrai, mais c'est un bon laboureur, et il est de bonne famille.
Nous pourrions leur donner
Notre cens[30] des Demi-Muids avec les terres du bas qui sont trop loin pour nous. — Je voulais te parler de lui aussi.

ANNE VERCORS. — Eh bien?

LA MÈRE. — Eh bien! rien.
Sans doute que Violaine est l'aînée.

ANNE VERCORS. — Allons, après?

LA MÈRE. — Après? que sais-tu pour sûr s'il l'aime? — Notre compère, maître Pierre, (Pourquoi est-il resté à l'écart cette fois-ci sans voir personne?)
Tu l'as vu l'an dernier quand il est venu.
Et de quel air il la regardait pendant qu'elle nous servait. — Certainement il n'a pas de terre, mais il gagne bien de l'argent.
— Et elle, pendant qu'il parlait,
Comme elle l'écoutait, les yeux tout grands comme une innocente,
Oubliant de verser à boire, en sorte que j'ai dû me mettre en colère!
— Et Mara, tu la connais! Tu sais comme elle est butée!
Si elle a idée, donc,
Qu'elle épouse Jacques, — hé là! elle est dure comme le fer.
Moi, je ne sais pas! Peut-être qu'il vaudrait mieux...

ANNE VERCORS. — Qu'est-ce que ces bêtises?

LA MÈRE. — C'est bien! c'est bien! On peut causer comme ça. Il ne faut pas se fâcher.

ANNE VERCORS. — Je le veux.
Jacques épousera Violaine.

LA MÈRE. — Eh bien! il l'épousera donc.

ANNE VERCORS. — Et maintenant, pauvre maman, j'ai autre chose à te dire, la vieille! Je pars!

LA MÈRE. — Tu pars? tu pars, vieil homme?
Qu'est-ce que tu dis là?

ANNE VERCORS. — C'est pourquoi il faut que Jacques épouse Violaine sans tarder et qu'il soit l'homme ici à ma place.

LA MÈRE. — Seigneur! tu pars? c'est pour de bon? Et où c'est que tu vas?

ANNE VERCORS, *montrant vaguement le midi.*
— Là-bas.

LA MÈRE. — A Château[31]?

ANNE VERCORS. — Plus loin que Château.

---

30. - Income; fixed rent payable to a feudal superior.

31. - Perhaps Château-Thierry.

LA MÈRE, *baissant la voix*. — A Bourges[32], chez l'autre Roi[33] ?

ANNE VERCORS. — Chez le Roi des Rois, à Jérusalem.

LA MÈRE. — Seigneur !

(Elle s'assied.)

C'est-il que la France n'est plus assez bonne pour toi ?

ANNE VERCORS. — Il y a trop de peine en France.

LA MÈRE. — Mais nous sommes ici bien à l'aise et personne ne touche à Rheims.

ANNE VERCORS. — C'est cela.

LA MÈRE. — C'est cela quoi ?

ANNE VERCORS. — C'est cela, nous sommes trop heureux.
Et les autres pas assez.

LA MÈRE. — Anne, ce n'est pas de notre faute.

ANNE VERCORS. — Ce n'est pas de la leur non plus.

LA MÈRE. — Je ne sais pas. Je sais que tu es là et que j'ai deux enfants.

ANNE VERCORS. — Mais tu vois au moins que tout est ému et dérangé de sa place, et chacun recherche éperdument où elle est.
Et ces fumées que l'on voit parfois au loin, ce n'est pas de la vaine paille qui brûle.
Et ces grandes bandes de pauvres qui nous arrivent de tous les côtés.
Il n'y a plus de Roi sur la France, selon qu'il a été prédit par le Prophète (1).

LA MÈRE. — C'est ce que tu nous lisais l'autre jour ?

ANNE VERCORS. — A la place du Roi nous avons deux enfants.
L'un, l'Anglais, dans son île
Et l'autre, si petit qu'on ne le voit plus, entre les roseaux de la Loire.
A la place du Pape[35], nous en avons trois et à la place de Rome, je ne sais quel concile[36] en Suisse.
Tout entre en lutte et en mouvement,
N'étant plus maintenu par le poids supérieur.

LA MÈRE. — Et toi aussi, où veux-tu t'en aller ?

1. « Voici que le Seigneur ôtera de Jérusalem et de Juda l'homme fort et valide, toute-puissance du pain et toute celle de l'eau, le fort et l'homme de guerre, et le prophète, et le divinateur, et le vieillard ; le prince au-dessus de cinquante ans et toute personne honorable ; et le sage architecte et l'expert du langage mystique. Et je leur donnerai des enfants pour princes et des efféminés seront leurs maîtres. » (Is.)[34] *(Note de l'auteur.)*

32. - Former capital of Berry; it has a famous cathedral.

33. - Charles VII called « roi de Bourges » (cf. p. 236, note 15).

34. - Isaiah 3: 1-5; « For, behold, the Lord of Hosts is taking away from Jerusalem and from Judah stay and staff, the whole stay of bread, and the whole stay of water, the mighty man and the soldier, the judge and the prophet, the diviner and the elder, the captain of fifty and the man of rank, the counselor and the skillful magician, and expert in charms. And I will make boys their princes, and babes shall rule over them. »

35. - At one time during the Great Schism, there were three popes: John XXIII (1410-1415), Gregory XII (1406-1415), and Benedict XIII (1394-1424).

36. - The Council of Constance: 1410-1418.

Anne Vercors. — Je ne puis plus tenir ici.

La Mère. — Anne, t'ai-je fait aucune peine?

Anne Vercors. — Non, mon Élisabeth.

La Mère. — Voici que tu m'abandonnes dans ma vieillesse.

Anne Vercors. — Toi-même, donne-moi congé.

La Mère. — Tu ne m'aimes plus et tu n'es plus heureux avec moi.

Anne Vercors. — Je suis las d'être heureux.

La Mère. — Ne méprise point le don que Dieu accorde.

Anne Vercors. — Dieu soit loué qui m'a comblé de ses bienfaits!
Voici trente ans que je tiens ce fief sacré de mon père et que Dieu pleut sur mes sillons.
Et depuis dix ans il n'est pas une heure de mon travail
Qu'il n'ait quatre fois payée et une fois encore,
Comme s'il ne voulait pas rester en balance avec moi et laisser ouvert aucun compte.
Tout périt et je suis épargné.
En sorte que je paraîtrai devant lui vide et sans titre, entre ceux qui ont reçu leur récompense.

La Mère. — C'est assez que d'un cœur reconnaissant.

Anne Vercors. — Mais moi je ne suis pas rassasié de ses biens,
Et parce que j'ai reçu ceux-ci, pourquoi laisserais-je à d'autres les plus grands?

La Mère. — Je ne t'entends pas.

Anne Vercors. — Lequel reçoit davantage, le vase plein, ou vide?
Et laquelle a besoin de plus d'eau, la citerne ou la source?

La Mère. — La nôtre est presque tarie par ce grand été.

Anne Vercors. — Tel a été le mal du monde, que chacun a voulu jouir de ses biens, comme s'ils avaient été créés pour lui,
Et non point comme s'il les avait reçus de Dieu en commande,
Le Seigneur de son fief, le père de ses enfants,
Le Roi de son Royaume et le clerc de sa dignité.
C'est pourquoi Dieu a fait passer de lui toutes ces choses qui passent,
Et il a envoyé à chaque homme la libération et le jeûne.
Et ce qui est la part des autres, pourquoi non pas la mienne?

La Mère. — Tu as ton devoir avec nous.

Anne Vercors. — Non pas si tu m'en délies.

La Mère. — Je ne t'en délierai pas.

Anne Vercors. — Tu vois que la part que j'avais à faire est faite.
Les deux enfants sont élevés, Jacques est là qui prend ma place.

La Mère. — Qui t'appelle loin de nous?

Anne Vercors, *souriant*. — Un ange sonnant de la trompette.

La Mère. — Quelle trompette?

Anne Vercors. — La trompette sans aucun son que tous entendent.

L'ANNONCE FAITE A MARIE

La trompette qui cite tous les hommes de temps en temps afin que les parts soient redistribuées.
Celle de Josaphat[37], avant qu'elle n'ait fait bruit.
Celle de Bethléem, quand Auguste comptait[38] la terre.
Celle de l'Assomption[39], quand les apôtres furent convoqués.
La voix qui remplace le Verbe, quand le chef ne se fait plus entendre.
Au corps qui cherche son unité.

LA MÈRE. — Jérusalem est si loin !

ANNE VERCORS. — Le paradis l'est davantage.

LA MÈRE. — Dieu au tabernacle est avec nous ici même.

ANNE VERCORS. — Mais non point ce grand trou dans la terre !

LA MÈRE. — Quel trou ?

ANNE VERCORS. — Qu'y fit la Croix lorsqu'elle fut plantée.
La voici qui tire tout à elle.
Là est le point qui ne peut être défait, le nœud qui ne peut être dissous,
Le patrimoine commun, la borne intérieure qui ne peut être arrachée,
Le centre et l'ombilic[40] de la terre, le milieu de l'humanité en qui tout tient ensemble.

LA MÈRE. — Que peut un seul pèlerin ?

ANNE VERCORS. — Je ne suis pas seul ! C'est un grand peuple qui se réjouit et qui part avec moi !
Le peuple de tous mes morts avec moi,
Ces âmes l'une sur l'autre dont il ne reste plus que la pierre, toutes ces pierres baptisées avec moi qui réclament leur assise !
Et puisqu'il est vrai que le chrétien n'est pas seul, mais qu'il communique à tous ses frères,
C'est tout le royaume avec moi qui appelle et tire au Siège de Dieu et qui reprend sens et direction vers lui
Et dont je suis le député et que j'emporte avec moi pour
L'étendre de nouveau sur l'éternel patron.

LA MÈRE. — Qui sait si nous n'aurons pas nécessité de toi ici ?

ANNE VERCORS. — Qui sait si l'on n'a pas nécessité de moi ailleurs ?
Tout est en branle, qui sait si je ne gêne pas l'ordre de Dieu en restant à cette place
Où le besoin qui était de moi a cessé ?

LA MÈRE. — Je sais que tu es un homme inflexible.

ANNE VERCORS, *tendrement, changeant de voix.* — Tu es toujours jeune et belle pour moi et l'amour que j'ai pour ma douce Élisabeth aux cheveux noirs est grand.

LA MÈRE. — Mes cheveux sont gris[J] !

ANNE VERCORS. — Dis oui, Élisabeth...

---

37. - Valley between Jerusalem and the Mount of Olives where the dead are to assemble on Judgement Day.
38. - To rule.
39. - Assumption of the Virgin; August 15.
40. - Navel.
J. - Recall the various arguments that Élisabeth uses to persuade her husband. How does he respond to them?

La mère. — Anne, tu ne m'as pas quittée pendant ces trente années. Qu'est-ce que je vais devenir sans mon chef et mon compagnon?

Anne Vercors. — ... Le oui qui nous sépare, à cette heure, bien bas,
Aussi plein que celui qui nous a fait jadis un seul.

(Silence.)

La mère, *tout bas.* — Oui, Anne

Anne Vercors. — Patience, Zabillet [41]! Bientôt je serai revenu.
Ne peux-tu avoir foi en moi un peu de temps, sans que je sois ici?
Bientôt vient une autre séparation.
— Allons, mets-moi le repas de deux jours dans un sac. Il faut partir.

La mère. — Eh.quoi! aujourd'hui, aujourd'hui même?

Anne Vercors. — Aujourd'hui même.
(Elle penche la tête et demeure immobile. Il la serre dans ses bras sans qu'elle fasse un mouvement.)
Adieu, Élisabeth!

La mère. — Hélas! vieil homme, je ne te verrai plus.

Anne Vercors. — Et maintenant je vais chercher Jacques.

SCÈNE II

(Entre Mara.)

Mara, *à* La mère. — Va, et dis-lui qu'elle ne l'épouse pas.

La mère. — Mara! Comment, tu étais là?

Mara. — Va-t'en, je te dis, lui dire qu'elle ne l'épouse pas!

La mère. — Qui, elle? qui, lui? que sais-tu si elle l'épouse?

Mara. — J'étais là. J'ai tout entendu.

La mère. — Eh bien, ma fille! c'est ton père qui le veut.
Tu as vu que j'ai fait ce que j'ai pu et on ne le fait pas changer d'idée.

Mara. — Va-t'en lui dire qu'elle ne l'épouse pas, ou je me tuerai!

La mère. — Mara!

Mara. — Je me pendrai dans le bûcher,
Là où l'on a trouvé le chat pendu.

La mère. — Mara! Méchante!

Mara. — Voilà encore qu'elle vient me le prendre!
Voilà qu'elle vient me le prendre à cette heure! C'est moi
Qui devais toujours être sa femme, et non pas elle.
Elle sait très bien que c'est moi.

---

41. - Endearing diminutive of Élisabeth.

LA MÈRE. — Elle est l'aînée.

MARA. — Qu'est-ce que cela fait?

LA MÈRE. — C'est ton père qui le veut.

MARA. — Cela m'est égal.

LA MÈRE. — Jacques Hury
L'aime.

MARA. — Ça n'est pas vrai! Je sais bien que vous ne m'aimez pas!
Vous l'avez toujours préférée! Oh, quand vous parlez de votre Violaine, c'est du sucre,
C'est comme une cerise qu'on suce, au moment que l'on va cracher le noyau!
Mais Mara l'agache [42]! Elle est dure comme le fer, elle est aigre comme la cesse [43]!
Avec cela, qu'elle est déjà si belle, votre Violaine!
Et voilà qu'elle va avoir Combernon à cette heure!
Qu'est-ce qu'elle sait faire, la gnolle [44]? qui est-ce de nous deux qui fait marcher la charrette?
Elle se croit comme saint Onzemillevierges [45]! Mais moi, je suis Mara Vercors qui n'aime pas l'injustice et le faire accroire,
Mara qui dit la vérité et c'est cela qui met les gens en colère!
Qu'ils s'y mettent! je leur fais la figue [46]. Il n'y a pas une de ces femmes ici qui grouille [47] devant moi, les bonifaces [48]! Tout marche comme au moulin [49].
Et voilà que tout est pour elle et rien pour moi.

LA MÈRE. — Tu auras ta part.

MARA. — Voire! Les grèves [50] d'en haut! des limons qu'il faut cinq bêtes pour labourer! les mauvaises terres de Chinchy.

LA MÈRE. — Ça rapporte bien tout de même.

MARA. — Sûrement.
Des chiendents et des queues-de-renard, du séné et des bouillons-blancs [51]!
J'aurai de quoi me faire de la tisane.

LA MÈRE. — Mauvaise, tu sais bien que ce n'est pas vrai!
Tu sais bien qu'on ne te fait pas tort de rien!
Mais c'est toi qui as toujours été méchante! Quand tu étais petite,
Tu ne criais pas quand on te battait,
Dis, noirpiaude, vilaine!
Est-ce qu'elle n'est pas l'aînée? Qu'as-tu à lui reprocher,
Jalouse? Mais elle fait toujours ce que tu veux.
Eh bien! elle se mariera la première, et tu te marieras, toi aussi, après!
Et du reste, il est trop tard, car le père va s'en aller, oh! que je suis triste!
Il est allé parler à Violaine et il va chercher Jacques.

---

42. - Magpie.
43. - Wild cherry.
44. - Gnolle: stupid.
45. - Legend of Saint Ursula, who was massacred along with 11,000 virgins at Cologne, in the 4th or 5th centuries.
46. - Scorn.
47. - To stir (vulgar).
48. - Silly thing.
49. - Everything is working as smoothly as at the mill.
50. - Grèves: sands.
51. - Couchgrass and cow wheat, senna and mullein.

MARA. — C'est vrai ! Va tout de suite ! Va-t'en tout de suite !

LA MÈRE. — Où cela ?

MARA. — Mère, voyons ! Tu sais bien que c'est moi ! Dis-lui qu'elle ne l'épouse pas, maman !

LA MÈRE. — Assurément, je n'en ferai rien.

MARA. — Répète-lui seulement ce que j'ai dit. Dis-lui que je me tuerai. Tu l'as bien entendue ?
(Elle la regarde fixement.)

LA MÈRE. — Ha !

MARA. — Crois-tu que je ne le ferai pas ?

LA MÈRE. — Si fait, mon Dieu !

MARA. — Va donc !

LA MÈRE. — O Tête !

MARA. — Tu n'es là-dedans pour rien. Répète-lui seulement ce que j'ai dit.

LA MÈRE. — Et lui, que sais-tu s'il voudra t'épouser ?

MARA. — Certainement il ne voudra pas.

LA MÈRE. — Eh bien...

MARA. — Eh bien ?

LA MÈRE. — Ne crois pas que je lui conseille de faire ce que tu veux ! au contraire !
Je répéterai seulement ce que tu as dit. Bien sûr
Qu'elle ne sera pas assez sotte que de te céder, si elle me croit.
(Elle sort.)

SCÈNE III

(Entrent ANNE VERCORS *et* JACQUES HURY, *puis* VIOLAINE, *puis les serviteurs de la ferme.)*

ANNE VERCORS, *s'arrêtant*. — Hé ! que me racontes-tu là ?

JACQUES HURY. — Tel que je vous le dis ! Cette fois je l'ai pris sur le fait, la serpe à la main !
Je venais tout doucement par-derrière et tout d'un coup
Flac ! je me suis jeté sur lui de toute ma hauteur,
Tout chaud, comme on se jette sur un lièvre au gîte au temps de la moisson.
Et vingt jeunes peupliers en botte à côté de lui, ceux auxquels vous tenez tant !

ANNE VERCORS. — Que ne venait-il me trouver ? Je lui aurais donné le bois qu'il faut.

JACQUES HURY. — Le bois qu'il lui faut, c'est le manche de mon fouet !
Ce n'est pas le besoin, c'est mauvaiseté, c'est idée de faire le mal !
Ce sont ces mauvaises gens de Chevoche qui sont toujours prêtes à faire n'importe quoi

L'ANNONCE FAITE A MARIE

Par gloire, pour braver le monde !
Mais pour cet homme-là, je vais lui couper les oreilles avec mon petit couteau ᴷ !

ANNE VERCORS. — Non.

JACQUES HURY. — Du moins laissez-moi l'attacher à la herse⁵² par les poignets devant la Grand'porte,
La figure tournée contre les dents ; avec le chien Faraud pour le surveiller.

ANNE VERCORS. — Non plus.

JACQUES HURY. — Qu'est-ce donc qu'il faut faire ?

ANNE VERCORS. — Le renvoyer chez lui.

JACQUES HURY. — Avec son fagot ?

ANNE VERCORS. — Et avec un autre que tu lui donneras.

JACQUES HURY. — Notre père, ce n'est pas bien.

ANNE VERCORS. — Tu pourras l'attacher au milieu, de peur qu'il ne les perde.
Cela l'aidera à passer le gué de Saponay.

JACQUES HURY. — Il ne faut pas être lâche sur son droit.

ANNE VERCORS. — Je le sais, ce n'est pas bien !
Jacques, voilà que je suis lâche et vieux, las de combattre et de défendre.
Jadis j'ai été âpre comme toi. Il est un temps de prendre et un temps de laisser prendre.
L'arbre qui fait sa fleur doit être défendu, mais l'arbre couvert de ses fruits, qu'on y aille sans se gêner avec lui.
Soyons injuste en peu de chose, pour que Dieu soit grandement injuste avec moi.
Et d'ailleurs, tu vas faire maintenant ce que tu veux, car c'est toi qui es sur Combernon à ma place.

JACQUES HURY. — Que dites-vous ?

LA MÈRE. — Il s'en va pèlerin à Jérusalem.

JACQUES HURY. — Jérusalem ?

ANNE VERCORS. — Il est vrai. Je pars à cet instant même.

JACQUES HURY. — Eh quoi ? qu'est-ce que cela veut dire ?

ANNE VERCORS. — Tu as très bien entendu.

JACQUES HURY. — Comme cela, dans le moment du grand travail, vous nous quittez ?

ANNE VERCORS. — Il ne faut pas deux chefs à Combernon.

JACQUES HURY. — Mon père, je ne suis que votre fils.

ANNE VERCORS. — C'est toi qui seras le père ici à ma place.

JACQUES HURY. — Je ne vous entends pas.

ANNE VERCORS. — Je m'en vais. Tiens Combernon à ma place.
Comme je le tiens de mon père et celui-ci du sien,
Et Radulphe le Franc, premier de notre lignée, de saint Rémy⁵³ de Rheims.

K. - What traits of characters does Jacques display at the begining of this scene?

52. - The halrow.

53. - Saint Rémy was the most famous prelate of his time (437-533).

Qui lui-même de Geneviève de Paris [54]
Tenait cette terre alors païenne toute horrible de mauvais arbres et d'épines spontanées.
Radulphe et ses enfants l'évangélisèrent avec le fer et le feu
Et l'exposèrent nue et rompue aux eaux du baptême.
Plaine et colline, ils couvrirent tout de sillons égaux,
Ainsi qu'un clerc appliqué qui de la parole de Dieu lève copie ligne à ligne.
Et ils commencèrent Monsanvierge sur la montagne, en ce lieu où le Mauvais était honoré
(Et d'abord ce n'était qu'une cabane de bûches et de roseaux dont l'Évêque vint sceller la porte,
Et deux recluses y tenaient garde)
Et Combernon à son pied, demeure munie.
Ainsi cette terre est libre que nous tenons de saint Rémy au ciel, payant dîme là-haut pour cimier à ce vol un instant posé de colombes gémissantes.
Car tout se tient en Dieu, aux vivants en Lui ne cesse pas le fruit de leurs œuvres,
Qui passent et reviennent sur nous à leur temps en magnifique ordonnance,
Comme sur les moissons diverses l'été, tout le jour, ces grands nuages qui vont en Allemagne.
Les bêtes ici ne sont jamais malades; les pis, les puits ne sèchent jamais, le grain est dur comme de l'or, la paille est raide comme du fer.
Et contre les pillards nous avons des armes, et les murailles de Combernon, et le roi, notre voisin.
Recueille cette moisson que j'ai semée, comme moi-même autrefois j'ai rabattu la motte sur le sillon que mon père avait tracé.
O bon ouvrage de l'agriculture, où le soleil est comme notre bœuf luisant, et la pluie notre banquier, et Dieu tous les jours au travail notre compagnon, faisant de tous le mieux !
Les autres attendent leur bien des hommes mais nous le recevons tout droit du ciel même,
Cent pour un, l'épi pour une graine et l'arbre pour un pépin.
Car telle est la justice de Dieu avec nous, et sa mesure à lui dont il nous repaye.
La terre tient au ciel, le corps tient à l'esprit, toutes les choses qu'il a créées ensemble communiquent, toutes à la fois sont nécessaires l'une à l'autre.
Tiens les manches de la charrue à ma place, délivre la terre de ce pain que Dieu lui-même a désiré.
Donne à manger à toutes les créatures, aux hommes et aux animaux, et aux esprits et aux corps, et aux âmes immortelles [L].
Vous autres, femmes, serviteurs, regardez ! Voici le fils de mon choix, Jacques Hury.
Je m'en vais et il demeure à ma place. Obéissez-lui.

JACQUES HURY. — Qu'il soit fait à votre volonté.

ANNE VERCORS. — Violaine !
Mon enfant née la première à la place de ce fils que je n'ai pas eu !
Héritière de mon nom en qui je vais être donné à un autre !
Violaine, quand tu auras un mari, ne méprise point l'amour de ton père.
Car tu ne peux pas rendre au père ce qu'il t'a donné, quand tu le voudrais.
Tout est égal entre les époux; ce qu'ils ignorent, ils l'acceptent l'un de l'autre dans la foi.

---

54. - Geneviève de Paris was the patron of Paris; she saved the city from the invasion of Attila's hordes.

L. - How does Claudel's love for the country manifest itself in this scene?

Voici la religion mutuelle, voici cette servitude par qui le sein de la femme se gonfle de lait !
Mais le père voit ses enfants hors de lui et connaît ce qui était en lui déposé. Connais, ma fille, ton père !
L'amour du Père
Ne demande point de retour et l'enfant n'a pas besoin qu'il le gagne ou le mérite ;
Comme il était avec lui avant le commencement, il demeure
Son bien et son héritage, son recours, son honneur, son titre, sa justification !
Mon âme ne se sépare point de cette âme que j'ai communiquée.
Ce que j'ai donné ne peut être rendu. Connais seulement que je suis, ô mon enfant, ton père !
Et aucun mâle ne m'est issu. Tout est une femme de ce que j'ai mis au monde,
Rien que cette chose en nous qui donne et qui est donnée.
Et maintenant l'heure est venue pour nous de nous séparer.

VIOLAINE. — Père ! ne dites point cette chose cruelle !

ANNE VERCORS. — Jacques, tu es l'homme que j'aime. Prends-la. Je te donne ma fille Violaine ! Ote-lui mon nom.
Aime-la, car elle est nette comme l'or.
Tous les jours de ta vie, comme le pain dont on ne se rassasie pas.
Elle est simple et obéissante, elle est sensible et secrète.
Ne lui fais point de peine et traite-la avec bonté.
Tout est ici à toi, sauf la part qui sera faite à Mara selon que je l'ai arrangé.

JACQUES HURY. — Quoi, mon père, votre fille, votre bien...

ANNE VERCORS. — Je te donne tout ensemble, selon qu'ils sont à moi.

JACQUES HURY. — Mais qui sait si elle veut de moi encore ?

ANNE VERCORS. — Qui le sait ?

(Elle regarde JACQUES *et fait oui sans rien dire avec la bouche.)*

JACQUES HURY. — Vous voulez de moi, Violaine ?

VIOLAINE. — C'est le père qui veut.

JACQUES HURY. — Vous voulez bien aussi ?

VIOLAINE. — Je veux bien aussi.

JACQUES HURY. — Violaine !
Comment est-ce que je vais m'arranger avec vous ?

VIOLAINE. — Songez-y pendant qu'il en est temps encore !

JACQUES HURY. — Alors je vous prends de par Dieu et je ne vous lâche plus !

(Il la prend à deux mains.)

Je vous tiens pour de bon, votre main et le bras avec, et tout ce qui vient avec le bras.
Parents, votre fille n'est plus à vous ! c'est à moi seul !

ANNE VERCORS. — Eh bien, ils sont mariés, c'est fait ! Que dis-tu, la mère ?

LA MÈRE. — Je suis bien contente !

(Elle pleure.)

ANNE VERCORS. — Elle pleure, la femme !
Va ! voilà qu'on nous prend nos enfants et que nous resterons seuls.
La vieille femme qui se nourrit d'un peu de lait et d'un petit morceau de gâteau.

Et le vieux aux oreilles pleines de poils blancs comme un cœur d'artichaut.
Que l'on prépare la robe de noces !
Enfants, je ne serai pas là à votre mariage.

VIOLAINE. — Quoi, père !

LA MÈRE. — Anne !

ANNE VERCORS. — Je pars. Maintenant.

VIOLAINE. — O père, quoi ! avant que nous soyons mariés !

ANNE VERCORS. — Il le faut. La mère t'expliquera tout.

(Entre MARA.*)*

LA MÈRE. — Combien de temps vas-tu rester là-bas ?

ANNE VERCORS. — Je ne sais. Peu de temps peut-être. Bientôt je suis de retour.

(Silence.)

VOIX D'ENFANT AU LOIN :
Compère loriot[55] *!*
Qui mange les cesses et qui laisse le noyau !

ANNE VERCORS. — Le loriot siffle au milieu de l'arbre rose et doré !
Qu'est-ce qu'il dit ? que la pluie de cette nuit a été comme de l'or pour la terre
Après ces longs jours de chaleur. Qu'est-ce qu'il dit ? il dit qu'il fait bon labourer.
Qu'est-ce qu'il dit encore ? qu'il fait beau, que Dieu est grand, qu'il y a encore deux heures avant midi.
Qu'est-ce qu'il dit encore, le petit oiseau ?
Qu'il est temps que le vieux homme s'en aille
Ailleurs et qu'il laisse le monde à ses affaires.
Jacques, je te laisse mon bien, défends ces femmes.

JACQUES HURY. — Comment, est-ce que vous partez ?

ANNE VERCORS. — Je crois qu'il n'a rien entendu.

JACQUES HURY. — Comme cela, tout de suite ?

ANNE VERCORS. — Il est l'heure.

LA MÈRE. — Tu ne vas pas partir avant que d'avoir mangé ?
(Pendant ce temps les servantes ont dressé la grande table pour le repas de la ferme.)

ANNE VERCORS, *à une servante*. — Holà, mon sac, mon chapeau !
Apporte mes souliers ! apporte mon manteau.
Je n'ai pas le temps de prendre ce repas avec vous.

LA MÈRE. — Anne ! combien de temps vas-tu rester là-bas ? Un an, deux ans ? Plus que deux ans ?

ANNE VERCORS. — Un an. Deux ans. Oui, c'est cela.
Mets-moi mes souliers.

*(*LA MÈRE *s'agenouille et lui met ses souliers.)*

Pour la première fois je te quitte, ô maison !

---

55. - Golden oriole.

Combernon, haute demeure ! .
Veille bien à tout ! Jacques sera ici à ma place.
Voilà la cheminée où il y a toujours du feu, voilà la grande table où je donne à manger à mon peuple.
Prenez place tous ! une dernière fois je vous partagerai le pain.
> *(Il prend place au bout de la longue table, ayant* LA MÈRE *à sa droite. Tous les serviteurs et les servantes sont debout, chacun à sa place.*
> *Il prend le pain, fait une croix dessus avec le couteau, le coupe et le fait distribuer par* VIOLAINE *et* MARA. *Lui-même conserve le dernier morceau.*
> *Puis il se tourne solennellement vers* LA MÈRE *et lui ouvre les bras*[56]*.)*

Adieu, Élisabeth !

LA MÈRE, *pleurant, dans ses bras.* — Tu ne me reverras plus.

ANNE VERCORS, *plus bas.* — Adieu, Élisabeth.
> *(Il se tourne vers* MARA *et la regarde longuement et gravement, puis il lui tend la main.)*

Adieu, Mara ! sois bonne.

MARA, *lui baisant la main.* — Adieu, père !
> *(Silence.* ANNE VERCORS *est debout, regardant devant lui, comme s'il ne voyait pas* VIOLAINE, *qui se tient, pleine de trouble, à son côté. A la fin il se tourne un peu vers elle et elle lui passe les bras autour du cou, la figure contre sa poitrine, sanglotant.*
> ANNE VERCORS, *comme s'il ne s'en apercevait pas, aux serviteurs.)*

Vous tous, adieu !
J'ai toujours été juste pour vous. Si quelqu'un dit le contraire, il ment.
Je ne suis pas comme les autres maîtres. Mais je dis que c'est bien quand il faut, et je réprimande quand il faut.
Maintenant que je m'en vais, faites comme si j'étais là.
Car je reviendrai. Je reviendrai au moment que vous ne m'attendez pas.
> *(Il leur donne à tous la main.)*

Que l'on amène mon cheval !
> *(Silence.)*
> *(Se penchant vers* VIOLAINE *qui le tient toujours embrassée.)*

Qu'est-ce qu'il y a, petit enfant ?
Tu as échangé un mari pour ton père.

VIOLAINE. — Hélas, Père ! Hélas !
> *(Il lui défait doucement les mains.)*

LA MÈRE. — Dis quand tu reviendras.

ANNE VERCORS. — Je ne puis pas le dire.
Peut-être ce sera le matin, peut-être à midi quand on mange.
Et peut-être que la nuit, vous réveillant, vous entendrez mon pas sur la route.
Adieu !
> *(Il sort.)*

---

56. - Notice Claudel's taste for « tableaux vivants. »

ACTE II

Quinze jours plus tard. Commencement de juillet. Midi.
Un grand verger complanté régulièrement d'arbres ronds. Plus haut, et un peu en retrait, l'enceinte et les tours, et les longs bâtiments aux toits de tuiles de Combernon. Puis le flanc de la colline abrupte qui s'élève. Et tout en haut la formidable arche de pierre de Monsanvierge sans aucune ouverture et ses cinq tours dans le type de la cathédrale de Laon, et la grande cicatrice blanche à son flanc de la brèche par où la Reine Mère de France vient de pénétrer.
Tout vibre dans le grand soleil [M].

UNE VOIX DE FEMME AU CIEL, *du haut de la plus haute tour de Monsanvierge.* —

Salve Regina mater misericordiae [57]
Vita dulcedo et spes nostra salve
Ad te clamamus exules filii Hevae
Ad te suspiramus gementes et flentes in hac lacrymarum valle.
Eïa ergo advocata nostra illos tuos misericordes oculos ad nos converte
Et Jesum benedictum fructum ventris tui nobis post hoc exilium ostende
O clemens
O pia
O dulcis Virgo Maria

(Longue pause pendant laquelle la scène reste vide.)

SCÈNE PREMIÈRE

(Entrent LA MÈRE *et* MARA.*)*

MARA. — Qu'a-t-elle dit ?

LA MÈRE. — J'amenais cela tout en allant. Tu vois que depuis quelques jours elle a perdu sa gaieté.

MARA. — Elle ne parle jamais tant.

LA MÈRE. — Mais elle ne rit plus. Ça me fait de la peine.
C'est peut-être que Jacquin n'est pas là, mais il revient aujourd'hui.
— Et le père aussi est parti.

MARA. — C'est tout ce que tu lui as dit ?

M. - Why is the second act flooded with sun?
57. - Salut, Reine, mère de miséricorde
Notre vie, notre consolation et notre espérance
Vers vous nous crions ; filles d'Ève en exil
Vers vous nous soupirons, gémissant et pleurant dans cette vallée de larmes.
O notre douce Avocate, jetez sur nous un œil de miséricorde
Et ce Jésus, fruit béni de votre ventre, montrez-le-nous après cet exil
O clémente
O pieuse
O douce Vierge Marie.

LA MÈRE. — C'est ce que je lui ai dit, et le reste sans y rien changer, comme tu me l'as fait réciter :
Jacquin et toi : que tu l'aimes, et tout,
Et que cette fois il ne faut pas être bête et se laisser faire, ça je l'ai ajouté et je l'ai répété deux et trois fois ;
Et rompre le mariage qui est comme fait, contre la volonté du père.
Qu'est-ce que les gens donc penseraient ?

MARA. — Et qu'a-t-elle répondu ?

LA MÈRE. — Elle s'est mise à rire [N], et moi, je me suis mise à pleurer.

MARA. — Je la ferai rire !

LA MÈRE. — Ce n'est pas le rire que j'aime de ma petite fille, et moi aussi je me suis mise à pleurer.
Et je disais : « Non, non, Violaine, mon enfant ! »
Mais elle de la main sans parler me fit signe qu'elle voulait être seule.
Ah ! qu'on a de mal avec ses enfants !

MARA. — Chut !

LA MÈRE. — Qu'y a-t-il ?
J'ai regret de ce que j'ai fait.

MARA. — Bien ! — La vois-tu là-bas au fond du clos ? Elle marche derrière les arbres. On ne la voit plus.

(Silence. On entend derrière la scène un appel de cornet [58].)

LA MÈRE. — Voilà Jacquin qui revient. Je reconnais le son de sa corne.

MARA. — Éloignons-nous.

(Elles sortent.)

SCÈNE II

(Entre JACQUES HURY.)

JACQUES HURY, *il regarde tout autour de lui.* — Je ne la vois pas.
Et cependant elle m'avait fait dire
Qu'elle voulait me voir ce matin même
Ici.

(Entre MARA. — *Elle s'avance vers* JACQUES *et à six pas lui fait une révérence cérémonieuse.*)

JACQUES HURY. — Bonjour, Mara !

MARA. — Monseigneur, votre servante !

JACQUES HURY. — Quelle est cette grimace ?

MARA. — Ne vous dois-je point hommage ? n'êtes-vous pas le maître céans, ne relevant que de Dieu seul, comme le Roi de France lui-même et l'Empereur Charlemagne ?

N. - Explain Violaine's laughter?   58. - Diminutive for « corne. »

JACQUES HURY. — Raillez, mais cela est vrai tout de même! Oui, Mara, c'est beau! Chère sœur, je suis trop heureux!

MARA. — Je ne suis pas votre *chère sœur*! Je suis votre servante puisqu'il le faut. Homme de Braine! fils de la terre serve[59]! je ne suis pas votre sœur, vous n'êtes pas de notre sang!

JACQUES HURY. — Je suis l'époux de Violaine.

MARA. — Vous ne l'êtes pas encore.

JACQUES HURY. — Je le serai demain.

MARA. — Qui sait?

JACQUES HURY. — Mara, j'y ai mûrement pensé
Et je crois que vous avez rêvé cette histoire que vous m'avez racontée l'autre jour.

MARA. — Quelle histoire?

JACQUES HURY. — Ne faites point l'étonnée.
Cette histoire du maçon, ce baiser clandestin au point du jour.

MARA. — C'est possible. J'ai mal vu. J'ai de bons yeux pourtant.

JACQUES HURY. — Et l'on m'a dit tout bas que l'homme est lépreux!

MARA. — Je ne vous aime pas, Jacques.
Mais vous avez le droit de tout savoir. Il faut que tout soit net et clair à Monsanvierge qui est en montrance[60] sur tout le Royaume.

JACQUES HURY. — Tout cela sera tiré à jour en ce moment.

MARA. — Vous êtes fin et rien ne vous échappe.

JACQUES HURY. — Je vois du moins que vous ne m'aimez pas.

MARA. — Là! là! Que disais-je? que disais-je?

JACQUES HURY. — Tout le monde ici n'est pas de votre sentiment.

MARA. — Vous parlez de Violaine? Je rougis de cette petite fille.
Il est honteux de se donner ainsi,
Ame, chair, cœur, peau, le dessus, le dedans et la racine.

JACQUES HURY. — Je sais qu'elle est entièrement à moi.

MARA. — Oui.
Comme il dit bien cela! comme il est sûr de ces choses qui sont à lui! Brainard de Braine[61]!
Ces choses seules sont à soi que l'on a faites, ou prises, ou gagnées.

JACQUES HURY. — Mais moi, Mara, vous me plaisez et je n'ai rien contre vous.

MARA. — Comme tout ce qui est d'ici sans doute?

JACQUES HURY. — Ce n'est pas ma faute que vous ne soyez pas un homme et que je vous prenne votre bien!

MARA. — Qu'il est fier et content! Regardez-le qui ne peut se tenir de rire!
Allons! ne vous faites point de mal! riez!

(Il rit.)

---

59. - The action takes place in feudal France.
60. - Held up as an example.
61. - Inhabitant of Braine, a city near Soissons.

Je connais bien votre figure, Jacques.

JACQUES HURY. — Vous êtes fâchée de ne pouvoir me faire de la peine.

MARA. — Comme l'autre jour pendant que le père parlait,
Riant d'un œil et pleurant sec de l'autre.

JACQUES HURY. — Ne suis-je pas maître d'un beau domaine?

MARA. — Et le père était vieux, n'est-ce pas? Vous savez une chose ou deux de plus que lui?

JACQUES HURY. — A chaque homme son temps.

MARA. — C'est vrai, Jacques, vous êtes un grand beau jeune homme.
Le voilà qui devient tout rouge.

JACQUES HURY. — Ne me tourmentez pas.

MARA. — Tout de même, c'est dommage!

JACQUES HURY. — Qu'est-ce qui est dommage?

MARA. — Adieu, époux de Violaine! Adieu, maître de Monsanvierge, ah ah!

JACQUES HURY. — Je vous ferai voir que je le suis.

MARA. — Prenez l'esprit d'ici alors, Brainard de Braine!
Il croit que tout est à lui comme un paysan, on vous fera voir le contraire!
Comme un paysan qui est à lui tout seul ce qu'il y a de plus haut au milieu de son petit champ tout plat!
Mais Monsanvierge est à Dieu et le maître de Monsanvierge est l'homme de Dieu, qui n'a rien
A lui, ayant tout reçu pour un autre.
C'est la leçon qu'on nous fait ici de père en enfant. Il n'y a pas de place plus altière que la nôtre.
Prenez l'esprit de vos maîtres, vilain!

(Fausse sortie.)

Ah!
Violaine que j'ai rencontrée
M'a chargée d'un message pour vous.

JACQUES HURY. — Que ne le disiez-vous plus tôt?

MARA. — Elle vous attend près de la fontaine.

SCÈNE III

La fontaine de l'Adoue. C'est un grand trou carré dans une paroi verticale de blocs calcaires. Un mince filet d'eau s'en échappe avec un bruit mélancolique. On voit suspendus à la muraille des croix de paille et des bouquets de fleurs desséchées, EX VOTO.
Elle est entourée d'arbres épais et de rosiers formant berceau, dont les fleurs abondantes éclatent sur la verdure.

JACQUES HURY. *(Il regarde qui vient par le sentier sinueux,* VIOLAINE, *toute dorée qui, par moments, resplendit sous le soleil entre les feuilles.)*
— O ma fiancée à travers les branches en fleur, salut!

(VIOLAINE *entre et se tient devant lui.*
Elle est vêtue d'une robe de lin et d'une espèce de dalmatique[62] *en drap d'or décoré de grosses fleurs rouges et bleues. La tête est couronnée d'une espèce de diadème d'émaux et d'orfèvrerie.*)
Violaine, que vous êtes belle !

VIOLAINE. — Jacques ! Bonjour, Jacques !
Ah ! que vous êtes resté longtemps là-bas !

JACQUES HURY. — Il me fallait tout dégager et vendre, me rendre entièrement libre
Afin d'être l'homme de Monsanvierge seul
Et le vôtre.
Quel est ce costume merveilleux ?

VIOLAINE. — Je l'ai mis pour vous. Je vous en avais parlé. Ne le reconnaissez-vous pas ?
C'est le costume des moniales[63] de Monsanvierge, à peu près, moins le manipule[64] seul, le costume qu'elles portent au chœur,
La dalmatique du diacre qu'elles ont privilège de porter, quelque chose du prêtre, elles-mêmes hosties,
Et que les femmes de Combernon ont le droit de revêtir deux fois :
Premièrement le jour de leurs fiançailles
Secondement de leur mort.

JACQUES HURY. — Il est donc vrai, c'est le jour de nos fiançailles, Violaine ?

VIOLAINE. — Jacques, il est encore temps, nous ne sommes pas mariés encore !
Si vous n'avez voulu que faire plaisir à mon père, il est temps de vous reprendre encore, c'est de nous qu'il s'agit. Dites un mot seulement ; je ne vous en voudrai pas, Jacques.
Car il n'y a pas encore de promesses entre nous deux et je ne sais si je vous plais encore.

JACQUES HURY. — Que vous êtes belle, Violaine ! Et que ce monde est beau où vous êtes
Cette part qui m'avait été réservée !

VIOLAINE. — C'est vous, Jacques, qui êtes ce qu'il y a de meilleur au monde.

JACQUES HURY. — Est-il vrai que vous acceptez d'être à moi ?

VIOLAINE. — Oui, c'est vrai, bonjour, mon bien-aimé ! Je suis à vous.

JACQUES HURY. — Bonjour, ma femme ! bonjour, douce Violaine !

VIOLAINE. — Ce sont des choses bonnes à entendre, Jacques !

JACQUES HURY. — Il ne faudra plus jamais cesser d'être là ! Dites que vous ne cesserez plus jamais d'être la même et l'ange qui m'est envoyé !

VIOLAINE. — A jamais ce qui est à moi cela ne cessera pas d'être vôtre.

JACQUES HURY. — Et quant à moi, Violaine...

VIOLAINE. — Ne dites rien. Je ne vous demande rien. Vous êtes là et cela me suffit.
Bonjour, Jacques !
Ah, que cette heure est belle et je n'en demande point d'autre.

---

62. - Tunic-like vestment.
63. - Nuns.
64. - Maniple (band of material carried suspended from the left arm by the celebrant and ministers at Mass).

JACQUES HURY. — Demain sera plus beau encore!
VIOLAINE. — Demain, j'aurai quitté le vêtement magnifique.
JACQUES HURY. — Mais vous serez si près de moi que je ne vous verrai plus.
VIOLAINE. — Bien près de vous en effet!
JACQUES HURY. — Ta place est faite.
Violaine, que ce lieu est solitaire et que l'on y est en secret avec toi!
VIOLAINE, *tout bas*. — Ton cœur suffit. Va, je suis avec toi et ne dis pas un mot.
JACQUES HURY. — Mais demain aux yeux de tous je prendrai cette Reine entre mes bras.
VIOLAINE. — Prends-la et ne la laisse pas aller.
Ah prenez votre petite avec vous qu'on ne la retrouve plus et qu'on ne lui fasse aucun mal!
JACQUES HURY. — Et vous ne regretterez point à ce moment le lin et l'or?
VIOLAINE. — Ai-je eu tort de me faire belle pour une pauvre petite heure?
JACQUES HURY. — Non, mon beau lys, je ne puis me lasser de te considérer dans ta gloire!
VIOLAINE. — O Jacques! dites encore que vous me trouvez belle!
JACQUES HURY. — Oui, Violaine!
VIOLAINE. — La plus belle de toutes les femmes et les autres ne sont rien pour vous?
JACQUES HURY. — Oui, Violaine!
VIOLAINE. — Et que vous m'aimez uniquement comme l'époux le plus tendre aime le pauvre être qui s'est donné à lui?
JACQUES HURY. — Oui, Violaine.
VIOLAINE. — Qui se donne à lui de tout son cœur, Jacques croyez-le, et qui ne réserve rien.
JACQUES HURY. — Et vous, Violaine, ne me croyez-vous donc pas?
VIOLAINE. — Je vous crois, je vous crois, Jacques! je crois en vous! J'ai confiance en vous, mon bien-aimé!
JACQUES HURY. — Pourquoi donc cet air d'inquiétude et d'effroi?
Montrez-moi votre main gauche.

(Elle la montre.)

Mon anneau n'y est plus.
VIOLAINE. — Je vous expliquerai cela tout à l'heure, vous serez satisfait.
JACQUES HURY. — Je le suis, Violaine. J'ai foi en vous.
VIOLAINE. — Je suis plus qu'un anneau, Jacques. Je suis un grand trésor.
JACQUES HURY. — Oui, Violaine.
VIOLAINE. — Ah, si je me donne à vous,
Ne saurez-vous pas préserver votre petite qui vous aime?
JACQUES HURY. — Voilà que vous doutez de moi encore!
VIOLAINE. — Jacques! Après tout je ne fais aucun mal en vous aimant. C'est la volonté de Dieu et de mon père.
C'est vous qui avez charge de moi! Et qui sait si vous ne saurez pas bien me défendre et me préserver?

Il suffit que je me donne à vous complètement.
Et le reste est votre affaire et non plus la mienne.

JACQUES HURY. — Et c'est ainsi que vous vous êtes donnée à moi, ma fleur-de-soleil?

VIOLAINE. — Oui, Jacques.

JACQUES HURY. — Qui donc vous prendra d'entre mes bras?

VIOLAINE. — Ah, que le monde est grand et que nous y sommes seuls!

JACQUES HURY. — Pauvre enfant! je sais que votre père est parti.
Et moi aussi, je n'ai plus personne avec moi pour me dire ce qu'il faut faire et ce qui est bien et mal.
Il faudra que vous m'aidiez, Violaine, comme je vous aime.

VIOLAINE. — Mon père m'a abandonnée.

JACQUES HURY. — Mais moi, Violaine, je vous reste.

VIOLAINE. — Ni ma mère ne m'aime ni ma sœur, bien que je ne leur aie fait aucun mal.
Et il ne me reste plus que ce grand homme terrible que je ne connais pas.
          (Il fait le geste de la prendre dans ses bras. Elle l'écarte vivement.)
Ne me touchez pas, Jacques!

JACQUES HURY. — Suis-je donc un lépreux?

VIOLAINE. — Jacques, je veux vous parler, ah! que c'est difficile!
Ne me manquez point, qui n'ai plus que vous seul!

JACQUES HURY. — Qui vous veut aucun mal?

VIOLAINE. — Sachez ce que vous faites en me prenant pour femme!
Laissez-moi vous parler bien humblement, seigneur Jacques
Qui allez recevoir mon âme et mon corps en commande des mains de Dieu et de mon père qui les ont faits.
Et sachez la dot que je vous apporte qui n'est point celle des autres femmes,
Mais cette sainte montagne en prière jour et nuit devant Dieu, comme un autel toujours fumant,
Et cette lampe toujours allumée dont notre charge est de nourrir l'huile.
Et témoin n'est à notre mariage aucun homme, mais ce Seigneur dont nous tenons seul le fief,
Qui est le Tout-Puissant, le Dieu des Armées.
Et ce n'est point le soleil de juillet qui nous éclaire, mais la lumière même de Sa face.
Aux saints les choses saintes! Qui sait si notre cœur est pur?
Jamais le mâle jusqu'ici n'avait manqué à notre race, toujours le sacré dépôt avait été transmis de père en fils,
Et voici que pour la première fois il tombe aux mains d'une femme et qu'il devient objet de convoitise avec elle.

JACQUES HURY. — Violaine, non, je ne suis clerc, ni moine ni béat.
Je ne suis pas le tourier[65] et le convers[66] de Monsanvierge.
J'ai une charge et je la remplirai
Qui est de nourrir ces oiseaux murmurants

---

65. - Monk who keeps watch from the tower of a monastery.

66. - Lay brother.

Et de remplir ce panier qu'on descend du ciel chaque matin.
C'est écrit. C'est bien.
J'ai bien compris cela et me le suis mis dans la tête, et il ne faut pas m'en demander davantage.
Il ne faut pas me demander de comprendre ce qui est par-dessus moi et pourquoi ces saintes femmes se sont murées là-haut dans ce pigeonnier.
Aux célestes le ciel, et la terre aux terrestres.
Car le blé ne pousse pas tout seul, et il faut un bon laboureur à celui d'ici.
Et cela, je peux dire sans me vanter que je le suis, et personne ne m'apprendra rien, ni votre père lui-même peut-être.
Car il était ancien et attaché à ses idées.
A chacun sa place, en cela est la justice.
Et votre père en vous donnant à moi
Ensemble avec Monsanvierge, a su ce qu'il faisait et cela était juste.

VIOLAINE. — Mais moi, Jacques, je ne vous aime pas parce que cela est juste.
Et même si cela ne l'était pas, je vous aimerais encore et plus.

JACQUES HURY. — Je ne vous comprends pas, Violaine.

VIOLAINE. — Jacques, ne me forcez pas à parler ! Vous m'aimez tant et je ne puis vous faire que du mal.
Laissez-moi ! il ne peut y avoir de justice entre nous deux ! mais la foi seulement et la charité.
Éloignez-vous de moi quand il est encore temps.

JACQUES HURY. — Je ne comprends pas, Violaine ⁰.

VIOLAINE. — Mon bien-aimé, ne me forcez pas à vous dire mon grand secret.

JACQUES HURY. — Un grand secret, Violaine ?

VIOLAINE. — Si grand que tout est consommé et vous ne demanderez pas de m'épouser davantage.

JACQUES HURY. — Je ne vous comprends pas.

VIOLAINE. — Ne suis-je pas assez belle en ce moment, Jacques ? Que me demandez-vous encore ?
Que demande-t-on d'une fleur
Sinon qu'elle soit belle et odorante une minute, pauvre fleur, et après ce sera fini.
La fleur est courte, mais la joie qu'elle a donnée une minute
N'est pas de ces choses qui ont commencement ou fin.
Ne suis-je pas assez belle ? Manque-t-il quelque chose ? Ah ! je vois tes yeux, mon bien-aimé ! est-ce qu'il y a rien en toi qui en ce moment ne m'aime et qui doute de moi ?
Est-ce que mon âme n'est pas assez ? prends-la et je suis encore ici et aspire-la jusques aux racines qui est à toi !
Il suffit d'un moment pour mourir, et la mort même l'un dans l'autre
Ne vous anéantira pas plus que l'amour, et est-ce qu'il y a besoin de vivre quand on est mort ?
Que veux-tu faire de moi davantage ? fuis, éloigne-toi ! Pourquoi veux-tu m'épouser ? pourquoi veux-tu

O. - Describe the turning point in this scene.   Jacques' words.
Notice the increasing vulgarity and violence of

Prendre pour toi ce qui est à Dieu seul?
La main de Dieu est sur moi et tu ne peux me défendre!
O Jacques; nous ne serons pas mari et femme en ce monde!

JACQUES HURY. — Violaine, quelles sont ces paroles étranges, si tendres, si amères? par quels sentiers insidieux et funestes me conduisez-vous?
Je crois que vous voulez m'éprouver et vous jouer de moi qui suis un homme simple et rude.
Ah, Violaine, que vous êtes belle ainsi! et cependant j'ai peur et je vous vois dans ce vêtement qui m'effraie!
Car ce n'est point la parure d'une femme, mais le vêtement du Sacrificateur à l'autel,
De celui qui aide le prêtre, laissant le flanc découvert et les bras libres!
Ah! je le vois, c'est l'esprit de Monsanvierge qui vit en vous et la fleur suprême en dehors de ce jardin scellé!
Ah, ne tourne pas vers moi ce visage qui n'est plus de ce monde! ce n'est plus ma chère Violaine.
Assez d'anges servent la messe au ciel!
Ayez pitié de moi qui suis un homme sans ailes et je me réjouissais de ce compagnon que Dieu m'avait donné, et que je l'entendais soupirer, la tête sur mon épaule!
Doux oiseau! le ciel est beau, mais c'est une belle chose aussi que d'être pris!
Et le ciel est beau! mais c'est une belle chose aussi et digne de Dieu même, un cœur d'homme que l'on remplit sans en rien laisser vide.
Ne me damnez pas par la privation de votre visage!
Et sans doute que je suis un homme sans lumière et sans beauté
Mais je vous aime, mon ange, ma reine, ma chérie!

VIOLAINE. — Ainsi je vous ai vainement averti et vous voulez me prendre pour femme, et vous ne vous laisserez pas écarter de votre dessein?

JACQUES HURY. — Oui, Violaine.

VIOLAINE. — Qui a pris une épouse, ils ne sont plus qu'une âme en une seule chair et rien ne les séparera plus.

JACQUES HURY. — Oui, Violaine.

VIOLAINE. — Vous le voulez!
Il ne convient donc plus que je réserve rien et que je garde pour moi davantage
Ce grand, cet ineffable secret.

JACQUES HURY. — Encore, ce secret, Violaine?

VIOLAINE. — Si grand, Jacques, en vérité
Que votre cœur en sera rassasié,
Et que vous ne me demanderez plus rien,
Et que nous ne serons plus jamais arrachés l'un à l'autre.
Une communication si profonde
Que la vie, Jacques, ni l'enfer, ni le ciel même
Ne la feront plus cesser, ni ne feront cesser à jamais ce
Moment où je vous l'ai révélé dans la
Fournaise de ce terrible soleil ici présent qui nous empêchait presque de nous voir le visage!

JACQUES HURY. — Parle donc!

VIOLAINE. — Mais dites-moi d'abord une fois encore que vous m'aimez.

JACQUES HURY. — Je vous aime !

VIOLAINE. — Et que je suis votre dame et votre seul amour ?

JACQUES HURY. — Ma dame, mon seul amour.

VIOLAINE. — Dis, Jacques, ni mon visage ni mon âme ne t'ont suffi et ce n'est pas assez ?
Et toi aussi, t'es-tu laissé prendre à mes hautes paroles ? Connais le feu dont je suis dévorée !
Connais-la donc, cette chair que tu as tant aimée !
Venez plus près de moi.
(Mouvement.)
Plus près ! plus près encore ! tout contre mon côté. Asseyez-vous sur ce banc.
(Silence.)
Et donnez-moi votre couteau.
(Il lui donne son couteau. Elle fait une incision dans l'étoffe de lin sur son flanc, à la place qui est sur le cœur et sous le sein gauche, et penchée sur lui, des mains écartant l'ouverture, elle lui montre sa chair où la première tache de lèpre apparaît. Silence.)

JACQUES HURY, *détournant un peu le visage*. — Donnez-moi le couteau.
(Elle le lui donne. Silence. Puis JACQUES *s'éloigne de quelques pas, le dos à demi tourné, et il ne la regardera plus jusqu'à la fin de l'acte.)*

JACQUES HURY. — Violaine, je ne me suis pas trompé ? Quelle est cette fleur d'argent dont votre chair est blasonnée ?

VIOLAINE. — Vous ne vous êtes pas trompé ?

JACQUES HURY. — C'est le mal ? c'est le mal, Violaine ?

VIOLAINE. — Oui, Jacques.

JACQUES HURY. — La lèpre !

VIOLAINE. — Certes, vous êtes difficile à convaincre.
Et il vous faut avoir vu pour croire.

JACQUES HURY. — Et quelle est la lèpre la plus hideuse,
Celle de l'âme ou celle sur le corps ?

VIOLAINE. — Je ne puis rien dire de l'autre. Je ne connais que celle du corps qui est un mal assez grand.

JACQUES HURY. — Non, tu ne connais pas l'autre, réprouvée ?

VIOLAINE. — Je ne suis pas une réprouvée.

JACQUES HURY. — Infâme, réprouvée,
Réprouvée dans ton âme et dans ta chair !

VIOLAINE. — Ainsi, vous ne demandez plus à m'épouser, Jacques ?

JACQUES HURY. — Ne te moque point, fille du diable !

VIOLAINE. — Tel est ce grand amour que vous aviez pour moi.

JACQUES HURY. — Tel est ce lys que j'avais élu.

VIOLAINE. — Tel est l'homme qui est à la place de mon père.

JACQUES HURY. — Tel est l'ange que Dieu m'avait envoyé.

VIOLAINE. – « Ah, qui nous arrachera l'un à l'autre? Je t'aime, Jacques, et tu me défendras, et je sais que je n'ai rien à craindre entre tes bras. »

JACQUES HURY. – Ne te moque point avec ces paroles affreuses!

VIOLAINE. – Dis,
Ai-je manqué à ma parole? Mon âme ne te suffisait point? As-tu assez de ma chair à présent? Oublieras-tu ta Violaine désormais et ce cœur qu'elle t'a révélé?

JACQUES HURY. – Éloigne-toi de moi!

VIOLAINE. – Va, je suis assez loin, Jacques, et tu n'as rien à craindre.

JACQUES HURY. – Oui, oui,
Plus loin que tu ne l'as été de ton porc ladre!
Ce faiseur d'os à la viande gâtée[67].

VIOLAINE. – C'est de Pierre de Craon que vous parlez?

JACQUES HURY. – C'est de lui que je parle, que vous avez baisé sur la bouche.

VIOLAINE. – Et qui vous a raconté cela?

JACQUES HURY. – Mara vous a vus de ses yeux.
Et elle m'a tout dit, comme c'était son devoir,
Et moi, misérable, je ne la croyais pas!
Allons, dis-le! mais dis-le donc! c'est vrai? dis que c'est vrai!

VIOLAINE. – C'est vrai, Jacques.
Mara dit toujours la vérité.

JACQUES HURY. – Et il est vrai que vous l'avez embrassé sur le visage?

VIOLAINE. – C'est vrai.

JACQUES HURY. – O damnée! les flammes de l'enfer ont-elles tant de goût que vous les ayez ainsi convoitées toutes vivantes?

VIOLAINE, *très bas*. – Non point damnée.
Mais douce, douce Violaine! douce, douce Violaine!

JACQUES HURY. – Et vous ne niez point que cet homme ne vous ait eue et possédée?

VIOLAINE. – Je ne nie rien, Jacques.

JACQUES HURY. – Mais je t'aime encore, Violaine! Ah, cela est trop cruel! Dis quelque chose, si tu as rien à dire et je le croirai! Parle, je t'en supplie! dis-moi que cela n'est pas vrai!

VIOLAINE. – Je ne puis pas devenir toute noire en un instant, Jacques, mais dans quelques mois déjà, quelques mois encore,
Vous ne me reconnaîtrez plus.

JACQUES HURY. – Dites-moi que tout cela n'est pas vrai.

VIOLAINE. – Mara dit toujours la vérité et cette fleur aussi sur moi que vous avez vue.

JACQUES HURY. – Adieu, Violaine!

---

67. - That maker of bones with decomposed flesh, that is « your leper friend whose flesh rottens on his skeleton. »

VIOLAINE. — Adieu, Jacques.

JACQUES HURY. — Dites, qu'allez-vous faire, misérable ?

VIOLAINE. — Quitter ces vêtements. Quitter cette maison. Accomplir la loi. Me montrer au prêtre. Gagner...

JACQUES HURY. — Eh bien ?

VIOLAINE. — ... Le lieu qui est réservé aux gens de mon espèce.
La ladrerie[68] là-bas du géyn.

JACQUES HURY. — Quand cela ?

VIOLAINE. — Aujourd'hui. Ce soir même.

(Long silence.)

Il n'y a pas autre chose à faire.

JACQUES HURY. — Il faut éviter le scandale.
Allez vous dévêtir et prendre une robe de voyage et je vous dirai ce qu'il est convenable de faire.

(Ils sortent.)

SCÈNE IV

La salle du premier acte

LA MÈRE. — Le temps est toujours au beau. Voici huit jours qu'il n'a plu.

(Elle écoute.)

On entend de temps en temps les cloches d'Arcy.
Dong ! Dong !
Qu'il fait chaud et que tout est énorme !
Que fait Violaine ? et Jacques ! qu'ont-ils à causer si longtemps ?
J'ai regret de ce que je lui ai dit.

(Elle soupire.)

Et que fait le vieux fou ? Où est-il maintenant ? Ah !

(Elle penche la tête.)

MARA, *entrant vivement.* — Ils viennent ici. Je pense que le mariage est rompu. M'entends-tu ?
Tais-toi,
Et ne va pas rien dire.

LA MÈRE. — Comment ?
O méchante ! vilaine ! tu as obtenu ce que tu voulais !

MARA. — Laisse faire. Ce n'est qu'un moment. D'aucune façon
Ça ne se serait fait. Puisque c'est moi donc
Qu'il doit épouser et non pas elle. Cela sera mieux pour elle mêmement. Il faut que cela soit ainsi. Entends-tu ?
Tais-toi !

---

68. - Lepers' colony.

LA MÈRE. — Qui t'a dit cela?

MARA. — Est-ce que j'ai besoin qu'on me dise quelque chose? J'ai tout vu en plein dans leurs figures. Je les ai chopés tout chauds [69]. J'ai tout débrouillé en rien-temps.
Et Jacques, le pauvre homme, il me fait pitié.

LA MÈRE. — J'ai regret de ce que j'ai dit!

MARA. — Tu n'as rien dit, tu ne sais rien, tais-toi!
Et s'ils te disent, quelque chose n'importe quoi qu'ils te racontent,
Dis comme eux, fais ce qu'ils voudront. Il n'y a plus rien à faire.

LA MÈRE. — J'espère que tout est pour le mieux.

SCÈNE V

(*Entrent* JACQUES HURY, *puis* VIOLAINE *tout en noir, habillée comme pour un voyage.*)

LA MÈRE. — Qu'est-ce qu'il y a, Jacques? Qu'est-ce qu'il y a, Violaine?
Pourquoi est-ce que tu as mis ce costume comme si tu allais partir?

VIOLAINE. — Je vais partir aussi.

LA MÈRE. — Partir? partir toi aussi?
Jacques! que s'est-il passé entre vous?

JACQUES HURY. — Il ne s'est rien passé.
Mais vous savez que je suis allé voir ma mère à Braine et j'en reviens à l'heure même.

LA MÈRE. — Eh bien?

JACQUES HURY. — Vous savez qu'elle est vieille et infirme.
Elle dit qu'elle veut voir et bénir
Sa bru avant de mourir.

LA MÈRE. — Ne peut-elle attendre le mariage?

JACQUES HURY. — Elle est malade, elle ne peut attendre.
Et ce temps de la moisson aussi où il y a tant à faire,
N'est pas celui de se marier.
Nous avons causé de cela tout à l'heure, Violaine et moi, tout à l'heure bien gentiment,
Et nous avons décidé qu'il était préférable d'attendre
L'automne.
Jusque-là elle sera à Braine chez ma mère.

LA MÈRE. — C'est toi qui le veux ainsi, Violaine?

VIOLAINE. — Oui, mère.

LA MÈRE. — Mais quoi! est-ce que tu veux partir aujourd'hui même?

VIOLAINE. — Ce soir même.

---

69. - Caught them in the act (vulgar).

L'ANNONCE FAITE A MARIE

JACQUES HURY. — C'est moi qui l'accompagnerai.
Le temps presse et l'ouvrage aussi en ce mois de foin et de moisson. Je ne suis déjà resté que trop longtemps absent.

LA MÈRE. — Reste, Violaine ! Ne t'en va pas de chez nous, toi aussi !

VIOLAINE. — Ce n'est que pour un peu de temps, mère !

LA MÈRE. — Un peu de temps, tu le promets ?

JACQUES HURY. — Un peu de temps, et quand viendra l'automne,
La voici avec nous de nouveau, pour ne plus nous quitter.

LA MÈRE. — Ah, Jacques ! Pourquoi la laissez-vous partir ?

JACQUES HURY. — Croyez-vous que cela ne me soit pas dur ?

MARA. — Mère, ce qu'ils disent tous les deux est raisonnable.

LA MÈRE. — Il est dur de voir mon enfant me quitter.

VIOLAINE. — Ne soyez pas triste, mère !
Qu'importe que nous attendions quelques jours ? Ce n'est qu'un peu de temps à passer.
Ne suis-je pas sûre de votre affection ? et de celle de Mara ? et de celle de Jacques, mon fiancé ?
Jacques, n'est-ce pas ? Il est à moi comme je suis à lui et rien ne peut nous séparer !
Regardez-moi, cher Jacques. Voyez-le qui pleure de me voir partir !
Ce n'est point le moment de pleurer, mère ! ne suis-je pas jeune et belle, et aimée de tous ?
Mon père est parti, il est vrai, mais il m'a laissé l'époux le plus tendre, l'ami qui jamais ne m'abandonnera.
Ce n'est donc point le moment de pleurer, mais de se réjouir. Ah, chère mère, que la vie est belle et que je suis heureuse ^P !

MARA. — Et vous, Jacques, que dites-vous ? Vous n'avez pas un air joyeux.

JACQUES HURY. — N'est-il pas naturel que je sois triste ?

MARA. — Sus ! ce n'est qu'une séparation de quelques mois.

JACQUES HURY. — Trop longue pour mon cœur.

MARA. — Écoute, Violaine, comme il a bien dit ça !
Eh quoi, ma sœur, si triste vous aussi ? Souriez-moi de cette bouche charmante ! Levez ces yeux bleus que notre père aimait tant. Voyez, Jacques ! Regardez votre femme, qu'elle est belle quand elle sourit !
On ne vous la prendra pas ! qui serait triste quand il a pour éclairer sa maison ce petit soleil ?
Aimez-nous-la bien, méchant homme ! Dites-lui de prendre courage.

JACQUES HURY. — Courage, Violaine !
Vous ne m'avez pas perdu, nous ne sommes pas perdus l'un pour l'autre !
Voyez que je ne doute pas de votre amour, est-ce que vous doutez du mien davantage ?
Est-ce que je doute de vous, Violaine ? est-ce que je ne vous aime pas, Violaine ? Est-ce que je ne suis pas sûr de vous,
Violaine ?

P. - Explain how Violaine's words have a double meaning. Why is she so happy?

J'ai parlé de vous à ma mère, songez qu'elle est si heureuse de vous voir.
Il est dur de quitter la maison de vos parents. Mais où vous serez vous aurez un abri sûr et que nul n'enfreindra.
Ni votre amour, ni votre innocence, chère Violaine, n'ont à craindre.

LA MÈRE. — Ce sont des paroles bien aimables.
Et cependant il y a en elles, et dans celle que tu viens de me dire, mon enfant,
Je ne sais quoi d'étrange et qui ne me plaît pas.

MARA. — Je ne vois rien d'étrange, ma mère.

LA MÈRE. — Violaine! si je t'ai fait de la peine tout à l'heure, mon enfant,
Oublie ce que je t'ai dit.

VIOLAINE. — Vous ne m'avez point fait de peine.

LA MÈRE. — Laisse-moi donc t'embrasser.

(Elle lui ouvre les bras.)

VIOLAINE. — Non, mère.

LA MÈRE. — Eh quoi?

VIOLAINE. — Non.

MARA. — Violaine, c'est mal! as-tu peur que nous te touchions? pourquoi nous traites-tu ainsi comme des lépreux?

VIOLAINE. — J'ai fait un vœu.

MARA. — Quel vœu?

VIOLAINE. — Que nul ne me touche.

MARA. — Jusqu'à ton retour ici?

(Silence. Elle baisse la tête.)

JACQUES HURY. — Laissez-la. Vous voyez qu'elle a de la peine.

LA MÈRE. — Éloignez-vous un instant.

(Ils s'éloignent.)

Adieu, Violaine!
Tu ne me tromperas pas, mon enfant, tu ne tromperas pas la mère qui t'a faite.
Ce que je t'ai dit est dur, mais vois-moi qui ai bien de la peine, qui suis vieille.
Toi, tu es jeune et tu oublieras.
Mon homme est parti et voici mon enfant qui se détourne de moi.
La peine qu'on a n'est rien, mais celle qu'on a faite aux autres
Empêche de manger son pain.
Songe à cela, mon agneau sacrifié, et dis-toi : Ainsi je n'ai fait de la peine à personne.
Je t'ai conseillé ce que j'ai cru le meilleur! ne m'en veuille pas, Violaine, sauve ta sœur, est-ce qu'il faut la laisser se perdre?
Et voici le Bon Dieu avec toi qui est ta récompense.
C'est tout. Tu ne reverras plus ma vieille figure. Que Dieu soit avec toi!
Et tu ne veux pas m'embrasser, mais je puis au moins te bénir, douce, douce Violaine!

VIOLAINE. — Oui, mère! oui, mère!

(Elle s'agenouille, et LA MÈRE *fait le signe de la croix au-dessus d'elle.)*

JACQUES HURY, *revenant*. — Venez, Violaine, il est temps.

MARA. – Va et prie pour nous.

VIOLAINE, *criant*. – Je te donne mes robes, Mara, et toutes mes affaires !
N'aie pas peur, tu sais que je n'y ai pas touché.
Je ne suis pas entrée dans cette chambre.
Ah, ah ! ma pauvre robe de mariée qui était si jolie !
    *(Elle écarte les bras comme pour chercher un appui. Tous demeurent éloignés d'elle.
    Elle sort en chancelant suivie de* JACQUES*).*

ACTE III

SCÈNE PREMIÈRE

Le pays de Chevoche. Une grande forêt aux arbres clairsemés, composée principalement de chênes très élevés et de bouleaux, avec, au-dessous, des pins, des sapins et quelques houx. Une large percée rectiligne vient d'être pratiquée au travers du bois jusqu'à l'horizon. Des ouvriers achèvent d'enlever les troncs d'arbres et de préparer la chaussée. Campement sur le côté, avec huttes en fagots, le feu et la marmite, etc. Il se trouve dans une sablonnière où quelques ouvriers achèvent de charger de sable fin et blanc une petite charrette. Un apprenti de Pierre de Craon les surveille, accroupi dans les genêts secs.

De part et d'autre de la nouvelle route, on voit deux espèces de colosses faits de fagots, avec une collerette et une souquenille[70] *de toile blanche, ayant une croix rouge sur la poitrine, un tonneau pour tête dont les bords sont découpés en dents de scie comme pour faire une couronne, avec une sorte de visage grossièrement peint en rouge ; une longue trompette s'adapte à la bonde, maintenue par une planche comme par un bras.*

Tombée du jour. Neige par terre et ciel de neige.

C'est la veille de Noël[Q]*.*

LE MAIRE DE CHEVOCHE. — Voilà. Le Roi peut venir.

UN OUVRIER. — I peut venir à c't'heure[71]. Nous ons bin fait not'part.

LE MAIRE DE CHEVOCHE, *regardant avec satisfaction*. — C'est moult[72] beau ! Aussi que tout le monde s'y est mis, tant qu'y en a, les hommes, les femmes et les tiots[73] enfants,

Et que c'était la plus sale partie avec toutes ces mauvaisetés[74] et ces éronces[75], et le marais.

C'est pas les malins de Bruyères qui nous ont fait la barbe[76].

UN OUVRIER. — C'est leut' chemin qu'en a, de la barbe, et les dents'core avec tous ces chicots, qu'ils ont laissés[77] !

(Ils rient.)

L'APPRENTI, *pédantesquement, d'une voix affreusement aigre et glapissante*. — Vox clamantis in deserto : Parate vias Domini et erunt prava in directa et aspera in vias planas[78].

— C'est vrai que vous avez bien travaillé. Je vous félicite, bonnes gens. C'est comme chemin de la Fête-Dieu[79].

---

70. - Small collar and smock.
Q. - What is the significance of Christmas Eve in the play?
71. - The workers and the mayor speak the local dialect. « Il peut venir à cette heure. Nous avons bien fait notre part. »
72. - Moult = très.
73. - Tiot = petit.
74. - Mauvaisetés = mauvaises choses.
75. - Éronces = ronces : briars.
76. - The lads of Bruyère were not able to put one over on us.
77. - Their road is still cluttered with stumps and broken roots.
78. - Cf. Luke 3:4; the voice of one crying in the wilderness: Prepare the way of the Lord, make his paths straight. »
79. - Corpus Christi; feast of the Holy Sacrament. Processions are held on that day.

(*Montrant les Géants.*) Et quelles sont, Messieurs, ces deux belles et révérendes personnes?

UN OUVRIER. — Sont-i[80] pas bin beaux? C'est l'pé Vincent, le vieil ivrogne, qu'les a faits. I dit qu'c'est le grand Roi d'Abyssinie et sa femme Bellotte.

L'APPRENTI. — Pour moi je croyais que c'était Gog et Magog[81].

LE MAIRE DE CHEVOCHE. — C'est les deux Anges de Chevoche qui viennent saluer le Roi leur sire. On y boutera le feu[82] quand i passera.
Écoutez!

(*Ils écoutent tous.*)

UN OUVRIER. — Oh! non, ce n'est pas encore lui. On entendrait les cloches de Bruyères sonner.

UN AUTRE. — I ne sera pas ici avant minuit. Il a soupé à Fismes.

UN AUTRE. — On s'ra bin ici pour voir. Je n'bouge mie[83].

UN AUTRE. — T'as à manger, Perrot? J'ai pus qu'un morceau de pain qu'est tout gelé.

LE MAIRE. — N'aie pas peur. Y a un quartier de porc dans la marmite; et des crépinettes[84], et le chevreuil qu'on a tué;
Et trois aunes[85] de boudin, et des pommes, et un bon petit tonneau de vin de la Marne.

L'APPRENTI. — Je reste avec vous.

UNE FEMME. — Et qu'v'là un bon petit Noël.

L'APPRENTI. — C'est le jour de Noël que le roi Clovis[86] fut à Rheims baptisé.

UNE AUTRE FEMME. — C'est le jour de Noël que not'roi Charles[87] revient se faire sacrer.

UNE AUTRE. — C'est une simple fille, de Dieu envoyée,
Qui le ramène à son foyer.

UNE AUTRE. — Jeanne, qu'on l'appelle.

UNE AUTRE. — La Pucelle!

UNE AUTRE. — Qu'est née la nuit de l'Épiphanie[88]!

UNE AUTRE. — Qui a chassé les Anglais d'Orléans qu'ils assiégeaient!

UN AUTRE. — Et qui va les chasser de France mêmement tretous! Ainsi soit-il!

UN AUTRE, *fredonnant*. — Noël! Ki Ki Ki Ki Ki Noël! Noël nouvelet! Rrr! qu'il fait froué[89]!

(*Il se serre dans son manteau.*)

UNE FEMME. — Faut bin regarder si qu'y aura un petit homme tout en rouge près du Roi. C'est elle.

UNE AUTRE. — Sur un grand cheval noir.

LA PREMIÈRE. — Y a six mois qu'elle gardait les vaches encore de son pé.

UNE AUTRE. — Et maintenant elle tient une bannière où qu'y a Jésus en écrit.

---

80. - « I » = « il » and « bin » = « bien »; « pé » = « père ».

81. - Gog et Magog: In the Bible, Ezechiel gave the name of Gog to the king of the land of Magog. Magog designates God's enemies.

82. - Bouter le feu : set afire.

83. - Mie : pas.

84. - Crépinette : a kind of flar sausage.

85. - Aune : a unit of measure.

86. - Clovis : King of the Francs (465-511).

87. - Charles VII was actually consecrated in the month of July; Claudel takes liberties with history.

88. - Twelve days after Christmas.

89. - Froid.

Un ouvrier. — Et qu'les Anglais se sauvent devant comme souris.

Un autre. — Gare aux mauvais Bourguignons de Saponay!

Un autre. — I seront tous à Rheims au petit matin.

Un autre. — Quoi qu'i font les ceusses ed là-bas[90]?

L'apprenti. — Les deux cloches de la cathédrale, Baudon et Baude,
Commencent à sonner au Gloria[91] de Minuit, et jusqu'à l'arrivée des Français elles ne cesseront plus de badonguer[92].
Tout le monde garde chez lui une cire allumée jusqu'au matin.
On attend que le Roi soit là pour la messe de l'Aurore qui est *Lux fulgebit*[93].
Tout le clergé ira à sa rencontre, trois cents prêtres avec l'Archevêque en chapes d'or, et les réguliers, et le Maire, et la commune.
Ça sera bien beau sur la neige sous le soleil clair et gaillard et tout le peuple chantant Noël!
Et l'on dit que le Roi veut descendre de son cheval et entrer dans sa bonne ville sur un âne, comme Notre-Seigneur.

Le Maire. — Comment donc que vous n'êtes pas resté là-bas?

L'apprenti. — C'est maître Pierre de Craon qui m'a envoyé chercher du sable.

Le Maire. — Quoi! c'est à cela qu'il s'occupe en ce moment?

L'apprenti. — Il dit que le temps est court.

Le Maire. — Mais à quoi mieux l'employer qu'à faire cette route, comme nous autres?

L'apprenti. — Il dit que son métier n'est pas de faire des routes pour le Roi, mais une demeure pour Dieu.

Le Maire. — A quoi sert Rheims, si le Roi n'y peut aller?

L'apprenti. — A quoi la route, s'il n'y a pas d'église au bout?

Le Maire. — Ce n'est pas un bon Français...

L'apprenti. — Il dit qu'il ne sait rien que son métier. Celui qui parle politique chez nous, on lui noircit le nez avec le cul de la poêle[94].

Le Maire. — Il n'a pu même venir à bout de sa Justice depuis dix ans qu'on y travaille.

L'apprenti. — Si fait! toute la pierre est finie et la charpente est posée; il n'y a plus que la flèche qui n'a pas encore fini de pousser.

Le Maire. — On n'y travaille guère.

L'apprenti. — Le maître cherche ses vitraux et c'est pourquoi il nous envoie ici prendre du sable;
Quoique ce ne soit pas son métier,
Tout l'hiver il a travaillé au milieu de ses fourneaux.
Faire de la lumière, pauvres gens, c'est plus difficile que de faire de l'or,
Souffler sur cette lourde matière et la rendre transparente, « selon que nos corps de boue seront transmués en corps de gloire »,

90. - « Que font-ils, ceux de là-bas? »
91. - Hymn sung at Mass.
92. - Sonner (swing and clang).
93. - La lumière dardera (will flash or shine).
94. - « They blacken his nose with the back of the frying pan. » (Vulgar.)

Dit saint Paul.
Et de toutes couleurs il dit qu'il veut trouver
La couleur mère, telle que Dieu même l'a faite.
C'est pourquoi dans de grands vases purs emplis d'une eau éclatante
Il verse l'hyacinthe, l'outremer, l'or gras, le vermillon,
Et regarde ces belles roses intérieures, ce que ça fait dans le soleil et la grâce de Dieu,
et comment cela tourne et s'épanouit dans le matras[95].
Et il dit qu'il n'y a pas une couleur qu'il ne puisse faire tout seul avec son esprit,
Comme son corps fait du rouge et du bleu.
Car il veut que la Justice de Rheims brille comme l'Aurore au jour de ses noces.

LE MAIRE. — On dit qu'il est lépreux.

L'APPRENTI. — Ce n'est pas vrai! Je l'ai vu tout nu l'été dernier qui se baignait dans l'Aisne à Soissons. Je peux le dire!
Il a la chair saine comme celle d'un enfant.

LE MAIRE. — C'est drôle tout de même. Pourquoi qu'i s'a tenu caché si longtemps?

L'APPRENTI. — C'est un mensonge!

LE MAIRE. — Je sais, je suis plus vieux que vous. Faut pas vous fâcher, petit homme. Ça ne fait rien qu'i soit malade ed son corps.
C'est pas d'son corps qu'i travaille.

L'APPRENTI. — Faudrait pas qu'il vous entendire dire ça! Je me rappelle comment il a puni l'un de nous qui restait tout le temps dans son coin à dessiner :
Il l'a envoyé toute la journée sur les échafauds avec les maçons pour les servir et leur passer leurs auges[96] et leurs pierres,
Disant qu'au bout de la journée il saurait deux choses ainsi mieux que par règle et par dessin : le poids qu'un homme peut porter et la hauteur de son corps.
Et de même que la grâce de Dieu multiplie chacune de nos bonnes actions.
C'est ainsi qu'il nous a enseigné ce qu'il appelle « le Sicle[97] du Temple », et cette demeure de Dieu dont chaque homme qui fait ce qu'il peut
Avec son corps est comme un fondement secret;
Ce que sont le pouce et la main et la coudée et notre envergure et le bras étendu et le cercle que l'on fait avec,
Et le pied et le pas;
Et comment rien de tout cela n'est le même jamais.
Croyez-vous que le corps fût indifférent au père Noé quand il fit l'arche? est-ce qu'il est indifférent,
Le nombre de pas qu'il y a de la porte à l'autel, et la hauteur à laquelle il est permis à l'œil de s'élever, et le nombre d'âmes que les deux côtés de l'Église contiennent réservées?
Car l'artiste païen faisait tout du dehors, et nous faisons tout de par-dedans comme les abeilles,
Et comme l'âme fait pour le corps : rien n'est inerte, tout vit,
Tout est *action* de grâces.

LE MAIRE. — Le petit homme parle bien.

UN OUVRIER. — Écoutez-le comme une agache tout plein des paroles de son maître.

---

95. - Long-necked glass vessel.
96. - Hod, a portable through to carry mortar, bricks, etc.
97. - Shekel.

L'APPRENTI. — Parlez avec respect de Pierre de Craon !

LE MAIRE. — C'est vrai qu'il est bourgeois de Rheims et on l'appelle le Maître du Compas, Comme autrefois on appelait Messire Loys
Le Maître de la Règle.

UN AUTRE. — Jette du bois dans le feu, Perrot v'là qu'i commence à neiger.
  (*En effet. — La nuit est complètement venue. — Entre* MARA, *en noir, portant une espèce de paquet sous son manteau.*)

MARA. — C'est ici les gens de Chevoche ?

LE MAIRE. — C'est nous.

MARA. — Loué soit Jésus-Christ.

LE MAIRE. — Ainsi soit-il.

MARA. — C'est chez vous qu'est la logette du Géyn ?

LE MAIRE. — Où habite la lépreuse ?

MARA. — Oui.

LE MAIRE. — Ce n'est pas chez nous tout à fait, mais jouxtant [98].

UN AUTRE. — Vous voulez voir la lépreuse ?

MARA. — Oui.

L'HOMME. — On ne peut pas la voir; elle a toujours un voile sur le voult [99] comme c'est ordonné.

UN AUTRE. — Et bien ordonné ! c'est pas moi qui ai envie de la regarder.

MARA. — Voilà longtemps que vous l'avez ?

L'HOMME. — Huit ans t'a l'heure, et on voudrait bin ne pas l'avoir.

MARA. — Est-ce qu'elle a fait du mal à personne.

L'HOMME. — Non, mais tout de même c'est enguingnant [100] à avoir près de chez soi, c'te varmine de gens.

LE MAIRE. — Et puis c'est la commune qui la nourrit.

L'HOMME. — Tiens ! même qu'on a oublié de lui porter à manger depuis trois jours avec c't'affaire ed la route !

UNE FEMME. — Et quoi que vous y voulez à c'te femme ?
  (*Elle ne répond pas et reste debout, regardant le feu.*)

UNE FEMME. — C'est comme qui dirait un enfant que vous t'nez dans les bras ?

UNE AUTRE. — I fait bin froid pour promener les tiots enfants à c't'heure.

MARA. — Il n'a pas froid.
  (*Silence. On entend dans la nuit sous les arbres le bruit d'une cliquette de bois.*)

UNE VIEILLE FEMME. — Tenez ! la v'là justement ! v'là sa clique ! Sainte Vierge ! qué dommage qu'a soit pas morte !

---

98. - Close by.
99. - Visage.

100. - Cela porte la guigne (bad luck).

Une femme. — A vient demander son manger. Pas de danger qu'elle oublie !

Un homme. — Qué malheur d'nourrir c'te varmine.

Un autre. — J'tez-lui quéqu'chose. Faut pas qu'elle approche de nous. A n'aurait qu'à nous donner la poison [101].

Un autre. — Pas de viande, Perrot ! C'est maigre [102], c'est la veille de Noël !

(Ils rient.)

Jette-lui ce michon [103] de pain qu'est gelé. C'est bien assez pour elle.

L'homme, *criant*. — Hé ! Sans-figure ! Hé, Jeanne, que je dis ! hé là, la d'vourée [104] !

(On voit la forme noire de la Lépreuse sur la neige. Mara *la regarde.)*

Attrape !

(Il lui jette à toute volée un morceau de pain. Elle se baisse et le ramasse, puis s'éloigne. Mara *se met en marche pour la suivre.)*

Un homme. — Où qu'elle va ?

Un autre. — Eh bin la femme ! holà ! où que vous allez, quoi que vous faites ?

(Elles s'éloignent.)

SCÈNE II

Elles s'enfoncent au travers de la forêt, laissent leurs vestiges dans la neige. Il se fait une éclaircie. La lune brillant au milieu d'un immense halo éclaire une butte toute couverte de bruyères et de sable blanc. Des pierres monstrueuses, des grès aux formes fantastiques s'en détachent. Ils ressemblent aux bêtes des âges fossiles, à des monuments inexplicables, à des idoles ayant mal poussé leurs têtes et leurs membres. Et la Lépreuse conduit Mara *à la caverne qu'elle habite, une espèce de couloir bas où l'on ne peut se tenir qu'assis : le fond est fermé sauf une ouverture pour la fumée.*

SCÈNE III

Violaine. — Qui est ici,
Qui n'a pas craint d'unir ses pas à ceux de la Lépreuse ?
Et sachez que son voisinage est un danger et son haleine pernicieuse.

Mara. — C'est moi, Violaine.

Violaine. — O voix depuis longtemps inentendue ! Est-ce vous, ma mère ?

Mara. — C'est moi, Violaine.

---

101. - They are afraid that Violaine will give them leprosy.
102. - The Church forbids eating meat.
103. - A small round bread.
104. - Leprosy has disfigured Violaine.

VIOLAINE. — C'est votre voix et une autre.
Laissez-moi allumer ce feu, car il fait très froid.
 (*Elle allume un feu de tourbe et de bruyère, au moyen de braises conservées dans un pot, puis la torche.*)

MARA. — C'est moi, Violaine, Mara, ta sœur.

VIOLAINE. — Chère sœur, salut ! Que c'est bien d'être venue ! Mais ne me crains-tu point ?

MARA. — Je ne crains rien au monde.

VIOLAINE. — Que ta voix est devenue semblable à celle de Maman !

MARA. — Violaine, notre chère mère n'est plus.

 (*Silence.*)

VIOLAINE. — Quand est-elle morte ?

MARA. — Ce mois même après ton départ.

VIOLAINE. — Ignorant tout ?

MARA. — Je ne sais.

VIOLAINE. — Pauvre Maman ! Dieu ait son âme !

MARA. — Et le père n'est pas revenu encore.

VIOLAINE. — Et vous deux ?

MARA. — Cela va bien.

VIOLAINE. — Tout va comme vous le voulez à la maison ?

MARA. — Tout va bien.

VIOLAINE. — Je sais qu'il ne peut en être autrement
Avec Jacques et toi.

MARA. — Tu verrais ce que nous avons fait !
Nous avons trois charrues de plus. Tu ne reconnaîtrais pas Combernon.
Et nous allons abattre ces vieux murs,
Maintenant que le Roi est revenu.

VIOLAINE. — Et vous êtes heureux ensemble, Mara ?

MARA. — Oui, Nous sommes heureux. Il m'aime
Comme je l'aime.

VIOLAINE. — Loué soit Dieu.

MARA. — Violaine !
Tu ne vois pas ce que je tiens entre mes bras ?

VIOLAINE. — Je ne vois pas.

MARA. — Lève donc ce voile.

VIOLAINE. — J'en ai sous celui-là un autre.

MARA. — Tu ne vois plus ?

VIOLAINE. — Je n'ai plus d'yeux.
L'âme seule tient dans le corps péri.

MARA. — Aveugle !
Comment donc marches-tu si droit ?
VIOLAINE. — J'entends.
MARA. — Qu'entends-tu ?
VIOLAINE. — Les choses exister avec moi.
MARA, *profondément*. — Et moi, Violaine, m'entends-tu ?
VIOLAINE. — Dieu m'a donné l'intelligence
Qui est avec nous tous en même temps.
MARA. — M'entends-tu, Violaine ?
VIOLAINE. — Ah, pauvre Mara !
MARA. — M'entends-tu, Violaine ?
VIOLAINE. — Que veux-tu de moi, chère sœur ?
MARA. — Louer ce Dieu avec toi qui t'a faite pestiférée ?
VIOLAINE. — Louons-le donc, en cette veille de sa Nativité.
MARA. — Il est facile d'être une sainte quand la lèpre nous sert d'appoint.
VIOLAINE. — Je ne sais, ne l'étant point.
MARA. — Il faut bien se tourner vers Dieu quand le reste n'est plus là.
VIOLAINE. — Lui du moins ne manquera pas.
MARA, *doucement*. — Peut-être, qui le sait, Violaine, dis ?
VIOLAINE. — La vie manque et non point la mort où je suis.
MARA. — Hérétique ! es-tu sûre de ton salut ?
VIOLAINE. — Je le suis de sa bonté, qui a pourvu.
MARA. — Nous en voyons les arrhes.
VIOLAINE. — J'ai foi en Dieu qui m'a fait ma part.
MARA. — Que sais-tu de lui qui est invisible et que rien ne manifeste ?
VIOLAINE. — Il ne l'est pas devenu plus pour moi que n'est le reste.
MARA, *ironiquement*. — Il est avec toi, petite colombe, et Il t'aime ?
VIOLAINE. — Comme avec tous les misérables, Lui-même.
MARA. — Certes, son amour est grand !
VIOLAINE. — Comme celui du feu pour le bois quand il prend.
MARA. — Il t'a durement châtiée.
VIOLAINE. — Pas plus que je ne l'avais mérité.
MARA. — Et déjà celui à qui tu avais livré ton corps t'a oubliée.
VIOLAINE. — Je n'ai pas livré mon corps !
MARA. — Douce Violaine ! menteuse Violaine ! ne t'ai je point vue tendrement embrasser Pierre de Craon ce matin d'un beau jour de juin ?
VIOLAINE. — Tu as vu tout et il n'y a rien d'autre.

MARA. — Pourquoi donc le baisais-tu si précieusement ?

VIOLAINE. — Le pauvre homme était lépreux et moi, j'étais si heureuse ce jour-là !

MARA. — En toute innocence, n'est-ce pas ?

VIOLAINE. — Comme une petite fille qui embrasse un pauvre petit garçon.

MARA. — Dois-je le croire, Violaine ?

VIOLAINE. — C'est vrai.

MARA. — Ne dis donc point que c'est de ton gré que tu m'as laissé Jacques.

VIOLAINE. — Non, ce n'est pas de mon gré, je l'aimais ! Je ne suis pas si bonne.

MARA. — Fallait-il qu'il t'aimât encore, étant lépreuse ?

VIOLAINE. — Je ne l'attendais pas.

MARA. — Qui aimerait une lépreuse ?

VIOLAINE. — Mon cœur est pur !

MARA. — Mais qu'est-ce que Jacques en savait ? Il te tient criminelle.

VIOLAINE. — Notre mère m'avait dit que tu l'aimais.

MARA. — Ne dis point que c'est elle qui t'a rendue lépreuse.

VIOLAINE. — Dieu m'a prévenue de sa grâce.

MARA. — De sorte que quand la mère t'a parlé...

VIOLAINE. — ...C'était Lui-même encore que j'entendais.

MARA. — Mais pourquoi te laisser croire parjure ?

VIOLAINE. — N'aurais-je donc rien fait de mon côté ? Pauvre Jacquin ! Fallait-il lui laisser aucun regret de moi ?

MARA. — Dis que tu ne l'aimais point.

VIOLAINE. — Je ne l'aimais point, Mara ?

MARA. — Mais moi, je ne l'aurais pas ainsi lâché !

VIOLAINE. — Est-ce moi qui l'ai lâché ?

MARA. — Mais moi, je serais morte !

VIOLAINE. — Est-ce que je suis vivante ?

MARA. — Maintenant je suis heureuse avec lui.

VIOLAINE. — Paix sur vous !

MARA. — Et je lui ai donné un enfant, Violaine ! une chère petite fille. Une douce petite fille.[R]

VIOLAINE. — Paix sur vous !

MARA. — Notre joie est grande. Mais la tienne l'est davantage avec Dieu.

[R]. - Why is Mara one of the most strikingly *alive* characters in the play? Notice Claudel's deep understanding of what it means to be a mother.

VIOLAINE. — Et moi aussi j'ai connu la joie il y a huit ans et mon cœur en était ravi,
Tant, que je demanderai follement à Dieu, ah! qu'elle dure et ne cesse jamais!
Et Dieu m'a étrangement écoutée! Est-ce que ma lèpre guérira? Non pas, autant qu'il y aura une parcelle de chair mortelle à dévorer.
Est-ce que l'amour en mon cœur guérira? Jamais, tant qu'il y aura une âme immortelle à lui fournir aliment.
Est-ce que ton mari te connaît, Mara?

MARA. — Quel homme connaît une femme?

VIOLAINE. — Heureuse qui peut être connue à fond et se donner tout entière.
Jacques, tout ce que je pouvais donner, qu'en aurait-il fait?

MARA. — Tu as transféré à Un Autre ta foi?

VIOLAINE. — L'amour a fait la douleur et la douleur a fait l'amour [S].
Le bois où l'on a mis le feu ne donne pas de la cendre seulement mais une flamme aussi.

MARA. — A quoi sert cet aveugle qui ne donne aux autres
Lumière ni chaleur?

VIOLAINE. — N'est-ce pas déjà beaucoup qu'il me serve?
Ne reproche pas cette lumière à la créature calcinée
Visitée jusque dans ses fondations, qui la fait voir en elle-même!
Et si tu passais une seule nuit dans ma peau tu ne dirais pas que ce feu n'a pas de chaleur.
Le mâle est prêtre, mais il n'est pas défendu à la femme d'être victime.
Dieu est avare et ne permet qu'aucune créature soit allumée,
Sans qu'un peu d'impureté s'y consume,
La sienne ou celle qui l'entoure, comme la braise de l'encensoir qu'on attise!
Et certes le malheur de ce temps est grand.
Ils n'ont point de père. Ils regardent et ne savent plus où est le Roi et le Pape.
C'est pourquoi voici mon corps en travail à la place de la chrétienté qui se dissout.
Puissante est la souffrance quand elle est aussi volontaire que le péché!
Tu m'as vue baiser ce lépreux, Mara? Ah, la coupe de la douleur est profonde,
Et qui y met une fois la lèvre ne l'en retire plus à son gré!

MARA. — Prends donc aussi la mienne avec toi!

VIOLAINE. — Je l'ai déjà prise.

MARA. — Violaine! s'il y a encore quelque chose de vivant et qui est ma sœur sous ce voile et cette forme anéantie,
Souviens-toi que nous avons été des enfants ensemble! aie pitié de moi!

VIOLAINE. — Parle, chère sœur. Aie confiance! Dis tout!

MARA. — Violaine, je suis une infortunée, et ma douleur est plus grande que la tienne!

VIOLAINE. — Plus grande, sœur?
  (MARA *avec un grand cri ouvrant son manteau et levant au bout de ses bras le cadavre d'un petit enfant.*)
Regarde! prends-le!

S. - What importance does Catholicism attribute to sacrifice and suffering?

VIOLAINE. — Qu'est-ce que c'est?

MARA. — Regarde, je te dis! Prends-le! Prends-le, je te le donne.
(Elle lui met le cadavre dans les bras.)

VIOLAINE. — Ah, je sens un petit corps raide! une pauvre petite figure glacée!

MARA. — Ha! ha! Violaine! Mon enfant! ma petite fille! C'est sa petite figure si douce! c'est son pauvre petit corps!

VIOLAINE, *à voix basse*. — Morte, Mara?

MARA. — Prends-la, je te la donne!

VIOLAINE. — Paix, Mara!

MARA. — Ils voulaient me l'arracher, mais moi je ne me la suis pas laissé prendre! et je me suis sauvée avec elle.
Mais toi, prends-la, Violaine! Tiens, prends-la, tu vois, je te la donne.

VIOLAINE. — Que veux-tu que je fasse, Mara?

MARA. — Ce que je veux que tu fasses? ne m'entends-tu pas?
Je te dis qu'elle est morte! je te dis qu'elle est morte!

VIOLAINE. — Son âme vit en Dieu. Elle suit l'Agneau. Elle est avec les bienheureuses petites filles.

MARA. — Mais elle est morte pour moi!

VIOLAINE. — Tu me donnes bien son corps! donne le reste à Dieu.

MARA. — Non! non! non! tu ne me donneras point le change avec tes paroles de béguine! Non, je ne me laisserai point apaiser.
Ce lait qui me cuit aux seins, il crie vers Dieu comme le sang d'Abel[105]!
Est-ce que j'ai cinquante enfant à m'arracher du corps? est-ce que j'ai cinquante âmes à m'arracher de la mienne?
Est-ce que tu sais ce que c'est que de se déchirer en deux et de mettre au-dehors ce petit être qui crie?
Et la sage-femme m'a dit que je n'enfanterai plus.
Et quand j'aurais cent enfants, ce ne serait pas ma petite Aubaine.

VIOLAINE. — Accepte, soumets-toi.

MARA. — Violaine, tu le sais, j'ai la tête dure. Je suis celle qui ne se rend pas et qui n'accepte rien.

VIOLAINE. — Pauvre sœur!

MARA. — Violaine, c'est si doux, ces petits, et cela fait si mal, cette cruelle petite bouche, quand elle vous mord dedans!

VIOLAINE, *caressant le visage*. — Comme son petit visage est froid!

MARA, *à voix basse*. — Il ne sait rien encore.

VIOLAINE, *de même*. — Il n'était pas à la maison?

MARA. — Il est à Rheims pour vendre son blé. Elle est morte tout d'un coup, en deux heures.

---

105. - Son of Adam and Eve was killed by his brother Cain.

VIOLAINE. — A qui ressemblait-elle ?

MARA. — A lui, Violaine. — Elle n'est pas seulement de moi, elle est de lui aussi. Ses yeux seulement sont les miens.

VIOLAINE. — Pauvre Jacquin !

MARA. — Ce n'est pas pour t'entendre dire : Pauvre Jacquin ! que je suis venue ici.

VIOLAINE. — Que veux-tu donc de moi ?

MARA. — Violaine, veux-tu voir cela ? Dis ! sais-tu ce que c'est qu'une âme qui se damne ? De sa propre volonté pour le temps éternel ?
Sais-tu ce qu'il y a dans le cœur quand on blasphème pour de bon ?
J'ai un diable, pendant que je courais, qui me chantait une petite chanson.
Veux-tu entendre ces choses qu'il m'a apprises ?

VIOLAINE. — Ne dis pas ces choses affreuses !

MARA. — Rends-moi donc mon enfant que je t'ai donné !

VIOLAINE. — Tu ne m'as donné qu'un cadavre.

MARA. — Et toi, rends-le-moi vivant !

VIOLAINE. — Mara ! qu'oses-tu dire ?

MARA. — Je n'accepte pas que mon enfant soit mort.

VIOLAINE. — Est-ce qu'il est en mon pouvoir de ressusciter les morts ?

MARA. — Je ne sais, je n'ai que toi à qui je puisse avoir recours.

VIOLAINE. — Est-ce qu'il est en mon pouvoir de ressusciter les morts comme Dieu ?

MARA. — A quoi est-ce que tu sers alors ?

VIOLAINE. — A souffrir et à supplier !

MARA. — Mais à quoi est-ce qu'il sert de souffrir et de supplier si tu ne me rends pas mon enfant ?

VIOLAINE. — Dieu le sait, à qui c'est assez que je le serve.

MARA. — Mais moi, je suis sourde et je n'entends pas ! et je crie vers toi de la profondeur où je suis ! Violaine ! Violaine !
Rends-moi cet enfant que je t'ai donné ! Eh bien ! je cède, je m'humilie ! aie pitié de moi ! Aie pitié de moi, Violaine ! et rends-moi cet enfant que tu m'as pris.

VIOLAINE. — Celui-là qui l'a pris peut le rendre !

MARA. — Rends-le-moi donc. Ah ! je sais que tout cela est ta faute.

VIOLAINE. — Ma faute ?

MARA. — Soit, non,
La mienne, pardonne-moi ! Mais rends-le-moi, ma sœur !

VIOLAINE. — Mais tu vois qu'il est mort.

MARA. — Tu mens ! il n'est pas mort ! Ah ! filasse, ah, cœur de brebis ! ah, si j'avais accès comme toi à ton Dieu,
Il ne m'arracherait pas mes petits si facilement !

VIOLAINE. — Demande-moi de recréer le ciel et la terre !

MARA. — Mais il est écrit que tu peux souffler sur cette montagne et la jeter dans la mer.

VIOLAINE. — Je le puis, si je suis une sainte.

MARA. — Il faut être une sainte quand une misérable te supplie.

VIOLAINE. — Ah! suprême tentation!
Je jure, et je déclare, et je proteste devant Dieu que je ne suis pas une sainte!

MARA. — Rends-moi donc mon enfant!

VIOLAINE. — Mon Dieu, vous voyez mon cœur!
Je jure et je déclare, je proteste devant Dieu que je ne suis pas une sainte!

MARA. — Violaine, rends-moi mon enfant!

VIOLAINE. — Pourquoi ne me laisses-tu pas en paix? Pourquoi viens-tu ainsi me tourmenter dans ma tombe?
Est-ce que je vaux quelque chose? est-ce que je dispose de Dieu? est-ce que je suis comme Dieu?
C'est Dieu même que tu me demandes de juger seulement.

MARA. — Je ne te demande que mon enfant seulement.

(Pause.)

VIOLAINE, *levant le doigt*. — Écoute.

(Silence. Cloches au loin presque imperceptibles.)

MARA. — Je n'entends rien.

VIOLAINE. — Ce sont les cloches de Noël, les cloches qui nous annoncent la messe de Minuit! Ô Mara, un petit enfant nous est né!

MARA. — Rends-moi donc le mien.

(Trompettes dans l'éloignement.)

VIOLAINE. — Qu'est cela?

MARA. — C'est le Roi qui va-t-à Rheims. N'as-tu point entendu de cette route que les paysans taillaient tout au travers de la forêt?
(Et cela fait aussi du bois pour eux.)
C'est une petite pastourelle qui le conduit, par le milieu de la France[106]. A Rheims pour qu'il s'y fasse sacrer.

VIOLAINE. — Loué soit Dieu qui fait ces grandes choses!

(Les cloches de nouveau, très claires.)

MARA. — Comme les cloches sonnent le *Gloria*! Le vent porte sur nous. Il y a trois villages à la fois qui sonnent.

VIOLAINE. — Prions avec tout l'univers! Tu n'as pas froid, Mara?

MARA. — Je n'ai froid qu'au cœur.

VIOLAINE. — Prions. Voici longtemps que nous avons fait Noël ensemble.
Ne crains point. J'ai pris ta douleur avec moi. Regarde! et ce que tu m'as donné est caché sur mon cœur avec moi.

---

106. - An allusion to Joan of Arc. What is her significance in the play?

Ne pleure point! Ce n'est pas le moment de pleurer, quand le salut de tous les hommes est déjà né.

(Cloches au loin, moins distinctes.)

MARA. — Il ne neige plus et les étoiles brillent.

VIOLAINE. — Regarde! vois-tu ce livre?

Le prêtre qui vient me visiter de temps en temps l'a laissé ici.

MARA. — Je le vois.

VIOLAINE. — Prends-le, veux-tu? et lis-moi l'Office de Noël, la première leçon de chacun des trois Nocturnes [107].

MARA *prend le livre et lit :*

PROPHÉTHIE D'ISAIE [108]

Au premier temps fut allégée la terre de Zabulon et la terre de Nephtali, et au dernier fut aggravée la voie de la mer au-delà du Jourdain de la Galilée des Nations. Le peuple qui marchait dans les ténèbres a vu une grande lumière; ceux qui habitaient dans la région de l'ombre de la mort la lumière leur est née. Vous avez multiplié le peuple et vous n'avez pas augmenté la joie. Ils se réjouiront en Votre présence comme au milieu d'une moisson, comme exultent les vainqueurs sur la proie qui est prise, quand ils se partagent les dépouilles. Le joug en effet de son fardeau, et la verge sur son épaule, et le sceptre de son tyran, vous avez tout surmonté comme au jour de Madian. Toute la curée violente en tumulte et le vêtement mêlé de sang seront donnés en combustion et l'aliment du feu. Car un tout-petit nous est né et la principauté a été placée sur son épaule, et son nom sera appelé Admirable, Conseiller, Dieu, Fort, Père du siècle futur, Prince de la Paix!

VIOLAINE, *levant le visage*. — Écoute!

(Silence.)

VOIX DES ANGES *dans le ciel, perçue de la seule VIOLAINE :*

CHŒUR 1. — *Hodie nobis de caelo pax vera descendit, hodie per totum mundum melliflui facti sunt caeli.*

VOIX SEULE 2. — *Hodie illuxit nobis dies redemptionis novea, reparationis antiquae, felicitatis aeternae.*

CHŒUR. — *Hodie per totum mundum melliflui facti sunt caeli* [109].

(VIOLAINE *lève le doigt. — Silence. — Mara écoute et regarde avec inquiétude.*)

---

1. Voix de jeunes gens héroïques chantant d'une manière grave à l'unisson, avec ralentissement et cadence très simple sur la fin des phrases. *(Note de l'auteur.)*
2. Comme d'un enfant. *(Note de l'auteur.)*

107 - Part of the evening.
108. - Cf. Isaih: 9: 1-6.
109. - « Aujourd'hui une paix véritable descend sur nous des cieux, aujourd'hui les cieux se réjouissent par toute la terre. »
« Aujourd'hui resplendit pour nous le jour de la rédemption, de l'antique réparation, de la félicité éternelle. »

« Aujourd'hui, par tout l'univers les cieux ont distillé le miel. »
« Ô grand mystère et admirable sacrement pour que les animaux voient le Seigneur qui est né couché dans une crèche! Bienheureuse Vierge dont le sein avait mérité de porter le Seigneur Jésus-Christ. »

MARA. — Je n'entends rien.

VIOLAINE. — Poursuis, Mara.

MARA, *reprenant sa lecture :*

SERMON DE SAINT LÉON PAPE

Notre Sauveur, mes bien-aimés, est né en ce jour-ci : soyons joyeux. Et en effet il n'est ouverture à la tristesse, quand c'est le jour natal de la vie : qui, la crainte consumée de la mort met en nous la joie de l'éternité promise. Nul d'une part à cette allégresse n'est exclu. Une même raison de liesse est à tous commune : puisque Notre-Seigneur, destructeur du péché et de la mort, comme il n'a trouvé personne exempt de faute, est venu pour délivrer tout le monde. Que le saint exulte parce que sa palme est proche; que le pécheur se réjouisse...
(Sonnerie éclatante et prolongée de trompettes, toute proche. — Grands cris au travers de la forêt.)

MARA. — Le Roi ! Le Roi de France !
(De nouveau et une fois encore sonnerie des trompettes indiciblement déchirante, solennelle et triomphale.)

MARA, *à voix basse.* — Le Roi de France qui va-t-à Rheims !

(Silence.)

Violaine !

(Silence.)

M'entends-tu, Violaine ?

(Silence. — Elle reprend sa lecture.)

... Que le pécheur se réjouisse à cause qu'il est invité au pardon ! Que le Gentil espère parce qu'il est invité à la vie ! Car le Fils de Dieu selon la plénitude de ce temps que l'inscrutable profondeur du divin conseil a disposée, pour la réconcilier à son auteur, s'est revenu de la nature de la race humaine, afin que cet inventeur de la mort, le diable, par celle qu'il avait vaincue fût à son tour subjugué.

VOIX DES ANGES, *entendue de la seule VIOLAINE, comme précédemment :*

CHŒUR. — *O magnum mysterium et admirabile sacramentum ut animalia viderent Dominum natum jacentem in praesepio! Beata Virgo cujus viscera meruerunt portare Dominum Christum.*

VOIX SEULE. — *Ave, Maria, gratia plena, Dominus tecum*[110].

CHŒUR. — *Beata Virgo cujus viscera meruerunt portare Dominum Christum.*

(Pause.)

MARA. — Violaine, je ne suis pas digne de lire ce livre !
Violaine, je sais que je suis trop dure et j'en ai regret : je voudrais être autrement.

VIOLAINE. — Lis, Mara. Tu ne sais qui chante le répons[111].

(Silence.)

MARA, *avec un effort, reprenant le livre, d'une voix tremblante :*

LECTURE DU SAINT ÉVANGILE SELON SAINT LUC[112]

(Elles se lèvent toutes deux.)

---

110. - « Je vous salue, Marie pleine de grâce le Seigneur est avec vous. »

111. - Responses.

112. - Luke 2 : 1.

L'ANNONCE FAITE A MARIE

En ce temps-là l'édit fut issu de César Auguste
que toute la terre fût mise par écrit. Et le reste.

(Elles s'asseoient.)

Homélie[113] de Saint Grégoire Pape

(Elle s'arrête, vaincue par l'émotion. — Les trompettes sonnent une dernière fois au loin.)

MARA. — Pour ce que, par la grâce de Dieu, nous devons aujourd'hui trois fois célébrer les solennités de la messe, nous ne pouvons longtemps parler sur l'évangile qui vient d'être lu. Cependant la naissance même de notre Rédempteur nous oblige à vous adresser au moins quelques paroles. Pourquoi au moment de cette naissance se fait-il un dénombrement de l'univers, sinon pour clairement manifester que celui-là apparaissait dans la chair qui ferait recensement de ses élus pour l'éternité? Au contraire le Prophète dit des méchants : Ils seront effacés du livre des vivants et ils ne seront point écrits au nombre des justes. Il est bien aussi que ce soit Bethléem où il naisse. Bethléem en effet veut dire « Maison du pain » et Jésus-Christ dit de lui-même : Je suis le pain vivant qui suis descendu du ciel. Le lieu donc où Notre-Seigneur naît avait été appelé dès auparavant Maison du pain, afin qu'y apparût dans la substance de la chair celui qui devait repaître les cœurs d'une interne satiété. Il naît, non dans la maison de ses parents mais sur la route, afin sans doute de montrer que, par l'humanité qu'il revêt, il naît ainsi qu'en lieu étranger.

VOIX DES ANGES :

CHŒUR. — *Beata viscera Mariae Virginis quae portaverunt aeterni Patris Filium; et beata ubera quae lactaverunt Christum Dominum. Qui hodie pro salute mundi de Virgine nasci dignatus est*[114].

VOIX SEULE. — *Dies sanstificatus illuxit nobis, venite, gentes, et adorate Dominum.*

CHŒUR. — *Qui hodie pro salute mundi de Virgine nasci dignatus est.*

(Long silence.)

VOIX DES ANGES *de nouveau, presque imperceptible :*

CHŒUR. — *Verbum caro factum est et habitavit in nobis; et vidimus gloriam ejus, gloriam quasi Unigeniti a Patre, plenum gratiae et veritatis*[115].

VOIX SEULE. — *Omnia per ipsum facta sunt et sine ipso factum est nihil.*

CHŒUR. — *Et vidimus gloriam ejus, gloriam quasi Unigeniti a Patre, plenum gratiae et veritatis.*

VOIX SEULE. — *Gloria Patri et Filio et Spiritui Sancto.*

---

113. - A religious discourse addressed to a congregation.

114. - « Béni le sein de la Vierge Marie qui a porté le Fils du Père éternel; et bénies les mammelles qu'a sucées Notre Seigneur Jésus-Christ qui aujourd'hui est né digne de la Vierge pour le salut du monde. »
« Ce jour est vraiment saint. Venez, peuples, et adorez le Seigneur. »
« Qui aujourd'hui est né digne de la Vierge pour le salut du monde. »

115. - « Le Verbe s'est fait chair et il a habité parmi nous; et nous avons vu sa gloire, la gloire comme du Fils unique du Père, plein de grâce et de vérité. »
« Par lui toutes choses ont été faites et sans lui rien n'a été fait. »

Chœur. — *Et vidimus gloriam ejus, gloriam quasi Unigeniti a Patre, plenum gratiae et veritatis.*

(Long silence.)

Violaine, *soudain poussant un cri étouffé.* — Ah!

Mara. — Qu'y a-t-il?
(De la main elle lui fait signe de se taire. — Silence. — Les premières lueurs du jour apparaissent.)
(Violaine met la main sous son manteau comme quelqu'un qui referme son vêtement.)

Mara. — Violaine, je vois un mouvement sous ton manteau!

Violaine, *comme se réveillant peu à peu.* — Est-ce toi, Mara? Bonjour, sœur. Je sens sur ma face le souffle du jour qui naît.

Mara. — Violaine! Violaine! est-ce toi qui remues le bras ainsi! Je vois ce mouvement encore.

Violaine. — Paix, Mara, voici le jour de Noël où toute joie est née!

Mara. — Quelle joie y a-t-il pour moi sinon que mon enfant vive?

Violaine. — Et nous aussi un petit enfant nous est né!

Mara. — Au nom du Dieu vivant, que dis-tu là?

Violaine. — « Voici que je vous annonce une grande joie... »

Mara. — Je vois le manteau qui bouge de nouveau!
(On voit un petit pied nu d'enfant qui apparaît dans l'ouverture du manteau, remuant paresseusement.)

Violaine. — ...Parce qu'un homme est apparu dans le monde! »
(MARA tombe à genoux, poussant un profond soupir, le front sur les genoux de sa sœur. VIOLAINE lui caresse le visage de la main.)

Violaine. — Pauvre sœur! elle pleure. Elle a eu trop de peine aussi.
(Silence. Elle la baise sur la tête.)
Prends, Mara! Veux-tu me laisser toujours cet enfant?

Mara. *(Elle prend l'enfant de dessous le manteau et le regarde passionnément.)* — Il vit!

Violaine. — *(Elle sort et fait quelques pas sur la bruyère. On voit sous les premiers rayons d'une aurore glacée, d'abord des arbres, pins et bouleaux, vêtus de givre, puis, au bout d'une plaine immense et couverte de neige, toute petite, au haut d'une colline et bien dessinée dans l'air pur, la silhouette aux cinq tours de Monsanvierge.)* — Gloire à Dieu

Mara. — Il vit!

Violaine. — Paix aux hommes sur la terre!

Mara. — Il vit! Il vit!

Violaine. — Il vit et nous vivons.
Et la face du Père apparaît sur la terre renaissante et consolée.

Mara. — Mon enfant vit.

Violaine, *levant le doigt.* — Écoute!

(Silence.)

J'entends l'Angélus qui sonne à Monsanvierge.
(Elle se signe et prie. – L'enfant se réveille.)

MARA, *à voix très basse*. – C'est moi, Aubaine, me reconnais-tu?
(L'enfant s'agite et geint.)

Quoi qu'i gnia, ma joie? quoi qu'i gnia, mon trésor [116]?
(L'enfant ouvre les yeux, regarde sa mère et se met à pleurer. MARA le regarde attentivement.)

Violaine!
Qu'est-ce que cela veut dire? Ses yeux étaient noirs,
Et maintenant ils sont devenus bleus comme les tiens [T].

(Silence.)

Ah!
Et quelle est cette goutte de lait que je vois sur ses lèvres?

---

116. - Endearing baby talk: « Qu'est-ce qu'il y a ma joie? qu'est-ce qu'il y a mon trésor? »

T. - How do you account for the baby's blue eyes?

ACTE IV

SCÈNE PREMIÈRE

La nuit, la salle du premier acte, déserte. Une lampe est posée sur la table. La porte sur l'extérieur est à demi ouverte.
MARA entre, venant du dehors, et referme la porte avec précaution. Elle se tient un instant immobile au milieu de la pièce, tournée vers la porte, tendant l'oreille.
Puis elle prend la lampe et sort par une autre porte sans aucun bruit.
La scène reste dans l'obscurité. On ne voit que le feu d'une braise dans l'âtre.

SCÈNE II

Son d'une corne au loin une et deux fois. Appels. Agitation dans la ferme. Puis le bruit de portes qui s'ouvrent et d'une charrette grinçante qui se rapproche. On frappe à grands coups.

VOIX AU-DEHORS, *criant*. — Ohé !
(Bruit à l'étage supérieur d'une fenêtre qui s'ouvre.)

VOIX DE JACQUES HURY. — Qui va là ?

VOIX AU-DEHORS. — Ouvrez !

VOIX DE JACQUES HURY. — Que voulez-vous ?

VOIX AU-DEHORS. — Ouvrez !

VOIX DE JACQUES HURY. — Qui êtes-vous ?

VOIX AU-DEHORS. — Ouvrez, que l'on vous dit !
(Pause.)
(JACQUES HURY, un flambeau à la main, pénètre dans la pièce ; il ouvre. Au bout d'un moment entre PIERRE DE CRAON, portant un corps de femme enveloppé entre ses bras. Il le dépose avec précaution sur la table. Puis il se redresse.
Les deux hommes se regardent face à face à la lumière de la chandelle.)

PIERRE DE CRAON. — Jacques Hury, ne me reconnaissez-vous point ?

JACQUES HURY. — Pierre de Craon ?

PIERRE DE CRAON. — C'est moi.
(Ils se regardent.)

JACQUES HURY. — Et qu'est-ce que vous m'apportez ici ?

PIERRE DE CRAON. — Je l'ai trouvée à demi enterrée dans ma sablonnière, là où je vais chercher ce qu'il faut.
Pour mes fours à verre et mêmement le mortier,

A demi enfouie sous une grande charretée de sable, sous une charrette mise à cul[117] dont on avait retiré le tacot[118].
Elle vit encore. C'est moi qui ai pris sur moi de vous la mener
Ici.

JACQUES HURY. — Pourquoi ici?

PIERRE DE CRAON. — Qu'elle meure du moins sous le toit de son père!

JACQUES HURY. — Il n'y a de toit ici que le mien.

PIERRE DE CRAON. — Jacques, voici Violaine.

JACQUES HURY. — Je ne connais point de Violaine.

PIERRE DE CRAON. — N'avez-vous rien entendu
De la Lépreuse de Chevoche?

JACQUES HURY. — Que m'importe?
Vous autres lépreux raclez-vous vos ulcères les uns aux autres[119].

PIERRE DE CRAON. — Je ne suis plus lépreux, il y a déjà longtemps que je suis guéri.

JACQUES HURY. — Guéri?

PIERRE DE CRAON. — Le mal d'année en année s'est réduit et je suis sain de nouveau.

JACQUES HURY. — Et celle-ci aussi va être guérie dans un moment.

PIERRE DE CRAON. — Vous êtes plus lépreux qu'elle et moi.

JACQUES HURY. — Mais je ne demande pas qu'on me dérange de mon trou à sable.

PIERRE DE CRAON. — Et même si elle avait fait le mal, vous devriez vous souvenir.

JACQUES HURY. — Est-ce vrai qu'elle vous a embrassé sur la bouche?

PIERRE DE CRAON, *la regardant*. — C'est vrai, pauvre enfant!

JACQUES HURY. — Elle bouge, je la vois qui se ranime.

PIERRE DE CRAON. — Je vous laisse avec elle.

(Il sort.)

SCÈNE III

(JACQUES HURY s'assied près de la table et regarde Violaine en silence.)

VIOLAINE, *se ranimant et étendant la main*. — Où suis-je, et qui est là?

JACQUES HURY. — A Monsanvierge, et c'est moi qui suis près de vous.

(Pause.)

VIOLAINE, *avec l'accent d'autrefois*. — Bonjour, Jacques!

(Silence.)

---

117. - Mise à cul : tipped up.
118. - Tacot : backboard.
119. - Scrape each other's sores.

Jacques, vous m'en voulez donc encore?

JACQUES HURY. — La blessure n'est pas fermée.

VIOLAINE. — Pauvre garçon!
Et moi aussi n'ai-je pas souffert un peu?

JACQUES HURY. — Qui vous a pris de baiser ce lépreux sur la bouche?

VIOLAINE. — Jacques! il faut bien vite me faire tous ces reproches que vous avez sur le cœur et que ce soit fini.
Car nous avons autre chose à dire encore,
Et je veux encore une fois entendre de vous ces mots que j'ai tant aimés : *Chère Violaine! Douce Violaine!*
Car le temps qui me reste avec vous est court.

JACQUES HURY. — Je n'ai rien de plus à vous dire.

VIOLAINE. — Venez ici, méchant homme!

(Il s'approche du lit.)

Plus près de moi encore.
(Elle lui prend la main et l'attire. Il s'agenouille à son côté gauchement.)
Jacques, il faut me croire. Je le jure devant Dieu qui nous voit!
Je n'ai point fait le mal avec Pierre de Craon.

JACQUES HURY. — Pourquoi donc l'avez-vous embrassé?

VIOLAINE. — Ah, il était si triste et j'étais si heureuse!

JACQUES HURY. — Je ne vous crois pas.

(Elle lui met la main un moment sur la tête.)

VIOLAINE. — Est-ce que vous me croyez à présent?
(Il se cache le visage dans sa robe et sanglote sourdement.)

JACQUES HURY. — Ah, Violaine! cruelle Violaine ^U!

VIOLAINE. — Non point cruelle, mais douce, douce Violaine!

JACQUES HURY. — Il est donc vrai? oui, c'est moi seul que vous aimiez?
(Silence. Elle lui donne son autre main.)

VIOLAINE. — Jacques, sans doute c'était trop beau et nous aurions été trop heureux.

JACQUES HURY. — Vous m'avez cruellement trompé!

VIOLAINE. — Trompé? non, cette fleur d'argent à mon côté ne mentait pas.

JACQUES HURY. — Que pouvais-je croire, Violaine?

VIOLAINE. — Si vous aviez cru en moi,
Qui sait si vous ne m'auriez pas guérie?

JACQUES HURY. — Ne devais-je pas croire à mes yeux?

VIOLAINE. — Il est vrai. Vous deviez croire à vos yeux, cela est juste.
On n'épouse pas une lépreuse. On n'épouse pas une infidèle.
Ne regrette rien, Jacques. Va, cela est mieux ainsi.

U. - What is the effect of Violaine's sacrifice upon Jacques?

JACQUES HURY. — Vous saviez que Mara m'aimait?

VIOLAINE. — Je le savais. Ma mère même me l'avait dit.

JACQUES HURY. — Ainsi tout s'est ligué avec elle contre moi!

VIOLAINE. — Jacques, il y a déjà assez de douleur au monde.
Il vaut mieux ne pas être la cause d'une grande douleur aux autres, le voulant.

JACQUES HURY. — Que faites-vous de la mienne?

VIOLAINE. — C'est autre chose, Jacques. N'es-tu pas content d'être avec moi?

JACQUES HURY. — Oui, Violaine.

VIOLAINE. — Où je suis il y a patience, pas douleur.

(Silence.)

Celle du monde est grande.
Il est trop dur de souffrir et de ne savoir à quoi bon.
Mais ce que d'autres ne savent pas, je l'ai appris et je veux que tu le saches avec moi.
Jacques, est-ce que nous n'avons pas été séparés encore assez longtemps? est-ce que nous tolérerons encore cet obstacle entre nous? Est-ce qu'il faut que la mort encore nous sépare?
Tout ce qui doit périr, c'est cela qui est malade, et tout cela qui ne doit pas périr, c'est cela qui souffre.
Heureux celui qui souffre et qui sait à quoi bon! Maintenant ma tâche est finie.

JACQUES HURY. — La mienne commence.

VIOLAINE. — Hé quoi! trouves-tu cette coupe si amère où j'ai bu?

JACQUES HURY. — Voici que je vous ai perdue à jamais!

VIOLAINE. — Dis-moi, pourquoi perdue?

JACQUES HURY. — Tu meurs!

VIOLAINE. — Jacques, comprends-moi!
A quoi sert le meilleur parfum dans un vase qui est fermé? Il ne sert pas.

JACQUES HURY. — Non, Violaine.

VIOLAINE. — A quoi me servait ce corps,
Pour qu'il me cache ainsi le cœur en sorte que tu ne le voyais point, mais seulement cette marque au-dehors sur l'enveloppe misérable?

JACQUES HURY. — J'ai été dur et aveugle!

VIOLAINE. — Maintenant je suis rompue tout entière, et le parfum s'exhale.
Et voilà que tu crois tout, simplement parce que je t'ai mis la main sur la tête.

JACQUES HURY. — Je crois. Je ne doute plus.

VIOLAINE. — Et dis-moi où est la part de la Justice en tout cela? cette Justice dont tu parlais si fièrement?

JACQUES HURY. — Je ne suis plus fier.

VIOLAINE. — Va! Laisse la Justice où elle est. Ce n'est pas à nous de l'appeler et de la faire venir.

JACQUES HURY. — Violaine, que tu as souffert au cours de ces huit années!

VIOLAINE. — Non point en vain. Bien des choses se consument sur le feu d'un cœur qui brûle.

Jacques Hury. — La délivrance est proche.

Violaine. — Bénie soit donc la main qui l'autre nuit m'a conduite!

Jacques Hury. — Quelle main?

Violaine. — Comme je venais de chercher ma nourriture.
Cette main silencieusement qui a pris la mienne et qui m'a conduite.

Jacques Hury. — Où?

Violaine. — Où Pierre de Craon m'a trouvée.
Sous un grand tas de sable, la charge de toute une charrette sur moi renversée. M'y suis-je mise toute seule?

Jacques Hury, *se levant*. — Qui a fait cela? Sang Dieu! Qui a fait cela?

Violaine. — Je ne sais. Peu importe. Ne jure pas.

Jacques Hury. — Je tirerai cela au clair.

Violaine. — Mais non, tu ne tireras rien au clair.

Jacques Hury. — Dis tout!

Violaine. — Je t'ai tout dit. Que veux-tu savoir d'une aveugle?

Jacques Hury. — Tu ne me donneras pas le change.

Violaine. — Ne parle pas vainement. Je n'ai plus que peu de temps avec toi.

Jacques Hury. — Il me reste Mara pour toujours.

Violaine. — Elle est ta femme et ma sœur, née du même père et de la même mère, et faite de la même chair.
Toutes deux à ce flanc de Monsanvierge.
(*Silence. — JACQUES reste un moment immobile, comme essayant de se dominer. Puis il se rassoit.*)

Jacques Hury. — Il n'y a plus de recluses à Monsanvierge.

Violaine. — Que dis-tu?

Jacques Hury. — La dernière est morte à la Noël dernière. Aucune bouche ne se présente plus au guichet de l'église nourrice de ce saint monastère,
Nous a dit le prêtre qui leur donnait la communion.

Violaine. — La montagne de Dieu
Est morte, et nous nous partageons l'héritage, Mara et moi.

Jacques Hury. — Et Violaine était le surjon secret de l'Arbre saint, issu de quelque racine souterraine.
Dieu ne me l'aurait pas prise, si elle avait été remplie de moi tout entière, ne laissant aucune place vide,
« La part de Dieu », comme l'appellent les bonnes femmes.

Violaine. — Qu'y faire? tant pis!

Jacques Hury. — Reste! Ne t'en va pas!

Violaine. — Je reste, je ne m'en vais pas.
Dis, Jacques, te souviens-tu de cette heure de midi et de ce grand soleil brûlant, et de cette place sur ma chair que je t'ai montrée sous mon sein?

JACQUES HURY. – Ah !

VIOLAINE. – Tu t'en souviens? te l'ai-je bien dit que désormais tu ne m'arracherais plus de ton âme.
Ceci de moi est en toi pour toujours. Je ne veux plus que tu sois joyeux, il n'est pas convenable que tu ries,
Pour le temps que tu es loin de moi encore.

JACQUES HURY. – Ah ! Ah ! Violaine !

VIOLAINE. – Aie de moi ceci, mon bien-aimé !
La communion sur la croix, l'amertume comme celle de la myrrhe
Du malade qui voit l'ombre sur le cadran et de l'âme qui reçoit vocation.
Et pour toi l'âge est venu déjà. Mais qu'il est dur de se renoncer à un jeune cœur !

JACQUES HURY. – Et de moi tu n'as rien voulu accepter !

VIOLAINE. – Crois-tu que je ne connaisse rien de toi, Jacques?

JACQUES HURY. – Ma mère me connaissait.

VIOLAINE. – A moi aussi, ô Jacques, tu as fait bien du mal !

JACQUES HURY. – Tu es vierge et je n'ai point de part en toi.

VIOLAINE. – Hé quoi ! faut-il donc te dire tout?

JACQUES HURY. – Que caches-tu encore?

VIOLAINE. – Il le faut. Ce n'est plus le temps de rien réserver.

JACQUES HURY. – Parle plus haut.

VIOLAINE. – Ne t-ont-ils donc point dit que ton enfant était mort?
Cet an dernier, pendant que tu étais à Rheims?

JACQUES HURY. – Plusieurs me l'ont dit. Mais Mara jure qu'il dormait seulement.
Et je n'ai jamais pu tirer d'elle toute l'histoire.
On raconte qu'elle est allée te trouver.
J'aurais fini par le savoir. Je voulais en avoir le cœur net.

VIOLAINE. – C'est vrai. Tu as droit de tout connaître.

JACQUES HURY. – Qu'allait-elle te demander?

VIOLAINE. – N'as-tu point vu que les yeux de ta petite fille ne sont plus les mêmes?

JACQUES HURY. – Ils sont bleus maintenant comme les tiens.

VIOLAINE. – C'était la nuit de Noël. – Oui Jacques, c'est vrai, elle était morte. Son petit corps était raide et glacé.
Je le sais; toute la nuit je l'ai tenue entre mes bras.

JACQUES HURY. – Qui donc lui a rendu la vie?

VIOLAINE. – Dieu seul, et avec Dieu
La foi et le désespoir de sa mère.

JACQUES HURY. – Mais toi, tu n'y as été pour rien?

VIOLAINE. – Ô Jacques, à toi seul je dirai un grand mystère.
Il est vrai, quand j'ai senti ce corps mort sur le mien, l'enfant de ta chair, Jacques...

JACQUES HURY. – Ah ! ma petite Aubaine !

VIOLAINE. — Tu l'aimes beaucoup?

JACQUES HURY. — Poursuis.

VIOLAINE. — ... Mon cœur s'est rétréci et le fer a pénétré en moi.
Voilà donc ce que je tenais entre mes bras pour ma nuit de Noël et tout ce qui restait de notre race un enfant mort!
Tout ce qu'à jamais de toi je posséderais en cette vie.
Et j'écoutais Mara qui me lisait l'Office de cette Sainte Nuit : le tout-petit qui nous a été donné, l'évangile de la Joie.
Ah, ne dis pas que je ne connais rien de toi! Ne dis pas que je ne sais ce que c'est de souffrir par toi!
Ni que j'ignore l'effort et la division de la femme qui donne la vie!

JACQUES HURY. — Tu ne dis pas que cet enfant est vraiment ressuscité?

VIOLAINE. — Ce que je sais, c'est qu'il était mort, et que tout à coup j'ai senti cette tête bouger!
Et la vie a jailli de moi tout d'un coup en un seul trait et ma chair mortifiée a refleuri!
Ah! je sais ce que c'est que cette petite bouche aveugle qui cherche et ces dents impitoyables!

JACQUES HURY. — Ô Violaine!
      (Silence. — Il veut se lever. VIOLAINE faiblement l'oblige à rester assis.)

VIOLAINE. — Me pardonnes-tu maintenant?

JACQUES HURY. — Ô fausseté de femme! Ah! tu es la fille de ta mère!
Dis! ce n'est pas à toi, n'est-ce pas, que tu veux que je pardonne?

VIOLAINE. — A qui donc?

JACQUES HURY. — Quelle est cette main qui a pris la tienne l'autre nuit et qui t'a ainsi gracieusement conduite?

VIOLAINE. — Je ne sais pas.

JACQUES HURY. — Mais moi, je crois le savoir:

VIOLAINE. — Tu ne le sais pas. Laisse cela entre nous, c'est une affaire de femmes.

JACQUES HURY. — La mienne est de faire justice.

VIOLAINE. — Ah, laisse là ta Justice.

JACQUES HURY. — Je sais ce qui me reste à faire.

VIOLAINE. — Tu ne sais rien du tout, pauvre bonhomme, tu ne comprends rien aux femmes,
Et combien elles sont pauvres et bêtes et dures de la tête et ne savent qu'une seule chose.
Ne brouillonne [117] pas tout avec elle comme avec moi.
Était-ce bien sa main seulement? Je n'en sais rien. Et toi pas davantage. Et à quoi bon le savoir?
Garde ce que tu as. Pardonne.
Et toi, n'as-tu donc jamais eu besoin d'être pardonné?

JACQUES HURY. — Je reste seul.

VIOLAINE. — Non point seul avec ce beau petit enfant que je t'ai rendu,

---

117. - To spoil, to botch.

Et Mara, ma sœur, ta femme de la même chair que moi. Avec moi, qui te connaît davantage? Il te faut la force et le fait, il te faut un devoir tout tracé et le fait accompli.
C'est pourquoi j'ai du sable dans les cheveux.
JACQUES HURY. — Le bonheur est fini pour moi.
VIOLAINE. — Il est fini, qu'est-ce que ça fait? on ne t'a point promis le bonheur. Travaille, c'est tout ce qu'on te demande. (Et Monsanvierge est à toi tout seul à présent.)
Interroge la vieille terre et toujours elle te répondra avec le pain et le vin.
Pour moi, j'en ai fini et je passe outre.
Dis, qu'est-ce qu'un jour loin de moi? bientôt il sera passé.
Et alors quand ce sera ton tour et que tu verras la grande porte craquer et remuer, c'est moi de l'autre côté qui suis après.

(Silence.)

JACQUES HURY. — Ô ma fiancée, à travers les branches en fleurs, salut!
VIOLAINE. — Tu te souviens?
Jacques! Bonjour, Jacques!

(Premières lueurs du jour qui apparaît.)

Et maintenant il faut m'emporter d'ici.
JACQUES HURY. — T'emporter?
VIOLAINE. — Ce n'est point ici la place d'une lépreuse pour y mourir.
Fais-moi porter dans cet abri que mon père avait construit pour les pauvres à la porte de Monsanvierge.

(Il fait le geste de la prendre. Elle fait non de la main.)

Non, Jacques, non, pas vous.
JACQUES HURY. — Quoi, pas même ce dernier devoir envers vous?
VIOLAINE. — Non. Il n'est pas convenable que vous me touchiez.
Appelez Pierre de Craon.
Il a été lépreux, bien que Dieu l'ait guéri. Il n'a point horreur de moi.
Et je sais que je suis comme un frère pour lui et la femme n'a plus de pouvoir sur son âme.

(JACQUES HURY sort, et revient, quelques moments après, avec PIERRE DE CRAON. Elle ne dit plus rien. Tous deux la regardent en silence.)

VIOLAINE. — Jacques!
JACQUES HURY. — Violaine!
VIOLAINE. — Est-ce que l'année a été bonne et le blé bien beau?
JACQUES HURY. — Tant qu'on ne sait plus où le mettre.
VIOLAINE. — Ah!
Que c'est beau une grande moisson!
Oui même maintenant je m'en souviens et je trouve que c'est beau.
JACQUES HURY. — Oui, Violaine.
VIOLAINE. — Que c'est beau
De vivre! (*tout bas, avec une profonde ferveur*) et que la gloire de Dieu est immense!
JACQUES HURY. — Vis donc et reste avec nous.
VIOLAINE. — Mais que c'est bon aussi de mourir! Alors que c'est bien fini et que s'étend sur nous peu à peu

L'obscurcissement comme d'un ombrage très obscur.

(Silence.)

PIERRE DE CRAON. — Elle ne dit plus un mot.

JACQUES HURY. — Prenez-la. Portez-la où je vous ai dit.
Car pour moi, elle ne veut point que je la touche.
Bien doucement! Doucement, doucement, je vous dis. Ne lui faites point de mal.

(Ils sortent, PIERRE portant le corps. La porte reste ouverte. Longue pause.)

SCÈNE IV

(Apparaît sur le seuil de la porte ANNE VERCORS, en costume de voyageur, le bâton à la main et un sac en bandoulière.)

ANNE VERCORS. — Ouverte [V]?
La maison est-elle vide que toutes les portes soient ouvertes?
Qui entre si matin avant moi? ou qui est-ce qui est sorti?

(Il regarde longuement autour de lui.)

Je reconnais la vieille salle, rien n'est changé.
Voici la cheminée, voici la table.
Voici le plafond aux poutres solides.
Je suis comme la bête qui flaire de tous côtés et qui reconnaît son gîte et son nid.
Salut, maison! C'est moi. Voici que le maître revient.
Salut, Monsanvierge, haute demeure!
De bien loin, depuis hier matin et le jour d'avant, à la crête de la colline j'ai reconnu l'Arche aux cinq tours.
Mais d'où vient que les cloches ne sonnent plus? hier ni ce matin
Je n'ai pas entendu dans le ciel avec l'Ange neuf fois sonore
Jésus dans le cœur de Marie trois fois trois fois annoncé
Monsanvierge! que de fois j'ai pensé à tes murs,
Cependant que sous mes pieds captifs je faisais monter l'eau dans le jardin du vieillard de Damas[118].
(Ô le matin et l'après-midi implacable! ô la noria[119] éternelle et les yeux qu'on lève vers le Liban!)
Et tous les aromates de l'exil sont peu de chose pour moi,
Auprès de cette feuille de noyer que je froisse entre mes doigts.
Salut, terre puissante et subjuguée! Ce n'est pas du sable ici qu'on cultive et la molle alluvion.
C'est le sol foncier lui-même qu'on laboure à la force de son corps de six bœufs qui tirent, et qui sort lentement sous le soc une tranche énorme!

V. - Anne Vercors returns at the beginning of the fall. What significance does his return have?

118.- Damascus in Syria.
119.- Chain pump; water wheel.

Et tout, aussi loin que mes yeux s'étendent, a répondu à l'ébranlement que l'homme lui donne. Déjà j'ai vu tous mes champs et j'ai reconnu que tout est soigné comme il faut. Dieu soit loué ! Jacques fait bien son travail.
(Il pose son sac sur la table.)
Terre, je suis allé chercher pour toi un peu de terre,
Un peu de terre pour ma sépulture, celle que Dieu lui-même pour la sienne a choisie à Jérusalem.
(Pause.)
Je n'ai pas voulu rentrer hier soir. J'ai attendu le grand jour.
Et j'ai passé la nuit sous une meule de paille nouvelle, pensant, dormant, priant, regardant, me souvenant, remerciant,
Écoutant si parfois j'entendais la voix de ma femme ou de ma fille Violaine, ou d'un enfant qui crie.
M'étant réveillé, j'ai vu que la nuit s'éclairait,
Et là-haut, surmontant le sombre cimier de Monsanvierge, resplendissante, arrivant de l'Arabie,
L'étoile du matin sur la France comme un héraut qui s'élève dans la solitude !
Et je me suis mis en marche vers la maison.
Holà ? Y a-t-il quelqu'un ici ?
(Il frappe sur la table avec son bâton. — Rideau qui reste fermé quelques moments.)

SCÈNE V

Le fond du jardin. L'après-midi du même jour. Fin de l'été.

Les arbres chargés de fruits. De quelques-uns les branches qui plient jusqu'à terre sont soutenues par des étais. Les feuillages, comme ternis et usés, mêlés de pommes rouges et jaunes, font comme une tapisserie.

Au fond, inondée de lumière, telle qu'après la moisson, la plaine immense; des éteules et déjà des terres labourées. On voit les routes blanches et les villages. Des rangées de meules qui paraissent toutes petites, et, çà et là, un peuplier. Très loin, et de différents côtés, des troupeaux de moutons. L'ombre des grands nuages passe sur la plaine.

Au milieu, et à l'endroit où la scène descend vers le fond d'où l'on voit émerger les cimes d'un petit bois, un banc de pierre semi-circulaire où l'on accède par trois degrés et dont le dossier est terminé par des têtes de lion. ANNE VERCORS y est assis, ayant à sa droite JACQUES HURY.

ANNE VERCORS. — L'arrière-saison dorée
Tout à l'heure
Dépouille l'arbre fruitier et la vigne.
Et le matin le soleil blanc
D'un seul éclat de diamant sans nul feu s'associe à la blanche vêture de la terre ;
Et le soir est proche où celui qui passe sous les peupliers
Entend la dernière feuille tout en haut !

Maintenant, voici qu'égalant les jours et les nuits, contrepesant
Les longs travaux avec son signe débordant, au travers de la Porte céleste
S'interpose la royale Balance[120].

JACQUES HURY. — Père, depuis que tu es parti,
Tout, l'histoire douloureuse, et le complot de ces femmes, et la trappe qui a été construite pour nous y prendre,
Tu le sais, et je t'ai raconté
Une chose encore la bouche sur l'oreille.
Où est ta femme ? où est ta fille Violaine ?
Et voilà que tu parles du lien qu'on tord et de la grappe grande et noire
Qui remplit tout entière la main du vigneron, la main qu'on enfonce sous le pampre !
Déjà
Et le Scorpion [121] oblique et le Sagittaire rétrograde
Ont paru sur le cadran nocturne.

ANNE VERCORS. — Laisse le vieillard jouir de la saison chaleureuse ! Ô lieu vraiment béni ! ô Sein de la Patrie ! ô terre reconnaissante et fécondée !
Les chars qui passent par le chemin
Laissent de la paille après les branches chargées de fruits !

JACQUES HURY. — Ô Violaine ! ô cruelle Violaine ! désir de mon âme tu m'as trahi !
Ô détestable jardin ! ô amour inutile et méconnu ! Jardin à la male heure planté !
Douce Violaine ! perfide Violaine ! ô silence et profondeur de la femme !
Êtes-vous donc tout à fait partie, mon âme ?
M'ayant trompé, elle s'en va; et m'ayant détrompé, avec des paroles mortelles et douces.
Elle part, et moi, avec ce trait empoisonné, il va falloir
Que je vive et continue ! comme la bête qu'on prend par la corne, lui tirant la tête de la crèche,
Comme le cheval qu'au soir on détache du palonnier en lui frappant sur la croupe !
Ô bœuf, c'est toi qui marches le premier, mais nous ne formons qu'un attelage à nous deux.
Que le sillon soit fait seulement, c'est tout ce qu'on demande de nous.
C'est pourquoi tout ce qui n'est pas nécessaire à ma tâche, tout cela m'a été retiré.

ANNE VERCORS. — Monsanvierge s'est éteint et le fruit de ton travail est à toi seul.

JACQUES HURY. — Il est vrai.

(Silence.)

ANNE VERCORS. — A-t-on bien prévenu à la chapelle pour demain ?
Y a-t-il à boire et à manger pour tous ceux que nous aurons à traiter ?

JACQUES HURY. — Vieillard ! C'est ta fille que l'on va mettre dans la terre, et voilà ce que tu trouves à dire !
Certes tu ne l'as jamais aimée ! Mais le vieillard, comme l'avare qui se chauffe les mains après son pot de braise dans son sein,
Il en a bien assez de lui-même tout seul.

---

120. - Libra, the seventh sign of the zodiac corresponding to the period between September 23 and October 24. It is thus named because the days are as long as the nights.

121. - Scorpio—a zodiacal constellation between Libra and Sagittarius.

ANNE VERCORS. — Il faut que tout se fasse. Il faut que les choses soient faites honorablement.
— Élisabeth, ma femme, cœur caché !
(Entre PIERRE DE CRAON.*)*

ANNE VERCORS. — Est-ce que tout est prêt ?

PIERRE DE CRAON. — On travaille au cercueil. On fait la fosse où vous l'avez commandé,
Jouxtant l'église là-haut, près de celle du dernier chapelain, votre frère.
On a mis dedans cette terre que vous avez rapportée.
Un grand lierre noir [122]
Sort de la tombe sacerdotale et traversant le mur
Pénètre jusque dans l'arche scellée.
— Demain au petit jour. Tout est prêt.
*(*JACQUES HURY *pleure, le visage dans son manteau. — On voit par l'allée une religieuse, comme une femme qui cherche des fleurs.)*

ANNE VERCORS. — Que cherchez-vous, ma sœur ?

VOIX DE LA RELIGIEUSE, *sourde et étouffée*. — Des fleurs pour les lui mettre sur son cœur entre ses mains.

ANNE VERCORS. — Il n'y a pas de fleurs, il n'y a plus que des fruits.

JACQUES HURY, *pleurant*. — Écartez les feuilles et l'on trouvera la dernière violette !
Et la fleur Immortelle est encore en boutons, et seuls nous restent le dahlia et la tête de pavot.
(La religieuse n'est plus là.)

PIERRE DE CRAON. — Les deux sœurs qui soignent les malades, l'une toute jeune et l'autre très vieille,
L'ont parée et Mara a envoyé pour elle sa robe de noces.
Certes ce n'était qu'une lépreuse, mais elle était honorable auprès de Dieu.
Elle repose dans un sommeil profond
Comme celui qui sait à qui il s'est confié.
Je l'ai vue avant qu'on ne l'eût mise dans la bière.
Son corps est resté souple.
Oh ! tandis que la sœur qui achevait de la vêtir, le bras autour de sa taille,
La maintenait assise, comme sa tête retombait en arrière,
Telle que la perdrix encore chaude que le chasseur ramasse dans sa main !

ANNE VERCORS. — Mon enfant ! ma petite fille que je portais dans mes bras avant qu'elle ne sût marcher !
La grosse petite fille qui se réveillait en riant aux éclats dans son sabot de petit lit.
Tout cela est fini. Ah ! ah ! ô Dieu ! hélas !

PIERRE DE CRAON. — Ne voulez-vous point la revoir avant que l'on cloue le couvercle ?

ANNE VERCORS. — Non. L'enfant renié s'en va furtivement.

JACQUES HURY. — Je ne reverrai plus son visage en cette vie.
*(*PIERRE DE CRAON *s'assied à la gauche d'*ANNE VERCORS. *Longue pause. Bruit d'un marteau sur les planches. Ils demeurent en silence écoutant.*

---

122. - Black ivy, a climbing plant with black bays that can live for centuries.

On voit passer par le côté de la scène MARA, *tenant un enfant entre les bras enveloppé d'un châle noir. Puis elle rentre lentement par le fond et vient se placer en face du banc où sont assis les trois hommes.*
Ils tiennent les yeux sur elle, sauf JACQUES HURY, *qui regarde la terre.)*

MARA, *la tête baissée.* — Salut, mon père ! Je vous salue tous.
Vous tenez les yeux sur moi et je sais ce que vous pensez : « Violaine est morte.
« Le beau fruit mûr, le bon fruit doré,
« S'est détaché de la branche, et seule, amère au-dehors, dure au-dedans comme la pierre,
« Nous reste la noix hivernale. » Qui m'aime ? Qui m'a jamais aimée ?
(Elle relève la tête d'un air sauvage.)
Eh bien ! me voici ! qu'avez-vous à me dire ? Dites tout ! Qu'avez-vous à me reprocher ?
Qu'avez-vous à me regarder ainsi avec ces yeux qui disent : C'est toi ! — Cela est vrai, c'est moi !
Cela est vrai, c'est moi qui l'ai tuée.
C'est moi qui l'ai prise par la main, l'autre nuit, étant allée la retrouver,
Durant que Jacques n'était pas là,
Et qui l'ai fait choir dans la sablonnière et qui ai culbuté sur elle
Cette charrette toute chargée. Tout était prêt, il n'y avait qu'une cheville à retirer.
J'ai fait cela.
Jacques ! et c'est moi aussi qui ai dit à la mère,
Violaine, de lui parler, ce jour que tu es revenu de Braine.
Car je désirais ardemment t'épouser, et autrement j'étais décidée à me pendre le jour de vos noces.
Or Dieu qui voit les cœurs avait permis déjà qu'elle prît la lèpre.
— Mais Jacques ne cessait de penser à elle. C'est pourquoi je l'ai tuée.
Quoi donc ? que restait-il d'autre à faire ? que fallait-il faire de plus
Pour que celui que j'aime et qui est à moi
Fût à moi, comme je suis à lui tout entier.
Et que Violaine fût exclue ?
J'ai fait ce que j'ai pu.
Et vous à votre tour, répondez ! Votre Violaine que vous aimiez,
Comment donc est-ce que vous l'avez aimée, et lequel a valu le mieux,
De votre amour croyez-vous, ou de ma haine ?
Vous l'aimiez tous ! et voici son père qui l'abandonne et sa mère qui la conseille,
Et son fiancé, comme il a cru en elle !
Certes vous l'aimiez,
Comme on dit que l'on aime une douce bête, une jolie fleur, et c'était là toute l'amitié de votre amour.
Le mien était d'une autre nature ;
Aveugle, ne lâchant point prise, comme une chose sourde et qui n'entend pas !
Afin qu'il m'ait tout entière il me fallait l'avoir tout entier !
Qu'ai-je fait après tout pour me défendre ? qui lui a été le plus fidèle, de moi ou de Violaine ?
De Violaine qui l'a trahie pour je ne sais quel lépreux, cédant, dit-elle, au conseil de Dieu en un baiser ?
J'honore Dieu. Qu'il reste où il est ! Notre malheureuse vie est si courte ! Qu'il nous y laisse la paix.

Est-ce ma faute si j'aimais Jacques ? était-ce pour ma joie, ou pour la dévoration de mon âme ?
Comment pouvais-je faire pour me défendre, moi qui ne suis point belle, ni agréable, pauvre femme qui ne puis donner que de la douleur ?
C'est pourquoi je l'ai tuée dans mon désespoir !
O pauvre crime maladroit ! O disgrâce de celle qu'on n'aime pas et à qui rien ne réussit !
Comment fallait-il faire puisque je l'aimais et qu'il ne m'aimait pas ?

(Elle se tourne vers JACQUES.)

Et toi, ô Jacques, pourquoi ne dis-tu rien ?
Pourquoi tournes-tu ainsi le visage vers la terre sans mot dire.
Comme Violaine, le jour où tu l'accusais injustement ?
Ne me reconnais-tu pas ? Je suis ta femme.
Certes, je sais que je ne te parais point belle ni agréable, mais vois, je me suis parée pour toi, j'ai ajouté à cette douleur que je puis te donner ! cette douleur, il n'y a que moi qui puisse te la donner. Et je suis la sœur de Violaine.
Il naît de la douleur ! Cet amour ne naît point de la joie, il naît de la douleur ! cette douleur qui suffit à ceux qui n'ont point la joie !
Nul n'a plaisir à la voir, ah, ce n'est point la fleur en sa saison,
Mais ce qu'il y a sous les fleurs qui se fanent, la terre même, l'avare terre sous l'herbe, la terre qui ne manque jamais !
Reconnais-moi donc !
Je suis ta femme et tu ne peux pas faire que je ne le sois point !
Une seule chair inséparable, le contact par le centre et l'âme, et la confirmation, cette parenté mystérieuse entre nous deux,
Qui est que j'ai eu un enfant de toi.
J'ai commis un grand crime, j'ai tué ma sœur ; mais je n'ai point péché contre toi. Et je dis que tu ne peux rien me reprocher. Et que m'importent les autres ?
Voilà ce que j'avais à dire, et maintenant fais ce que tu voudras.

(Silence.)

ANNE VERCORS. — Ce qu'elle dit est vrai. Va, Jacques, pardonne-lui !

JACQUES HURY. — Viens donc, Mara.

(Elle s'approche et se tient debout devant eux, formant avec son enfant un seul objet sur lequel les deux hommes étendent en même temps la main droite. Leurs bras s'entrecroisent et la main de JACQUES *est posée sur la tête de l'enfant, celle d'*ANNE *sur la tête de* MARA.)

JACQUES HURY. — C'est Violaine qui te pardonne. C'est en elle, Mara, que je te pardonne. C'est elle, femme criminelle, qui nous garde réunis.

MARA. — Hélas ! Hélas ! paroles mortes et sans trait !
O Jacques, je ne suis plus la même ! Il y a en moi quelque chose de fini. N'aie pas peur. Tout cela m'est égal.
Il y a quelque chose de rompu en moi, et je reste sans force, comme une femme veuve et sans enfants.

(L'enfant rit vaguement et regarde de tous côtés en poussant de petits cris de joie.)

ANNE VERCORS, *le caressant*. — Pauvre Violaine !
Et toi que voici, petit enfant ! Comme ses yeux sont bleus !

MARA, *fondant en larmes*. — Père, père ! ah ! Il était mort et c'est elle qui l'a ressuscité !

(Elle s'éloigne et va s'asseoir à l'écart.)

(Le soleil descend. Il pleut çà et là sur la plaine, on voit la pluie dont les traits se croisent avec les rayons du soleil. Un immense arc-en-ciel se déploie [W].)

VOIX D'ENFANT. — Hi ! hi ! regardez la belle arc-en-ciel.
(Autres voix perdues. On voit voler de grandes bandes de pigeons qui tournent, s'éparpillent et s'abattent çà et là dans les éteules.)

ANNE VERCORS. — La terre est libérée. La place est vide.
Toute la moisson est rentrée et les oiseaux du ciel
Picorent le grain perdu.

PIERRE DE CRAON. — L'été est fini, la saison suspend avertissement, le feuillage universel
Frémit sous le souffle de septembre.
Le ciel est redevenu bleu, et tandis que les perdrix rappellent sous le couvert,
La buse [123] plane dans l'air liquide.

JACQUES HURY. — Tout est à vous, Père ! reprenez tout ce bien dont vous m'avez saisi.

ANNE VERCORS. — Non, Jacques, je n'ai plus rien et ceci n'est plus à moi. Qui est parti ne reviendra pas et ce qui est donné une fois ne peut être
Repris. Voici un Combernon, un Monsanvierge nouveaux.

PIERRE DE CRAON. — L'autre est mort. La montagne vierge est morte et la cicatrice à son flanc ne se rouvrira plus.

ANNE VERCORS. — Elle est morte. Ma femme aussi
Est morte, ma fille est morte, la sainte Pucelle
A été brûlée et jetée au vent, pas un de ses os ne reste à la terre.
Mais le Roi et le Pontife de nouveau sont rendus à la France et à l'Univers.
Le schisme prend fin, de nouveau s'élève au-dessus de tous les hommes le Trône.
J'ai repassé par Rome, j'ai baisé le pied de Saint Pierre, j'ai mangé debout le pain bénit avec le peuple des Quatre Parties de la Terre,
Tandis que les cloches du Quirinal [124] et du Latran et la voix de Sainte-Marie-Majeure
Saluaient les ambassadeurs de ces peuples nouveaux qui du Levant et du Couchant pénètrent à la fois dans la Ville ;
L'Asie retrouvée et ce monde Atlantique au-delà des Colonnes d'Hercule [125] !
Et ce soir même quand sonnera l'Angélus, à cette heure où l'étoile Al-Zohar brille dans le ciel déblayé,
Commence cette année jubilaire que le Pape nouveau [126] accorde,
Extinction des dettes, libération des prisonniers, suspension de la guerre, fermeture des prétoires, restitution de toute propriété.

PIERRE DE CRAON. — Trêve d'une année et paix d'un jour tout seul.

ANNE VERCORS. — Qu'importe ! La paix est bonne, mais la guerre nous trouvera munis.
O Pierre ! voici le temps où les femmes et les nouveau-nés en remontrent aux sages et aux vieillards !

W. - What does the presence of the rainbow indicate?
123. - Buse : the buzzard.
124. - Le Quirinal, le Latran, Sainte-Marie-Majeure : famous churches in Rome.
125. - High rocks on the south and north of the Strait of Gibraltar. Anne Vercors is referring to the people of America (the new world beyond the Atlantic).
126. - Martin V, Pope from 1417 to 1431.

Voici que je me suis scandalisé comme un Juif parce que la face de l'Église est obscurie et parce qu'elle marche en chancelant son chemin dans l'abandon de tous les hommes.
Et j'ai voulu de nouveau me serrer contre le tombeau vide, mettre ma main dans le trou de la croix.
Mais ma petite fille Violaine a été plus sage.
Est-ce que le but de la vie est de vivre ? est-ce que les pieds des enfants de Dieu seront attachés à cette terre misérable ?
Il n'est pas de vivre, mais de mourir, et non point de charpenter la croix mais d'y monter, et de donner ce que nous avons en riant !
Là est la joie, là est la liberté, là la grâce, là la jeunesse éternelle ! et vive Dieu si le sang du vieillard sur la nappe du sacrifice près de celui du jeune homme [X]
Ne fait pas une tache aussi rouge, aussi fraîche que celui de l'agneau d'un seul an !
O Violaine ! enfant de grâce ! chair de ma chair ! Aussi loin que le feu fumeux de ma ferme l'est de l'étoile du matin,
Quand cette belle vierge sur le sein du soleil pose sa tête illuminée,
Puisse ton père tout en haut te voir pour l'éternité à cette place qui t'a été réservée !
Vive Dieu si où passe ce petit enfant le père ne passe aussi !
De quel prix est le monde auprès de la vie ? et de quel prix la vie, sinon pour la donner ?
Et pourquoi se tourmenter quand il est simple d'obéir ?
C'est ainsi que Violaine aussitôt toute prompte suit la main qui prend la sienne.

PIERRE DE CRAON. — O père ! C'est moi le dernier qui l'ai tenue dans mes bras, car elle se confiait en Pierre de Craon, sachant qu'il n'y a plus désir en son cœur de la chair.
Et le jeune corps de ce frère divin était entre mes bras comme un arbre coupé qui penche !
Déjà comme l'ardente couleur de la fleur de grenade de tous côtés se fait voir sous le bourgeon qui ne la peut plus enclore,
La splendeur de l'ange qui ne sait point la mort s'emparait de notre petite sœur.
Et l'odeur du paradis entre mes bras s'exhalait de ce tabernacle brisé.
Ne pleure point, Jacques, mon ami.

ANNE VERCORS. — Ne pleure point, mon fils.

JACQUES HURY. — Pierre, rends-moi cet anneau qu'elle t'a donné.

PIERRE DE CRAON. — Je ne le peux plus ! Pas plus que l'épi complet ne peut rendre
Le grain dans la terre d'où sort sa tige.
De cette miette d'or j'ai fait une gemme embrasée.
Et le vaisseau de ce jour sans couchant [127] où le froment [128] éternel est déposé.
Justitia est finie et seule la femme encore lui manquait.
Que je mettrai à la fleur de mon lys suprême.

ANNE VERCORS. — Tu es puissant en œuvres, Pierre, et j'ai vu sur mon chemin les églises que tu as enfantées.

PIERRE DE CRAON. — Béni soit Dieu qui a fait de moi un père d'églises,
Et qui a mis l'intelligence dans mon cœur et le sens des trois dimensions :
Et qui m'a interdit comme un lépreux et libéré de tout souci temporel,

---

[X]. - Show that Violaine's sacrifice must be interpreted on political, ecclesiastical and historical levels.

127. - Without sunset; everlasting.
128. - Seed (lit. wheat).

Afin que de la terre de France je suscite Dix Vierges Sages[129] dont l'huile ne s'éteint pas, et compose un vase de prières !
Qu'est cette âme ou cheville de bois que le luthier[130] insère entre la face et le dos de son instrument,
Auprès de cette grande lyre enfermée et de ces Puissances columnaires[131] dans la nuit dont j'ai calculé le nombre et la distance ?
Je ne taille point du dehors un simulacre.
Mais comme le père Noé, du milieu de mon Arche énorme,
Je travaille au-dedans et de partout vois tout qui monte à la fois !
Et qu'est-ce qu'un corps à sculpter au prix d'une âme à enclore
Et de ce vide sacré que laisse le cœur révérend qui se retire de devant son Dieu ?
Rien n'est trop profond pour moi : mes puits percent jusqu'aux eaux de la Veine-mère.
Rien n'est trop élevé pour la flèche qui monte au ciel et dérobe à Dieu la foudre !
Pierre de Craon mourra, mais les Dix Vierges ses filles
Demeureront comme le vaisseau de la Veuve[132]
Où se renouvelle sans cesse la farine, et la mesure sacrée de l'huile et du vin.

ANNE VERCORS. — Oui, Pierre. Qui se confie à la pierre ne sera pas déçu.

PIERRE DE CRAON. — O que la pierre est belle et qu'elle est douce aux mains de l'architecte ! et que le poids de son œuvre tout ensemble est une chose juste et belle !
Qu'elle est fidèle, et comme elle garde l'idée, et quelles ombres elle fait !
Et qu'une vigne fait bien sur le moindre mur, et le rosier dessus quand il est en fleurs,
Qu'il est beau, et que c'est réel ensemble !
Avez-vous vu ma petite église de l'Épine qui est comme un brasier ardent et un buisson de roses épanouies ?
Et Saint-Jean de Vertus comme un beau jeune homme au milieu de la craie champenoise[133] ?
Et Mont-Saint-Martin qui sera mûr dans cinquante ans ?
Et Saint-Thomas de Fond-d'Ardenne qu'on entend le soir appeler comme un taureau du milieu de ses marécages ?
Mais Justitia que j'ai faite la dernière, Justitia ma fille est plus belle !

ANNE VERCORS. — J'irai y faire ex-voto de mon bâton.

PIERRE DE CRAON. — Elle-même est dédiée dans mon cœur, rien n'y manque plus, elle ne fait plus qu'un morceau.
Et pour le faîte,
J'ai trouvé la pierre que je cherchais, non détachée par le fer,
Plus douce que l'albâtre[134] et d'un grain plus serré que la meule[135].
Comme les frêles os de la petite Justitia servent de base à mon grand édifice,

---

129. - Cf. Matthew 25: 2-4; « Five of them were foolish, and five were wise. For when the foolish took their lamps, they took no oil with them; but the wise took flasks of oil with their lamps. » Pierre de Craon believes in the redemption of all, even of the foolish, through prayer.

130. - Man who makes stringed musical instruments.

131. - The power of the columns in the church. The church appears as a gigantic musical instrument.

132. - Cf. Kings 17: 10-16: « The jar of meal shall not be spent, and the cruse of oil shall not fail; until the day that the Lord sends rain upon the earth. » Claudel fuses two biblical references in his allusion to the widow's jar; in the Old Testament, it is filled with oil and flour; In the New, water changes to wine (cf. John 2: 1-11).

133. - La Champagne is a chalky plateau in the north east of France.

134. - Alabaster.

135. - Closer grained than the grindstone.

C'est ainsi qu'à ton sommet en plein ciel je mettrai cette autre Justice,
Violaine la lépreuse dans la gloire, Violaine l'aveugle dans le regard de tous.
Et je la représenterai les mains croisées sur la poitrine, comme l'épi encore à demi prisonnier de ses téguments [136],
Et les deux yeux bandés.

ANNE VERCORS. — Pourquoi les yeux bandés !

PIERRE DE CRAON. — Afin qu'elle écoute mieux, ne voyant pas,
Le bruit de la ville et des champs, et la voix de l'homme avec la voix de Dieu en même temps.
Car elle est Justice elle-même qui écoute et conçoit dans son cœur le juste accord.
La voici qui est un refuge contre l'intempérie et un ombrage contre la canicule [137].

JACQUES HURY. — Mais Violaine n'est pas une pierre pour moi et la pierre ne me suffit pas !
Et je ne veux pas que la lumière de ses yeux si beaux soit couverte !

ANNE VERCORS. — Celle de son âme est avec nous. Je ne t'ai pas perdue, Violaine ! Que tu es belle, mon enfant !
Et que la fiancée est belle quand au jour de ses noces, elle se montre à son père dans sa robe magnifique, avec un charmant embarras.
Marche devant, Violaine, mon enfant, et je te suivrai. Mais tourne parfois le visage vers moi, afin que je voie tes yeux !
Violaine ! Élisabeth ! bientôt je suis de nouveau avec vous !
Pour toi, Jacques, fais ta tâche, comme j'ai fait la mienne, à ton tour ! La fin est proche,
La voici qui m'est donnée, du jour, et de l'année et de la vie !
Il est six heures. L'ombre du Grès-qui-va-boire [138] atteint le ruisseau.
L'hiver vient, la nuit vient. Un peu de nuit maintenant,
Cette courte veille encore !
Toute ma vie j'ai travaillé avec le Soleil et je l'ai aidé à sa tâche.
Mais maintenant, tout seul, il me faut commencer la nuit,
A la chaleur du feu, à la clarté de la lampe.

PIERRE DE CRAON. — O agriculteur, ton œuvre est achevée. Vois la campagne vide, vois la terre moissonnée et déjà la charrue entame l'éteule [139] !
Et maintenant ce que tu as commencé, c'est à moi de le parfaire.
Comme tu as ouvert le sillon, je creuse le silo [140], je prépare le tabernacle.
Et comme ce n'est pas toi qui mûris la moisson, mais le soleil, ainsi la grâce.
Et nul s'il ne sort du grain ne sera de l'épi.
Et certes Justice est belle. Mais combien plus beau
Cet arbre fructifiant de tous les hommes que la semence eucharistique [141] engendre en sa végétation.
Cela fait une seule figure qui tient à un même point.
Ah, si tous les hommes comme moi comprenaient l'architecture.
Qui voudrait
Faillir à sa nécessité et à cette place sacrée que le Temple lui assigne ?

---

136. - Sheaths.
137. - Sultry days.
138. - The name of this rock means « the sandstone that is about to drink. »
139. - Attacks the stubble.
140. - Pit in which grain, corn, etc., are buried to preserve them.
141. - The seed of the Eucharist. This metaphor fuses an image drawn from nature into the liturgical text.

Anne Vercors. — Pierre de Craon, tu as beaucoup de pensées, mais pour moi ce soleil me suffit qui va s'éteindre.
Toute ma vie j'ai fait la même chose que lui, la culture de la terre, me levant et rentrant avec lui.
Et maintenant j'entre dans la nuit et elle ne me fait pas peur, et je sais que là aussi tout est clair et réglé, en la saison de ce grand hiver céleste qui met toute chose en mouvement.
Le ciel de la nuit où tout est travail et qui est comme un grand labour, et une pièce d'un seul tenant,
Et le Colon éternel y pousse les Sept Bœufs[142] l'œil fixé sur une étoile immuable,
Comme nous autres sur la branche verte qui marque le bout du sillon.
Le soleil et moi, côte à côte,
Nous avons travaillé, et ce qui sort de notre travail ne nous regarde pas. Le mien est fait.
Je me suis uni à la nécessité et maintenant je voudrais m'y dissoudre.
La paix, pour qui la connaît, la joie
Et la douleur y entrent pour des parts égales.
Ma femme est morte. Violaine est morte. Cela est bien.
Je ne désire plus tenir cette frêle vieille main ridée. Et pour Violaine, à huit ans, quand elle venait se jeter contre mes jambes,
Comme j'aimais ce petit corps robuste ! Et peu à peu l'impétueuse gaminerie de la rieuse
S'était fondue dans l'attendrissement de la jeune fille, dans la peine et le poids de l'amour, et déjà quand je suis parti.
Je voyais dans ses yeux parmi les fleurs de ce printemps s'en lever une inconnue.

Pierre de Craon. — La vocation de la mort comme un lys solennel.

Anne Vercors. — Bénie soit la mort en qui toute pétition du *Pater*[143] est comblée.

Pierre de Craon. — Pour moi, c'est dès cette vie que d'elle-même et de ses lèvres innocentes. J'ai reçu libération et congé.

(Le soleil est dans la partie gauche du ciel, à la hauteur d'un grand arbre.)

Anne Vercors. — Voici le soleil dans le ciel,
Comme il est sur les images quand le Maître réveille l'ouvrier de la Onzième Heure[144].

(On entend craquer la porte de la grange.)

Jacques Hury. — Qu'est-ce que cela ?

Anne Vercors. — C'est la paille qu'on va chercher dans la grange
Pour mettre au fond de la fosse.

(Silence. — Bruit de battoir au loin.)

Voix d'enfants au-dehors :	Marguerite de Paris !
	Prête-moi tes souliers gris !
	Pour aller en paradis !
	Qu'i fait beau !
	Qu'i fait chaud !
	J'entends le petit oiseau !
	Qui fait pi i i i !

---

142. - The eternal ploughman drives the seven oxen. Reference to the seven signs of the zodiac.
143. - The prayer « Pater noster. »
144. - Matthew, 20 : 9; the parabole of the Laborers in the Vineyard.

JACQUES HURY. — Ce n'est point la porte de la grange, c'est le cri de la tombe qui s'ouvre !
Et m'ayant regardé de ses yeux aveugles celle que j'aimais passe de l'autre côté.
Et moi aussi je l'ai regardée comme un aveugle et sans preuves je n'ai point douté,
Je n'ai point douté de celle qui l'accusait.
J'ai fait mon choix, et celle que j'ai choisie,
Elle m'a été donnée. Que dirais-je ? Cela est bien ainsi.
Cela est bien ainsi.
Le bonheur n'est point pour moi, mais le désir ! il ne me sera pas arraché.
Et non point Violaine radieuse et intacte,
Mais la lépreuse au-dessus de moi penchée avec un amer sourire et la plaie dévorante à son côté !

(Silence.)

(Le soleil est derrière les arbres. Il brille à travers les branches. Le dessin des feuilles couvre la terre et les personnages assis. Çà et là une abeille d'or brille dans un trou de la lumière.)

ANNE VERCORS. — Me voici assis, et du haut de la montagne je vois tout le pays à mes pieds.
Et je reconnais les routes, et je compte les fermes et les villages, et je les connais par leurs noms et tous les gens qui y habitent.
La plaine par cette échappée à perte de vue vers le nord !
Et ailleurs, se relevant, la côte autour de ce village forme comme un théâtre.
Et partout, à tout moment,
Verte et rose au printemps, bleue et blonde l'été, brune l'hiver ou toute blanche sous la neige,
Devant moi, à mon côté, autour de moi,
Je ne cesse point de voir la Terre, comme un ciel fixe tout peint de couleurs changeantes.
Celle-ci ayant une forme aussi particulière que quelqu'un est toujours là avec moi présent.
Maintenant c'est fini.
Que de fois ne suis-je pas sorti de mon lit, allant à mon ouvrage !
Et maintenant voici le soir, et le soleil ramène les hommes et les animaux comme avec une main.

(Il se lève lentement et péniblement, et étend lentement les bras de toute leur longueur, tandis que le soleil devenu jaune le couvre.)

Ah ! ah !
Voici que j'étends les bras dans les rayons de soleil, comme un tailleur qui mesure l'étoffe.
Voici le soir ! Aie pitié de tout homme, Seigneur, à ce moment qu'ayant fini sa tâche il se tient devant toi comme un enfant dont on examine les mains.
Les miennes sont quittes. J'ai fini ma journée ! J'ai semé le blé et je l'ai moissonné, et dans ce pain que j'ai fait tous mes enfants ont communié.
A présent j'ai fini.
Tout à l'heure il y avait quelqu'un avec moi.
Et maintenant la femme et l'enfant s'étant retirées,
Je reste seul pour dire grâces devant la table desservie
Toutes deux sont mortes, mais moi
Je vis, sur le seuil de la mort et une joie inexplicable est en moi [Y] !

(L'Angélus sonne à l'église d'en bas. Premier coup de trois tintements.)

[Y]. - Study the imagery throughout this scene, and define Claudel's conception of joy.

JACQUES HURY, *sourdement*. — L'Ange de Dieu nous avertit de la paix et l'enfant tressaille dans le sein de sa mère.

(Deuxième coup.)

PIERRE DE CRAON. — « Hommes de peu de foi, pourquoi pleurez-vous[145] ? »

(Troisième coup.)

ANNE VERCORS. — « Parce que je vais à mon père et à votre père. »

(Profond silence. Puis, volée.)

PIERRE DE CRAON. — Ainsi parle l'Angélus comme avec trois voix, ainsi en mai,
Quand l'homme non marié s'en revient, ayant enterré sa mère, chez lui,
« Voix-de-Rose[146] » cause dans le soir d'argent.
O Violaine ! ô femme par qui vient la tentation !
— Car ne sachant encore ce que je ferais, j'ai regardé où tu fixais le noir des yeux.
Certes j'ai toujours pensé que c'était une bonne chose que la joie.
Mais maintenant j'ai tout !
Je possède tout sous les mains, et je puis comme quelqu'un qui, voyant un arbre chargé de fruits,
Étant monté sur l'échelle, il sent plier sous son corps le profond branchage.
Il faut que je parle sous l'arbre, comme la flûte qui n'est ni basse ni aiguë ! Comme l'eau
Me soulève ! L'action de grâces descelle la pierre de mon cœur !
Que je vive ainsi ! Que je grandisse ainsi mélangé à mon Dieu, comme la vigne et l'olivier.

(Le soleil se couche. — MARA *tourne la tête vers son mari et le regarde.)*

JACQUES HURY. — La voici qui me regarde. La voici qui revient vers moi avec la nuit !

(Son d'une cloche fêlée tout près. — Premier coup.)

ANNE VERCORS. — C'est la petite cloche des sœurs qui sonne l'Angélus à son tour.

(Silence. Puis on entend une autre cloche très haut, Monsanvierge, qui sonne la triple note à son tour, admirablement sonore et solennelle.)

JACQUES HURY. — Écoutez !

ANNE VERCORS. — Miracle !

ANNE VERCORS. — C'est Monsanvierge qui ressuscite ! L'Ange retentissant une fois encore
Aux cieux et à la terre attentifs fait l'annonce accoutumée.

PIERRE DE CRAON. — Oui, Voix-de-la-Rose, Dieu est né !

(Second coup de la cloche des sœurs. Elle frappe la troisième note en même temps que Monsanvierge la première.)

ANNE VERCORS. — Dieu s'est fait homme !

JACQUES HURY. — Il est mort !

PIERRE DE CRAON. — Il est ressuscité !

(Troisième coup de la cloche des sœurs. Puis volée.
Pause. Puis on entend, perdue et presque indistincte, la triple note du troisième coup dans les hauteurs.)

---

145. - Mark 4: 40 or Matthew 8: 26: « Why are you afraid, o men of little faith? »

146. - Name of a bell.

Anne Vercors. — Ce n'est point le coup de l'Angélus, c'est la sonnerie de la communion !

Pierre de Craon. — Les trois notes comme un sacrifice ineffable sont recueillies dans le sein de la Vierge sans péché.
> *(Ils gardent tous le visage tourné en haut prêtant l'oreille et comme attendant la volée, qui ne vient point.)*

Explicit

ACTE IV

VARIANTE POUR LA SCÈNE

SCÈNE PREMIÈRE

La seconde partie de la nuit. La salle du premier acte. Dans la cheminée, les charbons jettent une faible lueur. Au milieu, une longue table sur laquelle une nappe étroite dont les pans retombent également des deux côtés. La porte est ouverte à deux battants, découvrant la nuit étoilée. Un flambeau allumé est posé au milieu de la table.

(*Entre* JACQUES HURY, *comme s'il cherchait quelqu'un. Il sort et ramène* MARA *par le bras.*)

JACQUES HURY. — Que fais-tu là?

MARA. — Il me semblait que j'entendais un bruit de char là-bas en bas dans la vallée.

JACQUES HURY, *prêtant l'oreille*. — Je n'entends rien.

MARA. — C'est vrai, tu n'entends rien. Mais moi, j'ai l'oreille vivante et le jas [147] de l'œil ouvert.

JACQUES HURY. — Tu ferais mieux de dormir.

MARA. — Dis, toi-même, tu ne dors pas toujours si bien.

JACQUES HURY. — Je pense, j'essaye de comprendre.

MARA. — Qu'est-ce que tu essayes de comprendre?

JACQUES HURY. — Aubaine. Cette enfant malade et qui allait mourir. Et un beau jour, je rentre, et on me dit que tu t'es sauvée avec elle comme une folle.
C'était le temps de Noël. Et le jour des Innocents [148], la voilà qui revient avec l'enfant. Guérie!
Guérie. Elle était guérie.

MARA. — C'est un miracle.

JACQUES HURY. — Oui. Tantôt c'est la Sainte Vierge, si on te croyait, et tantôt c'est je ne sais quelle âme sainte quelque part qui a fait le miracle.

MARA. — Ni l'un ni l'autre. C'est moi qui ai fait le miracle.

(*En sursaut.*)

Écoute!

(*Ils prêtent l'oreille.*)

JACQUES HURY. — Je n'entends rien.

MARA, *frissonnante*. — Ferme cette porte. C'est gênant!

(*Il pousse la porte.*)

---

147. - Jas : Stock (the cross piece fixed at the top of the anchor).

148. - The Innocents, children of Bethlehem killed by order of Herod the Great.

JACQUES HURY. — Ce qu'il y a de sûr est que la figure maintenant ne ressemble pas la même. La même bien sûr et pas la même. Les yeux par exemple, c'est changé.

MARA. — Dis, mon malin, tu as remarqué cela tout seul?
Voilà ce qui arrive quand le Bon Dieu se mêle de nos affaires.
Et toi, mêle-toi des tiennes!

(Violemment.)

Et qu'est-ce qu'il a donc à regarder tout le temps c'te porte?

JACQUES HURY. — C'est toi qui ne cesses pas de l'écouter.

MARA. — J'attends.

JACQUES HURY. — J'attends qui? j'attends quoi?

MARA. — J'attends mon père!
Mon père, Anne Vercors, qui est parti, il y a sept ans!
Ma parole, je crois qu'il l'a déjà oublié!
Ce vieux bonhomme, tu te rappelles? Anne Vercors qu'on l'appelait.
Tout de même, le maître de Combernon, ça n'a pas toujours été Jacques Hury.

JACQUES HURY. — Bien! S'il revient, il retrouvera les terres en bon état.

MARA. — Et la maison de même. Sept ans déjà qu'il est parti.

(A voix basse.)

Je l'entends qui revient.

JACQUES HURY. — On ne revient pas beaucoup de Terre sainte.

MARA. — Et s'il était vivant, depuis sept ans il aurait trouvé moyen de nous donner de ses nouvelles.

JACQUES HURY. — C'est loin, la Terre sainte, faut passer la mer.

MARA. — Il y a les pirates, il y a les Turcs, il y a les accidents, il y a la maladie, il y a les mauvaises gens.

JACQUES HURY. — Même ici on n'entend parler que de malfaisance.

MARA. — Cette femme par exemple qu'on me dit qu'on vient de la retrouver au fond d'un trou à sable.

JACQUES HURY. — Quelle femme?

MARA. — Là-bas. Une lépreuse qu'on dit.
Peut-être c'est-i que c'est qu'elle y est tombée toute seule.
Qu'est-ce qu'elle faisait à se promener? Tant pis pour elle!
Et peut-être tout de même qu'on l'a poussée. Quelqu'un.

JACQUES HURY. — Une lépreuse?

MARA. — Ah! ah! cela te fait dresser l'oreille[149]? Rien qu'une petite lèpre, on dit que ça fait mal aux yeux. Et quand on ne voit pas clair, faut pas se promener.
Et tout le monde, on n'aime pas ce voisinage-là, peut-être bien! Un accident est bientôt arrivé.

JACQUES HURY. — Tout de même, si le père revient, c'est pas sûr qu'il soit tellement content.

---

149. - To prick up one's ears.

MARA. — Mara! qu'il dira tout de suite. C'est Mara qu'il aimait le mieux.
Quel bonheur de savoir que c'est elle à la fin qui a attrapé Monsieur Jacques!
Et qu'elle dort toutes les nuits à son côté comme une épée nue.

JACQUES HURY. — Et sa fille, sa petite fille, est-ce qu'il ne sera pas content de l'embrasser?

MARA. — « Quelle belle enfant! dira-t-il. Et quels jolis yeux bleus! Cela me rappelle quelque chose! »

JACQUES HURY, *comme s'il parlait à la place du père*. — « Et la mère, où est-elle? »

MARA, *avec une révérence*. — Pas ici pour le moment, Monseigneur! Dame, quand on va à Jérusalem, faut pas s'attendre à retrouver tout le monde! C'est long, sept ans!
C'est Mara maintenant qui occupe sa place au coin du feu.

JACQUES HURY, *comme précédemment*. — Bonjour, Mara!

MARA. — Bonjour, père!
> (*ANNE VERCORS pendant ce temps est entré par le côté de la scène et se trouve derrière eux. Il porte le corps de VIOLAINE entre ses bras.*)

Bonjour Jacques!

SCÈNE II

> (*ANNE VERCORS fait le tour de la table et va se placer derrière elle à la place où se trouve la cathèdre*[150]. *Il les regarde l'un après l'autre.*)

Bonjour, Mara!

> (*Elle ne répond rien.*)

JACQUES HURY. — Père! quelle est cette chose dans votre manteau que vous nous apportez?
Et qu'est-ce que c'est que ce corps mort entre vos bras?

ANNE VERCORS. — Aide-moi à l'étendre tout du long sur cette table.
Doucement, doucement, mon petit!

> (*Ils étendent le corps sur la table et ANNE VERCORS le recouvre de son manteau.*)

La voilà! c'est elle! c'est la table où je vous ai rompu le pain à tous, le jour de mon départ.
Bonjour, Jacques! Bonjour, Mara! Tous deux sont là à ma place et mon royaume en leur personne continue,
La terre sur qui d'un bout à l'autre, comme un grand peuplier
Tantôt plus longue et tantôt se raccourcissant,
S'étend l'ombre d'Anne Vercors.
Et pour ce qui est de la mère, j'ai entendu,
Et je sais qu'elle m'attend en ce lieu où je ne serai pas long à la rejoindre.

JACQUES HURY. — Père! Je vous demande quelle est cette chose que vous nous avez apportée entre les bras,
Et quel est ce corps mort qui se trouve là étendu sur cette table?

---

150. - Head chair.

ANNE VERCORS. — Non point mort, Jacques, non point mort tout à fait. Ne vois-tu pas qu'elle respire?

JACQUES HURY. — Père, qui est-ce?

ANNE VERCORS. — Quelque chose que j'ai trouvé sur mon chemin hier dans un grand trou à sable. J'ai entendu cette voix qui m'appelait faiblement.

JACQUES HURY. — Une lépreuse, n'est-ce pas?

ANNE VERCORS. — Une lépreuse. Qui te l'a dit? Tu savais cela déjà? C'est Mara sans doute qui te l'a dit.

JACQUES HURY. — Et pourrais-je vous demander pourquoi vous me rapportez dans cette honnête maison qui est la tienne, une lépreuse?

ANNE VERCORS. — Veux-tu nous mettre à la porte tous les deux?
C'est elle qui me l'a demandé, la bouche contre mon oreille,
De l'apporter ici. De la rapporter ici.
Elle peut parler encore. Mais hélas! que sont-ils devenus, ces beaux yeux de Violaine, mon enfant? Ils ne sont plus.

JACQUES HURY. — Et est-ce qu'elle entend ce que nous disons?

ANNE VERCORS. — Je ne sais. Elle demande la paix. Elle demande que tu ne sois plus en colère contre elle. Et Mara aussi, si elle est en colère,

(Il regarde VIOLAINE étendue.)

Je demande pardon.

JACQUES HURY. — Je ne suis pas en colère.

ANNE VERCORS. — Ses yeux, pauvre enfant! elle n'a plus d'yeux! Mais le cœur bat encore. Faiblement, faiblement!
Toute la nuit j'ai entendu le cœur de mon enfant qui battait contre le mien et elle essayait de me serrer fort contre elle,
Faiblement, faiblement!
Et le cœur de temps en temps s'arrêtait et puis reprenait sa petite course blessée.
Pan, pan, pan! pan, pan, pan! Père! Père!

JACQUES HURY. — Et est-ce qu'elle vous a parlé de moi aussi?

ANNE VERCORS. — Oui, Jacques.

JACQUES HURY. — Et de cet autre aussi... Elle était ma fiancée!... je dis cet autre un matin de mai...

ANNE VERCORS. — De qui veux-tu parler?

JACQUES HURY. — Pierre de Craon! Ce ladre, ce mésel[151]! ce voleur! Ce maçon, il y a sept ans, qui était venu pour ouvrir le flanc de Monsanvierge[Z]!

(Silence.)

ANNE VERCORS. — Il n'y a pas eu de péché entre Violaine et Pierre.

---

151. - Leper.
Z. - Notice that Pierre de Craon has been eliminated from the fourth act. Do you agree with Wallace Fowlie (op. cit., P. XII) that this reinforces his mystical role? («He is the instrument of grace who will divert Violaine from her earthly destiny.»)

JACQUES HURY. — Et que dites-vous de ce chaste baiser qu'elle a échangé avec lui un matin de mai?

(Silence.)

(ANNE VERCORS fait lentement un signe négatif avec la tête. JACQUES HURY va chercher MARA en la tirant par le poignet et il lui fait lever la main droite.)

Un matin de mai! Mara jure qu'un matin de mai, s'étant levée de bonne heure;
Elle a vu cette Violaine ici présente qui baisait tendrement ce Pierre de Craon sur la bouche.

(Silence.)

ANNE VERCORS. — Je dis non.

JACQUES HURY. — Et alors, votre Mara, elle a menti?

ANNE VERCORS. — Elle n'a pas menti.

JACQUES HURY. — Moi, moi, moi, son fiancé! elle n'avait jamais permis que je la touche!

ANNE VERCORS. — J'ai vu Pierre de Craon à Jérusalem. Il était guéri.

JACQUES HURY. — Guéri?

ANNE VERCORS. — Guéri. Et c'est pour cela précisément qu'il était allé là-bas en accomplissement de son vœu.

JACQUES HURY. — Il est guéri, et moi je suis damné!

ANNE VERCORS. — Et c'est pour te guérir aussi, Jacques mon enfant, que je suis venu t'apporter ces reliques vivantes.

JACQUES HURY. — Père! père! j'avais une enfant aussi qui était près de mourir,
Aubaine, qu'elle s'appelle,
Et voilà qu'elle a été guérie!

(Geste de ANNE VERCORS.)

Grâce à Dieu!

JACQUES HURY. — Grâce à Dieu!
Mais cette bouche, cette bouche de votre fille, cette bouche que vous m'aviez donnée, cette fille que vous m'aviez donnée. Cette bouche, elle n'était pas à elle, elle est à moi! Je dis cette bouche et le souffle de vie qu'il y a entre les lèvres!

ANNE VERCORS. — La bouche de la femme, avant l'homme elle est à Dieu, qui au jour du baptême l'a salée de sel[152]. Et c'est à Dieu seul qu'elle dit : Qu'Il me baise d'un baiser de Sa bouche!

JACQUES HURY. — Elle ne s'appartenait plus! Je lui avais donné mon anneau!

ANNE VERCORS. — Regarde-le qui brille à son doigt.

JACQUES HURY, *stupéfait*. — C'est vrai!

ANNE VERCORS. — C'est Pierre de Craon là-bas qui me l'a remis et je l'ai replacé au doigt de la donatrice.

JACQUES HURY. — Et le mien, n'est-ce pas c'est ce que vous pensez, il fait la paire avec celui de Mara!

ANNE VERCORS. — Respecte-le davantage.

---

152. - In Catholic baptism, salt is put on the lips of the child.

JACQUES HURY. — Un matin de mai! Père! père! tout riait autour d'elle! Elle l'aimait, et je l'aimais. Tout était à elle et je lui avais tout donné!

ANNE VERCORS. — Jacques, mon enfant! écoute, comprends! C'était trop beau! ce n'était pas acceptable.

JACQUES HURY. — Que voulez-vous dire?

ANNE VERCORS. — Jacques, mon enfant! Le même appel que le père a entendu, la fille aussi, elle lui a prêté l'oreille!

JACQUES HURY. — Quel appel?

ANNE VERCORS, *comme s'il récitait.* — *L'Ange de Dieu a annoncé à Marie et elle a conçu de l'Esprit-Saint.*

JACQUES HURY. — Qu'est-ce qu'elle a conçu?

ANNE VERCORS. — Toute la grande douleur de ce monde autour d'elle, et l'Église coupée en deux, et la France pour qui Jeanne a été brûlée vive elle l'a vue! Et c'est pourquoi elle a baisé ce lépreux, sur la bouche, sachant ce qu'elle faisait.

JACQUES HURY. — Une seconde! en une seconde elle a décidé cela?

ANNE VERCORS. — *Voici la servante du Seigneur.*

JACQUES HURY. — Elle a sauvé le monde et je suis perdu!

ANNE VERCORS. — Non Jacques n'est pas perdu, et Mara n'est pas perdue quand elle le voudrait, et Aubaine, elle est vivante!

Et rien n'est perdu, et la France n'est pas perdue, et voici que de la terre jusqu'au ciel bon gré mal gré

D'espérance et de bénédiction se lève une poussée irrésistible!

Le Pape est à Rome et le Roi est sur son trône.

Et moi, je m'étais scandalisé comme un Juif, parce que la face de l'Église est obscurcie, et parce qu'elle marche en chancelant son chemin dans l'abandon de tous les hommes.

Et j'ai voulu de nouveau me serrer contre le tombeau vide, mettre ma main dans le trou de la croix, comme cet apôtre dans celui des mains et des pieds et du cœur.

Mais ma petite fille Violaine a été plus sage!

Est-ce que le but de la vie est de vivre? est-ce que les pieds des enfants de Dieu sont attachés à cette terre misérable?

Il n'est pas de vivre, mais de mourir! et non point de charpenter la croix, mais d'y monter et de donner ce que nous avons en riant!

Là est la joie, là est la liberté, là la grâce, là la jeunesse éternelle! et vive Dieu si le sang du vieillard sur la nappe du sacrifice près de celui du jeune homme.

Ne fait pas une tache aussi rouge, aussi fraîche que celui de l'agneau d'un seul an!

Ô Violaine! enfant de grâce! chair de ma chair! Aussi loin que le feu fumeux de la ferme l'est de l'étoile du matin,

Quand cette belle vierge sur le sein du soleil pose sa tête illuminée,

Puisse ton père tout en haut pour l'éternité te voir à cette place qui t'a été réservée!

Vive Dieu si où passe ce petit enfant le père ne passe pas aussi!

De quel prix est le monde auprès de la vie? et de quel prix la vie, sinon pour s'en servir et pour la donner?

Et pourquoi se tourmenter quand il est si simple d'obéir et que l'ordre est là?

C'est ainsi que Violaine toute prompte suit la main qui prend la sienne.

JACQUES HURY. — Ô Violaine! ô cruelle Violaine! désir de mon âme, tu m'as trahi!
Ô détestable jardin! ô amour inutile et méprisé, jardin à la male heure planté!
Douce Violaine! perfide Violaine! ô silence et profondeur de la femme!
Est-ce que tu ne me diras rien? Est-ce que tu ne me réponds pas? est-ce que tu continueras de te taire?
M'ayant trompé avec des paroles perfides,
M'ayant trompé avec ce sourire amer et charmant
Elle s'en va où je ne puis la suivre.
Et moi, avec ce trait empoisonné dans le flanc,
Il va falloir que je vive et continue!

(Bruits de la ferme qui se réveille.)

C'est l'alouette qui monte en haut
Qui prie Dieu pour qu'i fasse beau!
Pour son père et pour sa mère
Et pour ses petits patriaux!

ANNE VERCORS. — Le jour se lève! J'entends la ferme qui se réveille et toute la cavalerie de ma terre dans son pesant harnachement quatre par quatre,
Ces lourds quadriges dont il est parlé dans la Bible qui se préparent à l'évangile du soc et de la gerbe.

(Il va ouvrir à deux battants la grande porte. Le jour pénètre à flots dans la salle.)

JACQUES HURY. — Père, regardez! regardez cette terre qui est à vous et qui vous attendait, le sourire sur les lèvres!
Votre domaine, cet océan de sillons, jusques au bout de la France! Il n'a pas démérité entre mes mains!
La terre au moins, elle ne m'a pas trompé, et moi non plus, je ne l'ai pas trompée, cette terre fidèle, cette terre puissante! Il y a un homme à Combernon! La foi jurée, le mariage qu'il y a entre elle et moi, je l'ai respecté.

ANNE VERCORS. — Ce n'est plus le temps de la moisson, c'est celui des semailles. La terre assez longtemps nous a nourris, et moi, il est temps que je la nourrisse à mon tour
(Se retournant vers VIOLAINE.)
De ce grain inestimable.

JACQUES HURY, *se tordant les bras.* — Violaine, Violaine! m'entends-tu, Violaine?

MARA. *(Elle s'avance violemment.)* — Elle n'entend pas! Votre voix ne porte pas jusqu'à elle! Mais moi, je saurai me faire entendre.
(D'une voix basse et intense.)
Violaine! Violaine! Je suis ta sœur! m'entends-tu, Violaine?

JACQUES HURY. — Sa main! J'ai vu cette main remuer!

MARA. — Ha ha ha! vous le voyez! elle entend! elle a entendu!
Cette voix, cette même voix de sa sœur qui un certain jour de Noël a fait force jusqu'au fond de ses entrailles!

JACQUES HURY. — Père, père! elle est folle! vous entendez ce qu'elle dit?
Ce miracle... cet enfant... je suis fou... elle est folle!

ANNE VERCORS. — Elle a dit vrai. Je sais tout.

MARA. — Non, non, non! je ne suis pas folle! Et elle, regardez! elle entend, elle sait, elle a compris!
Pan pan pan!...
Qu'est-ce qu'il disait, le père, tout à l'heure qu'est-ce qu'il dit, le premier coup de l'Angélus?

ANNE VERCORS. — *L'Ange de Dieu a annoncé à Marie et elle a conçu de l'Esprit-Saint.*

MARA. — Et qu'est-ce qu'il dit, le second coup?

ANNE VERCORS. — *Voici la servante du Seigneur, qu'il me soit fait suivant votre volonté.*

MARA. — Et qu'est-ce qu'il dit, le troisième coup?

ANNE VERCORS. — *Et le Verbe s'est fait chair et il a habité parmi nous*[153].

MARA. — Et le Verbe s'est fait chair et il a habité parmi nous!
Et le cri de Mara, et l'appel de Mara, et le rugissement de Mara, et lui aussi, il s'est fait chair au sein de cette horreur, au sein de cette ennemie, au sein de cette personne en ruine, au sein de cette abominable lépreuse!
Et cet enfant qu'elle m'avait pris,
Du fond de mes entrailles j'ai crié si fort qu'à la fin je le lui ai arraché, je l'ai arraché de cette tombe vivante,
Cet enfant à moi que j'ai enfanté et c'est elle qui l'a mis au monde.

JACQUES HURY. — C'est elle qui a fait cela?

MARA. — Tu sais tout! oui, cette nuit, la nuit de Noël!
Aubaine, je t'ai dit qu'elle était malade, ce n'était pas vrai, elle était morte! un petit corps glacé!
Et tu dis que c'est elle qui a fait cela? C'est Dieu, c'est Dieu qui a fait cela! tout de même j'ai été la plus forte! c'est Mara, c'est Mara qui a fait cela!

(JACQUES HURY pousse une espèce de cri, et, repoussant violemment MARA, il se jette aux pieds de VIOLAINE.)

MARA. — Il se met à genoux! cette Violaine qui l'a trahi pour un lépreux,
(Et cette terre qui suffit à tout le monde, elle n'était pas bonne pour elle!)
Et cette parole qu'elle avait jurée, avec ses lèvres elle l'a mise entre les lèvres d'un lépreux...

JACQUES HURY. — Tais-toi!

MARA. — Violaine! c'est elle seule qu'il aime! C'est elle seule qu'ils aimaient tous[AA]! C'est elle seule qu'ils aimaient tous! et voilà son père qui l'abandonne, et sa mère bien doucement qui la conseille, et son fiancé comme il a cru en elle!
Et c'était là tout leur amour. Le mien est d'une autre nature!

JACQUES HURY. — C'est vrai! Et je sais aussi que c'est toi qui as conduit Violaine jusqu'à ce trou de sable,
Une main par la main qui la tirait et l'autre qui la pousse.

MARA. — Il sait cela! rien ne lui échappe.

---

153. - Cf. Luke 1:38.
AA. - In this variant, Mara is more bitter and more aggressive; she also plays a more important role. Why did Claudel focus upon her in the final revisions of his text? Which version do you prefer and why?

JACQUES HURY. — Ai-je dit vrai ou non?

MARA. — Et fallait-il que cet homme qui m'appartient et qui est à moi soit coupé en deux? une moitié ici et l'autre dans le bois de Chevoche?
Et fallait-il que mon enfant qui est à moi fût coupé en deux et qu'il eût deux mères? L'une pour le corps et l'autre pour son âme?
C'est moi! c'est moi qui ai fait cela!
(Sourdement et avec accablement, regardant ses mains.)
C'est moi, c'est moi qui ai fait cela!

ANNE VERCORS. — Non, Mara, ce n'est pas toi, c'est un autre qui te possédait. Mara, mon enfant! tu souffres et je voudrais te consoler!
Il est revenu à la fin, il est à toi pour toujours ce père jadis que tu aimais!
Mara, Violaine! ô mes deux petites filles! ô mes deux petits enfants dans mes bras! Toutes les deux, je vous aimais et vos cœurs ensemble ne faisaient qu'un avec le mien.

MARA, *avec un cri déchirant*. — Père, père! mon enfant était mort et c'est elle qui l'a ressuscité!

VOIX D'ENFANT AU-DEHORS :   Marguerite de Paris
                            Prête-moi tes souliers gris
                            Pour aller en paradis!
                            Qu'i fait beau!
                            Qu'i fait chaud!
                            J'entends le petit oiseau
                            Qui fait pi i i i!

(Au milieu de la chanson VIOLAINE élève lentement le bras et elle le laisse retomber à côté de JACQUES.)

VIOLAINE. — Père, c'est joli, cette chanson, je la reconnais! c'est celle que nous chantions autrefois quand nous allions chercher des mûres le long des haies,
Nous deux Mara!

ANNE VERCORS. — Violaine, c'est Jacques qui est là tout près de toi.

VIOLAINE. — Est-ce qu'il est toujours en colère?

ANNE VERCORS. — Il n'est plus en colère.

VIOLAINE. — *(Elle lui met la main sur la tête.)* — Bonjour, Jacques!

JACQUES HURY, *sourdement*. — Ô ma fiancée à travers les branches en fleurs, salut!

VIOLAINE. — Père, dites-lui que je l'aime.

ANNE VERCORS. — Et lui aussi, il n'a jamais cessé de t'aimer.

VIOLAINE. — Père, dites-lui que je l'aime!

ANNE VERCORS. — Écoute-le qui ne dit rien.

VIOLAINE. — Pierre de Craon...

ANNE VERCORS. — Pierre de Craon?

VIOLAINE. — Pierre de Craon, dites-lui que je l'aime. Ce baiser que je lui ai donné, il faut qu'il en fasse une église.

ANNE VERCORS. — Elle est commencée déjà.

VIOLAINE. — Et Mara, elle m'aime! Elle seule, c'est elle seule qui a cru en moi!

ANNE VERCORS. — Jacques, écoute bien!

VIOLAINE. — Cet enfant qu'elle m'a donné cet enfant qui m'est né entre les bras;
Ah grand Dieu, que c'était bon! ah que c'était doux! Mara! Ah comme elle a bien obéi, ah comme elle a bien fait tout ce qu'elle avait à faire!
Père! père! ah que c'est doux, ah que cela est terrible de mettre une âme au monde!

ANNE VERCORS. — Ce monde-ci, dis-tu, ou y en a-t-il un autre?

VIOLAINE. — Il y en a deux et je dis qu'il n'y en a qu'un et que c'est assez, et que la miséricorde de Dieu est immense!

JACQUES HURY. — Le bonheur est fini pour moi.

VIOLAINE. — Il est fini, qu'est-ce que ça fait?
On ne t'a point promis le bonheur, travaille, c'est tout ce qu'on te demande.
Interroge la vieille terre et toujours elle te répondra avec le pain et le vin.
Pour moi, j'en ai fini et je passe outre.
Dis, qu'est-ce qu'un jour loin de moi? Bientôt il sera passé.
Et alors quand ce sera ton tour et que tu verras la grande porte craquer et remuer,
C'est moi de l'autre côté qui suis après.

JACQUES HURY. — Ô ma fiancée à travers les branches en fleurs, salut!

VIOLAINE. — Tu te souviens?
Jacques! bonjour, Jacques!
— Et maintenant il faut m'emporter d'ici.

JACQUES HURY. — T'emporter?

VIOLAINE. — Ce n'est point ici la place d'une lépreuse pour y mourir.
Faites-moi porter dans cet abri que mon père avait construit pour les pauvres à la porte de Monsanvierge.

(JACQUES HURY fait le geste de l'emporter.)

Non pas vous, Jacques.

JACQUES HURY. — Eh quoi, pas même ce dernier devoir?

VIOLAINE. — C'est mon père que je veux. C'est entre les bras de mon père que je remets mon esprit.

(Silence. ANNE VERCORS prend le poignet de VIOLAINE et il compte lentement de la main gauche, les yeux baissés.)

VIOLAINE. — Jacques, tu es là encore?

JACQUES HURY. — Je suis là.

VIOLAINE. — Est-ce que l'année a été bonne et le blé bien beau?

JACQUES HURY. — Tant qu'on ne sait plus où le mettre.

VIOLAINE. — Ah!
Que c'est beau une grande moisson!...
Oui, même maintenant je me souviens et je trouve que c'est beau!

JACQUES HURY. — Oui, Violaine.

VIOLAINE. — Que c'est beau de vivre! (*avec une profonde ferveur*) et que la gloire de Dieu est immense!

JACQUES HURY. — Vis donc et reste avec nous.

VIOLAINE. *(Elle retombe sur sa couche.)* — Mais que c'est bon aussi
De mourir alors que c'est bien fini et que s'étend sur nous peu à peu
L'obscurcissement comme d'un ombrage très obscur.

(Silence.)

ANNE VERCORS. — Elle ne dit plus un mot.

JACQUES HURY. — Prenez-la. Elle est à vous. Portez-la où elle a dit.
Pour moi elle ne veut point que je la touche.
Doucement! bien doucement, je vous dis!
   (ANNE VERCORS sort, emportant le corps, JACQUES HURY le suit des yeux.)

L'ANGÉLUS *(voix)* :
1. Pax pax pax
2. Pax pax pax
3. Père père père

VOLÉE :
Gloria in excelsis Deo et in terra pax hominibus bonae voluntatis[154].
Laetare
Lae ta re
Lae ta re!

(Pendant ce temps et tandis que JACQUES HURY regarde ANNE VERCORS qui s'éloigne avec le corps de VIOLAINE, MARA s'avance, portant son enfant, JACQUES HURY se retourne lentement vers elle. MARA élève son enfant et fait avec lui le signe de la croix. JACQUES HURY tourne la tête un moment vers le chemin où ANNE VERCORS a disparu puis vers MARA. Tous deux se regardent longuement et profondément pendant qu'expirent les dernières notes de l'Angelus.)

16 novembre 1938.

Explicit

---

154. - « Glory to God on high and peace on earth to all men of good will. Rejoice. »

BB. - Why did Claudel curb his lyrical outbursts in this version? Most of the biblical allusions disappear, why?

CC. - What scenic changes were made and why?

JEAN COCTEAU
Orphée

INTRODUCTION

Acrobats and funambules are frequently to be encountered in Cocteau's poems, plays and essays; and so the poet himself has perhaps unwittingly engendered that metaphor of the circus by which some literary circles came to characterize his work. He has consistently rejected efforts to be labelled « circus performer, » « magician » or clever trickster, and has repeatedly insisted upon the basic seriousness of his works:

« Fantaisie, terme atroce, insulte qu'on nous prodigue sans cesse sous prétexte de nous rendre hommage. »

Nevertheless it is as a tightrope-walker that Cocteau introduces himself in the prologue to *Orphée*. While amusing the crowd, the performer considers himself to be in actual danger of death at the mercy of a public bent upon destroying him.

« Nous jouons très haut et sans filet de secours. Le moindre bruit intempestif risque de nous faire tuer mes camarades et moi. »

The poet, like the funambules who so vividly impressed him as a child, is always in danger of losing the precarious balance which is the secret of his power over his public. Cocteau's relationship to his public has always involved a frustating mixture of fear, hostility and mischieviousness. To scandalize, yet to charm, to entertain, yet to be taken seriously would have been a panacea to his essentially childlike and lonely soul.

Born of prosperous middle-class parents in 1889, at Maisons-Laffitte, near Paris, Jean Cocteau developed from a spoiled child and bad student into a frivolous young esthete and a darling of literary salons. From the day of his first literary scandal (*Parade*, 1917) to that of his election to the French Academy, he was at the forefront of French artistic development, now delighting, now infuriating his contemporaries with his experiments in verse, ballet, fiction, films, graphic arts—and even ornamental glass. His life was a series of experiments in the wild and unexpected. Aviator, protector of a dispirited Negro boxer, around-the-world-in-eighty-days-traveler, opium-smoker, our poet was an incorrigible exhibitionist.

Yet this maker of scandals, this hot-headed public figure had his own inner world where he sobbed all by himself: « monde à moi qui me chasse de l'autre monde où, seul, je sanglote et je pavoise. J'ai fermé la porte. » Behind this closed door the real drama of loneliness and death is being enacted, and it is for the reader to elucidate the true nature of this inner drama, and to follow the funambule's course along that tightrope which Cocteau saw as the symbol of poetic endeavor.

When Jean Cocteau exploded his first bomb on the French stage, the theater was still in the grips of Antoine's naturalism, with plays full of real clocks that told the real time for real characters engaged in situations from real life. The naturalistic theater, in its crystallized forms, resembled the bourgeois wedding party in Cocteau's *Les Mariés de la Tour Eiffel* (1921); but lo! what should emerge from the camera but a live ostrich!

Cocteau's first experiments aimed to scandalize, to jolt the theater public accustomed to « real pieces of meat » out of its complacency. « Il faut jeter une bombe, » he writes in *Orphée*; and he was to achieve a unique reputation as a writer prepared to go to almost any lengths to produce the necessary explosion.

Les Mariés de la Tour Eiffel owed a great debt to Surrealist theory and practice, as first manifested in Apollinaire's *Les Mamelles de Tirésias*. In his preface to the play, Apollinaire explained that Surrealism, as he understood it, was a means of capturing the essence of reality, not by copying nature, but by expressing it in ways that made the work of art « more real than real. » Cocteau makes the same contention in his preface to *Les Mariés de la Tour Eiffel*: « Je cherche à peindre plus vrai que le vrai. » Eminently beautiful, according to Lautréamont, was the unexpected meeting on a dissection table of a sewing machine and an umbrella. Poetic truth, as understood by the Surrealists, springs out of such chance encounters between disparate elements isolated from their context. The device is omnipresent in Cocteau's works, however brief may have been his own allegiance to the fundamental tenets of Surrealism.

Like Orphée who painfully disentangled himself from the diabolical influence of his horse, our poet was soon to break away from the facile anarchy to which Dadaists and Surrealists had succumbed. In 1918, Jean Cocteau met Raymond Radiguet, whose death, five years later, distressed him so much that he resorted to opium as a relief, only to suffer further agonies in the future, when he tried to break his addiction. Radiguet's influence was diametrically opposed to that of the Surrealists. Whereas the latter were bent on disrupting all forms of order—social, political or literary—sixteen-year old Radiguet set out to « restore the spirit of classicism. » He urged his friend to « write like everybody else » because « it is precisely in trying to do this impossible thing that originality finds its expression. » In his autobiographical *La Difficulté d'être* (1947), Cocteau acknowledged his debt to Radiguet and extolled the classical virtue of stylistic discipline: « Les mots ne doivent pas couler; ils s'encastrent. » For most of his life, he strove to attain a style that would be « rapide, dur, économe de vocables. » This deliberate choice of a hard and resistant medium explains much of the power of *Orphée*. In his early adaptations of the Greek plays, *Antigone* and *Œdipe Roi*, Cocteau perfected a dramatic technique based upon fast-moving action and dialogue stripped to its bare essentials. It only remained for the poet to deepen the thematic content of his plays. *Orphée,* produced in 1926, was a major step in this direction.

Written two years after Radiguet's death, the play introduces most of Cocteau's obsessive themes and metaphors, as well as his favorite theatrical devices. The poet, now master of his dramatic technique, carries away his public by an exceedingly rapid whirlpool of scenic movements from one end of the tightrope to the other; there is hardly time for us to notice, busy as we are watching the performer's antics, the underlying drama of creation and death. « J'ai voulu toucher aux plus graves problèmes d'une main légère et sans philosopher dans le vide, » wrote Jean Cocteau about the film *Orphée*, which, fifteen years later, amplified and developed, through haunting images, the intertwined themes of the play.

Cocteau's fascination with the myth of Orpheus is a symptom of his tortured self-consciousness as a creative writer, and his play may be viewed as yet another attempt at self-justification. He recognized, in the ancient myth, the ideal concept of the struggling and persecuted poet, fated to suffering and death. After *Orphée,* the figure of the poet reappears, constantly embodied in the main characters of all Cocteau's plays, novels and films.

In 1925, Cocteau was painfully withdrawing from opium as well as from certain literary influences. Like Orphée's horse, Surrealism and opium work beyond ordinary consciousness, had revealed to the poet mysterious forces at an escape from commonplace *reality,* but as stated in his *Lettre à Jacques Maritain,* written only a month after *Orphée,* the poet who resorts to dreams does not succeed in « leaving the house » but « remains stuck in the attic. » As Orphée's house freed from the malefic influence of the horse ascends to heaven at the end of our play, we are given to understand that the poet's paradise lies in his awakening to a calm, pure and transparent reality.

The dual theme of enslavement and reawakening, now overtly linked to poetic creation, now clothed in various metaphors, provides the unifying link between Cocteau's plays, be they in the romantic, classical, or naturalist vein. In his *Les Chevaliers de la Table Ronde* (1937), King Arthur's kingdom is the prey of a malevolent sorcerer, Merlin, whose magic spells sterilize the country and bring chaos to the heart of the royal family. Galahad's mission is to break the evil spell and bring life back to Camalot: « Vous viviez dans un enchantement mortel. Rien de vrai ne pouvait avoir lieu autour de vous. Maintenant, tout est à vif, tout saigne. Plus rien n'enveloppe, n'endort, ne facilite les choses. La vérité commence. Elle est dure. Elle vous fera mal au réveil. » Such an awakening lies in wait for Prince Renaud, trapped in Armide's enchanted garden (*Renaud et Armide,* 1943) or for the inmates of a stuffy caravan (*Les Parents terribles,* 1938) entangled in a web of lies and illusions. The transition from illusion to truth, from darkness to light, from disorder to order, is always painful, and actually occurs at the threshold of death. The mystical union of Orphée and Eurydice occurs beyond death. King Arthur's awakening to self-consciousness coincides with the death of Lancelot and Guenevere. In Cocteau's grim universe, there is always a price to pay. As the curtain falls on *Les Chevaliers de la Table Ronde,* shrill bird songs may still be heard. They say: « Pay, pay, pay, pay, pay, pay. You must pay, pay, pay, pay, pay, pay, pay, pay, pay, pay. You must pay, pay, pay, pay. Pay, pay, pay... »

This pathetic call for death and self-flagellation had its sublime but also its melodramatic aspects. Cocteau's characters, like the poet himself, display a neurotic taste for being victimized. They obediently fall in the traps that are prepared for them, as in *La Machine infernale* (1932) or, if necessary, set up their own as in *L'Aigle à deux Têtes* (1946). Cursed by sorcerers, fate or society, Cocteau's heroes are thrown, on their way to martyrdom, into a treacherous world pregnant with unforeseen dangers. Orphée, Stanislas, Galahad and Hans belong to the family of « poetes maudits » with whom Cocteau identified. Our poet felt a strange sort of kinship with the great persecuted figures of literature and history, Antigone, Joan of Arc, Rousseau and Jean Genet. Throughout his life, he actually felt misunderstood, persecuted, hunted by friend and foe alike. Examples of this feeling of persecution are especially numerous in *Journal d'un Inconnu*, published in 1953 when Cocteau was sixty-three years old: « If I write, I annoy. If I make a film, I annoy. If I paint, I annoy. If I exhibit my painting, I annoy; and I annoy if I don't exhibit it. I have the gift of annoying people. » The element of exaggeration here is obvious. After all, Cocteau was elected to the French Academy. But in most of his plays, poets appear as incarnations of what the world hates. Orphée is torn to pieces by the Bacchantes, Merlin uses his evil powers against Galahad, Hans cannot escape the fury of the crowd. Cocteau's personal neurosis was thus transmuted into the theme of universal fatality and loneliness which constitutes the unchanging drama in his works.

It is possible to interpret *Orphée* as a desperately earnest attempt at communicating a deeply personal experience. On the other hand, it is not surprising that one critic should have written the play off as a « pochade de farceur. » A white horse's head protruding from a niche, a glazier suspended in mid air, some strange time-machine described in the technical jargon of science fiction, Death's rubber gloves and evening dress, Orphée's march through the mirror—here are a few of the devices that seem to remove the play from the sphere of « tragedy » to that of music-hall magic. Cocteau opens his play with a plea for attentiveness on the part of his audience and then proceeds to mystify it with the help of various childish tricks. For the benefit of the stage director, he even devotes three pages to explanations as to how Heurtebise is to be suspended in mid-air, how the noise of the time-machine is to be produced (« on peut employer le 'vacuum-cleaner' »), how to substitute a cardboard head for a real one and vice-versa. A story still circulates about a lady in the audience, how « she sat calmly through the stage-magic and accepted even the horse but reacted with a loud « Ah ça, non ! » to Orphée's march through the mirror. » Some may dismiss even the horse as pure nonsense. Symbol-hunters, on the other hand, will approach it with proper respect, thus falling into the open pitfalls of literary criticism. Some may see in it a reference to Pegasus, the winged symbol of poetic imagination. Others will identify it with the purely instinctive and intuitive aspects of our nature, as distinguished from the qualities of intellect and reason. But the frustrated critic is faced with a papier-mâché head projecting from a hole, as the hoof of the otherwise invisible creature reluctantly taps out laconic messages. Those messages, if we insist upon deciphering them, may actually prove to be quite insulting. Orphée's poem, that « mysterious flower » transmitted by the horse from « the realms of death, » is interpreted by the Bacchantes as meaning « Merde. »[1] However, without further ado, we should recover the spirit of our childhood and enter Cocteau's poetic universe.

1. - Madame Eurydice Reviendra Des Enfers.

A public bent upon collaborating with Cocteau in his search for poetic truth should be immediately sensitive to the mysterious forces at work behind the commonplace appearance of Orphée's living room:

> « Il ressemble pas mal aux salons des prestidigitateurs. Malgré le ciel d'avril et sa lumière franche, on devine ce salon cerné par des forces mystérieuses. Même les objets familiers ont des airs suspects. »

The objects that furnish the stage, fruits, dishes, glasses and pitcher, are meant to create an uneasiness in the spectator soon to be confronted with a perfectly ordinary horse gifted with supernatural powers. In this curious set-up, Orphée and Eurydice engage in one of their daily domestic quarrels. Ever since the poet's infatuation with his horse, his neglected wife has resorted to nagging, and the general atmosphere is charged with electricity. Cocteau's plays and novels are full of such stuffy household scenes, with husbands and wives, mothers and sons, brothers and sisters quarrelling in an atmosphere of sickening intimacy. Trapped in their stifling environments, Cocteau's heroes share a strange propensity for supporting the glazier's trade. Like Eurydice, they are addicted to breaking windows, either in actual fact or metaphorically. Thus, in *La Machine à écrire*: « Cette ville étouffait sous le convenable et n'attendait qu'un scandale pour casser les vitres et changer d'air. » And again in *Les Parents terribles*: « Michel étouffe dans votre roulotte et il a fallu qu'il cherche de l'air. »

Salvation actually makes a dramatic entrance through the sun-lit balcony, in Scene II, as Heurtebise, the angel-glazier, comes to Eurydice's rescue. His identity cannot be questioned; for this apparently ordinary young man, who kneels, hands crossed upon his breast, in the pose of the Annunciation, his glass sparkling in the light, provides us with an irrefutable proof of his supernatural powers. At the end of Scene IV he remains suspended in mid-air, as the chair on which he is standing is pulled out from under him. His mission as a guardian angel is to restore peace and order to Orphée's household.

The horse must be destroyed. Aglaonice, one of Orphée's enemies, has provided Heurtebise with a piece of poisoned sugar. She demands, in exchange, a compromising letter which Eurydice has in her possession. The document is to be inserted in a self-addressed envelope. The victim of this complicated plot is actually intended to be poor unsuspecting Eurydice. The glue on the envelope is poisoned and she dies shortly after licking it.

In Scene VI, while Heurtebise seeks Orphée at Eurydice's request, Death and her Two assistants emerge from the mirror. Cocteau himself deems it necessary to explain the meaning of such an entrance: « Mirrors are the doors by which Death comes and goes. Tell it to no one. Besides, watch yourself all your life in a mirror and you will see Death working like bees in a glass hive. » We have no time, however, to ponder on the significance of such a clue, as the stage fills up with strange-looking props, with the « vacuum cleaner » roaring in the background. Death's surgical apparatus—mysterious metallic boxes, spools of thread and red rubber gloves—emerges from two large black suitcases. Then begins the ritual which must be performed before Death can claim Eurydice—drums in the background, Death's hypnotic gestures, Azrael like « a referee counting a knock-out, » Raphael's naval signals. « Hop ! » the job is done and Death, followed by her assistants, exists through the mirror. But she has left her gloves behind.

Scene VI, with its strange mixture of moods ranging from the sublime to the merely ludicrous, introduces some of Cocteau's favorite devices: the thread (*Renaud et Armide, La Machine infernale*), the mirror (*Le Sang d'un poète,* the film *Orphée*), the gloves (*La Belle et la Bête*). Decoders of symbols may elaborate at length on the theme of the mirror as the frontier between the visible and the invisible, and on that of the gloves as a means of breaking through. But such an approach would infuriate our poet who maintains that « there is not a single symbol in *Orphée* » and that the dove, for instance, is a mere « cliché. » Let us discard Cocteau's warning for the time being and for the sake of argument extract as much as we possibly can from his personification of Death.

Why should Death appear as an elegant lady, all dressed up for a ball and carrying two perfectly ordinary black suitcases? If Death were just to suggest physical deterioration, we would be justified in dismissing the evening gown with a shrug. But as in *Le Sang d'un poète* and the film *Orphée,* she is not only death, she is mystery, poetry, the unknown that the poet must penetrate before he can attain self-knowledge. There is very little sense of horror in Death's appearance because, in some indefinable way, this beautiful young woman is life herself. Any attempt to pin down a precise symbolical meaning on the character would hamper our appreciation of the play as whole.

In Scene VII, Heurtebise returns with Orphée, but it is too late. Both Eurydice and the horse are dead. The distracted poet vows that he will go as far as Hell in search of his wife. This is pure rhetoric, but in Cocteau's magical universe, words suddenly become reality. Heurtebise is deeply moved by Orphée's laments, and suggests that, in exchange for the gloves, Death might be willing to strike a bargain. Orphée puts on the gloves and exits through the mirror.

The passage to and return from the Underworld takes place out of time. Cocteau indicates this by repeating word for word an apparently insignificant scene. A postman knocks, speaks with Heurtebise and slips a letter under the door. The two identical scenes are separated by a very brief interval. The device is intended to indicate that chronological time is an illusion. Whether or not a scientist or a philosopher will be convinced by such a concretization of the « Mystery of Time » is open to question, but dramatically speaking, the device is quite effective.

Whatever takes place beyond the mirror is left to our imagination. In the film *Orphée,* we are given a glimpse into the mysterious real of Death with its somewhat Kafkaesque set-up. In the play, the emphasis is psychological rather than metaphysical. Orphée does not satisfy our curiosity as far as the nature of hell is concerned. He is much more interested in resuming a normal life with his beloved Eurydice. In the first few moments after they emerge from the mirror, husband and wife are radiant with happiness, but they soon fall back to quarrelling, as in the beginning of the play. The situation is aggravated by the fact that they are forbidden ever to face each other again. In the ancient myth, Orphée promised not to look at Eurydice until he brought her safely back to earth. Cocteau puts his poet in a much more serious predicament. As was to be expected, Orphée looks at his wife by accident, and Eurydice disappears never to return again.

The poet's trials are not over. After losing both his horse and his wife, Orphée is actually about to lose his head. His poem « Madame Eurydice reviendra des enfers » has been maliciously interpreted by his enemies as meaning « MERDE, » and now the Bacchantes are after him. Imbued with a passion for self-sacrifice, the poet rushes on to the balcony to be torn apart by the infuriated crowd. His head comes flying back into the house whereas his invisible body gropes towards the mirror.

Orhée's joyful acceptance of martyrdom makes him into a hero. When he is finally decapitated, we know that he had achieved greatness. The way to grace is through martyrdom, a basic theme which runs through most of Cocteau's works. As Hans exclaims in *Bacchus*: « If they burn me, I win; if I escape, I lose. » The Christian overtones of the theme are particularly obvious in *Orphée*. The crucifixion of the hero-poet is essential to the attainment of his goal—be it love, poetry or truth. Orphée's severed head would not be out of place in a chamber of horrors. Yet the poet's death is primarily symbolical as it entails a spiritual rebirth.

In Scene X, in response to the heart-rending complaints of the severed head, Eurydice comes into the room and lovingly leads Orphée's invisible body through the mirror. The reunited couple reappears at the end of the play, following a burlesque dialogue between a police commissioner and the severed head. The fairytale ending is characteristic of Cocteau. As the settings mount on wires into the loft, a new peace descends upon Orphée, Eurydice and their angel. Before sitting down to dinner, Orphée—a priest in the original myth, recites a Thanksgiving prayer which summarizes the poetic message of the play:

> « Mon Dieu, nous vous remercions de nous avoir assigné notre demeure et notre ménage comme seul paradis et de nous avoir ouvert votre paradis. Nous vous remercions de nous avoir envoyé Heurtebise et nous nous accusons de n'avoir pas reconnu notre ange gardien. Nous vous remercions d'avoir sauvé Eurydice parce que, par amour, elle a tué le diable sous la forme d'un cheval et qu'elle en est morte. Nous vous remercions de m'avoir sauvé parce que j'adorais la poésie et que la poésie, c'est vous. Ainsi soit-il. »

The same sense of things being at last in order is achieved in the exit of blind Œdipus, accompanied by his family, in *La Machine infernale*; in the reconciliation between husband and wife in *Les Monstres sacrés*; in Galahad's final words in *Les Chevaliers de la Table Ronde*. In each play the hero is led to a vision of truth, love or divine wisdom as the case may be, through a painful process of disintoxication. The devil incarnate can be seen in *Les Chevaliers de la Table Ronde*. In *Orphée* he appears in the guise of a horse. Sometimes, as in *Les Parents terribles* or *La Machine à écrire*, his paralyzing influence is more subtly felt. The symptoms of intoxication may vary but the drama is the same. Cocteau's heroes are chosen among the young, the pure in heart. Be they poets, princes, knights, lovers or revolutionaries, they sooner or later fall into devilish traps. The despairing cry in Cocteau's plays is that of a man who feels himself a mere marionette and remains impotent until the final catastrophe. Orphée reaches self-knowledge just as he is about to be torn apart by the Bacchantes. But if we interpret his death as being purely symbolic, the message of the play becomes a positive one. The very last line actually recalls the healthy, down-to-earth conclusion of Voltaire's *Candide*: « Il faut cultiver notre jardin. » Eurydice lovingly pours her husband a glass of wine, and Heurtebise—who is actually a very down-to-earth anger—calls out for his dinner: « Peut-être arriverons-nous enfin à déjeuner. »

Such a prosaic ending to a tragic tale, with its mixture of fantasy, pathos, mysticism and realism may prove quite frustrating to the serious-minded critic. Cocteau's sudden shifts of mood may be a source of irritation to some, of delight to others. Those of us who frown upon the poet's mischievious behavior are actually as much at fault as those who extol it beyond measure, for Cocteau's works are to be taken both seriously and with a grain of salt. His poetic universe cannot be entered by the key of rational inquiry and analysis alone, nor can it be dismissed as pure fantasy, charming though it may be. Cocteau neither wanted to be called a child, nor to be interrogated by some pretentious logician such as the police officer questioning Orphée's severed head, in Scene XII of our play. As was suggested in the preface, « poetry is a closed and hermetic system which we must penetrate by magic, in a state of trance. We submit to a mystery, the mystery of style. » Behind this style, poetic creation is turned into an act of « supreme exhibitionism: »

« La poésie est une sorte d'exhibitionisme suprême, lequel, par chance, s'exerce chez les aveugles. »

This propensity towards exhibitionism is simultaneously the source and the product of Cocteau's deep-seated neurosis. It explains the performer's antics, as well as the deeper thematic contents of the plays: his hostility and fear of the public, his obsession with death and purity, the « difficulty of being » in a universe filled with every danger. The acrobat's request, in the prologue of our play, must thus be understood within the whole context of Cocteau's life and works. His plea for attentiveness on the part of the audience and at the same time his tendency to show off, point to the dual nature of such tragi-comic exhibitionism:

« Il y a toujours sur le vide une corde raide. L'adresse consiste à marcher, comme sur des œufs, sur la mort. Un pas d'écrit, un pas d'ôté à la chute. »

CHRONOLOGY OF MAJOR PLAYS AND FILMS

Dates are those of first production or release.

1916. Rome. PARADE, BALLET RÉALISTE. *Music by Eric Satie, sets and costumes by*
1917. Paris. *Pablo Picasso. With the Ballet Russe of Serge Diaghilev. Choreography by Leonide Massine.*
1920. LE BŒUF SUR LE TOIT, *pantomime. Music by Darius Milhaud, set by Raoul Dufy.*
1921. LES MARIÉS DE LA TOUR EIFFEL, *farce. Music by « Les Six. »*
1922. ANTIGONE, *adaptation of Sophocles.*
1924. ROMÉO ET JULIETTE, *prétexte à mise en scène.*
1926. ORPHÉE, *tragedy in one act and one interval.*
1930. LA VOIX HUMAINE, *monologue in one act.*
1932. LE SANG D'UN POÈTE, *film.*
1934. LA MACHINE INFERNALE, *tragedy in four acts.*
1937. ŒDIPE ROI, *adaptation of Sophocles.*
1937. LES CHEVALIERS DE LA TABLE RONDE, *play in four acts.*
1938. LES PARENTS TERRIBLES, *play in three acts.*
1940. LES MONSTRES SACRÉS, *portrait d'une pièce en trois actes.*
1941. LA MACHINE À ÉCRIRE, *play in three acts.*
1943. RENAUD ET ARMIDE, *tragedy in three acts.*
1944. L'ÉTERNEL RETOUR, *film.*
1945. LA BELLE ET LA BÊTE, *film.*
L'AIGLE A DEUX TÊTES, *play in three acts.*
1947. RUY BLAS, *film.*
1948. LES PARENTS TERRIBLES, *film.*
1948. L'AIGLE A DEUX TÊTES, *film.*
1950. ORPHÉE, *film.*
1950. LES ENFANTS TERRIBLES, *film.*
1951. BACCHUS, *play in three acts.*

CRITICAL WORKS

COCTEAU Jean: Théâtre complet, 2 volumes, *Paris, Grasset, 1957.*
DUBOURG Pierre: Dramaturgie de Jean Cocteau, *Paris, Grasset, 1954.*
FERGUSSON Francis: « The Infernal Machine, *The Myth behind the Modern City,* » The Idea of a Theatre, *Princeton University Press, 1949.*
FRAIGNEAU André: Cocteau par lui-même, *Paris, Éditions du Seuil, 1961.*
GUICHARNAUD Jacques: Modern French Theatre, *New Haven, Yale University Press, 1961.*
KIHM Jean-Jacques: Cocteau, *Paris, Gallimard, 1960.*
KUSHNER Éva: « L'Orphée de Cocteau, » Le Mythe d'Orphée dans la littérature française contemporaine, *Paris, Nizet, 1961.*
LANNES Roger: Jean Cocteau, *Paris, Pierre Seghers, 1945.*
MOURGUE Gérard: Cocteau, *Paris, Éditions Universitaires, 1965.*
OXENHANDLER Neal: Scandal and Parade, The Theatre of Jean Cocteau, *New Brunswick, Rutgers University Press, 1957.*

Mon cher Pitoëff,[1]

Un peintre peut se jeter du cinquième étage, l'amateur dira encore que cela fait une jolie tache. *Vous savez à quoi s'expose un dramaturge écorché vif?*[2] *Mais, au théâtre, le public réserve des surprises et ne préjuge pas. La critique, elle, sauf quelques exceptions, ne réserve aucune surprise. Or, votre indifférence à cet ordre de choses dépasse la mienne, et, malgré la critique, nous obtînmes chaque soir une salle qui collaborait avec nous. Salles émouvantes pour un esprit que l'admiration laisse froid et dont la seule affaire est d'être cru.*

Vos enfants vinrent un dimanche. L'aîné a sept ans. Ils sortent neufs de la mort où les grandes personnes retournent. Ils se trouvent donc de plain-pied avec le mystère. Depuis, la soupe se mange pour Orphée, pour Eurydice, pour Heurtebise; Sacha[3] *imite le cheval et Ludmilla*[3] *traverse les miroirs. Les critiques citent mon texte tout de travers. Eux le retiennent, le jouent, y jouent. S'ils le changent, c'est comme le rêve change nos actes. Bref, ils réussissent le miracle de la dernière scène : une maison montée au ciel. J'offre ma pièce à vos enfants, et je souhaite qu'ils ne perdent jamais l'enfance, ou qu'ils la retrouvent grâce au cœur, au génie, hérités de votre femme et de vous.*

JEAN.

1er juillet 1926.

---

1. - Georges Pitoëff was one of the great directors of the French stage in the 1930's. In 1927, he founded the famous « Cartel des Quatre » along with Louis Jouvet, Charles Dullin and Gaston Baty. He directed *Orphée* in 1926.
2. - Skinned alive.
3. - *Sacha,* Pitoëff's son, Ludmilla, his wife.

COSTUMES

On doit adopter les costumes de l'époque où la tragédie est représentée.
Orphée et Eurydice en tenues de campagne, les plus simples, les plus invisibles.
Heurtebise avec la cotte bleu pâle des ouvriers, un foulard sombre autour du cou et des espadrilles blanches. Il est hâlé, tête nue. Il ne quitte jamais son appareil à vitres.
Le commissaire et l'huissier portent des redingotes noires, des panamas, des barbiches, des bottines à boutons.
La Mort est une jeune femme très belle en robe de bal rose vif et en manteau de fourrure. Cheveux, robe, manteau, souliers, gestes, démarche à la dernière mode. Elle a de grands yeux bleus peints sur un loup. Elle parle vite, d'une voix sèche et distraite. Sa blouse d'infirmière aussi doit être l'élégance même.
Ses aides ont l'uniforme, le masque de linge, les gants de caoutchouc des chirurgiens qui opèrent.

DÉCOR

Un salon dans la villa d'Orphée. C'est un curieux salon. Il ressemble pas mal aux salons des prestidigitateurs. Malgré le ciel d'avril et sa lumière franche, on devine ce salon cerné par des forces mystérieuses. Même les objets familiers ont un air suspect.
D'abord, dans un box en forme de niche, bien au milieu, habite un cheval blanc. Les jambes de ce cheval ressemblent beaucoup à des jambes d'homme. A gauche du cheval, une autre petite niche. Dans cette niche que du laurier encadre, se dresse un socle vide. Après le socle, à l'extrême gauche, une porte ouvre sur le jardin. Lorsque cette porte est ouverte, le battant cache le socle. A droite du cheval, un lavabo de faïence. Après ce lavabo, à l'extrême droite, une porte-fenêtre. Cette porte-fenêtre, dont on aperçoit le vitrage à demi poussé vers l'extérieur, donne sur une terrasse qui entoure la villa.
Au premier plan, à gauche, contre le mur, un vaste miroir. Au second plan, une bibliothèque. Au milieu du pan coupé de droite, porte ouverte sur la chambre d'Eurydice. Un plafond en pente ferme la scène comme une boîte.
Deux tables et trois chaises blanches meublent la pièce. A gauche, une table à écrire et une des chaises.
A droite de la scène, des fruits, des assiettes, une carafe, des verres, pareils aux ustensiles en carton des jongleurs, sur la seconde table recouverte d'une nappe qui touche le sol. Une chaise derrière cette table, de face; une autre près d'elle, à gauche.

On ne pourrait ajouter ou supprimer une chaise, distribuer autrement les ouvertures, car ce décor est un décor utile où le moindre détail joue son rôle comme les appareils d'un numéro d'acrobates.

Sauf le bleu du ciel et le bourrelet de velours rouge sombre qui borde en haut la petite porte du box dissimulant le milieu du corps du cheval, aucune couleur.

Le décor rappellera les aéroplanes ou navires trompe-l'œil chez les photographes forains.

Au reste, ce décor épouse les personnages et les événements d'une manière aussi naïve et aussi dure que modèle et toile peinte se mélangent sur le camaïeu des cartes-portraits.

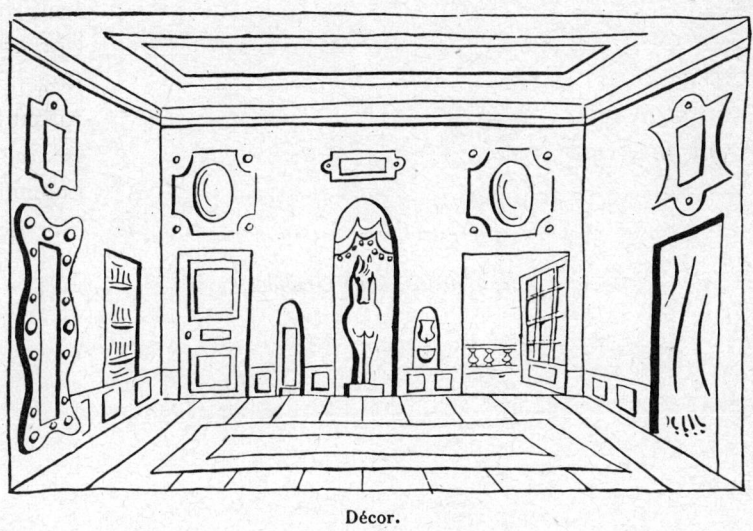

Décor.

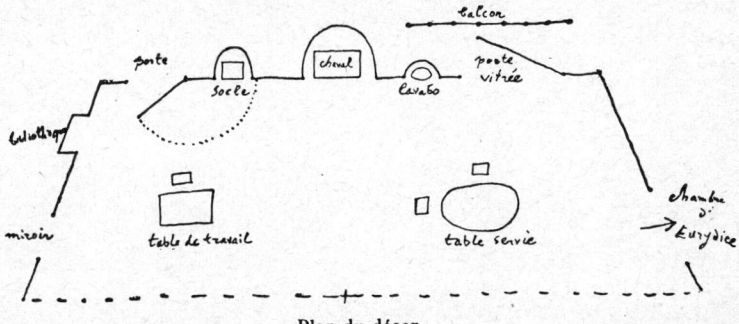

Plan du décor.

Orphée

a été représenté pour la première fois au théâtre des Arts, à Paris, le 17 juin 1926, avec la distribution suivante.
Le décor était de Jean Victor-Hugo, les robes de Gabrielle Chanel.

Orphée	MM. Georges Pitoëff
Heurtebise...	Marcel Herrand
Le commissaire de police...............................	Léon Larive
Le greffier...	Jean Hort
Le cheval..	Norbert
Voix du facteur..	Roger
Azraël, 1ᵉʳ aide de la mort...........................	Alfred Penay
Raphaël, 2ᵉ aide de la mort..........................	Georges de Vos
Eurydice...	Mᵐᵉ Ludmilla Pitoëff
La mort..	Mˡˡᵉ Mireille Havet

En Thrace, chez Orphée.

PROLOGUE

L'acteur chargé du rôle d'Orphée paraît devant le rideau.

Mesdames, Messieurs, ce prologue n'est pas de l'auteur. Sans doute sera-t-il surpris de m'entendre. La tragédie dont il nous a confié les rôles est d'une marche très délicate. Je vous demanderai donc d'attendre la fin pour vous exprimer si notre travail vous mécontente. Voici la cause de ma requête : nous jouons très haut et sans filet de secours. Le moindre bruit intempestif risque de nous faire tuer, mes camarades et moi [A].

Exit.

SCÈNE PREMIÈRE

Orphée, Eurydice, le cheval

Orphée derrière la table de gauche. Il consulte un alphabet spirite. Eurydice assise à droite, près de la table servie.

Eurydice. — Je peux bouger ?

Orphée. — Attends encore une seconde.

Eurydice. — Il ne tape plus.

Orphée. — Il met quelquefois très longtemps entre la première lettre et les autres.

Eurydice. — On prévoit les autres.

Orphée. — Je t'en prie, n'est-ce pas !

Eurydice. — Avoue que ce mot revient toujours.

Orphée. — M, M... Cheval, continue. Allons, vite, après la lettre M... je t'écoute.

Eurydice. — Quelle patience ! Toi qui n'as aucune tête, tu en trouves pour ton cheval. J'écoute. Allons, cheval ! M. M, après M. (*Le cheval bouge.*) Tu bouges. Tu vas parler. Parle. Dicte-nous la lettre après la lettre M. (*Le cheval frappe avec son sabot, Orphée compte.*) A.B.C.D.E.E., c'est la lettre E ? (*Le cheval remue la tête de haut en bas.*)

Eurydice. — Naturellement.

Orphée, *furieux.* — Chut ! (*Le cheval frappe.*) A.B.C.D.E.F.G.H.I.J.K.L.M.N.O.P.Q.R. (*A Eurydice.*) Je te défends de rire. R, c'est bien la lettre R ? M, E, R, mer ? J'ai mal compté. Cheval ! est-ce bien la lettre R ? Si c'est oui frappe un coup, deux si c'est non. (*Le cheval frappe un coup.*)

Eurydice. — N'insiste pas.

Orphée. — Écoute, je te demande en grâce de te tenir tranquille. Rien ne dérange ce cheval comme les personnes incrédules. Va dans ta chambre ou tais-toi.

A. - What atmosphere is created in the prologue? Why does Cocteau appeal to his audience in such a way?

EURYDICE. — Je n'ouvrirai plus la bouche

ORPHÉE. — Tant mieux. (*Au cheval.*) Mer. Mer... et après mer ? M.E.R., mer. J'écoute. Parle. Parle-moi, cheval. Cheval ! Allons, un peu de courage. Après la lettre R ? (Le cheval *frappe. Orphée compte.*) A.B.C. (*Silence.*) C. La lettre C, chère Madame ! (*Le cheval frappe.*) A.B.C.D.E.F.G.H.I. Merci. Merci ! C'était merci ! Est-ce tout ? Est-ce merci tout court ? *(Le cheval remue la tête de haut en bas.)* C'est for-mi-da-ble. Tu vois, Eurydice ! avec ton esprit mal tourné, j'aurais pu te croire, j'aurais pu avoir la faiblesse de me laisser convaincre... Merci tout court, c'est for-mi-da-ble !

EURYDICE. — Pourquoi ?

ORPHÉE. — Comment, pourqoui ?

EURYDICE. — Pourquoi est-ce formidable ? Ce merci n'a aucun sens.

ORPHÉE. — Par exemple ! Ce cheval me dicte la semaine dernière une des phrases les plus émouvantes du monde.

EURYDICE. – Oh !...

ORPHÉE. — ... Me dicte une des phrases les plus émouvantes du monde. Je me propose de la mettre en œuvre pour transfigurer la poésie. J'immortalise mon cheval et tu t'étonnes de l'entendre me dire merci. Ce merci est un chef-d'œuvre de tact. Et moi qui croyais... (*Il enlace le cou du cheval.*)

EURYDICE. — Écoute, Orphée, mon amour, ne me gronde pas. Sois juste. Avoue que depuis cette fameuse phrase tu obtiens un mot, un seul, et que ce mot n'est guère poétique.

ORPHÉE. — Sait-on ce qui est poétique et pas poétique.

EURYDICE. — Aglaonice faisait tourner les tables et sa table répondait toujours ce mot-là.

ORPHÉE. — Allons bon ! Il ne manquait plus que de mêler cette personne à nos affaires. Je t'ai déjà dit que je ne voulais plus qu'on me parle d'elle. Une femme dont l'influence a failli te perdre ! Une femme qui boit, qui promène des tigres, qui tourne la tête de nos épouses, qui empêche les jeunes filles de se marier.

EURYDICE. — Mais c'est le culte de la lune.

ORPHÉE. — Bravo ! Je t'engage à la défendre. Retourne chez les Bacchantes[4] puisque leurs mœurs te plaisent.

EURYDICE. — Je te taquine. Tu sais bien que je n'aime que toi et que tu n'as eu qu'un signe à faire pour que je quitte ce milieu.

ORPHÉE. — Joli milieu. Je n'oublierai jamais la voix avec laquelle Aglaonice me dit : « Emmenez-la puisqu'elle accepte. Les femmes bêtes adorent les artistes. Rira bien qui rira le dernier. »

EURYDICE. — J'en ai eu froid dans le dos.

ORPHÉE. — Si je la retrouve ! *(Il frappe l'encrier contre la table.)*

EURYDICE. — Orphée, mon poète... Regarde comme tu es nerveux depuis ton cheval. Avant tu riais, tu m'embrassais, tu me berçais ; tu avais une situation superbe. Tu étais chargé de

---

4. - Priestesses of the Greek God Bacchus. In Virgil's version of the myth of Orpheus, Orpheus' body is torn into pieces during a druken orgy in honor of Bacchus. What do the Bacchantes represent in *Orphée*?

gloire, de fortune. Tu écrivais des poèmes qu'on s'arrachait et que toute la Thrace[5] récitait par cœur. Tu glorifiais le soleil[6]. Tu étais son prêtre et un chef. Mais depuis le cheval tout est fini. Nous habitons la campagne. Tu as abandonné ton poste et tu refuses d'écrire. Ta vie se passe à dorloter[7] ce cheval, à interroger ce cheval, à espérer que ce cheval va te répondre. Ce n'est pas sérieux.

ORPHÉE. — Pas sérieux? Ma vie commençait à se faisander, à être à point, à puer la réussite et la mort[8]. Je mets le soleil et la lune dans le même sac. Il me reste la nuit. Et pas la nuit des autres! Ma nuit. Ce cheval entre dans ma nuit et il en sort comme un plongeur. Il en rapporte des phrases. Ne sens-tu pas que la moindre de ces phrases est plus étonnante que tous les poèmes? Je donnerais mes œuvres complètes pour une seule de ces petites phrases où je m'écoute comme on écoute la mer dans un coquillage[B]. Pas sérieux? Que te faut-il, ma petite! Je découvre un monde. Je retourne ma peau. Je traque l'inconnu[9].

EURYDICE. — Tu vas encore me citer la fameuse phrase.

ORPHÉE, grave. — Oui. *(Il remonte vers le cheval et récite.)* Madame Eurydice reviendra des enfers.

EURYDICE. — Elle n'a aucun sens, cette phrase.

ORPHÉE. — Il s'agit bien de sens. Colle ton oreille contre cette phrase. Écoute le mystère. « Eurydice reviendra » serait quelconque — mais Madame Eurydice! Madame Eurydice reviendra — ce revien*dra*! ce futur! et la chute : des enfers[C]. Tu devrais être contente que je parle de toi.

EURYDICE. — Ce n'est pas toi qui en parles... *(Montrant le cheval.)* C'est lui.

ORPHÉE. — Ni lui, ni moi, ni personne. Que savons-nous? Qui parle? Nous nous cognons dans le noir; nous sommes dans le surnaturel jusqu'au cou. Nous jouons à cache-cache avec les dieux[10]. Nous ne savons rien, rien, rien. « Madame Eurydice reviendra des enfers » ce n'est pas une phrase. C'est un poème, un poème du rêve, une fleur du fond de la mort.

EURYDICE. — Et tu espères convaincre le monde? Faire admettre que la poésie consiste à écrire une phrase; avoir du succès avec ta phrase de cheval.

ORPHÉE. — Il ne s'agit pas de succès ni de cheval ni de convaincre le monde. Du reste, je ne suis plus seul.

EURYDICE. — Ne me parle pas de ton public. Quatre ou cinq jeunes brutes sans cœur qui te croient un anarchiste et une douzaine d'imbéciles qui cherchent à se faire remarquer.

ORPHÉE. — J'aurai mieux. J'espère un jour charmer les vraies bêtes.

EURYDICE. — Puisque tu méprises le succès, pourquoi envoyer cette phrase au concours de Thrace? Pourquoi lui attacher une importance pareille à remporter le prix?

---

5. - Thracia was Orpheus' homeland.
6. - In the ancient myth, Orpheus was the hierophant of the sun.
7. - To fondle.
8. - « My life was starting to rot, to be done to a turn, to stink of success and death. »
B. - What are the consequences of fame for the true poet?
C. - « Madame Eurydice reviendra des enfers » - What is the significance of this sentence for Orphee? for Eurydice? for the audience? for the Bacchantes?
9. - « I turn my skin inside out. I track the unknown. »
10. - We play hide-and-seek with the gods. The theme of blind fate is central to Cocteau's *La Machine infernale*.

ORPHÉE. — Il faut jeter une bombe. Il faut obtenir un scandale [D]. Il faut un de ces orages qui rafraîchissent l'air. On étouffe. On ne respire plus [E].

EURYDICE. — Nous étions si calmes.

ORPHÉE. — Trop calmes.

EURYDICE. — Tu m'aimais.

ORPHÉE. — Je t'aime.

EURYDICE. — Tu aimes le cheval. Je passe en second.

ORPHÉE. — Tu es stupide. Il n'y a aucun rapport. *(Il embrasse distraitement Eurydice et s'approche du cheval.)* N'est-ce pas mon vieux ? N'est-ce pas mon vieux frère ? Hein ? On l'aime son ami ? Tu veux un sucre ? Alors, embrasse-moi. Non, mieux. Là... là... qu'il est beau ! Tiens. *(Il sort du sucre de sa poche et le donne au cheval.)* C'est bon.

EURYDICE. — Je n'existe plus. Je mourrais que tu ne t'en apercevrais pas.

ORPHÉE. — Nous étions morts sans nous en apercevoir.

EURYDICE. — Viens près de moi.

ORPHÉE. — Hélas ! Il faut que je sorte. Je vais en ville me mettre en règle pour le concours. C'est demain la date limite. Je n'ai pas une minute à perdre.

EURYDICE, *dans un élan*. — Orphée ! Mon Orphée !...

ORPHÉE. — Tu vois ce socle vide. Je n'y poserai qu'un buste digne de moi.

EURYDICE. — Ils te lanceront des pierres.

ORPHÉE. — Je ferai mon buste avec.

EURYDICE. — Méfie-toi des Bacchantes.

ORPHÉE. — Je les ignore.

EURYDICE. — Elles existent. Elles plaisent. Je connais leurs méthodes. Aglaonice te hait. Elle doit prendre part au concours.

ORPHÉE. — Oh ! cette femme ! Cette femme !

EURYDICE. — Sois juste... Elle a du talent.

ORPHÉE. — Hein ?

EURYDICE. — Dans un genre affreux, c'est entendu. Mais sous un certain angle, sur un certain plan, elle en a. Elle a de belles images.

ORPHÉE. — Voyez-vous cela. *Sous un certain angle... sur un certain plan...* C'est chez les Bacchantes que tu as appris cette façon de parler ? Alors sur un certain plan ses images te plaisent. Sous un certain angle tu approuves mes ennemis mortels. Et tu m'aimes, et tu prétends que tu m'aimes. Eh bien, par cet angle et par ce plan, je déclare que j'en ai assez, qu'on me persécute, et que ce cheval est la seule personne qui sache me prendre ici. *(Coup de poing sur la table.)*

EURYDICE. — Ce n'est pas la peine de casser tout.

D. - Why this need to scandalize? Which of Cocteau's other plays produced such an explosion?

E. - In which other plays can you find such a stifling atmosphere?

ORPHÉE

ORPHÉE. – Casser tout. C'est le comble ! Madame casse un carreau par jour et maintenant c'est moi qui casse tout.

ERYDICE. – D'abord...

ORPHÉE, *qui marche de long en large*. – Je sais ce que tu vas dire. Tu vas dire que tu n'as pas encore cassé de carreau aujourd'hui.

EURYDICE. – Mais...

ORPHÉE. – Eh bien, casse, casse-le, casse le carreau.

EURYDICE. – Comment peux-tu te mettre dans un état pareil ?

ORPHÉE. – Voyez la fine mouche [11]. Tu ne casses pas de carreau parce que je sors...

EURYDICE, *vivement*. – Que veux-tu insinuer ?

ORPHÉE. – Tu me crois donc aveugle ! Tu casses chaque jour un carreau pour que le vitrier monte [F].

EURYDICE. – Eh bien oui, je casse un carreau pour que le vitrier monte. C'est un brave garçon plein de cœur. Il m'écoute. Il t'admire.

ORPHÉE. – Trop aimable.

EURYDICE. – Et quand tu interroges le cheval et que tu me laisses toute seule je casse le carreau. Tu n'es pas jaloux, je suppose ?

ORPHÉE. – Jaloux, moi ? jaloux d'un garçon vitrier ? Pourquoi ne serais-je pas aussi jaloux d'Aglaonice ! Par exemple ! Tiens, puisque tu refuses de casser le carreau, c'est moi qui le casserai. Cela me soulagera. *(Il casse un carreau. On entend : Vitrier ! Vitrier ! Vitrier !)* Hep ! Vitrier ! – Il monte. Jaloux [G] ?

SCÈNE II

LES MÊMES, HEURTEBISE [12]

Heurtebise apparaît sur le balcon. Le soleil frappe les vitres. Il entre, plie un genou et croise les mains sur son cœur.

HEURTEBISE. – Bonjour messieurs et dames.

ORPHÉE. – Bonjour mon ami. C'est moi, MOI qui ai cassé ce carreau. Remettez-le. Je vous laisse *(A Eurydice.)* Ma chère, vous surveillerez le travail. *(Au cheval.)* On l'aime, son poète ? *(Il l'embrasse.)* A ce soir. *(Il sort.)*

---

11. - A sly person.
F. - What is Orphée hinting at?
G. - What are the sources of tension between Orphée and Eurydice?
12. - The name « Heurtebise, » Cocteau tells us, has a mysterious origin: « One day, as I was going to see Picasso, Rue La Boétie, I felt, in the elevator, that I was growing side by side with something inexpressively terrible which would be eternal. A voice cried to me, `My name is on the plaque!' a shock woke me, and I read on the copper plaque of the handles: Elevator Heurtebise. »

SCÈNE III

Eurydice, Heurtebise

Eurydice. — Vous voyez. Je n'invente rien.

Heurtebise. — C'est inouï.

Eurydice. — Vous me comprenez.

Heurtebise. — Ma pauvre dame.

Eurydice. — Depuis que ce cheval l'a suivi dans la rue, depuis qu'il l'a ramené à la maison, depuis qu'il habite chez nous, depuis qu'ils se parlent...

Heurtebise. — Le cheval lui a encore parlé?

Eurydice. — Il lui a dit merci.

Heurtebise. — Il sait le prendre.

Eurydice. — Bref, depuis un mois, notre existence est devenue un supplice.

Heurtebise. — Vous ne pouvez pas être jalouse d'un cheval?

Eurydice. — J'aimerais mieux lui savoir une maîtresse [H].

Heurtebise. — Vous le dites...

Eurydice. — Sans vous, sans votre amitié, je serais déjà folle.

Heurtebise. — Chère Eurydice [I].

Eurydice, *elle se regarde dans le miroir. Sourire.* — Figurez-vous que j'ai une petite lueur. Il s'est rendu compte que je cassais un carreau chaque jour. Alors, au lieu de dire que je casse du verre blanc pour me porter la chance, j'ai dit que je le cassais pour que vous montiez me voir.

Heurtebise. — J'aurais cru...

Eurydice. — Attendez. Il m'a fait une scène et il a cassé le carreau. Je le crois encore jaloux.

Heurtebise. — Comme vous l'aimez...

Eurydice. — Plus il me maltraite, plus je l'aime. Il m'avait déjà semblé qu'il était jaloux d'Aglaonice.

Heurtebise. — D'Aglaonice?

Eurydice. — Il déteste tout ce qui se rapporte à mon ancien milieu. C'est pourquoi je crains que nous ne commettions une imprudence terrible. Parlons bas. J'ai toujours peur que ce cheval ne m'écoute.

(Ils remontent sur la pointe des pieds jusqu'à la niche.)

Heurtebise. — Il dort.
(Ils redescendent au premier plan.)

H. - « J'aimerais mieux lui savoir une maîtresse. » Why?

I. - In the film, *Orphée*, Heurtebise is actually in love with Eurydice. What is his relationship to Eurydice in the play?

EURYDICE. — Vous avez vu Aglaonice ?
HEURTEBISE. — Oui.
EURYDICE. — Orphée vous tuerait s'il apprenait.
HEURTEBISE. — Il ne l'apprendra pas.
EURYDICE, *Elle l'entraîne encore plus loin du cheval, vers sa chambre.* — Vous avez... la chose ?
HEURTEBISE. — Je l'ai.
EURYDICE. — Sous quelle forme ?
HEURTEBISE. — Sous la forme d'un morceau de sucre.
EURYDICE. — Quelle attitude avait-elle ?
HEURTEBISE. — Très simple. Elle m'a dit : Donnant, donnant. Voici le poison, rapportez-moi la lettre [13].
EURYDICE. — C'est une lettre fort ennuyeuse pour elle.
HEURTEBISE. — Elle a même ajouté : Pour que la petite ne se compromette pas, je vous remets une enveloppe. Mon adresse est de ma propre écriture. Elle n'aura qu'à introduire la lettre dedans et à coller. Il ne restera aucune trace de notre échange.
EURYDICE. — Orphée est injuste. Elle est capable de choses très bien. Elle était seule ?
HEURTEBISE. — Avec une amie. Ce n'était pas un milieu pour vous.
EURYDICE. — Certes. Mais je ne trouve pas que Aglaonice soit une mauvaise fille.
HEURTEBISE. — Méfiez-vous des bonnes filles et des braves garçons. Voilà votre sucre.
EURYDICE. — Merci... *(Elle prend le sucre avec crainte et s'approche du cheval.)* J'ai peur.
HEURTEBISE. — Vous reculez ?
EURYDICE. — Je ne recule pas, mais j'ai peur. A froid, nez à nez avec l'acte, j'avoue que je manque de courage. *(Elle redescend devant la table à écrire.)* Heurtebise ?
HEURTEBISE. — Quoi ?
EURYDICE. — Mon petit Heurtebise. Vous ne consentiriez pas...
HEURTEBISE. — Ho ! ho ! vous me demandez une chose bien grave.
EURYDICE. — Vous m'avez dit que vous feriez n'importe quoi pour me rendre service.
HEURTEBISE. — Je le répète, mais...
EURYDICE. — Oh ! mon cher, si cela vous gêne le moins du monde... n'en parlons plus.
HEURTEBISE. — Passez-moi le sucre.
EURYDICE. — Merci. Vous êtes un brave cœur.
HEURTEBISE. — Seulement, l'acceptera-t-il de ma main ?
EURYDICE. — Essayez toujours.
HEURTEBISE, *près du cheval.* — Je vous avoue ne pas me sentir très fort sur mes jambes.

---

13. - Cocteau does not bother to divulge the contents of this mysterious letter. It is obviously a compromising document.

EURYDICE. — Soyez un homme! *(Elle passe à droite et s'arrête près de la porte de sa chambre.)*
HEURTEBISE. — Allons-y. *(D'une voix faible.)* Cheval... Cheval...
EURYDICE, *regardant par la fenêtre*. — Ciel, Orphée! il rentre. Il traverse le jardin. Vite, vite, ayez l'air de travailler. *(Heurtebise jette le sucre sur la table servie et la pousse contre le mur entre la fenêtre et la porte de la chambre.)* Montez sur cette chaise.
(Heurtebise monte sur la chaise dans le cadre de la porte-fenêtre et feint de prendre des mesures. Eurydice tombe assise sur la chaise de la table à écrire.)

SCÈNE IV

LES MÊMES, ORPHÉE

ORPHÉE. — J'ai oublié mon acte de naissance. Où l'ai-je mis?
EURYDICE. — En haut de la bibliothèque à gauche. Veux-tu que je le cherche?
ORPHÉE. — Reste assise. Je le trouverai bien moi-même. *(Il passe devant le cheval, le caresse, prend la chaise sur laquelle Heurtebise se tient debout et l'emporte. Heurtebise reste dans sa pose, suspendu en l'air. Eurydice étouffe un cri. Orphée, sans s'apercevoir de rien, monte sur la chaise devant la bibliothèque, dit : « Le voilà », prend l'acte de naissance, descend de la chaise, la reporte à sa place sous les pieds d'Heurtebise et sort.)*[J]

SCÈNE V

EURYDICE, HEURTEBISE

EURYDICE. — Heurtebise! M'expliquerez-vous ce prodige!
HEURTEBISE. — Quel prodige?
EURYDICE. — Vous n'allez pas me dire que vous ne vous êtes aperçu de rien et qu'il est naturel qu'un homme sous lequel on ôte une chaise reste suspendu en l'air au lieu de tomber.
HEURTEBISE. — Suspendu en l'air?
EURYDICE. — Jouez la surprise, je vous ai vu. Vous teniez en l'air. Vous restiez en l'air à cinquante centimètres du sol. Il y avait le vide autour.
HEURTEBISE. — Vous m'étonnez beaucoup.
EURYDICE. — Vous êtes demeuré une bonne minute entre terre et ciel.
HEURTEBISE. — C'est impossible.
EURYDICE. — Justement parce que c'est impossible, vous me devez une explication.
HEURTEBISE. — Vous prétendez que je me tenais sans support entre le plancher et le plafond?
EURYDICE. — Ne mentez pas, Heurtebise! Je vous ai vu, de mes yeux vu. J'ai eu toutes les peines du monde à étouffer un cri. Dans cette maison de fous, vous étiez mon dernier refuge, la seule personne qui ne m'effrayait pas, auprès de laquelle je retrouvais mon équilibre. Mais on a beau vivre avec un cheval qui parle, un ami qui flotte en l'air devient forcément

---

J. - What is the purpose of this short scene?

ORPHÉE

suspect. Ne m'approchez pas! Jusqu'à nouvel ordre, même votre lumière dans le dos me donne la chair de poule [14]. Expliquez-vous, Heurtebise : je vous écoute.

HEURTEBISE. — Je n'ai pas à me défendre. Ou je rêve, ou vous avez rêvé.

EURYDICE. — Oui, en rêve, il arrive qu'on fasse ce que vous avez fait, mais nous ne dormions ni l'un ni l'autre.

HEURTEBISE. — Vous devez être le jouet d'un mirage entre mes vitres et les vôtres. Il arrive que les objets mentent. J'ai vu à la foire une dame nue marcher au plafond.

EURYDICE. — Il ne s'agissait pas d'une machine. C'était beau et atroce. L'espace d'une seconde je vous ai vu atroce comme un accident et beau comme l'arc-en-ciel. Vous étiez le cri d'un homme qui tombe par la fenêtre et le silence des étoiles. Vous me faites peur. Je suis trop franche pour ne pas vous le dire. Si vous voulez vous taire, taisez-vous ; mais nos rapports ne peuvent plus être les mêmes. Je vous croyais simple, vous êtes compliqué. Je vous croyais de ma race, vous êtes de celle du cheval.

HEURTEBISE. — Eurydice, ne me torturez pas... Vous avez une voix de somnambule. C'est vous qui me faites peur.

EURYDICE. — N'employez pas le système d'Orphée. Ne retournez pas les rôles. N'essayez pas de me faire croire que je suis folle.

HEURTEBISE. — Eurydice, je vous jure...

EURYDICE. — Inutile, Heurtebise. J'ai perdu ma confiance en vous.

HEURTEBISE. — Que faire ?

EURYDICE. — Attendez. *(Elle se dirige vers la bibliothèque, monte sur la chaise, prend un livre, l'ouvre, en retire une lettre et le remet en place.)* Donnez-moi l'enveloppe d'Aglaonice. *(Il la donne.)* Merci. *(Elle met la lettre dans l'enveloppe et lèche la colle.)* Oh !

HEURTEBISE. — Vous vous êtes coupé la langue ?

EURYDICE. — Non, mais cette colle a un drôle de goût. Prenez l'enveloppe. Vous la porterez chez Aglaonice. Allez.

HEURTEBISE. — La vitre n'est pas remise.

EURYDICE. — Je me passerai de vitre. Allez.

HEURTEBISE. — Vous voulez que je parte.

EURYDICE. — J'ai besoin de rester seule.

HEURTEBISE. — Vous êtes méchante.

EURYDICE. — Je n'aime pas les fournisseurs qui volent [K].

HEURTEBISE. — Ce jeu de mots cruel est indigne de vous.

EURYDICE. — Ce n'est pas un jeu de mots.

HEURTEBISE. *Il ramasse son sac.* — Vous regretterez de m'avoir fait du mal. *(Silence.)* Vous me chassez ?

EURYDICE. — Le mystère est mon ennemi. Je suis décidée à le combattre.

HEURTEBISE. — Je sors. Je veux vous plaire par mon obéissance. Adieu, Madame.

---

14. - Goose pimples.
K. - « Voler » means both « to steal » and « to fly. »

Why does Eurydice call Heurtebise a thief?

EURYDICE. — Adieu. *(Ils se croisent. Eurydice se dirige vers sa chambre. Heurtebise ouvre la porte et sort. La porte reste ouverte. On voit son dos briller immobile au soleil. Tout à coup Eurydice s'arrête et change de visage. Elle chancelle, porte la main à son cœur et se met à crier :)* Heurtebise ! Heurtebise ! vite, vite...

HEURTEBISE, *rentrant*. — Qu'y a-t-il ?

EURYDICE. — Au secours !...

HEURTEBISE. — Vous êtes glacée, vous êtes verte !

EURYDICE. — Je me paralyse. Mon cœur saute. Mon ventre brûle.

HEURTEBISE. — L'enveloppe !

EURYDICE. — Quoi, l'enveloppe ?

HEUTEBISE, *criant*. — L'enveloppe d'Aglaonice. Vous l'avez léchée. Vous avez dit qu'elle avait un drôle de goût.

EURYDICE. — Ah ! La misérable ! Courez vite. Ramenez Orphée. Je meurs. Je veux revoir Orphée. Orphée ! Orphée !

HEURTEBISE. — Je ne peux pas vous laisser seule. Il doit y avoir quelque chose à faire, un contre-poison à prendre.

EURYDICE. — Je connais ce poison des bacchantes. Il paralyse. Rien ne me sauvera. Courez vite. Ramenez Orphée. Je veux le revoir. Je veux qu'il me pardonne. Je l'aime, Heurtebise. Je souffre. Si vous hésitez il sera trop tard. Je vous le demande à genoux. Heurtebise, Heurtebise, vous êtes bon, vous me plaignez. Ah ! on m'enfonce des pointes entre les côtes. Vite, vite, courez, volez ! Prenez le raccourci. S'il rentre, vous le rencontrerez en route. Je vais me coucher dans ma chambre pour vous attendre. Aidez-moi. *(Heurtebise la mène jusqu'à sa chambre.)* Vite, vite, vite. *(Elle disparaît. Au moment où Heurtebise va ouvrir la porte elle sort de la chambre.)* Heurtebise, écoutez, si vous savez des choses... enfin... des choses comme tout à l'heure... qui permettent de se transporter instantanément d'un point à un autre... Il ne faut pas m'en vouloir, j'étais nerveuse, j'étais sotte... Je vous aime bien, Heurtebise... essayez tout. Ah ! *(Elle rentre dans la chambre.)*

HEURTEBISE. Je le ramènerai, je vous le promets.

(Il sort.)
(La scène reste vide un instant. La lumière change. Roulements et syncopes de tambours qui accompagnent en sourdine toute la scène suivante.)

SCÈNE VI

LA MORT, AZRAËL, RAPHAËL

(La mort entre en scène par le miroir[L], suivie de ses deux aides. Elle est en robe de bal sous un manteau[M]. Ses aides ont l'uniforme des chirurgiens. On devine leurs yeux. Le reste du visage est recouvert par du linge. Gants de caoutchouc. Ils portent deux grandes valises noires très élégantes. La Mort marche vite et s'arrête au milieu de la chambre.)

L. - What is the significance of the mirror?
M. - Why does Death appear as an elegant young woman and her assistants as surgeons?

LA MORT. – Dépêchons-nous.

RAPHAËL. – Où Madame veut-elle qu'on pose les sacs ?

LA MORT. – Par terre, n'importe où. Azraël vous expliquera. Azraël, mon manteau.
(Il enlève le manteau.)

RAPHAËL. – C'est la peur de me tromper qui me fait faire des bêtises.

LA MORT. – Vous ne pouvez pas apprendre en deux jours le métier d'Azraël. Azraël est à mon service depuis plusieurs siècles. Il était comme vous au début. Ma blouse.
(Azraël sort la blouse blanche d'un des sacs et aide la Mort à la passer sur sa robe de bal.)
AZRAËL, *à Raphaël*.– Prends les boîtes de métal et mets-les sur la table. Non, d'abord les serviettes. Couvre la table avec les serviettes.

LA MORT, *se dirigeant vers le lavabo.* – Azraël vous dira que j'exige l'ordre et la propreté comme sur un bateau.

RAPHAËL. Oui, Madame. Que Madame me pardonne... mais j'étais distrait ; je regardais ce cheval.

LA MORT, *qui se lave les mains.* – Il vous plaît, ce cheval ?

RAPHAËL. – Oh ! oui, Madame, beaucoup.

LA MORT. – Quel enfant ! Je suis sûre que vous aimeriez l'avoir. C'est très simple. Azraël, l'alcool. *(A Raphaël.)* Vous trouverez un morceau de sucre sur l'autre table.

RAPHAËL. – Oui, Madame, il y est.

LA MORT. – Donnez-le-lui. S'il refuse, je le lui donnerai moi-même. Azraël, mes gants de caoutchouc. Merci *(Elle met le gant de la main droite.)*

RAPHAËL. – Madame, le cheval refuse le sucre.

LA MORT, *prend le sucre.* – Mange, cheval, je le veux. *(Le cheval mange, recule et disparaît. Un rideau noir ferme la niche.)* Et voilà. *(A Raphaël.)* Il est à vous.

RAPHAËL. Madame est trop bonne.

LA MORT, *mettant le gant de la main gauche.* – Il y a encore une semaine vous pensiez que j'étais un squelette avec un suaire [15] et une faux [16]. Vous vous représentiez un croquemitaine [17], un épouvantail [18]...

RAPHAËL. – Oh ! Madame...
(Pendant ces répliques, Azraël cache le miroir avec un linge.)

LA MORT, *allant prendre la chaise laissée par Heurtebise dans la porte-fenêtre.* – Si, si, si. Tous le croient. Mais, mon pauvre garçon, si j'étais comme les gens veulent me voir, ils me verraient. Et je dois entrer chez eux sans être vue. *(Elle pose la chaise, près de la rampe, au milieu.)* Azraël, essayez le contact.

AZRAËL. – Il marche, Madame.
(Rumeur profonde d'une machine électrique.)

---

15. - Shroud.
16. - Falx.
17. - Bugaboo; an imaginary object of fright.
18. - Scarecrow. Such was the medieval representation of Death.

La mort. *Elle tire un mouchoir de sa blouse.* — Parfait, Raphaël, voulez-vous avoir l'obligeance de me bander les yeux avec ce mouchoir. *(Pendant que Raphaël lui bande les yeux.)* Nous avons une onde sept et une zone sept-douze. Réglez tout sur quatre. Si j'augmente, vous irez jusqu'à cinq. Ne dépassez cinq sous aucun prétexte. Serrez fort. Faites un nœud double. Merci. Vous êtes à vos postes? *(Azraël et Raphaël se tiennent derrière la table côte à côte, debout, les mains à l'intérieur des boîtes de métal.)* Je commence. *(Elle s'approche de la chaise. Gesticulation lente de masseuse et d'hypnotiseur autour d'une tête invisible.)*

Raphaël, *très bas.* — Azraël...

Azraël, *même jeu.* — Chhut...

La mort. — Parlez, parlez, vous ne me dérangez pas.

Raphaël. — Azraël, où est Eurydice?

La mort. — Je m'y attendais. Tu vois, Azraël, tous la même question! Explique-lui.

Azraël. — La mort, pour toucher les choses de la vie, traverse un élément qui les déforme et les déplace. Nos appareils lui permettent de les toucher où elle les voit, ce qui évite des calculs et une perte de temps considérable[19].

Raphaël. — C'est comme pour tirer un poisson dans l'eau avec une arme à feu.

La mort, *riant.* — Si vous voulez. *(Grave.)* Azraël, prépare-moi la bobine.

Azraël. — Oui, Madame... Madame sait-elle où est Heurtebise?

La mort. — Il ramène Orphée de la ville.

Raphaël. — S'ils courent, aurons-nous le temps de finir?

La mort. — Ceci regarde Azraël. Il change nos vitesses. Une heure pour moi doit être une minute pour eux[20].

Azraël. — L'aiguille dépasse cinq. Madame veut-elle la bobine?

La mort. — Amorce-la et donne-la-moi.

    (Azraël disparaît chez Eurydice et rentre en scène avec la bobine. La Mort compte les pas entre sa chaise et la chambre. Puis elle s'arrête face à la porte. Azraël lui remet la bobine, sorte de mètre automatique où s'enroulera un fil blanc qui sort de la chambre.)

Azraël. — Raphaël, vous avez le chronomètre?

Raphaël. — Je l'ai oublié!

Azraël. — Nous voilà propres.

La mort. — Ne vous énervez pas. Il y a un moyen très simple. *(Elle parle bas à Azraël*[1]*.)*

I. - Le metteur en scène qui craindrait de déchirer un rideau de mystère par un geste entre la scène et la salle peut substituer à ce passage un conciliabule obscur. 1° La mort : Il y a un moyen très simple. *Elle parle bas à Azraël. Azraël retourne à la table, parle bas à Raphaël.* La mort : Vous y êtes? 2° (p. 353) La mort : Alors, en route. Azraël : Raphaël! La mort : Qu'est-ce que c'est? Raphaël : C'est juste. *Il entre dans la chambre d'Eurydice.* La mort : Raphaël, dépêchez-vous, dépêchez-vous... *(Note de l'auteur).*

19. - Science fiction jargon.
20. - « Une heure pour moi doit être une minute pour eux » : Time moves at a different pace beyond the mirror.

AZRAËL. *Il s'approche de la rampe.* — Mesdames, Messieurs. La Mort me charge de demander à l'assistance si un spectateur serait assez aimable pour lui prêter une montre? *(A un monsieur qui, au premier rang, lève la main.)* Merci Monsieur, Raphaël, voulez-vous prendre la montre de Monsieur [N].

(Jeu de scène.)

LA MORT. — Vous y êtes?

AZRAËL. — Partez! *(Roulement de tambour. Le fil s'échappe de la chambre et entre dans la boîte tenue par la Mort. Azraël et Raphaël, au fond, tournent le dos. Azraël compte avec une main en l'air comme un arbitre de boxe* [21]*. Raphaël exécute lentement des signaux pareils à ceux du code naval.)*

AZRAËL. — Hop! *(Le roulement de tambour s'arrête. Raphaël s'immobilise. Le fil résiste. La Mort se rue dans la chambre. Elle en sort sans le bandeau qui lui couvrait les yeux avec une colombe* [22] *qui se débat, attachée au bout du fil. On n'entend plus la machine.)*

LA MORT. — Ouf! Vite, vite, Raphaël, les ciseaux. *(Elle court sur le balcon.)* Venez ici, coupez. *(Il coupe le fil; la colombe s'envole.)* Rangez la bande. Azraël, montre-lui. C'est très simple. Laisse-le faire, il faut qu'il apprenne.

(Azraël et Raphaël enferment les boîtes de métal, la blouse, etc.
La Mort s'appuie contre la table de droite. Elle regarde le vide avec une fatigue profonde. Elle passe lentement son bras droit et sa main sur son front comme un somnambule qui se réveille, comme pour se sortir de l'hypnose.)

AZRAËL. — Tout est en place, Madame.

LA MORT. — Et maintenant, fermez, bouclez. Je suis prête. Mon manteau. *(Azraël lui pose le manteau sur les épaules pendant que Raphaël ferme les sacs.)* Nous n'oublions rien?

AZRAËL. — Non, Madame.

LA MORT. — Alors, en route.

LE MONSIEUR DE L'ORCHESTRE. — Psst!

AZRAËL. — Ah! c'est juste.

LA MORT. — Qu'est-ce que c'est?

AZRAËL. — La montre. Raphaël, reportez la montre à Monsieur en le remerciant.

(Jeu de scène.)

LA MORT. — Raphaël, dépêchez-vous, dépêchez-vous.

RAPHAËL. — Voilà, Madame, j'arrive.

(La mort se hâte et s'immobilise, le bras tendu devant le miroir. Puis elle y pénètre. Ses aides la suivent. Ils exécutent la même manœuvre. Sur la table de droite, bien en évidence, elle a oublié ses gants de caoutchouc [O]*.)*

N. - One of the assistants asks a « plant » in the audience to lend him a watch. Is this device effective from a dramatic point of view?

21. - Referee.

22. - This dove might symbolize Eurydice's soul, but according to Cocteau, it is only a cliché.

O. - What is the significance of the gloves?

SCÈNE VII

ORPHÉE, HEURTEBISE

(Aussitôt après la dernière réplique de la Mort, on entend la voix d'Orphée dans le jardin)

LA VOIX D'ORPHÉE. — Vous ne la connaissez pas. Vous ne savez pas de quoi elle est capable. Ce sont des comédies pour me faire rentrer à la maison.
   (La porte s'ouvre, ils entrent. Heurtebise se précipite vers la chambre, regarde, recule et se met à genoux sur le seuil.)

ORPHÉE. — Où est-elle? Eurydice!... Elle boude. Ah! ça... je deviens fou! Le cheval! où est le cheval? *(Il découvre la niche.)* Parti! — Je suis perdu. On lui aura ouvert la porte, on l'aura effrayé; ce doit être un coup d'Eurydice [23]. Elle me le payera!
                (Il s'élance.)

HEURTEBISE. — Halte!

ORPHÉE. — Vous m'empêchez d'entrer chez ma femme!

HEURTEBISE. — Regardez.

ORPHÉE. — Où?

HEURTEBISE. — Regardez à travers mes vitres.

ORPHÉE. *Il regarde.* — Elle est assise. Elle dort.

HEURTEBISE. — Elle est morte.

ORPHÉE. — Quoi?

HEURTEBISE. — Morte. Nous sommes arrivés trop tard.

ORPHÉE. — C'est impossible. *(Il frappe aux vitres.)* Eurydice! ma chérie! réponds-moi!

HEURTEBISE. — Inutile.

ORPHÉE. — Vous! laissez-moi entrer. *(Il écarte Heurtebise.)* Où est-elle? *(A la cantonade.)* Je viens de la voir, assise, près du lit. La chambre est vide. *(Il rentre en scène.)* Eurydice!

HEURTEBISE. — Vous avez cru la voir. Eurydice habite chez la Mort.

ORPHÉE. — Ah! peu importe le cheval[24]! Je veux revoir Eurydice. Je veux qu'elle me pardonne de l'avoir négligée, mal comprise. Aidez-moi. Sauvez-moi. Que faire? Nous perdons un temps précieux.

HEURTEBISE. — Ces bonnes paroles vous sauvent, Orphée...

ORPHÉE, *pleurant, effondré sur la table*. — Morte. Eurydice est morte. *(Il se lève.)* Eh bien... je l'arracherai à la mort! S'il le faut, j'irai la chercher jusqu'aux enfers!

HEURTEBISE. — Orphée... écoutez-moi. Du calme. Vous m'écouterez...

ORPHÉE. — Oui... je serai calme. Réfléchissons. Trouvons un plan...

HEURTEBISE. — Je connais un moyen.

ORPHÉE. — Vous!

---

23. - It must be one of her tricks.
24. - Orphée realizes that his wife is more important than the talking horse.

HEURTEBISE. — Mais il faut m'obéir et ne pas perdre une minute.
ORPHÉE. — Oui.
(Toutes ces répliques d'Orphée, il les prononce dans la fièvre et la docilité. La scène se déroule avec une extrême vitesse.)
HEURTEBISE. — La Mort est entrée chez vous pour prendre Eurydice.
ORPHÉE. — Oui...
HEURTEBISE. — Elle a oublié ses gants de caoutchouc. *(Un silence. Il s'approche de la table, hésite et prend les gants de loin comme on touche un objet sacré.)*
ORPHÉE, *avec terreur*. — Ah !
HEURTEBISE. — Vous allez les mettre.
ORPHÉE. — Bon.
HEURTEBISE. — Mettez-les *(Il les lui passe. Orphée les met.)* Vous irez voir la Mort sous prétexte de les lui rendre et grâce à eux vous pourrez parvenir jusqu'à elle.
ORPHÉE. — Bien...
HEURTEBISE. — La Mort va chercher ses gants. Si vous les lui rapportez, elle vous donnera une récompense. Elle est avare, elle aime mieux prendre que donner et comme elle ne rend jamais ce qu'on lui laisse prendre, votre démarche l'étonnera beaucoup. Sans doute vous obtiendrez peu, mais vous obtiendrez toujours quelque chose.
ORPHÉE. — Bon.
HEURTEBISE. *Il le mène devant le miroir.* — Voilà votre route.
ORPHÉE. — Ce miroir ?
HEURTEBISE. — Je vous livre le secret des secrets. Les miroirs sont les portes par lesquelles la Mort va et vient. Ne le dites à personne. Du reste, regardez-vous toute votre vie dans une glace et vous verrez la Mort travailler comme des abeilles dans une ruche[25] de verre. Adieu. Bonne chance !
ORPHÉE. — Mais un miroir, c'est dur.
HEURTEBISE, *la main haute*. — Avec ces gants vous traverserez les miroirs comme de l'eau.
ORPHÉE. — Où avez-vous appris toutes ces choses redoutables ?
HEURTEBISE, *sa main retombe*. — Vous savez, les miroirs, ça rentre un peu dans la vitre. C'est notre métier.
ORPHÉE. — Et une fois passée cette... porte...
HEURTEBISE. — Respirez lentement, régulièrement. Marchez sans crainte devant vous. Prenez à droite, puis à gauche, puis à droite, puis tout droit. Là, comment vous expliquer... Il n'y a plus de sens... on tourne : c'est un peu pénible au premier abord[26].
ORPHÉE. — Et après ?
HEURTEBISE. — Après ? Personne au monde ne peut vous renseigner[27]. La Mort commence.

---

25. - Beehive, What do you think of this simile?
26. - Such motions are actualized in Cocteau's film *La Sang d'un poète*. In this work, the poet marches through a mirror into the mysterious world of poetry. The camera follows his slow and painful walk through corridors.
27. - The film, *Orphée*, gives us some clues as to the nature of this mysterious realm.

ORPHÉE. — Je ne la crains pas.

HEURTEBISE. — Adieu! Je vous attends à la sortie.

ORPHÉE. — Je serai peut-être long.

HEURTEBISE. — Long... pour vous. Pour nous, vous ne ferez guère qu'entrer et sortir.

ORPHÉE. — Je ne peux croire que cette glace soit molle. Enfin, j'essaye.

HEURTEBISE. — Essayez. *(Orphée se met en marche.)* D'abord les mains!
(Orphée, les mains en avant, gantées de rouge, s'enfonce dans la glace.)

ORPHÉE. — Eurydice!... *(Il disparaît.)*

SCÈNE VIII

HEURTEBISE SEUL, PUIS LE FACTEUR

(Heurtebise resté seul s'agenouille devant la niche du cheval. On frappe.)

HEURTEBISE. — Qu'est-ce que c'est?

LA VOIX DU FACTEUR. — Le facteur. J'ai une lettre pour vous.

HEURTEBISE. — Monsieur n'est pas là.

LA VOIX DU FACTEUR. — Et Madame?

HEURTEBISE. — Madame non plus. Glissez votre lettre sous la porte.
(Une lettre passe sous la porte.)

LA VOIX DU FACTEUR. — Ils sont sortis?

HEURTEBISE. — Non... Ils dorment [P].

(Le rideau de l'intervalle tombe lentement et se relève tout de suite.)

SCÈNE VIII bis

HEURTEBISE, LE FACTEUR

HEURTEBISE. — Qu'est-ce que c'est?

LA VOIX DU FACTEUR. — Le facteur. J'ai une lettre pour vous.

HEURTEBISE. — Monsieur n'est pas là.

LA VOIX DU FACTEUR. — Et Madame?

HEURTEBISE. — Madame non plus. Glissez votre lettre sous la porte.

LA VOIX DU FACTEUR. — Ils sont sortis?

HEURTEBISE. — Non... Ils dorment [Q].

[P]. - Explain why Cocteau entitled his play « Tragédie en un acte et un intervalle. »
[Q]. - What does Cocteau achieve in the repetition of two identical scenes? Is the device effective from a dramatic point of view?

SCÈNE IX

HEURTEBISE, ORPHÉE, *puis* EURYDICE

(Orphée sort de la glace.)

ORPHÉE. — Vous êtes encore là ?

HEURTEBISE. — Eh bien, racontez vite.

ORPHÉE. — Mon cher, vous êtes un ange.

HEURTEBISE. — Pas du tout.

ORPHÉE. — Si, si, un ange, un vrai ange. Vous m'avez sauvé.

HEURTEBISE. — Eurydice ?

ORPHÉE. — Une surprise. Regardez bien.

HEURTEBISE. — Où ?

ORPHÉE. — La glace. Une, deux, trois. *(Eurydice sort de la glace.)*

HEURTEBISE. — Elle !

EURYDICE. — Oui, moi. Moi la plus heureuse des épouses, moi la première femme que son mari ait eu l'audace de venir reprendre chez les morts.

ORPHÉE. — « Madame Eurydice reviendra des enfers. » Et nous qui refusions un sens à cette phrase.

EURYDICE. — Chut, mon chéri ; rappelle-toi ta promesse. On ne reparlera plus jamais du cheval.

ORPHÉE. — Où avais-je la tête ?

EURYDICE. — Et vous savez Heurtebise, il a découvert le chemin tout seul. Il n'a pas hésité une seconde. Il a eu l'idée géniale de mettre les gants de la Mort.

HEURTEBISE. — C'est ce qu'on appelle, si je ne me trompe, se donner des gants [28].

ORPHÉE, *très vite*. — Enfin... Le principal était de réussir. *(Il fait mine de se retourner vers Eurydice.)*

EURYDICE. — Attention !

ORPHÉE. — Oh ! *(Il se fige.)*

HEURTEBISE. — Qu'avez-vous ?

ORPHÉE. — Un détail, un simple détail. Au premier moment la chose paraît effrayante, mais avec un peu de prudence tout s'arrangera.

EURYDICE. — Ce sera une affaire d'habitude.

HEURTEBISE. — De quoi s'agit-il ?

ORPHÉE. — D'un pacte. J'ai le droit de reprendre Eurydice, je n'ai pas le droit de la regarder. Si je la regarde, elle disparaît.

HEURTEBISE. — Quelle horreur !

EURYDICE. — C'est intelligent de décourager mon mari !

ORPHÉE, *faisant passer Heurtebise devant lui*. — Laisse, laisse, je ne me décourage pas.

---

28. - To take credit for oneself.   Explain the pun.

Il lui arrive ce qui nous est arrivé. Vous pensez bien qu'après avoir accepté cette clause — il le fallait coûte que coûte — nous avons passé par toutes vos transes. Or, je le répète, c'est faisable. Ce n'est pas facile, certes non, mais c'est faisable. J'estime que c'est moins dur que de devenir aveugle.

EURYDICE. — Ou que de perdre une jambe.

ORPHÉE. — Et puis... nous n'avions pas le choix.

EURYDICE. — Il y a même des avantages. Orphée ne connaîtra pas mes rides [29].

HEURTEBISE. — Bravo ! Il ne me reste plus qu'à vous souhaiter bonne chance.

ORPHÉE. — Vous nous quittez ?

HEURTEBISE. — Je crains que ma présence ne vous dérange. Vous devez avoir tant de choses à vous dire.

ORPHÉE. — Nous nous les dirons après le déjeuner. La table est mise. J'ai grand-faim. Vous êtes trop de notre aventure pour ne pas rester déjeuner avec nous.

HEURTEBISE. — Je crains que la présence d'un tiers ne contrarie votre femme.

EURYDICE. — Non, Heurtebise. *(En insistant sur les mots.)* Le voyage d'où je reviens transforme la face du monde. J'ai appris beaucoup. J'ai honte de moi. Orphée aura dorénavant une épouse méconnaissable, une épouse de lune de miel.

ORPHÉE. — Eurydice ! Ta promesse. On ne parlera plus jamais de la lune.

EURYDICE. — C'est mon tour de n'avoir aucune tête. A table ! à table ! Heurtebise à ma droite. Asseyez-vous. Orphée en face de moi.

HEURTEBISE. — Pas en face !

ORPHÉE. — Dieux ! J'ai eu raison de retenir Heurtebise. Je m'installe à ta gauche et je te tourne le dos. Je mange sur mes genoux.

(Eurydice les sert.)

HEURTEBISE. — Je brûle d'entendre le récit de votre voyage.

ORPHÉE. — Ma foi, j'aurai du mal à le raconter. Il me semble que je sors d'une opération. J'ai le vague souvenir d'un de mes poèmes que je récite pour me tenir éveillé et de bêtes immondes qui s'endorment. Ensuite un trou noir. Ensuite, j'ai parlé avec une dame invisible. Elle m'a remercié pour les gants. Une sorte de chirurgien est venu les reprendre et m'a dit de partir, qu'Eurydice me suivrait et que je ne devais la regarder sous aucun prétexte. J'ai soif ! *(Il prend son verre et se retourne.)*

EURYDICE ET HEURTEBISE, *ensemble*. — Attention !

EURYDICE. — J'ai eu une des ces peurs ! Sans te retourner, mon chéri, tâte comme mon cœur bat.

ORPHÉE. — C'est stupide. — Si je me bandais les yeux ?

HEURTEBISE. — Je ne vous le conseille pas. Vous ne savez pas les règles exactes. Si vous trichez, tout est perdu.

ORPHÉE. — On se représente mal la difficulté, la tension d'esprit qu'exige une bêtise pareille.

EURYDICE. — Que veux-tu, mon pauvre chéri, tu es toujours dans la lune...

---

29. - Since he will not be able to look at his wife, Orphee will not notice her growing old.

ORPHÉE. – Encore la lune ! Autant me traiter d'idiot.
EURYDICE. – Orphée !
ORPHÉE. – Je laisse la lune à tes ex-compagnes.

(Silence.)

HEURTEBISE. – Monsieur Orphée !
ORPHÉ. – Je suis hiérophante du soleil.
EURYDICE. – Tu ne l'es plus, mon amour.
ORPHÉE. – Soit. Mais je défends qu'on parle de lune dans ma maison.

(Silence.)

EURYDICE. – Si tu savais comme ces histoires de lune et de soleil ont peu d'importance.
ORPHÉE. – Madame est au-dessus de ces choses-là.
EURYDICE. – Si je pouvais parler...
ORPHÉE. – Il me semble que pour une personne qui ne peut pas parler, tu parles beaucoup. Beaucoup ! Beaucoup trop !

(Eurydice pleure. Silence.)

HEURTEBISE. – Vous faites pleurer votre femme.
ORPHÉE, *menaçant*. – Vous ! *(Il se retourne.)*
EURYDICE. – Ah !
HEURTEBISE. – Prenez garde !
ORPHÉE. – C'est sa faute. Elle ferait retourner un mort.
EURYDICE. – Il valait mieux rester morte.

(Silence.)

ORPHÉE. – La lune ! Si je la laissais dire, où irions-nous ? Je vous le demande. L'époque du cheval recommencerait.
HEURTEBISE. – Vous exagérez...
ORPHÉE. – J'exagère ?
HEURTEBISE. – Oui.
ORPHÉE. – Et même en admettant que j'exagère. *(Il se retourne.)*
EURYDICE. – Attention !
HEURTEBISE, *à Eurydice*. – Du calme. Ne pleurez pas. La difficulté vous énerve. Orphée, mettez-y du vôtre. Vous finirez par faire un malheur.
ORPHÉE. – Et même en admettant que j'exagère, qui commence ?
EURYDICE. – Ce n'est pas moi.
ORPHÉE. – Pas toi ! Pas toi ! *(Il se retourne.)*
EURYDICE ET HEURTEBISE. – Ho !
HEURTEBISE. – Vous êtes dangereux, mon cher.
ORPHÉE. – Vous avez raison. Le plus simple est que je sorte de table et que je vous débarrasse de ma présence puisque vous me trouvez dangereux.

(Il se lève. Eurydice et Heurtebise le retiennent par sa veste.)

EURYDICE. — Mon ami...

HEURTEBISE. — Orphée...

ORPHÉE. — Non, non. Laissez-moi.

HEURTEBISE. — Soyez raisonnable.

ORPHÉE. — Je serai ce qu'il me convient d'être.

EURYDICE. — Reste. *(Elle le tire, il perd l'équilibre, et la regarde. Il pousse un cri. Eurydice, pétrifiée, se lève. Son visage exprime l'épouvante. La lumière baisse. Eurydice s'enfonce lentement et disparaît. La lumière revient.)*

HEURTEBISE. — C'était fatal.

ORPHÉE. *Pâle, sans forces, avec une grimace de fausse désinvolture.* — Ouf! On se sent mieux.

HEURTEBISE. — Quoi?

ORPHÉE, *même jeu.* — On respire.

HEURTEBISE. — Il est fou!

ORPHÉE, *cachant de plus en plus sa gêne sous la colère.* — Il faut se montrer dur avec les femmes. Il faut leur prouver qu'on ne tient pas à elles. Il ne faut pas se laisser conduire par le bout du nez.

HEURTEBISE. — Voilà qui est fort! Vous prétendez me laisser entendre que vous avez regardé Eurydice exprès?

ORPHÉE. — Suis-je un homme à distractions?

HEURTEBISE. — Vous ne manquez pas d'audace! Vous avez regardé par distraction. Vous avez perdu l'équilibre. Vous avez tourné la tête par distraction; je vous ai vu.

ORPHÉE. — J'ai perdu l'équilibre exprès. J'ai tourné la tête exprès, et je défends qu'on me contredise.

(Silence.)

HEURTEBISE. — Eh bien, si vous avez tourné la tête exprès, je ne vous félicite pas.

ORPHÉE. — Je me passe de vos félicitations. Je me félicite, moi, d'avoir tourné la tête exprès vers ma femme. Cela vaut mieux que d'essayer de tourner la tête aux femmes des autres[30].

HEURTEBISE. — Est-ce pour moi, cette phrase?

ORPHÉE. — Prenez-la comme bon vous semble.

HEURTEBISE. — Vous êtes trop injuste. Jamais je ne me suis permis de faire la cour à votre femme. Elle m'aurait vite envoyé promener. Votre femme était une femme modèle. Il vous a fallu la perdre une première fois pour vous en rendre compte et vous venez de la perdre une seconde fois, de la perdre lâchement et de la perdre tragiquement, de vous perdre, de tuer une morte, de commettre de gaieté de cœur un acte irréparable. Car elle est morte, morte, remorte. Elle ne reviendra plus.

ORPHÉE. — Allons donc!

HEURTEBISE. — Comment, allons donc?

---

30. - « Cela vaut mieux que d'essayer de tourner la tête aux femmes des autres » : It is better than seducing other people's wives. What does Orphee mean by such a vicious pun?

ORPHÉE. – Où avez-vous vu une femme quitter la table en criant et ne pas venir se remettre à table.

HEURTEBISE. – Je vous laisse cinq minutes pour comprendre votre infortune.
  (Orphée lance sa serviette par terre, se lève, contourne la table, va regarder la glace, la touche, se dirige vers la porte et ramasse la lettre.)

ORPHÉE, *il ouvre la lettre*. – Qu'est-ce que c'est que ça ?

HEURTEBISE. – Une mauvaise nouvelle ?

ORPHÉE. – Je ne peux pas lire, la lettre est écrite à l'envers.

HEURTEBISE. – C'est un moyen de déguiser l'écriture. Lisez dans la glace.

ORPHÉE, *devant la glace, lit*. – « Monsieur,
« Excusez-moi de conserver l'incognito. Aglaonice a découvert que l'ensemble des lettres qui commencent les mots de votre phrase : *Madame Eurydice Reviendra Des Enfers* forme un mot injurieux pour le tribunal du concours. Elle a convaincu le jury que vous étiez un mystificateur. Elle a soulevé contre vous la moitié des femmes de la ville. Bref, une énorme troupe de folles sous ses ordres se dirige vers votre maison. Les Bacchantes ouvrent la marche et réclament votre mort. Sauvez-vous, cachez-vous. Ne perdez pas une minute.
» Une personne qui vous veut du bien. »

HEURTEBISE. – Il ne doit pas y avoir un mot de vrai.
  (On entend au loin des tambours qui s'approchent et battent un rythme furieux.)

ORPHÉE. – Écoutez...

HEURTEBISE. – Des tambours.

ORPHÉE. – *Leurs* tambours. Eurydice voyait juste. Heurtebise, le cheval m'a joué[31] !

HEURTEBISE. – On n'écharpe[32] pas un homme pour un mot.

ORPHÉE. – Le mot est un prétexte qui cache une haine profonde, une haine religieuse. Aglaonice guettait son heure. Je suis perdu.

HEURTEBISE. – Les tambours approchent.

ORPHÉE. – Comment n'ai-je pas vu cette lettre. Depuis quand l'a-t-on glissée sous la porte ?

HEURTEBISE. – Orphée, je suis bien coupable. On a glissé la lettre pendant votre visite chez les morts. Le retour de votre femme m'a saisi. J'ai oublié de vous prévenir. Sauvez-vous !

ORPHÉE. – Trop tard. *(L'envoûtement du cheval est fini. Orphée se transfigure.)*

HEURTEBISE. – Cachez-vous derrière les massifs, je dirai que vous êtes en voyage...

ORPHÉE. – Inutile, Heurtebise. Les choses arrivent comme elles doivent arriver.

HEURTEBISE. – Je vous sauverai de force !

ORPHÉE. – Je refuse.

HEURTEBISE. – C'est fou !

ORPHÉE. – La glace est dure. Elle m'a lu la lettre. Je sais ce qui me reste à faire.

---

31. - At this point Orphee reaches self-knowledge. He understands that the horse had cast an evil spell upon him. He is now liberated and ready for self-sacrifice.

32. - Tear to pieces.

HEURTEBISE. — Que voulez-vous faire?

ORPHÉE. — Rejoindre Eurydice.

HEURTEBISE. — Vous ne le pouvez plus.

ORPHÉE. — Je le peux.

HEURTEBISE. — Même si vous y parvenez les scènes recommenceront entre vous.

ORPHÉE, *en extase*. — Pas où elle me fait signe de la rejoindre.

HEURTEBISE. — Vous souffrez. Votre figure se contracte. Je ne vous laisserai pas vous perdre à plaisir.

ORPHÉE. — Oh! ces tambours, ces tambours! Ils approchent, Heurtebise, ils tonnent, ils éclatent, ils vont être là.

HEURTEBISE. — Vous avez déjà fait l'impossible.

ORPHÉE. — A l'impossible je suis tenu.

HEURTEBISE. — Vous avez résisté à d'autres cabales.

ORPHÉE. — Je n'ai pas encore résisté jusqu'au sang.

HEURTEBISE. — Vous m'effrayez...

(Le visage d'Heurtebise exprime une joie surhumaine.)

ORPHÉE. — Que pense le marbre dans lequel un sculpteur taille un chef-d'œuvre? Il pense : on me frappe, on m'abîme, on m'insulte, on me brise, je suis perdu. Ce marbre est idiot. La vie me taille, Heurtebise! Elle fait un chef-d'œuvre. Il faut que je supporte ses coups sans les comprendre. Il faut que je me raidisse[33]. Il faut que j'accepte, que je me tienne tranquille, que je l'aide, que je collabore, que je lui laisse finir son travail.

HEURTEBISE. — Les pierres!

(Des pierres brisent les vitres et tombent dans la chambre.)

ORPHÉE. — Du verre blanc. C'est la chance! la chance! J'aurai le buste que je voulais.
(Une pierre casse la glace.)

HEURTEBISE. — La glace!

ORPHÉE. — Pas la glace! *(Il s'élance sur le balcon.)*

HEURTEBISE. — Elles vont vous écharper.

(On entend des clameurs et des tambours.)

ORPHÉE, *le dos sur le balcon, il se penche*. — Mesdames! *(Rafale de tambours.)* Mesdames! *(Rafale de tambours.)* Mesdames! *(Rafale de tambours.)*

(Il se précipite vers la droite, partie invisible du balcon. Les tambours couvrent sa voix. Ténèbres. Heurtebise tombe à genoux et se cache le visage.
Tout à coup une chose vole par la fenêtre et tombe dans la chambre. C'est la tête d'Orphée. Elle roule vers la droite et s'arrête au premier plan. Heurtebise pousse un faible cri. Les tambours s'éloignent.)

---

33. - « Life is sculpting me, Heurtebise! It is making a masterpiece. I must accept its blows without understanding. I must stiffen myself. »

What is the value of suffering as understood by Cocteau?

SCÈNE X

HEURTEBISE, LA TÊTE D'ORPHÉE, PUIS EURYDICE

LA TÊTE D'ORPHÉE. *Elle parle avec la voix d'un grand blessé.* — Où suis-je ? Comme il fait noir... Comme j'ai la tête lourde. Et mon corps, mon corps me fait si mal. J'ai dû tomber de très haut, de très haut, très haut sur la tête. Et ma tête...? au fait, oui... je parle de ma tête... où est-elle, ma tête ? Eurydice ! Heurtebise ! Aidez-moi ! où êtes-vous ? Allumez la lampe. Eurydice ! Je ne vois pas mon corps. Je ne trouve plus ma tête. Je n'ai plus ni tête ni corps. Je ne comprends plus. Et j'ai du vide, j'ai du vide partout. Expliquez-moi. Réveillez-moi. Au secours ! Au secours ! Eurydice ! *(Comme une plainte.)* Eurydice... Eurydice... Eurydice... Eurydice... Eurydice[34]...

(Entre Eurydice, sortant du miroir. Elle reste sur place.)

EURYDICE. — Mon chéri ?

LA TÊTE D'ORPHÉE. — Eurydice... c'est toi ?

EURYDICE. — C'est moi.

LA TÊTE D'ORPHÉE. — Où est mon corps ? Où ai-je mis mon corps ?

EURYDICE. — Ne cherche pas. Ne t'agace pas[35]. Donne-moi la main.

LA TÊTE D'ORPHÉE. — Où est ma tête ?...

EURYDICE, *prenant le corps invisible par la main.* — J'ai ta main dans ma main. Marche. N'aie pas peur. Laisse-toi conduire...

LA TÊTE D'ORPHÉE. — Où est mon corps ?

EURYDICE. — Près de moi. Contre moi. Maintenant, tu ne peux plus me voir et j'ai la permission de t'emmener.

LA TÊTE D'ORPHÉE. — Et ma tête, Eurydice... ma tête... où ai-je mis mis ma tête ?

EURYDICE. — Laisse, mon amour, ne t'occupe plus de ta tête...

(Eurydice et le corps invisible d'Orphée s'enfoncent dans le miroir.)

SCÈNE XI

HEURTEBISE, LA TÊTE D'ORPHÉE, PUIS LE COMMISSAIRE DE POLICE, LE GREFFIER[36]

(On frappe à la porte. Silence. On frappe. Silence.)

LA VOIX DU COMMISSAIRE. — Au nom de la loi, ouvrez.

HEURTEBISE. — Qui êtes-vous ?

LA VOIX DU COMMISSAIRE. — La police. Ouvrez ou j'enfonce la porte.

HEURTEBISE. — J'ouvre. *(Il s'élance vers la tête d'Orphée, la ramasse, hésite, la pose sur*

---

34. - Cocteau follows the myth very closely here. In Virgil, Orphée's head had been carried away by the river Hebre as it called out for Eurydice.

35. - Don't get nervous.

36. - The registrar.

le socle et ouvre la porte. Le battant cache le socle. C'est alors que l'acteur qui joue le rôle d'Orphée substitue sa tête à la tête de carton.)

Le commissaire. — Pourquoi n'avez-vous pas répondu à ma première sommation ?

Heurtebise. — Monsieur le juge...

Le commissaire. — Commissaire.

Heurtebise. — Monsieur le commissaire, je suis un ami de la famille. J'étais encore sous le coup d'un saisissement compréhensible...

Le commissaire. — Un coup. Quel coup ?

Heurtebise. — Il faut vous dire que j'étais seul avec Orphée au moment du drame.

Le commissaire. — Quel drame ?

Heurtebise. — Le meurtre d'Orphée par les Bacchantes.

Le commissaire, *se retournant vers le greffier.* — Je m'attendais à cette version. Et... la femme de la victime... Où est-elle ? J'aimerais la confronter avec vous.

Heurtebise. — Elle est absente.

Le commissaire. — De mieux en mieux.

Heurtebise. — Elle avait même abandonné le domicile conjugal.

Le commissaire. — Voyez-vous cela ! *(Au greffier.)* Veuillez vous mettre à cette table *(il désigne la table de gauche)* et prendre note. *(Le greffier s'installe. Papiers, plumes. Il tourne le dos à la glace. Heurtebise est debout près de la glace. Pour être plus à l'aise le greffier tire la table en arrière de sorte que cette table rende l'accès de la porte impossible.)*

Heurtebise. — J'ai...

Le greffier. — Silence.

Le commissaire. — Procédons par ordre. Ne parlez que si je vous interroge. Où est le corps ?

Heurtebise. — Quel corps ?

Le commissaire. — Quand il y a crime, il y a corps. Je vous demande où se trouve le corps ?

Heurtebise. — Mais, Monsieur le commissaire, il n'y a pas de corps. Il a été déchiré, décapité, emporté par ces folles !

Le commissaire. — Primo, je vous dispense de porter un jugement injurieux sur des femmes qui exercent un sacredoce. Secundo, votre version est contredite par cinq cents témoignages visuels.

Heurtebise. — Vous prétendez...

Le commissaire. — Silence !

Heurtebise. — Je...

Le commissaire, *débit prétencieux.* — Silence. Écoutez-moi bien, mon gaillard. Nous sommes aujourd'hui jour d'éclipse. Cette éclipse de soleil est cause d'un formidable revirement populaire en faveur d'Orphée. On porte le deuil. On organise son triomphe. Les autorités réclament sa dépouille mortelle. Or, les Bacchantes ont vu Orphée paraître à son balcon couvert de sang et criant au secours. Surprise, car elles venaient sous ses

ORPHÉE

fenêtres à seule fin de lui faire un charivari[37], elles eussent volé à son aide s'il n'était, racontent-elles (et cinq cents bouches le racontent), s'il n'était, disais-je, tombé mort sous leurs yeux.
    Je me résume. Ces dames organisent un monôme. Elles arrivent aux cris de « conspuez Orphée ». Soudain la fenêtre s'ouvre. Orphée ensanglanté s'élance et appelle au secours. Ces dames s'apprêtent à gravir les marches; il est trop tard! Orphée tombe, et toute la troupe — n'oublions pas que ce sont des femmes... des femmes qui aiment crier, mais que la vue du sang effraye — toute la troupe, dis-je, rebrousse chemin. Eclipse. La ville voit dans cette éclipse la colère du soleil, parce qu'on moque un de ses anciens prêtres. Les autorités s'avancent à la rencontre des femmes et les femmes, par l'entremise d'Aglaonice, racontent le crime étrange dont elles viennent d'être témoins. La ville entière voulait se ruer sur les lieux. Des mesures sévères furent prises afin de réprimer le désordre et on m'a dépêché, moi, moi le chef de la police, moi qui vous interroge et qui ne supporterai pas qu'on me traite comme un garde champêtre. Tenez-vous-le pour dit.

HEURTEBISE. — Mais je ne vous...

LE GREFFIER. — Silence. On ne vous interroge pas.

LE COMMISSAIRE. — Procédons par ordre. *(Au greffier.)* Où en étais-je?

LE GREFFIER. — Le buste. Je me permets de vous rappeler le buste...

LE COMMISSAIRE. — Ah! oui. *(A Heurtebise.)* Vous êtes de la maison?

HEURTEBISE. — Un ami de la maison.

LE COMMISSAIRE. — On demande un buste d'Orphée pour le triomphe. En connaissez-vous un?
    (Heurtebise se dirige vers la porte et la ferme. On voit la tête sur le socle. Le commissaire et le greffier se retournent.)

LE COMMISSAIRE. — Il n'est pas ressemblant [R].

HEURTEBISE. — C'est une très belle chose.

LE COMMISSAIRE. — De qui?

HEURTEBISE. — Je l'ignore.

LE COMMISSAIRE. — Il n'est pas signé, ce buste?

HEURTEBISE. — Non.

LE COMMISSAIRE, *au greffier*. — Prenez note : Tête présumée d'Orphée.

HEURTEBISE. — Non, non. C'est Orphée, de cela on est certain. Le doute ne porte que sur l'auteur.

LE COMMISSAIRE. — Alors, mettez : Tête d'Orphée, par X. *(A Heurtebise.)* Vos noms.

HEURTEBISE. — Plaît-il?

LE GREFFIER. — On vous demande vos noms.

LE COMMISSAIRE. — Car, pour le métier, on ne me trompe pas. J'ai l'œil[38]. *(Il s'approche et tapote les vitres.)* Vous êtes vitrier, mon gaillard!

HEURTEBISE, *souriant*. — Vitrier, je l'avoue.

---

37. - A din, a racket in Orphée's honor.
R. - Explain the macabre irony contained in this line.
38. - I am observant.

Le Commissaire. — Avouez, avouez, c'est encore le seul système de défense qui tienne debout.

Le Greffier. — Excusez-moi, Monsieur le commissaire, mais, si nous lui demandions ses papiers...

Le Commissaire. — Très juste. *(Il s'assoit.)* Vos papiers.

Heurtebise. — Je... je n'en ai pas.

Le Commissaire. — Hein?

Le Grefffier. — Oh! oh!

Le Commissaire. — Vous circulez sans vos papiers? Où sont-ils? Où demeurez-vous?

Heurtebise. — Je demeure... c'est-à-dire, voilà : je demeurais...

Le Commissaire. — Je ne vous demande pas où vous demeuriez. Je vous demande l'adresse de votre domicile actuel.

Heurtebise. — Actuellement?... actuellement je me trouve... sans domicile.

Le Commissaire. — Pas de papiers, pas de domicile. Parfait. Vagabondage. Un ambulant! Votre affaire est claire, mon ami. Votre âge?

Heurtebise. — J'ai... *(Il hésite.)*

Le Commissaire. *Il interroge en tournant le dos, les yeux au ciel, remuant le pied, comme les examinateurs.* — Je suppose que vous avez du moins un âge...

La Tête d'Orphée. — Dix-huit ans.

Le Greffier. *Il écrit.* — Dix-sept ans.

La Tête d'Orphée. — Dix-huit.

Le Commissaire. — Né à...

Le Greffier. — Une petite minute, Monsieur le commissaire. Je gratte le chiffre. *(Il gratte.)*

(Eurydice sort à moitié du miroir.)

Eurydice. — Heurtebise... Heurtebise. Je sais qui vous êtes. Venez, entrez, nous vous attendions. Il ne manque plus que vous.

(Heurtebise hésite.)

La Tête d'Orphée. — Dépêchez-vous, Heurtebise. Suivez ma femme. Je vais répondre à votre place. J'inventerai n'importe quoi.

(Heurtebise plonge dans le miroir.)

SCÈNE XII

La Tête d'Orphée, Le Commissaire, Le Greffier

Le Greffier. — Monsieur le commissaire, à vos ordres.

Le Commissaire. — Né à...

La Tête d'Orphée. — Maisons-Laffitte.

Le Commissaire. — Maison quoi?

La Tête d'Orphée. — Maisons-Laffitte, deux f, deux t.

ORPHÉE

LE COMMISSAIRE. — Puisque vous me dites votre lieu de naissance, vous ne refuserez plus de dire votre nom. Vous vous appelez...

LA TÊTE D'ORPHÉE. — Jean.

LE COMMISSAIRE. — Jean comment ?

LA TÊTE D'ORPHÉE. — Jean Cocteau.

LE COMMISSAIRE. — Coc...

LA TÊTE D'ORPHÉE. — C. O. C. T. E. A. U. Cocteau[S].

LE COMMISSAIRE. — C'est un nom à coucher dehors. Il est vrai que vous couchez dehors. A moins que vous ne consentiez, maintenant, à nous dire votre domicile...

LA TÊTE D'ORPHÉE. — Rue d'Anjou, dix.

LE COMMISSAIRE. — Vous devenez raisonnable.

LE GREFFIER. — La signature...

LE COMMISSAIRE. — Préparez une plume. *(A Heurtebise.)* Approchez. Approchez, on ne vous mangera pas. *(Il se retourne.)* Oh !

LE GREFFIER. — Qu'y a-t-il ?

LE COMMISSAIRE. — Tonnerre ! L'inculpé a disparu.

LE GREFFIER. — C'est prodigieux !

LE COMMISSAIRE. — Prodigieux... Prodigieux... Il n'y a rien de prodigieux *(Il arpente la scène.)* Je ne crois pas aux prodiges. Une éclipse est une éclipse. Une table est une table. Un inculpé est un inculpé. Procédons par ordre. Cette porte...

LE GREFFIER. — Impossible, Monsieur le commissaire, pour sortir par cette porte il fallait bousculer ma chaise.

LE COMMISSAIRE. — Reste la fenêtre.

LE GREFFIER. — Pour la fenêtre, il fallait passer devant nous. D'ailleurs, l'inculpé répondait. Il a répondu jusqu'à la dernière minute.

LE COMMISSAIRE. — Alors ?

LE GREFFIER. — Alors, je n'y comprends rien.

LE COMMISSAIRE. — Il faut qu'il existe quelque issue secrète dont l'assassin — car cette fuite nous apporte la preuve du crime — dont l'assassin, disais-je, devait connaître l'existence. Sondez le mur.

(Le greffier cogne. Recherches.)

LE GREFFIER. — Le mur sonne plein.

LE COMMISSAIRE. — Parfait. Puisque ce gaillard nous brûle la politesse[39] et se cache, ne lui donnons pas la satisfaction de le chercher sous ses propres yeux. *(A tue-tête.)* J'ai des hommes autour de la maison. Il ne peut faire deux pas dehors sans être pris et, s'il s'obstine, on le cernera jusqu'à ce que la faim l'oblige à sortir. Venez.

S. - Why does Cocteau break into the dramatic illusion by giving his own name and address?

39. - To take French leave. To leave with rude abruptness.

LE GREFFIER. — Quelle histoire !

LE COMMISSAIRE. — Il n'y a pas la moindre histoire. Vous voyez toujours des histoires partout.

(*Ils sortent. Pendant qu'ils sortent et que le battant de la porte cache le buste, l'acteur substitue à sa tête la fausse tête. La scène reste vide.*)

LE COMMISSAIRE, *il rentre.* — Nous oublions le buste.

LE GREFFIER. — Il ne faut pas revenir les mains vides.

LE COMMISSAIRE. — Prenez-le.

(*Le greffier prend la tête. Ils sortent.*)

SCÈNE XIII

(*Le décor monte au ciel. Entrent par la glace : Eurydice et Orphée. Heurtebise les mène. Ils regardent leur maison comme s'ils la voyaient pour la première fois. Ils s'asseyent à table. Eurydice désigne sa droite à Heurtebise. Ils sourient. Ils respirent le calme.*)

EURYDICE. — Tu voulais du vin, je crois, mon chéri.

ORPHÉE. — Attends. D'abord la prière. (*Il se lève ainsi qu'Eurydice et Heurtebise. Il récite.*) Mon Dieu, nous vous remercions de nous avoir assigné notre demeure et notre ménage comme seul paradis et de nous avoir ouvert votre paradis. Nous vous remercions de nous avoir envoyé Heurtebise et nous nous accusons de n'avoir pas reconnu notre ange gardien. Nous vous remercions d'avoir sauvé Eurydice parce que, par amour, elle a tué le diable sous la forme d'un cheval et qu'elle en est morte. Nous vous remercions de m'avoir sauvé parce que j'adorais la poésie et que la poésie c'est vous. Ainsi soit-il [T].

(*Ils se rasseyent.*)

HEURTEBISE. — Je vous sers ?

ORPHÉE, *respectueusement.* — Laissez Eurydice.

(*Eurydice lui verse à boire.*)

HEURTEBISE. — Peut-être arriverons-nous à déjeuner.

Rideau

Villefranche-sur-Mer, 24 septembre 1925.

[T]. - Make a study of Orphée's prayer. What is ultimately the meaning of the horse? of poetry? reality? love? death? Do you think that the play can be interpreted within a Christian framework? Justify your answer.

NOTES DE MISE EN SCÈNE

Le miroir laisse entrer et sortir les personnages par un praticable qui débouche des coulisses à la hauteur du cadre. C'est une ouverture dont la découverte est cachée par un panneau miroitant.

La bibliothèque doit avoir une petite case praticable où se glisse un vrai livre. Au-dessus de la bibliothèque une fente permet de prendre une feuille de papier.

Le socle contient l'acteur à genoux sur un coussin de telle sorte que sa tête dépasse et habite la niche.

Le cheval est le devant d'un cheval, une tête de cheval à l'encolure très courbée, sur un homme en maillot. La porte du box cache le haut des jambes et le poitrail.

Un rideau noir sur une tringle permet de fermer la niche.

Le lavabo est en trompe l'œil.

Lorsque Heurtebise feint de travailler, il dégage d'abord la fenêtre en portant la table servie contre le mur de droite. Ensuite, à la réplique : « Montez sur cette chaise », il prend la chaise qui était derrière la table et la place dans le cadre de la porte-fenêtre. Il pose le pied gauche dessus et le pied droit sur un escabeau dissimulé derrière le portant. Il lève les mains vers les vitres. Un machiniste le tient par une ceinture invisible dont l'anneau dépasse sous son appareil de vitrier. Lorsque Orphée ôte la chaise, il vole. Ce système très simple, trouvé par Pitoëff, est d'un effet extraordinaire.

L'appareil de vitrier d'Heurtebise supporte des vitres d'espèces différentes. Sa tête se détache sur du mica. Derrière lui, ses vitres sont d'une matière miroitante et qui envoie des reflets partout.

Dans la coulisse, côté cour, une machine électrique à rumeur profonde. (On peut employer le *vacuum cleaner*.)

Lorsque la Mort entre dans la chambre d'Eurydice, elle enlève son bandeau. Un machiniste lui donne la colombe qu'elle empoigne par les pattes pour qu'elle batte des ailes. Elle apparaît. Raphaël coupe le fil. Elle disparaît derrière le portant gauche de la fenêtre où on lui prend la colombe des mains et recule sur la terrasse avec le geste d'avoir lâché la colombe en l'air[1].

Après la réplique d'Heurtebise : « Je le ramènerai, je vous le promets », la lumière baisse et devient laiteuse. Une fois fixée cette nouvelle lumière d'aquarium, la Mort entre. On voit d'abord son bras sortir du miroir ; ensuite, le bras gauche des aides avant les aides.

En partant, la Mort se dépêche et se pétrifie une seconde, la main tendue, devant le miroir. Ses aides, même jeu.

Lorsque le rideau de l'intervalle tombe, attendre un peu avant de relever si les spectateurs applaudissent pour que ce tour de cartes abstrait ne prenne pas l'apparence d'une fausse manœuvre.

Disparition d'Eurydice. Dans un théâtre sans trappe on baisse la lumière sur résistance. Eurydice se lève avec un geste d'horreur et glisse lentement derrière la table. Une fois l'obscurité complète on passe le bout d'une étoffe noire à Orphée qui se tient contre la porte de la chambre. Il tend l'étoffe jusqu'à la table, Eurydice se sauve derrière elle. On tire l'étoffe des coulisses d'un seul coup et on donne la lumière pleins feux. Toute cette manœuvre s'exécute en un clin d'œil. Même dans un théâtre muni d'une trappe, Eurydice doit disparaître lentement et la lumière descendre avec elle.

---

1. - Inutile de dire qu'il n'y a pas un seul symbole dans la pièce. Rien que du langage pauvre, du *poème agi*. Cette colombe est un lieu commun.

Trois musiciens suffisent pour l'arrivée des Bacchantes.

Un homme : tambour et cymbale. Un autre, caisse de jazz. Un troisième : timbale.

Les rythmes doivent angoisser, ressembler au tam-tam des sauvages.

Après le troisième : *Mesdames!* d'Orphée, les tambours font un bruit terrible. On entend des vitres brisées, une chose lourde qui tombe et une chaise qui se renverse. Une petite lampe, dissimulée à droite dans la rampe, s'allume. C'est l'éclairage des crimes au Musée Grévin. On voit par terre, près de la nappe, la tête qui se détache sur le blanc de la chaise tombée. La chaise renversée, la tête mise en place pendant le noir qui aveugle la salle. L'acteur se couche dans la coulisse et parle de la chambre.

Lorsque la police frappe ses coups contre la porte et que l'ange ramasse la tête, la pose sur le socle et ouvre la porte, on rend toute la lumière et l'acteur substitue sa tête à la tête de carton. Lorsque le commissaire et l'huissier sortent, l'acteur se retire et remet la tête de carton.

JEAN GIRAUDOUX

Judith

Tragédie en trois actes

INTRODUCTION

Foremost among French dramatists of the period between World Wars I and II, Hippolyte-Jean Giraudoux was born at Bellac, Haute-Vienne, in 1882. The key to his universe is not to be found in the few biographical data available to us, nor in the socio-political contexts of this time, nor in his own religious or political views. It is rather to be sought in his own self-evaluation as a « man of letters, » whose mission it is to provide his contemporaries with two essential commodities: « une sensibilité et un vocabulaire. »[1] His experiences as a soldier, a diplomat and a world-traveler seem only to have strengthened his inordinate belief in style as a civilizing tool. When, in 1930, he was asked where the future of Europe lay, he answered: « Le secret de l'avenir, c'est le style. L'Europe et le monde seront ce que sera la langue de demain. »[2]

Jean Giraudoux developed his own original language via the traditional pathway trodden by France's intellectual elite. As a pupil at the lycée of Châteauroux he fell in love with the classics and developed a taste for order, clarity and elegance of expression. His teachers considered him an extremely serious and capable student, who excelled in athletics as well as in French, Latin, Greek and history. It was at the Ecole Normale Supérieure where they admit only the most brilliant students did he pursue studies in German literature, that Giraudoux really distinguished himself. Our promising young man graduated in 1905 at the top of his class.

Prior to World War I, we find him as tutor to an aristocratic family in Germany (1905), lecturer in French at Harvard University (1906), secretary to a fanatical anti-communist in Paris (1907), and literary editor of the latter's newspaper. The war, which interrupted Giraudoux's budding diplomatic career and first literary endeavors did leave a dark shadow over most of his plays, whereas his heroic exploits as a second-lieutenant gained him the « Légion d'honneur » and other medals. The picture of war which emerges from the graceful prose of his first novels, remains somewhat ambiguous, as our « charming trickster »[3] softens the horrors of the battlefield with a bit of nostalgia for heroic grandeur.

Following the end of the war, Giraudoux was to combine the career of diplomat with that of writer. As late as 1930, just nine years before he was appointed Commissioner of Information and Propaganda, he could not believe in the eventuality of a second world war. According to him, the main issue was still to find « a style, » i.e. « the key to every anxious, closed-in, thwarted period of history. »[4] As the world was

---

1. - Jean Giraudoux, « De Siècle à siècle », *Littérature,* Grasset, 1946, p. 190.
2. - *Idem,* p. 192.
3. - This is how Chris Marker refers to Giraudoux in *Giraudoux par lui-même,* Bourges, 1962.
4. - Jean Giraudoux, *op. cit.,* p. 193.

about to explode again, the man of letters joined forces with the diplomat in a somewhat inopportune statement of love for Wagner and Descartes. We are in 1939: « Mon souci profond, » Giraudoux writes in *Pleins Pouvoirs,* « ne vient pas de l'Allemagne ou de l'Italie... La ligne Descartes et la ligne Wagner tiendront quand auront cédé la ligne Maginot et la ligne Siegfried. »

It is surprising that Giraudoux altered his « spiritual testament » a few years before his death, in 1944. His last works seem to be the product of a disillusioned and embittered mind that realized, a little too late, the failure of both diplomacy and language in occupied France. Yet as the curtain falls on *Sodome et Gomorrhe*—Giraudoux's last and most somber play, God's wrath settles down on the ruins of both cities, and disembodied voices are still to be heard. Men are destroyed but their language lives on.

The original brilliance of Giraudoux's style is maintained throughout his works. His first novels might seem loose and frivolous, his last plays boring and empty; but *La Guerre de Troie n'aura pas lieu, Judith, Intermezzo* and *Électre* established his reputation as a great dramatist who managed to support his irridescent style with strong structural backbones. However, the novels he published between 1918 and 1924, from *Simon le pathétique* to *Juliette au pays des hommes,* display little concern for structure, characterization or narrative content. Their interest lies in the graceful arabesques of Giraudoux's style, with its components of precision, fantasy, humor and erudition. The novels suggest a dream-like universe where reality is emptied of whatever makes it opaque and heavy, where metaphors and comparisons set up a network of mysterious « correspondances » between man and the whole cosmos. The characters that people this happy world voice the author's belief that sanity and fulfillment depend upon one's command of the French language. In *Juliette au pays des hommes,* the most self-satisfied individual is a writer who has sixty thousand words ready to describe his universe: « de sorte qu'il avait l'impression d'un monde en ordre, d'un grand apaisement, l'impression qu'il pourrait mourir en paix... De sorte aussi que l'univers était recouvert pour lui plus que pour tout autre d'une croûte verbale qui lui cachait les gouffres du chaos, et qu'il était optimiste. » Such is not the case for Ulysses, as Giraudoux sees him in *Elpénor* (1919): « flottant à l'aventure, sans voile et sur un océan et dans une vie si déserte qu'aucune métaphore même ne pouvait s'ajouter aux pensées ni aux mots et les alléger. » The navigator is terribly unhappy on the high seas, because the empty horizons fail to stimulate his stylistic imagination. Ulysses is unable to create metaphors. Throughout his desultory and dazzling prose, Giraudoux thus expressed his feeling of urgency in covering up those gaps opened in modern consciousness with a highly polished « crust of words. »

It was surprising that such a gifted stylist should suddenly turn dramatist. His encounter with Louis Jouvet, the period's most celebrated actor-director, marked the turning point in Giraudoux's career. It was Jouvet who encouraged him to adapt his novel, *Siegfried,* to the stage. The play was produced by Jouvet on May 2, 1928. It was a resounding success; and with the exception of *Judith*, all subsequent plays born of the Jouvet-Giraudoux collaboration were hailed by the majority of critics.

The story of *Siegfried* is that of a German politician who has lost his memory during World War I, and later discovers that he is actually a Frenchman. This is not one of Giraudoux's best plays, although it contains the seeds of future development. The diffuse matter of the novel was condensed, simplified, and organized around great stylized debates, between stylized characters, within a stylized background. The dialogues are interwoven with metaphorical patterns, studded with droll detail and flashing images. The same pattern is recognizable in the fifteen plays written between 1928 and 1944.

Each play is constructed around a series of debates in which the characters weigh opposite arguments on such topics as war and peace (*La Guerre de Troie n'aura pas lieu*), justice and responsibility (*Electre*), the human and the supernatural (*Intermezzo*), man and woman (*Sodome et Gomorrhe*). What counts is less the solution of the conflict than the conflict itself. It is said in *Judith* that for the true soldier there is no such thing as victory or defeat: there is only the battle which has two faces, the bright and the dark. Likewise, in *Intermezzo*: « Ce qu'aiment les hommes, ce que tu aimes, ce n'est pas connaître, ce n'est pas savoir, c'est osciller entre deux vérités ou deux mensonges. » In a major scene of *La Guerre de Troie n'aura pas lieu,* Ulysse and Hector weigh opposite definitions of Greece and Troy, as if such verbal disputes had a magical power to start or end the Trojan war. The trouble starts when the reader or the spectator, impatient with so much talk, demands an answer, a moral, a solution. Giraudoux refuses to comply. He insists that theater is not a theorem, but a spectacle; not a lesson, but a filter. This theory is expounded in *l'Impromptu de Paris,* which is in fact Giraudoux's *ars poetica*: « Puisque vous êtes au théâtre, c'est-à-dire dans un lieu d'heureuse lumière, de beau langage, de figures imaginaires, savourez ce paysage, les fleurs, les forêts, les hauteurs et les pentes du spectacle, tout le reste est géologie. » The dramatist is neither a moralist, nor a philosopher, nor a psychologist, he is a poet *par excellence.* The critic should not dig for themes and meanings; but increase his receptivity to Giraudoux's « beau langage. »

All his characters speak the same refined language, be they heroes, soldiers or poets. As Jacques Guicharnaud pointed out in his essay on Giraudoux, « the spectator's pleasure lies in his recognition of the writer's fantasy, not in the kind of participation or complicity provoked by Greek choruses, the confidants of French classical tragedy, or the sensible characters in Molière's comedy. » Some may be charmed by this verbal fantasy. Others, irritated by such garrulity, will agree wholeheartedly with Clytemnestre in *Électre*: « Il n'y a pas d'êtres humains dans cette cour, mais des coqs ! » Giraudoux's characters often reproach one another for talking too much, and yearn for silence. When Judith is about to make up her mind whether or not to accept her divine mission, she flares up at Jean's flowery prose: « des adjectifs dans un moment pareil ! »; and yet what better instance could there be of a pot calling the kettle black?

Adjectives, metaphors and rhetorical figures are somewhat surprising when used by Giraudoux's peasants, soldiers or humble officials. We are more willing to find them natural in the mouths of such cultured heroes as Hector, Jupiter or Holopherne. Yet the latter are no more « real, » in the traditional sense of the word, than the former.

Giraudoux himself calls them « figures of the imagination. » Each one is constructed around an abstract idea or flux of ideas. For instance, in *La Guerre de Troie n'aura pas lieu,* Hélène is seen as the incarnation of beauty. We are told by her lover, Paris that she is « a very nice person. » Cassandre further instructs us that she is « quite pretty. » The rest is left to our imagination. But scores of charming details give the reader an illusion of reality. Hélène has a certain way of « readjusting her sandal » and of crossing her legs. Her eyes suggest emerald and powdered gold. Judith is defined by her quivering nostrils and Clytemnestre by her eyebrow. Those details are certainly less clues for the stage director than decorative motifs. Actually, in order to really come to life, these characters demand to be seen on stage. Actors, lighting and scenery are as essential to their existence as the sea is to Ondine's survival. In an essay published in 1941, Giraudoux hails the actor-director Jouvet as his « second muse, »[5] the other being the ever-smiling Thalia whose festive function was to adorn the world with flowers. The flowers of Giraudoux's language—« roses » is a favorite term among his critics—should not be scrutinized through a microscope but allowed to live within the scenic spectacle.

Giraudoux's characters are not only adorned by their language, they use it as a means of accounting for the universe, or as a fetish against some puzzling, repellent, sometimes strangely attractive transcendency. The destiny of the Jews depends upon Judith's eloquence; that of Troy and Greece rests upon the final « combat de paroles » between the most articulate representatives of both camps. Whereas Judith trusts language as an invincible weapon against Holopherne, Ulysse and Hector cling desperately to it as last resort in their fight with the gods. The principle, confirmed by Giraudoux's literary as well as political essays, is that language does have the power of ordering the universe, either by making it intelligible or by influencing the course of events. In a lecture given in 1930, our poet-diplomat stated that « le langage est le premier instrument de vie. » But it can also be a dangerous tool. It may be that if men resorted to silence they would avoid catastrophies. For Giraudoux's eloquent and garrulous heroes have the power of precipitating ominous events through their power of speech. This brings us to a favorite topic among Giraudoux's critics: the theme of fate in his dramatic works.

Whether fate is to be equated with God is a question that Giraudoux would dismiss as irrelevant. The mysterious forces that direct man's destiny are manifested in *Judith* through the biblical God, through the Greek divinities in *La Guerre de Troie n'aura pas lieu* or *Électre,* through the anonymous « Ensemblier » in *Intermezzo.* In *Judith* the picture is rather confusing. God is all powerful and does not care about human feelings. Yet he needs Judith in order to attain his ends. He could have eliminated Holopherne in a much simpler way. Why does he need Judith? In *La Guerre de Troie n'aura pas lieu,* fate is seen as « the tiger » asleep at the gates of Troy. Such is the metaphor used by Cassandre to clarify for Andromaque a previously obscure formula: « Fate is the accelerated form of time. » She goes on to explain that

---

5. - Jean Giraudoux, « Le Metteur en scène, » *Littérature, op. cit.*, p. 239.

« the tiger has been awaken by Trojan statements. » What does it all mean? Andromaque still does not understand. Fortunately for us, *Électre* presents us with a much more explicit image of fate. In this play, based upon the ancient myth of the Atrides, Clytemnestre has murdered her husband Agamemnon with the help of her lover Égisthe. Argos is now a peaceful city. But Clytemnestre's daughter, Électre, is going to make trouble. Her quest for justice brings about the bloody *dénouement*: Oreste kills the guilty royal couple and the city is left defenceless against ennemy attack. Électre's verbalized violence seems here again to have « awakened the gods, » with the final result that justice is done but the city is lost. The gods are described by Égisthe as great sleepy powers, so serene, so ubiquitous, that they become unconscious: « Ils sont inconscients au sommet de l'échelle de toutes les créatures comme l'atome est inconscient à leur degré le plus bas. La différence est que c'est une inconscience fulgurante, omnisciente, taillée à mille faces, et, à leur état normal de diamants, atones et sourds, ils ne répondent qu'aux lumières, qu'aux signes, sans les comprendre. » This conception is not as bizarre as it may first appear. Isn't something like that involved when we hesitate to formulate a fear or shout our joy, just in case we should arouse something up there? Many of us unconsciously believe in a fate which pays attention to us only insofar as we signal to it. In any case, Giraudoux's gods respond to human signals with such lavishness that they annihilate scores of innocents. A handful of beautiful, articulate heroes, most of them dreamers, poets, philosophers or « femmes à histoires, » thus act as intermediaries between « gods » and men. Their function is to make men conscious of their destiny, at the risk of precipitating some formidable avalanche that will engulf all.

It has been pointed out that Giraudoux's universe resembles that of Pascal, in which man in redeemed by an awareness of his own impotence. Whereas Pascal's man manifests his grandeur in isolation, by silently « thinking » his own oppression, Giraudoux's heroes use a complex verbal machinery in an attempt to taunt, divert, or merely elucidate the forces that are about to crush them. Yet Giraudoux's language is as soothing to the mind as Pascal's is disquieting. « The silence of infinite spaces » which resounds through Pascal's tortured writing is nowhere to be found in Giraudoux's works. His characters never tremble with fear. Neither Ulysse nor Hector, for instance, manage to convey the least sense of anxiety as they describe the forthcoming catastrophe. The reason is simply that they speak so well. At a time when the « tiger » is about to wake up and to assault Troy, the spectator basks in melifluous verbal rhythms and is no more able to feel pain than is the anaesthetized patient on the operating table. Such is indeed the last and most obvious function of our characters' language. It creates an enchanting wonderland, where the dominant impression is one of peace, equilibrium and coherence. Giraudoux is able to shortcircuit different aspects of reality through unexpected images and this create mysterious « correspondances. » Even when the ugliest character in *Judith* describes the suffering of the Jewish people, the major feeling is that of a unified cosmos where all things are related: « Crois-tu que ce silence du champ de bataille, ce cri d'oiseau de nuit voilé par sa becquée de viande humaine, le bruit de ce fruit qui choit soudain de l'arbre, seule victime pacifique et naturelle de cette veille, et l'image d'une petite mère juive qui prie en pleurant dans sa soupente, en caressant son chien juif affamé, et l'indifférence des étoiles, et le mépris des vents, ne m'aient pas déjà tout dit en leur faveur? » A link is here set up between the cosmos, man and the animal, all the way down to the « starving Jewish dog. » And within the harmonious flow of this sentence, scanned by a series of commas, sounds echo one another, soothing the ear as well as the mind. The ugly reality of the battlefield is thus juggled away through the magic of style. Reality, in fact, is not apprenhended by the characters' eyes and ears but « seen » through their imagination. It is interesting to note that the verb « to see » recurs quite frequently in our play, but hardly refers to what is actually reported by the eye. Thus when Judith learns that the Jews have been defeated, she cannot stand the sight of Jean: « Hideux, tu es hideux ! décoloré aussi. Quelle lèpre que la défaite sur un uniforme ! C'est l'été dans un poil de bête. Ce sont les mites dans l'acier et dans l'airain... » One image evokes another, as in the free association of ideas. The result is a network of metaphors—encompassing matter, seasons and animals—which annihilates the concrete reality of Jean.

Those webs of analogies and correspondances may suddenly desintegrate, as one character interrupts the other's poetic outburst with some pedestrian remark, thus bringing us down to earth. It is fashionable, nowadays, to point out that, in spite of their dream-like quality, most of Giraudoux's plays tend towards the prosaic. In *Intermezzo,* Isabelle is cured of her remantic love for a ghost and chooses to become a bourgeois housewife. In *Amphytrion 38*, Alcmène prefers her simple life with her husband to immortality with Jupiter. But such interpretations are simplistic. Isabelle gives up her phantom only because the civil servants' world appears to her as poetic as that of the specter, and *Amphytrion 38* is one of the most ambiguous plays that Giraudoux ever wrote. At the stylistic level, in spite of a concrete vocabulary which directs the spectator toward concrete feelings and concrete landscapes, Giraudoux's plays are deliberately unreal. The prevailing mood is one of purity, happiness and poetry. His universe of words is entirely dependent upon the rules of language, just as ours obeys the law of gravity. Any reference to the tragic coarseness of reality is out of the question and cannot even be conceived.

It is interesting to note that « language, even with no support, perseveres in its existence. »[6] At the end of *Sodome et Gomorrhe* the world has been destroyed but the voices of man and woman are still to be heard. In the opening scene of *Judith*, a character's voice is heard before he himself appears: « Sa voix est là, c'est évident. Son corps n'est pas là. » This is characteristic of the play as a whole. The biblical story is emptied of its substance, the play resounds with disembodied voices.

The Apocrypha relates the attack on the Jews by the Assyrian army led by Holopherne. Bethulia, a besieged Jewish city, is close to surrender when Judith, a pure young widow of considerable wealth, devotion and beauty, enters the ennemy camp,

---

6. - Jacques Guicharnaud, « Theatre as Proposition: Jean Giraudoux, » *Modern French Theatre from Giraudoux to Beckett,* New Haven, 1961, p. 23.

gains the favor of Holopherne and four days later murders him. Giraudoux takes great liberties with the story. Judith becomes an ultra-modern young girl who has dated quite a few young men. Holopherne is a handsome, articulate giant of a man, far removed from the drunken brute described in the apocryphal text. The motives of the characters are so profoundly altered that the « official » truth preserved by history is put into question. Giraudoux's recreation of the biblical landscape is as purposefully naive as, say, the France of *Siegfried* or the Greece of *Amphytrion 38*. What is important is not individual characterization—the same fauna haunts all Giraudoux's plays, nor the moral of the tale—it does not seem to have any, nor the comic-strip background. The interest of the play rather lies in the characters' language which illuminates pre-ordained events and brings structure to the world.

The story of Judith is set against a background of bloody battlefields, famished children and empty warehouses. It is the picture of war that recurs throughout Giraudoux's plays, with the exception of *Intermezzo* and *Ondine*. Giraudoux is not interested in giving us an accurate picture of biblical, Roman or Greek warfare, as the case may be. The war described in his plays is typical one that could refer to almost any period, and the technical vocabulary can easily be modernized. In *Judith* as in *La Guerre de Troie n'aura pas lieu,* war is felt as a threatening, incomprehensible presence which cannot be justified. It is embodied both in a handful of cruel, despicable soldiers, and in the glamorous Holopherne. Judith is wounded by the former and seduced by the latter. Actually, war often appears in Giraudoux's works as a supreme temptation which few can resist. The epigraph of *Adorable Clio* (1920) seems to suggest that Giraudoux himself was aware of having flirted with it: « Pardonne-moi de t'avoir, chaque fois que je l'ai pu, ô guerre, longuement caressée. »

As the curtain rises on *Judith,* the spectators gain an inkling of the threatening war through a series of piercing sounds. It is the anguished voice of the Jews calling for Judith. A prophecy had announced that Bethulia could only be saved by the most beautiful, the purest virgin who would assume the responsibility of pacifying Holopherne. The people have chosen Judith. Initially she does not want to go. Then she understands that she is the only hope of the city, and leaves for Holopherne's camp. But her attitude is not that of a willing victim. She will stand in front of him as a « hypocritical, pitiless Jewish girl full of fury and ready to defy all God's laws in order to obey them better. »

This first act is studded with « tirades »—long set speeches or declamations like operatic arias. Before Judith makes up her mind whether or not to stand up for the Jews, Joachim and Joseph oppose each other as bearers of contrary truths: Joseph insists that his niece had better stay at home. Joachim maintains that she is made for staintliness and heroism. Jean catalyzes Judith's decision. These conversation pieces are adorned with the most whimsical and singular details, and unexpected digressions, such as the one about Judith's nurse who is doing the washing: « Dans le débat surgi entre ma nourrice et mon oncle sur la façon d'obtenir la meilleure lessive se glissait tout à coup, entre les mots d'amidon, de savon et de laveuses, un mot inattendu, éclatant, qui était sa parole. » The soapy laundry here recalls an irreverent remark made by an eminent critic, that Giraudoux starts by tossing a surprisingly accurate ball, and ends up, without anyone quite understanding how, by juggling with soap bubbles.

The second act has a more disciplined form. It leads to a complete reversal of the situation, by may of more condensed dialogues involving a picturesque cast of debauched soldiers, homosexuals and whores. As soon as she enters Holopherne's camp, Judith sets out to convince the king that he would be better off attacking Cittose, a rich city in the North. But when she realizes that she has been preaching in front of a pack of cynical soldiers and an old Jewish procuress, she loses both her pride and her trusted eloquence. Egon, posing as Holopherne, has mocked and kissed God's elected virgin, and she now feels her whole being to be polluted.

Giraudoux's novels and plays are full of characters in disguise chasing one another in a now grotesque, now humorous atmosphere of a fancy-dress ball. Jupiter's disguises, in *Amphytrion 38,* are essential to the very structure of the play. Orest introduces himself as a stranger in *Électre.* The phantom in *Intermezzo* poses as a man. Siegfried is actually a Frenchman in disguise, although unwittingly so. Giraudoux distributes fancy dresses to his characters just as he dresses up chaos with « les prestiges du style, » that is to say « les superlatifs, les antithèses, les parallèles, les quiproquos et les métaphores, bref *les travestis* de toute espèce. »[7] Some profound metaphysical truth might be involved here and would require careful examination of Giraudoux's works in order to be ascertained. We are content to open the way to further inquiries and humbly return to our story.

When the true Holopherne arrives, he is confronted by a dumb Judith, momentarily paralized by shame. Actually, he is quite different from the monster she expected. Whether she lets herself be seduced by Holopherne out of a desperate kind of pride (« I am lower than I have ever been »), or because of a new sexual awareness (« our bodies were destined to meet ») is not very clear. As is always the case in Giraudoux, contrary explanations or definitions fuse, coexist or complement one another.

The landscape seen from Holopherne's tent, and reconstructed by Judith's imagination, sets the tone for the ambiguous third ans final act. Dawn on the battefield. An icy breeze ruffling the grass and the hair of the dead men lying there. A living foot and a dog's tail in the morning dew. A sky full of puss and gold. Giraudoux's imagery links the dead to the living, man to animal, putrefaction to beauty, thus creating harmony with opposites. And beyond this motionless world, crystallized in its perfection, a sense of immense weight, something like the implacable fate which arranged the course of events before history itself came into being.

Giraudoux knew in advance that the Trojan War would take place, that Sodom and Gomorrha would be destroyed, that Judith would be remembered as a sanctified heroine. In his plays, however, the motivations leading to key events are ambiguous and contradictory. Each character has the privilege of giving order and form to his own motives. Each creates his own world. In the last act of our play, the Jews are

7. - Claude-Edmonde Magny, « Ambiguïté de Giraudoux, » in *Hommage à Giraudoux,* Confluences, p. 78.

presented with Holopherne's head. Why did Judith kill her lover? She insists that she did it because she loves him and wants, through his death, to preserve the perfect memory of the night she has just spent with him. The Jews believe that she killed out of patriotic hatred. The mysterious guard who appears in the last scene of the play maintains that she was God's instrument without knowing it, that she did not caress Holopherne's body because she loved him but because she was seeking the spot to strike. Who is this guard? He first appears as a drunken, sleepy soldier, then as one of God's emissaries. Is he Judith's guardian angel? God's spokesman? A product of her distorted imagination? The question of the guard's identity is ultimately irrelevant. The play is ambiguous and purposefully so. The spectator is asked to accept the simultaneity of opposite truths: that of the guard, that of the prophets, and that of Judith. She herself makes a choice and decides to become a saint. She will not attempt to contradict the official account of her night with Holopherne. But does she choose silence because she herself doubts her own truth? Or is it because she sacrifices herself to the demands of law and order? Or because she is so drained out that she cannot offer any resistance to the Elders? The answer might lie in Giraudoux's own definition of the play as a « tragedy. » Judith cannot be viewed as a victim. If her final decision were motivated by fear, passivity, doubt, or mental exhaustion, the play would become mere melodrama. Tragedy involves consciousness. True, the characters in a tragedy are defeated and usually die. But just as they are about to be destroyed, they discover a new freedom and experience self-knowledge. Oedipus' final blindness coincides with his newly-acquired lucidity. Similarly, Judith is willing to let herself be buried within the walls of a synagogue. But beyond her outward defeat, we must recognize an inward triumph. She knows now that she cannot convince the world of her own truth, for each individual is bearer of his own universe. Her heroic grandeur comes from her ability to see and accept the plurality of truths constructed through language: her own version of the night's events, that of the guard, that of the prophets, and that of the Jews.

The transcendency which weighs upon Giraudoux's heroes gives them just enough freedom to be in agony, as each realizes that his world does not coincide with that of the other. But the spectator has difficulties in entering the tragic mood. He cannot believe that such articulate characters are actually suffering. Tragedy is a language where words do not necessarily stick to their object. The hero who is in total command of his language and never struggles with words, cannot convey a sense of personal agony. An explanation of the happy mood that pervades Giraudoux's plays may be found in the poet's own stylistic resources. He draws upon an inexhaustible vocabulary for building blocks: « Il plongeait dans les dictionnaires de termes techniques et bientôt cette inspiration qui ravit les poètes à la lecture des dictionnaires de rimes lui donnait le nom de chaque courbe dans un péristyle, de chaque nervure dans un stylobate, de chaque brisure dans un picot. » The writer thus described in *Juliette au pays des hommes* might be Giraudoux himself, who considered that a poet could only begin to assume his true function as a demiurge after mastering his « dictionary. » When, like Adam, he has finished bestowing names, the poet may proceed to reconstruct his world through his imagination. Giraudoux's own universe is made up of all the relationships that the mind establishes between isolated objects or beings. Perceived reality is thus caught within webs of metaphors which mask its chaos while soothing the mind. Contraries are reunited, connecting links are set up between man, the world and the cosmos. At the syntactical level, the beauty and harmony of the poet's universe are translated through flowing, symmetrical rhythms. As Albères pointed out in his monumental book on Giraudoux, the notions of symmetry, equilibrium and counterpoint are essential to our poet's stylistic imagination.

An exhaustive study of Giraudoux's style would require careful examination of the poet's vocabulary, imagery and syntax. It would unveil the complex mechanisms through which his dream-like universe came into existence. Whereas Judith, Isabelle, Siegfried or Hector agonize at the junction of opposite worlds, Giraudoux reconstructs those separate universes into a unified whole, through the magic of style. A final clue may be found in *Siegfried,* where the dividing line between France and Germany runs through a railroad station. A group of « maniacs » spend the day on the frontier, with one foot in France and the other in Germany. A doctor periodically comes from Berlin to examine them. He calls them sadists. Could some kind of self-parody be involved here? And if Giraudoux's heroes are intended to be seen as « sadists, » with their verbal disputes and irreconcilable truths, what cure could be found for them? Paradoxically enough, it is proposed throughout Giraudoux's works, sometimes with dead seriousness, that style is the best antidote to actual or imaginary frontiers.

WORKS BY GIRAUDOUX

1928. SIEGFRIED. *First performed on May 3, 1928. Grasset, 1949.*
1929. AMPHYTRION 38. *First performed on November 8, 1929. Grasset, 1929.*
1931. JUDITH. *First performed on November 4, 1931. Grasset, 1935.*
1933. INTERMEZZO. *First performed on February 24, 1933. Grasset, 1935.*
1934. TESSA. *First performed on November 14, 1934. Grasset, 1934.*
1935. LA GUERRE DE TROIE N'AURA PAS LIEU. *First performed on November 21, 1935. Grasset, 1935.*
1935. SUPPLÉMENT AU VOYAGE DE COOK. *First performed on November 21, 1935.*
1937. ÉLECTRE. *First performed on May 13, 1937. Grasset, 1937.*
1937. L'IMPROMPTU DE PARIS. *First performed on December 4, 1937. Grasset, 1937.*
1937. CANTIQUE DES CANTIQUES. *First performed on December 4, 1937. Grasset, 1938.*
1939. ONDINE. *First performed on May 3, 1939. Grasset, 1939.*
1942. L'APOLLON DE BELLAC. *First performed in Rio de Janeiro on June 16, 1942. Grasset, 1947.*
1943. SODOME ET GOMORRHE. *First performed on October, 1943. Grasset, 1943.*
1945. LA FOLLE DE CHAILLOT. *First performed on December 19, 1945. Grasset, 1946.*
1953. POUR LUCRÈCE. *First performed on November 4, 1953. Grasset, 1953.*

All of Giraudoux's plays were directed by Louis Jouvet, with the exception of *Sodome et Gomorrhe* (directed by Douking) and *Pour Lucrèce* (directed by Jean-Louis Barrault).

CRITICAL WORKS

ALBÈRES R.-M.: Esthétique et morale chez Giraudoux, *Paris, Nizet, 1957.*
DEBIDOUR V.-H.: Giraudoux, *Éditions Universitaires, Paris, 1958.*
Hommage à Giraudoux, a collection of essays by Alain BORNE, J.-M. PAROUTAUD, Jean BLANZAT, André ROUSSIN, Jean THOMAS, R.-L. BRUCKBERGER, Henri LEMAÎTRE, Pierre CHAMPROMIS, Claude-Edmonde MAGNY, Henri COTTEZ, Jean PRÉVOST, Luc ESTANG, Alexandre ASTRUC, André BLEUCLER, Claude-André PUGET, Jean COCTEAU and ARAGON. *Confluences, Paris.*
GUICHARNAUD Jacques: « Theatre as Proposition: Jean Giraudoux, » in Modern French Theatre from Giraudoux to Beckett, *New Haven, 1961.*
HOULET Jacques: Le Théâtre de Jean Giraudoux, *Paris, Pierre Ardent, 1945.*
MARKER Chris: Giraudoux par lui-même, *Écrivains de toujours, Bourges, 1962.*

Judith

a été représentée pour la première fois le 4 novembre 1931, au théâtre Pigalle, dans une mise en scène de Louis Jouvet, avec la distribution suivante :

Judith	Mmes Rachel Bérendt
Suzanne	Line Noro
Sarah	Maryse Wendling
Daria, sourde-muette	Barsac
Lia	Boyer
Esther	Demarnand
Première chanteuse	Marcelle Rémon
Deuxième chanteuse	Talbot
Le garde	MM. Alcover
Holopherne	Roger Karl
Joachim, grand rabbin	Victor Magnat
Jean, jeune officier	Samson Fainsilber
Égon, aide de camp d'Holopherne	Maurice Escande
Paul, coadjuteur	Gabriel Vierge
Joseph, oncle de Judith	Fabry
Otta,	Boudreau
Uri, officiers de la garde d'Holopherne ...	Vermeil
Amor,	Caillanet
Le premier prophète	Destac
Le deuxième prophète	Rignault
Un domestique	Mario Béhar
Le petit Jacob	Jacob Scheidermann
Yami, bourreau	Cicéron Deibler

Juives, Juifs, Soldats, Domestiques.

ACTE PREMIER

Un salon d'entrée chez Judith

SCÈNE PREMIÈRE

Avant que le rideau se lève, on entend une sorte d'appel déchirant. Une voix d'homme, aiguë, qui crie : « Judith! Judith! »
Au lever du rideau, des domestiques débouchent de toutes parts avec des armes et des gourdins. L'oncle de Judith, Joseph, les excite...

JOSEPH. — Dans l'escalier! Dans les placards! Dans la cheminée! Il ne nous échappe pas, cette fois. Prime à qui le trouve.

UN DOMESTIQUE. — On ne le trouvera pas.

JOSEPH. — Cherchez, mes amis. Il est sûrement là.

LE DOMESTIQUE. — Il est là, et il n'est pas là.

JOSEPH. — Qu'as-tu à raconter?

LE DOMESTIQUE. — Sa voix est là, c'est évident. Son corps n'est pas là. C'est un fantôme qui appelle. A tous les carrefours, dans tous les bazars, on entend ce cri depuis hier. Ce sont les morts qui appellent ta nièce. Tout le monde le sait. Judith seule peut nous sauver, Judith, Judith!

(Il a répété, malgré lui, l'intonation de l'appel. Les autres domestiques tressaillent.)

JOSEPH. — Tais-toi... Vous n'avez rien trouvé, vous autres?

LE DOMESTIQUE. — Rien.

(Les domestiques sortent. Joseph regarde autour de lui, soupçonneux, puis sort aussi. A peine est-il sorti que la fenêtre s'ouvre doucement. Un homme paraît, à cheval sur la croisée. Il met ses mains en cornet devant sa bouche[1] et crie de la même voix stridente : « Judith! Judith! sauve-nous! ». Joseph et les domestiques surgissent. Mais déjà la fenêtre s'est refermée. Presque aussitôt on frappe violemment à la porte.)

JOSEPH. — Qui est là?

JEAN. — C'est moi, Jean. Ouvrez, Joseph. Je le tiens.

(On ouvre. Jean, jeune officier, jette devant lui l'homme qui avait crié à la fenêtre.)

JEAN. — Il sautait de la fenêtre. Je l'ai pris au vol. Nous allons apprendre à cette ignoble bouche à toucher certains noms... Qui es-tu?

JOSEPH. — Il est sale et il sent mauvais... C'est sûrement un prophète...

UN DOMESTIQUE. — La ville en est pleine... Sur le chien mourant les poux, sur le peuple malade les prophètes.

---

1. - « *Il met ses mains en cornet devant sa bouche* » :
« He cups his hands to his mouth. »

JEAN. — Vas-tu parler ! Dis ton nom !

LE PROPHÈTE *se soulève comme s'il allait parler.* — Judith ! Judith !...

JOSEPH. — Ils sont tous ainsi. Cette nuit, pour rentrer, j'ai dû bousculer les mendiants endormis sous le porche. Ils ont crié : Judith ! L'excrément rêve de Judith...[2] Bâillonnez-le...

JEAN. — Qu'il achève sa phrase ! Cela peut nous servir...

LE PROPHÈTE. — La plus belle de nos filles, la plus pure...

JOSEPH. — Oui, c'est toujours leur prétendue prophétie... La plus belle de nos filles, la plus pure doit se rendre chez Holopherne.

JEAN. — Et c'est Judith !

LE PROPHÈTE. — Judith ! Sauve-nous !

JOSEPH. — Le bâillon, et dans la cave !

(*Les domestiques emportent le prophète. Seul le premier reste là, debout.*)

JOSEPH. — Qu'as-tu, toi ?

LE DOMESTIQUE. — Que Judith nous sauve, maître !

(*Sur une menace de Joseph, il disparaît.*)

JEAN. — Judith n'est pas ici, j'espère.

JOSEPH. — Elle est encore à l'hôpital, chez ses blessés... Je l'attends.

JEAN. — Tu l'as prévenue ?

JOSEPH. — De quoi ? Que sais-tu, toi ?

JEAN. — On la sacrifie. La décision est prise. C'est ce soir, c'est dans une heure que le Conseil veut l'envoyer à Holopherne. Je précède le grand prêtre de quelques minutes. Il vient lui-même convaincre Judith.

JOSEPH. — Il me trouvera.

JEAN. — Que peux-tu contre lui ! Il a la ville entière. Tu es sorti cet après-midi ?

JOSEPH. — Je suis sorti.

JEAN. — Tu as vu sur toutes les vitres des boutiques, sur chaque piédestal de réverbère[3], gravée au diamant ou tracée au charbon, suivant les moyens de fortune de l'écrivain, cette phrase stupide sur la plus belle et la plus pure de nos filles séduisant Holopherne ?

JOSEPH. — Je l'ai vue.

JEAN. — Et sur chaque place, cet amalgame de vieillards hystériques. d'enfants à bec de lièvre[4] et de femmes étoilées de lupus[5] qui s'assemblent autour de chaque miracle en gestation, tu l'as entendu appeler sans répit Judith ?...

---

2. - « L'excrément rêve de Judith » : « The scum of the city dreams of Judith. » Giraudoux's characters have been reproached for their coldness and lack of pity. Such scornful remarks directed by the « elite » againts common humanity, abound in Giraudoux's plays.

3. - « *Piédestal de réverbère* » : base of a streetlamp. Judith is full of suche anachronisms.

4. - « *bec de lièvre* » : harelip.

5. - « *lupus* » : lupus is an ulcerous disease of the skin.

JOSEPH. — Écoute-les!... *(On entend les cris : Judith!)* D'autres nations mâchent la gomme. Aux Juifs, il faut toujours un nom propre à sucer. Leur admiration n'est qu'un prétexte à s'occuper des affaires des autres. Ils sont pieux pour pouvoir s'occuper des affaires de Dieu [A].

(On entend crier : Judith!)

JEAN. — Judith! Judith! Ce nom, qui a toujours désigné chez nous la fleur, le secret à son terme, tant de velours, tant de tendresse, écoutez-les le marteler, l'aboyer, en faire pour l'éternité un appel de dureté, de stérilité... Ils sont des milliers derrière le grand rabbin... Que pourras-tu contre eux?... Judith a vingt ans, d'ailleurs, elle est majeure.

JOSEPH. — Si Judith veut le recevoir, elle le recevra. Elle a de la défense et de la raison...

JEAN. — La seule raison, là où nous en sommes, affamés, à la veille du massacre, c'est le déraisonnable. En ce sens, l'invention des prêtres est logique. Eux ont raison.

JOSEPH. — C'est pour me dire cela que tu es venu?

JEAN. — Je suis venu pour essayer de sauver Judith. Elle n'est pas là, tant mieux; mais si les rabbins parviennent à la joindre, obtiens qu'elle ne décide rien avant de m'avoir vu... Je reviens dans l'heure et j'ai mon plan... *(Il ouvre la porte principale.)* Quel silence, tout d'un coup!... Ah! c'est le cortège!... Quel sinistre silence! Il crie Judith plus fort que leur vacarme! Criez donc, imbéciles! Judith! Judith!

JOSEPH. — Va... Va...

(Jean sort par une porte de côté [1].)

SCÈNE DEUXIÈME

JOACHIM, PAUL, JOSEPH

JOACHIM. — Ta nièce est là?

JOSEPH. — Que lui veux-tu?

PAUL. — Joachim est grand rabbin. Il peut s'approcher d'une petite Juive sans fournir d'explications [B].

JOSEPH. — Pas pour faire d'elle ce qu'il médite...

JOACHIM. — Que voulé-je faire d'elle?

JOSEPH. — Une grande Juive, une héroïne : une femme hors de son destin, une déclassée.

JOACHIM. — Prends-t'en au peuple juif, qui s'est jeté sur la prophétie. Depuis trois jours, à défaut de pain, il en vit. Il n'y a plus un moment à perdre pour qu'elle s'accomplisse.

A. - «pour pouvoir s'occuper des affaires de Dieu» : Some critics have accused Giraudoux of antisemitism. Do you think that they are justified?

1. - (End of scene I) What atmosphere is created in this first scene?

B. - «*Joachim*»: In the Apocrypha, the high priest dwells in Jerusalem and communicates with the people of Bethulia by letter. Why does Giraudoux make him into Judith's uncle?

JOSEPH. — Tu es rabbin, je suis banquier, et tu oses me parler de prophéties. Parlons d'hystérie collective !

JOACHIM. — Et je dois croire que j'ai devant moi le seul lucide, sans doute ?

JOSEPH. — Si tu n'es pas le plus hypocrite, oui...

JOACHIM. — Et de ces yeux que rien ne brouille, tu vois évidemment notre ville libérée du siège et de la ruine, notre commerce en plein trafic, le peuple juif repu et gras ? Du seul nez juif raisonnable, tu aspires printemps et parfums ?

JOSEPH. — Je vois autour de moi la faim, la peste. Le moindre vent, du nord ou du sud, me rappelle qu'entre Holopherne et nous une armée de cadavres aussi nous assiège... Mais mon peuple se sauvant par des pratiques de sauvage, par l'infamie, je regrette, cela je ne le vois pas encore.

PAUL. — Que vois-tu donc alors, entre la famille d'aujourd'hui et le massacre sans merci de demain, où ta nièce sera aux prises non plus avec le chef, mais avec la brute ? Tu vois ce que la bourgeoisie et sa lâcheté appellent dans les calamités le miracle ? Tu vois nos morts se relever dans les tranchées en entendant crier : « Debout les morts ! », des anges combattre devant l'infanterie avec des épées lumineuses et incassables, et l'apoplexie ou le remords foudroyer à point le maréchal ennemi ? C'est ainsi sans doute, dans la banque, qu'on se représente l'issue à des situations sans remède [C] ?

JOSEPH. — Si vous voulez. Attendons le miracle.

JOACHIM. — Le miracle n'est plus à venir, Joseph. Il est là. Le miracle est qu'au terme de son martyre cette ville, depuis deux mois aveugle et sourde, au seul nom de ta nièce, entend et voit. L'idée lui est venue de faire d'elle son chef. Tant mieux. Quand les plus terribles engrenages [6] semblent vouloir se mordre pour toujours, seul un doigt d'enfant ou de femme peut se glisser entre eux et stopper la machine, le doigt de David, le doigt de Jahel [7], le doigt de Judith...

JOSEPH. — Laisse tranquilles les doigts de Judith [D]...

JOACHIM. — Elle est ici ?

JOSEPH. — Un seul mot : pars avant qu'elle n'arrive.

PAUL. — La garde est là, Joseph.

JOACHIM. — Le peuple de la rue a choisi Judith, et, plus je songe à elle, plus je crois à Judith. Je la connais, ta nièce. Je l'observe depuis des années. Elle est belle, et elle le sait... Avoue que les miroirs ne manquent pas ici. Et elle sait le prix de la beauté. L'état-major est peuplé de soupirants qu'elle éconduit. Elle est riche, et elle entend ne pas négli-

---

C. - « à des situations sans remèdes. » Explain this passage. Paul's irony is directed against the myth of soldierly heroism, the belief in supernatural intervention often found in biblical texts, the bad faith of the middle class. This is not necessarily a biblical war but a typical one.

6. - « engrenages » : « gears. » We are reminded of Cocteau and his « machine infernale. » Giraudoux's characters are always in danger of being crushed by some obscure power.

7. - « Jahel » : Jael was heroine of the time of Deborah. She murdered Sisera, her guest. Cf. Judges 4.5.

D. - « Laisse tranquilles les doigts de Judith. » Show how Joseph's line brings us down to earth.

ger un seul des avantages ou une seule des joies que donne la fortune. A vingt ans elle a sa cour d'hommes de lettres et sa ferme modèle, son hôpital et ses collections. A la fin de chaque journée, elle a caressé de la main un étalon et un lépreux, des yeux une statue médiocre et un beau statuaire. Des sports et des talents, elle choisit peut-être trop volontiers ceux qui valent des succès et des succès de foule. Elle monte à cheval, et en garçon. Elle danse, et quelquefois dans un lieu public. Elle aime l'entrée brillante au théâtre, au restaurant, et maintenant dans ce harem sans danger qu'on nomme l'hôpital militaire. Je me suis jadis irrité de voir la mode coiffer ce beau cerveau, gonfler cette belle gorge [8]... Aujourd'hui je m'en félicite, car dans ces imperfections la main de Dieu va trouver les poignées pour la prendre [9 E]...

JOSEPH. — Laisse tranquille la gorge de Judith...

JOACHIM. — Et que dit-elle, elle-même, de ce choix?

JOSEPH. — Nous avons d'autres sujets de conversation.

PAUL. — Mais... elle sait?

JOSEPH. — Comment ne saurait-elle pas? Notre maison est plus assiégée que nos remparts... Les offrandes, les bouquets la remplissent. A mesure que disparaît une de nos denrées ou un de nos régiments, il naît pour Judith dans la ville une nouvelle variété de fleurs... Nous en sommes aux orchidées, aujourd'hui... Évidemment, elle sait!

JOACHIM. — Sa vie en est modifiée? Sa toilette? Ses repas? Quel est ce parfum? Cela sent bon chez toi. Elle écrit, le soir, dans sa chambre? Elle reçoit Jean ou Urza à la nuit tombante et donne son portrait? Ce passage de l'humain au héros, qui s'effectue toujours par le don de menus cadeaux à des amis et à l'aide de quelques pressions physiques sur des proches, il s'opère naturellement? Elle embrasse Jean? Toi, l'oncle, elle t'a pris dans ses bras, sous le prétexte de brosser ton col ou d'ajuster ta raie et t'a pressé sur elle, cependant que tu pestais contre Dieu dans cet endroit déjà sacré [F]?

JOSEPH. — Sacré? Pourquoi sacré? J'espère bien que ce lieu ne sera jamais sacré! C'est le salon où mon père a eu sa première attaque, où Judith rassemblait ses poupées et a perdu sa première dent, où sa mère a eu le premier malaise de sa grossesse... On y mange, on y pleure, on y crache. Tiens, j'y crache! Sa sainteté est d'être un lieu humain, et non sacré...

JOACHIM. — C'est à Judith de décider de cette vertu, non à toi...

JOSEPH. — Elle décidera demain, si elle veut. Ce soir elle est en lieu sûr.

PAUL. — Je l'ai envoyé chercher de ta part... La voilà [II]...

---

8. - « la mode coiffer ce beau cerveau, gonfler cette belle gorge » : Judith's hairdoes and necklines are up to date.

9. - « La Main de Dieu va trouver les poignées pour la prendre. » Judith's imperfections are described as « handles » which will enable God to get hold of her.

E. - How does Giraudoux's Judith differ from the heroine of the Apocrypha? Is she a psychologically consistent or interesting character?

F. - « contre Dieu dans cet endroit déjà sacré. » Note the concrete details which give an illusion of reality of the character. Show that what stands out is mainly a pleasant effect of literary virtuosity.

II. - (End of the scene): Define the conflicting positions of Joachim and Joseph.

SCÈNE TROISIÈME

JUDITH, JOACHIM, PAUL, JOSEPH, LE PETIT JACOB

JUDITH. — Salut, Joachim. Bonsoir, mon oncle... Tu as du pain pour le petit Jacob ? Je l'ai cueilli dans l'escalier. Regarde-le. Il meurt de faim.

LE PETIT JACOB [10]. — Je ne veux pas de pain.

JUDITH. — Que veux-tu alors, mon petit ?

LE PETIT JACOB. — Je veux que la plus belle et la plus pure de nos filles se rende au camp d'Holopherne.

JUDITH. — Très bien. Tu sais très bien ta leçon. Et qu'est-ce qu'elle y fera, au camp d'Holopherne ?

LE PETIT JACOB. — Je ne sais pas.

JUDITH. — Elle lui coupera le cou ? Elle dansera avec lui ?

LE PETIT JACOB. — Je ne sais pas.

JUDITH. — Tu es gentil ! Et tu ne mangeras pas de pain avant ?

LE PETIT JACOB. — Je ne mangerai pas de pain avant.

JUDITH. — Et de la viande, est-ce que tu en mangeras ?

LE PETIT JACOB. — De la viande ? De la viande ?

JUDITH. — Mon oncle, donne-lui la boîte de conserve...

JOSEPH. — Maintenant, file...

(Le petit Jacob s'en va.)

JUDITH. — Cher petit oncle, ne t'emporte pas. Il répète ce qu'on lui apprend à l'école... Calme-toi... Jusqu'à ce pauvre cheveu blanc qui se révolte !... Là... Laisse-moi t'embrasser un peu... Ne te dérobe pas... Je suis sûre que le grand rabbin nous permet cette petite scène de famille... Elle est trop juive pour lui déplaire... Et maintenant, veux-tu, laisse-nous !

JOSEPH. — Méfie-toi de Joachim, ma petite Judith, je t'en supplie...

JOACHIM. — Il n'y a pas de Joachim, ici. Il y a Dieu...

JOSEPH. — Méfie-toi de Dieu, Judith..!

(Sort Joseph.)

---

10. - « *Le petit Jacob.* » Children do not play an important part in Giraudoux's plays, but they provide the spectators with a welcome rest from grown-up, flowery prose. In *La Guerre de Troie n'aura pas lieu,* little Polyxène freshens the atmosphere with her childish babble. Twelve-year-old Vera, in *l'Impromptu de Paris,* the Euménides at the begining of *Électre,* are equally notable instances of the spirit of childhood that runs through *Intermezzo,* one of Giraudoux's most delightful plays.

SCÈNE QUATRIÈME

Judith, Joachim, Paul

Joachim. — En effet, Judith, Dieu est ici.

Judith. — Eh bien ! J'ai grand-peur qu'il ne se trompe de maison, cher Joachim.

Joachim. — Moins de façons. La prophétie a dit : la plus belle et la plus pure. Elle ne dit pas la plus modeste.

Judith. — Dit-elle la plus frivole, la plus coquette, la plus changeante ? Je suis tout cela aussi. Croyez-moi. Mes chevaux et mes robes abusent la foule. Il ne s'agit pas aujourd'hui de prix de beauté.

Joachim. — Si tu en connais de plus dignes, nomme-les.

Judith. — Désigner une amie pour une aventure aussi douteuse, ce serait assez lâche. D'ailleurs, dénonce-t-on la pureté, l'éclat ?

Joachim. — Au monde aveugle, oui, et à l'œil étincelant de Dieu. J'attends les noms.

Judith. — Toute femme sera belle et pure, quels que soient son visage et son corps, qui aura cette audace. C'est ce que les prophéties ont voulu dire.

Joachim. — J'ai peur que non, Judith. La lettre de nos livres est implacable... Notre Dieu n'est pas un dieu grec. Il ne parle point par rébus et par calembour [12]. Il appelle chaque être par son nom et par ses entrailles, et l'hermine, et le bouc [13].

Judith. — C'est curieux. Je ne l'entends pas encore nommer Judith.

Joachim. — L'entends-tu nommer Marthe, Ruth, Esther, ou toute autre de tes camarades ? Depuis des semaines, je les scrute une par une, en maquignon [14]. De ces beautés et de ces vertus sans tache, je connais maintenant les rides, les amants, les gencives [15]. Peu de sourires chez elles, qui ne dévoilent un scorbut [16]. Toi, montre-moi une dent qui ne soit pas éclatante.

Judith. — Alors, cherchez dans les classes plus modeste, chez les petits fonctionnaires, par exemple : les ongles sans envie [17] et la virginité y abondent.

Joachim. — Judith !

Judith. — Ou chez les ouvriers. Soyez plus démocrate... Vous vous entêtez à croire que Dieu réserve aux familles dirigeantes l'héroïsme et la sainteté. Notre histoire devient un dictionnaire mondain. C'est un fils d'armateur qui a tué Goliath, un neveu de banquier qui a arrêté le soleil [18]... Ce qui reste à accomplir d'exploits dans notre peuple, il serait

---

12. - « *calembour* » : « pun. »
13. - « *bouc* » : « he-goat. »
14. - « *maquignon* » : « horse-dealer. »
15. - « *les rides, les amants, les gencives* » : pleasant juxtaposition of apparently unrelated aspects of reality. The device is frequent in Giraudoux's prose.
16. - « *scorbut* » : « scurvy » - a disease causing swollen gums, livid spots and prostration, resulting from dietary deficiency of vitamin C.
17. - « *les ongles sans envie* » : Picturesque concretization of jealousy.
18. - « un neveu de banquier qui a arrêté le soleil » : Joshua was the son of Nun, Moses' minister. He made the sun stand still at the battle of Gibeon.

équitable vraiment de le passer, non à la naissance et à l'or, mais à quelqu'une de ces tribus encore anonymes qui végètent entre les élues. Donnez une chance aux Lévy [19].

JOACHIM. — Ménage ton esprit. Tous ces réprouvés, justement, te choisissent.

JUDITH. — Le choix de ceux que Dieu ne choisit point, c'est sans intérêt.

JOACHIM. — J'avoue que je ne m'attendais pas à te voir résister à la voix de Dieu.

JUDITH. — Je vous répète que ce n'est pas pour moi la voix de Dieu. Depuis que la ville me croit chargée de son salut, croyez-vous donc que je n'essaye pas de saisir un signe adressé par Dieu à moi-même? Adressé à la grande et timide Judith, telle que je me vois, à la petite et fière Judith, telle qu'il doit me voir... Le plus faible m'aurait suffi.

JOACHIM. — Un buisson ardent [20]? Ton oncle avec un nimbe?

JUDITH. — Une tiédeur! Un mot! L'écho d'un mot! Quand j'étais enfant, et qu'il m'ordonnait de rester le visage immobile et levé vers la pluie, quand j'étais une fillette déjà soucieuse de ses mains et qu'il m'ordonnait, juste avant une matinée dansante, de couper à ras mes ongles, l'enfantillage de ma mission, l'enfantillage de sa divinité ne l'effrayaient pas... *(Mouvement de Joachim.)* Je vous effraye, moi?

JOACHIM. — Non, tu me rassures. Continue.

JUDITH. — Entre tous les rayons du soleil, un rayon avait tout à coup une couleur spéciale, était son regard. Dans le débat surgi entre ma nourrice et mon oncle sur la façon d'obtenir la meilleure lessive se glissait tout à coup, entre les mots d'amidon, de savon et de laveuses, un mot inattendu, éclatant, qui était sa parole. Je ne parle pas des caresses de sa main, dont je connais tous les secrets, de leur fraîcheur à leur brûlure. Il n'a même pas l'excuse de ne pas savoir mon nom. Il le sait. Vingt fois, pour des raisons frivoles, il l'a murmuré ou crié à mon oreille, avec cette résonance d'arc-en-ciel qui est l'accent de Dieu... Aujourd'hui, rien. Je me suis rapprochée plus près encore de mes blessés, pensant qu'il allait me faire signe par des doigts cassés, par des yeux crevés, me parler par les plaies; j'ai provoqué même des plaintes, mais tout ce qu'ils ont dit n'était que des paroles, que des plaintes de blessés. Deux sont morts dans mes bras, et je ne tenais que la mort...

JOACHIM. — Ce grand silence, cette grande absence ne l'atteint pas?

(Le petit Jacob paraît à la porte.)

PAUL. — Que veux-tu encore, toi?

(Le petit Jacob pose la boîte de conserve sur la table.)

LE PETIT JACOB. — Je ne veux pas de viande non plus.

JUDITH. — Tu as faim pourtant, mon petit!

LE PETIT JACOB. — Je ne veux pas de fromage, pas de gâteaux.

JUDITH. — Et un baiser de Judith, cela t'est permis?

LE PETIT JACOB. — Si c'est contre le jeûne, non.

JUDITH. — Sur ta jolie petite bouche ce serait contre le jeûne, mais là, sur ton cou, derrière ton oreille, c'est parfaitement permis... Et une pomme, tu voudrais une pomme?

---

19. - « Lévy ». i.e. the ordinary man in the street. « Lévy » is one of the most common Jewish names. Judith's speech is typical of Giraudoux's brilliant and discursive manner.

20. - « Un buisson ardent? » Cf. Exodus 3: 02. The burning bush was God's sign to Moses.

Nous avons encore une pomme dans la maison.

Le petit Jacob. — Une pomme?

Paul. — Gardez votre pomme. Vous savez parfaitement qu'il sera forcé de vous la rapporter aussitôt.

Judith. — Alors, va!...

Le petit Jacob. — Peut-être qu'une pomme...

Judith. — Voilà ta pomme et va!...

(Le petit Jacob sort.)

Judith. — Je vous sais gré, Joachim, de ne pas me dire que Dieu est venu me parler par la bouche des enfants.

Joachim. — Par la bouche des enfants vient te parler l'enfance. Que tous nos enfants, pour être dignes de toi, s'obligent à confondre depuis deux jours la famine et le jeûne, cela devrait suffire à te fléchir...

Judith. — Les enfants ne savent pas ce qui se passe entre une jeune fille et un géant enfermés dans un endroit clos.

Joachim. — Le sais-tu toi-même?

Judith. — A peu près. Je me suis débattue toute une nuit en rêve contre Goliath...

Joachim. — Quel a été le vaincu?

Judith. — La nuit, lui. Au réveil, moi.

Joachim. — Mauvais entraînement, mais bon présage... D'ailleurs si tu as peur du combat, tu en augmentes tes chances de vaincre.

(La pomme lancée du dehors traverse une vitre et vient tomber aux pieds de Judith.)

Judith. — Je vous en prie, cherchez ailleurs. J'ai appris que dans la rue Basse une jeune fille est visitée depuis quelques jours. Des stigmates apparaissent sur sa poitrine, sa langue, et elle porte mon nom. C'est là sûrement la vraie Judith. Sur ma peau, l'encre divine ne marque pas...

Joachim. — J'ai vu cette Judith. Elle est borgne, et ses plaies suppurent.

Judith. — Vous avez tout le temps de la guérir, de faire de ses imperfections un attrait.

Joachim. — Le temps? Quel temps?

Judith. — Le temps de souffrir, de vaincre.

Joachim. — De souffrir, peut-être. Le Juif peut atteindre un point de maigreur inconnu chez les autres. De vaincre, non.

Judith. — Le bruit court qu'Holopherne manque de munitions, qu'il doit pour ses flèches forger ses bijoux?

Joachim. — Qu'il ne nous blesse que par le platine et l'or? Le bruit en court, en effet. C'est même nous qui le faisons courir... Mais c'est le contraire qui est vrai. Nous n'avons plus une arme[21]!

---

21. - « Nous n'avons plus une arme! » This is typical of official distortions of the truth in time of war. Let us convert « arrows, » « gold » and « platinum » into modern terminology, and we are once again on familiar grounds.

JUDITH. — Et ces trente mille Syriens qui étaient en route?

JOACHIM. — Ils sont arrivés de ce matin, mais en renfort pour lui.

JUDITH. — Alors, tant mieux pour notre armée. Son mérite en sera plus grand!

JOACHIM. — Notre armée? Notre armée n'existe plus, Judith!

JUDITH. — Que dites-vous là?

PAUL. — La vérité!

JUDITH. — La vérité des rabbins. Celle des officiers est autre.

PAUL. — Celle des officiers? Tu croirais l'un d'eux? Jean, par exemple?

JUDITH. — Pourquoi Jean?

PAUL. — Je viens de le voir entrer dans la maison. Je l'entends à côté, qui parle avec ton oncle... Je l'appelle, et lui pose notre question?...

JUDITH. — C'est inutile. Je ne vous crois pas.

JOACHIM. — Tu le croiras, lui. Tu le connais, Jean? C'est un de tes amis?

JUDITH. — Oui, je connais Jean.

JOACHIM. — On t'a vue souvent en sa compagnie?

JUDITH. — J'y suis souvent.

JOACHIM. — On t'a vue monter à cheval avec lui, danser avec lui?

JUDITH. — On m'a vue danser avec lui, rire avec lui. Mais l'on ne m'a pas vue, car nous recherchions pour cela la solitude ou l'ombre, l'embrasser, me plaire dans ses bras...

JOACHIM. — Il est ton fiancé, tu l'aimes?

JUDITH. — Et alors?

JOACHIM. — Alors, laisse-nous avec Jean. Si c'est à cause de lui que tu hésites, nous saurons le convaincre...

JUDITH. — Le convaincre de quoi?

JOACHIM. — De te laisser aller comme une héroïne, de te reprendre comme une sainte.

JUDITH. — Une sainte avec tache?

JOACHIM. — Qui es-tu pour oser me parler ainsi?

JUDITH. — Ce que je suis? Vous allez le savoir. Jean va vous le dire. C'est Dieu en effet qui l'envoie, pour que moi aussi, devant vous, je l'interroge. Il n'est pas mon fiancé, je ne sais pas si je l'aime. Il ne vous dira rien de moi que ne puissent vous dire aussi Jacques ou Marcel, ou Pierre, et tous ceux de mes amis qui savent aussi bien danser et embrasser que lui; mais quand il m'aura répondu, vous douterez que je sois celle que désigne la prophétie.

JOACHIM. — Paul, appelle Jean!

(Paul introduit Jean [III]*.)*

III. - (End of the scene). Show that the arguments used by Joachim fail to convince Judith. Giraudoux uses them as springboards for subtle or obvious anachronisms, and mere stylistic virtuosity.

SCÈNE CINQUIÈME

Judith, Joachim, Paul, Jean

Jean. — Vous me demandez, dit Paul. Que voulez-vous de moi?

Joachim. — Te poser deux questions.

Jean. — Je suis capitaine en second. A côté de votre haute science, la mienne est faible.

Paul. — A ces deux questions, même un lieutenant peut répondre.

Jean. — A vos ordres.

Judith. — Jean, je t'en supplie, réponds-moi et ne mens pas. Même si la réponse t'est cruelle, te rabaisse, me rabaisse, réponds. Il y va du salut de la ville, et de son bonheur.

Joachim. — Tu ne crois pas ma question plus urgente?

Judith. — Oh! certes si! Posez-la vite...

Joachim. — Jean, est-il vrai que, ce matin, ce qui subsistait de notre garde s'est révolté, a assassiné ses officiers et est passé à l'ennemi?...

Judith. — Mensonge!

Joachim. — Est-ce un mensonge qu'à midi notre bataillon sacré a été pris de panique et a fui, abandonnant son drapeau en plein soleil? On le voyait étalé des murs!

Judith. — C'est faux. Je vous le jure...

Joachim. — Bref, Jean, est-il exact qu'il ne reste plus de sûr pour défendre la ville que ce cordon de vieux douaniers, à peine suffisant, en temps de paix, pour empêcher les ménagères de rentrer en fraude leur beurre [G]? Réponds...

Judith. — Mais réponds donc! Par un mot! Par une phrase!

Jean. — Tu es cruelle!

Judith. — Cruelle! Alors épargne ta peine! Où avais-je les yeux? A ton visage seul, ta phrase se devine...

Jean. — J'en remercie Dieu...

Judith. — Tu le remercie aussi d'être vaincu?

Jean. — Prends garde. C'est par ta bouche que pour la première fois ce mot pénètre dans la ville.

Judith. — Je n'ai pas peur des mots. Ils me vengent de leur contenu même. Celui-là, d'ailleurs, tout ton corps le crie...

Jean. — Ménage-moi.

Judith. — Ainsi vous êtes vaincus! Notre superbe armée est une armée de vaincus. Nos capitaines à double et triple casque, nos beaux lieutenants à fourragère [22] sont des vaincus!

Jean. — Nous sommes moins beaux, n'est-ce pas?

G. - « les ménagères de rentrer en fraude leur beurre. » Show that the idea of defeat is embodied in progressively more concrete images.

22. - « lieutenants à fourragère. » The use of the term « fourragère » is anachronistic. The « fourragère » was a war-time decoration. Since 1916 it became the collective insignia awarded to a military unit.

JUDITH. — Hideux, tu es hideux! décoré aussi. Quelle lèpre que la défaite sur un uniforme! C'est l'été dans un poil de bête. Ce sont les mites dans l'acier et dans l'airain... Et dans les yeux du soldat, y a-t-il deux regards qui se ressemblent plus que celui de la déroute et celui de la lâcheté[23]?

JEAN. — N'exagère rien. Je peux encore te regarder en face.

JUDITH. — Si tu me voyais vraiment, tu baisserais les yeux. Si tu voyais ce que je suis en ce moment, de mes pieds à mes cheveux, la patrie bafouée, la confiance salie, tu ne supporterais pas ma présence, tu fuierais, aussi vite que devant l'ennemi. Je t'ai aperçu tout à l'heure dans la rue. Les enfants se ruaient vers toi, les femmes t'acclamaient. Ils acclamaient, ils touchaient la défaite. Tu as embrassé une petite fille. Tu n'en avais pas le droit. C'était le pire mensonge, le pire viol! Tu te savais vaincu et donnais un baiser.

JEAN. — Tu n'en donnes que victorieuse?

JUDITH. — O défaite, tu illumines tout! Les remparts vaincus écroulés, le chien vaincu hurlant, chaque tête de vieillard ou d'enfant vaincu, une auréole les embrase. Seul le soldat est terne, épouvantablement. Tout ce qui est drapeau ou clairon ou médaille devient soudain la boue du monde, et la patrie des couleurs ou des métaux même le renie!

JEAN. — Que veux-tu? Ne m'approche pas!

JUDITH. — Laisse-moi te toucher moi aussi, que je connaisse le froid de la cuirasse en déroute. Et t'embrasser, que j'aie sur mes lèvres le goût de la peau vaincue!

JEAN. — Tu es jeune, Judith!

JUDITH. — Que saurais-je, plus vieille?

JEAN. — Que pour le vrai soldat, il n'y a pas la victoire et la défaite, l'opprobe et la gloire : il y a le combat, dont elles sont les faces, éclairées ou sinistres.

JUDITH. — Combats-tu en ce moment?

JEAN. — J'ai combattu jusqu'à midi. Je vais combattre en te quittant. Je peux m'offrir cette minute de douceur.

JUDITH. — Si c'est avec l'ironie que la cavalerie défend maintenant les villes, je comprends leur perte.

JEAN. — Tu vas te taire, Judith.

JOACHIM. — Laisse Judith, Jean. Elle est le premier de nos soldats, ce soir.

JEAN. — Alors, qu'elle n'insulte pas la défaite. Qu'elle cesse ses lamentations sur les bourgeois ruinés, les ménagères forcées et les bazars en flammes. Oui, elle a un vaincu devant elle. Mais ce chantage incessant de la nature, des femmes, de l'honnêteté sur un cœur qui niaisement se veut noble, un vaincu, grâce au ciel, le voit dans son enfantillage. Tout est limite, en ce bas monde, pour l'âme : la joie, l'amitié, la victoire, tout, excepté la défaite. C'est un homme libre qui est enfin devant toi; toutes les vraies forces du monde, mensonge, vengeance, poisons et vices, elles sont à mes ordres, et malgré tes beaux élans de poitrine, ô toi que j'ai aimée, ton insulte au vaincu est aussi fade qu'un sourire au vainqueur.

---

23. - « de la déroute et celui de la lâcheté. » Judith is typical of Giraudoux's idealistic, intransigent young virgins. Her violence reminds us of Electre's.

JUDITH. — Et la simplicité du langage [H], elle est à tes ordres?

JOACHIM. — Et votre Dieu, vous êtes aussi libéré de lui?

JEAN. — Notre Dieu s'est toujours retiré à point des causes maudites. Il nous saurē gré, du fait que nous l'insultons, de ne pas le compromettre dans notre chute. Judith est encore là, d'ailleurs, si je vous comprends bien, pour sauver la mise de Dieu [24][I].

JUDITH. — Oui, elle est là!

PAUL. — Taisez-vous, Jean!

JEAN. — Je ne dis rien qui ne puisse flatter un aussi grand orgueil.

JUDITH. — Qu'ai-je donc fait pour qu'on me parle ainsi? Est-ce donc un crime d'avoir rêvé que le nom juif dût être celui d'une race de vainqueurs? Est-ce ma faute, si tes camarades passent aux femmes leur tache et leur honneur?

JEAN. — A toi, en tout cas, ils ne passent rien. L'image qu'ils ont de toi, la fierté qu'ils éprouvent de savoir leur vie ornée du seul fait de ta vie, tout cela est détruit si tu te crois la belle de la prophétie. Il suffit. A la seconde question. A ta question, Judith! Interroge!

JUDITH. — Il n'y a pas de seconde question [J].

JEAN. — La plus belle de nos filles!... Es-tu vraiment la plus belle? Tu as le reflet du luxe et de l'or, tu aveugles; par un sortilège, tu as donné à tout ton corps cet éclat que Dieu, pour les autres êtres, a réservé au visage. A distance, Dieu s'y trompe. Bravo, Judith! doit-il dire de là-haut... Mais des prêtres aussi méticuleux ne devraient pas s'y tromper. Regardez-la bien, Joachim! Osez me dire que la beauté de Judith est sainte ou éternelle! Regardez ces bouffées de sang, ce pincement de narine! Elle n'est qu'un accès de passion et d'humanité. Moi, je vous parie que plus tard Judith maigrira ou grossira... Sa beauté n'est qu'un moment [K]!

JUDITH. — Le moment tombe bien. C'est tout ce qu'il lui faut [L].

JEAN. — Tu étais plus modeste quand il s'agissait de moi, Judith. Quelle défiance, alors de tes charmes, quelles excuses pour la moindre défaillance de tes traits... Mais, pour Dieu, tout va!

JUDITH. — Je serai la plus belle cette nuit, je le jure.

JEAN. — Protestez donc, rabbins! Intervenez. Nous commettons une vilenie envers Dieu, un crime envers Judith! Venez avec moi. Cherchons sans idée préconçue celle que désigne la prophétie. Nous la trouverons.

JUDITH. — Joachim a déjà cherché. La plus belle après moi est borgne.

JEAN. — Et la plus pure après toi, prostituée! O ville, ô peuple, si nous devons périr,

---

H. - « Et la simplicité du langage, elle est à tes ordres? » Is Judith's language simpler than Jean's?

24. - « la mise de Dieu. » Judith has to save His face.

I. - Up to now, Judith and Jean were arguing about defeat and victory. How do their conceptions of war differ?

J. - « Il n'y a pas de seconde question. » Is Judith the virgin mentioned in the prophecy? Such is actually the next question being debated.

K. - « Sa beauté n'est qu'un moment. » Jean does not believe that the prophecy points at Judith. What is his first argument?

L. - « Le moment tombe bien. C'est tout ce qu'il lui faut. » Judith uses the word « moment » in a different context than Jean. Explain her witty remark. To what does the pronoun « lui » refer?

périssons franchement! Dieu ne sera pas aussi complaisant que Joachim pour les situations établies. Tu n'es pas la vierge de l'Écriture, Judith. Tu le sais.

JUDITH. — Je ne le sais plus.

JEAN. — Joachim, demandez-lui donc, alors, où elle était, il y a quinze jours à peine, à cette heure, en sortant de chez ses blessés?

JUDITH. — Où étais-je?

JEAN. — Dans mes bras.

JUDITH. — Dans ces bras de pantin, dans ces bras vaincus?

JEAN. — Dans ces bras qui te courbaient, au-dessous de cette bouche qui pressait la tienne, ta bouche esclave!

JUDITH. — Et je te cédais sans doute, j'étais ta femme?

JEAN. — Tu n'es pas assez simple pour cela. Partout où j'attaquais, ce qu'il y a de plus coupable en Judith s'empressait pour la défendre... Mais peut-être Dieu aime-t-il ses vierges palpitantes et préparées!

JUDITH. — Toi tu es simple, mon ami, et naïf.

JEAN. — Moi, je suis quelqu'un qui a chancelé sur toi, de fatigue soudaine et d'amour [M].

JUDITH. — Écoutez-le, Joachim, écoutez le modèle de ces amis inoffensifs qui se prévalent d'un baiser donné entre deux palmiers en pot [25], un soir de bal, pour venir, le jour du mariage, faire scandale entre l'épouse et l'époux.

JEAN. — Je me tais donc, devant l'époux Holopherne!

JUDITH. — Holopherne n'existe pas [N]. Il existe des moyens de souffrance, de rédemption, qui ont ce nom. Si je pars ce soir vers lui, j'irai vers eux. N'essaye pas de me sauver par des insultes. Je ne suis pas la seule jeune fille qui ait agi avec sa beauté et sa pureté comme si elle devait les tenir alertées, non pour un homme, mais pour un grand moment du monde.

JEAN. — Holopherne est un homme.

PAUL. — Jean, assez!

JEAN. — Holopherne est un géant. Ses mains sont des mains géantes. Ses doigts sont géants, ses phalanges géantes [O].

JUDITH. — Oh! misérable! Aie donc pitié! Tu ne sens donc pas que ma seule force est de me donner au sort sans pensée, sans imagination? Laisse Joachim m'assommer. N'aie pas la lâcheté de rendre à mon acte sa conscience et ses affreux détails humains [P]. Oui, je t'ai

---

M. - « de fatigue soudaine et d'amour. » The same issue is still being debated. What point is Jean now trying to make?

25. - « *deux palmiers en pot* » : ironical suggestion of a romantic decor.

N. - « Holopherne n'existe pas. » This is generally true of Giraudoux's characters. They are psychologically inexistent. Each one is constructed around abstract feelings or ideas. Can you think of other examples?

O. - « Ses doigts sont géants, ses phalanges géantes. » After having failed to convince Judith that she is neither beautiful nor pure enough to be God's elected virgin, Jean tries another line of attack. Why does he describe Holopherne in the way he does?

P. - « ses affreux détails humains. » Show that Judith is shaken for the first time. Why? How does she dismiss this painful topic?

permis quelquefois de lutter dans l'ombre contre moi, avec ton armure, ton casque, et ton épée qui battait nos flancs, l'idiote, mais je croyais lutter avec un vainqueur. De l'étreinte d'un vaincu, je vois soudain que rien n'a marqué. Où je me sens le plus pure, mauvais soldat, c'est là où tes mains, tes lèvres m'ont touchée. De quoi donc te mêles-tu? Tu n'as rien à voir dans ma vie. Tu te devines bien toi-même de cette race d'amants qu'on peut un soir caresser des lèvres, qu'on peut aimer, même, mais qu'on n'a jamais épousés...

JEAN. — O Judith, ne pensons pas à ce que serait l'humanité, si les vrais mariages avaient eu lieu [Q].

JUDITH. — Assez de gémissements. Voici ma question. Tout est perdu?

JEAN. — Assez de pitié pour toi. Tout.

JUDITH. — Rien ne peut plus aider?

JEAN. — Rien. Que les prêtres, les femmes, les fœtus dans le sein des femmes. Holopherne attaque la ville à l'aube et pour l'anéantir. Celle qui doit aller au camp ennemi pour sauver le peuple juif n'a plus qu'à se presser. C'est pour cette nuit.

JUDITH. — Quelle heure est-il, Joachim?

PAUL. — La nuit tombe.

JUDITH. — Merci. Jean. Toi seul pouvais ainsi me décider. Je partirai [R]...

(Elle va vers Joachim.)

JUDITH. — A toi, Joachim. M'acceptes-tu encore?

JOACHIM. — Je t'accepte.

JUDITH. — Prends garde, tu es responsable! Regarde-moi encore une fois bien en face. Fais ton métier. Touche ma peau. Pince mon oreille. Laisse-moi dire à Dieu ce qu'en effet j'ai dit à Jean. Nez trop pathétique, sans esprit. Cils un peu gros. Reins trop cambrés. La grosseur des cils surtout choquait Jean.

JOACHIM. — Calme-toi. Tu es la plus belle [S].

JUDITH. — Personne encore ne m'a vue sans vêtement. Mais tu te portes garant devant Dieu et devant le peuple que mes genoux sont lisses, mes pieds sans blessure. Et ma gorge — (que n'ont pas à voir les gorges, en de pareils jours historiques!) — tu t'engages à ce qu'elle soit le plus haut et le plus fermement attachée...

JOACHIM. — Calme-toi. Ton calme aussi est nécessaire.

JUDITH. — Et tu affirmes aussi que je suis la plus pure. Parce que je n'ai pas aimé un seul des jeunes gens qui m'entouraient, parce que je les aimais tous et n'ai pu choisir entre eux... Parce que je les imaginais tous dans ma vie, près de moi, contre mon corps, contre mon âme, et ne voulais pas me condamner à un seul, parce que je m'appuyais contre tous, indistinctement, dans la nuit, troublée ou par l'orage, ou par leur force, ou par leur trouble, ou par le duvet

---

Q. - « si les vrais mariages avaient eu lieu. » Can you explain this apparently irrelevant remark?

R. - « Je partirai... » It is ironical that Jean should thus catalyze Judith's decision. Why does he give up the hope of convincing her? Why does she finally decide to go to Holopherne?

S. - « Tu es la plus belle. » In the last part of this scene, Joachim strengthens Judith's decision. Show that she reviews each point of Jean's argumentation and that she is not ready for her ordeal. What point is Joachim particularly anxious to emphasize?

de leur poignet, ou par l'arc de leur tempe[26], parce que j'ai été fidèle à mon idée de la volupté et infidèle à chaque beau jeune homme, je suis pure, et Dieu m'a choisie?

JOACHIM. — Il t'a choisie... Tu es prête?

JUDITH. — Je suis prête. Le temps d'imaginer un monde où tout n'est pas plus beau et plus pur que moi, et je suis prête.

JOACHIM. — Tu as bien réfléchi? Tu prévois tout?

JUDITH. — Surtout, pas de leçon, Joachim, pas de conseils. Si vous-même avez formé un plan de ce que je dois faire, taisez-vous. Je ne veux rien savoir du mien propre. Moi aussi, je suis vaincue. J'espère que c'est par Dieu. Je sais seulement que tout ce que j'ai écarté de moi jusqu'à ce jour en colère, en esprit de haine et de vengeance, en goût de l'aventure et du sang, c'était pour en avoir ce soir la provision intacte et pure! Prévoir! Déjà, par avance, par des milliers de facettes, mes yeux voient tout.

JOACHIM. — Adieu donc, Judith.

JUDITH. — Judith! Je la vois justement, votre Judith, voilée encore, impénétrable. Ah! ce qu'elle est, ce qu'elle pense, je voudrais bien le savoir.

JOACHIM. — Et Holopherne, le vois-tu, dans son image la plus immonde, pris de boisson, insultant les Juifs et leur Dieu?

JUDITH. — Je le vois.

JOACHIM. — Vois-tu la horde de ses femmes autour de toi, faisant de ton corps leur dérision, souillant tes cheveux, tes lèvres?

JUDITH. — Je les vois... Je les mords!

JOACHIM. — Vois-tu Holopherne, à demi endormi, t'attirant de son énorme étreinte, te courbant sur lui?

JUDITH. — Je le vois. Je le touche.

JOACHIM. — Tu te défends?

JUDITH. — Je vois une grosse veine bleue qui bat à son cou comme au cou des taureaux. Je la presse du doigt. La face s'empourpre... Ciel, où suis-je?

JOACHIM. — Dans le passé, Judith. Il faut partir...

JUDITH. — Partir? Maintenant?

JOACHIM. — Attends que la lune soit levée. Cela te donnera le temps pour tes prières.

JUDITH. — Bien. Occupez mon oncle.

JOACHIM. — Vous venez, Jean?

JEAN. — Non, je reste!

JUDITH. — Oui, qu'il reste, pour la relève.

(Joachim et Paul sortent[IV]*.)*

---

26. - « ou par le duvet de leur poignet, ou par l'arc de leur tempe. » Giraudoux tends to concretize abstract ideas and feelings around some minute details of human anatomy. Judith's attraction to her lovers is attributed to the fine hair on their wrists or by their cheekbones. In *Electre,* Clytemnestre explains that she killed Agamemnon because she could not bear the way he moved his little finger.

IV. - (End of the scene). What is the structure of the scene? What are the main issues being debated? What are Jean's main arguments? How do you explain Joachim's silence at the beginning of the scene, and why does he speak up at the end?

SCÈNE SIXIÈME

Judith, Jean

JUDITH. — Car c'est la relève, n'est-ce pas, Jean? Du jour par la nuit. Des beaux capitaines par les filles. Des hommes descendant par Dieu montant. La nuit et Dieu m'ont passé leur consigne, l'une bien noire, l'autre bien aveuglante. Aux hommes maintenant! Au beau capitaine... Mais il se tait [T]...

JEAN. — N'approche pas. L'agonie coquette me dégoûte.

JUDITH. — Que vous faites-vous, que vous dites-vous, quand celui qui sort de la bataille rencontre celui qui y va?

JEAN. — Nous évitons de nous toucher. Entends-tu! Laisse mes mains!

JUDITH. — Vous ne vous regardez pas une minute en pleine face, chacun avec son immense tendresse, son immense pitié, tendresse pour celui qui entre dans la mort, pitié pour celui qui rentre dans la vie?

JEAN. — Merci pour ta pitié.

JUDITH. — Merci pour ta tendresse.

JEAN. — Une dernière fois, tu es décidée? Pour sauver ce peuple brutal, ces prêtres sans honneur, ces enfants sans beauté, tu pars?

JUDITH. — Des adjectifs dans une heure pareille [U]? Pour tenter de sauver ce peuple, ces prêtres, ces enfants, je pars...

JEAN. — Maintenant.

JUDITH. — Maintenant. Je te le dis, c'est la relève.

JEAN. — Alors, interroge!

JUDITH. — Quel est le mot de passe?

JEAN. — Tu ne le devines pas? C'est ton nom. Et le nom de Jehovah a la chance de commencer par la même lettre. On l'a choisi pour mot de ralliement. Il est en train, là-haut, de s'en féliciter!

JUDITH. — Par quelle porte dois-je sortir?

JEAN. — Par la poterne[27] d'en face. Le veilleur est prévenu. Il poussera son cri et t'ouvrira.

JUDITH. — Où est la tente d'Holopherne?

JEAN. — Au nord, en plein nord.

JUDITH. — Comme je le comprends! Il aime voir les villes qu'il assiège ensoleillées.

JEAN. — Tu sauras reconnaître le nord par une nuit pareille?

JUDITH. — Toutes les fillettes l'ont appris en classe. On caresse les arbres. La mousse indique le nord.

T. - « Mais il se tait... » Explain this passage. Note the « correspondances » established between man and the cosmos, the symmetrical effects, the antithesis, the dominant feeling of equilibrium and peace.

U. - « Des adjectifs dans une heure pareille? » Judith does not seem to be aware that her previous speech was full of adjectives. Is Giraudoux being self-ironical?

27. - « *poterne* » : a minor entrance to the fortified city.

JEAN. — C'est cela. Caresse les arbres. Étreins les arbres en leur disant le mot de passe. Il y en a encore quelques gros, de la taille d'un géant. Et renie-les ensuite, s'ils prétendent, peupliers ou chênes, avoir connu ton étreinte [V] !

JUDITH. — Y a-t-il une route, une piste?

JEAN. — Non. Remonte le second ruisseau qui te barrera la route. N'y bois pas. Il est empoisonné. Ne pars pas avec ces souliers, le champ de bataille le plus sec a des parties pourries [28], et prends un manteau, le cœur d'une nuit d'été est la glace... Tu auras peur?

JUDITH. — Je n'ai jamais eu peur du désert, ni du silence.

JEAN. — Ne compte ni sur le désert, ni sur le silence. Tous les dix ou quinze pas, tu heurteras des sacs étendus [29], froids ou encore tièdes, muets ou vagissants, mais tous pleins. Ne t'en inquiète pas. Le champ de bataille appelle, rêve tout haut, pleure; et il remue aussi, imperceptiblement.

JUDITH. — La tente est loin?

JEAN. — Par ce chemin, une lieue.

JUDITH. — Il y a des rôdeurs, des bêtes sauvages?

JEAN. — Des bêtes sauvages? Un peu tôt encore. Parfois, peut-être, une ombre avec un rire léger, une ombre de velours. N'aie pas peur. Ce n'est qu'un hibou. Il se peut aussi qu'un monstre surgisse de la terre en ricanant — on rit beaucoup, comme tu vois, dans cette sorte de pays — et charge vers toi sur trois pattes. Ce n'est qu'un cheval blessé. Frappe-le d'un bâton, surtout sur la jambe brisée, et il s'enfuira... Des rôdeurs? C'est possible. Prends un poignard. Voilà...

JUDITH. — Voilà... Un manteau et des souliers imperméables... C'est tout ce que tu me conseilles?

JEAN. — C'est tout ce que j'ai à te dire.

JUDITH. — Tu ne m'as pas dit comment on tue.

JEAN. — Comment on tue?

JUDITH. — Oui, à coup sûr, avec un poignard comme le tien?

JEAN. — Comment on se tue, tu veux dire [W]?

JUDITH. — Non, non, l'actif avant le personnel.

JEAN. — Suis ton inspiration! On n'apprend aux femmes ni le meurtre, ni l'amour. Elles trouvent d'instinct le point de notre corps où loge la mort ou le plaisir. Tends la main, tu trouveras.

JUDITH. — Comment tue-t-on?

JEAN. — Cela dépend!

JUDITH. — Cela dépend de quoi?

JEAN. — Du temps que tu auras, ou de la surprise.

V. - « avoir connu ton étreinte. » Can you account for Jean's bitter and ironical tone?

28. - « le champ de bataille le plus sec a des parties pourries. » Throughout the play, Giraudoux gives us a macabre description of the battlefield.

29. - « des sacs étendus... mais tous pleins. » These « bags » are the corpses on the battlefield.

W. - « Comment on se tue, tu veux dire? » By using a reflexive verb, Jean seems to imply that Judith should commit suicide after séduisant Holopherne. Why does Judith want to know how to kill?

JUDITH. — J'aurai tout mon temps.
JEAN. — Alors au cœur, le pouce sur la lame et de bas en haut.
JUDITH. — Où est le cœur ? Qu'as-tu ? Pourquoi cette colère ?
JEAN. — J'admire cet esprit méticuleux qui fait le ménage dans cette grande âme ! Et comment une jeune fille peut regarder en face un géant uniforme, tu veux aussi le savoir ? Et comment une vierge peut sauver l'essentiel de sa virginité dans une union forcée, je te le révèle ? Et l'amour, tu en veux une leçon ?
JUDITH. — Oui, tu m'obligeras.
JEAN. — J'ai justement ce qu'il te faut. *(Il va à la porte intérieure.)* Tu es là, Suzanne ?
JUDITH. — Qui est là ?
JEAN. — Une femme est venue avec moi, Judith, pour te sauver, et pour nous sauver. Tu l'ignores, son état est bas. Mais elle doit te voir. C'est mon dernier vœu. Écoute-la.
JUDITH. — Ce sont les survivants, aujourd'hui, qui font les derniers vœux ?
JEAN. — Reçois cette femme... Dans les grandes heures, les autres êtres ne sont guère que des parties de notre propre concert... Fais entrer pour une fois en toi la part douce et honteuse... J'attends là. Entrez, Suzanne !

SCÈNE SEPTIÈME

JUDITH, SUZANNE, JEAN, LIA, ESTHER

(En ouvrant la porte à Suzanne, Jean laisse aussi pénétrer sur le seuil deux femmes, dont l'une veut la retenir.)

LIA, *mère de Suzanne*. — N'entre pas, Suzanne, n'entre pas. S'il faut mourir, mourons ensemble, mais ne me quitte pas !
ESTHER. — Elle n'en mourra pas, n'aie pas peur. J'y vais tous les soirs et j'y meurs le minimum [30].
LIA. — Que voulez-vous faire d'elle, Jean ?
JEAN. — Rien. Rien. Judith veut la voir.
LIA. — Ah ! c'est Judith qui est là ! Sauve-nous, Judith !
JEAN. — Viens avec moi, Lia. Elles ont à parler. Nous mangerons un peu à côté.
LIA. — Nous mangerons ?
ESTHER. — Oui, je crois bien même que j'ai vu du pain.
LIA. — Du pain ? Ils ont du pain ? Tu m'attends, Suzanne ?
JEAN. — Oui, oui, elle attend.

---

30. - « J'y vais tous les soirs et j'y meurs le minimum ». The pronoun « y » might refer to Holopherne's camp, which Esther frequently visits as a prostitute.

SCÈNE HUITIÈME

JUDITH, SUZANNE

JUDITH. — Qui êtes-vous?

SUZANNE. — Une amie.

JUDITH. — J'ai peur que vous ne tombiez mal. Ce n'est pas précisément le jour de l'amitié, aujourd'hui.

SUZANNE. — Une femme qui vous admire.

JUDITH. — Ce n'est pas le jour de l'admiration non plus. Elle ressemble trop, aujourd'hui, à l'insulte.

SUZANNE. — Une femme qui mène la vie contraire de la vôtre.

JUDITH. — En quoi cela consiste-t-il?

SUZANNE. — J'ai des amants. Je me donne. Je me vends. Mon nom est le plus connu des noms qu'il ne faut pas connaître.

JUDITH. — A ce titre vous avez le droit de me parler, ce soir. Que voulez-vous?

SUZANNE. — Vous sauver.

JUDITH. — Sauver celle qui sauve la ville. Je vois qu'il n'y a pas que de l'humilité dans votre cas.

SUZANNE. — Suis-je belle, Judith?

JUDITH. — Pour l'honneur de votre état, c'est à souhaiter.

SUZANNE. — Je vous en prie. Regardez-moi. Que voyez-vous?

JUDITH. — Peu m'importe. La barre vient d'être tirée[31] sous le total des yeux et des nez humains que je dois connaître.

SUZANNE. — Mais regardez-moi donc, Judith! C'est un peu de votre beauté que j'ai. Ma beauté, je le sais, ne couvre, ne cache rien... Mais c'est un peu de votre beauté que j'ai. On me l'a dit cent fois. J'ai aussi votre taille. Vos regards, malgré leur dédain, pour pénétrer dans mes yeux ne peuvent se baisser ou se hausser d'une ligne... Et ma voix...

JUDITH. — Votre voix?

SUZANNE. — Ma voix ne cache évidemment, comme la vôtre, aucune pensée, aucun beau silence. Mais elle est votre voix.

JUDITH. — On vous l'a dit aussi cent fois? Qui? Quel homme?

SUZANNE. — Quel homme? Vingt hommes. Tous ces beaux jeunes hommes auxquels vous avez permis de s'appuyer contre vous, un beau soir, devant la lune pleine ou quelque grand incendie, celui qui a nagé deux heures dans la Mer Morte pour en retirer une épave qui gênait votre regard, celui dans le verre duquel vous avez bu, sous une tonnelle de rouliers[32] et sur la

---

31. - « *La barre vient d'être tirée* » : « The list has just been closed. »

32. - « *rouliers* » : wagonners, carters. Note the naïvely romantic imagery used by the prostitute.

main de qui vous avez soudain appliqué vos lèvres, rouges cette fois, non point de rouge, mais de vin; tous ceux que l'ombre de votre désir a rapprochés de vous pour les rejeter avec plus de violence, tous ceux-là enfin qui se précipitaient ensuite dans mes bras, y cherchaient l'oubli, la vengeance et, dans les sanglots et les caresses, m'appelaient Judith...

JUDITH. — Aujourd'hui aussi, c'est leur mot de passe.

SUZANNE. — Cette ressemblance, chaque jour, depuis un an, je l'accrois secrètement. Je vous ai suivie, suivant du même coup quelque amant. Je vous ai forcée à parler en vous bousculant, pour entendre votre voix. Je sais comment vous dites : « Tiens, cette fille nous écoute », ou : « Je déteste les grues à regard tendre. » J'ai copié vos robes. Non pour plaire à vos amis. Mais pour être votre esclave. A chaque rencontre, fût-ce après un jour seulement d'intervalle, je me sentais à nouveau distancée. Mais faible, bornée, pauvre, j'avais la volupté de savoir ce que je pouvais être, dilatée à l'extrême force, à l'extrême richesse, et à l'extrême esprit... Qu'ai-je commis en agissant ainsi?

JUDITH. — Rien de grave, le vol.

SUZANNE. — Je ne vous ai pas volé le dédain et l'orgueil. Mais ce mépris pour moi que je devinais, il me suffisait, pour le supporter, d'imaginer ce que doit être en vous la résignation. Et j'ai supporté votre cruauté avec votre propre douceur, votre luxe avec votre propre modestie. J'étais heureuse... Je vous ressemble, Judith...

JUDITH. — En rien.

SUZANNE. — On s'y trompe.

JUDITH. — Celui qui a pour modèle un être humain ne peut me ressembler.

SUZANNE. — Vous n'étiez humaine que jusqu'à cette nuit.

JUDITH. — Elle est là... Hâtez-vous. Imitez-moi aussi dans mes paroles. Parlez net...

SUZANNE. — Je veux partir à votre place.

JUDITH. — J'attendais cela.

SUZANNE. — Je ne crois pas les prophètes. La plupart sont des espions de l'ennemi. Beaucoup pensent qu'Holopherne a entendu vanter Judith et l'attire dans un piège.

JUDITH. — Et quand cela serait? Et quand Dieu lui aurait donné cette pensée, pour lui funeste?

SUZANNE. — Holopherne est un barbare. Entre la beauté qui est un vêtement et la beauté, il ne distinguera pas. Là où tant de Juifs qui nous connaissent toutes deux ont voulu se tromper, il ne verra pas la différence.

JUDITH. — Et Dieu? Dieu s'y trompera?

SUZANNE. — Dieu a moins de passion que Judith.

JUDITH. — Et c'est moi qui vous remplacerai, pour que l'échange soit parfait, auprès de l'amant qui vous rendra visite et qui aussi ne verra pas la différence?

SUZANNE. — Vous ne m'écarterez pas par des mots. Je suis trop sûre de ma cause. Comprenez-moi. Il ne s'agit pas de sauver votre vie. Je ne vous ferai pas l'injure de croire que vous avez peur. Il s'agit de bien autre chose! Laissez-moi aller là-bas. Demain matin, le peuple vous croira revenue, et tout sera sauvé.

JUDITH. — Quoi, tout?

SUZANNE. — Vous le savez bien, votre pureté.

JUDITH. — Ma pureté. Vous aussi employez ce langage de catéchisme et d'ouvroir[33]. C'est pour une plus réelle leçon de choses que Jean vous a menée ici. Ma virginité, vous voulez dire?

SUZANNE. — Je viens de tout donner aux pauvres. Mon logis, cette nuit, est là-bas. Mon métier pour une fois sera mon honneur.

JUDITH. — Ma virginité? N'est-elle pas nécessaire? N'est-ce pas justement ce qui vous manque? Ou bien vous a-t-elle valu par contre-coup des joies si vives, que vous tenez à éviter sa perte?

SUZANNE. — Oh! Judith, en devenant femme, nous ne changeons pas seulement d'état, mais de sexe, mais de race. Je voudrais préserver ce miracle qu'est Judith jeune fille.

JUDITH. — Ah! l'on s'occupe de ma virginité chez les vierges folles[34]. Je ne sais pas ce qu'a été la vôtre, Suzanne, mais je commence à connaître la mienne. Elle n'est pas celle d'une vierge niaise. Elle n'est pas l'innocence, pas même la pureté. Elle est ma pureté. Ce n'est pas la privation forcée ou volontaire d'un sens, de frénésies, de joies, c'est une promesse logée en moi comme un fils, la promesse de la plus belle défaite, de la honte la plus orgueilleuse. Dieu la change en promesse de victoire. Cela le regarde. Même si j'avais un amant aimé auquel je me sois jusqu'à ce jour refusée, je ne l'appellerais pas maintenant pour qu'il soit le premier.

SUZANNE. — Judith, sauvez Judith.

JUDITH. — Qui vous dit que je ne la sauverai pas! Regardez-moi, si vous voulez imiter la vraie Judith! Ne croyez pas que j'irai là-bas en victime consentante. Ce n'est pas la reine de Sabba[35] qui va se rendre chez ce roi, pour un couchage officiel, mais une fille juive, déchaînée, hypocrite et impitoyable, et prête à braver, pour mieux leur obéir, toutes les lois de Dieu.

SUZANNE. — Une fille sans forces, sans armes!

JUDITH. — Toutes les armes découvertes et cachées, je les aurai. La plus dangereuse pour Holopherne, je l'ai déjà.

SUZANNE. — Le poison?

JUDITH. — Pas exactement. Mon langage[X]. L'homme est bavard, Suzanne. Certes, toutes les variétés de Judith, je les suis aujourd'hui. Je vais là-bas en jeune fille ignorante devant un homme grossier, en jeune fille rusée devant un général sans contrôle, en envoyée d'une ville auprès d'un vainqueur. Mais j'y vais surtout comme l'enfant au temple, pour répondre à une question, à une série de questions que j'ignore, mais dont mon seul langage a la clef. En fait, toute la journée, je ne me suis guère préparée à une offre de mon corps, mais à une espèce de concours d'éloquence. J'ai soigné ma voix, j'ai mangé à peine. Ce que je ressens, c'est moins un éblouissement de martyre, qu'une sourde pression de discours, de raisonnements, destinés à prouver je ne sais quoi, mais que je prouverai. D'une phrase, Suzanne, j'ai déjà convaincu de plus obstinés, brouillé le désir de plus frénétiques. D'un mot et d'un sourire,

---

33. - « *ouvroir* » : Charitable institution where young women occupy themselves with sowing, mending and embroidering.

34. - « *les vierges folles* » : Allusion to the five foolish maidens who took no oil for their lamps when they went to meet the bridegroom (Matthew 24:02). Judith actually means « prostitutes. »

35. - « *La reine de Sabba* » : The famous Queen of Sheba who payed Solomon a visit.

X. - « *Mon langage.* » What is Judith's attitude towards language? How does it compare with Giraudoux's?

Allons-y. Cette nuit sera peut-être le triomphe du sourire. Car, s'il le faut, je sourirai... Vous pleurez, vous ?

SUZANNE. — Sur tant de douceur, tant de violence sacrifiées en vain.

JUDITH. — Ma violence ! Ah ! Suzanne, vous ne comprenez donc pas ma peine, pas plus que Jean ou les rabbins. Pourquoi je souffre de voir le peuple, et l'armée, et Dieu même me confier dans l'éclat leur ambassade, je pensais que vous, une femme, vous l'auriez deviné. C'est que, dans la solitude de mes nuits, dans l'agitation de mes journées, je me l'étais depuis longtemps, cette mission, confiée à moi-même. J'ai trop tardé, j'ai eu trop de confiance en nos soldats... Pourquoi Dieu a-t-il voulu m'enlever mon mérite en me comblant de gloire ? Ce Dieu, qui a toute l'éternité pour lui, s'amuse à m'enlever mes effets par une minute. Ah ! qu'il était plus beau mon voyage dans la nuit, Suzanne, non point tracé comme pour un coureur, mais où mon premier ennemi aurait été le gardien même de nos portes ! Personne dans la ville n'aurait su que la plus faible et la plus anonyme de ses filles, car c'est à ce titre que je partais, dans une ombre sans lune, caressante pour les faire taire les chiens de guerre en rôde, allait vers Holopherne pour la victoire ou pour la mort. Je vois qu'il ne faut pas avoir les mêmes idées que les prophètes. Ils tiennent terriblement à leurs droits... Dans mon orgueil de jeune fille, j'avais cru Dieu plus modeste. Je savais bien que l'idée était de lui. Lui a cru qu'elle était de moi. Il se venge !

SUZANNE. — Judith !

JUDITH. — Et ma douceur ! Heureuse Suzanne, qui avez pu trouver de la douceur aujourd'hui dans ce langage. La douceur du délabrement, de la haine. Venez ici... Oui, dans mes bras. Ne vous raidissez pas. Quel parfum ! C'est le mien, n'est-ce pas ? mais sur moi je ne le sentais plus. Adieu, parfum ! Et ce collier, c'est le jumeau du mien, mais sur moi je ne le voyais plus. Adieu collier ! C'est sur vous que je vais prendre congé de tous ces objets familiers, et de moi-même... Moins de raideur, Suzanne, plus de souplesse... Est-ce donc là votre première leçon de tendresse ? Puisque voilà peut-être mon dernier soir, apprenez, seule entre tous et toutes, ce que peut être la douceur de Judith. Voyez si c'est bien elle que vous avez donnée à ces désespérés qui me fuyaient. Vous leur parliez ainsi en plein visage, vous tiriez doucement leur tête en arrière par les cheveux. Adieu, ma douce peau, adieu mes yeux brûlants et glacés, adieu mes lèvres... Comme j'aime mieux me dire adieu sur une sœur que sur un miroir... O ciel, si mes yeux en s'ouvrant pouvaient voir le soleil[Y] !

SUZANNE. — Vous serez sauvée, Judith !

JUDITH. — Et maintenant, je pars !

SUZANNE. — Non ! Non !

JUDITH. — Oh ! femme stupide, ne comprendrez-vous donc jamais la voix de Dieu ? Votre poignard !

SUZANNE. — Quel poignard ?

JUDITH. — Donnez-moi votre poignard. Je l'ai senti sur vous. Je n'ai pas d'arme.

SUZANNE. — Voilà.

JUDITH. — Votre poison.

Y. - (End of long speech). Examine the three long speeches addressed by Judith to Suzanne. Show that each one is organized around a key word. Giraudoux's characters often indulge in such « tirades. » Time seems to be suspended, as « the protagonist of the moment is given an opportunity to clarify the terms of the conflict he represents » (Guicharnaud).

SUZANNE. — Voilà.
JUDITH. — Pas de pleurs, je vous en prie, c'est une arme que vous n'arriverez pas à me passer... Qu'est cela?
SUZANNE. — Un peigne, du fard.
JUDITH. — Donnez... La ville est endormie?
SUZANNE. — La rue semble vide, mais derrière chaque fenêtre une tête de femme ou de vieillard attend votre passage... On tient réveillés tous les enfants pour qu'ils vous voient.
JUDITH. — Il est temps qu'ils se couchent.
SUZANNE. — Vous n'allez pas partir ainsi, sans manteau?
JUDITH. — Je ne veux pas risquer de voir mon oncle.
SUZANNE. — Prenez le mien... Vous gardez ces souliers? Le chemin est dur. Vous allez avoir à franchir des ruisseaux, des haies.
JUDITH. — J'irai lentement. Je ne me presserai pas.
SUZANNE. — Vous partez sans avoir dîné? Vous n'avez pas peur d'avoir faim?
JUDITH. — Soif peut-être, oui.
SUZANNE. — Prenez ce verre d'eau.
JUDITH. — Mes mains ne sont plus à moi... Elles ne toucheront plus rien dans cette maison... Faites-moi boire, si vous y tenez... Merci. *(Elle se dirige vers la porte.)* Comment suis-je, ce soir?
SUZANNE. — Oh! Judith, comme toujours.
JUDITH. — Comme toujours? Merci, Suzanne. Que ce soir Judith soit comme toujours, quel compliment pour les autres jours! Et maintenant, ouvrez-moi.

(Elle sort [V].)

SCÈNE NEUVIÈME

SUZANNE, JEAN, ESTHER

(Suzanne va appeler Jean.)

SUZANNE. — Jean!
JEAN. — Elle est partie?
SUZANNE. — Oui.
JEAN. — Alors, ce dont nous sommes convenus! Pas une minute à perdre. Pas de malentendu, n'est-ce pas? Répète!
SUZANNE. — Je cours au camp ennemi. Je joins Sarah.
JEAN. — Excuse-moi de t'envoyer chez cette entremetteuse [36]. Tu sauras prendre par le plus court?
SUZANNE. — Esther m'accompagne. Elle y va presque tous les soirs.
ESTHER. — C'est qu'elle déteste Judith, Sarah! Elle est jalouse! Judith l'a fait le mois dernier chasser de chez elle.

V. - (End of scene). Why does Suzanne want to take Judith's place? What arguments does she use? Why does she fail to convince Judith?

36. - « *entremetteuse* » : « procuress. »

JEAN. – Que lui diras-tu?

SUZANNE. – Que Judith va arriver. Elle voudra voir Holopherne. Que Sarah s'arrange pour la recueillir à son arrivée et l'empêche de joindre le roi, dût-elle pour cela l'enfermer jusqu'au jour. Bonne récompense. C'est cela?

(On entend le cri du veilleur qui ouvre la porte à Judith, cri lugubre...)

JEAN. – C'est cela... Adieu. Tu as tout le temps d'arriver avant elle. Je lui ai indiqué un chemin impossible.

(A ce moment le prophète apparaît à la fenêtre, criant.)

LE PROPHÈTE. – Judith! Judith! Sauve-nous!

(Jean le précipite à terre et le tue.)

JEAN. – Toi, te voilà sauvé [VI]!

Rideau

[VI]. - (End of scene). Why does Jean kill the prophet?

ACTE DEUXIÈME

Sous la tente d'Holopherne

SCÈNE PREMIÈRE

Uri, Otta, *aides de camp d'Holopherne,* Sarah, *un nègre nommé* Yami, des soldats de garde, Égon, *autre aide de camp.*

(Égon entre quand le rideau se lève.)

Otta. — Arrive, Égon, arrive. Pour une fois Sarah a une idée.

Égon. — Il est temps. Nos officiers se fâchent, Sarah. Tu nous trompes sur la fourniture [37].

Sarah. — Je donne ce que j'ai.

Égon. — Justement. Au début, tu nous donnais des fillettes, curieuses, d'un agréable maniement. Un rien les intéressait, les géants, la moustache à la gauloise [38]... Depuis que la famine règne dans ta ville, tu n'amènes plus que les sœurs aînées.

Otta. — Ou les grand-mères.

Uri. — Ou les mères. On m'en a signalé avec l'enfant au sein.

Otta. — Elles se jettent en chiennes sur la soupe, et, leur nourrisson à portée, se donnent sans la moindre joie.

Égon. — Tes veuves, entre autres, ou bien sont dénuées d'esprit folâtre à un degré inattendu, ou poussent, au contraire, l'épanchement au-delà de ce que demande une honnête infanterie.

Uri. — Tu n'exerces sûrement pas ton métier de naissance?

Sarah. — En effet. Je descends de Jacob en ligne directe.

Égon. — Alors tu m'étonnes. Tout grand aïeul crée autour de sa couche, pour la suite de ses héritiers, une zone d'inconscience, de saturation et d'irresponsabilité. Sur notre route, il n'y a guère eu que des noms illustres pour nous ouvrir clandestinement les poternes ou nous fournir en jeunes garçons. Si les descendantes de Jacob ne peuvent pas être de bonnes maquerelles [39], à quoi bon Jacob?

Otta. — Cette nuit, Jacob se rattrape.

Égon. — Alors, Sarah! Ton idée? Qu'as-tu à nous offrir, ce soir, pour fêter l'anéantissement de ta ville?

Sarah. — Un spectacle gai.

Égon. — Nous les connaissons, tes spectacles gais. Douze femmes nues, sur le nombril desquelles tu projettes en couleur l'oriflamme de leur nation [40]. Seul notre ministre de la Guerre y prend encore intérêt. Non, plus de spectacle d'art, ni de théâtre aux armées... Que nous proposes-tu d'un peu sérieux?

Sarah. — La scène la plus comique qu'une Juive ait jamais jouée, et jouera, si demain vous les massacrez toutes.

---

37. - « tu nous trompes sur la fourniture. » The soldiers are disappointed with the girls supplied by the old procuress.

38. - « *moustaches à la gauloise* » : thick, drooping mustache.

39. - « *maquerelle* » : « procuress. »

40. - « l'oriflamme de leur nation. » Each nude girl has the banner of her tribe painted on her navel.

ÉGON. — Il n'y aura jamais de dernière actrice juive, Sarah! Rassure-toi.

OTTA. — Réserve ton esprit, Égon. Nous en aurons plus besoin tout à l'heure.

ÉGON. — Quelle Juive? Elle est là?

SARAH. — Elle vient.

ÉGON. — Elle te ressemble?

SARAH. — Elle a vingt ans.

ÉGON. — Une mendiante, encore?

SARAH. — Non, une millionnaire, et généreuse. Tous ses aïeux banquiers ont, pendant trois siècles, prêté, usuré, volé, pour amasser un socle d'or à cette merveille de bienfaisance et de désintéressement.

ÉGON. — Je la vois d'ici, avec ces verrues précoces et ces lobes d'oreilles d'une demi-livre[41] qu'on ne rencontre qu'aux ventes de charité.

SARAH. — Non. Toutes ses grand-mères ont brassé dans leurs alcôves un nombre incroyable d'yeux à fleur de tête[42], de peaux squameuses[43] et de mentons en galoche[44] pour produire l'ovale le plus parfait et le plus beau regard d'Israël.

ÉGON. — Pourquoi vient-elle te voir?

SARAH. — Elle ne vient pas me voir. Elle vient voir Holopherne.

ÉGON. — Que prépares-tu, qu'ourdis-tu[45], avec ta Juive? Prends garde.

SARAH. — Je ne suis pour rien dans sa visite. Je suis la seule à n'y être pour rien. C'est tout le peuple juif qui l'envoie. D'après les prophètes, il ne peut plus être sauvé que par la plus belle et la plus pure de ses filles, venue sans escorte fléchir Holopherne. Tous ont pensé à celle-là. Et elle la première. Et elle vient.

ÉGON. — Bonne idée. Si elle est un peu grasse.

SARAH. — Tu ne comprends pas, Égon... Que hais-tu, dans les Juifs?

ÉGON. — Je ne suis pas original. L'orgueil!

SARAH. — Et tu ne comprends pas que c'est l'orgueil même qui vient de se jeter dans vos filets, en ce moment?

ÉGON. — Nos filets en ont vu d'autres.

SARAH. — Crois-tu? Vous n'avez humilié jusqu'ici que de vieux rois à trônes percés[46], des reines lâches qui avaient passé leur vie à répéter en elles le jour de leur chute, des prophètes végétariens, des idoles gâteuses. Vous n'avez répandu la honte que sur des perruques, sur des yeux chassieux[47] d'où les larmes sortaient grasses... Mais voici cette fille, mes enfants!... Voici l'orgueil dans sa jeunesse, à peine une touche de poil noir et lustré aux aisselles; quand elle pleure, quand elle transpire, c'est de la rosée... Tu es chasseur, Égon. Tu sais ce que chaque bête neuve, le petit de panthère dans sa fosse, le renardeau dans son piège, apporte de frais et de vierge à la mort. Tout ce qu'on peut apporter de nouveau et d'intact

---

41. - « Ces lobes d'oreille d'une demi-livre.. » Possibly their ear-lobes are large and heavy due to the custom of wearing massive earings.

42. - « *yeux à fleur de tête* » : prominent eyes.

43. - « *peaux squameuses* » : scaly skins.

44. - « *mentons en galoche* » : long-pointed chins.

45. - « *ourdir* » : to plot.

46. - « *trônes percés* » : for purposes of urination and defecation.

47. - « *yeux chassieux* » : bleary eyes.

au scandale, au désespoir — à la mort aussi, si le cœur vous en dit — Judith va vous l'offrir. C'est une riche : comme telle, elle n'a eu que de ces chagrins d'ordre si haut qu'ils n'ont pas sur les tissus et les glandes d'effets différents de celui des joies [48].

ÉGON. — Judith? Tu dis Judith?

SARAH. — Je dis Judith. Tu la connais?

ÉGON. — Cette Juive, qui a fait soudoyer [49] la semaine dernière nos porteurs arabes pour qu'ils massacrent les officiers de la garde, comment s'appelle-t-elle?

SARAH. — Elle s'appelait Judith.

ÉGON. — Et c'est elle qui ose venir ici, elle qui a tué nos meilleurs amis? Rappelle-toi Lamias, Otta, notre pauvre Lamias, sa tête fracassée et sa bave [50] toute verte.

SARAH. — Enfin, elle t'intéresse!

ÉGON. — Ah! elle vient, celle qui tira du sang vert d'un héros tel que Lamias! Je m'en frotte les mains. Je suis d'accord sur tout d'avance. Quel supplice lui prépares-tu?

SARAH. — Le seul qui puisse l'affecter. L'humiliation. Je peux l'amener ici même?

ÉGON. — Si tu veux. Le roi travaille ou repose au fond des tentes.

SARAH. — Alors, assieds-toi sur ce siège. Otta, le manteau.

ÉGON. — Le manteau d'Holopherne? Tu veux qu'elle me prenne pour Holopherne?

SARAH. — Oui. Quand elle arrivera, tremblante d'angoisse, mais comblée à l'idée d'être une reine en face d'un roi; attendant l'injure, la préparant, mais toute prête aussi à être la reine de Sabba pour un nouveau Salomon et à entreprendre avec lui une dispute de cour d'amour, reçois-la à la place du roi, et sous son nom.

ÉGON. — Pourquoi moi?

SARAH. — Tu sais parler, et je t'ai dit qu'elle était vierge : c'est donc avant tout une bavarde. Tu es le plus capable de diriger la comédie, de tirer d'elle le maximum de terreur, de vanité satisfaite, de roucoulements nationaux [51]... Songe au spectacle qu'elle nous donnera, quand elle comprendra soudain à quelle dérision nous l'avons amenée! Et n'aie pas peur d'avoir en face de toi une victime insignifiante, car tout le peuple juif a mis ce soir sa mission en elle, et il passe sa nuit sur les murs, dans l'assurance de la voir à l'aube sortir du camp, suivie d'Holopherne repentant.

OTTA. — Tu comprends le jeu, Égon?

ÉGON. — J'ai toujours compris la vengeance. Il y aura quelque chose de vraiment souverain, tout à l'heure, sur mon visage... Son reflet.

OTTA. — Le manteau royal te va bien, d'ailleurs.

ÉGON. — Un manteau royal va toujours bien. C'est le triomphe de la confection... Vous y êtes, mes amis? Et tâchez de me donner enfin, comme à votre roi, cette déférence que vous me devez comme à votre effectif directeur de conscience.

URI. — Entendu, vieux pédéraste [52].

---

48. - « d'effets différents de celui des joies. » Notice that the metaphors used by Sarah to describe Judith are close to being clichés. In any case, they could apply to any beautiful, proud young virgin. The description of the individual is secondary to literary virtuosity.

49. - « soudoyer » : to bribe.

50. - « bave » : the foam on the mouth of dying man.

51. - « roucoulements nationaux » : warbling patriotism.

52. - « vieux pédéraste » : Égon is a homosexual.

ÉGON. – Tu te rappelles l'agonie de Lamias, Otta! Ce corps si unique attaqué par deux morts différentes, le côté gauche boursouflé, tuméfié, agité jusqu'à la paupière de gestes convulsifs, faisant de l'œil à sa dernière heure [53], le côté droit tout lisse, digne, la commissure des lèvres tenue par un point impeccable! Le revois-tu, nous souriant d'une moitié de sourire, et ce beau demi-dieu jeté dans la terre avec cette moitié d'un affreux Lamias? Seul ce côté droit se tient debout près de moi en cette minute, tout pâle, sa tranche encore fraîche frottée de goudron infernal... Mets-toi plutôt à ma gauche, Lamias... *(Entre Assur.)* Cette femme est là, Assur?

ASSUR. – Elle arrive.

ÉGON. – Comment as-tu permis qu'une femme circulât ainsi dans nos lignes?

ASSUR. – Un espion la suit depuis sa sortie de la ville. Elle allait lentement, d'ailleurs, droite, et sans se cacher.

ÉGON. – Par où est-elle entrée dans le camp?

ASSUR. – Près du ruisseau Esaü [Z], là où les Juifs ont donné ce matin leur dernier assaut. Elle s'est penchée sur l'eau souillée de leur sang, et y a bu.

ÉGON. – De là, qui l'a dirigée?

ASSUR. – Sarah nous avait recommandé de corser [54] sa promenade. On l'a conduite par l'enclos des prisonniers, où justement l'on suppliciait. Elle est maintenant devant l'enceinte royale. Elle refuse de s'asseoir et demande Holopherne.

ÉGON. – Amène-la...

(Assur sort.)

URI. – Répartis les rôles, Égon.

SARAH. – Rien de plus simple. Nous tous, nous déversons sur Judith les injures, les menaces. Égon, au contraire, semble séduit par elle, et elle lui arrache peu à peu la grâce des Juifs.

ÉGON. – Contre un baiser, un simple baiser.

SARAH. – Bravo pour ton courage!

ÉGON. – Lamias, lui, aimait les femmes... Mais seulement les blondes comme lui... Tu te rappelles, l'an dernier, à Tiflis, ces deux sœurs qui venaient du Nord, leurs cheveux paille pressés sous un turban, avec de beaux visages clairs et débordants, nus comme des fesses [55]... J'espère que ta Judith n'est pas blonde, Sarah, et qu'elle ne s'est pas frottée, pour l'adoucir, avec la couleur de Lamias?

SARAH. – Regarde-la.

(Judith paraît.)
(Égon et les officiers feignent de ne pas remarquer l'arrivante et continuent à rire ou à plaisanter [VII].)

---

53. - « faisant de l'œil à sa dernière heure. » A pun is involved here. « Faire de l'œil » means to wink at somebody with seductive intent. The left eyelid of the dying man twitches as if he were winking to death.

Z. - « Près du ruisseau Esaü. » Esau, son of Isaac, was tricked out of his birthright and of his father's blessing by his twin, Jacob. Does the name of the river bear any relationship to Judith's own situation?

54. - « corser » : to make it more difficult, more painful.

55. - « fesses » : buttocks.

VII. - (End of the scene) : Compare the atmosphere and the cast of characters in the first scene of each act. What mood is created here?

SCÈNE DEUXIÈME

LES MÊMES, JUDITH

JUDITH. — Me voici, Holopherne.

URI. — Qui ose prononcer le nom du roi? Qui es-tu, pour ignorer qu'il est interdit, sous peine de mort, de toucher le roi, même par la parole?

JUDITH. — Celle-la peut te renseigner.

SARAH. — Ah! tu daignes me reconnaître, Judith. Depuis que tu m'as fait jeter hors de ta maison, avec la lettre du bel Édouard, j'ai fait des progrès, n'est-ce pas?

OTTA. — Que patronne et pensionnaire se disputent ailleurs! Yami!

SARAH. — Elle n'est pas ma pensionnaire. Elle a été étudiante. Elle sait se prostituer elle-même.

OTTA. — Qui t'amène ici? L'hystérie, comme tes sœurs? La faim, la soif? Tu veux boire?

JUDITH. — Je viens de boire au ruisseau Esaü.

ÉGON. — Que dit-elle?

SARAH. — Je pense qu'elle veut dire : qu'elle vient de boire l'eau rougie du sang des Juifs, pour avoir leur courage. C'est ce qu'on appelle un mot sublime.

ÉGON. — Si c'est pour prononcer des mots sublimes que tu t'es dérangée, belle brune, tu perds ton temps. Ils n'ont jamais servi que des siècles après qu'ils furent dits, et aux acteurs.

JUDITH. — Que ceux qui furent dits voilà cent ans me servent aujourd'hui!

SARAH. — En voilà encore un.

ÉGON. — Je t'en prie. N'insiste point. Je ne les comprends pas. Tu penses bien, si l'on dénombre les femmes qui devant moi ont voulu m'arracher leur époux, les sœurs qui devant moi ont passé à leur frère le poison auquel elles avaient déjà bu avec un pauvre sourire, les grand-mères acharnées à sauver de nos bourreaux un petit-fils crépu et camus [56], une horreur — que tous les mots sublimes, les gestes et les attitudes sublimes, ont dû fourmiller autour de moi. Rien ne m'en est parvenu. Je n'ai vu que des êtres dont le bavardage et la gesticulation se poursuivaient aux portes de la mort. Tu as bu au ruisseau Esaü? Et après? Tu as bu de la boue mêlée de caillots? C'était ton droit, mais inutile de t'en vanter... Ton nom [AA]?

JUDITH. — Judith.

ÉGON. — Qui est Judith, Sarah?

SARAH. — La fille à la mode.

ÉGON. — A la mode, oui, elle l'est. Elle a ce talent par lequel les vraies mondaines seules, dans les pires époques, savent mettre leur regard ou leur robe à la mode du malheur, de la guerre ou de la famine... Une fille, non?

---

56. - « un petit-fils *crépu et camus* » : Woolly-haired and snub-nosed.

AA. - (End of Egon's speech). The soldiers are a pack of cynics. Their picturesque and biting prose contrasts with the sublime, polished speeches of the first act. Yet they also express themselves as garrulous, « précieux » poets. When Egon complains that human beings talk too much, don't we have the feeling that Giraudoux is poking fun at himself?

SARAH. — En effet, c'est une vierge. Aucune virginité n'a été désirée et frôlée de plus près. Mais c'est encore une virginité. Elle a même des certificats du grand prêtre... Je la déshabille ?

ÉGON. — Touche-la, Sarah, et je te fais battre... Avoue en tout cas qu'elle est belle, et moins maigre que tes recrues habituelles !

SARAH. — Je ne sais comment elle fait. La famine dessèche les autres Juives ; celle-là mange moins encore, car elle affecte de tout donner, mais elle n'a pas dépéri d'une once. La grandeur des temps la nourrit.

ÉGON. — Nous lui fournirons cet aliment en abondance. Princesse, pour oser se présenter ainsi ? C'est la royauté de Judas qui flotte autour d'elle.

SARAH. — Non, la haute banque. Ne devines-tu pas, autour de cette simplicité, les voitures à ressort, les bijoux à chaînette de sûreté ? Je suis sûre qu'en partant de chez elle, elle n'a touché ni à sa robe, ni à ses cheveux. Elle est de celles qui n'ont à se préparer ni pour l'amour, ni pour la mort, une riche, quoi !

ÉGON. — Ne t'excite pas, Sarah.

SARAH. — C'est aussi que l'injustice de Dieu me dépasse ! Il n'y a de vraie martyre que riche. Regarde ce corps toujours oint, adoré et flatté, c'est vraiment le modèle du corps pour tous supplices... L'odeur de sainteté, en fait, c'est le parfum. Enfin, elle est ici, prise et honteuse, étouffée par la peur.

ÉGON. — Sur ce point, tu te trompes, Sarah. Je connais le courage.

SARAH. — Elle a peur... Voyez-la, raide et pâle, comme la fille du patron au milieu des grévistes[57]. Du patron Jéhovah ! Et elle se tait. Qu'il est difficile, hein, ma fille, de ne pas émettre de mots sublimes en des occasions pareilles !

ÉGON. — Un mot encore, Sarah, et je te donne à Yami... Quel projet t'a conduite ici, Judith ?

JUDITH. — Je voulais voir un grand roi face à face.

ÉGON. — Tu le vois, et tel que tu l'imaginais, sans doute ?

SARAH. — Méfie-toi, Seigneur ! Tout n'est que flatterie et dentifrice dans cette bouche.

JUDITH. — Je ne sais comment je l'imaginais. Mais je sais que je venais désespérée, et que maintenant j'espère.

ÉGON. — Un rien dans mes yeux, n'est-ce pas ? Un quelque chose dans les poils de ma barbe[58] ?

JUDITH. — Un accent dans votre parole.

SARAH. — Nous y voilà.

ÉGON. — Qui la rend douce, n'est-ce pas, loyale ?

JUDITH. — Non, mais je sens, au-dessous d'une dureté et d'une hypocrisie d'empereur, un goût du jeu, de l'aventure, une curiosité qui est une promesse.

ÉGON. — Alors, méfie-toi. Holopherne a fait mille promesses dans sa vie. Il a promis à la reine d'Alep[59] d'épargner son unique fils si elle se prostituait à un baudet. Il a promis au dieu des

---

57. - « *comme la fille du patron au milieu des grévistes* » : « like the boss' daughter in the midst of the strikers. » This is a striking example of Giraudoux's unexpected associations of ideas.

58. - « un quelque chose dans les poils de ma barbe. » Cf. note I, p. 65. When Egon ironically suggests that Judith trusts him because of « something in the hair of his beard, » he seems to parody Giraudoux's manner.

59. - « *Alep* » : city in Syria (known in the Bible as Aram).

Phéniciens[60], s'il se manifestait, de respecter sa cathédrale. La reine s'est ouverte à l'âne, le dieu des Phéniciens s'est montré en personne, et j'ai tué le fils, et j'ai brûlé le temple.

SARAH. — C'est que cette reine et ce Dieu n'étaient pas Judith!

JUDITH. — C'est que tu n'étais pas, alors, le vrai Holopherne, celui auquel je veux parler ce soir.

ÉGON. — Il t'écoute...

URI. — Seigneur, je vous en prie. Choisissez entre cette fille et nous.

ÉGON. — Tais-toi, j'ai choisi...

OTTA. — Il est tard, Seigneur. Nous avons juste le temps de lire le rapport.

ÉGON. — Parle, jeune fille. A quel titre viens-tu?

JUDITH. — Justement. Tu sais ce qu'est une jeune fille?

ÉGON. — C'est ce qu'a été Sarah. C'est ce qu'ont été toutes celles qui sont l'opprobre du monde.

JUDITH. — Tu sais ce qu'est une jeune fille?

ÉGON. — Tout le monde le sait. Elles seules l'ignorent. Si tu le sais, tu ne l'es plus.

JUDITH. — C'est là l'exception. Je sais ce que je suis, et je le reste.

ÉGON. — C'est une future femme, prête aux hontes grotesques qui rendent femme.

JUDITH. — C'est, poussé à un tel point qu'il n'en voit plus les pires malheurs, qu'il n'en ressent plus les pires souffrances, l'espoir de rencontrer un jour la grandeur dans un être humain[61].

ÉGON. — Et tu espères la trouver ici, pauvre fille, chez des vainqueurs? La grandeur est la prime réservée à la défaite et à la victime.

SARAH. — Vas-y, Esther. C'est le moment. Assuérus t'écoute.

JUDITH. — Épargne les Juifs, Holopherne, et ton nom sera accolé au leur pour l'éternité.

OTTA. — Il n'y a vraiment que les Juifs pour croire aussi sérieusement à l'éternité. Ils l'ont inventée comme intérêt à une minute, une seule minute de charité ou d'honnêteté. C'est leur idéal du placement[62].

ÉGON. — Dis-moi, Judith, parlons sérieusement, crois-tu que je n'ai pas entendu tout ce qui peut supplier pour les Juifs? Te crois-tu plus éloquente que cette belle lumière qui argente maintenant sur tes remparts[63] la vermine[64] massée dans l'angoisse? Me crois-tu sourd? Crois-tu que ce silence du champ de bataille, ce cri d'oiseau de nuit voilé par sa becquée

---

60. - « *Phéniciens* » : Inhabitants of Phoenica (ancient name for part of the coast of Syria) or its colonies.

61. - « la grandeur dans un être humain. » Cf., in a lighter vein, *Intermezzo:* « Le pays des petites filles c'est d'avoir plus tard un mari. »
Most of Giraudoux's young virgins are impatiently waiting for a man. They see their virginity as something incomplete in their nature. Apart from the ridiculous Mangebois sisters in *Intermezzo*, there are no old maids in Giraudoux's plays.

62. - C'est leur idéal du placement. » Such antisemitic clichés have antagonized some of Giraudoux's critics. But we should remember that they are here voiced by the enemy.

63. - « *tes remparts* » : the walls of your city.

64. - « *la vermine* » : the rabble.

de viande humaine[65], le bruit de ce fruit qui choit soudain de l'arbre, seule victime pacifique et naturelle de cette veille, et l'image d'une petite mère juive qui prie en pleurant dans sa soupente, en caressant son chien juif affamé, et l'indifférence des étoiles, et le mépris des vents, ne m'aient pas déjà tout dit en leur faveur? Tout est Judith dans cette supplication, et Judith pas plus que le reste. Pourquoi ta plainte arriverait-elle jusqu'à moi, par-dessus toutes les autres?

JUDITH. — Parce qu'elle est la plus forte.

ÉGON. — Elle n'est pas la plus forte, car j'aime les chiens, les étoiles, les reflets de la lune sur les humains, et je n'aime guère les femmes.

SARAH. — On ne le dirait guère aujourd'hui. Pour la première fois, Holopherne daigne parler à une fille. Touche-la, Seigneur, touche-la. Devant une Juive, il faut avoir les meilleurs yeux et les meilleures mains, être en même temps mille fois voyant et mille fois aveugle.

ÉGON. — Emmenez cette femme, fouettez-la.

SARAH. — Mais qu'ai-je dit, Seigneur, qu'ai-je fait?

ÉGON. — Tu as insulté mon hôte. Tu seras punie.

SARAH. — Pitié, Seigneur! Je plaisantais.

OTTA. — On ne fouette pas un bouffon, Seigneur.

ÉGON. — Si Judith veut avoir pitié de toi, cela la regarde.

SARAH. — Pitié, Judith!

ÉGON. — Un geste, un mot de Judith, et tu es sauvée... *(Judith reste muette.)* Cela va. Très bien.

OTTA. — Méfiez-vous, Seigneur, méfiez-vous. Songez que de votre étreinte avec cette pucelle va naître une série d'êtres et de symboles déjà presque rayés de l'univers, le tailleur de casquettes et l'usure, le virtuose et la prophétie. Sans parler de l'éternité. Songez à toute cette progéniture[66].

ÉGON. — Mais qui suis-je, enfin, pour qu'on me parle ainsi? Prends garde aussi à toi, Otta. Quel cœur as-tu pour oublier que c'est aujourd'hui l'anniversaire de notre cher Lamias, qui dut tant à une Juive? En son honneur, j'écouterai Judith.

JUDITH. — Écoutez-moi, Seigneur. Par ce Lamias que je conjure d'être debout derrière vous en ce moment.

ÉGON. — Il y est, en partie du moins.

OTTA. — Alors, c'est le solo? Nous n'échappons pas au solo de la favorite suppliant son roi pour le salut des Juifs? Je te préviens, Holopherne, je ne réponds de rien si tu refuses

---

65. - « *ce cri d'oiseau de nuit voilé par sa becquée de viande humaine* » : the vulture's cry half choked by human flesh.
Note the network of «correspondances» in this passage, the pattern of sounds and images, the melodic rythms.

66. - « Songez à toute cette progéniture. » Obscure passage. It may be that « tailleur de casquettes, » « usure, » « virtuose » and « prophétie » suggest different facets of Jewish activity. At a time when the Jews are faced with extinction (Holopherne is about to invade Bethulia), Judith and Egon might give birth to a long line of money lenders, tailors, musicians and prophets.

demain le carnage à nos troupes d'Afrique. La double portion de semoule et d'orgeat[67] qu'ils reçoivent depuis deux mois appelle une seule vengeance : le sang...

ÉGON. – Parle, Judith.

JUDITH. – O Roi, je sais que je ne demande pas au carnage une mince faveur. Je suis infirmière. Je soigne chaque jour des blessés et des mourants. Ce voyage dans vos lignes a achevé de m'instruire. Chaque instrument de meurtre ou de torture prend auprès d'un corps juif son sens et son tranchant. L'entaille dans notre peau est grasse, belle. Je viens à toi avec la fierté de notre richesse dans la mort. Si la guerre était prévoyante, elle ne nous anéantirait pas. Mais on ne distrait la guerre du sang, que par du sang. Je t'en apporte une piste toute fraîche.

OTTA. – Le sang de Judith, c'est peu pour onze armées.

ÉGON. – Tais-toi.

JUDITH. – Tu as entendu parler de Cittose ?

ÉGON. – La ville blonde ?

JUDITH. – Ceux qui nous appellent la ville brune l'appellent, en effet, ainsi.

ÉGON. – Comment l'ignorerions-nous ? C'est par le clignement de ces deux yeux vairons[68] que la Judée nous a fait signe. Alors ?

JUDITH. – Cittose est à huit lieues, intacte, gonflée de paix comme une larve, pleine de ses eunuques, de ses femmes du Caucase, de ses patriciennes en qui la graisse s'étend également de la bajoue[69] à l'orteil comme en tous les êtres privés de Dieu. Au lieu de nos greniers et de nos caves vides, de nos femmes squelettiques, donne donc à tes soldats ces corps pleins comme un sac, ces enfants dorés, cette abondance, et tu observeras la seule loi de la guerre, qui est de punir la sécurité et de bafouer la paix !

ÉGON. – Qu'en dis-tu, Otta ?

OTTA. – Intéressant, mais la permission de Judith me paraît inutile. Cittose aura son tour.

JUDITH. – Elle ne l'aura pas, si vous tardez d'une minute. Notre conseil lui a dépêché ce soir un courrier pour l'avertir de se préparer ou de fuir. Mais si vous partez sur-le-champ, je connais la montagne, je serais votre guide.

SARAH. – Bravo, Judith, voilà ta vraie vocation. Tu es faite pour perdre et non pour sauver. Si c'est pour décider Holopherne à tuer des innocents que Dieu t'a désignée, alors je l'approuve : c'est dans tes cordes.

ÉGON. – Viens ici, Judith. La comédie est finie.

JUDITH. – La comédie ?...

ÉGON. – Je t'avais menti, Judith. Je t'attendais. Ton nom était venu jusqu'à moi et point par cette procureuse. C'est lui que les plus beaux prisonniers prononçaient dans la torture, ce nom dont l'écho sans gencives n'arrive pas à redire les syllabes trop denses et que les lèvres humaines, doublées de dents, seules peuvent répéter, et toute cette armée avait l'air de ne défendre que toi.

---

67. - « *orgeat* » : a beverage which in the past was made of a concoction of barley (« orge » means « barley »). Today it is made of an emulsion of almonds.

68. - « *ces deux yeux vairons* » : that is, each one of a different color: « It was the winking of the lights of those two, the fair and the dark, which drew us to Judea. »

69. - « *bajoue* » : fat, falling cheeks.

SARAH. — Pitié, Judith.

UN GARDE. — Silence.

ÉGON. — Enfin, te voilà dans ma tente, et ma captive. Ce n'est pas moi qui ai lancé la rumeur d'après laquelle tu sauverais les tiens en venant jusqu'ici; mais, Judith, ne crois-tu pas que l'imagination simple des peuples, de même qu'elle sait isoler la sagesse en phrases et en dictons, sait isoler aussi, au-dessus des grandes luttes, les vrais combattants? La guerre ne pouvait être terminée que par ce duel qui nous met face à face... Elle l'est. Otta, convoque les colonels... Annonce le départ pour Cittose. Toi, Judith, va, tu es libre...

JUDITH. — Libre?

ÉGON. — Cours annoncer leur salut à tes Juifs... Yami va t'escorter... Tu m'entends, Yami?... Et apprends à connaître ceux que tu appelles des barbares. Oui, tu me plais. Mais je ne t'impose aucune condition. Le temps nous manque d'abord, et d'ailleurs, je n'ai pas le sentiment, moi, de te plaire.

JUDITH. — Seigneur.

ÉGON. — Ai-je tort de le croire? Tu pourrais sans aversion approcher ton visage du mien, et poser tes lèvres sur mon front, doucement, fraternellement, en adieu.

JUDITH. — Je peux, oui...

ÉGON. — Alors, viens...
> (*Judith, méfiante, pose un baiser sur le front d'Égon. Aussitôt il l'embrasse à pleines lèvres, la prenant à bras-le-corps, pendant que s'élèvent tous les cris de moquerie et de dérision. Judith s'est débattue et libérée. Elle est au milieu de la ronde, son poignard à la main.*)

ÉGON. — Elle m'aurait blessé, la garce [70]! Yami, à toi!

SARAH. — Ah! Judith! pauvre niaise! Où te croyais-tu? Dans ta cour d'amour ou dans ta sacristie, avec tes fiancés et tes prêtres? Te voilà jusqu'au cou dans la honte! Quel beau spectacle tu as donné à ces soldats de l'intelligence juive en prenant ce pédéraste pour Holopherne! Merci, Égon. Sur cette riche, tu as vengé tous les pauvres de la terre; sur cette bavarde, tous les bègues et les muets, sur cette étroite, tous les ventres ouverts jusqu'au nombril [71].

ÉGON. — Yami, va.

YAMI. — Non.

ÉGON. — Tu ne me comprends pas? Je te la donne.

YAMI. — Non!

ÉGON. — Tu oses me refuser? Tu sais à quoi tu te condamnes?

YAMI. — Oui!

URI. — Alors, gardes, allez-y!
> (*On emmène Yami, ou on le tue sur place, selon l'humeur du metteur en scène.*)

---

70. - « *la garce* » : the bitch.

71. - « *tous les ventres ouverts jusqu'au nombril* » : Those who have been eviscerated.

SARAH. — Donne-la-moi, Égon. J'ai son emploi. Comme elle t'a baisé gentiment! Quelle charmante retenue dans sa courte salive! Et quelle reine d'éloquence... Celui qui ne comprend pas, qui n'entend pas, cette brute, Yami, elle l'a convaincu... Je suis sûre que cela lui suffit, elle a convaincu un nègre, sa vanité est sauve.

ÉGON. — Non, Lamias sera vengé ici-même.

SARAH. — Appelle tes Juifs! Judith. Appelle tes prophètes! Appelle ton Dieu!

JUDITH. — Holopherne! Holopherne! Au secours [BB]!

(Le rideau du fond s'écarte. Holopherne paraît [VIII].)

SCÈNE TROISIÈME

LES MÊMES, HOLOPHERNE

HOLOPHERNE. — Emmenez cette femme. Tuez-la.

SARAH. — Qu'ai-je fait, Holopherne?

HOLOPHERNE. — Mettons que tu aies mal prononcé mon nom. L'H n'est pas aspiré.

SARAH. — Je n'ai fait qu'obéir à Égon, Seigneur. Pitié!

HOLOPHERNE. — Recommençons la comédie, cette fois dans la vérité. C'est à cette jeune fille de dire si elle veut avoir pitié de toi.

SARAH. — Pitié, Judith.

HOLOPHERNE. — Qu'elle ait un geste, un mot de pitié, et je verrais... *(Judith ne bouge pas.)* C'est bien, allez. Elle est Juive aussi, d'ailleurs. Elle doit mourir.

SARAH. — Ah! tu crois que les Juifs mourront, adjudant naïf! Ils vivront et leur Messie viendra. Et il viendra non par cette bourgeoise et son pucelage, mais par Sarah, l'entremetteuse. Sache que tu ne les tueras pas tous demain, car depuis un mois j'ai expédié chaque jour, couverts par mon commerce, vers un pays que tu ignores, une suite de jeunes garçons et de filles qui repeupleront à l'abri de notre cité, et crachent sur ton nom.

HOLOPHERNE. — J'étais au courant. Chaque soir, j'ai fait saisir et exterminer la caravane.

SARAH. — Alors, meurs!

(Elle se précipite sur Holopherne. On l'emporte.)

HOLOPHERNE. — Laissez-moi, vous autres.

(Tous sortent.)

BB. - « Au secours! » Why doesn't Judith call out for God as Sarah suggested?

VIII. - (End of scene). Study the different facets of Giraudoux's irony, as exemplified in this scene. Is there any self-parody involved?

SCÈNE QUATRIÈME

Judith, Holopherne

Holopherne. — On dirait qu'elles [72] arrivent par les airs, avec des ailes...
Judith. — ...
Holopherne. — On dirait qu'elles arrivent par le sol, taupes ravissantes. Dans l'heure où l'homme l'attend le moins, où la présence féminine semble exclue, par les souterrains de l'air, les courants de la terre, une femme arrive, et lui apporte la nuance de douceur ou de cruauté qu'il n'a pas connue.
Judith. — ...
Holopherne. — Et voilà toute la conclusion où mènent dix ans de conquêtes. Les grandes aventures sont pour ceux qui se ferment à clef dans les bureaux, qui se cachent au fond des tentes solitaires. Le philosophe par sa divagation, le général par son étude, le banquier par ses calculs tissent on ne sait quels filets invisibles, et soudain ils entendent qu'on tire et qu'on se débat dans la pièce à côté. Une femme est prise... Il ne s'agit plus que de la dégager doucement, doucement, des deux mains [CC]... Par où est bien venue celle-là, la plus parfaite?
Judith. — Par un champ de carnage.
Holopherne. — J'oublie toujours comment les femmes s'en vont, comment elles disparaissent de ma vie. Mais je me rappelle chaque détail de leur venue, dans quelle couleur de robe et de soleil, et cette première lueur de leurs dents sous leur premier sourire, par laquelle elles vous font croire à des os d'ivoire, à un squelette d'ivoire. Comme j'y croyais! Comme j'y crois! C'est la même femme toujours qui me quitte. Mais comme celle qui vient diffère des autres! Tu es leur contraire, toi, Judith. Tu m'éloignes d'elles d'une distance que je n'avais jamais connue... Si tu le veux, prépare-toi...
Judith. — A quoi puis-je bien n'être pas préparée, en cette minute?
Holopherne. — Tu le serais à l'amour?
Judith. — Égon m'a touchée. Je ne suis plus digne de toi.
Holopherne. — Essuie ce rouge près de ta bouche, et rien ne restera d'Égon sur toi. Veux-tu aussi qu'il ne subsiste rien de lui, en ce bas monde?
Judith. — Non! Non! Qu'il vive. Et que son ignoble cachet [73] me marque pour toujours.
Holopherne. — C'est une façon de parler. Tu sais bien qu'à ta première toilette, il disparaît.
Judith. — Tant pis! Ce serait trop beau qu'une femme ait été saccagée dans sa vertu, dans sa foi, que son Dieu, pour la bafouer, se soit entendu avec une entremetteuse, et qu'elle offrît au monde la même face! Je ne suis que honte, Holopherne. Je brûle de honte. Les lèvres d'Égon, je les sens marquées en blanc sur ce feu.
Holopherne. — Non, en rose, sur la neige et la crème. C'est fade. D'assez mauvais goût. Viens ici. Je les efface.

---

72. - « *elles* » refers to women.
CC. - « Il ne s'agit plus que de la dégager doucement, doucement, des deux mains » : A critic described Giraudoux's feminine characters as butterflies painted in watercolors. Does Holopherne see them in the same way?
73. - « son ignoble cachet. » The mark of Judith's humiliation is the lipstick that smears her face.

JUDITH. — Vous n'effacerez pas le faux baiser de mon Dieu; il couvre mes joues, il est le plus infamant.

HOLOPHERNE. — Celui d'Égon, d'abord. Voilà. Quel visage pur, bien lavé... Il me semble qu'aucun des baisers dont tes amis les jeunes gens ont dû le couvrir n'y a laissé maintenant de trace... Seule la colère sait redonner la virginité à un visage et trahir son secret.

JUDITH. — Que trahit le mien?

HOLOPHERNE. — Le secret de cette fureur, de ces yeux secs, de ce désordre.

JUDITH. — Oui, quel est-il?

HOLOPHERNE. — La douceur.

JUDITH. — La douceur? Vous ne sentez pas un poignard, sous ma robe?

HOLOPHERNE. — Je le sens comme une partie de ton corps, durcie pour moi. Elle seule est dure d'ailleurs. Me crois-tu assez neuf [DD] pour ne pas sentir ce corps soudain sans résistance, sans vertèbres, un corps amoureux, quoi! Tu es l'abandon tendu sur un poignard.

JUDITH. — L'abandon à la honte!

HOLOPHERNE. — Oui, oui, histoires! Tu sais parfaitement qu'à certaines heures l'être ne peut reprendre pied que dans le vide suprême, la jouissance. Tu la cherches. La veux-tu?

JUDITH. — Où je veux prendre pied? Dans le mépris de moi-même! Dans la bassesse!... Que le Dieu des Juifs et les Juifs se soient occupés vingt ans à me flatter, à m'aduler, qu'ils aient abusé de ma confiance pour me lancer dans ce guet-apens, non! Ma pensée ne peut accepter cette honte. Je suis perdue corps et biens dans une aventure aussi basse.

HOLOPHERNE. — N'est-elle pas plus relevée, maintenant? Ce que je suis ne te suffit-il pas? Va-t-il falloir que je m'efface devant un troisième Holopherne? En somme, tu voulais me voir, tu me vois. Tu voulais me parler, je t'écoute. De moi, que désirais-tu?

JUDITH. — Rien. Plus rien.

HOLOPHERNE. — Tu ne voulais pas me parler de ton Dieu?

JUDITH. — Qu'il se manifeste lui-même! Il est suffisamment fort et terrible.

HOLOPHERNE. — Ton entremise pourtant ne lui aurait pas été inutile auprès de moi, car ma sympathie, comme je me connais, irait plutôt à un Dieu faible, à un Dieu auquel l'amour des hommes est nécessaire pour sa divinité... Et tes frères? Quand tu les as quittés, voilà quelques heures, tu ne te proposais pas d'obtenir leur salut!

JUDITH. — Je les ai quittés voilà mille ans.

HOLOPHERNE. — Ils vivent encore. Et ils crient. Écoute-les. On les entend d'ici, ils t'appellent.

JUDITH. — Je ne les comprends plus. Je rougis d'avoir parlé tout à l'heure leur langage. Oui, ils chantent. Je connais par cœur ce cantique. Ils me détaillent par métaphores. Ils chantent mon innocence, qui est un agneau, mon audace, qui est un tigre. Cette emphase, dont le souffle de Dieu gonfle chacun de leurs mots et chacun de leurs gestes, elle m'est maintenant intolérable... Désormais, je serai muette.

HOLOPHERNE. — Non, non, au contraire. Parle. Tu ne risques rien sous cette tente.

DD. - « *Me crois-tu assez neuf* »: Do you think I am such a greenhorn?

JUDITH. — Je ne vous comprends pas.
HOLOPHERNE. — Tu me comprends très bien. Tu commences très bien à deviner où tu es.
JUDITH. — Où suis-je?
HOLOPHERNE. — Où te sens-tu?
JUDITH. — Sur un îlot. Dans une clairière.
HOLOPHERNE. — Tu vois. Tu as deviné.
JUDITH. — Qu'ai-je deviné?
HOLOPHERNE. — Qu'il n'y a pas de Dieu ici.
JUDITH. — Où, ici?
HOLOPHERNE. — Dans ces trente pieds carrés. C'est un des rares coins humains vraiment libres. Les dieux infestent notre pauvre univers, Judith. De la Grèce aux Indes, du Nord au Sud, pas de pays où ils ne pullulent, chacun avec ses vices, avec ses odeurs... L'atmosphère du monde, pour qui aime respirer, est celui d'une chambrée de dieux [EE]... Mais il est encore quelques endroits qui leur sont interdits; seul je sais les voir. Ils subsistent, sur la plaine ou la montagne, comme des taches de paradis terrestre. Les insectes qui les habitent n'ont pas le péché originel des insectes [74] : je plante ma tente sur eux... Par chance, juste en face de la ville du Dieu juif, j'ai reconnu celui-ci, à une inflexion des palmes, à un appel des eaux. Je t'offre pour une nuit cette villa sur un océan éventé et pur... Laisse là tes organes divins, tes ouïes divines et entre avec moi. Je vois d'ailleurs que tu commences aussi à deviner qui je suis.

JUDITH. — Qui êtes-vous?
HOLOPHERNE. — Ce que seul le roi des rois peut se permettre d'être, en cet âge de dieux : un homme enfin de ce monde, du monde. Le premier, si tu veux. Je suis l'ami des jardins à parterre, des maisons bien tenues, de la vaisselle éclatante sur les nappes, de l'esprit et du silence [75]. Je suis le pire ennemi de Dieu. Que fais-tu au milieu des Juifs et de leur exaltation, enfant charmante? Songe à la douceur qu'aurait ta journée, dégagée des terreurs et des prières. Songe au petit déjeuner du matin servi sans promesse d'enfer, au thé de cinq heures sans péché mortel, avec le beau citron et la pince à sucre innocente et étincelante. Songe aux jeunes gens et aux jeunes filles s'étreignant simplement dans les draps frais, et se jetant les oreillers à la tête, quelques talons roses en l'air, sans anges et sans démons voyeurs!... Songe à l'homme innocent [76]...

EE. - « d'une chambrée de dieux. » There has been great emphasis put on this passage by those who make a militant atheist out of Giraudoux. But the gods who «infest the universe» are merely projections of man's feelings of culpability and sense of isolation. Holopherne is full of hatred for such false idols. Yet he later expresses his awareness of some spiritual reality («Je suis l'ami de... l'esprit et du silence.») Is Holopherne an atheist or a pantheist? Whatever the case may be, this pagan hedonist defends his privilege of giving order and form to his own world.

74. - « le péché originel des insectes. » For Giraudoux, the very belief in original sin is a sin in itself. Cf. *L'Orgueil* in *Les sept péchés capitaux*, 1927.

75. - «... de l'esprit et di silence. » In a speech delivered in 1937 to the S.N. d'Acclimatation, Giraudoux described silence as « this magnificent language that we share with all living creatures. » Throughout Giraudoux's works there is a yearning for silence which stands for an awareness of divine harmony.

76. - « Songe à l'homme innocent. » Note the concrete details that give solidity to the dreamlike atmosphere of innocence and purity.

JUDITH. — C'est cette innocence que vous m'offrez pour un quart d'heure?

HOLOPHERNE. — Ne méprise pas de tels cadeaux. Je t'offre, pour aussi longtemps que tu voudras, la simplicité, le calme. Je t'offre ton vocabulaire d'enfant, les mots de cerise, de raisin, dans lesquels tu ne trouveras pas Dieu comme un ver[77]. Je t'offre ces musiciens que tu entends, qui chantent des chants et non des cantiques. Écoute-les. Leur voix meurt doucement au-dessous d'eux, autour de nous, et n'est pas aspirée au ciel par un terrible aspirateur. Je t'offre le plaisir, Judith... Devant ce tendre mot, tu verras Jéhovah disparaître...

JUDITH. — Jéhovah revient terriblement vite. Il faudra vous hâter.

HOLOPHERNE. — Me hâter? Certes non. Crois-tu donc qu'il y ait spectacle plus doux que de voir la femme dénudée soudain de son Dieu, toute gauche encore dans cette liberté suprême? Quel dévêtement vaudra celui de ton enveloppe divine! Que tu es belle, Judith, et soudain simple! Tout ton corps me dit sa vérité en syllabes pressantes! Oh! Judith, que veux-tu?

JUDITH. — Vous le savez... Me perdre!

HOLOPHERNE. — Ton corps dit cela plus doucement.

JUDITH. — C'est son affaire.

HOLOPHERNE. — Ton corps me dit qu'il est las, qu'il va choir si un homme ne l'étend de force à terre, qu'il va étouffer à moins que des bras puissants ne l'étouffent. Il dit qu'il veut qu'on le caresse, qu'on l'adore, qu'on le touche des lèvres, de la paume des mains, du front... du front d'un roi. Il réclame. Il veut être Dieu. Toi, que veux-tu?

JUDITH. — Qu'on m'insulte... Qu'on me saccage...

HOLOPHERNE. — Tous deux vous serez obéis.

JUDITH. — Holopherne! Pitié! Un moment [IX]!

SCÈNE CINQUIÈME

JUDITH, HOLOPHERNE, ASSUR

ASSUR. — Judith est là, Seigneur.

HOLOPHERNE. — Que dis-tu?

ASSUR. — Une femme est venue, voilà quelques heures, qui dit s'appeler Judith. Je vous croyais endormi, maintenant elle insiste.

HOLOPHERNE. — Deux Holopherne! Deux Judith! Que de doublures, aujourd'hui! Que faut-il faire de cette Judith?

JUDITH. — Je la connais. Qu'elle entre, vous choisirez vous-même.

---

77. - « Dieu comme un ver. » In the same way as the worm destroys the fruit it enters, the fear of a punitive God spoils the most innocent pleasures.

IX. - (End of the scene). Explain Holopherne's concept of freedom, original sin, his understanding of man, and divine transcendency. Is he a realist or a mystic? An atheist or a pantheist? A cynic or a tender soul? Is Holopherne's argumentation decisive in changing Judith's outlook, or do we have here another instance of those « dialogues de sourds » characteristic of Giraudoux's plays?

SCÈNE SIXIÈME

Judith, Holopherne, Suzanne

Holopherne. — Tu es Judith?

Suzanne. — Oui.

Judith. — Tu fais bien de le dire. Cela ne se devine pas.

Suzanne. — Je suis Judith.

Judith. — Tu es Esther, ou Madeleine, ou Rose. Tout va recommencer alors? Tes prétentions de ce soir vont reprendre? Tu t'es montrée, tu peux partir.

Suzanne. — Pas sans toi.

Holopherne. — Que veut-elle?

Judith. — Elle prétend me sauver de toi.

Holopherne. — Tu veux sauver Judith? Elle court un danger?

Suzanne. — Oui. Il est différent de celui que j'attendais, mais plus grave.

Judith. — Tu pensais me trouver à genoux aux pieds d'une idole à barbe, et pleurant.

Suzanne. — Je pensais trouver une victime et un bourreau. Je trouve un rendez-vous.

Judith. — Un rendez-vous, oui; Dieu l'a pris.

Suzanne. — Alors, remercie Dieu, au lieu de blasphémer, car il te plaît. Cependant les Juifs croient Judith devant un minotaure [78], et supplient.

Holopherne. — Ah, oui, et devant qui est-elle? Chaque jeune fille n'a-t-elle pas le minotaure qu'elle mérite?

Suzanne. — Devant qui? Cela se voit. Devant le premier homme qui l'ait jamais émue.

Holopherne. — Qui t'envoie ici?

Suzanne. — Moi, un homme. Elle, un Dieu. Mais homme et Dieu ont muté leur place pour nous y retenir [79]. Au secours! Holopherne.

Holopherne. — Au secours de quoi? Qu'ai-je à sauver encore?

Suzanne. — L'honneur du monde.

Holopherne. — La vertu de Judith, tu veux dire?

Suzanne. — Aujourd'hui, c'est la même chose. Tant que Judith sera vierge, le monde le sera.

Holopherne. — Une autre remplacera Judith... Rien ne se reproduit comme la vierge.

---

78. - « les Juifs croient Judith devant *un minotaure* » : The minotaur was the monstrous offspring of Pasiphae and a bull. According to Greek mythology, Minos had Deadalus build a labyrinth to keep the monster, and young captives were fed to him. Theseus killed the minotaur.

79. - « *homme et Dieu ont muté leur place pour nous y retenir* » : « God and man have changes places to keep us here. » I.e., God originally sent Judith, and Jean sent Suzanne to Holopherne. Now Judith stays in the camp because she wants to make love with the king, and God calls upon Suzanne to prevent such sacrilege.

SUZANNE. — Vous ne la connaissez pas, Seigneur! Cette femme humiliée qui est devant vous n'est pas Judith! Je le suis plus qu'elle, moi qui n'ai que son reflet d'hier! Elle est la seule à ne pas être Judith dans notre peuple, de ses viellards à ses héros [80]...

JUDITH. — A ces héros qui m'ont laissée partir seule, vers ce qu'ils croyaient la honte.

SUZANNE. — Mais moi je suis venue et je t'en sauverai.

JUDITH. — Enfin, nous y voilà! La nouvelle envoyée de Dieu dévoile son secret. Elle est jalouse d'Holopherne.

SUZANNE. — Faites cesser cette scène, Seigneur, je vous en supplie.

HOLOPHERNE. — Je m'en garde. Elle m'intéresse.

JUDITH. — Voilà ta rivale, Holopherne! C'est à elle qu'il faut me prendre.

SUZANNE. — O Seigneur, ayez pitié! Son élan a été trop grand, elle a dépassé son but. Elle se trouve soudain à nu, à vide, sa sainteté s'est déchargée d'un coup, et il ne lui reste que la volonté de se perdre et son exaltation! Vous qui ne croyez pas à la grandeur de Dieu, vous croyez donc à la beauté humaine. Sauvez-la.

HOLOPHERNE. — La beauté humaine ne risque rien en ce moment. Au contraire. Tout cela l'avive rudement.

JUDITH. — De mon exaltation! C'est toi qui me la rends, femme imbécile! Ainsi, cette lutte sournoise que j'ai toujours déclinée, c'est ici qu'elle se livre! Toute cette pression des femmes sur moi que je n'ai jamais voulu comprendre, ces baisers ambigus de mes camarades de classe, ces regards lourds de mes voisines au théâtre, ces caresses des couturières, c'est toi qui étais chargée de m'en apprendre le ridicule et la concupiscence! Merci.

SUZANNE. — Il s'agit des Juifs, Judith!

JUDITH. — Des Juifs! Il s'agit bien des Juifs maintenant! Si tu crois que Dieu suit ses affaires jusqu'au terme, comme un banquier, tu te trompes! Il demande de nous l'acte initial, et c'est tout [FF]. En ce qui concerne les Juifs, les jeux sont faits. Je ne suis plus chargée des Juifs. Tu te rends bien compte que le sort travaille pour eux ou contre eux en dehors de nous, et ni le puissant Holopherne, ni la misérable Judith n'ont plus rien à y voir. Mais les Juives, parlons-en!

SUZANNE. — N'insulte pas Dieu!

JUDITH. — Je le connais mieux que toi, Dieu. Dieu s'occupe de l'apparence et de l'ensemble, non du détail. Dieu exige que notre œuvre ait la robe du sacrifice, mais il nous laisse libres, sous cet ample vêtement, de servir nos propres penchants, et les plus bas. Puisqu'il a épuisé mon dévouement et ma haine contre des pantins avant de me mettre en face du vrai Holopherne, c'est qu'il avait besoin de mon geste, non de mon appui! La première lingère aurait découvert Holopherne déguisé entre ses serviteurs. Pas moi, la sainte! Dieu veut me perdre! Je me perdrai!

SUZANNE. — Holopherne, vous l'entendez! Ne croyez pas que vous ayez séduit cette femme!

---

80. - « de ses viellards à ses héros. » « Judith » stands for faith, ideals, and the spirit of divine justice.

FF. - « Il demande de nous l'acte initial et c'est tout. » Whatever « God » stands for in the play, he appears strangely indifferent towards human affairs. If God is all-powerful and does not take human feelings into account, why does the completion of His schemes require human participation?

Ce n'est pas parce qu'elle vous trouve beau ou puissant qu'elle acceptera de se livrer à vous. C'est par dégoût de sa vie.

JUDITH. — Tu te trompes. Ce sera aussi maintenant par dégoût de toi et de tes sœurs. Tout se révèle, sur mon corps, des marques invisibles qu'elles y ont inscrites. Elles ont bu dans mon verre, c'est qu'elles touchaient mes lèvres. Elles m'ont emprunté mes vêtements, c'est qu'elles voulaient ma chaleur. Ces caresses à ma robe, à mes gants, c'étaient des caresses à ma peau, à mes mains. Que j'ai pu être naïve ! J'ai été te prendre dans mes bras, ce soir, et t'embrasser. Tu défaillais...

SUZANNE. — C'est que j'avais pitié.

JUDITH. — Va-t'en. C'est que tu m'aimes.

SUZANNE. — Et ces amis que tu trahis, et Jean, et Adal, et Edmond, que tu trahis sans raison, bassement, ce sont des femmes ?

JUDITH. — Tout est femme en ce monde, de ce qui effleure, de ce qui embrasse, de ce qui salit. Toute emphase est femme. Tout ce qui m'a touchée déjà, tous ceux dont je connais déjà les larmes, les humeurs, les soupirs me semblent être du même sexe que moi.

SUZANNE. — Gloire à Holopherne, seul homme en ce monde... Adieu. Mais qu'il se méfie. Elle est venue pour tuer Holopherne. Elle a une arme sous sa robe.

HOLOPHERNE. — Nous avons parlé tout à l'heure de cette arme. Nous savons ce qu'elle est.

JUDITH. — N'approche pas. Elle aussi a son poignard. Tu nous tueras demain si tu veux, ma vengeresse. Aujourd'hui, mon sang m'appartient.

SUZANNE. — Choisis donc ta blessure [X] !

(Elle sort.)

SCÈNE SEPTIÈME

JUDITH, HOLOPHERNE

HOLOPHERNE. — Viens dans mes bras, Juive.

JUDITH. — Voici la Juive.

HOLOPHERNE. — Ce mot n'est pas une injure pour toi ?

JUDITH. — Tout roi que tu es, il me fait ton égale.

HOLOPHERNE. — Il veut dire pourtant l'avarice, le haillon, les artères les plus élastiques sous la peur ou l'appétit !

JUDITH. — Mais toute générosité et tout courage au-dessus des hommes le porte.

X. - (End of the scene). « C'est par dégoût de la vie. » Why does Judith let herself be seduced by Holopherne? According to Holopherne, she is a frustrated virgin, eager to surrender to a man. Suzanne maintains that she does it out of self-hatred. Show that the explanations that Judith gives in scenes 4, 6 and 7 contradict one another.

HOLOPHERNE. — Il veut dire ton amie Sarah, les petites marchandes de fleurs qui vous vident expertement entre deux portes cochères[81], le poivre et le fard.

JUDITH. — Mais la vraie ferveur et la vraie saccade que Dieu entend donner à l'étreinte humaine, seule la Juive la sait.

HOLOPHERNE. — Tu la sais? Tu vas me l'apprendre?

JUDITH. — Dieu inspire les siens.

HOLOPHERNE. — Il veut dire la malédiction.

JUDITH. — Dieu n'a pas encore trouvé d'autre moyen de choisir un peuple ou un être que de le maudire. Qu'il découvre un jour le sourire, et le peuple juif sera le peuple béni.

HOLOPHERNE. — Bravo pour tes réponses! Quels beaux duos de ménage tu réserves à ton futur époux, si tu parviens à vivre!

JUDITH. — Cela, c'est une autre question. Ne t'en inquiète pas. Je l'ai déjà résolue moi-même.

HOLOPHERNE. — Tu te tueras parce que je t'aurai eue vierge?

JUDITH. — Vierge? Je ne le suis pas.

HOLOPHERNE. — Tu l'es.

JUDITH. — Tu penses que je serais allée vierge vers une horreur inconnue?

HOLOPHERNE. — Vers quoi alors iraient les vierges?

JUDITH. — Je me suis donnée avant de partir à celui que j'aimais.

HOLOPHERNE. — Tu n'aimes personne. Hier, tu aimais le monde en gros. Aujourd'hui, tu le détestes en détail. D'ailleurs, les femmes comme toi n'aiment pas se donner pour la première fois à l'amour, mais à la contrainte et à la force.

JUDITH. — Il n'y a de force qu'en Dieu.

HOLOPHERNE. — Justement. Dieu se délègue. Il se délègue aux satyres, aux romanciers, aux généraux en chef. J'ai remplacé déjà plusieurs fois Dieu dans cet office.

JUDITH. — Cette fois tu auras donc une surprise.

HOLOPHERNE. — Je n'en aurai pas. Je te le jure. Une femme est un être qui a trouvé sa nature. Tu la cherches : tu es vierge.

JUDITH. — Ma nature est de chercher.

HOLOPHERNE. — Ce n'est pas vrai. Demain seulement tu sauras si tu es avare ou prodigue, si tu es un être angélique ou une mégère. Tu ne le sais pas aujourd'hui. De mon lit, tu te relèveras, avec ton premier enfant, toi-même. Quelle merveilleuse surprise si Judith, en se réveillant femme, était douce et soumise!

JUDITH. — A ta place, je n'y compterais pas.

HOLOPHERNE. — Si toutes ces litanies[82] de nuit de noces juive, avec leurs collines qui bondissent comme des béliers, leurs montagnes qui se cabrent comme des taureaux, se changeaient en un seul mot, prononcé tendrement, Holopherne...

JUDITH. — C'est un nom un peu sourd pour la tendresse...

---

81. - « le poivre et le fard. » « *porte-cochère* » : courtyard door. Allusion to the spicy, grossly made-up Jewish prostitutes whom Holopherne compares to Sarah.

82. - « Si toutes ces litanies... Holopherne. » Allusion to the Song of Songs.

HOLOPHERNE. — Pourtant, il a résonné tout à l'heure dans ta bouche... Pourquoi m'as-tu appelé à l'aide, de préférence à ton Dieu?

JUDITH. — Contre ce que j'ai éprouvé, un homme était le seul remède.

HOLOPHERNE. — Et moi j'ai enfin entendu ce que je n'avais jamais entendu. Mon nom prononcé comme un recours, un signal. Tu l'as crié comme on appelle un sauveteur de profession, le baigneur de la plage, celui dont la fonction est de sauver à bras-le-corps.

JUDITH. — De quoi me sauves-tu en ce moment?

HOLOPHERNE. — De tout ce qui t'aurait flétrie : du lit de mariage insipide, du réveil dans la belle-famille, de ces souvenirs ridicules qui sont des témoins.

JUDITH. — De l'amour, aussi?

HOLOPHERNE. — Tu sais parfaitement qu'en ce moment tu te donnes au lieu de te vendre. Je connais les jeunes filles et leur intransigeance. Avoue que si un seul de mes cheveux te déplaisait, si dans tout ce corps un seul trait t'inspirait du dégoût, tu trouverais le moyen de relâcher mon étreinte. On ne peut vraiment dire que tu le cherches. Tu ne crois pas me toucher, et tu m'oppresses.

JUDITH. — Et toi, si dans la volute de mes oreilles ou l'écartement de mes dents, tu croyais voir la moindre malfaçon, considérerais-tu toujours ce corps à corps comme voulu par le destin? Ce sursaut de l'univers qui nous a lancés l'un contre l'autre, lui obéirais-tu, si ma peau était crevassée ou si je louchais?

HOLOPHERNE. — Tu veux dire que nous nous plaisons?

JUDITH. — Je veux dire que rien ne me sera épargné, que le duel Judith-Holopherne est devenu celui d'un corps brun et d'un corps blond.

HOLOPHERNE. — Ton Dieu n'aime voir lutter que des complices. Sois sûre qu'il a bâti, sur notre complicité, plus que sur notre haine... Viens, et fais silence.

JUDITH. — Dans la haine, comment fait-on silence?

HOLOPHERNE. — Ainsi. *(Il l'embrasse.)* Tu as souvent pensé à ce moment, Judith?

JUDITH. — Oui.

HOLOPHERNE. — Souvent tu t'es vue enfin abandonnée aux bras d'un homme, du premier homme?

JUDITH. — Tous les jours. Toutes les heures.

HOLOPHERNE. — Tu souffrais de coucher seule, de connaître seule ton corps?

JUDITH. — J'en mourais.

HOLOPHERNE. — Et tu ne veux plus attendre?

JUDITH. — Je ne peux plus.

HOLOPHERNE. — Parce que tu es au point le plus haut de ta vie?

JUDITH. — Parce que je suis au plus bas. Dieu m'a abandonnée, je ne sais pourquoi, mais il m'a abandonnée... Il aime chez ses créatures l'idée du sacrifice, il les y pousse, mais les détails lui en répugnent. J'ai été trop orgueilleuse de ma vertu. Il veut qu'elle soit gaspillée sans mérite.

HOLOPHERNE. — Sans joie aussi?

JUDITH. — Et sans profit.

HOLOPHERNE. — Ne te plains pas. Tu es la seule jeune fille qui réalise sa mission. Tu le verras bientôt. Les jeunes filles sont toutes faites pour des monstres, beaux ou hideux, et elles sont données à des hommes. De là leur vie gâchée.

JUDITH. — De là ma vie éclatante.

(Un silence.)

HOLOPHERNE. — Que veux-tu, avant de me rejoindre, Judith? As-tu faim, as-tu soif?

JUDITH. — N'y a-t-il pas une femme ici?

HOLOPHERNE. — A cette heure, il n'y a plus que Daria. Elle peut t'aider à te dévêtir, elle est habile. Mais ne compte ni lui parler, ni la comprendre. Elle est sourde et muette.

JUDITH. — Même si elle est sourde, muette, aveugle, pourvu qu'elle soit femme, qu'elle vienne.

HOLOPHERNE. — Je te l'envoie [XI]...

(Holopherne sort.)

SCÈNE HUITIÈME

JUDITH, *la sourde-muette* DARIA

JUDITH. — C'est toi?... Daria, n'est-ce pas?... Oui, oui, je sais, tu es sourde et muette... C'est fini... Aucune voix de femme n'appellera plus Judith jeune fille... Ce que je veux? Rien, Daria, qu'être une minute avec une femme... Tant mieux si tu es muette... Ton mutisme sera ta pureté... Car que n'as-tu pas vu en crimes et en outrages aux hommes et à Dieu?... Ton silence, au contraire, me dit seulement que tu es femme, que tu as été fille, que tu as gémi et souffert... Es-tu vierge, Daria, es-tu vierge? Tu dis non; comme si je te demandais si tu entends; si tu parles... Pauvre Daria... Tu n'es pas belle, tu es difforme, tu as des crins en place de cheveux, des pierres en place de dents, tu n'as même pas de vraie bonté dans les yeux, mais en ce moment, tu es ma mère, ma sœur et moi-même... Il t'a prise sans t'embrasser, sûrement, sa tête par-dessus ton épaule immonde, mais regardant d'un regard pur, tout le temps de son ignoble besogne, les dessins du tapis ou les insectes dans les brins d'herbe... Non, non, je n'ai pas froid... Tu es sourde, tant mieux; ton oreille est pour moi illimitée!... Je peux te dire tout ce que je n'oserais dire à aucune amie, à aucune parente... Non, non je n'ai pas soif. Si je lui résisterai? Non. Il n'est plus question de souillure... Du jour où il m'a choisie, à cause de ma pureté, le regard de Dieu m'a souillée. Car je vais te paraître orgueilleuse, Daria, on ne peut dire cela qu'aux sourds, mais c'est à moi que Dieu en a, et non à Holopherne, et non aux Juifs. Sous les cataclysmes qui soulèvent les races et les hommes par millions, il dissimule son obstination à poursuivre un seul être et à mener un pauvre gibier à merci. Tu m'entends, Daria, infecte sourde? Il n'y a pas d'histoire des peuples. Il n'y a que des histoires de chasses faites par lui à quelques pauvres hommes à demi-intelligents et à quelques femmes à demi-belles. Je suis à merci, Daria... Il triomphe... L'affaire Judith va être close pour lui dans un moment... Tout ce qu'il y a en moi de damné seconde

---

[XI]. - (End of the scene). What is Holopherne's conception of woman and virginity? Does his explanation of Judith's motives coincide with her own?

Dieu! Que dis-tu? Il est beau? Oui, Holopherne est beau, Daria... C'est bien là l'aventure de toutes celles qui ont cru à elles-mêmes : je succombe dans une alcôve, sous un séducteur... Tant pis; s'il était le monstre que tu es en femme, Daria, peut-être essayerais-je de m'enfuir... Ah! oui? Ce sera agréable? Tant mieux, Daria, tant mieux... Quelque chose, n'est-ce pas, entre le crucifiement et le fou rire, l'urticaire et la mort?... Non, laisse cette portière. Une minute encore... Donne-moi encore tes conseils muets... Il est temps, soit... Quel silence! Qu'un roi qui attend l'orgie, qu'une fille qui se perd, qu'un peuple qui va mourir, une armée qui se prépare à donner la mort, puissent produire ce silence, cela peut faire croire aussi à un Dieu sourd et muet... Qu'il me pardonne, Daria, car je sais que tout ce que je t'ai dit est blasphème, et qu'un jour viendra bientôt, en toute hâte, où toi-même retrouveras ta langue, et où s'effondreront les vengeances du ciel sur ceux qui nous ont valu ces hontes, et cette volupté...

(Elle entre dans l'alcôve.)

DARIA, *la sourde-muette, ricanant.* — Ainsi soit-il [XII]!

Rideau

XII. - (End of the scene). Show that Judith's monologue reconstructs and poetizes the ugly reality of Daria. How does our heroine interpret the silence of the deaf-mute? Is there a change in her understanding of herself and of God?

ACTE TROISIÈME

Sous la tente d'Holopherne. Une des salles précédant l'alcôve.

SCÈNE PREMIÈRE

(Suzanne veille assise, la robe de Judith sur ses genoux. Un garde ivre-mort est étendu sur un banc... Jean entre avec précaution par une portière, qui laisse voir un petit jour blafard.)

SUZANNE. — Toi, Jean!

JEAN. — Qui attendais-tu? Les archanges ne se dérangeront plus jamais pour Judith, Suzanne. Un capitaine en second, c'est déjà beaucoup... Où sont-ils?

SUZANNE. — Comment es-tu ici?

JEAN. — Sarah s'est échappée. Elle a tout raconté là-bas, la défaillance de Judith, sa trahison. Elle ameute la ville contre elle. Elle m'a guidé elle-même jusqu'à cette tente... On y pénètre aisément, elle a endormi les gardes... Tous, comme cette brute, ivres morts!...

LE GARDE, *bousculé par Jean.* — Ivres morts!...

SUZANNE. — Que viens-tu faire?

JEAN. — Tu ne le devines pas? Là où la Juive a échoué, le Juif seul peut réussir... Sont-ils encore ensemble?

SUZANNE. — Oui.

JEAN. — Trouve un moyen d'appeler Judith. Je la connais... Puisqu'elle n'est plus sacrée, elle voudra être maudite... A ma vue, elle criera, elle ameutera les veilleurs, elle se fera tuer pour sauver Holopherne...

SUZANNE. — Ils dorment.

JEAN. — Ils dorment... Tu dis cela sans frémir. Tu sais pourtant de quoi il est fait ce sommeil... Aucun Juif ne dort, Suzanne, à part Judith... Tout notre peuple a passé la nuit, des enfants aux vieillards, et, tandis que le sommeil la répare, c'est sur tous ces visages innocents que le petit jour dépose les traces de sa fatigue et de sa luxure!

SUZANNE. — Ne crie pas!

JEAN. — Et je dois parler bas, pour ne pas troubler ce repos, et malgré moi je parle bas! Pourtant ce n'est pas afin de clore nos bouches que le sort nous réunit tous les deux, comme le pleureur et la pleureuse, devant son lit de mariage[83]... Ah! Il faut un récitant pour dépeindre sa nuit de noces!... Attention, je récite!

SUZANNE. — Tu risques ta vie! ne parle pas si fort!

JEAN. — La nuit de noces de Judith! Je peux la raconter aussi, et mieux que toi. J'ai passé ma nuit à la suivre, à l'entendre. Pas un de ses gestes les plus simples, de ses mots les plus innocents qui ne soit accouru pour m'aider à préciser cette horreur. C'est le terrible, ma pauvre Suzanne, avec ces vierges nobles... Toi, je suis sûr que tu as trouvé,

---

83. - « le pleureur et la pleureuse, devant son lit de mariage. » The professional wailers at Jewish ceremonies.

pour cet événement, même un nouveau timbre de voix, que tu as appelé le ciel, et ta mère, avec un nouveau mot de mère et de ciel... Mais chez Judith, le langage de semaine est suffisamment pathétique pour servir de langue d'amour. Cette faible plainte qu'elle a poussée le jour où déjà maladroit, j'ai pris son doigt dans mon armure... Ce cri aigu par lequel elle appela au secours le soir où une de ses amies se noyait... Puis ces doux gargarismes, puis cette sorte de roucoulement qui s'exhalait d'elle à son insu, dans la gourmandise ou la danse... La voilà, la nuit de Judith... Ah! Suzanne. Malheureux que nous sommes!

SUZANNE. — Heureuse qu'elle est, peut-être!

JEAN. — Notre malheur est immérité, nous l'aimions. Le sien, elle l'a provoqué; elle s'aimait. Quand la passion de vivre n'est plus l'instinct chez une jeune fille, mais une recherche aussi forcenée et savante et quand, pour se réserver, dans son orgueil, non à un époux, mais au mariage, non à un amant, mais à l'amour, elle a tout essayé et tout rejeté autour d'elle, le premier vendeur étranger de bazar arrive, et la prend comme un pauvre poisson...

SUZANNE. — Le poisson n'est pas pris que par les pêcheurs à la ligne. Il est pris par les aigles...

JEAN. — C'est bien. Qu'as-tu là?

SUZANNE. — C'est sa robe.

JEAN. — Sa robe! Alors inutile de te déranger, Suzanne. Tu tiens là le piège où nous allons la prendre...

SUZANNE. — Qui te dit que ce n'est pas avec Holopherne qu'elle va apparaître!

JEAN. — Crois-tu? Connais-tu si peu Judith pour croire qu'elle ne voudra pas épuiser tout ce que son crime comporte de suppléments gratuits : le réveil auprès de l'homme enfin assoupi, et l'examen impitoyable, à deux doigts de distance, du visage lointain et marqué de l'amant, et l'enjambement silencieux du corps étendu par les deux longues jambes qui vont, lentement et sûrement, relevant ce qui reste de voiles, retrouver au tapis les sandales comme des socles [84], et le premier coup d'œil sur l'aube vénéneuse. D'ailleurs il est un moyen pour faire sortir les gens de la pièce à côté, même s'ils rêvent ou copulent... c'est de les appeler. De les appeler à pleine voix... Judith! Judith!

SCÈNE DEUXIÈME

JUDITH, SUZANNE, JEAN, *d'abord dissimulé*

SUZANNE. — C'est toi, Judith!

JUDITH. — C'est moi, ou à peu près. Quelle heure est-il?

SUZANNE, *écartant les rideaux*. — Regarde.

JUDITH. — Évidemment. Il n'y a plus à s'y tromper... C'est bien l'aube... Ce bourrelet de sang sur l'horizon, le ventre de la dernière chouette soudain de soufre, cette haleine gelée qui rebrousse l'herbe et les cheveux des cadavres. Cette tente d'où passent ce pied

---

84. - « des sandales comme des socles. » *« Socle »*: plain, low, rectangular block serving as support for pedestal, vase, statue. Jean's imagination petrifies Judith into a statue of pagan love.

livide et cette queue de chien qui soudain bat faiblement, transie de rosée, seul signe de bonté dans ce monde implacable... Le ciel plein de pus et d'or, l'homme et l'épée de rouille et de menace, Judith d'opprobre et de bonheur... L'aurore, comme ils disent[GG]...

(Elle s'est avancée. Jean a cru pouvoir passer et se démasque... Judith l'arrête...)

JUDITH. — Mais c'est Jean!

JEAN. — Oui, c'est Jean... *(Il va vers elle.)* La nuit a été bonne? Cela s'est bien passé?

SUZANNE. — Jean, tais-toi!

JEAN. — Tu es moins curieuse que moi, Suzanne. Auprès de toute honte privée ou publique vous trouvez toujours aussitôt une femme qui s'en fait un trésor et un secret. Mais, elle, comme je la connais, elle me dira tout. La nuit a été bonne, Judith?

JUDITH. — Brève.

JEAN. — Tu n'es plus vierge? C'est fait?

JUDITH. — C'est fait.

JEAN. — Tu sais que tous les Juifs savent ta trahison?

JUDITH. — Tant mieux. Je cherchais un moyen de la leur faire savoir.

JEAN. — Tu sais qu'on a lapidé tes serviteurs, blessé ton oncle, brûlé ta maison, que les rues sont pleines d'une foule qui te maudit?

JUDITH. — J'ai renoncé à être à tous.

JEAN. — A qui es-tu?

JUDITH. — Tu le devines.

JEAN. — A celui qui a été plus fort que ton Dieu, plus vrai que ton peuple, plus tendre et fidèle que tes amis? A Holopherne?

JUDITH. — Jusqu'à la mort.

JEAN. — Elle n'est pas loin. Elle approche.

JUDITH. — Elle est la bienvenue. Tu peux frapper.

JEAN. — Mes mains ont une mission plus pure! Mais si tu veux lui échapper, hâte-toi. Le Conseil envoie les clefs de la ville à Holopherne, dans l'espoir de le fléchir, et tous les prophètes se sont joints au cortège de Joachim, déguisés.

JUDITH. — Qu'y puis-je?

JEAN. — Ils ont juré de te joindre, de te punir. Tu les connais. Même s'ils doivent être massacrés ici, ils trouveront le moyen de te tuer d'abord. Ils te préparent le pire des supplices, celui des adultères, car tu as trompé Dieu.

JUDITH. — Lequel de nous deux a trompé l'autre, c'est encore à savoir[HH].

JEAN. — Tu es bien ce que tu devais devenir! O Juifs, je vous approuve! Tant mieux si tout ce qui est à elle est brûlé, s'il n'y a plus d'armoires de Judith, de piles de linge, de

---

GG. - « L'aurore, comme ils disent. » Make a study of this passage. Note the symmetrical effects within the sentence structure, the « correspondances » set up through imagery. What relationship is there between the landscape and Judith's state of mind?

HH. - « Lequel de nous deux a trompé l'autre, c'est encore à savoir. » In what way did Judith cheat God? In what way did God delude her?

bijoux, d'agendas de Judith! Tout ce qui est à Judith est là, réduit à ce corps, comme une panthère, comme un gibier.

JUDITH. — Allons, un peu de courage. Pour une fois, sois chasseur et non guerrier!

JEAN. — Et il est là, l'autre! Il dort, assouvi, gorgé de toi! Le premier homme las de Judith, rassasié de Judith est là, les yeux caves et ronflant! Car tu as entendu aussi pour la première fois, contre toi, le ronflement des hommes.

JUDITH. — Assouvi, c'est à savoir! Mais il dort. De marbre dans son sommeil. Et silencieux!

JEAN. — Dieu me l'a livré!

(Jean, qui avait tiré son épée, disparaît vers la chambre d'Holopherne.)

SCÈNE TROISIÈME

JUDITH, SUZANNE, *puis* JEAN

JUDITH. — Pauvre Jean! Il n'a rien compris à l'aventure... Je suis sûre que tu as tout deviné, toi, Suzanne!

(Jean revient aussitôt transfiguré. Il se jette aux pieds de Judith.)

JEAN. — O Judith, pardonne-moi!... Jette cette robe, Suzanne! Ce n'est pas elle qu'il faut embrasser. Embrasse le manteau qui l'a enveloppée cette nuit, les cheveux qu'elle a défaits dans cette alcôve. Bénie soit la haine de Judith!

JUDITH. — La haine! Que raconte-t-il, avec sa haine!

JEAN. — Je serai digne de toi, Judith [XIII]!

(Il se précipite à nouveau vers la chambre, Suzanne s'est jetée aux genoux de Judith.)

SCÈNE QUATRIÈME

JUDITH, SUZANNE, LE GARDE *toujours endormi*

JUDITH. — Et toi, que fais-tu là dans cette posture?

SUZANNE. — Judith la sainte!

JUDITH. — Veux-tu te relever? Pourquoi ces paroles stupides?

SUZANNE. — Parce que tu as tué!

JUDITH. — Tué. Tu emploies là un mot d'assassin.

SUZANNE. — Un mot de soldat, de héros.

XIII. - (End of the scene). Why this change in Jean?

JUDITH. — C'est bien ce que je voulais dire.

SUZANNE. — Pour Dieu même il n'y en a pas d'autre.

JUDITH. — C'est que la langue de Dieu vraiment n'est pas riche ! Et alors, s'il n'est pas d'autre mot, je pense que cela se voit pourquoi j'ai tué ? J'espère qu'il n'y aura aucun malentendu à ce sujet. Pourquoi ai-je tué ?

SUZANNE. — Parce que Dieu a fait de toi la haine.

JUDITH. — La haine ! Je ressemble à la haine, peut-être ?

SUZANNE. — A une haine inconnue jusqu'ici, oui.

JUDITH. — Et tu attendais que je tue Holopherne dans un accès de haine, à l'aube, quand il aurait fait de moi sa femme ?

SUZANNE. — J'attendais Judith à l'œuvre.

JUDITH. — Judith à l'œuvre ! Judith était bien loin ! C'est au moment où Judith a tout oublié de son état, de sa mission, de sa race que j'ai frappé... Au moment où j'allais me tuer moi-même, méprisant tous nos devoirs et toutes nos lois, car que me restait-il désormais au monde, entre un peuple que j'ai déserté et qui me hait, et un amant auquel le sommeil fournissait contre moi son premier oubli et sa première trahison ? Où il n'y avait pas non plus d'Holopherne... Dans la banlieue du Seigneur, le lundi matin, à l'heure où il ne reste que le beau commis endormi et la petite vendeuse découchant [II] pour la première fois, courbée sur lui et débordant à ce point de reconnaissance, d'angoisse et de jalousie, et à ce point épouvantée de la semaine et de l'atelier qui va reprendre, après le dimanche de vin mousseux et de fugue, qu'elle comprend la mort de l'amant dans son suicide. La vérité de Dieu, laisse-moi rire ! La vérité, tellement plus fatale des faits divers et des demoiselles de magasin...

SUZANNE. — Non, puisque tu vis.

JUDITH. — Je vis, parce que s'il est facile d'enfoncer une arme, il faut beaucoup plus de courage, et de force, pour la retirer — et de réalité ! Je vis parce que je savais que ses officiers allaient d'une minute à l'autre, me surprendre. Je m'en réjouissais. J'attendais la mort. Je sentais que j'avais commis, parfois, au cours de cette nuit, dans ma façon de répondre à sa tendresse, des gaucheries bien légères, des oublis bien innocents et pardonnables à une débutante, mais que pourrait seulement punir, non le suicide, mais le supplice... Puis je t'ai entendue et je me suis levée, et j'ai vécu alors pour pouvoir tout te dire avant l'arrivée de mes juges, et pour que tu proclames en témoin contre tous ceux qui voudront faire de l'histoire de Judith une histoire de haine, qu'ils mentent et que ne sont morts là que deux amants...

SUZANNE. — Tu te trompes... Tu as tué...

JUDITH. — Sûrement j'ai tué. Qui n'aurait pas tué à ma place, dans ce réveil ! Car j'ai dormi, Suzanne. J'ai fermé les yeux juste une seconde, sous cette lassitude qui prend à l'aube le conducteur dans sa voiture... Mais cette seconde a été ma nuit, mon sommeil... et je me suis éveillée... Oui, pour la première fois je me suis éveillée à l'aube près d'un autre humain... Quelle chose épouvantable ! Tout était déjà le passé, tout était hier. Tout un avenir douteux et jaloux préparait l'assaut contre une mémoire merveilleuse. Il allait

---

II. - « *découcher* » : to stay out all night. Judith insists that she killed Holopherne because life would have proved mediocre and shabby after such a night of love. She sees herself as a romantic. How does Suzanne see her?

falloir se lever, reprendre la vie debout, après cette éternité de vie étendue! A moi, enveloppée déjà de ma mort éternelle, il inspirait une pitié sans borne, tellement peu protégé, par sa mort éphémère, contre les menaces du jour qui venait! Que ceux qui s'éveillent ainsi chaque matin près de leur père, de leur fils, les laissent chaque matin échapper et retourner vers la vie, cela est inconcevable... Ah! Suzanne, parle franchement, la vue d'un corps endormi peut-elle appeler autre chose que le meurtre comme suprême tendresse!

SUZANNE. — Elle l'appelle pour les meurtriers. Tu seras pour les siècles celui que s'est choisi Dieu!

JUDITH. — Jamais! Les Juifs sauront tout. Suzanne. Par ma voix, ou par la tienne... Écoute... Des gens approchent... C'est le châtiment qui arrive... Tu leur diras tout, n'est-ce pas? Non? Un baiser te décidera-t-il? Tu vas voir... Tu ne reconnaîtras pas notre pauvre baiser d'hier soir!

SUZANNE. — Je me bouche les oreilles!

JUDITH. — Et après tout, qu'ai-je besoin de tes oreilles! Suis-je stupide!... Il y a un homme ici... Réveille-toi, garde!

SUZANNE. — Il est ivre!

JUDITH. — Ivre ou non, il a une oreille. Il a dans cette oreille un marteau qui frappe sur une enclume, qui excite un tympan. Il n'en faut pas plus pour transmettre une nouvelle jusqu'au fond des siècles... Garde!

LE GARDE. — Je dors...

JUDITH. — Tu dors! Écoute.

LE GARDE, *se tournant mal éveillé*. — Qui ose dire que je dors?

JUDITH. — Réveille-toi! Cela en vaut la peine!

LE GARDE. — Une femme... Bravo pour les femmes!

JUDITH. — Tu sais ce qu'elle a fait, cette femme?

LE GARDE. — Qu'est-ce qu'elle a fait?

JUDITH. — Ton roi, Holopherne, elle l'a tué.

LE GARDE. — Elle l'a quoi?

JUDITH. — Tué...

LE GARDE. — Elle l'a tué. Oh! ça, c'est mal!

JUDITH. — Et tu veux savoir pourquoi? Par amour.

LE GARDE. — Par quoi?

JUDITH. — Par amour!

LE GARDE. — Par amour! Oh! ça, c'est bien.

JUDITH. — Voilà, Suzanne!

LE GARDE, *se rendormant*. — Voilà Suzanne!

JUDITH. — Voilà. J'ai enfoui la vérité dans un homme dormant. Elle en ressortira, fût-ce dans des siècles, contre la vérité des généraux et des rabbins [JJ]... Il était temps... Ils viennent ici, n'est-ce pas? Lesquels viennent? Regarde!

(Suzanne va regarder à travers les rideaux.)

JJ. - « la vérité des généraux et des rabbins. »
What is this official truth preserved by history?

LE GARDE, *dans son sommeil.* — Par amour, elle a tué Holopherne. Et elle s'appelle comment?

JUDITH, *penchée sur le garde.* — Judith!

LE GARDE. — Et Holopherne, pourquoi n'a-t-il pas tué Judith?

JUDITH. — Rassure-toi. Elle sera tuée.

LE GARDE. — Ah! ça c'est bien!

SUZANNE. — Ce sont les Juifs, les prophètes en tête! Ils sont tous armés, de scies, de marteaux! Ils gesticulent!

JUDITH. — De cela je suis sûre... Et ils se passent, en courant, la parole comme une chique[85]... Et ils vont parler en me liant les mains! Et parler en crachant sur moi : c'est encore pour eux le plus facile... Et parler à chaque brandissement du fouet ou du bâton... Tant mieux!... Ils serviront plus ma gloire qu'un bourreau muet... Je répondrai à chaque insulte, à chaque coup, et je suis sûre, tant ils sont curieux, qu'ils me laisseront malgré leur hâte, entre chaque blessure, le temps de leur dire une à une mes joies de cette nuit.

(Les Juifs font irruption dans la tente.)

SCÈNE CINQUIÈME

JUDITH, SUZANNE, LE GRAND RABBIN, PAUL, LES JUIFS, LES JUIVES

LES JUIFS. — Gloire à Judith! Judith, sois glorifiée!

UNE JUIVE. — Merci, Judith!

JUDITH. — Que disent-ils?

PAUL. — Ta haine a vaincu, Judith. Les Juifs vont être sauvés. Tous, aux pieds de Judith!

SUZANNE, *à Judith.* — Je t'en supplie! Ne parle pas!... Joachim, veillez à Judith!

PAUL. — Les alliés d'Holopherne se révoltent. Jean parcourt leur camp en montrant la tête du roi que tu as tué! Ils combattent avec nous. Les troupes restées fidèles lâchent pied.

UN JUIF. — Tous les fourgons de vivres sont entre nos mains. Dès que Judith le voudra, nous mangerons.

UN JUIF. — Nous avons reconquis nos sources. Dès que Judith le permettra, nous boirons.

UNE JUIVE. — Tu es le pain, Judith!

UNE JUIVE. — Tu es l'eau!

JUDITH. — Juifs...

JOACHIM, *intervenant.* — Que vas-tu leur dire?

JUDITH. — La vérité.

JOACHIM. — Ils connaissent la vérité de Dieu. La vérité de Judith, peu leur importe... Une minute, et les deux se confondront... D'ailleurs, écoute... Apprends-la si tu l'ignores, ta vérité!

(Deux chanteuses sortent de la foule.)

---

85. - « comme une *chique* » : quid of tobacco held in the mouth and chewed in turn by different people.

PREMIÈRE CHANTEUSE. — Et depuis deux jours, Judith portait son glaive sous sa robe. Et il heurtait sa chair et ses genoux à chaque mouvement, à chaque alarme, comme le battant dans sa cloche.

DEUXIÈME CHANTEUSE. — Et elle traversa le champ de bataille ! La lune n'était pas levée. Et elle remontait, pour ne pas se perdre, les ruisseaux, comme la bête enragée... C'était la rage du Seigneur...

JUDITH, *d'une voix encore sourde*. — Et si elle ne revint pas en arrière, c'est par amour-propre et par vanité, car Dieu était loin d'elle !

JOACHIM. — Tais-toi.

LES JUIFS. — Que dit Judith ?

PREMIÈRE CHANTEUSE. — Et Holopherne dans sa tente eut un songe, et il se découpla[86]...

DEUXIÈME CHANTEUSE. — De sa reine de Damas, fardée jusqu'au cœur, dont les yeux laissent une trace bleue !

UN JUIF, *ami des chattes*. — De sa pharaonne !

UN JUIF, *hémiplégique*[87]. — De ses sœurs siamoises !

UN JUIF, *notaire*. — De ses cent moscovites, poncées[88] et épilées !

UNE JUIVE, *laide, mais à peau douce*. — De sa femme pêchée à Mascate[89], aux fesses d'écaille !

UNE JUIVE, *à gestes réservés*[90]. — De sa bête du Bengale à guirlandes de bras et de seins !

DEUXIÈME CHANTEUSE. — Et alors, il vit Judith !

JUDITH. — Quels mensonges ! quelles fables d'enfants : Holopherne était seul, Juifs, seul comme un prêtre !

PAUL. — Tais-toi... Dans ton exaltation, peux-tu te rappeler ce qui est arrivé à toi-même... Judith seule me plaît, cria-t-il. Judith seule est la douceur !

UNE BELLE JUIVE. — Seule le baume...

PREMIÈRE CHANTEUSE. — Seule la paume de la main, le velours d'entre genou et pubis.

PAUL. — Et elle était le poison !

SUZANNE. — Et l'acier !

UN JUIF, *chasseur*. — Et la trappe ! Et le collet !

UNE JUIVE, *dont la paupière droite bat plus vite que la paupière gauche*. — Et le vitriol !

UN JUIF DES CHAMPS, *en lisière des forêts*. — Et la fausse oronge[91] !

SUZANNE. — Et la haine !

JUDITH. — Toi aussi tu me trahis et tu mens... Juifs...

---

86. - « *il se découpla* » : He turned away from...

87. - « *hémiplégique* » : paralyzed on one side of his body.

88. - « *poncées* » : rubbed with pumice, a porous volcanic stone (« pierre ponce ») used to remove all traces of dirt.

89. - « *Mascate* » : Muscat, a port on the gulf of Oman.

90. - « *à gestes réservés.* » Note the pseudo-psychological, pseudo-physiological explanations given by Giraudoux to account for the fantastic stories reported by the Jews, and his ironical rendering of biblical style.

91. - « *fausse oronge* » : a poisonous mushroom.

PAUL. — Continuez, chanteuses!
PREMIÈRE CHANTEUSE. — Il la fit mettre nue.
SUZANNE. — Mais Dieu la vêtit.
DEUXIÈME CHANTEUSE. — La vêtit d'air et de lumière. La transparence voile Judith.
JUDITH. — C'est faux!
PAUL, *aux chanteuses*. — A vous, à vous!
PREMIÈRE CHANTEUSE. — Il la fit étendre face à lui.
PAUL. — Il la fit étendre face à lui. Est-ce vrai, Judith? Ose dire que c'est faux?
JUDITH. — C'est vrai? Cela est vrai.
PAUL. — Vous entendez?
LES JUIFS. — Sois glorifiée, Judith!
SUZANNE. — Mais Dieu l'affaiblit tout à coup, et il ne la prit pas!
LES JUIFS. — Et il ne la prit pas!
JUDITH, *qui a pu s'avancer*. — Et il la prit... Et jamais il n'avait été aussi fort, et elle si comblée de lui qu'il ne restait en elle aucune place, même pour Dieu...
LES JUIFS. — Que dit-elle?
JOACHIM. — Silence, et sortez tous... Judith veut me parler seule à seul.
JUDITH. — Restez! Restez! C'est à vous que je veux parler. Pour un quart de minute, cessez donc votre fonction de Juifs qui est d'embaumer le mensonge dans des cantiques! Écoutez la vérité et ses mots simples... Oui, une Juive s'est étendue avec joie cette nuit sur le lit d'Holopherne...
LES JUIFS. — Que dit Judith? Sacrilège! Taisez-vous.
JOACHIM. — Tu nous perds, Judith.
JUDITH. — Et ce lit n'était pas le divan des psaumes. C'était un vrai lit, avec des oreillers, des draps, vous m'entendez, jeunes filles, du crin et des plumes qui sortaient, avec ce linge frais qui mêle aux pires excès les souvenirs de famille et d'enfance.
UN PROPHÈTE, *s'avançant armé*. — Vengeance!
JUDITH. — Et les joies du lit, elle les a épuisées et sollicitées, jusqu'à la dernière Et au premier froid de l'aube, elle a ramené pieusement sur Holopherne le drap, comme doit le faire l'épouse.
LES JUIFS. — Nous sommes perdus!
PAUL. — Faut-il te faire taire de force!
LE PROPHÈTE. — Laisse-la. Parle, fille!
JUDITH. — Et entre son peuple et Holopherne, elle a choisi l'amour, c'est-à-dire Holopherne. Et, depuis, une seule idée la tente : le rejoindre dans la mort!
SUZANNE *s'est brusquement avancée*. — Et cette femme, c'était moi.
LE PROPHÈTE, *frappant Suzanne*. — Sois satisfaite!
(Suzanne tombée est emportée. Le grand prêtre entraîne en arrière Judith, hébétée et muette.)
JOACHIM. — Je vous le répète, sortez tous.

JUDITH

Le Prophète. — Pourquoi?

Joachim. — J'ai à régler le retour de Judith à la ville.

Le Prophète. — Alors, hâtez-vous! Les enfants et les malades attendent son retour pour manger et dormir... Ne les faites pas attendre.
> (*Tous sortent, moins Judith, Joachim, Paul et le garde. Au moment où le corps de Suzanne passe devant le garde, celui-ci dit quelques mots dans son sommeil.*)

Le Garde. — Voilà, Suzanne [XIV]!

SCÈNE SIXIÈME

JUDITH, JOACHIM, PAUL, LE GARDE, *toujours dormant*

Joachim. — Tes conditions?

Judith. — Mes conditions pour que je mente?

Joachim. — Pour que tu vives et fasses silence.

Judith. — Ai-je l'air de quelqu'un qui va vivre et de quelqu'un qui va se taire?

Joachim. — Le sort des Juifs se joue encore, Judith. Le moindre écart dans ton langage ou ta conduite, et le miracle cesse d'être un miracle.

Paul. — Et l'héroïne une héroïne. Deux plumes changées au croupion, et le milan devient la buse [92].

Joachim. — Que tu désires désormais écart et solitude, nous le comprenons. Tu connais la maison et les jardins que la ville possède sur le lac. Elle te les offre. Nous veillerons à ce que nulle visite et nul souci ne t'y parvienne, mais suis-nous, et conduis le cortège.

Judith. — Ainsi, tu crois, Joachim, que je me contenterai, à mon âge, de la villa avec magnolias et plage séparée qu'on offre, sur leur déclin, aux femmes entretenues? J'ai vingt ans.

Paul. — Que te voilà devenue orgueilleuse et susceptible, depuis hier!

Judith. — Lui, pas!

Joachim. — Qui, lui?

Judith. — Lui! J'ai tué au nom d'un autre Dieu que lui, et il n'en laisse rien paraître. Et il s'arrange hypocritement pour tout prendre à son compte. Et si je voulais, il m'accepterait comme sa première déléguée dans la ville, avec nimbe au front jusqu'à ma mort, quitte à se rattraper plus tard.

[XIV]. - (End of the scene). Note the mixture of mockery and pathos in this scene. It is characteristic of the manner in which Giraudoux distorts or diminishes respected legends and myths. Can you think of other plays in which historical or mythical events are seen in a new light?

[92]. - « Deux plumes changées au croupion, et le milan devient la buse. » *« Le milan »* : the kite. *« La buse »* : the buzzard. The kite's tail is longer and more feathery than that of the buzzard, otherwise they resemble each other.

Le Garde, *dans son sommeil*. — Par amour, elle l'a tué... Ça c'est bien.

Judith. — Vous l'entendez!

Paul. — Qui?

Judith. — Le garde.

Paul. — Les oreilles te tintent. Il n'a pas dit un mot.

Judith. — Si. Il a dit comment j'ai tué.

Joachim. — Comment tu crois avoir tué, nous nous en doutons. Cela importe peu. Dis-moi une femme qui ne croie pas avoir tué par amour?

Judith. — Tu prononces mal ce mot!... Tu as eu peu d'occasions de prononcer ce mot!...

Joachim. — Si. A peu près à chaque crime... Que tu aies été l'ange vengeur ou la scorpionne, c'est fait. Nous l'avions à peu près prévu.

Judith. — Vous aviez prévu mon plaisir, mon goût de ce plaisir, ma frénésie?

Paul. — Épargne-nous les descriptions.

Judith. — Que m'avez-vous épargné, vous? M'avez-vous épargné, hier, les descriptions d'un Holopherne monstrueux? C'est ce qui manque à votre triomphe, n'est-ce pas? Vous allez exiger que j'atteste par déclaration qu'Holopherne était difforme. Les yeux juifs les plus droits étaient bigles[93] auprès des siens, Paul. Et son corps était lisse, lumineux, la seule parole humaine...

Paul. — Oui, oui, nous le savons tous maintenant!

Judith. — Vous le savez tous! Jean a montré sa tête à la foule! Je me vengerai de Jean et de tous ceux qui l'ont vue, quel que soit leur nombre.

Paul. — Tu vois. Tu as à te venger. Tu as donc à vivre.

Judith, *tournée tout à coup vers le garde*. — Que crie ce garde?

Paul. — Rien, te dis-je. Il dort!

Judith. — Pourquoi se soulève-t-il? Pourquoi s'assied-il et me regarde-t-il ainsi?

Paul. — Il est couché. Tu rêves!

Joachim. — Calme-toi, Judith, je t'en conjure, et aide-nous jusqu'au terme. La moindre déception, et notre peuple perd courage. Que tu hésites est déjà un crime, car c'est hésiter entre Dieu et celui que Dieu haïssait.

Judith. — Je n'hésite pas. J'ai choisi. J'ai choisi contre la haine!

Paul. — Prends garde... Tu nous pousses à bout!

Joachim. — Tu t'égares.

Judith. — Dieu en sera ravi. Il me déteste... Pas une fois depuis hier je n'ai senti sa pression ou sa présence. S'il me manie, c'est sans vouloir me toucher, comme un poignard dégoûtant dont on enveloppe la poignée d'un mouchoir. J'attendais qu'il me lançât sur Holopherne en jeune archange pur, fort, divinateur; avec quelle modestie, ce matin, au réveil, lui aurais-je rendu ce manteau et cette lumière, et ce que vous appelez le miracle a eu lieu parce que j'ai été luxurieuse, parce que j'ai bégayé devant des soldats, et parce que j'ai menti.

---

93. - « *yeux bigles* » : squinting eyes.

J'ai eu mon Dieu d'enfance, mon Dieu d'adolescence. Si mon Dieu de fille pubère et adulte se dérobe, tant pis pour lui. Ah! Joachim, je me croyais insensible aux hommes. J'avais peur que mon corps ne restât inerte près d'eux. Holopherne m'a détrompée, je lui serai fidèle. C'est à Dieu que je suis insensible... Pourquoi s'est-il levé? Pourquoi vient-il vers moi?

PAUL. — Qui donc?

JUDITH. — Le garde!

PAUL. — Tu divagues. Tu vois bien qu'il est couché.

JUDITH. — C'est son armure qui étincelle?

PAUL. — Tu es hallucinée!

JOACHIM. — N'essaye pas de nous distraire. Réfléchis donc, insensée! N'avons-nous pas reçu de Dieu ce que nous lui demandions, toi la première!

JUDITH. — Moi, que lui ai-je demandé, sinon lui-même?

JOACHIM. — Peux-tu nier qu'il y ait eu miracle, et par ton entremise!

JUDITH. — Le miracle est sorti d'un amas de choses viles, basses, épouvantables. Dieu vous a permis, à vous ses serviteurs, de le préparer au rabais, avec moi, c'est-à-dire avec le minimum de virginité et de naïveté, parce que mon nom de bourgeoise riche et populaire couvrait le dol[94]... Seul l'ennemi de Dieu a été noble et bon. Un Dieu juste eût préféré amasser tout ce qui est pur, doux et sacré, et que le miracle n'eût pas lieu.

PAUL. — Un Dieu jeune fille, peut-être! Crois-tu donc que parce qu'une Juive en a le désir...

JOACHIM, *parlant presque en même temps*. — Tu dépasses toute mesure! Tu te coupes tous les ponts vers lui... Ne compte plus que jamais...

(*Le garde ivre mort s'est levé. Il vient vers Judith* [XV].)

SCÈNE SEPTIÈME

LE GARDE, JUDITH, JOACHIM, PAUL

(*Joachim et Paul, à partir du moment où le garde s'est levé, demeurent immobiles hors du temps, la phrase et le geste interrompus, encadrant la scène.*)

LE GARDE. — Pardon, ma petite Judith!

JUDITH. — Qui es-tu?... Qui êtes-vous?

LE GARDE. — Tu ne me tutoyes pas? Pourquoi?

JUDITH. — Quel éclat autour de vous!

LE GARDE. — De l'éclat? J'éclate? Alors, vraiment, c'est qu'aujourd'hui pour toi la boue scintille, la crotte étincelle... Tu me vois sans doute aussi culotté dans l'écarlate[95]!

---

94. - « le dol »: deceit.

XV. - (End of scene). Why do Paul and Joachim insist that Judith should not tell her story to the Jewish people?

95. - « *culotté dans l'écarlate* » : « dressed in scarlet pants. »

JUDITH. — Je vous vois, comme vous êtes, de pourpre, d'or...

LE GARDE. — Et tout ce cuir sent la rose[96]. Et mes joues sont en peau de pêche! Tu as des sens plus perçants que je ne croyais. Très bien! A nous deux, Judith!

JUDITH. — Pourquoi à nous deux? Pourquoi ce cri de combat?

LE GARDE. — Parce que le combat s'apprête, ma fille[97]... Et le corps à corps au besoin... Et moi aussi je te vois vraiment telle que tu es dans cette heure, l'ennemie de Dieu toute nue, avec ton charmant cache-sexe de lutteuse, et cette nuque, et ces aisselles où je vais glisser et appuyer mes prises... A nous deux!...

JUDITH. — Je ne vous comprends pas.

LE GARDE. — Tu vas me comprendre... Dis-moi, Judith, depuis la minute où tu quittas ta maison, hier au soir, est-ce que ton corps a souffert du moindre besoin, faim, soif ou autre? Maintenant encore ton estomac t'alerte-t-il, ou ta vessie?

JUDITH. — Pourquoi de telles questions?

LE GARDE. — Non, n'est-ce pas? Et les feuillées du champ de bataille où tu as trébuché ont-elles maculé tes chaussures, le chardon les a-t-il éraflées, le plantain, verdies[KK]? Et sur tes mains, il reste sans doute quelque trace du meurtre?... Oui, oui, frotte-les, pour faire apparaître sur elles une tache de sang! Tu peux frotter! Toute ta vie elles seront blanches et pures, et ton corps sans aucune marque.

JUDITH. — Il a celle qui lui revient : la marque d'Holopherne!

LE GARDE. — Il y a beaucoup à discuter là-dessus. Va te soumettre, au retour, à l'examen des matrones. Ce qu'elles diront te surprendra...

JUDITH. — Qui vous donne le droit de me parler ainsi?

LE GARDE. — Le droit! Comment, le droit! Fille obstinée... Toutes les présences célestes qui depuis hier soir t'ont escortée, et plainte, et soutenue, et de leurs ailes autour de toi ont fait une cathédrale, tu viens de les forcer l'une après l'autre à se voiler la face et à partir, et d'elles toutes il ne reste plus que moi, et tu m'obliges, pour me rendre visible, à prendre l'enveloppe pesante et puante de ce garde.

JUDITH. — Que vous? Si c'est Dieu qui me parle enfin par vous, trop tard!

LE GARDE. — Tu penses que Dieu va te parler! Tu penses que Dieu parle aux hommes, pour les voir écouter sa voix, comme le chien la voix de son maître, d'une tête stupidement inclinée au-dessus d'un corps idiot. Mais ceux qu'il a choisis, Dieu entend les oindre de l'orteil à la tempe, et tous ils nous chargea cette nuit de te prendre entière dans son silence... Sur ta route, nous nous sommes glissés dans les mourants pour qu'ils ne crient plus, dans les cadavres pour que se suspendît jusqu'au serpentement de la putréfaction... Des ruisseaux et des caillots ont coulé à tes pieds sans armure, des chiens de guerre écarté vers toi leurs crocs sans abois. Et tu n'as pas senti que nous étions dans cette sanie et dans ces gueules!

---

96. - « ce cuir sent la rose! Et mes joues sont en peau de pêche. » Clichés of romantic literature.

97. - « le combat s'apprête ma fille. » These verbal disputes are often to be encountered at the end of Giraudoux's plays. It is the struggle itself that counts rather than its resolution.

KK. - « le chardon... verdies » : « Did the thistle scratch your shoes and the plantain smear them with green. « plantain » : weed with broad flat leaves spread out close to the ground.

Un écho. — Dans cette sanie [98] et dans ces gueules.

Judith. — O vous, qui parlez ainsi, pourquoi vous êtes-vous tus !

Le garde. — Telle est Judith, première en classe, élue de Dieu ! Elle n'a rien compris à ce silence !... Au lieu de courir étouffer les échos à leur point même d'éclat; de nous précipiter pour le recevoir tombant de l'arbre et amortir sa chute sous chaque cédrat [99] et chaque coing [100] et d'arracher à l'avance le cri du bec des coqs, il nous aurait suffi de remplir de coton ses oreilles? Et tout ce que nous avons pris pour son clin d'œil et sa connivence, cette caresse dont elle a de loin caressé un oiseau de nuit, ce baiser qu'elle posa sur la lèvre d'un cheval blessé, ce n'était pas à nous qu'elle les donnait, aux cousins célestes qui la croyaient mêlée à eux, cordée à eux dans tant de précipices comme l'alpiniste à ses guides, mais à la chevêche et au hongre !

Un écho. — Mais à la chevêche [101] et au hongre [LL].

Judith. — Pardon !

Le garde. — Tu m'écoutes cette fois? Tu me comprends?

Judith. — Pardon !

Le garde. — Dis aux Juifs la vérité, et Il pardonne !

Judith. — Quelle vérité?

Le garde. — Que tu as tué l'ennemi de Dieu comme Dieu l'avait prescrit, dans sa haine.

Judith. — Vous savez que ce n'est pas vrai !

Le garde. — Ce n'est pas vrai !

Judith. — N'avez-vous pas tout vu, n'êtes-vous pas vous-même mon témoin?

Le garde. — Ose dire que ce n'est pas vrai ! Reprenons-la ta nuit, de sa source à son terme. Tu es entrée, et l'autre était déjà couché, n'est-ce pas, et accoudé il t'attendait, et l'œuf d'autruche [102] allumé brillait dans son œil droit et son œil gauche n'était qu'ombre, et d'un coup tu as mesuré l'enclos de la bataille...

Judith. — J'ai vu un lit. C'est tout ce que j'ai vu.

Le garde. — Dieu même hésite à exiger d'une femme qu'elle lutte debout. Et le large plastron de sa poitrine ne t'a pas fait peur avec ses agrafes de muscles. Tu as défait vêtements et peignes. Tu n'as gardé ni tissu ni écaille...

Judith. — Et je vins.

Le garde. — Et tu vins ! Et nous jubilions, car sur ton corps nu l'on ne voyait plus que des armes, tes ongles aiguisés, tes dents fourbies, jusqu'à ton front si poli et si plein qu'en heurtant de toutes ses forces le front d'Holopherne il l'eût fait éclater. Si bien que nous comptions aussi sur le pilon dans ton genou [103] et l'étau dans ton ventre...

---

98. - « *sanie* »: purulent matter that oozes out of ulcers and ill-attended wounds.

99. - « *cédrat* » : fruit of the cedrate; a kind of large lemon.

100. - « *coing* » : quince.

101. - « *chevêche* » : white owl.

LL. - « *hongre* » : gelded, i.e. castrated horse. How does the guard's description of the battlefield differ from Judith's?

102. - « l'œuf d'autruche... œil droit. » The light was falling on Holopherne's right eye, thus making it appear as large and shiny as an ostrich egg.

103. - « le pilon dans ton genou et l'étau dans ton ventre. » « *le pilon dans ton genou* » : knee used as a pestle. « *l'étau* » : the vice.

JUDITH. — Alors tout ce que j'entendis de lui était réalité, tout ce que je reçus de lui révélation...

LE GARDE. — Cela eût pu être. Dieu ne déteste pas que ses paroles et ses jouissances vous parviennent par des corps et des peaux grossières... Ce sont ses filtres. Mais Dieu t'aimait. Mais Dieu avait décidé que d'Holopherne rien ne te toucherait, et il nous jeta sur ce corps en manteau transparent. Et Mikaël[104] était la langue et la glotte, et Ephraïm[105] était l'assise, et moi j'étais la main droite. Et toute la nuit le ciel prit le moule de toi et de ton déchaînement... Et, à l'aurore, il t'envoya l'idée de tuer.

JUDITH. — De me tuer.

LE GARDE. — De te tuer. Si tu veux. Mais il était bien question que Judith se tuât ! Ce qu'il voulait, c'est seulement que tu aiguisasses sur toi l'idée du meurtre, sur ta tendre peau et pour en rendre le fil aussi pur. Et soudain, tout disparut de ta vue, excepté un cercle exsangue sur la poitrine du dormeur, un cercle étroit et brillant, tel que le projette avec son miroir un enfant, et je ne sais avec quel miroir d'enfant Dieu le projetait. Et, au centre de cet homme que tu croyais aimer, ce cercle, tu te pris à le surveiller et à le détester comme une cible !... Est-ce vrai ?

JUDITH. — Peut-être !

LE GARDE. — Est-ce vrai ?

JUDITH. — C'est vrai.

LE GARDE. — Et nous, nous pleurions de joie de voir la haine enfin apparaître sur ce corps, restreinte d'abord comme le bouton d'Alep, mais qui allait bientôt mordre et s'épanouir comme le cancer du soleil. Et, délirants, nous préparions déjà rivet et cheville[106] qui t'empêcheraient de tirer à toi le poignard du cadavre. Et quand te vint l'idée de poser sur le cercle la pointe...

JUDITH. — Je voulais l'effleurer, le piquer...

LE GARDE. — Le piquer ?

JUDITH. — Comprenez-moi à votre tour ! Comprenez-moi ! Si je m'étais empoisonnée, je lui aurais fait aussi goûter de force dans son sommeil une simple gorgée du breuvage amer, non pour qu'il meure, mais par tendresse, pour voir sa douce grimace.

LE GARDE. — Et quand te vint l'idée de poser sur le cercle la pointe, tous nous bondîmes sur toi, centuplant ta pensée. Ne nous as-tu donc pas sentis, Judith ?

JUDITH. — Cet écrasement, c'était vous ?

LE GARDE. — C'était les esprits et leur avalanche ! Et quand, lui mort, tu attendis enfantinement la mort, sans bouger, comme l'abeille après sa piqûre, nous avons rendu à nouveau le monde sonore, et tu as entendu l'araignée bricolant dans sa toile, et dans le sol du camp la sape[107] de la taupe, et derrière le lit le mulot[108] contre son grain d'avoine et enfin la voix de Suzanne... Voilà, ingrate fille, comme Dieu te dédaigne ! Lève-toi... Fais ouvrir la tente, va vers les Juifs, il est temps !

---

104. - « *Michael* » : Michael was one of God's archangels.

105. - « *Ephraim* » : Younger son of Joseph and Asenath, and ancestor of one of the twelve tribes of Israel.

106. - « *rivet et cheville* » : rivets and pegs.

107. - « *la sape* » : the sound made by the mole while burrowing.

108. - « *le mulot* » : the field-mouse.

JUDITH. — Non ! Non ! Épargnez-moi ce martyre !

LE GARDE. — Quel martyre ?

JUDITH. — Puisque Dieu le veut, je ne démentirai rien, je renonce à tout scandale. Mais qu'il m'épargne ! Ou qu'il me prenne ! Qu'il me permette de donner à la mort une Judith encore douce ! Que je sois pour tout un peuple et toute une longue vie, le symbole du meurtre et de la haine, Dieu ne le voudra pas, puisque depuis mon enfance il m'a marquée pour être celui de l'amour.

LE GARDE. — Tu l'as cru. Tu te trompais. Tes frères ne s'y trompaient pas.

JUDITH. — Mes frères ? Je ne pouvais faire un pas sans que les enfants me suivent et me lancent des roses.

LE GARDE. — Ils suivaient le sang : ils lançaient des roses vers le sang !

JUDITH. — Je voyais aux carrefours les vieillards discuter chacune de mes robes nouvelles, et me sourire.

LE GARDE. — Ils souriaient à une immense tache pourpre qui t'habillait soudain !... N'insiste pas. L'amour en effet a passé sur ce drame. Mais pas par toi. Par Suzanne. Personne n'en saura jamais rien, car il n'est pas bon que l'amour ait sa liturgie et ses saints, mais Suzanne était l'amour. D'ailleurs, rassure-toi, il n'existera plus ce soir de Judith encore douce !

JUDITH. — Oh ! vous qui n'avez pas de nom, sentirais-je à ce point la douleur de ne pouvoir vous nommer, s'il ne me restait pas de tendresse ! Pourquoi ce miracle à retardement ! Pourquoi de cette nuit de parjure et de stupre faire tout à coup une nuit sainte !

LE GARDE. — Ne t'inquiète pas de cela. Dieu se réserve, à mille ans de distance, de projeter la sainteté sur le sacrilège et la pureté sur la luxure. C'est une question d'éclairage...

JUDITH. — Toute ma détresse est éclairée, tout mon écorchement. Le feu brûle moins que cette lumière.

LE GARDE. — La brûlure n'est rien encore. Tu vas voir avec le soleil. Le voilà qui vient. Viens, soleil ! Toi..., va vers ta ville ! Il est temps...

JUDITH. — Ma ville, où ne me souriront plus que ceux qui sourient à la mort. D'où auront disparu en une nuit tout ce pour quoi j'ai vécu, mes amis, mes bêtes, mes fleurs !

LE GARDE. — Les amis, fais-en le sacrifice... Les fleurs, tu les retrouveras !

JUDITH. — Oui, je vois d'ici la vieille Judith, chenue[109] et moustachue qui, un soir d'automne tardif, redécouvrira la pêche et la rose... Et mes souvenirs ?

LE GARDE. — Quels souvenirs ?

JUDITH. — Dans ce corps desséché, que vont devenir tous les souvenirs du corps heureux et tiède ? Et qu'y deviendra le don d'Holopherne ? Aura-t-il un fils ? aurai-je un fils ? Je vous en supplie... Libérez-moi du moins de cette angoisse !

LE GARDE. — Assez gémi, ou prends garde ! Que dirais-je alors, Judith, moi qui repars maintenant vers la disgrâce ! Car pour te convaincre, te sauver, j'ai rompu le secret de Dieu, j'ai perdu dans mon rang tout grade et toute ancienneté. Va. Si ta peine peut en être allégée, je ne vois pas de mal à ce que tu te dises que dans les cohortes inférieures, il est un déchu

---

109. - « *chenue* »: grey-haired.

pour qui le nom de Judith est un nom de tendresse... Mais obéis-moi sur-le-champ; sinon, là, devant le peuple, je reprends forme et je fonce, et je lutte avec toi pour arracher de ton pharynx le mensonge de Dieu, et je te roule au sol comme le vacher la bergère !
(D'un geste il a courbé les épaules de Judith vers la terre, puis s'est rejeté sur le banc, où le garde ivre mort dort à nouveau[XVI].)

SCÈNE HUITIÈME

JUDITH, JOACHIM, PAUL, LE GARDE, *étendu*

LE GARDE. *(Dès que le garde a été ae nouveau étendu sur son banc, Joachim et Paul sont redevenus animés et vivants, reprenant leur phrase interrompue.)*
PAUL. — ... il va lui dépêcher un messager spécial !
JOACHIM. — ... il daigne t'apparaître !
(Ils sont très agités. Judith les regarde, étonnée, revenant à soi.)
JUDITH. — Ah ! c'est vous, Joachim !
JOACHIM. — S'il tient à se dérober, fille impie, ce n'est plus toi qui trouveras la cachette de Dieu !
PAUL. — Il t'a aveuglée de sa lueur. Tant pis. Reste aveugle !
JUDITH. — ... Soyez satisfaits... Je vous suis...
JOACHIM. — Tu nous suis ?
PAUL. — Pour recommencer ton scandale, pour semer la panique ? Non, non, nous ne sortirons pas d'ici avant que tout soit réglé entre nous... Que veux-tu ?
JUDITH. — Je vous dis que je viens, sans conditions.
JOACHIM. — Sans conditions, mais nous, nous avons des conditions maintenant. Nous avons à nous prémunir contre tes écarts.
JUDITH. — Dites. J'obéirai.
JOACHIM. — Tu habiteras désormais la synagogue. Tu ne laisseras parvenir à toi aucun ami, aucun parent.
JUDITH. — C'est facile. Ma saleté et ma gloire ne me laissent plus d'autre fréquentation que Dieu.
JOACHIM. — Si le mot amour et le mot jouissance sont encore dans ta bouche, crie-les, si tu le veux, une dernière fois ; lance vers nous ces crachats avant le suprême silence. Allons, crache !
JUDITH. — Ma bouche est sèche...
JOACHIM. — Si tu sens ton corps maculé, appelle les servantes. Lave-toi. Pour cela nous attendrons.
JUDITH. — Mon corps est sec.

XVI. - (End of the scene). Who is the guard? Is he one of God's archangels? Is he a product of Judith's imagination? What version of the night's events does he give? Does it coincide with that of Judith? The « guard » says that it depends upon the light one sheds upon it. Are we asked to accept the coexistence of two opposite truths, or to décide between them?

JOACHIM. — Dès demain tu auras la surveillance des familles sans règle, des écoles sans morale, des filles. Tu les jugeras au tribunal de la synagogue. Tu choisiras leur supplice.

JUDITH. — Je le choisirai.

JOACHIM. — Et tu désigneras ceux qui avec toi chaque jour jeûneront et porteront cilice[110]. Tu acceptes?

JUDITH. — J'accepte.

PAUL. — Alors gloire à Judith et hâtons-nous. Tout peut être sauvé encore!... Attends... Laisse-moi te recouvrir de ce manteau. Il est noir. Il sied mieux à l'épouse de Dieu...

LE GARDE, *ivre mort*. — Et à la veuve d'Holopherne!

JUDITH. — Que dit-il?

PAUL. — Nous ne comprenons pas les hoquets.

LE GARDE. — Par amour. Elle a tué par amour...

JOACHIM. — Tu hésites encore?

JUDITH, *qui s'est approchée du garde, et le contemple avec tendresse et répugnance*. — Il faudra faire couper la langue de ce garde, Joachim...

JOACHIM. — Entendu.

LE GARDE. — Judith, qu'elle s'appelait! Et elle en avait un corps!... Toute la nuit, sans s'arrêter...

(Judith pose la main sur la bouche du garde.)

JUDITH. — Par des soldats aux oreilles bandées...

(Le garde se soulève.)

JUDITH. — Quelle folie le prend?

PAUL. — Je ne sais ce qu'il mime, de ce baiser!...

LE GARDE. — Ce que je mime? Je mime Judith la putain.

JUDITH. — Il vaudra mieux le faire tuer. Joachim...

JOACHIM. — On va le tuer.

JUDITH, *après un dernier regard au garde*. — Que votre procession approche... Judith la sainte est prête.

Rideau[XVII]

---

110. - « *cilice* » : hair garment worn by penitents next to the skin.

XVII. - (End of scene). Why is the guard killed? Why does Judith accept to obey the Elders? In what sense is *Judith* a tragedy?

JEAN ANOUILH
Antigone

INTRODUCTION

Now at the age of fifty-five with over thirty plays to his credit, Jean Anouilh's popularity has spread far beyond the Parisian theater district since the Second World War. Some of his plays are quite imaginative and fanciful, other deeply tragic; all are vivid an haunting, demonstrating Anouilh's skill in creating unforgettable characters, who are both highly individualistic and at the same time possess symbolic signifiance.

Despite his fame, little is know about Anouilh's private life. The few details we have, however, are important, and explain some of the obsessive themes which are an outgrowth of his early environment. He was born on June 23, 1910 in Bordeaux; his father, a tailor, and his mother, a violinist, were indirectly responsible for his introduction into the theatre. When Anouilh was eight years old, one of his relatives who was the director of a casino at Arcachon (a summer resort in the southwest of France) hired Anouilh's mother to play in the orchestra. Every night during the three-month engagement Anouilh sat unobtrusively in the casino listening to the operattas. Since his bedtime shortly followed the intermission, he never had a chance to learn the outcome of the plays, but he feels that it was there that he acquired a true sense of the stage. Later Anouilh began to write verse plays in the style of Edmond Rostand, and at the age of sixteen, he wrote his first full-length still unpublished play.

Anouilh came to Paris when he was a small child, and then his great dream was to become a fencing champion. He attended the Colbert School for his primary education, then Chaptal College, and finally decided to study law at the University of Paris, which he was forced to abandon after a year and a half for lack of money. Spending his next two years as a copywriter for an advertising firm, Anouilh occasionally wrote and acted in publicity films, films similar to but on a higher educational level than American commercials. To further augment his meager income, he wrote gags and jokes for the French comedy screen.

In 1931, Anouilh became the secretary of Louis Jouvet, a job which offered little pecuniary reward but allowed him to make contact with several influential people in the Parisian theatre. In this same year Anouilh married Monelle Valentin, a young actress whom he had met while working in advertising, and whom he was susbsequently to divorce. He later married another actress, Charlotte Cardon.

Due to the inefficacy of his first dramatic efforts and his scant salary, Anouilh lived in poverty for the next few years. When his daughter was born, the first weeks of her life were spent sleeping in a suitcase; the furniture for Anouilh's apartment came from the stage props of Giraudoux's *Siegfried* which were loaned to Anouilh until props were needed for the performance. Anouilh's perpetual struggle to exist was to become a major influence in many of his early plays which treat the themes of money and the division of society into the rich and the poor (*L'Hermine, La Sauvage*).

In 1932, *L'Hermine,* written the year before, was produced by Paulette Pax and starred Pierre Fresnay, perhaps Anouilh's only important friend at the time. Although the critics acknowledged the dramatic merits of the play, it ran for only thirty-seven performances and hardly relieved the financial exigencies faced by the author. It was at this point, however, that Anouilh left Jouvet and attempted to support himself and his family solely through his writing. In the years following, he turned out *Jezabel* (1932), *Le Bal des voleurs* (1932), *La Sauvage* (1934), and *Y'avait un prisonnier* (1934). The latter was only moderately successful, but the offer from Metro-Goldwyn-Mayer to purchase the film rights allowed Anouilh to feel financially secure for the first time.

Somewhat encouraged, Anouilh persevered with his writing and to assure his family of three meals a day, he wrote and has continued to write film scripts like *Monsieur Vincent,* which is one of the best known.

In 1937, *Le Voyageur sans bagage* gave Anouilh the real genesis of his career. Starring the Pitoëffs, it was both financially and dramatically successful. Critics recognized it as a serious work, and Anouilh was soon considered a competent playwright; somewhere between Giraudoux (to whose *Siegfried* the play bore some resemblance) and Salacrou.

With Ludmilla Pitoëff giving a memorable performance in *La Sauvage* (1938), Anouilh's future as an artist was assured. It was the production of *Antigone* in 1944, however, that brought Anouilh his greatest single success. With André Barsacq as the metteur-en-scène and Monelle Valentin in the starring role, this play secured for the author a permanent place in the hearts of the French people. Masses of downhearted Frenchmen throughout German-occupied France mobbed the Théâtre de l'Atelier for six hundred and forty-five consecutive performances, often without electricity, to witness and identify themselves with the struggles of the heroine.

Since that time, audiences have eagerly anticipated and received Anouilh's premières as he continued to write and produce a nex play almost every season. (See bibliography for details.) During the 1959-60 season, Paris played consecutively three of Anouilh's plays: *L'Hurluberlu, ou le Réactionnaire Amoureux, Becket ou L'Honneur de Dieu* and *La Petite Molière*. The plays were all successful, and were it not for the production of Camus's adaptation of *Les Possédés* and Sartre's *Les Séquestrés d'Altona,* opening at approximately the same time, Anouilh might very well have broken box office records for the entire season.

Anouilh has grouped his plays into five categories: « pièces noires, » « pièces roses, » « pièces brillantes, » « pièces grinçantes » and « pièces costumées. » Except for his very first « pièces noires, » such as *L'Hermine* and *Jezabel*, which are brutal, naturalist melodramas, all of Anouilh's works are a mixture of *rose* and *noir,* tragedy and comedy, reality and fantasy, the sordid and the grotesque. They are, in a way, the expression of the various states of being through which man forever fluctuates. Nevertheless, aside from his great skill in constructing scenes, developing plots and creating characters, Anouilh's fundamental interest is neither in technique nor in the psychology of people. As it has been pointed out many times, his theatre « seeks to explore the state of man in its entirety, and to present to the modern man a portrait of himself, his hopes and his struggles. » Anouilh's works, therefore, contain a certain unity of theme and philosophy which after a while tend to become repetitious and annoying to the spectator who is familiar with previous plays.

It would be pointless to discuss the plays in terms of the above mentioned categories as neither the themes nor characters vary considerably. In the « pièces brillantes and grinçantes, » with the exceptions of *L'Alouette* and *Becket,* Anouilh merely shifts his attentions from the heroic figures in the « pièces noires, » and concentrates on the mediocre race—the bourgeois—with the compromises that acceptance of life has implied. While Anouilh is highly original and versatile in these plays from a technical point of view, it is the « pièces noires and roses » which best define Anouilh's general philosophy towards life. Therefore, the most representative plays in these two categories will be the object of this study.

The typical conflict, especially in the black plays, describes the « pure » individual's search for self-fulfillment or for some ideal in a corrupt society which demands incessant compromises with his integrity. At first, the hero's experiences are the obstacle to his integration into society as in the cases of Thérèse, Eurydice and Gaston. Eventually, it is clearly the « romantic » and intransigeant nature of the character which is responsible for the revolt (Antigone, Jeannette and Médée). In either case, the characters have no recourse but to escape from reality and this notion of flight pervades all of the plays-flight through illusion and fantasy (*Le Voyageur sans bagage, Le Bal des voleurs, Le Rendez-vous de Senlis*), through solitude (*La Sauvage*), or through death (*Antigone, Eurydice, Roméo et Jeannette*).

None of these plays provides us with any practical solutions to human problems. In *Le Voyageur sans bagage,* the whole moral issue of assuming the responsability for one's past action is avoided by a dénouement of pure illusion. An amnesia victim, Gaston, is permitted to reject his former self—the cruel and odious Jacques Renaud. Anouilh allows Gaston to form a new future and relive his childhood years as the uncle of a little boy.

Gaston, however, is the exception rather than the rule. More often, the past is inescapable wheter it recalls painful experiences as it does for Gaston, Thérèse and Eurydice or the nostalgic longing for childhood and all that this world represents—purity, innocence, beauty, passion and sincerity (Antigone, Jeannette). In the more serious plays, of which *Antigone* is a prime example, the persistence of the child in the adult leads to inevitable disaster.

In his adaptation of the Orpheus legend, Eurydice wants to purifiy herself by forgetting her former love affairs and marrying Orpheus, but she is too weak to tell Orpheus about her past. Finally, in dispair, she runs away and dies in an auto accident. A mysterious Monsieur Henri tells Orpheus that Eurydice will be returned to him providing he does not look into her eyes before morning. This is according to the legend, but perhaps is also symbolic of looking into her past. Orpheus, tortured by jealousy and the desire for truth, cannot refrain from looking at her and thus loses her again. The lovers are eventually united in the eternal after-life—the only realm where the past has no influence on their happiness.

The tragic separation of couples is most pronounced in one of Anouilh's greatest plays, *La Sauvage*. The heroine, Thérèse Tarde, is a poor young musician with an approbrious set of parents and a shameful past. She falls in love with Florent, who is wealthy, erudite, handsome, and wants to marry her. Their distinctive social backgrounds leads to a fundamental incompatibility. Florent speaks of uprooting Thérèse from her past, but since he is unable really to understand her former life and hence her present problems, there is no communication between them. Anouilh has no sympathy for the rich and implies that they are too superficial to cope with the suffering of the poor and less fortunate. When the wretched people in Thérèse's past (symbolized by « le chien perdu ») return to haunt her, she finally rejects the better life with Florent and leaves, « toute menue, dure et lucide, pour se cogner partout dans le monde. »

The theme of the couple and pure love will be discussed again in *Sens interdit* by Salacrou. For Salacrou, as for Anouilh, there is no one and only love. Love, like every other ideal, degenerates with living. The adult world exerts a corrupt influence on the only truly happy because they are obsessed with this idea of degradation in time. It is not so much their refusal to grow up as their desire to assert their purity. Anouilh and Salacrou clearly point out that an excess of purity, like an excess of corruption, can also bring catastrophe (*Colombe, Antigone, La Terre est Ronde*).

It is only when Anouilh composes a purely poetic fantasy, such as *Léocadia, L'Invitation au château* and *Le Bal des voleurs,* that the couple achieve a happy marriage. In the first, a bored young prince, Albert Troubiscoi, is left distraught when his precious Léocadia accidentally strangles herself in an act of sheer dramatics. The Duchess, the prince's aunt, tries to maintain for her nephew the memory of his beloved by keeping their château exactly as it was when Léocadia was alive. To play the role of the deceased, she hires Amanda, a young milliner who can pass for Léocadia's double. Amanda struggles against the imposed mask and rebels against a counterfeit personality until her true self triumphs over Léocadia's ghost. The prince reveals that his unconsolable dream is feigned, and that it is those who surround him who are really mad. Amanda and the prince fall in love and live happily ever after.

The use of the mask or counterfeit personality as we have just seen in *Léocadia* is a frequent image in Anouilh's theatre and serves several purposes. In Amanda's case, the mask actually helps her to discover her true feelings and allows her real self to emerge. Anouilh uses the mask here to deal with the broader question of the human personality and its multiple facets. Like many writers of his generation, and, in particular, Pirandello, Anouilh is preoccupied with the ambivalent nature of man with his ever changing personality. His characters, therefore, are under perpetual tension and obsessed with trying to understand themselves. One reason, perhaps, that they are so anti-social is that their basic search is one of self-identity, and, consequently, their thinking is always introspectives, even egocentric, rather than expressing concern for integrating themselves with their environment.

One of the most memorable plays involving masks and the themes of the multiple personality and self-identity is *Le Bal des voleurs*, which may be compared to Achard's *Voulez-vous jouer avec Moa?*

The situation concerns the wealthy Lady Hurf and her nieces, Juliette and Eva, as they come in contact with three professional thieves. One of the thieves, Hector, falls in love with Eva, who in turn falls in love with one of the many diverse personalities of Hector. Since he must incessantly change his disguise to avoid detection, Hector is unable to remember which personality had attracted Eva. He spends the entire play changing costumes, each time actually becoming the character he is impersonating. The masquerade is a diversion for the audience as they cannot take Hector's struggles with his personality too seriously.

As for Lady Hurf, the most lucid of all, she goes along with the comical masquerade and plays her role because she is bored. However, all of Anouilh's characters, except perhaps for the ones in his early naturalist plays, wear a mask or play a role. It is only when the illusion (the role) and reality (the true self) merge, as in *Antigone*, that the character assumes greater dimensions, and intensity and seriousness return to the theatre.

In *Becket ou l'Honneur de Dieu,* Anouilh presents the conflict between two men who dearly love each other and who eventually become protagonists. Becket the Saxon, who at one time strongly defended the interest and the honor of the Norman king of England against the Church, eventually found himself as Archbishop of England defending the honor of God and the Church against the abuse of the Norman King Richard the II. Was Becket a saint or a fool; a traitor or a wanderer who finally found his way? Anouilh adeptly questions the honor of man, just as he does with Joan of Arc in *L'Alouette*. Also one perceives the feeling of fatality in Becket, Joan of Arc and Thérèse in *La Sauvage*. Each one of these characters have resolved themselves to the fates and in no way do they make an effort to revolt against it. This fatalistic attitude is an important theme in the author's dramatic works.

The story of Antigone has been handed down to us by both Aeschylus and Sophocles, and, in modern times, has been adapted by Cocteau, Giraudoux and Anouilh. As in *Eurydice,* Anouilh retains the basic outlines of a myth to fuse his personal vision with legend. The anachronisms—such as the modern dress, the nurse preparing hot coffee and tartines, Polynice's love of fast cars and nightclubs, guards with automatic rifles—help to humanize the characters and bridge the gap between past and present, but also emphasize certain truths which do not change with time.

Briefly the plot is as follows: The setting in Thebes. When the curtain rises, much of the action has already taken place as told in the Prologue. King Oedipus, who blinded himself and was banished from Thebes after killing his father and then marrying his mother, had died. The throne was given to his two sons, Eteocles and Polynices, each to rule every alternate year. After one year, Eteocles, the older son, refused to yield his power to his brother and a civil war ensued, during which the two brothers killed each other. Creon, brother of Oedipus' mother Jocasta, took over the duties as king. Since Creon had sided with Eteocles for political reasons, he decreed that Eteocles be given burial rites, but that Polynice's body be left unburied to be eaten by the vultures. Death was the penalty for anyone who attempted to mourn or bury him. Now, only the daughters of Oedipus remain: Antigone and Ismene. Haemon, Creon's son, is in love with Antigone and two are to be married.

At this point, the play begins:

According to Sophocles, Antigone, disregarding the edict of her uncle, has buried her brother. She is caught and confesses willingly. Antigone debates with Creon the question of the supremacy of divine law over human law, including the law of kings. She is put in a cave to die and moments later hangs herself. As the cave is being sealed off, Creon hears the moans of his son from inside. He calls out to him, but Haemon stabs himself and takes the dead Antigone into his arms. Eurydice, unable to bear the thought of her son dead, cuts her throat and Creon is left alone.

The production of Antigone (1944) during the German occupation was a large factor in its overwhelming success. It seemed obvious to many that the plays was an allegory of present conditions in France. With Antigone as the symbol of French Resistance and Creon, the representative of the Vichy Regime, the play gave courage to millions of Frenchmen who mirrorred themselves on the stage and who preferred death to collaboration with the enemy. Upon closer examination, we see that the conflict between Antigone and Creon has more significance philosophically than politically.

If Creon were symbolic of the regime so hated by all loyal Frenchmen, he would not have been portrayed quite so sympathetically. Unlike the vain tyrant depicted by Sophocles or the buffoons and farcical degenerates who represent corrupt society in many of Anouilh's plays, Creon here is quite human. Anouilh makes a point of showing us that the play is also Creon's tragedy by presenting his case rather fairly. He is torn between his duties as king and his feelings for his niece. Struggling to save her, he is finally forced to do what he thought right and necessary as king.

Unfortunately, there is no communication between Creon and Antigone. Creon's temperament, so opposed to Antigone's, does not allow him at first to understand his niece, especially after he reveals to her how unworthy Polynices was of her concern. For a short time, Antigone is crushed by Creon's logical arguments, and sits passively. Then Creon makes his fatal error. Incapable of resisting a few parental words of advice, he tells Antigone to marry Haemon and « live happily ever after, » a formula which automatically antagonizes all of Anouilh's heroines (Thérèse, Eurydice). Antigone, picturing the « petit bonheur » of the masses as a life of compromise, of mediocrity, and, contrary to her demands for a perpetual state of happiness, is shocked back to asserting her defiance, and taunts her uncle until he is forced to call the guards. Only then does Creon understand her revolt. Polynices was merely a pretext. « Antigone était faite pour être morte. »

Both Creon and Antigone are intransigeant figures, each convinced that his view is the only one, that life is black or white. But the clash is more than the opposition of an idealist and a realist. Antigone's protest of the bourgeois order and Creon's collaboration with these bourgeois values are equally without hope of creating something better. Neither Antigone nor Creon suggests reform or change, and in the end, neither of the two argues logically their views. Both derive a certain pleasure and fulfillment from the mere assertion of his will.

While Anouilh's other heroines are adults seeking to purge themselves of their wretched past, Antigone is the eternally innocent child, with a « mauvais caractère » that reinforces her rebellious temperament. Her entire childhood has been one of revolt. « Tu braves tout toujours, » says Ismene. She is constantly focussed on the world of childhood, through her actions, her attachments to Nounou and the dog, etc. « Maigre (like Thérèse and Eurydice), noiraude et renfermée, » she is a solidary type whom no one has taken very seriously. When Creon crushes the moral obligations she felt to bury Polynices, Antigone admits that her persistence is « pour personne. Pour moi. » What begins as a moral issue, an act of duty, becomes the strongest affirmation of personal revolt. It is truly an act without justification (« je ne sais plus pourquoi je meurs »), save the interal exigencies of her character which demand an abstract « no » in defiance of the Creons of this world, and finally in defiance of life itself. For Antigone, dignity lies in the absolute negation of life, in an automatic refusal and rejection of everything.

It is not even difficult to renounce Haemon, her future husband for the idea that he will grow up and make compromises like is father is unbearable. « J'aime un Hémon dur et jeune, un Hémon exigeant et fidèle comme moi... Mais si, votre vie, votre bonheur doivent passer sur lui avec leur usure... alors je n'aime plus Hémon. » Except for a few nostalgic moments, Antigone reminds us of Ibsen's uncompromising Brand. « L'esprit de compromis, l'esprit de juste milieu, voilà l'ennemi. » Death then becomes a refuge and a deliverance from this damnable existence (Eurydice, Medea, Ardèle).

Anouilh's insistences on a theatrical vocabulary to illustrate human behavior adds still another dimension to *Antigone*; theatrical illusion overlaps or fuses with reality, achieving a Pirandellian effect reminiscent of six characters of *Henri IV*. We are reminded by the Chorus (one of whose functions is to tell us what will happen) that this is a tragedy as opposed to a drama, and that the actors are waiting to play their respective parts... « Il va falloir qu'elle joue son rôle jusqu'au bout »; the catastrophe has been predestined, and no circumstances, no « sale espoir » as in a drama can alter the fatalistic trend of action. The actors, too, are conscious of their assigned roles. Thus Antigone says to Creon: « Faites ce que vous avez à faire... Je suis là pour vous dire non et pour mourir. » And

Creon replies: « J'ai le mauvais rôle, c'est entendu, et tu as le bon. » It is all « une question de distribution. »

Like Becket, Antigone and Creon are aware that they are acting, but playing a role is an integral part of their personalities. Each of them is cognizant that they are caught in the workings of « an infernal machine, » and that there is no alternative. The question arises then—if all of the characters are puppets enacting their predestined parts, in what sense can the burial of Polynices be considered a moral choice? We are apparently forced to conclude that Anouilh is directly opposed to the existential belief in free choice and that Antigone's revolt is part of a preordained system. This aura of fatality hangs over all of Anouilh's figures and accounts somewhat for the pessimism and sense of despair that is associated with his theatre.

After the death of Antigone, everything returns to normal, as it usually does in classical tragedy. The king goes off to his council meeting, and the guards continue to play cards. Without Antigone, it is again « un monde sans couleurs, » in which the hypocrites and the compromisors can continue undisturbed. « Et voilà! Sans la petite Antigone, c'est vrai, ils auraient tous été bien tranquilles. »

WORKS BY ANOUILH

1929. HUMULUS LE MUET. *Paris, La Table Ronde, 1958, Never Performed.*
1929. MANDARINE. *Unpublished. First performed Feb. 1933, Théâtre de l'Athénée.*
1930. ATTILA LE MAGNIFIQUE. *Unpublished. Never performed.*
1931. L'HERMINE. *Paris, Balzac, 1942. First performed Apr. 26, 1932, Théâtre de l'Œuvre, Paris.*
1932. JÉZABEL. *Paris, La Table Ronde, 1946. Never performed.*
1932. LE BAL DES VOLEURS. *Paris, Balzac, 1942. First performed Sept. 17, 1938, Théâtre des Arts, Paris.*
1934. LA SAUVAGE. *Paris, Balzac, 1942. First performed Jan. 10, 1938, Théâtre des Mathurins, Paris.*
1934. Y'AVAIT UN PRISONNIER. *Paris, in La Petite Illustration, 1935. First performed Mar. 21, 1935, Théâtre des Ambassadeurs, Paris.*
1935. LE PETIT BONHEUR. *Unpublished. Never performed.*
1936. LE VOYAGEUR SANS BAGAGE. *Paris, Balzac, 1942. First performed Feb. 16, 1937, Théâtre des Mathurins, Paris.*
1937. LE RENDEZ-VOUS DE SENLIS. *Paris, Balzac, 1942. First performed 1938, Théâtre de l'Atelier, Paris.*
1939. LÉOCADIA. *Paris, Calmann-Lévy, 1942. First performed Nov., 1939, Théâtre de la Michodière, Paris.*
1941. EURYDICE. *Paris, Calmann-Lévy, 1942. First performed Dec. 18, 1941, Théâtre de l'Atelier, Paris.*
1942. ORESTE (fragments). *Paris, La Table Ronde, 1945. Never performed.*
1942. ANTIGONE. *Paris, La Table Ronde, 1946. First performed Feb. 4, 1944, Théâtre de l'Atelier, Paris.*
1945. ROMÉO ET JEANNETTE. *Paris, La Table Ronde, 1946. First performed Dec. 3, 1946, Théâtre de l'Atelier, Paris.*
1946. MÉDÉE. *Paris, La Table Ronde, 1946. First performed Mar. 26, 1953, Théâtre de l'Atelier, Paris.*
1947. L'INVITATION AU CHÂTEAU. *Paris, La Table Ronde, 1948. First performed Nov. 4, 1947, Théâtre de l'Atelier, Paris.*
1948. ARDÈLE, OU LA MARGUERITE. *Paris, La Table Ronde, 1949. First performed Nov. 3, 1948, Comédie des Champs-Élysées, Paris.*
1948. ÉPISODE DE LA VIE D'UN AUTEUR. *Paris, Julliard, 1959. First performed - see above.*
1949. CÉCILE, OU L'ÉCOLE DES PÈRES. *Paris, La Table Ronde, 1951. First performed 1949, Comédie des Champs-Élysées, Paris.*
1950. LA RÉPÉTITION, OU L'AMOUR PUNI. *Paris, La Table Ronde, 1951. First performed Oct. 25, 1950, Théâtre Marigny, Paris.*
1950. COLOMBE. *Paris, La Table Ronde, 1951. First performed Feb. 11, 1951, Théâtre de l'Atelier, Paris.*

1951. LA VALSE DES TORÉADORS. *Paris, La Table Ronde, 1952. First performed Jan. 9, 1952, Comédie des Champs-Élysées, Paris.*
1952. L'ALOUETTE. *Paris, La Table Ronde, 1953. First performed Oct. 14, 1953, Théâtre Montparnasse, Paris.*
1955. ORNIFLE, OU LE COURANT D'AIR. *Paris, La Table Ronde, 1955. First performed Nov. 3, 1955, Comédie des Champs-Élysées, Paris.*
1956. PAUVRE BITOS, OU LE DÎNER DE TÊTES. *Paris, La Table Ronde, 1956. First performed Oct. 11, 1956, Théâtre Montparnasse, Paris.*
1958. L'HURLUBERLU, OU LE RÉACTIONNAIRE AMOUREUX. *Paris, La Table Ronde, 1956. First performed Feb. 5, 1959? Comédie des Champs-Élysées, Paris.*
1959. BECKET, OU L'HONNEUR DE DIEU. *Paris, La Table Ronde, 1959. First performed Oct. 1, 1959, Théâtre Montparnasse, Paris.*
1959. LA PETITE MOLIÈRE. *Paris, in L'Avant-Scène, 1959. First performed June 1, 1959, Théâtre de France, Bordeaux.*
1959. LA FOIRE D'EMPOIGNE. *Paris, La Table Ronde, 1960. First performed Jan. 11, 1962, Comédie des Champs-Élysées, Paris.*
1960. LE SONGE DU CRITIQUE. *Paris, in L'Avant-Scène, 1961. First performed Nov. 5, 1960, Comédie des Champs-Élysées, Paris.*
1961. LA GROTTE. *Paris, La Table Ronde, 1961. First performed Oct. 4, 1961, Théâtre Montparnasse, Paris.*
1962. L'ORCHESTRE. *Paris, in L'Avant-Scène, 1962. First performed Feb. 10, 1962, Comédie des Champs-Élysées, Paris.*

CRITICAL WORKS

ALBÈRES René-Marill: La Révolte des écrivains d'aujourd'hui, *Paris, Éd. Corréa, 1949, 141-166*.
CHAMPIGNY Robert: « Theatre in a Mirror; Anouilh, » *Yale French Studies, n° 14 (Winter, 1954-1955), 57-64*.
CHIARI Joseph: The Contemporary French Theatre, The Flight from Naturalism. *New York, Macmillan, 1959, 170-204*.
DIDIER Jean: A la rencontre de Jean Anouilh, *Paris, Éd. la Sixaine, 1946*.
FOWLIE Wallace: Dionysus in Paris, *New York, Meridian Books, 1960, 110-124*.
GIGNOUX Hubert: Jean Anouilh, *Paris, Éd. du Temps Présent, 1946*.
GROSSVOGEL David: Twentieth Century French Drama, *New York, Columbia University Press, 1958, 147-204*.
GUICHARNAUD Jacques: Modern French Theatre from Giraudoux to Beckett, *New Haven, Yale University Press, 1961, 112-130*.
HOBSON Harold: The French Theatre of Today: An English View, *London, Harrap, 1953*.
JOHN S.: « Obsession and Technique in the Plays of Jean Anouilh, » *French Studies, XI, n° 2 (April, 1957), 97-116*.
LUPPE Robert de: Jean Anouilh, *Paris, Éd. Universitaires, 1959*.
MARSH Edward Owen: Jean Anouilh: Poet of Pierrot and Pantaloon, *London, W.H. Allen, 1953*.
NELSON Robert: Play Within a Play, *New Haven, Yale University Press, 1958, 134-157*.
PILLEMENT Georges: Anthologie du théâtre français contemporain, Vol. I, *Paris, Éd. du Bélier, 1945, 424-428*.
PRONKO Leonard Cabell: The World of Jean Anouilh, *Berkeley, University of California Press, 1956*.
RADINE Serge: Anouilh, Lenormand, Salacrou: Trois dramaturges à la recherche de leur vérité, *Genève, Éd. des Trois Collines, 1951*.

ANTIGONE

a été représentée pour la première fois le 14 février 1944 au théâtre de l'Atelier, dans une mise en scène d'André Barsacq, avec la distribution suivante :

Antigone	Monelle Valentin
Créon	Jean Davy
Le chœur	Auguste Boverio
Le garde	Beauchamp
Hémon	André Le Gall
Ismène	Suzanne Flon
La nourrice	Odette Talazac
Le messager	Rambauville
Les gardes	Matos et Sylver

Un décor neutre. Trois portes semblables. Au lever du rideau, tous les personnages sont en scène. Ils bavardent, tricotent, jouent aux cartes. Le Prologue se détache et s'avance.

LE PROLOGUE

Voilà. Ces personnages vont vous jouer l'histoire d'Antigone. Antigone, c'est la petite maigre qui est assise là-bas, et qui ne dit rien. Elle regarde droit devant elle. Elle pense. Elle pense qu'elle va être Antigone tout à l'heure, qu'elle va surgir soudain de la maigre jeune fille noiraude et renfermée que personne ne prenait au sérieux dans la famille et se dresser seule en face du monde, seule en face de Créon, son oncle, qui est le roi. Elle pense qu'elle va mourir, qu'elle est jeune et qu'elle aussi elle aurait bien aimé vivre. Mais il n'y a rien à faire. Elle s'appelle Antigone et il va falloir qu'elle joue son rôle jusqu'au bout... Et, depuis que ce rideau s'est levé, elle sent qu'elle s'éloigne à une vitesse vertigineuse[1] de sa sœur Ismène, qui bavarde et rit avec un jeune homme, de nous tous, qui sommes là bien tranquilles à la regarder, de nous qui n'avons pas à mourir ce soir.

Le jeune homme avec qui parle la blonde, la belle, l'heureuse Ismène, c'est Hémon, le fils de Créon. Il est le fiancé d'Antigone. Tout le portait vers Ismène : son goût de la danse et des jeux, son goût du bonheur et de la réussite, sa sensualité aussi, car Ismène est bien plus belle qu'Antigone, et puis un soir, un soir de bal où il n'avait dansé qu'avec Ismène, un soir où Ismène avait été éblouissante dans sa nouvelle robe, il a été trouver Antigone qui rêvait dans un coin, comme en ce moment, ses bras entourant ses genoux, et il lui a demandé d'être sa femme. Personne n'a jamais compris pourquoi. Antigone a levé sans étonnement ses yeux graves sur lui et elle lui a dit « oui » avec un petit sourire triste... L'orchestre attaquait une nouvelle danse ; Ismène riait aux éclats, là-bas, au milieu des autres garçons et voilà, maintenant, lui, il allait être le mari d'Antigone. Il ne savait pas qu'il ne devait jamais exister de mari d'Antigone sur cette terre, et que ce titre princier lui donnait seulement le droit de mourir.

Cet homme robuste, aux cheveux blancs, qui médite là, près de son page, c'est Créon. C'est le roi. Il a des rides, il est fatigué. Il joue au jeu difficile de conduire les hommes. Avant, du temps d'Oedipe, quand il n'était que le premier personnage de la cour, il aimait la musique, les belles reliures, les longues flâneries[2] chez les petits antiquaires de Thèbes. Mais Oedipe et ses fils sont morts. Il a laissé ses livres, ses objets, il a retroussé ses manches et il a pris leur place.

Quelquefois, le soir, il est fatigué, et il se demande s'il n'est pas vain de conduire les hommes. Si cela n'est pas un office sordide qu'on doit laisser à d'autres plus frustes... Et puis, au matin, des problèmes précis se posent, qu'il faut résoudre, et il se lève tranquille, comme un ouvrier au seuil de sa journée.

---

1. - Vitesse vertigineuse - head spinning rapidity.   2. - Stroll, lounging.

La vieille dame qui tricote, à côté de la nourrice qui a élevé les deux petites, c'est Eurydice, la femme de Créon. Elle tricotera pendant toute la tragédie jusqu'à ce que son tour vienne de se lever et de mourir. Elle est bonne, digne, aimante; elle ne lui est d'aucun secours. Créon est seul. Seul avec son petit page qui est trop petit et qui ne peut rien non plus pour lui.

Ce garçon, pâle là-bas, au fond, qui rêve, adossé au mur, solitaire, c'est le Messager. C'est lui qui viendra annoncer la mort d'Hémon tout à l'heure. C'est pour cela qu'il n'a pas envie de bavarder ni de se mêler aux autres. Il sait déjà...

Enfin les trois hommes rougeauds qui jouent aux cartes, leur chapeau sur la nuque, ce sont les gardes. Ce ne sont pas de mauvais bougres[3], ils ont des femmes, des enfants, et des petits ennuis comme tout le monde, mais ils vous empoigneront les accusés le plus tranquillement du monde tout à l'heure. Ils sentent l'ail, le cuir et le vin rouge et ils sont dépourvus de toute imagination. Ce sont les auxiliaires toujours innocents et toujours satisfaits d'eux-mêmes, de la justice. Pour le moment, jusqu'à ce qu'un nouveau chef de Thèbes dûment mandaté[4] leur ordonne de l'arrêter à son tour, ce sont les auxiliaires de la justice de Créon.

Et maintenant que vous les connaissez tous, ils vont pouvoir vous jouer leur histoire. Elle commence au moment où les deux fils d'Oedipe, Étéocle et Polynice, qui devaient régner sur Thèbes un an chacun à tour de rôle, se sont battus et entre-tués sous les murs de la ville, Étéocle l'aîné, au terme de la première année de pouvoir, ayant refusé de céder la place à son frère. Sept grands princes étrangers que Polynice avait gagnés à sa cause ont été défaits devant les sept portes de Thèbes. Maintenant la ville est sauvée, les deux frères ennemis sont morts et Créon, le roi, a ordonné qu'à Étéocle, le bon frère, il serait fait d'imposantes funérailles, mais que Polynice, le vaurien[5], le révolté, le voyou, serait laissé sans pleurs et sans sépulture, la proie des corbeaux et des chacals. Quiconque osera lui rendre les devoirs funèbres sera impitoyablement puni de mort.

Pendant que le Prologue parlait les personnages sont sortis un à un. Le Prologue disparaît aussi.

L'éclairage s'est modifié sur la scène. C'est maintenant une aube grise et livide dans une maison qui dort.

Antigone entrouvre la porte et rentre de l'extérieur sur la pointe de ses pieds nus, ses souliers à la main. Elle reste un instant immobile à écouter. La nourrice surgit.

LA NOURRICE. — D'où viens-tu?

ANTIGONE. — De me promener, nourrice. C'était beau. Tout était gris. Maintenant, tu ne peux pas savoir, tout est déjà rose, jaune, vert. C'est devenu une carte postale. Il faut te lever plus tôt, nourrice, si tu veux voir un monde sans couleurs.

(Elle va passer.)

LA NOURRICE. — Je me lève quand il fait encore noir, je vais à ta chambre pour voir si tu ne t'es pas découverte en dormant et je ne te trouve plus dans ton lit!

ANTIGONE. — Le jardin dormait encore. Je l'ai surpris, nourrice. Je l'ai vu sans qu'il s'en doute. C'est beau un jardin qui ne pense pas encore aux hommes.

---

3. - Mauvais bougre : bad fellow.
4. - Dûment mandaté : duly appointed.
5. - Vaurien : good-for-nothing, rogue.

LA NOURRICE. – Tu es sortie. J'ai été à la porte du fond, tu l'avais laissée entrebâillée [6].

ANTIGONE. – Dans les champs c'était tout mouillé et cela attendait. Tout attendait. Je faisais un bruit énorme toute seule sur la route et j'étais gênée parce que je savais bien que ce n'était pas moi qu'on attendait. Alors, j'ai enlevé mes sandales et je me suis glissée dans le campagne sans qu'elle s'en aperçoive...

LA NOURRICE. – Il va falloir te laver les pieds avant de te remettre au lit.

ANTIGONE. – Je ne me recoucherai pas ce matin.

LA NOURRICE. – A quatre heures ! Il n'était pas quatre heures ! Je me lève pour voir si elle n'était pas découverte. Je trouve son lit froid et personne dedans.

ANTIGONE. – Tu crois que si on se levait comme cela tous les matins ce serait tous les matins aussi beau, nourrice, d'être la première fille dehors ?

LA NOURRICE. – La nuit ! C'était la nuit ! Et tu veux me faire croire que tu as été te promener, menteuse ! D'où viens-tu ?

ANTIGONE, *a un étrange sourire*. – C'est vrai, c'était encore la nuit. Et il n'y avait que moi dans toute la campagne à penser que c'était déjà le matin. C'est merveilleux, nourrice. J'ai cru au jour la première aujourd'hui.

LA NOURRICE. – Fais la folle ! Fais la folle ! Je la connais, la chanson. J'ai été fille avant toi. Et pas commode non plus, mais dure tête comme toi, non. D'où viens-tu, mauvaise ?

ANTIGONE, *soudain grave*. – Non. Pas mauvaise.

LA NOURRICE. – Tu avais un rendez-vous hein ? Dis non, peut-être.

ANTIGONE, *doucement*. – Oui. J'avais un rendez-vous.

LA NOURRICE. – Tu as un amoureux ?

ANTIGONE, *étrangement, après un silence*. – Oui, nourrice, oui, le pauvre. J'ai un amoureux.

LA NOURRICE, *éclate*. – Ah ! c'est du joli ! c'est du propre [7] ! Toi, la fille d'un roi ! Donnez-vous du mal, donnez-vous du mal pour les élever ! Elles sont toutes les mêmes. Tu n'étais pourtant pas comme les autres, toi, à t'attifer [8] toujours devant la glace, à te mettre du rouge aux lèvres, à chercher à ce qu'on te remarque. Combien de fois je me suis dit : « Mon Dieu, cette petite, elle n'est pas assez coquette ! Toujours avec la même robe et mal peignée. Les garçons ne verront qu'Ismène avec ses bouclettes [9] et ses rubans et ils me la laisseront sur les bras. » Eh bien, tu sais, tu étais comme ta sœur, et pire encore, hypocrite ! Qui est-ce ? Un voyou [10], hein, peut-être ? Un garçon que tu ne peux pas dire à ta famille : « Voilà, c'est lui que j'aime, je veux l'épouser. » C'est ça, hein, c'est ça ? Réponds donc, fanfaronne [11] !

ANTIGONE, *a encore un sourire imperceptible*. – Oui, nourrice.

LA NOURRICE. – Et elle dit oui ! Miséricorde ! Je l'ai eue toute gamine ; j'ai promis à sa pauvre mère que j'en ferais une honnête fille, et voilà ! Mais cela ne va pas se passer comme ça, ma petite. Je ne suis que ta nourrice et tu me traites comme une vieille bête, bon ! mais ton oncle, ton oncle Créon saura. Je te le promets !

ANTIGONE, *soudain un peu lasse*. – Oui, nourrice, mon oncle Créon saura. Laisse-moi maintenant.

---

6. - Entrebâillé : ajar.
7. - Propre : c'est du propre : a fine thing!
8. - Attifer (s') : to primp.
9. - Bouclette : ringlet, curl.
10. - Voyou : loafer.
11. - Fanfaron : braggart, blusterer.

LA NOURRICE. — Et tu verras ce qu'il dira quand il apprendra que tu te lèves la nuit. Et Hémon ? Et ton fiancé ? Car elle est fiancée ! Elle est fiancée et à quatre heures du matin elle quitte son lit pour aller courir avec un autre. Et ça vous répond qu'on la laisse, ça voudrait qu'on ne dise rien. Tu sais ce que je devrais faire ? Te battre comme lorsque tu étais petite.

ANTIGONE. — Nounou, tu ne devrais pas trop crier. Tu ne devrais pas être trop méchante ce matin.

LA NOURRICE. — Pas crier ! Je ne dois pas crier par-dessus le marché ! Moi qui avais promis à ta mère. Qu'est-ce qu'elle me dirait si elle était là ? « Vieille bête, oui, vieille bête, qui n'as pas su me la garder pure, ma petite. Toujours à crier, à faire le chien de garde, à leur tourner autour avec des lainages pour qu'elles ne prennent pas froid ou des laits de poule pour les rendre fortes ; mais à quatre heures du matin tu dors, vieille bête, tu dors, toi qui ne peux pas fermer l'œil, et tu les laisses filer, marmotte[12], et quand tu arrives le lit est froid ! » Voilà ce qu'elle me dira ta mère, là-haut, quand j'y monterai, et moi j'aurai honte, honte à en mourir si je n'étais pas déjà morte, et je ne pourrai que baisser la tête et répondre : « Madame Jocaste, c'est vrai. »

ANTIGONE. — Non, nourrice. Ne pleure plus. Tu pourras regarder maman bien en face, quand tu iras la retrouver. Et elle te dira : « Bonjour, nounou, merci pour la petite Antigone. Tu as bien pris soin d'elle. » Elle sait pourquoi je suis sortie ce matin.

LA NOURRICE. — Tu n'as pas d'amoureux ?

ANTIGONE. — Non, nounou.

LA NOURRICE. — Tu te moques de moi, alors ? Tu vois, je suis trop vieille. Tu étais ma préférée, malgré ton sale caractère. Ta sœur était plus douce, mais je croyais que c'était toi qui m'aimais. Si tu m'aimais tu m'aurais dit la vérité. Pourquoi ton lit était froid quand je suis venue te border ?

ANTIGONE. — Ne pleure plus, s'il te plaît, nounou.

(Elle l'embrasse.)

Allons, ma vieille bonne pomme rouge. Tu sais quand je te frottais pour que tu brilles ? Ma vieille pomme toute ridée. Ne laisse pas couler tes larmes dans toutes les petites rigoles[13], pour des bêtises comme cela — pour rien. Je suis pure, je n'ai pas d'autre amoureux qu'Hémon, mon fiancé, je te le jure. Je peux même te jurer si tu veux, que je n'aurai jamais d'autre amoureux... Garde tes larmes, garde tes larmes ; tu en auras peut-être besoin encore, nounou. Quand tu pleures comme cela, je redeviens petite... Et il ne faut pas que je sois petite ce matin.

(Entre Ismène.)

ISMÈNE. — Tu es déjà levée ? Je viens de ta chambre.

ANTIGONE. — Oui, je suis déjà levée.

LA NOURRICE. — Toutes les deux alors !... Toutes les deux vous allez devenir folles et vous lever avant les servantes ? Vous croyez que c'est bon d'être debout le matin à jeun, que c'est convenable pour des princesses ? Vous n'êtes seulement pas couvertes. Vous allez voir que vous allez encore me prendre mal.

---

12. - Marmot : n.m. kid, brat.   13. - Rigole : n. f. gully - furrow.

ANTIGONE. — Laisse-nous, nourrice. Il ne fait pas froid, je t'assure : c'est déjà l'été. Va nous faire du café.
(Elle s'est assise soudain fatiguée.)
Je voudrais bien un peu de café, s'il te plaît, nounou. Cela me ferait du bien.

LA NOURRICE. — Ma colombe ! La tête lui tourne d'être sans rien et je suis là comme une idiote au lieu de lui donner quelque chose de chaud.
(Elle sort vite.)

ISMÈNE. — Tu es malade ?

ANTIGONE. — Cela n'est rien. Un peu de fatigue.
(Elle sourit.)
C'est parce que je me suis levée tôt.

ISMÈNE. — Moi non plus je n'ai pas dormi.

ANTIGONE, *sourit encore*. — Il faut que tu dormes. Tu serais moins belle demain.

ISMÈNE. — Ne te moque pas.

ANTIGONE. — Je ne me moque pas. Cela me rassure ce matin, que tu sois belle. Quand j'étais petite, j'étais si malheureuse, tu te souviens ? Je te barbouillais[14] de terre, je te mettais des vers[15] dans le cou. Une fois, je t'ai attachée à un arbre et je t'ai coupé tes cheveux, tes beaux cheveux...
(Elle caresse les cheveux d'Ismène.)
Comme cela doit être facile de ne pas penser de bêtises avec toutes ces belles mèches lisses et bien ordonnées autour de la tête !

ISMÈNE, *soudain*. — Pourquoi parles-tu d'autre chose ?

ANTIGONE, *doucement, sans cesser de lui caresser les cheveux*. — Je ne parle pas d'autre chose...

ISMÈNE. — Tu sais, j'ai bien pensé, Antigone.

ANTIGONE. — Oui.

ISMÈNE. — J'ai bien pensé toute la nuit. Tu es folle.

ANTIGONE. — Oui.

ISMÈNE. — Nous ne pouvons pas.

ANTIGONE, *après un silence, de sa petite voix*. — Pourquoi ?

ISMÈNE. — Il nous ferait mourir.

ANTIGONE. — Bien sûr. A chacun son rôle. Lui, il doit nous faire mourir, et nous, nous devons aller enterrer notre frère. C'est comme cela que ç'a été distribué. Qu'est-ce que tu veux que nous y fassions ?

ISMÈNE. — Je ne veux pas mourir.

ANTIGONE, *doucement*. — Moi aussi j'aurais bien voulu ne pas mourir.

ISMÈNE. — Écoute, j'ai bien réfléchi toute la nuit. Je suis l'aînée. Je réfléchis plus que toi. Toi, c'est ce qui te passe par la tête tout de suite, et tant pis si c'est une bêtise. Moi je suis plus pondérée. Je réfléchis.

---

14. - Barbouiller : to soil, dirty.   15. - Ver : worm.

ANTIGONE. – Il y a des fois où il ne faut pas trop réfléchir.

ISMÈNE. – Si, Antigone. D'abord c'est horrible, bien sûr, et j'ai pitié moi aussi de mon frère, mais je comprends un peu notre oncle.

ANTIGONE. – Moi je ne veux pas comprendre un peu.

ISMÈNE. – Il est le roi, il faut qu'il donne l'exemple.

ANTIGONE. – Moi, je ne suis pas le roi. Il ne faut pas que je donne l'exemple, moi... Ce qui lui passe par la tête, la petite Antigone, la sale bête, l'entêtée, la mauvaise, et puis on la met dans un coin ou dans un trou[16]. Et c'est bien fait pour elle. Elle n'avait qu'à ne pas désobéir !

ISMÈNE. – Allez ! Allez !... Tes sourcils joints, ton regard droit devant toi et te voilà lancée sans écouter personne. Écoute-moi. J'ai raison plus souvent que toi.

ANTIGONE. – Je ne veux pas avoir raison.

ISMÈNE. – Essaie de comprendre, au moins.

ANTIGONE. – Comprendre... Vous n'avez que ce mot-là dans la bouche, tous, depuis que je suis toute petite. Il fallait comprendre qu'on ne peut pas toucher à l'eau, à la belle eau fuyante et froide parce que cela mouille les dalles, à la terre parce que cela tache les robes. Il fallait comprendre qu'on ne doit pas manger tout à la fois, donner tout ce qu'on a dans ses poches au mendiant qu'on rencontre, courir, courir dans le vent jusqu'à ce qu'on tombe par terre et boire quand on a chaud et se baigner quand il est trop tôt ou trop tard, mais pas juste quand on en a envie ! Comprendre. Toujours comprendre. Moi je ne veux pas comprendre. Je comprendrai quand je serai vieille.

(Elle achève doucement.)

Si je deviens vieille. Pas maintenant.

ISMÈNE. – Il est plus fort que nous, Antigone. Il est le roi. Et ils pensent tous comme lui dans la ville. Ils sont des milliers et des milliers autour de nous, grouillant[17] dans toutes les rues de Thèbes.

ANTIGONE. – Je ne t'écoute pas.

ISMÈNE. – Ils nous hueront. Ils nous prendront avec leurs mille bras, leurs mille visages et leur unique regard. Ils nous cracheront à la figure. Et il faudra avancer dans leur haine sur la charrette avec leur ardeur et leurs rires jusqu'au supplice. Et là il y aura les gardes avec leurs têtes d'imbéciles, congestionnées sur leurs cols raides, leurs grosses mains lavées, leur regard de bœuf – qu'on sent qu'on pourra toujours crier, essayer de leur faire comprendre, qu'ils vont comme des nègres et qu'ils feront tout ce qu'on leur a dit scrupuleusement, sans savoir si c'est bien ou mal... Et souffrir ? Il faudra souffrir, sentir que la douleur monte, qu'elle est arrivée au point où l'on ne peut plus la supporter ; qu'il faudrait qu'elle s'arrête, mais qu'elle continue pourtant et monte encore, comme une voix aiguë... Oh ! je ne peux pas, je ne peux pas, je ne peux pas...

ANTIGONE. – Comme tu as bien tout pensé.

ISMÈNE. – Toute la nuit. Pas toi ?

ANTIGONE. – Si, bien sûr.

---

16. - Trou : hole.
17. - Grouiller : to swarm.

ISMÈNE. – Moi, tu sais, je ne suis pas très courageuse.
ANTIGONE, *doucement*. – Moi non plus. Mais qu'est-ce que cela fait ?
(Il y a un silence, Ismène demande soudain.)
ISMÈNE. – Tu n'as donc pas envie de vivre, toi ?
ANTIGONE, *murmure*. – Pas envie de vivre...
(Et plus doucement encore si c'est possible.)
Qui se levait la première, le matin, rien que pour sentir l'air froid sur sa peau nue ? Qui se couchait la dernière seulement quand elle n'en pouvait plus de fatigue, pour vivre encore un peu de la nuit ? Qui pleurait déjà toute petite, en pensant qu'il y avait tant de petites bêtes, tant de brins d'herbe dans le pré[18] et qu'on ne pouvait pas tous les prendre ?

ISMÈNE, *a un élan soudain vers elle*. – Ma petite sœur...

ANTIGONE, *se redresse et crie*. – Ah, non ! Laisse-moi ! Ne me caresse pas ! Ne nous mettons pas à pleurnicher[19] ensemble, maintenant. Tu as bien réfléchi, tu dis ? Tu penses que toute la ville hurlante contre toi, tu penses que la douleur et la peur de mourir c'est assez ?

ISMÈNE, *baisse la tête*. – Oui.

ANTIGONE. – Sers-toi de ces prétextes.

ISMÈNE, *se jette contre elle*. – Antigone ! Je t'en supplie ! C'est bon pour les hommes de croire aux idées et de mourir pour elles. Toi tu es une fille.

ANTIGONE, *les dents serrées*. – Une fille, oui. Ai-je assez pleuré d'être une fille !

ISMÈNE. – Ton bonheur est là devant toi et tu n'as qu'à le prendre. Tu es fiancée, tu es jeune, tu es belle...

ANTIGONE, *sourdement*. – Non, je ne suis pas belle.

ISMÈNE. – Pas belle comme nous, mais autrement. Tu sais bien que c'est sur toi que se retournent les petits voyous dans la rue ; que c'est toi que les petites filles regardent passer, soudain muettes sans pouvoir te quitter des yeux jusqu'à ce que tu aies tourné le coin.

ANTIGONE, *a un petit sourire imperceptible*. – Des voyous, des petites filles...

ISMÈNE, *après un temps*. – Et Hémon, Antigone ?

ANTIGONE, *fermée*. – Je parlerai tout à l'heure à Hémon : Hémon sera tout à l'heure une affaire réglée.

ISMÈNE. – Tu es folle.

ANTIGONE, *sourit*. – Tu m'as toujours dit que j'étais folle, pour tout, depuis toujours. Va te recoucher, Ismène... Il fait jour maintenant, tu vois, et, de toute façon, je ne pourrais rien faire. Mon frère mort est maintenant entouré d'une garde exactement comme s'il avait réussi à se faire roi. Va te recoucher. Tu es toute pâle de fatigue.

ISMÈNE. – Et toi ?

ANTIGONE. – Je n'ai pas envie de dormir... Mais je te promets que je ne bougerai pas d'ici avant ton réveil. Nourrice va m'apporter à manger. Va dormir encore. Le soleil se lève seulement. Tu as les yeux tout petits de sommeil. Va... [B]

---

18. - Pré (49) : field, meadow.
19. - Pleurnicher : to snivel.
A. - What are Ismene's arguments when she discusses her brothers's burial with Antigone ?
B. - Does the idea of pain and death frighten Antigone ?

ISMÈNE. — Je te convaincrai, n'est-ce pas? Je te convaincrai? Tu me laisseras te parler encore?

ANTIGONE, *un peu lasse*. — Je te laisserai me parler, oui. Je vous laisserai tous me parler. Va dormir maintenant, je t'en prie. Tu serais moins belle demain.

(Elle la regarde sortir avec un petit sourire triste, puis elle tombe soudain lasse sur une chaise.)

Pauvre Ismène!...

LA NOURRICE, *entre*. — Tiens, te voilà un bon café et des tartines [20], mon pigeon. Mange.

ANTIGONE. — Je n'ai pas très faim, nourrice.

LA NOURRICE. — Je les ai grillées moi-même et beurrées comme tu les aime.

ANTIGONE. — Tu es gentille, nounou. Je vais seulement boire un peu.

LA NOURRICE. — Où as-tu mal?

ANTIGONE. — Nulle part, nounou. Mais fais-moi tout de même bien chaud comme lorsque j'étais malade... Nounou plus forte que la fièvre, nounou plus forte que le cauchemar, plus forte que l'ombre de l'armoire qui ricane [21] et se transforme d'heure en heure sur le mur, plus forte que les mille insectes du silence qui rongent quelque chose, quelque part dans la nuit, plus forte que la nuit elle-même avec son hululement [22] de folle qu'on n'entend pas — nounou, plus forte que la mort. Donne-moi ta main comme lorsque tu restais à côté de mon lit.

LA NOURRICE. — Qu'est-ce que tu as, ma petite colombe?

ANTIGONE. — Rien, nounou. Je suis seulement encore un peu petite pour tout cela. Mais il n'y a que toi qui dois le savoir.

LA NOURRICE. — Trop petite, pourquoi, ma mésange?

ANTIGONE. — Pour rien, nounou. Et puis, tu es là. Je tiens ta bonne main rugueuse [23] qui sauve de tout, toujours, je le sais bien. Peut-être qu'elle va me sauver encore. Tu es si puissante, nounou.

LA NOURRICE. — Qu'est-ce que tu veux que je fasse pour toi, ma tourterelle?

ANTIGONE. — Rien, nounou. Seulement ta main comme cela sur ma joue.

(Elle reste un moment les yeux fermés.)

Voilà, je n'ai plus peur. Ni du méchant ogre, ni du marchand de sable, ni du Taoutaou [24] qui passe et emmène les enfants...

(Un silence encore, elle continue d'un autre ton.)

Nounou, tu sais, Douce, ma chienne...

LA NOURRICE. — Oui.

ANTIGONE. — Tu vas me promettre que tu ne la gronderas plus jamais.

LA NOURRICE. — Une bête qui salit tout avec ses pattes! Ça ne devrait pas entrer dans les maisons.

ANTIGONE. — Même si elle salit tout. Promets, nourrice.

LA NOURRICE. — Alors il faudra que je la laisse tout abîmer sans rien dire?

---

20. - Tartine : bread (with jam, butter, etc.).
21. - Ricaner : sneer.
22. - Hululement : hooting.
23. - Rugueux : rough, callused.
24. - Taoutaou : bogeyman.

ANTIGONE. – Oui, nounou.

LA NOURRICE. – Ah! ça serait un peu fort!

ANTIGONE. – S'il te plaît, nounou. Tu l'aimes bien, Douce, avec sa bonne grosse tête. Et puis, au fond, tu aimes bien frotter aussi. Tu serais très malheureuse si tout restait propre toujours. Alors je te le demande : ne la gronde pas.

LA NOURRICE. – Si elle pisse sur mes tapis?

ANTIGONE. – Promets que tu ne la gronderas tout de même pas. Je t'en prie, dis, je t'en prie, nounou...

LA NOURRICE. – Tu profites de ce que tu câlines... C'est bon. C'est bon. On essuiera sans rien dire. Tu me fais tourner en bourrique[25].

ANTIGONE. – Et puis, promets-moi aussi que tu lui parleras, que tu lui parleras souvent.

LA NOURRICE, *hausse les épaules*. – A-t-on vu ça? Parler aux bêtes!

ANTIGONE. – Et justement pas comme à une bête. Comme à une vraie personne, comme tu m'entends faire...

LA NOURRICE. – Ah! ça non! A mon âge, faire l'idiote! Mais pourquoi veux-tu que toute la maison lui parle comme toi, à cette bête?

ANTIGONE, *doucement*. – Si moi, pour une raison ou pour une autre, je ne pouvais plus lui parler...

LA NOURRICE, *qui ne comprend pas*. – Plus lui parler, plus lui parler? Pourquoi?

ANTIGONE, *détourne un peu la tête et puis elle ajoute, la voix dure*. – Et puis, si elle était trop triste, si elle avait trop l'air d'attendre tout de même – le nez sous la porte comme lorsque je suis sortie, – il vaudrait peut-être mieux la faire tuer, nounou, sans qu'elle ait mal.

LA NOURRICE. – La faire tuer, ma mignonne? Faire tuer ta chienne? Mais tu es folle ce matin!

ANTIGONE. – Non, nounou.

(Hémon paraît.)

Voilà Hémon. Laisse-nous, nourrice. Et n'oublie pas que tu m'as juré.

ANTIGONE, *court à Hémon*. – Pardon, Hémon, pour notre dispute d'hier soir et pour tout. C'est moi qui avais tort. Je te prie de me pardonner.

(La nourrice sort.)

HÉMON. – Tu sais bien que je t'avais pardonné, à peine avais-tu claqué la porte. Ton parfum était encore là et je t'avais déjà pardonné.

(Il la tient dans ses bras, il sourit, il la regarde.)

A qui l'avais-tu volé, ce parfum?

ANTIGONE. – A Ismène.

HÉMON. – Et le rouge à lèvres, la poudre, la belle robe?

ANTIGONE. – Aussi.

HÉMON. – En quel honneur t'étais-tu faite si belle?

---

25. - Bourrique (faire tourner en bourrique) : she-ass, dunce.

ANTIGONE. — Je te dirai.
(Elle se serre contre lui un peu plus fort.)
Oh ! mon chéri, comme j'ai été bête. Tout un soir gaspillé. Un beau soir.

HÉMON. — Nous aurons d'autres soirs, Antigone.

ANTIGONE. — Peut-être pas.

HÉMON. — Et d'autres disputes aussi. C'est plein de disputes un bonheur.

ANTIGONE. — Un bonheur, oui... Écoute, Hémon.

HÉMON. — Oui.

ANTIGONE. — Ne ris pas ce matin. Sois grave.

HÉMON. — Je suis grave.

ANTIGONE. — Et serre-moi. Plus fort que tu ne m'as jamais serrée. Que toute ta force s'imprime dans moi.

HÉMON. — Là. De toute ma force.

ANTIGONE, *dans un souffle*. — C'est bon.
(Ils restent un instant sans rien dire, puis elle commence doucement.)
Écoute, Hémon.

HÉMON. — Oui.

ANTIGONE. — Je voulais te dire ce matin... Le petit garçon que nous aurions eu tous les deux...

HÉMON. — Oui.

ANTIGONE. — Tu sais, je l'aurais bien défendu contre tout.

HÉMON. — Oui, Antigone.

ANTIGONE. — Oh ! je l'aurais serré si fort qu'il n'aurait jamais eu peur, je te le jure. Ni du soir qui vient, ni de l'angoisse du plein soleil immobile, ni des ombres... Notre petit garçon, Hémon ! Il aurait eu une maman toute petite et mal peignée — mais plus sûre que toutes les vraies mères du monde avec leurs vraies poitrines et leurs grands tabliers[26]. Tu le crois, n'est-ce pas, toi ?

HÉMON. — Oui, mon amour.

ANTIGONE. — Et tu crois aussi, n'est-ce pas, que toi, tu aurais eu une vraie femme ?

HÉMON, *la tient*. — J'ai une vraie femme.

ANTIGONE, *crie soudain, blottie contre lui*. — Oh ! tu m'aimais, Hémon, tu m'aimais, tu en es bien sûr, ce soir-là ?

HÉMON, *la berce doucement*. — Quel soir ?

ANTIGONE. — Tu es bien sûr qu'à ce bal où tu es venu me chercher dans mon coin, tu ne t'es pas trompé de jeune fille ? Tu es sûr que tu n'as jamais regretté depuis, jamais pensé, même tout au fond de toi, même une fois, que tu aurais plutôt dû demander Ismène ?

HÉMON. — Idiote !

---

26. - Tablier : n. m. apron.

ANTIGONE. – Tu m'aimes, n'est-ce pas ? Tu m'aimes comme une femme ? Tes bras qui me serrent ne mentent pas ? Tes grandes mains posées sur mon dos ne mentent pas, ni ton odeur, ni ce bon chaud, ni cette grande confiance qui m'inonde quand j'ai la tête au creux [27] de ton cou ?

HÉMON. – Oui, Antigone, je t'aime comme une femme.

ANTIGONE. – Je suis noire [28] et maigre. Ismène est rose et dorée comme un fruit.

HÉMON, *murmure*. – Antigone...

ANTIGONE. – Oh ! Je suis toute rouge de honte. Mais il faut que je sache ce matin. Dis la vérité, je t'en prie. Quand tu penses que je serai à toi, est-ce que tu sens au milieu de toi comme un grand trou qui se creuse, comme quelque chose qui meurt.

HÉMON. – Oui, Antigone.

ANTIGONE, *dans un souffle, après un temps*. – Moi, je sens comme cela. Et je voulais te dire que j'aurais été très fière d'être ta femme, ta vraie femme, sur qui tu aurais posé ta main, le soir, en t'asseyant, sans penser, comme sur une chose bien à toi.

(Elle s'est détachée de lui, elle a pris un autre ton.)

Voilà. Maintenant, je vais te dire encore deux choses. Et quand je les aurai dites, il faudra que tu sortes sans me questionner. Même si elles te paraissent extraordinaires, même si elles te font de la peine. Jure-le-moi.

HÉMON. – Qu'est-ce que tu vas me dire encore ?

ANTIGONE. – Jure-moi d'abord que tu sortiras sans rien me dire. Sans même me regarder. Si tu m'aimes, jure-le-moi.

(Elle le regarde avec son pauvre visage bouleversé.)

Tu vois comme je te le demande, jure-le-moi, s'il te plaît, Hémon... C'est la dernière folie que tu auras à me passer.

HÉMON, *après un temps*. – Je te le jure.

ANTIGONE. – Merci. Alors, voilà. Hier d'abord. Tu me demandais tout à l'heure pourquoi j'étais venue avec une robe d'Ismène, ce parfum et ce rouge aux lèvres. J'étais bête. Je n'étais pas très sûre que tu me désires vraiment et j'avais fait tout cela pour être un peu plus comme les autres filles, pour te donner envie de moi.

HÉMON. – C'était pour cela ?

ANTIGONE. – Oui. Et tu as ri et nous nous sommes disputés et mon mauvais caractère a été le plus fort, je me suis sauvée.

(Elle ajoute plus bas.)

Mais j'étais venue chez toi pour que tu me prennes hier soir, pour que je sois ta femme avant.

(Il recule, il va parler, elle crie.)

Tu m'as juré de ne pas me demander pourquoi. Tu m'as juré, Hémon !

(Elle dit plus bas, humblement.)

Je t'en supplie...

(Et elle ajoute, se détournant, dure.)

D'ailleurs, je vais te dire. Je voulais être ta femme quand même parce que je t'aime comme cela, moi, très fort, et que – je vais te faire de la peine, ô mon chéri, pardon ! – que jamais, je ne pourrai t'épouser.

(Il est resté muet de stupeur, elle court à la fenêtre, elle crie.)

27. - Creux : hollow.   28. - Noire : dark-skinned.

Hémon, tu me l'as juré! Sors. Sors tout de suite sans rien dire. Si tu parles, si tu fais un seul pas vers moi, je me jette par cette fenêtre. Je te le jure, Hémon. Je te le jure sur la tête du petit garçon que nous avons eu tous les deux en rêve, du seul petit garçon que j'aurai jamais. Pars maintenant, pars vite. Tu sauras demain. Tu sauras tout à l'heure.
(Elle achève avec un tel désespoir qu'Hémon obéit et s'éloigne.)
S'il te plaît, pars, Hémon. C'est tout ce que tu peux faire encore pour moi, si tu m'aimes.
(Il est sorti. Elle reste sans bouger, le dos à la salle, puis elle referme la fenêtre, elle vient s'asseoir sur une petite chaise au milieu de la scène, et dit doucement, comme étrangement apaisée.)
Voilà. C'est fini pour Hémon, Antigone.

Ismène, *est entrée, appelant.* — Antigone!... Ah, tu es là!

Antigone, *sans bouger.* — Oui, je suis là.

Ismène. — Je ne peux pas dormir. J'avais peur que tu sortes, et que tu tentes de l'enterrer malgré le jour. Antigone, ma petite sœur, nous sommes tous là autour de toi, Hémon, nounou et moi, et Douce, ta chienne... Nous t'aimons et nous sommes vivants, nous, nous avons besoin de toi. Polynice est mort et il ne t'aimait pas. Il a toujours été un étranger pour nous, un mauvais frère. Oublie-le, Antigone, comme il nous avait oubliées. Laisse son ombre dure errer éternellement sans sépulture, puisque c'est la loi de Créon. Ne tente pas ce qui est au-dessus de tes forces. Tu braves tout toujours, mais tu es toute petite, Antigone. Reste avec nous, ne va pas là-bas cette nuit, je t'en supplie.

Antigone, *s'est levée, un étrange petit sourire sur les lèvres, elle va vers la porte et du seuil, doucement, elle dit.* — C'est trop tard. Ce matin, quand tu m'as rencontrée, j'en venais[C].
(Elle est sortie, Ismène la suit avec un cri.)

Ismène. — Antigone!
(Dès qu'Ismène est sortie, Créon entre par une autre porte avec son page.)

Créon. — Un garde, dis-tu? Un de ceux qui gardent le cadavre? Fais-le entrer.
(Le garde entre. C'est une brute. Pour le moment il est vert de peur.)

Le garde, *se présente au garde à vous.* — Garde Jonas, de la Deuxième Compagnie.

Créon. — Qu'est-ce que tu veux?

Le garde. — Voilà, chef. On a tiré au sort pour savoir celui qui viendrait. Et le sort est tombé sur moi. Alors, voilà, chef. Je suis venu parce qu'on a pensé qu'il valait mieux qu'il n'y en ait qu'un qui explique, et puis parce qu'on ne pouvait pas abandonner le poste tous les trois. On est les trois du piquet de garde, chef, autour du cadavre.

Créon. — Qu'as-tu à me dire?

Le garde. — On est trois, chef. Je ne suis pas tout seul. Les autres c'est Durand et le garde de première classe Boudousse.

Créon. — Pourquoi n'est-ce pas le première classe qui est venu?

Le garde. — N'est-ce pas, chef? Je l'ai dit tout de suite, moi. C'est le première classe qui doit y aller. Quand il n'y a pas de gradé, c'est le première classe qui est responsable. Mais les autres ils ont dit non et ils ont voulu tirer au sort. Faut-il que j'aille chercher le première classe, chef?

C. - Why did Antigone bury her brother?

Créon. — Non. Parle, toi, puisque tu es là.

Le garde. — J'ai dix-sept ans de service. Je suis engagé volontaire, la médaille, deux citations. Je suis bien noté, chef. Moi je suis « service ». Je ne connais que ce qui est commandé. Mes supérieurs ils disent toujours : « Avec Jonas on est tranquille. »

Créon. — C'est bon. Parle. De quoi as-tu peur ?

Le garde. — Régulièrement ça aurait dû être le première classe. Moi je suis proposé première classe, mais je ne suis pas encore promu. Je devais être promu en juin.

Créon. — Vas-tu parler enfin ? S'il est arrivé quelque chose, vous êtes tous les trois responsables. Ne cherche plus qui devrait être là.

Le garde. — Hé bien, voilà, chef : le cadavre... On a veillé pourtant ! On avait la relève de deux heures, la plus dure. Vous savez ce que c'est, chef, au moment où la nuit va finir. Ce plomb entre les yeux, la nuque qui tire, et puis toutes ces ombres qui bougent et le brouillard du petit matin qui se lève... Ah ! ils ont bien choisi leur heure !... On était là, on parlait, on battait la semelle. On ne dormait pas, chef, ça on peut vous le jurer tous les trois qu'on ne dormait pas ! D'ailleurs, avec le froid qu'il faisait... Tout d'un coup, moi je regarde le cadavre... On était à deux pas, mais moi je le regardais de temps en temps tout de même... Je suis comme ça, moi, chef, je suis méticuleux. C'est pour ça que mes supérieurs ils disent : « Avec Jonas... »

(Un geste de Créon l'arrête, il crie soudain.)

C'est moi qui l'ai vu le premier, chef ! Les autres vous le diront, c'est moi qui ai donné le premier l'alarme !

Créon. — L'alarme ? Pourquoi ?

Le garde. — Le cadavre, chef. Quelqu'un l'avait recouvert. Oh ! pas grand-chose. Ils n'avaient pas eu le temps avec nous autres à côté. Seulement un peu de terre... Mais assez tout de même pour le cacher aux vautours.

Créon, *va à lui*. — Tu es sûr que ce n'est pas une bête en grattant ?

Le garde. — Non, chef. On a d'abord espéré ça, nous aussi. Mais la terre était jetée sur lui, selon les rites. C'est quelqu'un qui savait ce qu'il faisait.

Créon. — Qui a osé ? Qui a été assez fou pour braver ma loi ? As-tu relevé des traces ?

Le garde. — Rien, chef. Rien qu'un pas plus léger qu'un passage d'oiseau. Après, en cherchant mieux, le garde Durand a trouvé plus loin une pelle, une petite pelle d'enfant toute vieille, toute rouillée. On a pensé que ça ne pouvait pas être un enfant qui avait fait le coup. Le première classe l'a gardée tout de même pour l'enquête.

Créon, *rêve un peu*. — Un enfant... L'opposition brisée qui sourd et mine déjà partout. Les amis de Polynice avec leur or bloqué dans Thèbes, les chefs de la plèbe puant l'ail, soudainement alliés aux princes, et les prêtres essayant de pêcher un petit quelque chose au milieu de tout cela... Un enfant ! Ils ont dû penser que cela serait plus touchant. Je le vois d'ici, leur enfant, avec sa gueule de tueur appointé et la petite pelle soigneusement enveloppée dans du papier sous sa veste. A moins qu'ils n'aient dressé un vrai enfant, avec des phrases. Une innocence inestimable pour le parti. Un vrai petit garçon pâle qui crachera devant mes fusils. Un précieux sang bien frais sur mes mains, double aubaine.

(Il va à l'homme.)

Mais, ils ont des complices, et dans ma garde peut-être. Écoute bien, toi...

Le garde. — Chef, on a fait tout ce qu'on devait faire ! Durand s'est assis une demi-heure parce qu'il avait mal aux pieds, mais moi, chef, je suis resté tout le temps debout. Le première classe vous le dira.

Créon. — A qui avez-vous déjà parlé de cette affaire ?

Le garde. — A personne, chef. On a tout de suite tiré au sort, et je suis venu.

Créon. — Écoute bien. Votre garde est doublée. Renvoyez la relève. Voilà l'ordre. Je ne veux que vous près du cadavre. Et pas un mot. Vous êtes coupables d'une négligence, vous serez punis de toute façon, mais si tu parles, si le bruit court dans la ville qu'on a recouvert le cadavre de Polynice, vous mourrez tous les trois.

Le garde, *gueule*. — On n'a pas parlé, chef, je vous le jure ! Mais moi, j'étais ici et peut être que les autres, ils l'ont déjà dit à la relève...
(Il sue à grosses gouttes, il bafouille.)
Chef, j'ai deux enfants. Il y en a un qui est tout petit. Vous témoignerez pour moi que j'étais ici, chef, devant le conseil de guerre. J'étais ici, moi, avec vous ! J'ai un témoin ! Si on a parlé, ça sera les autres, ça ne sera pas moi ! J'ai un témoin, moi !

Créon. — Va vite. Si personne ne sait, tu vivras.
(Le garde sort en courant. Créon reste un instant muet. Soudain, il murmure.)
Un enfant.
(Il a pris le petit page par l'épaule.)
Viens, petit. Il faut que nous allions raconter tout cela maintenant... Et puis, la jolie besogne commencera. Tu mourrais, toi, pour moi ? Tu crois que tu irais avec ta petite pelle ?
(Le petit le regarde. Il sort avec lui, lui caressant la tête.)
Oui, bien sûr, tu irais tout de suite toi aussi...
(On l'entend soupirer encore en sortant.)
Un enfant...
(Ils sont sortis. Le chœur entre.)

Le chœur. — Et voilà. Maintenant le ressort[29] est bandé. Cela n'a plus qu'à se dérouler tout seul. C'est cela qui est commode dans la tragédie, on donne le petit coup de pouce pour que cela démarre, rien, un regard pendant une seconde à une fille qui passe et lève les bras dans la rue, une envie d'honneur un beau matin, au réveil, comme de quelque chose qui se mange, une question de trop qu'on se pose un soir... C'est tout. Après, on n'a plus qu'à laisser faire. On est tranquille. Cela roule tout seul. C'est minutieux, bien huilé depuis toujours. La mort, la trahison, le désespoir sont là, tout prêts, et les éclats, et les orages, et les silences; tous les silences : le silence quand le bras du bourreau[30] se lève à la fin ; le silence au commencement, quand les deux amants sont nus l'un en face de l'autre pour la première fois, sans oser bouger tout de suite, dans la chambre sombre, le silence quand les cris de la foule éclatent autour du vainqueur — et on dirait un film dont le son s'est enrayé, toutes ces bouches ouvertes dont il ne sort rien, toute cette clameur qui n'est qu'une image, et le vainqueur, déjà vaincu, seul au milieu de son silence...

C'est propre, la tragédie. C'est reposant, c'est sûr... Dans le drame, avec ces traîtres, avec ses méchants acharnés, cette innocence persécutée, ces vengeurs, ces terre-neuve[31], ces lueurs d'espoir, cela devient épouvantable de mourir, comme un accident. On aurait peut-

---

29. - Ressort : spring.
30. - Bourreau : executioner.
31. - Terre-neuve : Newfoundland dog, bloodhound.

être pu se sauver, le bon jeune homme aurait peut-être pu arriver à temps avec les gendarmes. Dans la tragédie on est tranquille. D'abord, on est entre soi. On est tous inncents en somme ! Ce n'est pas parce qu'il y en a un qui tue et l'autre qui est tué. C'est une question de distribution. Et puis, surtout, c'est reposant, la tragédie, parce qu'on sait qu'il n'y a plus d'espoir, le sale espoir ; qu'on est pris, qu'on est enfin pris comme un rat, avec tout le ciel sur son dos, et qu'on n'a plus qu'à crier — pas à gémir, non, pas à se plaindre, — à gueuler à pleine voix ce qu'on avait à dire, qu'on n'avait jamais dit et qu'on ne savait peut-être même pas encore. Et pour rien : pour se le dire à soi, pour l'apprendre, soi. Dans le drame, on se débat parce qu'on espère en sortir. C'est ignoble, c'est utilitaire. Là, c'est gratuit. C'est pour les rois. Et il n'y a plus rien à tenter, enfin !

(Antigone est entrée, poussée par les gardes.)

LE CHŒUR. — Alors, voilà, cela commence. La petite Antigone est prise. La petite Antigone va pouvoir être elle-même pour la première fois.

(Le chœur disparaît, tandis que les gardes poussent Antigone en scène.)

LE GARDE, *qui a repris tout son aplomb.* — Allez, Allez, pas d'histoires ! Vous vous expliquerez devant le chef. Moi, je ne connais que la consigne [32]. Ce que vous aviez à faire là, je ne veux pas le savoir. Tout le monde a des excuses, tout le monde a quelque chose à objecter. S'il fallait écouter les gens, s'il fallait essayer de comprendre, on serait propres. Allez, allez ! Tenez-la, vous autres, et pas d'histoires ! Moi, ce qu'elle a à dire, je ne veux pas le savoir !

ANTIGONE. — Dis-leur de me lâcher, avec leurs sales mains. Ils me font mal.

LE GARDE. — Leurs sales mains ? Vous pourriez être polie, Mademoiselle... Moi, je suis poli.

ANTIGONE. — Dis-leur de me lâcher. Je suis la fille d'Oedipe, je suis Antigone. Je ne me sauverai pas.

LE GARDE. — La fille d'Oedipe, oui ! Les putains qu'on ramasse à la garde de nuit, elles disent aussi de se méfier, qu'elles sont la bonne amie du préfet de police !

(Ils rigolent.)

ANTIGONE. — Je veux bien mourir, mais pas qu'ils me touchent !

LE GARDE. — Et les cadavres, dis, et la terre, ça ne te fait pas peur à toucher ? Tu dis « leurs sales mains »... Regarde un peu les tiennes.

(Antigone regarde ses mains tenues par les menottes avec un petit sourire. Elles sont pleines de terre.)

LE GARDE. — On te l'avait prise, ta pelle [33] ? Il a fallu que tu refasses ça avec tes ongles, la deuxième fois ? Ah ! cette audace. Je tourne le dos une seconde, je te demande une chique [34], et allez, le temps de me la caler dans la joue, le temps de dire merci, elle était là, à gratter comme une petite hyène. Et en plein jour ! Et c'est qu'elle se débattait, cette garce [35], quand j'ai voulu la prendre ! C'est qu'elle voulait me sauter aux yeux ! Elle criait qu'il fallait qu'elle finisse... C'est une folle, oui !

LE DEUXIÈME GARDE. — J'ai ai arrêté une autre, de folle, l'autre jour. Elle montrait son cul aux gens.

32. - Consigne : order.
33. - Pelle : shovel.
34. - Chique : chew (of tabacco).
35. - Garce : bitch (fem. of gars, but used only in neg. sense).

Le Garde. — Dis, Boudousse, qu'est-ce qu'on va se payer comme gueuleton[36] tous les trois, pour fêter ça !

Le Deuxième Garde. — Chez la Tordue. Il est bon, son rouge.

Le Troisième Garde. — On a quartier libre dimanche. Si on amenait les femmes ?

Le Garde. — Non, entre nous, qu'on rigole... Avec les femmes, il y a toujours des histoires, et puis les moutards[37] qui veulent pisser. Ah ! dis, Boudousse, tout à l'heure, on ne croyait pas qu'on aurait envie de rigoler comme ça, nous autres !

Le Deuxième Garde. — Ils vont peut-être nous donner une récompense.

Le Garde. — Ça se peut, si c'est important.

Le Troisième Garde. — Flanchard, de la troisième, quand il a mis la main sur l'incendiaire, le mois dernier, il a eu le mois double.

Le Deuxième Garde. — Ah, dis donc ! Si on a le mois double, je propose : au lieu d'aller chez la Tordue, on va au Palais arabe[D].

Le Garde. — Pour boire ? T'es pas fou ? Ils te vendent la bouteille le double au Palais. Pour monter, d'accord. Écoutez-moi, je vais vous dire : on va d'abord chez la Tordue, on se les cale comme il faut et après on va au Palais. Dis, Boudousse, tu te rappelles la grosse, du Palais ?

Le Deuxième Garde. — Ah ! ce que t'étais saoul, toi, ce jour-là !

Le Troisième Garde. — Mais nos femmes, si on a le mois double, elles le sauront. Si ça se trouve, on sera peut-être publiquement félicités.

Le Garde. — Alors on verra. La rigolade c'est autre chose. S'il y a une cérémonie dans la cour de la caserne[38], comme pour les décorations, les femmes viendront aussi et les gosses. Et alors on ira tous chez la Tordue.

Le Deuxième Garde. — Oui, mais il faudra lui commander le menu d'avance.

Antigone, *demande d'une petite voix*. — Je voudrais m'asseoir un peu, s'il vous plaît.

Le Garde, *après un temps de réflexion*. — C'est bon, qu'elle s'asseye. Mais ne la lâchez pas, vous autres.

(Créon entre, le garde gueule aussitôt.)

Le Garde. — Garde à vous !

Créon, *s'est arrêté, surpris*. — Lâchez cette jeune fille. Qu'est-ce que c'est ?

Le Garde. — C'est le piquet de garde, chef. On est venu avec les camarades.

Créon. — Qui garde le corps ?

Le Garde. — On a appelé la relève, chef.

Créon. — Je t'avais dit de la renvoyer ! Je t'avais dit de ne rien dire.

Le Garde. — On n'a rien dit, chef. Mais comme on a arrêté celle-là, on a pensé qu'il fallait qu'on vienne. Et cette fois on n'a pas tiré au sort. On a préféré venir tous les trois.

---

36. - Gueuleton : party, « smash. »
37. - Moutard : brat, kid.

D. - Do the guards care one way or the other about the burial of Polynice?
38. - Caserne : Barracks.

CRÉON. — Imbéciles !

(A Antigone.)

Où t'ont-ils arrêtée ?

LE GARDE. — Près du cadavre, chef.

CRÉON. — Qu'allais-tu faire près du cadavre de ton frère ? Tu savais que j'avais interdit de l'approcher.

LE GARDE. — Ce qu'elle faisait, chef ? C'est pour ça qu'on vous l'amène. Elle grattait la terre avec ses mains. Elle était en train de le recouvrir encore une fois.

CRÉON. — Sais-tu bien ce que tu es en train de dire, toi ?

LE GARDE. — Chef, vous pouvez demander aux autres. On avait dégagé le corps à mon retour ; mais avec le soleil qui chauffait, comme il commençait à sentir, on s'était mis sur une petite hauteur, pas loin, pour être dans le vent. On se disait qu'en plein jour on ne risquait rien. Pourtant on avait décidé, pour être plus sûrs, qu'il y en aurait toujours un de nous trois qui le regarderait. Mais à midi, en plein soleil, et puis avec l'odeur qui montait, depuis que le vent était tombé, c'était comme un coup de massue[39]. J'avais beau écarquiller[40] les yeux, ça tremblait comme de la gélatine, je voyais plus. Je vais au camarade lui demander une chique pour passer ça... Le temps que je me la cale à la joue, chef, le temps que je lui dise merci, je me retourne : elle était là à gratter avec ses mains. En plein jour ! Elle devait bien penser qu'on ne pouvait pas ne pas la voir. Et quand elle a vu que je lui courais dessus, vous croyez qu'elle s'est arrêtée, qu'elle a essayé de se sauver peut-être ? Non. Elle a continué de toutes ses forces, aussi vite qu'elle pouvait, comme si elle ne me voyait pas arriver. Et quand je l'ai empoignée, elle se débattait comme une diablesse, elle voulait continuer encore, elle me criait de la laisser, que le corps n'était pas encore tout à fait recouvert...

CRÉON, *à Antigone*. — C'est vrai ?

ANTIGONE. — Oui, c'est vrai.

LE GARDE. — On a redécouvert le corps, comme de juste, et puis on a passé la relève, sans parler de rien, et on est venu vous l'amener, chef. Voilà.

CRÉON. — Et cette nuit, la première fois, c'était toi aussi ?

ANTIGONE. — Oui. C'était moi. Avec une petite pelle de fer qui nous servait à faire des châteaux de sable sur la plage, pendant les vacances. C'était justement la pelle de Polynice. Il avait gravé son nom au couteau sur le manche. C'est pour cela que je l'ai laissée près de lui. Mais ils l'ont prise. Alors, la seconde fois, j'ai dû recommencer avec mes mains.

LE GARDE. — On aurait dit une petite bête qui grattait. Même qu'au premier coup d'œil, avec l'air chaud qui tremblait, le camarade dit : « Mais non, c'est une bête. » « Penses-tu, je lui dis, c'est trop fin pour une bête. C'est une fille. »

CRÉON. — C'est bien. On vous demandera peut-être un rapport tout à l'heure. Pour le moment, laissez-moi seul avec elle. Conduis ces hommes à côté, petit. Et qu'ils restent au secret jusqu'à ce que je revienne les voir.

LE GARDE. — Faut-il lui remettre les menottes, chef ?

---

39. - Massue : club.   40. - Écarquiller : to open wide.

CRÉON. — Non.

(Les gardes sont sortis, précédés par le petit page. Créon et Antigone sont seuls l'un en face de l'autre.)

CRÉON. — Avais-tu parlé de ton projet à quelqu'un ?

ANTIGONE. — Non.

CRÉON. — As-tu rencontré quelqu'un sur ta route ?

ANTIGONE. — Non; personne.

CRÉON. — Tu en es bien sûre ?

ANTIGONE. — Oui.

CRÉON. — Alors, écoute : tu vas rentrer chez toi, te coucher, dire que tu es malade, que tu n'es pas sortie depuis hier. Ta nourrice dira comme toi. Je ferai disparaître ces trois hommes [E].

ANTIGONE. — Pourquoi ? Puisque vous savez bien que je recommencerai.

(Un silence. Ils se regardent.)

CRÉON. — Pourquoi as-tu tenté d'enterrer ton frère ?

ANTIGONE. — Je le devais.

CRÉON. — Je l'avais interdit.

ANTIGONE, *doucement*. — Je le devais tout de même. Ceux qu'on n'enterre pas errent éternellement sans jamais trouver de repos. Si mon frère vivant était rentré harassé d'une longue chasse, je lui aurais enlevé ses chaussures, je lui aurais fait à manger, je lui aurais préparé son lit... Polynice aujourd'hui a achevé sa chasse. Il rentre à la maison où mon père et ma mère, et Etéocle aussi l'attendent. Il a droit au repos.

CRÉON. — C'était un révolté et un traître, tu le savais.

ANTIGONE. — C'était mon frère.

CRÉON. — Tu avais entendu proclamer l'édit aux carrefours, tu avais lu l'affiche sur tous les murs de la ville ?

ANTIGONE. — Oui.

CRÉON. — Tu savais le sort qui y était promis à celui, quel qu'il soit, qui oserait lui rendre les honneurs funèbres ?

ANTIGONE. — Oui, je le savais.

CRÉON. — Tu as cru peut-être que d'être la fille d'Oedipe, la fille de l'orgueil d'Oedipe, c'était assez pour être au-dessus de la loi.

ANTIGONE. — Non. Je n'ai pas cru cela.

CRÉON. — La loi est d'abord faites pour toi, Antigone, la loi est d'abord faite pour les filles des rois !

ANTIGONE. — Si j'avais été une servante en train de faire sa vaisselle, quand j'ai entendu lire l'édit, j'aurais essuyé l'eau grasse de mes bras et je serais sortie avec mon tablier pour aller enterrer mon frère.

E. - Does Créon want Antigone to die? Why?

CRÉON. — Ce n'est pas vrai. Si tu avais été une servante, tu n'aurais pas douté que tu allais mourir et tu serais restée à pleurer ton frère chez toi. Seulement tu as pensé que tu étais de race royale, ma nièce et la fiancée de mon fils, et que, quoi qu'il arrive, je n'oserais pas te faire mourir [F].

ANTIGONE. — Vous vous trompez. J'étais certaine que vous me feriez mourir au contraire.

CRÉON, *la regarde et murmure soudain.* — L'orgueil d'Oedipe. Tu es l'orgueil d'Oedipe. Oui, maintenant que je l'ai retrouvé au fond de tes yeux, je te crois. Tu as dû penser que je te ferais mourir. Et cela te paraissait un dénouement tout naturel pour toi, orgueilleuse ! Pour ton père non plus — je ne dis pas le bonheur, il n'en était pas question — le malheur humain, c'était trop peu. L'humain vous gêne aux entournure dans la famille. Il vous faut un tête-à-tête avec le destin et la mort. Et tuer votre père et coucher avec votre mère et apprendre tout cela après, avidement, mot par mot. Quel breuvage, hein, les mots qui vous condamnent ? Et comme on les boit goulûment [41] quand on s'appelle Oedipe, ou Antigone. Et le plus simple après, c'est encore de se crever les yeux et d'aller mendier avec ses enfants sur les routes... Eh bien, non. Ces temps sont révolus pour Thèbes. Thèbes a droit maintenant à un prince sans histoire. Moi, je m'appelle seulement Créon, Dieu merci. J'ai mes deux pieds par terre, mes deux mains enfoncées dans mes poches et, puisque je suis roi, j'ai résolu, avec moins d'ambition que ton père, de m'employer tout simplement à rendre l'ordre de ce monde un peu moins absurde, si c'est possible. Ce n'est même pas une aventure, c'est un métier pour tous les jours et pas toujours drôle, comme tous les métiers. Mais puisque je suis là pour le faire, je vais le faire... Et si demain un messager crasseux dévale du fond des montagnes pour m'annoncer qu'il n'est pas très sûr non plus de ma naissance, je le prierai tout simplement de s'en retourner d'où il vient et je ne m'en irai pas pour si peu regarder ta tante sous le nez et me mettre à confronter les dates. Les rois ont autre chose à faire que du pathétique personnel, ma petite fille [G].

(Il a été à elle, il lui prend le bras.)

Alors, écoute-moi bien. Tu es Antigone, tu es la fille d'Oedipe, soit, mais tu as vingt ans et il n'y a pas longtemps encore, tout cela se serait réglé par du pain sec et une paire de gifles.

(Il la regarde souriant.)

Te faire mourir ! Tu ne t'es pas regardée, moineau ! Tu es trop maigre. Grossis un peu, plutôt, pour faire un gros garçon à Hémon. Thèbes en a besoin plus que de ta mort, je te l'assure. Tu vas rentrer chez toi tout de suite pour faire ce que je t'ai dit et te taire. Je me charge du silence des autres. Allez, va ! Et ne me foudroie pas comme cela du regard. Tu me prends pour une brute, c'est entendu, et tu dois penser que je suis décidément bien prosaïque. Mais je t'aime bien tout de même avec ton sale caractère. N'oublie pas que c'est moi qui t'ai fait cadeau de ta première poupée, il n'y a pas si longtemps.

(Antigone ne répond pas. Elle va sortir. Il l'arrête.)

CRÉON. — Antigone ! C'est par cette porte qu'on regagne ta chambre. Où t'en vas-tu par là ?

ANTIGONE, *s'est arrêtée, elle lui répond doucement, sans forfanterie.* — Vous le savez bien...

(Un silence. Ils se regardent encore debout l'un en face de l'autre.)

CRÉON, *murmure, comme pour lui.* — Quel jeu joues-tu ?

F. - 40. - For what reasons does Créon at first believe that Antigone has defied him?
41. - Goulûment: avidly, greedily.

G. - How does Créon feel about the duties of a king? Will Antigone be of more value to Thebes dead or alive? Why?

ANTIGONE. — Je ne joue pas.

CRÉON. — Tu ne comprends donc pas que si quelqu'un d'autre que ces trois brutes sait tout à l'heure ce que tu as tenté de faire, je serai obligé de te faire mourir? Si tu te tais maintenant, si tu renonces à cette folie, j'ai une chance de te sauver, mais je ne l'aurai plus dans cinq minutes. Le comprends-tu?

ANTIGONE. — Il faut que j'aille enterrer mon frère que ces hommes ont découvert.

CRÉON. — Tu irais refaire ce geste absurde? Il y a une autre garde autour du corps de Polynice et, même si tu parviens à le recouvrir encore, on dégagera son cadavre, tu le sais bien. Que peux-tu donc, sinon t'ensanglanter encore les ongles et te faire prendre?

ANTIGONE. — Rien d'autre que cela, je le sais. Mais cela, du moins, je le peux. Et il faut faire ce que l'on peut.

CRÉON. — Tu y crois donc vraiment, toi, à cet enterrement dans les règles? A cette ombre de ton frère condamnée à errer toujours si on ne jette pas sur le cadavre un peu de terre avec la formule du prêtre? Tu leur as déjà entendu la réciter, aux prêtres de Thèbes, la formule? Tu as vu ces pauvres têtes d'employés fatigués écourtant les gestes, avalant les mots, bâclant[42] ce mort pour en prendre un autre avant le repas de midi?

ANTIGONE. — Oui, je les ai vus.

CRÉON. — Est-ce que tu n'as jamais pensé alors que si c'était un être que tu aimais vraiment, qui était là, couché dans cette boîte, tu te mettrais à hurler tout d'un coup? A leur crier de se taire, de s'en aller?

ANTIGONE. — Si, je l'ai pensé.

CRÉON. — Et tu risques la mort maintenant parce que j'ai refusé à ton frère ce passeport dérisoire, ce bredouillage en série sur sa dépouille, cette pantomime dont tu aurais été la première à avoir honte et mal si on l'avait jouée. C'est absurde!

ANTIGONE. — Oui, c'est absurde.

CRÉON. — Pourquoi fais-tu ce geste, alors? Pour les autres, pour ceux qui y croient? Pour les dresser contre moi?

ANTIGONE. — Non.

CRÉON. — Ni pour les autres, ni pour ton frère? Pour qui alors?

ANTIGONE. — Pour personne. Pour moi.

CRÉON, *la regarde en silence*. — Tu as donc bien envie de mourir? Tu as déjà l'air d'un petit gibier pris[43].

ANTIGONE. — Ne vous attendrissez pas sur moi. Faites comme moi. Faites ce que vous avez à faire. Mais si vous êtes un être humain, faites-le vite. Voilà tout ce que je vous demande. Je n'aurai pas du courage éternellement, c'est vrai.

CRÉON, *se rapproche*. — Je veux te sauver, Antigone.

ANTIGONE. — Vous êtes le roi, vous pouvez tout, mais cela, vous ne le pouvez pas.

CRÉON. — Tu crois?

ANTIGONE. — Ni me sauver, ni me contraindre.

---

42. - Bâcler: to scamp, to do hastily.

43. - Gibier: gibier pris: trapped animal.

CRÉON. — Orgueilleuse! Petite Oedipe!

ANTIGONE. — Vous pouvez seulement me faire mourir.

CRÉON. — Et si je te fais torturer?

ANTIGONE. — Pourquoi? Pour que je pleure, que je demande grâce, pour que je jure tout ce qu'on voudra et que je recommence après, quand je n'aurai plus mal?

CRÉON, *lui serre le bras.* — Écoute-moi bien. J'ai le mauvais rôle, c'est entendu, et tu as le bon. Et tu le sens. Mais n'en profite tout de même pas trop, petite peste... Si j'étais une bonne brute ordinaire de tyran, il y aurait déjà longtemps qu'on t'aurait arraché la langue, tiré les membres aux tenailles[44], ou jetée dans un trou. Mais tu vois dans mes yeux quelque chose qui hésite, tu vois que je te laisse parler au lieu d'appeler mes soldats; alors, tu nargues[45], tu attaques tant que tu peux. Où veux-tu en venir, petite furie?

ANTIGONE. — Lâchez-moi. Vous me faites mal au bras avec votre main.

CRÉON, *qui serre plus fort.* — Non. Moi, je suis le plus fort comme cela, j'en profite aussi.

ANTIGONE, *pousse un petit cri.* — Aïe!

CRÉON, *dont les yeux rient.* — C'est peut-être ce que je devrais faire, après tout, tout simplement, te tordre le poignet, te tirer les cheveux comme on fait aux filles dans les jeux.
(Il la regarde encore. Il redevient grave. Il lui dit tout près.)
Je suis ton oncle, c'est entendu, mais nous ne sommes pas tendres les uns pour les autres, dans la famille. Cela ne te semble pas drôle, tout de même, ce roi bafoué[46] qui t'écoute, ce vieux homme qui peut tout et qui en a vu tuer d'autres, je t'assure, et d'aussi attendrissants que toi, et qui est là, à se donner toute cette peine pour essayer de t'empêcher de mourir?

ANTIGONE, *après un temps.* — Vous serrez trop, maintenant. Cela ne me fait même plus mal. Je n'ai plus de bras.

CRÉON, *la regarde et la lâche avec un petit sourire. Il murmure.* — Dieu sait pourtant si j'ai autre chose à faire aujourd'hui, mais je vais tout de même perdre le temps qu'il faudra et te sauver, petite peste.
(Il la fait asseoir sur une chaise au milieu de la pièce. Il enlève sa veste, il s'avance vers elle, lourd, puissant en bras de chemise.)
Au lendemain d'une révolution ratée, il y a du pain sur la planche, je te l'assure. Mais les affaires urgentes attendront. Je ne veux pas te laisser mourir dans une histoire de politique. Tu vaux mieux que cela. Parce que ton Polynice, cette ombre éplorée et ce corps qui se décompose entre ses gardes et tout ce pathétique qui t'enflamme, ce n'est qu'une histoire de politique. D'abord je ne suis pas tendre, mais je suis délicat : j'aime ce qui est propre, net, bien lavé. Tu crois que cela ne me dégoûte pas autant que toi, cette viande qui pourrit au soleil? Le soir, quand le vent vient de la mer, on la sent déjà du palais. Cela me soulève le cœur. Pourtant, je ne vais même pas fermer ma fenêtre. C'est ignoble, et je peux te le dire à toi, c'est bête, monstrueusement bête, mais il faut que tout Thèbes sente cela pendant quelque temps. Tu penses bien que je l'aurais fait enterrer, ton frère, ne fût-ce que pour l'hygiène! Mais pour que les brutes que je gouverne comprennent, il faut que cela pue le cadavre de Polynice dans toute la ville, pendant un mois[H].

---

44. - Tenaille: pincers, pliers.
45. - Narguer: to snap one's fingers at, defy.
46. - Bafoué: a. scoff at, made game of.

H. - What is the real conflict between Antigone and Créon?

Antigone. — Vous êtes odieux.

Créon. — Oui, mon petit. C'est le métier qui le veut. Ce qu'on peut discuter, c'est s'il faut le faire ou ne pas le faire. Mais si on le fait, il faut le faire comme cela.

Antigone. — Pourquoi le faites-vous?

Créon. — Un matin, je me suis réveillé roi de Thèbes. Et Dieu sait si j'aimais autre chose dans la vie que d'être puissant...

Antigone. — Il fallait dire non, alors!

Créon. — Je le pouvais. Seulement, je me suis senti tout d'un coup comme un ouvrier qui refusait un ouvrage. Cela ne m'a pas paru honnête. J'ai dit oui[1].

Antigone. — Eh bien, tant pis pour vous! Moi, je n'ai pas dit « oui ». Qu'est-ce que vous voulez que cela me fasse, à moi, votre politique, votre nécessité, vos pauvres histoires? Moi, je peux dire « non » encore à tout ce que je n'aime pas et je suis seul juge. Et vous, avec votre couronne, avec vos gardes, avec votre attirail, vous pouvez seulement me faire mourir, parce que vous avez dit « oui ».

Créon. — Écoute-moi.

Antigone. — Si je veux, moi, je peux ne pas vous écouter. Vous avez dit « oui ». Je n'ai plus rien à apprendre de vous. Pas vous. Vous êtes là à boire mes paroles. Et si vous n'appelez pas vos gardes, c'est pour m'écouter jusqu'au bout.

Créon. — Tu m'amuses.

Antigone. — Non. Je vous fais peur. C'est pour cela que vous essayez de me sauver. Ce serait tout de même plus commode de garder une petite Antigone vivante et muette dans ce palais. Vous êtes trop sensible pour faire un bon tyran, voilà tout. Mais vous allez me faire mourir tout de même tout à l'heure, vous le savez, et c'est pour cela que vous avez peur. C'est laid un homme qui a peur.

Créon, *sourdement*. — Eh bien, oui, j'ai peur d'être obligé de te faire tuer si tu t'obstines. Et je ne le voudrais pas.

Antigone. — Moi, je ne suis pas obligée de faire ce que je ne voudrais pas! Vous n'auriez pas voulu non plus, peut-être, refuser une tombe à mon frère? Dites-le donc, que vous ne l'auriez pas voulu?

Créon. — Je te l'ai dit.

Antigone. — Et vous l'avez fait tout de même. Et maintenant, vous allez me faire tuer sans le vouloir. Et c'est cela, être roi!

Créon. — Oui, c'est cela!

Antigone. — Pauvre Créon! avec mes ongles cassés et pleins de terre et les bleus que tes gardes m'ont faits aux bras, avec ma peur qui tord le ventre, moi je suis reine.

Créon. — Alors, aie pitié de moi, vis. Le cadavre de ton frère qui pourrit sous mes fenêtres, c'est assez payé pour que l'ordre règne dans Thèbes. Mon fils t'aime. Ne m'oblige pas à payer avec toi encore. J'ai assez payé.

Antigone. — Non. Vous avez dit « oui ». Vous ne vous arrêterez jamais de payer maintenant!

---

1. - Why did Créon accept to be king?

CRÉON, *la secoue soudain, hors de lui.* – Mais, bon Dieu ! Essaie de comprendre une minute, toi aussi, petite idiote ! J'ai bien essayé de te comprendre, moi. Il faut pourtant qu'il y en ait qui disent oui. Il faut pourtant qu'il y en ait qui mènent la barque. Cela prend l'eau de toutes parts, c'est plein de crimes, de bêtise, de misère... Et le gouvernail est là qui ballotte. L'équipage ne veut plus rien faire, il ne pense qu'à piller la cale et les officiers sont déjà en train de se construire un petit radeau confortable, rien que pour eux, avec toute la provision d'eau douce pour tirer au moins leurs os de là. Et le mât craque, et le vent siffle et les voiles vont se déchirer et toutes ces brutes vont crever toutes ensemble, parce qu'elles ne pensent qu'à leur peau, à leur précieuse peau et à leurs petites affaires. Crois-tu, alors, qu'on a le temps de faire le raffiné, de savoir s'il faut dire « oui » ou « non », de se demander s'il ne faudra pas payer trop cher un jour et si on pourra encore être un homme après ? On prend le bout de bois, on redresse devant la montagne d'eau, on gueule un ordre et on tire dans le tas, sur le premier qui s'avance. Dans le tas ! Cela n'a pas de nom. C'est comme la vague qui vient de s'abattre sur le pont devant nous ; le vent qui vous gifle, et la chose qui tombe dans le groupe n'a pas de nom. C'était peut-être celui qui t'avait donné du feu en souriant la veille. Il n'a plus de nom. Et toi non plus, tu n'as plus de nom, cramponné à la barre [47]. Il n'y a plus que le bateau qui ait un nom et la tempête. Est-ce que tu le comprends, cela ?

ANTIGONE, *secoue la tête.* – Je ne veux pas comprendre. C'est bon pour vous. Moi je suis là pour autre chose que pour comprendre. Je suis là pour vous dire non et pour mourir.

CRÉON. – C'est facile de dire non !

ANTIGONE. – Pas toujours.

CRÉON. – Pour dire oui, il faut suer et retrousser ses manches, empoigner la vie à pleines mains et s'en mettre jusqu'aux coudes. C'est facile de dire non, même si on doit mourir. Il n'y a qu'à ne pas bouger et attendre. Attendre pour vivre, attendre même pour qu'on vous tue. C'est trop lâche. C'est une invention des hommes. Tu imagines un monde où les arbres aussi auraient dit non contre la sève [48], où les bêtes auraient dit non contre l'instinct de la chasse ou de l'amour ? Les bêtes, elles au moins, sont bonnes et simples et dures. Elles vont, se poussant, les unes après les autres, courageusement, sur le même chemin. Et si elles tombent, les autres passent et il peut s'en perdre autant que l'on veut, il en restera toujours une de chaque espèce prête à refaire des petits et à reprendre le même chemin avec le même courage, toute pareille à celles qui sont passées avant.

ANTIGONE. – Quel rêve, hein ? pour un roi : des bêtes ! Ce serait si simple.

(Un silence. Créon la regarde.)

CRÉON. – Tu me méprises, n'est-ce pas ?

(Elle ne répond pas, il continue comme pour lui.)

C'est drôle. Je l'ai souvent imaginé, ce dialogue avec un petit jeune homme pâle qui aurait essayé de me tuer et dont je ne pourrais rien tirer après que du mépris. Mais je ne pensais pas que ce serait avec toi et pour quelque chose d'aussi bête...

(Il a pris sa tête dans ses mains. On sent qu'il est à bout de forces.)

Écoute-moi tout de même pour la dernière fois. Mon rôle n'est pas bon, mais c'est mon rôle et je vais te faire tuer. Seulement, avant, je veux que toi aussi tu sois bien sûre du tien. Tu sais pourquoi tu vas mourir, Antigone ? Tu sais au bas de quelle histoire sordide tu vas signer pour toujours ton petit nom sanglant ?

47. - Barre: helm, wheel.   48. - Sève: sap.

ANTIGONE. – Quelle histoire?

CRÉON. – Celle d'Étéocle et de Polynice, celle de tes frères. Non, tu crois la savoir, tu ne la sais pas. Personne ne la sait dans Thèbes, que moi. Mais il me semble que toi, ce matin, tu as aussi le droit de l'apprendre.
(Il rêve un temps, la tête dans ses mains, accoudé sur ses genoux. On l'entend murmurer.)
Ce n'est pas bien beau, tu vas voir.
(Et il commence sourdement sans regarder Antigone.)
Que te rappelles-tu de tes frères, d'abord? Deux compagnons de jeux qui te méprisaient sans doute, qui te cassaient tes poupées, se chuchotant éternellement des mystères à l'oreille l'un de l'autre pour te faire enrager?

ANTIGONE. – C'étaient des grands...

CRÉON. – Après, tu as dû les admirer avec leurs premières cigarettes, leurs premiers pantalons longs et puis ils ont commencé à sortir le soir, à sentir l'homme, et ils ne t'ont plus regardée du tout.

ANTIGONE. – J'étais une fille...

CRÉON. – Tu voyais bien ta mère pleurer, ton père se mettre en colère, tu entendais claquer les portes à leur retour, et leurs ricanements dans les couloirs. Et ils passaient devant toi, goguenards[49] et veules[50], sentant le vin.

ANTIGONE. – Une fois, je m'étais cachée derrière une porte, c'était le matin, nous venions de nous lever et eux, ils rentraient. Polynice m'a vue, il était tout pâle, les yeux brillants et si beau dans son vêtement du soir! Il m'a dit : « Tiens, tu es là, toi? » Et il m'a donné une grande fleur de papier qu'il avait rapportée de sa nuit.

CRÉON. – Et tu l'as conservée, n'est-ce pas, cette fleur? Et hier, avant de t'en aller, tu as ouvert ton tiroir et tu l'as regardée, longtemps, pour te donner du courage?

ANTIGONE, *tressaille*. – Qui vous a dit cela?

CRÉON. – Pauvre Antigone, avec ta fleur de cotillon! Sais-tu qui était ton frère?

ANTIGONE. – Je savais que vous me diriez du mal de lui en tout cas!

CRÉON. – Un petit fêtard imbécile, un petit carnassier dur et sans âme, une petite brute tout juste bonne à aller plus vite que les autres avec ses voitures, à dépenser plus d'argent dans les bars. Une fois, j'étais là, ton père venait de lui refuser une grosse somme qu'il avait perdue au jeu; il est devenu tout pâle et il a levé le poing en criant un mot ignoble!

ANTIGONE. – Ce n'est pas vrai!

CRÉON. – Son poing de brute à toute volée dans le visage de ton père! C'était pitoyable. Ton père était assis à sa table, la tête dans ses mains. Il saignait du nez. Il pleurait. Et, dans un coin du bureau, Polynice, ricanant, qui allumait une cigarette.

ANTIGONE, *supplie presque maintenant*. – Ce n'est pas vrai!

CRÉON. – Rappelle-toi, tu avais douze ans. Vous ne l'avez pas revu pendant longtemps. C'est vrai, cela?

---

49. - Goguenard: insolent, jeering.   50. - Veule: weak, spineless.

ANTIGONE, *sourdement*. — Oui, c'est vrai.

CRÉON. — C'était après cette dispute. Ton père n'a pas voulu le faire juger. Il s'est engagé dans l'armée argyenne. Et, dès qu'il a été chez les Argyens, la chasse à l'homme a commencé contre ton père, contre ce vieil homme qui ne se décidait pas à mourir, à lâcher son royaume. Les attentats se succédaient et les tueurs que nous prenions finissaient toujours par avouer qu'ils avaient reçu de l'argent de lui. Pas seulement de lui, d'ailleurs. Car c'est cela que je veux que tu saches, les coulisses de ce drame où tu brûles de jouer un rôle, la cuisine. J'ai fait faire hier des funérailles grandioses à Étéocle. Étéocle est un héros et un saint pour Thèbes maintenant. Tout le peuple était là. Les enfants des écoles ont donné tous les sous de leur tirelire pour la couronne; des vieillards, faussement émus, ont magnifié, avec des trémolos dans la voix, le bon frère, le fils fidèle d'Oedipe, le prince loyal. Moi aussi, j'ai fait un discours. Et tous les prêtres de Thèbes au grand complet, avec la tête de circonstance. Et les honneurs militaires... Il fallait bien. Tu penses que je ne pouvais tout de même pas m'offrir le luxe d'une crapule dans les deux camps. Mais je vais te dire quelque chose, à toi, quelque chose que je sais seul, quelque chose d'effroyable : Étéocle, ce prix de vertu, ne valait pas plus cher que Polynice. Le bon fils avait essayé, lui aussi, de faire assassiner son père, le prince loyal avait décidé, lui aussi, de vendre Thèbes au plus offrant. Oui, crois-tu que c'est drôle? Cette trahison pour laquelle le corps de Polynice est en train de pourrir au soleil, j'ai la preuve maintenant qu'Étéocle, qui dort dans son tombeau de marbre, se préparait, lui aussi, à la commettre. C'est un hasard si Polynice a réussi son coup avant lui. Nous avions affaire à deux larrons en foire qui se trompaient l'un l'autre en nous trompant et qui se sont égorgés comme deux petits voyous qu'ils étaient, pour un règlement de comptes... Seulement, il s'est trouvé que j'ai eu besoin de faire un héros de l'un d'eux. Alors, j'ai fait rechercher leurs cadavres au milieu des autres. On les a retrouvés embrassés, pour la première fois de leur vie, sans doute. Ils s'étaient embrochés mutuellement, et puis la charge de la cavalerie argyenne leur avait passé dessus. Ils étaient en bouillie, Antigone, méconnaissables. J'ai fait ramasser un des corps, le moins abîmé des deux, pour mes funérailles nationales et j'ai donné l'ordre de laisser pourrir l'autre où il était. Je ne sais même pas lequel. Et je t'assure que cela m'est égal[J].

(Il y a un long silence, ils ne bougent pas, sans se regarder, puis Antigone dit doucement.)

ANTIGONE. — Pourquoi m'avez-vous raconté cela?

(Créon se lève, remet sa veste.)

CRÉON. — Valait-il mieux te laisser mourir dans cette pauvre histoire?

ANTIGONE. — Peut-être. Moi, je croyais.

(Il y a un silence encore. Créon s'approche d'elle.)

CRÉON. — Qu'est-ce que tu vas faire maintenant?

ANTIGONE, *se lève comme une somnambule*. — Je vais remonter dans ma chambre.

CRÉON. — Ne reste pas trop seule. Va voir Hémon, ce matin. Marie-toi vite.

ANTIGONE, *dans un souffle*. — Oui.

CRÉON. — Tu as toute ta vie devant toi. Notre discussion était bien oiseuse, je t'assure. Tu as ce trésor, toi, encore.

J. - What sort of men were Antigone's brothers?

ANTIGONE. — Oui.

CRÉON. — Rien d'autre ne compte. Et tu allais le gaspiller! Je te comprends, j'aurais fait comme toi à vingt ans. C'est pour cela que je buvais tes paroles. J'écoutais du fond du temps un petit Créon maigre et pâle comme toi et qui ne pensait qu'à tout donner lui aussi... Marie-toi vite, Antigone, sois heureuse. La vie n'est pas ce que tu crois. C'est une eau que les jeunes gens laissent couler sans le savoir, entre leurs doigts ouverts. Ferme tes mains, ferme tes mains, vite. Retiens-la. Tu verras, cela deviendra une petite chose dure et simple qu'on grignote, assis au soleil. Ils te diront tous le contraire parce qu'ils ont besoin de ta force et de ton élan. Ne les écoute pas. Ne m'écoute pas quand je ferai mon prochain discours devant le tombeau d'Étéocle. Ce ne sera pas vrai. Rien n'est vrai que ce qu'on ne dit pas... Tu l'apprendras toi aussi, trop tard : la vie c'est un livre qu'on aime, c'est un enfant qui joue à vos pieds, un outil qu'on tient bien dans sa main, un banc pour se reposer le soir devant sa maison. Tu vas me mépriser encore, mais de découvrir cela, tu verras, c'est la consolation dérisoire de vieillir : la vie ce n'est peut-être tout de même que le bonheur!

ANTIGONE, *murmure, le regard perdu*. — Le bonheur...

CRÉON, *a un peu honte soudain*. — Un pauvre mot, hein?

ANTIGONE, *doucement*. — Quel sera-t-il, mon bonheur? Quelle femme heureuse deviendra-t-elle, la petite Antigone? Quelles pauvretés[51] faudra-t-il qu'elle fasse elle aussi, jour par jour, pour arracher avec ses dents son petit lambeau de bonheur? Dites, à qui devra-t-elle mentir, à qui sourire, à qui se vendre? Qui devra-t-elle laisser mourir en détournant le regard[K]?

CRÉON, *hausse les épaules*. — Tu es folle, tais-toi.

ANTIGONE. — Non, je ne me tairai pas. Je veux savoir comment je m'y prendrai, moi aussi, pour être heureuse. Tout de suite, puisque c'est tout de suite qu'il faut choisir. Vous dites que c'est si beau la vie. Je veux savoir comment je m'y prendrai pour vivre.

CRÉON. — Tu aimes Hémon?

ANTIGONE. — Oui, j'aime Hémon. J'aime un Hémon dur et jeune; un Hémon exigeant et fidèle, comme moi. Mais si votre vie, votre bonheur doivent passer sur lui avec leur usure, si Hémon ne doit plus pâlir quand je pâlis, s'il ne doit plus me croire morte quand je suis en retard de cinq minutes, s'il ne doit plus se sentir seul au monde et me détester quand je ris sans qu'il sache pourquoi, s'il doit devenir près de moi le monsieur Hémon, s'il doit apprendre à dire « oui », lui aussi, alors je n'aime plus Hémon!

CRÉON. — Tu ne sais plus ce que tu dis. Tais-toi.

ANTIGONE. — Si, je sais ce que je dis, mais c'est vous qui ne m'entendez plus. Je vous parle de trop loin maintenant, d'un royaume où vous ne pouvez plus entrer avec vos rides, votre sagesse, votre ventre.

(Elle rit.)

Ah! je ris, Créon, je ris parce que je te vois à quinze ans, tout d'un coup! C'est le même air d'impuissance et de croire qu'on peut tout. La vie t'a seulement ajouté tous ces petits plis sur le visage et cette graisse autour de toi.

CRÉON, *la secoue*. — Te tairais-tu, enfin?

---

51. - Pauvreté: concession, sinful thing.

K. - Once convinced that her cause was not worth dying for, what made Antigone change her mind? Why?

ANTIGONE. — Pourquoi veux-tu me faire taire? Parce que tu sais que j'ai raison? Tu crois que je ne lis pas dans tes yeux que tu le sais? Tu sais que j'ai raison, mais tu ne l'avoueras jamais parce que tu es en train de défendre ton bonheur en ce moment comme un os.

CRÉON. — Le tien et le mien, oui, imbécile!

ANTIGONE. — Vous me dégoûtez tous avec votre bonheur! Avec votre vie qu'il faut aimer coûte que coûte. On dirait des chiens qui lèchent tout ce qu'ils trouvent. Et cette petite chance, pour tous les jours si on n'est pas trop exigeant. Moi, je veux tout, tout de suite, — et que ce soit entier, — ou alors je refuse! Je ne veux pas être modeste, moi, et me contenter d'un petit morceau si j'ai été bien sage. Je veux être sûre de tout aujourd'hui et que cela soit aussi beau que quand j'étais petite — ou mourir.

CRÉON. — Allez, commence, commence, comme ton père!

ANTIGONE. — Comme mon père, oui! Nous sommes de ceux qui posent les questions jusqu'au bout. Jusqu'à ce qu'il ne reste vraiment plus la petite chance d'espoir vivante, la plus petite chance d'espoir à étrangler. Nous sommes de ceux qui lui sautent dessus quand nous le rencontrons, votre espoir, votre cher espoir, votre sale espoir!

CRÉON. — Tais-toi! Si tu te voyais criant ces mots, tu es laide.

ANTIGONE. — Oui, je suis laide! C'est ignoble, n'est-ce pas, ces cris, ces sursauts, cette lutte de chiffonniers. Papa n'est devenu beau qu'après, quand il a été bien sûr, enfin, qu'il avait tué son père, que c'était bien avec sa mère qu'il avait couché. Et que rien, plus rien, ne pouvait le sauver. Alors, il s'est calmé tout d'un coup, il a eu comme un sourire, et il est devenu beau. C'était fini. Il n'a plus eu qu'à fermer les yeux pour ne plus vous voir! Ah! vos têtes, vos pauvres têtes de candidats au bonheur! C'est vous qui êtes laids, même les plus beaux. Vous avez tous quelque chose de laid au coin de l'œil ou de la bouche. Tu l'as bien dit tout à l'heure, Créon, la cuisine. Vous avez des têtes de cuisiniers!

CRÉON, *lui broie le bras*. — Je t'ordonne de te taire maintenant, tu entends?

ANTIGONE. — Tu m'ordonnes, cuisinier? Tu crois que tu peux m'ordonner quelque chose?

CRÉON. — L'antichambre est pleine de monde. Tu veux donc te perdre? On va t'entendre.

ANTIGONE. — Eh bien, ouvre les portes. Justement, ils vont m'entendre!

CRÉON, *qui essaie de lui fermer la bouche de force*. — Vas-tu te taire, enfin, bon Dieu?

ANTIGONE, *se débat*. — Allons vite, cuisinier! Appelle tes gardes!

(La porte s'ouvre. Entre Ismène.)

ISMÈNE, *dans un cri*. — Antigone!

ANTIGONE. — Qu'est-ce que tu veux, toi aussi?

ISMÈNE. — Antigone, pardon! Antigone, tu vois, je viens, j'ai du courage. J'irai maintenant avec toi.

ANTIGONE. — Où iras-tu avec moi?

ISMÈNE. — Si vous la faites mourir, il faudra me faire mourir avec elle!

ANTIGONE. — Ah! non. Pas maintenant. Pas toi! C'est moi, c'est moi seule. Tu ne te figures pas que tu vas venir mourir avec moi, maintenant. Ce serait trop facile.

ISMÈNE. — Je ne veux pas vivre si tu meurs, je ne veux pas rester sans toi!

L. - How would Antigone like life to be?

ANTIGONE. — Tu as choisi la vie et moi la mort. Laisse-moi maintenant avec tes jérémiades. Il fallait y aller ce matin, à quatre pattes, dans la nuit. Il fallait aller gratter la terre avec tes ongles pendant qu'ils étaient tout près et te faire empoigner par eux comme une voleuse!

ISMÈNE. — Eh bien, j'irai demain!

ANTIGONE. — Tu l'entends, Créon? Elle aussi. Qui sait si cela ne va pas prendre à d'autres encore, en m'écoutant? Qu'est-ce que tu attends pour me faire taire, qu'est-ce que tu attends pour appeler tes gardes? Allons, Créon, un peu de courage, ce n'est qu'un mauvais moment à passer. Allons, cuisinier, puisqu'il le faut!

CRÉON, *crie soudain.* — Gardes!

(Les gardes apparaissent aussitôt.)

CRÉON. — Emmenez-la.

ANTIGONE, *dans un grand cri, soulagée.* — Enfin, Créon!

(Les gardes se jettent sur elle et l'emmènent. Ismène sort en criant derrière elle.)

ISMÈNE. — Antigone! Antigone!

(Créon est resté seul, le chœur entre et va à lui.)

LE CHŒUR. — Tu es fou, Créon. Qu'as-tu fait?

CRÉON, *qui regarde au loin devant lui.* — Il fallait qu'elle meure.

LE CHŒUR. — Ne laisse pas mourir Antigone, Créon! Nous allons tous porter cette plaie[52] au côté, pendant des siècles.

CRÉON. — C'est elle qui voulait mourir. Aucun de nous n'était assez fort pour la décider à vivre. Je le comprends maintenant, Antigone était faite pour être morte. Elle-même ne le savait peut-être pas, mais Polynice n'était qu'un prétexte. Quand elle a dû y renoncer, elle a trouvé autre chose tout de suite. Ce qui importait pour elle, c'était de refuser et de mourir.

LE CHŒUR. — C'est une enfant, Créon.

CRÉON. — Que veux-tu que je fasse pour elle? La condamner à vivre?

HÉMON, *entre en criant.* — Père!

CRÉON, *court à lui, l'embrasse.* — Oublie-la, Hémon, oublie-la, mon petit.

HÉMON. — Tu es fou, père. Lâche-moi.

CRÉON, *le tient plus fort.* — J'ai tout essayé pour la sauver, Hémon. J'ai tout essayé, je te le jure. Elle ne t'aime pas. Elle aurait pu vivre. Elle a préféré sa folie et la mort.

HÉMON, *crie, tentant de s'arracher à son étreinte.* — Mais père, tu vois bien qu'ils l'emmènent! Père, ne laisse pas ces hommes l'emmener!

CRÉON. — Elle a parlé maintenant. Tout Thèbes sait ce qu'elle a fait. Je suis obligé de la faire mourir.

HÉMON, *s'arrache de ses bras.* — Lâche-moi!

(Un silence. Ils sont l'un en face de l'autre. Ils se regardent.)

LE CHŒUR, *s'approche.* — Est-ce qu'on ne peut pas imaginer quelque chose, dire qu'elle est folle, l'enfermer?

---

52. - Plaie: wound, sore.

CRÉON. — Ils diront que ce n'est pas vrai. Que je la sauve parce qu'elle allait être la femme de mon fils. Je ne peux pas.

LE CHŒUR. — Est-ce qu'on ne peut pas gagner du temps, la faire fuir demain?

CRÉON. — La foule sait déjà, elle hurle autour du palais. Je ne peux pas.

HÉMON. — Père, la foule n'est rien! Tu es le maître.

CRÉON. — Je suis le maître avant la loi. Plus après.

HÉMON. — Père, je suis ton fils, tu ne peux pas me la laisser prendre!

CRÉON. — Si, Hémon. Si, mon petit. Du courage. Antigone ne peut plus vivre. Antigone nous a déjà quittés tous.

HÉMON. — Crois-tu que je pourrai vivre, moi, sans elle? Crois-tu que je l'accepterai, votre vie? Et tous les jours, depuis le matin jusqu'au soir, sans elle! Et votre agitation, votre bavardage[53], votre vide, sans elle.

CRÉON. — Il faudra bien que tu acceptes, Hémon. Chacun de nous a un jour, plus ou moins triste, plus ou moins lointain, où il doit enfin accepter d'être un homme. Pour toi, c'est aujourd'hui... Et te voilà devant moi, avec ces larmes au bord de tes yeux et ton cœur qui te fait mal, mon petit garçon, pour la dernière fois... Quand tu te seras détourné, quand tu auras franchi[54] ce seuil tout à l'heure, ce sera fini.

HÉMON, *recule un peu et dit doucement.* — C'est déjà fini.

CRÉON. — Ne me juge pas, Hémon. Ne me juge pas, toi aussi.

HÉMON, *le regarde et dit soudain.* — Cette grande force et ce courage, ce dieu géant qui m'enlevait dans ses bras et me sauvait des monstres et des ombres, c'était toi? Cette odeur défendue et ce bon pain du soir, sous la lampe, quand tu me montrais des livres dans ton bureau, c'était toi, tu crois?

CRÉON, *humblement.* — Oui, Hémon.

HÉMON. — Tous ces soins, tout cet orgueil, tous ces livres pleins de héros, c'était donc pour en arriver là? Être un homme, comme tu dis, et trop heureux de vivre.

CRÉON. — Oui, Hémon.

HÉMON, *crie soudain comme un enfant, se jetant dans ses bras.* — Père ce n'est pas vrai! Ce n'est pas toi, ce n'est pas aujourd'hui! Nous ne sommes pas tous les deux au pied de ce mur où il faut seulement dire oui. Tu es encore puissant, toi, comme lorsque j'étais petit. Ah! je t'en supplie, père, que je t'admire, que je t'admire encore! Je suis trop seul et le monde est trop nu si je ne peux plus t'admirer.

CRÉON, *le détache de lui.* — On est tout seul, Hémon. Le monde est nu. Et tu m'as admiré trop longtemps. Regarde-moi, c'est cela devenir un homme, voir le visage de son père en face un jour.

HÉMON, *le regarde, puis recule en criant.* — Antigone! Antigone! Au secours!

(Il est sorti en courant.)

---

53. - Bavardage: prattling, garrulity.

54. - Franchir: franchir le seuil: cross the threshold.

Le chœur, *va à Créon*. — Créon, il est sorti comme un fou.
Créon, *qui regarde au loin, droit devant lui, immobile*. — Oui. Pauvre petit, il l'aime.
Le chœur. — Créon, il faut faire quelque chose.
Créon. — Je ne peux plus rien.
Le chœur. — Il est parti, touché à mort.
Créon, *sourdement*. — Oui, nous sommes tous touchés à mort.
　　(*Antigone entre dans la pièce, poussée par les gardes qui s'arc-boutent contre la porte, derrière laquelle on devine la foule hurlante.*)
Le Garde. — Chef, ils envahissent le palais.
Antigone. — Créon, je ne veux plus voir leurs visages, je ne veux plus entendre leurs cris, je ne veux plus voir personne! Tu as ma mort maintenant, c'est assez. Fais que je ne voie plus personne jusqu'à ce que ce soit fini.
Créon, *sort en criant aux gardes*. — La garde aux portes! Qu'on vide le palais! Reste ici avec elle, toi.
　　(*Les deux autres gardes sortent, suivis par le chœur. Antigone reste seule avec le premier garde. Antigone le regarde.*)
Antigone, *elle dit soudain*. — Alors, c'est toi?
Le Garde. — Qui, moi?
Antigone. — Mon dernier visage d'homme.
Le Garde. — Faut croire.
Antigone. — Que je te regarde...
Le Garde, *s'éloigne, gêné*. — Ça va.
Antigone. — C'est toi qui m'as arrêtée, tout à l'heure?
Le Garde. — Oui, c'est moi.
Antigone. — Tu m'as fait mal. Tu n'avais pas besoin de me faire mal. Est-ce que j'avais l'air de vouloir me sauver?
Le Garde. — Allez, allez, pas d'histoires! Si ça n'était pas vous, c'était moi qui y passais.
Antigone. — Quel âge as-tu?
Le Garde. — Trente-neuf ans.
Antigone. — Tu as des enfants?
Le Garde. — Oui, deux.
Antigone. — Tu les aimes?
Le Garde. — Cela ne vous regarde pas.
　　(*Il commence à faire les cent pas dans la pièce; pendant un moment, on n'entend plus que le bruit de ses pas.*)
Antigone, *demande tout humble*. — Il y a longtemps que vous êtes garde?
Le Garde. — Après la guerre. J'étais sergent. J'ai rengagé.
Antigone. — Il faut être sergent pour être garde?

LE GARDE. — En principe, oui. Sergent ou avoir suivi le peloton[55] spécial. Devenu garde, le sergent perd son grade. Un exemple : je rencontre une recrue de l'armée, elle peut ne pas me saluer.

ANTIGONE. — Ah oui?

LE GARDE. — Oui. Remarquez que, généralement, elle le fait. La recrue sait que le garde est un gradé. Question solde : on a la solde ordinaire du garde, comme ceux du peloton spécial, et, pendant six mois, à titre de gratification, un rappel de supplément de la solde de sergent. Seulement, comme garde, on a d'autres avantages. Logement, chauffage, allocations. Finalement, le garde marié avec deux enfants arrive à se faire plus que le sergent de l'active.

ANTIGONE. — Ah oui?

LE GARDE. — Oui. C'est ce qui vous explique la rivalité entre le garde et le sergent. Vous avez peut-être pu remarquer que le sergent affecte de mépriser le garde. Leur grand argument, c'est l'avancement. D'un sens, c'est juste. L'avancement du garde est plus lent et plus difficile que dans l'armée. Mais vous ne devez pas oublier qu'un brigadier des gardes, c'est autre chose qu'un sergent-chef.

ANTIGONE, *lui dit soudain.* — Écoute...

LE GARDE. — Oui.

ANTIGONE. — Je vais mourir tout à l'heure.

(Le garde ne répond pas. Un silence. Il fait les cent pas. Au bout d'un moment, il reprend.)

LE GARDE. — D'un autre côté, on a plus de considération pour le garde que pour le sergent de l'active. Le garde, c'est un soldat, mais c'est presque un fonctionnaire[56].

ANTIGONE. — Tu crois qu'on a mal pour mourir?

LE GARDE. — Je ne peux pas vous dire. Pendant la guerre, ceux qui étaient touchés au ventre, ils avaient mal. Moi, je n'ai jamais été blessé. Et, d'un sens, ça m'a nui pour l'avancement.

ANTIGONE. — Comment vont-ils me faire mourir?

LE GARDE. — Je ne sais pas. Je crois que j'ai entendu dire que pour ne pas souiller la ville de votre sang, ils allaient vous murer dans un trou.

ANTIGONE. — Vivante?

LE GARDE. — Oui, d'abord.

(Un silence. Le garde se fait une chique.)

ANTIGONE. — Ô tombeau! Ô lit nuptial! Ô ma demeure souterraine...

(Elle est toute petite au milieu de la grande pièce nue. On dirait qu'elle a un peu froid. Elle s'entoure de ses bras. Elle murmure.)

Toute seule...

LE GARDE *qui a fini sa chique.* — Aux cavernes de Hadès, aux portes de la ville. En plein soleil. Une drôle de corvée encore pour ceux qui seront de faction. Il avait d'abord été question d'y mettre l'armée. Mais, aux dernières nouvelles, il paraît que c'est encore la garde qui fournira les piquets. Elle a bon dos, la garde! Étonnez-vous après qu'il existe une jalousie entre le garde et le sergent d'active...

---

55. - Peloton: Platoon, squad.

56. - Fonctionnaire: civil servant.

ANTIGONE, *murmure, soudain lasse.* — Deux bêtes...

LE GARDE. — Quoi, deux bêtes?

ANTIGONE. — Des bêtes se serreraient l'une contre l'autre pour se faire chaud. Je suis toute seule.

LE GARDE. — Si vous avez besoin de quelque chose, c'est différent. Je peux appeler.

ANTIGONE. — Non. Je voudrais seulement que tu remettes une lettre à quelqu'un quand je serai morte.

LE GARDE. — Comment ça, une lettre?

ANTIGONE. — Une lettre que j'écrirai.

LE GARDE. — Ah! çà non! Pas d'histoires! Une lettre! Comme vous y allez, vous! Je risquerais gros, moi, à ce petit jeu-là!

ANTIGONE. — Je te donnerai cet anneau si tu acceptes.

LE GARDE. — C'est de l'or?

ANTIGONE. — Oui. C'est de l'or.

LE GARDE. — Vous comprenez, si on me fouille, moi, c'est le conseil de guerre. Ça vous est égal à vous?

(Il regarde encore la bague.)
Ce que je peux, si vous voulez, c'est écrire sur mon carnet ce que vous auriez voulu dire. Après, j'arracherai la page. De mon écriture, ce n'est pas pareil.

ANTIGONE, *a les yeux fermés; elle murmure avec un pauvre rictus.* — Ton écriture...
(Elle a un petit frisson.)
C'est trop laid, tout cela, tout est trop laid.

LE GARDE, *vexé, fait mine de rendre la bague.* — Vous savez, si vous ne voulez pas, moi...

ANTIGONE, *vite.* — Si. Garde la bague et écris. Mais fais vite... J'ai peur que nous n'ayons plus le temps... Écris : « Mon chéri... »

LE GARDE, *qui a pris son carnet et suce sa mine.* — C'est pour votre bon ami?

ANTIGONE. — Mon chéri, j'ai voulu mourir et tu ne vas peut-être plus m'aimer...

LE GARDE, *répète lentement de sa grosse voix en écrivant.* — « Mon chéri, j'ai voulu mourir et tu ne vas peut-être plus m'aimer... »

ANTIGONE. — Et Créon avait raison, c'est terrible, maintenant, à côté de cet homme, je ne sais plus pourquoi je meurs. J'ai peur...

LE GARDE, *qui peine sur sa dictée.* — « Créon avait raison, c'est terrible... »

ANTIGONE. — Oh! Hémon, notre petit garçon. Je le comprends seulement maintenant combien c'était simple de vivre...

LE GARDE, *s'arrête.* — Eh! dites, vous allez trop vite. Comment voulez-vous que j'écrive? Il faut le temps tout de même...

ANTIGONE. — Où en étais-tu?

LE GARDE, *se relit.* — « C'est terrible maintenant à côté de cet homme... »

ANTIGONE. — Je ne sais plus pourquoi je meurs.

LE GARDE, *écrit, suçant sa mine.* — « Je ne sais plus pourquoi je meurs... » On ne sait jamais pourquoi on meurt.

ANTIGONE, *continue.* — J'ai peur...
                                            (Elle s'arrête. Elle se dresse soudain.)
Non. Raye tout cela. Il vaut mieux que jamais personne ne sache. C'est comme s'ils devaient me voir nue et me toucher quand je serai morte. Mets seulement : « Pardon. »

LE GARDE. — Alors, je raye la fin et je mets pardon à la place ?

ANTIGONE. — Oui. Pardon, mon chéri. Sans la petite Antigone, vous auriez tous été bien tranquilles. Je t'aime...

LE GARDE. — « Sans la petite Antigone, vous auriez tous été bien tranquilles. Je t'aime... »

ANTIGONE. — Oui, c'est tout.

LE GARDE. — C'est une drôle de lettre.

ANTIGONE. — Oui, c'est une drôle de lettre.

LE GARDE. — Et c'est à qui qu'elle est adressée ?
    (A ce moment, la porte s'ouvre. Les autres gardes paraissent. Antigone se lève, les regarde, regarde le premier garde qui s'est dressé derrière elle, il empoche la bague et range le carnet, l'air important... Il voit le regard d'Antigone. Il gueule pour se donner une contenance.)

LE GARDE. — Allez ! pas d'histoires !
    (Antigone a un pauvre sourire. Elle baisse la tête. Elle s'en va sans un mot vers les autres gardes. Ils sortent tous.)

LE CHŒUR, *entre soudain.* — Là ! C'est fini pour Antigone. Maintenant, le tour de Créon approche. Il va falloir qu'ils y passent tous.

LE MESSAGER, *fait irruption, criant.* — La reine ? Où est la reine ?

LE CHŒUR. — Que lui veux-tu ? Qu'as-tu à lui apprendre ?

LE MESSAGER. — Une terrible nouvelle. On venait de jeter Antigone, dans son trou. On n'avait pas encore fini de rouler les derniers blocs de pierre lorsque Créon et tous ceux qui l'entourent entendent des plaintes qui sortent soudain du tombeau. Chacun se tait et écoute, car ce n'est pas la voix d'Antigone. C'est une plainte nouvelle qui sort des profondeurs du trou... Tous regardent Créon, et lui qui a deviné le premier, lui qui sait déjà avant tous les autres, hurle soudain comme un fou : « Enlevez les pierres ! Enlevez les pierres ! » Les esclaves se jettent sur les blocs entassés et, parmi eux, le roi suant, dont les mains saignent. Les pierres bougent enfin et le plus mince se glisse dans l'ouverture. Antigone est au fond de la tombe pendue aux fils de sa ceinture, des fils rouges, des fils verts, des fils bleus qui lui faisaient comme un collier d'enfant, et Hémon à genoux qui la tient dans ses bras et gémit, le visage enfoui dans sa robe. On bouge un bloc encore et Créon peut enfin descendre. On voit ses cheveux blancs dans l'ombre, au fond du trou. Il essaie de relever Hémon, il le supplie. Hémon ne l'entend pas. Puis soudain il se dresse, les yeux noirs, et il n'a jamais tant ressemblé au petit garçon d'autrefois, il regarde son père sans rien dire, une minute, et, tout à coup, il lui crache au visage, et tire son épée. Créon a bondi hors de portée. Alors Hémon le regarde avec ses yeux d'enfant, lourds de mépris, et Créon ne peut pas éviter ce regard comme la lame[57]. Hémon regarde ce vieil homme tremblant à l'autre bout de la caverne et, sans rien dire, il se plonge l'épée dans le ventre et il s'étend contre Antigone, l'embrassant dans une immense flaque[58] rouge.

CRÉON, *entre avec son page*. — Je les ai fait coucher l'un près de l'autre, enfin ! Ils sont lavés, maintenant, reposés. Ils sont seulement un peu pâles, mais si calmes. Deux amants au lendemain de la première nuit. Ils ont fini, eux.

LE CHŒUR. — Pas toi, Créon. Il te reste encore quelque chose à apprendre. Eurydice, la reine, ta femme...

CRÉON. — Une bonne femme parlant toujours de son jardin, de ses confitures, de ses tricots, de ses éternels tricots pour les pauvres. C'est drôle comme les pauvres ont éternellement besoin de tricots. On dirait qu'ils n'ont besoin que de tricots...

LE CHŒUR. — Les pauvres de Thèbes auront froid cet hiver, Créon. En apprenant la mort de son fils, la reine a posé ses aiguilles, sagement, après avoir terminé son rang, posément, comme tout ce qu'elle fait, un peu plus tranquillement peut-être que d'habitude. Et puis elle est passée dans sa chambre, sa chambre à l'odeur de lavande, aux petits napperons brodés et aux cadres de peluche, pour s'y couper la gorge, Créon. Elle est étendue maintenant sur un des petits lits jumeaux démodés, à la même place où tu l'as vue jeune fille un soir, et avec le même sourire, à peine un peu plus triste. Et s'il n'y avait pas cette large tache rouge sur les linges autour de son cou, on pourrait croire qu'elle dort.

CRÉON. — Elle aussi. Ils dorment tous. C'est bien. La journée a été rude.
(Un temps. Il dit sourdement.)
Cela doit être bon de dormir.

LE CHŒUR. — Et tu es tout seul maintenant, Créon.

CRÉON. — Tout seul, oui.
(Un silence. Il pose sa main sur l'épaule de son page.)
Petit...

LE PAGE. — Monsieur ?

CRÉON. — Je vais te dire à toi. Ils ne savent pas, les autres ; on est là, devant l'ouvrage, on ne peut pourtant pas se croiser les bras. Ils disent que c'est une sale besogne, mais si on ne la fait pas, qui la fera ?

LE PAGE. — Je ne sais pas, Monsieur.

CRÉON. — Bien sûr, tu ne sais pas. Tu en as de la chance ! Ce qu'il faudrait, c'est ne jamais savoir. Il te tarde d'être grand, toi ?

LE PAGE. — Oh oui, Monsieur !

CRÉON. — Tu es fou, petit. Il faudrait ne jamais devenir grand [M].
(L'heure sonne au loin, il murmure.)
Cinq heures ! Qu'est-ce que nous avons aujourd'hui à cinq heures ?

LE PAGE. — Conseil, Monsieur.

---

57. - Lame : knife, blade.
58. - Flaque : pool, puddle.
M. - What implications can you find in Créon's statement to the page boy: «.... Il ne faudrait ne jamais devenir grand »?

CRÉON. — Eh bien, si nous avons Conseil, petit, nous allons y aller.
(Ils sortent, Créon s'appuyant sur le page.)

LE CHŒUR, *s'avance*. — Et voilà. Sans la petite Antigone, c'est vrai, ils auraient tous été bien tranquilles. Mais maintenant, c'est fini. Ils sont tout de même tranquilles. Tous ceux qui avaient à mourir sont morts. Ceux qui croyaient une chose et puis ceux qui croyaient le contraire — même ceux qui ne croyaient rien et qui se sont trouvés pris dans l'histoire sans y rien cromprendre. Morts pareils, tous, bien raides, bien inutiles, bien pourris. Et ceux qui vivent encore vont commencer tout doucement à les oublier et à confondre leurs noms. C'est fini. Antigone est calmée maintenant, nous ne saurons jamais de quelle fièvre. Son devoir lui est remis. Un grand apaisement triste tombe sur Thèbes et sur le palais vide où Créon va commencer à attendre la mort...

(Pendant qu'il parlait, les gardes sont entrés. Ils se sont installés sur un banc, leur litre de rouge à côté d'eux, leur chapeau sur la nuque, et ils ont commencé une partie de cartes.)

LE CHŒUR. — Il ne reste plus que les gardes. Eux, tout ça, cela leur est égal; c'est pas leurs oignons. Ils continuent à jouer aux cartes...

(Le rideau tombe rapidement pendant que les gardes abattent leurs atouts.)

Fin d'Antigone

JEAN-PAUL SARTRE

Huis-clos

INTRODUCTION

One would like to say that J.P. Sartre is so well known that he needs no introduction; unfortunately the reverse cliché is closer to the truth. Sartre does need an introduction because he is so well known. Fame wraps the famous in a haze, the glare of the limelight is blinding rather than revealing and the more material becomes available, the more out of focus the image seems to get. The problem, as Sartre is possibly one of the most famous writers alive, is that practically everything that can be said about him has been said. In an effort to clarify the image which naturally runs the risk of blurring a little more, it seems impossible to deal with any one of his works in particular without saying everything all over again.

This is an attempt to explain what *Huis-clos* is about and what it stands for in reference to its author's philosophy. The difficulty lies in that both the play and the playwright are made of many paradoxes. The author's are most interesting to consider for an opening. In true Existentialist style, Sartre, at 60, still escapes definition, discourages label-makers and refuses to become a fixed image in the public eye. He is not merely versatile, but versatile in an unexpected way: philosopher, novelist, playwright, critic, editor, political leader (among other things) but never according to usual patterns, as a brief survey of his career will clearly indicate.

Sartre is one of the great philosophers of our times, and certainly the most influential, but one who completed most of his theoretical writing before the age of forty and, except for a recent book,[1] has not written any real philosophical essay since the publication of *L'Être et le Néant* in 1943; a fiction writer whose short stories made him famous and whose one novel revolutionized the genre in France, but who stopped writing fiction at the height of success, never having returned to the short story form after *Le Murand,* and did not even bother to complete the fourth volume of his great novel; a dramatist whose plays have been translated and performed all over the world but who has written only three plays (plus two adaptations) in the past twenty years; a literary critic who shows little if any interest in the works of the writers he deals with (see his *Beaudelaire,* in which hardly any reference to *Les Fleurs du mal* can be found); a « man of letters » who was always suspicious of literature and recently debunked it savagely (in *Les Mots*) with wry and subtle irony by turning his usual careless style into a very « literary » one; a political thinker who is resented or suspected by many for being a Communist and by most Communists for not being one; a commited public figure who manages to fight an everyday fight and to keep his thought above the fight at the same time; a man who always stood on certain principles while despising and constantly denouncing the fraud of noble causes and generous feelings; one who remains faithful to a certain idea of man while refusing to acknowledge the validity of any idea of man in the abstract; who, to come to his most talked-

---

1. - *Critique de la raison dialectique,* Gallimard, 1960.

about gesture of recent years, refused the Nobel Prize in strict accordance with everything he had been saying for twenty years and yet was largely misunderstood, which incidentally gees to prove that everything always has to be said over and over again.

As for *Huis-clos*, one of its curiosities is that it seens to be a rather simple play (one indeed, almost too easy to understand) despite the fact that it is built on a very paradoxical premise. The paradox of course is that the characters are dead and alive at the same time, or rather that, while they are supposed to be dead, the exact meaning of their condition can only be conveyed by having them feel, think and react as if they were alive. The play is simple however, because Sartre is not interested in the paradoxical for its own sake and always tries to help his reader instead of confusing him. As a dramatist and fiction writer generally, he has always been intent upon making his meaning as clear as possible. *Huis-clos* simply bristles with significant lines pointing like so many signposts to what should be unmistakable conclusions. Sartre's playwriting is strictly functional, every situation, every line has a purpose and is meant to make a point. We may also remember that he was a teacher once and has retained a somewhat didactic disposition which makes him shy away instinctively from obscurity as well as from any form of art for art's sake. Moreover he has quite an unusual gift for projecting his most complex thought into concrete situations and images with the essence of his philosophy summed up in a number of neat striking formulas. Some of them can be found in *Huis-clos* and these have helped more than anything else to make Existentialism, if not popular, at least famous, and even more important, intelligible. Yet there is more in *Huis-clos* than meets the eye or the ear, and attempts to explain what seemed clear often reveal puzzling ambiguities.

We know that, when the play opens, a man and then two women are shown into the same hotel room; the three of them have been dead for some time and they are « in Hell. » Since we also know that Sartre is an atheist, we easily guess that he is using Hell, a notion he does not believe in, as a symbol of something he *does* believe in. As to what this something may be, the mere consideration of the title will give us a clue.

The phrase « Huis-clos » as used here by Sartre has a twofold meaning and almost involves a play on words, and unfortunately becomes lost in such a translation as « No Exit. » (The British translation, « *In Camera,* » provides a closer approximation.) Of course it means « closed doors, » and is used only as a legal term in the set expression « audience à huis clos, » i.e. « hearing in camera. » Thus the emphasis is not only on « being closed in » but also on appearing in court. The connotation significantly is not of « Hell » but of the courtroom, and we are led to expect that the play will deal with some kind of trial. This is a figurative way of intimating that Man itself, not God, is the ultimate judge of his own life: Hell, which used to be the mystical location where divine justice was enacted has been severed from the realm of God and religion and brought down to earth into Man's own world. Of course the trial is of a peculiar kind, and as we realize when we take one step further into Sartre's vision, *Huis-clos* is courtroom drama with a difference: it has no judge or jury or audience, indeed not even any accused, recognized as such when the proceedings open. Rather, each of the three characters will assume all those functions simultaneously in relation to the two others.

In order to understand more fully the implications of the situation, we cannot avoid going into a rapid discussion of Sartre's philosophy. While a knowledge of its basic tenets is not absolutely necessary to enjoy and understand the play at a certain level, it certainly helps to bring out its full signifiance. As a matter of fact, every work of Sartre is so consistant with all the others that the mere enumeration of his fundamental ideas provides a commentary on the play itself as we hold it in the light of his philosophical thought, the intentions appear clear and sharp, like the watermark on a paper.

The very titles of Sartre's early essays are evidence that man's relation to the world was always his major concern. As his philosophical system rapidly evolved out of diversified but closely related efforts, it became clear that his was an endeavor to understand not what man, *is*, a phrase that to Sartre has little or no meaning, but what he *becomes* and *makes of himself* in relation to the world and other men. This relation was first analyzed in a consideration of man's faculty to imagine (*L'Imagination,* 1936; *L'Imaginaire,* 1940) through which Sartre established what should be considered the grandwork of the entire system.

Sartre started out with the astonishingly obvious statement that imagination, and hence consciousness as a whole are not what people and even philosophers always thought them to be. Because we are used to thinking in terms of space and time we naturally tend to say that images are *in* our mind, thus implying that consciousness exists as a sort of empty frame or stage wherein images occur or are made to appear. This Sartre argues is a fallacy encouraged by the inaccuracy of our language; consciousness is always the consciousness of something and it is actually impossible to conceive it as an essence separated from its object. There is no such thing as pure consciousness. « Une conscience qui cesserait d'être conscience de quelque chose cesserait par là même d'exister. »[2] Consequently, it is meaningless to say that images are in our consciousness. They *are* our consciousness, and imagination appears not as a faculty of our mind but as, in the philosopher's own words, « la conscience tout entière en tant qu'elle réalise sa liberté. »[3]

The latter quotation should make it clear that this re-evaluation of the notions of image and consciousness is by no means a philosophical nicety, or a minor issue, since it entails a belief in man's fundamental freedom. For what is true of imagination is true of consciousness in all its activities. Consciousness is neither a « place » nor an « object. » As consciousness of things, it is, indeed, the *opposite* of things, which means that it does not belong to the world of causal relations and therefore

2. - *L'Imaginaire,* Conclusion, I: Conscience et Imagination, p. 351.
3. - Ibid., p. 358.

is entirely *free*. There is no « human nature », Sartre tells us; consciousness (that is, *man*) is a perpetual self-creation, making itself at it goes along, freely choosing, and choosing itself at every moment of life. Sartre wrote in an essay on Mauriac's technique of characterisation in which he blamed the novelist for not respecting the freedom of his characters: « Seules les choses sont : elles n'ont que des dehors. Les consciences ne sont pas : elles se font. »[4]

Human freedom, Sartre always insisted, is not a « gift » or a privilege, and it is not something we can choose to accept or refuse: we *are* free whether we like it or not we are « condemned to be free, » as one of the characters in *Les Chemins de la liberté* puts it. Before we return to this mixed blessing in connection with *Huis-clos* we must give consideration to two related issues. One is the problem of individual consciousness in its relation to other individual minds. The other is the problem of values, especially moral values, in a context of free-consciousness-in-the-making.

The existence of other people is the major stumbling block encountered by the Existentialist in his effort to exist. I am free, I am not an object, but my consciousness, because of its very nature, cannot help turning the others into objets, thus depriving them of their freedom. In the same way, other men cannot help turning *me* into an objet, and thus deprive *me* of *my* freedom. Such denial of man's being by others is both intolerable and unavoidable, and can easily lead to a view of human relationship as the constant clash of minds set to turn each other into nothingness. Quite aware of this danger, Sartre has been increasingly anxious to get beyond the theoritical problem through practical action, and seems to have been relatively successful.

The question of ethics will bring more evidence that every existential cloud has some sort of silver lining. Sartre first states that ethics are impossible because they are a negation of man's freedom; no consciousness can accept or even make any sense out of any « moral code », be it religious or not. The impossibility of God's existence has always been axiomatic for Sartre who once claimed that he did not *think* but *knew* that there was no God. Although he went about to prove it in *L'Être et le Néant* (proving, after all, is a philosopher's business), it is not necessary for us to go into his various demonstrations which are really rationalizations of a deep and apparently instinctive conviction.

Now, if there is no God, everything is permitted (this Dostoevskian phrase Sartre is fond to comment upon) not only because the hope of reward and the fear of punishment no longer exist, but also because values crumble as soon as the prop of divine transcendence is removed. Sartre sees those arbitrary and unmovable values set up by religions as a cowardly and hypocritical means whereby « religious » persons avoid

---

4. - M. François Mauriac et la liberté, in *Situation, I,* Gallimard, p. 48.

facing the consequences of their own freedom and turn themselves into objects under God's eyes, thus attempting to evade the human necessity of choice. He also denies the possibility of the purely secular ethics so many atheists of good will try to believe in, because good and evil are not and cannot be absolute values. Values do exist however, and ethical actions are possible but only in the sense that each man creates his own evershifting code of ethics as he lives and chooses himself into being. What is impossible is the permanent freezing of any moral conviction or experience into what is known as a « set of values ». Here lies the whole problem of ethics: « Le problème moral naît de ce que la morale est *pour nous* tout en même temps inévitable et impossible ».[5] This paradoxical point of view explains why the treatise on ethics meant by Sartre as a sequel to *L'Être et le Néant* was never completed. Very little can be said about ethics in the abstract; ethics are to be lived, not conceived. Her again, Sartre has been trying to tackle the problem concretely in connection with specific situations whether fictional (his plays, novels and stories) or actual (see his stands on current issues such as the Algerian War in the 1950s and the problem of torture). As a matter of fact, Sartre has written less and less fiction in the past twenty years as he became more and more involved in those current issues, each of which has been a new occasion for him to put his conception of ethics into practice.

The nature of consciousness and existence, human freedom, other people, the problem of ethics, such are the Sartrian themes all his fictional works deal with. *Huis-clos* is no exception but it is, as we have already noted, a paradoxical play, and we should not be surprised to find that the themes are treated in a rather paradoxical way.

In one of his commentaries of modern drama Sartre wrote: « S'il est vrai que l'homme est libre dans une situation donnée et qu'il se choisit lui-même *dans* et *par* cette situation, alors il faut montrer au théâtre des situations simples et humaines et des libertés qui se choisissent dans ces situations... Ce que le théâtre peut montrer de plus émouvant est un caractère en train de se faire, le moment du choix, de la libre décision qui engage une morale et toute une vie. »[6] The striking thing about *Huis-clos* is that it shows just the opposite: characters not in the making but *made* and frozen into death, moments beyond choice, the impossibility of any kind of decision. *Huis-clos* is, in relation to *Les Mouches* for instance, like a negative print, or the other side of the coin. Sartre's first play was about the agony and excitement of unescapable freedom and necessary choice. « J'ai fait mon acte... et plus il sera lourd à porter plus je me réjouirai, car ma liberté, c'est lui, »[6] Oreste proudly proclaims after his murder. The characters in *Huis-clos* cannot choose or do anything, they are not free, but then, as we know, they are dead. Sartre here uses a reductio ad absurdum technique to make the same point as in his other plays. The implied

---

5. - *Saint Genet, comédien et martyr,* Livre II, Gallimard, p. 177. In this passage, one of the most important in the book, Sartre further states that « L'action doit se donner ses normes éthiques dans ce climat d'indépassable impossibilité. »

6. - *Théâtre I, Les Mouches,* Acte I, Scene VII.

argument goes something like this: « We may assume that man is not free, but the only kind of situation we can think of in order to represent him as such is a non human one » (i.e.: death), which actually proves that man and freedom are inseparable. »

The situation imagined for *Huis-clos* thus appears as, if we may risk the word, devilishly clever. From an Existential point of view Hell is fantasy, and self-contradictory fantasy at that, but it can be quite meaningful as a symbol. In order to provide an Existential equivalent to it Sartre conjured an equally imaginary and contradictory, but equally meaningful situation, one in which consciousness survives in a condition that actually is the negation of consciousness. Confronted with the problem of matching the Christian concept of Hell with something as effective he came up not with another world but with our own *at a standstill*. In *Huis-clos*, to quote another of his significant titles, « les jeux sont faits. » Everything looks ordinary, the surroundings are familiar people think, feel, speak and behave as humans most often do. The only but essential difference is that they cannot really *do* anything; they have to remain forever what they were when they died, and are condemned to exhibit those petrified images of themselves to each other without ever being able to do anything about it. This is why, in the deepest sense, they can be said to be dead, since existence is the ability to choose and change oneself and the world at every moment, and it is because they are aware of their condition that they are in Hell. Hell is consciousness deprived of freedom, and the three people in *Huis-clos* are condemned not to be free but to have freedom eternally denied them.

Because they are dead and cannot change their past, they must face that past as it is, and thus *Huis-clos*, far from taking us away from human problems, puts us right back in the midst of them. This confrontation of men with what they made themselves is not so different from what we the living have to go throught everyday, except that theirs is the last confrontation, past the point of no return.

One must admit though, that *Huis-clos* is at the same time more and less than a representation of the human condition. In a way it is meant to convey that Hell is on earth and all men are like the characters portrayed; but the play should also be taken at face value, and as such it does not really seem to suggest a universal situation. For one thing Garcin is not everyman, neither are Estelle or Inès. They are in Hell not only because each man is Hell to all the others, but also because they have been guilty of the utmost moral depravity and must pay for it. Their sins are certainly deadlier than the average sinner's. Estelle killed her own child and was responsible for the death of her lover who killed himself after the murder. Inès destroyed her cousin's marriage, seduced his wife, then drove her to suicide after he had died in an accident for which she feels entirely responsible. Garcin tortured his loving faithful and long-suffering wife in the most revolting way and drove her not suicide but to an even more deplorable moral death before she actually died of sorrow. These three are monsters with no redeeming features and whoever believes in Hell will think that it is meant just for such people. One might further argue that the choice of such characters seriously limits the scope and meaning of the play. How could we accept *them* as images of ourselves?

While it is impossible to dismiss the objection altogether, one must keep in mind that, however repulsive they may seem, Garcin, Inès and Estelle are but extreme examples of what Sartre considers normal and even unavoidable human attitudes. In *L'Être et le Néant* he discusses two possible sets of attitudes towards the others. The first series includes in that order, love, language and masochism. Love and language fail for similar reasons and their failure leads to masochism which is also and by its very nature a failure. The second series includes indifference, desire, hatred and sadism; those can be either alternate attempts to relate to the others after the failure of the first attitude, or a set of primary attitudes, but in both cases, they too are doomed to fail. Those two types of relations according to Sartre, are not the only possible ones but they are to be found at the root of, and blended into, all the others, because they are to quote his own term, « fundamental. »[7] What interests us in all this is that Sartre describes as fundamental such psychological and sexual aberrations as sadism and masochism which he places on a level with « normal » attitudes like love, language or desire. Now the behavior of at least two of the characters in *Huis-clos* during their « human » life was thoroughly sadistic. Inès herself explains: « J'ai besoin de la souffrance des autres pour exister »; Garcin confesses that he enjoyed torturing his wife (« because it was so easy ») and that he has no regret whatsoever. As for Estelle she was less deliberately sadistic, because she always refused to face the seamier sides of her personality but her attitude towards her lover, as revealed through Inès relentless questioning, is akin to sadism, to say nothing of the cold blooded cruelty which killing one's baby supposes. Yet according to Sartre's view of sadism those « monsters » are also human beings and as such not so different from us as we would like to think. Sadism is just one of the means through which we turn the others into objects yet fail to annihilate their freedom, and therefore it cannot be considered as an abnormality or unusual behavior from the existentialist point of view.

Here we find ourselves faced with another of the many paradoxes of the play; the characters are monsters but of a kind we all in a sense belong to; if we are all monsters *they* are not and nobody is, since monstruosity can only be defined as departure from the norm. On the other hand Sartre wants us to feel that they are monstrous. We remain in doubt as to how we should react to them and this doubt is obviously a result of the ambiguity Sartre achieves by having his action unfold simultaneously on several levels (psychological, ethical, mythical, philosophical) which often overlap but rarely coincide.

Whatever we choose to feel in this respect we must not think that the characters are being punished only for the moral tortures they imposed upon those who loved them « on earth. » Even more serious than their disregard of other people's freedom was their disregard of their own, and this is really the subject of the play. All through their life they played a part instead of being themselves; they allowed the

---

7. - See *L'Être et le Néant,* Troisième Partie, Chapitre III, p. 431-84 and esp. p. 477-78.

part to take over because rather than face what they were they prefered to give themselves up to other people's judgment. The temptation of playing a part, of acting out one's life instead of living it, Sartre always insisted, is one of the most common and one in which man yield to most easily. But since by so doing they renounce their own freedom and turn themselves into objects, they must depend upon other people to tell them what they are; they become entirely immersed in the others' opinions of them. In a way they are already dead (« Être mort, c'est être en proie aux vivants, » Sartre wrote in *L'Être et le Néant*). Garcin and Estelle were in such a situation before they died. He had always tried to give his friends the image of the dedicated pacifist ready to die for the cause, but he did not really believe in it. « Je vivais toujours dans des situations fausses » is one of his first remarks and the symbolical meaning of the escapes in « blinking » and sleep he describes in the same opening scene is obvious; he always had to run away from himself because he could not stand the comedy. Estelle was the typical « petite-bourgeoise, » selfish, superficial and hypocritically preserving a good conscience by constantly lying to herself. She too refused to face herself: « Comme c'est vide, une glace où je ne suis pas. Quand je parlais, je m'arrangeais pour qu'il y en ait une où je puisse me regarder. Je parlais, je me voyais parler. *Je me voyais comme les gens me voyaient*, ça me tenait éveillée. »[8]

As for Inès she is and dramatically had to be different; there is little hypocrisy in her. She always knew herself for what she was. A character of her type was necessary to bring about the crisis and make it possible for the masks to fall; people like Estelle or Garcin might have managed to keep up the façade; Inès is the one who calls their bluff and forces them into confession at the early point in the play when Estelle and Garcin congratulate each other on the purity of their past actions.

The irony and additional paradox is that both are eventually condemned to what they always lived for: the judgment of the others. Once they are dead they can no longer influence that judgment and they feel exposed and powerless (« naked » as Garcin says). The others are those they have left behind (such as Garcin's friends who now think of him as a coward), but also each one of the three for the three others. As Inès remarks there is no need for an executioner or for instruments of torture; torture is a service the customers themselves provide, by simply being there and reflecting each other's image. For seeing oneself as the others see one which used to be a relief and pleasure for Estelle, has become a subtle form of torture. The famous statement « L'enfer, c'est les autres » could be rephrased as « L'enfer, c'est exister sous le regard des autres. »

Hence the obsessive recurring of the theme throughout the play. The words « regarder » and « regard » alone used over forty times, including stage directions, are astonishing figures for such a short play. References to seeing and to eyes are also numerous. In most cases moreover, those mentions are not accidental or superficial; Sartre wanted them to be significant and stressed the theme on purpose (it is in fact

---

8. - *Huis-clos,* Scene V. (Italics ours.)

one of his favorite; in *L'Être et le Néant,* for instance, a whole 60 page chapter is devoted to « Le regard ».) Here are a few of the more meaningful instances:

>   GARCIN. - « J'imagine qu'il y a de certains moments où je regarderai de tous mes yeux, de tous mes yeux, hein? » (Sc. I.)
>
>   INÈS. - « Je veux choisir mon enfer; je veux vous regarder de tous mes yeux et lutter à visage découvert. » (Sc. V.)
>
>   ESTELLE. - « Mais regardez-moi donc, ne détournez pas les yeux... Je vous supplie, il faut bien que vous regardiez quelque chose... » (*Ibid.*)
>
>   INÈS. - « Je te regarderai sans répit, sans un battement de paupières. Tu vivras mon regard... » (*Ibid.*)
>
>   GARCIN. - « Je ne veux pas m'enliser dans tes yeux. » (*Ibid.*)
>
>   INÈS. - « ... Mais rappelez-vous, je suis là et je vous regarde. Je ne vous quitterai pas des yeux, Garcin; il faudra que vous l'embrassiez sous mon regard. (*Ibid.*)
>
>   GARCIN. - « Regarde-moi. J'ai besoin que quelqu'un me regarde pendant qu'ils parlent de moi sur terre. » (I*bid.*)
>
>   INÈS. - « Je ne suis rien que le regard qui te voit, que cette pensée incolore qui te pense. » (*Ibid.*)

As the action unfolds and the theme is relentlessly driven home, we begin to realize how this very private Hell is organized and run, and to understand what certain indications given at the beginning stood for. The lack of mirrors, the unblinking stare, the light that never fails are elements in the diabolical set-up. There are no mirrors because they have been replaced by people. You cannot turn off the electricity, you cannot even blink, you must watch and be watched forever in a blinding light that allows for no privacy. Everything has been calculated to make the mutual torturing inevitable.

It is interesting to note that in their efforts to « live » together the characters will use all the basic « attitudes » discussed by Sartre in *L'Être et le Néant*. Language first of all is essential as it is of course in any play, but more particularly because talking is the only thing they can really do and they use it extensively not only to torture but also to try and convince of influence each other. (Inès tries to *talk* Estelle into loving her, Estelle to *talk* Garcin into paying attention to her, Garcin to *talk* Inès to believing that he is not a coward.) Often connected with and expressed through language are the other attitudes: Indifference (Garcin tries to ignore first the two women, then Inès alone when he makes love to Estelle); Desire (see the strong sexual attraction of Inès to Estelle and Estelle for Garcin); Love (or rather a parody of it, performed by Estelle and Garcin although they know better); Hatred (of Inès for Garcin, evident from the beginning, but also of the two others for her at the end). There are also sadistic and masochistic undertones (and overtones) in all three characters, especially Inès. Of course, all those attitudes fail and lead to misery. Language is an instrument of torture: Garcin has to abandon the indifferent attitude because he cannot help hearing and seeing the two women. Besides which Estelle won't leave him alone anyway. Desire cannot be satisfied either because of the presence of the third party or of the reluctance of the desired. Eventually it turns into disgust and hatred. The attempt at love, even if it was not ruined by the presence of Inès, would fail because the would-be lovers are not looking for the same thing in each other; she wants a man, any man, but he wants someone who believes in him. When he realizes that she does not, and does not care whether he is a coward or not he gives up in disgust. Hatred, which in Inès seems to be a result of her « wickedness » and in the two others a consequence of the situation, does not serve any purpose, except to help fulfill the punishment. There cannot be any solution, any escape through human relationships.

The only thing left to do would be to leave the room and run away from the others. This is what Garcin tries to do at the end, but, when the door does unexpectedly open, they realize that they have become inseparable and none of them wants to leave. The final attempt to get rid of Inès unbearable presence by stabbing her is for obvious reasons futile and brings them as well as the audience back to the start. They know and we know that they will have to go on torturing each other in the same way forever.

When the curtain falls on the words « Eh bien, continuons » some of us may feel that Sartre has wrapped up the whole thing very neatly indeed and tied up all the strings into a knot tight enough to discourage any attempt at unraveling. Why so many strings and such a knot? Since the play was not meant just as entertainment but as a vehicle for ideas, why so much ambiguity? What sense are we supposed to make out of a play in which the characters are both dead and alive, universal and exceptional, human and inhuman? Is this a picture of life and human condition in general or of a certain mode of life only? How can one use death as a symbol of life without constantly risking contradiction? Moreover, the whole action is given as necessary and inevitable, but is it? Couldn't things take a different course somewhere during the act? If there is such a possibility, the play becomes almost pointless on the philosophical level; if not, the only reason to account for such inevitability is that the characters backgrounds and personalities entirely determine their behavior and make any other kind of action impossible. But then the play seems to lose much of its « universal » meaning, since what happens is meaningful only in reference to a specific situation and the three specific people involved in it.

All those problems and some others which will no doubt occur to any attentive reader are part of the enduring appeal of a play considered by many to be its author's best. Even if we are disappointed and irritated by the impossibility to find satisfactory answers, we cannot help feeling stimulated by the challenge of such an intriguing set-up. It is a regular trap for message seekers. Not that Sartre is obscure in any way; he makes his points with great clarity, and we wrote ourselves that the play was almost too easy to understand: yet it remains curiously elusive, which is what we meant by « almost too easy. » We know now that the simplicity, to use a cliché, is deceptive. We walk innocently into the trap and get caught in the maze. All the keys we have been generously handed throughout the play in the form of « significant » statements turn out to be useless; they do not open any door or else open on more doors and endless corridors. Like the characters we go in a circle and find ourselves back where we started. It is unlikely that Sartre intended this; he sincerely meant to be clear and to make sense even though his thought *is* basically an ambiguous one. Rather, it seems that the very concept of the play makes it impossible for anybody, author or audience, to cope with all the suggestions it entails. Its extreme cleverness is both its strength and its secret weakness. As soon as its intricate mechanism has been set into motion, it begins to get out of hand. Sartre thinks he controls the situation and no doubt he does, in a way; the spectator thinks he understands it, but the play is already working on its own. The play is so much the thing that it eventually catches everybody, including its author. Yet, the better to lure the unsuspecting mind, it remains attractively simple on the surface and open to all. Even if we know better we might as well walk into the trap; the experience is worth a try.

WORKS BY SARTRE

1936. L'Imagination. *Presses Universitaires de France.*
1938. La Nausée. *Gallimard.*
1939. Le Mur. *Esquisse d'une théorie des émotions, Hermann. Gallimard.*
1940. L'Imaginaire. *Gallimard.*
1943. L'Être et le Néant. *Gallimard.*
    Les Mouches. *Gallimard.*
    Huis-clos. *Gallimard.*
    Les Chemins de la liberté (novel): L'Age de raison (tome I); Le Sursis (tome II).
1946. L'Existentialisme est un humanisme. *Nagel.*
    Réflexions sur la question juive. *Gallimard.*
1947. Baudelaire. *Gallimard.*
    Situations, I. *Gallimard.*
    Theatre, I (Les Mouches, Huis-clos, Morts sans sépultures, La Putain respectueuse). *Gallimard.*
1948. Situations, II. *Gallimard.*
    Les Mains sales. *Gallimard.*
1949. Situations, III. *Gallimard.*
    Les Chemins de la liberté: La mort dans l'âme (tome III).
1952. Saint-Genet, comédien et martyr. *Gallimard.*
1953. L'Affaire Henri Martin. *Gallimard.*
1954. Kean (*adaptation of the play by A. Dumas*). Gallimard.
1956. Nekrassov. *Gallimard.*
1960. Critique de la raison dialectique. *Gallimard.*
    Les Séquestrés d'Altona. *Gallimard.*
1962. Marxisme et existentialisme (*with Roger Garaudy*). *Plon.*
1964. Situations, IV, V, VI. *Gallimard.*
1965. Situations, VII. *Gallimard.*
1966. Les Mots. *Gallimard.*

CRITICAL WORKS

A) IN FRENCH

CAMPBELL R.: J.-P. Sartre, ou une littérature philosophique, *Pierre Ardent, 1945.*
TROISFONTAINE R.: Le choix de J.-P. Sartre, *Aubier.*
BEIGBEDER M.: L'homme Sartre, *Bordas, 1947.*
JEANSON F.: Le problème moral et la pensée de Sartre, *Édition du Myrthe.* New edition in 1966, *Éditions du Seuil.*
VARET G.: L'ontologie de Sartre, *P.U.F., 1948.*
SIMON P.-M.: L'homme en procès, *La Baconnière, 1950.*
ALBÈRES R.-M.: Jean-Paul Sartre, *Éditions Universitaires, 1953.*
JEANSON F.: Sartre par lui-même, *Éditions du Seuil, 1955.*
JOLIVET R.: Sartre ou la théologie de l'absurde, *A. Fayard, 1965.*
JEANSON F.: Sartre (« Les écrivains devant Dieu »), *Desclée de Brouwer, 1966.*

B) IN ENGLISH

MURDOCH I.: Sartre, Romantic Rationalist, *Cambridge, Bowes & Bowes, 1953.*
STERN A.: Sartre, his Philosophy and Psychoanalysis, *N.Y., Liberal Arts Press.*
DESAN W.: The Tragic Finale. *Harper, 1960.*
FELL J.-P.: Emotion in the Thought of Sartre, *Columbia University Press, 1965.*

Huis-clos

a été présenté pour la première fois au théâtre du Vieux-Colombier, en mai 1944, avec la distribution suivante :

Inès	Mmes Tania Balachova
Estelle	Gaby Sylvia
Garcin	MM. Vitold
Le garçon	R.-J. Chauffard

Décor de M. Douy.

SCÈNE PREMIÈRE

Garcin, le garçon d'étage

(Un salon style Second Empire. Un bronze sur la cheminée.)

Garcin, *il entre et regarde autour de lui.* — Alors voilà.

Le Garçon. — Voilà.

Garcin. — C'est comme ça...

Le Garçon. — C'est comme ça.

Garcin. — Je... Je pense qu'à la longue on doit s'habituer aux meubles.

Le Garçon. — Ça dépend des personnes.

Garcin. — Est-ce que toutes les chambres sont pareilles?

Le Garçon. — Pensez-vous[1]. Il nous vient des Chinois, des Hindous. Qu'est-ce que vous voulez qu'ils fassent d'un fauteuil Second Empire?

Garcin. — Et moi, qu'est-ce que vous voulez que j'en fasse? Savez-vous qui j'étais? Bah! ça n'a aucune importance. Après tout, je vivais toujours dans des meubles que je n'aimais pas et des situations fausses; j'adorais ça. Une situation fausse dans une salle à manger Louis-Philippe[2], ça ne vous dit rien[3]?

Le Garçon. — Vous verrez : dans un salon Second Empire, ça n'est pas mal non plus.

Garcin. — Ah! bon. Bon, bon, bon. *(Il regarde autour de lui.)* Tout de même, je ne me serais pas attendu... Vous n'êtes pas sans savoir ce qu'on raconte là-bas?

Le Garçon. — Sur quoi?

Garcin. — Eh bien... *(avec un geste vague et large)* sur tout ça.

Le Garçon. — Comment pouvez-vous croire ces âneries[4]? Des personnes qui n'ont jamais mis les pieds ici. Car enfin, si elles y étaient venues...

Garcin. — Oui.

(Ils rient tous deux.)

Garcin, *redevenant sérieux tout à coup.* — Où sont les pals?

Le Garçon. — Quoi?

Garcin. — Les pals, les grils, les entonnoirs de cuir.

Le Garçon. — Vous voulez rire[5]?

---

1. - « Pensez-vous » : « Of course not. »
2. - « Une salle à manger Louis-Philippe » : It was during the reign of Louis-Philippe (1830-1848) that the French middle class came into its full economic and social power, and that the terms « bourgeois » and « esprit bourgeois » appeared with their pejorative connotations. The rise of the « bourgeoisie » continued throught the very conservative and even reactionary reign of Napoleon III. The reference to the style of furniture of the period is of course symbolical.
3. - « Ça ne vous dit rien? » : « What do you think of that? »; « Can you beat that? »
4. - « Aneries » : « Nonsense. »
5. - « Vous voulez rire? » : « You're joking. »

GARCIN, *le regardant*. – Ah? Ah bon. Non, je ne voulais pas rire. *(Un silence. Il se promène.)* Pas de glaces, pas de fenêtres, naturellement. Rien de fragile. *(Avec une violence subite :)* Et pourquoi m'a-t-on ôté ma brosse à dents?

LE GARÇON. – Et voilà. Voilà la dignité humaine qui vous revient. C'est formidable.

GARCIN, *frappant sur le bras du fauteuil avec colère*. – Je vous prie de m'épargner vos familiarités. Je n'ignore rien de ma position, mais je ne supporterai pas que vous...

LE GARÇON. – Là! là! Excusez-moi. Qu'est-ce que vous voulez, tous les clients posent la même question. Ils s'amènent[6] : « Où sont les pals? » A ce moment-là, je vous jure qu'ils ne songent pas à faire leur toilette. Et puis, dès qu'on les a rassurés, voilà la brosse à dents. Mais, pour l'amour de Dieu, est-ce que vous ne pouvez pas réfléchir? Car enfin, je vous le demande, *pourquoi* vous brosseriez-vous les dents?

GARCIN, *calmé*. – Oui, en effet, pourquoi? *(Il regarde autour de lui.)* Et pourquoi se regarderait-on dans les glaces? Tandis que le bronze, à la bonne heure[7]... J'imagine qu'il y a de certains moments où je regarderai de tous mes yeux. De tous mes yeux, hein? Allons, allons, il n'y a rien à cacher; je vous dis que je n'ignore rien de ma position. Voulez-vous que je vous raconte comment cela se passe? Le type suffoque, il s'enfonce, il se noie, seul son regard est hors de l'eau et qu'est-ce qu'il voit? Un bronze de Barbedienne[8]. Quel cauchemar! Allons, on vous a sans doute défendu de me répondre, je n'insiste pas. Mais rappelez-vous qu'on ne me prend pas au dépourvu, ne venez pas vous vanter de m'avoir surpris : je regarde la situation en face. *(Il reprend sa marche.)* Donc, pas de brosse à dents. Pas de lit non plus. Car on ne dort jamais, bien entendu?

LE GARÇON. – Dame!

GARCIN. – Je l'aurais parié. *Pourquoi* dormirait-on? Le sommeil vous prend derrière les oreilles. Vous sentez vos yeux qui se ferment, mais pourquoi dormir? Vous vous allongez sur le canapé et pfft... le sommeil s'envole. Il faut se frotter les yeux, se relever et tout recommence.

LE GARÇON. – Que vous êtes romanesque!

GARCIN. – Taisez-vous. Je ne crierai pas, je ne gémirai pas, mais je veux regarder la situation en face. Je ne veux pas qu'elle saute sur moi par derrière, sans que j'aie pu la reconnaître. Romanesque? Alors c'est qu'on n'a même pas besoin de sommeil. Pourquoi dormir si on n'a pas sommeil? Parfait. Attendez. Attendez : pourquoi est-ce pénible? Pourquoi est-ce forcément pénible? J'y suis[9] : c'est la vie sans coupure.

LE GARÇON. – Quelle coupure?

GARCIN, *l'imitant*. – Quelle coupure? *(Soupçonneux.)* Regardez-moi. J'en étais sûr! Voilà ce qui explique l'indiscrétion grossière et insoutenable de votre regard. Ma parole, elles sont atrophiées.

LE GARÇON. – Mais de quoi parlez-vous?

---

6. - « Ils s'amènent » : « Ils arrivent. »

7. - « A la bonne heure » : An exclamation expressing pleasure, satisfaction, especially after a change for the good in the situation or in a person's attitude. « That's much better »; « Now you're talking. »

8. - « Un bronze de Barbedienne » : Barbedienne, a bronze caster active in the 1840s and during the Second Empire, specialized in semi-industrial reproduction of classical and contemporary sculpture. His production is typical of the « bourgeois » taste in art.

9. - « J'y suis » : « I've got it. »

HUIS-CLOS

GARCIN. – De vos paupières. Nous, nous battions des paupières. Un clin d'œil, ça s'appelait. Un petit éclair noir, un rideau qui tombe et qui se relève : la coupure est faite. L'œil s'humecte, le monde s'anéantit. Vous ne pouvez pas savoir combien c'était rafraîchissant. Quatre mille repos dans une heure [A]. Quatre mille petites évasions. Et quand je dis quatre mille... Alors? Je vais vivre sans paupières? Ne faites pas l'imbécile. Sans paupières, sans sommeil, c'est tout un. Je ne dormirai plus... Mais comment pourrai-je me supporter? Essayez de comprendre, faites un effort : je suis d'un caractère taquin [10], voyez-vous, et je... j'ai l'habitude de me taquiner. Mais je... je ne peux pas me taquiner sans répit : là-bas, il y avait les nuits. Je dormais. J'avais le sommeil douillet. Par compensation. Je me faisais faire des rêves simples. Il y avait une prairie... Une prairie, c'est tout. Je rêvais que je me promenais dedans. Fait-il jour?

LE GARÇON. – Vous voyez bien, les lampes sont allumées.

GARCIN. – Parbleu. C'est ça *votre* jour. Et dehors?

LE GARÇON, *ahuri*. – Dehors?

GARCIN. – Dehors! de l'autre côté de ces murs?

LE GARÇON. – Il y a un couloir.

GARCIN. – Et au bout de ce couloir?

LE GARÇON. – Il y a d'autres chambres et d'autres couloirs et des escaliers.

GARCIN. – Et puis?

LE GARÇON. – C'est tout.

GARCIN. – Vous avez bien un jour de sortie. Où allez-vous?

LE GARÇON. – Chez mon oncle, qui est chef des garçons, au troisième étage.

GARCIN. – J'aurais dû m'en douter. Où est l'interrupteur?

LE GARÇON. – Il n'y en a pas.

GARCIN. – Alors? On ne peut pas éteindre?

LE GARÇON. – La direction peut couper le courant. Mais je ne me rappelle pas qu'elle l'ait fait à cet étage-ci. Nous avons l'électricité à discrétion.

GARCIN. – Très bien. Alors il faut vivre les yeux ouverts...

LE GARÇON, *ironique*. – Vivre [B]...

GARCIN. – Vous n'allez pas me chicaner pour une question de vocabulaire. Les yeux ouverts. Pour toujours. Il fera grand jour dans mes yeux. Et dans ma tête. *(Un temps.)* Et si je balançais [11] le bronze sur la lampe électrique, est-ce qu'elle s'éteindrait?

LE GARÇON. – Il est trop lourd.

GARCIN *prend le bronze dans ses mains et essaye de le soulever.* – Vous avez raison. Il est trop lourd.

---

10. – « Je suis d'un caractère taquin » : he means that he was used to « tease » himself, that is, to ask himself all sorts of questions.

A. – Garcin : « Quatre mille repos en une heure », etc. Why does Garcin think those moments of « rest » were so important to him? What does this tell us about him? What purpose and value does he give to sleep here?

B. – Le Garçon, *ironique* : « Vivre... » What is « ironic » about this remark?

11. – « Si je balançais... » « Balancer, » vulgar for « jeter, » « lancer. »

(Un silence.)

LE GARÇON. — Eh bien, si vous n'avez plus besoin de moi, je vais vous laisser.

GARCIN, *sursautant*. — Vous vous en allez? Au revoir. *(Le garçon gagne la porte.)* Attendez. *(Le garçon se retourne.)* C'est une sonnette, là? *(Le garçon fait un signe affirmatif.)* Je peux vous sonner quand je veux et vous êtes obligé de venir?

LE GARÇON. — En principe, oui. Mais elle est capricieuse. Il y a quelque chose de coincé dans le mécanisme.

(Garcin va à la sonnette et appuie sur le bouton. Sonnerie.)

GARCIN. — Elle marche!

LE GARÇON, *étonné*. — Elle marche. *(Il sonne à son tour.)* Mais ne vous emballez pas[12], ça ne va pas durer. Allons, à votre service.

GARCIN *fait un geste pour le retenir*. — Je...

LE GARÇON. — Hé?

GARCIN. — Non, rien. *(Il va à la cheminée et prend le coupe-papier.)* Qu'est-ce que c'est que ça?

LE GARÇON. — Vous voyez bien : un coupe-papier.

GARCIN. — Il y a des livres, ici?

LE GARÇON. — Non.

GARCIN. — Alors à quoi sert-il? *(Le garçon hausse les épaules.)* C'est bon. Allez-vous-en.
(Le garçon sort[C]*.)*

SCÈNE II

GARCIN, *seul*

(Garcin seul. Il va au bronze et le flatte de la main. Il s'assied. Il se relève. Il va à la sonnette et appuie sur le bouton. La sonnette ne sonne pas. Il essaie deux ou trois fois. Mais en vain. Il va alors à la porte et tente de l'ouvrir. Elle résiste. Il appelle.)

GARCIN. — Garçon! Garçon!

(Pas de réponse. Il fait pleuvoir une grêle de coups de poings sur la porte en appelant le garçon. Puis il se calme subitement et va se rasseoir. A ce moment la porte s'ouvre et Inès entre, suivie du garçon.

---

12. - « Ne vous emballez pas » : « Don't get excited. »

C. - About the whole first scene: When the scene opens the audience is not supposed to know that it takes place in Hell. Sow how a) the situation is gradually disclosed and b) how Sartre takes avantage of the paradox in it to obtain humorous effects. Why is Garcin so extremely nervous?

SCÈNE III

Garcin, Inès, le garçon

Le garçon, *à Garcin.* — Vous m'avez appelé?
(Garcin va pour répondre, mais il jette un coup d'œil à Inès.)

Garcin. — Non.

Le garçon, *se tournant vers Inès.* — Vous êtes chez vous, madame. *(Silence d'Inès.)* Si vous avez des questions à me poser... *(Inès se tait.)*

Le garçon, *déçu.* — D'ordinaire les clients aiment à se renseigner... Je n'insiste pas. D'ailleurs, pour la brosse à dents, la sonnette et le bronze de Barbedienne, monsieur est au courant et il vous répondra aussi bien que moi.
(Il sort. Un silence. Garcin ne regarde pas Inès. Inès regarde autour d'elle, puis elle se dirige brusquement vers Garcin.)

Inès. — Où est Florence? *(Silence de Garcin.)* Je vous demande où est Florence?

Garcin. — Je n'en sais rien.

Inès. — C'est tout ce que vous avez trouvé? La torture par l'absence? Eh bien, c'est manqué. Florence était une petite sotte et je ne la regrette pas.

Garcin. — Je vous demande pardon : pour qui me prenez-vous?

Inès. — Vous? Vous êtes le bourreau.

Garcin *sursaute et puis se met à rire.* — C'est une méprise tout à fait amusante. Le bourreau, vraiment! Vous êtes entrée, vous m'avez regardé et vous avez pensé : c'est le bourreau. Quelle extravagance! Le garçon est ridicule, il aurait dû nous présenter l'un à l'autre. Le bourreau! Je suis Joseph Garcin, publiciste et homme de lettres. La vérité, c'est que nous sommes logés à la même enseigne[13]. Madame...

Inès, *sèchement.* — Inès Serrano. Mademoiselle.

Garcin. — Très bien. Parfait. Eh bien, la glace est rompue. Ainsi vous me trouvez la mine d'un bourreau? Et à quoi les reconnaît-on, les bourreaux, s'il vous plaît?

Inès. — Ils ont l'air d'avoir peur.

Garcin. — Peur? C'est trop drôle. Et de qui? De leurs victimes?

Inès. — Allez! Je sais ce que je dis. Je me suis regardée dans la glace.

Garcin. — Dans la glace? *(Il regarde autour de lui.)* C'est assommant : ils ont ôté tout ce qui pouvait ressembler à une glace. *(Un temps.)* En tout cas, je puis vous affirmer que je n'ai pas peur. Je ne prends pas la situation à la légère et je suis très conscient de sa gravité. Mais je n'ai pas peur[D].

---

13. - « Nous sommes logés à la même enseigne » : « We're all in the same boat »; but Sartre plays on the literal meaning of the phrase, i.e.: « We have been accomodated in the same place », the « enseigne » referring to the sign hanging over the door of a hotel or inn.

D. - Why does Garcin insist on his not being afraid?

INÈS, *haussant les épaules*. — Ça vous regarde [14]; *(Un temps.)* Est-ce qu'il vous arrive de temps en temps d'aller faire un tour dehors?

GARCIN. — La porte est verrouillée.

INÈS. — Tant pis.

GARCIN. — Je comprends très bien que ma présence vous importune. Et personnellement, je préférerais rester seul : il faut que je mette ma vie en ordre et j'ai besoin de me recueillir. Mais je suis sûr que nous pourrons nous accommoder l'un de l'autre : je ne parle pas, je ne remue guère et je fais peu de bruit. Seulement, si je peux me permettre un conseil, il faudra conserver entre nous une extrême politesse. Ce sera notre meilleure défense.

INÈS. — Je ne suis pas polie.

GARCIN. — Je le serai donc pour deux.
(Un silence. Garcin est assis sur le canapé. Inès se promène de long en large.)

INÈS, *le regardant*. — Votre bouche.

GARCIN, *tiré de son rêve*. — Plaît-il?

INÈS. — Vous ne pourriez pas arrêter votre bouche? Elle tourne comme une toupie sous votre nez.

GARCIN. — Je vous demande pardon : je ne m'en rendais pas compte.

INÈS. — C'est ce que je vous reproche. *(Tic de Garcin.)* Encore! Vous prétendez être poli et vous laissez votre visage à l'abandon. Vous n'êtes pas seul et vous n'avez pas le droit de m'infliger le spectacle de votre peur.

(Garcin se lève et va vers elle.)

GARCIN. — Vous n'avez pas peur, vous?

INÈS. — Pourquoi faire? La peur, c'était bon *avant*, quand nous gardions de l'espoir.

GARCIN, *doucement*. — Il n'y a plus d'espoir, mais nous sommes toujours *avant*. Nous n'avons pas commencé de souffrir, mademoiselle.

INÈS. — Je sais. *(Un temps.)* Alors? Qu'est-ce qui va venir?

GARCIN. — Je ne sais pas. J'attends.

(Un silence. Garcin va se rasseoir. Inès reprend sa marche. Garcin a un tic de la bouche, puis, après un regard à Inès, il enfouit son visage dans ses mains. Entrent Estelle et le garçon.)

SCÈNE IV

INÈS, GARCIN, ESTELLE, LE GARÇON

(Estelle regarde Garcin, qui n'a pas levé la tête.)

ESTELLE, *à Garcin*. — Non! Non, non, ne relève pas la tête. Je sais ce que tu caches avec tes mains, je sais que tu n'as plus de visage. *(Garcin retire ses mains.)* Ha! *(Un temps. Avec surprise :)* Je ne vous connais pas.

---

14. - « Ça vous regarde »: « That's your own business.

HUIS-CLOS   525

GARCIN. — Je ne suis pas le bourreau, madame.
ESTELLE. — Je ne vous prenais pas pour le bourreau. Je... J'ai cru que quelqu'un voulait me faire une farce. *(Au garçon.)* Qui attendez-vous encore?
LE GARÇON. — Il ne viendra plus personne.
ESTELLE, *soulagée*. — Ah! Alors nous allons rester tout seuls, monsieur, madame et moi?
(Elle se met à rire[E]*.)*
GARCIN, *sèchement*. — Il n'y a pas de quoi rire.
ESTELLE, *riant toujours*. — Mais ces canapés sont si laids. Et voyez comme on les a disposés, il me semble que c'est le premier de l'an[15] et que je suis en visite chez ma tante Marie. Chacun a le sien, je suppose. Celui-ci est à moi? *(Au garçon :)* Mais je ne pourrai jamais m'asseoir dessus, c'est une catastrophe : je suis en bleu clair et il est vert épinard[F].
INÈS. — Voulez-vous le mien?
ESTELLE. — Le canapé bordeaux? Vous êtes trop gentille, mais ça ne vaudrait guère mieux. Non, qu'est-ce que vous voulez? Chacun son lot : j'ai le vert, je le garde. *(Un temps.)* Le seul qui conviendrait à la rigueur, c'est celui de monsieur.
(Un silence.)
INÈS. — Vous entendez, Garcin?
GARCIN, *sursautant*. — Le... canapé. Oh! pardon. *(Il se lève.)* Il est à vous, madame.
ESTELLE. — Merci. *(Elle ôte son manteau et le jette sur le canapé. Un temps.)* Faisons connaissance puisque nous devons habiter ensemble. Je suis Estelle RIGAULT.
(Garcin s'incline et va se nommer, mais Inès passe devant lui.)
INÈS. — Inès SERRANO. Je suis très heureuse.
(Garcin s'incline à nouveau.)
GARCIN. — Joseph GARCIN.
LE GARÇON. — Avez-vous encore besoin de moi?
ESTELLE. — Non, allez. Je vous sonnerai.
(Le garçon s'incline et sort.)

SCÈNE V

INÈS, GARCIN, ESTELLE

INÈS. — Vous êtes très belle. Je voudrais avoir des fleurs pour vous souhaiter la bienvenue.
ESTELLE. — Des fleurs? Oui. J'aimais beaucoup les fleurs. Elles se faneraient ici : il fait trop chaud. Bah! L'essentiel, n'est-ce pas, c'est de conserver la bonne humeur. Vous êtes...
INÈS. — Oui, la semaine dernière. Et vous?

E. - Explain Estelle's reaction xhen she enters the room. What is the similarity hers and Inès's reaction? Show that the three of them enter «Hell» with the same feeling and the same preconceptions.

15. - «Il me semble que c'est le premier de l'an» : New Year's day in France is traditionnally devoted to visits to members of ones family. Those visits are considered a typically bourgeois social ritual.

F. - What do Estelle's remarks in this short scene already indicate as to the kind of person she is?

ESTELLE. — Moi? Hier. La cérémonie n'est pas achevée. *(Elle parle avec beaucoup de naturel, mais comme si elle voyait ce qu'elle décrit.)* Le vent dérange le voile de ma sœur. Elle fait ce qu'elle peut pour pleurer. Allons! allons! encore un effort. Voilà! Deux larmes, deux petites larmes qui brillent sous le crêpe. Olga Jardet est très laide ce matin. Elle soutient ma sœur par le bras. Elle ne pleure pas à cause du rimmel[16] et je dois dire qu'à sa place... C'était ma meilleure amie.

INÈS. — Vous avez beaucoup souffert?

ESTELLE. — Non. J'étais plutôt abrutie.

INÈS. — Qu'est-ce que...?

ESTELLE. — Une pneumonie. *(Même jeu que précédemment.)* Eh bien, ça y est, ils s'en vont. Bonjour! Bonjour! Que de poignées de main. Mon mari est malade de chagrin, il est resté à la maison. *(A Inès.)* Et vous?

INÈS. — Le gaz.

ESTELLE. — Et vous, monsieur?

GARCIN. — Douze balles dans la peau[17]. *(Geste d'Estelle.)* Excusez-moi, je ne suis pas un mort de bonne compagnie.

ESTELLE. — Oh! cher monsieur, si seulement vous vouliez bien ne pas user de mots si crus. C'est... c'est choquant. Et finalement, qu'est-ce que ça veut dire? Peut-être n'avons-nous jamais été si vivants[G]. S'il faut absolument nommer cet... état de choses, je propose qu'on nous appelle des absents, ce sera plus correct. Vous êtes absent depuis longtemps?

GARCIN. — Depuis un mois, environ.

ESTELLE. — D'où êtes-vous?

GARCIN. — De Rio.

ESTELLE. — Moi, de Paris. Vous avez encore quelqu'un, là-bas?

GARCIN. — Ma femme. *(Même jeu qu'Estelle.)* Elle est venue à la caserne comme tous les jours; on ne l'a pas laissée entrer. Elle regarde entre les barreaux de la grille. Elle ne sait pas encore que je suis absent, mais elle s'en doute. Elle s'en va, à présent. Elle est toute noire. Tant mieux, elle n'aura pas besoin de se changer. Elle ne pleure pas; elle ne pleurait jamais. Il fait un beau soleil et elle est toute noire dans la rue déserte, avec ses grands yeux de victime. Ah! elle m'agace.

(Un silence. Garcin va s'asseoir sur le canapé du milieu et se met la tête dans les mains.)

INÈS. — Estelle!

ESTELLE. — Monsieur, monsieur Garcin!

GARCIN. — Plaît-il?

ESTELLE. — Vous êtes assis sur mon canapé.

GARCIN. — Pardon.

(Il se lève.)

---

16. - « Rimmel » : Mascara.

17. - « Douze balles dans la peau » : a common colloquialism referring to being shot by a firing squad.

G. - « Peut-être n'avons-nous jamais été aussi vivants. » What does Estelle mean by that?

HUIS-CLOS

ESTELLE. — Vous aviez l'air si absorbé.

GARCIN. — Je mets ma vie en ordre. *(Inès se met à rire.)* Ceux qui rient feraient aussi bien de m'imiter.

INÈS. — Elle est en ordre, ma vie. Tout à fait en ordre. Elle s'est mise en ordre d'elle-même, là-bas, je n'ai pas besoin de m'en préoccuper.

GARCIN. — Vraiment? Et vous croyez que c'est si simple! *(Il se passe la main sur le front.)* Quelle chaleur! Vous permettez?

(Il va pour ôter son veston.)

ESTELLE. — Ah non! *(Plus doucement.)* Non. J'ai horreur des hommes en bras de chemise.

GARCIN, *remettant sa veste*. — C'est bon. *(Un temps.)* Moi, je passais mes nuits dans les salles de rédaction. Il y faisait toujours une chaleur de cloporte. *(Un temps. Même jeu que précédemment.)* Il y fait une chaleur de cloporte. C'est la nuit.

ESTELLE. — Tiens, oui, c'est déjà la nuit. Olga se déshabille. Comme le temps passe vite, sur terre.

INÈS. — C'est la nuit. Ils ont mis les scellés sur la porte de ma chambre. Et la chambre est vide dans le noir.

GARCIN. — Ils ont posé leurs vestons sur le dos de leurs chaises et roulé les manches de leurs chemises au-dessus de leurs coudes. Ça sent l'homme et le cigare. *(Un silence.)* J'aimais vivre au milieu d'hommes en bras de chemise.

ESTELLE, *sèchement*. — Eh bien, nous n'avons pas les mêmes goûts. Voilà ce que ça prouve. *(Vers Inès.)* Vous aimez ça, vous, les hommes en chemise?

INÈS. — En chemise ou non, je n'aime pas beaucoup les hommes.

ESTELLE *les regarde tous deux avec stupeur*. — Mais pourquoi, *pourquoi* nous a-t-on réunis?

INÈS, *avec un éclat étouffé*. — Qu'est-ce que vous dites?

ESTELLE. — Je vous regarde tous deux et je pense que nous allons demeurer ensemble... Je m'attendais à retrouver des amis, de la famille.

INÈS. — Un excellent ami avec un trou au milieu de la figure.

ESTELLE. — Celui-là aussi. Il dansait le tango comme un professionnel. Mais nous, *nous*, pourquoi nous a-t-on réunis?

GARCIN. — Eh bien, c'est le hasard. Ils casent les gens où ils peuvent, dans l'ordre de leur arrivée. *(A Inès.)* Pourquoi riez-vous?

INÈS. — Parce que vous m'amusez avec votre hasard. Avez-vous tellement besoin de vous rassurer? Ils ne laissent rien au hasard.

ESTELLE, *timidement*. — Mais nous nous sommes peut-être rencontrés autrefois?

INÈS. — Jamais. Je ne vous aurais pas oubliée.

ESTELLE. — Ou alors, c'est que nous avons des relations communes? Vous ne connaissez pas les Dubois-Seymour?

INÈS. — Ça m'étonnerait.

ESTELLE. — Ils reçoivent le monde entier.

INÈS. — Qu'est-ce qu'ils font?

Estelle, *surprise*. — Ils ne font rien. Ils ont un château en Corrèze et...

Inès. — Moi, j'étais employée des Postes.

Estelle, *avec un petit recul*. — Ah! Alors en effet!... *(Un temps.)* Et vous, monsieur Garcin?

Garcin. — Je n'ai jamais quitté Rio.

Estelle. — En ce cas vous avez parfaitement raison : c'est le hasard qui nous a réunis.

Inès. — Le hasard. Alors ces meubles sont là par hasard. C'est par hasard si le canapé de droite est vert épinard et si le canapé de gauche est bordeaux. Un hasard, n'est-ce pas? Eh bien, essayez donc de les changer de place et vous m'en direz des nouvelles [18]. Et le bronze, c'est un hasard aussi? Et cette chaleur? Et cette chaleur? *(Un silence.)* Je vous dis qu'ils ont tout réglé. Jusque dans les moindres détails, avec amour. Cette chambre nous attendait.

Estelle. — Mais comment voulez-vous? Tout est si laid, si dur, si anguleux. Je détestais les angles.

Inès, *haussant les épaules*. — Croyez-vous que je vivais dans un salon Second Empire?

(Un temps.)

Estelle. — Alors tout est prévu?

Inès. — Tout. Et nous sommes assortis.

Estelle. — Ce n'est pas par hasard que *vous*, vous êtes en face de *moi*? *(Un temps.)* Qu'est-ce qu'ils attendent [H]?

Inès. — Je ne sais pas. Mais ils attendent.

Estelle. — Je ne peux pas supporter qu'on attende quelque chose de moi. Ça me donne tout de suite envie de faire le contraire.

Inès. — Eh bien, faites-le! Faites-le donc! Vous ne savez même pas ce qu'ils veulent.

Estelle, *frappant du pied*. — C'est insupportable. Et quelque chose doit m'arriver par vous deux? *(Elle les regarde.)* Par vous deux. Il y avait des visages qui me parlaient tout de suite. Et les vôtres ne me disent rien.

Garcin, *brusquement à Inès*. — Allons, pourquoi sommes-nous ensemble? Vous en avez trop dit : allez jusqu'au bout.

Inès, *étonnée*. — Mais je n'en sais absolument rien.

Garcin. — Il *faut* le savoir.

(Il réfléchit un moment.)

Inès. — Si seulement chacun de nous avait le courage de dire...

Garcin. — Quoi?

Inès. — Estelle!

Estelle. — Plaît-il?

Inès. — Qu'avez-vous fait? Pourquoi vous ont-ils envoyée ici?

---

18. - « Vous m'en direz des nouvelles » : a colloquialism meaning either: « I'm sure you'll love it, » « You'll rave about it » or, as here, « You'll find out by yourself (that you were wrong, that it can't be done, etc.). »

H. - Explain the stage direction « avec un petit recul. » How are the social and psychological differences between the two girls made obvious through this conversation? Who can « ils » in « Qu'est-ce qu'ils attendent? » possibly refer to?

ESTELLE, *vivement*. – Mais je ne sais pas, je ne sais pas du tout ! Je me demande même si ce n'est pas une erreur. *(A Inès.)* Ne souriez pas. Pensez à la quantité de gens qui... qui s'absentent chaque jour. Ils viennent ici par milliers et n'ont affaire qu'à des subalternes, qu'à des employés sans instruction. Comment voulez-vous qu'il n'y ait pas d'erreur. Mais ne souriez pas. *(A Garcin.)* Et vous, dites quelque chose. S'ils se sont trompés dans mon cas, ils ont pu se tromper dans le vôtre. *(A Inès.)* Et dans le vôtre aussi. Est-ce qu'il ne vaut pas mieux croire que nous sommes là par erreur ?

INÈS. – C'est tout ce que vous avez à nous dire ?

ESTELLE. – Que voulez-vous savoir de plus ? Je n'ai rien à cacher. J'étais orpheline et pauvre, j'élevais mon frère cadet. Un vieil ami de mon père m'a demandé ma main. Il était riche et bon, j'ai accepté. Qu'auriez-vous fait à ma place ? Mon frère était malade et sa santé réclamait les plus grands soins. J'ai vécu six ans avec mon mari sans un nuage. Il y a deux ans, j'ai rencontré celui que je devais aimer. Nous nous sommes reconnus tout de suite[19], il voulait que je parte avec lui et j'ai refusé. Après cela, j'ai eu ma pneumonie. C'est tout. Peut-être qu'on pourrait, au nom de certains principes, me reprocher d'avoir sacrifié ma jeunesse à un vieillard. *(A Garcin.)* Croyez-vous que ce soit une faute ?

GARCIN. – Certainement non. *(Un temps.)* Et vous, trouvez-vous que ce soit une faute de vivre selon ses principes ?

ESTELLE. – Qui est-ce qui pourrait vous le reprocher ?

GARCIN. – Je dirigeais un journal pacifiste. La guerre éclate. Que faire ? Ils avaient tous les yeux fixés sur moi. « Osera-t-il ? » Eh bien, j'ai osé. Je me suis croisé les bras et ils m'ont fusillé. Où est la faute ? Où est la faute ?

ESTELLE *lui pose la main sur le bras*. – Il n'y a pas de faute. Vous êtes...

INÈS *achève ironiquement*. – Un héros. Et votre femme, Garcin ?

GARCIN. – Eh bien, quoi ? Je l'ai tirée du ruisseau.

ESTELLE, *à Inès*. – Vous voyez ! vous voyez !

INÈS. – Je vois. *(Un temps.)* Pour qui jouez-vous la comédie ? Nous sommes entre nous.

ESTELLE, *avec insolence*. – Entre nous ?

INÈS. – Entre assassins. Nous sommes en enfer, ma petite, il n'y a jamais d'erreur et on ne damne jamais les gens pour rien.

ESTELLE. – Taisez-vous.

INÈS. – En enfer ! Damnés ! Damnés !

ESTELLE. – Taisez-vous. Voulez-vous vous taire ? Je vous défends d'employer des mots grossiers.

INÈS. – Damnée, la petite sainte. Damné, le héros sans reproche. Nous avons eu notre heure de plaisir, n'est-ce pas ? Il y a des gens qui ont souffert pour nous jusqu'à la mort et cela nous amusait beaucoup. A présent, il faut payer.

GARCIN, *la main levée*. – Est-ce que vous vous tairez ?

---

19. – « Nous nous sommes reconnus tout de suite » : a rather affected and literary cliché meaning : « At once we knew that we were meant for each other. »

INÈS *le regarde sans peur, mais avec une immense surprise.* — Ha! *(Un temps.)* Attendez! J'ai compris, je sais pourquoi ils nous ont mis ensemble!

GARCIN. — Prenez garde à ce que vous allez dire.

INÈS. — Vous allez voir comme c'est bête. Bête comme chou! Il n'y a pas de torture physique, n'est-ce pas? Et cependant, nous sommes en enfer. Et personne ne doit venir. Personne. Nous resterons jusqu'au bout seuls ensemble. C'est bien ça? En somme, il y a quelqu'un qui manque ici : c'est le bourreau.

GARCIN, *à mi-voix.* — Je le sais bien.

INÈS. — Eh bien, ils ont réalisé une économie de personnel. Voilà tout. Ce sont les clients qui font le service eux-mêmes, comme dans les restaurants coopératifs.

ESTELLE. — Qu'est-ce que vous voulez dire?

INÈS. — Le bourreau, c'est chacun de nous pour les deux autres[1].

(Un temps. Ils digèrent la nouvelle.)

GARCIN, *d'une voix douce.* — Je ne serai pas votre bourreau. Je ne vous veux aucun mal et je n'ai rien à faire avec vous. Rien. C'est tout à fait simple. Alors voilà : chacun dans son coin; c'est la parade. Vous ici, vous ici, moi là. Et du silence. Pas un mot : ce n'est pas difficile, n'est-ce pas? Chacun de nous a assez à faire avec lui-même. Je crois que je pourrais rester dix mille ans sans parler.

ESTELLE. — Il faut que je me taise?

GARCIN. — Oui. Et nous... nous serons sauvés. Se taire. Regarder en soi, ne jamais lever la tête. C'est d'accord?

INÈS. — D'accord.

ESTELLE, *après hésitation.* — D'accord.

GARCIN. — Alors, adieu.

(Il va à son canapé et se met la tête dans ses mains. Silence. Inès se met à chanter pour elle seule :)

Dans la rue des Blancs-Manteaux
Ils ont élevé des tréteaux
Et mis du son dans un seau
Et c'était un échafaud
Dans la rue des Blancs-Manteaux.

Dans la rue des Blancs-Manteaux
Le bourreau s'est levé tôt
C'est qu'il avait du boulot [20]
Faut qu'il coupe des Généraux
Des Évêques, des Amiraux
Dans la rue des Blancs-Manteaux.

1. - From this dialogue, show in what Inès is different from the two others, and the dramatic function of the character.

20. - « C'est qu'il avait du boulot. » : « That's because he had work to do. » Both the syntax and the word « boulot » are popular language.

Dans la rue des Blancs-Manteaux
Sont v'nues des dames comme il faut [21]
Avec de beaux affutiaux [22]
Mais la tête leur f'sait défaut
Elle avait roulé de son haut
La tête avec le chapeau
Dans le ruisseau des Blancs-Manteaux.

(Pendant ce temps-là, Estelle se remet de la poudre et du rouge. Estelle se poudre et cherche une glace autour d'elle d'un air inquiet. Elle fouille dans son sac et puis elle se tourne vers Garcin.)

ESTELLE. — Monsieur, avez-vous un miroir? *(Garcin ne répond pas.)* Un miroir, une glace de poche, n'importe quoi? *(Garcin ne répond pas.)* Si vous me laissez toute seule, procurez-moi au moins une glace.

(Garcin demeure la tête dans ses mains, sans répondre.)

INÈS *avec empressement*. — Moi, j'ai une glace dans mon sac. *(Elle fouille dans son sac. Avec dépit :)* Je ne l'ai plus. Ils ont dû me l'ôter au greffe.

ESTELLE. — Comme c'est ennuyeux.

(Un temps. Elle ferme les yeux et chancelle. Inès se précipite et la soutient.)

INÈS. — Qu'est-ce que vous avez?

ESTELLE *rouvre les yeux et sourit*. — Je me sens drôle. *(Elle se tâte.)* Ça ne vous fait pas cet effet-là, à vous : quand je ne me vois pas, j'ai beau me tâter, je me demande si j'existe pour de vrai.

INÈS. — Vous avez de la chance. Moi, je me sens toujours de l'intérieur.

ESTELLE. — Ah! oui, de l'intérieur... Tout ce qui se passe dans les têtes est si vague, ça m'endort. *(Un temps.)* Il y a six grandes glaces dans ma chambre à coucher. Je les vois. Je les vois. Mais elles ne me voient pas. Elles reflètent la causeuse, le tapis, la fenêtre... comme c'est vide, une glace où je ne suis pas. Quand je parlais, je m'arrangeais pour qu'il y en ait une où je puisse me regarder. Je parlais, je me voyais parler. Je me voyais comme les gens me voyaient, ça me tenait éveillée. *(Avec désespoir.)* Mon rouge! Je suis sûre que je l'ai mis de travers. Je ne peux pourtant pas rester sans glace toute l'éternité [J].

INÈS. — Voulez-vous que je vous serve de miroir? Venez, je vous invite chez moi. Asseyez-vous sur mon canapé.

ESTELLE *indique Garcin*. — Mais...

INÈS. — Ne nous occupons pas de lui.

ESTELLE. — Nous allons nous faire du mal : c'est vous qui l'avez dit.

INÈS. — Est-ce que j'ai l'air de vouloir vous nuire,

ESTELLE. — On ne sait jamais...

---

21. - « Comme il faut » : a popular expression applied to an outwardly dignified and social superior person.

22. - « affutiaux » (Vulgar and absolescent) : clothes.

J. - The make-up and miror scene. Show the symbolism in this scene. Why is it important?

INÈS. — C'est toi qui me feras du mal. Mais qu'est-ce que ça peut faire? Puisqu'il faut souffrir, autant que ce soit par toi? Assieds-toi. Approche-toi. Encore. Regarde dans mes yeux : est-ce que tu t'y vois?

ESTELLE. — Je suis toute petite. Je me vois très mal.

INÈS. — Je te vois, moi. Tout entière. Pose-moi des questions. Aucun miroir ne sera plus fidèle.

(Estelle, gênée, se tourne vers Garcin comme pour l'appeler à l'aide.)

ESTELLE. — Monsieur! Monsieur! Nous ne vous ennuyons pas par notre bavardage?

(Garcin ne répond pas.)

INÈS. — Laisse-le; il ne compte plus; nous sommes seules. Interroge-moi.

ESTELLE. — Est-ce que j'ai bien mis mon rouge à lèvres?

INÈS. — Fais voir. Pas trop bien.

ESTELLE. — Je m'en doutais. Heureusement que *(elle jette un coup d'œil à Garcin)* personne ne m'a vue. Je recommence.

INÈS. — C'est mieux. Non. Suis le dessin des lèvres; je vais te guider. Là, là. C'est bien.

ESTELLE. — Aussi bien que tout à l'heure, quand je suis entrée?

INÈS. — C'est mieux; plus lourd, plus cruel. Ta bouche d'enfer.

ESTELLE. — Hum! Et c'est bien? Que c'est agaçant, je ne peux plus juger par moi-même. Vous me jurez que c'est bien?

INÈS. — Tu ne veux pas qu'on se tutoie?

ESTELLE. — Tu me jures que c'est bien?

INÈS. — Tu es belle.

ESTELLE. — Mais avez-vous du goût? Avez-vous *mon* goût? Que c'est agaçant, que c'est agaçant.

INÈS. — J'ai ton goût, puisque tu me plais. Regarde-moi bien. Souris-moi. Je ne suis pas laide non plus. Est-ce que je ne vaux pas mieux qu'un miroir?

ESTELLE. — Je ne sais pas. Vous m'intimidez. Mon image dans les glaces était apprivoisée. Je la connaissais si bien... Je vais sourire : mon sourire ira au fond de vos prunelles et Dieu sait ce qu'il va devenir.

INÈS. — Et qui t'empêche de m'apprivoiser? *(Elles se regardent. Estelle sourit, un peu fascinée.)* Tu ne veux décidément pas me tutoyer?

ESTELLE. — J'ai de la peine à tutoyer les femmes.

INÈS. — Et particulièrement les employées des postes, je suppose? Qu'est-ce que tu as là, au bas de la joue? Une plaque rouge?

ESTELLE, *sursautant*. — Une plaque rouge, quelle horreur! Où ça?

INÈS. — Là! là! Je suis le miroir aux alouettes[23]; ma petite alouette, je te tiens! Il n'y a pas de rougeur. Pas la moindre. Hein? Si le miroir se mettait à mentir? Ou si je fermais

---

23. - « Je suis le miroir aux alouettes » : « le miroir aux alouettes » is a sort of revolving mirror used to lure and catch larks, and figurativel, any enticing device or behavior meant to attract and deceive gullible people.

les yeux, si je refusais de te regarder, que ferais-tu de toute cette beauté ? N'aie pas peur : il faut que je te regarde, mes yeux resteront grands ouverts. Et je serai gentille tout à fait gentille. Mais tu me diras : tu.

(Un temps.)

ESTELLE. — Je te plais ?

INÈS. — Beaucoup !

(Un temps.)

ESTELLE, *désignant Garcin d'un coup de tête.* — Je voudrais qu'il me regarde aussi.

INÈS. — Ha ! Parce que c'est un homme. *(A Garcin.)* Vous avez gagné. *(Garcin ne répond pas.)* Mais regardez-la donc ! *(Garcin ne répond pas.)* Ne jouez pas cette comédie ; vous n'avez pas perdu un mot de ce que nous disions.

GARCIN, *levant brusquement la tête.* — Vous pouvez le dire, pas un mot : j'avais beau m'enfoncer les doigts dans les oreilles, vous me bavardiez dans la tête. Allez-vous me laisser, à présent ? Je n'ai pas affaire à vous.

INÈS. — Et à la petite, avez-vous affaire ? J'ai vu votre manège : c'est pour l'intéresser que vous avez pris vos grands airs.

GARCIN. — Je vous dis de me laisser. Il y a quelqu'un qui parle de moi au journal et je voudrais écouter. Je me moque de la petite [24], si cela peut vous tranquilliser.

ESTELLE. — Merci.

GARCIN. — Je ne voulais pas être grossier...

ESTELLE. — Mufle !

(Un temps. Ils sont debout, les uns en face des autres.)

GARCIN. — Et voilà ! *(Un temps.)* Je vous avais suppliées de vous taire.

ESTELLE. — C'est elle qui a commencé. Elle est venue m'offrir son miroir et je ne lui demandais rien.

INÈS. — Rien. Seulement tu te frottais contre lui et tu faisais des mines pour qu'il te regarde.

ESTELLE. — Et après ?

GARCIN. — Êtes-vous folles ? Vous ne voyez donc pas où nous allons. Mais taisez-vous ! *(Un temps.)* Nous allons nous rasseoir bien tranquillement, nous fermerons les yeux et chacun tâchera d'oublier la présence des autres.

(Un temps, il se rassied. Elles vont à leur place d'un pas hésitant. Inès se retourne brusquement.)

INÈS. — Ah ! oublier. Quel enfantillage ! Je vous sens jusque dans mes os. Votre silence me crie dans les oreilles. Vous pouvez vous clouer la bouche, vous pouvez vous couper la langue, est-ce que vous vous empêcherez d'exister ? Arrêterez-vous votre pensée ? Je l'entends, elle fait tic tac, comme un réveil, et je sais que vous entendez la mienne. Vous avez beau vous rencoigner sur votre capapé, vous êtes partout, les sons m'arrivent souillés parce que vous les avez entendus au passage. Vous m'avez volé jusqu'à mon visage : vous le connaissez et

---

24. - « Je me moque de la petite » : not « I am making fun of her » but « I don't care about her. »

je ne le connais pas. Et elle? elle? vous me l'avez volée : si nous étions seules, croyez-vous qu'elle oserait me traiter comme elle me traite? Non, non : ôtez ces mains de votre figure, je ne vous laisserai pas, ce serait trop commode. Vous resteriez là, insensible, plongé en vous-même comme un bouddha, j'aurais les yeux clos, je sentirais qu'elle vous dédie tous les bruits de sa vie, même les froissements de sa robe et qu'elle vous envoie des sourires que vous ne voyez pas... Pas de ça! Je veux choisir mon enfer; je veux vous regarder de tous mes yeux et lutter à visage découvert.

GARCIN. — C'est bon. Je suppose qu'il fallait en arriver là; ils nous ont manœuvrés comme des enfants. S'ils m'avaient logé avec des hommes... les hommes savent se taire. Mais il ne faut pas trop demander. *(Il va vers Estelle et lui passe la main sous le menton.)* Alors, petite, je te plais? Il paraît que tu me faisais de l'œil[25]?

ESTELLE. — Ne me touchez pas.

GARCIN. — Bah! Mettons-nous à l'aise. J'aimais beaucoup les femmes, sais-tu? Et elles m'aimaient beaucoup. Mets-toi donc à l'aise, nous n'avons plus rien à perdre. De la politesse, pourquoi? Des cérémonies[26], pourquoi? Entre nous! Tout à l'heure nous serons nus comme des vers.

ESTELLE. — Laissez-moi!

GARCIN. — Comme des vers! Ah! je vous avais prévenues. Je ne vous demandais rien, rien que la paix et un peu de silence. J'avais mis les doigts dans mes oreilles. Gomez parlait, debout entre les tables, tous les copains du journal écoutaient. En bras de chemise. Je voulais comprendre ce qu'ils disaient, c'était difficile : les événements de la terre passent si vite. Est-ce que vous ne pouviez pas vous taire? A présent, c'est fini, il ne parle plus, ce qu'il pense de moi est rentré dans sa tête. Eh bien, il faudra que nous allions jusqu'au bout. Nus comme des vers : je veux savoir à qui j'ai affaire.

INÈS. — Vous le savez. A présent vous le savez.

GARCIN. — Tant que chacun de nous n'aura pas avoué pourquoi ils l'ont condamné, nous ne saurons rien. Toi, la blonde, commence. Pourquoi? Dis-nous pourquoi : ta franchise peut éviter des catastrophes; quand nous connaîtrons nos monstres... Allons, pourquoi?

ESTELLE. — Je vous dis que j'ignore. Ils n'ont pas voulu me l'apprendre[K].

GARCIN. — Je sais. A moi non plus, ils n'ont pas voulu répondre. Mais je me connais. Tu as peur de parler la première? Très bien. Je vais commencer. *(Un silence.)* Je ne suis pas très joli.

INÈS. — Ça va. On sait que vous avez déserté.

GARCIN. — Laissez ça. Ne parlez jamais de ça. Je suis ici parce que j'ai torturé ma femme[L]. C'est tout. Pendant cinq ans. Bien entendu, elle souffre encore. La voilà; dès que je parle d'elle, je la vois. C'est Gomez qui m'intéresse et c'est elle que je vois. Où est Gomez?

---

25. - «Il paraît que tu me faisais de l'œil» : «Faire de l'œil à...» : «To make eyes at,» but the French expression is more vulgar than the English. «Il paraît que...» : an expression that *never* means it appears that,» but: «They say that...,» «I have heard that...,» etc. Garcin is alluding to what Inès has just been saying about Estelle (... «Elle vous envoie des sourires que vous ne voyez pas.»

26. - « Des cérémonies » : « Decorum. »

K. - « Ils n'ont pas voulu me l'apprendre. » They not been told why they were in Hell. Explain why. Did they really have to be told?

L. - «Je suis ici parce que j'ai torturé ma femme.» Why does Garcin insists that this, and not his desertion, is the reason of his being in Hell?

Pendant cinq ans. Dites donc, ils lui ont rendu mes effets, elle est assise près de la fenêtre et elle a pris mon veston sur ses genoux. Le veston aux douze trous. Le sang, on dirait de la rouille. Les bords des trous sont roussis. Ha! C'est une pièce de musée, un veston historique. Et j'ai porté ça! Pleureras-tu? Finiras-tu par pleurer? Je rentrais saoul comme un cochon, je sentais le vin et la femme. Elle m'avait attendu toute la nuit; elle ne pleurait pas. Pas un mot de reproche, naturellement. Ses yeux, seulement. Ses grands yeux. Je ne regrette rien. Je paierai, mais je ne regrette rien. Il neige dehors. Mais pleureras-tu? C'est une femme qui a la vocation du martyre.

INÈS, *presque doucement.* — Pourquoi l'avez-vous fait souffrir?

GARCIN. — Parce que c'était facile. Il suffisait d'un mot pour la faire changer de couleur; c'était une sensitive. Ha! Pas un reproche! Je suis très taquin. J'attendais, j'attendais toujours. Mais non, pas un pleur, pas un reproche. Je l'avais tirée du ruisseau, comprenez-vous? Elle passe la main sur le veston, sans le regarder. Ses doigts cherchent les trous à l'aveuglette. Qu'attends-tu? Qu'espères-tu? Je te dis que je ne regrette rien. Enfin voilà : elle m'admirait trop. Comprenez-vous ça?

INÈS. — Non. On ne m'admirait pas.

GARCIN. — Tant mieux. Tant mieux pour vous. Tout cela doit vous paraître abstrait. Eh bien, voici une anecdote : j'avais installé chez moi une mulâtresse. Quelles nuits! Ma femme couchait au premier, elle devait nous entendre. Elle se levait la première et, comme nous faisions la grasse matinée, elle nous apportait le petit déjeuner au lit.

INÈS. — Goujat[27] !

GARCIN. — Mais oui, mais oui, le goujat bien-aimé. *(Il paraît distrait.)* Non, rien. C'est Gomez, mais il ne parle pas de moi. Un goujat, disiez-vous? Dame : sinon, qu'est-ce que je ferais ici? Et vous?

INÈS. — Eh bien, j'étais ce qu'ils appellent, là-bas, une femme damnée[28]. *Déjà* damnée, n'est-ce pas. Alors, il n'y a pas eu de grosse surprise.

GARCIN. — C'est tout?

INÈS. — Non, il y a aussi cette affaire avec Florence. Mais c'est une histoire de morts. Trois morts. Lui d'abord, ensuite elle et moi. Il ne reste plus personne là-bas, je suis tranquille; la chambre, simplement. Je vois la chambre, de temps en temps. Vide, avec des volets clos. Ah! ah! Ils ont fini par ôter les scellés. A louer... Elle est à louer. Il y a un écriteau sur la porte. C'est... dérisoire.

GARCIN. — Trois. Vous avez bien dit trois?

INÈS. — Trois.

GARCIN. — Un homme et deux femmes?

INÈS. — Oui.

GARCIN. — Tiens. *(Un silence.)* Il s'est tué?

---

27. - «Goujat» : a term applied to a boorish, insolent male individual, especially in reference to his behaviour towards women («Mufle», has a similar meaning.)

28. - «Une femme damnée» : a lesbian. The expression was used by Baudelaire in *Les Fleurs du mal* and is quite common.

INÈS. — Lui? Il en était bien incapable. Pourtant ce n'est pas faute d'avoir souffert. Non : c'est un tramway qui l'a écrasé. De la rigolade[29]! J'habitais chez eux, c'était mon cousin.

GARCIN. — Florence était blonde?

INÈS. — Blonde? *(Regard à Estelle.)* Vous savez je ne regrette rien, mais ça ne m'amuse pas tant de vous raconter cette histoire.

GARCIN. — Allez! allez! Vous avez été dégoûtée de lui?

INÈS. — Petit à petit. Un mot, de-ci, de-là. Par exemple, il faisait du bruit en buvant : il soufflait par le nez dans son verre. Des riens. Oh! c'était un pauvre type, vulnérable. Pourquoi souriez-vous?

GARCIN. — Parce que moi, je ne suis pas vulnérable.

INÈS. — C'est à voir. Je me suis glissée en elle, elle l'a vu par mes yeux... Pour finir, elle m'est restée sur les bras[30]. Nous avons pris une chambre à l'autre bout de la ville.

GARCIN. — Alors?

INÈS. — Alors il y a eu ce tramway. Je lui disais tous les jours : Eh bien, ma petite! Nous l'avons tué. *(Un silence.)* Je suis méchante.

GARCIN. — Oui. Moi aussi.

INÈS. — Non, vous, vous n'êtes pas méchant. C'est autre chose.

GARCIN. — Quoi?

INÈS. — Je vous le dirai plus tard. Moi, je suis méchante : ça veut dire que j'ai besoin de la souffrance des autres pour exister. Une torche. Une torche dans les cœurs. Quand je suis toute seule, je m'éteins. Six mois durant, j'ai flambé dans son cœur; j'ai tout brûlé. Elle s'est levée une nuit; elle a été ouvrir le robinet du gaz sans que je m'en doute, et puis elle s'est recouchée près de moi. Voilà.

GARCIN. — Hum!

INÈS. — Quoi?

GARCIN. — Rien. Ça n'est pas propre.

INÈS. — Eh bien, non, ça n'est pas propre. Après?

GARCIN. — Oh! vous avez raison. *(A Estelle.)* A toi. Qu'est-ce que tu as fait?

ESTELLE. — Je vous ai dit que je n'en savais rien. J'ai beau m'interroger...

GARCIN. — Bon. Eh bien, on va t'aider. Ce type au visage fracassé, qui est-ce?

ESTELLE. — Quel type?

INÈS. — Tu le sais fort bien. Celui dont tu avais peur, quand tu es entrée.

ESTELLE. — C'est un ami.

GARCIN. — Pourquoi avais-tu peur de lui?

ESTELLE. — Vous n'avez pas le droit de m'interroger.

---

29. - « De la rigolade! » : « What a joke! »
30. - « Elle m'est restée sur les bras » : said of a person who is or becomes unwanted and whose presence one must endure.

INÈS. — Il s'est tué à cause de toi?

ESTELLE. — Mais non, vous êtes folle.

GARCIN. — Alors, pourquoi te faisait-il peur? Il s'est lâché un coup de fusil dans la figure, hein? C'est ça qui lui a emporté la tête?

ESTELLE. — Taisez-vous! taisez-vous!

GARCIN. — A cause de toi! A cause de toi!

INÈS. — Un coup de fusil à cause de toi!

ESTELLE. — Laissez-moi tranquille. Vous me faites peur. Je veux m'en aller! Je veux m'en aller!
(Elle se précipite vers la porte et la secoue.)

GARCIN. — Va-t'en. Moi, je ne demande pas mieux. Seulement la porte est fermée de l'extérieur.
(Estelle sonne; le timbre ne retentit pas. Inès et Garcin rient. Estelle se retourne sur eux, adossée à la porte.)

ESTELLE, *la voix rauque et lente*. — Vous êtes ignobles.

INÈS. — Parfaitement, ignobles. Alors? Donc le type s'est tué à cause de toi. C'était ton amant?

GARCIN. — Bien entendu, c'était son amant. Et il a voulu l'avoir pour lui tout seul. Ça n'est pas vrai?

INÈS. — Il dansait le tango comme un professionnel, mais il était pauvre, j'imagine.
(Un silence.)

GARCIN. — On te demande s'il était pauvre.

ESTELLE. — Oui, il était pauvre.

GARCIN. — Et puis, tu avais ta réputation à garder. Un jour il est venu, il t'a suppliée et tu as rigolé.

INÈS. — Hein? Hein? Tu as rigolé? C'est pour cela qu'il s'est tué [31]?

ESTELLE. — C'est avec ces yeux-là que tu regardais Florence?

INÈS. — Oui.
(Un temps. Estelle se met à rire.)

ESTELLE. — Vous n'y êtes pas du tout. *(Elle se redresse et les regarde, toujours adossée à la porte. D'un ton sec et provocant :)* Il voulait me faire un enfant. Là, êtes-vous contents?

GARCIN. — Et toi, tu ne voulais pas.

ESTELLE. — Non. L'enfant est venu tout de même. Je suis allée passer cinq mois en Suisse. Personne n'a rien su. C'était une fille. Roger était près de moi quand elle est née. Ça l'amusait d'avoir une fille. Pas moi.

GARCIN. — Après?

ESTELLE. — Il y avait un balcon, au-dessus d'un lac. J'ai apporté une grosse pierre. Il criait : « Estelle, je t'en prie, je t'en supplie. » Je le détestais. Il a tout vu. Il s'est penché sur le balcon et il a vu des ronds sur le lac.

GARCIN. — Après?

---

31. — « C'est pour cela qu'il s'est tué? » : note that the style and language of the whole passage is meant to suggest police questioning a suspect. Inès : « L'enquête est finie. »

ESTELLE. — C'est tout. Je suis revenue à Paris. Lui, il a fait ce qu'il a voulu.

GARCIN. — Il s'est fait sauter la tête?

ESTELLE. — Bien oui. Ça n'en valait pas la peine; mon mari ne s'est jamais douté de rien. *(Un temps.)* Je vous hais.

(Elle a une crise de sanglots secs.)

GARCIN. — Inutile. Ici les larmes ne coulent pas.

ESTELLE. — Je suis lâche! Je suis lâche! *(Un temps.)* Si vous saviez comme je vous hais!

INÈS, *la prenant dans ses bras*. — Mon pauvre petit! *(A Garcin :)* L'enquête est finie. Pas la peine de garder cette gueule de bourreau.

GARCIN. — De bourreau... *(Il regarde autour de lui.)* Je donnerais n'importe quoi pour me voir dans une glace. *(Un temps.)* Qu'il fait chaud! *(Il ôte machinalement son veston.)* Oh! pardon.

(Il va pour le remettre.)

ESTELLE. — Vous pouvez rester en bras de chemise. A présent ^M...

GARCIN. — Oui. *(Il jette son veston sur le canapé.)* Il ne faut pas m'en vouloir, Estelle.

ESTELLE. — Et à moi? Tu m'en veux, à moi?

(Un silence.)

INÈS. — Eh bien, Garcin? Nous voici nus comme des vers; y voyez-vous plus clair?

GARCIN. — Je ne sais pas. Peut-être un peu plus clair. *(Timidement.)* Est-ce que nous ne pourrions pas essayer de nous aider les uns les autres?

INÈS. — Je n'ai pas besoin d'aide.

GARCIN. — Inès, ils ont embrouillé tous les fils. Si vous faites le moindre geste, si vous levez la main pour vous éventer, Estelle et moi nous sentons la secousse. Aucun de nous ne peut se sauver seul; il faut que nous nous perdions ensemble ou que nous nous tirions d'affaire ensemble. Choisissez. *(Un temps.)* Qu'est-ce qu'il y a?

INÈS. — Ils l'ont louée. Les fenêtres sont grandes ouvertes, un homme est assis sur mon lit. Ils l'ont louée! ils l'ont louée! Entrez, entrez, ne vous gênez pas. C'est une femme. Elle va vers lui et lui met les mains sur les épaules... Qu'est-ce qu'ils attendent pour allumer, on n'y voit plus; est-ce qu'ils vont s'embrasser? Cette chambre est à moi! Elle est à moi! Et pourquoi n'allume-t-il pas? Je ne peux plus les voir. Qu'est-ce qu'ils chuchotent? Est-ce qu'il va la caresser sur *mon* lit? Elle lui dit qu'il est midi et qu'il fait grand soleil. Alors, c'est que je deviens aveugle. *(Un temps.)* Fini. Plus rien : je ne vois plus, je n'entends plus. Eh bien, je suppose que j'en ai fini avec la terre. Plus d'alibi. *(Elle frissonne.)* Je me sens vide. A présent, je suis tout à fait morte. Tout entière ici. *(Un temps.)* Vous disiez? Vous parliez de m'aider, je crois?

GARCIN. — Oui.

INÈS. — A quoi?

GARCIN. — A déjouer leurs ruses.

INÈS. — Et moi, en échange?

M. - Estelle : « Vous pouvez rester en bras de chemise. A présent... » Why?

GARCIN. — Vous m'aiderez. Il faudrait peu de chose, Inès : tout juste un peu de bonne volonté.

INÈS. — De la bonne volonté... Où voulez-vous que j'en prenne? Je suis pourrie.

GARCIN. — Et moi? *(Un temps.)* Tout de même, si nous essayions?

INÈS. — Je suis sèche. Je ne peux ni recevoir ni donner : comment voulez-vous que je vous aide? Une branche morte, le feu va s'y mettre. *(Un temps; elle regarde Estelle qui a la tête dans ses mains.)* Florence était blonde.

GARCIN. — Est-ce que vous savez que cette petite sera votre bourreau?

INÈS. — Peut-être bien que je m'en doute.

GARCIN. — C'est par elle qu'ils vous auront. En ce qui me concerne, je... je... je ne lui prête aucune attention. Si de votre côté...

INÈS. — Quoi?

GARCIN. — C'est un piège. Ils vous guettent pour savoir si vous vous y laisserez prendre.

INÈS. — Je sais. Et *vous,* vous êtes un piège. Croyez-vous qu'ils n'ont pas prévu vos paroles? Et qu'il ne s'y cache pas des trappes que nous ne pouvons pas voir? Tout est piège. Mais qu'est-ce que cela me fait? Moi aussi, je suis un piège. Un piège pour elle. C'est peut-être moi qui l'attraperai.

GARCIN. — Vous n'attraperez rien du tout. Nous nous courrons après comme des chevaux de bois[32], sans jamais nous rejoindre : vous pouvez croire qu'ils ont tout arrangé. Laissez tomber, Inès. Ouvrez les mains, lâchez prise. Sinon vous ferez notre malheur à tous trois.

INÈS. — Est-ce que j'ai une tête à lâcher prise? Je sais ce qui m'attend. Je vais brûler, je brûle et je sais qu'il n'y aura pas de fin; je sais tout : croyez-vous que je lâcherai prise? Je l'aurai, elle vous verra par mes yeux, comme Florence voyait l'autre. Qu'est-ce que vous venez me parler de votre malheur : je vous dis que je sais tout et je ne peux même pas avoir pitié de moi. Un piège, ha! un piège. Naturellement je suis prise au piège. Et puis après? Tant mieux, s'ils sont contents.

GARCIN, *la prenant par l'épaule.* — Moi, je veux avoir pitié de vous. Regardez-moi : nous sommes nus. Nus jusqu'aux os et je vous connais jusqu'au cœur. C'est un lien : croyez-vous que je voudrais vous faire du mal? Je ne regrette rien, je ne me plains pas; moi aussi, je suis sec. Mais de vous, je peux avoir pitié.

INÈS, *qui s'est laissé faire pendant qu'il parlait, se secoue.* — Ne me touchez pas. Je déteste qu'on me touche. Et gardez votre pitié. Allons! Garcin, il y a aussi beaucoup de pièges pour vous, dans cette chambre. Pour vous. Préparés pour vous. Vous feriez mieux de vous occuper de vos affaires. *(Un temps.)* Si vous nous laissez tout à fait tranquilles, la petite et moi, je ferai en sorte de ne pas vous nuire.

GARCIN *la regarde un moment, puis hausse les épaules.* — C'est bon.

ESTELLE, *relevant la tête.* — Au secours, Garcin.

GARCIN. — Que me voulez-vous?

ESTELLE, *se levant et s'approchant de lui.* — Moi, vous pouvez m'aider.

GARCIN. — Adressez-vous à elle.

---

32. - « Comme des chevaux de bois » : the horses on a merry-go-round.

(Inès s'est rapprochée, elle se place tout contre Estelle, par derrière, sans la toucher. Pendant les répliques suivantes, elle lui parlera presque à l'oreille. Mais Estelle, tournée vers Garcin, qui la regarde sans parler, répond uniquement à celui-ci comme si c'était lui qui l'interrogeait[N].*)*

ESTELLE. — Je vous en prie, vous avez promis, Garcin, vous avez promis! Vite, vite, je ne veux pas rester seule. Olga l'a emmené au dancing.

INÈS. — Qui a-t-elle emmené?

ESTELLE. — Pierre. Ils dansent ensemble.

INÈS. — Qui est Pierre?

ESTELLE. — Un petit niais. Il m'appelait son eau vive. Il m'aimait. Elle l'a emmené au dancing.

INÈS. — Tu l'aimes?

ESTELLE. — Ils se rasseyent. Elle est à bout de souffle. Pourquoi danse-t-elle? A moins que ce ne soit pour se faire maigrir. Bien sûr que non. Bien sûr que je ne l'aimais pas : il a dix-huit ans et je ne suis pas une ogresse[33], moi.

INÈS. — Alors laisse-les. Qu'est-ce que cela peut te faire?

ESTELLE. — Il était à moi.

INÈS. — Rien n'est plus à toi sur la terre.

ESTELLE. — Il était à moi[O].

INÈS. — Oui, il *était*... Essaye de le prendre, essaye de le toucher. Olga peut le toucher, elle. N'est-ce pas? N'est-ce pas? Elle peut lui tenir les mains, lui frôler les genoux.

ESTELLE. — Elle pousse contre lui son énorme poitrine, elle lui souffle dans la figure. Petit Poucet, pauvre Petit Poucet, qu'attends-tu pour lui éclater de rire au nez? Ah! il m'aurait suffi d'un regard, elle n'aurait jamais osé... Est-ce que je ne suis vraiment plus rien?

INÈS. — Plus rien. Et il n'y a plus rien de toi sur la terre : tout ce qui t'appartient est ici. Veux-tu le coupe-papier? Le bronze de Barbedienne? Le canapé bleu est à toi. Et moi, mon petit, moi je suis à toi pour toujours.

ESTELLE. — Ha? A moi? Eh bien, lequel de vous deux oserait m'appeler son eau vive? On ne vous trompe pas, vous autres, vous savez que je suis une ordure. Pense à moi, Pierre, ne pense qu'à moi, défends-moi; tant que tu penses : mon eau vive, ma chère eau vive, je ne suis ici qu'à moitié, je ne suis qu'à moitié coupable, je suis eau vive là-bas, près de toi. Elle est rouge comme une tomate. Voyons, c'est impossible : nous avons cent fois ri d'elle ensemble. Qu'est-ce que c'est que cet air-là? Je l'aimais tant. Ah! c'est *Saint Louis Blues*... Eh bien, dansez, dansez. Garcin, vous vous amuseriez si vous pouviez la voir. Elle ne saura donc jamais que je la vois. Je te vois, je te vois, avec ta coiffure défaite, ton visage chaviré, je vois que tu lui marches sur les pieds. C'est à mourir de rire. Allons! Plus vite! Plus vite! Il la tire, il la pousse. C'est indécent. Plus vite! Il me disait : Vous êtes si légère. Allons, allons! *(Elle danse en parlant.)* Je te dis que je te vois. Elle s'en moque,

---

33. - « Ogresse » : feminine of « ogre »; a child-eating monster in *Le Petit Poucet*, the famous tale by Perrault. Estelle means that, unlike Olga, is not the kind of monstrous woman who seduces adolescent boys.

N. - What does the stage direction mean to convey?

O. - « Il était à moi. » What does she mean? Explain her feeling.

elle danse à travers mon regard. Notre chère Estelle! Quoi, notre chère Estelle? Ah! tais-toi. Tu n'as même pas versé une larme aux obsèques. Elle lui a dit : « notre chère Estelle ». Elle a le toupet de lui parler de moi. Allons! en mesure. Ce n'est pas elle qui pourrait parler et danser à la fois. Mais qu'est-ce que... Non! non! ne lui dis pas! je te l'abandonne, emporte-le, garde-le, fais-en ce que tu voudras, mais ne lui dis pas... *(Elle s'est arrêtée de danser.)* Bon. Eh bien, tu peux le garder à présent. Elle lui a tout dit, Garcin : Roger, le voyage en Suisse, l'enfant, elle lui a tout raconté. « Notre chère Estelle n'était pas... » Non, non, en effet, je n'étais pas... Il branle la tête d'un air triste, mais on ne peut pas dire que la nouvelle l'ait bouleversé. Garde-le à présent. Ce ne sont pas ses longs cils ni ses airs de fille que je te disputerai. Ha! il m'appelait son eau vive, son cristal. Eh bien, le cristal est en miettes. « Notre chère Estelle. » Dansez! dansez, voyons! En mesure. Une, deux. *(Elle danse.)* Je donnerais tout au monde pour revenir sur terre un instant, un seul instant, et pour danser. *(Elle danse : un temps.)* Je n'entends plus très bien. Ils ont éteint les lampes comme pour un tango; pourquoi jouent-ils en sourdine? Plus fort! Que c'est loin! Je... Je n'entends plus du tout. *(Elle cesse de danser.)* Jamais plus. La terre m'a quittée. Garcin, regarde-moi, prends-moi dans tes bras.

(Inès fait signe à Garcin de s'écarter, derrière le dos d'Estelle.)

INÈS, *impérieusement*. — Garcin!

GARCIN *recule d'un pas et désigne Inès à Estelle.* — Adressez-vous à elle.

ESTELLE *l'agrippe.* — Ne vous en allez pas! Est-ce que vous êtes un homme? Mais regardez-moi donc, ne détournez pas les yeux : est-ce donc si pénible? J'ai des cheveux d'or, et, après tout, quelqu'un s'est tué pour moi. Je vous supplie, il faut bien que vous regardiez quelque chose. Si ce n'est pas moi, ce sera le bronze, la table ou les canapés. Je suis tout de même plus agréable à voir. Écoute : je suis tombée de leurs cœurs comme un petit oiseau tombé du nid. Ramasse-moi, prends-moi, dans ton cœur, tu verras comme je serai gentille.

GARCIN, *la repoussant avec effort.* — Je vous dis de vous adresser à elle.

ESTELLE. — A elle? Mais elle ne compte pas : c'est une femme.

INÈS. — Je ne compte pas? Mais, petit oiseau, petite alouette, il y a beau temps que tu es à l'abri dans mon cœur. N'aie pas peur, je te regarderai sans répit, sans un battement de paupières. Tu vivras dans mon regard comme une paillette dans un rayon de soleil.

ESTELLE. — Un rayon de soleil? Ha! fichez-moi donc la paix. Vous m'avez fait le coup tout à l'heure et vous avez bien vu qu'il a raté.

INÈS. — Estelle! Mon eau vive, mon cristal.

ESTELLE. — *Votre* cristal? C'est bouffon. Qui pensez-vous tromper? Allons, tout le monde sait que j'ai flanqué l'enfant par la fenêtre. Le cristal est en miettes sur la terre et je m'en moque. Je ne suis plus qu'une peau — et ma peau n'est pas pour vous.

INÈS. — Viens! Tu seras ce que tu voudras : eau vive, eau sale, tu te retrouveras au fond de mes yeux telle que tu te désires.

ESTELLE. — Lâchez-moi! Vous n'avez pas d'yeux! Mais qu'est-ce qu'il faut que je fasse pour que tu me lâches? Tiens!

(Elle lui crache à la figure. Inès la lâche brusquement.)

INÈS. — Garcin! Vous me le paierez!

(Un temps. Garcin hausse les épaules et va vers Estelle.)

GARCIN. — Alors? Tu veux un homme?

ESTELLE. — Un homme, non. Toi.

GARCIN. — Pas d'histoire. N'importe qui ferait l'affaire. Je me suis trouvé là, c'est moi. Bon. *(Il la prend aux épaules.)* Je n'ai rien pour te plaire, tu sais : je ne suis pas un petit niais et je ne danse pas le tango.

ESTELLE. — Je te prendrai comme tu es. Je te changerai peut-être.

GARCIN. — J'en doute. Je serai... distrait. J'ai d'autres affaires en tête.

ESTELLE. — Quelles affaires?

GARCIN. — Ça ne t'intéresserait pas.

ESTELLE. — Je m'assiérai sur ton canapé. J'attendrai que tu t'occupes de moi.

INÈS, *éclatant de rire*. — Ha! chienne! A plat ventre! A plat ventre! Et il n'est même pas beau!

ESTELLE. *à Garcin*. — Ne l'écoute pas. Elle n'a pas d'yeux, elle n'a pas d'oreilles. Elle ne compte pas[P].

GARCIN. — Je te donnerai ce que je pourrai. Ce n'est pas beaucoup. Je ne t'aimerai pas : je te connais trop.

ESTELLE. — Est-ce que tu me désires?

GARCIN. — Oui.

ESTELLE. — C'est tout ce que je veux.

GARCIN. — Alors...

(Il se penche sur elle.)

INÈS. — Estelle! Garcin! Vous perdez le sens[34]! Mais je suis là, moi!

GARCIN. — Je vois bien, et après?

INÈS. — Devant moi? Vous ne... vous ne pouvez pas!

ESTELLE. — Pourquoi? Je me déshabillais bien devant ma femme de chambre.

INÈS, *s'agrippant à Garcin*. — Laissez-la! Laissez-la! ne la touchez pas de vos sales mains d'homme!

GARCIN, *la repoussant violemment*. — Ça va : je ne suis pas un gentilhomme, je n'aurai pas peur de cogner sur une femme.

INÈS. — Vous m'aviez promis, Garcin, vous m'aviez promis! Je vous en supplie, vous m'aviez promis!

GARCIN. — C'est vous qui avez rompu le pacte.

(Inès se dégage et recule au fond de la pièce.)

INÈS. — Faites ce que vous voudrez, vous êtes les plus forts. Mais rappelez-vous, je suis là et je vous regarde. Je ne vous quitterai pas des yeux, Garcin; il faudra que vous l'embrassiez sous mon regard. Comme je vous hais tous les deux! Aimez-vous, aimez-vous! Nous sommes en enfer et j'aurai mon tour.

(Pendant la scène suivante, elle les regardera sans mot dire.)

P. - Explain the sudden and violent repulsion of Estelle for Inès.

34. - « Vous perdez le sens » : « You're talking nonsense, » « You're going mad. »

HUIS-CLOS

GARCIN *revient vers Estelle et la prend aux épaules.* — Donne-moi ta bouche.
(Un temps. Il se penche sur elle et brusquement se redresse.)

ESTELLE, *avec un geste de dépit.* — Ha!... *(Un temps.)* Je t'ai dit de ne pas faire attention à elle.

GARCIN. — Il s'agit bien d'elle[35]. *(Un temps.)* Gomez est au journal. Ils ont fermé les fenêtres; c'est donc l'hiver. Six mois. Il y a six mois qu'ils m'ont... Je t'ai prévenue qu'il m'arriverait d'être distrait? Ils grelottent; ils ont gardé leurs vestons... C'est drôle qu'ils aient si froid, là-bas : et moi j'ai si chaud. Cette fois-ci, c'est de moi qu'il parle.

ESTELLE. — Ça va durer longtemps? *(Un temps.)* Dis-moi au moins ce qu'il raconte.

GARCIN. — Rien. Il ne raconte rien. C'est un salaud[36], voilà tout. *(Il prête l'oreille.)* Un beau salaud. Bah! *(Il se rapproche d'Estelle.)* Revenons à nous! M'aimeras-tu?

ESTELLE, *souriant.* — Qui sait?

GARCIN. — Auras-tu confiance en moi?

ESTELLE. — Quelle drôle de question : tu seras constamment sous mes yeux et ce n'est pas avec Inès que tu me tromperas.

GARCIN. — Évidemment. *(Un temps. Il lâche les épaules d'Estelle.)* Je parlais d'une autre confiance. *(Il écoute.)* Va! va! dis ce que tu veux : je ne suis pas là pour me défendre. *(A Estelle.)* Estelle, il *faut* me donner ta confiance.

ESTELLE. — Que d'embarras! Mais tu as ma bouche, mes bras, mon corps entier, et tout pourrait être si simple... Ma confiance? Mais je n'ai pas de confiance à donner, moi; tu me gênes horriblement. Ah! il faut que tu aies fait un bien mauvais coup pour me réclamer ainsi ma confiance.

GARCIN. — Ils m'ont fusillé.

ESTELLE. — Je sais : tu avais refusé de partir. Et puis?

GARCIN. — Je... Je n'avais pas tout à fait refusé. *(Aux invisibles.)* Il parle bien, il blâme comme il faut, mais il ne dit pas ce qu'il faut faire. Allais-je entrer chez le général et lui dire : « Mon général, je ne pars pas »? Quelle sottise! Ils m'auraient coffré. Je voulais témoigner, moi, témoigner! Je ne voulais pas qu'ils étouffent ma voix. *(A Estelle.)* Je... J'ai pris le train. Ils m'ont pincé à la frontière.

ESTELLE. — Où voulais-tu aller?

GARCIN. — A Mexico. Je comptais y ouvrir un journal pacifiste. *(Un silence.)* Eh bien, dis quelque chose.

ESTELLE. — Que veux-tu que je te dise? Tu as bien fait puisque tu ne voulais pas te battre. *(Geste agacé de Garcin.)* Ah! mon chéri, je ne peux pas deviner ce qu'il faut te répondre.

INÈS. — Mon trésor, il faut lui dire qu'il s'est enfui comme un lion. Car il s'est enfui, ton gros chéri. C'est ce qui le taquine[37].

GARCIN. — Enfui, parti; appelez-le comme vous voudrez.

---

35. - « Il s'agit bien d'elle » : « I'm not thinking of her at all. »

36. - « Un salaud » : a very strong and vulgar insult: « son of a bitch. » Note, however, that the term in used by Sartre in his philosophical essays, to qualify bourgeois good conscience (and for instance such people as Estelle during her life).

37. - « C'est ce qui le taquine » : « That's what's bothering him. »

ESTELLE. — Il fallait bien que tu t'enfuies. Si tu étais resté, ils t'auraient mis la main au collet.

GARCIN. — Bien sûr. *(Un temps.)* Estelle, est-ce que je suis un lâche?

ESTELLE. — Mais je n'en sais rien, mon amour, je ne suis pas dans ta peau. C'est à toi de décider [Q].

GARCIN, *avec un geste las.* — Je ne décide pas.

ESTELLE. — Enfin tu dois bien te rappeler; tu devais avoir des raisons pour agir comme tu l'as fait.

GARCIN. — Oui.

ESTELLE. — Eh bien?

GARCIN. — Est-ce que ce sont les vraies raisons?

ESTELLE, *dépitée.* — Comme tu es compliqué.

GARCIN. — Je voulais témoigner, je... j'avais longuement réfléchi... Est-ce que ce sont les vraies raisons?

INÈS. — Ah! voilà la question. Est-ce que ce sont les vraies raisons? Tu raisonnais, tu ne voulais pas t'engager à la légère. Mais la peur, la haine et toutes les saletés qu'on cache, ce sont *aussi* des raisons. Allons, cherche, interroge-toi.

GARCIN. — Tais-toi! Crois-tu que j'aie attendu tes conseils? Je marchais dans ma cellule, la nuit, le jour. De la fenêtre à la porte, de la porte à la fenêtre. Je me suis épié. Je me suis suivi à la trace. Il me semble que j'ai passé une vie entière à m'interroger, et puis quoi, l'acte était là. Je... J'ai pris le train, voilà ce qui est sûr. Mais pourquoi? Pourquoi? A la fin j'ai pensé : c'est ma mort qui décidera; si je meurs proprement, j'aurai prouvé que je ne suis pas un lâche...

INÈS. — Et comment es-tu mort, Garcin?

GARCIN. — Mal. *(Inès éclate de rire.)* Oh! c'était une simple défaillance corporelle. Je n'en ai pas honte. Seulement tout est resté en suspens pour toujours. *(A Estelle.)* Viens là, toi. Regarde-moi. J'ai besoin que quelqu'un me regarde pendant qu'ils parlent de moi sur terre [R]. J'aime les yeux verts.

INÈS. — Les yeux verts? Voyez-vous ça! Et toi, Estelle? aimes-tu les lâches?

ESTELLE. — Si tu savais comme ça m'est égal. Lâche ou non, pourvu qu'il embrasse bien.

GARCIN. — Ils dodelinent de la tête en tirant sur leurs cigares; ils s'ennuient. Ils pensent : Garcin est un lâche. Mollement, faiblement. Histoire de penser tout de même à quelque chose. Garcin est un lâche! Voilà ce qu'ils ont décidé, eux, mes copains. Dans six mois, ils diront : lâche comme Garcin. Vous avez de la chance vous deux; personne ne pense plus à vous sur la terre. Moi, j'ai la vie plus dure [38].

INÈS. — Et votre femme, Garcin?

GARCIN. — Eh bien, quoi, ma femme. Elle est morte.

Q. - « C'est à toi de décider. » Is this only a superficial remark from Inès who does not know what to say?

R. - « J'ai besoin que quelqu'un me regarde pendant qu'ils parlent de moi sur terre. » Analyze and account for this remark.

38. - « Moi, j'ai la vie plus dure » : Cf the expression « avoir la vie dure, » i.e., « to die hard. »

INÈS. — Morte?

GARCIN. — J'ai dû oublier de vous le dire. Elle est morte tout à l'heure. Il y a deux mois environ.

INÈS. — De chagrin?

GARCIN. — Naturellement, de chagrin. De quoi voulez-vous qu'elle soit morte? Allons, tout va bien : la guerre est finie, ma femme est morte et je suis entré dans l'histoire.

(Il a un sanglot sec et se passe la main sur la figure. Estelle s'accroche à lui.)

ESTELLE. — Mon chéri, mon chéri! Regarde-moi, mon chéri! Touche-moi, touche-moi. *(Elle lui prend la main et la met sur sa gorge.)* Mets ta main sur ma gorge. *(Garcin fait un mouvement pour se dégager.)* Laisse ta main; laisse-la, ne bouge pas. Ils vont mourir un à un : qu'importe ce qu'ils pensent. Oublie-les. Il n'y a plus que moi.

GARCIN, *dégageant sa main*. — Ils ne m'oublient pas, eux. Ils mourront, mais d'autres viendront, qui prendront la consigne : je leur ai laissé ma vie entre les mains.

ESTELLE. — Ah! tu penses trop!

GARCIN. — Que faire d'autre [S]? Autrefois, j'agissais... Ah! revenir un seul jour au milieu d'eux... quel démenti! Mais je suis hors jeu; ils font le bilan sans s'occuper de moi, et ils ont raison puisque je suis mort. Fait comme un rat [39]. *(Il rit.)* Je suis tombé dans le domaine public.

(Un silence.)

ESTELLE, *doucement*. — Garcin!

GARCIN. — Tu es là? Eh bien, écoute, tu vas me rendre un service. Non, ne recule pas. Je sais : cela te semble drôle qu'on puisse te demander du secours, tu n'as pas l'habitude. Mais si tu voulais, si tu faisais un effort, nous pourrions peut-être nous aimer pour de bon? Vois; ils sont mille à répéter que je suis un lâche. Mais qu'est-ce que c'est, mille? S'il y avait une âme, une seule [T], pour affirmer de toutes ses forces que je n'ai pas fui, que je ne *peux pas avoir* fui, que j'ai du courage, que je suis propre, je... je suis sûr que je serais sauvé! Veux-tu croire en moi? Tu me serais plus chère que moi-même.

ESTELLE, *riant*. — Idiot! cher idiot! Penses-tu que je pourrais aimer un lâche?

GARCIN. — Mais tu disais...

ESTELLE. — Je me moquais de toi. J'aime les hommes, Garcin, les vrais hommes, à la peau rude, aux mains fortes. Tu n'as pas le menton d'un lâche, tu n'as pas la bouche d'un lâche, tu n'as pas la voix d'un lâche, tes cheveux ne sont pas ceux d'un lâche. Et c'est pour ta bouche, pour ta voix, pour tes cheveux que je t'aime.

GARCIN. — C'est vrai? C'est bien vrai?

ESTELLE. — Veux-tu que je te le jure?

GARCIN. — Alors je les défie tous, ceux de là-bas et ceux d'ici. Estelle, nous sortirons de l'enfer. *(Inès éclate de rire. Il s'interrompt et la regarde.)* Qu'est-ce qu'il y a?

S. - « Que faire d'autre... » Analyze this speech by Garcin and show that it sums up the whole theme of the play.

39. - « Fait comme un rat » : « Dead and done for. » A phrase used in a situation from which there is no escape.

T. - « S'il y avait une âme, une seule... » What do you think of this conviction?

Inès, *riant*. — Mais elle ne croit pas un mot de ce qu'elle dit; comment peux-tu être si naïf? Estelle, suis-je un lâche? » Si tu savais ce qu'elle s'en moque!

Estelle. — Inès! *(A Garcin.)* Ne l'écoute pas. Si tu veux ma confiance il faut commencer par me donner la tienne.

Inès. — Mais oui, mais oui! Fais-lui donc confiance. Elle a besoin d'un homme, tu peux le croire, d'un bras d'homme autour de sa taille, d'une odeur d'homme, d'un désir d'homme dans des yeux d'homme. Pour le reste... Ha! elle te dirait que tu es Dieu le Père, si cela pouvait te faire plaisir.

Garcin. — Estelle! Est-ce que c'est vrai? Réponds; est-ce que c'est vrai?

Estelle. — Que veux-tu que je te dise? Je ne comprends rien à toutes ces histoires. *(Elle tape du pied.)* Que tout cela est donc agaçant! Même si tu étais un lâche, je t'aimerais, là! Cela ne te suffit pas?

(Un temps.)

Garcin, *aux deux femmes*. — Vous me dégoûtez!

(Il va vers la porte.)

Estelle. — Qu'est-ce que tu fais.

Garcin. — Je m'en vais.

Inès, *vite*. — Tu n'iras pas loin : la porte est fermée.

Garcin. — Il faudra bien qu'ils l'ouvrent.

(Il appuie sur le bouton de sonnette. La sonnette ne fonctionne pas.)

Estelle. — Garcin!

Inès, *à Estelle*. — Ne t'inquiète pas; la sonnette est détraquée.

Garcin. — Je vous dis qu'ils ouvriront. *(Il tambourine contre la porte.)* Je ne peux plus vous supporter, je ne peux plus. *(Estelle court vers lui, il la repousse.)* Va-t'en! Tu me dégoûtes encore plus qu'elle. Je ne veux pas m'enliser dans tes yeux. Tu es moite! tu es molle! Tu es une pieuvre, tu es un marécage. *(Il frappe contre la porte.)* Allez-vous ouvrir?

Estelle. — Garcin, je t'en supplie, ne pars pas, je ne te parlerai plus, je te laisserai tout à fait tranquille, mais ne pars pas. Inès a sorti ses griffes, je ne veux plus rester seule avec elle.

Garcin. — Débrouille-toi. Je ne t'ai pas demandé de venir.

Estelle. — Lâche! lâche! Oh! c'est bien vrai que tu es lâche.

Inès, *se rapprochant d'Estelle*. — Eh bien, mon alouette, tu n'es pas contente? Tu m'as craché à la figure pour lui plaire et nous nous sommes brouillées à cause de lui. Mais il s'en va, le trouble-fête, il va nous laisser entre femmes.

Estelle. — Tu n'y gagneras rien; si cette porte s'ouvre, je m'enfuis.

Inès. — Où?

Estelle. — N'importe où. Le plus loin de toi possible.

(Garcin n'a cessé de tambouriner contre la porte.)

Garcin. — Ouvrez! Ouvrez donc! J'accepte tout : les brodequins, les tenailles, le plomb fondu, les pincettes, le garrot, tout ce qui brûle, tout ce qui déchire, je veux souffrir pour de bon. Plutôt cent morsures, plutôt le fouet, le vitriol, que cette souffrance de tête, ce fantôme de souffrance, qui frôle, qui caresse et qui ne fait jamais assez mal. *(Il saisit le bouton de la porte et le secoue.)* Ouvrirez-vous? *(La porte s'ouvre brusquement, et il manque de tomber.)* Ha!

(Un long silence.)

INÈS. — Eh bien, Garcin? Allez-vous-en.

GARCIN, *lentement.* — Je me demande pourquoi cette porte s'est ouverte.

INÈS. — Qu'est-ce que vous attendez? Allez, allez vite!

GARCIN. — Je ne m'en irai pas.

INÈS. — Et toi, Estelle? *(Estelle ne bouge pas; Inès éclate de rire.)* Alors? Lequel? Lequel des trois? La voie est libre, qui nous retient? Ha! c'est à mourir de rire! Nous sommes inséparables [U].

(Estelle bondit sur elle par derrière.)

ESTELLE. — Inséparables? Garcin! Aide-moi, aide-moi vite. Nous la traînerons dehors et nous fermerons la porte sur elle; elle va voir.

INÈS, *se débattant.* — Estelle! Estelle! Je t'en supplie, garde-moi. Pas dans le couloir, ne me jette pas dans le couloir!

GARCIN. — Lâche-la.

ESTELLE. — Tu es fou, elle te hait.

GARCIN. — C'est à cause d'elle que je suis resté.

(Estelle lâche Inès et regarde Garcin avec stupeur.)

INÈS. — A cause de moi? *(Un temps.)* Bon, eh bien, fermez la porte. Il fait dix fois plus chaud depuis qu'elle est ouverte. *(Garcin va vers la porte et la ferme.)* A cause de moi?

GARCIN. — Oui. Tu sais ce que c'est qu'un lâche, toi?

INÈS. — Oui, je le sais.

GARCIN. — Tu sais ce que c'est que le mal, la honte, la peur. Il y a eu des jours où tu t'es vue jusqu'au cœur — et ça te cassait bras et jambes. Et le lendemain, tu ne savais plus que penser, tu n'arrivais plus à déchiffrer la révélation de la veille. Oui, tu connais le prix du mal. Et si tu dis que je suis un lâche, c'est en connaissance de cause, hein?

INÈS. — Oui.

GARCIN. — C'est toi que je dois convaincre : tu es de ma race. T'imaginais-tu que j'allais partir? Je ne pouvais pas te laisser ici, triomphante, avec toutes ces pensées dans ta tête; toutes ces pensées qui me concernent.

INÈS. — Tu veux vraiment me convaincre?

GARCIN. — Je ne veux plus rien d'autre. Je ne les entends plus, tu sais. C'est sans doute qu'ils en ont fini avec moi. Fini : l'affaire est classée, je ne suis plus rien sur terre, même plus un lâche. Inès, nous voilà seuls : il n'y a plus que vous deux pour penser à moi. Elle ne compte pas. Mais toi, toi qui me hais, si tu me crois, tu me sauves.

INÈS. — Ce ne sera pas facile. Regarde-moi : j'ai la tête dure.

GARCIN. — J'y mettrai le temps qu'il faudra.

INÈS. — Oh! tu as tout le temps. *Tout* le temps.

U. - Why can they say that they are inseparable?

GARCIN, *la prenant aux épaules.* — Écoute, chacun a son but, n'est-ce pas? Moi, je me foutais de l'argent, de l'amour. Je voulais être un homme. Un dur. J'ai tout misé sur le même cheval. Est-ce que c'est possible qu'on soit un lâche quand on a choisi les chemins les plus dangereux? Peut-on juger une vie sur un seul acte?

INÈS. — Pourquoi pas? Tu as rêvé trente ans que tu avais du cœur; et tu te passais mille petites faiblesses parce que tout est permis aux héros. Comme c'était commode! Et puis, à l'heure du danger, on t'a mis au pied du mur et... tu as pris le train pour Mexico.

GARCIN. — Je n'ai pas rêvé cet héroïsme. Je l'ai choisi. On est ce qu'on veut.

INÈS. — Prouve-le. Prouve que ce n'était pas un rêve. Seuls les actes décident de ce qu'on a voulu.

GARCIN. — Je suis mort trop tôt. On ne m'a pas laissé le temps de faire *mes* actes.

INÈS. — On meurt toujours trop tôt — ou trop tard. Et cependant la vie est là, terminée; le trait est tiré, il faut faire la somme[40]. Tu n'es rien d'autre que ta vie.

GARCIN. — Vipère. Tu as réponse à tout.

INÈS. — Allons! allons! Ne perds pas courage. Il doit t'être facile de me persuader. Cherche des arguments, fais un effort. *(Garcin hausse les épaules.)* Eh bien, eh bien? Je t'avais dit que tu étais vulnérable. Ah! comme tu vas payer à présent. Tu es un lâche, Garcin, un lâche parce que je le veux. Je le veux, tu entends, je le veux! Et pourtant, vois comme je suis faible, un souffle; je ne suis rien que le regard qui te voit, que cette pensée incolore qui te pense. *(Il marche sur elle, les mains ouvertes.)* Ha! elles s'ouvrent, ces grosses mains d'homme. Mais qu'espères-tu? On n'attrape pas les pensées avec les mains. Allons, tu n'as pas le choix : il faut me convaincre. Je te tiens[V].

ESTELLE. — Garcin!

GARCIN. — Quoi?

ESTELLE. — Venge-toi.

GARCIN. — Comment?

ESTELLE. — Embrasse-moi, tu l'entendras chanter.

GARCIN. — C'est pourtant vrai, Inès. Tu me tiens, mais je te tiens aussi.

(Il se penche sur Estelle. Inès pousse un cri.)

INÈS. — Ha! lâche! lâche! Va! va te faire consoler par les femmes!

ESTELLE. — Chante, Inès, chante!

INÈS. — Le beau couple! Si tu voyais sa grosse patte posée à plat sur ton dos, froissant la chair et l'étoffe. Il a les mains moites; il transpire. Il laissera une marque bleue sur ta robe.

ESTELLE. — Chante! Chante! Serre-moi plus fort contre toi, Garcin; elle en crèvera.

INÈS. — Mais oui, serre-la bien fort, serre-la! Mêlez vos chaleurs. C'est bon l'amour, hein Garcin? C'est tiède et profond comme le sommeil, mais je t'empêcherai de dormir.

(Geste de Garcin.)

---

40. - « Le trait est tiré, il faut faire la somme » : the acts in a man's life are like the figures in a sum, death is the line drawn below the last figure and the sum total is the man's life and, indeed, the man himself.

V. - In this discussion, the philosophical climax of the play, who, in your opinion, is speaking for Sartre? Inès? Garcin? Both? Or neither?

ESTELLE. – Ne l'écoute pas. Prends ma bouche; je suis à toi tout entière.

INÈS. – Eh bien, qu'attends-tu? Fais ce qu'on te dit. Garcin le lâche tient dans se bras Estelle l'infanticide. Les paris sont ouverts. Garcin le lâche l'embrassera-t-il? Je vous vois, je vous vois; à moi seule je suis une foule, Garcin, la foule, l'entends-tu? *(Murmurant.)* Lâche! Lâche! Lâche! Lâche! En vain tu me fuis, je ne te lâcherai pas. Que vas-tu chercher sur ses lèvres? L'oubli? Mais je ne t'oublierai pas, moi. C'est moi qu'il faut convaincre. Moi. Viens, viens! Je t'attends. Tu vois, Estelle, il desserre son étreinte, il est docile comme un chien... Tu ne l'auras pas!

GARCIN. – Il ne fera donc jamais nuit?

INÈS. – Jamais.

GARCIN. – Tu me verras toujours?

INÈS. – Toujours.

(Garcin abandonne Estelle et fait quelques pas dans la pièce. Il s'approche du bronze.)

GARCIN. – Le bronze... *(Il le caresse.)* Eh bien, voici le moment. Le bronze est là, je le contemple et je comprends que je suis en enfer. Je vous dis que tout était prévu. Ils avaient prévu que je me tiendrais devant cette cheminée, pressant ma main sur ce bronze, avec tous ces regards sur moi. Tous ces regards qui me mangent... *(Il se retourne brusquement.)* Ha! vous n'êtes que deux? Je vous croyais beaucoup plus nombreuses. *(Il rit.)* Alors, c'est ça l'enfer. Je n'aurais jamais cru... Vous vous rappelez : le soufre, le bûcher, le gril... Ah! quelle plaisanterie. Pas besoin de gril : l'enfer, c'est les Autres.

ESTELLE. – Mon amour!

GARCIN, *la repoussant.* – Laisse-moi. Elle est entre nous. Je ne peux pas t'aimer quand elle me voit.

ESTELLE. – Ha! Eh bien, elle ne nous verra plus.

(Elle prend le coupe-papier sur la table, se précipite sur Inès et lui porte plusieurs coups.)

INÈS, *se débattant et riant.* – Qu'est-ce que tu fais, qu'est-ce que tu fais, tu es folle? Tu sais bien que je suis morte.

ESTELLE. – Morte?

(Elle laisse tomber le couteau. Un temps. Inès ramasse le couteau et s'en frappe avec rage.)

INÈS. – Morte! Morte! Morte! Ni le couteau, ni le poison, ni la corde. C'est déjà fait, comprends-tu? Et nous sommes ensemble pour toujours.

(Elle rit.)

ESTELLE, *éclatant de rire.* – Pour toujours, mon Dieu que c'est drôle! Pour toujours!

GARCIN *rit en les regardant toutes deux.* – Pour toujours!

(Ils tombent assis, chacun sur son canapé. Un long silence. Ils cessent de rire et se regardent. Garcin se lève.)

GARCIN. – Eh bien, continuons.

Rideau

JEAN GENET

Les Bonnes

INTRODUCTION

I

Jean Genet's writings are the artistic manifestation of the anguishing experience that was and is his life. His life, like his works, is « compounded of paradoxes and inner conflicts, » composed of dreams of revolt, the fantasies of an outcast projected into the real world and then into literature.

Born on December 19, 1910, he was given his birth certificate, he tells us in *Le Journal du Voleur* (1948), twenty-one years later. From it he learned he had been born in Paris, that his father's name was unknown, that his mother had called herself Gabrielle Genet, and that the address indicated on the birth certificate was a maternity hospital. The rest of his genealogy remains obscure.

His early years were spent as a ward of the National Foundling Society. Later, a peasant family in the Morvan region of France, north of the Massif Central, was paid by the Society to bring him up. It was in this thickly forested mountainous region of France that the young orphan grew up.

Alone most of the time, he frequently invented a family for himself, preferring one of royal blood, who would dote on him alone. At times, he would imagine nature was his family, and that the giant trees and wind-swept flowers were bowing to him as he walked along. He tried to learn nature's language and communicate with plants, with the sun and moon. He discovered that nature reflected and answered his moods, while society represented a threat.

Jean-Paul Sartre wrote in his monumental work *Saint-Genet, comédien et martyr* (1952), that the young orphan began to steal at the age of ten. Genet himself, however, writing in *Le Journal du Voleur*, stated: « It was not at any precise period of my life that I decided to be a thief. » In either case Genet did begin to steal. He was chastised by his foster parents for his transgressions and then pardoned until it became impossible for them to curb his need for thievery.

He was sent to Mettray Reformatory at the age of sixteen. Living under strict regulations, the young orphan began slowly to discover his own nature, to *live out* what he had only suspected existed within him. He became a homosexual as well as a criminal. Having escaped from the Mettray Reformatory at the age of twenty, he joined the French Foreign Legion in order to collect a bonus for voluntary enlistment, but deserted after a few days, taking the suitcases of some officers with him.

Genet, wretched and rejected, became more and more bitter and resentful towards society. Such an attitude was made plain in *Notre-Dame des Fleurs* (1942), Genet's first narrative work. His protagonists are « aspects » of men he knew in prison, but mostly they are extensions of himself as they emerge like spectral shadows out of his fantasy. From them we learn that Genet was savagely torn by powerful opposing tendencies: aggressiveness and helplessness, activity and passivity, sadism and masochism, and most of all, the spirit and the senses. He had phantasies of being strong and hard, of becoming a great murderer, of being guillotined for his crimes, or being sent away to a penal colony in Guyana. In reality, Jean Genet was not a master criminal, but a dwarf trying to destroy a mountain: society.

In Genet's other autobiographical works, *Le Miracle de la Rose* (1943), *Pompes Funèbres* (1947), and *Querelle de Brest* (1947), he penetrates more deeply into prison life. He describes the profound mystical experience he underwent during his formative years, when surrounded by the depraved, his inner struggle in his attempt to understand the meaning of evil and of death, the world of criminals, traitors, poisoners, torturers, sailors, and finally society at large.

From 1932 to 1940, Genet went on a « pilgrimage » in which his deliberate goal was to reach the lowest possible state of degeneracy. He wished to humiliate himself in this downward journey into an abyss. For eight years he traveled through Barcelona, France, Italy, Yugoslavia, Poland, Czechoslovakia, Belgium, and Nazi Germany, seeking his livelihood through thievery, begging, prostitution, and dope-smuggling. In and out of jail from one end of Europe to the other, the unwanted orphan turned himself into a pariah. His goal had been reached for he had succeeded in attaining and maintaining a state of solitude, of creating a void about him, of alienating a world that had rejected him.

Genet's odyssey is the story of one man's ascension through degradation. Nothing was spared him and he let nothing pass him by in the domain of human suffering. He wanted punishment from society for his transgressions and for his homosexuality, and hatred from his fellow criminals for his betrayal of them. Later, he sought rejection from his readers, for his pornography and insults. He required complete isolation and a totally hostile reaction from the world, and he got it.

Genet's difficult pilgrimage into inferno and chaos took him back to France and to its prisons. In 1947 Genet was in prison serving his tenth and last sentence. According to French law, one is sent up for life after ten violations. But Genet had already acquired a following in literary circles. Sartre, Cocteau, Mauriac, Gide, Mondor, and Claudel, among others, signed a petition requesting a pardon for Genet. The presidential pardon was granted by Vincent Auriol and Genet was released from prison. Since that time he has been free.

II

Jean Genet, the orphan, the homosexual, the criminal, had not only experienced life, but had groveled in it. Thrown entirely upon his own resources as early as he could remember, he developed a rich inner existence which he felt compelled to expel. His energies and fire burst forth in the form of perverted sexuality and of destructive aggressive acts; but such negative activities, did not seem to fulfill Genet's emotional or artistic needs. A more positive outlet had to be found. Writing seemed to be the natural answer to one who had so much to say.

Genet's ambivalent feelings and attitudes toward the world about him emerged in the splintered personalities of his characters. Whether these characters are the criminals of *Miracle de la Rose,* the Nazis in *Pompes Funèbres,* or the sailors in *Querelle de Brest,* they are beings who can never accept themselves or any part of their personalities for what they are. They are forever divesting themselves of their personalities, wandering here and there, slipping in and out of situations. Such activities point to a rootlessness within the characters, an inability to see within, although they attempt introspection.

Through symbols, and impressionistic style Genet introduces his colorful protagonists to the reader. His creations are like empty shells or vases devoid of insides. They are never flesh and blood but move about like puppets in a shadow theater. Their wills frequently become manifest through their gestures, their silhouettes, their gait, the rhythmic way in which they walk or dance; their smallest gesture is a symbol for an otherwise indescribable sensation or thought.

Querelle de Brest, technically speaking, is the most complicated of Genet's narratives to this date. He continuously breaks up consecutive action, abolishing time and space relationships by interrupting and paralleling sequences of events. This almost stream-of-consciousness method creates multiplicity and fragmentation of image and action, pointing out the chaotic nature of Genet's emotions. Influenced by Proust, Joyce, and Kafka, Genet makes use of flashbacks, fade-outs, streams-of-consciousness, association, analogies, suggestion, the *déjà vu,* and a heavy impressionism. Gradually Genet is taking the creative act out of the individual framework of his personal life and weaving his anxieties, both spiritual and sexual, into a modern myth. The author's role, Genet wrote in *Querelle de Brest,* is « to point out the universal in a specific phenomenon. »

Genet's theatre is to his novels what string quartets are to symphonies—the quintessence of his art. His plays are the thoughtful and mature reappraisals of themes used in his ebullient narrative works: illusion and reality, life and death, good and evil, strong and weak, ephemeral and eternal, collective and individual, the conscious and the unconscious worlds. Writers on the subject of Genet's theater have seen influences of Alfred Jarry, Antonin Artaud, Greek and Oriental theater, and Luigi Pirandello. Genet's theater is said to belong to the « theater of the absurd group »; it is called symbolistic realistic, surrealistic, etc. Traces of all these dramatists and movements, and more possibly, appear in Genet's works.

Genet attempts to shock his audiences into a new state of awareness, to reject psychological and narrative theatre, and the « well-made play. » Returning to the mythology and magic of ancient theater as Artaud had suggested, it has been pointed out that at the basis of Genet's works « is that dark sexual freedom which Artaud held to be the root of all great myths. » For Genet as for Artaud, the theater is based on much more than language. It has its plastic and physical sides—the role of gestures, for example, as in Oriental theatre, that of the mime, of clowning, of the mask. Roger Blin, however, the director of Genet's plays *Les Nègres* and *Les Paravents,* felt that his theatre was much closer to Greek theatre than to Oriental theatre. Furthermore, he stated, « Genet was not influenced by Artaud. He has read little of Artaud's work. Genet's cruelty is simpler, more fatalistic—the cruelty gods inflicted upon men in those days when gods were close to men. » Genet's works may be also likened to Pirandello's theater because of his sense of ritual and ceremony and his probings into the many levels of reality and illusion.

In some respects Genet can be placed within the ranks of the « theater of the absurd » group which include Ionesco, Beckett, Adamov, and Arrabal. Al of these men have created an abstract and anti-literary theater. Though Genet uses languages in a vastly different manner than the others he follows, as they do, the dictates of Artaud in *not* considering language as the *sole* manner of expressing one's innermost thoughts and feelings. Furthermore, this group concentrates on certain situations rather than in relating sequences of events as in psychological and narrative drama. In Symbolist and Surrealist tradition, the « absurdists » plays frequently are made up of a series of symbols, of mythical allegories. *Haute Surveillance* (1947), for example, resembles in many ways the story of Cain and Abel; Beckett's *Fin de Partie* (1957) that of Job.

For Genet, the play replaces « the crime, » because the theater as conceived by him is an audacious, aggressive and mystical act—brought out into the open before adversaries—the audience. All present and witnessing Genet's crime (the play) become associated with it and involved in it as a living mystery.

What is seen on stage during the performance of a Genet play does not resemble « the visible world » as audiences think of it. Genet's theater is a theater of symbols by means of which the imagination and sensibilities of each person in the audience become activated. Once the imagination or unconscious in man has been moved, Genet believes that secret affinities and relationships appear from the characters who are really « metaphors, » acting and reacting on the stage. The Mass, Genet wrote, serves as the supreme metaphor, the perfect symbol and expression of the ceremony and dramatic performance. In Genet's « Foreword » to *Les Bonnes,* he wrote: « Beneath the most familiar of appearances—a crust of bread— a god is devoured. I know nothing more theatrically effective than the elevation of the host... »

For Genet, the theater then is something serious, a religious ritual within the sacred drama of life and death. The play is a divine ceremony during the course of which all those present are transformed from mortal individuals to collective and eternal beings. The participants, therefore, as in Greek theater or as in the Mass, communally partake of the divine, and are transformed.

Paradoxically, once the theatrical spell has been cast and communion has taken place between author, actor, and spectator—it must be shattered. Such a rupture serves to increase the tension in the theater. And though the author wants everyone to believe in what he is saying, audience credibility must be destroyed through shock by insults and attacks leveled at an audience, by an actor as he winks his eye, lighting effects, pornography, strange rhythms in speech, gesture, gait, the actors' declamatory tone, etc. Once broken and then re-established, the theatrical communion becomes more intense.

The actors performing in a theater of symbols and metaphors where what is not stated is of more importance than what one hears, must be of very special quality. Actors must be façades, screens, an example of a world of appearances masking an inner reality. As the play unfolds, external layers and appearances are torn off so that the living core of man, through the actor, gestures its way across the stage.

Audiences are often quite disturbed when confronted with Genet's visions of swirling images. They are disarmed, frequently, by his ability to evoke laughter, only to be provoked and angered when bludgeoned a moment later with renewed vigor. The spectator is seduced at other times by the hypnotic rhythms, the « sheer beauty and poetry of Genet's language, » or they are caught up by the mirror-images and paradoxes. The spectator, seeking an image in a Genet play with which to identify himself is deliberately frustrated by the author, who, instead of providing whole people, presents a multiplicity of splintered images, reflections of reflections.

Le Balcon (1956), according to Genet, must be acted as though it were the « glorification of the Image and the Reflection. » The balcony as a symbol has appeared before in his works (*Notre-Dame des Fleurs, Pompes Funèbres, Les Bonnes,* etc.) but in this play it has wider significances. It acts as a dividing line between the opposing forces of existence spirit and matter, illusion and reality, life and death, the outer and the inner world. By stepping too far forward on a balcony one is likely to fall off. On the other hand, since the balcony stands above the ground and the crowd, one is alienated and removed from life's sources. A balance, therefore, must be maintained between illusion and or the spirit (on the balcony) on the one hand, and reality and or matter (on the ground), on the other.

The curtains part in *Le Balcon* on a sacristy formed by three blood-red screens placed one next to the other. An enormous Spanish crucifix painted in trompe-l'œil is visible. A bishop is seated and speaks to Mme Irma and a penitent. Slowly, the audience realizes that it is not in a cathedral, but rather in Mme Irma's brothel, her « house of illusions, » called The Grand Balcony. The prelate is really a gas man dressed as a bishop. Several other clients appear: a judge, a general, a chief of police, etc. (who are, in « real » life, plumbers, gas men, waiters, etc.,) they supply scenarios which suit their desires while Mme Irma supplies all the accoutrements, the furnishings, accessories, actors, and actresses.

In the course of the play the clients of The Grand Balcony come to wonder whether the illusionary world they create is any more sham than life outside the brothel, with all the myths man persists in creating for himself and in which he believes. The bishop, the judge, and the general represent institutions which have acted upon the imaginations of people for centuries; institutions (which omit) stand for structure, authority, security—something « above » the people that protects them. These institutions are encased in their own sets of codes, rituals, ceremonies, and symbols, which are powerful forces in keeping the people satisfied and in check. When such symbols prove to be ineffective, that is, no longer answer the needs of the masses, they are overthrown and a whole new set, à mirror-image of the old, is created. So the cycle continues in this negative manner.

Les Nègres (1957) is a play within a play where actions and reactions are endlessly reflected, where murder, guilt, and expiation interplay in prismatic imagery. These reflections are translated into theatrical terms by simultaneity and multiplicity of action within the play.

The spectator's only reality is the theatrical performance he sees before him. The spectator witnesses the re-enactment of the murder of a white woman, perpetrated supposedly, by a Black. The murderer is then tried and judged by a White Court (really Blacks wearing white masks). The catafalque on stage which is supposed to house the corpse is discovered to be empty, and actually no catafalque at all, but rather four chairs covered over with a white cloth. No body? No crime? It is revealed that the ritual murder supposedly enacted before the audience is merely a cover-up to draw the audience's attention away from the *real crime* which had already been committed a Black who had rebelled against and killed a White off-stage. But the reality of the so-called « real crime, » the audience discovers, is just as suspect as the one which is supposedly being enacted on stage.

The whole ritual on stage is a big joke, a game, a « clownerie » (the sub-title of the play). Nothing was real, not even the emotions experienced by the actors and the spectators. Or were their feelings sincere? Were crimes really committed? Were the Blacks acting out their hatreds? Were they trying to kill their White oppressors? Was it underdog against authority? Individual against society?

The spectator is to be an active participant in this theatre. The ritual experience serves to detonate a series of explosive emotions within the spectator and actor resulting in catharsis. The insults Genet directs at his audiences are designed to shake them, to destroy their complacency, to instill fear, guilt and panic just as they (the audience-society) have instilled these feelings in him.

Genet wrote *Les Nègres* for all Negroes the world over. Although it is an anti-white play, it does not, glorify the Blacks. Genet is under no illusions. He does not shed tears over the fate of anyone. If the Black society were supreme, it would be no different than the White society. It would be, in fact, merely a mirror-image of it, Genet offers no paradise, no answers. He paints humanity as he sees it, full of passion, hatred, jealousy, and vice.

Les Paravents (1961), Genet's last published play, deals with the Algerian war. It introduces the spectators to an Arab village with its brothel, colonists, police, judge, mourners, etc., in which Genet sides, as far as his personality allows, with the pariah—the Arab. His identification with the Arabs does not become an idealization of them any more than did his identification with the Blacks. Genet sides with the Arab only in so far as the victim attempts to reverse tradition, to destroy decayed colonial establishments and infuse life into a new society.

Life, according to Genet, is the sum total of whatever man does, a reflected image of what he has already done. Death is made in the image of life. The *screens* symbolize the barriers separating life from death, the conscious from the unconscious, or reality from illusion. The dead, who are a mirror image of the living, witness the actions of the living and comment on them in terms of « eternity. »

They discuss the emblems man has set up for himself, his false goals and gods, the illusions into which he is forever ensnared, and the relativity of his judgment, values, and laws. Each time a character breaks through a screen (goes from life to death), he breaks through from one world to another, breaching the line between life and death, illusion and reality, the material and the spiritual.

Genet had come a long way since 1942 and the writing of *Notre-Dame des Fleurs*. While Genet, the « fighter » and the « destroyer » was ever present, his attitude concerning mankind had become subdue. The society he had formerly wanted to crush, he now accepted for what it was, a composite of « faceless » beings, hopelessly embroiled in their own sordid and petty natures. Fearing to face their inner reality, they create a world of illusion into which they incessantly seek escape in a vain attempt to experience some happiness.

Man's raison d'être, according to Genet, is his artistic creation which is a palpable expression of *self*, the eternal within man. It is through the *self*, as it is manifested in the work of art, that each sensitive individual can come to understand, feel, and recognize certain aspects of himself in his fellow beings. During these moments of awareness or of empathy between subject and object, the veil of solitude which cloaks each being becomes less opaque, and the burden of loneliness becomes a little less difficult to bear.

III

Les Bonnes was produced in 1947, a year before the publication of Ionesco's *La Cantatrice Chauve*, three years before Arthur Adamov's *L'Invasion*, six years before Beckett's *En Attendant Godot*.

As in *Haute Surveillance* where there are three criminals and one master criminal, Snowball, who is never seen, in *Les Bonnes*, there are two maids, a Madame, and a fourth invisible character, *Monsieur*, around whom Madame's life centers. Madame and her two maids aire like many-faceted diamonds with one facet shining in the light while the other side remains in virtual shadow. One side then exists as a reflection of the other, just as one character lives in *Les Bonnes*, by virtue of the other. Each character is what the other makes her out to be, and what she thinks herself to be. Not one character in *Les Bonnes* exists by herself as an entity.

Genet is fascinated by the artifice of the theatre as he had been by betrayal and deceit in crime. He wanted the lie in the theatre to be carried as far as possible, and so had originally declared that *Les Bonnes* should be played by men. Louis Jouvet, however, refused to comply and Genet acquiesced. Had the characters been played by men, the confusion between illusion and reality would have been that much greater.

Sartre pointed out in his *Saint-Genet, comédien et martyr*, that there are continual ramifications to each character in *Les Bonnes*, that there is a constant interchange of truths and lies which he calls « circular sophistry. » This type of reasoning, inherited from the ancient sceptics, which Sartre calls « whirligigs, » maintains that truth leads to the lie and vice-versa. He further states that « The mind that enters one of these vicious circles goes round and round, unable to stop. Sartre quotes from Epimenides to illustrate his point:

> Epimenides says that Cretans are liars. But he is a Cretan. Therefore he lies. Therefore Cretans are not liars. Therefore, he speaks the truth. Therefore, Cretans are liars. Therefore, he lies, etc.

Technically speaking, the rotation of the roles, the loss of identifies becomes more and more precipitous with the rising intensity of the emotions, ranging from love to sado-masochism. The play whirls toward an orgy of sexual excitement, then slackens only to reach another peak—the climax—murder.

Les Bonnes is a one-act play, which can be divided into five parts. 1) The play-acting or game carried on by the two maids, Solange and Claire, which ends with the ringing of the alarm clock, 2) the continuation of the game until the ringing of the telephone, 3) Madame's entrance, 4) Madame's exit, 5) the finale.

The scene takes place in Madame's rococo bedroom with its Louis XV furniture, its laces, its bed, a window covered with heavy drapes and a profusion of flowers. The sets as designed by Christian Bérard for the 1947 production gave a stifling and claustrophobic effect. Claire and Solange are supposed to be cleaning up Madame's bedroom in her absence, but instead, are at their favorite game—playing at being Madame. The audience, however, does not know that Solange and Claire are maids. They think that one of them is the maid and the other, the Madame, and realize their pseudo-identities only as the scene progresses.

Claire, in her slip, is talking in Madame's voice and orders her sister, Solange, who is playing Claire, to bring back « these eternal gloves! » They are rubber gloves which belong in the kitchen, the gloves being not only a symbol of servitude, but a cover behind which the maids' true intent can be hidden—one of many masks used during the course of the play. The maids continually identify themselves with their mask, whatever it may be at the moment, and to such an extent, that they break the ties with themselves still further.

Solange as Claire obeys Claire as Madame. When Solange is called back by Claire, who orders her to bring her white dress, jewels, and patent leather shoes, Solange spits on the shoes to bring out their shine. The image of Solange spitting is frequently presented throughout the play, symbolizing her disgust and hatred both for Madame and her sister. The relationship between Solange, Claire, and Madame is further complicated as Solange kneels to put on Claire's shoe, enjoying the subservient position of the act.

As Claire accuses Solange of carrying on an illicit affair with Mario the milkman; Solange in turn accuses Claire of having written letters falsely accusing Monsieur, Madame's lover, of theft. Monsieur has consequently been arrested, and Claire, like Madame, proclaims her supreme devotion to her lover.

The game goes on. Solange and Claire must kill Madame. A bitter sexual battle of invectives and hatreds ensues. The game is going well and Solange reaches a paroxysm of hate: « I hate you!... Your chest... of ivory! Your thighs... of gold! Your feet... of amber! » She spits on the red dress with almost orgiastic delight and erotic rapture. White, gold, and ivory, the spiritual colors of purity and royalty, godliness and saintliness, are used to describe the sensual thighs and chest. Solange slaps her sister and says: « Claire is there, clearer than ever. Luminous! » She belittles Claire is affair with a common thief, an affair Madame paints in glamorous colors.

The alarm clock rings. Reality intrudes into the game for Madame will return shortly. They are annoyed with each other for not having been able to murder Madame. The travesty is over. « You can resemble, yourself, now. Take back your face. Go on, Claire be my sister again. »

Claire puts on her little black dress, arranges the flowers and the key in the secretary, and slowly wanders into the game again this time reliving the spectacle of Monsieur's arrest and Madame's tears. « Let me talk. Let me empty myself, » declares Solange. She describes the balcony on which Claire nightly parades as she salutes the « multitudes » before her, wrapped in drapes or in a bedspread of lace. Then she contemplates herself in the mirror, seeing her myriad reflections, like a queen. There is a fundamental need on the part of the maids to attract, to win attention, to be accepted. They will become great murderesses, they will be saluted.

But the maids are in *real* danger now. Claire has written anonymous letters denouncing Monsieur. In order to get information to write these letters, she stole some of Monsieur's letters to Madame. Solange was too cowardly to write these letters. Yet, she kept Monsieur's letters to Madame because she was in love with Monsieur herself and she too liked to play Madame, sacrificing herself to her lover. But Solange accuses Claire of having stolen these letters to live her « secret adventure » because everyone dreams of a secret adventure with a convict. The more dangerous the game becomes, the greater is the sisters' excitement and sado-masochistic orgy.

Claire becomes frightened as violence is heaped upon violence. « It is I you are aiming at through Madame, I am the one who is in danger. » Solange admits she wants to free her sister because Claire is absolutely possessed by Madame. She could not stand by watching Claire smother, blush, turn green, and rot, as Madame. She loves her sister and yet knows that Claire would be the first to denounce her had she killed Madame.

The telephone rings and reality again intrudes in the game. Monsieur has been freed and asks the maids to tell Madame to meet him at Bilboquet's. The maids now fear discovery since « Everything talks. » Madame will know they wrote the letters because the « curtains are marked by your shoulders, the mirrors by your face, the light will admit everything. »

They must kill Madame. Claire has had enough of being « the spider, the umbrella case, the sordid nun without a god, without a family! » Solange too has had enough of « our resemblance... » Solange sees herself a frightened and hunted animal, and is disgusted with her physical and spiritual servitude. She is what

Madame has made of her and vice-versa, as Madame is what the maids have made of her. In the mirrors, Claire sees her face thrown back at her like a « bad odor. » This double is Solange, « You are my bad odor. »

Claire will kill Madame, she will be crowned and become a heroine in crime. Together « we will be the eternal couple, the criminal and the saint. We will be saved, Solange, I swear to you... » Then in a love-duet Solange asks Claire to rest, she will carry her up to her crib. The tenderness of their words as contrasted with the preceding violence makes the sexual overtones all the more pronounced. Claire tries to sleep but gets up to prepare the ten pellets of gardenol to put in Madame's tea. The sisters « will sing! They will bury her... » They will cut her up into little pieces as Osiris was cut up. « One must eat. To be strong. » The communion will be accomplished, the wine and host will be swallowed, the ritualistic murder will take place, and Solange and Claire will be free to be reborn as one. A nervous laughter is heard and Madame, covered with furs, enters.

Madame describes in glowing terms (her interpretation) Monsieur's arrest, the anonymous letters, and his innocence. She will be a Saint, a martyr, she will carry the cross, give everything up, furs and jewels, to follow Monsieur. Claire brings the poison tea in. Madame will not drink it, however, because she is going to be a Saint and as such is living out her fantasy and renunciation. Each time the maids offer her the tea she refuses with another excuse. Madame hears Monsieur has been freed and immediately orders a cab. No tea for Madame, she will drink champagne with Monsieur.

Madame exits. « Madame has escaped us, Claire! » Solange says. Solange and Claire are frightened at being discovered, at the thought of being simple little criminals rather than queens of the underworld. Should they run away? Where? Why? Since they have not murdered Madame in reality and are incapable of functioning as real human beings in a real society, Solange will have to kill Claire as Madame to release her from the dilemma. The more monstrous and brutal their conversation about the desired murder, the more pleasure and excitement both experience. « I am quivering, I am shivering with pleasure, Claire, I'm going to neigh with joy! » In a lyrical tirade, Solange runs the gamut of emotions love, hate, tenderness and cruelty. The ceremony begins and the hangman will « rock » her, the spectators will acclaim her. She is lost in a maze of delusion. « Now we are Mademoiselle Solange Lemercier... the famous criminal. » Claire as Madame declares that after her death « You will keep me in you... You will assume our two existences alone. » This time the game will reach its culmination. Claire as Madame must sleep. She lies down on Madame's bed and drinks the tea. Solange faces the audience, immobile, « her hands joined as though by handcuffs. »

Madame, Solange, and Claire are all alienated from the real world and have not been able to function in it and so have resorted to living a game in a dream world. Madame dressed in gaudy attire lives out her fantasy with Monsieur, painting a glowing picture of her martyrdom, her saintliness and heroism. She will devote her life to him. Madame is kind to her maids and gives them her old clothes, loving them as objects.

Solange and Claire live out their fantasies not only as each other but as Madame. They despise their serfdom, their Madame and their grimy lives, and dream of being famous criminals—the hero type once again. They visualize themselves on a balcony, which implies the edge of an abyss, being cheered by the multitude. Clearly, their fantasies have been carried to the extreme limit. Their total identification with their masks can be interpreted as a rejection of themselves, which, in turn, causes their extreme inflation and alienation from reality. The maids want to be famous criminals (actors) and stand out in their world of criminality (action). They are unable to accept themselves or their situation and so are suffering. Their identities can only be found—if at all—through the murder of one aspect of themselves, the darker, the more remote element, which has been projected on to the other and on to Madame.

These « faceless » beings Genet has created do not act and react in an adult world but withdraw unconsciously in time and space to childhood fantasy where they feel they can find safety and protection. They play a game which implies fun and frolic but which turns out to be a monstrously sordid ritual. Instead of possessing themselves, they are possessed by themselves in the other person. They are possessed by what they project on to the other person. Claire and Solange are possessed by Madame and by each other. Onto this grotesque carousel, Genet leads his marionettes as he parades them out of conscious reality and introduces them to their inferno-like unconscious, cutting surfaces, skinning layers, revealing aspect on aspect as this inner journey progresses.

The game played by the two maids is a ritual, a Black Mass, as Sartre wrote. In the communion ceremony introjection of God takes places; the wine becomes the blood which is drunk, and flows through the veins of the partaker: the host is the flesh and is eaten by the believer so that the God can be reborn and live within each individual. Symbolically then, there is an interchange of the most holy kind.

With Genet's characters who number three, a trinity (carrying the religious symbolism still further), each being absorbs another and is absorbed by it; is feeding another and is fed by it. The stronger of the two, however, will break this tenuous equation and will kill the other, absorbing the other as it does so. The one who dies will still live, in the one who has absorbed it and will be reborn within it. This cycle is as old as the earth. Summer dies into Autumn only to burst into bloom the following year. The sun according to the Egyptian myth is swallowed up by night but reappears the following morning. The cycle of birth, death and rebirth is the cycle of life.

Solange feeds on Claire and vice-versa—both feed on Madame. One of them must die in order for the other to be free, for rebirth to take place. That is why Claire says « You will keep me in you... You will assume our two existences alone. » Solange as Claire will absorb Claire as Madame and by so doing will hopefully be released of all she projects on to the other.

And now—let the reader be caught up in this maze of mirror images, of ever reflecting facets of the human personality—in the whirlpool that is modern man's condition.

1942. LE CONDAMNÉ A MORT, *Fresnes.*
1942. NOTRE-DAME DES FLEURS, *Monte-Carlo.*
1943. LE MIRACLE DE LA ROSE, *L'Arbalète.*
1947. POMPES FUNÈBRES, *à Bikini.*
1947. QUERELLE DE BREST, *à Bikini.*
1947. HAUTE SURVEILLANCE, *Gallimard.*
1947. LES BONNES, *L'Arbalète.*
1948. LE JOURNAL DU VOLEUR, *Gallimard.*
1948. POÈMES, *L'Arbalète.*
1949. ENFANT CRIMINEL ET ADAM MIROIR, *Morihien.*
1956. LE BALCON, *L'Arbalète.*
1957. LES NÈGRES, *L'Arbalète.*
1961. LES PARAVENTS, *L'Arbalète.*
1966. LETTRES À ROGER BLIN, *pour la mise en scène des « Paravents », Gallimard.*

CRITICAL WORKS

BRUSTEIN Robert: The Theatre of Revolt, *Boston, Little, Brown and Co., 1964.*
ESSLIN Martin: The Theatre of the Absurd, *New York, Anchor Books, 1961.*
GUICHARNAUD Jacques: « Modern French Theatre, » *Yale, 1961.*
KNAPP Bettina: « An Interview with Roger Blin, » *Tulane Drama Review, Spring, 1963.*
MACMAHON Joseph, H.: The Imagination of Jean Genet, *New Haven, Yale University Press, 1963.*
PIERRET Marc: « Genet's New Play: The Screens, » *Tulane Drama Review, Spring, 1963.*
PUCCIANI Oreste F.: « Tragedy, Genet and The Maids, » *Tulane Drama Review, Spring, 1963.*
SARTRE Jean-Paul: Saint-Genet, comédien et martyr, *Paris, Gallimard, 1952.*
TAUBES Susan: « The White Mask Falls, » *Tulane Drama Review, Spring, 1963.*

COMMENT JOUER « LES BONNES »

Furtif. C'est le mot qui s'impose d'abord. Le jeu théâtral des deux actrices figurant les deux bonnes doit être furtif. Ce n'est pas que des fenêtres ouvertes ou des cloisons trop minces laisseraient les voisins entendre des mots qu'on ne prononce que dans une alcôve, ce n'est pas non plus ce qu'il y a d'inavouable dans leurs propos qui exige ce jeu, révélant une psychologie perturbée : le jeu sera furtif afin qu'une phraséologie trop pesante s'allège et passe la rampe. Les actrices retiendront donc leur gestes, chacun étant comme suspendu, ou cassé. Chaque geste suspendra les actrices. Il serait bien qu'à certains moments elles marchent sur la pointe des pieds, après avoir enlevé un ou les deux souliers qu'elles porteront à la main, avec précaution, qu'elles les posent sur un meuble sans rien cogner — non pour ne pas être entendues des voisins d'en dessous, mais parce que ce geste est dans le ton. Quelquefois, les voix aussi seront comme suspendues et cassées.

Ces deux bonnes ne sont pas des garces : elles ont vieilli, elles ont maigri dans la douceur de Madame. Il ne faut pas qu'elles soient jolies, que leur beauté soit donnée aux spectateurs dès le lever du rideau, mais il faut que tout au long de la soirée on les voit embellir jusqu'à la dernière seconde. Leur visage, au début, est donc marqué de rides aussi subtiles que les gestes ou qu'un de leurs cheveux. Elles n'ont ni cul ni seins provoquants : elles pourraient enseigner la piété dans une institution chrétienne. Leur œil est pur, très pur, puisque tous les soirs elles se masturbent et déchargent en vrac, l'une dans l'autre, leur haine de Madame. Elles toucheront aux objets du décor comme on feint de croire qu'une jeune fille cueille une branche fleurie. Leur teint est pâle, plein de charme. Elles sont donc fanées, mais avec élégance ! Elles n'ont pas pourri.

Pourtant, il faudra bien que de la pourriture apparaisse : moins quand elles crachent leur rage que dans leur accès de tendresse.

Les actrices ne doivent pas monter sur la scène avec leur érotisme naturel, imiter des dames de cinéma. L'érotisme individuel, au théâtre, ravale la représentation. Les actrices sont donc priées, comme disent les Grecs, de ne pas poser leur con sur la table.

Je n'ai pas besoin d'insister sur les passages « joués » et les passages sincères : on saura les repérer, au besoin les inventer.

Quant aux passages soi-disant « poétiques », ils seront dits comme une évidence, comme lorsqu'un chauffeur de taxi parisien invente sur-le-champ une métaphore argotique : elle va de soi. Elle s'énonce comme le résultat d'une opération mathématique : sans chaleur particulière. La dire même un peu plus froidement que le reste.

L'unité du récit naîtra non de la monotonie du jeu, mais d'une harmonie entre des parties très diverses, très diversement jouées. Peut-être le metteur en scène devra-t-il laisser apparaître ce qui était en moi alors que j'écrivais la pièce, ou qui me manquait si fort : une certaine bonhomie, car il s'agit d'un conte.

« Madame », il ne faut pas l'outrer dans la caricature. Elle ne sait pas jusqu'à quel point elle est bête, à quel point elle joue un rôle, mais quelle actrice le sait davantage, même quand elle se torche le cul ?

Ces dames – les Bonnes et Madame – déconnent ? Comme moi chaque matin devant la glace quand je me rase, ou la nuit quand je m'emmerde, ou dans un bois quand je me crois seul : c'est un conte, c'est-à-dire une forme de récit allégorique qui avait peut-être pour premier but, quand je l'écrivais, de me dégoûter de moi-même en indiquant et en refusant d'indiquer qui j'étais, le but second d'établir une espèce de malaise dans la salle... Un conte... Il faut à la fois y croire et refuser d'y croire, mais afin qu'on y puisse croire il faut que les actrices ne jouent pas selon un mode réaliste.

Sacrés ou non, ces bonnes sont des monstres, comme nous-mêmes quand nous nous rêvons ceci ou cela. Sans pouvoir dire au juste ce qu'est le théâtre, je sais ce que je lui refuse d'être : la description de gestes quotidiens vus de l'extérieur : je vais au théâtre afin de me voir, sur la scène (restitué en un seul personnage ou à l'aide d'un personnage multiple et sous forme de conte), tel que je ne saurais – ou n'oserais – me voir ou me rêver, et tel pourtant que je me sais être. Les comédiens ont donc pour fonction d'endosser des gestes et des accoutrements qui leur permettront de me montrer à moi-même, et de me montrer nu, dans la solitude et son allégresse.

Une chose doit être écrite : il ne s'agit pas d'un plaidoyer sur le sort des domestiques. Je suppose qu'il existe un syndicat des gens de maison – cela ne nous regarde pas.

Lors de la création de cette pièce, un critique théâtral faisait la remarque que les bonnes véritables ne parlent pas comme celles de ma pièce : qu'en savez-vous ? Je prétends le contraire, car si j'étais bonne je parlerais comme elles. Certains soirs.

Car les bonnes ne parlent ainsi que certains soirs : il faut les surprendre, soit dans leur solitude, soit dans celle de chacun de nous.

Le décor des « Bonnes ». Il s'agit, simplement, de la chambre à coucher d'une dame un peu cocotte et un peu bourgeoise. Si la pièce est représentée en France, le lit sera capitonné – elle a tout de même des domestiques – mais discrètement. Si la pièce est jouée en Espagne, en Scandinavie, en Russie, la chambre doit varier. Les robes, pourtant, seront extravagantes, ne relevant d'aucune mode, d'aucune époque. Il est possible que les deux bonnes déforment, monstrueusement, pour leur jeu, les robes de Madame, en ajoutant de fausses traînes, de faux jabots, des seins ou des culs postiches. Si possible, les fleurs seront des fleurs réelles, le lit un vrai lit. Le metteur en scène doit comprendre, car je ne peux tout de même pas tout expliquer, pourquoi la chambre doit être la copie à peu près exacte d'une chambre féminine, les fleurs vraies, mais les robes monstrueuses et le jeu des actrices un peu titubant.

Et si l'on veut représenter cette pièce à Épidaure ? Il suffirait qu'avant le début de la pièce les trois actrices viennent sur la scène et se mettent d'accord, sous les yeux des spectateurs, sur les recoins auxquels elles donneront les noms de : lit, fenêtre, penderie, porte, coiffeuse, etc. Puis qu'elles disparaissent, pour réapparaître ensuite selon l'ordre assigné par l'auteur.

La chambre de Madame. Meubles Louis XV. Dentelles. Au fond, une fenêtre ouverte sur la façade de l'immeuble en face. A droite, le lit. A gauche, une porte et une commode. Des fleurs à profusion. C'est le soir.

CLAIRE *(debout, en combinaison, tournant le dos à la coiffeuse. Son geste — le bras tendu — et le ton, seront d'un tragique exaspéré).* — Et ces gants! Ces éternels gants![A] Je t'ai dit assez souvent de les laisser à la cuisine. C'est avec ça, sans doute, que tu espères séduire le laitier. Non, non, ne mens pas, c'est inutile. Pends-les au-dessus de l'évier. Quand comprendras-tu que cette chambre ne doit pas être souillée? Tout, mais tout! ce qui vient de la cuisine est crachat. Sors. Et remporte tes crachats! Mais cesse! *(Pendant cette tirade, Solange jouait avec une paire de gants de caoutchouc, observant ses mains gantées, tantôt en bouquet, tantôt en éventail.)* Ne te gêne pas, fais ta biche. Et surtout ne te presse pas, nous avons le temps. Sors! *(Solange change soudain d'attitude et sort humblement, tenant du bout des doigts les gants de caoutchouc. Claire s'assied à la coiffeuse. Elle respire les fleurs, caresse les objets de toilette, brosse ses cheveux, arrange son visage.)* Préparez ma robe. Vite, le temps presse. Vous n'êtes pas là? *(Elle se retourne.)* Claire! Claire! *(Entre Solange.)*

SOLANGE. — Que Madame m'excuse, je préparais le tilleul *(elle prononce tillol)* de Madame.

CLAIRE. — Disposez mes toilettes. La robe blanche pailletée. L'éventail, les émeraudes[1].

SOLANGE. — Tous les bijoux de Madame?

CLAIRE. — Sortez-les. Je veux choisir. Et naturellement les souliers vernis. Ceux que vous convoitez depuis des années. *(Solange prend dans l'armoire quelques écrins qu'elle ouvre et dispose sur le lit.)* Pour votre noce sans doute. Avouez qu'il vous a séduite! Que vous êtes grosse! Avouez-le! *(Solange s'accroupit sur le tapis, et, crachant dessus, cire des escarpins vernis.)* Je vous ai dit, Claire, d'éviter les crachats. Qu'ils dorment en vous, ma fille, qu'ils y croupissent. Ah! ah! *(Elle rit nerveusement.)* Que le promeneur égaré s'y noie. Ah! ah! vous êtes hideuse, ma belle. Penchez-vous davantage et vous regardez dans mes souliers. *(Elle tend son pied que Solange examine.)* Pensez-vous qu'il me soit agréable de me savoir le pied enveloppé par les voiles de votre salive? Par la brume de vos marécages?

SOLANGE *(à genoux et très humble).* — Je désire que Madame soit belle.

CLAIRE. — Je le serai. *(Elle s'arrange dans la glace.)* Vous me détestez, n'est-ce pas? Vous m'écrasez sous vos prévenances[2], sous votre humilité, sous les glaïeuls[3] et le réséda[3]. *(Elle se lève et d'un ton plus bas.)* On s'encombre inutilement. Il y a trop de fleurs. C'est mortel. *(Elle se mire encore.)* Je serai belle. Plus que vous ne le serez jamais. Car, ce n'est pas avec ce corps et cette face que vous séduirez Mario. Ce jeune laitier ridicule nous méprise, et s'il vous a fait un gosse...

SOLANGE. — Oh! mais, jamais je n'ai...

A. Explain the symbol of the rubber gloves.
1. - The perfection of the ritual is part of the game.
2. - With your attentions.
3. - Gladioli and mimosa.

CLAIRE. — Taisez-vous, idiote ! Ma robe !

SOLANGE *(elle cherche dans l'armoire, écartant quelques robes).* — La robe rouge. Madame mettra la robe rouge.

CLAIRE. — J'ai dit la blanche, à paillettes.

SOLANGE *(dure).* — Je regrette. Madame portera ce soir la robe de velours écarlate [B].

CLAIRE *(naïvement).* — Ah? Pourquoi?

SOLANGE *(froidement).* — Il m'est impossible d'oublier la poitrine de Madame sous le drapé de velours. Quand Madame soupire et parle à Monsieur de mon dévouement ! Une toilette noire servirait mieux votre veuvage.

CLAIRE. — Comment?

SOLANGE. — Dois-je préciser?

CLAIRE. — Ah! tu veux parler... Parfait. Menace-moi. Insulte ta maîtresse. Solange, tu veux parler, n'est-ce pas, des malheurs de Monsieur [4]. Sotte. Ce n'est pas l'instant de le rappeler, mais de cette indication je vais tirer un parti magnifique. Tu souris? Tu en doutes?

SOLANGE. — Ce n'est pas encore le moment d'exhumer...

CLAIRE. — Mon infamie? Mon infamie ! D'exhumer ! Quel mot !

SOLANGE. — Madame !

CLAIRE. — Je vois où tu veux en venir. J'écoute bourdonner déjà tes accusations, depuis le début tu m'injuries, tu cherches l'instant de me cracher à la face.

SOLANGE *(pitoyable).* — Madame, Madame, nous n'en sommes pas encore là. Si Monsieur...

CLAIRE. — Si Monsieur est en prison, c'est grâce à moi, ose le dire ! Ose ! Tu as ton franc-parler, parle. J'agis en dessous, camouflée par mes fleurs, mais tu ne peux rien contre moi.

SOLANGE. — Le moindre mot vous paraît une menace. Que Madame se souvienne que je suis la bonne.

CLAIRE. — Pour avoir dénoncé Monsieur à la Police, avoir accepté de le vendre, je vais être à ta merci? Et pourtant j'aurais fait pire. Mieux. Crois-tu que je n'aie pas souffert? Claire, j'ai forcé ma main, tu entends, je l'ai forcée, lentement, fermement, sans erreur, sans ratures, à tracer cette lettre qui devait envoyer mon amant au bagne. Et toi, plutôt que me soutenir, tu me nargues? Tu parles de veuvage ! Monsieur n'est pas mort, Claire. Monsieur, de bagne en bagne, sera conduit jusqu'à la Guyane peut-être, et moi, sa maîtresse, folle de douleur, je l'accompagnerai. Je serai du convoi [5]. Je partagerai sa gloire. Tu parles de veuvage. La robe blanche est le deuil des reines, Claire, tu l'ignores. Tu me refuses la robe blanche !

SOLANGE *(froidement).* — Madame portera la robe rouge.

CLAIRE *(simplement).* — Bien. *(Sévère.)* Passez-moi la robe. Oh ! Je suis bien seule et sans amitié. Je vois dans ton œil que tu me hais.

B. - Of what are the red and white dresses symbolic?

4. - Notice the various techniques used by Genet to bring the character of Monsieur to life.

5. - There is no way of telling how much Madame really loves Monsieur, but as his devoted mistress, she has found the perfect role.

LES BONNES

SOLANGE. — Je vous aime.

CLAIRE. — Comme on aime sa maîtresse, sans doute. Tu m'aimes et me respectes. Et tu attends ma donation, le codicille en ta faveur...

SOLANGE. — Je ferais l'impossible C...

CLAIRE *(ironique)*. — Je sais. Tu me jetterais au feu. *(Solange aide Claire à mettre la robe).* Agrafez. Tirez moins fort. N'essayez pas de me ligoter. *(Solange s'agenouille aux pieds de Claire et arrange les plis de la robe.)* Évitez de me frôler. Reculez-vous. Vous sentez le fauve[6]. De quelle infecte soupente[7] où la nuit les valets vous visitent rapportez-vous ces odeurs? La soupente! La chambre des bonnes! La mansarde! *(Avec grâce.)* C'est pour mémoire que je parle de l'odeur des mansardes, Claire[8]. Là... *(Elle désigne un point de la chambre.)* Là, les deux lits de fer séparés par la table de nuit. Là, la commode en pitchpin avec le petit autel à la Sainte-Vierge[9]. C'est exact, n'est-ce pas?

SOLANGE. — Nous sommes malheureuses. J'en pleurerais.

CLAIRE. — C'est exact. Passons sur nos dévotions à la Sainte-Vierge en plâtre, sur nos agenouillements. Nous ne parlerons même pas des fleurs en papiers... *(Elle rit.)* En papier! Et la branche de buis bénit! *(Elle montre les fleurs de la chambre.)* Regarde ces corolles ouvertes en mon honneur! Je suis une Vierge plus belle. Claire.

SOLANGE. — Taisez-vous...

CLAIRE. — Et là, la fameuse lucarne, par où le laitier demi-nu saute jusqu'à votre lit[10]!

SOLANGE. — Madame s'égare, Madame...

CLAIRE. — Vos mains! N'égarez pas vos mains. Vous l'ai-je assez murmuré! elles empestent l'évier.

SOLANGE. — La chute!

CLAIRE. — Hein?

SOLANGE. *(arrangeant la robe).* — La chute. J'arrange votre chute d'amour.

CLAIRE. — Écartez-vous, frôleuse! *(Elle donne à Solange sur la tempe un coup de talon Louis XV. Solange accroupie vacille et recule.)*

SOLANGE. — Voleuse, moi? Oh!

CLAIRE. — Je dis frôleuse. Si vous tenez à pleurnicher, que ce soit dans votre mansarde. Je n'accepte ici, dans ma chambre, que des larmes nobles. Le bas de ma robe, certain jour en sera constellé, mais de larmes précieuses. Disposez la traîne, traînée!

SOLANGE. — Madame s'emporte!

CLAIRE. — Dans ses bras parfumés, le diable m'emporte. Il me soulève, je décolle, je pars... *(Elle frappe le sol du talon.)* ... et je reste. Le collier? Mais dépêche-toi, nous n'aurons pas le temps. Si la robe est trop longue, fais un ourlet avec des épingles de nourrice[11]. *(Solange se relève et va pour prendre le collier dans un écrin, mais Claire la devance et*

C. - Describe the different emotions that the maids feel towards Madame. Justify from the text.
6. - You smell like a wild beast.
7. - Garret.
8. - Notice how in the role of Madame, Claire masks her hatred for her sister.
9. - Observe Genet's references to holiness, purity.
10. - Note the sensual rapport between the sisters, etc. and the leitmotiv of homosexuality throughout the play.
11. - Make a hem with safety pins.

s'empare du bijou. Ses doigts ayant frôlé ceux de Solange, horrifiée, Claire recule.) Tenez vos mains loin des miennes, votre contact est immonde [D]. Dépêchez-vous.

SOLANGE. — Il ne faut pas exagérer. Vos yeux s'allument. Vous atteignez la rive.

CLAIRE. — Vous dites?

SOLANGE. — Les limites. Les bornes. Madame. Il faut garder vos distances.

CLAIRE. — Quel langage, ma fille. Claire? tu te venges, n'est-ce pas? Tu sens approcher l'instant où tu quittes ton rôle...

SOLANGE. — Madame me comprend à merveille. Madame me devine.

CLAIRE. — Tu sens approcher l'instant où tu ne seras plus la bonne. Tu vas te venger. Tu t'apprêtes? Tu aiguises tes ongles? La haine te réveille? Claire n'oublie pas. Claire, tu m'écoutes? Mais Claire, tu ne m'écoutes pas?

SOLANGE *(distraite)*. — Je vous écoute.

CLAIRE. — Par moi, par moi seule, la bonne existe. Par mes cris et par mes gestes [E].

SOLANGE. — Je vous écoute.

CLAIRE *(elle hurle)*. — C'est grâce à moi que tu es, et tu me nargues! Tu ne peux savoir comme il est pénible d'être Madame, Claire, d'être le prétexte à vos simagrées! Il me suffirait de si peu et tu n'existerais plus. Mais je suis bonne, mais je suis belle, et je te défie [12]. Mon désespoir d'amante m'embellit encore!

SOLANGE *(méprisante)*. — Votre amant.

CLAIRE. — Mon malheureux amant sert encore ma noblesse, ma fille. Je grandis davantage pour te réduire et t'exalter. Fais appel à toutes tes ruses. Il est temps!

SOLANGE. — Assez! Dépêchez-vous. Vous êtes prête?

CLAIRE. — Et toi?

SOLANGE *(doucement d'abord)*. — Je suis prête, j'en ai assez d'être un objet de dégoût. Moi aussi je vous hais...

CLAIRE. — Doucement, mon petit, doucement...
(Elle tape doucement l'épaule de Solange pour l'inciter au calme.)

SOLANGE. — Je vous hais! Je vous méprise. Vous ne m'intimidez plus. Réveillez le souvenir de votre amant, qu'il vous protège. Je vous hais! Je hais votre poitrine pleine de souffles embaumés. Votre poitrine... d'ivoire [F]! Vos cuisses... d'or! Vos pieds... d'ambre! *(Elle crache sur la robe rouge.)* Je vous hais!

CLAIRE *(suffoquée)*. — Oh! oh! mais...

SOLANGE *(marchant sur elle)*. — Oui Madame, ma belle Madame. Vous croyez que tout vous sera permis jusqu'au bout? Vous croyez pouvoir dérober la beauté du ciel et m'en priver? Choisir vos parfums, vos poudres, vos rouges à ongles, la soie, le velours, la dentelle, et m'en

---

D. - Explain « votre contact est immonde. »

E. - In what way does Madame create the personality of the maids?

12. - The Maids, who are social outcasts, hate Madame, the symbol of the societey which has rejected them. On the other hand, Madame is « good » and « beautiful, » and the Maids want to be like her. Thus the constant interplay of killing and loving Madame.

F. - What do ivory, gold and amber symbolize?

LES BONNES

priver? Et me prendre le laitier? Avouez! Avouez le laitier! Sa jeunesse, sa fraîcheur vous troublent, n'est-ce pas? Avouez le laitier. Car Solange [13] vous emmerde!

CLAIRE *(affolée)*. — Claire! Claire!

SOLANGE. — Hein?

CLAIRE *(dans un murmure)*. — Claire, Solange, Claire.

SOLANGE. — Ah! oui, Claire. Claire vous emmerde! Claire est là, plus claire que jamais. Lumineuse! *(Elle gifle Claire [14].)*

CLAIRE. — Oh! oh! Claire... vous... oh!

SOLANGE. — Madame se croyait protégée par ses barricades de fleurs, sauvée par un exceptionnel destin, par le sacrifice. C'était compter sans la révolte des bonnes. La voici qui monte, Madame. Elle va crever et dégonfler votre aventure. Ce Monsieur n'était qu'un triste voleur et vous une...

CLAIRE. — Je t'interdis!

SOLANGE. — M'interdire! Plaisanterie! Madame est interdite. Son visage se décompose. Vous désirez un miroir?

(Elle tend à Claire un miroir à main.)

CLAIRE *(se mirant avec complaisance)*. — J'y suis plus belle! Le danger m'auréole [15], Claire, et toi tu n'es que ténèbres...

SOLANGE. — ... infernales! Je sais. Je connais la tirade. Je lis sur votre visage ce qu'il faut vous répondre. J'irai donc jusqu'au bout. Les deux bonnes sont là – les dévouées servantes! Devenez plus belle pour les mépriser. Nous ne vous craignons plus. Nous sommes enveloppées, confondues dans nos exhalaisons, dans nos fastes, dans notre haine pour vous. Nous prenons forme, Madame. Ne riez pas. Ah! surtout ne riez pas de ma grandiloquence...

CLAIRE. — Allez-vous-en.

SOLANGE. — Pour vous servir, encore, Madame! Je retourne à ma cuisine. J'y retrouve mes gants et l'odeur de mes dents. Le rot silencieux de l'évier. Vous avez vos fleurs, j'ai mon évier. Je suis la bonne [16]. Vous au moins ne pouvez pas me souiller. Mais vous ne l'emporterez pas en paradis. J'aimerais mieux vous y suivre que de lâcher ma haine à la porte. Riez un peu, riez et priez vite, très vite! Vous êtes au bout du rouleau, ma chère! *(Elle tape sur les mains de Claire qui protège sa gorge.)* Bas les pattes et découvrez ce cou fragile. Allez, ne tremblez pas, ne frissonnez pas, j'opère vite et en silence. Oui, je vais retourner à ma cuisine, mais avant je termine ma besogne [17]. *(Soudain, un réveil-matin sonne [17]. Solange s'arrête. Les deux actrices se rapprochent, émues, et écoutent, pressées l'une contre l'autre.)* Déjà?

CLAIRE. — Dépêchons-nous. Madame va rentrer. *(Elle commence à dégrafer sa robe.)* Aide-moi. C'est déjà fini, et tu n'as pas pu aller jusqu'au bout.

---

13. - Solange steps out of character and reveals her hatred for her sister.

14. - According to Sartre, we do not know whether it is « Claire who slaps Madame, Claire who slaps Claire, or Solange who slaps Claire. In any case, the slap is a « peotic gesture, » and part of the sacred ritual.

15. - The sense of danger gives somes meaning to the otherwise drab existence of all three of them, Solange, Claire and Madame.

16. - While the Maids want to be like Madame, it is also evident that they enjoy the subservience of being Maids, especially Solange.

17. - Solange is about to perform the imaginary killing of Madame, when the alarm clock shakes the Maids back to reality, and the ceremony is interrupted.

SOLANGE *(l'aidant. D'un ton triste)*. — C'est chaque fois pareil. Et par ta faute. Tu n'es jamais prête assez vite. Je ne peux pas t'achever.

CLAIRE. — Ce qui nous prend du temps, c'est les préparatifs[18]. Remarque...

SOLANGE *(elle lui enlève la robe)*. — Surveille la fenêtre.

CLAIRE. — Remarque que nous avons de la marge. J'ai remonté le réveil de façon qu'on puisse tout ranger.

(Elle se laisse avec lassitude tomber sur le fauteuil.)

SOLANGE. — Il fait lourd, ce soir. Il a fait lourd toute la journée.

CLAIRE. — Oui.

SOLANGE. — Et cela nous tue, Claire.

CLAIRE. — Oui.

SOLANGE. — C'est l'heure.

CLAIRE. — Oui. *(Elle se lève avec lassitude.)* Je vais préparer la tisane.

SOLANGE. — Surveille la fenêtre.

CLAIRE. — On a le temps. *(Elle s'essuie le visage.)*

SOLANGE. — Tu te regardes encore... Claire, mon petit...

CLAIRE. — Je suis lasse.

SOLANGE *(dure)*. — Surveille la fenêtre. Grâce à ta maladresse, rien ne serait à sa place. Et il faut que je nettoie la robe de Madame. *(Elle regarde sa sœur.)* Qu'est-ce que tu as? Tu peux te ressembler, maintenant. Reprends ton visage. Allons, Claire, redeviens ma sœur.

CLAIRE. — Je suis à bout. Cette lumière m'assomme. Tu crois que les gens d'en face...

SOLANGE. — Qu'est-ce que cela peut nous faire? Tu ne voudrais pas qu'on... qu'on s'organise dans le noir? Ferme les yeux. Ferme les yeux, Claire, repose-toi.

CLAIRE *(elle met sa petite robe noire)*. — Oh! quand je dis que je suis lasse, c'est une façon de parler. N'en profite pas pour me plaindre. Ne cherche pas à me dominer[19].

SOLANGE. — Je voudrais que tu te reposes. C'est surtout quand tu te reposes que tu m'aides.

CLAIRE. — Je te comprends, ne t'explique pas.

SOLANGE. — Si. Je m'expliquerai. C'est toi qui as commencé. Et d'abord, en faisant cette allusion au laitier. Tu crois que je ne t'ai pas devinée? Si Mario...

CLAIRE. — Oh!

SOLANGE. — Si le laitier me dit des grossièretés le soir, il t'en dit autant. Mais tu étais bien heureuse de pouvoir...

---

18. - The preliminaries refer to the opening dialogue; in which we see that everything must be perfect before the game begins. The fact that Madame always returns before the ceremony reaches its natural climax has been built into the ritual by the Maids.

19. - Solange appears to dominate her sister but in reality, Claire is the stronger. It was Claire who denounced Monsieur, and it will be Claire who will eventually commit suicide. In the name of Madame.

LES BONNES

CLAIRE *(elle hausse les épaules)*. – Tu ferais mieux de voir si tout est en ordre. Regarde, la clé du secrétaire était placée comme ceci. *(Elle arrange la clé.)* Et sur les œillets et les roses, il est impossible, comme dit Monsieur, de ne pas...

SOLANGE *(violente)*. – Tu étais heureuse de pouvoir tout à l'heure mêler tes insultes...

CLAIRE. – ... découvrir un cheveu de l'une ou de l'autre bonne.

SOLANGE. – Et les détails de notre vie privée avec...

CLAIRE *(ironique)*. – Avec? Avec? Avec quoi? Donne un nom? Donne un nom à la chose! La cérémonie? D'ailleurs, nous n'avons pas le temps de commencer une discussion ici. Elle, elle, elle va rentrer. Mais, Solange, nous la tenons, cette fois. Je t'envie d'avoir vu sa tête en apprenant l'arrestation de son amant. Pour une fois, j'ai fait du beau travail. Tu le reconnais? Sans moi, sans ma lettre de dénonciation, tu n'aurais pas eu ce spectacle : l'amant avec les menottes et Madame en larmes. Elle peut en mourir. Ce matin elle ne tenait plus debout.

SOLANGE. – Tant mieux. Qu'elle en claque[20]! Et que j'hérite, à la fin! Ne plus remettre les pieds dans cette mansarde sordide, entre ces imbéciles, entre une cuisinière et un valet de chambre.

CLAIRE. – Moi je l'aimais notre mansarde.

SOLANGE. – Ne t'attendris pas. Tu l'aimes pour me contredire. Moi qui la hais. Je la vois telle qu'elle est, sordide et nue. Dépouillée, comme dit Madame. Mais quoi, nous sommes des pouilleuses[21].

CLAIRE. – Ah! non, ne recommence pas. Regarde plutôt à la fenêtre. Moi je ne peux rien voir, la nuit est trop noire.

SOLANGE. – Que je parle. Que je me vide. J'ai aimé la mansarde parce que sa pauvreté m'obligeait à de pauvres gestes. Pas de tentures à soulever, pas de tapis à fouler, de meubles à caresser... de l'œil ou du torchon, pas de glaces, pas de balcons[G]. Rien ne nous forçait à un geste trop beau[22]. *(Sur un geste de Claire.)* Mais rassure-toi, tu pourras continuer en prison à faire ta souveraine, ta Marie-Antoinette, te promener la nuit dans l'appartement...

CLAIRE. – Tu es folle! Jamais je ne me suis promenée dans l'appartement.

SOLANGE *(ironique)*. – Oh! mademoiselle ne s'est jamais promenée! Enveloppée dans les rideaux ou le couvre-lit de dentelle, n'est-ce pas? Se contemplant dans les miroirs, se pavanant au balcon et saluant à deux heures du matin le peuple accouru défiler sous ses fenêtres. Jamais, non jamais?

CLAIRE. – Mais, Solange...

SOLANGE. – La nuit est trop noire pour épier Madame. Sur ton balcon, tu te croyais invisible. Pour qui me prends-tu? N'essaie pas de me faire croire que tu es somnambule. Au point où nous en sommes, tu peux avouer.

CLAIRE. – Mais Solange, tu cries. Je t'en prie, parle plus bas. Madame peut rentrer en sourdine...

(Elle court à la fenêtre et soulève le rideau.)

---

20. - She can die!
21. - Miserable, abject creatures.
G. - What do the following objects symbolize in this sequence: the mirror, the balcony, the laces, the windows?

22. - Solange repeats the pleasure she finds in just being a Maid, an outcast, and in the « ceremony. »

SOLANGE. — Laisse les rideaux, j'ai fini. Je n'aime pas te voir les soulever de cette façon. Laisse-les retomber. Le matin de son arrestation, quand il épiait les policiers, Monsieur faisait comme toi.

CLAIRE. — Le moindre geste te paraît un geste d'assassin qui veut s'enfuir par l'escalier de service. Tu as peur maintenant.

SOLANGE. — Ironise, afin de m'exciter. Ironise, va! Personne ne m'aime! Personne ne nous aime!

CLAIRE. — Elle, elle nous aime. Elle est bonne. Madame est bonne! Madame nous adore.

SOLANGE. — Elle nous aime comme ses fauteuils. Et encore! Comme la faïence rose de ses latrines. Comme son bidet. Et nous, nous ne pouvons pas nous aimer[23]. La crasse...

CLAIRE. — Ah!...

SOLANGE. — ...N'aime pas la crasse. Et tu crois que je vais en prendre mon parti, continuer ce jeu et, le soir, rentrer dans mon lit-cage. Pourrons-nous même le continuer, le jeu. Et moi, si je n'ai plus à cracher sur quelqu'un qui m'appelle Claire, mes crachats vont m'étouffer! Mon jet de salive, c'est mon aigrette de diamants[24].

CLAIRE *(elle se lève et pleure)*. — Parle plus doucement, je t'en prie. Parle... parle de la bonté de Madame.

SOLANGE. — Sa bonté! C'est facile d'être bonne, et souriante, et douce. Ah! sa douceur! Quand on est belle et riche! Mais être bonne quand on est bonne! On se contente de parader pendant qu'on fait le ménage ou la vaisselle. On brandit un plumeau comme un éventail. On a des gestes élégants avec la serpillère[25]. Ou bien, on va comme toi, la nuit s'offrir le luxe d'un défilé historique dans les appartements de Madame.

CLAIRE. — Solange! Encore! Que cherches-tu? Tu crois que ce sont tes accusations qui vont nous calmer? Sur ton compte je pourrais en raconter de plus belles.

SOLANGE. — Toi? Toi?

CLAIRE. — Parfaitement, moi. Si je voulais. Parce qu'enfin, après tout...

SOLANGE. — Tout? Après tout? Qu'est-ce que tu insinues? C'est toi qui as parlé de cet homme. Claire, je te hais.

CLAIRE. — Je te le rends bien. Mais je n'irai pas chercher le prétexte d'un laitier pour te menacer.

SOLANGE. — De nous deux, qui menace l'autre? Hein? Tu hésites?

CLAIRE. — Essaie d'abord. Tire la première. C'est toi qui recules, Solange. Tu n'oses pas m'accuser du plus grave, mes lettres à la police. La mansarde a été submergée sous mes essais d'écritures... sous des pages et des pages. J'ai inventé les pires histoires et les plus belles dont tu profitais. Hier soir, quand tu faisais Madame dans la robe blanche, tu jubilais, tu jubilais, tu te voyais déjà montant en cachette sur le bateau des déportés, sur le...

SOLANGE. — Le Larmartinière[26].

---

23. - Madame is good and loves them, but as objects, « comme son bidet. » And the Maids, feeling as objets, outcasts, filth, hate themselves.

24. - Cf. p. 581.

25. - Dishcloth.

26. - Le Lamartinière would be a prison ship. Notice the irony since the romantic poet's name Lamartine fits into the ship's name.

CLAIRE. — Tu accompagnais Monsieur, ton amant... Tu fuyais la France. Tu partais pour l'Ile du Diable, ou la Guyane, avec lui : un beau rêve ! Parce que j'avais le courage d'envoyer mes lettres anonymes, tu te payais le luxe d'être une prostituée de haut vol, une hétaïre. Tu étais heureuse de ton sacrifice, de porter la croix du mauvais larron, de lui torcher le visage, de le soutenir, de te livrer aux chiourmes pour que lui soit accordé un léger soulagement.

SOLANGE. — Mais toi, tout à l'heure, quand tu parlais de le suivre.

CLAIRE. — Je ne le nie pas, j'ai repris l'histoire où tu l'avais lâchée. Mais avec moins de violence que toi. Dans la mansarde déjà, au milieu des lettres, le tangage[27] te faisait chalouper.

SOLANGE. — Tu ne te voyais pas.

CLAIRE. — Oh ! si ! Je peux me regarder dans ton visage et voir les ravages qu'y fait notre victime ! Monsieur est maintenant derrière les verrous. Réjouissons-nous. Au moins nous éviterons ses moqueries. Et tu seras plus à ton aise pour te prélasser sur sa poitrine, tu inventeras mieux son torse et ses jambes, tu épieras sa démarche. Le tangage te faisait chalouper ! Déjà tu t'abandonnais à lui. Au risque de nous perdre...

SOLANGE. — Comment ?

CLAIRE. — Je précise. Perdre. Pour écrire mes lettres de dénonciation à la police, il me fallait des faits, citer des dates. Qu'est-ce que j'ai fait ? Hein ? Souviens-toi. Ma chère, votre confusion rose est ravissante. Tu as honte. Tu étais là pourtant ! J'ai fouillé dans les papiers de Madame et j'ai découvert la fameuse correspondance...

(Un silence.)

SOLANGE. — Et après ?

CLAIRE. — Oh ! mais tu m'agaces, à la fin ! Après ? Eh bien après tu as voulu conserver les lettres de Monsieur. Et hier soir encore dans la mansarde, il restait une carte de Monsieur adressée à Madame ! Je l'ai découverte.

SOLANGE *(agressive)*. — Tu fouilles dans mes affaires, toi !

CLAIRE. — C'est mon devoir.

SOLANGE. — A mon tour de m'étonner de tes scrupules...

CLAIRE. — Je suis prudente et non scrupuleuse. Alors que je risquais tout en m'agenouillant sur le tapis, pour forcer la serrure du secrétaire, pour façonner une histoire avec des matériaux exacts, toi, enivrée par le thème de ton amant coupable, criminel et banni, tu m'abandonnais !

SOLANGE. — J'avais placé un miroir de façon à voir la porte d'entrée. Je faisais le guet.

CLAIRE. — Ce n'est pas vrai ! Je remarque tout et je t'observe depuis longtemps. Avec ta prudence coutumière, tu étais restée à l'entrée de l'office, prête à bondir au fond de la cuisine à l'arrivée de Madame !

SOLANGE. — Tu mens, Claire. Je surveillais le corridor...

CLAIRE. — C'est faux ! Il s'en est fallu de peu que Madame ne me trouve au travail ! Toi, sans t'occuper si mes mains tremblaient en fouillant les papiers, toi, tu étais en marche, tu traversais les mers, tu forçais l'équateur...

---

27. - The pitching of the boat made you sway.

SOLANGE *(ironique).* — Mais toi-même? Tu as l'air de ne rien savoir de tes extases! Claire, ose dire que tu n'as jamais rêvé d'un bagnard! Que jamais tu n'as rêvé précisément de celui-là! Ose dire que tu ne l'as pas dénoncé justement — justement, quel beau mot! — afin qu'il serve ton aventure secrète [H].

CLAIRE. — Je sais tout cela et davantage. Je suis la plus lucide. Mais l'histoire, c'est toi qui l'as inventée. Tourne la tête. Ah! si tu te voyais, Solange. Le soleil de la forêt vierge illumine encore ton visage. Tu prépares l'évasion de ton amant. *(Elle rit nerveusement.)* Comme tu te travailles! Mais rassure-toi, je te hais pour d'autres raisons. Tu les connais.

SOLANGE *(baissant la voix).* — Je ne te crains pas. Je ne doute pas de ta haine, de ta fourberie, mais fais bien attention. C'est moi l'aînée.

CLAIRE. — Qu'est-ce que cela veut dire, l'aînée? Et la plus forte? Tu m'obliges à te parler de cet homme pour mieux détourner mes regards. Allons donc! Tu crois que je ne t'ai pas découverte? Tu as essayé de la tuer.

SOLANGE. — Tu m'accuses?

CLAIRE. — Ne nie pas. Je t'ai vue. *(Un long silence.)* Et j'ai eu peur. Peur, Solange. Quand nous accomplissons la cérémonie, je protège mon cou. C'est moi que tu vises à travers Madame [28], c'est moi qui suis en danger.

(Un long silence. Solange hausse les épaules.)

SOLANGE *(décidée).* — Oui, j'ai essayé. J'ai voulu te délivrer. Je n'en pouvais plus. J'étouffais de te voir étouffer, rougir, verdir, pourrir dans l'aigre et le doux de cette femme. Tu as raison, reproche-le-moi. Je t'aimais trop. Tu aurais été la première à me dénoncer si je l'avais tuée. C'est par toi que j'aurais été livrée à la police.

CLAIRE *(elle la prend aux poignets).* — Solange...

SOLANGE *(se dégageant).* — Que crains-tu? Il s'agit de moi.

CLAIRE. — Solange, ma petite sœur. J'ai tort. Elle va rentrer.

SOLANGE. — Je n'ai tué personne. J'ai été lâche, tu comprends. J'ai fait mon possible, mais elle s'est retournée en dormant. Elle respirait doucement. Elle gonflait les draps : c'était Madame [29].

CLAIRE. — Tais-toi.

SOLANGE. — Pas encore. Tu as voulu savoir. Attends, je vais t'en raconter d'autres. Tu connaîtras comme elle est faite, ta sœur. De quoi elle est faite. Ce qui compose une bonne : j'ai voulu l'étrangler...

CLAIRE. — Pense au ciel. Pense au ciel. Pense à ce qu'il y a après.

SOLANGE. — Il n'y a rien. J'en ai assez de m'agenouiller sur des bancs. A l'église, j'aurais eu le velours rouge des abbesses ou la pierre des pénitentes, mais au moins, noble serait mon attitude. Vois, mais vois comme elle souffre bien, elle, comme elle souffre en beauté. La douleur la transfigure, l'embellit encore. En apprenant que son amant était un voleur, elle tenait tête à la police. Elle exultait. Maintenant, c'est une abandonnée magnifique, soutenue

---

[H]. - Why doesn't Claire admit that she dreamt of loving a criminel?

[28]. - Claire sees clearly that she is the actual target of Solange's hatred and not Madame. The dénouement has been prepared.

[29]. - Solange is clearly the more cowardly of the two. The Maid could never kill Madame.

sous chaque bras par deux servantes attentives et désolées par sa peine. Tu l'as vue? Sa peine étincelante des feux de ses bijoux, du satin de ses robes, des lustres! Claire, la beauté de mon crime devait racheter la pauvreté de mon chagrin[1]. Après, j'aurais mis le feu.

CLAIRE. — Calme-toi, Solange. Le feu pouvait ne pas prendre. On t'aurait découverte. Tu sais ce qui attend les incendiaires.

SOLANGE. — Je sais tout. J'ai eu l'œil et l'oreille aux serrures. J'ai écouté aux portes plus qu'aucune domestique. Je sais tout. Incendiaire! C'est un titre admirable.

CLAIRE. — Tais-toi. Tu m'étouffes. J'étouffe. *(Elle veut entrouvrir la fenêtre.)* Ah! laisser entrer un peu d'air ici[30]!

SOLANGE *(inquiète)*. — Que veux-tu faire?

CLAIRE. — Ouvrir.

SOLANGE. — Toi aussi? Depuis longtemps j'étouffe! Depuis longtemps je voulais mener le jeu à la face du monde, hurler ma vérité sur les toits, descendre dans la rue sous les apparences de Madame...

CLAIRE. — Tais-toi. Je voulais dire...

SOLANGE. — C'est trop tôt, tu as raison. Laisse la fenêtre. Ouvre les portes de l'antichambre et de la cuisine. *(Claire ouvre l'une et l'autre porte.)* Va voir si l'eau bout.

CLAIRE. — Toute seule?

SOLANGE. — Attends alors, attends qu'elle vienne. Elle apporte ses étoiles, ses larmes, ses sourires, ses soupirs. Elle va nous corrompre par sa douceur[31].
(Sonnerie du téléphone. Les deux sœurs écoutent.)

CLAIRE *(au téléphone)*. — Monsieur? C'est Monsieur!... C'est Claire, Monsieur... *(Solange veut prendre un écouteur. Claire l'écarte.)* Bien, j'avertirai Madame, Madame sera heureuse de savoir Monsieur en liberté... Bien Monsieur. Je vais noter. Monsieur attend Madame au Bilboquet. Bien... Bonsoir Monsieur.
(Elle veut raccrocher mais sa main tremble et elle pose l'écouteur sur la table.)

SOLANGE. — Il est sorti?

CLAIRE. — Le juge le laisse en liberté provisoire.

SOLANGE. — Mais... Mais alors, tout casse.

CLAIRE *(sèche)*. — Tu le vois bien.

SOLANGE. — Les juges ont eu le toupet[32] de le lâcher. On bafoue la justice. On nous insulte! Si Monsieur est libre, il voudra faire une enquête, il fouillera la maison pour découvrir la coupable. Je me demande si tu saisis la gravité de la situation.

CLAIRE. — J'ai fait ce que j'ai pu, à nos risques et périls.

SOLANGE. — Tu as bien travaillé. Mes compliments. Tes dénonciations, tes lettres, tout marche admirablement. Et si on reconnaît ton écriture, c'est parfait. Et pourquoi va-t-il au Bilboquet, d'abord et pas ici. Tu peux l'expliquer?

---

1. - Explain « la beauté de mon crime devait racheter la pauvreté de mon chagrin. » Why do beauty and crime go together?

30. - Note that the room has been claustrophobic All evening.

31. - In the *actual presence* of Madame the Maids generally are swayed by her kindness, her beauty, etc.

32. - The judges had the nerve to let him go.

CLAIRE. — Puisque tu es si habile, il fallait réussir ton affaire avec Madame. Mais tu as eu peur. L'air était parfumé, le lit tiède. C'était Madame! Il nous reste à continuer cette vie, reprendre le jeu.

SOLANGE. — Le jeu même est dangereux. Je suis sûre que nous avons laissé des traces. Par ta faute. Nous en laissons chaque fois. Je vois une foule de traces que je ne pourrai jamais effacer. Et elle, elle se promène au milieu de cela qu'elle apprivoise. Elle le déchiffre. Elle pose le bout de son pied rose sur nos traces. L'une après l'autre, elle nous découvre. Par ta faute, Madame se moque de nous! Madame saura tout. Elle n'a qu'à sonner pour être servie. Elle saura que nous mettions ses robes, que nous volions ses gestes, que nous embobinions son amant de nos simagrées. Tout va parler, Claire. Tout nous accusera. Les rideaux marqués par tes épaules, les miroirs par mon visage, la lumière qui avait l'habitude de nos folies, la lumière va tout avouer. Par ta maladresse, tout est perdu.

CLAIRE. — Tout est perdu parce que tu n'as pas eu la force pour...

SOLANGE. — Pour...

CLAIRE. — La tuer...

SOLANGE. — Je peux encore trouver la force qu'il faut.

CLAIRE. — Où? Où? Tu n'es pas aussi au-delà que moi. Tu ne vis pas au-dessus de la cime des arbres. Un laitier traversant ta tête te bouleverse.

SOLANGE. — C'est de n'avoir pas vu sa figure, Claire. D'avoir été tout à coup si près de Madame parce que j'étais près de son sommeil. Je perdais mes forces. Il fallait relever le drap que sa poitrine soulevait pour trouver la gorge.

CLAIRE *(ironique)*. — Et les draps étaient tièdes. La nuit noire. C'est en plein jour qu'on fait ces cousp-là. Tu es incapable d'un acte aussi terrible. Mais moi, je peux réussir. Je suis capable de tout, tu sais.

SOLANGE. — Le gardénal.

CLAIRE. — Oui. Parlons paisiblement. Je suis forte. Tu as essayé de me dominer...

SOLANGE. — Mais, Claire...

CLAIRE *(calmement)*. — Pardon. Je sais ce que je dis. Je suis Claire. Et prête. J'en ai assez. Assez d'être l'araignée, le fourreau de parapluie, la religieuse sordide et sans dieu, sans famille! J'en ai assez d'avoir un fourneau comme autel[J]. Je suis la pimbêche, la putride. A tes yeux aussi.

SOLANGE *(elle prend Claire aux épaules)*. — Claire... Nous sommes nerveuses. Madame n'arrive pas. Moi aussi je n'en peux plus. Je n'en peux plus de notre ressemblance, je n'en peux plus de mes mains, de mes bas noirs, de mes cheveux. Je ne te reproche rien, ma petite sœur. Tes promenades te soulageaient.

CLAIRE *(agacée)*. — Ah! laisse.

SOLANGE. — Je voudrais t'aider. Je voudrais te consoler, mais je sais que je te dégoûte. Je te répugne. Et je le sais puisque tu me dégoûtes. S'aimer dans la servitude, ce n'est pas s'aimer.

J. - Explain « l'araignée, le fourreau de parapluie, la religieuse sordide et sans dieu, sans famille. »

Note the juxtaposition of « religieuse » with « sordide, » and « autel » with « fourneau. »

CLAIRE. — C'est trop s'aimer. Mais j'en ai assez de ce miroir[33] effrayant qui me renvoie mon image comme une mauvaise odeur. Tu es ma mauvaise odeur. Eh! bien, je suis prête. J'aurai ma couronne. Je pourrai me promener dans les appartements.

SOLANGE. — Nous ne pouvons tout de même pas la tuer pour si peu.

CLAIRE. — Vraiment? Ce n'est pas assez? Pourquoi, s'il vous plaît? Pour quel autre motif? Où et quand trouverions-nous un plus beau prétexte? Ce n'est pas assez? Ce soir, Madame assistera à notre confusion. En riant aux éclats, en riant parmi ses pleurs, avec ses soupirs épais! Non. J'aurai ma couronne. Je serai cette empoisonneuse que tu n'as pas su être. A mon tour de te dominer.

SOLANGE. — Mais, jamais...

CLAIRE. — Passe-moi la serviette! Passe-moi les épingles à linge! Épluche les oignons! Gratte les carottes! Lave les carreaux! Fini. C'est fini. Ah! j'oubliais! ferme le robinet! C'est fini. Je disposerai du monde.

SOLANGE. — Ma petite sœur!

CLAIRE. — Tu m'aideras.

SOLANGE. — Tu ne sauras pas quels gestes faire. Les choses sont plus graves, Claire, plus simples.

CLAIRE. — Je serai soutenue par le bras solide du laitier. Il ne flanchera pas. J'appuierai ma main gauche sur sa nuque. Tu m'aideras. Et s'il faut aller plus loin, Solange, si je dois partir pour le bagne, tu m'accompagneras, tu monteras sur le bateau. Solange, à nous deux, nous serons ce couple éternel, du criminel et de la sainte[K]. Nous serons sauvées, Solange, je te le jure, sauvées!

(Elle tombe assise sur le lit de Madame.)

SOLANGE. — Calme-toi. Je vais te porter là-haut. Tu vas dormir.

CLAIRE. — Laisse-moi. Fais de l'ombre. Fais un peu d'ombre, je t'en supplie[L].

(Solange éteint.)

SOLANGE. — Repose-toi, ma petite sœur. *(Elle s'agenouille, déchausse Claire, lui baise les pieds.)* Calme-toi, mon chéri. *(Elle la caresse.)* Pose tes pieds, là. Ferme tes yeux.

CLAIRE *(soupire)*. — J'ai honte, Solange.

SOLANGE *(très doucement)*. — Ne parle pas. Laisse-moi faire. Je vais t'endormir. Quand tu dormiras, je te porterai là-haut, dans la mansarde. Je te déshabillerai et je te coucherai dans ton lit-cage. Dors, je serai là.

CLAIRE. — J'ai honte, Solange.

SOLANGE. — Chut! Laisse-moi te raconter une histoire.

CLAIRE *(plaintivement)*. — Solange?

SOLANGE. — Mon ange?

---

33. - Note the blending of the senses—sight with smell. The two maids are linked by the love and hatred of being each other's mirror images.

K. - Genet's favorite couple—the criminal and the saint; what do they have in common?

L. - What does the interplay of light and shadow add theatrically?

CLAIRE. — Solange, écoute.
SOLANGE. — Dors.

(Long silence.)

CLAIRE. — Tu as de beaux cheveux. Quels beaux cheveux. Les siens...
SOLANGE. — Ne parle plus d'elle.
CLAIRE. — Les siens sont faux. *(Long silence.)* Tu te rappelles, toutes les deux. Sous l'arbre. Nos pieds au soleil? Solange?
SOLANGE. — Dors. Je suis là. Je suis ta grande sœur.

(Silence. — Au bout d'un moment Claire se lève.)

CLAIRE. — Non! Non! pas de faiblesse! Allume! Allume! Le moment est trop beau! *(Solange allume.)* Debout! Et mangeons. Qu'est-ce qu'il y a dans la cuisine? Hein? Il faut manger. Pour être forte. Viens, tu vas me conseiller. Le gardénal?
SOLANGE. — Oui. Le gardénal...
CLAIRE. — Le gardénal! Ne fais pas cette tête. Il faut être joyeuse et chanter. Chantons! Chante, comme quand tu iras mendier dans les cours et les ambassades. Il faut rire. *(Elles rient aux éclats.)* Sinon le tragique va nous faire nous envoler par la fenêtre. Ferme la fenêtre. *(En riant, Solange ferme la fenêtre.)* L'assassinat est une chose... inénarrable! Chantons[34]. Nous l'emporterons dans un bois et sous les sapins, au clair de lune, nous la découperons en morceaux.
Nous chanterons! Nous l'enterrerons sous les fleurs dans nos parterres que nous arroserons le soir avec un petit arrosoir!

(Sonnerie à la porte d'entrée de l'appartement.)

SOLANGE. — C'est elle. C'est elle qui rentre. *(Elle prend sa sœur aux poignets.)* Claire, tu es sûre de tenir le coup?
CLAIRE. — Il en faut combien?
SOLANGE. — Mets-en dix. Dans son tilleul. Dix cachets de gardénal. Mais tu n'oseras pas.
CLAIRE *(elle se dégage, va arranger le lit. Solange la regarde un instant).* — J'ai le tube sur moi. Dix.
SOLANGE *(très vite).* — Dix. Neuf ne suffiraient pas. Davantage la ferait vomir. Dix. Fais le tilleul très fort. Tu as compris.
CLAIRE *(murmure).* — Oui.
SOLANGE *(elle va pour sortir et se ravise. D'une voix naturelle).* — Très sucré.

(Elle sort à gauche. Claire continue à arranger la chambre et sort à droite. Quelques secondes s'écoulent. Dans la coulisse on entend un éclat de rire nerveux. Suivie de Solange, Madame, couverte de fourrures, entre en riant.)

MADAME. — De plus en plus! Des glaïeuls horribles, d'un rose débilitant, et du mimosa! Ces folles doivent courir les halles avant le jour pour les acheter moins cher. Tant de sollicitude, ma chère Solange, pour une maîtresse indigne et tant de roses pour elle quand Monsieur est traité comme un criminel! Car... Solange, à ta sœur et à toi, je vais encore donner une preuve de confiance! Car je n'ai plus d'espoir. Cette fois Monsieur est bel et

---

34. - The beauty of the intended crime is worthy of poetry and of songs. It is the idea of heroism which elicits Claire's joy.

bien incarcéré. *(Solange lui retire son manteau de fourrure.)* Incarcéré, Solange ! — In-car-cé-ré ! Et dans des circonstances infernales ! Que réponds-tu à cela ? Voilà ta maîtresse mêlée à la plus sordide affaire et la plus sotte. Monsieur est couché sur la paille et vous m'élevez un reposoir !

SOLANGE. — Madame ne doit pas se laisser aller. Les prisons ne sont plus comme sous la Révolution...

MADAME. — La paille humide des cachots n'existe plus, je le sais. N'empêche que mon imagination invente les pires tortures à Monsieur. Les prisons sont pleines de criminels dangereux et Monsieur, qui est la délicatesse même, vivra avec eux ! Je meurs de honte. Alors qu'il essaie de s'expliquer son crime, moi, je m'avance au milieu d'un parterre, sous des tonnelles, avec le désespoir dans l'âme. Je suis brisée.

SOLANGE. — Vos mains sont gelées.

MADAME. — Je suis brisée. Chaque fois que je rentrerai mon cœur battra avec cette violence terrible et un beau jour je m'écroulerai, morte sous vos fleurs. Puisque c'est mon tombeau que vous préparez[35], puisque depuis quelques jours vous accumulez dans ma chambre des fleurs funèbres ! J'ai eu très froid mais je n'aurai pas le toupet de m'en plaindre. Toute la soirée, j'ai traîné dans les couloirs. J'ai vu des hommes glacés, des visages de marbre, des têtes de cire, mais j'ai pu apercevoir Monsieur. Oh ! de très loin. Du bout des doigts j'ai fait un signe. A peine. Je me sentais coupable. Et je l'ai vu disparaître entre deux gendarmes.

SOLANGE. — Des gendarmes ? Madame est sûre ? Ce sont plutôt des gardes.

MADAME. — Tu connais des choses que j'ignore. Gardes ou gendarmes, ils ont emmené Monsieur. Je quitte à l'instant la femme d'un magistrat. Claire !

SOLANGE. — Elle prépare le tilleul de Madame.

MADAME. — Qu'elle se presse ! Pardon, ma petite Solange. Pardonne-moi. J'ai honte de réclamer du tilleul quand Monsieur est seul, sans nourriture, sans tabac, sans rien. Les gens ne savent pas assez ce qu'est la prison. Ils manquent d'imagination, moi j'en ai trop. Ma sensibilité m'a fait souffrir. Atrocement. Vous avez de la chance, Claire et toi, d'être seules au monde. L'humilité de votre condition vous épargne quels malheurs !

SOLANGE. — On s'apercevra vite que Monsieur est innocent.

MADAME. — Il l'est ! Il l'est ! Mais innocent ou coupable, je ne l'abandonnerai jamais. Voici à quoi on reconnaît son amour pour un être : Monsieur n'est pas coupable, mais s'il l'était, je deviendrais sa complice. Je l'accompagnerais jusqu'à la Guyane, jusqu'en Sibérie. Je sais qu'il s'en tirera, au moins par cette histoire imbécile m'est-il donné de prendre conscience de mon attachement à lui. Et cet événement destiné à nous séparer nous lie davantage. Et me rend presque plus heureuse. D'un bonheur monstrueux ! Monsieur n'est pas coupable mais s'il l'était, avec quelle joie j'accepterais de porter sa croix ! D'étape en étape, de prison en prison, et jusqu'au bagne je le suivrais. A pied s'il le faut. Jusqu'au bagne, jusqu'au bagne Solange ! Que je fume ! Une cigarette !

SOLANGE. — On ne le permettrait pas. Les épouses des bandits, ou leurs sœurs, ou leurs mères ne peuvent même pas les suivre.

MADAME. — Un bandit ! Quel langage, ma fille ! Et quelle science ! Un condamné n'est plus un bandit. Ensuite, je forcerais les consignes. Et, Solange, j'aurais toutes les audaces, toutes les ruses.

---

35. - Madame sense the Maids' intentions.

Solange. — Madame est courageuse.

Madame. — Tu ne me connais pas encore. Jusqu'à présent, ta sœur et toi avez vu une femme entourée de soins et de tendresse, se préoccuper de ses tisanes et de ses dentelles, mais depuis longtemps je viens d'abandonner mes manies. Je suis forte. Et prête pour la lutte. D'ailleurs, Monsieur ne risque pas l'échafaud. Mais il est bien que je m'élève à ce même niveau. J'ai besoin de cette exaltation pour penser plus vite. Et besoin de cette vitesse pour regarder mieux. Grâce à quoi je percerai peut-être cette atmosphère d'inquiétude où je m'avance depuis ce matin. Grâce à quoi je devinerai peut-être ce qu'est cette police infernale disposant chez moi d'espions mystérieux.

Solange. — Il ne faut pas s'affoler. J'ai vu acquitter des cas plus graves. Aux assises d'Aix-en-Provence...

Madame. — Des cas plus graves ? Que sais-tu de son cas ?

Solange. — Moi ? Rien. C'est d'après ce qu'en dit Madame. J'estime que ce ne peut-être qu'une affaire sans danger...

Madame. — Tu bafouilles. Et que sais-tu des acquittements ? Tu fréquentes les Assises, toi ?

Solange. — Je lis les comptes rendus. Je vous parle d'un homme qui avait commis quelque chose de pire. Enfin...

Madame. — Le cas de Monsieur est incomparable. On l'accuse de vols idiots. Tu es satisfaite ? De vols ! Idiots ! Idiots comme les lettres de dénonciation qui l'ont fait arrêter.

Solange. — Madame devrait se reposer.

Madame. — Je ne suis pas lasse. Cessez de me traiter comme une impotente. A partir d'aujourd'hui, je ne suis plus la maîtresse qui vous permettait de conseiller et d'entretenir sa paresse. Ce n'est pas moi qu'il faut plaindre. Vos gémissements me seraient insupportables. Votre gentillesse m'agace. Elle m'accable. Elle m'étouffe. Votre gentillesse qui depuis des années n'a jamais vraiment pu devenir affectueuse. Et ces fleurs qui sont là pour fêter juste le contraire d'une noce ! Il vous manquait de faire du feu pour me chauffer ! Est-ce qu'il y a du feu dans sa cellule ?

Solange. — Il n'y a pas de feu, Madame. Et si Madame veut dire que nous manquons de discrétion...

Madame. — Mais je ne veux rien dire de pareil.

Solange. — Madame désire voir les comptes de la journée ?

Madame. — En effet ! Tu es inconsciente ! Crois-tu que j'aie la tête aux chiffres ? Mais enfin, Solange, me mépriserais-tu assez que tu me refuses toute délicatesse ? Parler de chiffres, de livres de comptes, de recettes de cuisine, d'office et de bas office, quand j'ai le désir de rester seule avec mon chagrin ! Convoque les fournisseurs pendant que tu y es !

Solange. — Nous comprenons le chagrin de Madame !

Madame. — Non que je veuille tendre de noir l'appartement, mais enfin...

Solange *(rangeant la cape de fourrure).* — La doublure est déchirée. Je la donnerai au fourreur demain.

Madame. — Si tu veux. Encore que ce ne soit guère la peine. Maintenant j'abandonne mes toilettes. D'ailleurs je suis une vieille femme. N'est-ce pas, Solange, que je suis une vieille femme ?

Solange. — Les idées noires qui reviennent.

MADAME. – J'ai des idées de deuil, ne t'en étonne pas. Comment pourrais-je songer à mes toilettes et à mes fourrures quand Monsieur est en prison? Si l'appartement vous paraît trop triste...

SOLANGE. – Oh! Madame...

MADAME. – Vous n'avez aucune raison de partager mon malheur, je vous l'accorde.

SOLANGE. – Nous n'abandonnerons jamais Madame. Après tout ce que Madame a fait pour nous [M].

MADAME. – Je le sais, Solange. Étiez-vous très malheureuses?

SOLANGE. – Oh!

MADAME. – Vous êtes un peu mes filles. Avec vous la vie me sera moins triste. Nous partirons pour la campagne. Vous aurez les fleurs du jardin. Mais vous n'aimez pas les jeux. Vous êtes jeunes et vous ne riez jamais. A la campagne vous serez tranquilles. Je vous dorloterai. Et plus tard, je vous laisserai tout ce que j'ai. D'ailleurs, que vous manque-t-il? Rien qu'avec mes anciennes robes vous pourriez être vêtues comme des princesses. Et mes robes... *(Elle va à l'armoire et regarde ses robes.)* A qui serviraient-elles? J'abandonne la vie élégante.

(Entre Claire portant le tilleul.)

CLAIRE. – Le tilleul est prêt.

MADAME. – Adieu les bals, les soirées, le théâtre. C'est vous qui hériterez de tout cela.

CLAIRE *(sèche)*. – Que Madame conserve ses toilettes.

MADAME *(sursautant)*. – Comment?

CLAIRE *(calme)*. – Madame devra même en commander de plus belles.

MADAME. – Comment courrais-je les couturiers? Je viens de l'expliquer à ta sœur : il me faudra une toilette noire pour mes visites au parloir. Mais de là...

CLAIRE. – Madame sera très élégante. Son chagrin même lui donnera de nouveaux prétextes.

MADAME. – Hein? Tu as sans doute raison. Je continuerai à m'habiller pour Monsieur. Mais il faudra que j'invente le deuil de l'exil de Monsieur. Je le porterai plus somptueux que celui de sa mort. J'aurai de nouvelles et de plus belles toilettes [N]. Et vous m'aiderez en portant mes vieilles robes. En vous les donnant, j'attirerai peut-être la clémence sur Monsieur. On ne sait jamais.

CLAIRE. – Mais, Madame...

SOLANGE. – Le tilleul est prêt, Madame.

MADAME. – Pose-le. Je le boirai tout à l'heure. Vous aurez mes robes. Je vous donne tout.

CLAIRE. – Jamais nous ne pourrons remplacer Madame. Si Madame connaissait nos précautions pour arranger ses toilettes! L'armoire de Madame, c'est pour nous comme la chapelle de la Sainte-Vierge. Quand nous l'ouvrons...

SOLANGE *(sèche)*. – Le tilleul va refroidir.

CLAIRE. – Nous l'ouvrons à deux battants, nos jours de fête. Nous pouvons à peine regarder les robes, nous n'avons pas le droit. L'armoire de Madame est sacrée. C'est sa grande penderie!

SOLANGE. – Vous bavardez et vous fatiguez Madame.

[M] - Is Solange sincere or is her gratitude part of the role of the subservient maid?

[N] - Explain how Monsieur's imprisonment is a pretext for Madame to enjoy a new role.

MADAME. — C'est fini. *(Elle caresse la robe de velours rouge.)* Ma belle « Fascination ». La plus belle. Pauvre belle. C'est Lanvin qui l'avait dessinée pour moi. Spécialement. Tiens ! Je vous la donne. Je t'en fais cadeau, Claire !

(Elle la donne à Claire et cherche dans l'armoire.)

CLAIRE. — Oh ! Madame me la donne vraiment ?

MADAME *(souriant suavement)*. — Bien sûr. Puisque je te le dis.

SOLANGE. — Madame est trop bonne. *(A Claire.)* Vous pouvez remercier Madame. Depuis le temps que vous l'admiriez.

CLAIRE. — Jamais je n'oserai la mettre. Elle est si belle.

MADAME. — Tu pourras la faire retailler. Dans la traîne seulement il y a le velours des manches. Elle sera très chaude. Telles que je vous connais, je sais qu'il vous faut des étoffes solides. Et toi, Solange, qu'est-ce que je peux te donner ? Je vais te donner... Tiens, mes renards.

(Elle les prend, les pose sur le fauteuil au centre.)

CLAIRE. — Oh ! le manteau de parade !

MADAME. — Quelle parade ?

SOLANGE. — Claire veut dire que Madame ne le mettait qu'aux grandes occasions.

MADAME. — Pas du tout. Enfin. Vous avez de la chance qu'on vous donne des robes. Moi, si j'en veux, je dois les acheter. Mais j'en commanderai de plus riches afin que le deuil de Monsieur soit plus magnifiquement conduit.

CLAIRE. — Madame est belle.

MADAME. — Non, non, ne me remerciez pas. Il est si agréable de faire des heureux autour de soi. Quand je ne songe qu'à faire du bien ! Qui peut être assez méchant pour me punir. Et me punir de quoi ? Je me croyais si bien protégée de la vie, si bien protégée par votre dévouement. Si bien protégée par Monsieur. Et toute cette coalition d'amitiés n'aura pas réussi une barricade assez haute contre le désespoir. Je suis désespérée ! Des lettres ! Des lettres que je suis seule à connaître. Solange ?

SOLANGE *(saluant sa sœur)*. — Oui, Madame.

MADAME *(apparaissant)*. — Quoi ? Oh ! tu fais des révérences à Claire ? Comme c'est drôle ! Je vous croyais moins disposées à la plaisanterie.

CLAIRE. — Le tilleul, Madame.

MADAME. — Solange, je t'appelais pour te demander... Tiens, qui a encore dérangé la clé du secrétaire ?... pour te demander ton avis. Qui a pu envoyer ces lettres ? Aucune idée, naturellement. Vous êtes comme moi. Aussi éberluées. Mais la lumière sera faite, mes petites. Monsieur saura débrouiller ce mystère. Je veux qu'on analyse l'écriture et qu'on sache qui a pu mettre au point une pareille machination. Le récepteur... Qui a encore décroché le récepteur et pourquoi ? On a téléphoné ?

(Silence.)

CLAIRE. — C'est moi. C'est quand Monsieur...

MADAME. — Monsieur ? Quel Monsieur ? *(Claire se tait.)* Parlez !

SOLANGE. — Quand Monsieur a téléphoné [36].

---

36. - It is Solange again who bungles the job. Claire remains quiet, while her sister blurts out the information.

LES BONNES

MADAME. — Que dis-tu? de prison? Monsieur a téléphoné de prison?

CLAIRE. — Nous voulions faire une surprise à Madame.

SOLANGE. — Monsieur est en liberté provisoire.

CLAIRE. — Il attend Madame au « Bilboquet ».

SOLANGE. — Oh! si Madame savait!

CLAIRE. — Madame ne nous pardonnera jamais.

MADAME *(se levant).* — Et vous ne disiez rien! Une voiture. Solange, vite, vite, une voiture. Mais dépêche-toi. Cours, voyons. *(Elle pousse Solange hors de la chambre.)* Mes fourrures! Mais plus vite! Vous êtes folles. Ou c'est moi qui le deviens. *(Elle met son manteau de fourrure. A Claire.)* Quand a-t-il téléphoné?

CLAIRE *(d'une voix blanche).* — Cinq minutes avant le retour de Madame.

MADAME. — Mais il fallait me parler. Et ce tilleul qui est froid. Jamais je ne pourrai attendre le retour de Solange. Oh! qu'est-ce qu'il a dit?

CLAIRE. — Ce que je viens de dire. Il était très calme.

MADAME. — Ah! lui, toujours. Sa condamnation à mort le laisserait insensible. C'est une nature. Ensuite?

CLAIRE. — Rien. Il a dit que le juge le laissait en liberté.

MADAME. — Comment peut-on sortir du Palais de Justice à minuit? Les juges travaillent si tard?

CLAIRE. — Quelquefois beaucoup plus tard.

MADAME. — Beaucoup plus tard? Mais, comment le sais-tu?

CLAIRE. — Je suis au courant. Je lis *Détective*.

MADAME *(étonnée).* — Ah! oui? Tiens, comme c'est curieux. Tu es vraiment une drôle de fille, Claire. *(Elle regarde son bracelet-montre.)* Elle pourrait se dépêcher. *(Un long silence.)* tu n'oublieras pas de faire recoudre la doublure de mon manteau.

CLAIRE. — Je le porterai demain au fourreur.

(Long silence.)

MADAME. — Et les comptes? Les comptes de la journée. J'ai le temps. Montre-les-moi.

CLAIRE. — C'est Solange qui s'en occupe.

MADAME. — C'est juste. D'ailleurs j'ai la tête à l'envers, je les verrai demain. *(Regardant Claire.)* Approche un peu! Approche! Mais... tu es fardée! *(Riant.)* Mais Claire, mais tu te fardes!

CLAIRE *(très gênée).* — Madame...

MADAME. — Ah! ne mens pas! D'ailleurs tu as raison. Vis, ma fille, vis. C'est en l'honneur de qui? Avoue.

CLAIRE. — J'ai mis un peu de poudre.

MADAME. — Ce n'est pas de la poudre, c'est du fard, c'est de la « cendre de roses », un vieux rouge dont je ne me sers plus[O]. Tu as raison. Tu es encore jeune, embellis-toi, ma fille. Arrange-toi. *(Elle lui met une fleur dans les cheveux. Elle regarde son bracelet-montre.)* Que fait-elle? Il est minuit et elle ne revient pas!

O. - Show all the evidence in this conversation between Madame and the Maids that points out that Madame has discovered their secret.

CLAIRE. — Les taxis sont rares. Elle a dû courir en chercher jusqu'à la station.

MADAME. — Tu crois? Je ne me rends pas compte du temps. Le bonheur m'affole. Monsieur téléphonant qu'il est libre et à une heure pareille!

CLAIRE. — Madame devrait s'asseoir. Je vais réchauffer le tilleul.

(Elle va pour sortir.)

MADAME. — Mais non, je n'ai pas soif. Cette nuit, c'est du champagne que nous allons boire. Nous ne rentrerons pas.

CLAIRE. — Vraiment un peu de tilleul...

MADAME *(riant)*. — Je suis déjà trop énervée.

CLAIRE. — Justement.

MADAME. — Vous ne nous attendrez pas, surtout, Solange et toi. Montez vous coucher tout de suite. *(Soudain elle voit le réveil.)* Mais... ce réveil? Qu'est-ce qu'il fait là? d'où vient-il?

CLAIRE *(très gênée)*. — Le réveil? C'est le réveil de la cuisine.

MADAME. — Ça? Je ne l'ai jamais vu.

CLAIRE *(elle prend le réveil)*. — Il était sur l'étagère. Il y est depuis toujours.

MADAME *(souriante)*. — Il est vrai que la cuisine m'est un peu étrangère. Vous y êtes chez vous. C'est votre domaine. Vous en êtes les souveraines. Je me demande pourquoi vous l'avez apporté ici?

CLAIRE. — C'est Solange pour le ménage. Elle n'ose jamais se fier à la pendule.

MADAME *(souriante)*. — Elle est l'exactitude même. Je suis servie par les servantes les plus fidèles.

CLAIRE. — Nous adorons Madame.

MADAME *(se dirigeant vers la fenêtre)*. — Et vous avez raison. Que n'ai-je pas fait pour vous?

(Elle sort.)

CLAIRE *(seule, avec amertume)*. — Madame nous a vêtues comme des princesses. Madame a soigné Claire ou Solange, car Madame nous confondait toujours. Madame nous enveloppait de sa bonté. Madame nous permettait d'habiter ensemble ma sœur et moi. Elle nous donnait les petits objets dont elle ne se sert plus. Elle supporte que le dimanche nous allions à la messe et que nous nous placions sur un prie-Dieu près du sien.

MADAME. — Écoute! Écoute!

CLAIRE. — Elle accepte l'eau bénite que nous lui tendons et parfois, du bout de son gant, elle nous en offre!

MADAME. — Le taxi! Elle arrive. Hein? Que dis-tu?

CLAIRE *(très fort)*. — Je me récite les bontés de Madame.

MADAME *(elle rentre, souriante)*. — Que d'honneurs! Que d'honneurs... et de négligence. *(Elle passe la main sur le meuble.)* Vous les chargez de roses mais n'essuyez pas les meubles.

CLAIRE. — Madame n'est pas satisfaite du service?

MADAME. — Mais très heureuse, Claire. Et je pars!

CLAIRE. — Madame prendra un peu de tilleul, même s'il est froid?

MADAME *(riant, se penche sur elle).* — Tu veux me tuer avec ton tilleul, tes fleurs, tes recommandations. Ce soir...

CLAIRE *(implorant).* — Un peu seulement...

MADAME. — Ce soir je boirai du champagne. *(Elle va vers le plateau de tilleul. Claire remonte lentement vers le tilleul.)* Du tilleul! Versé dans le service de gala! Et pour quelle solennité!

CLAIRE. — Madame...

MADAME. — Enlevez ces fleurs. Emportez-les chez vous. Reposez-vous. *(Tournée comme pour sortir.)* Monsieur est libre! Claire! Monsieur est libre et je vais le rejoindre.

CLAIRE. — Madame...

MADAME. — Madame s'échappe! Emportez-moi ces fleurs!

(La porte claque derrière elle.)

CLAIRE *(restée seule).* — Car Madame est bonne! Madame est belle! Madame est douce! Mais nous ne sommes pas des ingrates, et tous les soirs dans notre mansarde, comme l'a bien ordonné Madame, nous prions pour elle. Jamais nous n'élevons la voix et devant elle nous n'osons même pas nous tutoyer. Ainsi Madame nous tue avec sa douceur! Avec sa bonté, Madame nous empoisonne. Car Madame est bonne! Madame est belle! Madame est douce! Elle nous permet un bain chaque dimanche et dans sa baignoire. Elle nous tend quelquefois une dragée[37]. Elle nous comble de fleurs fanées. Madame prépare nos tisanes. Madame nous parle de Monsieur à nous en rendre jalouses. Car Madame est bonne! Madame est belle! Madame est douce!

SOLANGE. — Elle n'a pas bu? Évidemment. Il fallait s'y attendre. Tu as bien travaillé.

CLAIRE. — J'aurais voulu t'y voir.

SOLANGE. — Tu pouvais te moquer de moi. Madame s'échappe. Madame nous échappe, Claire! Comment pouvais-tu la laisser fuir? Elle va revoir Monsieur et tout comprendre. Nous sommes perdues.

CLAIRE. — Ne m'accable pas. J'ai versé le gardénal dans le tilleul, elle n'a pas voulu le boire. Est-ce ma faute...

SOLANGE. — Comme toujours!

CLAIRE. — ... car ta gorge brûlait d'annoncer la levée d'écrou de Monsieur.

SOLANGE. — La phrase a commencé sur ta bouche...

CLAIRE. — Elle s'est achevée sur la tienne.

SOLANGE. — J'ai fait ce que j'ai pu. J'ai voulu retenir les mots... Ah! mais ne renverse pas les accusations. J'ai travaillé pour que tout réussisse. Pour te donner le temps de tout préparer j'ai descendu l'escalier le plus lentement possible, j'ai passé par les rues les moins fréquentées, j'y trouvais des nuées de taxis. Je ne pouvais plus les éviter. Je crois que j'en ai arrêté un sans m'en rendre compte. Et pendant que j'étirais le temps, toi tu perdais tout. Tu lâchais Madame. Il ne nous reste plus qu'à fuir. Emportons nos effets... sauvons-nous...

CLAIRE. — Toutes les ruses étaient inutiles. Nous sommes maudites.

---

37. - Sugared almond.

SOLANGE. — Maudite ! Tu vas recommencer tes sottises.

CLAIRE. — Tu sais ce que je veux dire. Tu sais bien que les objets nous abandonnent.

SOLANGE. — Crois-tu que les objets s'occupent de nous !

CLAIRE. — Ils ne font que cela. Ils nous trahissent. Et il faut que nous soyons de bien grands coupables pour qu'ils nous accusent avec un tel acharnement. Je les ai vus sur le point de tout dévoiler à Madame. Après le téléphone c'était à nos lèvres de nous trahir. Tu n'as pas, comme moi, assisté à toutes les découvertes de Madame. Car je l'ai vue marcher sûrement vers la révélation. Elle n'a rien deviné mais elle brûle.

SOLANGE. — Et tu l'as laissée partir !

CLAIRE. — J'ai vu Madame, Solange, je l'ai vue découvrir le réveil de la cuisine que nous avions oublié de remettre à sa place, découvrir la poudre sur la coiffeuse, découvrir le fard mal essuyé de mes joues, découvrir que nous lisions *Détective*. Nous découvrir sans cesse, et j'étais seule pour supporter tous ces chocs, seule pour nous voir tomber !

SOLANGE. — Il faut partir. Emportons nos effets. Vite, Vite, Claire... Prenons le train... le bateau...

CLAIRE. — Partir où ? Rejoindre qui ? Je n'aurais pas la force de porter une valise.

SOLANGE. — Partons. Allons n'importe où. Avec n'importe quoi.

CLAIRE. — Où irions-nous ? Que ferions-nous pour vivre. Nous sommes pauvres !

SOLANGE *(regardant autour d'elle)*. — Claire, emportons... emportons...

CLAIRE. — L'argent ? Je ne le permettrais pas. Nous ne sommes pas des voleuses. La police nous aurait vite retrouvées. Et l'argent nous dénoncerait. Depuis que j'ai vu les objets nous dévoiler l'un après l'autre, j'ai peur d'eux, Solange. La moindre erreur peut nous livrer.

SOLANGE. — Au diable ! Que tout aille au diable. Il nous faudra bien trouver le moyen de fuir.

CLAIRE. — Nous avons perdu... C'est trop tard.

SOLANGE. — Tu ne crois pas que nous allons rester comme cela, dans l'angoisse. Ils rentreront demain, tous les deux. Ils sauront d'où venaient les lettres. Ils sauront tout ! Tout ! Tu n'as donc pas vu comme elle étincelait ! Sa démarche dans l'escalier ! Sa démarche victorieuse ! Son bonheur atroce ? Toute sa joie sera faite de notre honte. Son triomphe c'est le rouge de notre honte ! Sa robe c'est le rouge de notre honte ! Ses fourrures... Ah ! elle a repris ses fourrures.

CLAIRE. — Je suis si lasse !

SOLANGE. — Il est bien temps de vous plaindre. Votre délicatesse se montre au beau moment.

CLAIRE. — Trop lasse !

SOLANGE. — Il est évident que des bonnes sont coupables quand Madame est innocente. Il est si simple d'être innocent, Madame ! Mais moi si je m'étais chargée de votre exécution je jure que je l'aurais conduite jusqu'au bout !

CLAIRE. — Mais Solange...

SOLANGE. — Jusqu'au bout ! Ce tilleul empoisonné, ce tilleul que vous osiez me refuser de boire, j'aurais desserré vos mâchoires pour vous forcer à l'avaler ! Me refuser de mourir, vous ! Quand j'étais prête à vous le demander à genoux, les mains jointes et baisant votre robe !

CLAIRE. — Il n'était pas aussi facile d'en venir à bout !

SOLANGE. — Vous croyez? J'aurais su vous rendre la vie impossible. Et je vous aurais contrainte à venir me supplier de vous offrir ce poison, que je vous aurais peut-être refusé. De toute façon la vie vous serait devenue intolérable.

CLAIRE. — Claire ou Solange, vous m'irritez — car je vous confonds, Claire ou Solange, vous m'irritez et me portez vers la colère. Car c'est vous que j'accuse de tous nos malheurs.

SOLANGE. — Osez le répéter.
(Elle met sa robe blanche face au public, par dessus sa petite robe noire.)

CLAIRE. — Je vous accuse d'être coupable du plus effroyable des crimes.

SOLANGE. — Vous êtes folle! ou ivre. Car il n'y a pas de crime, Claire, je te défie de nous accuser d'un crime précis.

CLAIRE. — Nous l'inventerons donc, car [38]... Vous vouliez m'insulter! Ne vous gênez pas! Crachez-moi à la face! Couvrez-moi de boue et d'ordures.

SOLANGE. — Vous êtes belle!

CLAIRE. — Passez sur les formalités du début. Il y a longtemps que vous avez rendu inutiles les mensonges, les hésitations qui conduisent à la métamorphose! Presse-toi! Presse-toi. Je n'en peux plus des hontes et des humiliations. Le monde peut nous écouter, sourire, hausser les épaules, nous traiter de folles et d'envieuses, je frémis, je frissonne de plaisir, Claire, je vais hennir de joie!

SOLANGE. — Vous êtes belle!

CLAIRE. — Commence les insultes.

SOLANGE. — Vous êtes belle.

CLAIRE. — Passons. Passons le prélude. Aux insultes.

SOLANGE. — Vous m'éblouissez. Je ne pourrai jamais.

CLAIRE. — J'ai dit les insultes. Vous n'espérez pas m'avoir fait revêtir cette robe pour m'entendre chanter ma beauté. Couvrez-moi de haine! D'insultes! De crachats!

SOLANGE. — Aidez-moi.

CLAIRE. — Je hais les domestiques. J'en hais l'espèce odieuse et vile. Les domestiques n'appartiennent pas à l'humanité. Ils coulent. Ils sont une exhalaison qui traîne dans nos chambres, dans nos corridors, qui nous pénètre, nous entre par la bouche, qui nous corrompt. Moi, je vous vomis. *(Mouvement de Solange pour aller à la fenêtre.)* Reste ici.

SOLANGE. — Je monte, je monte...

CLAIRE. — Je sais qu'il en faut comme il faut des fossoyeurs, des vidangeurs, des policiers. N'empêche que tout ce beau monde est fétide.

SOLANGE. — Continuez. Continuez.

CLAIRE. — Vos gueules d'épouvante et de remords, vos coudes plissés, vos corsages démodés, vos corps pour porter nos défroques. Vous êtes nos miroirs déformants, notre soupape, notre honte, notre lie.

SOLANGE. — Continuez. Continuez.

---

38. - Notice how the ritual begins again.

CLAIRE. — Je suis au bord, presse-toi, je t'en prie. Vous êtes... vous êtes... Mon Dieu, je suis vide, je ne trouve plus. Je suis à bout d'insultes. Claire, vous m'épuisez!

SOLANGE. — Laissez-moi sortir. Nous allons parler au monde. Qu'il se mette aux fenêtres pour nous voir, il faut qu'il nous écoute.

(Elle ouvre la fenêtre, mais Claire la tire dans la chambre.)

CLAIRE. — Les gens d'en face vont nous voir.

SOLANGE *(déjà sur le balcon).* — J'espère bien. Il fait bon. Le vent m'exalte!

CLAIRE. — Solange! Solange! Reste avec moi, rentre!

SOLANGE. — Je suis au niveau. Madame avait pour elle son chant de tourterelle, ses amants, son laitier.

CLAIRE. — Solange...

SOLANGE. — Silence! Son laitier matinal, son messager de l'aube, son tocsin délicieux, son maître pâle et charmant, c'est fini. En place pour le bal.

CLAIRE. Qu'est-ce que tu fais?

SOLANGE *(solennelle).* — J'en interromps le cours. A genoux!

CLAIRE. — Solange...

SOLANGE. — A genoux!

CLAIRE. — Tu vas trop loin!

SOLANGE. — A genoux! car je sais à quoi je suis enfin destinée.

CLAIRE. — Vous me tuez!

SOLANGE *(allant sur elle).* — Je l'espère bien. Mon désespoir me fait indomptable. Je suis capable de tout. Ah! nous étions maudites!

CLAIRE. — Tais-toi.

SOLANGE. — Vous n'aurez pas à aller jusqu'au crime.

CLAIRE. — Solange!

SOLANGE. — Ne bougez pas! Que Madame m'écoute. Vous avez permis qu'elle s'échappe. Vous! Ah! quel dommage que je ne puisse lui dire toute ma haine! Que je ne puisse lui raconter toutes nos grimaces. Mais, toi si lâche, si sotte, tu l'as laissée s'enfuir. En ce moment elle sable le champagne! Ne bougez pas! Ne bougez pas! La mort est présente et nous guette!

CLAIRE. — Laisse-moi sortir.

SOLANGE. — Ne bougez pas. Je vais avec vous peut-être découvrir le moyen le plus simple, et le courage, Madame, de délivrer ma sœur et du même coup me conduire à la mort.

CLAIRE. — Que vas-tu faire? Où tout cela nous mène-t-il?

SOLANGE. — Je t'en prie, Claire, réponds-moi.

CLAIRE. — Solange, arrêtons-nous. Je n'en peux plus. Laisse-moi.

SOLANGE. — Je continuerai, seule, seule, ma chère. Ne bougez pas. Quand vous aviez de si merveilleux moyens, il était impossible que Madame s'en échappât. *(Marchant sur Claire.)* Et cette fois je veux en finir avec une fille aussi lâche.

CLAIRE. — Solange! Solange! Au secours!

SOLANGE. — Hurlez si vous voulez ! Poussez même votre dernier cri Madame ! *(Elle pousse Claire qui reste accroupie dans un coin.)* Enfin ! Madame est morte ! étendue sur le linoléum... étranglée par les gants de la vaisselle. Madame peut rester assise ! Madame peut m'appeler Mademoiselle Solange. Justement. C'est à cause de ce que j'ai fait. Madame et Monsieur m'appelleront Mademoiselle Solange Lemercier... Madame aurait dû enlever cette robe noire, c'est grotesque. *(Elle imite la voix de Madame.)* M'en voici réduite à porter le deuil de ma bonne. A la sortie du cimetière, tous les domestiques du quartier défilaient devant moi comme si j'eusse été de la famille. J'ai si souvent prétendu qu'elle faisait partie de la famille. La morte aura poussé jusqu'au bout la plaisanterie. Oh ! Madame... Je suis l'égale de Madame et je marche la tête haute... *(Elle rit.)* Non, Monsieur l'Inspecteur, non... Vous ne saurez rien de mon travail. Rien de notre travail en commun. Rien de notre collaboration à ce meurtre... Les robes ? Oh ! Madame peut les garder. Ma sœur et moi nous avions les nôtres. Celles que nous mettions la nuit en cachette. Maintenant, j'ai ma robe et je suis votre égale. Je porte la toilette rouge des criminelles. Je fais rire Monsieur ? Je fais sourire Monsieur ? Il me croit folle. Il pense que les bonnes doivent avoir assez bon goût pour ne pas accomplir de gestes réservés à Madame ! Vraiment, il me pardonne ? Il est la bonté même. Il veut lutter de grandeur avec moi. Mais j'ai conquis la plus sauvage... Madame s'aperçoit de ma solitude ! Enfin ! Maintenant je suis seule. Effrayante. Je pourrais vous parler avec cruauté, mais je peux être bonne... Madame se remettra de sa peur. Elle s'en remettra très bien. Parmi ses fleurs, ses parfums, ses robes. Cette robe blanche que vous portiez le soir au bal de l'Opéra. Cette robe blanche que je lui interdis toujours. Et parmi ses bijoux, ses amants. Moi, j'ai ma sœur. Oui, j'ose en parler. J'ose, Madame. Je peux tout oser. Et qui, qui pourrait me faire taire ? Qui aurait le courage de me dire : « Ma fille ? » J'ai servi. J'ai eu les gestes qu'il faut pour servir. J'ai souri à Madame. Je me suis penchée pour faire le lit, penchée pour laver le carreau, penchée pour éplucher les légumes, pour écouter aux portes, coller mon œil aux serrures. Mais maintenant je reste droite. Et solide. Je suis l'étrangleuse. Mademoiselle Solange, celle qui étrangla sa sœur. Me taire ? Madame est délicate vraiment. Mais j'ai pitié de Madame. J'ai pitié de la blancheur de Madame, de sa peau satinée, de ses petites oreilles, de ses petits poignets... Je suis la poule noire, j'ai mes juges. J'appartiens à la police. Claire ? Elle aimait vraiment beaucoup, beaucoup, Madame !... Non, Monsieur l'Inspecteur, je n'expliquerai rien devant eux. Ces choses-là ne regardent que nous... Cela, ma petite, c'est notre nuit à nous ! *(Elle allume une cigarette et fume d'une façon maladroite. La fumée la fait tousser.)* Ni vous ni personne ne saurez rien, sauf que cette fois Solange est allée jusqu'au bout. Vous la voyez vêtue de rouge. Elle va sortir. *(Solange se dirige vers la fenêtre, l'ouvre et monte sur le balcon. Elle dira, le dos au public, face à la nuit, la tirade qui suit. Un vent léger fait bouger les rideaux.)* Sortir. Descendre le grand escalier : La police l'accompagne. Mettez-vous au balcon pour la voir marcher entre les pénitents noirs. Il est midi. Elle porte alors une torche de neuf livres. Le bourreau la suit de près. A l'oreille il lui chuchote des mots d'amour. Le bourreau m'accompagne, Claire ! Le bourreau m'accompagne ! *(Elle rit.)* Elle sera conduite en cortège par toutes les bonnes du quartier, par tous les domestiques qui ont accompagné Claire à sa dernière demeure. *(Elle regarde dehors.)* On porte des couronnes, des fleurs, des oriflammes, des banderoles, on sonne le glas. L'enterrement déroule sa pompe. Il est beau, n'est-ce pas ? Viennent d'abord les maîtres d'hôtel, en frac, sans revers de soie. Ils portent leurs couronnes. Viennent ensuite les valets de pied, les laquais en culotte courte et bas blancs. Ils portent leurs couronnes. Viennent ensuite les valets de chambre, puis les femmes de chambre portant nos couleurs. Viennent les concierges, viennent encore les délégations du ciel. Et je les conduis. Le bourreau me berce. On m'acclame. Je suis pâle et je vais mourir ! *(Elle rentre.)* Que de fleurs ! On lui a fait un bel enterrement, n'est-ce pas ?

Oh! Claire, ma pauvre petite Claire! *(Elle éclate en sanglots et s'effondre dans un fauteuil... Elle se relève.)* Inutile, Madame, j'obéis à la police. Elle seule me comprend. Elle aussi appartient au monde des réprouvés. *(Accoudée au chambranle de la porte de la cuisine, depuis un moment, Claire, visible seulement du public, écoute sa sœur.)* Maintenant nous sommes Mademoiselle Solange Lemercier. La femme Lemercier. La Lemercier. La fameuse criminelle. *(Lasse.)* Claire, nous sommes perdues [P].

CLAIRE *(dolente, voix de Madame).* — Fermez la fenêtre et tirez les rideaux. Bien.

SOLANGE. — Il est tard. Tout le monde est couché. Ne continuons pas.

CLAIRE *(elle fait de la main le geste du silence).* — Claire, vous verserez mon tilleul.

SOLANGE. — Mais...

CLAIRE. — Je dis mon tilleul.

SOLANGE. — Nous sommes mortes de fatigue. Il faut cesser.

(Elle s'assoit dans le fauteuil.)

CLAIRE. — Ah! Mais non! Vous croyez, ma bonne, vous en tirer à bon compte! Il serait trop facile de comploter avec le vent, de faire de la nuit sa complice.

SOLANGE. — Mais...

CLAIRE. — Ne discute pas. C'est à moi de disposer de ces dernières minutes. Solange, tu me garderas en toi.

SOLANGE. — Mais non! Mais non! Tu es folle. Nous allons partir! Vite Claire. Ne restons pas. L'appartement est empoisonné.

CLAIRE. — Reste.

SOLANGE. — Claire, tu ne vois donc pas comme je suis faible? Comme je suis pâle?

CLAIRE. — Tu es lâche. Obéis-moi. Nous sommes tout au bord, Solange. Nous irons jusqu'à la fin. Tu seras seule pour assumer nos deux existences. Il te faudra beaucoup de force. Personne ne saura au bagne que je t'accompagne en cachette. Et surtout, quand tu seras condamnée, n'oublie pas que tu me portes en toi[Q]. Précieusement. Nous serons belles, libres et joyeuses. Solange, nous n'avons plus une minute à perdre. Répète avec moi...

SOLANGE. — Parle, mais tout bas.

CLAIRE *(mécanique).* — Madame devra prendre son tilleul.

SOLANGE *(dure).* — Non, je ne veux pas.

CLAIRE *(le tenant par les poignets).* — Garce! répète. Madame prendra son tilleul.

SOLANGE. — Madame prendra son tilleul...

CLAIRE. — Car il faut qu'elle dorme...

SOLANGE. — Car il faut qu'elle dorme...

CLAIRE. — Et que je veille.

SOLANGE. — Et que je veille.

P. - How does Genet build up an emotional frenzy in Solange? What is Solange's state of mind after this chant?

Q. - Describe Claire's sacrifice. Note Claire's fatigue with the ritual since Madame entered the room.

CLAIRE *(elle se couche sur le lit de Madame).* — Je répète. Ne m'interromps plus. Tu m'écoutes? Tu m'obéis? *(Solange fait oui de la tête.)* Je répète! mon tilleul!

SOLANGE *(hésitant).* — Mais...

CLAIRE. — Je dis! mon tilleul.

SOLANGE. — Mais Madame...

CLAIRE. — Bien. Continue.

SOLANGE. — Mais Madame, il est froid.

CLAIRE. — Je le boirai quand même. Donne. *(Solange apporte le plateau.)* Et tu l'as versé dans le service le plus riche, le plus précieux... *(Elle prend la tasse et boit cependant que Solange, face au public, reste immobile, les mains croisées comme par des menottes.)*

EUGÈNE IONESCO

Les Chaises

INTRODUCTION

I

« I have always been in search of a certain sky, certains fields, an intensity of colors similar to those which appear to the virgin retinas of children. » Thus Ionesco expressed his desire to retrieve the purity and the brilliance of the youngster's untarnished vision of the world. And indeed, in Ionesco's theater, it is just such a naïvely irrational, and humorous quality which he extracts from the child's realm, and places in contrast to the ugly, sordid, and absurd world of the so-called mature man.

Eugène Ionesco was born in Slatina, Rumania, on November 26, 1912, of a French mother and a Rumanian father. Since the family moved to Paris soon after Eugène's birth, French became his first language.

The young Ionesco was a sensitive child and reacted deeply to his surroundings. He tells of the time when he and his mother went marketing one evening. It was already dark, and though he clung tightly to his mother's arm, he was seized with a feeling of dread. Under the dimly lit street lamps, the passer-by looked like phantoms emerging from nowhere and fading into oblivion. And all these people would one day be dead, he thought. At this early age, he may not have been aware of what death really meant, yet emotionally he felt its implications.

Another aspect of the world which appealed to his fancy were the Punch and Judy shows which he saw in the Luxembourg Gardens in Paris. He was mesmerized by these wooden puppets who talked, walked, and struck each other, pitilessly, again and again. What Ionesco saw in these unfeeling objects was merely the prelude, a caricature of the beings he would later come to know in their most grotesque and inhuman aspects.

At the age of nine, Eugène became anemic, and was sent to the village of La Chapelle-Anthenaise in Mayenne. He loved the new climate, the « strident » and « magical » colors of nature, and the inner strength of the peasant family who cared for him. At night, however, after he had gone to bed, he was gripped with terror by eerie figures, apparitions and nightmares.

It would not be too long now before the young Eugène would see with his own eyes what he thought were merely creatures of his imagination. He was thirteen when he, his sister, a year younger, and his parents returned to Rumania.

His early contacts with his native land were unpleasant. He recounts how he was watching a parade. An old peasant who was not in the habit of witnessing parades neglected to remove his hat when the Rumanian flag passed, whereupon an officer broke rank and struck the old man in the face. The incident stuck in his mind as a reminder of man's irrational and unpredictable brutality, his vanity and hatreds.

With the advent of World War II, Ionesco's childhood fears became a reality. He took his wife to Marseilles, the largest city in the unoccupied region of France where the future playwright earned a living. Later the couple moved to Paris, and Ionesco found a job in the production department of a publishing house; but, in spite of his efforts, poverty plagued him. In 1944, a daughter was born to the Ionescos.

In 1948, Ionesco decided to learn English. He bought a popular English manual known as the « Méthode Assimil, » and worked diligently copying sentence after sentence from this book. As he reread his notes, he realized that he had « learned some astonishing *truths* » which he already knew but never really thought about—« that there are seven days in the week, and that the floor is down and the ceiling is up. » At the same time, he realized that these sentences were already written in dialogues, and that it would be easy to convert them into dramatic form. The result of this experiment was considered an anti-play, which is a parody of a realistic play in that there is no plot, no continuity of action, no character delineation, and no thesis.

When Ionesco read the finished play to his friends, they laughed over the « ridiculous » yet « realistic » nature of his anti-play, and suggested he have it performed. No director, however, except for Nicolas Bataille, wanted to touch such a different kind of theatre; but Bataille had no money. His actors, who were evidently endowed with perception and love for their art, agreed to work for a percentage of the profits. Ionesco and his wife borrowed the sixty-four thousand old francs which were needed to rent the small Noctambules Theatre in the Rue Champollion in the Latin Quarter.

Opening night, May 11, 1950, was a disaster. With the exceptions of Jacques Lemarchand and Armand Salacrou, all of the critics were unfavorably disposed. Since there was no money for publicity, the actors themselves had to advertise the play by walking up and down the streets carrying signs, much as the Enfants Sans Souci had done in the Middle Ages. Despite their efforts the house remained nearly empty every night, and six weeks later, the venture ended. Nevertheless, Ionesco continued to write more plays.

Strangely enough, Ionesco is one of the few dramatists who disliked the theater before he began writing for it. As he said « It seems to me that I began writing for the theater because I hated it. » While he had always enjoyed the movies and puppet shows, he felt that there was something false about the theatre, especially when the actors donned the personalities of other people. For him, such a travesty destroyed all theatrical illusion, and during a performance, he could not immerse himself into a reality which would transcend the rational world.

Influenced by Alfred Jarry and Antonin Artaud, Ionesco did not create the « well-made » play so popular in the boulevard theaters. His characters were not flesh and blood humain beings of any psychological depth. Ionesco returned to the myth and magic of the theater, and created a drama designed to shock his audiences through a « dislocation » and « devaluation » of language, to a certain extent in the manner of Jarry. But language alone does not control the spectacle. The plastic, physical, and visual images worked as greatly upon the imagination of the spectator as did language. Shapes, lights, movements, miming, gestures, noises, a « spatial language » bore its way into the senses of the spectator. The audience is confronted with warring archetypal images, myths, allegories, symbols, and visions emanating from the deepest layers of the author's unconscious.

To see before him characters, alive and vibrant, carved out of his own soul was almost, he wrote, a diabolical experience. He knew at least partially what he wanted from the theatre. He wanted actors to enlarge and emphasize the effects they desired to create, like the puppets who struck and were struck. They should caricaturize man's salient traits, as Lautrec and Daumier had done in their art, and magnify them until they reach the point of absurdity. Ionesco's goal was to make a caricature, to render grotesque, to « push everything to a paroxysm... to create a theatre of violence—violently comic, violently dramatic.... »

In many respects Ionesco's theater is a product of his times. The disaster that resulted after World War II served to create a common bond between him and some of his contemporaries like Adamov, Beckett, Genet, and Arrabal. All of them felt that objects and beings were *de trop* in a universe which offered no solution to nor escape from man's dreadful situation—that man was a prisoner of the world of matter, and that life and death were equally absurd.

Ionesco felt estranged from the world which surrounded him, incapable of living amidst its brutalities, and yet he longed for its joys. Life had become ugly, distateful, and devoid of meaning. This vision of life, in general, became part of his theatre.

In « I have never succeeded, » Ionesco wrote;

> I have never succeeded in becoming completely used to existence, neither to that of the world, nor to that of others, nor above all to my own. I sometimes feel that forms are suddenly emptied of all their content, reality is unreal, words are only noises stripped of all meaning. These houses, the sky, are only façades of nothingness; people seem to move automatically, without any reason; everything seems to evaporate, everything is threatened—including myself—by an imminent, silent, sinking into I know not what abyss, beyond day and night.... And yet, I am here, surrounded by the halo of creation, unable to grasp the smoke, understanding nothing, disoriented, torn away from I know not what which makes me feel that I have nothing. I contemplate myself, see myself attacked by incomprehensible suffering, nameless regrets, objectless remorse, a sort of love, a sort of hate, by a semblance of joy, by a strange pity (for what, for whom?). I see myself torn by blind forces, rising from the depths of me, struggling among themselves in a desperate conflict without issue; I am identifying with one or another of these

forces, and yet I realize fully that I cannot belong entirely to one or the other (what do they want of me?), for obviously I cannot know who I am, nor why I am.[1]

Often this outlook upon the world caused him to see things and people not as a unit, as an organic entity as did Bernstein, Rostand, Giraudoux, and Claudel for example, but rather as a series of scattered fragments. With very few exceptions, Ionesco's figures have no sense of security nor of spirituality, and are unable to communicate with their fellow creatures. Ionesco's theater offers no remedy, nor does it suggest future utopias as does Brecht's. The universe he creates is cruel and sordid, absurd and mechanical, diabolical and humorous, comparable in some respects to Strindberg's theatre, Kafka's short stories, Chaplin's antics, the Marx brothers' farces, and the guignol's histrionics. But after piercing the veil of humor with which Ionesco clothes his characters, one is confronted with doubt, anguish, struggle, and at times, with an unrelenting pessimism.

Conformity is the predominant theme of many of the plays, including *La Cantatrice chauve, Jacques, Rhinocéros*. In the first play Ionesco satirizes the worn-out attitudes of the bourgeois family, their language which has become as automatic and as meaningless as their lives, their mass acceptance of clichés, and their ready-made solutions to insoluble problems. However, notice that Ionesco's conception of the bourgeoisie is not Marxian, as he clearly stated in « My Theatre and my Critics: »

> My plays were, in fact, perhaps a criticism of the petty bourgeoisie, but the petty bourgeoisie I was thinking of was not a class linked to a certain society, ... the petty bourgeois is simply the man of slogans, no longer thinking for himself, but repeating ready-made truths—hence dead truths—which others have imposed upon him.

Aside from *La Cantatrice chauve* being an indictment of people who are without imagination, it is also a satire on language as a means of communication. Two bourgeois English couples, the Smiths and the Martins, are engaged in conversation that produces a series of clichés, common place sayings such as « The country is quieter than the city... » non sequiturs, false analogies, puns, alliterations, assonances, incongruous associations, meaningless phrases, invented words, and bizarre rhythmic schemes.

Personalities are non existent in this anti-play. Strange human relationships are formed, disappear moments later, and then reappear shortly afterwards in what becomes a circular pattern. There is no *Sturm und Drang*, no continuity, no dialogues characteristic of a certain person, and of course, no character development. In fact, in this play, any line could be uttered by anyone of the characters at any time.

Language for Ionesco has almost physical being in that it becomes an object ready to assault, provoke, and shock the spectators as Antonin Artaud had suggested it should.

1. - Translated by Leonard Pronko, *Tulane Drama Review*, Spring, 1963.

> Mme MARTIN. — Les cacoyers des cacaoyères donnent pas des cacahuettes, donnent du cacao ! Les cacoyers des cacaoyères donnent pas des cacahuettes, donnent du cacao ! Les cacoyers des cacaoyères donnent pas des cacahuettes, donnent du cacao !
> Mme SMITH. — Les souris ont des sourcils, les sourcils n'ont pas de souris.
> M. SMITH. — Le pape dérape ! Le pape n'a pas de soupape. La soupape a un pape.
> M. MARTIN. — Bazar, Balzac, Bazaine !

His second play, *La Leçon,* sub-titled « drame comique, » which was produced at the Théâtre de Poche, was as much of a fiasco as *La Cantatrice chauve*; yet, he persisted in his views and innovations.

The play *La Leçon* concerns an hour lesson given by a Professor to his pupil. At the beginning, the Professor appears timid while his pupil is confident. Soon the Professor broaches a subject which is meaningful to him—the study of languages. He tells his pupil how people fail to realize that, though many languages have words which are pronounced alike, such as « grand-mère », they mean different things to different people. When one person talks about « grand-mère, » he is referring to a particular « grand-mère; » when another uses the same word he is thinking about another person. Likewise, when the word « my country » is uttered by an Italian, he is referring to Italy, a Portuguese to Portugal, and so on. To each person, therefore, the word takes on different meanings. In this way, Ionesco further underscores the theme of the inability of man to communicate via language. As the Professor pursues his subject of linguistics his ideas become progressively more involved. The mixture of scholarly terminology and contradictory statements point out the humorous nature of the following sequence which, at times, is reminiscent of the « philosophy lesson » in Molière's play *Le Bourgeois Gentilhomme*. The Professor says:

> Ce qui distingue les langues néo-espagnoles entre elles et leurs idiomes des autres groupes linguistiques, tels que le groupe des langues autrichiennes et néo-autrichiennes ou habsbourgiques, aussi bien que des groupes espérantiste, helvétique, monégasque, suisse, andorrien, basque, pelote, aussi bien encore que des groupes des langues diplomatiques et techniques — ce qui les distingue, dis-je, c'est leur ressemblance frappante qui fait qu'on a bien du mal à les distinguer l'une de l'autre...

Ionesco not only points out the impossibility of verbal communication, but also satirizes educational methods—particularly, education by rote. The Professor is astounded when his pupil can multiply astronomical figures. She is capable of such a feat because she has memorized all possible combinations; but, when he asks her to subtract three from four, she finds herself unable to comply because she cannot think out problems.

Ionesco helps build suspense in *La Leçon* by an accelerated rhythmic interchange between teacher and pupil. A similar device is used in *Les Chaises*.

As the play progresses, the Professor becomes more and more aggressive and the girl more and more reticent, her fears being manifested physically by a tooth ache. The tension mounts as the lesson acquires sexual overtones, until the Professor loses all control and stabs his pupil. The maid manages to calm him, and gives him a swastika arm band as the forty-first victim knocks on the door.

Though Ionesco maintains that he is neither a *committed* writer nor social critic, and that his plays demonstrate no moral, certain political implications are apparent both in *La Leçon* and in other plays; certainly his antagonism for the police state and its dictatorial methods is evident in the swastika arm band in the aggressive belligerence of the Professor.

In *L'Avenir est dans les Œufs, Les Chaises, Victimes du Devoir, Le Nouveau Locataire,* Ionesco treats one principle theme—that of proliferating matter. Over and over again he points to man's inability to cope with an over-abundance of matter which is a product of his own brain. The masses of material objects which are heaped on the stage during a performance of any of the above-mentioned plays, criticize society's over-developed materialism. If man continues at such a pace, Ionesco implies, he will be smothered, stifled and finally annihilated by his own creation—proliferating matter. In *Les Chaises,* for example, the stage is heaped high with chairs. (See analysis of *Les Chaises.*) In *Victimes du Devoir,* the stage is filled with coffee cups; in *Le Nouveau Locataire,* furniture; in *Jacques,* eggs.

The rapid accumulation of objects provides an excellent sources of comedy, but Ionesco's laughter is tinged with anxiety—the anxiety of a lonely figure haunted by Death. For Ionesco the theatre was to become a way of understanding his own inner drama, and of alleviating his sorrow, « Le théâtre est, pour moi, la projection sur scène du monde du dedans. »

In *Amédée,* Ionesco's first three-act play, he offers one of his first positive affirmations toward existence. For fifteen years Amédée, a dreamer and writer who has only written two lines of his play, and his wife, Madeleine, have not left their apartment. Madeleine is a shrew, a domineering and cantankerous wife who has forced her husband to take over the domestic role in the home. The couple is confronted with a serious problem. A corpse has been growing in geometrical progression in their apartment with mushrooms growing all around it. The corpse has grown so large that it has almost burst through the apartment. The couple wants to discover the identity of the corpse and find out how it got there. There is, at this point, a dream-sequence and a flash-back. The spectators now see the newly married Amédée and Madeleine. The romantic Amédée wants to make love to his wife, but she is frigid and rejects him. Ionesco's language now becomes an almost physical weapon as Madeleine screams out « Your voice is so piercing! You are deafening me! Hurting me! »

The flash-back ends, and the question as to the identity of the corpse which must be disposed of has not yet been resolved. Amédée drags the corpse through the street and the people he meets on the way begin to follow him. As they are about to seize Amédée, the corpse suddenly turns into a parachute, rises slowly to the heavens and takes Amédée with it.

Amédée feels his salvation can come only by living in an ivory tower—in the clouds. His flight into space at the end of the play indicates that his salvation lies in spiritual escape. The artist and the poet, as exemplified by Amédée, will live then a free and unconstricted life *above* ground. Escaping from life which is alienation from reality is Amédée's solution to his problems. The real poet and artist is held only by his own work. Amédée was therefore, a being carried away by dreams of art and of poetry; he did not have the drive necessary to make the dreams bear fruit in reality.

Ionesco had come a long way since the composition of *La Cantatrice chauve*. Though humor is still manifest in his works, his plays are now clothed in somewhat somber tones: they reveal a man haunted by anxieties. Certain of these preoccupations are discernable in such characters as Le Vieux (*Les Chaises*), Choubert (*Victimes du Devoir*), and Amédée (*Amédée* ou *Comment s'en débarrasser*). A new character, Bérenger, now makes his appearance in Ionesco's theatre and becomes a concrete expression of the author's heretofore buried torments. It is in the four Bérenger plays (*Tueur sans Gages, Rhinocéros, Le Piéton de l'Air, Le Roi se meurt*), that Ionesco brings out his most poignant and obsessive concerns: namely, the problem of death, that of the individual versus the collective and that of the creative person.

Death stalks about the stage in *Tueur sans Gages,* where Bérenger confronts Le Tueur, uses every conceivable argument, tries to reason with him and to dissuade him from cruelly and senselessly committing murder, but to no avail. Le Tueur, being an idiot, giggles and makes no response. The situation becomes more ironic as Bérenger arrives at his own realization that while there is no reason for killing and murder, there is also no reason not to kill or commit murder. Bérenger becomes so confused as to what is right and what is wrong, that he finally succumbs to Le Tueur's brutal lust for murder.

Though the Bérenger of *Le Tueur sans Gages* has not solved any moral problems, but rather has been engulfed by them, symbolically speaking, the Bérenger of *Rhinocéros* develops into a man of will and of action. In *Rhinocéros,* the entire population of a town has been turned into a mass of pachyderms. Bérenger who works in a law publishing house and is a kindly, easy-going, friendly type, refuses to join the horde of animals. Instead, he decries the upsurge of mass-movements, mass-thinking, mass-slogans which these mass-transformations symbolize. On the other hand, Bérenger comes to regret the solitude which results from his decision to remain aloof from the crowd. He even begins to despair: « Je ne veux pas les entendre. Je vais mettre du coton dans les oreilles.... Il n'y a pas d'autre solution que de les convaincre, les convaincre de quoi? » Bérenger wavers: he feels certain of nothing. « I don't even know if I am me, » he says. He has no *raison d'être* in life, but he has the capacity to question, and finally the courage to remain a man, even if he will be the only human left on earth. The Bérenger of *Rhinocéros* affirms his desire to live as an individual. His struggle has made of him a hero of sorts, who has discovered his « human essence, » his identity.

The Bérenger of *Le Piéton de l'Air* brings out the problems which confront the creative writer. Bérenger is now a writer who has given up writing because he no longer finds it a consoling or edifying experience. He does not despair as he knows that aside from his creative talent, he possesses still another distinguishing feature. He—Bérenger—can walk in the air and he can fly. Flying, Bérenger maintains, is as natural to man as is walking, but unfortunately, man has forgotten how to use his limbs. Much to the astonishment of the onlookers, Bérenger soars through the air, and moments later returns to earth to describe what he has seen in that *world beyond*: the picture is horrendous.

> Des gouffres sans fond, les bombardements, les bombardements, des gouffres sans fond se creusaient sur les plaines depuis longtemps déjà ravagées et désertes... et puis, et puis, la glace succédant au feu infini, le feu succédant à la glace. Des déserts de glace, des déserts de feu s'acharnent les uns contre les autres et venant vers nous...

Bérenger's descent implies his desire to return to society and be part of it, but his flight also indicates his (the poet's,) extreme need to soar into space, for a short time at least, and free himself from the constrictions imposed upon him by the work-a-day world. The poet must be free to immerse himself into a world of fantasy; to be beguiled by his vision which in turn stirs his imagination and so furnishes him with the stimulus to create. If the creative person merely uses his talents as an escape mechanism however, he may become as sterile as the one who immerses himself in « proliferating matter. » Bérenger, unlike his predecessor Amédée, returns from the lofty regions and shares his poetic vision with humanity.

In *Le Roi se meurt,* Ionesco focuses his attention once again on the unsolved problem of death. Now, Bérenger has become a King who has ruled over his kingdom for centuries and finds it impossible to relinquish his power, nor to withdraw from his earthly realm. The play underscores the anguish of a man who tries desperately to face death *rationally*, though he himself is not a rational human being. When all is said and done and the King is about to expire, the Queen whispers to him: « C'était une agitation bien inutile, n'est-ce pas? » Perhaps the struggles waged by man are useless, but it is through these very conflicts that one experiences life in all of its forms—the human condition in all of its nuances. To seek escape from struggle, an intrinsic part of life is to negate life. Bérenger, who is an intensely human creature, is ready to take up the cudgel; to keep searching ever more deeply and fervently for the answer to the dazzling mystery which is man and the world.

Can religion offer an answer to man's dilemma? In *La Soif et la Faim*, Jean, the hero, tries to find solace in a monastery. He is given all the necessities of existence, but, in return, is robbed of his spiritual freedom and has been reduced to the state of an automaton. He realizes now that he is only half human because he has overlooked humanity—his love for his fellow man—which comes not from separation but rather from association.

II

The Chairs, « a tragic farce, » was performed on April 22, 1952. No funds were available for the production of this play and so the cast of two, Tsilla Chelton and Paul Chevalier, together with the director Sylvain Dhomme, hired, at their own expense, the small Theatre Lancry to stage a play they felt to be meaningful. Despite all their good will, however, *The Chairs* was also a financial failure. Ironically enough, the stage, which was heaped high with empty chairs, stood opposite its mirror image, an auditorium also filled with empty chairs. One evening, Arthur Adamov, one of the rare spectators to attend the play, cried out after the performance;

No one on stage! No one in the orchestre!
It's marvelous!

The critics on the whole were unimpressed by what was termed Monsieur Ionesco's « avant-garde » theater. Jacques Lemarchand, was an exception. He understood the vast implications of Ionesco's words as well as of his dramatic innovations. In 1954, he wrote in his introduction to Ionesco's *Théâtre*: « Le Théâtre d'Eugène Ionesco est assurément le plus étrange et le plus spontané que nous ait révélé notre après-guerre. » Audiences, however, did not stir. Four years later, *The Chairs* was revived at the Studio des Champs-Élysées Theater and directed by Jacques Mauclair. The tide had turned. The play drew crowds. Ionesco, the avant-garde playwright, was now stylish.

Like certain plays by Beckett, Adamov and Genet, *The Chairs,* is a dramatized myth, a theatrical metaphor, reminiscent of the Biblical Tower of Babel myth. In both instances, the Secret or the Message sought was not found, and instead, confusion ensued.

The action takes place on an island in a kind of lighthouse or a towerlike structure. There are two characters: a ninety-five year Old Man who has been a concierge for many years and who has a message he wants to bequeathe to humanity, and a ninety-four year old wife who has complete faith in her husband's acumen, perception and ability. They have invited a group of distinguished people to listen to the Old Man's Message. Since he is not a gifted speaker, however, they have hired an Orator for the occasion.

Though *The Chairs* is a one-act play, it can be divided into four movements. 1) The opening of the play as the Old Man looks out of the window until mention is made of his message. 2) The message sequence until the arrival of the first guest. 3) The arrival of the first guest and the acceleration of the play's rhythm until the Emperor's entrance. 4) The Orator's presence—until the surprise ending.

The poetic image in which Ionesco frames his myth is a tower or lighthouse surrounded by water. The tower or lighthouse might symbolize a *lookout* or a warning signal: something which looks out above and *beyond* the ordinary boundary, and, as such, warns of danger. Each visitor's entrance indicates the intrusion of the outside world or of reality upon the Old Couple's inner or unconscious realm. These intrusions, however, are visible only to the Old Man and the Old Woman, not to the audience.

In this way, Ionesco carries out still further the dream-like quality of the play.

Whether the Old Couple's flight from civilization represents an evasion of society, or a desire to discover their own inner resources through isolation, or a bit of both, is not known. It does, however, indicate alienation from the work-a-day world.

The outside world makes itself known to the Old Couple in the form of non-existent guests who come to the lighthouse at a continuous and rapidly increasing pace. These intruders make their presences known both spiritually and physically, though no actual crowd arrives: there is only an illusion of people arriving, as they are present only in the imagination of the old couple and the audience. The actuality of the arriving throng of people is manifested by the physical presence of chairs which are carried on stage and accumulate thickly during the performance. Both the spiritual and material presences are made exceedingly real for the spectator not only because of the pertinent conversation the Old Couple has with each guest, but also by the effort the Old Couple expends carrying the chairs onto the stage. One chair is even knocked over with someone ostensibly in it, making the unreal seem even more real. Yet, there is *nothing* but chairs on stage, more and more chairs, indicating the oppressive weightiness, the smothering effect, the crushing nature of matter. Ionesco has achieved a tour de force by making the invisible visible, by destroying the dividing line between illusion and reality. What one believes to be real is real.

The theme of *The Chairs*, Ionesco wrote to Sylvain Dhomme is *nothingness, absence,* the *metaphysical emptiness* of a world without meaning. Since Ionesco is so well aware of absence, he must, by some token, be equally cognizant of presence; one cannot know one without its opposite. Such an awareness is indicated by the poetic image of the lighthouse which is a stable center around constantly shifting waters. It is also indicated by the Old Man's Message, the content of which is very real to him and to his wife, though it may not be to others.

To give the impression of presence when there is absence, of the visible when there is only the invisible, to make things appear real when they are non-existent is the author's goal. Ionesco has achieved it. He has succeeded in piercing the logical and rational barrier each individual has set up for himself and which permits him, to a certain extent, to function in society. In Ionesco's theatre spectators voluntarily accept an illusion. This time it is Ionesco's illusion.

As the Old Man is seen leaning out of the window, he is reminded by his fearful wife of the dangers involved in suicide. His persistence, however, reveals his desire to become acquainted with what is beyond his own restricted rational existence, to see that *other side*. He longs for that life of adventure where his imagination might have taken him, that limitless world of uncertainties. His wife, however, who, like the student in *The Lesson*, is terrified of the unknown, prefers living in her « protective » tower, in a circumscribed and logical world. She tugs at her husband, pulls him back, reminds him of the dangers of straying from the secure *way*, or reality.

The Old Man in certain ways is like a domesticated animal. His wife who has great admiration for him and believes in his message, has in part destroyed him by keeping him on a leash. It is she who dictates in this *ménage*. Intellectually, the

Old Man has gone far. He has a Message. Emotionally, however, he has remained infantile. Ionesco underlines this imbalance in the following sequence. After the Old Man steps down from the window he sits on his wife's lap like a child and talks to her in infantile terms, indicating his immense need for comfort, tenderness, and understanding. The Old Woman assumes the mother-role required of her and begins assuring her husband-child that all is well, that he could have gone far in the world, that, if he had wished to, he could have been Chief President, Chief King, etc.

The Old Man and the Old Woman retrogress. With their flight into the past, there is an acceleration of rhythms and accompanying verbal gymnastics: repetitions, puns, clichés, word-associations, inanities, infantilisms. Only as children do the Old Couple feel comforted and harbor the illusion of being protected by *older* beings. The pathos and loneliness of old age, and the uselessness of a long existence is brilliantly illuminated. The illusion that each being has something to *give* to mankind, to *reveal,* to *hand down* to posterity, is shattered.

The game is over. The Couple talk about the Old Man's Message. The wife drives the husband, as do many wives, into performing what she considers to be a great deed. His Message, which it is assumed is his life experience, must be told to the world because it is his « sacred duty » to do so. But the Old Man has difficulty in expressing himself. No matter. All obstacles will be taken care of by the practical wife who now assumes the role of husband-pusher. An orator has been hired to mouth the Old Man's Message, to deliver it to humanity.

The Old Couple has invited people from all walks of life—chemists, bishops, policemen, presidents, etc.—to hear the words of wisdom which the Orator will utter. The list of guests as enunciated by Ionesco, is reminiscent of certain groupings in Rabelais' *Gargantua and Pantagruel* wherein there is similar use of humorous rhyme schemes, innuendo; alliterations, and strange word-associations, for example: « Le Pape, les papillons et les papiers? » or « Les prolétaires? les fonctionnaires? les militaires? les révolutionnaires? les réactionnaires? les aliénistes et leurs aliénés? »

The third sequence begins with the arrival of the guests. Through the Old Couple's dialogue, Ionesco characterizes each guest as he enters, creating a parade of types reminiscent of those in Balzac's *Comédie Humaine* and Molière's. Yet, Ionesco's beings differ from those which his two illustrious predecessors created, in that his are still-born, *non-existent, absent.* Ionesco succeeded in changing the famous aphorism *ex nihilo nihil* « to from nothing *something* comes into being. » From the *absence* of his creatures, a whole group of people is born and everything happens. The actors' miming makes the incredible credible and creates the theatrical illusion of guests actually arriving when, in reality, there are none.

Before the first guest enters upon the scene, the Old Woman arranges her hair, smoothes out her dress, then walks toward the door to let the unknown person in. The Old Woman and Old Man begin to talk to the *absent* visitor. They chatter about the weather, conjugal life and indulge, generally, in the type of superficial conversation one hears at a cocktail party.

Soon the second guest arrives, a Colonel. « Oh! Quel bel uniforme! Quelles belles décorations!... » the Old Woman exclaims. « Oh! il est bien poli... Ça se voit que c'est un supérieur, un être supérieur!... » Ionesco lashing out at the military. The Old Man does not want to be left out of the picture and begins boasting about his former military prowess. « I alone, I killed 209.... » Ionesco catches the exaggeration and makes the most of it. The audience is not certain as to what the Old Man has killed: were they 209 flies? or something else? When the Old Woman finally informs the Colonel that her husband is indeed a high-ranking official, a cavalry sergeant (a concierge), she unwittingly deflates the pompous non-existent Colonel.

Now the Old Woman undergoes a drastic transformation. With the photographer's arrival, she reveals another aspect of her personality. She assumes an erotic stance and laughs wrily, looking like an aged Montmartre street-walker. She becomes ugly, grotesque. Slowly, as though she were beginning a dance step, she slips into a romantic mood; her husband does also and another accelerating rhythmic interchange ensues. The Old Man talks to his wife in poetic terms about love, the moon, and fleeting time which can never be recaptured.

Since time can be retrieved in the dream world, the Old Woman talks to the photographer about the child she used to have, a non-existent child. Her son left home, she declares, at the age of seven because he had lost faith in his parents' goodness and kindness. He accused them of being bird killers. « Le ciel est rouge de sang... Les rues sont pleines d'oiseaux morts, vous leur avez crevé les yeux... » Since the bird is killed in the previous image, such destruction might indicate that the parents are killing or stultifying the child's new born or youthful attitude toward the world.

The Old Man cannot understand his wife's longing and desire for a child any more than she can understand her husband's needs and poetic flights of fantasy. He tells the former Belle that his wife could never have children, that everything she has been saying about the child was untrue. By the same token, the Old Man launches his needs, and voices the enormous guilt-feelings he bears toward his mother and his desire to eradicate the ghastly anxiety which gnaws at him. There is no relation between man and wife unless the wife assumes the role of mother and the husband, that of child. They are not two relating individuals, they merely fulfill functions for each other. They are function-fillers, unable to lead independent or individual lives.

More invisible people walk on to the stage. The noise of waves and boats carrying the crowds on to the island is heard. The continual ringing of the door bell, the effort the old people are expending to carry in the chairs make the illusion more and more credible. Ionesco satirizes the theatrical spectacle per se by transforming the Old Woman into a female usher who hands out programs, sells candy, etc. In this way, he creates a mirror image of the real audience. The imaginary crowd on stage is so dense now and there are so many chairs by this time that the Couple, in a comical though heartbreaking scene, is separated from each other, underlining human loneliness when, even in old age, human beings cannot be united. It is the woman who is most frightened of separation. Amid the din, the pushing and shoving, the acceleration of movement and blazing of lights, the tension reaches a climax—and in walks the Emperor. The Emperor has come to see them and so has put his official stamp on the ceremony. The Old Man thereby gains more confidence in himself and declares « moi seul aurais pu sauver l'humanité... » Ionesco has now ridiculed the Old Man's Messianic Message and intimates that he feels the same way about all those other prophets since the dawn of mankind. Many religious and political leaders have appeared with answers to life's riddles, though revelation or otherwise—none has solved the problems of life.

The Orator's arrival is now awaited. The Orator appears *in person,* adding a third *real* protagonist to the drama. As Ionesco, the playwright needs actors to bring his inner and abstract creation to life, so the Old Man requires a spokesman to deliver his Message to humanity. The Orator in the play, like the actor in real life, is hounded for his autograph. He is a very popular figure, adulated by the populace.

The Old Man is relieved. With the Orator's arrival he is certain that his Message will be delivered clearly to all of humanity: « Ma mission est accomplie. Je n'aurai pas vécu en vain puisque mon Message sera révélé au monde... » And the Old Man, in a brilliant speech, bequeathes his Message to the Orator who will, in turn, relate it to humanity. Individuals will then try to understand it, examine it from all angles, try to discover as much as possible about the Old Man's life, the recipes he enjoyed, the company he kept, etc. In the eyes of the world, the Old Man and his wife will have become legendary figures.

Still laboring under the illusion of having helped humanity, the Old Man jumps out of one window and the Old Woman out of another in a double suicide. The circle has been completed. The play began with the *window* image and with it terminates the protagonists' lives.

The surprise ending of *The Chairs* is now to occur. The Orator who remained immobile during the double suicide faces his stage-audience which consists of empty chairs. He makes them understand that he is both deaf and dumb. Powerless to relay the Old Man's Message, he writes some incomprehensible letters on a blackboard on stage. As he does not receive any response from the empty seats before him, his smile disappears and like a phantom, he steps down from the podium and walks off the stage into a black void.

What then was the incomprehensible Message the Old Man wanted to bequeath to humanity? The Old Man had tried to discover the meaning of life. His Message, in part, was his life's experience. Such experiences, however, cannot be handed down; they *must be lived.*

The Poet's Message, like the Old Man's Message, is incomprehensible to the masses. It can be understood and turned into a meaningful experience only if it reached the very heart and soul of a being. To these people, the reading of *The Chairs* will become a living experience.

WORKS BY EUGÈNE IONESCO

1948. LA CANTATRICE CHAUVE. *First performed in 1950.*
1950. LA LEÇON. *First performed in 1951.*
1950. JACQUES OU LA SOUMISSION. *First performed in 1955.*
1951. LES CHAISES. *First performed in 1952.*
1951. L'AVENIR EST DANS LES ŒUFS OU IL FAUT DE TOUT POUR FAIRE UN MONDE. *First performed in 1957.*
1952. VICTIMES DU DEVOIR. *First performed in 1953.*
1953. AMÉDÉE OU COMMENT S'EN DÉBARRASSER. *First performed in 1954.*
1953. LE NOUVEAU LOCATAIRE. *First performed in 1955.*
1957. TUEUR SANS GAGES. *First performed in 1959.*
1958. RHINOCÉROS. *First performed in 1959.*
1962. LE PIÉTON DE L'AIR. *First performed in 1962.*
1962. LE ROI SE MEURT. *First performed in 1962.*
1966. LA SOIF ET LA FAIM. *First performed in 1966.*

CRITICAL WORKS

COE Richard: Ionesco, *London, Oliver & Boyd, 1961.*
DOUBROVSKY Serge: « Ionesco and the Comedy of the Absurd, » *Yale French Studies, n° 23, 1959.*
ESSLIN Martin: « Ionesco and the Creative Dilemna, » *Tulane Drama Review, Spring, 1963.*
LAMONT Rosette: « The Proliferation of Matter in Ionesco's Plays, » *L'Esprit Créateur, Winder, 1962.*
SCHECHNER Richard: « The Inner and the Outer Reality, » *Tulane Drama Review, Spring, 1963.*
VANNIER Jean: « A Theatre of Language, » *Tulane Drama Review, Spring, 1963.*

DÉCOR

    Murs circulaires avec un renfoncement dans le fond.
    C'est une salle très dépouillée. A droite, en partant de l'avant-scène trois portes. Puis, une fenêtre avec un escabeau devant, puis encore une porte. Dans le renfoncement, au fond, une grande porte d'honneur à deux battants et deux autres portes se faisant vis-à-vis, et encadrant la porte d'honneur : ces deux portes, ou du moins l'une d'entre elles, sont presque cachées aux yeux du public. A gauche de la scène, toujours en partant de l'avant-scène, trois portes, une fenêtre avec escabeau et faisant vis-à-vis à la fenêtre de droite, puis un tableau noir et une estrade. Pour plus de facilité, voir le plan annexé.
    Sur le devant de la scène, deux chaises côte à côte.
    Une lampe à gaz est accrochée au plafond.

    1. - Grande porte du fond à deux battants.   11. - Estrade et tableau noir.
2, 3, 4, 5. - Portes latérales droites.   12, 13. - Fenêtres (avec escabeau) gauche, droite.
  6, 7, 8. - Portes latérales gauches.   14. - Chaises vides.
    9, 10. - Portes cachées dans le renfoncement.   XXX. - Couloir (en coulisse).

Les Chaises

Les Chaises, farce tragique, ont été représentées pour la première fois le 22 avril 1952, au théâtre Lancry, dans une mise en scène de Sylvain Dhomme, les décors étant de Jacques Noël, et avec la distribution suivante :

Le vieux, 95 ans	Paul Chevalier
La vieille, 94 ans	Tsilla Chelton
L'orateur, 45 à 50 ans	Sylvain Dhomme

Et beaucoup d'autres personnages.

Le rideau se lève. Demi-obscurité. Le Vieux est penché à la fenêtre de gauche, monté sur l'escabeau. La Vieille allume la lampe à gaz. Lumière verte. Elle va tirer le Vieux par la manche.

LA VIEILLE. — Allons, mon chou,[1] ferme la fenêtre, ça sent mauvais l'eau qui croupit et puis il entre des moustiques.

LE VIEUX. — Laisse-moi tranquille!

LA VIEILLE. — Allons, allons, mon chou, viens t'asseoir. Ne te penche pas, tu pourrais tomber dans l'eau. Tu sais ce qui est arrivé à François Ier. Faut faire attention.

LE VIEUX. — Encore des exemples historiques! Ma crotte,[2] je suis fatigué de l'histoire française. Je veux voir; les barques sur l'eau font des taches au soleil.

LA VIEILLE. — Tu ne peux pas les voir, il n'y a pas de soleil, c'est la nuit, mon chou.

LE VIEUX. — Il en reste l'ombre.

(Il se penche très fort.)

LA VIEILLE. — *(Elle le tire de toutes ses forces.)* Ah!... tu me fais peur, mon chou... viens t'asseoir, tu ne les verras pas venir. C'est pas la peine. Il fait nuit...

(Le Vieux se laisse traîner à regret.)

LE VIEUX. — Je voulais voir, j'aime tellement voir l'eau.

LA VIEILLE. — Comment peux-tu, mon chou?... Ça me donne le vertige. Ah! cette maison, cette île, je ne peux m'y habituer. Tout entourée d'eau... de l'eau sous les fenêtres, jusqu'à l'horizon...

(La Vieille et le Vieux, la Vieille traînant le Vieux, se dirigent vers les deux chaises au-devant de la scène; le Vieux s'assoit tout naturellement sur les genoux de la Vieille.)

LE VIEUX. — Il est 6 heures de l'après-midi... il fait déjà nuit. Tu te rappelles, jadis, ce n'était pas ainsi; il faisait encore jour à 9 heures du soir, à 10 heures, à minuit.

LA VIEILLE. — C'est pourtant vrai, quelle mémoire!

LE VIEUX. — Ça a bien changé.

LA VIEILLE. — Pourquoi donc, selon toi?

LE VIEUX. — Je ne sais pas, Sémiramis, ma crotte... Peut-être, parce que plus on va, plus on s'enfonce. C'est à cause de la terre qui tourne, tourne, tourne, tourne...

LA VIEILLE. — Tourne, tourne, mon petit chou... *(Silence.)* Ah! oui, tu es certainement un grand savant. Tu es très doué, mon chou. Tu aurais pu être Président chef, Roi chef, ou même, Docteur chef, Maréchal chef, si tu avais voulu, si tu avais eu un peu d'ambition dans la vie... [A]

---

1. — Term of endearment. Literally "le chou" means cabbage.

2. — Term of endearment. Literally, "la crotte" means dirt or dung.

A. — Where does the humor reside in la Vieille's statement: "Tu aurais pu être Président chef, Roi chef, ou même, Docteur chef, Maréchal chef... ?".

Le vieux. — A quoi cela nous aurait-il servi? On n'en aurait pas mieux vécu... et puis, nous avons une situation, je suis Maréchal tout de même, des logis, puisque je suis concierge.

La vieille *(elle caresse le Vieux comme on caresse un enfant).* — Mon petit chou, mon mignon...

Le vieux. — Je m'ennuie beaucoup.

La vieille. — Tu étais plus gai, quand tu regardais l'eau... Pour nous distraire, fais semblant comme l'autre soir.

Le vieux. — Fais semblant toi-même, c'est ton tour.

La vieille. — C'est ton tour.

Le vieux. — Ton tour.

La vieille. — Ton tour.

Le vieux. — Ton tour.

La vieille. — Ton tour.[B]

Le vieux. — Bois ton thé, Sémiramis.

(Il n'y a pas de thé, évidemment.)

La vieille. — Alors, imite le mois de février.

Le vieux. — Je n'aime pas les mois de l'année.

La vieille. — Pour l'instant, il n'y en a pas d'autres. Allons, pour me faire plaisir...

Le vieux. — Tiens, voilà le mois de février.

(Il se gratte la tête, comme Stan Laurel.)

La vieille, *riant, applaudissant.* — C'est ça. Merci, merci, tu es mignon comme tout, mon chou. *(Elle l'embrasse.)* Oh! tu est très doué, tu aurais pu être au moins Maréchal chef, si tu avais voulu...

Le vieux. — Je suis concierge, Maréchal des Logis.

(Silence.)

La vieille. — Dis-moi l'histoire, tu sais, l'histoire : alors on arri...

Le vieux. — Encore?... J'en ai assez... alors, on arri? encore celle-là... tu me demandes toujours la même chose!... "Alors on arri..." Mais c'est monotone... Depuis soixante-quinze ans que nous sommes mariés, tous les soirs, absolument tous les soirs, tu me fais raconter la même histoire, tu me fais imiter les mêmes personnes, les mêmes mois... toujours pareil... parlons d'autre chose...

La vieille. — Mon chou, moi je ne m'en lasse pas... C'est ta vie, elle me passionne.

Le vieux. — Tu la connais par cœur.

La vieille. — C'est comme si j'oubliais tout, tout de suite... J'ai l'esprit neuf tous les soirs... Mai oui, mon chou, je le fais exprès, je prends des purges... je redeviens neuve, pour toi, mon chou, tous les soirs... Allons, commence, je t'en prie.

B. — What poetic image is created by the repetition of "ton tour?" What does such emphasis add to the atmosphere?

LE VIEUX. — Si tu veux.

LA VIEILLE. — Vas-y alors, raconte ton histoire... Elle est aussi la mienne, ce qui est tien, est mien ! Alors, on arri...

LE VIEUX. — Alors, on arri... ma crotte...

LA VIEILLE. — Alors, on arri... mon chou... ^C

LE VIEUX. — Alors, on arriva près d'une grande grille. On était tout mouillés, glacés jusqu'aux os, depuis des heures, des jours, des nuits, des semaines...

LA VIEILLE. — Des mois...

LE VIEUX. — ... Dans la pluie... On claquait des oreilles, des pieds, des genoux, des nez, des dents... il y a de ça quatre-vingts ans... Ils ne nous ont pas permis d'entrer... ils auraient pu au moins ouvrir la porte du jardin...^D

(Silence.)

LA VIEILLE. — Dans le jardin l'herbe était mouillée.

LE VIEUX. — Il y avait un sentier qui conduisait à une petite place; au milieu, une église de village... Où était ce village ? Tu te rappelles ?

LA VIEILLE. — Non, mon chou, je ne sais plus.

LE VIEUX. — Comment y arrivait-on ? Où est la route ? Ce lieu s'appelait, je crois, Paris...

LA VIEILLE. — Ça n'a jamais existé, Paris, mon petit.

LE VIEUX. — Cette ville a existé puisqu'elle s'est effondrée...[3] C'était la ville de lumière, puisqu'elle s'est éteinte, éteinte, depuis quatre cent mille ans... Il n'en reste plus rien aujourd'hui, sauf une chanson.

LA VIEILLE. — Une vraie chanson ? C'est drôle. Quelle chanson ?

LE VIEUX. — Une berceuse, une allégorie : "Paris sera toujours Paris".

LA VIEILLE. — On y allait par le jardin ? Etait-ce loin ?

LE VIEUX, *rêve, perdu.* — La chanson ?... la pluie ?...

LA VIEILLE. — Tu es très doué. Si tu avais eu un peu d'ambition dans la vie, tu aurais pu être un Roi chef, un Journaliste chef, un Comédien chef, un Maréchal chef... Dans le trou, tout ceci hélas... dans le grand trou noir... Dans le trou noir^E je te dis.

(Silence.)

LE VIEUX. — Alors on arri...

LA VIEILLE. — Ah ! oui, enchaîne... raconte...

LE VIEUX, *tandis que la Vieille se mettra à rire, doucement, gâteuse; puis, progressivement, aux éclats; le Vieux rira aussi.* — Alors, on a ri, on avait mal au ventre, l'histoire était si drôle... le drôle arriva ventre à terre, ventre nu, le drôle avait du ventre... il arriva avec une malle toute pleine de riz; par terre le riz se répandit... le drôle à terre aussi, ventre à terre... alors, on a ri, on a ri, on a ri. Le ventre drôle, nu de riz à terre, la malle, l'histoire au mal de riz ventre à terre, ventre nu, tout de riz, alors on a ri, le drôle alors arriva tout nu, on a ri...

C. — Why is the entire "on arri..." sequence humorous?

D. — What is the significance of the story La Vieille wants Le Vieux to relate?

3. — An allusion perhaps to a nuclear explosion

E. — What, symbolically speaking, does La Vieille mean by « Dans le trou noir... »?

La vieille, *riant*. — Alors on a ri du drôle, alors arrivé tout nu, on a ri, la malle, la malle de riz, le riz au ventre, à terre...

Les deux vieux, *ensemble, riant*. — Alors on a ri. Ah !... ri... arri... arri... Ah !... Ah !... ri... va... arri... arri... le drôle ventre nu... au riz arriva... au riz arriva. *(On entend.)* Alors on a... ventre nu... arri... la malle... *(Puis les deux Vieux petit à petit se calment.)* On a... ah !... arri... ah !... arri... ah !... arri... va... ri.[F]

La vieille. — C'était donc ça, ton fameux Paris.

Le vieux. — Qui pourrait dire mieux.

La vieille. — Oh ! tu es tellement, mon chou, bien, oh ! tellement, tu sais, tellement, tellement, tu aurais pu être quelque chose dans la vie, de bien plus qu'un Maréchal des logis.

Le vieux. — Soyons modeste... contentons-nous de peu...

La vieille. — Peut-être as-tu brisé ta vocation ?

Le vieux *(il pleure soudain.)* — Je l'ai brisée ? Je l'ai cassé ? Ah ! où es-tu, maman, maman, où est-tu maman ?... hi, hi, hi, je suis orphelin. *(Il gémit.)* ... un orphelin, un orpheli...[G]

La vieille. — Je suis avec toi, que crains-tu ?

Le vieux. — Non, Sémiramis, ma crotte. Tu n'es pas ma maman... orphelin, orpheli, qui va me défendre ?

La vieille. — Mais je suis là, mon chou !...

Le vieux. — C'est pas la même chose... je veux ma maman, na, tu n'es pas ma maman toi...

La vieille, *le caressant*. — Tu me fends le cœur, pleure pas, mon petit.

Le vieux. — Hi, hi, laisse moi ; hi, hi, je me sens tout brisé, j'ai mal, ma vocation me fait mal, elle s'est cassée.

La vieille. — Calme-toi.

Le vieux, *sanglotant, la bouche largement ouverte comme un bébé*. — Je suis orphelin... orpheli.

La vieille *(elle tâche de le consoler, le cajole)*. — Mon orphelin, mon chou, tu me crèves le cœur, mon orphelin.

(Elle berce le Vieux revenu depuis un moment sur ses genoux.)

Le vieux *(Sanglots.)* — Hi, hi, hi ! Ma maman ! Où est ma maman ? J'ai plus de maman.

La vieille. — Je suis ta femme, c'est moi ta maman maintenant.

Le vieux, *cédant un peu*. — C'est pas vrai, je suis orphelin, hi, hi.

La vieille, *le berçant toujours*. — Mon mignon, mon orphelin, orpheli, orphelon, orphelaine, orphelin.

Le vieux, *encore boudeur, se laissant faire de plus en plus*. — Non... je veux pas ; je veux pa-a-a-as.

La vieille *(elle chantonne)*. — Orphelon-li, orphelon-laire, orphelon-lon, orphelon-la.

Le vieux. — No-o-on... No-o-on.

F. — Point out the puns in Le Vieux' speech beginning :" ... alors, on a ri... on a ri".

G. — Why does Le Vieux consider himself an orphan?

LA VIEILLE, *même jeu*. — Li lon lala, li lon la laire, orphelon-li, orphelon li-relire-laire, orphelon-li-reli-rela...

LE VIEUX. — Hi, hi, hi, hi. *(Il renifle, se calme peu à peu.)* Où elle est? ma maman.

LA VIEILLE. — Au ciel fleuri... elle t'entend, elle te regarde, entre les fleurs; ne pleure pas, tu la ferais pleurer!

LE VIEUX. — C'est même pas vrai... ai... elle ne me voit pas... elle ne m'entend pas. Je suis orphelin, dans la vie, tu n'es pas ma maman...

LA VIEILLE *(le vieux est presque calmé)*. — Voyons, calme-toi, ne te mets pas dans cet état... tu as d'énormes qualités, mon petit Maréchal... essuie tes larmes, ils doivent venir ce soir, les invités, il ne faut pas qu'ils te voient ainsi... tout n'est pas brisé, tout n'est pas perdu, tu leur diras tout, tu expliqueras, tu as un message... tu dis toujours que tu le diras... il faut vivre, il faut lutter pour ton message...

LE VIEUX. — J'ai un message, tu dis vrai, je lutte, une mission, j'ai quelque chose dans le ventre, un message à communiquer à l'humanité, à l'humanité...

LA VIEILLE. — A l'humanité, mon chou, ton message...

LE VIEUX. — C'est vrai, ça, c'est vrai...

LA VIEILLE *(elle mouche le Vieux, essuie ses larmes)*. — C'est ça... tu es un homme, un soldat, un Maréchal des logis...

LE VIEUX *(il a quitté les genoux de la Vieille et se promène, à petits pas, agité)*. — Je ne suis pas comme les autres, j'ai un idéal dans la vie. Je suis peut-être doué, comme tu dis, j'ai du talent, mais je n'ai pas de facilité. J'ai bien accompli mon office de Maréchal des logis, j'ai toujours été à la hauteur de la situation, honorablement, cela pourrait suffire...

LA VIEILLE. — Pas pour toi, tu n'es pas comme les autres, tu es bien plus grand, et pourtant tu aurais beaucoup mieux fait de t'entendre comme tout le monde, avec tout le monde. Tu t'es disputé avec tous tes amis, avec tous les directeurs, tous les Maréchaux, avec ton frère.

LE VIEUX. — C'est pas ma faute, Sémiramis, tu sais bien ce qu'il a dit.

LA VIEILLE. — Qu'est-ce qu'il a dit?

LE VIEUX. — Il a dit : "Mes amis, j'ai une puce.[4] Je vous rends visite dans l'espoir de laisser la puce chez vous."

LA VIEILLE. — Ça se dit, mon chéri. Tu n'aurais pas dû faire attention. Mais avec Carel, pourquoi t'es-tu fâché? c'était sa faute aussi?

LE VIEUX. — Tu vas me mettre en colère, tu vas me mettre en colère. Na. Bien sûr, c'était sa faute. Il est venu un soir, il a dit : "Je vous souhaite bonne chance. Je devrais vous dire le mot qui porte chance; je ne le dis pas, je le pense." Et il riait comme un veau.

LA VIEILLE. — Il avait bon cœur, mon chou. Dans la vie, il faut être moins délicat.

LE VIEUX. — Je n'aime pas ces plaisanteries.

LA VIEILLE. — Tu aurais pu être Marin chef, Ebéniste chef, Roi chef d'orchestre.
  (Long silence. Ils restent un temps figés, tout raides sur leurs chaises[H]*.)*

---

4. — "To be uneasy or anxious about something. « Une puce » also means a flea.

H. — Why, according to the author's indications, must the protagonists at the end of this sequence remain rigid on their chairs?

Le vieux, *comme en rêve.* — C'était au bout du bout du jardin... là était... là était... là était... était quoi, ma chérie?

La vieille. — La ville de Paris

Le vieux. — Au bout, au bout du bout de la ville de Paris, était, était, était quoi?

La vieille. — Mon chou, était quoi, mon chou, était qui?

Le vieux. — C'était un lieu, un temps exquis...

La vieille. — C'était un temps si beau, tu crois?

Le vieux. — Je ne me rappelle pas l'endroit...

La vieille. — Ne te fatigue donc pas l'esprit...

Le vieux. — C'est trop loin, je ne peux plus... le rattraper... où était-ce?

La vieille. — Mais quoi?

Le vieux. — Ce que je... ce que ji... où était-ce? et qui?

La vieille. — Que ce soit n'importe où, je te suivrai partout, je te suivrai, mon chou.

Le vieux. — Ah! j'ai tant de mal à m'exprimer...[1] Il faut que je dise tout.

La vieille. — C'est un devoir sacré. Tu n'as pas le droit de taire ton message; il faut que tu le révèles aux hommes, ils l'attendent... l'univers n'attend plus que toi.

Le vieux. — Oui, oui, je dirai.

La vieille. — Es-tu bien décidé? Il faut.

Le vieux. — Bois ton thé.

La vieille. — Tu aurais pu être un Orateur chef si tu avais eu plus de volonté dans la vie... je suis fière, je suis heureuse que tu te sois enfin décidé à parler à tous les pays, à l'Europe, à tous les continents!

Le vieux. — Hélas, j'ai tant de mal à m'exprimer, pas de facilité.

La vieille. — La facilité vient en commençant, comme la vie et la mort... il suffit d'être bien décidé. C'est en parlant qu'on trouve les idées, les mots, et puis nous, dans nos propres mots, la ville aussi, le jardin, on retrouve peut-être tout, on n'est plus orphelin.

Le vieux. — Ce n'est pas moi qui parlerai, j'ai engagé un orateur de métier, il parlera en mon nom, tu verras.

La vieille. — Alors, c'est vraiment pour ce soir? Au moins les as-tu tous convoqués, tous les personnages, tous les propriétaires et tous les savants?

Le vieux. — Oui, tous les propriétaires et tous les savants.

(Silence.)

La vieille. — Les gardiens? les évêques? les chimistes? les chaudronniers? les violonistes? les délégués? les présidents? les policiers? les marchands? les bâtiments? les **porte-plume**? les chromosomes?

Le vieux. — Oui, oui, et les postiers, les aubergistes et les artistes, tous ceux qui sont un peu savants, un peu propriétaires!

---

1. — Why does Le Vieux have such difficulty expressing himself?

LES CHAISES

LA VIEILLE. — Et les banquiers?

LE VIEUX. — Je les ai convoqués.

LA VIEILLE. — Les prolétaires? les fonctionnaires? les militaires? les révolutionnaires? les réactionnaires? les aliénistes et leurs aliénés?

LE VIEUX. — Mais oui, tous, tous, tous, puisqu'en somme tous sont des savants ou des propriétaires.

LA VIEILLE. — Ne t'énerve pas mon chou, je ne veux pas t'ennuyer, tu es tellement négligent, comme tous les grands génies; cette réunion est importante, il faut qu'ils viennent tous ce soir. Peux-tu compter sur eux? ont-ils promis?

LE VIEUX. — Bois ton thé, Sémiramis.

(Silence.)

LA VIEILLE. — Le Pape, les papillons et les papiers?[J]

LE VIEUX. — Je les ai convoqués. *(Silence.)* Je vais leur communiquer le message... Toute ma vie, je sentais que j'étouffais; à présent, ils sauront tout, grâce à toi, à l'orateur, vous seuls m'avez compris.

LA VIEILLE. — Je suis si fière de toi...

LE VIEUX. — La réunion aura lieu dans quelques instants.

LA VIEILLE. — C'est donc vrai, ils vont venir, ce soir? Tu n'auras plus envie de pleurer, les savants et les propriétaires remplacent les papas et les mamans. *(Silence.)* On ne pourrait pas ajourner la réunion. Ça ne va pas trop nous fatiguer?
(Agitation plus accentuée. Depuis quelques instants déjà, le Vieux tourne à petits pas indécis, de vieillard ou d'enfant, autour de la Vieille. Il a pu faire un pas ou deux vers une des portes, puis revenir tourner en rond.)

LE VIEUX. — Tu crois vraiment que ça pourrait nous fatiguer?

LA VIEILLE. — Tu es un peu enrhumé.

LE VIEUX. — Comment faire pour décommander?

LA VIEILLE. — Invitons-les un autre soir. Tu pourrais téléphoner.

LE VIEUX. — Mon Dieu, je ne peux plus, il est trop tard. Ils doivent déjà être embarqués.

LA VIEILLE. — Tu aurais dû être plus prudent.
(On entend le glissement d'une barque sur l'eau.)

LE VIEUX. — Je crois que l'on vient déjà... *(Le bruit du glissement de la barque se fait entendre plus fort.)* ... Oui, on vient!...
(La Vieille se lève aussi et marche en boitillant.)

LA VIEILLE. — C'est peut-être l'Orateur.

LE VIEUX. — Il ne vient pas si vite. Ça doit être quelqu'un d'autre. *(On entend sonner.)* Ah!

LA VIEILLE. — Ah!
(Nerveusement, le Vieux et la Vieille se dirigent vers la porte cachée du fond à droite. Tout en se dirigeant vers la porte, ils disent :)

LE VIEUX. — Allons...

[J]. — Explain the pun.

LA VIEILLE. — Je suis toute dépeignée... attends un peu...
   (*Elle arrange ses cheveux, sa robe, tout en marchant boitilleusement, tire sur ses gros bas rouges.*)

LE VIEUX. — Il fallait te préparer avant... tu avais bien le temps.

LA VIEILLE. — Que je suis mal habillée... j'ai une vieille robe, toute fripée...[6]

LE VIEUX. — Tu n'avais qu'à la repasser... dépêche-toi! Tu fais attendre les gens.
   (*Le Vieux suivi par la Vieille qui ronchonne arrive à la porte, dans le renfoncement; on ne les voit plus, un court instant; on les entend ouvrir la porte, puis la refermer après avoir fait entrer quelqu'un.*)

VOIX DU VIEUX. — Bonjour, Madame, donnez-vous la peine d'entrer. Nous sommes enchantés de vous recevoir. Voici ma femme.

VOIX DE LA VIEILLE. — Bonjour, Madame, très heureuse de vous connaître. Attention, n'abîmez pas votre chapeau. Vous pouvez retirer l'épingle, ce sera plus commode. Oh! non, on ne s'assoira pas dessus.[K]

VOIX DU VIEUX. — Mettez votre fourrure là. Je vais vous aider. Non, elle ne s'abîmera pas.

VOIX DE LA VIEILLE. — Oh! quel joli tailleur... un corsage tricolore... Vous prendrez bien quelques biscuits... Vous n'êtes pas grosse... non... potelée...[7] Déposez le parapluie.

VOIX DU VIEUX. — Suivez-moi, s'il vous plaît.

LE VIEUX, *de dos*. — Je n'ai qu'un modeste emploi...
   (*Le Vieux et la Vieille se retournent en même temps et en s'écartant un peu pour laisser la place, entre eux, à l'invitée. Celle-ci est invisible.*)
   (*Le Vieux et la Vieille avancent, maintenant, de face, vers le devant de la scène; ils parlent à la Dame invisible qui avance entre eux deux.*)

LE VIEUX, *à la Dame invisible*. — Vous avez eu beau temps?

LA VIEILLE, *à la même*. — Vous n'êtes pas trop fatiguée?... Si, un peu.

LE VIEUX, *à la même*. — Au bord de l'eau...

LA VIEILLE, *à la même*. — Trop aimable de votre part.

LE VIEUX, *à la même*. — Je vais vous apporter une chaise.
                          (*Le Vieux se dirige à gauche; il sort par la porte 6.*)

LA VIEILLE, *à la même*. — En attendant, prenez cette chaise. (*Elle indique une des deux chaises et s'assoit sur l'autre, à droite de la Dame invisible.*) Il fait chaud, n'est-ce pas? (*Elle sourit à la Dame.*) Quel joli éventail! Mon mari... (*Le Vieux réapparaît par la porte n° 7, avec une chaise.*) ... m'en avait offert un semblable, il y a soixante-treize ans... Je l'ai encore... (*Le Vieux met la chaise à gauche de la Dame invisible*)... c'était pour mon anniversaire!...
   (*Le Vieux s'assoit sur la chaise qu'il vient d'apporter, la Dame invisible se trouve donc au milieu. Le Vieux, la figure tournée vers la Dame, lui sourit, hoche la tête, frotte doucement ses mains l'une contre l'autre, a l'air de suivre ce qu'elle dit. Le jeu de la Vielle est semblable.*)

---

6. — Toute fripée — all winkled.
K. — When the guests begin to arrive how does the spectator differentiate reality from fantasy? How many realities are there for the spectator? the actor? the author?
7. — Potelée — plump.

LE VIEUX. — Madame, la vie n'a jamais été bon marché.

LA VIEILLE, *à la Dame*. — Vous avez raison... *(La Dame parle.)* Comme vous dites, il serait temps que cela change... *(Changement de ton.)* Mon mari, peut-être, va s'en occuper... il vous le dira.[L]

LE VIEUX, *à la Vieille*. — Tais-toi, tais-toi, Sémiramis, ce n'est pas encore le moment d'en parler. *(A la Dame.)* Excusez-moi, Madame, d'avoir éveillé votre curiosité. *(La Dame réagit.)* Chère Madame, n'insistez pas...

(Les deux Vieux sourient. Ils rient même. Ils ont l'air très contents de l'histoire racontée par la Dame invisible. Une pause, un blanc dans la conversation. Les figures ont perdu toute expression.)

LE VIEUX, *à la même*. — Oui, vous avez tout à fait raison...

LA VIEILLE. — Oui, oui, oui,... oh! que non.

LE VIEUX. — Oui, oui, oui. Pas du tout.

LA VIEILLE. — Oui?

LE VIEUX. — Non!?

LA VIEILLE. — Vous l'avez dit.

LE VIEUX *(il rit)*. — Pas possible.

LA VIEILLE *(elle rit)*. — Oh! alors. *(Au Vieux.)* Elle est charmante.

LE VIEUX, *à la Vieille*. — Madame a fait ta conquête. *(A la Dame.)* Mes félicitations!...

LA VIEILLE, *à la Dame*. — Vous n'êtes pas commes les jeunes aujourd'hui...

LE VIEUX *(il se baisse péniblement pour ramasser un objet invisible que la Dame invisible a laissé tomber)*. — Laissez... ne vous dérangez pas... je vais le ramasser... oh! vous avez été plus vite que moi...

(Il se relève.)

LA VIEILLE, *au Vieux*. — Elle n'a pas ton âge!

LE VIEUX, *à la Dame*. — La vieillesse est un fardeau[8] bien lourd. Je souhaite que vous restiez jeune éternellement.[M]

LA VIEILLE, *à la même*. — Il est sincère, c'est son bon cœur qui parle. *(Au Vieux.)* Mon chou!

(Quelques instants de silence. Les vieux, de profil à la salle, regardent la Dame, souriant poliment; ils tournent ensuite la tête vers le public, puis regardent de nouveau la Dame, répondent par des sourires à son sourire; puis, par les répliques qui suivent à ses questions.)

LA VIEILLE. — Vous êtes bien aimable de vous intéresser à nous.

LE VIEUX. — Nous vivons retirés.

LA VIEILLE. — Sans être misanthrope, mon mari aime la solitude.

LE VIEUX. — Nous avons la radio, je pêche à la ligne, et puis il y a un service de bateau assez bien fait.

L. — What is La Vieille's conception of time as indicated in her dialogue with La Dame?

8. — Fardeau - Burden.

M. — Why does Le Vieux say to La Dame : "Je souhaite que vous restiez jeune éternellement."

LA VIEILLE. — Le dimanche, il en passe deux le matin, un le soir, sans compter les embarcations privées.

LE VIEUX, *à la Dame.* — Quand il fait beau, il y a la lune.

LA VIEILLE, *à la même.* — Il assume toujours ses fonctions de Maréchal des logis... ça l'occupe... C'est vrai, à son âge, il pourrait prendre du repos.

LE VIEUX, *à la Dame.* — J'aurai bien le temps de me reposer dans la tombe.

LA VIEILLE, *au Vieux.* — Ne dis pas ça, mon petit chou... *(A la Dame.)* La famille, ce qu'il en reste, les camarades de mon mari, venaient encore nous voir, de temps à autre, il y a dix ans...

LE VIEUX, *à la Dame.* — L'hiver, un bon livre, près du radiateur, des souvenirs de toute une vie...

LA VIEILLE, *à la Dame.* — Une vie modeste mais bien remplie... deux heures par jour, il travaille à son message.

(On entend sonner. Depuis très peu d'instants, on entendait le glissement d'une embarcation.)

LA VIEILLE, *au Vieux.* — Quelqu'un. Va vite.

LE VIEUX, *à la Dame.* — Vous m'excusez, Madame! Un instant! *(A la Vieille.)* Va vite chercher des chaises!

LA VIEILLE, *à la Dame.* — Je vous demande un petit moment, ma chère.

(On entend de violents coups de sonnette.)

LE VIEUX, *se dépêchant, tout cassé, vers la porte à droite, tandis que la Vieille va vers la porte cachée, à gauche, se dépêchant mal, boitillant.* — C'est une personne bien autoritaire.[N] *(Il se dépêche, il ouvre la porte n° 2; entrée du Colonel invisible; peut-être sera-t-il utile que l'on entende, discrètement, quelques sons de trompette, quelques notes du "Salut au Colonel"; dès qu'il a ouvert la porte, apercevant le Colonel invisible, le Vieux se fige en un "Garde à vous" respectueux.)* Ah!... mon Colonel! *(Il lève vaguement le bras en direction de son front, pour un salut qui ne se précise pas.)* Bonjour, mon Colonel... C'est un honneur étonnant pour moi... je... je... je ne m'attendais pas... bien que... pourtant... bref, je suis très fier de recevoir, dans ma demeure discrète, un héros de votre taille... *(Il serre la main invisible que lui tend le Colonel invisible et s'incline cérémonieusement, puis se redresse.)* Sans fausse modestie, toutefois, je me permets de vous avouer que je me sens pas indigne de votre visite! Fier, oui... indigne, non!...

(La Vieille apparaît avec sa chaise, par la droite.)

LA VIEILLE. — Oh! Quel bel uniforme! Quelles belles décorations! Qui est-ce, mon chou?

LE VIEUX, *à la Vieille.* — Tu ne vois donc pas que c'est le Colonel?

LA VIEILLE, *au Vieux.* — Ah!

LE VIEUX, *à la Vieille.* — Compte les galons! *(Au Colonel.)* C'est mon épouse, Sémiramis. *(A la Vieille.)* Approche, que je te présente à mon Colonel. *(La Vieille s'approche, traînant d'une main la chaise, fait une révérence sans lâcher la chaise. Au Colonel.)* Ma femme. *(A la Vieille.)* Le Colonel.

LA VIEILLE. — Enchantée, mon Colonel. Soyez le bienvenu. Vous êtes un camarade de mon mari, il est Maréchal...

N. — What type of person is the Colonel?

LES CHAISES

LE VIEUX, *mécontent*. — Des logis, des logis...
LA VIEILLE *(le Colonel invisible baise la main de la Vieille; cela se voit d'après le geste de la main de la Vieille se soulevant comme vers des lèvres; d'émotion, la Vieille lâche la chaise)*. — Oh ! il est bien poli... ça se voit que c'est un supérieur, un être supérieur !...[O] *(Elle reprend la chaise; au Colonel.)* La chaise est pour vous.
LE VIEUX, *au Colonel invisible*. — Daignez nous suivre... *(Ils se dirigent tous vers le devant de la scène, la Vieille traînant la chaise; au Colonel.)* Oui, nous avons quelqu'un. Nous attendons beaucoup d'autres personnes !...

(La Vieille place la chaise à droite.)

LA VIEILLE, *au Colonel*. — Asseyez-vous, je vous prie.

(Le Vieux présente l'un à l'autre les deux personnages invisibles.)

LE VIEUX. — Une jeune dame de nos amies...
LA VIEILLE. — Une très bonne amie...
LE VIEUX, *même jeu*. — Le Colonel... un éminent militaire.
LA VIEILLE, *montrant la chaise qu'elle vient d'apporter au Colonel*. — Prenez donc cette chaise...
LE VIEUX, *à la Vieille*. — Mais non tu vois bien que le Colonel veut s'asseoir à côté de la Dame !...

(Le Colonel s'assoit invisiblement sur la troisième chaise à partir de la gauche de la scène; la Dame invisible est supposée se trouver sur la deuxième; une conversation inaudible s'engage entre les deux personnages invisibles assis l'un près de l'autre; les deux vieux restent debout, derrière leurs chaises, d'un côté et de l'autre des deux invités invisibles; le vieux à gauche à côté de la Dame, la Vieille, à la droite du Colonel.)

LA VIEILLE, *écoutant la conversation des deux invités*. — Oh ! Oh ! C'est trop fort.
LE VIEUX, *même jeu*. — Peut-être. *(Le Vieux et la Vieille, par-dessus les têtes des deux invités, se feront des signes, tout en suivant la conversation qui prend une tournure qui a l'air de mécontenter les vieux. Brusquement.)* Oui, mon Colonel, ils ne sont pas encore là, ils vont venir. C'est l'Orateur qui parlera pour moi, il expliquera le sens de mon message... Attention, Colonel, le mari de cette dame peut arriver d'un instant à l'autre.
LA VIEILLE, *au Vieux*. — Qui est ce monsieur ?
LE VIEUX, *à la Vieille*. — Je te l'ai dit, c'est le Colonel.

(Il se passe, invisiblement, des choses inconvenantes.)

LA VIEILLE, *au Vieux*. — Je le savais.
LE VIEUX. — Alors pourquoi le demandes-tu ?
LA VIEILLE. — Pour savoir. Colonel, pas par terre les mégots ![9]
LE VIEUX, *au Colonel*. — Mon colonel, mon Colonel, j'ai oublié. La dernière guerre, l'avez-vous perdue ou gagnée ?
LA VIEILLE, *à la Dame invisible*. — Mais ma petite, ne vous laissez pas faire !
LE VIEUX. — Regardez-moi, regardez-moi, ai-je l'air d'un mauvais soldat ? Une fois, mon Colonel, à une bataille...

O. — Why does La Vieille consider the Colonel « ...un être supérieur !... »?

9. — mégots - cigarette butts.

La vieille. — Il exagère ! C'est inconvenant ! *(Tire le Colonel par sa manche invisible.)* Écoutez-le ! Mon chou, ne le laisse pas faire !

Le vieux, *continuant vite*. — A moi tout seul, j'ai tué 209, on les appelait ainsi car ils sautaient très haut pour échapper, pourtant moins nombreux que les mouches, c'est moins amusant, évidemment, Colonel, mais grâce à ma force de caractère, je les ai... Oh ! non, je vous en prie, je vous en prie [P].

La vieille, *au Colonel*. — Mon mari ne ment jamais : nous sommes âgés, il est vrai, pourtant nous sommes respectables.

Le vieux, *avec violence au Colonel*. — Un héros doit aussi être poli, s'il veut être un héros complet !

La vieille, *au Colonel*. — Je vous connais depuis bien longtemps. Je n'aurais jamais cru cela de votre part. *(A la Dame, tandis que l'on entend des barques.)* Je n'aurais jamais cru cela de sa part. Nous avons notre dignité, un amour-propre personnel.

Le vieux, *d'une voix très chevrotante*[10]. — Je suis encore en mesure de porter les armes. *(Coup de sonnette.)* Excusez-moi, je vais ouvrir. *(Il fait un faux mouvement, la chaise de la dame invisible se renverse.)* Oh ! pardon.

La vieille, *se précipitant*. — Vous ne vous êtes pas fait du mal. *(Le Vieux et la Vieille aident la Dame invisible à se relever.)* Vous vous êtes salie, il y a de la poussière.
(Elle aide la Dame à s'épousseter. Nouveau coup de sonnette.)

Le vieux. — Je m'excuse, je m'excuse. *(A la Vieille.)* Va chercher une chaise.

La vieille, *aux deux invités invisibles*. — Excusez-nous un instant.

(Tandis que le Vieux va ouvrir la porte n° 3, la Vieille sort pour aller chercher une chaise par la porte n° 5 et reviendra par la porte n° 8.)

Le vieux, *se dirigeant vers la porte*. — Il voulait me faire enrager. Je suis presque en colère. *(Il ouvre la porte.)* Oh ! Madame, c'est vous ! Je n'en crois pas mes yeux, et pourtant si... je ne m'y attendais plus du tout... vraiment c'est... Oh ! Madame, Madame... J'ai pourtant bien pensé à vous, toute ma vie, toute la vie, Madame, on vous appelait "la belle"... c'est votre mari... on me l'a dit, assurément... vous n'avez pas changé du tout... oh ! si, si, comme votre nez s'est allongé, comme il a gonflé... je ne m'en étais pas aperçu à première vue, mais je m'en aperçois... terriblement allongé... ah ! quel dommage ! Ce n'est tout de même pas exprès... comment cela est-il arrivé ?... petit à petit... excusez-moi, Monsieur et cher ami, permettez-moi de vous appeler cher ami, j'ai connu votre femme bien avant vous... c'était la même, avec un nez tout différent... je vous félicite, Monsieur, vous avez l'air de beaucoup vous aimer. *(La Vieille, par la porte n° 8, apparaît avec une chaise.)* Sémiramis, il y a deux personnes d'arrivées, il faut encore une chaise... *(La Vieille pose la chaise derrière les quatre autres, puis sort par la porte 8 pour rentrer par la porte 5, au bout de quelques instants, avec une autre chaise qu'elle posera à côté de celle qu'elle venait d'apporter. A ce moment, le Vieux sera arrivé avec ses deux invités près de la Vieille.)* Approchez, approchez, nous avons déjà du monde, je vais vous présenter... ainsi donc, Madame... oh ! belle, belle, mademoiselle Belle, ainsi on vous appelait... vous êtes courbée en deux... oh ! Monsieur, elle est bien belle encore quand même, sous ses lunettes, elle a encore ses jolis yeux ; ses cheveux sont blancs, mais sous les blancs il y a les bruns, les bleus,

---

P. — Is there an element of brutality in heroism according to Ionesco ?

10. — Chevrotante — quivering.

LES CHAISES   625

j'en suis certain... approchez, approchez... qu'est-ce que c'est, Monsieur, un cadeau, pour ma femme? *(A la Vieille qui vient d'arriver avec la chaise.)* Sémiramis, c'est la belle, tu sais, la belle... *(Au Colonel et à la première Dame invisible.)* C'est mademoiselle, pardon, madame Belle, ne souriez pas... et son mari... *(A la Vieille.)* Une amie d'enfance, je t'en ai souvent parlé... et son mari... *(De nouveau au Colonel et à la première Dame invisibles.)* Et son mari...

LA VIEILLE, *fait la révérence.* — Il présente bien, ma foi. Il a belle allure. Bonjour, Madame, bonjour, Monsieur. *(Elle montre aux nouveaux venus les deux autres personnes invisibles.)* Des amis, oui...

LE VIEUX, *à la Vieille.* — Il vient t'offrir un cadeau.

(La Vieille prend le cadeau.)

LA VIEILLE. — Est-ce une fleur, Monsieur? ou un berceau? un poirier? ou un corbeau?

LE VIEUX, *à la Vieille.* — Mais non, tu vois bien que c'est un tableau?

LA VIEILLE. — Oh! comme c'est beau! Merci, Monsieur... *(A la première Dame invisible.)* Regardez, ma chère amie, si vous voulez.

LE VIEUX, *au Colonel invisible.* — Regardez, si vous voulez.

LA VIEILLE, *au mari de la belle.* — Docteur, docteur, j'ai des nausées, j'ai des bouffées, j'ai mal au cœur, j'ai des douleurs, je ne sens plus mes pieds, j'ai froid aux yeux, j'ai froid aux doigts, je souffre du foie, docteur, docteur!...

LE VIEUX, *à la Vieille.* — Ce monsieur n'est pas docteur, il est photograveur.

LA VIEILLE, *à la première Dame.* — Si vous avez fini de le regarder, vous pouvez l'accrocher. *(Au Vieux.)* Ça ne fait rien, il est quand même charmant, il est éblouissant. *(Au Photograveur.)* Sans vouloir vous faire de compliments... Q

(Le Vieux et la Vieille doivent maintenant se trouver derrière les chaises, tout près l'un de l'autre, se touchant presque, mais dos à dos; ils parlent; le Vieux à la belle; la Vieille au Photograveur; de temps en temps, une réplique, en tournant la tête, est adressée à l'un ou l'autre des deux premiers invités.)

LE VIEUX, *à la belle.* — Je suis très ému... Vous êtes bien vous, tout de même... Je vous aimais, il y a cent ans... Il y a en vous un tel changement... Il n'y a en vous aucun changement... Je vous aimais, je vous aime...

LA VIEILLE, *au Photograveur.* — Oh! Monsieur, Monsieur, Monsieur...

LE VIEUX, *au Colonel.* — Je suis d'accord avec vous sur ce point.

LA VIEILLE, *au Photograveur.* — Oh! vraiment, Monsieur, vraiment... *(A la Première Dame.)* Merci de l'avoir accroché... Excusez-moi si je vous ai dérangé.

(La lumière est plus forte à présent. Elle devient de plus en plus forte à mesure que rentrent les arrivants invisibles.)

LE VIEUX, *presque pleurnichant, à la belle.* — Où sont les neiges d'antan?

LA VIEILLE, *au Photograveur.* — Oh! Monsieur, Monsieur, Monsieur... oh! Monsieur...

Q. — Why does the entrance of the Doctor on the scene bring about a change in La Vielle's personality?

Le vieux, *indiquant du doigt la première Dame à la belle.* — C'est une jeune amie... Elle est très douce...

La vieille, *indiquant du doigt le Colonel au Photograveur.* — Oui, il est Colonel d'État à cheval... un camarade de mon mari... un subalterne, mon mari est Maréchal...

Le vieux, *à la belle.* — Vos oreilles n'ont pas toujours été pointues !... ma belle, vous souvenez-vous ?

La vieille, *au Photograveur, minaudant, grotesque; elle doit l'être de plus en plus dans cette scène; elle montrera ses gros bas rouges, soulèvera ses nombreuses jupes, fera voir un jupon plein de trous, découvrira sa vieille poitrine; puis, les mains sur les hanches, lancera sa tête en arrière, en poussant des cris érotiques, avancera son bassin, les jambes écartées, elle rira, rire de vieille putain; ce jeu, tout différent de celui qu'elle a eu jusqu'à présent et de celui qu'elle aura par la suite, et qui doit révéler une personnalité cachée de la Vieille, cessera brusquement.* — Ce n'est plus de mon âge... Vous croyez ?[R]

Le vieux, *à la belle, très romantique.* — De notre temps, la lune était un astre vivant, ah ! oui, oui, si on avait osé, nous étions des enfants. Voulez-vous que nous rattrapions le temps perdu... peut-on encore ? peut-on encore ? ah ! non, non, on ne peut plus. Le temps est passé aussi vite que le train. Il a tracé des rails sur la peau. Vous croyez que la chirurgie esthétique peut faire des miracles ? *(Au Colonel.)* Je suis militaire, et vous aussi, les militaires sont toujours jeunes, les maréchaux sont comme des dieux... *(A la belle.)* Il en devrait être ainsi... hélas ! hélas ! nous avons tout perdu. Nous aurions pu être si heureux, je vous le dis; nous aurions pu, nous aurions pu; peut-être, des fleurs poussent sous la neige !...

La vieille, *au Photograveur.* — Flatteur ! coquin ! ah ! ah ! Je fais plus jeune que mon âge ? Vous êtes un petit apache ! Vous êtes excitant.

Le vieux, *à la belle.* — Voulez-vous être mon Yseult et moi votre Tristan ? La beauté est dans les cœurs... Comprenez-vous ? On aurait eu la joie en partage, la beauté, l'éternité... l'éternité... Pourquoi n'avons-nous pas osé ? Nous n'avons pas assez voulu... Nous avons tout perdu, perdu, perdu.

La vieille, *au Photograveur.* — Oh non, oh ! non, oh ! là là, vous me donnez des frissons.[11] Vous aussi, vous êtes chatouillé? Chatouilleux ou chatouilleur? J'ai un peu honte... *(Elle rit.)* Aimez-vous mon jupon? Préférez-vous cette jupe?

Le vieux, *à la belle.* — Une pauvre vie de Maréchal des logis !

La vieille, *tourne la tête vers la première Dame invisible.* — Pour préparer des crêpes de Chine ? Un œuf de bœuf, une heure de beurre, du sucre gastrique. *(Au Photograveur.)* Vous avez des doigts adroits, ah... tout de mê-ê-ê-me !... oh-oh-oh-oh.

Le vieux, *à la belle.* — Ma noble compagne, Sémiramis, a remplacé ma mère. *(Il se tourne vers le Colonel.)* Colonel, je vous l'avais pourtant bien dit, on prend la vérité où on la trouve.
(Il se retourne vers la belle.)

La vieille, *au Photograveur.* — Vous croyez vraiment, vraiment, que l'on peut avoir des enfants à tout âge ? des enfants de tout âge ?

R. — Why does La Vieille suddenly assume an erotic stance ?

11. — Frissons — you give me the creeps.

LE VIEUX, *à la belle*. — C'est bien ce qui m'a sauvé : la vie intérieure, S un intérieur calme, l'austérité, mes recherches scientifiques, la philosophie, mon message...

LA VIEILLE, *au Photograveur*. — Je n'ai encore jamais trompé mon époux, le Maréchal... pas si fort, vous allez me faire tomber... Je ne suis que sa pauvre maman ! *(Elle sanglote.)* Une arrière, arrière *(elle le repousse)*, arrière... maman. Ces cris, c'est ma conscience qui les pousse. Pour moi, la branche du pommier est cassée. Cherchez ailleurs votre voie. Je ne veux pas cueillir les roses de la vie...

LE VIEUX, *à la belle*. — ... des préoccupations d'un ordre supérieur...
  (Le Vieux et la Vieille conduisent la belle et le Photograveur à côté des deux autres invités invisibles, et les font asseoir.)

LE VIEUX ET LA VIEILLE, *au Photograveur et à la belle*. — Asseyez-vous, asseyez-vous.
  (Les deux vieux s'assoient, lui à gauche, elle à droite avec les quatre chaises vides entre eux. Longue scène muette, ponctuée, de temps à autre, de « non », de « oui », de « non », de « oui ». Les vieux écoutent ce que disent les personnes invisibles.)

LA VIEILLE, *au Photograveur*. — Nous avons eu un fils... il vit bien sûr... il s'en est allé... c'est une histoire courante... plutôt bizarre... il a abandonné ses parents... il avait un cœur d'or... il y a bien longtemps... Nous qui l'aimions tant... il a claqué la porte... Mon mari et moi avons essayé de le tenir de force... il avait sept ans, l'âge de raison, on lui criait : Mon fils, mon enfant, mon fils, mon enfant... il n'a pas tourné la tête...

LE VIEUX. — Hélas, non... non... nous n'avons pas eu d'enfant... J'aurais bien voulu avoir un fils... Sémiramis aussi... Nous avons tout fait... ma pauvre Sémiramis, elle qui est si maternelle. Peut-être ne le fallait-il pas. Moi-même j'ai été un fils ingrat... Ah !... De la douleur, des regrets, des remords, il n'y a que ça... il ne nous reste que ça...

LA VIEILLE. — Il disait : Vous tuez les oiseaux ! pourquoi tuez-vous les oiseaux ?... Nous ne tuons pas les oiseaux... on n'a jamais fait de mal à une mouche... Il avait de grosses larmes dans les yeux. Il ne nous les laissait pas les essuyer. On ne pouvait pas l'approcher. Il disait : si, vous tuez tous les oiseaux, tous les oiseaux... Il nous montrait ses petits poings... Vous mentez, vous m'avez trompé ! Les rues sont pleines d'oiseaux tués, de petits enfants qui agonisent. C'est le chant des oiseaux !... Non, ce sont des gémissements. Le ciel est rouge de sang... Non, mon enfant, il est bleu... Il criait encore : Vous m'avez trompé, je vous adorais, je vous croyais bons... les rues sont pleines d'oiseaux morts, vous leur avez crevé les yeux... Papa, maman, vous êtes méchants !... Je ne veux plus rester chez vous... Je me suis jetée à ses genoux... Son père pleurait. Nous n'avons pas pu l'arrêter... On l'entendit encore crier : C'est vous les responsables... Qu'est-ce que c'est responsable ?

LE VIEUX. — J'ai laissé ma mère mourir toute seule dans un fossé. Elle m'appelait, gémissait faiblement : Mon petit enfant, mon fils bien-aimé, ne me laisse pas mourir toute seule... Reste avec moi. Je n'en ai pas pour bien longtemps. Ne t'en fais pas mamam, lui dis-je, je reviendrai dans un instant... j'étais pressé... j'allais au bal, danser. Je reviendrai dans un instant. A mon retour, elle était morte déjà, et enterrée profondément... J'ai creusé la terre, je l'ai cherchée... je n'ai pas pu la trouver... Je sais, je sais, les fils, toujours, abandonnent leur mère, tuent plus ou moins leur père... La vie est comme cela... mais moi, j'en souffre... les autres, pas...

LA VIEILLE. — Il criait : Papa, maman, je ne vous reverrai pas...

LE VIEUX. — J'en souffre, oui, les autres pas...

S. — Why was le Vieux saved by "... la vie intérieure..." Does such a statement have a double meaning ? Is the author mocking introverts, the creative individual ?

LA VIEILLE. — Ne lui en parlez pas à mon mari. Lui qui aimait tellement ses parents. Il ne les a pas quittés un instant. Il les a soignés, choyés... Ils sont morts dans ses bras, en lui disant : Tu as été un fils parfait. Dieu sera bon pour toi.

LE VIEUX. — Je la vois encore allongée dans son fossé, elle tenait du muguet dans sa main, elle criait : Ne m'oublie pas, ne m'oublie pas... elle avait de grosses larmes dans ses yeux, et m'appelait par mon surnom d'enfant : Petit poussin, disait-elle, petit poussin, ne me laisse pas toute seule, là.

LA VIEILLE, *au Photograveur*. — Il ne nous a jamais écrit. De temps à autre, un ami nous dit qu'il l'a vu là, qu'il l'a vu ci, qu'il se porte bien, qu'il est un bon mari...

LE VIEUX, *à la belle*. — A mon retour, elle était enterrée depuis longtemps. *(A la première Dame.)* Oh! si, oh! si, Madame, nous avons le cinéma dans la maison, un restaurant, des salles de bains...

LA VIEILLE, *au Colonel*. — Mais oui, Colonel, c'est bien parce qu'il...

LE VIEUX. — Dans le fond, c'est bien ça.

(Conversation à bâtons rompus, s'enlisant.)

LA VIEILLE. — Pourvu!

LE VIEUX. — Ainsi je n'ai... je lui... Certainement...

LA VIEILLE *(dialogue disloqué; épuisement)*. — Bref.

LE VIEUX. — A notre, et aux siens.

LA VIEILLE. — A ce que.

LE VIEUX. — Je le lui ai.

LA VIEILLE. — Le, ou la?

LE VIEUX. — Les.

LA VIEILLE. — Les papillotes... Allons donc.

LE VIEUX. — Il n'en est.

LA VIEILLE. — Pourquoi?

LE VIEUX. — Oui.

LA VIEILLE. — Je.

LE VIEUX. — Bref.

LA VIEILLE. — Bref.

LE VIEUX, *à la première Dame*. — Plaît-il, Madame?
  (Un long silence, les Vieux restent figés sur leur chaise. Puis, on entend de nouveau sonner.[T]*)*

LE VIEUX, *avec une nervosité qui ira grandissante*. — On vient. Du monde. Encore du monde.

LA VIEILLE. — Il m'avait bien semblé entendre des barques...

LE VIEUX. — Je vais ouvrir. Va chercher des chaises. Excusez-moi, Messieurs, Mesdames.
(Il va vers la porte n° 7.)

[T]. — For what reason do the protagonists assume puppet-like stances?

LES CHAISES

LA VIEILLE, *aux personnages invisibles qui sont déjà là.* — Levez-vous, s'il vous plaît, un instant. L'Orateur doit bientôt venir. Il faut préparer la salle pour la conférence. *(La Vieille arrange les chaises, les dossiers tournés vers la salle.)* Donnez-moi un coup de main. Merci.

LE VIEUX, *(il ouvre la porte n° 7).* — Bonjour, Mesdames, bonjour, Messieurs. Donnez-vous la peine d'entrer.
    (Les trois ou quatre personnes invisibles qui arrivent sont très grandes et le Vieux doit se hausser sur les pointes des pieds pour serrer leur main.
    La Vieille, après avoir placé les chaises comme il est dit ci-dessus, va à la suite du Vieux.)

LE VIEUX, *faisant les présentations.* — Ma femme... Monsieur... Madame... ma femme... Monsieur... Madame... ma femme...

LA VIEILLE. — Qui sont tous ces gens-là, mon chou?

LE VIEUX, *à la Vieille.* — Va chercher des chaises, chérie.

LA VIEILLE. — Je ne peux pas tout faire!...
    (Elle sortira, tout en ronchonnant, par la porte n° 6, rentrera par la porte n° 7, tandis que le Vieux ira avec les nouveaux venus vers le devant de la scène.)

LE VIEUX. — Ne laissez pas tomber votre appareil cinématographique... *(Encore des présentations.)* Le Colonel... La Dame... Madame la Belle... Le Photograveur. Ce sont des journalistes, ils sont venus eux aussi écouter le conférencier, qui sera certainement là tout à l'heure... Ne vous impatientez pas... Vous n'allez pas vous ennuyer... tous ensemble... *(La Vieille fait son apparition avec deux chaises par la porte n° 7.)* Allons toi, plus vite avec tes chaises... il en faut encore une.
    (La Vieille va chercher une autre chaise, toujours ronchonnant, par la porte n° 3 et reviendra par la porte n° 8.)

LA VIEILLE. — Ça va, ça va... je fais ce que je peux... je ne suis pas une mécanique... Qui sont-ils tous ces gens-là?

                                                         (Elle sort.)

LE VIEUX. — Asseyez-vous, asseyez-vous, les dames avec les dames, les messieurs avec les messieurs, ou le contraire, si vous voulez... Nous n'avons pas de chaises plus belles... c'est plutôt improvisé... excusez... prenez celle du milieu... voulez-vous un stylo?... téléphonez à Maillot, vous aurez Monique... Claude c'est providence... Je n'ai pas la radio... Je reçois tous les journaux... ça dépend d'un tas de choses; j'administre ces logis, mais je n'ai pas de personnel... il faut faire des économies... pas d'interview, je vous en prie, pour le moment... après, on verra... vous allez avoir tout de suite une place assise... mais qu'est-ce qu'elle fait?... *(La Vieille apparaît par la porte n° 8 avec une chaise.)* Plus vite, Sémiramis...

LA VIEILLE. — Je fais de mon mieux... Qui sont-ils tous ces gens-là?

LE VIEUX. — Je t'expliquerai plus tard.

LA VIEILLE. — Et celle-là? celle-là, mon chou?

LE VIEUX. — Ne t'en fais pas... *(Au Colonel.)* Mon Colonel, le journalisme est un métier qui ressemble à celui du guerrier...[U] *(A la Vieille.)* Occupe-toi un peu des dames, ma chérie...

U. — Why does Le Vieux make the following statement: «...le journalisme est un métier qui ressemble à celui du guerrier...»? Is such a statement valid? Explain.

(On sonne. Le Vieux se précipite vers la porte n° 8.) Attendez, un instant... *(A la Vieille.)* Tes chaises!

La vieille. — Messieurs, Mesdames, excusez-moi...
> *(Elle sortira par la porte n° 3, reviendra par la porte n° 2; le Vieux va ouvrir la porte cachée n° 9, et disparaît au moment où la Vieille réapparaît par la porte n° 3.)*

Le vieux, *caché*. — Entrez... entrez... entrez... entrez... *(Il réapparaît, traînant derrière lui une quantité de personnes invisibles dont un tout petit enfant qu'il tient par la main.)* On ne vient pas avec des petits enfants à une conférence scientifique... il va s'ennuyer le pauvre petit... s'il se met à crier ou à pisser sur les robes des dames, cela va en faire du joli! *(Il les conduit au milieu de la scène, la Vieille arrive avec deux chaises.)* Je vous présente ma femme, Sémiramis; ce sont leurs enfants.

La vieille. — Messieurs, mesdames... oh! qu'ils sont gentils!

Le vieux. — Celui-là c'est le plus petit.

La vieille. — Qu'il est mignon... mignon... mignon!

Le vieux. — Pas assez de chaises.

La vieille. — Ah! là là là là...
> *(Elle sort chercher une autre chaise, elle utilisera maintenant pour entrer et sortir les portes n°s 2 et 3 à droite.)*

Le vieux. — Prenez le petit sur vos genoux... Les deux jumeaux pourront s'asseoir sur une même chaise. Attention, elle ne sont pas solides... ce sont les chaises de la maison, elles appartiennent au propriétaire. Oui, mes enfants, il nous disputerait, il est méchant... il voudrait qu'on les lui achète, elles n'en valent pas la peine. *(La Vieille arrive le plus vite qu'elle peut avec une chaise.)* Vous ne vous connaissez pas tous... vous vous voyez pour la première fois... vous vous connaissiez tous de nom... *(A la Vieille.)* Sémiramis, aide-moi à faire les présentations...

La vieille. — Qui sont tous ces gens-là?... Je vous présente, permettez, je vous présente... mais qui sont-ils?

Le vieux. — Permettez-moi de vous présenter... que je vous présente... que je vous la présente... Monsieur, Madame, Mademoiselle... Monsieur... Madame... Madame... Monsieur...
> *(Nouveau coup de sonnette.)*

Le vieux. — Du monde!
> *(Un autre coup de sonnette.)*

La vieille. — Du monde!
> *(Un autre coup de sonnette, puis d'autres, et d'autres encore; le vieux est débordé; les chaises, tournées vers l'estrade, dossiers à la salle, forment des rangées régulières, toujours augmentées, comme pour une salle de spectacle; le vieux essoufflé, s'épongeant le front, va d'une porte à l'autre, place les gens invisibles, tandis que la Vieille, clopin-clopant, n'en pouvant plus, va, le plus vite qu'elle peut, d'une porte à l'autre, chercher et porter des chaises; il y a maintenant beaucoup de personnes invisibles sur le plateau; les Vieux font attention pour ne pas heurter les gens; pour se faufiler entre les rangées de chaises. Le mouvement pourra se faire comme suit : le Vieux va à la porte n° 4, la Vieille sort par la porte n° 3, revient par la porte n° 2; le Vieux va ouvrir la porte n° 7, la Vieille sort par la porte n° 8, revient par la porte n° 6 avec les chaises,*

etc., afin de faire le tour du plateau, par l'utilisation de toutes les portes.[V])

LA VIEILLE. — Pardon... pardon... quoi... ben... pardon... pardon...

LE VIEUX. — Messieurs... entrez... Mesdames... entrez... c'est Madame... permettez... oui...

LA VIEILLE, *avec des chaises.* — Là... là... ils sont trop... Ils sont vraiment trop, trop... trop nombreux, ah ! là là là là...

(On entend du dehors de plus en plus fort et de plus en plus près les glissements des barques sur l'eau; tous les bruits ne viennent plus que des coulisses. La Vieille et le Vieux continuent le mouvement indiqué ci-dessus; on ouvre des portes, on apporte des chaises. Sonneries.[W]*)*

LE VIEUX. — Cette table nous gêne. *(Il déplace, ou plutôt il esquisse le mouvement de déplacer une table, de manière à ne pas ralentir, aidé par la Vieille.)* Il n'y a guère de place, ici, excusez-nous...

LA VIEILLE, *esquissant le geste de débarrasser la table, au Vieux.* — As-tu mis ton tricot?

(Coups de sonnette.)

LE VIEUX. — Du monde ! Des chaises ! du monde ! des chaises ! Entrez, entrez Messieurs-dames... Sémiramis, plus vite... On te donnera bien un coup de main...

LA VIEILLE. — Pardon... pardon... bonjour, Madame... Madame... Monsieur... Monsieur... oui, oui, les chaises...

LE VIEUX, *tandis que l'on sonne de plus en plus fort et que l'on entend le bruit des barques heurtant le quai tout près, et de plus en plus fréquemment, s'empêtre dans les chaises, n'a presque pas le temps d'aller d'une porte à l'autre, tellement les sonneries se succèdent vite.* — Oui, tout de suite... as-tu mis ton tricot? oui, oui... tout de suite, patience, oui, oui... patience...

LA VIEILLE. — Ton tricot? Mon tricot?... pardon, pardon.

LE VIEUX. — Par ici, Messieurs-dames, je vous demande... je vous de... pardon... mande... entrez, entrez... vais conduire... là, les places... chère amie... pas par là... attention... vous mon amie?...

(Puis, un long moment, plus de paroles. On entend les vagues, les barques, les sonneries ininterrompues. Le mouvement est à son point culminant d'intensité. Les portes s'ouvrent et se ferment toutes à présent, sans arrêt. Seule, la grande porte du fond reste fermée. Allées et venues des vieux, sans un mot, d'une porte à l'autre; ils ont l'air de glisser sur des roulettes. Le Vieux reçoit les gens, les accompagne, mais ne vas pas très loin, il leur indique seulement les places après avoir fait un ou deux pas avec eux; il n'a pas le temps. La Vieille apporte des chaises. Le Vieux et la Vieille se rencontrent et se heurtent, une ou deux fois, sans interrompre le mouvement. Puis, au milieu et au fond de la scène, le Vieux, presque sur place, se tournera de gauche à droite, de droite à gauche, etc., vers toutes les portes et indiquera les places du bras. Le bras bougera très vite. Puis, enfin, la Vieille s'arrêtera, avec une chaise à la main, qu'elle posera, reprendra, reposera, faisant

---

V. — What impression does the invisible mass-movement on stage create upon the spectator? How has the spectator's reality changed? Why?

W. — What role do the sound effects play in underlining the drama of the situation? How do the various rhythmic effects parallel the action?

mine de vouloir aller elle aussi d'une porte à l'autre, de droite à gauche, de gauche à droite, bougeant très vite, la tête et le cou; cela ne doit pas faire tomber le mouvement; les deux vieux devront toujours donner l'impression de ne pas s'arrêter, tout en restant à peu près sur place; leurs mains, leur buste, leur tête, leurs yeux s'agiteront, en dessinant peut-être des petits cercles. Enfin, ralentissement, d'abord léger, progressif, du mouvement : les sonneries moins fortes, moins fréquentes; les portes s'ouvriront de moins en moins vite; les gestes des vieux ralentiront progressivement. Au moment où les portes cesseront tout à fait de s'ouvrir et de se fermer, les sonneries de se faire entendre, on devra avoir l'impression que le plateau est archiplein de monde.)

Le vieux. — Je vais vous placer... patience... Sémiramis, bon sang...

La vieille, *un grand geste; les mains vides.* — Il n'y a plus de chaises, mon chou. *(Puis, brusquement, elle se mettra à vendre des programmes invisibles dans la salle pleine, aux portes fermées.)* Le programme, demandez le programme, le programme de la soirée, demandez le programme !

Le vieux. — Du calme, Messieurs, Mesdames, on va s'occuper de vous... Chacun son tour, par ordre d'arrivée... Vous aurez de la place. On s'arrangera.

La vieille. — Demandez le programme ! Attendez donc un peu, Madame, je ne peux pas servir tout le monde à la fois, je n'ai pas trente-trois mains, je ne suis pas une vache...[X] Monsieur, ayez, je vous prie, l'amabilité de passer le programme à votre voisine, merci... ma monnaie, ma monnaie...

Le vieux. — Puisque je vous dis qu'on va vous placer ! Ne vous énervez pas ! Par ici, c'est par ici, là, attention... oh, cher ami... chers amis...

La vieille. — ... Programme... mandez gramme... gramme...

Le vieux. — Oui, mon cher, elle est là, plus bas, elle vend les programmes... il n'y a pas de sots métiers... c'est elle... vous la voyez?... vous avez une place dans la deuxième rangée... à droite... non, à gauche... c'est ça!...

La vieille. — ... gramme... gramme... programme... demandez le programme...

Le vieux. — Que voulez-vous que j'y fasse? Je fais de mon mieux ! *(A des invisibles assis.)* Poussez-vous un petit peu s'il vous plaît... encore une petite place, elle sera pour vous, Madame... approchez. *(Il monte sur l'estrade, obligé par la poussée de la foule.)* Mesdames, Messieurs, veuillez nous excuser, il n'y a plus de places assises...

La vieille, *qui se trouve à un bout opposé, en face du Vieux, entre la porte n° 3 et la fenêtre.* — Demandez le programme... qui veut le programme? Chocolat glacé, caramels... bonbons acidulés... *(Ne pouvant bouger, la Vieille, coincée par la foule, lance ses programmes et ses bonbons au hasard, par-dessus les têtes invisibles.)* En voici! en voilà !

Le vieux, *sur l'estrade, debout, très animé; il est bousculé, descend de l'estrade, remonte, redescend, heurte un visage, est heurté par un coude, dit.* — Pardon... mille excuses... faites attention...

(Poussé, il chancelle, a du mal à rétablir son équilibre, s'agrippe à des épaules.)

X. — What is the meaning of La Vieille's statement "... je suis pas une vache...".

LA VIEILLE. — Qu'est-ce que c'est que tout ce monde? Programme, demandez donc le programme, chocolat glacé.

LE VIEUX. — Mesdames, Mesdemoiselles, Messieurs, un instant de silence je vous en supplie... du silence... c'est très important... les personnes qui n'ont pas de places assises sont priées de bien vouloir dégager le passage... c'est ça... Ne restez pas entre les chaises.

LA VIEILLE, *au Vieux presque criant*. — Qui sont ces gens-là, mon chou? Qu'est-ce qu'ils viennent faire ici?

LE VIEUX. — Dégagez, Messieurs-dames. Les personnes qui n'ont pas de place assise doivent, pour la commodité de tous, se mettre debout, contre le mur, là, sur la droite ou la gauche... vous entendrez tout, vous verrez tout, ne craignez rien, toutes les places sont bonnes!

(Il se fait un grand remue-ménage; poussé par la foule, le Vieux fera presque le tour du plateau et devra se trouver à la fenêtre de droite, près de l'escabeau; la Vieille devra faire le même mouvement en sens inverse, et se trouvera à la fenêtre de gauche, près de l'escabeau.)

LE VIEUX, *faisant le mouvement indiqué*. — Ne poussez pas, ne poussez pas.

LA VIEILLE, *même jeu*. — Ne poussez pas, ne poussez pas.

LE VIEUX, *même jeu*. — Poussez pas, ne poussez pas.

LA VIEILLE, *même jeu*. — Ne poussez pas, Messieurs-dames, ne poussez pas.

LE VIEUX, *même jeu*. — Du calme... doucement... du calme... qu'est-ce que...

LA VIEILLE, *même jeu*. — Vous n'êtes pourtant pas des sauvages, tout de même.

(Ils sont enfin arrivés à leurs places définitives. Chacun près de sa fenêtre. Le Vieux, à gauche, à la fenêtre du côté de l'estrade. La Vieille à droite. Ils ne bougeront plus jusqu'à la fin.)

LA VIEILLE *(elle appelle son Vieux)*. — Mon chou... je ne te vois plus... où es-tu? Qui sont-ils? Qu'est-ce qu'ils veulent tous ces gens-là? Qui est celui-là?

LE VIEUX. — Où es-tu? Où es-tu Sémiramis?

LA VIEILLE. — Mon chou, où es-tu?

LE VIEUX. — Ici, près de la fenêtre... m'entends-tu...

LA VIEILLE. — Oui, j'entends ta voix!... Il y en a beaucoup... mais je distingue la tienne...

LE VIEUX. — Et toi, où es-tu?

LA VIEILLE. — A la fenêtre moi aussi!... Mon chéri, j'ai peur, il y a trop de monde... nous sommes bien loin l'un de l'autre... à notre âge, nous devons faire attention... nous pourrions nous égarer... Il faut rester tout près, on ne sait jamais, mon chou, mon chou...

LE VIEUX. — Ah!... je viens de t'apercevoir... oh!... on se reverra, ne crains rien... je suis avec des amis. *(Aux amis.)* Que je suis content de vous serrer la main... Mais oui, je crois au progrès, ininterrompu, avec des secousses, pourtant, pourtant...

LA VIEILLE. — Ça va, merci... Quel mauvais temps! Comme il fait beau! *(A part.)* J'ai peur quand même... Qu'est-ce que je fais là?... *(Elle crie.)* Mon chou! Mon chou!...

(Chacun de son côté parlera aux invités.)

Y. — Why is Le Vieux' separation from La Vieille so meaningful?

Le vieux. — Pour empêcher l'exploitation de l'homme par l'homme, il nous faut de l'argent, de l'argent, encore de l'argent!

La vieille. — Mon chou! *(Puis accaparée par des amis.)* Oui, mon mari est là, c'est lui qui organise... là-bas... oh! vous n'y arriverez pas... il faudrait pouvoir traverser, il est avec des amis...

Le vieux. — Certainement pas... je l'ai toujours dit... la logique pure, ça n'existe pas... c'est de l'imitation.

La vieille. — Voyez-vous, il y a de ces gens heureux. Le matin, ils prennent leur petit déjeuner en avion, à midi, ils déjeunent en chemin de fer, le soir, ils dînent en paquebot. Ils dorment la nuit dans des camions qui roulent, roulent, roulent...

Le vieux. — Vous parlez de la dignité de l'homme? Tâchons au moins de sauver la face. La dignité n'est que son dos.

La vieille. — Ne glissez pas dans les ténèbres.

(Elle éclate de rire, en conversation.)

Le vieux. — Vos compatriotes me le demandent.

La vieille. — Certainement... racontez-moi tout.

Le vieux. — Je vous ai convoqués... pour qu'on vous explique... l'individu et la personne, c'est une seule et même personne.

La vieille. — Il a un air emprunté. Il nous doit beaucoup d'argent.

Le vieux. — Je ne suis pas moi-même. Je suis un autre. Je suis l'un dans l'autre.

La vieille. — Mes enfants, méfiez-vous les uns des autres.

Le vieux. — Je me réveille quelquefois au milieu du silence absolu. C'est la sphère. Il n'y manque rien. Il faut faire attention cependant. Sa forme peut disparaître subitement. Il y a des trous par où elle s'échappe.

La vieille. — Des revenants, voyons, des fantômes, des rien du tout... Mon mari exerce des fonctions très importantes, sublimes.

Le vieux. — Excusez-moi... Ce n'est pas du tout mon avis!... Je vous ferai connaître à temps mon opinion à ce sujet... Je ne dirai rien pour le moment!... C'est l'orateur, celui que nous attendons, c'est lui qui vous dira, qui répondra pour moi, tout ce qui nous tient à cœur... Il vous expliquera tout... quand?... lorsque le moment sera venu... le moment viendra bientôt...

La vieille, *de son côté à ses amis*. — Le plus tôt sera le mieux... Bien entendu... *(A part.)* Ils ne vont plus nous laisser tranquilles. Qu'ils s'en aillent!... Mon pauvre chou où est-il, je ne l'aperçois plus...

Le vieux, *même jeu*. — Ne vous impatientez pas comme ça. Vous entendrez mon message. Tout à l'heure.

La vieille, *à part*. — Ah!... j'entends sa voix!... *(Aux amis.)* Savez-vous, mon époux a toujours été incompris.^Z Son heure enfin est venue.

Z. — Why was Le Vieux, according to La Vieille, always misunderstood?

LE VIEUX. — Écoutez-moi. J'ai une riche expérience. Dans tous les domaines de la vie, de la pensée... je ne suis pas un égoïste : il faut que l'humanité en tire son profit.

LA VIEILLE. — Aïe ! Vous me marchez sur les pieds... J'ai des engelures !... [12]

LE VIEUX. — J'ai mis au point tout un système. *(A part.)* L'orateur devrait être là ! *(Haut.)* J'ai énormément souffert.

LA VIEILLE. — Nous avons beaucoup souffert. *(A part.)* L'Orateur devrait être là. C'est l'heure pourtant.

LE VIEUX. — Beaucoup souffert, beaucoup appris.

LA VIEILLE *(comme l'écho.)* — Beaucoup souffert, beaucoup appris.

LE VIEUX. — Vous verrez vous-même, mon système est parfait.

LA VIEILLE *(comme l'écho.)* — Vous verrez vous-même, son système est parfait.

LE VIEUX. — Si on veut bien obéir à mes instructions.

LA VIEILLE *(écho.)* — Si on veut suivre ses instructions.

LE VIEUX. — Sauvons le monde !...

LA VIEILLE *(écho.)* — Sauver son âme en sauvant le monde !...

LE VIEUX. — Une seule vérité pour tous !

LA VIEILLE *(écho.)* — Une seule vérité pour tous !

LE VIEUX. — Obéissez-moi !...

LA VIEILLE *(écho.)* — Obéissez-lui !...

LE VIEUX. — Car j'ai la certitude absolue !... [AA]

LA VIEILLE *(écho.)* — Il a la certitude absolue !

LE VIEUX. — Jamais...

LA VIEILLE *(écho.)* — Au grand jamais...

(Soudain on entend dans les coulisses du bruit, des fanfares.)

LA VIEILLE. — Que se passe-t-il ?

(Les bruits grandissent, puis la porte du fond s'ouvre toute grande, à grand fracas; par la porte ouverte, on n'aperçoit que le vide, mais très puissante, une grande lumière envahit le plateau par la grande porte et les fenêtres qui, à l'arrivée de l'Empereur se sont fortement éclairées.)

LE VIEUX. — Je ne sais pas... je ne crois pas... est-ce possible... mais oui... mais oui... incroyable... et pourtant si... oui... si... oui... c'est l'Empereur ! Sa Majesté l'Empereur !

(Lumière maximum d'intensité, par la porte ouverte, par les fenêtres; mais lumière froide, vide; des bruits encore qui cesseront brusquement.) [BB]

LA VIEILLE. — Mon chou... mon chou... qui est-ce ?

---

12. — Engelures — Chillblains.

AA. — What is the underlying meaning of Le Vieux' statement "... Obéissez-moi... car j'ai la certitude absolue !" What are the implications of such a remark ?

BB. — How does the lighting prepare the spectator for the Emperor's climatic entrance ?

Le vieux. — Levez-vous !... C'est Sa Majesté l'Empereur ! L'Empereur, chez moi, chez nous... Sémiramis... te rends-tu compte ?

La vieille, *ne comprenant pas.* — L'Empereur... L'Empereur ? mon chou ! *(Puis soudain, elle comprend.)* Ah ! oui, l'Empereur ! Majesté ! Majesté ! *(Elle fait éperdument des révérences grotesques, innombrables.)* Chez nous ! chez nous !

Le vieux, *pleurant d'émotion.* — Majesté !... oh ! ma Majesté !... ma petite, ma grande Majesté !... Oh ! quelle sublime grâce... c'est un rêve merveilleux...

La vieille *(comme l'écho.)* — Rêve merveilleux... erveilleux...

Le vieux, *à la foule invisible.* — Mesdames, Messieurs, levez-vous, notre Souverain bien-aimé, l'Empereur, est parmi nous ! Hourrah ! Hourrah !

(Il monte sur l'escabeau; il se soulève sur la pointe des pieds pour pouvoir apercevoir l'Empereur; la Vieille, de son côté, fait pareil.)

La vieille. — Hourrah ! Hourrah !

(Trépignements.)

Le vieux. — Votre Majesté !... Je suis là !... Votre Majesté ! M'entendez-vous ? Me voyez-vous ? Faites donc savoir à sa Majesté que je suis là ! Majesté ! Majesté !!! Je suis là, votre plus fidèle serviteur !... [CC]

La vieille *(toujours faisant écho.)* — Votre plus fidèle serviteur, Majesté !

Le vieux. — Votre serviteur, votre esclave, votre chien, houh, haouh, votre chien, Majesté...

La vieille, *pousse très fort des hurlements de chien.* — Houh... houh... houh...

Le vieux, *se tordant les mains.* — Me voyez-vous ? Répondez, Sire !... Ah, je vous aperçois, je viens d'apercevoir la figure auguste de votre Majesté... Votre front divin... Je l'ai aperçu, oui, malgré l'écran des courtisans...

La vieille. — Malgré les courtisans... nous sommes là, Majesté.

Le vieux. — Majesté ! Majesté ! Ne laissez pas, Mesdames, Messieurs, Sa Majesté debout... vous voyez ma Majesté, je suis vraiment le seul à avoir soin de vous, de votre santé, je suis le plus fidèle de vos sujets...

La vieille *(écho.)* — Les plus fidèles sujets de votre Majesté !

Le vieux. — Laissez-moi donc passer, Mesdames et Messieurs... comment faire pour me frayer un passage dans cette cohue... il faut que j'aille présenter mes très humbles respects à sa Majesté l'Empereur... Laissez-moi passer...

La vieille, *en écho.* — Laissez-le passer... laissez-le passer... passer... assez...

Le vieux. — Laissez-moi passer, laissez-moi donc passer. *(Désespéré.)* Ah ! arriverai-je jamais jusqu'à lui ?

La vieille *(écho.)* — A lui... à lui...

Le vieux. — Pourtant, mon cœur et tout mon être sont à Ses pieds, la foule des courtisans l'entoure, ah ! ah ! ils veulent m'empêcher d'arriver jusqu'à lui... Ils se doutent bien eux tous que... oh ! je m'entends... je m'entends... Les intrigues de la Cour, je connais ça... On veut me séparer de votre Majesté !

CC. — Why does Le Vieux grovel before the Emperor ? Is such self-abnegation common among worshippers ?

LA VIEILLE. — Calme-toi, mon chou... Sa Majesté te voit, te regarde... Sa Majesté m'a fait un clin d'œil... Sa Majesté est avec nous!...

LE VIEUX. — Qu'on donne à l'Empereur la meilleure place... près de l'estrade... qu'il entende tout ce que dira l'Orateur.

LA VIEILLE, *se hissant sur son escabeau, sur la pointe des pieds, soulevant son menton le plus haut qu'elle peut, pour mieux voir.* — On s'occupe de l'Empereur enfin.

LE VIEUX. — Le ciel soit loué! *(A l'Empereur.)* Sire... que votre Majesté ait confiance. C'est un ami, mon représentant, qui est auprès de votre Majesté. *(Sur la pointe des pieds, debout sur un escabeau.)* Messieurs, Mesdames, Mesdemoiselles, mes petits enfants, je vous implore...

LA VIEILLE, *en écho.* — Plore... plore...

LE VIEUX. — ... Je voudrais voir... écartez-vous... je voudrais... le regard céleste, le respectable visage, la couronne, l'auréole de Sa Majesté... Sire, daignez tourner votre illustre face de mon côté, vers votre serviteur humble... si humble... oh! j'aperçois nettement cette fois... j'aperçois...

LA VIEILLE *(écho.)* — Il aperçoit cette fois... il aperçoit... perçoit... çoit...

LE VIEUX. — Je suis au comble de la joie... je n'ai pas de paroles pour exprimer la démesure de ma gratitude... dans mon modeste logis, oh! Majesté! oh! soleil!... ici... ici... dans ce logis où je suis, il est vrai, le Maréchal... mais dans la hiérarchie de votre armée, je ne suis qu'un simple Maréchal des logis...

LA VIEILLE *(écho.)* — Maréchal des logis...

LE VIEUX. — J'en suis fier... fier et humble, à la fois... comme il se doit... hélas! certes, je suis Maréchal, j'aurais pu être à la Cour impériale, je ne surveille ici qu'une petite cour... Majesté... je... Majesté, j'ai du mal à exprimer... j'aurais pu avoir... beaucoup de choses, pas mal de biens si j'avais su, si j'avais voulu, si je... si nous... Majesté, excusez mon émotion...

LA VIEILLE. — A la troisième personne!

LE VIEUX, *pleurnichant.* — Que votre Majesté daigne m'excuser! Vous êtes donc venu... on n'espérait plus... on aurait pu ne pas être là... oh! sauveur, dans ma vie, j'ai été humilié...

LA VIEILLE *(écho),* sanglotant. — ... milié... milié...

LE VIEUX. — J'ai beaucoup souffert dans ma vie... J'aurais pu être quelque chose, si j'avais pu être sûr de l'appui de votre Majesté... je n'ai aucun appui... si vous n'étiez pas venu, tout aurait été trop tard... vous êtes, Sire, mon dernier recours...

LA VIEILLE *(écho.)* — Dernier recours... Sire... ernier recours... ire... recours...

LE VIEUX. — J'ai porté malheur à mes amis, à tous ceux qui m'ont aidé... La foudre frappait la main qui vers moi se tendait.

LA VIEILLE *(écho.)* — ... mains qui se tendaient... tendaient... aient...

LE VIEUX. — On a toujours eu de bonnes raisons de me haïr, de mauvaises raisons de m'aimer...

LA VIEILLE. — C'est faux, mon chou, c'est faux. Je t'aime moi, je suis ta petite mère...

LE VIEUX. — Tous mes ennemis ont été récompensés et mes amis m'ont trahi...

LA VIEILLE *(écho.)* — Amis... trahi... trahi...

Le vieux. — On m'a fait du mal. Ils m'ont persécuté. [DD] Si je me plaignais, c'est à eux que l'on donnait toujours raison... J'ai essayé, parfois, de me venger... je n'ai jamais pu, jamais pu me venger... j'avais trop pitié... je ne voulais pas frapper l'ennemi à terre, j'ai toujours été trop bon.

La vieille *(écho.)* — Il était trop bon, bon, bon, bon, bon...

Le vieux. — C'est ma pitié qui m'a vaincu.

La vieille *(écho.)* — Ma pitié... pitié... pitié...

Le vieux. — Mais eux n'avaient pas pitié. Je donnais un coup d'épingle, ils me frappaient à coups de massue, à coups de couteau, à coups de canon, ils me broyaient les os...

La vieille *(écho.)* — ... les os... les os... les os...

Le vieux. — On prenait ma place, on me volait, on m'assassinait... J'étais le collectionneur de désastres, le paratonnerre des catastrophes...

La vieille *(écho.)* — Paratonnerre... catastrophe... paratonnerre...

Le vieux. — Pour oublier, Majesté, j'ai voulu faire du sport... de l'alpinisme... on m'a tiré par les pieds pour me faire glisser... J'ai voulu monter des escaliers, on m'a pourri les marches... Je me suis effondré... J'ai voulu voyager, on m'a refusé le passeport... J'ai voulu traverser la rivière, on m'a coupé les ponts...

La vieille *(écho.)* — Coupé les ponts.

Le vieux. — J'ai voulu franchir les Pyrénées, il n'y avait déjà plus de Pyrénées.

La vieille *(écho.)* — Plus de Pyrénées... Il aurait pu être, lui aussi, Majesté, comme tant d'autres, un Rédacteur-chef, un Acteur-chef, un Docteur-chef, Majesté, un Roi-chef...

Le vieux. — D'autre part, on n'a jamais voulu me prendre en considération... on ne m'a jamais envoyé les cartes d'invitation... Pourtant moi, écoutez, je vous le dis, moi seul aurais pu sauver l'humanité, qui est bien malade.[EE] Votre Majesté s'en rend compte comme moi... ou, du moins, j'aurais pu lui épargner les maux dont elle a tant souffert ce dernier quart de siècle, si j'avais eu l'occasion de communiquer mon message; je ne désespère pas de la sauver, il est encore temps, j'ai le plan... hélas, je m'exprime difficilement...

La vieille, *par dessus les têtes invisibles.* — L'Orateur sera là, il parlera pour toi... Sa Majesté est là... ainsi on écoutera, tu n'as plus à t'inquiéter, tu as tous les atouts, ça a changé, ça a changé...

Le vieux. — Que votre Majesté me pardonne... Elle a bien d'autres soucis... j'ai été humilié... Mesdames et messieurs, écartez-vous un tout petit peu, ne me cachez pas complètement le nez de Sa Majesté, je veux voir briller les diamants de la couronne impériale... Mais si votre Majesté a daigné venir sous mon toit misérable, c'est bien parce qu'elle condescent à prendre en considération ma pauvre personne. Quelle extraordinaire compensation. Majesté, si matériellement je me hausse sur la pointe des pieds, ce n'est pas par orgueil, ce n'est que pour vous contempler !... moralement je me jette à vos genoux...

DD. — Le Vieux claims that he has been persecuted. Is this the fate of philosophers, religious leaders, and scientists? Name several who have died for their ideas?

EE. — Is the following statement made by Le Vieux designed to ridicule? Or was it said in all sincerity? « Pourtant moi, écoutez, je vous le dis, moi seul aurais pu sauver l'humanité, qui est bien malade ». Does Le Vieux feel that he is a messiah?

LA VIEILLE, *sanglotant*. — A vos genoux, Sire, nous nous jetons à vos genoux, à vos pieds, à vos orteils...

LE VIEUX. — J'ai eu la gale. Mon patron m'a mis à la porte parce que je ne faisais pas la révérence à son bébé, à son cheval. J'ai reçu des coups de pied au cul, mais tout cela, Sire, n'a plus aucune importance... puisque... puisque... Sire... Majesté... regardez... je suis là... là...

LA VIEILLE *(écho.)* — Là... là... là... là... là... là...

LE VIEUX. — Puisque votre Majesté est là... puisque votre Majesté prendra en considération mon message... Mais l'Orateur devrait être là... Il fait attendre sa Majesté...

LA VIEILLE. — Que sa Majesté l'excuse. Il doit venir. Il sera là dans un instant. On nous a téléphoné.

LE VIEUX. — Sa Majesté est bien bonne. Sa Majesté ne partira pas comme ça sans avoir tout écouté, tout entendu.

LA VIEILLE *(écho.)* — Tout entendu... entendu... tout écouté...

LE VIEUX. — C'est lui qui va parler en mon nom... Moi, je ne peux pas... je n'ai pas de talent... lui il a tous les papiers, tous les documents...

LA VIEILLE *(écho.)* — Il a tous les documents...

LE VIEUX. — Un peu de patience, Sire, je vous en supplie... il doit venir.

LA VIEILLE. — Il doit venir à l'instant.

LE VIEUX, *pour que l'Empereur ne s'impatiente pas*. — Majesté, écoutez, j'ai eu la révélation il y a longtemps... j'avais quarante ans... [FF] je dis ça aussi pour vous, Messieurs-dames... un soir, après le repas, comme de coutume, avant d'aller au lit, je m'assis sur les genoux de mon père... [GG] mes moustaches étaient plus grosses que les siennes et plus pointues... ma poitrine plus velue... mes cheveux grisonnants déjà, les siens étaient encore bruns... Il y avait des invités, des grandes personnes, à table, qui se mirent à rire, rire.

LA VIEILLE *(écho.)* — Rire... rire...

LE VIEUX. — Je ne plaisante pas, leur dis-je. J'aime bien mon papa. On me répondit : Il est minuit, un gosse ne se couche pas si tard. Si vous ne faites pas encore dodo c'est que vous n'êtes plus un marmot. Je ne les aurais quand même pas crus s'ils ne m'avaient pas dit vous...

LA VIEILLE *(écho.)* — "Vous".

LE VIEUX. — Au lieu de tu...

LA VIEILLE *(écho.)* — Tu...

LE VIEUX. — Pourtant, pensais-je, je ne suis pas marié. Je suis donc encore enfant. On me maria à l'instant même, rien que pour me prouver le contraire... Heureusement, ma femme m'a tenu lieu de père et mère...

LA VIEILLE. — L'Orateur doit venir, Majesté...

LE VIEUX. — Il viendra, l'Orateur.

FF. — What does Le Vieux imply when he says "... écoutez, j'ai eu la révélation il y a longtemps... j'avais quarante ans... un soir, après le repas...".

GG. — Why does Le Vieux switch roles : from old man to young son ? What is the author driving at with such a transformation of personality ?

La vieille. — Il viendra. ᴴᴴ
Le vieux. — Il viendra.
La vieille. — Il viendra.
Le vieux. — Il viendra.
La vieille. — Il viendra.
Le vieux. — Il viendra, il viendra.
La vieille. — Il viendra, il viendra.
Le vieux. — Viendra.
La vieille. — Il vient.
Le vieux. — Il vient.
La vieille. — Il vient, il est là.
Le vieux. — Il vient, il est là.
La vieille. — Il vient, il est là.
Le vieux et la vieille. — Il est là...
La vieille. — Le voilà!... *(Silence; interruption de tout mouvement. Pétrifiés, les deux vieux fixent du regard la porte n° 5; la scène immobile dure assez longtemps, une demi-minute environ; très lentement, très lentement, la porte s'ouvre toute grande, silencieusement; puis l'Orateur apparaît; c'est un personnage réel. C'est le type du peintre ou du poète du siècle dernier : feutre noir à larges bords, lavallière, vareuse, moustache et barbiche, l'air assez cabotin, suffisant; si les personnages invisibles doivent avoir le plus de réalité possible, l'Orateur, lui, devra paraître irréel;* ᴵᴵ *en longeant le mur de droite; il ira, comme glissant, doucement, jusqu'au fond, en face de la grande porte, sans tourner la tête à droite ou à gauche; il passera près de la Vieille sans sembler la remarquer, même lorsque la Vieille touchera son bras pour s'assurer qu'il existe; à ce moment, la Vieille dira :)* Le voilà!

Le vieux. — Le voilà!
La vieille, *qui l'a suivi du regard et continuera de le suivre.* — C'est bien lui, il existe. En chair et en os.
Le vieux, *le suivant du regard.* — Il existe. Et c'est bien lui. Ce n'est pas un rêve!
La vieille. — Ce n'est pas un rêve, je te l'avais bien dit.
(Le Vieux croise les mains, lève les yeux au ciel; il exulte silencieusement. L'Orateur, arrivé au fond enlève son chapeau, s'incline en silence, salue avec son chapeau comme un mousquetaire et un peu comme un automate, devant l'Empereur, invisible. A ce moment :)
Le vieux. — Majesté... je vous présente l'Orateur...
La vieille. — C'est lui!
(Puis l'Orateur remet son chapeau sur la tête et monte sur l'estrade où il regarde, de haut, le public invisible du plateau, les chaises; il se fige dans une pose solennelle.)

HH. — What effect does the author achieve by repeating « Il viendra »?
II. — Why is the Orator supposed to seem "unreal" and all the invisible guests "real?" What does the Orator symbolize?

LE VIEUX, *au public invisible.* — Vous pouvez lui demander des autographes. *(Automatiquement, silencieusement, l'Orateur signe et distribue d'innombrables autographes. Le Vieux pendant ce temps lève encore les yeux au ciel en joignant les mains et dit, exultant :)* Aucun homme, de son vivant, ne peut espérer plus...

LA VIEILLE *(écho.)* — Aucun homme ne peut espérer plus.

LE VIEUX, *à la foule invisible.* — Et maintenant avec l'autorisation de votre Majesté, je m'adresse à vous tous, Mesdames, Mesdemoiselles, Messieurs, mes petits enfants, chers confrères, chers compatriotes, Monsieur le Président, mes chers compagnons d'armes...

LA VIEILLE *(écho.)* — Et mes petits enfants... ants... ants...

LE VIEUX. — Je m'adresse à vous tous, sans distinction d'âge, de sexe, d'état-civil, de rang social, de commerce, pour vous remercier, de tout mon cœur.

LA VIEILLE *(écho.)* — Vous remercier...

LE VIEUX. — Ainsi que l'Orateur... chaleureusement, d'être venus en si grand nombre... du silence, Messieurs !...

LA VIEILLE *(écho.)* — ... Silence, Messieurs...

LE VIEUX. — J'adresse aussi mes remerciements à tous ceux qui ont rendu possible la réunion de ce soir, aux organisateurs...

LA VIEILLE. — Bravo !
    (Pendant ce temps, sur l'estrade, l'Orateur est solennel, immobile, sauf la main qui, automatiquement, signe des autographes.)

LE VIEUX. — Aux propriétaires de cet immeuble, à l'architecte, aux maçons qui ont bien voulu élever ces murs...

LA VIEILLE *(échos.)* — ... murs...

LE VIEUX. — A tous ceux qui en ont creusé les fondations... Silence, Messieurs-dames...

LA VIEILLE *(écho.)* — ... ssieurs-dames...

LE VIEUX. — Je n'oublie pas et j'adresse mes plus vifs remerciements aux ébénistes qui fabriquèrent les chaises sur lesquelles vous pouvez vous asseoir, à l'artisan adroit... JJ

LA VIEILLE *(écho.)* — ... droit...

LE VIEUX. — ... qui fit le fauteuil dans lequel s'enfonce mollement votre Majesté, ce qui ne l'empêche pas cependant de conserver un esprit dur et ferme... Merci encore à tous les techniciens, machinistes, électrocutiens...

LA VIEILLE, *en écho.* — ... cutiens... cutiens...

LE VIEUX. — ... aux fabricants de papier et aux imprimeurs, correcteurs, rédacteurs à qui nous devons les programmes, si joliment ornés, à la solidarité universelle de tous les hommes, merci, merci, à notre patrie, à l'Etat *(il se tourne du côté où doit se trouver l'Empereur)* dont votre Majesté dirige l'embarcation avec la science d'un vrai pilote... merci à l'ouvreuse...

LA VIEILLE *(écho).* — ... ouvreuse... heureuse...

LE VIEUX *(il montre du doigt la Vieille).* — Vendeuse de chocolats glacés et de programmes...

JJ. — Why does Le Vieux thank both people and things for having helped him throughout his life ? Could such a statement have been made by a Sartrian existentialist ?

LA VIEILLE *(écho).* — grammes...

LE VIEUX. — ... mon épouse, ma compagne... Sémiramis !...

LA VIEILLE *(écho).* — ... pouse... pagne... miss... *(A part.)* Mon chou, il n'oublie jamais de me citer.

LE VIEUX. — Merci à tous ceux qui m'ont apporté leur aide financière ou morale, précieuse et compétente, contribuant ainsi à la réussite totale de la fête de ce soir... merci encore, merci surtout à notre Souverain bien aimé, Sa Majesté l'Empereur...

LA VIEILLE *(écho).* — ... jesté l'Empereur...

LE VIEUX, *dans un silence total.* — ... Un peu de silence... Majesté...

LA VIEILLE *(écho).* — ... ajesté... jesté...

LE VIEUX. — Majesté, ma femme et moi-même n'avons plus rien à demander à la vie. Notre existence peut s'achever dans cette apothéose... merci au ciel qui nous a accordé de si longues et si paisibles années... Ma vie a été bien remplie. Ma mission est accomplie. Je n'aurai pas vécu en vain, puisque mon message sera révélé au monde... *(Geste vers l'orateur qui ne s'en aperçoit pas : ce dernier repousse du bras les demandes d'autographes, très digne et ferme.)* Au monde, ou plutôt à ce qu'il en reste ! *(geste large vers la foule invisible).* A vous, Messieurs-dames et chers camarades, qui êtes les restes de l'humanité, mais avec de tels restes on peut encore faire de la bonne soupe... Orateur ami... *(L'Orateur regarde autre part.)* Si j'ai été long-temps méconnu, mésestimé par mes contemporains, c'est qu'il en devait être ainsi... *(Elle sanglote.)* Qu'importe à présent tout cela, puisque je te laisse, à toi, mon cher Orateur et ami *(L'Orateur rejette une nouvelle demande d'autographe; puis prend une pose indifférente, regarde de tous les côtés)*... le soin de faire rayonner sur la postérité, la lumière de mon esprit. Fais donc connaître à l'Univers ma philosophie. Ne néglige pas non plus les détails, tantôt cocasses, tantôt douloureux ou attendrissants de ma vie privée, mes goûts, mon amusante gourmandise... raconte tout... parle de ma compagne... *(la Vieille redouble de sanglots)*... de la façon dont elle préparait ses merveilleux petits pâtés turcs, de ses rillettes de lapin à la normandillette... parle du Berry, mon pays natal... Je compte sur toi, grand maître et Orateur... quant à moi et ma fidèle compagne, après de longues années de labeur pour le progrès de l'humanité pendant lesquelles nous fûmes les soldats de la juste cause, il ne nous reste plus qu'à nous retirer... à l'instant, afin de faire le sacrifice suprême que personne ne nous demande mais que nous accomplirons quand même...

LA VIEILLE, *sanglotant.* — Oui, oui, mourons en pleine gloire... mourons pour entrer dans la légende... Au moins, nous aurons notre rue...^{KK}

LE VIEUX, *à la Vieille.* — O, toi, ma fidèle compagne !... toi qui as cru en moi, sans défaillance pendant un siècle, qui ne m'as jamais quitté, jamais,... hélas, aujourd'hui, à ce moment suprême, la foule nous sépare sans pitié...

> J'aurais pourtant
> voulu tellement
> finir nos os
> sous une même peau

KK. — Is the author satirizing the scholar and the researcher's function in society? What does La Vieille imply when she states: « ... mourons pour entrer dans la légende... Au moins, nous aurons notre rue... »

> dans un même tombeau
> de nos vieilles chairs
> nourrir les mêmes vers
> ensemble pourrir...

LA VIEILLE. — ... ensemble pourrir...

LE VIEUX. — Hélas !... hélas !...

LA VIEILLE. — Hélas !... hélas !...

LE VIEUX. — ... Nos cadavres tomberont loin de l'autre, nous pourrirons dans la solitude aquatique... Ne nous plaignons pas trop.

LA VIEILLE. — Il faut faire ce qui doit être fait !...

LE VIEUX. — Nous ne serons pas oubliés. L'Empereur éternel se souviendra de nous, toujours.

LA VIEILLE (écho). — Toujours.

LE VIEUX. — Nous laisserons des traces, car nous sommes des personnes et non pas des villes.

LE VIEUX ET LA VIEILLE, ensemble. — Nous aurons notre rue !

LE VIEUX. — Soyons unis dans le temps et dans l'éternité si nous ne pouvons l'être dans l'espace, comme nous le fûmes dans l'adversité : mourons au même instant... (A l'Orateur impassible, immobile.) Un dernière fois... je te fais confiance... je compte sur toi... Tu diras tout... Lègue le message... (A l'Empereur.) Que votre Majesté m'excuse... Adieu, vous tous. Adieu Sémiramis.

LA VIEILLE. — Adieu, vous tous !... Adieu, mon chou !

LE VIEUX. — Vive l'Empereur !
  (Il jette sur l'Empereur invisible des confetti et des serpentins; on entend des fanfares; lumière vive, comme le feu d'artifice.)

LA VIEILLE. — Vive l'Empereur !
  (Confetti et serpentins en direction de l'Empereur, puis sur l'Orateur immobile et impassible, sur les chaises vides.)

LE VIEUX, même jeu. — Vive l'Empereur !

LA VIEILLE, même jeu. — Vive l'Empereur !

LA VIEILLE ET LE VIEUX, *en même temps se jettent chacun, par sa fenêtre, en criant "Vive l'Empereur". Brusquement le silence; plus de feu d'artifice, on entend un "Ah" des deux côtés du plateau, le bruit glauque des corps tombant à l'eau. La lumière venant des fenêtres et de la grande porte a disparu : il ne reste plus que la faible lumière du début; les fenêtres, noires, restent grandes ouvertes; leurs rideaux flottent au vent.*

L'ORATEUR, *qui est resté immobile, impassible pendant la scène du double suicide, se décide au bout de quelques instants à parler : face aux rangées de chaises vides, il fait comprendre à la foule invisible, qu'il est sourd et muet; il fait des signes de sourd-muet : efforts désespérés pour se faire comprendre; puis il fait entendre des râles, des gémissements, des sons gutturaux de muet. He, Mme mm, mm*[LL].

LL. — Why is the ending shocking? What purpose does such an ending serve, theatrically speaking? What are the implications of the Orator's verbal inadequacy?

Ju, gou, hou, hou.
Heu, heu, gu, gou, gueue.
(Impuissant, il laisse tomber ses bras le long du corps; soudain, sa figure s'éclaire, il a une idée, il se tourne vers le tableau noir, il sort une craie de sa poche et écrit, en grosse majuscules :

ANGEPAIN

puis :

NNAA   NNM   NWNWNW   V

Il se tourne, de nouveau, vers le public invisible, le public du plateau, montre du doigt ce qu'il a tracé au tableau noir.)

L'ORATEUR. — Mmm, Mmm, Gueue, Gou, Gu. Mmm, Mmm, Mmm, Mmmm.
(Puis, mécontent, il efface, avec des gestes brusques, les signes à la craie, les remplace par d'autres, parmi lesquels on distingue, toujours en grosses majuscules :

ADIEU   DIEU   P

De nouveau, l'Orateur se tourne vers la salle; il sourit, interrogateur, ayant l'air d'espérer avoir été compris, avoir dit quelque chose; il montre, du doigt, aux chaises vides ce qu'il vient d'écrire; immobile quelques instants il attend, assez satisfait, un peu solennel, puis, devant l'absence d'une réaction espérée, petit à petit son sourire disparaît, sa figure s'assombrit; il attend encore un peu; tout d'un coup, il salut avec humeur, brusquerie, descend de l'estrade; s'en va vers la grande porte du fond, de sa démarche fantomatique; avant de sortir par cette porte, il salue cérémonieusement, encore, les rangées de chaises vides, l'invisible Empereur. La scène reste vide avec ses chaises, l'estrade, le parquet couverts de serpentins et de confetti. La porte du fond est grande ouverte sur le noir.[MM]
On entend pour la première fois des bruits humains de la foule invisible : ce sont des éclats de rire, des murmures, des "chut", des toussotements ironiques; faibles au début, ces bruits vont grandissant; puis, de nouveau, progressivement s'affaiblissent. Tout cela doit durer assez longtemps pour que le public — le vrai et visible — s'en aille avec cette fin bien gravée dans l'esprit. Le rideau tombe très lentement.[1]

avril-juin 1951

Rideau.

---

1. — A la représentation, le rideau tombait sur les mugissements de l'orateur muet. Le tableau noir était supprimé.

MM. — What impression does the author want to leave with the spectator when he indicates, at the end of the drama, that "La porte du fond est grande ouverte sur le noir."

ARMAND SALACROU
Sens interdit

INTRODUCTION

For more than thirty years Armand Salacrou has occupied an eminent position among dramatists in France. With French audiences and critics, he has known a popularity equal to that of his contemporaries, Anouilh, Giraudoux and Sartre.

Born in Rouen on August 9, 1889, his childhood was spent in Le Havre, where he was educated first in a public elementary school and later in a Catholic parochial school. In the formation of the child and the adolescent Salacrou, may already be discerned the interests and traits which were so strongly to mark the artistic life of the adult playwright. A reasonably happy child, he was unusually introspective and precociously sensitive.

During the period of his Catholic education, when both his circumstances and his youth would make such independence of mind a rarity, Salacrou rejected the Catholic faith in which he had been instructed, and at the appropriate moment refused to accept his first communion. It is likely that this youthful atheistic strain was given strong impetus by his reading of the *Catéchisme républicain* of M. Arnould, a popular book among young intellectuals of the period. This text offered an explanation of the universe based upon the principles of Lamarck and Darwin and its atheistic viewpoint lifted scientific determinism to an almost mystical level.

There is no reason to believe that Salacrou's religious faith was ever particularly profound, but its early loss and subsequent absence have marked the entirety of his life, thought and theater. If one were to seek the single metaphysical preoccupation expressed as a recurrent thematic concern in his work, the most striking example would be that of an unresolved need for the God he has rejected and his inability to fill the void left by this rejection. It has been suggested that the underlying theme of all of his work is a search for belief in some religious creed, the loss of which he has never ceased to regret. This problem is indeed central in the work of Salacrou, but it is probably unwise to generalize quite so broadly. While he cannot accept God, neither can he negate the possibility of some supernatural explanation of the universe. Great anguish is the resultant byproduct of this unresolvable conflict. In the preface to his early play *Le Pont de l'Europe,* he states the nature of his painful search for the invisible but indispensable God: « ... ne cherchant pas Dieu, mais déplorant, avec des pleurs, que Dieu soit invisible. »

It was the ambition of Salacrou's father, a pharmacist, that his son follow in his footsteps. Upon completion of his secondary education in Le Havre, the young Salacrou, in 1918, went to Paris with the intention of preparing for a career in medicine. Enrolled as a student at the Saint-Antoine Hospital, he was a medical student for two years.

From his first days in Paris, he frequented milieux which were essentially artistic instead of the scientific ones consistent with his professional pursuits. His friends were the artists and writers then involved in the nascent Surrealist movement. He renewed his friendships with Georges Limbour and Jean Dubuffet, classmates from his lycée in Le Havre, and frequented other avant-garde painters and poets: Juan Gris, André Masson, Max Jacob, Michel Leiris and Robert Desnos.

At the end of two years of medical studies he came to the realization that a life of dedication to art, not to science would best satisfy his inner needs, and he abandoned medicine for more purely intellectual pursuits. In July 1920, he received his *licence* in philosophy from the Sorbonne.

In a comment among the note, which he has appended to each play in the eight volumes of his *Théâtre*, Salacrou has stated that his vocation as a playwright dates not from the period at which he renounced medicine, but from his earliest childhood, notably from the age of eight when he was given a toy theatre, and from his first experience with the living theater at about the same time, when he saw performances of *Carmen* and *Faust*. A few essays and commentaries apart, his interest remains only in the theatre. He is attracted by no other literary genre. From the early 1920's to 1964, he has published more than thirty plays.

In October of 1920, Salacrou returned to Paris after a summer vacation in Florence where he has gone after the completion of his studies in philosophy. In Florence he had developed a fascination with the character of Savonarola and had outlined along play based on the career of this religious fanatic of the Renaissance. The play itself was not to appear until 1938 as *La Terre est ronde,* but the lengthy gestation period is characteristic of Salacrou's working manner.

The themes of Salacrou's plays and the manner in which they are composed have obsessive qualities. Long creative deliberations result many years later in finished plays. These are paralleled by the constant reappearance of the same thematic material, ideas and characters whose types (and names) will define an artistic vision whose source is the perennial inner turmoil of the author.

During his association with Surrealits while he was still a student of medicine, Salacrou had already written innumerable short dramatic exercises which he called *pièces à lire*. These fragmentary writings, of which very few survive, utilized automatic writing and dream imagery, devices and techniques which were common to the Surrealists. These *pièces à lire* are significant because they set the direction which Salacrou followed in his first formally written plays. Actually he never belonged to the Surrealist movement, and did not follow when André Breton took the lead in the Surrealist revolution. Although Salacrou had early indulged in nihilism, blasphemy, and scandal for scandal's sake (with the other Surrealists), and although basically he accepts the fragility of human thought and the concept of the impossibility of buildings knowledge on any universal, immutable foundation, he rejected the Surrealist amorality with its emphasis upon shock value. His was already the character of the moralist, his concerns those of the metaphysician.

SENS INTERDIT

Salacrou had founded « Les Jeunesses socialistes » of Le Havre in 1916. Politically oriented toward the extreme Left, in 1920, he obtained a position in Paris with the Communist newspaper *L'Humanité.* He was in charge of the column which announced entertainments and Communist party rallies. (His first published work, a short story, had appeared in this paper in 1916). Shortly, he moved to the evening newspaper *L'Internationale,* where more effective use was made of his talent as a writer and journalist. Through his journalistic career Salacrou continued to write, plan and elaborate plays.

In July of 1923, utilizing the techniques of Surrealist composition, Salacrou wrote a one-act play, *Le Casseur d'assiettes.* At that time he had submitted the play to Charles Dullin at the Atelier. He summarily withdrew the play, however, when the influential art dealer Daniel-Henry Kahnweiler proposed to publish it in de luxe edition. On the manuscript, when Dullin returned it to him, Salacrou found written: « Intéressant – à relire. » This comment established between the dramatist and the eminent *metteur en scène* a bond which later developed into a permanent and important artistic association.

Between 1920 and 1925 Salacrou wrote many one-act plays most of which have never been given stage presentations. The avant-garde periodical, *Intentions,* in December of 1924, published a short play *La Boule de verre.* Other plays surviving from this period and in the same vein are: *Magasin d'accessoires, Les Trente Tombes de Judas* and *Histoire de Cirque.* (This last play, dating from 1922, though never produced in France, has been anthologized in English as in important and representative example of the development or the contemporaty French avant-garde theater.

Early in 1925 Salacrou read to his friend, Max Jacob, the first scenes of what was to be his first full-length play, *Tour à terre* which was produced by Lugné-Poe at his theater, l'Œuvre, on December 26, 1925. It had little critical success. Before *Tour à terre* was ever seen by the public, Salacrou had already composed his second full-length play, *Le Pont de l'Europe.* (This play was produced in 1927 with a reception no better than that of *Tour à terre.*) For the next thirty odd years, despite the fact that he was involved in other pursuits to gain a livelihood, the prolific Salacrou managed to write at least one play almost every year and often more than one.

Also in 1925, Salacrou concurrently renounced both his idealistic political involvement with Communism and his journalistic activities in its behalf. Salacrou himself admits that temperamentally he was no more suited to this political involvement than he had been to the study of medicine.

To earn his living, Salacrou turned next to the motion picture industry. He worked for two companies in the capacity of assistant until the end of 1928. The film industry held little charm for him, but his play *Atlas-Hôtel* (written in 1929) had its genesis in his experience on location for a film in Africa.

When Salacrou left the motion picture industry, Charles Dullin offered him a position as secretary to the review *Correspondance.* The salary from this job was insufficient, and, in order to augment his income, Salacrou, in 1929, founded an advertising agency. Robert Desnos, the Surrealist poet, was an early collaborator in some of Salacrou's publicity undertakings. In the years following, this venture developed with such phenomenal success that by 1938 Salacrou was wealthy and able to withdraw from his business and devote himself solely to his work as a dramatist.

In 1930, Charles Dullin produced Salacrou's play, *Patchouli*. Although the play was both a critical and public failure, it marked the beginning of the productive relationship between the two men, a relationship which was to last until the end of Dullin's life. Beginning with *Patchouli* in 1930 and ending with *L'Archipel Lenoir* in 1947, Charles Dullin, in addition to being Salacrou's close friend and mentor, was associated with him either as actor or *metteur en scène* in three other major plays, *Atlas-Hôtel* (1931), *La Terre est ronde* (1938) and *Le Soldat et la sorcière* (1945).

In 1931 and 1932 Salacrou wrote two one-act plays, *Poof*, a vaudeville satire inspired by the devious machinations of the world of advertising, and *La Vie en rose*, a fantasy centered upon the lives of a group of people around a public square in Paris and in which twenty-five years elapse from dawn to dusk in single day. *La Vie en rose* was written for a program organized by Salacrou's friend, Michel Saint-Denis. The concentration of twenty-five years of time into a single day is an instance of a favorite technique of Salacrou and one he had already used in *Le Pont de l'Europe*. This tampering with the normal arrangement of time is visible throughout his theatre, and is the technique which forms the basis for *Sens interdit*.

A restless and dynamic personality, an active sportsman and alpinist, Salacrou has always been an incessant traveler. His plays are rarely written in the calm of a permanent residence. They are frequently conceived and composed as their author moves place to place. *Les Fiancés du Havre,* begun in 1942 after a mountain climbing expedition, was finished and produced when he had again taken up what was supposedly permanent residence in Paris in 1944. His was his first production by the Comédie-Française.

In March of 1944, Salacrou joined the « Forces Françaises Libres, » a resistance group, under the name of Lecacheux. In the same year, at the request of Edouard Bourdet, the director of the national theater, he assumed the directorship of the Odéon. He declined other administrative posts with the radio network of France, and with the Comédie-Française.

During the 1946-1947 season, three of Salacrou's plays were being performed concurrently in Paris. One of these was the drama which grew out of his experience with the French resistance, *Les Nuits de la colère*. On a par with *Antigone* of Anouilh and *Morts sans sépulture* of Sartre, *Les Nuits de la colère*, a drama which treats heroic humanism and man's responsibility to man, is one of the major plays dealing with the French resistance movement.

The beginning of 1949 found him in Luchon, one of his favorite retreats for writing, where he and René Clair collaborated on the scenario of a film, *La Beauté du Diable,* a treatment of the Faust theme. On January 6th of that year he was elected to the

Académie Goncourt. Another significant event in that year was the death of Charles Dullin, which affected Salacrou deeply. In his *Théâtre*, Salacrou added, as the *note* to his play, *L'Archipel Lenoir* (the last one in which Dullin appeared), a long reflective essay which he entitled *La Vie et la mort de Charles Dullin,* which is one of his two or three important non-dramatic writings. His book *Les Idées de la nuit* (1960) is a collection of many of his significant philosophical and aesthetic writings and with the *notes* included with each play in *Théâtre* constitute the small, but valuable, body of Salacrou's theoretical writings.

Salacrou's thirtieth anniversary in the theater was celebrated on January 25, 1956 with the immensely successful revival of *Histoire de rire*. It was in the following year that Salacrou began work on the play which he had literally carried within him from his childhood, *Boulevard Durand*. Based upon an actual occurrence in Le Havre, a *cause célèbre* in 1910, it concerns an incident of social injustice and its consequences. Jules Durand, a socialist involved in labor union activity, was unjustly convicted of a crime which he did not commit. He was eventually found innocent and freed in 1918, but the destruction which had been caused by this injustice was irreversible, and he spent his remaining years in a mental hospital where he died in 1926. The play, published the previous year and one the crowning achievements of his long career, was presented in Le Havre at the end of 1961. It was so well received that the municipal council of Le Havre voted to Salacrou the « Grande médaille de la ville. »

Since 1961 Salacrou has written only one play, *Comme les chardons*, presented by the Comédie-Française in 1964.

In 1959 René Clair, in his *Comédies et commentaires,* quotes Salacrou as follows: « ... aujourd'hui encore, il m'est difficile d'admettre qu'une œuvre théâtrale puisse être autre chose qu'une méditation dramatique sur la condition humaine. » This statement not only defines the character of Salacrou's theater, but likewise places him in the tradition of the *moralist*. His natural proclivity for philosophical speculation is visible in virtually every play he has written. The concerns are always with those essential questions which are the purview of the speculative philosopher, and his work is a meditation on man's position in the universe. Examining objectively his own situation and that of the characters, of his plays, he restricts himseld largely to the role of the observer who proposes a minimum of categorical conclusions.

Although he has no systematic philosophy there is unity in his thought and his attitude towards life over a period of forty years in comparatively consistent.

His most haunting spiritual obsession is a speculation upon the existence of some supernatural explanation, some divine presence which would explain the irrational world. Failing to aprehend this divine presence, he is unable to envision and ordered universe. His theater examines atheistically the great issues of existence: modern man's spiritual dislocation; the destiny and human responsibility of the individual; the need for absolutes in a world of chaos: the search for salvation;

the value of human emotions; the passage of time and the process of aging; and finally death. Salacrou avers that his personal life is guided by an almost daily confrontation of these issues.

In the Surrealistic plays of Salacrou, reality is seen as through a distorting prism; the action itself is confused, discovered and abounds in the grotesque. There is a distinct relation in both tone and ambiance between Salacrou's plays *La Boule de verre, Le Casseur d'assiettes,* and the *pièces à lire,* and such plays as *Les Mamelles de Tirésias* of Apollinaire, *Ubu roi* of Jarry and the Surrealistic ventures of Cocteau.

The settings of *Le Casseur d'assiettes* and *La Boule de verre* are respectively the backstage of a music hall and a carnival. Into the confusion of both settings wander distressed young men, who are in grotesque contrast with their surroundings. The young protagonist of *Le Casseur d'assiettes* is a timid young man, a gentle soul who is searching with tears and anguish for his lost « talking cat », symbolic of some tender, ethereal presence. The hero of *La Boule de verre* is seeking a reason to commit suicide, to leave a senseless world. To counterpoint the delicacy of these young suffering men, there is in the first play the character from whom the play derives its title, the « casseur d'assiettes, » a performer who « juggles plates as God does worlds », and who breaks them out of « professional necessity ». In *La Boule de verre,* the hero hopes through death to « passer une tête entre ces nuages sombres pour y surprendre l'entourage de Dieu. »

Beneath the surface virtuosity of Surrealist technique in these plays, Salacrou has introduced the dominant theme of man's quest for an absent God. Clearly visible in these young heroes is the torment of men in need of God, tortured by their human solitude and the absurdity of the human condition, and thoroughly demoralized by the lack of the Absolute. According to Salacrou, without this Absolute, it is futile for man to attempt to asseverate guiding moral principles. The heroes of these plays are pilgrims in search of faith, representing the plight of the man who, like their author, is detached from God and is therefore deprived of salvation by Him. But it is a God whose existence they cannot categorically deny. In *Le Casseur d'assiettes,* an image is presented of man's ills as being the nightmares of a sleeping God who has taken no active part in human affairs since the last day of creation. The passionate exhortation of the hero at the end of the plays, that each person search for God within himself, is an expression of Salacrou's own desire to cause Him to give manifestation of His existence, thereby releasing man from the enigma of his inexplicable destiny. If this could be accomplished, the moral chaos and absurdity of the world without absolutes would be transformed into an ordered and meaningful universe for which the typical Salacrou hero has never ceased to search.

Since, God and the moral principles which would result from His presence are non-existent, the hero will inevitably be forced to work out his destiny in strictly human terms. In *Le Pont de l'Europe,* King Jerome is at the summit both of his power and his isolation from man. He can resolve the mystery of his destiny only in relation to God, but neither does he believe in God. This paradox is further complicated by the fact that he has no past on which he can construct some concept of is essence. His soul is empty and he cannot fill it with any concrete definition of his being. In an effort to resolve his dilemma he tries to reassemble his lost past by summoning to his court buffoons who represent childhood dreams and actors who will perform the play of his life in a theatre of his own construction. (Here may be noted a certain resemblance to Sartre's Existentialist view, where, in the absence of God, man may at least create, through his actions, his own moral values.)

The search for the meaning of life in an examination of the past is another means through which some grasp of the absolute may be attempted. This theme is most cogently presented in *L'Inconnue d'Arras*, where the pistol shot which signals the suicide of Ulysse at the beginning, unleashes a flood of disparate memories, of scattered but significant events from his past. Before his death at the end of the play, this past has been scrutinized in an effort to give coherent meaning to his existence, which is definitively ended by his suicide.

Another form of commitment which the typical Salacrou hero attempts is to an idealized concept of a totally absorbing human love, that is a love which might satisfy this longing for the Absolute. But here too, Salacrou's pessimism dooms him to failure. Patchouli, in the play of the same name, tried to raise love to the level of an ideal through the study of the life of a woman whose only accomplishment had been to inspire great passion in men. Paralleling his study of love, he is himself involved in a liaison with a married woman and attempts likewise to make his own emotional involvement a reflection of his idealized cerebral idea. He fails in his efforts to commit himself to his ideal of love on the intellectual level, when he is disillusioned by a meeting with the aged courtesan for whom love was really only a way life, not an absolute. Failing first to reach the infinite through his intellect, he then renounces his amorous entanglement as equally deceptive. His married mistress is deceiving her husband just as Patchouli's own father has deceived his mother.

The adulterous relationship and the faithless mate are clearly tied to the theme of a search for commitment in human love. While visible in such early plays as *Patchouli, Les Frénétiques* and *Une Femme libre,* the haunting obsessivness of this theme is given perhaps its most incisive expression in the plays of Salacrou's maturity such as *L'Inconnue d'Arras, Un Homme comme les autres, La Terre est ronde* and *Histoire de rire.*

In *L'Inconnue d'Arras,* one of the best known of Salacrou's later plays, we are shown the workings of the inner life of the hero, Ulysse, interspersed with incidents from his real life. The entire play unfolds in the split second between a gun shot and Ulysse's death during which time past events and memories fill out the play's action. (As King Jerome had reached, in *Le Pont de l'Europe,* into the fourth dimension of *Le temps perdu,* so here « real » time is rearranged by Salacrou and the vicissitudes of thirty-five years of life are condensed into the space of a few hours). The curtain rises as Ulysse shoots himself having learned of his beloved wife's infidelity. Among the memories which then appear is the unknown woman of the tittle, a pathetic, abandoned, degenerate alcoholic, and yet, at the same time, a charitable and affectionate woman with whom Ulysse had shared a few hours in war-time. Hardly a symbol of ideal love, she represents nonetheless, sullied purity, and is in stark contrast with the hero's faithless wife. Pathos, often found when love meets with disillusionment, is replaced in this play by nihilistic despair. Salacrou, the didactic moralist, would appear to be teaching us that pure and lasting love is an illusory notion, for time and corrupt morals will always succeed in destroying it.

Faithlessness spoils what might otherwise have been an ideal love in almost every couple we meet in Salacrou's theater. Salacrou's concern with purity and his revulsion at deceit, treachery and the sins of flesh, a fundamental theme in *L'Inconnue d'Arras,* are made almost the essence of his later plays, *Histoire de rire, Un Homme comme les autres* and *La Terre est ronde.*

Histoire de rire, a « dark » comedy, is given the prevailingly supercilious tone of a bedroom farce. Superficially a comedy about sex, the themes of purity and adultery are lightly masked by its surface brilliance. The characters in this play are engaged in a variety of extra-marital affairs, and Salacrou places the blame upon woman's innate inconstancy. His own moral view on this matter is expressed through his spokesman Donaldo, and older man whose young wife has left him for a young lover. Her paramour is the close friend on the play's hero Gerard, whose own wife has also taken a lover. Donaldo, cynical and without illusions about woman's potential for faithfulness, is, on the other hand, resigned to the insoluble moral problem posed by his deceitful mate. He accepts his wife's infidelity and defines a woman as a weak thing which cannot and does not resist the temptations of the flesh, even through her love for her husband may be both genuine and strong.

The moral guilt resulting from faithlessness must be borne in the majority of Salacrou's plays by a wife or even an unfaithful mistress, as in *Une Femme libre.* However, the husband may be equally guilty of deceit. In *Un Homme comme les autres,* a husband, Raoul, is considered an ideal of human perfection by his innocent, trusting wife, Yveline, a paragon of feminine virtue who assumes her husband's purity to be as great as she knows hers to be. But Raoul is precisely the opposite of his wife's image. He is brutal, vicious, violent, and repeatedly unfaithful. His own image of himself is that he is « *un homme comme les autres* » and he not only refuses to play the role of the ideal husband which has been assigned to him but he also tells her the truth. This entails a great deal of suffering for both, but to live a lie of this order is for Raoul, and Salacrou, intolerable. In the full knowledge that her very existence is dependent upon her idea of the purity of their love, he drives her to despair by his revelations. Deprived of her illusions, she is however able to forgive him, fully aware that his treachery will continue. The similarity of moral attitude in this play and *Histoire de rire* is evident, but, while Donaldo is facetious in tone, his acceptance almost comic, here Salacrou's treatment of the moral problem is deeply pessimistic. The conflicts between good and evil, purity and carnal sin, are, in effect, unresolvable. Whatever solution may be accepted is, at best, makeshift.

In *La Terre est ronde* the problem of absolutes, with respect both to God and man, is given its most searching exposition. Historically inaccurate, this play about Savonarola's tyrannical domination of Florence in the Renaissance has great impact as a journal of spiritual and intellectual adventure. Savonarola is vividly depicted as a zealous seeker of moral purity in a decadent society dominated by sensuality and corruption. His fanatic devotion to his God and to his ideal of moral purity is reminiscent of the heroine of Anouilh's *La Sauvage*. But while she flings herself heroically into sordid human contacts, Savonarola sets himself apart from the world and avoids any direct personal involvement in human affairs and the debauchery around him. Savonarola, who speaks only to God, is seen always alone in his cell which, in the staging of the play, hangs over the city, suggesting symbolically, not only his spiritual domination, but his solitude. By the end of the play, when Savonarola has reached his downfall, his certainty that he was directly inspired by God is shaken. « Je n'ai plus d'amis et Dieu se tait... Ton silence m'épouvante... Tu t'es retiré de moi, Jésus, à la dernière heure. » Savonarola, who has shut his eyes and ears to mankind and has contemplated only God, is brought to the edge of unbelief.

Silvio, the hero of *La Terre est ronde,* is in the beginning a sensuous libertine. He, however, fluctuates between the extremes of good and evil, God and man, and eventually makes the Pascalian choice to love God. He is challenged by the Pascalian *pari*. The stakes are the eternal salvation of his soul and the true, pure love of the heroine, Lucciana. The gentle, but passionate Lucciana again reflects Salacrou's repetitious preoccupation with feminine virtue. In a capital scene of the play, lovers debate the question of body and soul. The troubled Silvio for whom the peace of God offers greater promise than the impure love of a woman resolves the moral issue of purity through renunciation of Lucciana. His love for her will be borne in his spirit and this sacrifice of fleshly pleasure for spiritual salvation will lead him to the discovery of universal truths. Silvio's renunciation of wordly desires prefigures Sartre's dictum: « Dès qu'un homme est détaché de Dieu, il est perdu. » Unable to accept the pessimistic and negativistic absurdity of man's solitude without God, Silvio subordinates his sensualism and his intellectual leanings in order to escape the despair of man's destiny. However, for neither Savonarola nor Silvio does Salacrou leave much hope. Their attachments to their respective purities bring them no reward by the end of the play and both are condemned to death. Neither in human experience nor in his relationship to the infinite can purity provide a basis for man's attemps to come to terms with existence.

The only state in which purity may exist uncorrupted is childhood, an evanescent state, at best. In none of his plays is there a consequential depiction of a child. Adolescence in relative innocence is all that we are permitted to view. But in many adult characters there remains a nostalgia for the lost paradise of childhood or of uncorrupted youth.

At the beginning of *Histoire de rire* the two principal male characters make a daily ritualistic return journey to the world of their youth. At a prescribed time retire to an attic where they reminisce amid mementoes of younger days. The complex of adulteries in which they both become entangled in the course of the play interrupts the retreats. The games of the adult world quite literally displace their games of childhood. A return to the world of adolescence is henceforth impossible. It is a part of the immutable past.

In *L'Inconnue d'Arras,* Salacrou presents the same character, Maxime, simultaneously at the ages of twenty and thirty-seven. The young Maxime is revolted by the man he has become, a man who has betrayed his life-long friend, Ulysse. His illicit involvement with Ulysse's wife exemplifies the moral disintegration wich has taken place during the seventeen years that separate the two Maximes.

Adult characters suffer considerably from their inability to reconcile themselves to what they have become with the passage of time. Salacrou's plays abound with illustrations of hopeless nostalgia which is not associated with childhood. It may be, in *Atlas-Hôtel*, a regret for the ideals of youth which have been lost through compromise. Albany, a successful commercial novelist, businessman and film producer, gave up a promising career as a serious writer for the financial success which, after years of compromise, has left him with a feeling of emptiness. He meets again his wife, Augustine, whom he had abandoned in his pursuit of wordly gain. She is now married to Auguste, a childlike, idealistic figure, a failure in the same measure that Albany is a success; but Auguste has never compromised. His life and his devotion to his wife are symbolic for Albany of wat he himself might have been, and he believes that if he can win back Augustine he can also find once more the strength of his lost ideals. But here Augustine's fidelity to her husband, even in the face of temptation, makes it impossible for Albany to recapture the past. He must continue in the life which he has made for himself.

Salacrou makes no total negation of God nor of the possibilities of human love as ways to human salvation. Man may live in Existential absurdity but this absurdity is something less than absolute because there is a margin of doubt. However, since there is no tangible manifestation of God, no matter how strong the wish or need for Him, man's position in the cosmos must still be designated as absurd. He is constantly reminded of his mortality by the passage or years. He is the captive of a mechanistically determined universe. Time is his prison.

In his lifetime, man, in Salacrou's world, moves from the innocence and purity of youth through the disillusionments of maturity into the degeneration of age. His only certainty is that of the final absurdity, death. Salacrou's absorption with the ravages of time and the inevitability of death is so consistent that these subjets, together with the themes of God and love, are the leitmotifs of his theater.

The plays of Salacrou contain an abundance of aging and aged characters. Their number alone attests to the fact that time's destruction of the physical and moral being is of more than passing concern to Salacrou, particularly in his later plays.

As the innocence of childhood is corrupted by maturity on the moral level, so is the physical being degraded by its implacable enemy, time. This degradation and slow march toward decrepitude is hateful to those characters of Salacrou who submit to it. It brings with it an intensification of the haunting curse of solitude, and an even greater unwillingness to accepts meaningless death.

L'Archipel Lenoir is set in the milieu of the wealthy bourgeois family, a setting of which Salacrou is particulary fond. It is close in mood to *Histoire de rire*—serious matters treated for the most part superciliously—and here it would seem to be Salacrou's intention to satirize the small hypocrisies, the accepted moral standards and the fraudulent values of this highly stylized social stratum. The situation is on in which social satire and a certain degree of caricature is unavoidable and its black humor entitles it to the label of a comedy.

The « paterfamilias, » Paul-Albert Lenoir, seventy-three years old, has seduced a seventeen-year-old girl and has confessed his guilt to the police. The family concensus is that the only way in which their honor may be maintained, their hypocritical values upheld, is to force the old man into what would appear to the outside world to be a suicide of remorse. But, though Paul-Albert is at the center of the action, he refuses even at his advanced age to relinquish his tenuous hold upon life. He is not a part of his milieu nor does he share its conventional beliefs. For him life at any age, however fully it may have been lived, is to be cherished. He is isolated in a family where postural automatons exhange icy pleasantries and comic repartee, and where real communication does not exist. He as well as the other members of the family, are the small islands of an archipelago. Beneath the excesses of the situation and the grotesque behavior of the characters lie the familiar monsters: age and death. The seduction of a young girl is an act of reaffirmation of vitality on the part of an old man. Death for him would be what Jules Durand in *Boulevard Durand* calls an inexplicable *trou noir,* and what the cynical Prince Ferdinand Boresky of *L'Archipel Lenoir* refers to as a « charge intolérable. » Both of these descriptions reflect Salacrou's personal and perpetual awareness of ever-present death. In his essay, *A Pied au-dessus des nuages,* he wrote: « dès mon enfance, j'ai regardé avec dégoût, sans trembler, la mort, d'un regard fixe. »

Though certainly Salacrou offers no explanation for death, quite often an effort to vitiate the ravages of time is seen in very old characters such as the nonagenarian Mathilde of *Dieu le savait* (1950) who was to appear again in *Sens interdit* in 1952. In the former play, she has, at the beginning, only one ambition: to live to be a centenarian. But chance reintroduces into her life an eighty-seven year old man who was her lover in their youth. With his return, Mathilde forgets the years between, and begins once more to behave as a coy young woman in love. Her former desire to become very old is replaced by a wish to recapture her youthful passion. For a bief time, she lives in the illusion that she is doing just this, but the old man is found to be only an opportunistic scoundrel who leaves her in the end to lonely old age, her dreams of reliving the delights of young love shattered.

Salacrou is again relentless in refusing to allow the character the consolation of an escape from reality into an illusion.

In *Pourquoi pas moi?,* a one-act play written in 1947, a charater states that « Pour ceux qui n'acceptent pas de quitter la terre, la mort est un avenir intolérable. » For Maurice de Saxe, the hero of *Le Soldat et la sorcière* (1943), the only evil « ... est de vieillir, » and even Patchouli, created in Salacrou's youth, had wondered how beauty could exist « ... quand on porte dans sa splendeur cette promesse de décrépitude ». Through Prince Ferdinand in *L'Archipel Lenoir,* Salacrou gives a summation of what is basically a pessimistic, almost nihilistic view of man's existence: « Il n'y a qu'un scandale, un seul. La vie, l'existence. La naissance qui n'est qu'une promesse de mort... le seul scandale, c'est sa propre mort. »

This negativism which permeates the atmosphere of Salacrou's theatre is, however, mitigated by a faith which breaks through the shell of the « philosophie déterministe, sommaire, étroite, rigoureuse, ...un déterminisme mécanistc total, » the philosophy in which Salacrou says he has enclosed himself. The moralist, who refuses to designate himself as such, has been able to live and create with « le calme que trouvait un déterministe sans foi » because, like the resistance fighter Rivoire in *Les Nuits de la colère,* he cannot really consider life absurd, for life as an entity, at a given time, for any man, never exists. What does exist is one moment which leads to another and so on quietly to the end. For Rivoire and Salacrou anything else is « ... Méta-chose, ... méta-truc, et du boniment qui tourne, en rond ». The essential humanity of Salacrou, the *moraliste,* is best expressed by Madame Berthe of *Un Homme comme les autres,* one of his most striking characters, and one with whom he admits close identification. She cries in anguish: « ... On me juge avec des lois mortes. ... Nous n'avons plus la religion de notre morale. Alors il faut changer la morale, ou bien que Dieu revienne, que Dieu revienne ! ... Il faut avoir pitié des hommes et des femmes aujourd'hui, car ils se font du mal sans être des coupables. » Salacrou, like Ulysse the dying hero of *L'Inconnue d'Arras,* realizes that man's only nobility and hope lie in his recognition of his own pathetic limitations and that the answer is not resignation but the acceptance of some arbitrary order and the establishment of his own moral law.

In his essay, *Mes Certitudes et incertitudes philosophiques et morales,* Salacrou gives what he calls his last answer and his hope for mankind. For his own purposes, he has developed a workable philosophical framework in which he may live. It is based on the tentative acceptance of a provisional universal order which he has himself created by living as if there were some logic in the irrational universe. His hope is that during his brief time on earth his life, which has no cosmic maning, might have « une utilité d'occasion. » In his lifetime, he hopes the fraternity of mankind might experience some « grande reconciliation humaine », leading to some alleviation of the anguish and suffering which is its lot.

In this personal philosophy may be seen that spirit of contradiction which leads Salacrou into paradoxical positions when he expresses his attitudes either in or out his plays. For here, the pessimist without hope admits to rather a noble hope:

here the man whose life has no larger meaning accepts a provisional meaning in which he conceives of himself as accupying some useful purpose and valid position, however finite both may be. In shared suffering, he experiences the solidarity which binds all men together. And so, despite the preponderantly pessimistic impression conveyed by most of his plays, their seeming nihilism is strongly tempered by an underlying faith, as enduring as any that the modern world has dicovered: humanism.

Salacrou labelled *Sens Interdit* a psychodrama. The word itself suggest Salacrou's use of a technique which places the play (with *L'Inconnue d'Arras, Le Pont de l'Europe, Les Nuits de la colère* and others) outside the realms of the strictly realistic or naturalistic play. In his prefatory material he has given some explanation of the term psychodrama, a technique of therapy for the mentally ill developed by Dr. Jacob L. Moreno, an early adherent of the Freudian psychoanalytic method. In its medical use, emotionally disturbed persons are urged to improvise plays centering around the problems which impede their proper functioning. Ailed by a therapist in the acting out of his fantasies on the stage, giving free reign to his feelings, the patient presumably will obtain both an insight into his illness and will likewise experience an emotional catharsis. This catharsis, according to Moreno, is similar to that experienced, in Aristotle's view, by the spectator at a tragedy.

Appropriating the technique for *Sens interdit*, Salacrou paraphrases it with a double purpose. Not only does he externalize his own obsessions through an expression of his recurrent themes, but he provides for his public a vision of the real, absurd world rendered momentarily more palatable by postulating a fantasy which renders man's fate less ugly than reality has made it.

Its subtitle, *Les Ages de la vie,* makes use of the Shakespearean metaphor where life is seen as a succession of distinct periods: infancy, childhood, maturity, old age and the afterlife, through which phases all of humanity has preceeded us with unrelenting constancy. Set in a nondescript common room, the play is peopled by characters at all stages of human experience. This work, like others of Salacrou, evokes the concept of the *comédie humaine* where an extensive cross section of human activity may be studied. In *Sens interdit* an economy of means is afforded this study of the interaction of individual human destinies by placing them in an imaginative and imaginary world in miniature. A further dimension of universality is added to *Sens interdit* through Salacrou's inclusion in this play of characters and couples whose names, types and situations are echoes of many plays which have preceeded them. The fact that all of the author's major thematic preoccupations are clearly visible in *Sens interdit* gives it the quality of the essential Salacrou play.

In *Sens Interdit* Salacrou's fondness for dramatic devices which rearrange time to suit his own purposes is given perhaps its most effective use. He had first tampered with time in *Le Pont de l'Europe,* where the past was brought back into the present by a play within the play. In *Les Frénétiques*, he utilized the flashback technique (which he believes to be a stage innovation in that play) in 1929. Substantial use is made of the device in varied forms in *L'Inconnue d'Arras, Le Soldat et la sorcière,* and *Les Nuits de la colère.* As a preface to *Sens interdit,* Salacrou cites a passage from Plato's *Politics* where a fantasy similar to that of his play is described. The curious aspect of the world in which the characters of *Sens interdit* exist is that time is moving backwards for them. They are born into this world in states of either decreprit old age or relative maturity. They move backwards in time from age to infancy and then disappear into nothingness.

The characters in *Sens interdit* range in age from ninety to eighteen, and are caricatures of a bourgeois society. Bored, seeking escape from tedium through immorality, disordered, they are unconcerned with the possibilities of a true faith which might give absolute meaning to their lives. Their God simply exists and in unquestioning fashion, they accept the world as it has been ordered. Through these characters, the theme of love is treated on four levels. Ninety-year-old Mathilde awaits the birth of a man who will become her mate. Her anxious anticipation of this birth is counterbalanced by the monotonous, unending card game which Daniel and Yveline are playing. In middle age, this couple lives in the boredom and stasis of a marriage has little content for either. On the third level there are Odile and Raoul, aged twenty-eight and thirty-five, who have already survived those times of life represented by Mathilde, Daniel and Yveline.

Odile, seductive and sophisticated, here embodies Salacrou's theme of feminine infidelity. Casuistically, she justifies her adultery by invoking the platonic distinction between body and soul and insists that she is separated into body for her lover and soul for her husband. (Her arguments recall the debate on the subject of flesh and the spirit in *La Terre est ronde*). Her sophistry provides one of the comic scenes of a play whose tone is primarily somber, but, in characteristic Salacrou fashion, this play, like his others, abounds in black humor. The body-soul distinction is nonsense to the decrepit Mathilde; Yveline and Daniel are too sceptical and cynical to concern themselves with philosophical problems and they suggest that Odile's uncertainties in this area be resolved in the bedroom.

The fourth level of love is seen in Gerard and Adé, twenty-two and eighteen, a couple whose marriage exemplifies love which is all soul and purity. (In *Histoire de rire,* there is a couple with the same names, but the Adé of that play is adulterous). Gerard and Adé, as well as Odile in her romantic triangle, are parodies of love. They are very much like the parody of « pure love » in Anouilh's *Ardèle,* where two children, at the end of the tragedy, mimic the emptiness of human love. The « pure love » of Gérard and Adé has been achieved only after the sordid adulteries of which Odile is an example, for Salacrou has taught us throughout his theatre that such purity is impermanent.

The adulterous themes in *Histoire de rire* are comparable parodies. One husband takes back his faithless wife despite the anguish which her dereliction will forever cause him. Another resigns himself to the innate moral flaw in his wife.

Through these parodies of love, Salacrou illustrates his failure to discover a fundamental unity of being in the multiple facets of the human personality. Seeking absolutes, he discovers only the basic imperfections and instability of human nature. Adultery is moral discorder. For Salacrou the moralist, no form of discover is acceptable.

The inhabitants of the world of this play conceive of a God who has arranged things in such a manner that youth, beauty and purity are granted only to experienced persons. Purity is a state to which only those who have known corruption may aspire. A young girl in the happiness of innocence can contemplate the improprieties committed by her former self only with disgust. Living in reverse chronological sequence is a road to purification. For them God has made a just and perfect world where, without the restrictions of arbitrary moral law, they proceed toward happiness by rules which are self-evident, because the evils and ugliness of life disappear as they grow younger. Everything moves toward perfection. Here also, may be noted a satiric view of the « normal » world's arbitrary moral principles, where breaches of moral law bring punishment. Evil in the world of *Sens interdit* id destined to disappear as life becomes innocent and pure. Whatever its original source, its consequences will, as a matter of course, be of no importance in the end.

Though the God of *Sens interdit* has ordered existence in a less hateful and tragic manner so that one need not fear the horrors of age and death, he has given man very little hope for when the end of his life sends him into the unknown. His destiny is no less uncertain as he disappears into nothingness than it is in the real world. It is Daniel who expresses the same concern with man's destiny as have other Salacrou heroes. His long speeches, as he awaits and then welcomes Joseph, in a sense satirize the all-powerful God of orthodox religious beliefs. His doubts and pessimism concerning man's fate are no less strong than those of man in an ordinary world, for the nothingness at the end of his life may be just that or perhaps there exist either the paradise or the damnation of orthodoxy. In his uncertainty, he, like Salacrou, is powerless in the face of the final mystery. Thus the God of this perfect world of *Sens interdit* is a travesty of the concept of a just and omnipotent Being. If, in his middle age, Daniel is not particularly happy, the deterministic universe in which he lives will, in due course, mollify his despair. Delivered of the horrors of aging, only « le grand mystère » of the end gives him cause for real anguish, and for this he has a simple formula of escape: « ... Vous n'avez qu'à penser sans arrêt à autre chose, obstinément à autre chose. » There is a certain facetiousness here and in his many references to « le bon Dieu. » Although he believes in the existence of God, he is skeptical of God's true goodness. In his fantasy world, the problems of good and evil will disappear as he moves toward infancy. But Salacrou lives in a real world and accepts no God. The sources of his anguish are inextricably allied to those torments of which Daniel will ultimately be relieved. Given this difference, Daniel could hardly be considered Salacrou's spokesman in this play.

The introduction into the world of *Sens interdit* of Joseph, whose life, to the age of thirty-five, has been lived in an ordinary way, provides a contrast between the two modes of existence. For those who live in inverse order, Joseph's existence is the inconceivable absurdity. That God should assign to life the disillusionments and degeneration which Joseph reports is an unthinkable cruelty and a foolish waste. But it is Joseph—who would like to understand the meaning of his life, his past, and his destiny—who ties this play to Salacrou's general quest for the absolute. The spokesman for man as Salacrou knows him, Joseph, an ordinary man and typical Salacrou hero, is revolted by the reversal of his established concepts. He, like the others of his type, wishes to understand life's meaning. Seeking Salacrou's « morale saine et claire » in some context, his first reaction to the world of *Sens interdit* is that it is an atrocity. In his life he has been deceived by his wife, and life, as he has known it, gives only negative answers or total silence when the essential questions are posed. His juxtaposition with the characters of his new world leads to the play's central question: Are happiness and understanding any more likely to be achieved in this world than in the one which he has known until now?

As the representatives of the worlds confront each other, the advantages and disadvantages of life which ends in helpless infancy or in hopeless old age are examined. Joseph, confronted with a devine order which moves man toward an ideal of perfection, thus obviating any necessity of establishing moral law, is led finally to admit that he would like to accept the ways of the universe he has accidentally discovered. He is, in fact, persuaded by Odile that his view of life's movement is a discovered one, a traumatic reaction to his wife's deceit. The propect of this happiness and a new youth restore his hopefulness.

In resolute terms and with the enforced tranquillity of one who has accepted the fact that he is moving toward fulfillment in life, Daniel, as he resumes the card game which began the play, somewhat mechanically speaks the play's last words: « ... Le bon Dieu, dans sa bonté infinie, nous conduit d'année en année vers le bonheur, la jeunesse et l'amour. »

If Daniel's litany rings somewhat hollow, it is because Salacrou has led him down a one-way street. In the play Salacrou escapes, through a temporarily therapeutic fantasy, the constricting limits of earthly time and its destruction of the physical and moral being.

The therapeutic method designated psychodrama is, by its nature, didactic. Psychological determinism provides the means whereby man may learn to resolve his inner conflicts. The method, as utilized by Salacrou for his dramatic fantasy, may have given him momentary alleviation of the tormenting metaphysical questions which dominate his life and work. In *Sens interdit* his thematic expression of these concerns has at the same time shown both the characters and their situation in a merciless light. Stripped bare, both their human flaws and the inequities of the human predicament are clearly visible. Illusions are nonexistent, for, in the inverse world of *Sens interdit,* there is little need for self-delusion.

WORKS BY SALACROU

1923. LE CASSEUR D'ASSIETTES. *Paris, Galerie Simon, 1924.* First performed April 7, 1954, Pays-Bas, Leiden.
1924. LA BOULE DE VERRE. *Paris, in Intentions, nos. 28-30, 1924.* Never performed.
1924. TOUT À TERRE. *Paris, Nouvelles Éd. Françaises, 1929.* First performed December 24, 1925, Théâtre de l'Œuvre, Paris.
1925. HISTOIRE DE CIRQUE. *Paris, in Les Œuvres Libres, no. 173, 1960.* Pièce à lire.
1925. MAGASIN D'ACCESSOIRES. *Paris, in Sélection, II, 1925.* Pièce à lire.
1925. LE PONT DE L'EUROPE. *Paris, Nouvelles Éd. françaises, 1929.* First performed November 30, 1927, Théâtre de l'Odéon, Paris.
1925. LES TRENTE TOMBES DE JUDAS. *Paris, in Sélection, II, 1926.* Pièce à lire.
1927. PATCHOULI, OU LES DÉSORDRES DE L'AMOUR. *Paris, Gallimard, 1930.* First performed January 22, 1930, Théâtre de l'Atelier, Paris.
1928-30. ATLAS-HÔTEL. *Paris, Gallimard, 1931.* First performed April 15, 1931, Théâtre de l'Atelier, Paris.
1929-31. LES FRÉNÉTIQUES. *Paris, in Les Œuvres Libres, no. 168, 1935.* First performed December 5, 1934, Théâtre Daunou, Paris.
1931. LA VIE EN ROSE. *Paris, in Les Cahiers du Sud, 1932.* First performed December 3, 1931, Théâtre du Vieux-Colombier, Paris.
1931-32. POOF! *Paris, in La Revue théâtrale, no. 7, 1948.* First performed October 26, 1950, Théâtre Édouard VII, Paris.
1933-34 UNE FEMME LIBRE. *Paris, Gallimard, 1934.* First performed October 4, 1934, Théâtre de l'Œuvre, Paris.
1933-35. L'INCONNUE D'ARRAS. *Paris, Gallimard, 1936.* First performed November 22, 1935, Comédie des Champs-Élysées, Paris.
1936. UN HOMME COMME LES AUTRES. *Paris, in Les Œuvres Libres, no. 18, 1937.* First performed November 24, 1936, Théâtre de l'Œuvre, Paris.
1937. LA TERRE EST RONDE. *Paris, Gallimard, 1938.* First performed November 7, 1938, Théâtre de l'Atelier, Paris.
1939. HISTOIRE DE RIRE. *Paris, in Les Œuvres Libres, no. 224, 1940.* First performed December 22, 1939, Théâtre de la Madeleine, Paris.
1940. LA MARGUERITE. *Paris, Gallimard, 1941.* First performed October 28, 1944, Théâtre Pigalle, Paris.
1942. LES FIANCÉS DU HAVRE. *Paris, Gallimard, 1944.* First performed December 10, 1944, Comédie Française, Paris.
1945. L'ARCHIPEL LENOIR, OU IL NE FAUT PAS TOUCHER AUX CHOSES IMMOBILES. *Paris, in La Revue Théâtrale, no. 1, 1946.* First performed November 8, 1947, Théâtre Montparnasse, Paris.
1945. LE SOLDAT ET LA SORCIÈRE. *Paris, in Les Œuvres Libres, no. 234, 1946.* First performed December 5, 1945, Théâtre Sarah-Bernhardt, Paris.

1946.   LES NUITS DE LA COLÈRE. *Paris, Gallimard, 1947.   First performed December 12, 1946, Théâtre Marigny, Paris.*
1948.   LA BEAUTÉ DU DIABLE (*en coll. avec René Clair*). *Paris, in Suppl. Théâtre de France-Illustration, no. 57, 1950.   Tragi-comédie écrite pour l'écran.*
1948.   POURQUOI PAS MOI? *Paris, in La Revue Théâtrale, no. 7, 1948.   First performed September 24, 1948, Théâtre du Rideau, Brussels.   First performed in Paris, October 26, 1950, Théâtre Édouard VII.*
1949-50. DIEU LE SAVAIT, OU LA VIE N'EST PAS SÉRIEUSE. *Paris, Gallimard, 1951.   First performed December 2, 1950, Théâtre Saint-Georges, Paris.*
1951.   LES INVITÉS DU BON DIEU. *Paris, Gallimard, 1953.   First performed September 11, 1953, Théâtre du Parc, Brussels.   First performed in Paris, September 23, 1953, Théâtre Saint-Georges.*
1951-52. SENS INTERDIT. *Paris, Gallimard, 1952.   First performed January 6, 1953, Théâtre du Quartier-Latin, Paris.*
1952.   LE MIROIR. *Paris, in L'Avant-Scène, no. 139, 1956.   First performed September 21, 1956, Théâtre des Ambassadeurs, Paris.*
1952-53. UNE FEMME TROP HONNÊTE. *Paris, Gallimard, 1956.   First performed December 3, 1956, Théâtre Édouard VII, Paris.*
1958-59. BOULEVARD DURAND. *Paris, Gallimard, 1960.   Never performed.*
1964.   COMME LES CHARDONS. *Pièce sans entracte.   Paris, Gallimard, 1964.*

CRITICAL WORKS

BRISSON Pierre: Le Théâtre des années folles. *Genève, Éd. du Milieu du Monde, 1943.*

CHARMEL André: Essai sur le théâtre d'Armand Salacrou. *Europe, janvier 49, Paris.*

DAMIENS Claude: Armand Salacrou, maître de l'avant-garde dramatique. *Paris-Théâtre 59.*

FAUVE Jacques: A drama of Essence: Salacrou and others. *Yale French Studies, April 59.*

GUICHARNAUD Jacques: Modern French Theatre. *Yale, 1961.*

MARCABRU Pierre: Armand Salacrou, personnage de théâtre qui écrit pour le théâtre. *Paris-Théâtre, 122, 1957.*

MIGNON Paul-Louis: Armand Salacrou, *La Bibliothèque Idéale, Gallimard, 1960.*

MOUREN Gaston: La nouvelle Génération dramatique: Armand Salacrou. *Cahier du Sud, mai 1932, Paris.*

RADINE Serge: Anouilh, Lenormand, Salacrou: trois dramaturges à la recherche de leur vérité. *Genève-Paris, Trois Collines, 1951.*

SIMON Pierre-Henri: Théâtre et destin. L'Athéisme anxieux d'Armand Salacrou. *Paris, Armand Colin, 1959.*

VAN DEN ESCH José: Armand Salacrou, dramaturge de l'angoisse. *Paris, 1947, Éd. du Temps présent.*

VAN DEN ESCH José: Le Drame d'une Foi qui se cherche, Armand Salacrou. *Paris, 1952, Arthème Fayard.*

Quel que fût alors l'âge de chacun des animaux vivants, cet âge, chez tous, eut un point d'arrêt initial, et tout ce qu'il y avait d'êtres mortels, cessant de s'acheminer vers les signes apparents du vieillissement progressif, se modifia au contraire dans le sens inverse ; c'est-à-dire en devenant chaque jour plus jeunes et de formes plus délicates : les cheveux blancs des vieillards tournaient au noir; ou bien encore les joues de ceux qui avaient de la barbe recommençaient à se polir, cela remettait chacun d'eux au temps où approche la fleur de l'âge ; quant à ceux qui en étaient à la puberté, leurs corps prenaient du poli, diminuaient de taille chaque jour et chaque nuit, pour en revenir à l'état naturel de l'enfant nouveau-né, auquel ils finissaient par ressembler, aussi bien au point de vue de l'âme qu'à celui du corps ; en suite de quoi, continuant désormais à se consumer, ils s'anéantissaient, ma foi, totalement.^A

PLATON, *Le Politique*.

A. - Salacrou is not primarily interested in the study of individual psychologies. What do his prefatory material on psychodrama, his quotations from Moreno (after Aristotle) and from Plato's *Politics* suggest in terms of dramatic or philosopical intention?

Sens Interdit

a été présenté et mis en scène par Michel de Ré, au Théâtre du Quartier-Latin, joué par sa compagnie dans un décor de Francine Gaillard-Rissler, avec une musique de Pauline Campiche, le 6 janvier 1953.

La vieille Mathilde, 90 ans	Monique Lenier
Daniel, 55 ans	Jacque Couturier
Yveline, sa femme, 50 ans	Arlette Josselin
Odile, ravissante personne, 28 ans	Madeleine Rousset
Raoul, son mari, 35 ans	San Juan
Paul, son amant, 30 ans	Michel de Ré
Adé, jeune fille au visage candide, 18 ans	Nicole Ladmiral
Gérard, son jeune mari, 22 ans	Roger Dumas
Le vieux Monsieur, 85 ans	Ivan Peuck

et l'homme de l'autre monde :

Joseph, 35 ans	Jacques Sommet

Une salle commune dans un appartement avec escalier et loggia à mi-hauteur. Plusieurs portes. L'une d'elles, quand elle s'ouvre, laisse voir un couloir très nu. Un éclairage éparpillé[1] avec des zones d'ombres et de vives lumières. Grande baie ouverte donnant sur une terrasse. Ciel d'été, une nuit de pleine lune.

LA VIEILLE MATHILDE, *90 ans, cassée en deux, s'appuyant sur deux cannes pour marcher.* — Est-ce vraiment pour aujourd'hui ?

DANIEL, *55 ans, jouant aux cartes avec sa femme Yveline, 50 ans.* — D'après les symptômes, le docteur croit toujours à une naissance dans les heures qui viennent.

LA VIEILLE MATHILDE. — Ce même docteur a dit hier, à la même heure, la même phrase. Et s'il se trompe encore...

DANIEL. — Alors, ce ne sera pas même pour demain !

YVELINE, *à son mari.* — Joue !

DANIEL. — Ça m'embête, parce que je vais gagner. Et tu n'aimes pas perdre !

YVELINE. — Joue ! Du matin au soir, tricoter ! tricoter ! tricoter ! Par instants, le désir me prend de changer de préoccupations. Joue [B] !

(Odile, ravissante jeune femme de 28 ans, à voir la vieille Mathilde flairer la porte du vestibule, éclate de rire.)

LA VIEILLE MATHILDE. — Vous riez ! vous riez ! Mais j'en ai assez moi de vivre toute seule, vous m'entendez ! Le temps me dure et la journée n'en finit pas.

ODILE. — Prenez patience, ma bonne Mathilde. Un temps viendra où vous vous affolerez devant les journées trop courtes.

LA VIEILLE MATHILDE. — Bien sûr, rien ne vous presse ; vous vous étalez[2] dans la vie ! Avec vos deux hommes !

RAOUL, *35 ans, le mari d'Odile.* — Avec vos deux hommes ? Quels deux hommes ? Que voulez-vous insinuer ?

LA VIEILLE MATHILDE. — Mais je n'insinue rien ! Quels deux hommes ? Mais vous, son mari, et lui, son amant[3] !

PAUL, *30 ans, l'amant d'Odile.* — Ces allusions à notre drame sont immorales, vous êtes une personne répugnante. Et votre décrépitude physique n'est pas une excuse satisfaisante.

DANIEL, *conciliant.* — Ça lui passera.

PAUL. — Non. Son naturel est méchant. Et sa méchanceté s'épanouira avec les années.

YVELINE. — Dans son état, allez donc distinguer si c'est de la méchanceté, ou de l'ennui.

ODILE. — L'ennui ! l'ennui ! Pour nous tourmenter, il y a pire que l'ennui, croyez-moi !

---

1. - Dispersed.
B. - Observe that knitting for Yveline is a symbol of boredom. What does her anger reveal?
2. - You spread yourself out; familiarly, you show off.
3. - Note the early appearance of the theme of adultery.

YVELINE. – Et quoi donc?

ODILE. – Le désir, l'intolérable désir d'être heureuse.

LA VIEILLE MATHILDE. – Et, à votre âge, pour être heureuse, on doit s'accrocher un homme à chaque bras?

RAOUL. – Ça n'est pas vrai.

PAUL. – En tout cas, qu'elle se taise!

(Musique aérienne[4].)

ADÉ, *jeune fille de 18 ans*. – Mon amour!

GÉRARD, *22 ans, son jeune mari*. – Mon ange.

ADÉ. – Gérard!

GÉRARD. – Adé! ma pureté.

ODILE. – Oh! le tourtereau et la tourterelle, allez roucouler sur la terrasse.

GÉRARD. – Quelle merveilleuse idée, mon amour!

ADÉ. – Près du ciel, dans la lumière des étoiles, Gérard!

GÉRARD. – O toi, plus vaste que l'univers, unique comme Dieu dont tu justifies l'existence...

(Ils sortent enlacés. La musique disparaît aussi.)

ODILE. – Unique! Unique! Toi aussi, Raoul, tu es mon unique amour. Mais (à Paul) je ne peux pas me passer de vous, hélas, même avec l'image de mon mari dans ma tête et dans mon cœur[C].

PAUL, *à Raoul*. – Ma présence vous torture? Si cela peut vous reposer, sachez que c'est vous que j'envie. Car Odile, hélas, connaît notre vérité : Odile ne m'aime pas.

ODILE, *avec un reproche coquet*. – Paul!

PAUL. – Odile a tout juste besoin de moi. Mais c'est vous qu'elle aime et aimera jusqu'au bout de son bel âge. Un jour vous roucoulerez comme les deux tourtereaux. Je ne serai plus là, et j'en crève.

DANIEL, *à Paul*. – Soyez patient, vous aussi. Vos complications se démêleront.

ODILE. – Raoul, je te jure que je suis innocente, car je lutte; je lutte avec l'énergie d'une chute d'eau qui se retient à tous les rochers de la montagne.

YVELINE. – Vous nous ennuyez avec vos histoires de trio de trente ans. L'appartement est petit. Est-ce une raison pour l'encombrer?

ODILE. – Raoul, j'ai honte de mon corps, mais mon âme toute à toi...

YVELINE. – Votre corps, votre âme! votre corps! votre âme! Allez donc discuter de vos incertitudes dans la chambre à coucher.

ODILE. – Paul, tu dois me suivre. Mon corps te désire, tu le sais.

PAUL. – Oui, seulement ton corps.

---

4. - The playing of « musique aérienne » is appropriate to the entrance of Gérard and Adé.

C. - Odile's attitude with respect to her husband and lover is unusual. Explain how Salacrou is commenting on woman's moral standards.

ODILE, à Paul. — Mais mon âme s'exprime aussi avec mon corps. Je suis aussi mon corps[5].
RAOUL. — Ton corps! Ce sac de pourriture que tu préfères à ton âme.
ODILE, à Raoul. — Mais je ne le préfère pas. C'est le jour et la nuit. Et toutes les heures doivent faire la roue autour de nous. On ne peut échapper à aucune!
RAOUL. — Et cette idée ne t'affole pas que tu te fabriques des souvenirs qui te feront, plus tard, trembler de honte?
ODILE. — Il y a un âge où les femmes sont idiotes, et je suis arrivée à cet âge-là.
PAUL. — Et cruelles!
ODILE. — Ne souffre pas, Raoul; si tu connaissais mon impatience d'atteindre ces heures où je serai enfin heureuse, près de toi, toute seule avec toi.
LA VIEILLE MATHILDE. — Eh! bien, le commencement promet!
YVELINE. — Quel commencement?
LA VIEILLE MATHILDE. — Le commencement de cette histoire pathétique.
RAOUL, agressif. — Pourquoi pathétique?
LA VIEILLE MATHILDE. — Vous oubliez l'arrivée du nouveau-né. Moi aussi, l'impatience me bouscule. Et la curiosité! Vous oubliez que j'attends celui qui vient pour être mon compagnon sur la terre?
RAOUL, voit Odile disparaître dans la chambre avec Paul. — Odile!
ODILE. — Cher Raoul!

(Avec un geste douloureux, elle referme la porte.)

RAOUL. — Elle ne ment pas. Elle est honnête. Elle lutte. Et j'en crève!
YVELINE. — Oh! Laissez-nous jouer aux cartes.
RAOUL, à Daniel. — Vous comprendrez, dans vingt ans, quand cette femme *(c'est Yveline)* vous dira : « Je t'adore, mais supporte, essaie de supporter la complexité de mon âme et les curiosités de mon corps. » Oui, alors vous comprendrez!
YVELINE. — En attendant, ne pourriez-vous pas souffrir en silence?
DANIEL. — Ou bien, penser à autre chose, mon ami; par exemple, à un idéal quelconque et reposant[6]?
YVELINE. — Et les beaux jours viendront.
RAOUL. — Peut-être. Mais comme la vie est lente! Et ce soir, ayez pitié de moi! ayez pitié de moi!

(Il sort par une autre porte.)

YVELINE. — J'espère quand ton tour viendra que tu seras moins ridicule, et qu'au moins, tu sauras te taire devant les autres!
DANIEL. — Parce que, dès maintenant, tu envisages dans notre avenir ce genre de complications?
YVELINE. — Ne sois pas stupide. Joue.

---

5. - Odile's division of herself into body and soul illustrates a Platonic idea, and is more the embodiment of an abstraction than a real person.

6. - Note Daniel's desire throughout the play to escape from reality.

DANIEL. — Le Roi !

YVELINE. — Eh ! bien, ramasse ta levée[7], puisque tu as gagné. Sois beau joueur, pour une fois. En plus, n'aie pas l'air de la mépriser, cette victoire qui m'échappe !

DANIEL. — Yveline, nous avons déjà connu l'un près de l'autre les désagréments[8] de la vieillesse ; en ce moment, nous partageons l'ennui des amours trop tranquilles...

YVELINE. — Comment imaginer qu'un jour, je puisse être folle d'amour pour toi ? Que tu seras la source de ces passions mystérieuses qui font frémir la jeunesse ? En ce moment, devant ta tête à la chair molle c'est inconcevable. Oh ! que tu m'exaspères !

(Elle renverse la table à jeu et sort.)

LA VIEILLE MATHILDE. — Eh ! bien ! tous les deux à vous regarder vivre, ce n'est guère encourageant !

DANIEL. — Parce que vous ne regardez que la journée d'aujourd'hui, — mais nous sommes déjà un peu plus heureux qu'autrefois.

LA VIEILLE MATHILDE. — Attendons ! je verrai bien ! Mais, en attendant, je marche déjà mieux, n'est-ce pas votre avis ? Dites-moi, sans mentir, le nouveau, croyez-vous que ce soit vraiment pour aujourd'hui ?
Si vous ouvriez la porte...

DANIEL. — Pour une naissance la porte s'ouvre d'elle-même [F].

LA VIEILLE MATHILDE. — Mais si c'est une naissance difficile...

DANIEL. — La porte s'ouvre quand même toute seule.

LA VIEILLE MATHILDE. — Aidez-la un peu, je vous en prie, à s'ouvrir...

DANIEL, *va ouvrir la porte qui se referme lentement* [G]. — Vous voyez ! Et le nouveau-né n'est peut-être pas pour vous.

LA VIEILLE MATHILDE. — Mais puisque je suis la seule célibataire...

DANIEL. — Le nouveau peut arriver dans la force de l'âge[9].

LA VIEILLE MATHILDE, *inquiète*. — Oh !

DANIEL. — Moi-même, dès le premier jour, j'avais toutes mes dents, je marchais sans bâtons.

LA VIEILLE MATHILDE. — Ah !

DANIEL. — Certes, un ulcère me torturait. Il s'est cicatrisé[10]. Et ma sciatique ne me taquine plus que les jours de pluie.

LA VIEILLE MATHILDE. — Et le nouveau pourrait arriver dans votre état d'aujourd'hui...

DANIEL. — ... regrettant de ne pas avoir à vivre les années dont je me libère, moi, sans regret ! Mais j'en ai vu débarquer de plus jeunes. Un, même, dans tout son éclat ; ayant devant lui à peine vingt années...

LA VIEILLE MATHILDE. — Mais que ferais-je, moi, d'un garçon si près de la mort ? Enfin attendons ! Peut-être le nouveau arrivera-t-il lui aussi avec des béquilles ?

---

7. - Pick up your trick.
8. - The unpleasantness.
F. - What is the symbolic importance of the door in this discussion?
G. - Salacrou has described the universe as being mechanistically determined. How does the door which closes by itself make a comment on man's freedom of choice in such a universe?
9. - In the prime of life.
10. - Healed.

SENS INTERDIT   675

DANIEL. — Ma bonne Mathilde, ne vous agitez pas tant. Ménagez vos jambes !

LA VIEILLE MATHILDE. — Dans combien de temps croyez-vous que je marcherai sans bâtons[H] ?

DANIEL. — Les natures sont d'une diversité déconcertante. Je me demande parfois si le bon Dieu n'a pas trop d'imagination.

LA VIEILLE MATHILDE. — Vous croyez?

DANIEL. — Oui ! Il invente, puis il rature[11] ! puis il invente encore, il retouche, il tâtonne ! parfois je me demande si dans son œuvre un esprit rebelle ne découvrirait pas de l'hésitation et de l'incertitude[I] !

LA VIEILLE MATHILDE, *devant une glace*. — Et quand il aura retouché mes rides, qu'il les aura effacées, vous croyez que je serai belle ?

DANIEL. — Oui.

LA VIEILLE MATHILDE. — Très belle ?

DANIEL. — Vous aurez de beaux yeux.

LA VIEILLE MATHILDE. — Seulement des beaux yeux?

DANIEL. — Et vous ne vous inquiétez pas d'être bonne ?

LA VIEILLE MATHILDE. — Je pourrai toujours devenir bonne si je le veux, tandis que la beauté...

DANIEL. — Vous manquez d'expérience, ma bonne amie. Certains êtres ne parviennent pas à être bons. Ils ne le désirent même pas.

LA VIEILLE MATHILDE. — S'ils ne le désirent pas, ils n'en souffrent pas. Tandis que la laideur, quelles femmes peuvent l'accepter?

DANIEL. — Celles qui deviennent bonnes.

LA VIEILLE MATHILDE. — Cette attente m'épuise. Je vais rôder[12] près des tourtereaux. Où en sont-ils, ceux-là ?

DANIEL. — Bientôt dans les adieux des fiançailles.

LA VIEILLE MATHILDE. — Ils vont se quitter?

DANIEL. — Avec une grande douceur. Et sans criailleries[13]. Vous verrez, c'est très reposant.

LA VIEILLE MATHILDE. — Mais appelez-moi, dès que la porte s'ouvrira pour le nouveau.

DANIEL. — Oui, ma bonne Mathilde. Comptez sur moi. *(Elle est sortie. Daniel se regarde dans une glace, joue avec sa moustache, rabat ses cheveux sur le front, car il est encore un peu chauve.)* Non. Je ne vais pas teindre mes cheveux[14]... Je préfère patienter, et quand ils seront plus denses et mon teint moins grisâtre, un regard de femme aimera peut-être à me dévisager[15]. *(Une note de musique, aiguë. La porte s'ouvre. Tout à coup, le silence et l'immobilité. Reprise de la note de musique.)* Dieu, ô mon Dieu, voici que vous lâchez en liberté sur la

---

H. - Physical beauty is a prime consideration for Mathilde, whereas moral goodness is an indifferent matter.   Compare Mathilde and Odile.
11. - Érases.
I. - What kind of universe is described through Daniel's comments on God's actions?
12. - To prowl around.
13. - Whining or complaining.
14. - Note Daniel's renewed preoccupation with physical details.
15. - Se dévisager.

Terre un nouveau vivant. Je vous en supplie, ne l'invitez pas à vivre, vous qui connaissez l'avenir, si vous savez déjà que vous serez contraint, à sa sortie, de le jeter dans les brûlures éternelles de l'enfer. Puisque vous êtes le bon Dieu tout-puissant, prenez en charge son bonheur, ou bien détournez-le de l'existence. Ne le laissez pas même entrer et refermez tout de suite la porte[J]. Sans le connaître, je sais que je peux vous le dire en son nom : il préfère le néant où il n'existe pas à l'enfer dont il ne pourra jamais plus s'échapper. Mais si vous savez déjà que votre paradis s'ouvre comme une fleur au bout de sa vie alors, bon Dieu, sous votre regard, lumière du jour et des ténèbres, qu'il entre; je le recevrai comme un frère[K]. *(Un silence. Apparaît avec timidité Joseph. Il a 35 ans.)* Les dés sont jetés. Oui, mon ami. C'est ici. Passez la porte. Entrez.

JOSEPH. – Ici? Vous croyez?

DANIEL. – J'en suis certain. Nous vous attendions.

JOSEPH. – C'est que je me balade[16] de couloir en couloir depuis des heures. La nuit est tombée et, dans le noir, j'avais bien le sentiment d'être perdu.

DANIEL. – Perdu? Bien sûr! Vous ne voudriez pas débarquer sur la terre et dès le premier jour vous y retrouver avec le flair d'un pigeon voyageur qu'on sort de son panier.

JOSEPH. – Débarquer sur la terre?

DANIEL. – Oui. Vous vous y habituerez, mon bon ami. Avant tout, apprenez à respirer. Profondément. Comment vous ont-ils baptisé à l'entrée? Oui, votre nom, votre petit nom?

JOSEPH. – Joseph.

DANIEL. – Joseph? Vous vous y habituerez aussi. On ne choisit pas plus son nom que son destin. Moi, c'est Daniel.

JOSEPH. – Puis-je vous demander...

DANIEL. – Non. Reposez-vous... voici un fauteuil. Asseyez-vous. Comment sauriez-vous choisir vos questions? C'est à moi de vous interroger, et vos propres réponses, l'une après l'autre, vous expliqueront ce que vous devez savoir. D'abord, soyez patient. Avec les années qui passent, vous apprendrez à vivre. A vivre sans angoisse dans le grand mystère. Somme toute, la recette est très simple. Pour échapper aux angoisses du grand mystère, vous n'avez qu'à penser sans arrêt à autre chose[17], obstinément à autre chose. Et, à votre âge, cela vous sera aisé.

JOSEPH. – J'ai trente-cinq ans.

DANIEL. – Pauvre Mathilde! Mais ne regrettez rien. Pour vous, le plus dur est fait. Car même la cinquantaine n'est pas un âge très folichon[18]. Seul, on s'y ferait peut-être. Mais ma femme aussi a cinquante ans. Et ça, c'est embêtant. A cet âge-là elles sont encore un peu aigres. Mais je parle... je parle... et vous ne pouvez pas me comprendre...

JOSEPH. – J'avoue que...

DANIEL. – Moi, j'ai déjà vingt ans de métier.

J. - What do the music, the silence, the opening of the door represent in terms of dramatic technique?

K. - Observe that Daniel's uncertainty about man's destiny parallels the author's. His repeated refrences to «le bon Dieu» may be considered a satire of the all-powerful and just God of orthodox religious beliefs.

16. - Stroll.

17. - Daniel's formula for escape «to think of something else»—reminds us of Pascal.

18. - Playful; wanton.

JOSEPH. – Quel métier?

DANIEL. – Celui qui est le vôtre maintenant : celui d'homme vivant.

JOSEPH. – Ah!?

DANIEL, *en détendant ses muscles*. – Mais j'entrerai bientôt dans la merveilleuse décade des quadragénaires triomphants.

JOSEPH. – La décade des quadragénaires triomphants?

DANIEL. – Celle qui mène à votre âge.

JOSEPH. – Celle qui mène à mon âge!?

DANIEL. – Ne vous affolez pas. Je me souviens encore de mon premier jour, lorsque le bon Dieu m'a invité à passer quelques années sur cette charmante planète. Je n'y comprenais rien non plus. Mais on s'installe. On prend des habitudes. On rencontre des amis. On cache ses fameuses angoisses dans des vices. Et avec des habitudes, des amis et des vices, la vie n'est pas désagréable. Si vous me permettez un conseil, je vous recommanderais plutôt les vices. Ils sont plus fidèles que les amis. On les garde plus longtemps [L].

JOSEPH. – Oh! vous savez moi, mon genre, ce n'est pas du tout le genre penseur.

DANIEL. – Attendez que la vie vous revèle...

JOSEPH. – Oh! Mais je me connais déjà! j'appartiendrais plutôt, hélas, au genre amoureux nettement sentimental [M]!

DANIEL. – Je vous en prie, cachez-le à Mathilde. Vous aggraveriez sa déception. Car elle va être déçue! Pauvre Mathilde!

JOSEPH. – Mathilde? Quelle Mathilde?

DANIEL. – Elle qui attendait votre arrivée avec une impatience! Oui, pour vous épouser.

JOSEPH. – Pour m'épouser? Déjà? sans me connaître?

DANIEL. – Se connaît-on jamais quand on se marie? C'est à l'usage qu'on se découvre...

JOSEPH. – Ça, c'est bien vrai! Entièrement d'accord!

DANIEL. – Elle est née il y a six mois...

JOSEPH. – Elle a six mois et elle veut m'épouser?

DANIEL. – Vous ne connaissez pas les femmes. Elles s'imaginent des choses, et après, hélas, elles les veulent.

JOSEPH. – Tout de même! à six mois! le moins que j'en puisse dire, c'est qu'elle peut attendre.

DANIEL. – Mais elle s'ennuie déjà. Oh! l'ennui vient vite, vous verrez! Et elle crie!

JOSEPH. – Elle crie? Pauvre petite! Ce sont les dents qui la travaillent.

DANIEL. – Non, ses dents poussent bien sans douleur. Et elle sera jolie.

[L] - Note the ironic tone of this speech. What moralist of the seventeenth century also cynically remarks that it is preferable to cultivate vices rather than friends?

[M] - Joseph sees Daniel as a thinker and himself as part of the «genre amoureux... sentimental». Comment upon this juxtaposition.

JOSEPH. — Vous n'avez tout de même pas l'intention de me fiancer à une fille qui fait encore pipi au lit?

DANIEL. — Ça m'étonnerait qu'elle en soit encore là. En six mois, elle s'est déjà bien arrangée. Elle ne bave [19] même plus...

JOSEPH. — Eh! ben, elle est en avance!

DANIEL. — Ce soir je la regardais, avec ses cannes elle trotte comme un lapin.

JOSEPH. — Elle marche déjà? Mais c'est un phénomène, votre Mathilde?

DANIEL. — Oui, un être curieux! avec une conversation qui commence à devenir agréable.

JOSEPH. — Et elle parle?

DANIEL. — Et son cancer se résorbe très bien.

JOSEPH. — Et déjà un cancer à cet âge-là! Je n'ai jamais vu ça [N]!

DANIEL. — Vous n'avez encore rien vu. Vous arrivez. Personnellement, je ne me plains pas. Mes cheveux poussent; regardez. Il ne me manque plus que deux molaires à gauche. Ma douloureuse arthrite des doigts est un vieux souvenir et ma prostate ne me taquine plus du tout. Jamais vous ne connaîtrez votre chance d'avoir échappé à toutes ces petites misères. Mais à mon tour, les beaux jours! Je deviendrais un grand sportif que je n'en serais pas autrement surpris! Alors quand l'humeur de ma femme sera améliorée... mais son humeur s'améliore vraiment lentement... Vous semblez surpris? C'est que la vie est surprenante et au moment où elle vous attrape dans son engrenage [20], on reçoit un petit choc.

JOSEPH. — A vous écouter, j'ai même un très grand choc.

DANIEL. — Je serais désolé de vous effrayer; à votre âge, la vie est belle!

JOSEPH. — Pas mon avis. Pas du tout. La vie est une vraie cochonnerie [21]. Tout au moins la mienne.

DANIEL. — Ne vous laissez pas aller à je ne sais quelle lassitude injustifiable aux yeux du Créateur qui dans sa bonté infinie, pour nous aider à surmonter nos moments de dépression, a inventé un merveilleux compagnon de voyage. Je veux être le premier à vous le faire connaître et assister à votre émerveillement. On l'appelle : Vin. Il y en a du blanc. Il y en a du rouge. Le premier jour, n'en buvez pas trop [O].

JOSEPH. — Croyez-vous que je vous ai attendu pour déguster mon premier verre de vin?

DANIEL, *bouteille et verre en mains*. — Vous avez déjà bu du vin?

JOSEPH. — Depuis quelques années, oui!

DANIEL. — Comment? Vous ne venez pas de débarquer sur la planète?

JOSEPH. — Plaisanterie à part, vous avez déjà rencontré beaucoup de nouveau-nés de mon âge.

DANIEL. — J'en ai connu de plus jeunes.

JOSEPH. — Moi aussi.

DANIEL. — Mais, alors, dans quel état êtes-vous arrivé?

JOSEPH. — Tout petit! oh! tout petit!

---

19. - Dribble.
N. - Analyze the humor resulting from their misunderstanding in this conversation.
20. - Catches you in her gear.

21. - Foul trick.
O. - Note the irony in attributing to God the invention of wine. How does this speech illustrate Daniel's adjustment to «le grand mystère?»

DANIEL. — Avec des dents?
JOSEPH. — Non.
DANIEL. — Avec des cheveux?
JOSEPH. — Non.
DANIEL. — Vous marchiez?
JOSEPH. — Non !
DANIEL. — Vous parliez?
JOSEPH. — Non.
DANIEL. — Pauvre ami !
JOSEPH. — Et je bavais ! Et moi·aussi je faisais pipi au lit.
DANIEL. — Alors, complètement gâteux [22]? Avec une grande barbe blanche?
JOSEPH. — Non, mais dites-moi, vous n'auriez pas des gargouillis [23] dans la cervelle?
DANIEL. — Non, mon ami. Et quels qu'aient été mes déboires [24] jusqu'ici, ma cervelle est en ordre. Et je vous prie avec fermeté de me dire à quel âge vous êtes né.
JOSEPH. — A l'âge d'un jour, le premier jour.
DANIEL. — Comme moi, bien sûr, comme tout le monde. Le premier jour de sa vie, on a un jour ! Mais voici combien de temps?
JOSEPH. — Trente-cinq ans, bientôt trente-six.
DANIEL. — Et qu'avez-vous fait depuis trente-cinq ans? où vous êtes-vous caché? et pourquoi? Vous aviez une horrible maladie que vous vouliez garder secrète [25]?
JOSEPH. — Moi? Mais non.
DANIEL. — Une maladie de peau inconvenante dans ses origines?
JOSEPH. — J'ai toujours été un jeune garçon parfaitement convenable.
DANIEL. — Un jeune garçon? Ne vous troublez pas et répondez-moi calmement. Je suis un homme compréhensif... Après le premier jour qu'êtes-vous devenu?
JOSEPH. — Eh ! bien j'ai continué, j'ai été un petit garçon, puis un grand garçon, puis un jeune militaire. Je me suis marié à vingt-deux ans, puis ma femme m'a quitté, il y a sept ans; à trente ans j'ai voyagé, à trente-cinq ans je n'étais pas encore parvenu à oublier mon amour et me voici...
DANIEL, *ironique*. — Vous avez été un petit garçon, puis un grand garçon...
JOSEPH. — J'ai fait du football, avant-centre.
DANIEL. — Avant-centre... oui, oui... puis soldat... naturellement *jeune* soldat...
JOSEPH. — Oui.
DANIEL. — Comme c'est intéressant ! Et la barbe vous a poussé au menton...
JOSEPH. — Non, je portais la moustache.

22. - Senile.
23. - Bubbling.
24. - Disappointments.
25. - Note Daniel's continual insistance on the physical.

Daniel. — La moustache ? Oh ! très bien ! je vois le genre...

Joseph. — Quel genre ?

Daniel. — Monsieur est un raconteur d'anecdotes ! Monsieur est un inventeur d'histoires ?

Joseph. — Moi ?

(Entre Yveline.)

Daniel. — C'est le nouveau !

Yveline. — Pauvre Mathilde ! Il est bien jeune.

Daniel. — Ne te réjouis pas si vite de la déconvenue de cette pauvre Mathilde ! l'affaire est plus grave ! *(A Joseph.)* Plaisantin, qui dès le premier jour refuse de prendre la vie au sérieux et se cache dans un roman ?

Joseph. — Mais quel roman ?

Daniel. — Monsieur prétend être sur la terre depuis trente-cinq ans.

Yveline. — Et qu'avez-vous fait depuis trente-cinq ans ?

Joseph. — Moi ? Eh ! bien, j'ai vécu.

Yveline, *à Daniel*. — Qu'y a-t-il là d'extraordinaire mon ami ?

Daniel. — Il prétend avoir vécu l'autre moitié de sa vie.

Yveline. — Quelle autre moitié ?

Daniel. — Il veut nous faire croire qu'il a commencé par la fin.

Joseph. — Mais je n'ai jamais dit que j'avais commencé par la fin ! C'est vous-même...

Daniel. — Ne mettez pas ma parole en doute. Connaissant mes qualités, je connais mes défauts. et sous cette apparence hésitante et légèrement placide, je suis un colérique qui ne s'ignore point.

Yveline, *à Joseph*. — Ce qui m'inquiète pour l'avenir. Quand nous nous sommes mariés, il y a quinze ans, il somnolait[26] et ses colères ne se montraient qu'à travers des paroles qui le réveillaient de temps à autre. Mais dans une vingtaine d'années, lorsqu'il aura des muscles de jeune boxeur... *(A Daniel.)* Jamais je ne tolérerai d'être giflée ou battue !

Joseph. — Ma parole, vous vous êtes donné le mot[27] ?

Yveline. — Naturellement vous avez déjà bu du vin ?

Daniel. — Avec moi, c'était son premier verre. Du moins je le croyais...

Joseph, *éclate*. — Alors, cette femme, vous l'auriez rencontrée pour la première fois avec des cheveux rares et des dents jaunes, et vous vous seriez jetés dans les bras l'un de l'autre, les yeux fermés pour vous réveiller, un jour, aux pieds d'une ravissante jeune fille au teint de roses ? Et vous voulez que je croie une pareille histoire ?

(Entre la vieille Mathilde.)

Daniel. — Et vous, vous voudriez me faire croire que j'aurais été assez stupide pour me jeter dans les bras d'une ravissante jeune fille avec l'espoir de la retrouver un jour, collée contre moi, dans cet état.

Joseph. — Ce n'est pas moi qui en ai inventé la mode !

La vieille Mathilde. — De quel état parlez-vous ?

---

26. - Used to drowse.   27. - Are you acting in collusion?

YVELINE. — Du vôtre.
LA VIEILLE MATHILDE. — Que se passe-t-il, mes bons amis?
YVELINE, à Mathilde. — C'est le nouveau. (A Joseph.) Il y a six mois qu'elle vous attend pour vous épouser.
LA VIEILLE MATHILDE. — Dans quatre ou cinq ans, je serai déjà présentable.
DANIEL. — Et dans trente ans, elle sera fort jolie.
YVELINE. — Elle l'espère!
LA VIEILLE MATHILDE, hurle. — Mais il est trop jeune! jamais il ne voudra m'attendre.
JOSEPH. — Tonnerre de Brest. J'ai dû me tromper de porte! Où suis-je ici?
DANIEL. — Sur la terre, sous l'œil bienveillant du bon Dieu P.

(Entre Raoul.)

RAOUL. — Monsieur Daniel! Monsieur Daniel! Une merveilleuse nouvelle. Et je suis heureux[28].
DANIEL. — Tant mieux, cela fera une moyenne.
RAOUL. — Odile est enfin à moi, à moi tout seul; rien qu'à moi!
YVELINE. — Paul s'est enfui?
RAOUL. — Non! Elle l'oublie!

(Odile entre.)

ODILE. — Eh! bien! Mon chéri? Je te cherche près de moi et tu n'es jamais là.
YVELINE. — Alors, vous avez changé d'idées?
ODILE. — Moi? Pas du tout! J'ai toujours su que ma vie me conduisait à un amour unique. Raoul... Regarde-moi: ne suis-je pas devenue transparente? Qu'elle va être belle, notre jeunesse, Raoul!

(Entre Paul.)

PAUL. — Madame...

(Un silence.)

ODILE, à Raoul. — Sois très gentil, Raoul. Paul est un ami charmant. Il t'estime beaucoup! Tu sais qu'il me fera la cour encore quelque temps. Peux-tu lui reprocher de me trouver aimable?
PAUL. — Odile... vous serez le grand souvenir de mon bel âge. Mais aujourd'hui, hélas, tout nous sépare. Et vous m'échappez pour toujours à l'instant où vous allez devenir vous-même.
ODILE. — Ne croyez pas que je vous oublierai, Paul. J'avais besoin de vous pour me libérer de désirs qui m'ont troublée tant qu'ils ne furent pas satisfaits. Je voulais calmer certaines curiosités, et je me sens si légère depuis que vous avez emporté avec vous, hors de moi, toutes ces convoitises[29] qui ne m'attirent plus. (Elle aperçoit Joseph.) Quel est ce joli garçon?
DANIEL. — C'est le nouveau, etc.

(Conciliabule Daniel, Raoul, Odile. Paul s'éloigne.)

JOSEPH, à la vieille Mathilde. — Qui est-ce?

P. - Given the confusion of the situation, explain the ironic quality of Daniel's comment concerning «l'œil bienveillant du bon Dieu.»
28. - Raoul's entrance creates an abrupt change in the tone of the dramatic action. The emphasis is again placed upon woman's morality and the relationship between husbands, wife and lover.
29. - Covetous desires.

LA VIEILLE MATHILDE. — Une femme et son mari.

JOSEPH. — Et celui-là, dans le coin, silencieux.

LA VIEILLE MATHILDE. — C'est son amant.

JOSEPH. — Son amant?

LA VIEILLE MATHILDE. — Oui. On l'appelle le troisième du trio. C'est de leur âge, paraît-il, l'âge du trio. On m'a même conté que le troisième pouvait être une femme. Mais, dans leur trio à eux, c'est un homme.

ODILE. — Un si joli garçon, quel dommage!

JOSEPH, *à la vieille Mathilde*. — Son mari? Son amant? *(à Odile:)* Madame!

ODILE. — Mon ami?

JOSEPH. — Madame, vous qui me semblez une femme normale...

DANIEL. — Le bon Dieu lui a joué une farce...

JOSEPH. — Quelle farce? pas du tout.

DANIEL. — Il se plaint...

JOSEPH. — Mais je ne me plains pas...

ODILE. — Vous n'avez à vous plaindre de rien? J'en suis ravie.

JOSEPH. — Non. Euh... si.

ODILE. — Confiez-vous à moi, mon ami. Vous avez déjà eu un grand malheur?

JOSEPH. — C'est un malheur personnel[30].

ODILE. — Ce sont les seuls qui comptent.

JOSEPH. — Ma femme m'a quitté; et je l'aimais.

ODILE. — Oh!

RAOUL. — Il y a longtemps?

JOSEPH. — Voilà déjà sept ans... nous nous étions mariés, elle n'avait pas vingt ans...

ODILE. — Mais de quoi vous plaignez-vous? Si votre femme vous a quitté il y a plus de sept ans, à cet âge-là, elle est maintenant une toute petite fille!

JOSEPH. — Hein?

ODILE. — On n'a pas idée d'épouser une femme si tard...

JOSEPH. — Ooh!

LA VIEILLE MATHILDE. — Avec moi, il aura tout le temps!

JOSEPH. — Mais bon sang! Ma femme a aujourd'hui atteint la trentaine!

DANIEL. — Car vous racontiez aussi à votre femme vos petites anecdotes et vous lui disiez du matin au soir qu'elle allait devenir vieille?

ODILE. — Quelle étrange manie!

DANIEL. — Vous voyez la farce épouvantable que joue le bon Dieu à ce pauvre garçon.

---

30. - For Joseph his situation is a personal misfortune and God is not a factor.

YVELINE. — En vérité, c'est un garçon à plaindre.

JOSEPH, *éclatant*. — Pas encore ! Mais quand je raconterai aux copains qu'on m'a pris ce soir pour un nouveau-né, j'imagine qu'ils me regarderont d'une telle façon que je serai alors vraiment à plaindre.

LA VIEILLE MATHILDE. — Il n'y a qu'à laisser dire ! Puisqu'il va dans un sens et moi dans l'autre, je le rattraperai. Je crois que j'aimerai beaucoup les raconteurs d'anecdotes !

RAOUL, *très gentil, à Paul*. — Pour oublier sa vieillesse, il s'invente des souvenirs de petit enfant !

PAUL. — Comme c'est curieux !

DANIEL, *ironique*. — Il a déjà été champion de football.

ODILE. — International ?

JOSEPH. — Non... Interscolaire !

DANIEL. Interscolaire !

RAOUL, *ironique*. — Et vous rentriez chez vous en culottes courtes ?

JOSEPH. — Parfaitement ! *(Il se fouille.)* Et je n'ai pas de photographie ! Parce que si je vous montrais des photos de moi, à cet âge-là, hein *(il montre la hauteur d'un garçonnet)*, vous seriez bien obligés de me croire ?

DANIEL. — Il est convaincu que d'année en année il vivra sa vie à l'envers pour atteindre, vers la fin, l'état de notre bonne Mathilde.

ODILE. — Avec des idées pareilles, vous devez être très malheureux. Vous pouvez supportez, même en imagination, une perspective si déprimante ?

LA VIEILLE MATHILDE. — Puisqu'il croit que plus tard il me ressemblera, il peut bien m'épouser tout de suite !

JOSEPH. — Et vous pensez que cette vieille bique [31] de jour en jour se transformera en une ravissante jeune fille ?

LA VIEILLE MATHILDE. — Vieille bique ?!

(Entrent, sur un chant doux, Adé et Gérard [32].)

DANIEL. — Sérieusement, mon ami ; où voulez-vous en venir avec votre théorie ?

JOSEPH. — Mais je n'ai pas de théorie !

YVELINE, *qui tricote*. — Mais si ! Quand vous insinuez que le bon Dieu laisserait venir sur la terre des êtres ravissants, blonds et roses, afin de les y laisser pourrir blancs et verts.

DANIEL. — Et pour me reposer de la vision d'une femme s'écroulant [33] dans des chairs molles je n'aurais d'autres ressources que la pensée de mes varices prochaines et de mes ulcères inévitables !

JOSEPH. — Mais ne me reprochez rien. Je ne suis pas le bon Dieu.

DANIEL. — C'est un absurdiste !

31. - This old hag.
32. - Soft music again accompanies the lovers. Note the introduction of purity and calm into an essentially unpleasant discussion.
33. - Crumbling.

JOSEPH. — Quoi?

PAUL. — Vous niez? *(Aux autres.)* C'est un crypto-absurdiste!

RAOUL. — Allez-vous soutenir que votre philosophie est claire, saine et ouverte sur l'espérance?

JOSEPH. — Mon crâne! mon crâne! Comme j'aimerais voir un autobus.

LA VIEILLE MATHILDE. — Un autobus?

JOSEPH. — Place de la Concorde.

ODILE. — Et pourquoi place de la Concorde, mon petit Joseph?

JOSEPH. — Simplement pour dire au receveur : Levallois-Perret, ou Pont Mirabeau, et l'entendre me répondre : trois sections!

ODILE, *aux autres*. — Comment un si joli garçon peut-il être un révolté?

JOSEPH. — Mais où allez-vous chercher que je sois un révolté?

YVELINE. — Avec votre acharnement à mettre le monde et la vie sens dessus dessous.

DANIEL, *s'énervant*. — Alors, d'après vous, au lieu de me guérir de ma sciatique droite le bon Dieu ne me laisserait rien d'autre que l'espoir d'une sciatique gauche afin que je devienne symétrique?

JOSEPH, *à Gérard*. — Enfin, vous qui êtes jeune et calme...

ADÉ. — Il est devenu jeune et calme, car tu te souviens, mon amour, de tes colères?

JOSEPH. — Et, vous aussi, vous allez me dire que vous avez connu votre fiancé dans cet état *(la vieille Mathilde)* et que cheminant côte à côte vous êtes passés par l'âge de ces trois-là...

ADÉ. — Hélas! C'est vrai! Quelle horreur! Tu te souviens, mon grand?

JOSEPH. — Mais vous êtes donc tous tombés sur la tête?

DANIEL. — Parce que c'est la raison qui vous pousse à imaginer que l'on se rencontrerait pour la première fois à cet âge *(il montre Adé et Gérard enlacés)* et qu'alors on s'efforcerait de choisir la femme la plus jolie du monde pour l'accompagner dans ses terribles crises d'impuretés *(il montre Odile)* avec l'espoir de connaître ensuite près d'elle les parties de cartes, les rhumatismes et les quintes de toux, pour vivre enfin heureux les dernières années de sa vie l'un près de l'autre dans cet état *(il montre la vieille Mathilde indignée)* et se laisser l'un à l'autre avant de quitter la terre, ce dernier et lamentable souvenir?

(Les personnages éclatent de rire, sauf Joseph consterné et la vieille Mathilde.)

PAUL. — Son histoire ne tient pas debout!

DANIEL, *à Joseph*. — Allez! Allez! Faites votre cour à la femme de vos rêves *(c'est Adé)* et dites-lui avec quelle impatience vous attendez que la vie la comble de ses bienfaits, et combien vous serez heureux de pouvoir lui soupirer enfin :

(Il l'a mené aux genoux de Mathilde.)

ô ma beauté, ô récompense de ma vie!
perfection enfin achevée de mes amours!
ô salaire de mes désirs, et de ma patience!

(Nouveaux rires.)

LA VIEILLE MATHILDE. — Mais, dans trente ans, je serai belle! très belle!

RAOUL. — C'est ce que nous disons, ma bonne amie, ne vous énervez pas!

LA VIEILLE MATHILDE. — Mais si ! je m'énerve !

YVELINE. — Ne bougonnez[34] donc pas. Celui-là *(c'est Joseph)* nous suffit avec ses extravagances.

RAOUL. — Comment expliquez-vous l'aberration qui m'aurait poussé à épouser ma femme avec une telle promesse de décrépitude ?

JOSEPH, *à Adé*. — Donc, vous auriez déjà été vieille ?

ADÉ. — Bien sûr ! Sinon, comment aurais-je appris à devenir jeune ?

PAUL. — Et quel prix donner à sa beauté si elle n'était pas animée par toute l'expérience d'une vie ?

DANIEL. — Alors dans votre monde imaginaire vous confiez cette indicible beauté à des ignorantes ? Mais quel gâchis[35] ! la jeunesse est une aventure trop sérieuse pour la confier à des débutants inexpérimentés !

GÉRARD. — Vous oseriez abandonner une telle grâce à des âmes maladroites et tâtonnantes ?

ODILE. — La livrer au hasard de rencontres stupides ?

DANIEL. — Et ce chef-d'œuvre du créateur, ces corps d'une harmonie céleste, cette élégance qui évoque les fleurs du paradis courbées par la musique des anges, le bon Dieu les confierait à des petites folles ? Le destin de ces beautés incomparables, à des crânes encore sans cervelle ?

LA VIEILLE MATHILDE. — Mais j'ai déjà un peu de cervelle, moi !

RAOUL. — Oui, calmez-vous ! Et apprenez lentement à être un jour digne de votre future grâce !

LA VIEILLE MATHILDE, *à Joseph*. — Mais défendez-vous, Joseph !

YVELINE. — Dans votre monde, la vie est donc une descente aux enfers ?

DANIEL. — Cet homme est un lucifèrien !

JOSEPH. — Pas du tout ! Je suis un homme qui voudrait comprendre !

DANIEL. — Ici nous honorons le bon Dieu. Il est notre créateur tout-puissant. Et la toute-puissance est nécessairement juste. Sinon, ce serait à désespérer de la justice. *(Approbation générale.)* Vous imaginez un monde dans lequel la justice serait impuissante ? Il n'aurait aucun sens par aucun bout. Or, notre vie est parfaite parce qu'elle nous vient du bon Dieu. Respectueux de cette justice et de cette perfection, nous entendons nous soumettre au bonheur selon les règles du bonheur, sans aucune restriction d'aucune sorte.

JOSEPH, *à Gérard et Adé*. — Alors, tous les deux, vous avez déjà parcouru tous les stades de la vie, dans ce sens-là.

ADÉ. — Ce monstre ne va pas m'obliger à me souvenir ? Gérard sait bien que je suis sortie du péché, enfin arrivée à lui, rien que pour lui, toute à lui.

GÉRARD. — Cher amour !

JOSEPH. — C'est tout de même une drôle de pureté. Vous n'avez pas honte par instants ?

ADÉ. — Mais Gérard ! qu'il se taise ; *(à Joseph)* quand je me souviens, bien sûr ! Comment voulez-vous qu'une jeune fille ne contemple pas sans dégoût la vie amoureuse d'une femme de trente ans !

ODILE. — Quel dégoût ? Il n'y a pas de dégoût ! puisque je sais que ma jeunesse me purifiera !

---

34. - Grumble.   35. - What a mess.!

JOSEPH. — Minute! Chez nous, encore, les femmes de trente ans ont des excuses. Mais pas chez vous!

ODILE. — Pourquoi chez vous, et pas chez nous?

JOSEPH. — Bah! chez nous, les malheureuses sentent venir la vieillesse, alors elles veulent profiter de la vie tant qu'elles sont encore présentables! Et plus elles avancent, plus elles deviennent folles[Q]! Avec la vieillesse qui peu à peu les défigure sans les débarrasser de leurs désirs! Elles se demandent chaque fois si elles ne sont pas aimées pour la dernière fois! Si elles ne rencontrent pas leur dernier amant. Alors, de dernier amant en dernier amant, elles nous font grimper[36] un véritable escalier! Tandis que vous, qui rajeunissez de jour en jour, vous ne pourriez pas attendre, non?

ODILE. — Et la curiosité, et l'impatience, qu'en faites-vous? Demandez à celle-ci!

YVELINE. — Laissez-moi tricoter, voulez-vous?

ADÉ. — Et les hommes, ils ne connaissent pas nos impatiences? *(à Gérard :)* toi! quand j'avais l'âge d'Yveline, tu ne t'es pas jeté dans les bras de Fernande, pour connaître, avant ton tour, le corps et l'esprit d'une femme déjà jolie?

GÉRARD. — Et tes petites admirations de vieille dame? Tu les as oubliées?

ADÉ. — Et cette chanteuse ridicule que tu croyais aimer parce qu'elle roucoulait avec une voix de chèvre...

GÉRARD. — Et toi, tu as oublié Raymond? Cet homme puissant, cette brute autoritaire. Parce que les autres hommes se courbaient devant lui, n'as-tu pas désiré lui ramper entre les jambes? Crois-tu que je l'oublie?

ADÉ. — Et ta nageuse olympique?

JOSEPH. — Oh! mais, dans un sens comme dans l'autre, il y a de la bagarre[37]!

GÉRARD. — Et quand je suis devenu plus jeune, que tu t'es mise à aimer des vieux...

ADÉ. — C'était pour te retrouver! Car je t'ai aimé dès le début, à tous les âges de ta vie. Et j'avais gardé la nostalgie de nos premières tentatives amoureuses.

GÉRARD. — Moi aussi! Je t'ai toujours été fidèle. Toutes les femmes que j'ai cru aimer ne te ressemblaient-elles pas? Jeanne avait tes yeux, Pauline ta douceur, Edmonde me bouleversait, car, plus jeune que toi de dix ans, elle m'offrait déjà ce que tu devais m'apporter pour toujours. Tantôt en avance, tantôt en retard, près de toutes ces femmes charmantes, ai-je recherché rien d'autre que ton unique présence[R]?

ADÉ. — N'en parlons plus!

GÉRARD. — Toi-même, avec Rodolphe, pourquoi t'es-tu laissée aller à toutes ces folies? Lui as-tu refusé un grain de ta peau? Et pendant un temps une seule de tes pensées?

JOSEPH. — Au moins, dans votre système, les jeunes filles ont de l'expérience!

RAOUL. — C'est ce qui donne de la saveur à leur pureté!

JOSEPH, *à Gérard.* — Et cette bouche qui aujourd'hui vous dit des mots d'amour a déjà menti! Cette ravissante tourtelle a dans sa tête le souvenir de tous les hommes de sa vie!

Q. - Explain Joseph's speech as an expression of Salacrou's pessimism concerning woman's morality.

36. - Climb.

37. - Fight.

R. - The same explanation is seen in *Les Invités du bon Dieu* where a husband justifies his infidelity to his middle-aged wife. In what sense is Gérard a caricature?

DANIEL. — Mais elle ne les connaîtra plus!

GÉRARD. — Mais elle ne mentira plus!

ADÉ. — Oh! non! Dieu soit loué. Toute cette vie corrompue est derrière nous!

GÉRARD. — Avec la beauté, elle atteint à la perfection.

JOSEPH. — Au moins quand ma femme était pure, elle était pure! complètement pure! Au début... Et quand elle était jeune et me disait ses mots d'amour, ils étaient tout neufs.

DANIEL. — Et vous pouviez croire au bonheur en écoutant ces mots d'amour incertains, tout gonflés de futurs mensonges?

ODILE. — En somme, si je comprends bien, c'est avec vous que votre femme prenait ses premières leçons pour aimer les autres?

ADÉ. — Et elle vous a aimé en quelque sorte, au hasard!

RAOUL. — Ne confondez-vous pas pureté et ignorance?

YVELINE. — Et à quoi sert de se purifier à travers les difficultés de l'existence si l'âme parvient à devenir belle quand le corps est dans cet état [S]?

LA VIEILLE MATHILDE. — Mais il s'arrangera mon corps! Vous me l'avez dit vous-même!

DANIEL. — Mais oui, calmez-vous!

JOSEPH. — Dites-moi : sans souvenir, qu'appelez-vous l'amour à votre âge?

YVELINE. — Un amour de raison.

DANIEL. — Notre ardent désir d'être heureux ensemble plus tard, dans l'allégresse de la jeunesse.

ADÉ. — Ce malheureux ne comprend rien!

YVELINE. — Et la pudeur! Que faites-vous de la pudeur des femmes?

ODILE, *à Raoul*. — Elle a raison. Aurais-je osé lier ma vie à la tienne, mon amour, si je n'avais pas été certaine de voir mes seins se redresser, ma peau se déplisser, mon caractère s'adoucir, avec la conviction de n'aimer que toi, bientôt, après avoir traversé des paysages bien troubles. *(A Paul.)* Car me serais-je laissée aller à d'affreuses impuretés sans cette promesse de beauté virginale et d'innocence conquise pour lui offrir mon unique amour [T]?

PAUL, *à Odile*. — Toi qui va devenir de jour en jour plus belle dans les bras de ton mari! oh!

ODILE, *à Joseph*. — Approchez mon ami. Vous ne croyez vraiment pas que l'on reste sur la terre dans l'état de la vieille Mathilde pour se souvenir de son plus bel amour?

JOSEPH. — Moi, je veux bien, mais dans votre système, vous admettez tout de même qu'ils se quitteront un jour?

ODILE. — On raconte qu'une nuit l'étreinte de l'homme devient tout à coup si horriblement pénible que la jeune fille pousse un terrible cri de douleur et ne recommence plus à se laisser approcher. Le lendemain, elle s'habille tout en blanc. Les deux amoureux se voient moins souvent : quand ils se rencontrent ils rougissent, tremblent devant leurs merveilleux souvenirs qui s'estompent [38]. A peine osent-ils se serrer la main.

S. - In what way does Yveline's question summarize several of the central issues of the play?

T. - Note description of life's inverse movement and the emphasis given to the process of achieving purity. Does the approach of death seem more palatable as described in this fantasy? Observe Joseph's future comment, « mais c'est atroce. »

38. - Become blurred.

JOSEPH. — Et après?

ODILE. — Ils vont à l'école pour se distraire et lire les livres sérieux qu'ils n'ont pas eu le temps de lire durant leur vie.

JOSEPH. — Et après?

ODILE. — Après c'est assez triste, n'est-ce pas, Daniel?

DANIEL. — Plus rien ne les intéresse, puis ils perdent la mémoire, puis leurs dents, puis leurs cheveux. Ils crient. Pour les faire taire, on les bat!

ODILE. — Ils se font de plus en plus petits pour qu'on les oublie!

DANIEL. — Ils attendent leur disparition sans une conscience très claire. Ils deviennent comme des végétaux qui n'auraient pas de racines.

ODILE. — Enfin, ils disparaissent.

JOSEPH. — Mais c'est atroce.

RAOUL. — Ceux qui n'aiment pas ça peuvent espérer mourir avant.

JOSEPH. — Sans avoir été jeunes?

DANIEL. — Et dans votre système à l'envers, vous ne risquez pas de mourir sans avoir été vieux?

JOSEPH. — Oooh!

(La note de musique. On fait taire Joseph. La porte s'ouvre. Entre un très vieux Monsieur[U].)

LE VIEUX MONSIEUR. — Je m'excuse infiniment de mon retard...

LA VIEILLE MATHILDE. — C'est le nouveau! le vrai nouveau!

LE VIEUX MONSIEUR. — Mais j'ai des difficultés à marcher.

LA VIEILLE MATHILDE. — Oh! c'est celui-là qui est pour moi! Il est pour moi!

LE VIEUX MONSIEUR. — Et je souffre.

DANIEL. — Ça vous passera.

LE VIEUX MONSIEUR. — Heureusement, mais je manque encore d'habitude!

JOSEPH. — Alors, lui aussi, il vient de naître?!

LE VIEUX MONSIEUR. — On m'a fait un peu attendre pour vous apporter une nouvelle à laquelle je ne comprends rien. Mais il paraît que c'est une bonne nouvelle. Je ne sais d'ailleurs pas très bien ce que c'est qu'une bonne nouvelle...

LA VIEILLE MATHILDE. — On vous l'expliquera! Quel est ton petit nom? Ce petit nom que je te murmurerai quand je serai belle?

YVELINE. — Taisez-vous donc! vous êtes inconvenante.

LE VIEUX MONSIEUR. — Ils m'ont donc dit à l'entrée : en arrivant vous leur raconterez la bonne nouvelle et vous serez reçu comme un sauveur. Je ne sais d'ailleurs pas très bien ce que c'est qu'un sauveur.

LA VIEILLE MATHILDE. — Moi, c'est Mathilde. Et toi?

[U]. - The appearance of «le vieux Monsieur» is something of an anticlimax. Explain and justify his necessity for the dramatic structure of the play.

LE VIEUX MONSIEUR. — Joseph!

YVELINE. — Aussi?

LA VIEILLE MATHILDE. — Mais lui, c'est le vrai!

PAUL. — Alors, cette information?

RAOUL. — Vous vous en souvenez?

LE VIEUX MONSIEUR. — J'espère. C'est un grand progrès, paraît-il. Une formidable découverte scientifique. Je ne sais d'ailleurs pas ce que c'est qu'une formidable découverte scientif...

RAOUL. — On vous expliquera.

PAUL. — Plus tard.

DANIEL. — Dépêchez-vous!

LE VIEUX MONSIEUR. — Il paraît qu'après de grands travaux, les savants sont parvenus à perdre, à égarer, à faire disparaître le secret de la bombe atomique [V]!

ODILE. — Oh Joseph! Dieu soit loué.

PAUL. — Ils ont perdu le secret!

LE VIEUX MONSIEUR. — C'est officiel.

DANIEL, *triomphant*. — Les guerres deviennent impossibles!

JOSEPH. — Mais pas du tout! On peut faire la guerre sans bombe atomique.

RAOUL. — Mais vous n'y connaissez rien, mon cher.

DANIEL. — Les hommes iraient se battre à visage découvert?!

PAUL. — Et s'amuseraient à trotter comme des lapins au bout d'un fusil de chasseur?

RAOUL. — D'abord comment imaginer une guerre qui commencerait avant la destruction de l'armée ennemie?

YVELINE, *enfin tendre*. — Mon chéri, notre vie sera calme, toute dédiée à nos prochaines amours.

ODILE, *à Adé et Gérard, toujours perdus dans leur rêve*. — N'est-ce pas une nouvelle exaltante?

ADÉ. — Seul notre bel amour peut désormais nous exalter.

DANIEL. — Ils raisonnaient juste les prophètes qui affirmaient qu'un jour les mathématiciens seraient anéantis et qu'alors on apprendrait que la terre est le centre du monde, immobile sous les étoiles [39].

JOSEPH. — Mais c'est le contraire.

DANIEL. — Prétendez-vous que Dieu a créé l'homme à son image pour l'envoyer se disloquer sur une poussière parmi des poussières dans le vide du ciel?

PAUL. — Puisque nous sommes l'image vivante de Dieu, il est évident que la terre est le centre du monde.

JOSEPH. — Et les étoiles qui tournent comme des soleils?

V. - The discussion of the atomic bomb seems somewhat irrelevant. Can you discern some valid reason for its introduction?

39. - Salacrou seems to suggest that history is also moving backwards. He takes a rather dim view of the scientific progress of the modern world.

RAOUL. — Eh bien, quoi, les étoiles ? Voulez-vous nous laisser croire que vous les avez déjà vues de près, comme votre soi-disant jeune âge ?

LA VIEILLE MATHILDE. — Mais pourquoi veut-il nous désespérer, le faux Joseph ?

RAOUL. — Oui, pourquoi ?

LA VIEILLE MATHILDE. — A genoux ! qu'il demande pardon ! à genoux !

JOSEPH. — Je veux bien prier avec vous, mais honnêtement, je crois que vous vous trompez.

DANIEL. — Dites : je crois, ô mon créateur, en votre bonté infinie...

JOSEPH. — Mais je veux bien. Je n'en ai jamais douté...

ODILE. — Avec vos idées noires, désespérées, notre avenir sombrant dans des bajoues, et des poches sous les yeux ?

LE VIEUX MONSIEUR, *qui boit du vin*. — Oh ! là ! là ! Ça a l'air rudement chouette, la vie !

DANIEL. — Eh ! là ! ne vous saoulez pas le premier jour.

LE VIEUX MONSIEUR. — Se saouler ? Qu'est-ce que cela veut dire ?

LA VIEILLE MATHILDE. — On te l'expliquera !

DANIEL, *à Joseph*. — Quant à vous, nous vous chassons.

ODILE. — Un si joli garçon ?

LA VIEILLE MATHILDE. — Un usurpateur ! Le voici, mon nouveau !

LE VIEUX MONSIEUR. — Et ça vous chauffe drôlement bien !

LA VIEILLE MATHILDE. — Te chauffe pas trop quand même.

ODILE, *tendre*. — Joseph !

RAOUL, *inquiet*. — Eh ! bien, Odile !

DANIEL, *à Joseph*. — Allez retrouver, dans votre égarement, vos espoirs de sciatique, d'ulcère et d'eczéma, vos tentations de calvitie[40], vos désirs de goutte au nez. Allez. Allez réjouir votre âme perdue avec vos perspectives lourdes qui dégringolent[41] dans les péchés sordides et le gâtisme.

LA VIEILLE MATHILDE. — Tenez, prenez mes béquilles ! Elles vous serviront plus tard !

RAOUL. — Dieu ne vous a pas invité à vivre avec nous, dans un monde clair, sain, ouvert à l'espérance.

ODILE, *à Raoul*. — Un si joli garçon !

JOSEPH. — Mais remettez-moi dans le bon sens : je l'aimais bien, ma jeunesse. Et je veux bien la retrouver avec vous. Je ferai toutes les prières que vous m'indiquerez pour vous aider.

LE VIEUX MONSIEUR, *ivre*. — Si je peux me rendre utile...

ODILE. — Ne soyons pas cruel avec ce garçon absurde, mais charmant. Je ne serais pas étonnée qu'un grand chagrin ait fait ainsi chavirer[42] sa cervelle. Car vous parlez ! vous parlez ! laissez-moi l'interroger. Dites-moi, mon ami, donc vous étiez marié ?

JOSEPH. — Oui.

---

40. - Baldness.
41. - Tumble down into.
42. - Upset.

ODILE. — Et votre femme vous aimait?
JOSEPH. — Au début, oui.
ODILE. — Au début?! comme ça! dès le premier jour! un grand amour!
JOSEPH. — Oui, chez vous c'est à la fin, je le sais. Chez nous, c'est au début. Et chez nous, à la fin, l'amour ça devient de l'habitude.
ODILE. — Et votre femme n'a pas pris cette habitude dont vous parlez?
JOSEPH. — Elle est partie avant!
ODILE. — Et vous l'avez revue?
JOSEPH. — Ma femme? jamais. Sauf en rêve. Dans des cauchemars épouvantables.
ODILE. — Oui, vous souffrez encore...
JOSEPH. — C'est curieux. Un être qui n'est pas là, qu'on ne voit pas, qu'on ne touche pas et qui vous fait mal à crier!...
ODILE. — Elle est partie avec un de vos amis?
JOSEPH. — Même pas! Avec un homme quelconque.
ODILE. — Qu'elle ne connaissait pas non plus?
JOSEPH. — Peut-être bien! Avec les femmes sait-on jamais?
ODILE. — Il y a longtemps?
JOSEPH. — Il me semble que c'était hier, et aussi au bout de ma vie, au bout des temps.
ODILE. — Elle avait quel âge?
JOSEPH. — Vingt-six ans.
ODILE. — Déjà jolie?
JOSEPH. — Oh! oui! encore très jolie.
ODILE. — « Encore? » Ah! oui! j'oubliais. Naturellement « encore » jolie.
JOSEPH. — Parce qu'à vingt ans elle était plus belle qu'une impératrice du Second Empire.
ODILE. — Et maintenant, elle vieillit, elle se tasse, elle s'alourdit...
JOSEPH. — La loi de la nature.
ODILE. — Et le ravisseur, aussi, engraisse, se courbe.
JOSEPH. — Pas encore, peut-être, mais ça viendra!
ODILE. — Et à la fin du roman, de la belle impératrice qu'il vous a volée, il ne lui restera dans les bras qu'une affreuse caricature.
JOSEPH, *ricane*. — Eh!
ODILE. — Mes amis, l'affaire est simple. Pour échapper à un désastre moral, pour vaincre un terrible chagrin, ce charmant garçon s'est réfugié dans une idée fixe : sa femme, probablement une exclusive, l'a quitté pour suivre son amant...
JOSEPH, *souffre*. — Oh!
ODILE. — Il ne sait pas où elle se cache. Il sait seulement qu'elle est dans les bras d'un autre homme.
JOSEPH. — Ooh!

ODILE. — Alors, pour échapper à son désespoir, jour et nuit, ne pouvant pas ne pas penser à elle, il se répète inlassablement : elle devient vieille ! elle devient vieille !

JOSEPH. — Et lui aussi son amant, il devient vieux !

ODILE, *triomphante*. — Et lui aussi devient vieux ! Vous voyez ! L'examen donne des conclusions très claires. Joseph fait tout simplement un rêve de compensation[43].

RAOUL. — Mais si ton analyse est juste, pourquoi imagine-t-il que lui aussi retourne vers la vieillesse ?

DANIEL, *convaincu par l'objection*. — Oui, pourquoi ?

ODILE. — C'est très simple, et cette remarque confirme de façon indiscutable mon diagnostic. Il espère revivre sa vieillesse et son âge mûr, période de son existence où il fut heureux avec sa femme.

JOSEPH. — Quoi ?

ODILE. — C'est la manifestation inconsciente de son désir de retrouver sa femme, son amour et son bonheur.

PAUL. — Vous êtes une analyste sensationnelle !

LE VIEUX MONSIEUR, *buvant toujours*. — Hé ! hé ! c'est rigolo !

LA VIEILLE MATHILDE. — Dès demain, toi, je te mets à l'eau !

ODILE, *à Joseph*. — Mon ami, vous vous êtes réfugié dans un conte de fées pour échapper à une douleur atroce. Je vais tout doucement vous remettre dans la bonne direction, et vous réapprendre la joie de vivre.

RAOUL. — Odile ! Odile ! Ah ! non !

ODILE. — Pour vous aider, nous jouerons à votre jeu. J'appellerai votre femme Mathilde !

JOSEPH, *angoissé*. — Mais elle s'appelait Mathilde.

ODILE. — Comme la nôtre ? Je ne sais pas pourquoi, mais je l'aurais juré. Pauvre cher amour !

RAOUL. — Odile ! *(A Paul.)* Mais faites quelque chose, vous !

ODILE. — Mon petit Jo, accompagnez-moi sur la terrasse !

JOSEPH, *à Odile*. — Pourquoi pas ? Après tout, je veux bien essayer de vivre dans l'autre sens. Mais je dois vous prévenir : sachant ce que je sais, une nouvelle jeunesse, ça va faire des étincelles !

YVELINE. — Et elle recommence !

JOSEPH, *à Raoul*. — Vous permettez ? On va se purifier !

ODILE. — Qu'il est drôle !

(Musique. Ils sortent.)

LE VIEUX MONSIEUR, *pris par ses douleurs*. — Ouille ! ouille !

LA VIEILLE MATHILDE. — Ils disent que les douleurs passent avec l'âge.

RAOUL. — Odile ! Odile !

---

43. - Salacrou seems to be making a mockery of psychoanalytic methods in Odile's explanation of Joseph's traumatic experience.

PAUL, *à Raoul*. — Vous n'êtes pas à plaindre : elle vous reviendra.
YVELINE, *à Daniel*. — Joue.
(Daniel a une carte en main et ne joue pas.)
LE VIEUX MONSIEUR. — Et dis-moi : Tu me jures que tu deviendras belle?
LA VIEILLE MATHILDE. — Oui, et toi aussi tu deviendras beau, mon petit Jojo.
YVELINE. — Joue !
(Adé et Gérard s'acheminent vers la sortie.)
ADÉ. — Et pour notre dernier jour, dans ma longue robe blanche...
YVELINE. — Joue !
(Daniel n'ose pas jouer.)
GÉRARD. — Et tous les deux, enfin transparents comme deux anges...
(Ils disparaissent.)
YVELINE. — Joue !
DANIEL, *désolé*. — Le Roi[44] !
YVELINE. — Oh ! que tu m'agaces !
DANIEL. — Mais sois patiente puisque le bon Dieu, dans sa bonté infinie, nous conduit d'année en année vers le bonheur, la jeunesse et l'amour.
(Musique fortissimo.)

Rideau

Paris, Janvier 1952.

---

44. - Note that the play begins and ends with a card game between Daniel and Yveline.

SAMUEL BECKETT

En attendant Godot

INTRODUCTION

Samuel Beckett's career as a playwright began during the period following World War II, in an atmosphere of disillusionment when France had been split between those who accepted the invaders and those who refused to give allegiance to the Vichy regime. From hatred, humiliation, and despair arose the acceptance of existentialist thought and the response of the avant-garde theater.

The existential outlook on man's condition views human enterprise as alienated from any metaphysical concepts; in addition, man is not bound to imposed values but is himself responsible for creating his own standards of morality. While man might be free from conventional morality, he is nevertheless compelled to create something which will bind him to the rest of humanity, and humanity to the universe. This solitude in which the individual must struggle to find something worthy of struggle provides much of the subject matter for the avant-garde theater; and in this search, very often futile, certain themes and ideas reoccur—that man is alone, that culture, language and the material world only aid in suppressing his awareness of his real lot.

In 1906, in Foxrock, a suburb of Dublin, Beckett was born into a Protestant Irish middle-class family, the son of a quantity surveyor. At the age of fourteen, he was sent to Portora Royal School at Enniskillen, County Fermanagh, where he soon became a popular and outstanding member of the student body by demonstrating his physical as well as mental adroitness. Much of his spare time was spent in sketching tramps and other wayfaring characters that were to dominate so many of his future plays.

Going on to Trinity College in Dublin in 1923, he graduated four years later with a Bachelor of Arts degree in French and Italian. From 1928-1930, under an exchange program he served as lecturer in English at L'École Normale Supérieure in Paris. Of the many literary figures that Beckett encountered, his association and close friendship with James Joyce was the most significant and left a marked influence on much of his work.

Beckett won a prize in a creative writing contest with a poem, *Whoroscope,* which concerned the problem of time, a favorite preoccupation in all of Beckett's work. Later in that year of 1930, he returned to Dublin, where for the next two years, he lectured in French at Trinity College.

From 1932-1936, Beckett traveled between London, France, and Germany; the death of his father left hin with an adequate income with which to support his travels, travels that may partially account for so many of his characters being lonely tramps and wayfarers. During this time, a collection of his short stories, *More Pricks than Kicks,* and a group of poems, *Echo's Bones,* were published.

Beckett moved permanently to Paris in 1937, and continued to write; his efforts produced a first novel, *Murphy,* which met with no great immediate success, and *Watt,* a second novel, both of which were largely influenced by Joyce.

During the war, Beckett was an active participant in a French Resistance group. When he learned of the arrest of some members of his group, he fled to the unoccupied zone in the Vaucluse and remainded there from 1942-1944.

Around 1945, lured by the disciplinary challenge of expression in a foreign tongue, Beckett started to write novels in French. His next three novels, *Molloy, Malone meurt,* and *L'Innommable,* formed a highly original trilogy. Lonely, sickly characters, searching for their identity despite a sense of futility, reflect Beckett's perpetual obsession with a humanity in a state of decomposition. The structure of these novels in their lack of plot, events, and precise places, anticipates the future form Beckett used for dramatic expression.

To approach the study of all of Beckett's plays with a determination to uncover exact themes and precise illustrations of these themes would be in vain since his works are not didactic and contain no pre-established morality structure. His plots and characters are often as vaguely defined as his messages. Reminiscent of Symbolist drama, it is the mood that is essential; and by eliminating the ambiguity of the play, this mood which is the dominant element of forcible contact with the spectator would be undermined. His plays reflect his own profound anguish and despair, his awareness of the absurdity of man's condition, of the hopelessness and helplessness of a humanity removed from God and from itself. His theater does not state a truth but rather seeks a truth; he does not attempt to answer unanswerable questions but instead ask questions, hoping to share with others the perception that has come to him as a result of his complete submersion in man's desolation and sense of futility. As stated by Jacques Guicharnaud, his works « represent a true insight into a way of feeling typical of our times; it goes even further and formulates a definition of man which transcends our time. »

Beckett insists that all of his important post-war writing was done between 1945-1950, the period he began his career as a major avant-garde dramatist with his first and most famous play, *En attendant Godot.* Written between 1947-1949 and triumphantly produced in 1953, the play has subsequently been translated into eighteen languages and has been successfully presented to audiences throughout the world. Superficially, *Godot* appears to be senseless, but it is in reality only as senseless as the life it imitates. When its lack of action is understood it becomes rather easy for us to identify despairingly with the characters in their interminable, absurd wait for the ever-elusive Godot.

The story of *En attendant Godot* is simple: two tramps, Estragon and Vladimir, are on a deserted country road awaiting some uncertain M. Godot, with whom at some uncertain date in the past they have made some uncertain appointment to meet at some uncertain time in some uncertain place; the reason for this meeting is also uncertain:

1. - GUICHARNAUD Jacques, *Modern French Theatre,* Yale University Press, p. 193.

ESTRAGON. — Qu'est-ce qu'on lui a demandé au juste?
VLADIMIR. — Tu n'étais pas là?
ESTRAGON. — Je n'ai pas fait attention.
VLADIMIR. — Eh bien... rien de bien précis.
ESTRAGON. — Une sorte de prière.
VLADIMIR. — Voilà.
ESTRAGON. — Une vague supplique.
VLADIMIR. — Si tu veux.
ESTRAGON. — Et qu'a-t-il répondu?
VLADIMIR. — Qu'il verrait.
ESTRAGON. — Qu'il ne pouvait rien promettre.
VLADIMIR. — Qu'il lui fallait réfléchir.

At the end of the first act the tramps learn that Godot is unable to come today but that he will definitely come tomorrow, and the act ends with:

ESTRAGON. — Alors, on y va?
VLADIMIR. — Allons-y. *(Ils ne bougent pas.)*

Act Two is only a slightly modified version of act One and ends with:

VLADIMIR. — Alors, on y va?
ESTRAGON. — Allons-y. *(Ils ne bougent pas.)*

Obviously Beckett is unconcerned with developing a plot; instead, the lack of plot more poignantly illustrates man's sense of absurdity when placed in a desolate world in which his attempts to create hope from nothingness, action from purposelessness, and relationships to ease alienation, are unsuccessful. This emotional atmosphere is further underscored by the physical surroundings, a barren apologetic tree which hardly offers any hope of life though it eventually bears leaves. Ironically, the tramps try to use this tree as an instrument of two abortive suicide attempts:

ESTRAGON. — ... Et si on se pendait?
VLADIMIR. — Avec quoi?
ESTRAGON. — Tu n'as pas un bout de corde?
VLADIMIR. — Non.
ESTRAGON. — Alors, on ne peut pas.
VLADIMIR. — Allons-nous-en.
ESTRAGON. — Attends, il y a ma ceinture.
VLADIMIR. — C'est trop court.
ESTRAGON. — Tu tireras sur mes jambes.
VLADIMIR. — Et qui tirera sur les miennes?
ESTRAGON. — C'est vrai.
VLADIMIR. — Fais voir quand même. A la rigueur, ça pourrait aller. Mais est-elle assez solide?

> ESTRAGON. — On va voir. Tiens.
> VLADIMIR. — Elle ne vaut rien.
> ESTRAGON. — Tu dis qu'il faut revenir demain?
> VLADIMIR. — Oui.
> ESTRAGON. — Alors, on apportera une bonne corde.
> VLADIMIR. — C'est ça.

The tramps will of course never hang themselves, but suicide remains in their minds as a solution. They will indefinitely wait for a Godot that will never come.

As tramps, and also as men, Estragon and Vladimir are estranged from society. Furthermore, although their identical situations have enabled them to maintain an enduring relationship, their own attempts at communication and union are comically futile:

> ESTRAGON. — *(Avec douceur.)* Tu voulais me parler? *(Vladimir ne répond pas. Estragon fait un pas en avant.)* Tu avais quelque chose à me dire? *(Silence. Autre pas en avant.)* Dis, Didi...
> VLADIMIR. — *(Sans se retourner.)* Je n'ai rien à te dire.
> ESTRAGON. — *(Pas en avant.)* Tu es fâché? *(Silence. Pas en avant.)* Pardon! *(Silence. Pas en avant. Il lui touche l'épaule.)* Voyons, Didi. *(Silence.)* Donne ta main! *(Vladimir se retourne.)* Embrasse-moi! *(Vladimir se raidit.)* Laisse-toi faire! *(Vladimir s'amollit. Ils s'embrassent. Estragon recule.)* Tu pues l'ail!

The two must separate from what results in an unendurable embrace, mocking human feeling in its confrontation with the physical. Several times the two insist that they would be better off apart, but it is clear that they have a mutual dependence as, their personalities are complementary; Estragon is the weaker and in this attachment he is more effeminate, more helpless and in need of protection. He is more moody, inactive, and prone to disagree, as reflected in his more spontaneous dialogue. Notice that the tramps themselves are aware of their differences:

> ESTRAGON. — ... C'est curieux, plus on va, moins c'est bon.
> VLADIMIR. — Pour moi, c'est le contraire.
> ESTRAGON. — C'est-à-dire?
> VLADIMIR. — Je me fais au goût au fur et à mesure.
> ESTRAGON. — C'est ça, le contraire?
> VLADIMIR. — Question de tempérament.
> ESTRAGON. — De caractère.
> VLADIMIR. — On n'y peut rien.
> ESTRAGON. — On a beau se démener.
> VLADIMIR. — On reste ce qu'on est.
> ESTRAGON. — On a beau se tortiller.
> VLADIMIR. — Le fond ne change pas.
> ESTRAGON. — Rien à faire.

Throughout the play, Estragon is skeptical of Godot and needs Vladimir's persistent reminders that they must remain and wait. Vladimir wait hopefully; the more philosophical of the two, he sees himself as Estragon's caretaker. When Estragon returns from spending the night in a ditch where he was beaten by the « others, » the dissimilarities between the two are further revealed:

> VLADIMIR. — Quand je pense... depuis le temps... je me demande... ce que tu serais devenu... sans moi... Tu ne serais plus qu'un petit tas d'ossements à l'heure qu'il est, pas d'erreur.
> ESTRAGON. — Et après?
> VLADIMIR. — C'est trop pour un seul homme. D'un autre côté, à quoi bon se décourager à présent, voilà ce que je me dis. Il fallait y penser il y a une éternité, vers 1900.
> ESTRAGON. — Assez. Aide-moi à enlever cette saloperie.
> VLADIMIR. — La main dans la main, on se serait jeté en bas de la tour Eiffel, parmi les premiers. On portait beau alors. Maintenant, il est trop tard. On ne nous laisserait même pas monter. Qu'est-ce que tu fais?
> ESTRAGON. — Je me déchausse. Ça ne t'est jamais arrivé à toi?
> VLADIMIR. — Depuis le temps que je te dis qu'il faut les enlever tous les jours. Tu ferais mieux de m'écouter.
> ESTRAGON. — Aide-moi!

While their actions are insignificant, they are time-consuming, and by just being together, the tramps can create sufficient diversions to pass time the most important if not the only occupation in their meagre existence. They are aware that silence is unbearable, and constantly ask each other: « What do we do now? »

> ESTRAGON. — Je vais chercher une carotte.
> VLADIMIR. — Ceci devient vraiment insignifiant.
> ESTRAGON. — Pas encore assez.
> VLADIMIR. — Si tu les essayais?
> ESTRAGON. — J'ai tout essayé.
> VLADIMIR. — Je veux dire les chaussures.
> ESTRAGON. — Tu crois?
> VLADIMIR. — Ça fera passer le temps. Je t'assure, ce sera une diversion.
> ESTRAGON. — Un délassement.
> VLADIMIR. — Une distraction.
> ESTRAGON. — Un délassement.
> VLADIMIR. — Essaie.
> ESTRAGON. — Tu m'aideras?
> VLADIMIR. — Bien sûr.
> ESTRAGON. — On ne se débrouille pas trop mal, hein, Didi, tous les deux ensemble?

VLADIMIR. — Mais oui, mais oui. Allez, on va essayer la gauche d'abord.
ESTRAGON. — On trouve toujours quelque chose, hein, Didi, pour nous donner l'impression d'exister?

Estragon cries out that nothing happens, that nobody comes or goes, but the tramps can do nothing more than attempt to alleviate their own boredom. They are aware, however, that any other motive for conversation is deluding, and it is their realization that elevates them from the level of fools. While their disjointed chatter points out a trivial, monotonous life, it may be paradoxically indicative of their pessimistic wisdom. However, the tramps are not reconciled to a totally bleak, aimless existence, for they have something to give their lives direction—the appearance of Godot.

It is not clear who or what Godot precisely is. The similarity of the words and the implication of salvation through his coming suggest that he is possibly God, yet at the end of the first act a young boy who has come on Godot's behalf gives the impression of his being unjust: a powerful and unjust man; perhaps a parody of the old testament god.

GARÇON. — M. Godot m'a dit de vous dire qu'il ne viendra pas ce soir, mais sûrement demain.
VLADIMIR. — C'est tout?
GARÇON. — Oui, monsieur.
VLADIMIR. — Tu travailles pour M. Godot?
GARÇON. — Oui, monsieur.
VLADIMIR. — Qu'est-ce que tu fais?
GARÇON. — Je garde les chèvres, monsieur.
VLADIMIR. — Il est gentil avec toi?
GARÇON. — Oui, monsieur.
VLADIMIR. — Il ne te bat pas?
GARÇON. — Non, monsieur, pas moi.
VLADIMIR. — Qui est-ce qu'il bat?
GARÇON. — Il bat mon frère, monsieur.
VLADIMIR. — Ah! tu as un frère?
GARÇON. — Oui, monsieur.

The play, like all of Beckett's work, is replete with Biblical reference, and has, therefore, encouraged several critics to interpret *Godot* within a Christian framework, with Vladimir and Estragon representing the fallen state of man—the original sin of having been born. In this light, it depicts the aimless wandering and misery of godless beings who retain hope of delivrance by the Savior, and await enlightenment by the tree (of life and knowledge). The tramps, then, may be admired for their tenacity in the expectation of a Savior. Notice that they themselves speak of the damnation and salvation of the two thieves of the Gospel:

EN ATTENDANT GODOT 703

> VLADIMIR. — Ah! oui, j'y suis, cette histoire de larrons. Tu t'en souviens?
> ESTRAGON. — Non.
> VLADIMIR. — Tu veux que je te la raconte?
> ESTRAGON. — Non.
> VLADIMIR. — Ça passera le temps. C'étaient deux voleurs, crucifiés en même temps que le Sauveur. On...
> ESTRAGON. — Le quoi?
> VLADIMIR. — Le Sauveur. Deux voleurs. On dit que l'un fut sauvé et l'autre... damné.
> ESTRAGON. — Sauvé de quoi?
> VLADIMIR. — De l'enfer.
> ESTRAGON. — Je m'en vais. *(Il ne bouge pas.)*

Certainly their hope for salvation is an integral part of the tramps' temperaments, but as for Beckett himself, it is more likely that he views religions as the solution to man's troubles with a skeptical eye. In the play, God's existence is important only insofar as it relates to the waiting of the tramps and the hope it affords them; yet, it is apparent that Godot will never come.

Godot is certainly God in the sense of the unattainable answer. The barrenness of Estragon's and Vladimir's existence would be intolerable if they did not foresee change, something to enter their lives and give them meaning. If man needs a vague concept of a perfect being to enable him to bear existence, and to divert him from death, then Godot is that god to be sought and worshipped. Tension and even humor are created in the unceasing wait for this indeterminate event.

Aside from the tramps, there are two other characters that Beckett introduces and develops during the play, Pozzo and Lucky. They are more deluded about their own significance than are Estragon and Vladimir and are somewhat less miserable. The two are engaged in a brutal master-slave relationship from which each derives some degree of satisfaction and self-esteem. Pozzo is seemingly the successful man; when he encounters the tramps he declares: « Je suis Pozzo! Ce nom ne vous dit rien? » expecting instant recognition. He speaks contemptuously to Estragon and Vladimir and though he implies that they are unworthy of his company he is unable to leave them; he is the pathetic victim of his arrogant loneliness.

Because Pozzo is so self-absorbed, his smallest actions are accomplished with both undue ceremony and awkward hesitation:

> POZZO. — Je suis indiscret. *(Il vide sa pipe en la tapant contre son fouet, se lève.)* Je vais vous quitter. Merci de m'avoir tenu compagnie. *(Il réfléchit.)* A moins que je ne fume encore une pipe avec vous. Qu'en dites-vous? *(Ils ne disent rien.)* Oh! Je ne suis qu'un petit fumeur, un tout petit fumeur, il n'est pas dans mes habitudes de fumer deux pipes coup sur coup, ça *(il porte sa main au cœur)* fait battre mon cœur.

>   *(Un temps.)* C'est la nicotine, on en absorbe, malgré ses précautions. *(Il soupire.)* ...Mais comment me rasseoir maintenant avec naturel, maintenant que je me suis mis debout? Sans avoir l'air de – comment dire? – de fléchir...

He later asks: « Est-ce que j'ai l'air d'un homme qu'on fait souffrir, moi? » but he is deluded. His pompous but faltering mannerisms show the uncertainty behind his bravado of mastery, and by the time he appears next in the second act his blindness to the purposelessness of his life has become a literal blindness; his proud question has been mockingly answered.

As Estragon and Vladimir compliment each other, so do Pozzo and Lucky, the latter being the spiritual counterpart of the former. Pozzo treats Lucky tyranically but admits that he has been the source of his finest feelings when he refers to him and says: « Savez-vous qui m'a appris toutes ces belles choses? Lui! » Lucky not only carries Pozzo's belongins but at times entertains him and even thinks for him. When asked to think aloud, Lucky's display of thinking prowess parodies the displays of all rationalists; his lengthy speech is punctuated with nonsense syllables and oratorical clichés:

> LUCKY. — Étant donné l'existence telle qu'elle jaillit des récents travaux publics de Poinçon et Wattmann d'un Dieu personnel quaquaquaqua à barbe blanche quaqua hors du temps de l'étendue qui du haut de sa divine apathie sa divine athambie sa divine aphasie nous aime bien à quelques exceptions près on ne sait pourquoi mais ça viendra et souffre à l'instar de la divine Miranda avec ceux qui sont on ne sait pourquoi mais on a le temps dans le tourment dans les feux les flammes pour peu...

The phrase « on ne sait pourquoi » recurs throughout his speech and this device in the mouth of a « penseur » indicates Beckett's attitude toward the pedants; in the end « reasons unknown » are predominant in examining any basic issues.

When Pozzo and Lucky return in the next act they have both deteriorated–Pozzo is blind and Lucky is dumb; the relationship that thrived on dumb submission and unseeing assertion has degraded both. Pozzo is wiser now and when asked about the incident replies:

> POZZO. — Vous n'avez pas fini de m'empoisonner avec vos histoires de temps? C'est insensé! Quand! Quand! Un jour, ça ne vous suffit pas? Un jour pareil aux autres il est devenu muet, un jour je suis devenu aveugle, un jour nous deviendrons sourds, un jour nous sommes nés, un jour nous mourrons, le même jour, le même instant, ça ne vous suffit pas? Elles accouchent à cheval sur une tombe, le jour brille un instant, puis c'est la nuit à nouveau...

Aside from this sudden insight, physical decay is the only observable change in the characters; towards the end Estragon and Vladimir also have more trouble coordinating themselves. Like all of humanity the four are living a life where the passage of time brings degeneration rather than fulfillment and where eventual death is man's only absolute.

En attendant Godot follows the classical unities of place and time, the entire drama taking place in one setting, the deserted country road, on two consecutive days. The action is however circular rather than linear, for in the end there has been no progression at all. This lack of dynamism, so detrimental to ordinary theatre, is in this case essential to the expression of the absurd mood. The mood is sustained by the frequent repetition of trivial and often comical events.

Many of the play's comic devices are taken from the antics of vaudeville, and much of its appeal lies in the slapstick style humor of Charlie Chaplin. The characters' inane chattering, misunderstandings, and non sequiturs have a strong comic effect and are as well indicative of their pathetic lack of communication:

> VLADIMIR. — Oh! ce n'est pas le pire, bien sûr.
> ESTRAGON. — Quoi donc?
> VLADIMIR. — D'avoir pensé.
> ESTRAGON. — Évidemment.
> VLADIMIR. — Mais on s'en serait passé.
> ESTRAGON. — Qu'est-ce que tu veux?
> VLADIMIR. — Je sais, je sais.
> ESTRAGON. — Ce n'était pas si mal comme petit galop.
> VLADIMIR. — Oui, mais maintenant il va falloir trouver autre chose.
> ESTRAGON. — Voyons.
> VLADIMIR. — Voyons.
> ESTRAGON. — Voyons.
> VLADIMIR. — Qu'est-ce que je disais? On pourrait reprendre là.
> ESTRAGON. — Quand?
> VLADIMIR. — Tout à fait au début.
> ESTRAGON. — Au début de quoi?
> VLADIMIR. — Ce soir. Je disais... je disais...
> ESTRAGON. — Ma foi, là, tu m'en demandes trop.

Slapstick routines appear throughout the play: the adjustment of boots, the chaotic passage of a hat, the open zipper:

> VLADIMIR. — Relève ton pantalon.
> ESTRAGON. — Comment?
> VLADIMIR. — Relève ton pantalon.
> ESTRAGON. — Que j'enlève mon pantalon?
> VLADIMIR. — Re-lève ton pantalon.
> ESTRAGON. — C'est vrai.

The ludicrous misadventures help to relieve the monotony of the play and depict strikingly man's inability to adjust to the universe. Everything is a perpetual irritation to him and this foolishness is further depicted when, through the tramps' abrupt change from extravagant politeness to passionate vituperation, Beckett mimics conventional hypocrisy and pretention:

> Vladimir et Estragon. — Est-ce...
> Vladimir. — Oh, pardon!
> Estragon. — Je t'écoute.
> Vladimir. — Mais non!
> Estragon. — Mais si!
> Vladimir. — Je t'ai coupé.
> Estragon. — Au contraire.
> Vladimir. — Voyons, pas de cérémonie.
> Estragon. — Ne sois pas têtu, voyons.
> Vladimir. — Achève ta phrase, je te dis.
> Estragon. — Achève la tienne.
> Vladimir. — Misérable!

The style here is correctly labelled by the author as tragicomedy, for as the play progressess the humor darkens and evolves into disillusionment and despair.

Beckett's next play, *Fin de partie* (1954-1956), is similar to *En attendant Godot* in style but is far more depressing in its aura of futility. The drama takes place in a room with two windows, one facing land and the other the sea; there is no trace of life outside of the room. This atmosphere supports the assumption that all of humanity has is some way been destroyed, perhaps through a nuclear war. The two main characters, Hamm and Clov, are, like Pozzo and Lucky, engaged in a master-slave relationship. Hamm, the domineering master who has already suffered physical degeneration, is blind and confined to a wheelchair.

Hamm's attendant, Clov, manages to get around but with some difficulty. He grudgingly obeys the orders of Hamm, whom he insist he would kill were he not dependent upon him for his food supply. Nagg and Nell, Hamm's parents, are two legless characters who live in ashcans and who occasionally peer out of their abodes to speak or to ask for food that is never given them. All four of the characters, each with his own dreams and aggressions, try unsuccessfully to communicate with each other; their vain attempts and halting dialogue help to enhance the play's atmosphere of despair.

Throughout the play Clov declares that he is going to leave, but, as Godot will never come, he will never go; Godot is about an important waiting, and *Fin de partie,* about a meaningless departure. Clov, terrified of being alone and of being the only man alive, will continue to serve the tyrannical Hamm. Although there is for some time the semi-suspense of Clov's departure, the play, even more than *Godot,* is devoid of any significant physical action. All that may have happened has occurred before the curtain rises, and now it makes little difference whether or not Clov ever leaves. As in all of Beckett's works, it is here again the mood and feeling that matter—the sense of futility, as this is the third and final part of the chess match, the endgame. The play dramatizes Beckett's principal theme of the total despair and degeneration of a humanity that has nothing to believe in, and no way to alleviate the tortures of a vacuous existence and ever imminent death.

It is obvious from *En attendant Godot* and *Fin de partie* that as a playwright Beckett, rather than developing different themes, chooses to employ different vehicles with which to treat repeatedly the same theme. In two of his other plays, *Acte sans paroles I et II,* pantomime serves to express his nihilistic vision of human existence. The setting for the first of these plays (1954-1956) is a desert on to which a man, victim as are all men of an indifferent universe, is flung backwards. Once on stage, his attention is attracted by strange whistles emanating from various directions. Several objects are offered his convenience: a tuft of palms to provide shade, a small carafe of water hanging in mid air to quench his thirst, some cubes with to procure this water, a rope and scissors.

Regardless of how hard the man tries to reach the water, it always remains just out of his reach; renouncing the illusory carafe, he tries to hang himself with the rope, but the palms disappear; when he then decides to cut his throat, the scissors disappear. Defeated and subjugated, he no longer plays attention to the whistle, and disregards the now available water. Beckett may be implying that man should not rely upon ever-elusive objectives or material gratification, but must depend upon himself alone.

This depressingly perceptive view of the human condition is seen once again in *Acte sans paroles II* (1957), a mime for two players written originally in French but first published in English. On stage are two men, each in a sack and each pricked in turn by a goad. The first man rises and languidly performs all of the activities symbolic of an average day: praying, dressing, eating, and incessant brooding. The second man, in a gay and vigorous manner, performs the same ritual. As the play ends the routine is recommenced. In this illustration of the repetition and tedium that is an entire lifetime, Beckett suggests that, regardless of man's attitude towards the performance of his daily routine, the end will always be the same: the sack. Although incentives may be thought of as having lesser or greater merit, they are ineffectual in the face of a meaningless existence.

Beckett's next two plays were written for the radio, *All that Fall* (1956) takes place in an Irish suburb. Great importance is attributed to rural sounds, the noises of animals, the sluggish movement of characters, the sound of railroad station activity. The characters, more plausible as individuals than Beckett's previous figures, are still symbolic in their representation of the unhappy human situation. Mrs. Rooney, ill and pitifully lonely, falteringly makes her way to the train station to meet her husband who is returning from work; for some unknown reason the train has been delayed. The train finally arrives, however, and the Rooneys start for home. On their way Mr. Rooney reveals his hatred for children, and soon after, a young boy informs Mrs. Rooney that the train had been delayed because a child has fallen out of one of the cars and had been run over by the train; although never stated, it is strongly implied that Mr. Rooney was responsible for this « mishap. »

Through Mr. and Mrs. Rooney, a picture of suffering, physical degeneration, loneliness and boredom is presented. Both ill, each outdoes the other in describing his woes: Mrs. Rooney can barely walk, while her husband cannot walk and talk simultaneously, is blind and has a heart condition. Once again, a world of material things can do nothing to allay man's grief; bicycles and cars present trammels, steps are innumerable and confusing, there is nothing to give them consolation. Near the end of the play, Mrs. Rooney announces that the preacher intends to give a sermon on the text « The Lord upholdeth all that fall and raiseth up all those that he bowed down, » but such Biblical phrases of hope do little to ease the anguish of the old couple who can do nothing but laugh wildly at this most ironic of notions.

In *Embers* (1958), the second of these radio plays, the aged Mr. Rooney has become Henry and the Irish suburb has become the seashore where Henry sits conversing with himself, his perhaps dead wife Ada, and his dead father and family doctor. His conversations include fights and reconciliations with his wife, anger at his father, and at times anger at the birth of his daughter (through stories of whom Beckett expresses his contempt for pretentious bourgeois activities), all reflecting his profound isolation, his lack of a meaningful existence and gratifying relationships. Henry is alone in an empty and indifferent world, recalling constantly the fading memories of a life that has abandoned him. More than just senility, his dotage illustrates the nature of human existence. Henry is all of humanity; his rambling, his desire to establish some liaison with the people of his past is a clear expression of his longing to escape from solitude.

Like Henry, Krapp, in *Krapp's Last Tape* (1958), is alone to review his past. Unlike Henry, however, Krapp has no presence but his own to offer succor in his attempted escape from isolation. Sitting in the darkness of a rented room, a room saturated with his failure and stagnation, the antiquated Krapp listens to a tape recording of himself when he was a young thirty-nine. The tape, part of his recorded diary, evokes many responses from the decrepit old man: sadness, anger, despair. The memory of sensation returns to him with the description of the texture of a small rubber ball; he is for the smallest instant aware of himself as a feeling human being. When he again hears his former self, a person that has long since become a stranger to him, describe a moment of supreme insight into the true meaning of life, he disgustedly turns off the machine. His interest is once again aroused by the narration of a sexual experience; he is alone to bear the torment of an impotent longing.

Now, thirty years older than the man to whose voice he has been listening, the effete Krapp proceeds to augment his diary with his recent activities, but being only the shadow of a man he has nothing to say, nothing to record but the number of the reel and the empty statement that he does not wish rejuvenation. He is now, like most of Beckett's characters, the epitome of physical degeneration; he must content himself with memories of a time when he could still feel, still touch another human being. He has no intellectual pursuits and his physical desires are countered by his disintegration and impotence; occupying himself with the filing of his tapes, his sole happiness comes from the pronunciation of the word « spool. » The plays ends with Krapp sitting motionless as the tape, as does existence, runs silently on.

With *Happy Days* (1961), one of the author's more obvious plays, Beckett returns to the couple; in this case, Winnie and her husband Willie. As the play begins Winnie is buried in earth up to her chest, on some forsaken mound. Spending most of her time groping around in a huge bag that contains the essentials of her existence, she occasionally ceases her fumbling to reaffirm the glory of life and the splendor of her happy days, days in reality void of any real joy or significance. While Winnie passes the time with the trivial chatter that she vainly hopes will provide her life with some interest, Willie divides his time between reading the obituaries and classified section of his worn newspaper, sleeping in a hole behind the mound, and ignoring the endeavors of his wife to engage him in meaningless conversation.

By the second act the earth has consumed Winnie up to her neck, a consumption symbolic of the sure claim of death upon all of humanity. Not at all able to move, she gayly yet despairingly awaits the finish by attempting whatever diversion is possible through the recall of fond memories. Eventually her husband crawl out from behind the mound and desperately reaches for the revolver that Winnie had previously removed from her handbag and placed on the ground near her head. Failing to procure the gun, he falls painfully from the mound and calls out weakly for his wife. Mistaking this inefficacious murder or suicide attempt for the desire of her husband finally to communicate with her, Winnie rapturously declares that today will have been another happy day, the perfect irony with which to illustrate the hopelessness of humanity.

In this play, as in all of his other plays, Beckett presents for his audiences an inexorably dismal view of existence. He is tempestuously opposed to a civilization that is distinguished primarily by anguish and boredom, yet his attack on life has remained calm. This calm assault, however, through plays that have disregarded what is to Beckett the unessential development of plots, characters, and meaningful dialogue, has effected an impact, the force of which has been unparalleled in the modern theatre.

Throughout his works Beckett repeatedly stresses the same notion: that to live is to wait—to wait for something that never promises any hope of arrival—to wait in a world so void of direction that, without the anticipation of something better, existence would be intolerable. His plays, like his novels, are profound and present a concise, lucid view of the futility and anguish that are intrinsic to the human condition.

WORKS BY BECKETT

1947-49. EN ATTENDANT GODOT. *Paris, Éd. de Minuit, 1953. First performed January 5, 1953, Théâtre Babylone, Paris.*
1953. ÉLEUTHÉRIA. *Never published or performed.*
1954-56. FIN DE PARTIE. *Paris, Éd. de Minuit, 1957. First performed April 3, 1957, Royal Court Theatre, London.*
1954-56. ACTE SANS PAROLES. *Paris, Éd. de Minuit, 1957. First performed April 3, 1957, Royal Court Theatre, London.*
1956. ALL THAT FALL (play for radio). *London, Faber & Faber, 1957. First broadcast January 13, 1957, B.B.C., London.*
1957. ACTE SANS PAROLES, II (originally written in French but first published as Act Without Words II). *New York, Grove Press, 1958. Date of first performance unavailable; probably in 1959.*
1958. EMBERS (play for radio). *London, Faber & Faber, 1958. First broadcast June 24, 1959, B.B.C., London.*
1958. KRAPP'S LAST TAPE. *London, Faber & Faber, 1958. First performed October 28, 1958, Royal Court Theatre, London.*
1961. HAPPY DAYS. *New York, Grove Press, 1961. First performed September 17, 1961, Cherry Lane Theatre, New York.*
1962. PLAY. *London, Faber & Faber, 1964. First performed June 14, 1963, Ulmer Theater, Ulm-Donau, Germany.*
1962. WORDS AND MUSIC (play for radio). *London, Faber & Faber, 1964. First broadcast November 13, 1962, B.B.C., 1962.*
1963. CASCANDO (play for radio). *London, Faber & Faber, 1964. First broadcast in French on R.T.F.: date unavailable.*

CRITICAL WORKS

ESSLIN Martin: Theatre of the Absurd. *New York, Doubleday, 1961, 1-46.*
FOWLIE Wallace: Dionysus in Paris; A Guide to Contemporary French Theater. *New York, Meridian Books, 1960, 210-217.*
GASSNER John: Theatre at the Crossroads. *New York, Holt, Rinehart & Winston, 1960, 252-261.*
GUICHARNAUD Jacques: Modern French Theatre from Giraudoux to Beckett. *New Haven, Yale University Press, 1961, 193-220.*
KERN Édith: « Drama Strips for Inaction: Beckett's Godot, » *Yale French Studies, 14 (Winter, 1954-55), 41-47.*
LAMONT Rosette: « The Metaphysical Farce: Beckett and Ionesco, » *French Review, XXXII (February, 1959), 319-328.*
LEWIS Allan: The Contemporary Theatre. *New York, Crown Publishers, 1962, 259-265.*
PRONKO Leonard. Avant-Garde: The Experimental Theater in France. *Berkeley, University of California Press, 1963, 22-58.*

En attendant Godot

a été représenté pour la première fois le 5 janvier 1953 au théâtre Babylone, dans une mise en scène de Roger Blin, avec la distribution suivante :

Estragon	Pierre Latour
Vladimir	Lucien Raimbourg
Lucky	Jean Martin
Pozzo	Roger Blin
Un jeune garçon	Serge Lecointe

ACTE PREMIER

Route à la campagne, avec arbre.
Soir.
Estragon, assis par terre, essaie d'enlever sa chaussure. Il s'y acharne des deux mains, en ahanant[1]*. Il s'arrête, à bout de forces, se repose en haletant, recommence. Même jeu.*
Entre Vladimir.

ESTRAGON *(renonçant à nouveau).* — Rien à faire[2].

VLADIMIR *(s'approchant à petits pas raides, les jambes écartées).* — Je commence à le croire. *(Il s'immobilise.)* J'ai longtemps résisté à cette pensée, en me disant : Vladimir, sois raisonnable, tu n'as pas encore tout essayé. Et je reprenais le combat. *(Il se recueille, songeant au combat. A Estragon.)* Alors, te revoilà, toi.

ESTRAGON. — Tu crois?

VLADIMIR. — Je suis content de te revoir. Je te croyais parti pour toujours.

ESTRAGON. — Moi aussi.

VLADIMIR. — Que faire pour fêter cette réunion? *(Il réfléchit.)* Lève-toi que je t'embrasse.
(Il tend la main à Estragon.)

ESTRAGON *(avec irritation).* — Tout à l'heure, tout à l'heure[3].
(Silence.)

VLADIMIR *(froissé*[4]*, froidement).* — Peut-on savoir où Monsieur a passé la nuit?

ESTRAGON. — Dans un fossé.

VLADIMIR *(épaté).* — Un fossé! Où ça?

ESTRAGON *(sans geste).* — Par là.

VLADIMIR. — Et on ne t'a pas battu?

ESTRAGON. — Si... Pas trop.

VLADIMIR. — Toujours les mêmes?

ESTRAGON. — Les mêmes? Je ne sais pas.
(Silence.)

VLADIMIR. — Quand j'y pense... depuis le temps... je me demande... ce que tu serais devenu... sans moi... *(Avec décision.)* Tu ne serais plus qu'un petit tas d'ossements à l'heure qu'il est, pas d'erreur.

ESTRAGON *(piqué au vif).* — Et après?

VLADIMIR *(accablé).* — C'est trop pour un seul homme. *(Un temps. Avec vivacité.)* D'un autre côté, à quoi bon se décourager à présent, voilà ce que je me dis. Il fallait y penser il y a une éternité, vers 1900.

---

1. - Panting.
2. - Notice how the décor and the opening line set the mood.
3. - Throughout the play, neither of the tramps is ever ready to embrace the other simultaneously.
4. - Hurt.

ESTRAGON. — Assez. Aide-moi à enlever cette saloperie[5].

VLADIMIR. — La main dans la main on se serait jeté en bas de la Tour Eiffel, parmi les premiers. On portait beau alors. Maintenant il est trop tard. On ne nous laisserait même pas monter[6]. *(Estragon s'acharne sur sa chaussure.)* Qu'est-ce que tu fais?

ESTRAGON. — Je me déchausse. Ça ne t'est jamais arrivé, à toi?

VLADIMIR. — Depuis le temps que je te dis qu'il faut les enlever tous les jours. Tu ferais mieux de m'écouter.

ESTRAGON *(faiblement)*. — Aide-moi!

VLADIMIR. — Tu as mal?

ESTRAGON. — Mal! Il me demande si j'ai mal!

VLADIMIR *(avec emportement)*. — Il n'y a jamais que toi qui souffres! Moi je ne compte pas. Je voudrais pourtant te voir à ma place. Tu m'en dirais des nouvelles.

ESTRAGON. — Tu as eu mal[7]?

VLADIMIR. — Mal! Il me demande si j'ai eu mal!

ESTRAGON *(pointant l'index)*. — Ce n'est pas une raison pour ne pas te boutonner.

VLADIMIR *(se penchant)*. — C'est vrai. *(Il se boutonne.)* Pas de laisser-aller dans les petites choses[A].

ESTRAGON. — Qu'est-ce que tu veux que je te dise, tu attends toujours le dernier moment.

VLADIMIR *(rêveusement)*. — Le dernier moment... *(Il médite.)* C'est long, mais ce sera bon. Qui disait ça?

ESTRAGON. — Tu ne veux pas m'aider?

VLADIMIR. — Des fois je me dis que ça vient quand même. Alors je me sens tout drôle. *(Il ôte son chapeau, regarde dedans, y promène sa main, le secoue, le remet.)* Comment dire? Soulagé et en même temps... (il cherche) ...épouvanté. (Avec emphase.) É-POU-VAN-TÉ. *(Il ôte à nouveau son chapeau, regarde dedans.)* Ça alors! *(Il tape dessus comme pour en faire tomber quelque chose, regarde à nouveau dedans, le remet.)* Enfin...

> *(Estragon, au prix d'un suprême effort, parvient à enlever sa chaussure. Il regarde dedans, y promène sa main, la retourne, la secoue, cherche par terre s'il n'en est pas tombé quelque chose, ne trouve rien, passe sa main à nouveau dans sa chaussure, les yeux vagues.)*

Alors?

ESTRAGON. — Rien.

VLADIMIR. — Fais voir.

ESTRAGON. — Il n'y a rien à voir.

VLADIMIR. — Essaie de la remettre.

---

5. - Beastly thing.
6. - References to the tramps' past are made constantly, pointing on their individuality.
A. - Point out the tramps perpetual preoccupation with their physical needs, and with material objects: hats, shoes, etc. What does the author's insistence on these things suggest?
7. - Though they are friends, each is indifferent to the other's suffering, emphasizing their feelings of loneliness.

EN ATTENDANT GODOT

ESTRAGON *(ayant examiné son pied)*. — Je vais le laisser respirer un peu.

VLADIMIR. — Voilà l'homme tout entier, s'en prenant à sa chaussure alors que c'est son pied le coupable. *(Il enlève encore une fois son chapeau, regarde dedans, y passe la main, le secoue, tape dessus, souffle dedans, le remet.)* Ça devient inquiétant. *(Silence. Estragon agite son pied, en faisant jouer les orteils, afin que l'air y circule mieux.)* Un des larrons fut sauvé. *(Un temps.)* C'est un pourcentage honnête. *(Un[8] temps.)* Gogo...

ESTRAGON. — Quoi?

VLADIMIR. — Si on se repentait?

ESTRAGON. — De quoi?

VLADIMIR. — Eh bien... *(Il cherche.)* On n'aurait pas besoin d'entrer dans les détails.

ESTRAGON. — D'être né?
(Vladimir part d'un bon rire qu'il réprime aussitôt, en portant sa main au pubis, le visage crispé.)

VLADIMIR. — On n'ose même plus rire.

ESTRAGON. — Tu parles d'une privation.

VLADIMIR. — Seulement sourire. *(Son visage se fend dans un sourire maximum qui se fige, dure un bon moment, puis subitement s'éteint.)* Ce n'est pas la même chose. Enfin... *(Un temps.)* Gogo...

ESTRAGON *(agacé)*. — Qu'est-ce qu'il y a?

VLADIMIR. — Tu as lu la Bible?

ESTRAGON. — La Bible... *(Il réfléchit.)* J'ai dû y jeter un coup d'œil.

VLADIMIR *(étonné)*. — A l'école sans Dieu?

ESTRAGON. — Sais pas si elle était sans ou avec.

VLADIMIR. — Tu dois confondre avec la Roquette.

ESTRAGON. — Possible. Je me rappelle les cartes de la Terre-Sainte. En couleur. Très jolies. La Mer-Morte était bleu pâle. J'avais soif rien qu'en la regardant. Je me disais : C'est là que nous irons passer notre lune de miel. Nous nagerons. Nous serons heureux[9].

VLADIMIR. — Tu aurais dû être poète.

ESTRAGON. — Je l'ai été. *(Geste vers ses haillons.)* Ça ne se voit pas?

(Silence.)

VLADIMIR. — Qu'est-ce que je disais... Comment va ton pied?

ESTRAGON. — Il enfle.

VLADIMIR. — Ah oui, j'y suis, cette histoire de larrons. Tu t'en souviens?

ESTRAGON. — Non.

VLADIMIR. — Ça passera le temps. *(Un temps.)* C'étaient deux voleurs, crucifiés en même temps que le Sauveur. On...

---

8. - The first reference to the story of the thieves in the Gospel, and the introduction of the themes of repentance, salvation and damnation.

9. - Observe Estragon's poetic nature in other passages; notice that unlike his friend, he has no sense of religion. Vladimir is obviously better educated, or in any case, has a better memory for the past. Estragon constantly forgets things.

ESTRAGON. — Le quoi?

VLADIMIR. — Le Sauveur. Deux voleurs. On dit que l'un fut sauvé et l'autre... (il cherche le contraire de sauvé). ... damné.

ESTRAGON. — Sauvé de quoi?

VLADIMIR. — De l'enfer.

ESTRAGON. — Je m'en vais. *(Il ne bouge pas.)*

VLADIMIR. — Et cependant... *(Un temps.)* Comment se fait-il que... Je ne t'ennuie pas, j'espère.

ESTRAGON. — Je n'écoute pas.

VLADIMIR. — Comment se fait-il que des quatre évangélistes un seul présente les faits de cette façon? Ils étaient cependant là tous les quatre — enfin, pas loin. Et un seul parle d'un larron de sauvé. *(Un temps.)* Voyons, Gogo, il faut me renvoyer la balle de temps en temps [10].

ESTRAGON. — J'écoute.

VLADIMIR. — Un sur quatre. Des trois autres, deux n'en parlent pas du tout et le troisième dit qu'ils l'ont engueulé tous les deux.

ESTRAGON. — Qui?

VLADIMIR. — Comment?

ESTRAGON. — Je ne comprends rien... *(Un temps.)* Engueulé qui?

VLADIMIR. — Le Sauveur.

ESTRAGON. — Pourquoi?

VLADIMIR. — Parce qu'il n'a pas voulu les sauver.

ESTRAGON. — De l'enfer?

VLADIMIR. — Mais non, voyons! De la mort.

ESTRAGON. — Et alors?

VLADIMIR. — Alors ils ont dû être damnés tous les deux.

ESTRAGON. — Et après?

VLADIMIR. — Mais l'autre dit qu'il y en a eu un de sauvé.

ESTRAGON. — Eh bien? Ils ne sont pas d'accord, un point c'est tout.

VLADIMIR. — Ils étaient là tous les quatre. Et un seul parle d'un larron de sauvé. Pourquoi le croire plutôt que les autres?

ESTRAGON. — Qui le croit?

VLADIMIR. — Mais tout le monde. On ne connaît que cette version-là.

ESTRAGON. — Les gens sont des cons [11].

(Il se lève péniblement, va en boitillant [12] vers la coulisse gauche, s'arrête, regarde au loin, la main en écran devant les yeux, se retourne, va vers la coulisse droite, regarde au loin. Vladimir le suit des yeux, puis va ramasser la chaussure, regarde dedans, la lâche précipitamment.)

---

10. - Keep up the conversation with me.
11. - Estragon replies in his usual skeptical fashion.
12. - Limping.

VLADIMIR. — Pah! *(Il crache par terre.)*
(Estragon revient au centre de la scène, regarde vers le fond.)
ESTRAGON. — Endroit délicieux. *(Il se retourne, avance jusqu'à la rampe, regarde vers le public.)* Aspects riants. *(Il se tourne vers Vladimir.)* Allons-nous-en.

VLADIMIR. — On ne peut pas.

ESTRAGON. — Pourquoi?

VLADIMIR. — On attend Godot.

ESTRAGON. — C'est vrai. *(Un temps.)* Tu es sûr que c'est ici?

VLADIMIR. — Quoi?

ESTRAGON. — Qu'il faut attendre.

VLADIMIR. — Il a dit devant l'arbre. *(Ils regardent l'arbre.)* Tu en vois d'autres?

ESTRAGON. — Qu'est-ce que c'est?

VLADIMIR. — On dirait un saule.

ESTRAGON. — Où sont les feuilles?

VLADIMIR. — Il doit être mort.

ESTRAGON. — Finis les pleurs.

VLADIMIR. — A moins que ce ne soit pas la saison.

ESTRAGON. — Ce ne serait pas plutôt un arbrisseau?

VLADIMIR. — Un arbuste[13].

ESTRAGON. — Un arbrisseau[14].

VLADIMIR. — Un... *(Il se reprend.)* Qu'est-ce que tu veux insinuer? Qu'on s'est trompé d'endroit?

ESTRAGON. — Il devrait être là.

VLADIMIR. — Il n'a pas dit ferme qu'il viendrait.

ESTRAGON. — Et s'il ne vient pas?

VLADIMIR. — Nous reviendrons demain.

ESTRAGON. — Et puis après-demain.

VLADIMIR. — Peut-être.

ESTRAGON. — Et ainsi de suite.

VLADIMIR. — C'est-à-dire...

ESTRAGON. — Jusqu'à ce qu'il vienne.

VLADIMIR. — Tu es impitoyable.

ESTRAGON. — Nous sommes déjà venus hier.

VLADIMIR. — Ah non, là tu te goures[15].

ESTRAGON. — Qu'est-ce que nous avons fait hier?

---

13. - Shrub.
14. - Bush. They are forever contradicting one another.
15. - You are mistaken.

VLADIMIR. — Ce que nous avons fait hier?

ESTRAGON. — Oui.

VLADIMIR. — Ma foi... *(Se fâchant.)* Pour jeter le doute, à toi le pompon[16].

ESTRAGON. — Pour moi, nous étions ici.

VLADIMIR *(regard circulaire)*. — L'endroit te semble familier?

ESTRAGON. — Je ne dis pas ça.

VLADIMIR. — Alors?

ESTRAGON. — Ça n'empêche pas.

VLADIMIR. — Tout de même... cet arbre... *(se tournant vers le public)* ... cette tourbière[17].

ESTRAGON. — Tu es sûr que c'était ce soir?

VLADIMIR. — Quoi?

ESTRAGON. — Qu'il fallait attendre?

VLADIMIR. — Il a dit samedi. *(Un temps.)* Il me semble[B].

ESTRAGON. — Après le turbin.

VLADIMIR. — J'ai dû le noter. *(Il fouille dans ses poches, archibondées de saletés de toutes sortes.)*

ESTRAGON. — Mais quel samedi? Et sommes-nous samedi? Ne serait-on pas plutôt dimanche? Ou lundi? Ou vendredi?

VLADIMIR *(regardant avec affolement autour de lui, comme si la date était inscrite dans le paysage)*. — Ce n'est pas possible.

ESTRAGON. — Ou jeudi.

VLADIMIR. — Comment faire?

ESTRAGON. — S'il s'est dérangé pour rien hier soir, tu penses bien qu'il ne viendra pas aujourd'hui.

VLADIMIR. — Mais tu dis que nous sommes venus hier soir.

ESTRAGON. — Je peux me tromper. *(Un temps.)* Taisons-nous un peu, tu veux?

VLADIMIR *(faiblement)*. — Je veux bien. *(Estragon se rassied par terre. Vladimir arpente[18] la scène avec agitation, s'arrête de temps en temps pour scruter l'horizon. Estragon s'endort. Vladimir s'arrête devant Estragon.)* Gogo... *(Silence.)* Gogo... *(Silence.)* GOGO!
(Estragon se réveille en sursaut.)

ESTRAGON *(rendu à toute l'horreur de sa situation)*. — Je dormais. *(Avec reproche.)* Pourquoi tu ne me laisses jamais dormir?

VLADIMIR. — Je me sentais seul.

ESTRAGON. — J'ai fait un rêve.

VLADIMIR. — Ne le raconte pas!

---

16. - You take the cake.
17. - Peat-bog.
B. - What are the various ways in which Beckett depicts the vagueness and psychological confusion his characters are experiencing?
18. - Paces.

ESTRAGON. — Je rêvais que...

VLADIMIR. — NE LE RACONTE PAS!

ESTRAGON *(geste vers l'univers).* — Celui-ci te suffit? *(Silence.)* Tu n'es pas gentil, Didi. A qui veux-tu que je raconte mes cauchemars privés, sinon à toi?

VLADIMIR. — Qu'ils restent privés. Tu sais bien que je ne supporte pas ça.

ESTRAGON *(froidement).* — Il y a des moments où je me demande si on ne ferait pas mieux de se quitter.

VLADIMIR. — Tu n'irais pas loin.

ESTRAGON. — Ce serait là, en effet, un grave inconvénient. *(Un temps.)* N'est-ce pas, Didi, que ce serait là un grave inconvénient? *(Un temps.)* Étant donné la beauté du chemin. *(Un temps.)* Et la bonté des voyageurs. *(Un temps. Câlin.)* N'est-ce pas, Didi?

VLADIMIR. — Du calme.

ESTRAGON *(avec volupté).* — Calme... Calme... *(Rêveusement.)* Les Anglais disent câââm. Ce sont des gens câââms. *(Un temps.)* Tu connais l'histoire de l'Anglais au bordel?

VLADIMIR. — Oui.

ESTRAGON. — Raconte-la-moi.

VLADIMIR. — Assez.

ESTRAGON. — Un Anglais s'étant enivré se rend au bordel. La sous-maîtresse lui demande s'il désire une blonde, une brune ou une rousse. Continue.

VLADIMIR. — ASSEZ!

(Vladimir sort. Estragon se lève et le suit jusqu'à la limite de la scène. Mimique d'Estragon, analogue à celle qu'arrachent au spectateur les efforts du pugiliste. Vladimir revient, passe devant Estragon, traverse la scène, les yeux baissés. Estragon fait quelques pas vers lui, s'arrête.)

ESTRAGON *(avec douceur).* — Tu voulais me parler? *(Vladimir ne répond pas. Estragon fait un pas en avant.)* Tu avais quelque chose à me dire? *(Silence. Autre pas en avant.)* Dis, Didi...

VLADIMIR *(sans se retourner).* — Je n'ai rien à te dire.

ESTRAGON *(pas en avant).* — Tu es fâché? *(Silence. Pas en avant.)* Pardon! *(Silence. Pas en avant. Il lui touche l'épaule.)* Voyons, Didi. *(Silence.)* Donne ta main! *(Vladimir se retourne.)* Embrasse-moi! *(Vladimir se raidit.)* Laisse-toi faire! *(Vladimir s'amollit. Ils s'embrassent. Estragon recule.)* Tu pues l'ail!

VLADIMIR. — C'est pour les reins. *(Silence. Estragon regarde l'arbre avec attention.)* Qu'est-ce qu'on fait maintenant?

ESTRAGON. — On attend.

VLADIMIR. — Oui, mais en attendant.

ESTRAGON. — Si on se pendait[19]?

VLADIMIR. — Ce serait un moyen de bander.

ESTRAGON *(aguiché).* — On bande[20]?

---

19. - The notion of suicide occurs several times.   20. - Enticed, highly excited.

VLADIMIR. – Avec tout ce qui s'ensuit. Là où ça tombe il pousse des mandragores[21]. C'est pour ça qu'elles crient quand on les arrache. Tu ne savais pas ça?

ESTRAGON. – Pendons-nous tout de suite.

VLADIMIR. – A une branche? *(Ils s'approchent de l'arbre et le regardent.)* Je n'aurais pas confiance.

ESTRAGON. – On peut toujours essayer.

VLADIMIR. – Essaie.

ESTRAGON. – Après toi.

VLADIMIR. – Mais non, toi d'abord.

ESTRAGON. – Pourquoi?

VLADIMIR. – Tu pèses moins lourd que moi.

ESTRAGON. – Justement.

VLADIMIR. – Je ne comprends pas.

ESTRAGON. – Mais réfléchis un peu, voyons.

(Vladimir réfléchit.)

VLADIMIR *(finalement)*. – Je ne comprends pas.

ESTRAGON. – Je vais t'expliquer. *(Il réfléchit.)* La branche... la branche... *(Avec colère.)* Mais essaie donc de comprendre!

VLADIMIR. – Je ne compte plus que sur toi.

ESTRAGON *(avec effort)*. – Gogo léger - branche pas casser - Gogo mort, Didi lourd - branche casser - Didi seul. *(Un temps.)* Tandis que... *(Il cherche l'expression juste.)*

VLADIMIR. – Je n'avais pas pensé à ça.

ESTRAGON *(ayant trouvé)*. – Qui peut le plus peut le moins.

VLADIMIR. – Mais est-ce que je pèse plus lourd que toi?

ESTRAGON. – C'est toi qui le dis. Moi je n'en sais rien. Il y a une chance sur deux. Ou presque.

VLADIMIR. – Alors quoi faire?

ESTRAGON. – Ne faisons rien. C'est plus prudent.

VLADIMIR. – Attendons voir ce qu'il va nous dire.

ESTRAGON. – Qui?

VLADIMIR. – Godot.

ESTRAGON. – Voilà.

VLADIMIR. – Attendons d'être fixés d'abord.

ESTRAGON. – D'un autre côté, on ferait peut-être mieux de battre le fer avant qu'il soit glacé.

VLADIMIR. – Je suis curieux de savoir ce qu'il va nous dire. Ça ne nous engage à rien.

ESTRAGON. – Qu'est-ce qu'on lui a demandé au juste?

---

21. - Mandrakes.

EN ATTENDANT GODOT

VLADIMIR. — Tu n'étais pas là?
ESTRAGON. — Je n'ai pas fait attention.
VLADIMIR. — Eh bien... Rien de bien précis.
ESTRAGON. — Une sorte de prière.
VLADIMIR. — Voilà.
ESTRAGON. — Une vague supplique.
VLADIMIR. — Si tu veux.
ESTRAGON. — Et qu'a-t-il répondu?
VLADIMIR. — Qu'il verrait.
ESTRAGON. — Qu'il ne pouvait rien promettre.
VLADIMIR. — Qu'il lui fallait réfléchir.
ESTRAGON. — A tête reposée.
VLADIMIR. — Consulter sa famille.
ESTRAGON. — Ses amis.
VLADIMIR. — Ses agents.
ESTRAGON. — Ses correspondants.
VLADIMIR. — Ses registres.
ESTRAGON. — Son compte en banque.
VLADIMIR. — Avant de se prononcer.
ESTRAGON. — C'est normal.
VLADIMIR. — N'est-ce pas?
ESTRAGON. — Il me semble.
VLADIMIR. — A moi aussi.

(Repos.)

ESTRAGON *(inquiet)*. — Et nous?
VLADIMIR. — Plaît-il?
ESTRAGON. — Je dis : Et nous?
VLADIMIR. — Je ne comprends pas.
ESTRAGON. — Quel est notre rôle là-dedans?
VLADIMIR. — Notre rôle?
ESTRAGON. — Prends ton temps.
VLADIMIR. — Notre rôle? Celui du suppliant.
ESTRAGON. — A ce point-là?
VLADIMIR. — Monsieur a des exigences à faire valoir?
ESTRAGON. — On n'a plus de droits?

C. - What is your first impression of Godot?

(Rire de Vladimir, auquel il coupe court comme au précédent. Même jeu, moins le sourire.)

VLADIMIR. — Tu me ferais rire, si cela m'était permis.

ESTRAGON. — Nous les avons perdus?

VLADIMIR *(avec netteté)*. — Nous les avons bazardés[22].
(Silence. Ils demeurent immobiles, bras ballants[23], tête sur la poitrine, cassés aux genoux.)

ESTRAGON *(faiblement)*. — On n'est pas lié? *(Un temps.)* Hein?

VLADIMIR *(levant la main)*. — Écoute!
(Ils écoutent, grotesquement figés.)

ESTRAGON. — Je n'entends rien.

VLADIMIR. — Hsst! *(Ils écoutent. Estragon perd l'équilibre, manque de tomber. Il s'agrippe au bras de Vladimir qui chancelle. Ils écoutent, tassés l'un contre l'autre, les yeux dans les yeux.)* Moi non plus. *(Soupirs de soulagement. Détente. Ils s'éloignent l'un de l'autre.)*

ESTRAGON. — Tu m'as fait peur.

VLADIMIR. — J'ai cru que c'était lui.

ESTRAGON. — Qui?

VLADIMIR. — Godot.

ESTRAGON. — Pah! Le vent dans les roseaux.

VLADIMIR. — J'aurais juré des cris.

ESTRAGON. — Et pourquoi crierait-il?

VLADIMIR. — Après son cheval.
(Silence.)

ESTRAGON. — Allons-nous-en.

VLADIMIR. — Où? *(Un temps.)* Ce soir on couchera peut-être chez lui, au chaud, au sec, le ventre plein, sur la paille. Ça vaut la peine qu'on attende. Non[24]?

ESTRAGON. — Pas toute la nuit.

VLADIMIR. — Il fait encore jour.
(Silence.)

ESTRAGON. — J'ai faim.

VLADIMIR. — Veux-tu une carotte?

ESTRAGON. — Il n'y a pas autre chose?

VLADIMIR. — Je dois avoir quelques navets.

ESTRAGON. — Donne-moi une carotte. *(Vladimir fouille dans ses poches, en retire un navet et le donne à Estragon.)* Merci. *(Il mord dedans. Plaintivement.)* C'est un navet!

22. - Got rid of them.
23. - Dangling.
24. - The arrival of Godot implies material comfort for Vladimir.

VLADIMIR. — Oh pardon! J'aurais juré une carotte. *(Il fouille à nouveau dans ses poches, n'y trouve que des navets.)* Tout ça c'est des navets. *(Il cherche toujours.)* Tu as dû manger la dernière. *(Il cherche.)* Attends, ça y est. *(Il sort enfin une carotte et la donne à Estragon.)* Voilà, mon cher. *(Estragon l'essuie sur sa manche et commence à la manger.)* Rends-moi le navet. *(Estragon lui rend le navet.)* Fais-la durer, il n'y en a plus.

ESTRAGON *(tout en mâchant)*. — Je t'ai posé une question.

VLADIMIR. — Ah.

ESTRAGON. — Est-ce que tu m'as répondu?

VLADIMIR. — Elle est bonne, ta carotte?

ESTRAGON. — Elle est sucrée.

VLADIMIR. — Tant mieux, tant mieux. *(Un temps.)* Qu'est-ce que tu voulais savoir?

ESTRAGON. — Je ne me rappelle plus. *(Il mâche.)* C'est ça qui m'embête. *(Il regarde la carotte avec appréciation, la fait tourner en l'air du bout des doigts.)* Délicieuse, ta carotte. *(Il en suce méditativement le bout.)* Attends, ça me revient. *(Il arrache une bouchée.)*

VLADIMIR. — Alors?

ESTRAGON *(la bouche pleine, distraitement)*. — On n'est pas lié?

VLADIMIR. — Je n'entends rien.

ESTRAGON *(mâche, avale)*. — Je demande si on est lié.

VLADIMIR. — Lié?

ESTRAGON. — Lié?

VLADIMIR. — Comment lié?

ESTRAGON. — Pieds et poings.

VLADIMIR. — Mais à qui? Par qui?

ESTRAGON. — A ton bonhomme.

VLADIMIR. — A Godot? Lié à Godot [D]? Quelle idée! Jamais de la vie! *(Un temps.)* Pas encore. *(Il ne fait pas la liaison.)*

ESTRAGON. — Il s'appelle Godot?

VLADIMIR. — Je crois.

ESTRAGON. — Tiens! *(Il soulève le restant de carotte par le bout de fane et le fait tourner devant ses yeux.)* C'est curieux, plus on va, moins c'est bon.

VLADIMIR. — Pour moi c'est le contraire.

ESTRAGON. — C'est-à-dire?

VLADIMIR. — Je me fais au goût au fur et à mesure.

ESTRAGON *(ayant longuement réfléchi)*. — C'est ça, le contraire?

VLADIMIR. — Question de tempérament.

ESTRAGON. — De caractère.

D. - Explain why the tramps are tied to Godot.

VLADIMIR. — On n'y peut rien.

ESTRAGON. — On a beau se démener.

VLADIMIR. — On reste ce qu'on est.

ESTRAGON. — On a beau se tortiller[25].

VLADIMIR. — Le fond ne change pas[E].

ESTRAGON. — Rien à faire. *(Il tend le restant de carotte à Vladimir.)* Veux-tu la finir?
(Un cri terrible retentit, tout proche. Estragon lâche la carotte. Ils se figent, puis se précipitent vers la coulisse. Estragon s'arrête à mi-chemin, retourne sur ses pas, ramasse la carotte, la fourre dans sa poche, s'élance vers Vladimir qui l'attend, s'arrête à nouveau, retourne sur ses pas, ramasse sa chaussure, puis court rejoindre Vladimir. Enlacés, la tête dans les épaules, se détournant de la menace, ils attendent.
Entrent Pozzo et Lucky. Celui-là dirige celui-ci au moyen d'une corde passée autour du cou, de sorte qu'on ne voit d'abord que Lucky suivi de la corde, assez longue pour qu'il puisse arriver au milieu du plateau avant que Pozzo débouche de la coulisse. Lucky porte une lourde valise, un siège pliant, un panier à provisions et un manteau (sur le bras); Pozzo, un fouet.)

POZZO *(en coulisse)*. — Plus vite! *(Bruit de fouet. Pozzo paraît. Ils traversent la scène. Lucky passe devant Vladimir et Estragon et sort. Pozzo, ayant vu Vladimir et Estragon, s'arrête. La corde se tend. Pozzo tire violemment dessus.)* Arrière! *(Bruit de chute. C'est Lucky qui tombe avec tout son chargement. Vladimir et Estragon le regardent, partagés entre l'envie d'aller à son secours et la peur de se mêler de ce qui ne les regarde pas. Vladimir fait un pas vers Lucky, Estragon le retient par la manche.)*

VLADIMIR. — Lâche-moi.

ESTRAGON. — Reste tranquille.

POZZO. — Attention! Il est méchant. *(Estragon et Vladimir le regardent.)* Avec les étrangers.

ESTRAGON *(bas)*. — C'est lui?

VLADIMIR. — Qui?

ESTRAGON. — Voyons...

VLADIMIR. — Godot?

ESTRAGON. — Voilà.

POZZO. — Je me présente : Pozzo.

VLADIMIR. — Mais non.

ESTRAGON. — Il a dit Godot.

VLADIMIR. — Mais non.

ESTRAGON *(à Pozzo)*. — Vous n'êtes pas Monsieur Godot, Monsieur?

POZZO *(d'une voix terrible)*. — Je suis Pozzo! *(Silence.)* Ce nom ne vous dit rien? *(Silence.)* Je vous demande si ce nom ne vous dit rien[F]?

---

25 - Quibbling.
E. - Why do they quibble frequently over words?   What impression does this create.
F. - What is your immediate impression of Pozzo?

(Vladimir et Estragon s'interrogent du regard.)

ESTRAGON *(faisant semblant de chercher).* – Bozzo... Bozzo...

VLADIMIR *(de même).* – Pozzo...

POZZO. – PppOZZO !

ESTRAGON. – Ah ! Pozzo... voyons... Pozzo...

VLADIMIR. – C'est Pozzo ou Bozzo ?

ESTRAGON. – Pozzo... non, je ne vois pas.

VLADIMIR *(conciliant).* – J'ai connu une famille Gozzo. La mère brodait au tambour.

(Pozzo avance, menaçant.)

ESTRAGON *(vivement).* – Nous ne sommes pas d'ici, Monsieur.

POZZO *(s'arrêtant).* – Vous êtes bien des êtres humains cependant. *(Il met ses lunettes.)* A ce que je vois. *(Il enlève ses lunettes.)* De la même espèce que moi. *(Il éclate d'un rire énorme.)* De la même espèce que Pozzo ! D'origine divine !

VLADIMIR. – C'est-à-dire...

POZZO *(tranchant).* – Qui est Godot ?

ESTRAGON. – Godot ?

POZZO. – Vous m'avez pris pour Godot.

VLADIMIR. – Oh non, Monsieur, pas un seul instant, Monsieur.

POZZO. – Qui est-ce ?

VLADIMIR. – Eh bien, c'est un... c'est une connaissance.

ESTRAGON. – Mais non, voyons, on le connaît à peine.

VLADIMIR. – Évidemment... on ne le connaît pas très bien... mais tout de même...

ESTRAGON. – Pour ma part je ne le reconnaîtrai même pas.

POZZO. – Vous m'avez pris pour lui.

ESTRAGON. – C'est-à-dire... l'obscurité... la fatigue... la faiblesse... l'attente... j'avoue... j'ai cru... un instant...

VLADIMIR. – Ne l'écoutez pas, Monsieur, ne l'écoutez pas !

POZZO. – L'attente ? Vous l'attendiez donc ?

VLADIMIR. – C'est-à-dire...

POZZO. – Ici ? Sur mes terres ?

VLADIMIR. – On ne pensait pas à mal.

ESTRAGON. – C'était dans une bonne intention.

POZZO. – La route est à tout le monde.

VLADIMIR. – C'est ce qu'on se disait.

POZZO. – C'est une honte, mais c'est ainsi.

ESTRAGON. – On n'y peut rien.

Pozzo *(d'un geste large).* – Ne parlons plus de ça. *(Il tire sur la corde.)* Debout! *(Un temps.)* Chaque fois qu'il tombe il s'endort. *(Il tire sur la corde.)* Debout, charogne! *(Bruit de Lucky qui se relève et ramasse ses affaires. Pozzo tire sur la corde.)* Arrière! *(Lucky entre à reculons.)* Arrêt! *(Lucky s'arrête.)* Tourne! *(Lucky se retourne. A Vladimir et Estragon, affablement.)* Mes amis, je suis heureux de vous avoir rencontrés. *(Devant leur expression incrédule.)* Mais oui, sincèrement heureux. *(Il tire sur la corde.)* Plus près! *(Lucky avance.)* Arrêt! *(Lucky s'arrête. A Vladimir et Estragon.)* Voyez-vous, la route est longue quand on chemine tout seul pendant... *(il regarde sa montre)* ...pendant... *(il calcule)* ...six heures, oui, c'est bien ça, six heures à la file, sans rencontrer âme qui vive. *(A Lucky.)* Manteau! *(Lucky dépose la valise, avance, donne le manteau, recule, reprend la valise.)* Tiens ça. *(Pozzo lui tend le fouet, Lucky avance et, n'ayant plus de mains, se penche et prend le fouet entre ses dents, puis recule. Pozzo commence à mettre son manteau, s'arrête.)* Manteau! *(Lucky dépose tout, avance, aide Pozzo à mettre son manteau, recule, reprend tout.)* Le fond de l'air est frais. *(Il finit de boutonner son manteau, se penche, s'inspecte, se relève.)* Fouet! *(Lucky avance, se penche, Pozzo lui arrache le fouet de la bouche, Lucky recule.)* Voyez-vous, mes amis, je ne peux me passer longtemps de la société de mes semblables *(il regarde les deux semblables)* même quand ils ne me ressemblent qu'imparfaitement[26]. *(A Lucky.)* Pliant! *(Lucky dépose valise et panier, avance, ouvre le pliant, le pose par terre, recule, reprend valise et panier. Pozzo regarde le pliant.)* Plus près! *(Lucky dépose valise et panier, avance, déplace le pliant, recule, reprend valise et panier. Pozzo s'assied, pose le bout de son fouet contre la poitrine de Lucky et pousse.)* Arrière! *(Lucky recule.)* Encore. *(Lucky recule encore.)* Arrêt! *(Lucky s'arrête. A Vladimir et Estragon.)* C'est pourquoi, avec votre permission, je m'en vais rester un moment auprès de vous, avant de m'aventurer plus avant. *(A Lucky.)* Panier! *(Lucky avance, donne le panier, recule.)* Le grand air, ça creuse. *(Il ouvre le panier, en retire un morceau de poulet, un morceau de pain et une bouteille de vin. A Lucky.)* Panier! *(Lucky avance, prend le panier, recule, s'immobilise.)* Plus loin! *(Lucky recule.)* Là! *(Lucky s'arrête.)* Il pue. *(Il boit une rasade à même le goulot.)* A la bonne nôtre. *(Il dépose la bouteille et se met à manger.)*
(Silence. Estragon et Vladimir, s'enhardissant peu à peu, tournent autour de Lucky, l'inspectent sur toutes les coutures. Pozzo mord dans son poulet avec voracité, jette les os après les avoir sucés. Lucky ploie[27] lentement, jusqu'à ce que la valise frôle le sol, se redresse brusquement, recommence à ployer. Rythme de celui qui dort debout.)

Estragon. – Qu'est-ce qu'il a?

Vladimir. – Il a l'air fatigué.

Estragon. – Pourquoi ne dépose-t-il pas ses bagages?

Vladimir. – Est-ce que je sais? *(Ils le serrent de plus près.)* Attention!

Estragon. – Si on lui parlait?

Vladimir. – Regarde-moi ça!

Estragon. – Quoi?

Vladimir *(indiquant).* – Le cou.

Estragon *(regardant le cou).* – Je ne vois rien.

---

26. - Even Pozzo, pretentious as he is, cannot stand to be alone.

27. - Folds up.

VLADIMIR. — Mets-toi ici.
                                    (Estragon se met à la place de Vladimir.)
ESTRAGON. — En effet.
VLADIMIR. — A vif.
ESTRAGON. — C'est la corde.
VLADIMIR. — A force de frotter.
ESTRAGON. — Qu'est-ce que tu veux.
VLADIMIR. — C'est le nœud.
ESTRAGON. — C'est fatal.
                                    (Ils reprennent leur inspection, s'arrêtent au visage.)
VLADIMIR. — Il n'est pas mal.
ESTRAGON (levant les épaules, faisant la moue). — Tu trouves ?
VLADIMIR. — Un peu efféminé.
ESTRAGON. — Il bave.
VLADIMIR. — C'est forcé.
ESTRAGON. — Il écume.
VLADIMIR. — C'est peut-être un idiot.
ESTRAGON. — Un crétin.
VLADIMIR (avançant la tête). — On dirait un goitre.
ESTRAGON (même jeu). — Ce n'est pas sûr.
VLADIMIR. — Il halète.
ESTRAGON. — C'est normal.
VLADIMIR. — Et ses yeux !
ESTRAGON. — Qu'est-ce qu'ils ont ?
VLADIMIR. — Ils sortent.
ESTRAGON. — Pour moi il est en train de crever.
VLADIMIR. — Ce n'est pas sûr. (Un temps.) Pose-lui une question.
ESTRAGON. — Tu crois ?
VLADIMIR. — Qu'est-ce qu'on risque ?
ESTRAGON (timidement). — Monsieur...
VLADIMIR. — Plus fort.
ESTRAGON (plus fort). — Monsieur...
POZZO. — Foutez-lui la paix ! (Ils se tournent vers Pozzo qui, ayant fini de manger, s'essuie la bouche du revers de la main.) Vous ne voyez pas qu'il veut se reposer ? (Il sort sa pipe et commence à la bourrer[28]. Estragon remarque les os de poulet par terre, les fixe avec avidité. Pozzo frotte une allumette et commence à allumer sa pipe.) Panier ! (Lucky ne bougeant

---

28. - To fill (his pipe).

pas, Pozzo jette l'allumette avec emportement et tire sur la corde.) Panier! *(Lucky manque de tomber, revient à lui, avance, met la bouteille dans le panier, retourne à sa place, reprend son attitude. Estragon fixe les os, Pozzo frotte une seconde allumette, allume sa pipe.)* Que voulez-vous, ce n'est pas son travail. *(Il aspire une bouffée, allonge les jambes.)* Ah! ça va mieux.

ESTRAGON *(timidement).* — Monsieur...

POZZO. — Qu'est-ce que c'est, mon brave?

ESTRAGON. — Heu... vous ne mangez pas... heu... vous n'avez plus besoin... des os... Monsieur?

VLADIMIR *(outré).* — Tu ne pouvais pas attendre?

POZZO. — Mais non, mais non, c'est tout naturel. Si j'ai besoin des os? *(Il les remue du bout de son fouet.)* Non, personnellement je n'en ai plus besoin. *(Estragon fait un pas vers les os.)* Mais... *(Estragon s'arrête)* mais en principe les os reviennent au porteur. C'est donc à lui qu'il faut demander. *(Estragon se tourne vers Lucky, hésite.)* Mais demandez-lui, demandez-lui, n'ayez pas peur, il vous le dira.
(Estragon va vers Lucky, s'arrête devant lui.)

ESTRAGON. — Monsieur... pardon, Monsieur...
    (Lucky ne réagit pas. Pozzo fait claquer son fouet. Lucky relève la tête.)

POZZO. — On te parle, porc. Réponds. *(A Estragon.)* Allez-y.

ESTRAGON. — Pardon, Monsieur, les os, vous les voulez.
    (Lucky regarde Estragon longuement.)

POZZO *(aux anges).* — Monsieur! *(Lucky baisse la tête.)* Réponds! Tu les veux ou tu ne les veux pas? *(Silence de Lucky. A Estragon.)* Ils sont à vous. *(Estragon se jette sur les os, les ramasse et commence à les ronger.)* C'est pourtant bizarre. C'est bien la première fois qu'il me refuse un os. *(Il regarde Lucky avec inquiétude.)* J'espère qu'il ne va pas me faire la blague de tomber malade. *(Il tire sur sa pipe.)*

VLADIMIR *(éclatant).* — C'est une honte!
  (Silence. Estragon, stupéfait, s'arrête de ronger, regarde Vladimir et Pozzo tour à tour. Pozzo très calme. Vladimir de plus en plus gêné.)

POZZO *(à Vladimir).* — Faites-vous allusion à quelque chose de particulier?

VLADIMIR *(résolu et bafouillant).* — Traiter un homme *(geste vers Lucky)* de cette façon... je trouve ça... un être humain... non... c'est une honte!

ESTRAGON *(ne voulant pas être en reste).* — Un scandale! *(Il se remet à ronger.)*

POZZO. — Vous êtes sévères. *(A Vladimir.)* Quel âge avez-vous, sans indiscrétion? *(Silence.)* Soixante?... Soixante-dix?... *(A Estragon.)* Quel âge peut-il bien avoir?

ESTRAGON. — Demandez-lui.

POZZO. — Je suis indiscret. *(Il vide sa pipe en la tapant contre son fouet, se lève.)* Je vais vous quitter. Merci de m'avoir tenu compagnie. *(Il réfléchit.)* A moins que je ne fume encore une pipe avec vous. Qu'en dites-vous? *(Ils n'en disent rien.)* Oh! je ne suis qu'un petit fumeur, un tout petit fumeur, il n'est pas dans mes habitudes de fumer deux pipes coup sur coup, ça *(il porte sa main au cœur)* fait battre mon cœur. *(Un temps.)* C'est la nicotine, on en absorbe, malgré ses précautions. *(Il soupire.)* Que voulez-vous. *(Silence.)* Mais peut-être que vous n'êtes pas des fumeurs. Si? Non? Enfin, c'est un détail. *(Silence.)* Mais comment

EN ATTENDANT GODOT

me rasseoir maintenant avec naturel, maintenant que je me suis mis debout? Sans avoir l'air de – comment dire – de fléchir? *(A Vladimir.)* Vous dites? *(Silence.)* Peut-être n'avez-vous rien dit? *(Silence.)* C'est sans importance. Voyons... *(Il réfléchit.)*

ESTRAGON. – Ah! Ça va mieux. *(Il jette les os.)*

VLADIMIR. – Partons [G].

ESTRAGON. – Déjà?

POZZO. – Un instant! *(Il tire sur la corde.)* Pliant! *(Il montre avec son fouet. Lucky déplace le pliant.)* Encore! là! *(Il se rassied. Lucky recule, reprend valise et panier.)* Me voilà réinstallé! *(Il commence à bourrer sa pipe.)*

VLADIMIR. – Partons.

POZZO. – J'espère que ce n'est pas moi qui vous chasse. Restez encore un peu, vous ne le regretterez pas.

ESTRAGON *(flairant l'aumône)*. – Nous avons le temps.

POZZO *(ayant allumé sa pipe)*. – La deuxième est toujours moins bonne *(il enlève la pipe de sa bouche, la contemple)* que la première, je veux dire. *(Il remet la pipe dans sa bouche.)* Mais elle est bonne quand même.

VLADIMIR. – Je m'en vais.

POZZO. – Il ne peut plus supporter ma présence. Je suis sans doute peu humain, mais est-ce une raison? *(A Vladimir.)* Réfléchissez, avant de commettre une imprudence. Mettons que vous partiez maintenant, pendant qu'il fait encore jour, car malgré tout il fait encore jour. *(Tous les trois regardent le ciel.)* Bon. Que devient en ce cas – *(il ôte sa pipe de la bouche, la regarde)* – je suis éteint – *(il rallume sa pipe)* – en ce cas... en ce cas... que devient en ce cas votre rendez-vous avec ce... Godet... Godot... Godin... *(silence)* ...enfin vous voyez qui je veux dire, dont votre avenir dépend *(silence)* ...enfin votre avenir immédiat.

ESTRAGON. – Il a raison.

VLADIMIR. – Comment le saviez-vous?

POZZO. – Voilà qu'il m'adresse à nouveau la parole! Nous finirons par nous prendre en affection.

ESTRAGON. – Pourquoi ne dépose-t-il pas ses bagages?

POZZO. – Moi aussi je serais heureux de le rencontrer. Plus je rencontre de gens, plus je suis heureux. Avec la moindre créature on s'instruit, on s'enrichit, on goûte mieux son bonheur. Vous-mêmes *(il les regarde attentivement l'un après l'autre, afin qu'ils se sachent visés tous les deux)* vous-mêmes, qui sait, vous m'aurez peut-être apporté quelque chose.

ESTRAGON. – Pourquoi ne dépose-t-il pas ses bagages?

POZZO. – Mais ça m'étonnerait.

VLADIMIR. – On vous pose une question.

POZZO *(ravi)*. – Une question? Qui? Laquelle? *(Silence.)* Tout à l'heure vous me disiez Monsieur, en tremblant. Maintenant vous me posez des questions. Ça va mal finir.

VLADIMIR *(à Estragon)*. – Je crois qu'il t'écoute.

G. - Describe Vladimir's and Estragon's reactions to Pozzo?

ESTRAGON *(qui s'est remis à tourner autour de Lucky).* – Quoi?

VLADIMIR. – Tu peux lui demander maintenant. Il est alerté.

ESTRAGON. – Lui demander quoi?

VLADIMIR. – Pourquoi il ne dépose pas ses bagages.

ESTRAGON. – Je me le demande.

VLADIMIR. – Mais demande-lui, voyons.

POZZO *(qui a suivi ces échanges avec une attention anxieuse, craignant que la question ne se perde).* – Vous me demandez pourquoi il ne dépose pas ses bagages, comme vous dites.

VLADIMIR. – Voilà.

POZZO *(à Estragon).* – Vous êtes bien d'accord?

ESTRAGON *(continuant à tourner autour de Lucky).* – Il souffle comme un phoque.

POZZO. – Je vais vous répondre. *(A Estragon.)* Mais restez tranquille, je vous en supplie, vous me rendez nerveux.

VLADIMIR. – Viens ici.

ESTRAGON. – Qu'est-ce qu'il y a?

VLADIMIR. – Il va parler.

(Immobiles, l'un contre l'autre, ils attendent.)

POZZO. – C'est parfait. Tout le monde y est? Tout le monde me regarde? *(Il regarde Lucky, tire sur la corde. Lucky lève la tête.)* Regarde-moi, porc! *(Lucky le regarde.)* Parfait. *(Il met la pipe dans sa poche, sort un petit vaporisateur et se vaporise la gorge, remet le vaporisateur dans sa poche, se racle la gorge, crache, ressort le vaporisateur, se revaporise la gorge, remet le vaporisateur dans sa poche.)* Je suis prêt. Tout le monde m'écoute? *(Il regarde Lucky, tire sur la corde.)* Avance! *(Lucky avance.)* Là! *(Lucky s'arrête.)* Tout le monde est prêt? *(Il les regarde tous les trois, Lucky en dernier, tire sur la corde.)* Alors quoi? *(Lucky lève la tête.)* Je n'aime pas parler dans le vide. Bon. Voyons. *(Il réfléchit.)*

ESTRAGON. – Je m'en vais.

POZZO. – Qu'est-ce que vous m'avez demandé au juste?

VLADIMIR. – Pourquoi il -

POZZO *(avec colère).* – Ne me coupez pas la parole! *(Un temps. Plus calme.)* Si nous parlons tous en même temps nous n'en sortirons jamais. *(Un temps.)* Qu'est-ce que je disais? *(Un temps. Plus fort.)* Qu'est-ce que je disais?

(Vladimir mime celui qui porte une lourde charge. Pozzo le regarde sans comprendre.)

ESTRAGON *(avec force).* – Bagages! *(Il pointe son doigt vers Lucky.)* Pourquoi? Toujours tenir. *(Il fait celui qui ploie, en haletant.)* Jamais déposer. *(Il ouvre les mains, se redresse avec soulagement.)* Pourquoi?

POZZO. – J'y suis. Il fallait me le dire plus tôt. Pourquoi il ne se met pas à son aise. Essayons d'y voir clair. N'en a-t-il pas le droit? Si. C'est donc qu'il ne veut pas? Voilà qui est raisonné. Et pourquoi ne veut-il pas? *(Un temps.)* Messieurs, je vais vous le dire.

VLADIMIR. – Attention!

POZZO. – C'est pour m'impressionner, pour que je le garde.

ESTRAGON. – Comment?

POZZO. – Je me suis peut-être mal exprimé. Il cherche à m'apitoyer, pour que je renonce à me séparer de lui. Non, ce n'est pas tout à fait ça.

VLADIMIR. – Vous voulez vous en débarrasser?

POZZO. – Il veut m'avoir, mais il ne m'aura pas.

VLADIMIR. – Vous voulez vous en débarrasser?

POZZO. – Il s'imagine qu'en le voyant bon porteur je serai tenté de l'employer à l'avenir dans cette capacité.

ESTRAGON. – Vous n'en voulez plus?

POZZO. – En réalité il porte comme un porc. Ce n'est pas son métier.

VLADIMIR. – Vous voulez vous en débarrasser?

POZZO. – Il se figure qu'en le voyant infatigable je vais regretter ma décision. Tel est son misérable calcul. Comme si j'étais à court d'hommes de peine! *(Tous les trois regardent Lucky.)* Atlas, fils de Jupiter! *(Silence.)* Et voilà. Je pense avoir répondu à votre question. En avez-vous d'autres? *(Jeu du vaporisateur.)*

VLADIMIR. – Vous voulez vous en débarrasser?

POZZO. – Remarquez que j'aurais pu être à sa place et lui à la mienne. Si le hasard ne s'y était pas opposé. A chacun son dû.

VLADIMIR. – Vous voulez vous en débarrasser?

POZZO. – Vous dites?

VLADIMIR. – Vous voulez vous en débarrasser?

POZZO. – En effet. Mais au lieu de le chasser, comme j'aurais pu, je veux dire au lieu de le mettre tout simplement à la porte, à coups de pied dans le cul, je l'emmène, telle est ma bonté, au marché de Saint-Sauveur, où je compte bien en tirer quelque chose. A vrai dire, chasser de tels êtres, ce n'est pas possible. Pour bien faire, il faudrait les tuer.

(Lucky pleure.)

ESTRAGON. – Il pleure.

POZZO. – Les vieux chiens ont plus de dignité. *(Il tend son mouchoir à Estragon.)* Consolez-le, puisque vous le plaignez. *(Estragon hésite.)* Prenez. *(Estragon prend le mouchoir.)* Essuyez-lui les yeux. Comme ça il se sentira moins abandonné.

(Estragon hésite toujours.)

VLADIMIR. – Donne, je le ferai moi.

(Estragon ne veut pas donner le mouchoir. Gestes d'enfant.)

POZZO. – Dépêchez-vous. Bientôt il ne pleurera plus. *(Estragon s'approche de Lucky et se met en posture de lui essuyer les yeux. Lucky lui décoche un violent coup de pied dans les tibias. Estragon lâche le mouchoir, se jette en arrière, fait le tour du plateau en boitant et en hurlant de douleur.)* Mouchoir. *(Lucky dépose valise et panier, ramasse le mouchoir, avance, le donne à Pozzo, recule, reprend valise et panier.)*

ESTRAGON. – Le salaud! La vache! *(Il relève son pantalon.)* Il m'a estropié[29]!

29. - Crippled.

Pozzo. — Je vous avais dit qu'il n'aime pas les étrangers.

Vladimir *(à Estragon)*. — Fais voir. *(Estragon lui montre sa jambe. A Pozzo, avec colère.)* Il saigne !

Pozzo. — C'est bon signe.

Estragon *(la jambe blessée en l'air)*. — Je ne pourrai plus marcher !

Vladimir *(tendrement)*. — Je te porterai. *(Un temps.)* Le cas échéant.

Pozzo. — Il ne pleure plus. *(A Estragon.)* Vous l'avez remplacé en quelque sorte. *(Rêveusement.)* Les larmes du monde sont immuables. Pour chacun qui se met à pleurer, quelque part un autre s'arrête. Il en va de même du rire. *(Il rit.)* Ne disons donc pas de mal de notre époque, elle n'est pas plus malheureuse que les précédentes. *(Silence.)* N'en disons pas de bien non plus[H]. *(Silence.)* N'en parlons pas. *(Silence.)* Il est vrai que la population a augmenté.

Vladimir. — Essaie de marcher.

(Estragon part en boitillant, s'arrête devant Lucky et crache sur lui, puis va s'asseoir là où il était assis au lever du rideau.)

Pozzo. — Savez-vous qui m'a appris toutes ces belles choses ? *(Un temps. Dardant son doigt vers Lucky.)* Lui !

Vladimir *(regardant le ciel)*. — La nuit ne viendra-t-elle donc jamais ?

Pozzo. — Sans lui je n'aurais jamais pensé, jamais senti, que des choses basses, ayant trait à mon métier de — peu importe. La beauté, la grâce, la vérité de première classe, je m'en savais incapable. Alors j'ai pris un knouk.

Vladimir *(malgré lui, cessant d'interroger le ciel)*. — Un knouk ?

Pozzo. — Il y aura bientôt soixante ans que ça dure... *(il calcule mentalement)* ...oui, bientôt soixante. *(Se redressant fièrement.)* On ne me les donnerait pas, n'est-ce pas ? *(Vladimir regarde Lucky.)* A côté de lui j'ai l'air d'un jeune homme, non ? *(Un temps. A Lucky.)* Chapeau ! *(Lucky dépose le panier, enlève son chapeau. Une abondante chevelure blanche lui tombe autour du visage. Il met son chapeau sous le bras et reprend le panier.)* Maintenant regardez. *(Pozzo ôte son chapeau (1). Il est complètement chauve. Il remet son chapeau.)* Vous avez vu ?

Vladimir. — Qu'est-ce que c'est, un knouk.

Pozzo. — Vous n'êtes pas d'ici. Êtes-vous seulement du siècle ? Autrefois on avait des bouffons. Maintenant on a des knouks. Ceux qui peuvent se le permettre.

Vladimir. — Et vous le chassez à présent ? Un si vieux, un si fidèle serviteur ?

Estragon. — Fumier !

(Pozzo de plus en plus agité.)

Vladimir. — Après en avoir sucé la substance vous le jetez comme un... *(il cherche)* ...comme une peau de banane. Avouez que...

---

(1) Tous ces personnages portent le chapeau melon. *(Note de l'auteur.)*

H. - How do you explain Pozzo's sudden philosophical mood?

EN ATTENDANT GODOT

Pozzo (*gémissant, portant ses mains à sa tête*). — Je n'en peux plus... plus supporter... ce qu'il fait... pouvez pas savoir... c'est affreux... faut qu'il s'en aille... (*Il brandit les bras*) ...je deviens fou... (*Il s'effondre, la tête dans les bras.*) Je n'en peux plus... peux plus...

(*Silence. Tous regardent Pozzo. Lucky tressaille.*)

Vladimir. — Il n'en peut plus.

Estragon. — C'est affreux.

Vladimir. — Il devient fou.

Estragon. — C'est dégoûtant.

Vladimir (*à Lucky*). — Comment osez-vous? C'est honteux! Un si bon maître! Le faire souffrir ainsi! Après tant d'années! Vraiment!

Pozzo (*sanglotant*). — Autrefois... il était gentil... il m'aidait... me distrayait... il me rendait meilleur... maintenant... il m'assassine[1]...

Estragon (*à Vladimir*). — Est-ce qu'il veut le remplacer?

Vladimir. — Comment?

Estragon. — Je n'ai pas compris s'il veut le remplacer ou s'il n'en veut plus après lui.

Vladimir. — Je ne crois pas.

Estragon. — Comment?

Vladimir. — Je ne sais pas.

Estragon. — Faut lui demander.

Pozzo (*calmé*). — Messieurs, je ne sais pas ce qui m'est arrivé. Je vous demande pardon. Oubliez tout ça. (*De plus en plus maître de lui.*) Je ne sais plus très bien ce que j'ai dit, mais vous pouvez être sûrs qu'il n'y avait pas un mot de vrai là-dedans. (*Se redresse, se frappe la poitrine.*) Est-ce que j'ai l'air d'un homme qu'on fait souffrir, moi? Voyons! (*Il fouille dans ses poches.*) Qu'est-ce que j'ai fait de ma pipe?

Vladimir. — Charmante soirée.

Estragon. — Inoubliable.

Vladimir. — Et ce n'est pas fini.

Estragon. — On dirait que non.

Vladimir. — Ça ne fait que commencer.

Estragon. — C'est terrible.

Vladimir. — On se croirait au spectacle.

Estragon. — Au cirque.

Vladimir. — Au music-hall.

Estragon. — Au cirque.

Pozzo. — Mais qu'ai-je donc fait de ma bruyère!

Estragon. — Il est marrant! il a perdu sa bouffarde! (*Rit bruyamment.*)

---

1. - What has probably happened between Pozzo and Lucky?

VLADIMIR. – Je reviens. *(Il se dirige vers la coulisse.)*
ESTRAGON. – Au fond du couloir, à gauche.
VLADIMIR. – Garde ma place. *(Il sort.)*
POZZO. – J'ai perdu mon Abdullah!
ESTRAGON *(se tordant)*. – Il est tordant!
POZZO *(levant la tête)*. – Vous n'auriez pas vu – *(Il s'aperçoit de l'absence de Vladimir. Désolé)*. Oh! Il est parti!... Sans me dire au revoir! Ce n'est pas chic! Vous auriez dû le retenir.
ESTRAGON. – Il s'est retenu tout seul.
POZZO. – Oh! *(Un temps.)* A la bonne heure.
ESTRAGON. – Venez par ici.
POZZO. – Pour quoi faire?
ESTRAGON. – Vous allez voir.
POZZO. – Vous voulez que je me lève?
ESTRAGON. – Venez... venez... vite.

(Pozzo se lève et va vers Estragon.)

ESTRAGON. – Regardez!
POZZO. – Oh! là! là!
ESTRAGON. – C'est fini.
(Vladimir revient, sombre, bouscule Lucky, renverse le pliant d'un coup de pied, va et vient avec agitation.)
POZZO. – Il n'est pas content?
ESTRAGON. – Tu as raté des choses formidables. Dommage.
(Vladimir s'arrête, redresse le pliant, reprend son va-et-vient, plus calme.)
POZZO. – Il s'apaise. *(Regard circulaire.)* D'ailleurs tout s'apaise, je le sens. Une grande paix descend. Écoutez. *(Il lève la main.)* Pan dort.
VLADIMIR *(s'arrêtant)*. – La nuit ne viendra-t-elle jamais?

(Tous les trois regardent le ciel.)

POZZO. – Vous ne tenez pas à partir avant?
ESTRAGON. – C'est-à-dire... vous comprenez...
POZZO. – Mais c'est tout naturel, c'est tout naturel. Moi-même, à votre place, si j'avais rendez-vous avec un Godin... Godet... Godot... enfin vous voyez qui je veux dire, j'attendrais qu'il fasse nuit noire avant d'abandonner. *(Il regarde le pliant.)* J'aimerais bien me rasseoir, mais je ne sais pas trop comment m'y prendre.
ESTRAGON. – Puis-je vous aider?
POZZO. – Si vous me demandiez peut-être.
ESTRAGON. – Quoi?
POZZO. – Si vous me demandiez de me rasseoir.
ESTRAGON. – Ça vous aiderait?

POZZO. — Il me semble.
ESTRAGON. — Allons-y. Rasseyez-vous, Monsieur, je vous en prie.
POZZO. — Non, non, ce n'est pas la peine. *(Un temps. A voix basse.)* Insistez un peu.
ESTRAGON. — Mais voyons, ne restez pas debout comme ça, vous allez attraper froid.
POZZO. — Vous croyez?
ESTRAGON. — Mais c'est absolument certain.
POZZO. — Vous avez sans doute raison. *(Il se rassied.)* Merci, mon cher. Me voilà réinstallé. *(Il regarde sa montre.)* Mais il est temps que je vous quitte, si je ne veux pas me mettre en retard.
VLADIMIR. — Le temps s'est arrêté.
POZZO *(mettant sa montre contre son oreille).* — Ne croyez pas ça. Monsieur, ne croyez pas ça. *(Il remet la montre dans sa poche.)* Tout ce que vous voulez, mais pas ça.
ESTRAGON *(à Pozzo).* — Il voit tout en noir aujourd'hui.
POZZO. — Sauf le firmament. *(Il rit, content de ce bon mot.)* Patience, ça va venir. Mais je vois ce que c'est, vous n'êtes pas d'ici, vous ne savez pas encore ce que c'est que le crépuscule chez nous. Voulez-vous que je vous le dise? *(Silence. Estragon et Vladimir se sont remis à examiner, celui-là sa chaussure, celui-ci son chapeau. Le chapeau de Lucky tombe, sans qu'il s'en aperçoive.)* Je veux bien vous satisfaire. *(Jeu du vaporisateur.)* Un peu d'attention, s'il vous plaît. *(Estragon et Vladimir continuent leur manège, Lucky dort à moitié. Pozzo fait claquer son fouet qui ne rend qu'un bruit très faible.)* Qu'est-ce qu'il a, ce fouet. *(Il se lève et le fait claquer plus vigoureusement, finalement avec succès. Lucky sursaute. La chaussure d'Estragon, le chapeau de Vladimir leur tombent des mains. Pozzo jette le fouet.)* Il ne vaut plus rien, ce fouet. *(Il regarde son auditoire.)* Qu'est-ce que je disais?
VLADIMIR. — Partons.
ESTRAGON. — Mais ne restez pas debout comme ça, vous allez attraper la crève.
POZZO. — C'est vrai. *(Il se rassied. A Estragon.)* Comment vous appelez-vous?
ESTRAGON *(du tic au tac).* — Catulle [J].
POZZO *(qui n'a pas écouté).* — Ah oui, la nuit. *(Lève la tête.)* Mais soyez donc un peu plus attentifs, sinon nous n'arriverons jamais à rien. *(Regarde le ciel.)* Regardez. *(Tous regardent le ciel, sauf Lucky qui s'est remis à somnoler. Pozzo, s'en apercevant, tire sur la corde.)* Veux-tu regarder le ciel, porc! *(Lucky renverse la tête.)* Bon, ça suffit. *(Ils baissent la tête.)* Qu'est-ce qu'il a de si extraordinaire? En tant que ciel? Il est pâle et lumineux, comme n'importe quel ciel à cette heure de la journée. *(Un temps.)* Dans ces latitudes. *(Un temps.)* Quand il fait beau. *(Sa voix se fait chantante.)* Il y a une heure *(il regarde sa montre, ton prosaïque)* environ *(ton à nouveau lyrique),* après nous avoir versé depuis *(il hésite, le ton baisse)* mettons dix heures du matin *(le ton s'élève)* sans faiblir ses torrents de lumière rouge et blanche, il s'est mis à perdre de son éclat, à pâlir *(geste des deux mains qui descendent par paliers),* à pâlir, toujours un peu plus, un peu plus, jusqu'à ce que *(pause dramatique, large geste horizontal des deux mains qui s'écartent)* vlan! fini! il ne bouge plus! *(Silence.)* Mais *(il lève une main admonitrice)* — mais, derrière ce voile de douceur et de calme *(il lève les yeux au ciel, les autres l'imitent, sauf Lucky)* la nuit galope *(la voix se fait plus vibrante)* et viendra

---

J. - Why does Estragon refer to the Latin poet?

se jeter sur nous *(il fait claquer ses doigts)* pfft! comme ça *(l'inspiration le quitte)* au moment où nous nous y attendrons le moins [K]. *(Silence. Voix morne.)* C'est comme ça que ça se passe sur cette putain de terre.

(Long silence.)

ESTRAGON. – Du moment qu'on est prévenu.

VLADIMIR. – On peut patienter.

ESTRAGON. – On sait à quoi s'en tenir.

VLADIMIR. – Plus d'inquiétude à avoir.

ESTRAGON. – Il n'y a qu'à attendre.

VLADIMIR. – Nous en avons l'habitude. *(Il ramasse son chapeau, regarde dedans, le secoue, le remet.)*

POZZO. – Comment m'avez-vous trouvé? *(Estragon et Vladimir le regardent sans comprendre.)* Bon? Moyen? Passable? Quelconque? Franchement mauvais?

VLADIMIR *(comprenant le premier)*. – Oh très bien, tout à fait bien.

POZZO *(à Estragon)*. – Et vous, monsieur?

ESTRAGON *(accent anglais)*. – Oh très bon, très très très bon.

POZZO *(avec élan)*. – Merci, messieurs! *(Un temps.)* J'ai tant besoin d'encouragement. *(Il réfléchit.)* J'ai un peu faibli sur la fin. Vous n'avez pas remarqué?

VLADIMIR. – Oh, peut-être un tout petit peu.

ESTRAGON. – J'ai cru que c'était exprès.

POZZO. – C'est que ma mémoire est défectueuse.

(Silence.)

ESTRAGON. – En attendant, il ne se passe rien.

POZZO *(désolé)*. – Vous vous ennuyez?

ESTRAGON. – Plutôt.

POZZO *(à Vladimir)*. Et vous, monsieur?

VLADIMIR. – Ce n'est pas folichon.

(Silence. Pozzo se livre une bataille intérieure.)

POZZO. – Messieurs, vous avez été... *(il cherche)* ... convenables avec moi.

ESTRAGON. – Mais non!

VLADIMIR. – Quelle idée!

POZZO. – Mais si, mais si, vous avez été corrects. De sorte que je me demande... Que puis-je faire à mon tour pour ces braves gens qui sont en train de s'ennuyer?

ESTRAGON. – Même un louis serait le bienvenu.

VLADIMIR. – Nous ne sommes pas des mendiants.

K. - How does this analogy correspond to the action of the play?

Pozzo. — Que puis-je faire, voilà ce que je me dis, pour que le temps leur semble moins long? Je leur ai donné des os, je leur ai parlé de choses et d'autres, je leur ai expliqué le crépuscule, c'est une affaire entendue. Et j'en passe. Mais est-ce suffisant, voilà ce qui me torture, est-ce suffisant?

Estragon. — Même cent sous.

Vladimir. — Tais-toi!

Estragon. — J'en prends le chemin.

Pozzo. — Est-ce suffisant? Sans doute. Mais je suis large. C'est ma nature. Aujourd'hui. Tant pis pour moi. *(Il tire sur la corde. Lucky le regarde.)* Car je vais souffrir, cela est certain. *(Sans se lever, il se penche et reprend son fouet.)* Que préférez-vous? Qu'il danse, qu'il chante, qu'il récite, qu'il pense, qu'il...

Estragon. — Qui?

Pozzo. — Qui! Vous savez penser, vous autres?

Vladimir. — Il pense?

Pozzo. — Parfaitement. A haute voix. Il pensait même très joliment autrefois, je pouvais l'écouter pendant des heures. Maintenant... *(Il frissonne.)* Enfin, tant pis. Alors, vous voulez qu'il nous pense quelque chose?

Estragon. — J'aimerais mieux qu'il danse, ce serait plus gai.

Pozzo. — Pas forcément.

Estragon. — N'est-ce pas, Didi, que ce serait plus gai?

Vladimir. — J'aimerais bien l'entendre penser.

Estragon. — Il pourrait peut-être danser d'abord et penser ensuite? Si ce n'est pas trop lui demander.

Vladimir *(à Pozzo)*. — Est-ce possible?

Pozzo. — Mais certainement, rien de plus facile. C'est d'ailleurs l'ordre naturel. *(Rire bref.)*

Vladimir. — Alors qu'il danse.

(Silence.)

Pozzo *(à Lucky)*. — Tu entends?

Estragon. — Il ne refuse jamais?

Pozzo. — Je vous expliquerai ça tout à l'heure. *(A Lucky.)* Danse, pouacre [30]!
(Lucky dépose valise et panier, avance un peu vers la rampe, se tourne vers Pozzo. Estragon se lève pour mieux voir. Lucky danse. Il s'arrête.)

Estragon. — C'est tout?

Pozzo. — Encore!

(Lucky répète les mêmes mouvements, s'arrête.)

Estragon. — Eh ben, mon cochon! *(Il imite les mouvements de Lucky.)* J'en ferais autant. *(Il imite, manque de tomber.)* Avec un peu d'entraînement.

---

30. - Filth.

VLADIMIR. — Il est fatigué.

POZZO. — Autrefois, il dansait la farandole, l'almée, le branle, la gigue, le fandango et même le hornpipe. Il bondissait. Maintenant il ne fait plus que ça. Savez-vous comment il l'appelle?

ESTRAGON. — La mort du lampiste.

VLADIMIR. — Le cancer des vieillards.

POZZO. — La danse du filet. Il se croit empêtré dans un filet[31].

VLADIMIR *(avec des tortillements d'esthète).* — Il y a quelque chose...
(Lucky s'apprête à retourner vers ses fardeaux.)

POZZO *(comme à un cheval).* — Woooa!
(Lucky s'immobilise.)

ESTRAGON. — Il ne refuse jamais?

POZZO. — Je vais vous expliquer ça. *(Il fouille dans ses poches.)* Attendez. *(Il fouille.)* Qu'est-ce que j'ai fait de ma poire? *(Il fouille.)* Ça alors! *(Il lève une tête ahurie. D'une voix mourante.)* J'ai perdu mon pulvérisateur!

ESTRAGON *(d'une voix mourante).* — Mon poumon gauche est très faible. *(Il tousse faiblement. D'une voix tonitruante.)* Mais mon poumon droit est en parfait état!

POZZO *(voix normale).* — Tant pis, je m'en passerai. Qu'est-ce que je disais. *(Il réfléchit.)* Attendez! *(Réfléchit.)* Ça alors! *(Il lève la tête.)* Aidez-moi!

ESTRAGON. — Je cherche.

VLADIMIR. — Moi aussi.

POZZO. — Attendez!
(Tous les trois se découvrent simultanément, portent la main au front, se concentrent, crispés. Long silence.)

ESTRAGON *(triomphant).* — Ah!

VLADIMIR. — Il a trouvé.

POZZO *(impatient).* — Et alors?

ESTRAGON. — Pourquoi ne dépose-t-il pas ses bagages?

VLADIMIR. — Mais non!

POZZO. — Vous êtes sûr?

VLADIMIR. — Mais voyons, vous nous l'avez déjà dit.

POZZO. — Je vous l'ai déjà dit?

ESTRAGON. — Il nous l'a déjà dit?

VLADIMIR. — D'ailleurs il les a déposés.

ESTRAGON *(coup d'œil vers Lucky).* — C'est vrai. Et après?

---

31. - Note the symbolic allusion (the dance of the net).

VLADIMIR. — Puisqu'il a déposé ses bagages, il est impossible que nous ayons demandé pourquoi il ne les dépose pas.

POZZO. — Fortement raisonné !

ESTRAGON. — Et pourquoi les a-t-il déposés ?

POZZO. — Voilà.

VLADIMIR. — Afin de danser.

ESTRAGON. — C'est vrai.

POZZO *(levant la main)*. — Attendez ! *(Un temps.)* Ne dites rien ! *(Un temps.)* Ça y est. *(Il remet son chapeau.)* J'y suis.

(Estragon et Vladimir remettent leurs chapeaux.)

VLADIMIR. — Il a trouvé.

POZZO. — Voici comment ça se passe.

ESTRAGON. — De quoi s'agit-il ?

POZZO. — Vous allez voir. Mais c'est difficile à dire.

VLADIMIR. — Ne le dites pas.

POZZO. — Oh ! n'ayez pas peur, j'y arriverai. Mais je veux être bref, car il se fait tard. Et le moyen d'être bref et en même temps clair, je vous le demande. Laissez-moi réfléchir.

ESTRAGON. — Soyez long, ce sera moins long.

POZZO *(ayant réfléchi)*. — Ça va aller. Voyez-vous, de deux choses l'une.

ESTRAGON. — C'est le délire.

POZZO. — Ou je lui demande quelque chose, de danser, chanter, penser...

VLADIMIR. — Ça va, ça va, nous avons compris.

POZZO. — Ou je ne lui demande rien. Bon. Ne m'interrompez pas. Mettons que je lui demande de... danser, par exemple. Qu'est-ce qui se produit ?

ESTRAGON. — Il se met à siffler.

POZZO *(fâché)*. — Je ne dirai plus rien.

VLADIMIR. — Je vous en prie, continuez.

POZZO. — Vous m'interrompez tout le temps.

VLADIMIR. — Continuez, continuez, c'est passionnant.

POZZO. — Insistez un peu.

ESTRAGON *(joignant les mains)*. — Je vous en supplie, Monsieur, poursuivez votre relation.

POZZO. — Où en étais-je ?

VLADIMIR. — Vous lui demandez de danser.

ESTRAGON. — De chanter.

POZZO. — C'est ça, je lui demande de chanter. Qu'est-ce qui se passe ? Ou bien il chante, comme je le lui avais demandé ; ou bien, au lieu de chanter, comme je le lui avais demandé, il se met à danser, par exemple, ou à penser, ou à...

VLADIMIR. — C'est clair, c'est clair, enchaînez.
ESTRAGON. — Assez !
VLADIMIR. — Pourtant ce soir, il fait tout ce que vous lui demandez.
POZZO. — C'est pour m'attendrir, pour que je le garde.
ESTRAGON. — Tout ça c'est des histoires.
VLADIMIR. — Ce n'est pas sûr.
ESTRAGON. — Tout à l'heure il va nous dire qu'il n'y avait pas un mot de vrai là-dedans.
VLADIMIR *(à Pozzo)*. — Vous ne protestez pas ?
POZZO. — Je suis fatigué.

(Silence.)

ESTRAGON. — Rien ne se passe, personne ne vient, personne ne vient, personne ne s'en va, c'est terrible [32].
VLADIMIR *(à Pozzo)*. — Dites-lui de penser.
POZZO. — Donnez-lui son chapeau.
VLADIMIR. — Son chapeau ?
POZZO. — Il ne peut pas penser sans chapeau.
VLADIMIR *(à Estragon)*. — Donne-lui son chapeau.
ESTRAGON. — Moi ! Après le coup qu'il m'a fait ! Jamais !
VLADIMIR. — Je vais le lui donner moi *(Il ne bouge pas.)*
ESTRAGON. — Qu'il aille le chercher.
POZZO. — Il vaut mieux le lui donner.
VLADIMIR. — Je vais le lui donner.
(Il ramasse le chapeau et le tend à Lucky à bout de bras. Lucky ne bouge pas.)
POZZO. — Il faut le lui mettre.
ESTRAGON *(à Pozzo)*. — Dites-lui de le prendre.
POZZO. — Il vaut mieux le lui mettre.
VLADIMIR. — Je vais le lui mettre.

(Il contourne Lucky avec précaution, s'en approche doucement par-derrière, lui met le chapeau sur la tête et recule vivement. Lucky ne bouge pas. Silence.)

ESTRAGON. — Qu'est-ce qu'il attend ?
POZZO. — Éloignez-vous. *(Estragon et Vladimir s'éloignent de Lucky. Pozzo tire sur la corde. Lucky le regarde.)* Pense, porc ! *(Un temps. Lucky se met à danser.)* Arrête ! *(Lucky s'arrête.)* Avance ! *(Lucky va vers Pozzo.!* Là !*)(Lucky s'arrête.)* Pense ! *(Un temps.)*
LUCKY. — D'autre part, pour ce qui est...
POZZO. — Arrête ! *(Lucky se tait.)* Arrière ! *(Lucky recule.)* Là ! *(Lucky s'arrête.)* Hue ! *(Lucky se tourne vers le public.)* Pense !

---

32. This is one the clearest statements of the theme of Beckett's play.

EN ATTENDANT GODOT 741

Attention soutenue d'Estragon et Vladimir. Accablement et dégoût de Pozzo.

Premiers murmures d'Estragon et Vladimir. Souffrances accrues de Pozzo.

Estragon et Vladimir se calment, reprennent l'écoute. Pozzo s'agite de plus en plus, fait entendre des gémissements.

Exclamations de Vladimir et Estragon. Pozzo se lève d'un bond, tire sur la corde. Tous crient. Lucky tire sur la corde, trébuche, hurle. Tous se jettent sur Lucky qui se débat, hurle son texte.

LUCKY *(débit monotone).* — Étant donné l'existence telle qu'elle jaillit des récents travaux publics de Poinçon et Wattmann d'un Dieu personnel quaquaquaqua à barbe blanche quaqua hors du temps de l'étendue qui du haut de sa divine apathie sa divine athambie[L] sa divine aphasie nous aime bien à quelques exceptions près on ne sait pourquoi mais ça viendra et souffre à l'instar de la divine Miranda avec ceux qui sont on ne sait pourquoi mais on a le temps dans le tourment dans les feux dont les feux les flammes pour peu que ça dure encore un peu et qui peut en douter mettront à la fin le feu aux poutres assavoir porteront l'enfer aux nues si bleues par moments encore aujourd'hui et calmes si calmes d'un calme qui pour être intermittent n'en est pas moins le bienvenu mais n'anticipons pas et attendu d'autre part qu'à la suite des recherches inachevées n'anticipons pas des recherches inachevées mais néanmoins couronnées par l'Acacacacadémie d'Anthropopopométrie de Berne en Bresse de Testu et Conard il est établi sans autre possibilité d'erreur que celle afférente aux calculs humains qu'à la suite des recherches inachevées inachevées de Testu et Conard il est établi tabli tabli ce qui suit qui suit qui suit assavoir mais n'anticipons pas on ne sait pourquoi à la suite des travaux de Poinçon et Wattmann il apparaît aussi clairement si clairement qu'en vue des labeurs de Fartov et Belcher inachevés inachevés on ne sait pourquoi de Testu et Conard inachevés inachevés il apparaît que l'homme contrairement à l'opinion contraire que l'homme en Bresse de Testu et Conard que l'homme enfin bref que l'homme en bref enfin malgré les progrès de l'alimentation et de l'élimination des déchets[33] est en train de maigrir et en même temps parallèlement on ne sait pourquoi malgré l'essor de la culture physique de la pratique des sports tels tels tels le tennis le football la course et à pied et à bicyclette la natation l'équitation l'aviation la conation le tennis le camogie le patinage et sur asphalte le tennis l'aviation les sports les sports d'hiver d'été d'automne d'automne le tennis sur gazon sur sapin et sur terre battue l'aviation le tennis le hockey sur terre sur mer et dans les airs la pénicilline et succédanés bref je reprends en même temps parallèlement de rapetisser on ne sait pourquoi malgré le tennis je reprends l'aviation le golf tant à neuf qu'à dix-huit trous le tennis sur glace bref on ne sait pourquoi en Seine Seine-et-Oise Seine-et-Marne Marne-et-Oise assavoir en même temps parallèlement on ne sait pourquoi de maigrir rétrécir je reprends Oise Marne bref la perte sèche par tête de pipe depuis la mort de Voltaire étant de l'ordre de deux doigts cent grammes par tête de pipe environ en moyenne à peu près chiffres ronds bon poids déshabillé en Normandie on ne sait pourquoi bref enfin peu importe les faits sont là et considérant d'autre part ce qui est encore plus grave qu'il ressort ce qui est encore plus grave qu'à la lumière la lumière des expériences en cours de Steinweg et Petermann il ressort ce qui est encore plus grave qu'il ressort ce qui est encore plus grave à la lumière la lumière des expériences abandonnées de Steinweg et Peterman qu'à la campagne à la montagne et au bord de la mer et des cours et d'eau et de feu l'air est le même et la terre assavoir l'air et la terre par les grands froids l'air et la terre faits pour

---

L. - Analyze Lucky's speech.   33. - Waste.

les pierres par les grands froids hélas au septième de leur ère l'éther la terre la mer pour les pierres par les grands fonds les grands froids sur mer sur terre et dans les airs peuchère je reprends on ne sait pourquoi malgré le tennis les faits sont là on ne sait pourquoi je reprends au suivant bref enfin hélas au suivant pour les pierres qui peut en douter je reprends mais n'anticipons pas je reprends la tête en même temps parallèlement on ne sait pourquoi malgré le tennis au suivant la barbe les flammes les pleurs les pierres si bleues si calmes hélas la tête la tête la tête la tête en Normandie malgré le tennis les labeurs abandonnés inachevés plus grave les pierres bref je reprends hélas hélas abandonnés inachevés la tête la tête en Normandie malgré le tennis la tête hélas les pierres Conard Conard... *(Mêlée. Lucky pousse encore quelques vociférations.)* Tennis !... Les pierres !... Si calmes !... Conard !... Inachevés !...

POZZO. — Son chapeau !
(Vladimir s'empare du chapeau de Lucky qui se tait et tombe. Grand silence. Halètement des vainqueurs.)

ESTRAGON. — Je suis vengé.
(Vladimir contemple le chapeau de Lucky, regarde dedans.)

POZZO. — Donnez-moi ça ! *(Il arrache le chapeau des mains de Vladimir, le jette par terre, saute dessus.)* Comme ça il ne pensera plus !

VLADIMIR. — Mais va-t-il pouvoir s'orienter ?

POZZO. — C'est moi qui l'orienterai. *(Il donne des coups de pied à Lucky.)* Debout ! Porc !

ESTRAGON. — Il est peut-être mort.

VLADIMIR. — Vous allez le tuer.

POZZO. — Debout ! Charogne ! *(Il tire sur la corde, Lucky glisse un peu. A Estragon et Vladimir.)* Aidez-moi.

VLADIMIR. — Mais comment faire ?

POZZO. — Soulevez-le !
(Estragon et Vladimir mettent Lucky debout, le soutiennent un moment, puis le lâchent. Il retombe.)

ESTRAGON. — Il fait exprès.

POZZO. — Il faut le soutenir. *(Un temps.)* Allez, allez, soulevez-le !

ESTRAGON. — Moi j'en ai marre [34].

VLADIMIR. — Allons, essayons encore une fois.

ESTRAGON. — Pour qui nous prend-il ?

VLADIMIR. — Allons.
(Ils mettent Lucky debout, le soutiennent.)

POZZO. — Ne le lâchez pas ! *(Estragon et Vladimir chancellent.)* Ne bougez pas ! *(Pozzo va prendre la valise et le panier et les apporte vers Lucky.)* Tenez-le bien ! *(Il met la valise dans la main de Lucky qui la lâche aussitôt.)* Ne le lâchez pas ! *(Il recommence. Peu à peu, au contact de la valise, Lucky reprend ses esprits et ses doigts finissent par se resserrer autour de la poignée.)* Tenez-le toujours ! *(Même jeu avec le panier.)* Voilà, vous pouvez le lâcher. *(Estragon et

---

34. - I've had enough of it.

Vladimir *s'écartent de Lucky qui trébuche, chancelle, ploie, mais reste debout, valise et panier à la main. Pozzo recule, fait claquer son fouet.)* En avant! *(Lucky recule.)* Tourne! *(Lucky se retourne.)* Ça y est, il peut marcher. *(Se tournant vers Estragon et Vladimir.)* Merci, Messieurs, et laissez-moi vous — *(il fouille dans ses poches)* — vous souhaiter — *(il fouille)* — vous souhaiter — *(il fouille)* — mais où ai-je donc mis ma montre? *(Il fouille.)* Ça alors! *(Il lève une tête défaite.)* Une véritable savonnette. Messieurs, à secondes trotteuses. C'est mon pépé qui me l'a donnée. *(Il fouille.)* Elle est peut-être tombée. *(Il cherche par terre, ainsi que Vladimir et Estragon. Pozzo retourne de son pied les restes du chapeau de Lucky.)* Ça par exemple!

VLADIMIR. — Elle est peut-être dans votre gousset.

POZZO. — Attendez. *(Il se plie en deux, approche sa tête de son ventre, écoute.)* Je n'entends rien! *(Il leur fait signe de s'approcher.)* Venez voir. *(Estragon et Vladimir vont vers lui, se penchent sur son ventre. Silence.)* Il me semble qu'on devrait entendre le tic-tac.

VLADIMIR. — Silence!

(Tous écoutent, penchés.)

ESTRAGON. — J'entends quelque chose.

POZZO. — Où?

VLADIMIR. — C'est le cœur.

POZZO *(déçu)*. — Merde alors!

VLADIMIR. — Silence!

(Ils écoutent.)

ESTRAGON. — Peut-être qu'elle s'est arrêtée.

(Ils se redressent.)

POZZO. — Lequel de vous sent si mauvais?
ESTRAGON. — Lui pue de la bouche, moi des pieds.
POZZO. — Je vais vous quitter.
ESTRAGON. — Et votre savonnette?
POZZO. — J'ai dû la laisser au château.
ESTRAGON. — Alors adieu.
POZZO. — Adieu.
VLADIMIR. — Adieu.
ESTRAGON. — Adieu.

(Silence. Personne ne bouge.)

VLADIMIR. — Adieu.
POZZO. — Adieu.
ESTRAGON. — Adieu.

(Silence.)

POZZO. — Et merci.
VLADIMIR. — Merci à vous.

Pozzo. — De rien.

Estragon. — Mais si.

Pozzo. — Mais non.

Vladimir. — Mais si.

Estragon. — Mais non.
(Silence.)

Pozzo. — Je n'arrive pas... *(il hésite)* ... à partir.

Estragon. — C'est la vie.
(Pozzo se retourne, s'éloigne de Lucky, vers la coulisse, filant la corde au fur et à mesure.)

Vladimir. — Vous allez dans le mauvais sens.

Pozzo. — Il me faut de l'élan. *(Arrivé au bout de la corde, c'est-à-dire dans la coulisse, il s'arrête, se retourne, crie.)* Écartez-vous ! *(Estragon et Vladimir se rangent au fond, regardent vers Pozzo. Bruit de fouet.)* En avant ! *(Lucky ne bouge pas.)*

Estragon. — En avant !

Vladimir. — En avant !
(Bruit de fouet. Lucky s'ébranle.)

Pozzo. — Plus vite ! *(Il sort de la coulisse, traverse la scène à la suite de Lucky. Estragon et Vladimir se découvrent, agitent la main. Lucky sort. Pozzo fait claquer corde et fouet.)* Plus vite ! Plus vite ! *(Au moment de disparaître à son tour, Pozzo s'arrête, se retourne. La corde se tend. Bruit de Lucky qui tombe.)* Mon pliant ! *(Vladimir va chercher le pliant et le donne à Pozzo qui le jette vers Lucky.)* Adieu !

Estragon, Vladimir *(agitant la main)*. — Adieu ! Adieu !

Pozzo. — Debout ! Porc ! *(Bruit de Lucky qui se lève.)* En avant ! *(Pozzo sort. Bruit de fouet.)* En avant ! Adieu ! Plus vite ! Porc ! Hue ! Adieu !
(Silence.)

Vladimir. — Ça a fait passer le temps.

Estragon. — Il serait passé sans ça.

Vladimir. — Oui, Mais moins vite.
(Un temps.)

Estragon. — Qu'est-ce qu'on fait maintenant ?

Vladimir. — Je ne sais pas.

Estragon. — Allons-nous-en.

Vladimir. — On ne peut pas.

Estragon. — Pourquoi ?

Vladimir. — On attend Godot.

Estragon. — C'est vrai.
(Un temps.)

Vladimir. — Ils ont beaucoup changé.

Estragon. — Qui ?

Vladimir. — Ces deux-là.

ESTRAGON. – C'est ça, faisons un peu de conversation.
VLADIMIR. – N'est-ce pas qu'ils ont beaucoup changé ?
ESTRAGON. – C'est probable. Il n'y a que nous qui n'y arrivons pas.
VLADIMIR. – Probable ? C'est certain. Tu les as bien vus ?
ESTRAGON. – Si tu veux. Mais je ne les connais pas.
VLADIMIR. – Mais si, tu les connais.
ESTRAGON. – Mais non.
VLADIMIR. – Nous les connaissons, je te dis. Tu oublies tout. *(Un temps.)* A moins que ce ne soient pas les mêmes.
ESTRAGON. – La preuve, ils ne nous ont pas reconnus.
VLADIMIR. – Ça ne veut rien dire. Moi aussi j'ai fait semblant de ne pas les reconnaître. Et puis nous, on ne nous reconnaît jamais.
ESTRAGON. – Assez. Ce qu'il faut – Aïe ! *(Vladimir ne bronche pas.)* Aïe !
VLADIMIR. – A moins que ce ne soient pas les mêmes.
ESTRAGON. – Didi ! C'est l'autre pied ! *(Il se dirige en boitillant vers l'endroit où il était assis au lever du rideau.)*
VOIX EN COULISSE. – Monsieur !
(Estragon s'arrête. Tous les deux regardent en direction de la voix.)
ESTRAGON. – Ça recommence.
VLADIMIR. – Approche, mon enfant.
(Entre un jeune garçon, craintivement. Il s'arrête.)
GARÇON. – Monsieur Albert ?
VLADIMIR. – C'est moi.
ESTRAGON. – Qu'est-ce que tu veux ?
VLADIMIR. – Avance.
(Le garçon ne bouge pas.)
ESTRAGON *(avec force)*. – Avance, on te dit !
(Le garçon avance craintivement, s'arrête.)
VLADIMIR. – Qu'est-ce que c'est ?
GARÇON. – C'est Monsieur Godot – *(Il se tait.)*
VLADIMIR. – Évidemment. *(Un temps.)* Approche.
(Le garçon ne bouge pas.)
ESTRAGON *(avec force)*. – Approche, on te dit ! *(Le garçon avance craintivement, s'arrête.)* Pourquoi tu viens si tard ?
VLADIMIR. – Tu as un message de Monsieur Godot ?
GARÇON. – Oui Monsieur.
VLADIMIR. – Eh bien, dis-le.
ESTRAGON. – Pourquoi tu viens si tard ?

(Le garçon les regarde l'un après l'autre, ne sachant à qui répondre.)

VLADIMIR *(à Estragon)*. — Laisse-le tranquille.

ESTRAGON *(à Vladimir)*. — Fous-moi la paix, toi. *(Avançant, au garçon.)* Tu sais l'heure qu'il est?

GARÇON *(reculant)*. — Ce n'est pas ma faute, Monsieur!

ESTRAGON. — C'est la mienne peut-être.

GARÇON. — J'avais peur, Monsieur.

ESTRAGON. — Peur de quoi? De nous? *(Un temps.)* Réponds!

VLADIMIR. — Je vois ce que c'est, ce sont les autres qui lui ont fait peur.

ESTRAGON. — Il y a combien de temps que tu es là?

GARÇON. — Il y a un moment, Monsieur.

VLADIMIR. — Tu as eu peur du fouet?

GARÇON. — Oui Monsieur.

VLADIMIR. — Des cris?

GARÇON. — Oui Monsieur.

VLADIMIR. — Des deux messieurs?

GARÇON. — Oui Monsieur.

VLADIMIR. — Tu les connais.

GARÇON. — Non Monsieur.

VLADIMIR. — Tu es d'ici?

GARÇON. — Oui Monsieur.

ESTRAGON. — Tout ça c'est des mensonges! *(Il prend le garçon par le bras, le secoue.)* Dis-nous la vérité!

GARÇON *(tremblant)*. — Mais c'est la vérité, Monsieur.

VLADIMIR. — Mais laisse-le donc tranquille! Qu'est-ce que tu as? *(Estragon lâche le garçon, recule, porte ses mains au visage. Vladimir et le garçon le regardent. Estragon découvre son visage, décomposé.)* Qu'est-ce que tu as?

ESTRAGON. — Je suis malheureux.

VLADIMIR. — Sans blague! Depuis quand?

ESTRAGON. — J'avais oublié.

VLADIMIR. — La mémoire nous joue de ces tours. *(Estragon veut parler, y renonce, va en boitillant s'asseoir et commence à se déchausser. Au garçon.)* Eh bien?

GARÇON. — Monsieur Godot...

VLADIMIR *(l'interrompant)*. — Je t'ai déjà vu, n'est-ce pas?

GARÇON. — Je ne sais pas, Monsieur.

VLADIMIR. — Tu ne me connais pas?

GARÇON. — Non Monsieur.

VLADIMIR. — Tu n'es pas venu hier?

EN ATTENDANT GODOT

GARÇON. — Non Monsieur.
VLADIMIR. — C'est la première fois que tu viens?
GARÇON. — Oui Monsieur.

(Silence.)

VLADIMIR. — On dit ça. *(Un temps.)* Eh bien, continue.
GARÇON *(d'un trait).* — Monsieur Godot m'a dit de vous dire qu'il ne viendra pas ce soir mais sûrement demain.
VLADIMIR. — C'est tout?
GARÇON. — Oui Monsieur.
VLADIMIR. — Tu travailles pour Monsieur Godot?
GARÇON. — Oui Monsieur.
VLADIMIR. — Qu'est-ce que tu fais?
GARÇON. — Je garde les chèvres, Monsieur.
VLADIMIR. — Il est gentil avec toi?
GARÇON. — Oui Monsieur.
VLADIMIR. — Il ne te bat pas?
GARÇON. — Non Monsieur, pas moi.
VLADIMIR. — Qui est-ce qu'il bat?
GARÇON. — Il bat mon frère, Monsieur.
VLADIMIR. — Ah! tu as un frère?
GARÇON. — Oui Monsieur.
VLADIMIR. — Qu'est-ce qu'il fait?
GARÇON. — Il garde les brebis, Monsieur.
VLADIMIR. — Et pourquoi il ne te bat pas, toi?
GARÇON. — Je ne sais pas, Monsieur.
VLADIMIR. — Il doit t'aimer.
GARÇON. — Je ne sais pas, Monsieur.
VLADIMIR. — Il te donne assez à manger? *(Le garçon hésite.)* Est-ce qu'il te donne bien à manger?
GARÇON. — Assez bien, Monsieur [M].
VLADIMIR. — Tu n'es pas malheureux? *(Le garçon hésite.)* Tu entends?
GARÇON. — Oui Monsieur.
VLADIMIR. — Et alors?
GARÇON. — Je ne sais pas, Monsieur.
VLADIMIR. — Tu ne sais pas si tu es malheureux ou non?

M. - What kind of person is Monsieur Godot?

GARÇON. — Non Monsieur.

VLADIMIR. — C'est comme moi. *(Un temps.)* Où c'est que tu couches?

GARÇON. — Dans le grenier, Monsieur.

VLADIMIR. — Avec ton frère?

GARÇON. — Oui Monsieur.

VLADIMIR. — Dans le foin?

GARÇON. — Oui Monsieur.

(Un temps.)

VLADIMIR. — Bon, va-t-en.

GARÇON. — Qu'est-ce que je dois dire à Monsieur Godot, Monsieur?

VLADIMIR. — Dis-lui... *(Il hésite.)* Dis-lui que tu nous as vus. *(Un temps.)* Tu nous as bien vus, n'est-ce pas?

GARÇON. — Oui Monsieur. *(Il recule, hésite, se retourne et sort en courant.)*
(La lumière se met brusquement à baisser. En un instant il fait nuit. La lune se lève, au fond, monte dans le ciel, s'immobilise, baignant la scène d'une clarté argentée.)

VLADIMIR. — Enfin! *(Estragon se lève et va vers Vladimir, ses deux chaussures à la main. Il les dépose près de la rampe, se redresse et regarde la lune.)* Qu'est-ce que tu fais?

ESTRAGON. — Je fais comme toi, je regarde la blafarde.

VLADIMIR. — Je veux dire avec tes chaussures.

ESTRAGON. — Je les laisse là. *(Un temps.)* Un autre viendra, aussi... aussi... que moi, mais chaussant moins grand, et elles feront son bonheur.

VLADIMIR. — Mais tu ne peux pas aller pieds nus.

ESTRAGON. — Jésus l'a fait.

VLADIMIR. — Jésus! Qu'est-ce que tu vas chercher là! Tu ne vas tout de même pas te comparer à lui!

ESTRAGON. — Toute ma vie je me suis comparé à lui.

VLADIMIR. — Mais là-bas il faisait chaud! Il faisait bon!

ESTRAGON. — Oui. Et on crucifiait vite.

(Silence.)

VLADIMIR. — Nous n'avons plus rien à faire ici.

ESTRAGON. — Ni ailleurs.

VLADIMIR. — Voyons, Gogo, ne sois pas comme ça. Demain tout ira mieux.

ESTRAGON. — Comment ça?

VLADIMIR. — Tu n'as pas entendu ce que le gosse a dit?

ESTRAGON. — Non.

VLADIMIR. — Il a dit que Godot viendra sûrement demain. *(Un temps.)* Ça ne te dit rien?

ESTRAGON. — Alors il n'y a qu'à attendre ici.

VLADIMIR. — Tu es fou ! Il faut s'abriter. *(Il prend Estragon par le bras.)* Viens. *(Il le tire. Estragon cède d'abord, puis résiste. Ils s'arrêtent.)*

ESTRAGON *(regardant l'arbre)*. — Dommage qu'on n'ait pas un bout de corde.

VLADIMIR. — Viens. Il commence à faire froid. *(Il le tire. Même jeu.)*

ESTRAGON. — Fais-moi penser d'apporter une corde demain.

VLADIMIR. — Oui. Viens. *(Il le tire. Même jeu.)*

ESTRAGON. — Ça fait combien de temps que nous sommes tout le temps ensemble ?

VLADIMIR. — Je ne sais pas. Cinquante ans peut-être.

ESTRAGON. — Tu te rappelles le jour où je me suis jeté dans la Durance ?

VLADIMIR. — On faisait les vendanges.

ESTRAGON. — Tu m'as repêché.

VLADIMIR. — Tout ça est mort et enterré.

ESTRAGON. — Mes vêtements ont séché au soleil.

VLADIMIR. — N'y pense plus, va. Viens *(Même jeu.)*

ESTRAGON. — Attends.

VLADIMIR. — J'ai froid.

ESTRAGON. — Je me demande si on n'aurait pas mieux fait de rester seuls, chacun de son côté. *(Un temps.)* On n'était pas fait pour le même chemin.

VLADIMIR *(sans se fâcher)*. — Ce n'est pas sûr.

ESTRAGON. — Non, rien n'est sûr.

VLADIMIR. — On peut toujours se quitter, si tu crois que ça vaut mieux.

ESTRAGON. — Maintenant ce n'est plus la peine.

(Silence.)

VLADIMIR. — C'est vrai, maintenant ce n'est plus la peine.

(Silence.)

ESTRAGON. — Alors on y va ?

VLADIMIR. — Allons-y.

(Ils ne bougent pas.)

Rideau.

ACTE DEUXIÈME

Lendemain. Même heure. Même endroit.

Chaussures d'Estragon près de la rampe, talons joints, bouts écartés. Chapeau de Lucky à la même place.

L'arbre est couvert de feuilles [35].

Entre Vladimir, vivement. Il s'arrête et regarde longuement l'arbre. Puis brusquement il se met à arpenter vivement la scène dans tous les sens. Il s'immobilise à nouveau devant les chaussures, se baisse, en ramasse une, l'examine, la renifle, la remet soigneusement à sa place. Il reprend son va-et-vient précipité. Il s'arrête près de la coulisse droite, regarde longuement au loin, la main en écran devant les yeux. Va et vient. S'arrête près de la coulisse gauche, même jeu.

Va et vient. S'arrête brusquement, joint les mains sur la poitrine, rejette la tête en arrière et se met à chanter à tue-tête.

VLADIMIR :
                Un chien vint dans...

Ayant commencé trop bas, il s'arrête, tousse, reprend plus haut :

                Un chien vint dans l'office
                Et prit une andouillette.
                Alors à coups de louche
                Le chef le mit en miettes.
                Les autres chiens ce voyant
                Vite vite l'ensevelirent [N]...

Il s'arrête, se recueille, puis reprend :

                Les autres chiens ce voyant
                Vite vite l'ensevelirent
                Au pied d'une croix en bois blanc
                Où le passant pouvait lire :
                Un chien vint dans l'office
                Et prit une andouillette.
                Alors à coups de louche
                Le chef le mit en miettes.
                Les autres chiens ce voyant
                Vite vite l'ensevelirent...

Il s'arrête. Même jeu.

                Les autres chiens ce voyant
                Vite vite l'ensevelirent...

Il s'arrête. Même jeu. Plus bas.

                Vite vite l'ensevelirent...

---

35. - The only change in décor from Act I are the leaves on the tree.

N. - What interpretation can you give to this song?

Il se tait, reste un moment immobile, puis se remet à arpenter fébrilement la scène dans tous les sens. Il s'arrête à nouveau devant l'arbre, va et vient, devant les chaussures, va et vient, court à la coulisse gauche, regarde au loin, à la coulisse droite, regarde au loin. A ce moment Estragon entre par la coulisse gauche, pieds nus, tête basse, et traverse lentement la scène. Vladimir se retourne et le voit.

VLADIMIR. – Encore toi ! *(Estragon s'arrête mais ne lève pas la tête. Vladimir va vers lui.)* Viens que je t'embrasse !

ESTRAGON. – Ne me touche pas !

(Vladimir suspend son vol, peiné. Silence.)

VLADIMIR. – Veux-tu que je m'en aille ? *(Un temps.)* Gogo ! *(Un temps. Vladimir le regarde avec attention.)* On t'a battu ? *(Un temps.)* Gogo ! *(Estragon se tait toujours, la tête basse.)* Où as-tu passé la nuit ? *(Silence. Vladimir avance.)*

ESTRAGON. – Ne me touche pas ! Ne me demande rien ! Ne me dis rien ! Reste avec moi !

VLADIMIR. – Est-ce que je t'ai jamais quitté ?

ESTRAGON. – Tu m'as laissé partir.

VLADIMIR. – Regarde-moi ! *(Estragon ne bouge pas. D'une voix tonnante.)* Regarde-moi, je te dis !
(Estragon lève la tête. Ils se regardent longuement, en reculant, avançant et penchant la tête comme devant un objet d'art, tremblant de plus en plus l'un vers l'autre, puis soudain s'étreignent, en se tapant sur le dos. Fin de l'étreinte. Estragon, n'étant plus soutenu, manque de tomber.)

ESTRAGON. – Quelle journée !

VLADIMIR. – Qui t'a esquinté[36] ? Raconte-moi.

ESTRAGON. – Voilà encore une journée de tirée.

VLADIMIR. – Pas encore.

ESTRAGON. – Pour moi elle est terminée, quoi qu'il arrive. *(Silence.)* Tout à l'heure, tu chantais, je t'ai entendu.

VLADIMIR. – C'est vrai, je me rappelle.

ESTRAGON. – Cela m'a fait de la peine. Je me disais : Il est seul, il me croit parti pour toujours et il chante.

VLADIMIR. – On ne commande pas à son humeur. Toute la journée je me suis senti dans une forme extraordinaire. *(Un temps.)* Je ne me suis pas levé de la nuit, pas une seule fois.

ESTRAGON *(tristement)*. – Tu vois, tu pisses mieux quand je ne suis pas là.

VLADIMIR. – Tu me manquais – et en même temps j'étais content. N'est-ce pas curieux ?

ESTRAGON *(outré)*. – Content ?

VLADIMIR *(ayant réfléchi)*. – Ce n'est peut-être pas le mot.

ESTRAGON. – Et maintenant ?

VLADIMIR *(s'étant consulté)*. – Maintenant... *(joyeux)* te revoilà... *(neutre)* nous revoilà... *(triste)* me revoilà.

---

36. - Who beat you up?

Estragon. — Tu vois, tu vas moins bien quand je suis là. Moi aussi, je me sens mieux seul.

Vladimir *(piqué)*. — Alors pourquoi rappliquer?

Estragon. — Je ne sais pas.

Vladimir. — Mais moi je le sais. Parce que tu ne sais pas te défendre. Moi je ne t'aurais pas laissé battre.

Estragon. — Tu n'aurais pas pu l'empêcher.

Vladimir. — Pourquoi?

Estragon. — Ils étaient dix.

Vladimir. — Mais non, je veux dire que je t'aurais empêché de t'exposer à être battu.

Estragon. — Je ne faisais rien.

Vladimir. — Alors pourquoi ils t'ont battu?

Estragon. — Je ne sais pas.

Vladimir. — Non, vois-tu, Gogo, il y a des choses qui t'échappent qui ne m'échappent pas à moi. Tu dois le sentir.

Estragon. — Je te dis que je ne faisais rien.

Vladimir. — Peut-être bien que non. Mais il y a la manière, il y a la manière, si on tient à sa peau. Enfin, ne parlons plus de ça. Te voilà revenu, et j'en suis bien content.

Estragon. — Ils étaient dix.

Vladimir. — Toi aussi, tu dois être content, au fond, avoue-le.

Estragon. — Content de quoi?

Vladimir. — De m'avoir retrouvé.

Estragon. — Tu crois?

Vladimir. — Dis-le, même si ce n'est pas vrai.

Estragon. — Qu'est-ce que je dois dire?

Vladimir. — Dis, je suis content.

Estragon. — Je suis content.

Vladimir. — Moi aussi.

Estragon. — Moi aussi.

Vladimir. — Nous sommes contents.

Estragon. — Nous sommes contents. *(Silence.)* Qu'est-ce qu'on fait, maintenant qu'on est content?

Vladimir. — On attend Godot.

Estragon. — C'est vrai.

(Silence.)

Vladimir. — Il y a du nouveau ici, depuis hier.

Estragon. — Et s'il ne vient pas?

Vladimir *(après un moment d'incompréhension)*. — Nous aviserons. *(Un temps.)* Je te dis qu'il y a du nouveau ici, depuis hier.

ESTRAGON. — Tout suinte.

VLADIMIR. — Regarde-moi l'arbre.

ESTRAGON. — On ne descend pas deux fois dans le même pus.

VLADIMIR. — L'arbre, je te dis, regarde-le.

(Estragon regarde l'arbre.)

ESTRAGON. — Il n'était pas là hier?

VLADIMIR. — Mais si. Tu ne te rappelles pas. Il s'en est fallu d'un cheveu qu'on ne s'y soit pendu. *(Il réfléchit.)* Oui, c'est juste *(en détachant les mots)* qu'on — ne — s'y — soit — pendu. Mais tu n'as pas voulu. Tu ne te rappelles pas?

ESTRAGON. — Tu l'as rêvé.

VLADIMIR. — Est-ce possible que tu aies oublié déjà?

ESTRAGON. — Je suis comme ça. Ou j'oublie tout de suite ou je n'oublie jamais.

VLADIMIR. — Et Pozzo et Lucky, tu as oublié aussi?

ESTRAGON. — Pozzo et Lucky?

VLADIMIR. — Il a tout oublié!

ESTRAGON. — Je me rappelle un énergumène[37] qui m'a foutu des coups de pied. Ensuite il a fait le con.

VLADIMIR. — C'était Lucky!

ESTRAGON. — Ça je m'en souviens. Mais quand c'était?

VLADIMIR. — Et l'autre qui le menait, tu t'en souviens aussi?

ESTRAGON. — Il m'a donné des os.

VLADIMIR. — C'était Pozzo!

ESTRAGON. — Et tu dis que c'était hier, tout ça?

VLADIMIR. — Mais oui, voyons.

ESTRAGON. — Et à cet endroit?

VLADIMIR. — Mais bien sûr! Tu ne reconnais pas?

ESTRAGON *(soudain furieux)*. — Reconnais! Qu'est-ce qu'il y a à reconnaître? J'ai tiré ma roulure de vie au milieu des sables! Et tu veux que j'y voie des nuances! *(Regard circulaire.)* Regarde-moi cette saloperie! Je n'en ai jamais bougé!

VLADIMIR. — Du calme, du calme.

ESTRAGON. — Alors fous-moi la paix avec tes paysages! Parle-moi du sous-sol!

VLADIMIR. — Tout de même, tu ne vas pas me dire que ça *(geste)* ressemble au Vaucluse! Il y a quand même une grosse différence.

ESTRAGON. — Le Vaucluse! Qui te parle du Vaucluse?

VLADIMIR. — Mais tu as bien été dans le Vaucluse?

ESTRAGON. — Mais non, je n'ai jamais été dans le Vaucluse! J'ai coulé toute ma chaude-pisse d'existence ici, je te dis! Ici! dans la Merdecluse!

---

37. - Lunatic, fanatic.

VLADIMIR. — Pourtant nous avons été ensemble dans le Vaucluse, j'en mettrais ma main au feu. Nous avons fait les vendanges, tiens, chez un nommé Bonnelly, à Roussillon.

ESTRAGON *(plus calme)*. — C'est possible. Je n'ai rien remarqué.

VLADIMIR. — Mais là-bas tout est rouge!

ESTRAGON *(excédé)*. — Je n'ai rien remarqué, je te dis!

(Silence. Vladimir soupire profondément.)

VLADIMIR. — Tu es difficile à vivre, Gogo.

ESTRAGON. — On ferait mieux de se séparer.

VLADIMIR. — Tu dis toujours ça. Et chaque fois tu reviens.

(Silence.)

ESTRAGON. — Pour bien faire, il faudrait me tuer, comme l'autre.

VLADIMIR. — Quel autre? *(Un temps.)* Quel autre?

ESTRAGON. — Comme des billions d'autres.

VLADIMIR *(sentencieux)*. — A chacun sa petite croix. *(Il soupire.)* Pendant le petit pendant et le bref après.

ESTRAGON. — En attendant, essayons de converser sans nous exalter, puisque nous sommes incapables de nous taire.

VLADIMIR. — C'est vrai, nous sommes intarissables.

ESTRAGON. — C'est pour ne pas penser.

VLADIMIR. — Nous avons des excuses[38].

ESTRAGON. — C'est pour ne pas entendre.

VLADIMIR. — Nous avons nos raisons.

ESTRAGON. — Toutes les voix mortes.

VLADIMIR. — Ça fait un bruit d'ailes.

ESTRAGON. — De feuilles.

VLADIMIR. — De sable.

ESTRAGON. — De feuilles.

(Silence.)

VLADIMIR. — Elles parlent toutes en même temps.

ESTRAGON. — Chacune à part soi.

(Silence.)

VLADIMIR. — Plutôt elles chuchotent.

ESTRAGON. — Elles murmurent.

VLADIMIR. — Elles bruissent.

ESTRAGON. — Elles murmurent.

(Silence.)

---

38. - Notice the awareness of the tramps in this poetic dialogue.

VLADIMIR. — Que disent-elles ?
ESTRAGON. — Elles parlent de leur vie.
VLADIMIR. — Il ne leur suffit pas d'avoir vécu.
ESTRAGON. — Il faut qu'elles en parlent.
VLADIMIR. — Il ne leur suffit pas d'être mortes.
ESTRAGON. — Ce n'est pas assez.

(Silence.)

VLADIMIR. — Ça fait comme un bruit de plumes.
ESTRAGON. — De feuilles.
VLADIMIR. — De cendres.
ESTRAGON. — De feuilles.

(Long silence.)

VLADIMIR. — Dis quelque chose !
ESTRAGON. — Je cherche.

(Long silence.)

VLADIMIR *(angoissé)*. — Dis n'importe quoi !
ESTRAGON. — Qu'est-ce qu'on fait maintenant ?
VLADIMIR. — On attend Godot.
ESTRAGON. — C'est vrai.

(Silence.)

VLADIMIR. — Ce que c'est difficile !
ESTRAGON. — Si tu chantais ?
VLADIMIR. — Non, non. *(Il cherche.)* On n'a qu'à recommencer.
ESTRAGON. — Ça ne me semble pas bien difficile en effet.
VLADIMIR. — C'est le départ qui est difficile.
ESTRAGON. — On peut partir de n'importe quoi.
VLADIMIR. — Oui, mais il faut se décider.
ESTRAGON. — C'est vrai.

(Silence.)

VLADIMIR. — Aide-moi !
ESTRAGON. — Je cherche.

(Silence.)

VLADIMIR. — Quand on cherche on entend.
ESTRAGON. — C'est vrai.
VLADIMIR. — Ça empêche de trouver.
ESTRAGON. — Voilà.
VLADIMIR. — Ça empêche de penser.

ESTRAGON. — On pense quand même.
VLADIMIR. — Mais non, c'est impossible.
ESTRAGON. — C'est ça, contredisons-nous.
VLADIMIR. — Impossible.
ESTRAGON. — Tu crois?
VLADIMIR. — Nous ne risquons plus de penser.
ESTRAGON. — Alors de quoi nous plaignons-nous?
VLADIMIR. — Ce n'est pas le pire, de penser.
ESTRAGON. — Bien sûr, bien sûr, mais c'est déjà ça.
VLADIMIR. — Comment, c'est déjà ça?
ESTRAGON. — C'est ça, posons-nous des questions.
VLADIMIR. — Qu'est-ce que tu veux dire, c'est déjà ça?
ESTRAGON. — C'est déjà ça en moins.
VLADIMIR. — Évidemment.
ESTRAGON. — Alors? Si on s'estimait heureux?
VLADIMIR. — Ce qui est terrible, c'est d'avoir pensé.
ESTRAGON. — Mais cela nous est-il jamais arrivé?
VLADIMIR. — D'où viennent tous ces cadavres?
ESTRAGON. — Ces ossements.
VLADIMIR. — Voilà.
ESTRAGON. — Évidemment.
VLADIMIR. — On a dû penser un peu.
ESTRAGON. — Tout à fait au commencement.
VLADIMIR. — Un charnier, un charnier.
ESTRAGON. — Il n'y a qu'à ne pas regarder.
VLADIMIR. — Ça tire l'œil.
ESTRAGON. — C'est vrai.
VLADIMIR. — Malgré qu'on en ait.
ESTRAGON. — Comment?
VLADIMIR. — Malgré qu'on en ait.
ESTRAGON. — Il faudrait se tourner résolument vers la nature.
VLADIMIR. — Nous avons essayé.
ESTRAGON. — C'est vrai.
VLADIMIR. — Oh, ce n'est pas le pire, bien sûr.
ESTRAGON. — Quoi donc?
VLADIMIR. — D'avoir pensé.
ESTRAGON. — Évidemment.

VLADIMIR. — Mais on s'en serait passé.
ESTRAGON. — Qu'est-ce que tu veux?
VLADIMIR. — Je sais, je sais.

(Silence.)

ESTRAGON. — Ce n'était pas si mal comme petit galop.
VLADIMIR. — Oui, mais maintenant il va falloir trouver autre chose.
ESTRAGON. — Voyons.
VLADIMIR. — Voyons.
ESTRAGON. — Voyons.

(Ils réfléchissent.)

VLADIMIR. — Qu'est-ce que je disais? On pourrait reprendre là.
ESTRAGON. — Quand?
VLADIMIR. — Tout à fait au début.
ESTRAGON. — Au début de quoi?
VLADIMIR. — Ce soir, je disais... je disais...
ESTRAGON. — Ma foi, là tu m'en demandes trop.
VLADIMIR. — Attends... on s'est embrassé... on était content... content... qu'est-ce qu'on fait maintenant qu'on est content... on attend... voyons... ça vient... on attend... maintenant qu'on est content... on attend... voyons... ah! L'arbre!
ESTRAGON. — L'arbre?
VLADIMIR. — Tu ne te rappelles pas?
ESTRAGON. — Je suis fatigué.
VLADIMIR. — Regarde-le.

(Estragon regarde l'arbre.)

ESTRAGON. — Je ne vois rien.
VLADIMIR. — Mais hier soir il était tout noir et squelettique! Aujourd'hui il est couvert de feuilles.
ESTRAGON. — De feuilles?
VLADIMIR. — Dans une seule nuit!
ESTRAGON. — On doit être au printemps.
VLADIMIR. — Mais dans une seule nuit!
ESTRAGON. — Je te dis que nous n'étions pas là hier soir. Tu l'as cauchemardé.
VLADIMIR. — Et où étions-nous hier soir, d'après toi?
ESTRAGON. — Je ne sais pas. Ailleurs. Dans un autre compartiment. Ce n'est pas le vide qui manque.
VLADIMIR *(sûr de son fait).* — Bon. Nous n'étions pas là hier soir. Maintenant qu'est-ce que nous avons fait hier soir?
ESTRAGON. — Ce que nous avons fait?

VLADIMIR. — Essaie de te rappeler

ESTRAGON. — Eh ben... nous avons dû bavarder.

VLADIMIR *(se maîtrisant)*. — A propos de quoi?

ESTRAGON. — Oh... à bâtons rompus peut-être, à propos de bottes. *(Avec assurance.)* Voilà, je me rappelle, hier soir nous avons bavardé, à propos de bottes. Il y a un demi-siècle que ça dure.

VLADIMIR. — Tu ne te rappelles aucun fait, aucune circonstance?

ESTRAGON *(las)*. — Ne me tourmente pas, Didi.

VLADIMIR. — Le soleil? La lune? Tu ne te rappelles pas?

ESTRAGON. — Ils devaient être là, comme d'habitude.

VLADIMIR. — Tu n'as rien remarqué d'insolite?

ESTRAGON. — Hélas!

VLADIMIR. — Et Pozzo? Et Lucky?

ESTRAGON. — Pozzo?

VLADIMIR. — Les os.

ESTRAGON. — On aurait dit des arêtes.

VLADIMIR. — C'est Pozzo qui te les a donnés.

ESTRAGON. — Je ne sais pas.

VLADIMIR. — Et le coup de pied.

ESTRAGON. — Le coup de pied? C'est vrai, on m'a donné des coups de pied.

VLADIMIR. — C'est Lucky qui te les a donnés.

ESTRAGON. — C'était hier, tout ça?

VLADIMIR. — Fais voir ta jambe.

ESTRAGON. — Laquelle?

VLADIMIR. — Les deux. Relève ton pantalon. *(Estragon, sur un pied, tend la jambe vers Vladimir, manque de tomber. Vladimir prend la jambe. Estragon chancelle.)* Relève ton pantalon.

ESTRAGON *(titubant)*. — Je ne peux pas.

(Vladimir relève le pantalon, regarde la jambe, la lâche. Estragon manque de tomber.)

VLADIMIR. — L'autre. *(Estragon donne la même jambe.)* L'autre, je te dis! *(Même jeu avec l'autre jambe.)* Voilà la plaie en train de s'infecter.

ESTRAGON. — Et après?

VLADIMIR. — Où sont tes chaussures?

ESTRAGON. — J'ai dû les jeter.

VLADIMIR. — Quand?

ESTRAGON. — Je ne sais pas.

VLADIMIR. — Pourquoi?

ESTRAGON. — Je ne me rappelle pas.

VLADIMIR. — Non, je veux dire pourquoi tu les as jetées?
ESTRAGON. — Elles me faisaient mal.
VLADIMIR *(montrant les chaussures).* — Les voilà. *(Estragon regarde les chaussures.)* A l'endroit même où tu les as posées hier soir.
(Estragon va vers les chaussures, se penche, les inspecte de près.)
ESTRAGON. — Ce ne sont pas les miennes.
VLADIMIR. — Pas les tiennes!
ESTRAGON. — Les miennes étaient noires. Celles-ci sont jaunes.
VLADIMIR. — Tu es sûr que les tiennes étaient noires?
ESTRAGON. — C'est-à-dire qu'elles étaient grises.
VLADIMIR. — Et celles-ci sont jaunes? Fais voir.
ESTRAGON *(soulevant une chaussure).* — Enfin, elles sont verdâtres.
VLADIMIR *(avançant).* — Fais voir. *(Estragon lui donne la chaussure. Vladimir la regarde, la jette avec colère.)* Ça alors!
ESTRAGON. — Tu vois, tout ça c'est des...
VLADIMIR. — Je vois ce que c'est. Oui, je vois ce qui s'est passé.
ESTRAGON. — Tout ça c'est des...
VLADIMIR. — C'est simple comme bonjour. Un type est venu qui a pris les tiennes et t'a laissé les siennes.
ESTRAGON. — Pourquoi?
VLADIMIR. — Les siennes ne lui allaient pas. Alors il a pris les tiennes.
ESTRAGON. — Mais les miennes étaient trop petites.
VLADIMIR. — Pour toi. Pas pour lui.
ESTRAGON. — Je suis fatigué. *(Un temps.)* Allons-nous-en.
VLADIMIR. — On ne peut pas.
ESTRAGON. — Pourquoi.
VLADIMIR. — On attend Godot.
ESTRAGON. — C'est vrai. *(Un temps.)* Alors comment faire?
VLADIMIR. — Il n'y a rien à faire.
ESTRAGON. — Mais moi je n'en peux plus.
VLADIMIR. — Veux-tu un radis?
ESTRAGON. — C'est tout ce qu'il y a?
VLADIMIR. — Il y a des radis et des navets.
ESTRAGON. — Il n'y a plus de carottes?
VLADIMIR. — Non. D'ailleurs tu exagères avec les carottes.
ESTRAGON. — Alors donne-moi un radis. *(Vladimir fouille dans ses poches, ne trouve que des navets, sort finalement un radis qu'il donne à Estragon qui l'examine, le renifle.)* Il est noir!
VLADIMIR. — C'est un radis.

Estragon. — Je n'aime que les roses, tu le sais bien!

Vladimir. — Alors tu n'en veux pas?

Estragon. — Je n'aime que les roses!

Vladimir. — Alors rends-le-moi.

(Estragon le lui rend.)

Estragon. — Je vais chercher une carotte.

(Il ne bouge pas.)

Vladimir. — Ceci devient vraiment insignifiant.

Estragon. — Pas encore assez.

(Silence.)

Vladimir. — Si tu les essayais?

Estragon. — J'ai tout essayé.

Vladimir. — Je veux dire les chaussures.

Estragon. — Tu crois?

Vladimir. — Ça fera passer le temps. *(Estragon hésite.)* Je t'assure, ce sera une diversion.

Estragon. — Un délassement.

Vladimir. — Une distraction.

Estragon. — Un délassement.

Vladimir. — Essaie.

Estragon. — Tu m'aideras?

Vladimir. — Bien sûr.

Estragon. — On ne se débrouille pas trop mal, hein, Didi, tous les deux ensemble?

Vladimir. — Mais oui, mais oui. Allez, on va essayer la gauche d'abord.

Estragon. — On trouve toujours quelque chose, hein, Didi, pour nous donner l'impression d'exister?

Vladimir *(impatiemment)*. — Mais oui, mais oui, on est des magiciens. Mais ne nous laissons pas détourner de ce que nous avons résolu. *(Il ramasse une chaussure.)* Viens, donne ton pied. *(Estragon s'approche de lui, lève le pied.)* L'autre, porc! *(Estragon lève l'autre pied.)* Plus haut! *(Les corps emmêlés, ils titubent à travers la scène. Vladimir réussit finalement à lui mettre la chaussure.)* Essaie de marcher. *(Estragon marche.)* Alors?

Estragon. — Elle me va.

Vladimir *(prenant de la ficelle dans sa poche)*. — On va la lacer.

Estragon *(véhémentement)*. — Non, non, pas de lacet, pas de lacet!

Vladimir. — Tu as tort. Essayons l'autre. *(Même jeu.)* Alors?

Estragon. — Elle me va aussi.

Vladimir. — Elles ne te font pas mal?

Estragon *(faisant quelques pas appuyés)*. — Pas encore.

Vladimir. — Alors tu peux les garder.

ESTRAGON. – Elles sont trop grandes.

VLADIMIR. – Tu auras peut-être des chaussettes un jour.

ESTRAGON. – C'est vrai.

VLADIMIR. – Alors tu les gardes?

ESTRAGON. – Assez parlé de ces chaussures.

VLADIMIR. – Oui, mais...

ESTRAGON. – Assez! *(Silence.)* Je vais quand même m'asseoir.
 (Il cherche des yeux où s'asseoir, puis va s'asseoir là où il était assis au début du premier acte.)

VLADIMIR. – C'est là où tu étais assis hier soir.
                (Silence.)

ESTRAGON. – Si je pouvais dormir.

VLADIMIR. – Hier soir tu as dormi.

ESTRAGON. – Je vais essayer.
      (Il prend une posture utérine, la tête entre les jambes.)

VLADIMIR. – Attends. *(Il s'approche d'Estragon et se met à chanter d'une voix forte.)*
    Do do do do

STRAGON *(levant la tête).* – Pas si fort.

VLADIMIR *(moins fort).* –
    Do do do do
    Do do do do
    Do do do do
    Do do...

(Estragon s'endort. Vladimir enlève son veston et lui en couvre les épaules, puis se met à marcher de long en large en battant des bras pour se réchauffer. Estragon se réveille en sursaut, se lève, fait quelques pas affolés. Vladimir court vers lui, l'entoure de son bras.)

VLADIMIR. – Là... là... je suis là... n'aie pas peur.

ESTRAGON. – Ah!

VLADIMIR. – Là... là... c'est fini.

ESTRAGON. – Je tombais.

VLADIMIR. – C'est fini. N'y pense plus.

ESTRAGON. – J'étais sur un...

VLADIMIR. – Non non, ne dis rien. Viens, on va marcher un peu.
 (Il prend Estragon par le bras et le fait marcher de long en large, jusqu'à ce qu'Estragon refuse d'aller plus loin.)

ESTRAGON. – Assez! Je suis fatigué.

VLADIMIR. – Tu aimes mieux être planté là à ne rien faire?

ESTRAGON. – Oui.

VLADIMIR. — Comme tu veux.

(Il lâche Estragon, va ramasser son veston et le met.)

ESTRAGON. — Allons-nous-en.

VLADIMIR. — On ne peut pas.

ESTRAGON. — Pourquoi?

VLADIMIR. — On attend Godot.

ESTRAGON. — C'est vrai. *(Vladimir reprend son va-et-vient.)* Tu ne peux pas rester tranquille?

VLADIMIR. — J'ai froid.

ESTRAGON. — On est venu trop tôt.

VLADIMIR. — C'est toujours à la tombée de la nuit.

ESTRAGON. — Mais la nuit ne tombe pas.

VLADIMIR. — Elle tombera tout d'un coup, comme hier.

ESTRAGON. — Puis ce sera le nuit.

VLADIMIR. — Et nous pourrons partir.

ESTRAGON. — Puis ce sera encore le jour. *(Un temps.)* Que faire, que faire?

VLADIMIR *(s'arrêtant de marcher, avec violence).* — Tu as bientôt fini de te plaindre? Tu commences à me casser les pieds, avec tes gémissements.

ESTRAGON. — Je m'en vais.

VLADIMIR *(apercevant le chapeau de Lucky).* — Tiens!

ESTRAGON. — Adieu.

VLADIMIR. — Le chapeau de Lucky! *(Il s'en approche.)* Voilà une heure que je suis là et je ne l'avais pas vu! *(Très content.)* C'est parfait!

ESTRAGON. — Tu ne me verras plus.

VLADIMIR. — Je ne me suis donc pas trompé d'endroit. Nous voilà tranquilles. *(Il ramasse le chapeau de Lucky, le contemple, le redresse.)* Ça devait être un beau chapeau. *(Il le met à la place du sien qu'il tend à Estragon.)* Tiens.

ESTRAGON. — Quoi?

VLADIMIR. — Tiens-moi ça.

(Estragon prend le chapeau de Vladimir. Vladimir ajuste des deux mains le chapeau de Lucky. Estragon met le chapeau de Vladimir à la place du sien qu'il tend à Vladimir. Vladimir prend le chapeau d'Estragon. Estragon ajuste des deux mains le chapeau de Vladimir. Vladimir met le chapeau d'Estragon à la place de celui de Lucky qu'il tend à Estragon. Estragon prend le chapeau de Lucky. Vladimir ajuste des deux mains le chapeau d'Estragon. Estragon met le chapeau de Lucky à la place de celui de Vladimir qu'il tend à Vladimir. Vladimir prend son chapeau. Estragon ajuste des deux mains le chapeau de Lucky. Vladimir met son chapeau à la place de celui d'Estragon qu'il tend à Estragon. Estragon prend son chapeau. Vladimir ajuste son chapeau des deux mains. Estragon met son chapeau à la place de celui de Lucky qu'il tend à Vladimir. Vladimir prend le chapeau de Lucky. Estragon ajuste son chapeau des deux mains. Vladimir met le chapeau de Lucky à la place du sien qu'il tend à Estragon. Estragon prend le chapeau

de Vladimir. Vladimir ajuste des deux mains le chapeau de Lucky. Estragon tend le chapeau de Vladimir à Vladimir qui le prend et le tend à Estragon qui le prend et le tend à Vladimir qui le prend et le jette. Tout cela dans un mouvement vif°.

VLADIMIR. — Il me va ?
ESTRAGON. — Je ne sais pas.
VLADIMIR. — Non, mais comment me trouves-tu ?
(Il tourne la tête coquettement à droite et à gauche, prend des attitudes de mannequin.)
ESTRAGON. — Affreux.
VLADIMIR. — Mais pas plus que d'habitude ?
ESTRAGON. — La même chose.
VLADIMIR. — Alors je peux le garder. Le mien me faisait mal. (Un temps.) Comment dire ? (Un temps.) Il me grattait.
ESTRAGON. — Je m'en vais.
VLADIMIR. — Tu ne veux pas jouer ?
ESTRAGON. — Jouer à quoi ?
VLADIMIR. — On pourrait jouer à Pozzo et Lucky.
ESTRAGON. — Connais pas.
VLADIMIR. — Moi je ferai Lucky, toi tu feras Pozzo. (Il prend l'attitude de Lucky, ployant sous le poids de ses bagages. Estragon le regarde avec stupéfaction.) Vas-y.
ESTRAGON. — Qu'est-ce que je dois faire ?
VLADIMIR. — Engueule-moi !
ESTRAGON. — Salaud !
VLADIMIR. — Plus fort !
ESTRAGON. — Fumier ! Crapule !

(Vladimir avance, recule, toujours ployé.)

VLADIMIR. — Dis-moi de penser.
ESTRAGON. — Comment ?
VLADIMIR. — Dis, pense, cochon !
ESTRAGON. — Pense cochon !

(Silence.)

VLADIMIR. — Je ne peux pas.
ESTRAGON. — Assez !
VLADIMIR. — Dis-moi de danser.
ESTRAGON. — Je m'en vais.
VLADIMIR. — Danse, porc ! (Il se tord sur place. Estragon sort précipitamment.) Je ne peux pas ! (Il lève la tête, voit qu'Estragon n'est plus là, pousse un cri déchirant.) Gogo ! (Silence.

O. - Why is burlesque type of humor used at this point?

Il se met à arpenter la scène presque en courant. Estragon rentre précipitamment, essoufflé, court vers Vladimir. Ils s'arrêtent à quelques pas l'un de l'autre.) Te revoilà enfin!

ESTRAGON *(haletant)*. – Je suis maudit!

VLADIMIR. – Où as-tu été? Je t'ai cru parti pour toujours.

ESTRAGON. – Jusqu'au bord de la pente. On vient.

VLADIMIR. – Qui?

ESTRAGON. – Je ne sais pas.

VLADIMIR. – Combien?

ESTRAGON. – Je ne sais pas.

VLADIMIR *(triomphant)*. – C'est Godot! Enfin! *(Il embrasse Estragon avec effusion.)* Gogo! C'est Godot! Nous sommes sauvés! Allons à sa rencontre! Viens! *(Il tire Estragon vers la coulisse. Estragon résiste, se dégage, sort en courant de l'autre côté.)* Gogo! Reviens! *(Silence. Vladimir court à la coulisse par où Estragon vient de rentrer, regarde au loin. Estragon rentre précipitamment, court vers Vladimir qui se retourne.)* Te revoilà à nouveau!

ESTRAGON. – Je suis damné!

VLADIMIR. – Tu as été loin?

ESTRAGON. – Jusqu'au bord de la pente.

VLADIMIR. – En effet, nous sommes sur un plateau. Aucun doute, nous sommes servis sur un plateau.

ESTRAGON. – On vient par là aussi.

VLADIMIR. – Nous sommes cernés! *(Affolé, Estragon se précipite vers la toile de fond, s'y empêtre, tombe.)* Imbécile! Il n'y a pas d'issue par là. *(Vladimir va le relever, l'amène vers la rampe. Geste vers l'auditoire.)* Là il n'y a personne. Sauve-toi par là. Allez. *(Il le pousse vers la fosse. Estragon recule, épouvanté.)* Tu ne veux pas? Ma foi, ça se comprend. Voyons. *(Il réfléchit.)* Il ne te reste plus qu'à disparaître.

ESTRAGON. – Où?

VLADIMIR. – Derrière l'arbre. *(Estragon hésite.)* Vite! Derrière l'arbre. *(Estragon court se mettre derrière l'arbre qui ne le cache que très imparfaitement.)* Ne bouge plus! *(Estragon sort de derrière l'arbre.)* Décidément cet arbre ne nous aura servi à rien. *(A Estragon.)* Tu n'es pas fou?

ESTRAGON *(plus calme)*. – J'ai perdu la tête. *(Il baisse honteusement la tête.)* Pardon! *(Il redresse fièrement la tête.)* C'est fini! Maintenant tu vas voir. Dis-moi ce qu'il faut faire.

VLADIMIR. – Il n'y a rien à faire.

ESTRAGON. – Toi tu vas te poster là. *(Il entraîne Vladimir vers la coulisse gauche, le met dans l'axe de la route, le dos à la scène.)* Là, ne bouge plus, et ouvre l'œil. *(Il court vers l'autre coulisse. Vladimir le regarde par-dessus l'épaule. Estragon s'arrête, regarde au loin, se retourne. Les deux se regardent par-dessus l'épaule.)* Dos à dos comme au bon vieux temps! *(Ils continuent à se regarder un petit moment, puis chacun reprend le guet. Long silence.)* Tu ne vois rien venir?

VLADIMIR *(se retournant).* — Comment?
ESTRAGON *(plus fort).* — Tu ne vois rien venir?
VLADIMIR. — Non.
ESTRAGON. — Moi non plus.
(Ils reprennent le guet. Long silence.)
VLADIMIR. — Tu as dû te tromper.
ESTRAGON *(se retournant).* — Comment?
VLADIMIR *(plus fort).* — Tu as dû te tromper..
ESTRAGON. — Ne crie pas.
(Ils reprennent le guet. Long silence.)
VLADIMIR, ESTRAGON *(se retournant simultanément).* — Est-ce...
VLADIMIR. — Oh pardon!
ESTRAGON. — Je t'écoute.
VLADIMIR. — Mais non!
ESTRAGON. — Mais si!
VLADIMIR. — Je t'ai coupé.
ESTRAGON. — Au contraire.
(Ils se regardent avec colère.)
VLADIMIR. — Voyons, pas de cérémonie.
ESTRAGON. — Ne sois pas têtu, voyons.
VLADIMIR *(avec force).* — Achève ta phrase, je te dis.
ESTRAGON *(de même).* — Achève la tienne.
(Silence. Ils vont l'un vers l'autre, s'arrêtent.)
VLADIMIR. — Misérable!
ESTRAGON. — C'est ça, engueulons-nous. *(Échange d'injures. Silence.)* Maintenant raccommodons-nous.
VLADIMIR. — Gogo!
ESTRAGON. — Didi!
VLADIMIR. — Ta main!
ESTRAGON. — La voilà!
VLADIMIR. — Viens dans mes bras!
ESTRAGON. — Tes bras?
VLADIMIR *(ouvrant les bras).* — Là-dedans!
ESTRAGON. — Allons-y.
(Ils s'embrassent. Silence.)
VLADIMIR. — Comme le temps passe quand on s'amuse!
(Silence.)
ESTRAGON. — Qu'est-ce qu'on fait maintenant?

Vladimir. — En attendant.
Estragon. — En attendant.

(Silence.)

Vladimir. — Si on faisait nos exercices?
Estragon. — Nos mouvements.
Vladimir. — D'assouplissement.
Estragon. — De relaxation.
Vladimir. — De circumduction.
Estragon. — De relaxation.
Vladimir. — Pour nous réchauffer.
Estragon. — Pour nous calmer.
Vladimir. — Allons-y.

(Il commence à sauter. Estragon l'imite.)

Estragon *(s'arrêtant)*. — Assez. Je suis fatigué.
Vladimir *(s'arrêtant)*. — Nous ne sommes pas en train. Faisons quand même quelques respirations.
Estragon. — Je ne veux plus respirer.
Vladimir. — Tu as raison. *(Pause.)* Faisons quand même l'arbre, pour l'équilibre.
Estragon. — L'arbre?

(Vladimir fait l'arbre en titubant.)

Vladimir *(s'arrêtant)*. — A toi.

(Estragon fait l'arbre en titubant.)

Estragon. — Tu crois que Dieu me voit.
Vladimir. — Il faut fermer les yeux.

(Estragon ferme les yeux, titube plus fort.)

Estragon *(s'arrêtant, brandissant les poings, à tue-tête)*. — Dieu aie pitié de moi!
Vladimir *(vexé)*. — Et moi?
Estragon *(de même)*. — De moi! De moi! Pitié! De moi[39]!
(Entrent Pozzo et Lucky. Pozzo est devenu aveugle. Lucky chargé comme au premier acte. Corde comme au premier acte, mais beaucoup plus courte, pour permettre à Pozzo de suivre plus commodément. Lucky coiffé d'un nouveau chapeau. A la vue de Vladimir et Estragon, il s'arrête. Pozzo, continuant son chemin, vient se heurter contre lui. Vladimir et Estragon reculent.)
Pozzo *(s'agrippant à Lucky qui, sous ce nouveau poids, chancelle)*. — Qu'y a-t-il? Qui a crié?
(Lucky tombe, en lâchant tout, et entraîne Pozzo dans sa chute. Ils restent étendus sans mouvement au milieu des bagages.)
Estragon. — C'est Godot?
Vladimir. — Ça tombe à pic. *(Il va vers le tas, suivi d'Estragon.)* Enfin du renfort!

---

39. - Each one, in the final analysis, prays for his own salvation, cares only for himself.

POZZO *(voix blanche)*. — Au secours.

ESTRAGON. — C'est Godot?

VLADIMIR. — Nous commencions à flancher. Voilà notre fin de soirée assurée.

POZZO. — A moi!

ESTRAGON. — Il appelle à l'aide.

VLADIMIR. — Nous ne sommes plus seuls, à attendre la nuit, à attendre Godot, à attendre — à attendre. Toute la soirée nous avons lutté, livrés à nos propres moyens. Maintenant c'est fini. Nous sommes déjà demain.

ESTRAGON. — Mais ils sont seulement de passage.

POZZO. — A moi!

VLADIMIR. — Déjà le temps coule tout autrement. Le soleil se couchera, la lune se lèvera et nous partirons — d'ici.

ESTRAGON. — Mais ils ne font que passer.

VLADIMIR. — Ce sera suffisant.

POZZO. — Pitié.

VLADIMIR. — Pauvre Pozzo!

ESTRAGON. — Je savais que c'était lui.

VLADIMIR. — Qui?

ESTRAGON. — Godot.

VLADIMIR. — Mais ce n'est pas Godot.

ESTRAGON. — Ce n'est pas Godot!

VLADIMIR. — Ce n'est pas Godot.

ESTRAGON. — Qui c'est alors?

VLADIMIR. — C'est Pozzo.

POZZO. — C'est moi! C'est moi! Relevez-moi!

VLADIMIR. — Il ne peut pas se relever.

ESTRAGON. — Allons-nous-en.

VLADIMIR. — On ne peut pas.

ESTRAGON. — Pourquoi?

VLADIMIR. — On attend Godot.

ESTRAGON. — C'est vrai.

VLADIMIR. — Peut-être qu'il a encore des os pour toi.

ESTRAGON. — Des os?

VLADIMIR. — De poulet. Tu ne te rappelles pas?

ESTRAGON. — C'était lui?

VLADIMIR. — Oui.

ESTRAGON. — Demande-lui.

VLADIMIR. – Si on l'aidait d'abord?

ESTRAGON. – A quoi faire?

VLADIMIR. – A se relever.

ESTRAGON. – Il ne peut pas se relever?

VLADIMIR. – Il veut se relever.

ESTRAGON. – Alors qu'il se relève.

VLADIMIR. – Il ne peut pas.

ESTRAGON. – Qu'est-ce qu'il a?

VLADIMIR. – Je ne sais pas.

(Pozzo se tord, gémit, frappe le sol avec ses poings.)

ESTRAGON. – Si on lui demandait les os d'abord? Puis s'il refuse on le laissera là.

VLADIMIR. – Tu veux dire que nous l'avons à notre merci?

ESTRAGON. – Oui.

VLADIMIR. – Et qu'il faut mettre des conditions à nos bons offices?

ESTRAGON. – Oui.

VLADIMIR. – Ça a l'air intelligent en effet. Mais je crains une chose.

ESTRAGON. – Quoi?

VLADIMIR. – Que Lucky ne se mette en branle[40] tout d'un coup. Alors nous serions baisés.

ESTRAGON. – Lucky?

VLADIMIR. – C'est lui qui t'a attaqué hier.

ESTRAGON. – Je te dis qu'ils étaient dix.

VLADIMIR. – Mais non, avant, celui qui t'a donné des coups de pied.

ESTRAGON. – Il est là?

VLADIMIR. – Mais regarde. *(Geste.)* Pour le moment il est inerte. Mais il peut se déchaîner d'un instant à l'autre.

ESTRAGON. – Si on lui donnait une bonne correction tous les deux?

VLADIMIR. – Tu veux dire si on lui tombait dessus pendant qu'il dort?

ESTRAGON. – Oui.

VLADIMIR. – C'est une bonne idée. Mais en sommes-nous capables? Dort-il vraiment? *(Un temps.)* Non, le mieux serait de profiter de ce que Pozzo appelle au secours pour le secourir, en tablant sur sa reconnaissance.

ESTRAGON. – Il ne demande plus rien.

VLADIMIR. – C'est qu'il a perdu l'espoir.

ESTRAGON. – C'est possible. Mais...

VLADIMIR. – Ne perdons pas notre temps en de vains discours. *(Un temps. Avec véhé-*

---

40. - Doesn't start a brawl.

mence.) Faisons quelque chose, pendant que l'occasion se présente ! Ce n'est pas tous les jours qu'on a besoin de nous. Non pas à vrai dire qu'on ait précisément besoin de nous. D'autres feraient aussi bien l'affaire, sinon mieux. L'appel que nous venons d'entendre, c'est plutôt à l'humanité tout entière qu'il s'adresse. Mais à cet endroit, en ce moment, l'humanité c'est nous, que ça nous plaise ou non. Profitons-en, avant qu'il soit trop tard. Représentons dignement pour une fois l'engeance où le malheur nous a fourrés. Qu'en dis-tu ?

ESTRAGON. — Je n'ai pas écouté.

VLADIMIR. — Il est vrai qu'en pesant, les bras croisés, le pour et le contre, nous faisons également honneur à notre condition. Le tigre se précipite au secours de ses congénères sans la moindre réflexion. Ou bien il se sauve au plus profond des taillis[41]. Mais la question n'est pas là. Que faisons-nous ici, voilà ce qu'il faut se demander. Nous avons la chance de le savoir. Oui, dans cette immense confusion, une seule chose est claire : nous attendons que Godot vienne.

ESTRAGON. — C'est vrai.

VLADIMIR. — Ou que la nuit tombe. *(Un temps.)* Nous sommes au rendez-vous, un point c'est tout. Nous ne sommes pas des saints, mais nous sommes au rendez-vous. Combien de gens peuvent en dire autant ?

ESTRAGON. — Des masses.

VLADIMIR. — Tu crois ?

ESTRAGON. — Je ne sais pas.

VLADIMIR. — C'est possible.

POZZO. — Au secours !

VLADIMIR. — Ce qui est certain, c'est que le temps est long, dans ces conditions, et nous pousse à le meubler d'agissements qui, comment dire, qui peuvent à première vue paraître raisonnables, mais dont nous avons l'habitude. Tu me diras que c'est pour empêcher notre raison de sombrer. C'est une affaire entendue. Mais n'erre-t-elle pas déjà dans la nuit permanente des grands fonds, voilà ce que je me demande parfois. Tu suis mon raisonnement ?

ESTRAGON. — Nous naissons tous fous. Quelques-uns le demeurent.

POZZO. — Au secours, je vous donnerai de l'argent !

ESTRAGON. — Combien ?

POZZO. — Cent francs.

ESTRAGON. — Ce n'est pas assez.

VLADIMIR. — Je n'irais pas jusque-là.

ESTRAGON. — Tu trouves que c'est assez ?

VLADIMIR. — Non, je veux dire jusqu'à affirmer que je n'avais pas toute ma tête en venant au monde. Mais la question n'est pas là.

POZZO. — Deux cents.

VLADIMIR. — Nous attendons. Nous nous ennuyons. *(Il lève la main.)* Non, ne proteste pas, nous nous ennuyons ferme, c'est incontestable. Bon. Une diversion se présente et que faisons-

---

41. - Thicket.

nous? Nous la laissons pourrir. Allons, au travail. *(Il avance vers Pozzo, s'arrête.)* Dans un instant, tout se dissipera, nous serons à nouveau seuls, au milieu des solitudes. *(Il rêve.)*

Pozzo. — Deux cents!

Vladimir. — On arrive.
    (Il essaie de soulever Pozzo, n'y arrive pas, renouvelle ses efforts, trébuche dans les bagages, tombe, essaie de se relever, n'y arrive pas.)

Estragon. — Qu'est-ce que vous avez tous?

Vladimir. — Au secours!

Estragon. — Je m'en vais.

Vladimir. — Ne m'abandonne pas! Ils me tueront!

Pozzo. — Où suis-je?

Vladimir. — Gogo!

Pozzo. — A moi.

Vladimir. — Aide-moi!

Estragon. — Moi je m'en vais.

Vladimir. — Aide-moi d'abord. Puis nous partirons ensemble.

Estragon. — Tu le promets?

Vladimir. — Je le jure!

Estragon. — Et nous ne reviendrons jamais.

Vladimir. — Jamais!

Estragon. — Nous irons dans l'Ariège.

Vladimir. — Où tu voudras.

Pozzo. — Trois cents! Quatre cents!

Estragon. — J'ai toujours voulu me balader dans l'Ariège.

Vladimir. — Tu t'y baladeras.

Estragon. — Qui a pété?

Vladimir. — C'est Pozzo.

Pozzo. — C'est moi! C'est moi! Pitié!

Estragon. — C'est dégoûtant.

Vladimir. — Vite! Vite! Donne ta main!

Estragon. — Je m'en vais. *(Un temps. Plus fort.)* Je m'en vais.

Vladimir. — Après tout, je finirai bien par me lever tout seul. *(Il essaie de se lever, retombe.)* Tôt ou tard.

Estragon. — Qu'est-ce que tu as?

Vladimir. — Fous le camp.

Estragon. — Tu restes là?

Vladimir. — Pour le moment.

ESTRAGON. — Lève-toi, voyons, tu vas attraper froid.
VLADIMIR. — Ne t'occupe pas de moi.
ESTRAGON. — Voyons, Didi, ne sois pas têtu. *(Il tend la main vers Vladimir qui s'empresse de s'en saisir.)* Allez, debout !
VLADIMIR. — Tire !

(Estragon tire, trébuche, tombe. Long silence.)

POZZO. — A moi !
VLADIMIR. — Nous sommes là.
POZZO. — Qui êtes-vous ?
VLADIMIR. — Nous sommes des hommes.

(Silence.)

ESTRAGON. — Ce qu'on est bien, par terre !
VLADIMIR. — Peux-tu te lever ?
ESTRAGON. — Je ne sais pas.
VLADIMIR. — Essaie.
ESTRAGON. — Tout à l'heure, tout à l'heure.
POZZO. — Qu'est-ce qui s'est passé ?

(Silence.)

VLADIMIR *(avec force)*. — Veux-tu te taire, toi, à la fin ! Quel choléra quand même ! Il ne pense qu'à lui.
ESTRAGON. — Si on essayait de dormir ?
VLADIMIR. — Tu l'as entendu ? Il veut savoir ce qui s'est passé !
ESTRAGON. — Laisse-le. Dors.

(Silence.)

POZZO. — Pitié ! Pitié !
ESTRAGON *(sursautant)*. — Quoi ? Qu'est-ce qu'il y a ?
VLADIMIR. — Tu dormais ?
ESTRAGON. — Je crois.
VLADIMIR. — C'est encore ce salaud de Pozzo !
ESTRAGON. — Dis-lui de la boucler ! Casse-lui la gueule !
VLADIMIR *(donnant des coups à Pozzo)*. — As-tu fini ? Veux-tu te taire ? Vermine ! *(Pozzo se dégage en poussant des cris de douleur et s'éloigne en rampant. De temps en temps, il s'arrête, scie l'air avec des gestes d'aveugle, en appelant Lucky. Vladimir, s'appuyant sur le coude, le suit des yeux.)* Il s'est sauvé ! *(Pozzo s'effondre. Silence.)* Il est tombé !
ESTRAGON. — Il s'était donc levé ?
VLADIMIR. — Non.
ESTRAGON. — Et cependant tu dis qu'il est tombé.
VLADIMIR. — Il s'était mis à genoux. *(Silence.)* Nous avons été peut-être un peu fort.
ESTRAGON. — Cela ne nous arrive pas souvent.

VLADIMIR. — Il a imploré notre aide. Nous sommes restés sourds. Il a insisté. Nous l'avons battu.

ESTRAGON. — C'est vrai.

VLADIMIR. — Il ne bouge plus. Il est peut-être mort.

ESTRAGON. — C'est pour avoir voulu l'aider que nous sommes dans ce pétrin.

VLADIMIR. — C'est vrai.

ESTRAGON. — Tu n'as pas tapé trop fort?

VLADIMIR. — Je lui ai donné quelques bons coups.

ESTRAGON. — Tu n'aurais pas dû.

VLADIMIR. — C'est toi qui l'as voulu.

ESTRAGON. — C'est vrai. *(Un temps.)* Qu'est-ce qu'on fait maintenant?

VLADIMIR. — Si je pouvais ramper jusqu'à lui.

ESTRAGON. — Ne me quitte pas!

VLADIMIR. — Si je l'appelais?

ESTRAGON. — C'est ça, appelle-le.

VLADIMIR. — Pozzo! *(Un temps.)* Pozzo! *(Un temps.)* Il ne répond plus.

ESTRAGON. — Ensemble.

VLADIMIR, ESTRAGON. — Pozzo! Pozzo!

VLADIMIR. — Il a bougé.

ESTRAGON. — Tu es sûr qu'il s'appelle Pozzo?

VLADIMIR *(angoissé)*. — Monsieur Pozzo! Reviens! On ne te fera pas de mal!

(Silence.)

ESTRAGON. — Si on essayait avec d'autres noms?

VLADIMIR. — J'ai peur qu'il ne soit sérieusement touché.

ESTRAGON. — Ce serait amusant.

VLADIMIR. — Qu'est-ce qui serait amusant?

ESTRAGON. — D'essayer avec d'autres noms, l'un après l'autre. Ça passerait le temps. On finirait bien par tomber sur le bon.

VLADIMIR. — Je te dis qu'il s'appelle Pozzo.

ESTRAGON. — C'est ce que nous allons voir. Voyons. *(Il réfléchit.)* Abel! Abel!

POZZO. — A moi!

ESTRAGON. — Tu vois!

VLADIMIR. — Je commence à en avoir assez de ce motif.

ESTRAGON. — Peut-être que l'autre s'appelle Caïn. *(Il appelle.)* Caïn! Caïn!

POZZO. — A moi!

ESTRAGON. — C'est toute l'humanité [P]. *(Silence.)* Regarde-moi ce petit nuage.

P. - In what way is Pozzo « toute l'humanité? »

VLADIMIR *(levant les yeux).* — Où?
ESTRAGON. — Là, au zénith.
VLADIMIR. — Eh bien? *(Un temps.)* Qu'est-ce qu'il a de si extraordinaire?

(Silence.)

ESTRAGON. — Passons maintenant à autre chose, veux-tu?
VLADIMIR. — J'allais justement te le proposer.
ESTRAGON. — Mais à quoi?
VLADIMIR. — Ah voilà!

(Silence.)

ESTRAGON. — Si on se levait pour commencer?
VLADIMIR. — Essayons toujours.

(Ils se lèvent.)

ESTRAGON. — Pas plus difficile que ça.
VLADIMIR. — Vouloir, tout est là.
ESTRAGON. — Et maintenant?
POZZO. — Au secours!
ESTRAGON. — Allons-nous-en.
VLADIMIR. — On ne peut pas.
ESTRAGON. — Pourquoi?
VLADIMIR. — On attend Godot.
ESTRAGON. — C'est vrai. *(Un temps.)* Que faire?
POZZO. — Au secours!
VLADIMIR. — Si on le secourait?
ESTRAGON. — Qu'est-ce qu'il faut faire?
VLADIMIR. — Il veut se lever.
ESTRAGON. — Et après?
VLADIMIR. — Il veut qu'on l'aide à se lever.
ESTRAGON. — Eh bien, aidons-le. Qu'est-ce qu'on attend?

(Ils aident Pozzo à se lever, s'écartent de lui. Il retombe.)

VLADIMIR. — Il faut le soutenir. *(Même jeu. Pozzo reste debout entre les deux, pendu à leur cou.)* Il faut qu'il se réhabitue à la station debout. *(A Pozzo.)* Ça va mieux?
POZZO. — Qui êtes-vous?
VLADIMIR. — Vous ne nous remettez pas?
POZZO. — Je suis aveugle.

(Silence.)

ESTRAGON. — Peut-être qu'il voit clair dans l'avenir?
VLADIMIR *(à Pozzo).* — Depuis quand?
POZZO. — J'avais une très bonne vue — mais êtes-vous des amis?
ESTRAGON *(riant bruyamment).* — Il demande si nous sommes des amis!
VLADIMIR. — Non, il veut dire des amis à lui.

ESTRAGON. — Et alors?

VLADIMIR. — La preuve, c'est que nous l'avons aidé.

ESTRAGON. — Voilà! Est-ce que nous l'aurions aidé si nous n'étions pas ses amis?

VLADIMIR. — Peut-être.

ESTRAGON. — Évidemment.

VLADIMIR. — N'ergotons pas là-dessus.

POZZO. — Vous n'êtes pas des brigands?

ESTRAGON. — Des brigands! Est-ce qu'on a l'air de brigands?

VLADIMIR. — Voyons! Il est aveugle.

ESTRAGON. — Flûte! C'est vrai. *(Un temps.)* Qu'il dit.

POZZO. — Ne me quittez pas.

VLADIMIR. — Il n'en est pas question.

ESTRAGON. — Pour l'instant.

POZZO. — Quelle heure est-il?

ESTRAGON *(inspectant le ciel)*. — Voyons...

VLADIMIR. — Sept heures?... Huit heures?...

ESTRAGON. — Ça dépend de la saison.

POZZO. — C'est le soir?

(Silence. Vladimir et Estragon regardent le couchant.)

ESTRAGON. — On dirait qu'il remonte.

VLADIMIR. — Ce n'est pas possible.

ESTRAGON. — Si c'était l'aurore?

VLADIMIR. — Ne dis pas de bêtises. C'est l'ouest par-là.

ESTRAGON. — Qu'est-ce que tu en sais?

POZZO *(avec angoisse)*. — Sommes-nous au soir?

VLADIMIR. — D'ailleurs, il n'a pas bougé.

ESTRAGON. — Je te dis qu'il remonte.

POZZO. — Pourquoi ne répondez-vous pas?

ESTRAGON. — C'est qu'on ne voudrait pas vous dire une connerie.

VLADIMIR *(rassurant)*. — C'est le soir, monsieur, nous sommes arrivés au soir. Mon ami essaie de m'en faire douter, et je dois avouer que j'ai été ébranlé pendant un instant. Mais ce n'est pas pour rien que j'ai vécu cette longue journée et je peux vous assurer qu'elle est presque au bout de son répertoire. *(Un temps.)* A part ça, comment vous sentez-vous?

ESTRAGON. — Combien de temps va-t-il falloir le charrier encore? *(Ils le lâchent à moitié, le reprennent en voyant qu'il va retomber.)* On n'est pas des cariatides.

VLADIMIR. — Vous disiez que vous aviez une bonne vue, autrefois, si j'ai bien entendu?

POZZO. — Oui, elle était bien bonne.

(Silence.)

ESTRAGON *(avec irritation)*. — Développez! Développez!

VLADIMIR. — Laisse-le tranquille. Ne vois-tu pas qu'il est en train de se rappeler son bonheur. *(Un temps.) Memoria praeteritorum bonorum* — Ça doit être pénible.

POZZO. — Oui, bien bonne.

VLADIMIR. — Et cela vous a pris tout d'un coup?

POZZO. — Bien bonne.

VLADIMIR. — Je vous demande si cela vous a pris tout d'un coup.

POZZO. — Un beau jour je me suis réveillé, aveugle comme le destin[Q]. *(Un temps.)* Je me demande parfois si je ne dors pas encore.

VLADIMIR. — Quand ça?

POZZO. — Je ne sais pas.

VLADIMIR. — Mais pas plus tard qu'hier...

POZZO. — Ne me questionnez pas. Les aveugles n'ont pas la notion du temps. *(Un temps.)* Les choses du temps, ils ne les voient pas non plus.

VLADIMIR. — Tiens! J'aurais juré le contraire.

ESTRAGON. — Je m'en vais.

POZZO. — Où sommes-nous?

VLADIMIR. — Je ne sais pas.

POZZO. — Ne serait-on pas au lieu-dit la Planche?

VLADIMIR. — Je ne connais pas.

POZZO. — A quoi est-ce que ça ressemble?

VLADIMIR *(regard circulaire)*. — On ne peut pas le décrire. Ça ne ressemble à rien. Il n'y a rien. Il y a un arbre.

POZZO. — Alors ce n'est pas la Planche.

ESTRAGON *(ployant)*. — Tu parles d'une diversion.

POZZO. — Où est mon domestique?

VLADIMIR. — Il est là.

POZZO. — Pourquoi ne répond-il pas quand je l'appelle?

VLADIMIR. — Je ne sais pas. Il semble dormir. Il est peut-être mort.

POZZO. — Que s'est-il passé, au juste?

ESTRAGON. — Au juste!

VLADIMIR. — Vous êtes tombés tous les deux.

POZZO. — Allez voir s'il est blessé.

VLADIMIR. — Mais on ne peut pas vous quitter.

POZZO. — Vous n'avez pas besoin d'y aller tous les deux.

VLADIMIR *(à Estragon)*. — Vas-y toi.

POZZO. — C'est ça, que votre ami y aille. Il sent si mauvais.

Q. - How do you account for Pozzo's sudden blindness?

VLADIMIR. — Va le réveiller.
ESTRAGON. — Après ce qu'il m'a fait ! Jamais de la vie.
VLADIMIR. — Ah, tu te rappelles enfin qu'il t'a fait quelque chose.
ESTRAGON. — Je ne me rappelle rien du tout. C'est toi qui me l'as dit.
VLADIMIR. — C'est vrai. *(A Pozzo.)* Mon ami a peur.
POZZO. — Il n'y a rien à craindre.
VLADIMIR *(à Estragon).* — A propos, ces gens que tu as vus, où sont-ils passés ?
ESTRAGON. — Je ne sais pas.
VLADIMIR. — Ils sont peut-être tapis quelque part, en train de nous épier.
ESTRAGON. — Voilà.
VLADIMIR. — Ils se sont peut-être arrêtés tout simplement.
ESTRAGON. — Voilà.
VLADIMIR. — Pour se reposer.
ESTRAGON. — Pour se restaurer.
VLADIMIR. — Ils ont peut-être rebroussé chemin ?
ESTRAGON. — Voilà.
VLADIMIR. — C'était peut-être une vision.
ESTRAGON. — Une illusion.
VLADIMIR. — Une hallucination.
ESTRAGON. — Une illusion.
POZZO. — Qu'est-ce qu'il attend ?
VLADIMIR *(à Estragon).* — Qu'est-ce que tu attends ?
ESTRAGON. — J'attends Godot.
VLADIMIR *(à Pozzo).* — Je vous ai dit que mon ami a peur. Hier votre domestique l'a attaqué, alors qu'il voulait seulement lui essuyer les larmes.
POZZO. — Ah, mais il ne faut jamais être gentil avec ces gens-là. Ils ne le supportent pas.
VLADIMIR. — Qu'est-ce qu'il doit faire au juste ?
POZZO. — Eh bien, qu'il tire d'abord sur la corde, en faisant attention naturellement de ne pas l'étrangler. En général, ça le fait réagir. Sinon qu'il lui donne des coups de pied, dans le bas-ventre et au visage autant que possible.
VLADIMIR *(à Estragon).* — Tu vois, tu n'as rien à craindre. C'est même une occasion de te venger.
ESTRAGON. — Et s'il se défend ?
POZZO. — Non, non, il ne se défend jamais [R].
VLADIMIR. — Je volerai à ton secours.
ESTRAGON. — Ne me quitte pas des yeux ! *(Il va vers Lucky.)*

R. - Why doesn't Lucky ever defend himself?

VLADIMIR. – Regarde s'il est vivant d'abord. Pas la peine de lui taper dessus s'il est mort.
ESTRAGON *(s'étant penché sur Lucky).* – Il respire.
VLADIMIR. – Alors vas-y.
(Subitement déchaîné, Estragon bourre Lucky de coups de pied, en hurlant. Mais il se fait mal au pied et s'éloigne en boitant et en gémissant. Lucky reprend ses sens.)
ESTRAGON *(s'arrêtant sur une jambe).* – Oh la vache!
(Estragon s'assied, essaie d'enlever ses chaussures. Mais bientôt il y renoncera, se disposera en chien de fusil, la tête entre les jambes, les bras devant la tête.)
POZZO. – Que s'est-il passé encore?
VLADIMIR. – Mon ami s'est fait mal.
POZZO. – Et Lucky?
VLADIMIR. – Alors c'est bien lui?
POZZO. – Comment?
VLADIMIR. – C'est bien Lucky?
POZZO. – Je ne comprends pas.
VLADIMIR. – Et vous, vous êtes Pozzo?
POZZO. – Certainement je suis Pozzo.
VLADIMIR. – Les mêmes qu'hier?
POZZO. – Qu'hier?
VLADIMIR. – On s'est vu hier. *(Silence.)* Vous ne vous rappelez pas?
POZZO. – Je ne me rappelle avoir rencontré personne hier. Mais demain je ne me rappellerai avoir rencontré personne aujourd'hui. Ne comptez donc pas sur moi pour vous renseigner[S]. Et puis assez là-dessus. Debout!
VLADIMIR. – Vous l'emmeniez à Saint-Sauveur pour le vendre. Vous nous avez parlé. Il a dansé. Il a pensé. Vous voyiez clair.
POZZO. – Si vous y tenez. Lâchez-moi, s'il vous plaît. *(Vladimir s'écarte.)* Debout!
VLADIMIR. – Il se lève.
(Lucky se lève, ramasse les bagages.)
POZZO. – Il fait bien.
VLADIMIR. – Où allez-vous de ce pas?
POZZO. – Je ne m'occupe pas de ça.
VLADIMIR. – Comme vous avez changé!
(Lucky, chargé des bagages, vient se placer devant Pozzo.)
POZZO. – Fouet! *(Lucky dépose les bagages, cherche le fouet, le trouve, le donne à Pozzo, reprend les bagages.)* Corde! *(Lucky dépose les bagages, met le bout de la corde dans la main de Pozzo, reprend les bagages.)*

S. - How do you account for the fact that Pozzo, like the others, has trouble with his memory?

VLADIMIR. — Qu'est-ce qu'il y a dans la valise ?

POZZO. — Du sable. *(Il tire sur la corde.)* En avant ! *(Lucky s'ébranle, Pozzo le suit.)*

VLADIMIR. — Un instant.

(Pozzo s'arrête. La corde se tend. Lucky tombe, en lâchant tout. Pozzo trébuche, lâche la corde à temps, chancelle sur place. Vladimir le soutient.)

POZZO. — Qu'est-ce qui se passe ?

VLADIMIR. — Il est tombé.

POZZO. — Vite, faites-le lever avant qu'il s'endorme.

VLADIMIR. — Vous n'allez pas tomber si je vous lâche ?

POZZO. — Je ne pense pas.

(Vladimir donne des coups de pied à Lucky.)

VLADIMIR. — Debout ! Porc ! *(Lucky se relève, ramasse les bagages.)* Il est debout.

POZZO *(tendant la main)*. — Corde !

(Lucky dépose les bagages, met le bout de la corde dans la main de Pozzo, reprend les bagages.)

VLADIMIR. — Ne partez pas encore.

POZZO. — Je pars.

VLADIMIR. — Que faites-vous quand vous tombez loin de tout secours ?

POZZO. — Nous attendons de pouvoir nous relever. Puis nous repartons.

VLADIMIR. — Avant de partir, dites-lui de chanter.

POZZO. — A qui ?

VLADIMIR. — A Lucky.

POZZO. — De chanter ?

VLADIMIR. — Oui. Ou de penser. Ou de réciter.

POZZO. — Mais il est muet.

VLADIMIR. — Muet !

POZZO. — Parfaitement. Il ne peut même pas gémir.

VLADIMIR. — Muet ! Depuis quand ?

POZZO *(soudain furieux)*. — Vous n'avez pas fini de m'empoisonner avec vos histoires de temps ? C'est insensé ! Quand ! Quand ! Un jour, ça ne vous suffit pas, un jour pareil aux autres, il est devenu muet, un jour je suis devenu aveugle, un jour nous deviendrons sourds, un jour nous sommes nés, un jour nous mourrons, le même jour, le même instant, ça ne vous suffit pas ? *(Plus posément.)* Elles accouchent à cheval sur une tombe, le jour brille un instant, puis c'est la nuit à nouveau. *(Il tire sur la corde.)* En avant !

(Ils sortent. Vladimir les suit jusqu'à la limite de la scène, les regarde s'éloigner. Un bruit de chute, appuyé par la mimique de Vladimir, annonce qu'ils sont tombés à nouveau. Silence. Vladimir va vers Estragon qui dort, le contemple un moment, puis le réveille.)

ESTRAGON (gestes affolés, paroles incohérentes. Finalement). – Pourquoi tu ne me laisses jamais dormir?

VLADIMIR. – Je me sentais seul.

ESTRAGON. – Je rêvais que j'étais heureux.

VLADIMIR. – Ça a fait passer le temps.

ESTRAGON. – Je rêvais que...

VLADIMIR. – Tais-toi! *(Silence.)* Je me demande s'il est vraiment aveugle.

ESTRAGON. – Qui?

VLADIMIR. – Un vrai aveugle dirait-il qu'il n'a pas la notion du temps?

ESTRAGON. – Qui?

VLADIMIR. – Pozzo.

ESTRAGON. – Il est aveugle?

VLADIMIR. – Il nous l'a dit.

ESTRAGON. – Et alors?

VLADIMIR. – Il m'a semblé qu'il nous voyait.

ESTRAGON. – Tu l'as rêvé. *(Un temps.)* Allons-nous-en. On ne peut pas. C'est vrai. *(Un temps.)* Tu es sûr que ce n'était pas lui?

VLADIMIR. – Qui?

ESTRAGON. – Godot?

VLADIMIR. – Mais qui?

ESTRAGON. – Pozzo.

VLADIMIR. – Mais non! Mais non! *(Un temps.)* Mais non.

ESTRAGON. – Je vais quand même me lever. *(Se lève péniblement.)* Aïe!

VLADIMIR. – Je ne sais plus quoi penser.

ESTRAGON. – Mes pieds! *(Il se rassied, essaie de se déchausser.)* Aide-moi!

VLADIMIR. – Est-ce que j'ai dormi, pendant que les autres souffraient? Est-ce que je dors en ce moment? Demain, quand je croirai me réveiller, que dirai-je de cette journée? Qu'avec Estragon mon ami, à cet endroit, jusqu'à la tombée de la nuit, j'ai attendu Godot? Que Pozzo est passé, avec son porteur, et qu'il nous a parlé? Sans doute. Mais dans tout cela qu'y aura-t-il de vrai? *(Estragon, s'étant acharné en vain sur ses chaussures, s'est assoupi à nouveau. Vladimir le regarde.)* Lui ne saura rien. Il parlera des coups qu'il a reçus et je lui donnerai une carotte. *(Un temps.)* A cheval sur une tombe et une naissance difficile. Du fond du trou, rêveusement, le fossoyeur applique ses fers. On a le temps de vieillir. L'air est plein de nos cris. *(Il écoute.)* Mais l'habitude est une grande sourdine. *(Il regarde Estragon.)* Moi aussi, un autre me regarde, en se disant, il dort, il ne sait pas, qu'il dorme. *(Un temps.)* Je ne peux pas continuer. *(Un temps.)* Qu'est-ce que j'ai dit?

(Il va et vient avec agitation, s'arrête finalement près de la coulisse gauche, regarde au loin. Entre à droite le garçon de la veille. Il s'arrête. Silence.)

GARÇON. – Monsieur... *(Vladimir se retourne.)* Monsieur Albert...

VLADIMIR. – Reprenons. *(Un temps. Au garçon.)* Tu ne me reconnais pas?

GARÇON. – Non Monsieur.
VLADIMIR. – C'est toi qui es venu hier?
GARÇON. – Non Monsieur.
VLADIMIR. – C'est la première fois que tu viens?
GARÇON. – Oui Monsieur.

(Silence.)

VLADIMIR. – C'est de la part de Monsieur Godot.
GARÇON. – Oui Monsieur.
VLADIMIR. – Il ne viendra pas ce soir.[T]
GARÇON. – Non Monsieur.
VLADIMIR. – Mais il viendra demain.
GARÇON. – Oui Monsieur.
VLADIMIR. – Sûrement.
GARÇON. – Oui Monsieur.

(Silence.)

VLADIMIR. – Est-ce que tu as rencontré quelqu'un?
GARÇON. – Non Monsieur.
VLADIMIR. – Deux autres... *(il hésite)* ... hommes.
GARÇON. – Je n'ai vu personne, Monsieur.

(Silence.)

VLADIMIR. – Qu'est-ce qu'il fait, Monsieur Godot? *(Un temps.)* Tu entends?
GARÇON. – Oui Monsieur.
VLADIMIR. – Et alors?
GARÇON. – Il ne fait rien, Monsieur.

(Silence.)

VLADIMIR. – Comment va ton frère?
GARÇON. – Il est malade Monsieur.
VLADIMIR. – C'est peut-être lui qui est venu hier.
GARÇON. – Je ne sais pas Monsieur.

(Silence.)

VLADIMIR. – Il a une barbe, Monsieur Godot?
GARÇON. – Oui Monsieur.
VLADIMIR. – Blonde ou... *(il hésite)* ... ou noire?
GARÇON *(hésitant)*. – Je crois qu'elle est blanche, Monsieur.

(Silence.)

VLADIMIR. – Miséricorde.

(Silence.)

T. - Why is Vladimir sure that Godot will not come?

GARÇON. – Qu'est-ce que je dois dire à Monsieur Godot, Monsieur?

VLADIMIR. – Tu lui diras – *(il s'interrompt)* – tu lui diras que tu m'as vu et que – *(il réfléchit)* – que tu m'as vu. *(Un temps. Vladimir s'avance, le garçon recule, Vladimir s'arrête, le garçon s'arrête.)* Dis, tu es bien sûr de m'avoir vu, tu ne vas pas me dire demain que tu ne m'as jamais vu?

(Silence. Vladimir fait un soudain bond en avant, le garçon se sauve comme une flèche. Silence. Le soleil se couche, la lune se lève. Vladimir reste immobile. Estragon se réveille, se déchausse, se lève, les chaussures à la main, les dépose devant la rampe, va vers Vladimir, le regarde.)

ESTRAGON. – Qu'est-ce que tu as?

VLADIMIR. – Je n'ai rien.

ESTRAGON. – Moi je m'en vais.

VLADIMIR. – Moi aussi.

(Silence.)

ESTRAGON. – Il y avait longtemps que je dormais?

VLADIMIR. – Je ne sais pas.

(Silence.)

ESTRAGON. – Où irons-nous?

VLADIMIR. – Pas loin.

ESTRAGON. – Si si, allons-nous-en loin d'ici!

VLADIMIR. – On ne peut pas.

ESTRAGON. – Pourquoi?

VLADIMIR. – Il faut revenir demain.

ESTRAGON. – Pour quoi faire?

VLADIMIR. – Attendre Godot.

ESTRAGON. – C'est vrai. *(Un temps.)* Il n'est pas venu?

VLADIMIR. – Non.

ESTRAGON. – Et maintenant il est trop tard.

VLADIMIR. – Oui, c'est la nuit.

ESTRAGON. – Et si on le laissait tomber? *(Un temps.)* Si on le laissait tomber?

VLADIMIR. – Il nous punirait. *(Silence. Il regarde l'arbre.)* Seul l'arbre vit.

ESTRAGON *(regardant l'arbre).* – Qu'est-ce que c'est?

VLADIMIR. – C'est l'arbre.

ESTRAGON. – Non, mais quel genre?

VLADIMIR. – Je ne sais pas. Un saule.

ESTRAGON. – Viens voir. *(Il entraîne Vladimir vers l'arbre. Ils s'immobilisent devant. Silence.)* Et si on se pendait?

VLADIMIR. – Avec quoi?

ESTRAGON. — Tu n'as pas un bout de corde?

VLADIMIR. — Non.

ESTRAGON. — Alors on ne peut pas.

VLADIMIR. — Allons-nous-en.

ESTRAGON. — Attends, il y a ma ceinture.

VLADIMIR. — C'est trop court.

ESTRAGON. — Tu tireras sur mes jambes.

VLADIMIR. — Et qui tirera sur les miennes?

ESTRAGON. — C'est vrai.

VLADIMIR. — Fais voir quand même. *(Estragon dénoue la corde qui maintient son pantalon. Celui-ci, beaucoup trop large, lui tombe autour des chevilles. Ils regardent la corde.)* A la rigueur ça pourrait aller. Mais est-elle solide?

ESTRAGON. — On va voir. Tiens.

(Ils prennent chacun un bout de la corde et tirent. La corde se casse. Ils manquent de tomber.)

VLADIMIR. — Elle ne vaut rien.

(Silence.)

ESTRAGON. — Tu dis qu'il faut revenir demain?

VLADIMIR. — Oui.

ESTRAGON. — Alors on apportera une bonne corde.

VLADIMIR. — C'est ça.

(Silence.)

ESTRAGON. — Didi.

VLADIMIR. — Oui.

ESTRAGON. — Je ne peux plus continuer comme ça.

VLADIMIR. — On dit ça.

ESTRAGON. — Si on se quittait? Ça irait peut-être mieux.

VLADIMIR. — On se pendra demain. *(Un temps.)* A moins que Godot ne vienne.

ESTRAGON. — Et s'il vient.

VLADIMIR. — Nous serons sauvés.

(Vladimir enlève son chapeau — celui de Lucky — regarde dedans, y passe la main, le secoue, le remet.)

ESTRAGON. — Alors on y va?

VLADIMIR. — Relève ton pantalon.

ESTRAGON. — Comment?

VLADIMIR. — Relève ton pantalon.

ESTRAGON. — Que j'enlève mon pantalon?

VLADIMIR. — RE-lève ton pantalon.